U0944242

20世纪心理学名家名著

ERSHISHIJIXINLIXUEMINGJIAMINGZHU

20世纪心理学名家名著

主编 莫雷
副主编 何先友 张卫 杨宁 佐斌

20世纪心理学

ErShiShiJi XinLiXueMingJiaMing Zhu

广东高等教育出版社
·广州·

图书在版编目（CIP）数据

20世纪心理学名家名著/莫雷主编．—广州：广东高等教育出版社，2002.6

ISBN 7－5361－2570－4

Ⅰ.20　Ⅱ.莫…　Ⅲ.心理学－文集　Ⅳ.B84－53

中国版本图书馆CIP数据核字（2000）第55731号

广东高等教育出版社出版发行
广东信源彩色印务有限公司
880毫米×1230毫米　32开本　39.125印张　1000千字
2002年6月第1版　2005年10月第3次印刷
印数：4 501~7 500册
定价：88.00元

出版说明

“心理学有着漫长的过去，但只有短暂的历史。”心理学在成为一门独立的科学之前，长期依附于其哲学母体之中，它真正作为一门独立科学，是从冯特于 1879 年在德国莱比锡大学首次建立心理实验室，运用自然科学的方法研究心理学开始的，迄今，也只有百余年的历程。由于心理学研究对象的异常复杂性和心理学家的哲学背景以及时代精神的差异，心理学领域派别纷争，百家争鸣，名人辈出，名论湟湟，各派理论的论争构成了 20 世纪心理学的主旋律。从冯特内容心理学的诞生到铁钦纳构造主义心理学的提出；从詹姆斯机能主义的兴起到华生行为主义的盛行；从韦特海默、考夫卡等格式塔心理学的风骚，弗洛伊德精神分析心理学的辉煌，马斯洛人本主义心理学的横空出世，到当今认知心理学的迅速崛起，派别林立，学说众多；著名的心理学家及其渊博的心理学思想像一颗颗耀眼的明星组成了心理学浩瀚的银河。挖掘这些伟人们的思想，是心理学研究工作者责无旁贷的责任。为此，我们欣然接受了广东高等教育出版社的邀请，编写一部关于 20 世纪心理学名家名著的书。

我国以往也出版过几本心理学家名著的选编，但篇幅小，选编的范围较窄，一般只收集了十几篇名著，并且所选编的多数是早期的名家著作，当今名著少，尤其是缺乏体现当前心理学发展的时代精神的现代认知派心理学家的著作。同时，从内容上看，过去的选编只是编入心理学家的原著，没有相应的指导阅读的材料与评论文章，不利于读者通过名著来把握名家的整体思想。因此，有必要为广大的心理学工作者提供一部较为全面的、读导结合的心理学名家名著的选编，以便于他们系统地把握心理学问世百年以来各派名家的主要思想。

本著作分为上篇、下篇两大部分。上篇选取 15 名最著名、影响最大的心理学家及其代表性论著，下篇则按照普通心理与认知心理、发展与教育心理、人格与社会心理三大领域，分别选出该领域著名的、有重要影响的10名左右的心理学家及其代表性论著。名家的选择及其代表性著作的选取，是在广泛征求国内专家意见的基础上最后确定的。入选的每位名家的材料包括三部分，第一部分是一篇约2 000字的导读材料，概括介绍关于该名家的基本情况与基本思想；第二部分是原著选读，选进该名家的代表作一二篇；第三部分是评介文章，选用国内对该名家思想研究有造诣的学者所撰写的评介文章，作为对该名家及其代表作的评述。

本著作力求体现出以下特色：1. 全面性。本书全面地考虑并选出20世纪以来亦即心理学成为一门独立的学科以来的著名心理学家及其代表性论著，是目前为止国内第一部系统地选编20世纪以来心理学名家名著的书。2. 可读性。对每一位入选的心理学家及其代表作，都有对其整体思想的介绍及对其理论的评论，有利于读者把握其心理学思想。3. 权威性。选用名家的著作时，尽量选用由国内名家翻译的权威译本，并尽可能找到原文对照。对其理论的评介文章，也是尽可能选用国内对该名家思想研究有造诣的学者所撰写的、已公开发表在权威刊物上的评介文章。本书可作为心理系和教育系本科生与研究生的教学参考书，也可以作为心理学及相关领域研究工作者的必备参考工具。

本著作是集体智慧的结晶，这里既凝聚了国内心理学界老一辈专家研究的精髓，也饱含了编著者的辛勤工作。本著作由华南师范大学莫雷教授担任主编，何先友、张卫、杨宁、佐斌为副主编，参加编写的人员还有任杰、王穗苹、张金桥、陈俊、冷英、迟毓凯、邢强、郭淑斌、陈筱洁、宇斌、罗胜庆、张定坤。广东高等教育出版社的编辑同志为本书的出版付出了辛勤的劳动，在此特向他们表示衷心的感谢。

因为多种原因，我们未能联系上原著翻译和评介文章的部分作者，请他们见到本书出版后直接与我们联系。

由于我们水平有限，编写时间仓促，本书缺失错误之处在所难免，希望各位专家、学者不吝赐教！

编　者

2000年7月

目　录

上　篇

下　　篇

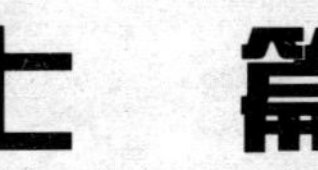

冯 特

（Wilhelm Wundt）

- 生平简介
- 名篇选读

  对于感官知觉的理论的贡献（节选）

  人类与动物心理学论稿（节选）
- 思想评介

  威廉·冯特与中国心理学

生平简介

W·冯特（1832～1920），德国心理学家，实验心理学创始人，内容心理学的创始人。冯特出生于德国的巴登地区，先学医学，后转攻生理学，1856年在海德堡大学获博士学位，1857～1864年一直担任海德堡大学生理学讲师，期间曾任著名生理学家赫尔姆霍兹的助手。1864年，冯特升任副教授并开设“生理心理学讲座”，产生了以实验生理学的方法研究心理学问题的想法。1874年，他应邀前往苏黎士大学任哲学教授，1875年又转任莱比锡大学的哲学教授。1879年他在莱比锡大学建立了世界上第一个心理学实验室，采用自然科学的实验方法对人的心理进行研究，这是心理学从哲学中分化出来成为一门独立学科的标志。创立实验心理学，使心理学转变成为一门以实验为基础的独立科学，这是冯特的主要贡献。冯特不仅是心理科学的创立者，也是心理学发展的促进者。随着心理学实验室的建立，莱比锡大学成了心理学的圣地，世界各国青年学生纷纷来莱比锡学习实验心理学，学成归国后成为各国心理学发展的先驱人物，对心理学发展起了重大的促进作用。1881年，冯特创办了心理学实验的第一个刊物《哲学研究》，1905年又创办了《心理研究》刊物。1889年，冯特被任命为莱比锡大学校长，并继承了赫尔巴特和费希纳的哲学讲座，直到1920年去世。

冯特的心理学体系包括两大部分，第一大部分是研究个体意识过程的个体心理学，即实验心理学。由于他注重研究心理的内容，他的实验心理学体系被称作“内容心理学”。第二大部分是研究人类共同生活方面的心理现象的民族心理学，即社会心理学。在实验心理学方面，他认为心理学研究的是人的直接经验，它与其他以间接经验为研究对象的科学不同，因此，心理学应该借鉴自然科学的实验方法但又有自己的特殊性，因为个人的直接经验只能为自己所察觉，只有通过个人对自己心理活动的自我观察才能接近直接经验，因此他将实验法与传统哲学心理学的内省法结合起来，创立了内省实验法，即在实验条件下进行内省，以此作为研究直接经验的特殊的实验方法。冯特认为心理是可以分析的，同时也必须对心理进行分析。他将心理的最基本的、不可再分解的成分称为心理元素，主张以分析心理元素及探索这些元素结合的方式与规律作为心理学研究的主要课题，从而首创了内容心理学。他认为，最基本的心理元素有两个：感觉与情感。感觉是直接经验的客观方面，由作用于感官的刺激所引起，具有强度与性质两种特性，不同感觉的复合构成知觉与观念。情感是直接经验的主观方面，它伴随着感觉而产生，是感觉的主观补充；情感具有愉快—不快、紧张—松弛、兴奋—沉静三个维度，每一特定情感都是这三个维度以不同的方式组合而成的。冯特提出，心理元素是通过联想与统觉两种形式来结合成各种复杂的意识状态的，联想是一种被动、消极的过程，是一种低水平的心理组合方式；统觉是一个主动、积极的过程，统觉过程将特定的心理内容由意识的范围提升到注意焦点，并使各种心理元素以处于注意焦点的那些心理内容为中心，形成复杂的意识状态，各种心理元素就是通过统觉而形成与原来成分不同的具有新的性质的复合体。在民族心理学方面，冯特认为，语言、神话和风俗是构成民族心理的三要素，对这些要素的分析与综合，是研究民族心理的主要方法。他指出，简单的心理过程如感知觉、联想等可以用实验法来研究，而复杂的心理过程如记忆、思维、想象等，实验法则无能为力，而要求助于民族心理学，通过对语言、神话、风俗习惯等社会产物的分析推演出高级心理过程的规律。冯特将民族心理的发展分为四个阶段，即原始人阶段、图腾崇拜阶段、英雄与神的阶段和人性发展阶段。冯特对民族心理的研究，对于社会心理学的发展也有重要的促进作用。当然，与他的实验心理学方面的工作相比，冯特的民族心理学影响相对较小，然而它的重要性正越来越为人们所认识与肯定。

冯特学识渊博，著述丰富，其一生发表出版的论著达 500 部（篇）以上，共计53 735页。他的第一部心理学专著《对于感官知觉的理论的贡献》于 1856 年出版，提出了对心理学革新的设想。1863 年出版的专著《关于人类和动物灵魂的讲演录》，第一次表达了他的实验心理学的思想，该书与费希纳的《心理物理学纲要》一起被视为新心理学著作诞生的标志。1874年，冯特出版了关于实验心理学的巨著《生理心理学原理》，该书对运用实验方法研究心理学问题进行了系统的阐述，是心理学史上第一部有系统成体系的心理科学专著，曾被美国心理学家卡特尔誉为“心理学的独立宣言书”，该书在出版后先后修订6次，在1911年最后一版时成为3大卷，共2 353页，它标志着冯特实验心理学思想的成熟。1896年，冯特出版了专著《心理学大纲》，对其心理学体系作了明确的阐述，著名的情感三维说就是在该书中第一次提出，这部著作可以说是他的心理学体系完全确立的标志。冯特在其生命的最后20年中完成了10卷本的《民族心理学》，从语言、艺术、神话、风俗、宗教、法律与道德等方面研究了人类发展的各个阶段。冯特其他著名的著作还有《逻辑学》（1880～1883）、《哲学体系》（1889）、《哲学引论》、《经验与认识》（1920）等。

（莫　雷）

名篇选读

对于感官知觉的理论的贡献（节选）

导言：论心理学的方法

自然科学史从各方面使我们铭记在心的一个通则是：科学的进展是同研究的方法上的进展密切相关联的。近年来，整个自然科学的起源都来自方法学上的革命，而在取得了巨大结果的地方，我们可以确信，它们都是以先前方法上的改进或者以新的方法的发现为前奏的。

当心理学被认为是一门自然科学的时候，我们不能不看到一件极其值得注意的事情，这就是：这些自从培根和伽里略时代以来已经完全改变了各门自然科学面貌的巨大变化，却没有对心理学产生任何影响。如果把康德过去在评述逻辑学时所说的，即从亚里士多德以来它并没有向前迈进一步的话应用到心理学上面来，甚至是更有正当理由的。逻辑学至少是变得静止不前了，可是心理学在许多方面则是已经倒退了。

但是，如果我们看看心理学家们特别喜欢搞的那些问题的话，我们就不会真正觉得这门科学进展之缓慢有什么可惊之处。关于心灵的性质、基地、起源及其将来的命运等问题，自从远古以来就已经成为心理学研究的对象了。有时候，甚至有些人还相信，只要这些问题没有解决的话，心理生活的现象便不能在其因果关系上得到了解。在当代心理学里面，这类探讨仍然占着主要的地位，然而某些朝着自然科学方法方面的微小进展却已无疑产生了。

然而这些问题，就绝大部分而言，并不属于自然科学的心理学，而是属于形而上学。因为形而上学并不是一门自然科学，它就不能从自然科学的方法的改进上取得任何益处。即使我们退一步承认，讨论这些处在心理学背后的形而上学问题是有正当理由的话，我们仍然必须坚决主张，到现在为止，这些形而上学的问题在科学的心理学中所占的地位，正像关于造物主的见解在物理学中一样，是微不足道的。

任何一个不带偏见的批评意见必须承认，对于心灵的性质及其同肉体关系的研究，至今仅仅产生了非常微小的结果，我们长期地在兜圈子。作为某一个新的事物而被阐明的东西，总是以一类似的形式早已存在了，而所谓最后的定论，总归只不过仍然是一种消极的评语而已，它伸展到各个方面去而且至少有了一个后果，这就是，它对一切被认为的积极结果都发生了疑问。

但是，对于这些形而上学探讨的顽强追求是没有什么可取的，因为在心理学里面尚有无数有待解决的问题，这些都是与基本形而上学问题完全无关的问题，而这些问题是可以独立解决的，因此反复不断地回到这样无目的的关于心灵性质的讨论上去，看来的确是一种精力的浪费，这种无目的的讨论曾经盛行一时而实际上至今仍在进行着，倒不如把我们的精力用在能够产生真正结果的地方去。

假如物理学家们不在形形色色的物理现象中间采取直接的行动，比如说，反而选定去推敲物质的性质，并且把一切问题都抛在一边要等到这个思辨性的问题找到了基本解答之后，那么，对于物理学来说，这将会是一件可悲的事情。为什么心理学不以自然科学为榜样呢？它为什么顽固地坚持要在开始时就去做那些充其量也得等到将来才能完成的事情呢？大量的心理现象本身是如此地与其他现象截然不同，从而很可能对它进行独立的科学研究，而且假如我们真的决定要去从事这种研究而不受先人之见的影响的话，我们将出乎意料之外地最后回到心理学的基本形而上学的问题上面来，可是，那时我们将比今天我们所能做到的处于同它们更加接近的地位了。

今天的心理学有着极大的进展的可能性，这是一个不会搞错的事实。……这种进展是同我们关于一般哲学的性质和任务的观点的根本改革联系在一起的。认为哲学像各种科学一样必须从经验的基础出发的观点正在不断地取得广泛进展。甚至形而上学，它在某段时间内似乎不仅支配着一切科学，而且实际上在创造着科学，而现在它正在降到由亚里士多德早就给它划定了范围的地位，就是把它当作是以所有一切其他科学的成果作为它专门研究对象的一门科学的地位了。

然而，哲学本身越是存心开始去认知真实事件的领域，心理学就越能获得更大的重要意义和考虑。实际上，即使在过去，心理学作为一门哲学的学科，它至少在某一限度以内已表现为一种实验的科学。就这样，这个从前是唯心主义体系的一个由前夫或前妻所生的孩子，在我们的时代里却愈来愈走到最前面去了，而且只要形而上学作了多少退却，心理学就取得多少进步。我们几乎可以说，在现在，我们整个的哲学就是心理学。

然而，我们还不能宣称在心理学里面已经发生了任何根本的进展。心理学提供给我们的仍然只是没有秩序和没有相互联系的一大堆的事实资料而已。并且，为了发现这种秩序和相互联系，今天大多数哲学思想家所走的道路，似乎依旧很难适合于达到一个较好的目标。人们正在寻求新的观点和新的概念，而我们希望新的概念，正像一个发光的火花一样，将会突然之间把光明带进到毫无组织的知识的黑暗混乱中去。但是这新的概念需要有一个内容，它只能从事实里面取得，而且，关于事实，我们仍然还是基本上墨守来自对于意识最肤浅的观察的东西。因此，今天我们的心理学仍然是亚里士多德所认为的那样的心理学，而且与之相比甚至更加是一种关于意识的事实的科学。但是，毫无疑问，意识本身以及在意识内所发生的一切，都是一些已经复杂化了的现象。在这里，正像在自然界中任何地方一样，事实是：只有复杂的现象才能被我们所直接观察到，而那简单的现象最初对我们来说却是隐藏着的。这个简单的元素只有通过解剖复合的现象，我们才能得到，而简单的元素又转过来为我们提供原理以便探讨这些复杂的现象。在心理学里面，简单元素构成心理生活的开端，包括有生命的个体内的开端以及整个动物生命等级系统内的开端。正像解剖学只是从显微解剖及胚胎研究开始告诉我们关于形态的起端，并且通过它，我们能够探索细胞组织结构的规律以及有机体的规律以后才进入科学的舞台一样，因而或许在我们掌握开端的心理现象并且对这些现象能进行解剖而获得成功之前，心理学是不会摆脱仍然围绕着它的形而上学假设的覆盖物而站到它自身规律的立场上来的。在这个意义上，有两门科学必须来支援普通心理学：即心理的进化史及比较心理学。前者的任务是详细阐述人的心理生活的逐渐发展，而后者的任务是描述在动物界中以及在人类各种族中心理生活的种种差异。

假如我们对于这些不发达的由大量观察所得的财富仍然未被利用，并且有更大的财富尚待发现的科学勤奋地进行工作的话，这将会出现一个不可估量的进展。当然，在这里所发生的困难并不是一般的困难，但至少它们不像形而上学的问题那样，一直到现在并且也许在未来长时期内仍将都是不能克服的。

实际上，在心理学的这些……辅助的科学里面已经作出了各式各样的开端。但是据我看来，这些开端的初步似乎在大多数情况下仍然没有以恰当的方式对待这件事情。例如在比较心理学里面，我们仍然不能使我们从传统的偏见里解放出来，这种传统的偏见把动物界的一切心理现象归之于一种本能，整个的心理生活，都以某种莫名其妙的方式被这个本能所预先决定。此外，民族心理学仍然提供了一个丰富的公开的领域，这个领域在语言学、文化史及伦理史方面，巨大的初步的工作是早已存在了，但至今还几乎没有被利用来为心理学服务。

在心理的进化史中，我们也未能以一种可能有希望去洞察这种进化性质的方式继续进行研究。在大多数情况下，我们仅仅局限于直接的观察。我认为，这种直接的观察通常只能用来作为通过其他渠道所获得的结果的一种对照，因为人类对于自己的进化的最初阶段，正像对于另一个物种的动物一样，都很生疏。我们之所以能在这里得出积极的结果，仅仅因为我们有权利去预先假定一种进化的连续性，并且利用对于已经进化了的人类的观察，作为关于人的进化规律的广泛结论的基础。

感觉与知觉的发生，当然是这种进化的最重要事件之一。在感觉里面，物理事件同心理事件的领域发生了直接的接触，而知觉则属于首先的，也许是最简单的纯粹心理性质的事件。去发现物理的感觉印象是怎样成为感觉的，这个问题至今还简直没有什么研究。心理学里面的这一根本问题的解答和我们似乎仍然距离很远，心理学里面的这个根本问题，同时也是所有一切哲学思辨中的一个基本问题。知觉的问题无疑离它的解决要近得多。在这里我们具有许多有价值的生理的观察，如果只要我们对于知觉的概念已经下了足够清楚的定义而且并不常常同感觉和想象相混淆的话，也许很久以前就已经能够产生关于知觉过程的一种完全的理论了。可是，由于我们总是只考虑着复杂的现象而并不深入到现象之间的相互关系中去，在这里，如同在其他任何地方一样，一方面发生了我们把内在联结着的东西分割开来的情况，而另一方面，我们又把具有内在区别的东西归在一起了。但是为什么我们深入到心理现象的相互联系中时会这样不完善呢？显然因为我们几乎普遍地以最粗糙的观察为满足，而不努力去用较好的方法来使得我们的观察敏锐起来并加以扩充。所以，不论我们从哪一方面来从事一种心理的观察，我们总是被引回到我们所出发的地点上去，即改进研究方法的问题。如果从前所使用的方法并不能引导我们满意地解决迫切要求我们注意的那些问题的话，那么我们必须试图寻找其他的途径，去发现能揭露新事实的新方法，并且，随同这些方法，也许会使我们求得心理生活的规律。

我们想要首先考虑心理学里面在此以前所采用的方法，如果我们对这些方法应用自然科学的批评尺度的话，它们的缺点很容易被发现。我们一旦知道了这些缺点之后，也许便不难发现纠正它们的途径和方法。

直到现在为止，心理学只应用了两种研究方法：即自我观察法及从形而上学的假设中演绎出心理生活现象的方法。前者是有缺陷的，因为它仅仅包含了一小部分的现象，而后者则作为一个原则问题应被排斥。

一切心理学都用自我观察法开始，而这终将继续下去成为解释在我们外部的那些心理现象的不可缺少的帮助。但是，当我们的意图在于回溯到心理现象的开端及其原因时，自我观察是完全不够的。自我观察决不能超出意识的事实；况且一门只以自我观察为依据的科学是以这些意识事实开始的，而这门科学却应该以这些意识事实作为结束。因为意识的现象乃是无意识心理的复合的产物。意识现象的性质是这样的，一旦它们已经进入意识的话，我们将会很难对于它们的形成作出直接的结论。以自我观察为基础的心理学，它愿意自称为经验的心理学，因此必须局限于意识事实的毫无系统的平举并列。而且，因为它不能发现这些事实之间的内部联系，所以就把这些互相连属的成分割裂而成为许多彼此分离的元件了。这就是经验心理学为什么把心理活动的每一种表现当作一种特殊的心理能力的表现来描述的原因。在心理的能力之间的这种分化乃是科学的这样一种状态的真实表现，在这种状态中，整体可以完全分解为个别的现象，而那体系本身则由不相关联的事实的外部的分离所代替。

那些哲学上的学派从事于由某些形而上学的假设里去演绎出心理现象的工作，并很成功地对于在经验心理学内所发生的混乱状态提出了反对意见。这种形而上学的心理学的有利之点就在于这样的事实，即经验学派的弱点本身构成了这个形而上学方法的力量。在经验心理学那里，一切都分离而成为许多经验的毫无秩序的一团，而形而上学心理学则表现了一整套的系统，其中每一个细目具有它自己确定的地位。但在另一方面，这种形而上学的方法的巨大的不利之点就在于：一旦那个建筑所由树立起来的形而上学的根基不再能够持久的话，那么，这整个大厦也就坍倒了。经验心理学虽只产生了一点点结果，可是这一点点却是牢固的；形而上学的心理学虽然给予了一切，然而假如其中一个成分被怀疑了的话，它里面的一切便都成为可疑的了。但是，经验主义对于形而上学者却并不是没有某种影响的，形而上学者的结论大多属于两个范畴中的一个：有的是不能用经验来证实的结论，也有必须被确认为是观察到的明确事实的结论。但是通常只有第一种范畴的结论才真正是从形而上学的假设中演绎出来的；第二种范畴的结论则经常是被偷运到这个系统中间去的。

如同在大多数情况下对于一种科学处于不完善状态下被指明的那样，经验心理学是根据归纳法进行工作的，但是它当然并没有把所有的归纳手段全都使用。形而上学的心理学是演绎地进行的，但是我们在原则上必须反对它取得它的演绎论断的方式。因为作为它的出发点的根本法则并不是从一切个别现象的大量材料中归纳而来的，也绝不是从心理领域中取得的，相反，这些根本法则乃是处在系统的顶点上面的纯粹形而上学的假设。可是形而上学最初是同心理学各不相干的一门科学。然而在广阔的知识领域里，一个部门从另外一个部门接受到启示，这并不是罕见的。理论力学上的每一个进展也促进物理科学的进展；而力学本身的进步是同空间的一般知识即几何学有密切联系的。同我们的论题直接有关的另外一个例子是由国家经济学所提供的。自从亚当·斯密（幸而他有了这样的想法）把个别人的心理扩展到人类去的时候起，社会学才能作为一门科学而存在。而这个社会学一开始是演绎的，它把实际心理学的最简单的事实作为出发点，而有了这些，它为自己开辟了整个的一个特殊领域。如果把国家经济学称为“社会的心理学”比起称之为“社会的物理学”来是远远地更加有理由的。

然而，关于形而上学情况就不同了。任何一个熟悉关于所有形而上学问题上观点分歧的人，只要他还没有学会去怀疑一个形而上学的可能存在的话，都必须承认，我们当代的形而上学不仅远远离开任何牢固的基础，而且在思想家们中间至今还没有建立起任何足以引向一致意见的东西。因此看来至少可以这样说，把这样一门值得怀疑的科学作为另外一门至少关于许多事实已经作出了明确结论的科学的基础，似乎是一项危险的做法。对于这样一个心理学的基础，还可以进一步提出更加重大的批评。比如说，我们可以问，在心理学同形而上学之间究竟有没有跟力学与几何学之间相类似的任何关系，或者类似于社会学与心理学之间的关系。

在后面那些科学之间的关系是这样的，即作为另外一门科学的基础的科学（心理学）其本身是完全不依赖于那门另外的科学的，至少在它的基本发展过程中是这样。我们可以设想一门没有任何运动规律知识的几何学，但是却不能设想没有空间概念的运动。心理学仅仅通过观察取得了它的许多根本的事实，而没有对整个人类社会作过任何考虑，但支配人类社会生活的规律则只有当我们通过自我观察而开始研究它们的时候才成为可以理解的。关于形而上学的情况则完全不同。如果我们真有了一门形而上学的话，也许我们可以从它引申出心理学来。但是一切都支持这样的观点，这就是心理学不需要形而上学，而相反，至少在内部经验的整个领域里面，形而上学却需要心理学作为它牢固的基础。此外，今天的形而上学总归是从心理的经验出发的，确实因为它在原则上要想统统不承认经验，虽然没有经验它是搞不成的，所以它就只能鬼鬼祟祟地偷去一些本来可以完全由它随意支配的心理学事实的财富了。

要在形而上学基础上建立心理事实的尝试，最根本的是同心理学里面的数学处理方法联系在一起的。这种处理方法，几乎是这样的事实的必然结果，即形而上学的心理学包含着演绎法。在一门科学里当事实的一个主要的部分可以通过一系列多少是复杂的结论而从少数几个公理中演绎出来的时候，而且当形式逻辑的简单的程序方法对于这种演绎不够用的时候，那么这个科学便不得不求助于数学符号的语言了。

但是，这种符号语言仅仅是一种有效率的思想工具而已，它只不过是逻辑法则的一种反复的应用，借助于某种符号，这种逻辑法则把在逻辑序列中每一个别步骤的思维的结果固定了下来。因此，一旦一门科学变得完全是演绎的时候，换句话说，一旦它达到了最后的现象，而从这些现象里可以演绎出整个的经验领域的时候，数学处理的方法便以愈来愈大的程度发生了。因此，一旦人们认为心理现象的总体可以从形而上学的公理中演绎出来的时候，求助于数学的那种想法便距离很近了。

考虑到形而上学者在心理学里总是用演绎法进行研究的，那么在这门科学里数学的扩大应用实际上是在较晚的时刻才出现的，即它只是在不仅力图演绎那些心理学的内在的形而上学的问题，而且也试图把这种演绎从形而上学的命题推广到整个经验的领域的时候才第一次出现。亚里士多德把心理学分为两部分：一个演绎的部分，其中，心理的性质是从概念（先概念）发展出来的；以及一个归纳的部分，其中由经验所揭露的那些心理的特性被作为研究的对象。在以后，同样的区分，在一种更加尖锐的形式下，在克列斯汀·沃尔夫（Christian Wolff）的观点里面重又出现了。他在他的理性心理学里面试图根据莱布尼兹的形而上学去确定心理的超感觉的性质，而在他的经验心理学里面则探讨据他认为是由观察所提供的不同的心理能力。这种关于一个理性心理学与一个经验心理学的区分，在本世纪内的唯心主义体系里面又一次消失了。可是在唯心主义的体系中，一般地对心理学只给以十分次要的考虑。尤其人们企图以一种最严格的演绎的方式进行这些唯心主义的体系，认为这些体系是从一整套确定的概念建立起各门科学来的，并且非常无所谓地把它们应用到心理学内，他们从体系里主要抽取的仅仅是一般的型式，然后用传统的经验主义范围之内的内容来填充这个型式，在这里面只不过使得在现象与现象之间的由经验所赋予的发生学上的联结分裂开来了，而被一种概念的联结的貌似物所代替，它在受到认真的批评时就会瓦解而成为任意的无秩序状态。不久前，这是由黑格尔及其学派以最为显著的方式做出来的。但是，最近，由赫尔巴特所代表的一股较为现实主义的形而上学思潮给心理学以较大的注意，而就是以这种方式赫尔巴特成为数学心理学的创始人。

赫尔巴特有这样的意见，他认为通过数学的处理，心理学至少会达到和那些早已能完全用数学来处理的自然科学同样稳固可靠的程度。如果我们考察一下数学心理学的实际结果的话，我们一定感到似乎很奇怪，在解释个别的现象时（这终究必将永远是整个进步的量尺），与这些很高的期望相反，数学心理学却基本上并没有超过很久以前对心理生活的某些敏锐的观察家们早已知道了的东西，事实上它并没有超过亚里士多德早在二千年以前在他的观察和设想如此丰富的著作中关于心理的大部分论述。数学心理学只不过把这些大家所知道的事实的一部分归结成为公式而已，而一部分则是借助于对值得怀疑的或者显然不正确的结果进行计算而得出的。因此对于个别的结果进行没有偏见的审查，便无可辩驳地证明：在这里至今还看不出有任何的途径能通过它们对心理现象取得较好的解释。

在另一方面，不能否认数学心理学具有一个巨大的优点，我们确信这个优点是最直接地同它的最大的缺点联系在一起的。这就是说，只要数学心理学家们力图把科学的一切细目都从单独一个公理中数学式地加以演绎的话，通过这种措施他们便会认识到心理科学的统一性，心理现象的统一性（虽然人们常常认为：甚至心理的一种有问题的统一性至今还没有表现出来）。实际上这个被数学学派第一次作出的成就，确实是特别重要的一步。从前的心理学除了无目的地把最粗糙的观察所揭示的某些东西列举出来之外，并没有做出什么来。心理活动的每一个主要表现形式都被描述为一种特殊心理能力的表现。因而整个心理生活便仅仅是它的许多细目的合成而已。数学心理学第一次把心理生活当作一个整体，并且把一切个别的心理表现当作是一个统一的根本实体的特殊表现样式。这样它就从基本上为一门系统的科学铺平了道路，而即使假定它本身的结构会完全解体的话，这一个优点仍将继续存在下去。

但是，在心理学中每一个形而上学方法的基本缺点也被数学心理学所分担了。它所用来作为它的演绎出发点的原理，并不是由科学本身所产生出来的，而是从一门它自身还没有完全发展的，并有赖于心理学的外来科学那里借来的；最终，事实并不一定从原理里产生出来，而是原理被调整以适应事实。

但是，此外，在运用演绎法的时候，数学心理学走向了一个不大正确的方向，即使是可能以演绎法成功地探讨心理学的话。这个数学心理学的整个的结构就是由观念的静力学和力学所组成的。它把观念当作是有确定的力量相互作用的质量，从而在彼此之间产生的某种运动，也就是说，它使用空间方式来表达它的材料，从而使其材料能接受数学方法的处理。但是，这是一个限制，这种限制既非由绝对同空间的质量与运动没有什么关系的题材所要求的，而且也非由其工具，即数学的微积分所要求的。然而几何学与力学，这些纯粹的空间科学却是数学所最常应用的领域，而且实际上是它的发源地。像物理学这样的自然科学是在空间事件的领域内进行活动的，因此它们是直接同几何学的以及力学的考虑相联系的；当它们完全是通过演绎而发展起来的时候，可以把他们当作是这两门基本科学的直接应用。假如数学完全而又唯一地应当由它原来从中发展出来的空间科学所组成的话（例如在它发展的某一阶段的情况下），我们几乎完全不可能谈到数学扩大应用于伦理科学的问题。但是好久以前，数学取得了一个极为普遍的意义。它之所以取得这种意义，其原因在于微积分的发现；由于这种发现，数学便走上了这样一个演算的道路，虽然它在几何学和力学方面极有成效，但却完全不依赖于这些科学了。虽然微积分是可以用空间来描述的，而且最初是由几何学发现的一些数学函数起源的，但只要当这些函数继续地过渡到不再能够用空间来表达的函数的时候，它便不依赖于这些数学函数了。而且，在这种情况下，我们并不涉及像在数论同几何学之间那样的主要区别，这种区别使每一个分支只能发生有限的应用。相反，这种演算的整个意义却也存在于数学的方法内。在某种意义上，这对于我们表明了，空间局限于三维仅仅是我们感觉性质的一种特殊属性而已。在纯粹思维中便没有这种局限。

数学在伦理科学上，虽然只有过狭窄有限的应用，并且以后仍将长时期地如此继续下去，但绝不能把它看作是一件不可能的事。首先，通过微积分的发现，数学已从自然科学的有限工具的地位进展到普遍的思想工具的地位。这种进展使得有可能，实际上也有必要，在任何意味着深远结论的事实的场合，去应用数学的方法。在这方面有重要意义的是：一位微积分的发明家把他大部分努力专心用于伦理科学的数学处理的想法上面。这就是莱布尼兹终生的一种品质。有两次他开始去实现这种想法，第一次是在详细阐明组合理论的时候，而后是在发明微积分的时候。也许他的确已在后者里面找到了他所寻求的工具，可是，首先，新方法尚未充分得到发展，而且他心目中的那种扩大应用的时机尚未成熟，因此使得莱布尼兹本人无从认识到他的发现的充分意义，他还在那里不断寻求那个思想的普遍工具，而这工具也许已经掌握在他手中了。

我们的批评如果产生了这样的结果，就是说，从前的心理学的方法是不充分的，那么现在就发生了这样的问题：怎样去改进这些方法。我认为，总的说来，这问题是不难解答的。因为，我们已经表明，在这方面，演绎法应当在原则上被抛弃，而可能得到的唯一的出发点便是归纳法，这是经验心理学长期以来所遵循的。但是究竟归纳法能否在心理学的研究中得到较之直到现在为止更加广泛的应用，则仍待研究。据我看，有两条途径可以遵循。第一条途径在于扩大至今一直在使用中的观察方法，第二条途径是利用实验作为研究的工具。

我在上面提到了社会学在它目前的形式上是由于把对个人心理观察的结果引申到国家的生活而产生出来的。可是现在，这门科学逐渐地开始从它所依据的基础上解放出来而建立它自己的基础了。这种基础在于通过统计去确定大量的事实。正是借助于统计的研究，才使得国家经济学本身最初开始提升到一个真正的人类社会的自然史的地位上来，比在别的领域上要稳固得多地以它自己的规律为依据。在我们的时代里，社会学正处在经历这个伟大革命的过程中，这是不会搞错的事实，然而这个革命至今尚未完结，它几乎还没有渡过它的最初阶段。由统计所提供的材料仍然远远不足以使这门科学在它上面重新建立。然而，在社会学成为一门独立科学的范围内，它同心理学的关系也开始颠倒了过来。它现在不再如同往常那样依赖于心理学了，相反，国家经济学者们的统计却发现了包含着与重要的心理学结论直接有关系的大量事实。在这一方面，新的统计，按照它的总任务来说，它的成就看来还是很小的，然而却为心理学家提供了极为丰富而尚未被有效利用的材料。而这样，不仅可以使心理学获得一些新的东西，而且这种方法也具有无限的优点，即它用一个不可动摇的信念代替了空洞的假设，也就是说它不再使用不确定的推论，而是允许以一种数学的确定性来下结论了。

让我们只用少数几个例子来证明这一点。一般地说来，过去心理学家们已经知道了自杀的外因，可是仅仅是以一种十分不确定的方式知道的，因为结论是以个别的例子为依据的，而在个别的例子中，不能说明的随机的因素总是在起着作用。在这里，统计尤其能带来一个较大的确定性。它以大量的事例为根据，对于各种原因的相对的出现率作出了数字上的确定，并且甚至发现了自杀的形式及其原因之间的确定关系。而且统计在这里还更进了一步，它第一次允许我们通过提供关于自杀依年龄、性别、民族特性和个人职业等各方面出现的情况，以及其按照气候、天气、季节和许多其他外因而出现的情况去探讨自杀的原因。同样地，关于两性的特异倾向性，一个年轻人有时会把一个较为年长的情人当作他的偶像来崇拜，而一个较为年老的男人却往往会喜爱一个还带有稚气的姑娘，这乃是常见的事。但是统计证明了：爱情是遵循心理规律的，而且以上这些事实显然并不是偶然发生的，而是包含着两性之间按照年龄而产生的特异倾向性的规律的。

也可以引一些其他的例子。可以毫不夸大地说：我们可以从统计资料中学到比除了亚里士多德之外的所有的哲学家那里更多的心理学。当然，统计的事实只不过对于实际的心理学，而不是对于心理现象的理论具有直接的重要性。但是实际的心理学还形成了我们必须以此为出发点的基础。即使我们仅仅从统计中学习到某些因素决定着人的最重要的终生命运的话，这已经是有巨大的重要性的了，因为在这里我们的知识才第一次有了科学的确定性。统计是应用数学中的第一个这样的分支，它能从长久观察到的许多事实中产生出对于心理学有用而且重要的材料来。我们至今还不能估计这种材料的重要意义，恰恰是因为应用心理学的早期观察常常是关于单独个人的，它们仍然是那样模糊和不确实，从而我们并不能用这些观察作出很多事情来。而且从这些观察里所能够下结论的一点点事情，又是在这样长久以前进入到一般意识中去的，从而它对于形成我们基本观点的影响，便完全不再能够断定了。

为了观察单独的个人，至今所利用的唯一的工具便是历史的研究。但是这个工具也不能给予研究以任何更大的确定性。因为历史里面，一个决定性因素也是借助非决定性的个人自由才起作用的，而历史上直到现在为止恰恰是优先考虑了单独的突出的个人对于事态进程的影响的。假如，正像在引进了统计的时候所经常发生的那样，我们把人类的自然历史当作是心理观察的工具的话，情况就完全不同了。人类或者个别的国家单位作为整体过着一种完全依赖于全社会状态的自然历史的生活。在观察的材料很多的场合，以较大数量作为依据的规律便适用了，就是说，我们把个别偏差的发生，归之于偶然性或者个人的意志力，而那自然历史的规律完全清楚地表现了出来。只要统计学家企图搜集最大可能数量的例子，完全像自然科学里的一个观察者那样行动的话，那么通过积累他的观察和实验，就能给他的结果以足够的确定性，而在这里面，统计方法便同我们认为是在心理研究中所必需的第二种工具极其近似的了。

这第二种工具是广泛地应用实验。至今还很难完全想象实验在心理学里终将发挥的重要性。当然，我们在心理研究的领域内确实有了许多值得注意的开端，但是作为一门连贯一致的科学，实验心理学仍然期待着加强它的基础。这些开端主要是指生理同心理相互接触的边缘地区，即感觉和知觉的领域。人们往往主张：感觉和知觉乃是实验方法仍然可能应用的唯一领域，因为这里生理的因素总是起着作用。而这种观点同时又认为，用实验的方法深入到高级心理活动的领域中去乃是一个徒劳无益的尝试。当然，这是一个偏见。一旦我们把心理看作是一种自然现象，而且把心理学看作是一门自然科学，那么这门科学一定也是完全能够充分应用实验方法的。事实上，我们早已有了离开心理物理领域的，涉及纯粹的心理活动的实验研究，只要确实有心理活动这样一个东西的话。

在《贡献》这本书的最后一章内，反复引述了被天文学家们所观察到的叫做“人差方程”这样一个事实，这只能解释为观念和思维的进程是受确定的时间范围的限制的。最近我试图通过实验来更精确地确定这个时间的范围。天文的观察是不能适合这个目的的，因为通过这些观察所得到的只不过是相对的测定，并且因为其中有一较大的心理因素的复杂性。所以，我首先试图测定在最简单的情况下观念发生过程的速度，即两个不同观念相继发生的速度。我使一个钟摆在一圆形的标度计前面摆动。在它的摆动路程的某一点上，钟摆打击了一个杠杆。这样便有可能去准确地比较当发生声音时钟摆的真正位置同当听到声音时被试看到的钟摆似乎所在的位置。就这样发现了一个常数的标度差异。从这里连同钟摆运动的持续时间在一起，听觉的与视觉的映象形成之间的时距便可以计算出来了。这种时距的平均长度据发现为八分之一秒,而这个差异在一种情况下是正的,而在另一情况下则是负的,也就是说,观察者或者能够先看而后听,或者先听而后看到。

我认为可以把这种映象形成速度的研究称为纯粹的心理学研究，即使在这里面是利用了感觉的刺激的，因为感觉的刺激在此决不是根本的因素，而仅仅用来作为实验的帮助。不容置疑，完全不依赖于外界刺激的观念和思维的过程是遵照这些相同的规律并且是在同一时间范围内发生的。实际上，相反的假设会包含一种不大可能的性质，因而不必加以专门的讨论：它会预先假定有一双重的意识，因为它宣称那个自己再生映象的意识，跟那个被外界印象直接刺激而产生映象的意识是完全不同的。

通过这里所引述的测量，不仅可能确定一个直到现在为止还没有人知道的特殊的心理常数，而且可能从中作出某些关于意识性质的一般的结论来，这据我看似乎是很值得注意的。就是在这里最初获得了关于想象统一性的心理规律的良好证据。由于和天文学家们的观察一致，这个概念已经是很可能成立的，但是由于它将视觉和听觉同第三种活动错杂在一起（这第三种活动就是计算那个钟摆的打击次数），所以也许还没有被充分可靠地证实。在本书的第五章中所讨论的许多事实已经指出这条规律来，但是在第六章内所提出的对赫尔巴特心理学的批评以及在那里所提供的共同感受性的理论，都从这条规律里得到基本的支持。

因此，假如我们感到有理由说，在纯粹心理的领域里（虽然我们必须承认决不可以排除感觉刺激对研究的帮助）可以应用实验的话，那么必须承认主要是在心理生活的感觉的方面才给予实验研究以最广阔的前景。因此，这里就是作出初步开端的地方；进一步的进展则会在研究的过程中自己接踵而来，因为心理的领域并没有那么鲜明的界限以致使得我们看不到它从一个领域到另一个领域的连续性过渡。

在关于感觉与知觉过程的实验探讨中，如果坚决主张我们这样所探索到的规律仅仅是在与外部感觉刺激有关的心理上有效，而在不依赖这些刺激的心理生活，即纯粹思维中，另外的规律才是有效的，而关于这些规律我们实验的结果是不能揭露出什么东西来的，那就是一种根本的错误。我们对于这种假设的荒谬性已经引起了注意，因为它在心理现象中引进了一个不能说明的分裂，我必须在这里再一次地提到它，因为它同时包括了对于实验的方法学的一种完全误解，以及对于感觉刺激在其中所发生作用的完全误解。

当一个化学家想要确定他所发现的一种物质的性质的时候，他要研究该物质在同其他物质发生关系的情况下是怎样活动的。但是通过他的实验，他所要发现而实际上确实发现的东西，不仅仅是该物质在同其他物质的关系上的活动，而是该对象本身的化学特性。同样，在心理学里面，几乎不可能在实验中排除外界的影响，然而如果说由实验所确定的只是这些影响对于心理的作用，这是完全错误的。心理对于外界影响的作用也由此而被确定，通过改变这些外部影响，我们可以得到心理生活本身被支配的规律。对于我们来说，感觉的刺激，如果用简练的话来表达的话，除了作为实验的工具之外便不是什么别的东西了。在把感觉刺激作了多种变化的同时，不断研究着心理现象，我们这里应用的不过是构成实验方法本质的原理；照培根的说法："我们是在改变着现象所由发生的情况。"

在心理与生理活动的边缘地区，好久以前的生理学研究已为实验操作做了奠基的准备。尤其是在最近期间，费希纳的重要研究对此给予了很大的推动力。费希纳采用了从前的观察，也采用了他自己新的观察，在确定适用于所有感官的规律上获得了成功。根据这条规律，当刺激强度以某一个量值发生变化时，感觉的强度也发生着变化。这个规律说明了感觉的增加不是同刺激的增加成正比，而是同刺激的相对的增加成比例，费希纳称之为心理物理定律。这个名称的意义在于指明了这是确定外界印象同心理之间相互关系的一个规律。很容易证明这个定律实际上不是一个物理定律，它并不表示感觉神经的兴奋是以什么方式由外界印象所决定的。但假如这个定律的意义是限于心理同外部世界的相互关系的话，则“心理物理定律”这个名称仍然说得过分了。费希纳已经证明了不仅应当把集中的感觉，而且也应当把广延的感觉归于这个定律之下。但是费希纳所称的广延的感觉不是别的，而是空间知觉罢了，而我们将表明这仅仅是通过心理的过程才从感觉发展起来的。因此，假如同样的情况既适用于所谓广延的感觉也适用于集中的感觉，这仅仅意味着知觉与感觉之间的依存关系是遵守感觉与刺激之间依存关系的相同规律的。即使是难于用精密的测量来证明，但一般地说是很容易证明在高级心理活动的领域内这同一定律也保持它的效力。每一个人都曾经自己观察过：一个已经心情很坏的人所不能注意到的最微小的烦恼的是完全能够破坏一种愉快的心理状态的，这只不过是这个定律的一个特殊的例子而已。我们的这个定律并不是一条心理物理定律，而是一条心理定律，这条定律说明了：在有两个心理作用直接相互依存的场合，那个倚变的心理作用总是同那个自变的心理作用的对数成比例地增加着。

以下的研究涉及了另外一个问题。人们试图在研究中深入到心理过程的进化中去，主要是关于知觉从感觉演化的问题。当然，关于知觉过程的一些初步理论已散见于各处，然而在任何地方也没有尝试过在实验基础上对它作充分检验。那些最初步的尝试特别是具有下面那样一些缺点：或则在理论中实验的材料未被充分利用，或则理论的推测是在完全没有任何实验的支持下提出来的。我的意图就是要尽可能地去填充这两方面的空隙；我尝试单独在观察和实验的基础上去确定关于知觉过程性质的问题，并在确定了这个问题之后，再试图通过所发现的定律对于手头上特殊例子的应用，去获得对于知觉的每一个别形式以及对于每一个知觉行动的了解。现在我还绝不认为我已经以这样的方式和以足够的彻底性，在经验的有效性的基础上建立起一个理论来了。这样的彻底性之所以达不到，正是由于这些研究并不包括知觉的整个领域。但是我确信那真正成为可能的有效性，至少是已经进展到了足够远的地步，可以保证我们把这给定的理论看作在根本点上是可靠的。与目前流行的意见上的混淆相反，这在我看来到底是一些收获。

分析个人知觉过程时常常要再三回过来引用的这条定律就是心理的逻辑的进化定律。我们因此把这条定律选定为这一理论的基础，而且我希望已经表明这条定律（由经验所提供的）的连续的应用，便是以一种有秩序的序列去推演那些无意识和有意识的心理生活现象，从感觉到映象的形成所需要的一切了。就是在这个意义上我可以把感觉论者洛克同唯心论者莱布尼兹所加的补充语合在一起，也就是："凡理智中的东西，没有不存在于感觉之中的，除了理智本身。"用此来作为以下研究的序言。但是我远远不像莱布尼兹所做的那样，在心理中把整个的先天观念世界同这个理智放在一起，我所理解的"理智"仅仅是那些逻辑进化的经验的事实，在这里面并不存在有认识本身，而是达到认识的可能性。

我们在这里引述了两条对于心理现象总体有效的定律。这两条定律都是已经知道的，然而关于它们的普遍意义尚未得到足够的尊重。人们相信第一条定律仅仅对于感觉和刺激的依存关系是有效的，而第二条定律之被人们接受，也仅仅在意识事实的范围之内(而这里大多数也只是对于演绎的认识过程的那一时刻而言)。我们关于这两条定律的扩展的有效知识，归功于实验的办法。实验法在心理学中的应用虽然是新的，但已经产生了它的结果，它为我们提供了观点，关于这些观点我们可以肯定地说，通过直接观察的道路是决不能达到的。实验法使得对心理现象的过程进行时间测量成为可能，并且教会我们关于我们的心理生活观具有巨大重要性的两大普遍规律：一个是心理机能的相互依赖规律，一个是心理机能之间从一种向另一种演化的规律。

（胡寄南译）

选自：张述祖总审校．西方心理学家文选．北京：人民教育出版社，1983

人类与动物心理学论稿（节选）

（一）

一俟知识的曙光通过理智（senses）之门唤醒我们的时候，我们就开始比较事物，开始反映它们。思维的首要工作是将事物各自定位，把它们从杂乱无章的感觉印象（sense-impressions）转变成明白易懂的形式。但是，即使在其他一切事物都井然有序地排列之后，仍然有一些事物没有定位——我们的情感（feeling）、意愿（willing）和思维（thinking）；还有由此产生的问题：我们自己的心理生活（mental life）如何使我们考察的对象真实地反映外部世界中实际存在的形式？然而，能提出这样一个问题吗？它真的不自相矛盾吗？这就好像我们要求音调应为它自己听到的那样，或者光线应为它自己看到的那样。

事实上，当我们深入研究心理学时，就出现了一个特别困难的问题。如果我们试图去观察我们的心理活动，那么观察者和被观察者就合二为一。但是，最重要的有价值的观察之条件通常被认为在于事物和观察者的相互独立性（mutual independence）。而且，如果我们因为心理科学不可避免地存在一些局限性而怀疑心理现象的可能性，我们就会操之过急。只有这样的认识是正确的：事物的特异性意味着对其观察的特殊条件。这可以用两个规则来解释：第一，毋须任何外部因素的帮助，只要我们自己去内省（introspection），就可以知道思维过程，尽管在其发生的时候，它不可能被直接地观察到。我们必须尽可能地根据它们留在我们记忆中的效应，限于自己去解析它们。第二，只要有可能，我们必须根据对外部器官的客观刺激［特别是感觉器官，它与我们所界定的精神病（psychosis）的心理功能是相联系的］来努力地控制我们的心理过程，而观察条件施加于感觉器官的干扰影响是被抵消的。这样的控制可由实验来提供。实验能使我们产生一种现象，并根据我们的兴趣去规定它的条件：它在心理学上特别重要，因为它使自我观察（self-observation）在心理过程中成为可能。

现在，让我们根据所建立的第一个规则，去回忆我们所经历的任何一个特殊的心理体验（mental experience）的一般印象。这种印象通常是一个复杂的过程。它的某些部分，例如关于外部事物的意象（image），我们称作观念（ideas）；它的其他一些部分，例如我们自己的心理在这些观念上产生的愉快或痛苦的反应，我们称作情感（feelings）；还有，它的另外一些部分，我们称作努力（efforts）、冲动（impulses）或意志（volitions）。可以肯定的是，这些心理生活的要素（elements）从来不是孤立发生的，而是相互联系的，通常彼此依赖。而且，在心理调查的开始阶段，伴随着由语言建立的辨别事例，去分离出这个复杂的内部生活的最重要的因素，并对它们中的每一个因素依次予以特别的分析，这是绝对必要的。

如果这些要素是相互联系和相互依存的，那么现在很清楚，我们也可以开始分析我们意欲分析的它们中的任何一个要素。而且，外部的原因使它只有以观念研究为开端，几乎不可能再去选择任何一种其他的方法。我们把一种观念视作某个外部事物的意象。因此，我们可以在这些事物的逻辑概念中进行抽象，对这些外部事物的意象进行迁移（transfer）；我们可以思考它们，好像情感、冲动和意志（事实上，这些心理体验不可避免地伴随着它们）并不存在似的。另一方面，对于情感和冲动本身而言，是不可能进行这种抽象化的，因为我们在尚未涉及把它们联系起来的观念之前是不可能描述它们的。假定这样的结果仅仅来自下述的事实，即我们的一切称谓导源于在外部世界的事物之间进行区分，并且稍后才用于我们的内部体验（inner experiences）上。然而，下述的说法也仍然是正确的，即我们知识发展的一般趋势，必然决定了我们运用心理学去分析内部体验的方式。

通过一个观念，我们将会理解心理状态或心理过程，这种心理状态或心理过程涉及处于我们自身的某种东西。这种外部属性被认为直接适用于现在，或者适用于过去曾直接呈现于我们的一个事物，或者甚至可以适用于一个可能存在而实际并不存在的事物。因此，在观念之下，我们包括——（1）感知觉（sense-perceptions），它们依赖于感觉器官的直接刺激；（2）对这种感知觉的记忆（memories）；（3）对这些东西来说可能的幻象（images of fancy）。在许多心理学采用的术语中，记忆意象和幻象被称作观念，而感官印象的直接效果被专门界定为“知觉”，我们必须判断这种界说是不合理的和易于误解的。它导致了这样一种观点，即认为在两种心理过程之间存在某种基本的心理学差别，而这种差别是无法被发现的。甚至以反射为基础的区分——认为记忆意象和幻象并不对应于实际上呈现于我们面前的事物——也是没有用的。同样，感知觉也可能被当作错觉（illusions of sense）。所以随着这两种不同的观念被区分，这些特征就仅仅是次要的，而这种区分本身总是无法被很好地识别。

一种观念（这里我们在一般的意义上使用这个词）通常是指某种复合物。一个视觉意象是由空间上可区分的部分组成的；一种声音是由乐音（clang）组成的，而且它也被认为是以一定的方向传播的——也就是说，它与空间观念相联系。因此，我们在分析观念时，第一个问题在于对它们最简单的组成要素的确定，并研究这些要素的心理特性。我们称这些观念的心理要素为感觉（sensations）。这样，我们可以说一幢房子、一张桌子、太阳或月亮的观念具有蓝色、黄色、温暖、寒冷或一个确定的音高等感觉。我们必须注意，“感觉”这个词的使用，像上面提及的“观念”一词在一般意义上的使用一样，在近代心理学中是流行的。在早期的一些专题文献中，甚至在大众著述和“纯文学”（belles lettres）中，我们发现“感觉”这个词被用作“情感”（feeling）的同义词。这里及其下文，我们将遵循上述所给的界定，根据这个界定，感觉是指观念的最简单、最基本的组成成分。

（二）

但是，把观念分解为感觉，并没有完成我们给自己确定的任务——分析有关外部世界的那些心理过程。对于每种感觉来说，我们区分出两种特性——一个是我们命名的强度（strength），另一个我们称之为特性（quality)。两者之中缺少一者，感觉便不可能存在。每一种感觉，例如声音、炎热、寒冷、味道或者其他诸如此类的东西，都拥有一定的强度和一定的特性。然而，一般说来，这两种属性（attributes）可以彼此独立地变化。我们可以发出一个音调，例如，开始十分轻柔，然后逐渐地增加强度，最后扩展到尽可能高的强度，然而它的特性没有改变。或者，我们可以一个接一个地敲击不同的音阶，于是就获得了不同特性的音符，如果我们愿意，我们会始终保持音符的相同强度。这里特性发生了变化，而强度保持恒定。感觉的这两种组成成分可以彼此独立地发生变化，这种变化的可能性取决于这样的事实，即外界的运动通过作用于我们的感觉器官而表现为两个方面，其中任何一个方面都可以改变，而不影响另一方面。

运动过程通过作用于我们的感觉器官产生了感觉，我们把这一现象命名为刺激（stimuli)，或者更具体一些，命名为感官刺激(sense-stimuli)。据此，我们通常借助外界运动过程的刺激来理解，也即外界刺激作用于感觉器官，然后由感觉神经传递到大脑，与此相伴随的便是出现感觉这个心理过程。因此，我们认为，空气中的声波和光波作为刺激物存在于周围环境中，这是相对于我们的声音感觉和光的感觉来说的。同样，通过这样的外部刺激，在我们的感觉器官和大脑中产生的运动过程，可以彼此视作是刺激过程或者整个刺激过程的组成成分。为了清楚起见，我们把这一现象称之为最后的内部刺激（internal stimuli)。当我们讨论刺激与感觉的关系时，我们似乎总是首先在心理上具有这种外部刺激（external stimuli)，这只是因为它们更容易为客观的研究所接受。但是，无论我们怎样提出很好的理由去认为一个刺激过程在感觉器官、感觉神经和大脑感觉中枢中引起的特殊形式对一种特定的感觉产生决定性的影响，我们必须考虑内部刺激的特征和外部刺激向内部刺激的转化形式。

现在，对于这两种感觉中的任何一种（我们采用“刺激”这一术语来表示的感觉)，我们既能改变它的强度又能改变它的刺激过程的形式。而且，刺激的强度对应于感觉的强度，刺激的形式对应于感觉的性质（因此，对于声音和光线，感觉的强度为振动的幅度，它们的特性为其速度。我们称乐音的特性为音频，光线的特性为颜色)。尽管感觉的强度和特性不是相互独立地存在着，然而根据它们各自的目的，心理学分析能够区分它们。在区分它们的过程中，当观念从整个心理生活中分离出来时，起初它只是完成了一个抽象，后来它进一步把观念分离成各种基本的感觉。

(三)

这里，我们暂且避开有关特性的任何东西，我们开始研究感觉的强度。

如果我们把同一形式的两个不同感觉进行比较，我们无疑可以根据它们的强度进行判断。我们的判断是这样进行的：这两种感觉具有相等的强度，或者它们具有不同的强度。我们声称中午的太阳比月亮明亮，大炮的吼声比手枪的响声响亮，一英担（hundred-weight）比一磅重，比较性判断是直接从感觉得到的。我们可以阐述它们：我们对太阳光、大炮和英担所产生的感觉强度比我们从月亮、手枪发射或磅上感觉到的强度要大。由于感觉从量上比较是可能的，因此我们可以说某两种感觉具有相同的强度，或者其中一个感觉比另一个感觉的强度大些或小些。我们对感觉的测量是有所保留的。我们不能说一种感觉强度比另一种感觉强度强多少或弱多少。我们至少不能估计太阳是否比月亮明亮 100 倍或者1 000倍，大炮声音比手枪声音响亮 100 倍或者1 000倍。我们对感觉的一般测量方法告诉我们只能用“相等”、大些或者小些来表示，而不能用大多少或者小多少来表示。因此，当我们需要一个确切的强度决定值时，这种自然的测量方法实际上等于没有。也许，尽管我们可以根据一个一般的规则观察到感觉的强度随着刺激强度的变化而增大或减少，然而我们仍然没有关于这两种强度是否以相同的比率变化，或者其中一个比另一个增加慢些或者快些的观念。总之，我们知道并不存在感觉依赖刺激的定律。如果我们发现了这一点，那么我们就必须开始去发现一种更加精确的测量感觉的方法。我们可以说一个刺激强度 1 产生了一个感觉强度 1，一个刺激强度 2 产生了一个感觉强度 2，或者 3 或者 4，等等。但是，为了做到这一点，我们必须知道“感觉为2倍”或者“3倍”或者“4倍”的意思是什么。

我们在上面已经说过，开始敲击一个音符时十分地轻柔，它是一个只能恰好被听到的强度，然后逐渐增加强度，直至我们所敲这个音符的强度尽可能地达到最高点。在这个上限和下限之间，音强的感觉就产生了。它不是通过跳跃或者弹蹦进行的，而是平稳地、规范地通过所有可能的强度。而且，其他的感觉印象也具有如此的性质。根据每一种感觉性质，我们能够建立起一系列一维的（one-dimensional）感觉强度，它毫不间断地从一个感觉强度进入到另一个感觉强度。首先，在这样一个系列中，我们可以从数量上来区分每一个强度不同于其他的强度。我们说在两个比较的感觉中其中一个感觉的强度强些，另一个弱些。但是，不仅如此，我们发现，通过这个序列比较，可以很容易说明一个强度在一种情形里的差异比起它在另一种情形里的差异要大。

现在，鉴于这些明显的考察，对心理学研究来说产生了两个独立的问题。第一个问题是：对这种感觉强度进行自然测量的基础是什么？这些感觉强度能使我们在不知道影响我们感觉的外部因素时，直接从数量上比较不同的感觉。第二个问题是——正如已经陈述过的那样，它将成为实验心理学中的一个问题——这个粗略的、不精确的自然测量方法是否能转化成一个精确的方法？也就是说，我们也许能够利用它来比较一个特定的感觉比另一个感觉强多少或者弱多少。我们将首先试图来回答这第二个问题。

选自：冯特．人类与动物心理学论稿．李维，沈烈敏译．杭州：浙江教育出版社，1998

思想评介

威廉·冯特与中国心理学

中国古代曾是世界心理学思想最早的策源地和丰饶产区之一。在古代思想家讨论心性、道德和教育的理论或和宗教思想作斗争的著作中，在医学理论著作和文艺理论著作中，都包含着许多有关心理学问题的理论与资料，值得探讨和发掘。但心理学作为一门独立的科学出现于中国，是在清朝末年西方近代科学被介绍到中国以后，也即冯特创立了心理学实验室，试图建立科学心理学以后。中国现代史上著名的民主革命家、教育家和科学家蔡元培曾在德国莱比锡亲聆冯特的哲学和心理学讲课，学习过实验心理。后来在1917年，蔡元培开始任北京大学校长的同年，中国早期的心理学教授陈大齐首先在北京大学建立了中国第一个心理学实验室。1923年吴颂皋由英文本转译了冯特的著作《心理学导言》。

（一）冯特对中国前期心理学的影响

中国心理学家中虽然没有冯特直接的学生，冯特著作被翻译为中文的也很少，但冯特创立的心理学体系及科学实验的方向代表着19世纪末20世纪初科学发展的潮流和趋向，这种趋向，通过欧美和日本对中国的影响是颇为深远的。清末兴办新教育以后，在1906年（光绪三十二年），由江苏宁属学务处出版了江苏师范编的中国第一部心理学。次年，由商务印书馆出版了王国维翻译的丹麦海甫定著的《心理学概论》（根据英译版译出）。在北大开设“心理学实验”课程的同时，1918年陈大齐著的大学用书《心理学大纲》也出版了。这些书在中国早期对心理学的传播曾产生过较大的影响。其中陈大齐的《心理学大纲》比较系统地介绍了当时西方心理学的成就，从中可以看到冯特的心理学影响，例如该书中认为“科学的心理学以经验为主”，“内省法为心理学特有的研究方法”，“广义言之，一切心理学莫非实验心理学”等。陈大齐把冯特作为构造派的代表，在评论机能派的短长之后认为“自理论上言之，要以构造的心理学之态度为合乎科学的研究法”。书中具体介绍了冯特的温觉、色觉、观念联合、情绪、意志等学说，尤其是冯特的情感三向说、冯特对 James-Lange 情绪说的批判及冯特不同于英国联想派的观念联合说。

1920 年冯特逝世那一年，在中国心理学现代史上也是一个重要的年份。在南京高等师范由陆志韦、陈鹤琴两教授主持开创了中国大学中第一个独立的心理系。1922 年由张耀翔教授主编创办了中国第一种心理学专业期刊《心理》杂志。1928 年由蔡元培创建的前中央研究院中设立了心理研究所，先后由唐钺、汪敬熙教授主持工作。二三十年代，是国际心理学各派争鸣的繁荣时期。除冯特的心理学外，构造派、机能派、完形派、心理分析派都陆续被介绍到中国来，中国心理学也形成了一个开始繁荣的局面。据不完全统计，从 1922～1940 年，中国共出版心理学专著 370 种以上，其中汉译外国心理学名家名著不下 160 种。除专著和译本外，仅 1930 年 7 月至 1934 年 6 月的 4 年间，在 115 种杂志期刊中有 314 位作者共发表心理学论文近 700 篇。

在各派纷争的局面下，中国心理学界也与国际心理学界一样，对于冯特所属的构造派也有所褒贬；而且其他学派也表现出对中国有所影响，尤其是开始时的机能派和后来的行为派。但对于冯特本人及其贡献仍都有人采取比较肯定的评价。他们认为“心理学最近四五十年间，有急速之进步，德、法、美、意等国心理学家辈出，最有力之贡献者，则众所承认现代心理学之泰斗冯特教授其人也”①。冯特“生于新旧过渡时代”，“而亦为新旧两派的邮津”②；“他对于心理学的贡献是使人改变研究的方法和采取科学的态

---

① 陶孟和．现代心理学．2版．北京：北京大学出版社，1923

② 陆志韦，吴定良．心理学史．心理．1922，2（1）

度"①，"就心理学而论，它的范围是生理学、心理物理学以至于开辟了社会心理学，然而最重要的一点还在替心理学树立了一个重要的基石，即1879年建立了一个心理实验室。……科学心理学的发展在此时才是正式开步走"②。冯特在开创实验心理学（其早期即"生理心理学"），促使心理学成为一门独立的科学所作的贡献，就是行为派在中国的代表人郭任远也无法否认。行为派的中国代表者虽然反对构造派的意识心理学，但他对冯特本人的看法却是，"1879年间德国有一位由哲学和生理学结婚后产下来的儿子——冯特（W. Wundt）创设一个所谓'心理实验室'，同时英美各国好几个大学也有同样的建设。从此以后，研究心理学的人就天天有建设'科学的心理学'的梦想了"③。郭任远虽然也认为冯特的实验内省法不科学，它具有不能公开、不能重复、不精确、不可靠等六个缺点，但却指出它的两个价值：可为研究问题提供线索与工具；其结果可作为他种实验结果的旁证。

冯特对中国心理学早期的影响主要在心理学的体系和科学实验方向，在心理学体系方面不但在上述大学用书中，就是在中师的教本中也有明显的体现。例如在曾有较大影响的教本《心理学要领》（樊炳清著）中，关于心理学的对象和方法就与冯特所持的看法相似。书中认为，自然科学与心理学都是以经验为对象的，只是"精神现象乃直接之经验，而自然现象则间接之经验也"；在方法上，书中也是主张自我观察法、试验法和研究语言、神话、艺术、风俗的外部观察法④。这本书虽然自称是"立足于机能方面之上"的，但它的篇章的结构安排则和冯特的体系大致相若，甚至在"知觉"一章中还包括冯特的"统觉"。可见后来各派虽相继传入中国并产生了影响，但冯特心理学的潜在影响一直仍相当明显。

冯特心理学的科学研究方向对中国心理学研究工作更有深远的影响。中国早期留学德国的心理学家曾介绍过冯特实验室两次扩充

① 潘菽．心理学的过去与将来．学艺．1922，9（1）

② 吴绍熙．实验心理学的发展．中央大学半月刊，1930，9（11）：51

③ 郭任远．郭任远心理学论丛：2版．北京：开明书店，1931．67～69

④ 樊炳清．心理学要领．北京：商务印书馆，1937

的情况及在冯特逝世后莱比锡大学心理学工作的发展，认为“虽然在研究上已有多种分科，而在精神上却多是冯特的遗迹”①，并针对当时中国心理学研究工作，曾提出应开展民族心理学的研究，这显然是受冯特关于“有两门科学必须来支援普通心理学，即心理的进化史及比较心理学”的设想所影响。因为中国西南是多个少数民族聚居的地方，他认为“西南民族心理学是研究比较心理学和进化心理学最好的材料”，但这方面的建议没有得到支持。因为在旧中国，科学研究很少受到重视，当时我国心理学的根底也非常薄弱，所以这一工作一直没有开展。而实验心理学，尤其是冯特早期所开创的生理心理学领域，始终是我国心理学研究机构和心理学科研工作（包括解放前及解放后）的一个重要方面。前中央研究院心理研究所曾进行与心理有关的神经生理及大脑解剖方面的研究外，也进行行为的生理方面的研究，包括脑电、皮肤电、内分泌、胚胎行为等的实验研究。汪敬熙的《行为之生理的分析》（1944）一书就是他这方面工作的总结。汪在心理学理论方面的文章，与冯特的某些看法也很有类同之处。他认为：“理论研究有两条有希望的道路。一是利用动物生态学的方法或实验方法去详细记载人或其他动物自受胎起到老死止之行为的发展。在儿童心理学及动物心理学均有充分作这种研究的机会。这种记载是心理学所必需的基础。二是利用生理学知识和方法去作行为之实验的分析。”②在强调生理心理学的同时，行为主义在我国的代表者抱着极端自然主义的观点，公然主张“行为学的使命就是把心理学机械化、具体化、实验化、物理化和数学化”③。正如冯特在创建生理心理学时为维护心理学的独特性而反对把心理学归属于生理学一样，中国心理学者对当时国际性的这种倾向，曾指出：“行为心理学和构造心理学……一个共同的弱点，就是受生理学的影响太大。构造派实验室的研究大部分是因袭生理学上感觉的研究。行为主义者的基本观念也是从神经生理学

---

① 郭一岑．筹备“中央心理研究所”之建议．教育杂志，1930，21（3）：11～27

② 汪敬熙．中国心理学的将来．独立评论，1933（4）：15

③ 郭任远．行为学的基础．北京：商务印书馆，1929．9

采取而来”；“心理学并不是生理学的一支也不是一种生物学。我们研究心理学应抛去一切从他种科学带来的偏见，专从心理事实的自身去探索观察。换言之就是，心理学应该有自己的观点和方法，不可为他种学科的观点和方法所蔽。有所蔽就不能完全观察到一个事物的真相”①。

在国际上各心理学派纷争，中国心理学研究工作又未得到充分开展的困难情况下，中国心理学者在回顾过去后，对心理学的未来发展也正如国外许多乐观的心理学家一样，充满信心。他们曾把科学发展分为三个时期：物理学（牛顿）——生物学（达尔文）——心理学，而且认为中国学者应对心理科学的建立作出贡献。冯特曾认为心理学是一切精神科学的基础。中国心理学者则曾设想终有一天“心理学的范围带领一切科学”，认为要发展“许多知觉灵敏的人感觉到还缺少一样顶重要的东西。这个顶重要的东西，照有些眼光的心理学者看来，就是他们正在勤力探讨的心理学”②。

由上述可以看到，从心理学的体系、科学研究的方向及对科学的展望等方面，冯特对中国心理学早期的发展有一定的关联或潜在的影响，虽然其中也有不谋而合的性质。在这里，还需要涉及的是马克思主义对心理科学的影响。与冯特创建心理科学的同时，在19世纪下半叶，马克思主义的辩证方法和共产主义世界观已经诞生并开始在全世界范围内广泛产生影响，“在一切有无产者和无畏的科学理论家的国家里，都受到了重视和拥护”。德国是马克思主义的故乡和冯特心理学的发源地。冯特早期（1855～1874）以一个自然科学家开创的心理学新领域中本来具有明显的自然科学的朴素唯物论，但后来他走向了哲学上混乱的唯心论，以至把马克思主义等同于庸俗唯物论与形而上学而加以反对。这就不能不限制了他对心理学能够作出更大的贡献。墨菲在评论马克思主义的影响时说：“对于心理学来说，他的重要性虽然在当时很小，但在俄国大革命以后大为增强。”在本世纪20年代，苏联科尔尼洛夫提出以马克思

① 潘菽．心理学的过去与将来．学艺，1928，9（1）
② 潘菽．心理学的过去与将来．学艺，1928，9（1）

主义为指导来建立辩证唯物论心理学。中国心理学者当时就已开始介绍了苏联心理学的情况，并且在30年代，我国一些心理学者也先后提出并探索在辩证唯物主义的基础上建立科学的心理学。但这个愿望只有在新中国成立以后才能较广泛实现。

（二）解放以后的中国心理学

1949年中国解放以后，随着中国科学院的建立即开始筹备并于1951年设立了心理研究室，1956年扩大成立心理研究所。同年创办《心理学报》，至60年代中叶，共出版35期，发表论文、研究报告等近300篇。其内容包括心理过程及生理心理的实验研究、教育心理与儿童心理、劳动心理与工程心理、缺陷（智能落后）心理与医学心理、心理学基本理论及心理学史。全国高校还出版了通用的普通心理学、教育心理学、儿童心理学教科书。在此期间曾出版评论冯特、铁钦纳构造派的专著。由于心理学是我国教育科学和哲学的基础必修课目，全国各大专院校大多有自编的各种心理学教材，北京大学与南京师范学院等校还编了有关西方心理学派别和西方心理学史的教材，对冯特有一定的评价。

20世纪50年代开始，中国心理学者比较认真和全面地学习苏联心理学，强调在马克思主义的指导下和巴甫洛夫学说的基础上开展心理科学的研究工作。众所周知，在19世纪70年代上半叶，冯特开拓的“生理心理学”新领域“是特别致力于研究心理过程的生理联系的”。20世纪50年代中国心理学者广泛学习了巴甫洛夫高级神经活动生理学，目的则更为明确，是为了研究心理的生理机制，是试图运用巴甫洛夫学说及其条件反射的方法“径直研究心理现象的物质本体（神经过程）”①，作为在我国建立科学心理学的起点和方向。国外心理学评论者对我国这一重要方面的工作似乎未加以应有的注意。我国的科学实验表明，冯特曾开拓过的“生理心理”这个领域的研究，不但在深入揭露心理的物质本体是必要的，而且在教育、体育、医疗的应用也在逐渐扩大。我国虽一直把这个

① 列宁．列宁全集：1卷．北京：人民出版社，1955．124

领域当成研究的重要方向之一，但过去偏于实验观察，有关的理论探索显得很薄弱因而方向不明，还有待努力深入和提高。

在心理学体系等方面，我国从20世纪50年代以来受苏联捷普洛夫、斯米尔诺夫及鲁宾斯坦的心理学教科书的影响较大。但即使如此，从参考苏联的心理学体系中也仍可以找到冯特心理学的渊源。就以中国自编的高校通用的《普通心理学（上册）》教本（曹日昌主编）来说，仍以知、情、意等心理过程为心理学的主要对象，以观察和实验作为心理学研究的基本方法。但这本书也有不同于西方心理学的特点，就是中国心理学者自觉地认为“辩证唯物论是心理学的理论基础，也是心理学研究所应遵循的基本原则”①，因此很自然地强调心理现象是脑的机能，是客观现实的反映；强调必须探究心理活动的生理机制，而不同于冯特——“把大脑活动和心理活动并列起来，成为一种‘心物平行论’”②。这本书还强调“心理学的基本任务……主要是研究心理活动的过程及其机制、心理特征的形成过程及其机制、心理过程和心理特征的相互关系等许多方面的规律”，而不同于“冯特、铁钦纳所代表的构造派，他们按照物质的形式把心理看成为由一定的元素所构成的复合体，所以就企图仿照化学的方法来对复杂的心理进行化学式的分析”。

冯特心理学对解放后中国心理学间接的影响的正面和反面情况还不仅此。曹日昌同志曾从心理学的基本观点进行理论性的概括，并举出他主编的这本书为例说明：“由于它的自然主义的基本观点，……不理解心理过程对社会实验的依赖关系，它长期陷于‘生物学化’而不能自拔。”这里他提出“自然主义”观点的问题，有人曾从学科的发展方面追溯了它的历史根源，指出自19世纪实验心理学成立以来，以及冯特的生理心理学在其研究范围及方法论上都是“因袭自然科学”。冯特的“把心理看成一种自然现象，而且把心理学看成一门自然科学的观点”，对于摒弃旧哲学中对“心灵”的先验观点，无疑曾起过积极作用，但另一方面，有人认为冯特等

① 曹日昌主编．普通心理学：上册．北京：人民教育出版社，1964

② 陈元晖．心理学的方法学．心理学报，1960（2）．68～107

人“把心理学引向自然科学，避免揭露人的心理的社会实质……。中国心理学数十年来受这种思想毒害是很大的，我们应该给它彻底地清算”。

对于如何开展心理学研究工作以便更好地为社会主义服务的问题，中国心理学者从20世纪50年代到60年代曾进行多次的争论。例如，在身心关系尤其是高级神经活动与心理活动的关系上，除肯定物质第一性外，也像冯特那样强调心理对生理的独特性。有人认为二者是同一大脑的活动但性质上是根本不同的两种表现。又如冯特强调的心理学是一门独立科学、心理活动有它自身的规律一样，中国心理学者一般认为心理现象有其自身的矛盾特殊性，并提出了各种有待探讨的看法。在方法问题的争论中，实验室方法的科学性问题曾经是争论的焦点之一。对于这一点，有人曾介绍了巴甫洛夫在评价20世纪以来心理学在研究方法上的失败经过时曾对冯特实验方法肯定地说："起先是生理学者以后又成为心理学者与哲学家的冯特的企图是比较成功的，他应用所谓实验心理学的数学测定心理现象的实验；他这样搜集了并在搜集着不少的材料。”关于学科性质问题，中国心理学者也有人像冯特早期把心理学看作自然科学的，但一般的看法是："心理学是中间科学，既有自然科学的性质，也有社会科学的性质。”冯特后期曾提出“使心理学成为一门与自然科学相协调并补充自然科学的一般的、经验的科学”[冯特原著选辑（二）]，中国学者则提出，“心理学有一个重要的任务就是要说明社会怎样和自然联系着。心理学应该成为自然科学和社会科学之间的一座重要的桥梁”。争论中分歧最大的是对于心理学任务的看法，“一部分心理学者认为‘心理学的任务是研究意识的起源、发生、发展和人对客观现实的反映过程’”；“另一部分心理学者则认为……应当揭露‘人的心理意识如何在社会实验中形成发展以及如何发挥它的能动作用的一切规律’”。显然前者强调应研究“反映过程”并揭露心理的生理机制，为认识论提供科学论据；后者强调应研究“意识倾向”并探讨心理的社会制约性，为无产阶级思想品德教育服务。争论中有因强调应用而把心理学混同于伦理学的倾向，有人即用冯特关于心理学属于实证科学而不是规范科学的这种说法说："用传统的话说，我的意思是说：心理学是一门实证科学，不是规范科学。实证科学的目的是在于发展、认识、研究客观事物的规律、事物间的因果关系……。心理学不是研究思想的内容的善恶、美丑的规范的。对这种规范的研究是属于伦理学等学科的范围的。"学者们认为"心理学肯定不是规范科学"。

从20世纪50年代到60年代，中国心理学者对西方各心理学派曾进行过一系列批判和评论，如批判了行为主义、完形论、心理分析及社会心理学等，还曾出版过《冯特和铁钦纳的构造心理学派的理论基础》一书，对构造派心理学的对象、方法、意识、元素、心理过程、身心平行论等进行分析评论，认为"构造派倡导'实验心理学'、'生理心理学'，对于心理学成为一门独立的科学起了推动的作用，并促进对心理学问题的实验研究"，然而，该书的结论中提出："冯特于1862年第一次提出实验心理学的同时，谢切诺夫也提出大脑反射的理论。这标志着近代心理学思想两条路线的分歧。"① 这本书把作为心理学家的冯特列为唯心论心理学路线的代表，与谢切诺夫的心理学成为对照。这是受20世纪50年代苏联心理学者鲁宾斯坦的影响，是以哲学观点代替科学分析的一种简单化的做法。曹日昌同志认为西方各学派固然有他们的世界观与立场的限制，但主要应该看到他们在思想方法上的错误，"上一世纪和现代西方心理学家为争取心理学成为一门独立的科学尽力企图摆脱哲学的影响，但他们不懂得哲学的意义，……他们的阶级立场……使他们在心理学研究中找不到正确的思想指导，找不到正确的方法论……"。他们大多数还是束缚在旧的形而上学的范畴之内，因缺乏辩证唯物主义思想和方法指导，而造成了观察问题表面性、片面性与主观性，并表现为绝对主义、折衷主义、实证主义、操作主义。其实科学理论来自社会实践，"心理学理论是由阶级斗争、生产斗争、教育实践、医疗实践、科学实践中获得的"。我们需要正确的哲学作指导，但不是以此代替心理学理论的研究。

20世纪50年代在学习苏联心理学的基础上，中国心理学者也

---

① 荆其诚．冯特和铁钦纳的构造心理学派的理论基础．北京：科学出版社，1958

试图用马克思主义观点方法对苏联心理学派，尤其是对巴甫洛夫学说进行科学的评价。他们曾认为巴甫洛夫学说是对列宁的“反映论”的贡献；肯定它是心理学的自然科学基础之一，但并不是唯一的基础。当时曾把巴甫洛夫学说提到与马克思主义并列的地位，这只反映了中国心理学者对巴甫洛夫学说的重视，其实从20世纪50年代下半叶开始，在重视这一学派的同时，已开始引进西方当时新出现的科学理论与技术，如信息论、控制论、电子技术、电子计算技术，开始从多方面去开展心理学的研究工作，使后来中国心理学开始呈现“百花齐放”的兴盛局面。可是好景不长，20世纪60年代下半叶，“四人帮”开始直接插手心理学。他们肆意歪曲马克思主义，否定精神活动的物质基础及其规律，诬蔑心理学为“伪科学”，解散心理学机构，致使中国心理学的科研和教学工作被迫全部中断达十年之久。

（三）对冯特的评价问题

1976年10月打倒“四人帮”后，中国科学院心理研究所的恢复才正式为国务院批准。各大专院校心理教研组也逐渐恢复工作。全国重新制订了学科规划，并开展心理学的各种学术活动。北京大学哲学系心理专业扩建为理科的心理学系。研究领域除继续以前关于感知心理、发展心理、教育心理、劳动心理、医学心理、生理心理的研究，还开展了工效心理、心理学基本理论等方面的研究工作。现阶段中国心理学工作的总目标就是从各方面去建立“一种具有社会主义特色、贯彻辩证唯物论观点、吸取古今中外心理学一切积极成果、运用先进技术手段、适应我国四个现代化的要求，并具有我国自己理论体系的心理学”。在这个总目标的指引下我们把“冯特建立心理实验室一百周年纪念”作为总结近代心理学创建以来的历史经验的起点，在全国范围内开展“评论冯特心理学”的学术活动，组织翻译冯特心理学著作及有关的评论约50万字，写出论文专著50种以上，内容包括冯特心理学体系、方法、学说和理论、成就与贡献、局限及影响等。在这次全国性范围的评论工作中，逐步明确了两项原则：(1) 坚持辩证唯物论、历史唯物论的观点，对西方心理学一定要一分为二，吸收其中所有可贵的成分。(2) 遵照毛主席的教导，“对于科学上、艺术上的是非，应当保持慎重的态度，提倡自由讨论，不要轻率地作结论”①。本着双百方针，开展自由讨论以及批评和自我批评，以期达到真理愈辩愈明。根据这些原则，中国心理学者对冯特的评论畅所欲言，各抒己见。例如关于冯特心理学的理论观点问题，有人从冯特的海德堡时期(1855～1874) 的心理学业绩进行具体分析，认为他这一时期是一个自然科学朴素唯物论者。有人从冯特的哲学体系及其认为世界就是“意志活动的整体，这些活动通过意志的相互规定把表象的活动安排成不同领域的意志个体的发展序列”(冯特“哲学体系”1897年第2版第417页)，说明他的哲学思想的主要倾向是客观唯心主义。有人认为冯特的观点是与经验批判论基本一致的，“以物质现象为间接经验，以感觉为直接经验，就含有感觉比物质更实在的意义。这样，他又从客观唯心论走到主观唯心论了”。有人认为“冯特从心物二元论出发到达唯意志论的唯心一元论”，是“翻了一个面的康德”等等。通过分析，中国心理学者认为一切应从实际出发，实事求是地区别对待：(1) 要区别早期与晚期，1875年以前冯特主要是一个朴素的唯物论者，晚期则陷入混乱的观点中。(2) 要区别心理学与哲学。若就整个世界观而言，作为哲学家的冯特(1875年以后)，正如列宁所批判的，也像大多数作家一样“抱着混乱的唯心主义观点”；但若就他的心理学某些理论而言，除唯心论外，并不排除其中有唯物的成分和辩证的因素。例如“冯特认为心理现象是过程……。如果有任何东西可以称为灵魂，那么，灵魂只是心理过程的总和。这样，旧式的灵魂就从心理学中消逝了。因此，一般人认为冯特是倡导无灵魂的心理学的”。在新近出版的《论冯特》这本专著中，陈元晖同志认为“冯特是哲学史上的侏儒，心理学史上的汉子”。这说明我们不能把哲学与科学两者简单地等同起来。多年来国际上某些心理学评论家“片面地用冯特世界观上的唯心论否定他在心理学上的贡献及其在心理学史上的特殊地位，

① 毛泽东．毛泽东选集：5卷．北京：人民出版社，1977．389

这是形而上学的一点论和历史唯心论……在心理学史中的反映”。中国心理学者推崇冯特的同时代人、德国当时自然科学唯物论的杰出代表恩斯特·海克尔（1834～1919）。他的名著《宇宙之谜》（1899）曾指出冯特的“关于人类灵魂和动物灵魂的演讲录”第一版纯粹是一元论的和唯物的，而第二版则纯粹是二元论的和唯心的，并表示他很自然地将冯特早年的基本观点“当成是正确的自然认识，并积极地加以捍卫，以反对年迈的哲学家冯特的那种相反的基本观点”。他对冯特的心理学业绩给予了实事求是的评价，并坚持了真理，而且他试图对冯特等人在哲学原理上的转变进行分析以便取得教益，但是他把冯特他们这种“认识上的自我转变本身”单纯地归因于他们的生理年龄特征——暮年时“大脑器官”退化了。这就可以看出海克尔的朴素的、自然科学唯物论，是有它的局限性的。要克服这种局限性，“自然科学家就应该做一个现代化唯物论者，做一个以马克思主义为代表的唯物论的自觉拥护者，也就是说应当做个辩证唯物论者”。

以上仅举我们评论冯特心理学有关的理论观点的简况，其余从略了。总的说来，冯特是现代心理学伟大的倡导人之一。他具有现代自然科学完备的训练及传统心理学非常渊博的知识。他以科学首创精神，早期广泛采用当时科学实验新技术，后期积极利用当时社会科学新成果，力图摆脱思辨心理学传统的束缚，开拓了生理心理学、实验心理学、民族心理学新领域，并建立了各自的科学体系。冯特心理学是古典哲学中传统心理学的终结、现代心理学的开端。“因此，尽管冯特的整个的心理学体系还不正确不全面，它在心理学发展史上是占有重要地位的。”它的课题范围继承了传统心理学内容的丰富性与广泛性，它的理论观点有传统心理学唯心论、二元论以及形而上学的影响，也有自然科学朴素唯物论；它所坚持的科学实验方向及所探索的具体科学事实、规律和方法中的唯物成分和辩证因素，对科学心理学的发展有不可抹杀的意义，有待于心理学者作更深入的探讨，以便发扬冯特心理学中的积极成分，克服其消极影响。只有这样做了才能使心理学在新时代推动下更好地前进；也只有这样做了并对整个传统心理学的种种理论基础进行了马克思主义的批判和科学总结，我国心理学者才能对我国的四个现代化作出应有的贡献，才能使我国心理学自身走上充分现代化和充分科学化的道路。冯特建立科学心理学的宏伟愿望的实现还大大有待于世界广大心理学者的艰苦努力。

（潘菽　陈立　王景和　陈大柔）

选自：心理学报，1980（4）

詹姆斯

(William James)

- 生平简介
- 名篇选读

  心理学原理（节选）
- 思想评介

  詹姆斯的实用主义心理学

生平简介

W·詹姆斯（1842～1910），美国哲学家和心理学家，实用主义的主要代表人物，机能主义心理学的先行者。詹姆斯出生于美国纽约著名的富豪家庭，早年在美国和欧洲几个国家受过长期和多种专业的教育，在美国威廉·亨特工作室学了半年艺术，在哈佛的劳伦斯理科学院专攻解剖学和化学，在哈佛大学医学院学医。他22岁时与博物学家阿加西斯到巴西亚马逊流域进行生物调查，回来后重新恢复医学学习，又到德国学了一年生理学，1869年获哈佛大学医学博士学位；1872年在哈佛教生理学和心理学；1875年，率先在美国开设一门新的心理学课程——生理学与心理学的关系，并创立了一个小型的心理学实验室；1889年任心理学教授，次年出版《心理学原理》。此后他感到已说了所知道的关于心理学的一切，1897年，改任哲学教授。1907年詹姆斯退休，1910年卒于新罕布什尔。詹姆斯是美国心理学会创始人之一，并于1894年和1909年，两度当选为该学会主席。

在心理学史上，机能主义是与詹姆斯的名字联系在一起的，他提出的原理成为美国机能主义的中心原则：研究适应其环境的活生生的人，反对像构造主义那样去发现经验要素。詹姆斯十分强调心理生活在适应环境中的作用，反对把意识仅仅看作是一种与某些心理过程平行的副现象，主张意识的机能是指导有机体达到生存的目的。因此他认为意识可以被看作一种器官，特别是复杂有机体适应高度复杂的环境所需要的器官。他在《心理学原理》一书中用河流来比喻意识，提出“意识流”概念，认为心理生活是一个整体，是一个流动着和变化着的整体经验，一种连续不断、川流不息的状态，即所谓“意识流”。詹姆斯还十分重视人的非理性方面，他指出，人是一种有行为，有热情，又有思想和理智的生物，其信仰是由情绪因素所决定的，推理和概念的形成受到需要和欲望的影响，这些见解也反映出詹姆斯实用主义的心理学倾向。詹姆斯在近代心理学史上最著名的理论贡献还有他对情绪的研究，他把情绪归结为对身体所起变化的感觉，认为人遇到某种情境，身体上先起反应，如发抖、逃跑，这些反应所引起的内导冲动传到大脑皮质时所引起的感觉就是情绪，其实质就是认为生理变化先于情绪体验，情绪只不过是身体所发生变化的感觉。这一理论引起了大量的讨论和争论，推动了许多研究，被认为是现代情绪理论的出发点，这一理论后来被称为詹姆斯—兰格情绪理论。在方法上，詹姆斯主张内省法是心理学研究的基本工具，同时也重视实验法和比较法，强调用比较法来补充内省法和实验法。当然，詹姆斯对内省的理解与冯特、铁钦纳的理解不同，他把内省看作是一个敏锐的观察者迅速而确定无误地抓住实际印象的能力。

詹姆斯的心理学著作主要有：《心理学原理》(1890)、《心理学简编》(1892)、《对教师讲心理学》(1899)。其中《对教师讲心理学》一书作为教育心理学教科书，常被引用。詹姆斯在哲学、宗教方面的著作有：《意志的信仰》、《宗教体验种种》(1902)、《实用主义》(1907)、《多元的宇宙》(1905)、《真理的意义》(1909)等。

（罗胜庆 杨 宁）

名篇选读

心理学原理（节选）

在每一个人的意识之内，思想觉得是连续的

我只能说"连续的"意思是指没有间断，没有裂痕，没有分离的状态。我已经说过，心与心彼此间的间断也许是自然界最大的间断。我们可以设想的在单一个心内面的间断只有：（一）意识完全丧失了，过了一会又发生的那些**中断**，那些**时间上的断缺**；或者是：（二）思想的**性质**或内容的断裂，断裂得那么急剧，弄得后一

段与前一段丝毫没有关系。在每一个人的意识之内，思想觉得是连续的，这个命题有两个意义：

1. 就是有个时间上的断缺，断缺后的意识觉得与断缺前的意识是连成一气的，觉得是同一自我的另一部分；

2. 意识的性质在各刹那间的变化，永远不是绝对突然的。

时间上的断缺，这个现象最简单，要先讨论。最先要讲几句的，就是：意识也许自己不觉得的那些时间上的断缺。

在第八章章首，我们已经见到有这种时间上断缺；并且这样断缺也许比普通所设想的数目还要多些。假如意识不觉得这些断缺，那么，它就不会认它为中断。在笑气和其他迷药所发生的无意识状态，在羊癫疯和昏倒时候的无意识状态，意识生活的两断头可以碰合起来，把那缺口盖住，很像眼中盲点的两边的空间感觉碰合起来，把那客观的视觉中断盖住了一样。像这种的意识，无论旁观的心理学家有如何看法，在这意识自己看来，是完全不断的。这个意识**觉得**没有断缺；清醒一天的意识，在这一天内，觉得是一个单位。这跟说“各个钟头是单位，它的各部分都前后衔接，没有任何外来的东西挤进这些部分的中间去”这句话的意义是一样的。要意识觉得对于它客观的中断是断缺，好像要眼睛因为听不见觉得静寂是断缺，或是耳朵因为看不见觉得黑暗是中断一样。关于觉不出的断缺，这样就算说完了。

至于觉得出来的断缺，那就不同了。我们睡醒之后，通常知道我们曾经失了意识，而且往往对于我们失了意识多少时候有个准确的判断。这种判断一定是根据觉得到的标记的推论；我们所以容易下判断是由于对这桩事经过好久的练习。① 可是，意识，**从它自身看**，不是像前例那样，而乃是中断不连，照这些字的本义说。但是，按连续性的别的意义看，各部分的义蕴实是内部贯串而且打成一片，因为这些部分都是一个公共整体的一部分，所以意识还觉得是连续一体的。但是到底这个公共整体是什么呢？它的自然名字是**我自己**，或是**我**（myself，I，me）。

---

① 何以我们能把睡了多少时候记得准确，还不免是个奥妙。

当保罗和彼得在同一张床上醒过来，觉得他们曾经睡着了的时候，他们每人在心理上都追溯回去，但只与两个被睡眠截断的思想流中之一个连接起来。就像一个埋在地下的电极的电流，无论隔了多厚的土地，总会通到埋在地下与它相对的电极，不会有差错那样，彼得的现在立刻找到彼得的过去，永远不会弄错而与保罗的过去连接起来。保罗的思想也同样不会走错路。彼得以往的思想，只有现在的彼得可以动用。彼得也许对保罗临睡时候的昏困欲睡的心境有**知识**（knowledge），并且有正确的知识；但这种知识与他对于自己临睡心境的知识完全不同类。他**记得**（remembers）他自己的心理状态，但他只能**设想**（conceives）保罗的心理状态。记忆就像直接觉得一样；记忆的对象浸透了一种温热和亲密（warmth and intimacy）；仅仅设想的对象决不会有这种温热和亲密。彼得的**现在**思想，在它自己看，也有这一种温热、亲密和直接的特性。这个现在思想说：就像这个现在确实是我，是我的，任何其他具有同样的温热、亲密和直接性的，也实实在在是我，是我的。所谓温热和亲密这些特性本身到底是什么，要等将来讨论。可是，任何挟着这些特性而来的，一定要受现在心理状态的欢迎，受它的享有，被它认为与它同属于一个公有的自我。这个对于自我的公有性是时间上断缺所不能够分成两橛的；一个现在的思想，虽则觉得时间上断缺，还能够让它自己与过去思想的某些特别部分连成一气，就是因为这个道理。

所以，意识，在它自己看，并不像切成碎片的。像“锁链”（“chain”），或是“贯串”（“train”）这些名词，在意识才现的当儿，并不能够形容得适当。因为意识并不是衔接的东西，它是流的。形容意识的最自然的比喻是“河”（“river”）或是“流”（“stream”）。**此后我们说到意识的时候，让我们把它叫做思想流**（the stream of thought），**或是意识流，或是主观生活之流**。

可是，就是在同一自我之内，在通通具有连成一气的特性的思想中间，似乎在各部分中间有一种衔接和分立。思想流这个话似乎没有顾到这些性质。我意思是指思想流的前后节的**性质呈突兀的对**衬时候所生的断裂。假如“锁链”、“贯串”这些名词不相宜，人为什么会用它呢？难道一个爆炸的响声不是把它突然袭人的意识切成两段吗？难道忽然的打击，像一个新东西的出现或一个感觉上的变化，不是个个都发生一个当真的中断，把意识横切开而且本人觉得是中断的吗？难道我们不是时时碰着这种中断，既然有这好些中断，难道我们还有权利把我们的意识叫做不断之流吗？

这个驳论，一部分是由于把两件事混为一谈，一部分是由于肤浅的内省。

前者是由于把应认为主观事实的思想自身与思想所知道的事物混淆了。这样混淆是很自然的；但一经留神之后，也就容易避免。事物是分散的，不连的；它出现于我们之前，是一串的或像一个链，往往突如其来，把彼此互相切成两段。可是事物的来来去去以及对衬，并不把想它的思想之流截断，就像它并不会把它所在的时间空间截断一样。静寂也许会给雷响打断；我们也许一时给这个打击弄得那么昏乱，以至于不能说是怎样一回事。但这个昏乱也是个心理状态，把我们由静寂过渡到响声的一个状态。竹的节并不是竹竿上的断裂；同理，对这个对象的思想过渡到那个对象的思想，并不是**思想**上的断裂。这种过渡是**意识**的一部分，就像竹节是竹的一部分一样。

肤浅的内省在于忽视了一个事实，这个事实就是：纵然东西彼此互相反衬得极剧烈，但认识这些东西的思想间还有很大的联系关系。以前的静寂之觉暗暗钻进雷声之觉里头，而且在雷声之觉内继续下去；因为在雷响时候，我们听见的不是纯粹雷声，而是打破静寂而与静寂对衬的雷响。① 我们对于这样来的雷声的感觉，与接着以前雷响的雷声的感觉，就是这两个雷声是客观上同一的，这两个感觉也是不同的。我们以为雷声把静寂消灭了，排除了，但雷声的**觉态**也就是对于刚刚过去的静寂的觉态；并且从人的实际具体意识之中，要找完全限于现在，丝毫不含过去的任何作用的觉态，一定是很难的。在这一点，语言又来障碍我们，使我们不容易认识真

① 参看：布伦塔诺．心理学（Brentano：Psychologie）：1册．219～220．布伦塔诺氏这一章，论意识的单一性，在我所见到的之中，确然属于最好一类的讨论。

相。在语言里，我们把每个思想简单地照它所指的东西起名字，好像每个思想只知道它自身的东西，此外什么都不觉得。其实，每个思想不特明白地知道它名字所由来的东西，并且也模糊地知道也许一千个其他的东西。每个思想应该照一切这许多东西起名字，但我们始终没有这样做。这些名字，有些总是一刹那前比较明白知道的东西；有些是一刹那后比较明白知道的东西。① 我们自己的身体位置，姿态，状况就是这类东西中的一个：无论多么不注意，对于我们所知道任何其他事物的知识，总有**一些**对于身体位置等等的识觉伴着它。我们想，而且我们想的时候，我们觉得我们肉体的自我是思想的枢纽。假如这个思想作用是我们的，那么，它全部一定充满着使我们认它为我们所有的那种特别温热和亲密。到底这种温热亲密是否只是对于始终总有的这同一个身体的感觉，要等到第十章，再论定。**无论**自我的内容**怎么样**，我们人类习惯于把这个内容**与**一切其他事物**一起**觉得，而且这内容一定要作为一切我们前后陆续觉得的事物的**联锁**。

对于我们心理内容的变化的这个渐进性，神经作用的原理能够使我们更了然。我们在第三章（论脑髓活动的某些普通条件）讨论

---

① 荣誉归应得荣誉者！我所找到的对于一切这些道理的最清楚的认识，是见于威理斯的一篇论文，《论偶然的联想》的。这篇论文，埋没在那里，早已给人忘记了。他在那里说：

“有意识的思想，在个个刹那中，都有某个数目的知觉，或反省，或两种都有；这些合成了一整个领会（apprehension）状态。在这个状态，或许有个一定部分比一切其余部分清楚得多；结果，其余部分比例地模糊，甚至到了磨灭的地步。然而，在这个限度之内，就是最模糊的知觉也参加在整个现状中，而且改变这整个状态，不过也许这改变只到无限小的程度。任何感觉或情绪，或特别注意的作用，能使这整个状态的任何部分特别显著的，都会这样或那样改变这个状态。因此，实际结果可以随着个人，随着时间而发生极端的变化。……对于这里所说的整个范围的任何一部分，注意或许会特别向着它，这个特向就是刚刚是我们所认为（recognized）心上所有的观念。这个观念明明不与整个意识状态同其范围；因为没有注意这个事实，就弄出了许多纠纷。无论我们怎么样专心致志于任何思想，环境中现象如有任何相当大小的变化，我们还能够觉得。在这个房间里的顶深妙的讲解，无论听者怎么样专心，也不能使他对于灯光的忽然暗灭，全不觉得。我们的心理状态始终有根本的**单一性**——每个意识状态，无论成分怎么样复杂，总是一个整体。因此，（只要成分被觉得）个个成分总是严格地以一部分的资格而被觉得。一切我们理智作用所由开始的根基就是这个样子的。”

神经活动的累积作用的时候，已经见到我们不能假定脑髓的任何状态会立刻消失。假如有个新状态出现，旧状态的惰性总会还在那里，而结果也就随之变动。当然，因为我们知识缺乏，我们不能够说每次应该有什么变动。在感官知觉中，最常见的变动叫做对比（contrast）现象。在美学上，最常见的变动，就是一串印象的某些特别顺序所引起的愉快与不快的情感。在严格的并狭义的所谓思想里，最常见的，无疑是始终跟着思想流动的那个对于思想**从何而来从何而去**的意识。假如脑髓道“甲”新近被强烈地刺激过，随后脑髓道“乙”，再后脑髓道“丙”也被强烈刺激，那么，现在整个意识不是单由“丙”的刺激的结果，而同时也是渐减的“甲”、“乙”刺激的结果。假如我们要表示这个脑髓作用，我们一定要这样写：$\text{甲乙}^{\text{丙}}$——三个不同的作用同时存在，与这个相应的是个结合的思想——假如“甲”、“乙”、“丙”之中任何一个单独发生，结果可以单独发生三个思想；但以上说的结合思想并不是这三个中的任何一个。然而，无论这个第四个思想严格说是什么，要它不跟神经道与产生这个思想有关（不过这些神经道的作用减退很快）的“甲”、“乙”、“丙”三个思想的每个都有点**相似**，显然是不可能的。

这又完全回到我们上文讨论其他事情的时候所说过的话了。整个神经作用一变化，整个心理作用也就同时变化。但是，神经作用的变化永远不是绝对分离的，所以先后的心理作用一定也是彼此间渐渐推移，互相融合，不过这些作用的变化**速度**有时候慢些，有时候比较快得很多罢了。

这个在变化速度上的不同是主观状态上的一种不同的根源。后一种不同，我们应该立刻就说到的。在速度慢的时候，我们在比较安闲并稳定的情境之下觉到我们思想的对象。在速度快的时候，我们觉到一种过程，一种关系，一种**由**这个对象出发的过渡，或它与另一个对象**中间**的过渡。其实，我们把这个奇异的意识流全局观察一下，最初引起注意的，正是它各部分的速度不同。这个意识流，好像一只鸟的生活，似乎只是飞翔与栖息的更迭。语言的节奏也表示这种不同。每个思想用一句表示，而每句用一停作结。栖息的地方通常是一种感觉的想象。这种想象的特性，是：我们可以把它放在心上，经过无定限的时间，而且可以存想它，不至使它变化。飞翔的地方是对于静的或动的关系的思想。这些关系大多数是比较静止时期所存想的事物中间的关系。

让我们把思想流的静止的地方叫做“实体部分”（substantive parts），**它的飞翔地方叫做“过渡部分”**（transitive parts）。这样说，似乎我们思想的主要目的始终是达到我们刚刚脱离的实体部分以外的另一个实体部分。并且我们可以说：过渡部分的主要用途，就在于引我们由这个实体的终结到那个实体的终结。

可是，在内省方面，要认得过渡部分的真面目，是很困难的。假如过渡部分只是向着终结的飞行，那么，在终结之先把它停止了去看它，等于把它消灭了。反之，假如我们等到终结**到达**了，那么，这个终结因为比过渡部分有力并稳定得许多，就完全盖住它，把它吞没了。让随便什么人尝试把一个思想当中切断，看它的横切面，那么，他就知道要内省这些过渡部分是多么困难的事情。思想的冲进那么急猛，所以我们差不多总是在还没有捉住过渡部分的时候已经到了终结了。或是，假如我们够敏捷，真把思想停止了，那么，这个思想就立刻变了，不是我们所要内省的思想了。承在热手上的雪花并不是雪花了，只是一滴水；同样，我们要捉住正要飞到它的终结的关系之感的时候，我们并没有捉住它，所捉到的只是一个实体部分，通常只是我们正说的最后一个字，硬板板的，它的功用，趋势，和在句内的特别意义通通烟消火灭了。在这些地方，要想作内省分析，事实上等于捏住正在旋转的陀螺，想捉到它的运动，或是等于想快快开亮煤气灯，看黑暗的样子。怀疑的心理学家一定会向任何主张有这些过渡的心理状态的人挑战，请他“**呈出**”（produce）这些状态来。但这种挑战，同芝诺对付主张有动的人的法子一样不合理。芝诺请主张有“动”者指出箭矢动的时候是在什么地方，因为他们不能立刻答复这个怪诞的诘问，芝诺就根据这个，说他们的主张是错误的。

这种内省的困难的结果是很可悲的。假如捉住思想流的过渡部分而观察它这么困难，那么，一切学派容易犯的大错，一定是没有看到思想流的过渡部分而把它的实体部分过分重视了。难道我们前一会不是几乎忽视静寂与雷响间的过渡，认为两个中间的边际是一种心理上的断裂吗？像这样的忽视，在历史上弄出两种结果。有一派思想家因为忽视这个，就相信**感觉主义**。他们因为不能够抓到任何与世上事物间的无数关系和联系方式相当的概略觉态，没有见到**有名字的**反映这种关系的主观作用，大多数就否认有关系之感；并且他们很多，像休谟那样子，居然否认心内并心外的大多数关系，以为这些都不是实有的。这个见解的结局，就是：只有实体的心理状态，只有感觉和它的仿造品转变品（像骨牌似的排成一排，但其实是分立的），一切其他都是空名。[①] 还有一派是**理智主义者**。他们不能够否认心外实有关系存在，但也不能指出任何认识这些关系的特种实体的觉态，因为他们也承认关系之感是没有的。可是，他们却得到相反的结论。他们说，这些关系一定由不是感性的作用认识，凡是与感觉和其他实体部分所形成的主观材料相连并同质的心理作用，一定不能认识这些关系。这些关系是由居于完全另一层面的作用认识，这种作用是思想、理智或理性的纯粹活动（思想、理智、理性通通特加符号，表示它是比任何感觉作用高得不可思议的那么多的）。

可是，从我们的观点看，理智主义者和感觉主义者都错了。如果是有觉态这种东西，**那么，在自然事物中确有物与物间的关系，我们也确实，并且更确实，有认识这些关系的觉态**。在人类语言里，没有一个接续词或前置词，并且差不多没有一个副词性短语，或句法，或语言的变化不是表示这一色样或那一色样的关系；而这些关系都是我们曾经实际觉得我们思想内的比较大的对象间存在的关系。假如从客观方面说，那么，所披露的是真的关系；假如我们从主观方面说，那么，所认识的是以意识自身的内部色彩与每个关系相当的意识流。无论是哪一方面，关系是无数的；现在的语言没有能够把一切各色各样的关系都表示出来的。

---

① 例如说“思想之流不是个不断的流，只是一串分立的观念，或快或慢地继续着；快慢可以用在某期间内通过心上的观念的数目测量”。见：贝因．情绪与意志（Bain．Emotions and Will）．29

我们应该说“并且”(and)之感,“假如”(if)之感,“然而”(but)之感,以及“被”[如被人欺](by)之感,也像我们说蓝色之感,寒冷之感那么顺嘴容易说。可是,我们并不这样。我们承认只有实体部分的习惯那么根深蒂固,弄得语言差不多除此以外不能说别的。经验主义者老说起语言有种力量,使我们设想“有一个独立的名字,就有一个与它相当的独立东西”;那一大堆抽象的对象,原理,势力,除有个名字以外毫无其他根据。经验主义否认有这一堆东西,是对的。可是,他们对于与这个相对的谬误,丝毫没有提到;这个谬误就是设想没有这个名字,就没有这个东西(这个谬误,我在第七章曾说一点)。因为这个谬误,一切“哑巴的”、无名字的心理状态都被冷酷地取消了;或是,万一承认这些状态,也是按它所到达的知觉把它叫做“关于”(about)这个对象或“关于”那个对象的思想。“关于”这个笨话的单调声音,把这些状态的一切微妙的特色都埋没了。实体部分不断地越来越注重,越来越孤立,就是这样来的。

再看看脑髓的作用。我们相信脑髓的内部平衡总是在变化的,这个变化影响一切部分。无疑,变化的冲动在各区域内强弱不同,它的节奏在各个时期快慢不同。在一个按不变速度旋转的万花筒中,虽则花样不断改变,但在有些刹那,改变似乎是细微的,间隙的,几乎等于没有的,而随后又改变得不可言状地快,因此稳定的花样与我们再看见也认不得的花样轮流出现。在脑中,不断的变化结果,一定是有些紧张方式比较历久,有些只是一来即去。可是,假如意识与这个变化相当,那么,假如变化不停,难道意识会停吗?并且假如迟缓的变化引起一种意识,为什么急遽的变化不会引起与这个变化同样特别的另一种意识呢?迟缓的意识,如其是关于简单对象的,显著的,我们叫做“感觉”(sensations),微淡的,叫做“意象”(images);如其是关于复杂对象的,显著的叫做“知觉”(percepts),微淡的叫做“概念”(concepts)。对于急遽的意识,我们只有我们已经用过的“过渡状态”和“关系之感”这些名词。脑髓变化是连续不断的,同样,一切这些意识也像渐隐与渐现的景象彼此融会,并无间断。正确地说,这些意识只是一个延长的意识,只是一个不断的流。

选自：詹姆斯. 心理学原理. 唐钺译. 北京：商务印书馆，1963

思想评介

詹姆斯的实用主义心理学

（一）詹姆斯的思想背景

虽然詹姆斯实用主义哲学的建立是在他的心理学思想提出之后，但在詹姆斯的心理学思想里早就表现出了浓厚的实用主义倾向。因此，我们说詹姆斯的心理学是实用主义的。詹姆斯实用主义心理学的提出与美国当时特定的历史背景是紧密相关的。詹姆斯所处的时代，正是美国资本主义迅速发展并开始进入垄断资本主义时期。在这一时期，整个社会特别看重一个人的实际用处，看重一个人对环境的适应能力。詹姆斯的心理学特别看重心理在适应环境中的作用，正是受了这种社会条件和思想氛围的影响。

另一方面，詹姆斯心理学思想的提出，也受到了来自英国、法国和德国心理学思想的影响。英国联想主义心理学的成果，常常在他的《心理学原理》、《心理学简编》中得到引用、吸收。法国沙可、让内及其他研究癔病、催眠术和精神分裂症的学者的著作，也使詹姆斯表现出浓厚的兴趣，并直接影响了他关于人格结构、人格变异问题的种种看法。对于他称之为“黄铜工具”的德国实验心理学，詹姆斯虽有种敌视情绪，并明确指出莱比锡运动并不像冯特学派所认为的那样提供了什么心理学的新篇章，但对于赫尔姆霍茨和冯特的方法和成果，他还是予以了高度的重视。这种重视促使他邀请德国实验心理学的代表人物闵斯特伯格来哈佛大学做心理实验室主任，促使他在《心理学原理》一书中用了近二百页的篇幅论述赫尔姆霍茨和冯特的研究成果。他认为，莱比锡运动是大量有用资料的来源。事实也是如此，詹姆斯在一些问题的探讨上常表现出对德国心理学提供的事实材料的尊重态度。

（二）詹姆斯的实用主义心理学体系

1. 关于心理学的研究对象

关于心理学的研究对象，詹姆斯在其《心理学原理》中写道："心理学是关于心理生活现象及其条件的科学。"① 以后，他在《心理学简编》中又作了更明确的规定："心理学的定义最好按照兰德教授的词句界说为所谓意识状态的描述和解释。意识状态是指感觉、愿望、情绪、认识、推理、决心、意志以及诸如此类的事件而言的，它们的解释当然须在可能的范围内，包括关于它们的原因、条件和直接后果的研究。"②

在规定了心理学的研究对象以后，詹姆斯便对其研究对象作了进一步的说明。他首先对作为其心理学研究对象的意识状态作出描述和规定，其结果就是著名的意识流学说。他反对当时流行的冯特式的心理学把心理现象人为地分析为若干元素，反过来又认为心理仅仅是这些元素的集合的做法，他称这种做法是"心理学家的谬误"（Psychologist's Fallacy）。詹姆斯主张，意识不是一些割裂的片断，而是一种整体的经验，一种川流不息的状态，所以叫做意识流、思想流或主观生活流。意识具有如下五个基本特性：

第一，意识是属于私人的。每一个思想都倾向于成为某个人的私人意识的一部分。每一个思想都属于某甲或某乙所有，而不会非你的也非我的或既是你的也是我的，并且，"这许多心各自保持自己的思想，不相交易"③。任同时间、同空间、同性质、同内容，

① 詹姆斯．心理学原理：1卷．英文版．出版地不详，1890．5

② 詹姆斯．心理学简编：英文版．出版地不详，1892．1

③ 詹姆斯．心理学原理：1卷．英文版．出版地不详，1890．226

也不能打破这层障碍，把思想融合在一起。在这里，詹姆斯把意识流和自我联系起来，强调了意识的主观性，有正确的一面，且为后来自我心理学的发展奠定了基础，但同时也夸大了意识的主观性，从而否认了意识中共有东西的存在，这可以说是他的实用主义、主观唯心主义思想在心理学中的表现。

第二，意识是常变的。每一种意识的状态都是心物总体的一种机能，因而，它变动不居，只能出现一次，不能复返。“物可再至，但感觉或思想则否。”① 在这里，詹姆斯主张意识是变化的，有合理的一面，但同时也否认了意识中稳定的东西的存在，则是错误的。

第三，意识是连续不断的。詹姆斯认为意识虽然不断变化，却从来不会中断。或许表面看来存在着某些意识上的间断，但这并不足以否定意识的连续不断的性质。为此，他对意识中发生的间断作了如下解释：一是时间上的间断如在睡眠中所发生的，但彼得、保罗睡后初醒，彼得仍为彼得，保罗也仍为保罗，他们二人决不混而为一。人在回忆睡前的思想时，总会有温暖、亲密之感，因此，立即会把自己当前的思想和过去的思想联系起来，而不会把此时的思想和过去的思想完全区分开。二是各种不同的思想和意识状态，它们似乎都只占有一定的时间而在时间上分开来了。对此，詹姆斯认为，人的意识活动有两种状态，一是实体状态，当思想流平静或转入旋涡之处，便有了这种相对固定的意识的实体状态，类似于一般心理学上讲的感觉、知觉、表象等而布伦塔诺等称之为“内容”的东西。二是过渡状态。当思想流流动甚速，而不易描写之处便有了稍纵即逝的不固定的意识的过渡状态，类似于符茨堡学派所说的“意识的态度”、“决定倾向”和布伦塔诺所说的“意动”、屈尔佩所称的“机能”等。他曾以鸟的栖息与飞翔来比较这两种状态，认为意识就是这两种状态的交替呈现所构成的，因而是连续不断的。在这里，詹姆斯区别了意识的两种状态，强调了二者之间的联系，并认为二者同时都是心理学的研究对象，这对于解决心理学史上的意动与内容之争是有一定的启发意义的。

---

① 波林．实验心理学史．高觉敷译．北京：商务印书馆，1981．584

第四，意识必定有它自身以外的对象；而意识又具有这些对象认识的功能。但他所说的对象指的只是在当前意识状态之外的对象，并不一定是指存在于主观世界之外的客观世界。

第五，意识具有选择性。意识总是对它的对象的一部分比另一部分更为关切，总是选择一个对象或对象的一个方面，同时，又排斥着其他对象或对象的其他方面。选择性注意的过程和审慎的意志过程都是意识选择性的明显表现。除此之外，还有一些我们不曾觉察的选择作用，如感觉从根本上来讲就具有选择作用。在知觉、推理、灵感、道德等方面也是如此。意识的选择受到一些因素的影响，对此，他写道："一个人的思想经验依赖于他所经历过的事物，可他经历什么事物在很大程度上取决于注意的习惯。"① "每一个人都是从所呈现的同一集团内，选择那些合乎他的私人兴趣的东西，并由此形成他自己的经验。"② 詹姆斯关于意识选择性的这些说法，随着现代认知心理学的兴起，重新受到了人们的重视。

以上便是詹姆斯意识流学说的基本内容。在完成了对于意识状态的描述之后，詹姆斯进而按照他在心理学的定义中所提出的第二项程序，对意识状态的原因、条件及直接后果进行了解释工作。

首先，在意识状态的原因方面，他反对以灵魂来解释各种心理现象，但同时又主张"思想自身就是思想者"③。实质上是把意识状态的原因归结于思想本身，归结到思想的各种官能上了，因而与灵魂说并无本质区别。

其次，在意识状态发生作用的条件方面，詹姆斯特别重视心理与脑的关系，认为"意识状态的直接条件是大脑两半球内的某种活动"，"心理动作可能一致地和绝对地是脑动作的功用"④。但同时他又指出，这种看法只不过是为了方便而作的工作假设，只是指的脑的状态和心理状态之间的一致和相关，而不能用对脑的这种依存

---

① 詹姆斯. 心理学原理：1卷. 英文版. 出版地不详，1890. 286
② 詹姆斯. 心理学简编：英文版. 出版地不详，1892. 173
③ 詹姆斯. 心理学原理：1卷. 英文版. 出版地不详，1890. 401
④ 詹姆斯. 心理学简编：英文版. 出版地不详，1892. 5

性来说明心理的本质，并坚决要求和唯物主义划清思想的界线。

最后，詹姆斯特别重视意识状态的直接后果问题。受达尔文进化论的影响，他特别强调心理生活在有机体适应现实中的作用，他反对把意识只看作一种与某些生理过程相平行的副现象，主张意识的功用是指引有机体达到生存必需的目的。正因为如此，他认为必须从与现实的关系上研究心理和意识作用的特点，否则，心理学就不可能研究得当。

以上便是詹姆斯在心理学对象上的基本观点，从上述见解中，我们可以看出明显的实用主义和机能主义性质，如肯定意识在生物适应中的重要作用，主张在与环境的相互作用中研究心理意识的特性，同时又否认外在世界的客观存在等，这些思想对后来美国机能主义心理学的形成和发展产生了很大的影响，因此，我们可以把詹姆斯看成是机能主义心理学的先驱。

2. 关于心理学的研究方法

詹姆斯认为，心理学的研究方法主要有三种。

(1) 内省法。

在詹姆斯看来，内省法乃是心理学研究的基本方法。他说："内省的观察是我们首先的和主要的而且经常所需依赖的方法。内省这个词几乎不用定义——当然，它是说观察我们的心理而报告在那里所发现的。人人都同意：在那里，我们发现的是意识状态。"①在内省的准确性问题上，他也承认内省观察是"困难的并易误的"。但同时也指出，内省的困难是一切观察共同存在的困难，并且，通过努力，完全可以使内省法做到准确无误。对此，他说："惟一的保障在于我们对于所要知道的现象的更进一步的知识之最后的意见一致。后来见解改正较早的见解，一直到最后达到一个贯串的系统的谐和为止。这种渐渐完成的系统是心理学者证明'他所报告的任何一次特殊心理学、观察是无误'之最好保障。"②他反对那种受过专门训练的心理学家的内省。

---

① 詹姆斯．心理学原理：1卷．英文版．出版地不详，1890．185

② 詹姆斯．心理学原理：1卷．英文版．出版地不详，1890．191

(2) 实验法。

在对待实验法的态度上，詹姆斯表现出尖锐的矛盾。一方面他从理论上证明并高度评价了实验法的作用。他主张心理学家要用实验法，因为实验法可以提供必要的心理学事实。并且，心理学研究必须依靠实验法，才能获得真正的进步。对刚刚兴起的德国实验心理学，詹姆斯也给予了比较高的评价。他说："心理学正在进入一个不太简单的阶段。在短短几年里，一种可以称为显微镜式的心理学已经在德国兴起，这种心理学依据实验方法，当然是时刻寻求着内省资料，并用大样本数据和统计方法消除资料的不确定性。"① 但另一方面詹姆斯对当时实验方法的发展却抱着不满、轻视和消极的态度。他曾写信给闵斯特伯格表示讨厌实验工作。

(3) 比较法。

詹姆斯把比较法正式列入心理学的研究方法范围之内。他认为："比较法可以补充内省法和实验法的不足。这种方法预先假定一种常态的内省的心理学在它的主要特色方面已经确立，可是在这些特色的起源，或者是它们彼此之间的依存性成为问题的地方，那就极需要把这种现象通过考察它的一切可能的类型和组合的变异而加以研究。因此，就发生了这样的事实，人们把各种动物的本能详加研究以求有助于了解我们自己的本能，并且乞援于蜜蜂和蚂蚁的推理能力，野人、婴儿、白痴、聋盲人、罪犯和怪癖人的心理，以求支持关于我们自己的心理生活的某一部分的这种或那种特殊的学说。"② 正因为詹姆斯把比较法看做心理学研究的重要方法，所以后来在机能主义心理学家的倡导和影响下，比较心理学、发展心理学、变态心理学的研究之风在美国特别盛行。

3. 本能论和习惯论

关于本能的定义，詹姆斯说："本能通常被界说为产生一定的结果但未预见到结果，而且无需事先经过教育就能自动完成的这样

---

① 詹姆斯. 心理学原理：1卷. 英文版. 出版地不详，1890. 191~192

② 詹姆斯. 心理学原理：1卷. 英文版. 出版地不详，1890. 193

一种方式的动作官能。”[①] 他还说：“每一种本能都是一种冲动。”[②] 在这一本能定义的基础上，詹姆斯进一步把诸如“模仿”、“竞争”、“恐惧”、“同情心”、“建设性”、“社交性和害羞性”、“爱情”、“父母之爱”等都归入本能的范畴，并认为人类比较低级的动物有着更多的本能，从而反对了当时欧美流行的认为人是理性的动物和人的本能比动物少得多的观点。

他指出，本能并不是固定不变的，本能常会在一些因素的影响下被掩蔽起来，从而使人们对它的存在发生怀疑，并进而得出人的本能比动物少一些的结论。本能被掩蔽的原因主要有两种。一是习惯对本能的抑制。每一种本能都可以引起两种相反的冲动。在婴儿早期，如果某一刺激引起了一种冲动，人对之产生了一种偏爱，就再也引不起另一种冲动。例如，小鸡在刚孵出时有跟随母鸡的一种倾向，但如果让它们一出生就见不到母鸡，而只见到鸭子或人，那么，人或鸭子就会成为小鸡跟随倾向所偏爱的对象。据此，詹姆斯进一步主张，应选择一种刺激，使有益于个人和社会的本能冲动在早期就得到表现，并使之养成习惯。另一种原因是本能的表现具有暂时性的特点。“许多本能在某一特定时期成熟而后就消失了。”[③] 即使在本能表现的那一特定时期，如果不予以适当对象，本能倾向也得不到表现。例如，本来互为天敌的猫和老鼠，如果刚一生下来就一直让它们和睦相处，那么它们将来也不会互相憎恨。孩子刚生下来就用小勺喂奶，以后就不会吸吮母奶。

詹姆斯比较重视本能的作用。由于他扩大了本能的范围，因而他把社会生活中的很多现象都归结为人的本能，并进而认为社会生活的样式也是由本能所决定的。

詹姆斯关于本能的上述观点，在后来引起了心理学中的两种倾向：一种是大讲特讲本能的重要作用，如麦独孤的社会心理学认为人的一切行动最后都根源于本能；另一种则完全否定本能的存在，

---

① 詹姆斯．心理学原理：1卷．英文版．出版地不详，1890．383

② 詹姆斯．心理学原理：1卷．英文版．出版地不详，1890．383

③ 詹姆斯．心理学原理：2卷．英文版．出版地不详，1890．398

如华生的行为主义者所强调的那样，把人的本能归结为幼时习得的习惯。

习惯问题在詹姆斯的思想中也占有较重要的地位，他认为，习惯是物质受外力作用而产生的适应性变化过程。它无处不有，衣服的合身、钥匙的好使、小提琴的音准都是习惯造成的。自然界的规律，也只是各种单纯物质互相感应时所遵循不变的习惯。每个动物都可以说是由习惯所造成的，至于人的习惯，则主要有两类："由先天的倾向而来的习惯，叫本能，由教育而来的习惯，其中有一些，大多数人会把它叫做理性行为。"① 由于他如此定义习惯，因而他特别强调习惯的作用。他指出，习惯对个人的实用效果有二：一是省事、准确，减少疲劳；二是减少动作操作时意识的注意。习惯还具有很大的"伦理学意义"，"习惯是社会庞大的稳定带动轮，是社会的最可贵的保守势力，只有习惯能使我们人人安分守己，能使豪富的人们免得被穷窘的人妒忌反抗。只有它会使从小学做人生那些最艰苦最可厌的职业的人不改途弃业……习惯把我们人人注定，就是不适意的事业也要尽力求上进"②。正因为习惯有如此重要的作用，因此，詹姆斯说："教育的大事在于把我们的习惯作为基金，以后安闲自在地靠这基金的利息过活的。为达到这个目的，我们必须将好多有用的动作弄成机械的、习惯的。这种动作尽量学得多，而且学得越早越好。还要必须预防将来会不利于我们的习惯，像预防瘟疫那样认真。"③

詹姆斯的习惯论对后世发生了很大影响。其对早期教育重视的思想为现代早期教育的有关理论所吸收、发展。但在这一学说中，我们也可明显地看出其夸大习惯的作用，并进而为资本主义制度辩护的倾向。

4. 记忆理论

詹姆斯是双重记忆理论的最初提出者，它认为，记忆由两种要

① 詹姆斯．心理学原理：2卷．英文版．出版地不详，1890．104
② 詹姆斯．心理学原理：2卷．英文版．出版地不详，1890．122
③ 詹姆斯．心理学原理：1卷．英文版．出版地不详，1890．122~123

素组成。第一种要素是初级记忆（Primary Memory），指的是存在于意识之中的内容。它如实地转换刚刚知觉到的事件。第二种要素是次级记忆（Secondary Memory），指的是“一个过去心灵状态，已经脱出意识之外，又重新回到我们的知识上”①。这种记忆并非过去心象的简单恢复，其对象必须符合以下要求：“要有一个专指时日，由我们思维起来，以为在概括感到的时间回溯方向里。而且由它的名称或现象内容制定其意义。还要有一桩事件想象起来以为位置在其中，且经我们认为自己经验的一部分。”②

关于记忆的原因，詹姆斯认为，保持得好，回忆也好，其原因“就是神经系统里的习惯定律。它工作时也像习惯定律在观念联想里工作”③。所不同的是，“保持作为一种回忆的倾向，属于纯粹物质现象，其固定基础总藏在那些组织好了的神经途径里”④。而回忆则属于心理物理现象，其原因“既牵涉到躯体方面，又牵涉到心灵方面。牵涉到躯体方面的，就是那些脑途径所产生的激动。牵涉到心灵方面的，就是过去事件在意识里的再生表象和我们对于该事件认为确定经受过的这样一种信仰”⑤。

从上述观点出发，詹姆斯进一步探讨了记忆力的有关问题。他认为，“一人记忆来得强，一半是因为他所有的这些脑道比别人多，一半是因为他的脑道比别人能持久”⑥。脑途径的坚持性，是个人脑组织里的生理特性。它因人而异，也随年龄而变。脑途径数目的多少，则完全看一个人心灵经验的事实而定。“一件事实在心灵里所联结的其他事实越来得多，就越容易为我们的记忆所好好保留。每个联项变成一种钩，好让该事实挂在上头。等到该事实沉到表面以下，就好凭一个个钩，把它钩了上来。这许多钩，总合起来，做成一种互相附着的网状构造。靠着这张网，该事实就可以编织在我

① 詹姆斯．心理学简编：5册．北京：商务印书馆，1930．1

② 詹姆斯．心理学简编：5册．北京：商务印书馆，1930．4

③ 詹姆斯．心理学简编：5册．北京：商务印书馆，1930．4~5

④ 詹姆斯．心理学简编：5册．北京：商务印书馆，1930．8~9

⑤ 詹姆斯．心理学简编：5册．北京：商务印书馆，1930．8~9

⑥ 詹姆斯．心理学简编：5册．北京：商务印书馆，1930．10

们的思想的全部脑组织里。"[①]一个人天生的脑途径的坚持性不会因教育、训练而改变，因此，增进记忆力的唯一途径，就在于"对所愿保持的事实上连带构成各种异样联想"[②]。增进记忆力的方法具体说来有三种，即机械方法、明哲方法和巧妙方法。这三种方法分别类似于今天所说的机械识记（含通过多种分析器协同活动提高记忆效果的方法）、意义识记和记忆术。

随着信息加工认知心理学的兴起，詹姆斯的记忆理论越来越受到人们的重视。他提出的双重记忆理论已为信息加工认知心理学所接受，并获得了大量的心理学实验的证实。所不同的是他的初级记忆、次级记忆的概念已分别被短时记忆、长时记忆的概念所取代。从他关于记忆力的有关论述里，似乎也可以找到现代记忆网络模型的雏形。但总的说来，詹姆斯在记忆领域内的主要贡献在于理论的构建，而非具体的实证的研究，虽然他也曾做过一些记忆的实验。

5. 情绪理论

詹姆斯的情绪理论最初于 1884 年发表在《心灵》杂志上。以后又以专章编入《心理学原理》中。因 1885 年丹麦生理学家兰格提出的主张与其类似，故后人常将这一理论称为詹姆斯—兰格情绪学说。

在詹姆斯以前，人们一般认为，情绪体验先于它的身体表现。例如，我们遇到一头熊，感到害怕就逃跑，詹姆斯不同意这种看法，提出了一种与之完全不同的主张。他认为，情绪有两种：一种是较粗糙的情绪，如愤怒、恐惧、爱、恨、快乐、悲伤、羞耻、孤傲等都属于这类情绪，这类情绪常伴有较强烈的身体的骚动；另一种则是较精细的情绪，如道德感、理智感、美感等属于这类情绪，这种情绪的身体反应常常是微弱的。无论是较粗糙的情绪还是较精细的情绪，都是我们对于身体内部所发生的某些变化的知觉。他说："从常识上讲，我们失去了财产就难过、哭泣，遇见了熊就害怕、逃跑，受到他人的侮辱就发怒、殴击等，这里我们拥护的假设

---

① 詹姆斯．心理学简编：5 册．北京：商务印书馆，1930．13

② 詹姆斯．心理学简编：5 册．北京：商务印书馆，1930．13

认为这个前后次序是不正确的，这一个精神状态不是由那一个精神状态所直接引起的，身体的表示法应该位于二者中间。更合理的说法是：我们因哭而悲，因殴击而怒，因战栗而恐惧。而不是因悲伤、愤怒或恐惧，所以才啼哭、殴击或战栗。如果没有身体的变化追随在知觉之后，那么这种知觉只是纯乎暗淡无光的认识作用，而毫无情绪性的暖流。那时，我们也许看见了熊，然后决定三十六计走为上策。遭受了侮辱，然后回击。但是我们实际上决不至于感到恐惧和愤怒。"①在詹姆斯看来，情绪不是别的东西，而只是一种身体状态的感知，而且它具有一种纯粹属于身体的原因。

詹姆斯的这一情绪理论在后来产生了重大的影响，今天，几乎每本普通心理学教科书中都予以介绍。这一理论看到了情绪与身体变化的联系，强调了外周神经系统的活动在情绪产生中的作用，有一定的合理成分，并且，这一理论还激起了后来有关情绪的大量的实验研究，进而促进了人们对情绪的深入认识。但这一理论忽视中枢神经系统在情绪产生中的作用，则是片面的，后来的一些实验研究也表明这一理论与实验情况相悖。如谢灵顿和坎农等生理学家曾对詹姆斯的情绪论作过检验，得到的都是与詹姆斯学说不同的实验结果。谢灵顿切断狗的颈部和内脏之间的神经联系，使狗不再知觉到内脏器官活动的变化，但结果却表明，狗不但有愤怒情绪，而且还表现出厌恶情绪。坎农的实验则证实了中枢神经系统的丘脑在情绪产生中的重要作用。另外，还有生理学家通过注射肾上腺素，引起了人恐惧时所特有的机体变化，但被试却报告说并没有真正的恐惧体验。

6. 自我理论

詹姆斯的自我理论，实质上是一种人格理论。因为他是在相同意义上使用人格和自我这两个概念的。在《心理学简编》中，詹姆斯曾明白地写到："不管我在那里思想什么，我多少对于我自己总有些知晓。所谓我自己，就是我的人格或人性的存在。"②

① 詹姆斯．心理学原理：2卷．英文版．出版地不详，1890．449～450

② 詹姆斯．心理学简编：3册．北京：商务印书馆，1930．1

根据自我在心理生活中的地位与表现，詹姆斯划分为经验的自我与纯粹的自我两个方面，并对这两个方面的自我进行了分析和说明。

他认为，所谓经验的自我，就它的最广泛的含义上来说，指的是一切一个人要呼之为“我”（Me）的或“我的”（Mine）的东西的总和。它是一种被知的东西，也可以叫做被知的我或被动我。其成分有三种。

物质的自我：在这一类自我中，我们的身体是其最中心的部分，其次还依次由内向外包括我们的衣服、嫡系亲属、我们的家及我们所集聚起来的可以供我们占有和使用的各种资产等。

社群的自我：人的社群的自我就是他由他的同伴所得到的注意和重视，也就是一个人在社会其他的人或集团中的名誉和地位。对一个人加以注意和重视的人或集团越多，则他的社群的自我也就越大。而在这些不同的社群自我中，人在他所爱恋的人心目中的评价和地位，又有着特别重大的意义。

精神的自我：对于这一种自我，詹姆斯在其《心理学原理》一书中指出，它指的是“一个人的内心的或主观的存在”，“他的心理职能或倾向”①。这些东西是“自我的最持久、最密切的部分”②，像一个人的辩论和鉴别的能力、道德心与良心、坚强的意志等，都属于他的精神的自我。从整体上看，这几种自我成分具有一定的层次关系，“身体的自我最低，精神的自我最高，身外的物质的自我以及各种社群的自我在中间”③。

所谓纯粹自我，也可以称之为能动我或主动我，指的是一个知晓一切（其中也包括自我）的那个东西。具体说来，就是一个人暂现的“当事思想”。这个暂现的“当事思想”，指的是每一个时刻发生的，高于一切思想对象的判断的思想或思想流，也就是每一时刻存在的把自己一切对象据为己有的一种心理状态。它在人的心理生活中的重要作用表现在：它是人的一切心理内容和品质的接受者和

---

① 詹姆斯．心理学原理：2卷．英文版．出版地不详，1890．283

② 詹姆斯．心理学原理：2卷．英文版．出版地不详，1890．296

③ 詹姆斯．心理学原理：2卷．英文版．出版地不详，1890．283

所有者，它接受不同的感觉并影响感觉所唤起的动作；它是兴奋的中心，接受不同情绪的震荡；它是努力与意志的来源并且是意志的命令发出的地点。可以看出，詹姆斯的纯粹自我就是人们习惯称之为灵魂的东西。

在对自我进行了分析和说明以后，詹姆斯又进一步探讨了与自我联系在一起的自我意识问题，如自我情感、人格恒同之感等。他认为，自我情感是由对经验自我的成分的评价所产生的体验，自尊$=\frac{\text{成就}}{\text{抱负}}$。而人格恒同之感，就是“现在自我与它所想的过去自我相同”的那种感觉。这种感觉是完整的自我得以存在的一个首要条件。它之所以可能，一方面，是因为过去的思想、自我与当前的思想或自我之间有一个基本方向的相似，二者“在我们的心上是连续的”。我们一想起过去的思想或自我就可以感到一种温暖或亲密；另一方面，还由于存在一个“当事思想”，即纯粹的自我。“每个当事思想一出生就是战胜者，一死就被占有，将它所体会为它的自我的任何自我都遗传给它自己的后来主人。”[①] 通过当事思想及其所占有的一切思想内容的传递，就实现了自我的连续与统一，人便有了“人格恒同之感”。

应该肯定，詹姆斯的上述见解中，包含着一些积极的成分。把自我区分为主动我与被动我，看到了自我既可作为自我意识的主体，又可作为自我意识的客体，这无疑是正确的。把自我与人格等同，在对经验自我的分析和说明中，把社群自我、身体自我都当成自我的成分，这有助于我们从更广泛的范围上去考虑，确定人格的构成范围，而不致把自我、人格局限于纯心理范围之内。其关于自我分层次的思想，事实上就是一种较早的关于需要层次的理论，其自尊$=\frac{\text{抱负}}{\text{成就}}$公式也不无合理之处。一直到今天，詹姆斯的这一自我理论仍是我们在探讨自我、人格、自我意识问题时常常需要提及，并能从中获得丰富的启迪的一种理论。但这一自我理论中存在的问题也是较为明显的，这除了“思想自身就是思想者”的观点带

① 詹姆斯．心理学原理：1卷．英文版．出版地不详，1890．339～340

有明显的唯心主义色彩外，一个非常突出的问题，就是他不合理地扩大了自我的概念。他把被动我定义为“一切呼之为我的东西的总和”，进而把一个人的直系亲属、家庭以及资产等都纳入自我的范畴，实质上是混淆了一事物本身的属性和该事物与他事物的关系之间的差异。

（三）詹姆斯在心理学史上的影响

詹姆斯没有像冯特那样把毕生精力都贡献给心理学，没有广招自己的信徒，也没有建立自己的心理学派；在实验方法风靡心理学领域之时他采取的都是消极的态度，对于以后流行的倾向如智力测验等，他也充耳不闻；他甚至否认过自己是一个心理学家，否认存在着一种新心理学。但这一切，并没有损害他在心理学发展上的导师形象，并没有妨碍他的心理学思想在后世心理学的发展中散发出应有的光彩。由于他独特的人格、新颖的见解和流畅的文笔，更由于他的思想适应了美国社会发展的需要，他的著作和学说对美国甚至对世界心理学的发展均有重大影响。柯恩 1973 年调查结果表明，在心理学的第一个十年（1880～1889），最有影响的心理学家依次是冯特、詹姆斯、赫尔姆霍兹、艾宾浩斯和弗希纳；在第二个十年（1890～1899），依次是詹姆斯、冯特、杜威、铁钦纳和弗洛伊德。由此可见詹姆斯在心理学史中的地位。

詹姆斯是作为个人而不是某个学派的领袖对美国心理学发生影响的。关于他对美国 20 世纪 50 年代以前心理学发展的影响，波林在其《实验心理学史》一书中曾给予了中肯的评价：“他所提倡的学说隐含新美国心理学的可能于其内，而这个心理学后即成为机能心理学及其从弟——心理测验和儿子——行为主义。詹姆斯指示别人如何到达的地方，正是别人所欲到达的去处。”① 美国许多著名的心理学家如霍尔、安吉尔、桑代克、吴伟士等都承认他们是受到詹姆斯的影响而走上实验心理学的道路的。从 20 世纪五六十年代起，美国心理学逐步为人本主义心理学、认知心理学所取代。令人惊异

① 波林．实验心理学史．高觉敷译．北京：商务印书馆，1981．583

的是，虽然它们各自的观点有很大不同，但认知心理学和人本主义心理学却都从詹姆斯的《心理学原理》中引经据典。认知心理学从詹姆斯对“意识流”、“记忆”、“注意”、“推理”和“表象”的记述中找到了依托，而人本主义心理学又从詹姆斯对“自我意识”、“本能”的见解里吸取了养分。现代美国普通心理学的教科书，无论是出自何派之手，很少有不提到詹姆斯的观点的。詹姆斯不愧为美国心理学的一代宗师。

詹姆斯对心理学发展的影响绝不限于美国。对此，墨菲在其《近代心理学历史导引》一书中曾有过生动的描述：“在地球上的每一个角落，只要心理学为人所知，詹姆斯的名字就会被提到。好几万人读过他的《原理》，更有好几十万人在大学生时代就读过他的一卷著作《简编》。有很长一段时间，说詹姆斯是美国最杰出的心理学家，那似乎是说废话，因为不论是学者还是一般人都承认，任何仅次于他的人都远不及他。……欧洲心理学家……近几十年来对詹姆斯的认识超过了詹姆斯本国的人士；他们只要有重大的心理学尝试——不论是实验的还是理论的——要提出讨论，就总要邀请他的亡灵赴会。”① 由此可见，詹姆斯的影响远远超越了他的国界。

詹姆斯的影响也不仅限于心理学领域。他使实用主义生活化的做法，使他成了美国家喻户晓的哲学家和思想家。他提出的意识流学说对西方文学艺术和思想文化也有着相当深远的影响。

总之，詹姆斯是美国心理学发展史上的第一个科学心理学家和最后一个哲学心理学家，在美国心理学的整个发展中起着承前启后的作用，对世界心理学的发展也有着重要影响。作为美国心理学之父，作为心理学的一代宗师，詹姆斯是当之无愧的。

（彭运石）

选自：叶浩生主编．西方心理学的历史与体系．北京：人民教育出版社，1998

① 墨菲等．近代心理学历史导引．北京：商务印书馆，1980．282～283

3

铁钦纳

（Edward Bradford Titchener）

■ 生平简介

■ 名篇选读

构造心理学的公设

■ 思想评介

铁钦纳的构造主义心理学

生平简介

E·B·铁钦纳（1867～1927），构造主义心理学的主要代表。他出生于英国南部的奇切斯特，先进麦文学院，然后进入牛津大学学习了四年的哲学和古典文学，第五年转攻生理学。在牛津大学时，铁钦纳已经对冯特的新心理学感到兴趣，后来他作为旅游者来到德国莱比锡大学跟冯特学习了两年的生理学和心理学，于1892年获得哲学博士学位。在莱比锡的两年，决定了铁钦纳在心理学上的前途，他成了冯特的十分热心的信奉者。获得学位后，铁钦纳在牛津大学做了几个月生物学补习班讲师，随即赴美国康奈尔大学教授心理学，指导心理实验室，直到退休。他的整个教学和研究生涯都是在康奈尔大学度过的。

在35年的教学生涯中，铁钦纳先后为心理学界培养了54名博士，这些博士的学位论文大多数带有他个人的思想标记。1898年，铁钦纳首先正式提出构造心理学的名称，与机能心理学相对立。

铁钦纳是一位很有魅力的学者，他生于英国，他的职业和个人性格是德国式的（更具体地讲，他的心理学体系、研究方式、教学方式乃至举止风度都是冯特式的），而在美国康奈尔大学度过了他学术上最丰产的岁月。

作为美国构造主义的领袖人物，冯特最忠诚的学生，铁钦纳始终坚持认为，心理学是一门关于经验的科学，其研究对象与其他科学对象不同，是依赖于经验着的人的经验，这些经验与物理学家研究的经验大不相同，要确定它极为困难，因此，就需要对那种不是为解决科学心理学问题而准备的普通的自我观察进行专门的严格的训练，使之转变为精细的内省，后者就能够以“纯粹的”的技能描述心理事实，心理学如果想要认识自身的对象就只能依靠这种训练有素的观察。因而，铁钦纳的内省法也就比冯特的内省法有更高的发展和定型化，不仅在一般主张和方法论上他与冯特一致，他的构造主义理论也可以看作是冯特构造主义理论精确的简化。铁钦纳主张心理学家寻求把心理过程分解为最简单的最基本的要素，确定这些要素如何结合和结合的规律，以及把这些要素跟它们的生理条件联系起来。因此，心理学的目的同自然科学的目的是一致的，科学家决定要研究的是自然界的哪一部分后，便开始去发现要素，证明这些要素如何构成较复杂的现象，并明确地表述出支配这种现象的规律。铁钦纳认为意识经验可以被分解为三种基本要素：感觉、意象和激情，这些要素有质量、强度、持续性等属性，要素在时间和空间上混合或结合而成知觉和情绪。铁钦纳在康奈尔大学实验室作了许多激情和情感的研究，其结果是对冯特的情感三维说的否定。铁钦纳认为激情只有一个维度，即愉快—不愉快，而否认了冯特的其他两个维度，紧张—不紧张和兴奋—沉静。

铁钦纳的主要著作有：《心理学大纲》(1896)、《心理学入门》(1898)、《心理学教科书》(1909~1910)、《实验心理学：实验纲要》(1901~1905)、《情感与注意心理学基础》(1908)、《思维过程的实验心理学》(1909)。

（罗胜庆）

名篇选读

构造心理学的公设

广义地说，生物学是生命的科学和生物的科学，它可以分成三个部分，或者从三种观点的任何一种入手。我们可以探讨机体的结构而不管其机能，通过分析，确定它的组成部分，再通过综合，揭露它从各部分形成结构的方式。或者我们可以探讨我们的分析所表明的各种结构的机能，并探讨它们作为机能器官的相互关系的情况。再者我们也可以探讨机体长期在形式和机能上的变化，即成长和衰退的现象。由此可见，生物学作为生物的科学包括形态学、生理学和个体发育史三种相互依赖的科学。

然而，这个说明是不完全的。成为科学内容的生命不仅是个体的生命，它也是物种的生命，集体的生命。相当于形态学的，我们有分类学或系统动物学，那是分类科学。整个生物界在这里总称为机体，而种和亚种以及种族那是它的部分。相当于生理学的，我们生物学中有一个被称为生态学的部门，它是研究（生物）在地理上分布的问题，就是研究物种在一般自然界布局中的机能问题。相当于个体发育史的，我们有种系发育的科学［照柯普（Cope）的意思］叫做演化生物学，它包括继承和遗传的问题。

我们可以把这个方案作为生物科学的一种"可供使用的"分类来接受。就我们现在的目的而言，这种分类详尽与否是无关紧要的，有如读者是把心理学看作生物学的一个分部还是看作是另一个知识领域是无关紧要的一样。我现在要指出的一点就是：采用同样的分类原理，我们能把现代心理学与现代生物学看作是正巧相对应的两个方面。对其中的一方面有三种研究的方式，对另一方面也同样有三种研究的方式；并且各方面的内容可以是个别的或一般的。稍加考虑就可把这点搞清楚。

（1）我们看到"实验"心理学的极大部分是和形态学相似的。实验心理学家的主要目的一直在于分析心理的结构，把基本过程从意识的缠结（tangle）中清理出来，或者（如果我们可以改变这譬喻）把一定的意识组织的组成部分分离开来。他的任务类似一种活体解剖，但这种活体解剖要产生结构性的而非机能性的结果。他们极力要发现的，首先是在意识中有些什么东西和这些东西有多少数量，而不是要发现它有什么用处。确是如此，这种分析工作在实验心理学的文献中真是汗牛充栋，以致近来有一位作家对这门科学有无权利使用实验的这个形容词发生疑问。他认为一个实验是要比用精密仪器所作的一种测量略胜一筹。无疑对新心理学的多数批评是由于批评者不认识心理学的形态学性质。我们往往听到人们对我们这样说，我们对待情感和情绪、推理和自我的研究是不适当的；实验方法对感觉和观念的研究是重要的，但不能把我们带得更远。我们可以回答说，解剖"高级"过程所得的结果常常会使没有采取解剖学立场的人失望的。有人告诉我们，原形质包括碳、氧、氮和氢，但对于本来想要了解收缩性、新陈代谢、呼吸和生殖现象的人来说，这个说明会使他感到失望的。若是连贯上下文来看，某些章节在心理解剖学方面的空虚，就是由于提到的心理要素太少了，那是极其重要的事实。

(2) 然而，在这种构造心理学之上还有一种机能心理学。一方面，我们可把心理看作许多过程的一种复合体，那是在物质的有机体的条件下形成和定型的。另一方面，我们可把它看作心理物理机体的机能体系的总称。这两种观点往往是混淆的。例如，“联想”这个成语既可指结构的复合体，即联合的感觉组，也可以指认识和回忆的机能过程，即结构与结构间的联系。照前一种意思，那是形态学的材料，照后一种意思，它就属于我们必须称之为（这成语不要被误解）生理心理学的东西。

正如实验心理学大部分是关于结构问题的，而古代的和现代的“描述”心理学，则主要是致力于机能问题。记忆、认识、想象、概念、判断、注意、统觉、意志以及无数动词性名词，不管其外延较广或较狭，在描述心理学的讨论中都意指整个机体的各种机能。说它们的基本过程是心理性质的，姑且这样说，那只是一种偶然的说法；就一切实现意义说，它们和消化与行动，分泌与排泄处在同一水平上。有机体进行记忆、意愿、判断、认识等等，并且在它的生存斗争中得到记忆和意愿的帮助。然而，这些机能之所以应该包括在心理科学之中，是因为它们总起来组成个别的人实际工作时的心理。它们不是身体的机能，而是机体的机能，并且它们可以，而且必须用心理“生理学”的方法在心理“生理学”的调节原则下加以考查，采用这种方法时，对世界万物中心理机能最终极的和超出心理学以外的问题完全没有成见。至于意识是否如詹姆斯（James）所设想的对动物的生存有价值，或者是不是如瑞波（Ribot）所教导的，它只是一种副现象，在这里那是完全不相干的问题。

尽管我们可以认为机能心理学的研究是很明显的，但不能说它像研究心理结构的心理学那样，已经用耐心的热情或科学的精确性进行过探讨了。“描述”心理学中有很多东西是有价值的，这是确实的，并且是事实，实验工作者应该迅速加以承认和重视。但描述心理学的方法，就其实际的性质看来，是不能达到科学定论的结果的，这也是确实的。个体心理学受到同样的批评，事实俱在，虽则它在机能范围内正做着出色的先驱工作。实验心理学给我们在记忆、注意、想象等方面增加许多知识，包括机能的和结构方面的知识，并且将来会吸收其他新的相应部门的结果使其数量化。但我认为，遵循实验方法而把它应用到高级过程和心理状态上的任何人，都不会怀疑这种方法的主要兴趣完全是放在形态学的分析上，而不是放在机能的确定上。这个理由也是不难找寻的。我们必须记住，实验心理学是由于对抗 19 世纪的机能心理学而发展起来的。后者是一种形而上学的而不是科学的心理学。实际上，譬如说，把记忆看作是心理物理机体的一种机能，和把它看作是心理实体的一种官能，这两者之间有很大的区别。同时，这两种记忆的接近性又比官能心理学的记忆和心理解剖学的各种记忆或记忆复合体的接近性为大。再者，有这样的危险，就是，如果在结构还未被充分说明之前就研究机能，学生就会陷入接受目的论的解释的境地，那是对科学的进步最有害的，如果有必要的话，请看一看生理学中生机论的再一次活跃吧。那么心理学就是采用各种方法也不可避免地，将要第二次把自己放在哲学支配之下了。总之，心理学的历史条件造成这种必然的情况，就是当从哲学转到科学的时期到来时，应该把问题直率地或含蓄地，作为静态的而非动态的，结构的而非机能的问题提出来。我们也可以注意这个事实，就是初级形态学同初级生理学比较起来，本质上前者是较易研究的，而科学工作者在一定程度上受惰性定律的支配，我们看到其结果大体上就是人类的保守主义，致使他们宁可继续应用一种有成果的方法，而不愿为了立场的缘故去采取一种新的立场。

我在这里暂离本题，提出并且试答两个本身自然会被想到的问题：这种保守主义是否明智，它是否可望坚持下去。我相信二者都应作肯定的回答。正如上面已经表明的，心理的形态学研究就是为加强和支持心理学是一门科学，而不是形而上学的一个领域这个论旨而服务的，此事没有任何其他研究方法能够做到；并且近来的著作足够清楚地表明，这个真理需要作经常反复的说明。再者，仍有许多工作要在分析方面进行（不仅是高级过程的分析，虽则从长远看这些分析自然是有益的，而且也包括知觉、情感和观念的分析），所以各实验室的一般倾向都转到机能工作上去将是最为可惜的事。这一点似乎是可能的，即如果要明了时代的特征，那么摆在实验心理学面前有一个长时期的对构造的分析研究，它的结果，直接和间接地将最后作为机能心理学的基础；除非——并且这是不能预测的——由于教育家对心理学的要求非常急迫，致使这种对构造的研究途径部分地有所偏离。

其余的四种心理学可略为提一提就算了。

(3) 个体发育心理学，就是个体的儿童期和青年期心理学，现在这是有广泛兴趣的一个课题，并且它有自己的大批文献。分类心理学看来在最近一个时期内还不外乎是“描述”心理学的一个成分和个体心理学的一个部分。它研究这类题目，诸如情绪、本能和冲动、气质等等的分类，心理“自我”的层次，社会各界（艺术家、军人、文人）的典型心理，以及其他等等。集体心理的机能心理学还处在非常幼稚的状态。那是可以想象的。我们能够规定它的范围和指定它的问题，关于它的一些次要材料在心理学、逻辑学、伦理学、美学、社会学和人类学的著作中到处可以发现；而有些显著的观点，例如，审美情操在民族心理形成中的作用问题已在一些论文中涉及了。但在大的开展之前，我们必须先有个体心理的实验生理学。最后，演化派的工作已把种系发生心理学奠立在一个相当稳固的基础上了，并且工作者的人数之多成为我们在了解心理发展上得到迅速前进的一个保证。

本文的目的是要说明关于下述问题的当代意见的情况，即关于心理的结构要素，它们的数目和性质的问题。初看起来，是否能够找到一致的意见，那是值得怀疑的。屈尔佩（Külpe）曾在 1893 年写道：“每个有地位的心理学家有他自己的联想律。”所以，读者可以想象到，每个有地位的心理学家在 1898 年中都有他自己所喜欢的“独特”过程。不是布伦塔诺主张有一种最后的“判断”，詹姆斯主张有一种“意志的命令”，斯托特主张有一种终级的“思想”吗？对于“第三种意思要素”、意动过程、“活动经验”不是有不断的争论吗？就连感觉心理学这样的清泉不也受到可能有的一种“外导”意识过程，一种神经活动感觉的搅乱么？这些问题是迫切的，不能轻易漠视。所以我们要从考查一个检验的实例开始，那就是布伦塔诺的不可缩减的“判断”。我选择这个事例，是因为艾宾浩斯（Ebbinghaus）教授在他的近来一本心理学中似乎给了它一种结构上的解释。他把心理的要素分成感觉、观念和情感（我们将在后面再谈这个分类）；他说布伦塔诺把判断这种要素和观念并列。如果艾宾浩斯这个说法是正确的话，我们必须承认心理形态学仍是个别意见的一个战场，我们不能只靠把艾宾浩斯说成是一个实验家，而布伦塔诺则否，来逃避这个困难。

然而，当我们要布伦塔诺自己说明时，事情就大为改观了。布伦塔诺认为心理现象的主要标准，它同物理现象的对照区别是“意向性的内在”（intentional inexistence）或“内在的对象性”（immanent objectivity）。我们可以把它解释为以内容为参照，朝向于作为对象的某种东西。“每种心理现象里面都包含作为对象的某种东西，虽则其包含的方式不是都一样的。在观念作用中，有某种被设想的东西，在判断中，有某种东西被肯定或否定，在爱和憎中，有某种东西被爱和被憎，在欲望中，有某种东西被欲望着等等。”这显然是机能的用语，而非结构的用语。实际上，布伦塔诺是把心理现象（psychisches phanomen）和心理活动（seelenthatigkeit）这两个词语交替使用的。他关于“心理现象的根本的（或）主要的分类”是观念作用（不是“观念”！），与判断和兴趣（爱和憎，各种情绪过程）的“心理活动”。他的整个心理学的精神是生理学的；并且当他偶尔从解剖学的观点讨论问题时，就给读者以无疑的转移论点的印象。而实验工作者的心理要素，赤裸裸的感觉和赤裸裸的情感，那是抽象的东西，没有任何种客观参照的。我们不能适当地把布伦塔诺的“判断”同它们作比较。并且还不止此，如果他采用解剖学观点的话，我们也不能完全说他可以确立一个最后的判断过程，但因为他没有采用这个观点，所以这种臆测是谬误的。“经验立场的心理学”是一种人类机体的心理“活动”，即心理机能的系统化。

那么，这个波浪并没有压倒我们。避过它，我们现在可以转到我们探讨的积极方面。我们首先求助于实验工作者；但我们之所以省略有关描述心理学著作的参考文献，主要是为了节省篇幅，完全不包括这种意思，即这些著作的作者同所引的作者不同。有些“独特的”过程仍是悬而未决，这将在这次讨论的末尾提出来。

我们从普遍同意的一点出发。每个人都承认感觉是初级心理过程。这是确实的，关于这个名称所包括的内容范围是有不同的意见的。冯特把在外周激起的和在中枢激起的过程看作一样的。“就感觉的心理属性而言，引起感觉的情况（由外部或内部兴起）是完全没有关系的。……只有中枢刺激常常伴随着感觉。”屈尔佩对两类都保留感觉这名称，但宣称它们“必须被分别对待，因为它们通常表现出显著的差异。”相反，齐恩（Ziehen）和艾宾浩斯在从外面引起的“感觉”和从中枢引起的感觉的替代者，即“观念”［照陆宰（Lotze）的意思］二者之间画一条分明的界线，所以他们承认有两种要素；而冯特和屈尔佩则只看作是一种。可是这分歧是不严重的，它似乎主要由承认或排斥发生上的研究来决定的。如果我们认定这些是和对心理作严格形态学考查没有关系的，那么一种或两种感觉要素的问题就成为一个由分析到分析的问题了，它是能够用分析的方法解决的“内部”争论的问题，因而和初级意志过程的问题处在一个完全不同的水平上。顺便说，我们可以看到，由神经支配的感觉当它依然是一种理论上的可能时，已被实验派大体上抛弃了。

再者，简单情感过程是被大多数人看作基本的过程。冯特和屈尔佩二人都煞费苦心地要把感觉和情感间的主要区别搞清楚。雷门（Lehmann）和艾宾浩斯在这一点上是同样明显的。齐恩不把情感放在和感觉与观念并列的地位；他的各章是标明“感觉的情调”和“观念的情调”，并且他的处理方法是把情调作为同感觉的强度和质量与观念的清晰度和内容（意义）同等的一种属性。但是，他在有一段书中说到这种情调的皮质基础时，却说它是一个完全新的心理生理过程。另一方面，闵斯特伯格（Münsterberg）完全否定情感的最后存在，而要把它归并为伴随弯曲和伸展运动的一种感觉，而这些运动是反射式地释放出来的。关于情感特性的数量还有“内部的”争论：究竟是有这两种呢（屈尔佩）；或者是在感觉范围内有两种和在观念范围内有更多种呢（齐恩）；或者是在愉快和不愉快、紧张和松弛、激动和平静六个项目下有无穷差别呢？（冯特）。但是通过分析，总有一天会把这些问题解决的。

从这个问题的内部困难看，情感心理学应比感觉心理学处在一种不太稳定的状态，那是自然的。当我们考虑到“情感”和“意志”之间的密切关系时，更显著的是实验工作者一致拒绝特殊意志过程的理论。艾宾浩斯写道，“没有理由把意志或欲望的动作看作心理生活的基本形式。”冯特、屈尔佩、齐恩和闵斯特伯格都有同样的想法。

没有发现第四种基本等级的候补者。在过去20年的精细分析中，没有迹象发现一种心理的氪或氩。那么，作这样的结论似乎不会错误，即最后的过程有两种，并且只有两种，感觉和情感，虽则我们不应该忘记，第一种，即感觉，包括两个明确规定的亚种，就是“感觉”和“观念”。

现在，怎样对这些不同的过程加以区别呢？我们把它们看作心理的最后东西的理由究竟是什么？如果不管机能，而力图从解剖水平上解答这个问题的话，我们至少可以指出三个有效的标准。我们可以根据经验本身，看到感觉和情感在内省上是不能相互还原的。这一个不能从另一个中产生，和另一个等同；不管分析得多么深刻，看来它们仍然不同或“觉得”不同。或者我们可以依靠生理学，因为心理的结构是受身体组织制约的，我们可根据它们的生理基础区别感觉和情感。再则，或者我们可寻找这样一个描述的公式把这两种过程的主要特点总括起来。冯特说的就是这个意思，他说感觉性质是在差别的两极端之间排列成行的，而情感的性质则是在相反或对照的两极端之间排列成行的。这种说明的任何一个都适合于心理学上的要求。然而，其中最后一个，如冯特的解释所表明的，暗含着的意思是我们已经熟悉组成感觉和情感的那些属性。我们必须花一些篇幅对它们进行研究。

我们再一次从普遍同意的一点出发。“每种心理元素有两种必要的决定因素：质量和强度。”但马上有些事情需要开始讨论。因为这两个属性或决定因素显然是互不相同的。质量是特殊的和个别的；质量使基本过程成为一种蓝色或一种甜味，一种愉快或第三个八度音程的 C 音。相反地，强度是一种一般的属性，对一切的感觉形式和情感质量都是共同的，所以有些心理学家把这两种决定因素排列在一起，看作同等的，而其他心理学家则把质量独自搁在一边，然后把强度同广度和久度并列，算作一些对等的特性，认为它们或者是属于一切心理要素的，或者是属于某几群质量的。关于广度和久度两种属性的明确地位也有许多不同的意见。由主张发生论的冯特看来，心理空间是由于以质量方位为标记的二维系统与起自运动的感觉的那种一维强度系统的互乘，或者是由于前一种系统和后一种系统的熔合的结果。它主要是触觉的或视觉的。和这样情况相同，心理时间是由质量上不同的情感与同样的感觉强度系统互乘，或者是前者和后者的熔合的结果。情感过程在抽象上是没有时间性的；时间观念的主要来源是听觉和“内部触觉”（internal touch）。所以空间和时间，即广度和久度，只可判定为形成之物，而非元素。空间安排（冯特对“空间安排”和作为“绝对内容”的“空间”未加以区别），不能像感觉的强度或质量那样成为元素的一种原始属性，它是“这些元素结合起来的结果”，这就意味着“新的心理情况的产生”；时间也是同样情形，和这种发生论的理论相反的是先天论的观点，例如，由斯顿夫（Stumpf）代表的空间说，依照这个观点，每种感觉都有它的三维性，那就是一定的大小或体积，每种基本过程也都有一定的久度。

诚然，要使空间和时间的心理学问题一方面不牵涉到哲学上的认识论，另一方面也不牵涉心理发生学，那是不大可能的。在为达到教学目的的工作中作这样的任何企图都恐怕是不明智的；因为这种企图会引起对历史情况的完全漠视。然而，关于解剖学上的事实是很少有疑问的，我完全不能设想一种感觉或情感过程是无时间性的，没有久度的；照它本来的样子对心理进行分析时它给我的印象常常是一个持续一定时间的过程。我同样不能设想视觉或压觉是无空间的，局限于一点的；由分析而留给我的印象常常是一个扩展开来的过程。在另一方面，我没有感到非把延展看作三维的不可。面积本身不一定包含深度知觉，面积与进行着观念活动的主体之间的[空间]关系也不一定在意识中被体验到。而其他感觉如听觉、味觉等等以及情感，似乎全无空间属性。在心理形态学中，完整的要素（比如说，颜色感觉）展示给我们的计有：质量、强度、久度和表面延展。

关于清晰这个属性也有类似的困难摆在我们面前。作为观念中组成成分的过程其清晰程度的变异是在机能上称作“注意分配”的解剖学上的对应语。冯特把清晰程度和空间的与时间的安排放在同一水平上。“因为这些属性（清晰和模糊，分明和不分明）是常常并且只从各种心理结构的相互联系上产生的，不能把它们看作是心理要素的决定因素。”但是，依照冯特的相对原理，感觉强度有同样情形；我们不能对一种感觉的强度表示任何意见，除非有一种结构，即至少有两种感觉并列作为“比较”。再者，我们在这里必须像从前那样排除发生论的论点。如果我们以分析的内省来检验，则不得不承认最基本的感觉可以被想象为清晰或模糊的。

于是，我作出这样的结论：情感要素是由质量、强度和久度组成的；感觉要素（感觉或观念）是由质量、强度、久度、清晰度和（在有些情况中）广度组成的。质量是内在的和个别的特性；强度和清晰度是“相对的”特性；久度和广度很可能是把机能系列中的最低级项目名称转译到结构中来的。因此可以作出这样一种推论，即实验工作者的“元素”，如他们自己曾首先主张的，是人工制造出来的东西，是抽象出来的，是为了科学的目的而有益地孤立出来的，但除非同它们同类的东西相结合，否则是不会在经验中出现的。

我们对于构造心理学不必作进一步的考察了。正如形态学本身那样，越过了细胞，就成为一种器官形态学。构造心理学越过初级过程就成为一种机能复合体的解剖学。各种实验心理学像描述性的工作所做的那样，研究普通人所说的和心理学传统中传下来的知觉和情绪以及动作。屈尔佩把约翰·穆勒的生理心理学中已经非常清楚地划分的一个区别，加以发挥，一切“高级”过程还原为两种结构模式：强度和质量的混合（融合），和空间与时间属性的联合

(总括)。这种还原标志着前进中的一个决定步骤，但它的主要价值是在对基础机能分析所得的结果提出一个安排计划。关于这种结果本身的讨论将远远超出本文的范围。

现在，所留下的问题是使我们自己确信，当代心理学中的各种“独特的”过程，凡不是前面分析中所承认的，都被看作机能，而非结构。这点在斯托特的《分析心理学》中是没有疑问的。该书作者对“心理机能”这个词语的使用，他并且经常提到布伦塔诺，以及他坚持使用“心理活动”这个词，他的这些作法就足以说明这一点。由于他们二人的立场有相似之处，把他的最后分类同布伦塔诺的分类比较一下可能是有趣的。我们已经看到，后者把观念作用、判断和兴趣列为心理的基本机能。斯托特则把意识区分为两种主要的态度：认知的和意向的。认知包括两种“基本上不同的心理机能”，即思想和原始感觉，而思想再分成简单的理解和判断。至于意向则包括对待一个对象的“两种基本上不同的方式”，即情感和意动。这样，我们就有了五种基本的意识样式，分列在两种主要意识态度之下。布伦塔诺和斯托特之间的差别至少是像他们之间的一致性一样明显。

詹姆斯的“意志的命令”或“对所注意的事物的实在性的明确认可”也是一种机能过程：

“这种认可……好似一种独特的主观经验，我们能够指出它，但不能说明它。我们在这个问题上就像在信仰问题上一样。当一个观念以一种方式刺激我们时，它就仿佛同我们产生一种电流相通的关系，我们就相信它是一种实在。当它以另一种方式刺激我们时，产生另一种同我们本身的关系，我们就说算它是一种真实。‘是’和‘算它是’这两个词是和意识的两种特殊态度相符合的；但这种态度是无法解释的。”①

最后，我要在这个关系上谈到艾容斯（Irons）博士的争论，他认为情绪是一种“不能还原为别的东西的”过程，而是一个“心理的最后的和基本的方面”。艾容斯博士已经说明他的研究方法不是

---

① 詹姆斯．心理学原理：2卷．英文版．出版地不详，1890．568~569

发生论的，他给情绪下定义为“情感态度”就意味着这个定义不是解剖学的。但他的词语虽是机能的词语（“认知”等等），而他的批评却在很大程度上是形态学者的批评。看来他没有完全认识这两种立场的差别。实验工作者中直到现在没有人（我敢断言将永远没有人）对情绪过程的复合性质表示怀疑。

辩论的重点在于：对一种纯粹构造心理学的公设，在实验阵营内是相当一致的，但在机能心理学家中则非常不一致。现在，不要以为后一种事态对心理学无伤大体；首先，不要设想实验工作者庆幸他们同事中缺乏统一。这是生物科学中一种平常的现象：结构和机能是互相关联的名称，其中一种知识的进展对另一种了解的进展起制约和被制约作用。心理学中，在实验方法出现之前，只有机能的分析（为我们日常生活所要求的）已经达到足以使解剖工作顺利进行的程度。构造心理学可在它的道路上向前迈进，即使机能心理学停顿在康德的时代或就此而论，停顿在亚里士多德的时代也罢。我相信生理心理学（照本文的意思）大有前途；并且我完全承认所说过的布伦塔诺的议论中的精细批评，斯托特近著中的细致区分，詹姆斯著作中的才华。然而，我坚信，心理学最大的希望现在仍在于继续进行结构的分析，而机能的研究不会产生最后的成果，直到它能够受到发生法，尤其是实验法的控制，而实验法包括两种方式，即实验室实验和自然实验，后者在某些病理心理学案例中我们常常遇到。

选自：张述祖总审校．西方心理学家文选．北京：人民教育出版社，1983

思想评介

铁钦纳的构造主义心理学

（一）铁钦纳构造主义心理学的基本思想

冯特的心理学理论体系后来由他的弟子们发展为两个支系：一个是铁钦纳的构造主义心理学，另一个是以屈尔佩（1862～1915）为首的符兹堡学派（die Wurzburger Schule）心理学（又称为“思想心理学”）；在这两个支系内，铁钦纳的构造主义心理学，乃是冯特的心理学理论体系的正统嫡系。铁钦纳不仅继承了冯特在心理学方面的基本理论体系，而且还对冯特的某些心理学见解进行了一定的修正和发展，并且把他所宣扬的这种心理学理论体系正式命名为“构造心理学”（the structural psychology）。现在我们就把铁钦纳的特殊心理学见解择要介绍于下。

1. 心理学的对象问题

铁钦纳也和他的老师冯特一样，从唯心主义经验论的观点出发，认为一切科学的研究对象都是经验。他说：

“显然，一切的科学都具有同样的研究对象，它们都是在处理人的经验世界的某一时相或某一方面。……一言以蔽之，每一门科学都采取一定的态度来对待人的经验世界，或从一定的观点来考虑它，而且一门科学的任务就是在采取一定的态度或观点之后，按照实际的情况来描写这个世界。各门科学的分化正是出之于人的兴趣的差异；而且正是由于所有的工作，都是在同样的原则指导之下和从同样的观点出发来进行的这一事实，一门科学才会得到统一，它的各种观察才会彼此发生关系。……如果一切的科学的确都具有同样的研究对象，那么在物理学的原始材料和心理学的原始材料之间，就不可能有本质的差异。我们所谓的物质和心理必然基本上都是同一的东西。……人类所有的知识都是得之于人的经验的，此外并没有其他的知识来源。”①

可见，铁钦纳也和他的老师一样，公然认为一切科学的研究对象都是经验，各门科学的唯一区别仅在于对待经验的观点有所不同，他更直率地宣称，物质和心理必然基本上都是同一的东西。可是，铁钦纳并不同意冯特把经验分为“直接的”和“间接的”这一见解。在他看来，“间接经验”这个名称本身就含有一定的矛盾，一切的科学都在于观察各自所研究的对象，如果自然科学的研究对象是间接的经验，那么自然科学又如何能成为观察性的科学？他在这一方面很赞赏经验批评论的创始人之一阿万诺留斯（Richard Avenarius，1843～1896）所提倡的“从属经验”（dependent experience）和“独立经验”（independent experience）的说法，因而他就应用阿万诺留斯的这两个概念，来代替冯特的直接经验和间接经验的概念。他认为心理学和物理学都是在直接地研究经验，只不过它们在对待经验的观点方面有所不同。心理学认为经验是从属于经验的个体的，而物理学则认为经验是独立于经验的个体之外的。他说：

“现在，我们就从你在物理学内所初学到的三件事情：空间、时间和质量来谈起。物理的空间就是几何学和天文学以及地质学的空间，这种空间是恒定的，在任何时候和任何地方都是相同的。它的单位是1厘米，而厘米不论应用于何地和何时，都丝毫不爽地具有同一的数值。物理的时间也同样是恒定的；而它的恒定的单位则为1秒。物理的质量是恒定的；它的单位，1克，在任何时候和任何地方都是相同的。这里我们所据有的空间、时间和质量的经验，都被看作是独立于经验它们的个体之外的。其次，让我们改用把经验的个体估计在内的观点。图3－1的两条纵线在物理方面是彼此相等的；它们的厘米单位的量数是完全相同的。在你看来，它们却并不相等。你在一个乡村车站的候车室所消磨的1小时和你在观赏一场有趣的比

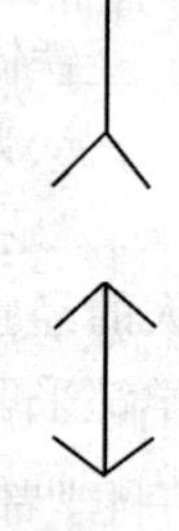

图3－1

① 译自：Titchener E B. A Textbook of Psychology. New York：1921. 2～6

赛时所消磨的1小时，在物理方面有彼此相等的；它们的以秒为单位的量数是完全相同的。对你来说，前一小时过得很慢，后一小时过得很快；它们并不相等。取两个直径不同的（例如2厘米和8厘米）圆形硬纸盒，并且把沙子倒在盒内，直至两个纸盒的重量都达到50克为止。这两个质量在物理方面是彼此相等的；把它们放在一个天平的托盘上，它们将会使杠杆保持平衡。对你来说，当你把它们举在你的两只手之中时，或者是用同一只手依次把它们举起来时，直径较小的盒子却显著地更重。这里我们所据有的空间、时间和质量的经验都被看作是从属于经验的个体的。这种经验也就是我们刚才所讨论的那种经验。不过，我们的第一种观点给我们提供物理的事实和规律；我们的第二种观点给我们提供心理学的事实和规律。现在，再举三个在物理学的课本内所讨论的题目：热、声和光。……简言之，热是分子的舞动；光是以太的波动；声是空气的波动。在物理学的世界内这些类型的经验，都被看作是独立于经验的个体之外的，物理学的世界是既不温也不冷，既不暗也不亮，既不雅静也不喧闹。只有当这些经验被看作是从属于一定的人时，我们才会有温和冷，黑和白，彩色和无色，乐音和嘶嘶声以及砰砰声。而这些东西都是心理学的研究对象。……物理学和心理学都在处理同一的东西，同一的材料；这两类科学仅仅是——而且充分地是——被它们的观点所分割开来的。”①

显然，铁钦纳的“从属经验”和“独立经验”较之于冯特的“直接经验”和“间接经验”，并无任何实质性的区别。他们的这些概念，实质上都是在转弯抹角地表明经验是唯一真实存在的东西，因此一切的科学在它们的研究对象方面不可能有任何的区别，每一门科学都只能以唯一真实存在的经验，作为自己的研究对象；各种科学的分化并不是由于它们所研究的对象不同，而是由于它们所采取的观点不一。在冯特看来，自然科学的观点，是“把经验的各种对象从它们所被设想的独立于主体之外的特性方面来加以考虑”，而心理学的观点，则是“把经验的整个内容从它与主体的关系以及

① 译自：Titchener E B. A Textbook of Psychology. New York：1921. 6~8

由主体直接所赋予它的特性方面来加以研究”。正因为如此，所以冯特就认为自然科学的观点也可以称之为“间接经验的观点”，而心理学的观点则可以称之为“直接经验的观点”。在铁钦纳看来，自然科学的观点是把经验“看作独立于经验的个体之外的”，而心理学的观点则是把经验“看作从属于经验的个体的”。现在我们可以清楚地看到，铁钦纳和冯特除了在表述这两种具有神秘作用的观点时，所采用的词藻略有不同而外，在他们的基本见解方面并没有丝毫的区别。他们师生二人都是贝克莱和休谟的唯心主义经验论的忠实继承人，而铁钦纳更是马赫和阿万诺留斯的经验批判论的热忱赞助人。

2. 身心关系的问题

铁钦纳也和冯特一样，是一个身心平行论者。在他看来：

“作为心理学的研究对象和生理学的研究对象的心理和身体，仅仅是同一经验世界的两个方面。它们不可能相互发生影响，因为它们并不是个别的和独立的东西。可是，正因为如此，所以不论这两个方面在什么地方出现，其中一个方面所发生的任何改变一定会伴以另一个方面相应的改变。……这一身心关系的学说，就是人所共知的心物平行论的学说。”①“有时人们声称，心理学只不过是生理学的一个分支。据说，正如泪腺分泌眼泪，或者是皮肤的汗腺分泌汗液，或者是肝分泌胆汁，而脑则分泌心理过程、思想和情感。正如消化食物是胃的机能或职务，而思维和感受则为脑的机能。这种见解是不正确的。固然心理学家亟需了解生理学，而且特别需要了解神经系统的生理学；可是心理学并不是生理学的一部分。……在每一门科学内，我们都要试图解释事物。在事实未被解释之前，它们在方法学方面就不可能得到整顿和协调。所谓解释一种事物也只不过是说明它发生的情境。这些情境就名之为事物出现的条件。让我们把这一道理应用于心理学。某种发端于身体器官而后终止于大脑皮质的身体内部的骚动，就是心理过程出现的情境。这也就是说，身体过程是心理过程的条件；身体过程的说明就给我们提供心

① 译自：Titchener E B. A Textbook of Psychology. New York：1921. 13

理过程的科学解释。我们也能够仅就心理过程本身来处理心理过程，不过为了使我们的心理学完备起见，我们应当给我们的心理的说明增加一种生理的解释，那也就是增加一种关乎它的身体条件的说明。这就是心理学家为什么应该了解生理学的理由。无论在什么地方，只要有一种心理过程发生，那就必定有一种身体过程充作它的条件。但这并不是说脑产生心理过程，而只是说心理过程与身体过程并行，——实际上，身体过程乃是心理过程的条件。”① “此外，有坚强的论据表明，心理学所探究的世界就其存在来说，乃是依存于神经系统的作用的；或者，我们宁愿用一种比较严格的公式来表述，这个世界乃是和神经系统的作用彼此相关的。”②

铁钦纳曾直截了当地声称：“心理并不是脑的机能。”③ 他根据他的身心平行论的论断，进而对他所谓的常识性心理学对象——心理（mind）作了如下的解释：

“我们曾把心理界说为被看作从属于经验的个体的人的经验的总和。我们进而又说过，‘经验的个体’这一短语乃是指有生命的身体，有组织的个体而言的；而且我们曾经谈到，为了心理学的目的，我们可以把有生命的身体归结为神经系统及其附属物。这样，心理就变成被看作从属于一个神经系统的人的经验的总和。”④

铁钦纳的这些见解实际上是在重复阿万诺留斯的论调。阿万诺留斯曾经肯定有两种生命的系列（vital series）：一种是发生于“系统 C”（即中枢神经系统）内的独立的生命系列，这种生命的系列是属于物理的；另一种是平行于而又依存于“系统 C”的独立生命系列的从属性生命系列，这种生命的系列是属于心理的。这两种生命的系列是共同变化的，可是其中的一种可以理解为独立的，而另一种则只有理解为从属于前者，才有可能加以充分的描述。⑤可见，铁钦纳的心理学理论体系是深受阿万诺留斯的学说的影响的。

---

① 译自：Titchener E B. A Primer of Psychology. London：1927. 17～18

② 译自：Titchener E B. A Beginner's Psychology. New York：1923. 10

③ 译自：Titchener E B. A Primer of Psychology. London：1927. 10

④ 译自：Titchener E B. A Textbook of Psychology. New York：1921. 16

⑤ 参见：Boring E G. A History of Experimental Psychology. 1950. 396

3. 心理学的方法问题

我们知道，冯特虽然特别强调实验法在心理学方面的重要性，但实际上却把实验法看作辅助自我观察的一种手段。不过冯特并未公然宣称自我观察法是心理学的唯一合理的方法。铁钦纳在心理学的方法问题方面不仅承继了冯特的基本观点，而且公然把“内省法”强调到极其突出的地步。因此，他的心理学有时也被称为“纯粹内省的心理学”（pure introspective psychology）。在铁钦纳看来：

“科学的方法可以被总结为一个词：‘观察’；科学的唯一工作方式就是观察那些成为科学研究对象的现象。观察包含有两件事情：对现象的注意以及把现象加以记录；也就是清楚而又生动的经验以及用言词或公式对现象所作的叙述。为了获得清楚的经验和准确的报告，科学就求助于实验。实验是一种可以被重复、分离和变化的观察。……一切的实验装置，一切的实验室和仪器都是本着这样的目的而加以准备和设计的。从事研究的人有可能重复、分离和变化他的观察。心理学的方法也是观察。物理学的观察是外观，一种对外的观察；为了把心理学的观察和物理科学的观察加以区别，人们就把心理学的观察名之为内省，一种对内的观察。”①

正因为在铁钦纳看来，心理学的观察是“内省”，而且心理学也和其他科学一样，“为了获得清楚的经验和准确的报告”，必须求助于“实验”，所以他就把这两方面结合起来，从而为心理学的方法创造了一个独特的名称——“实验的内省法”。② 他并且为心理学的方法和物理科学的方法拟制了下列的两个公式：

内省＝心理学的（生动经验——→完满的报告）

外观＝物理学的（生动经验——→完满的报告）

在上述的两个公式内，括弧外边的形容词都是在表示观察者在开始进行观察之前，对自己所要探究的“世界”所采取的态度或观点；每一个公式的形容词都适用于括弧内的全部内容。例如，第一个公式内的形容词首先表明观察者必须对自己所要探究的世界采取

① 译自：Titchener E B. A Textbook of Psychology. New York：1921. 19～20

② 译自：Titchener E B. A Primer of Psychology. London：1927. 32

心理学的态度或观点，其次表明观察者所要注意的经验是心理的经验，最后表明观察者须用心理学的语言来报告经验。铁钦纳认为，在确定了基本的态度以及从而确定了所要探究的世界之后，心理学的方法和物理科学的方法就不再有任何区别①。

从上述两个公式我们可以看到，铁钦纳在他的方法论方面也是非常重视态度和观点的作用的；在他看来，态度和观点，乃是分化心理学的方法（内省）和物理科学的方法（外观）的唯一具有决定性的条件。正因为如此，所以他就严重警告从事心理学研究工作的人们，必须在进行内省的过程中坚决保持心理学的态度或观点，必须把注意完全集中于心理的经验，必须用心理学的语言来报告心理的经验。如果一个从事心理学研究工作的人在进行内省的过程中，未能坚决保持心理学的观点而竟误用其他任何的观点，在铁钦纳看来，这就是犯了所谓“刺激错误”（the stimulus error）。他说：

“决不要忘记，虽然物理科学和心理科学的方法在实质上是相同的，可是这些科学的研究对象却是不大相同的。我们知道，一切科学的研究对象，推究至极，都是人的经验的世界；可是我们也曾看到，物理学所处理的经验方面乃是和心理学所处理的方面极不相同的。方法的相似性会引诱我们从一个方面溜到另一个方面，……研究对象的混淆必然不可避免地会导致思想的混淆。由于一切的科学都在处理人的经验的同一世界，当然科学的方法不论它是应用于经验的哪一方面，在原则上总是相同的。在另一方面，当我们已经决定研究经验的某一特殊方面时，我们就必须固执那一方面，而不要在研究的过程中变换我们的观点。因此，我们有内省和外观这两个名词，来表示心理学和物理学从不同的观点所进行的观察，乃是一件很有益的事实。内省这个词的效用是它经常会提醒我们，我们是在从事心理学的工作，我们是在观察经验世界的从属的方面。”②

“当一个学生开始在心理学的实验室内工作的时候，而且特别是当他开始按照心理物理学的各种测量的方法来工作的时候，他很

---

① 译自：Titchener E B. A Beginner's Psychology. New York：1923. 19～22

② 译自：Titchener E B. A Textbook of Psychology. New York：1921. 24

容易犯我们在术语上所谓的刺激的错误。主试者告诉他注意感觉，但实际上他却注意刺激。他不比较两种噪音的强度，而却比较他想象的各个球体所以能引起这些噪音感觉的坠落高度；而且，一般地说来，他并不关心各种灰色，而却关心各种灰纸；并不关心各种动觉，而却关心各种重量；并不关心视觉的广度，而却关心对象的大小。这种错误是不易防止而又不易清除的；……不想及各种心理过程而却想及我们周围的各种事物和各种事件，乃是一种很自然而又很习惯的情况，——可是我认为，如果我们想要使心理学成为一门科学，那就绝对需要摆脱各种事物，而仅想及心理的过程。"①

他声明所以要采用"刺激错误"这个名称，乃是"由于这种混淆，用费希纳的心理物理学的术语来说，是存在于'感觉'和'刺激'之间的。可是在实质上，'事物错误'（thing-error）或'对象错误'（object-error）也许是一个较好的名称；不在行的观察者所混淆于他的心理过程的并不是物理的刺激，而是常识的事物"②。

此外，在铁钦纳看来，"科学并不涉及价值、意义或功用，而仅涉及事实"。"在科学里并不存在好或坏，有病或健康，有用或无用。当科学的成果应用于日常生活的时候，它们就被转变为价值。……可是科学本身的工作仅在于确定真理，发现事实。"③ 他曾列举了六条论据以证明"心理过程并不是本来就具有意义的，意义并不是心理过程的一个组成部分"。他所列举的六条论据是：

(1) "我们可以把意义从它通常所附着的心理过程中全部剥除"；

(2) "一种无意义的经验可以取得一定的意义"；

(3) "经验有时会和它的意义脱节"；

(4) "同一的经验可以具有好几种意义"；

(5) "同一种意义可以附加于好几种经验"；

---

① 译自：Titchener E B. Lectures on the Experimental Psychology of the Thought Process. 1909. 145～146

② 译自：Titchener E B. Lectures on the Experimental Psychology of the Thought Process. 1909. 267

③ 译自：Titchener E B. A Beginner's Psychology. New York：1923. 26，1～2

(6)“意义和心理过程并不协同变化”。①

铁钦纳根据他的这些见解，就坚决主张心理学必须应用实验的内省法如实地研究心理的经验，而毫不涉及任何的意义、价值或功用以及常识的事物或对象。正因为如此，所以铁钦纳有时也把他的心理学称之为“写实的心理学”（existential psychology）。

4. 心理学的任务问题

铁钦纳是构造主义心理学的代表人物，当然在他看来，心理学的主要任务是在于分析“心理经验”的构成元素，以及各种元素相互结合的方式和规律。他说：

“科学永远是在设法解答关于它的研究对象的三个问题，即：何者（what），如何（how）和为何（why）的问题。……心理学家凭借把心理经验分析为它的元素的手段来解答‘何者’的问题。他通过表述这些元素结合的规律来解答‘如何’的问题。此外，他依据神经系统内平行于心理过程的那些过程来解答‘为何’的问题。”②“心理现象是复杂的，而且往往是极其复杂的；如果我们想要把它们加以科学的描述，那么我们就必须把它们还原为它们的元素，我们就必须继续不断地进行分析，直至我们无法再分析时为止。这里还有与分析相偕并进的综合。诚然，心理学并不要写构造式，可是心理学却须表明它的各种元素如何结合在一起，却须揭露它们结合的规律……。最后，由于心理现象是和神经系统的机能彼此相关的，心理学家在他尚未通晓神经系统的生理学以及尽可能准确地确定这种相关之前，就不能认为已经完成了他的任务。”③

（二）对构造派心理学的评价

1. 构造派心理学的积极方面

(1) 构造派心理学，是心理学史上第一个成为一门独立的实验科学的心理学派别。它的创始人冯特曾把当时已有的心理学资料加

---

① 译自：Titchener E B. A Beginner's Psychology. New York：1923. 26～29

② 译自：Titchener E B. A Textbook of Psychology. New York：1921. 24

③ 译自：Titchener E B. A Beginner's Psychology. New York：1923. 15～17

以总结，使之成为完善的体系。他在1862年首创性地提出了“实验心理学”的名称，并于1879年创办了世界上第一所心理学实验室。他在他的巨著《生理心理学纲要》内，不仅分别论述了各种心理过程和详细叙述了神经系统和感觉器官的生理解剖，而且相当详尽地总结了前人的研究成果；他的这部巨著乃是心理学史上第一部有系统和成体系的心理学专著。正因为冯特在心理学方面曾有这样一些突出的表现，所以一般西方心理学者们，就认为冯特是心理学史上第一个真正配称为“心理学家”的人，有时甚至把冯特称为“实验心理学之父”。固然这些看法未免有点夸张，可是冯特在促进心理学的发展使之成为一门独立的实验科学方面，确实是具有不可磨灭的开创性的功绩。

(2) 构造派心理学，是心理学史上第一个应用实验的方法来系统地研究心理问题的心理学派别。它的创始人冯特曾在他所创设的心理学实验室内，对许多心理学的问题进行过创始性的实验研究，并于1881年创办了《哲学研究》杂志，以报导他的心理学实验室的研究成果。他的巨著《生理心理学纲要》和铁钦纳的巨著《实验心理学》，都曾对心理实验的仪器和步骤以及处理实验结果的方法做了详细的说明，他们的这两部著作实堪称为心理学实验教程的示范。由于冯特的倡导和示范，心理学的实验研究在欧美各国得到了迅速而又普遍的传播和发展。从此，心理学就摆脱思辨法的羁绊而走上了实验研究的道路。固然构造派的心理学家们都是把实验看作辅助内省的一种手段，但他们在倡导和发展心理学的实验法方面确实是曾经起过很大的积极的和示范性的作用。

(3) 构造派心理学，是一个深受化学的影响而特别注重分析研究的心理学派别。这一派的心理学家们曾对人的各种复杂的心理现象就其类别、成分、属性、关系等等，进行过细致的分析研究。尽管他们的一些观点和结论是错误的或不够正确的，但他们的这些研究工作却为新兴的心理科学提供了很多有益的实验资料。此外，他们对于某些心理问题的见解直到现在看来，也还是具有一定的积极意义的。例如，冯特对于约翰·缪勒的“特殊感觉能力说”的反驳性见解，和他对于詹姆斯—兰格的情绪论的批判性意见，以及铁钦纳对于注意和知觉的性质的看法等等，从目前的科学观点看来，基本上也还是正确的。

2. 构造派心理学的消极方面

(1) 构造派的心理学家们从贝克莱和休谟的唯心主义经验论的观点出发，把一切科学的研究对象都归结为经验；他们通过对经验的曲解，彻底否定了客观世界的存在；在他们看来，心理学和物理科学的基本区别并不在于它们所研究的对象不同，而仅在于它们所采取的观点不一。他们把观点看作一种区分主观世界和客观世界的终极原因或“第一原理”。在冯特看来，心理学是从“直接经验”的观点出发来对待经验的，所以它的研究对象是如实的直接经验；物理科学是从“间接经验”的观点出发来对待经验的，所以它们的研究对象都是由抽象而来的间接经验。在铁钦纳看来，心理学是从“从属经验”的观点来对待经验的，所以它的研究对象是“被认为”从属于“经验的个体”的经验；物理科学是从独立经验的观点出发来对待经验的，所以它们的研究对象都是“被认为”独立于“经验的个体”之外的经验。冯特认为，作为心理学的研究对象的直接经验是第一性的经验，而作为物理科学的研究对象的间接经验乃是从直接经验中抽象出来的第二性的经验；正因为如此，所以他就认为“自然现象同时都是我们的观念”。铁钦纳认为，作为心理学的研究对象的从属经验和作为物理科学的研究对象的独立经验，都是同一经验的不同的方面或不同的时相，它们在本质上彼此并无任何区别；正因为如此，所以他就认为“物质和心理必然基本上都是同一的东西”。冯特比铁钦纳多绕了一个弯，可是他们殊途同归，都得到了同样的结论：自然现象和心理现象都是在不同的观点下所看待的同一主观经验。他们所以会得到如此荒谬的结论，乃是由于他们混淆了心理的主观形式和客观内容，混淆了心理的内容和被反映的客观对象。他们的这一结论较之于贝克莱大主教的“存在就是被感知”的论断，真可谓异曲同工。可见，构造派心理学的哲学理论基础乃是不折不扣的主观唯心主义哲学教条。

(2) 构造派的心理学家们虽然竭力强调实验法在心理学的研究方面的重要性和必要性，但在实质上却把实验法看作辅助内省法的一种手段。他们的这一方法论的观点乃是和他们看待心理学的研究对象的观点密切地联系着的。既然心理学的研究对象是第一现实的直接经验，是仅从属于个体的经验，那么当然心理学就只有凭借主观的内省，才有可能冥冥地探究这一虚无飘渺的对象。唯心主义的世界观必然导致主观主义的方法论。心理学的内省法所以创始于中古时期的天主教主教奥古斯丁（Aurelius Augustine, 354~430），显然并不是完全出于偶然。构造派的心理学家们一方面大力倡导在心理学的研究方面系统地应用实验的方法，从而对心理学的方法改革起了很大的积极作用；可是另一方面却又坚决主张内省法是心理学的基本的方法，结果使心理学在它的方法论方面，又倒退回中古时期教父心理学的神秘主义的原态。可见，构造派心理学在它的方法论方面实际上是进一步退两步的。铁钦纳由于把心理学的研究对象看作一种完全不依存于客观事物的自在经验，因而就为观察这种自在经验所特用的内省法规定了一条绝对不许涉及客观事物的清规戒律；如果违反了他的这一条清规戒律，那他就认为是犯了“刺激错误”或“事物错误”。他进而认为“科学并不涉及价值、意义或功用，而仅涉及事实”，“心理过程并不是本来就具有意义的，意义并不是心理过程的一个组成部分”，因此他就坚决主张心理学的内省只应孤立地观察和报告自在经验的实况，而决不可涉及任何的价值、意义或功用。显然，铁钦纳的这些方法论的见解乃是在重弹实证论的陈词滥调，他的“写实的心理学”实质上乃是实证主义的心理学。这里我们应该顺便指出，科学的心理学有时也需要应用“自我观察法”。可是科学的自我观察法乃是以唯物主义的基本观点——即承认物质是第一性的，心理是第二性的，人的心理乃是人脑对客观现实的反映——为其理论基础的。所谓科学的自我观察法，也就是个人对于自我的头脑所反映的客观事物的报告。显然，我们只有凭借这种方法才有可能了解个人反映客观事物的过程。反之，主观主义的内省法乃是以唯心主义的基本观点——即认为心理是第一性的，物质是第二性的，人的心理是独立自在的第一现实——为其理论基础的。正因为如此，所以内省主义的心理学家铁钦纳，就竭力强调在进行内省时必须孤立地观察和报告自在的经验，而决不可涉及任何的事物、价值、意义或功用。如果心理学果然按照铁钦纳的内省主义的方法论来进行研究，那么它所取得的结果必然只会是一些毫无对象、毫无价值、毫无功用而又毫无意义的混乱报告。其结果绝不是像铁钦纳所断言的会使心理学成为一门纯正的科学，反之，定会使心理学归于消亡。

(3) 构造派的心理学家们都大力宣扬身心平行论的观点。冯特认为："从物理的和生理的刺激过程的特性来推断感觉的特性是根本不可能的，因为刺激过程是属于自然科学的经验或间接的经验，反之，感觉则是属于心理学的经验或直接的经验，因此二者是不能相互比较的。不过，若就不同的刺激过程经常总是相应于不同的感觉这一点来说，在感觉和生理的刺激过程之间必然存在着一种相互的关系。这一感觉变异和生理刺激变异的平行论原理，乃是心理学和生理学的感觉理论的一个辅助性原则。"铁钦纳则公然宣称："心理并不是脑的机能。"在他看来，"作为心理学的研究对象和生理学的研究对象的心理和身体，仅仅是同一经验世界的两个方面。它们不可能相互发生影响，因为它们并不是个别的和独立的东西。可是，正因为如此，所以不论这两个方面在什么地方出现，其中一个方面所发生的任何改变一定会伴以另一个方面相应的改变。……这一身心关系的学说就是人所共知的心物平行论的学说"。从铁钦纳的这些论断，我们就可以清楚地看出，所谓身心平行论的学说，实质上就是把身体和心理都看作是同一精神实体的两个方面的这样一种唯心主义的学说。在构造派的心理学家们看来，身体和心理都是"主观经验"这一精神实体的两个方面。正因为在身心平行论者们看来，身体和心理都是同一精神实体的两个方面，它们都不是个别的和独立的东西，所以他们就认为身体过程和心理过程只能相互平行地伴随，而绝不能相互发生影响。显然，身心平行论者们彻底否认了身心之间的依存关系；在他们看来，作为身体的一部分的脑不但不是心理的器官，而且它自身也并不是一种个别的和独立的东西；脑和心理一样，也是同一精神实体的一个方面，用铁钦纳的话来说，脑和心理都是"同一经验世界"的两个方面。可见，身心平行论并不是什么新奇的科学学说，它只不过是陈腐的唯心主义哲学的一个变种。

(4) 构造派的心理学家们都坚决认为心理学的唯一任务，是在于分析心理经验的构成元素以及各种心理元素相互结合的方式和规律。当然，心理学作为一门科学，是需要对它所研究的对象进行深入、细致地分析。可是，构造派的心理学家们，首先否认了心理是脑对客观现实的反映这一科学真理，然后从唯心主义的心理化学的观点出发，认为人的各种复杂的心理现象，都是由某些实在的第一性的心理元素依据“独立的心理因果律”所构成的。因此他们就坚决主张，心理学的唯一职责仅在于分析心理经验的构造情况。可见，构造派心理学所强调的分析，乃是一种非科学的分析，是唯心主义的心理化学的分析。构造派的心理学家们所以要进行分析，只是为了寻求构成人的各种复杂的心理现象的神秘元素，以及支配这些神秘元素构成人的各种复杂的心理现象的“独立的心理因果规律”。我们知道，构造派的心理学家们都坚决否认客观世界的存在。在冯特看来，“自然现象同时都是我们的观点”；在铁钦纳看来，“物质和心理必然基本上都是同一的东西”。既然“自然现象同时都是我们的观念”，“物质和心理必然基本上都是同一的东西”，而构造派的心理学家们又都肯定观念、心理都是以神秘的心理元素为其结构的基本单位的，那么，显然用不着多说，在构造派的心理学家们看来，自然现象、物质世界当然也是由神秘的心理元素——感觉、情感、意象所构成的。这正是马赫和阿万诺留斯的经验批判主义的结论。

总括起来说，构造派心理学的哲学理论体系是非常庞杂而又相当混乱的。在它的理论体系内既有贝克莱和休谟的唯心主义经验论，也有尼采和叔本华的神秘主义的意志论；既有马赫和阿万诺留斯的经验批判论（铁钦纳曾直接受他们的影响），也有斯宾诺莎和莱布尼兹的身心平行论；既有奥古斯丁主教的内省论，也有奥古斯特·孔德（Auguste Comte，1798~1857）的实证论；既有康德和赫尔巴特的统觉学说，也有托马斯·布朗和约翰·穆勒的心理化学。这个兼容并包、用全副唯心主义理论武装起来的现代西方心理学派别，乃是在19世纪末叶出现于心理学史的第一个真正心理学派别。但我们必须指出，构造派心理学的上述理论实质并不能磨灭冯特在心理学史上的灿烂光辉，因为冯特对科学心理学的彪炳勋绩是在于他的创业性的实践成果，而不是在于他的一般的哲学理论。

（杨　清）

选自：杨清．现代西方心理学主要派别．沈阳：辽宁人民出版社，1980

4

弗洛伊德

(Sigmund Freud)

- 生平简介
- 名篇选读

  精神分析引论(节选)
- 思想评介

  弗洛伊德心理动力学述评

生平简介

S·弗洛伊德（1856～1939），奥地利心理学家，精神分析学派的创始人。他出生于摩拉维亚一个小镇弗莱堡的犹太商人家庭，4岁时随全家移居奥地利首都维也纳，在那里一直生活了将近80年。1873年弗洛伊德在维也纳大学医学系开始了他的学习生活。1881年，弗洛伊德获医学博士学位，第二年作为一位临床神经病学家开始私人营业。1885年，弗洛伊德有机会去法国巴黎跟当时国际著名的神经病理学家J·沙可学习。沙可强调歇斯底里症等神经病有性的基础，对弗洛伊德有很大影响，此后他对病人的性问题的暗示特别加以注意。1889年，弗洛伊德又到法国南锡师从伯恩海姆学习催眠术，这对他以后发展精神分析法有很大启发。1895年弗洛伊德与布洛尔合著的《关于歇斯底里的研究》一书出版，标志着精神分析学派的诞生。1897年，弗洛伊德开始对自己进行自我分析，他用自由联想法解释自己的梦，发现梦是通向潜意识的一条迂回道路，是被压抑欲望与本能的伪装满足，因而通过对梦的分析，可以发现神经病患者无意识系统深处被压抑的欲望。1900年，弗洛伊德出版《梦的解析》一书，随着该书的出版和传播，精神分析运动逐渐发展起来，一群年轻学者，如阿德勒、兰克和荣格等人成了弗洛伊德的追随者，他们聚集在弗洛伊德周围举办每周一次的讨论，学习精神分析。1905年，弗洛伊德出版了他的第二本著作《性学三篇》，1910年出版了《精神分析引论》。这两部著作系统地阐述了他的人格发展理论。

人格发展理论是弗洛伊德精神分析学说的核心内容，他从人的无意识动机和性本能出发分析了人格发展过程和形成机制，提出了一个完整的人格发展的动态模式。他认为人格结构由本我、自我和超我组成。这一结构假设是对其早期提出的无意识、前意识和意识三大系统的修正，认为本我、自我、超我是在意识和无意识活动的机制下，在里比多（Libido）发展的关系中形成起来的。他认为：本我的内容与过程完全是无意识的，它的活动受快乐原则和原发过程的控制。人的基本的心理能量或里比多被围困在本我中，并且是通过减少紧张状态的意向表现出来的。里比多能量的增加导致紧张状态的梯度的增加，而有机体则力求把这种紧张状态减少到比较能够忍受的水平。一个个体为了满足自己的需要并维持一种令其舒适的紧张水平，他就必须和真实的世界交互作用，因此在本我的需要和现实环境之间必须实行有效的和适当的联络。为了促进这种相互作用，自我便从本我中发展出来，自我充当了自身和外部世界的仲裁者。它的作用就是要满足本我的本能需要，同时又要控制和压抑本我的冲动，使本我只能获得为现实所许可的那种快乐，从而也保护了个体不致因本我的盲目冲动而遭受外界的损害。因而，自我是有意识的、理智的，它遵循“现实原则”，但是自我不能脱离本我而单独存在，自我的力量是从本我那里得到的。弗洛伊德把自我与本我的关系比作骑士和马的关系，马提供能量，而骑士则指导马的能量朝着他想去游历的路途前进。超我是自我的一部分，与具有执行功能的自我相对，是一种监督的自我。超我包括良心和自我理想两部分，它代表着社会伦理道德，代表着人类生活的高级方向。超我是在童年早期通过自居作用将父母对儿童的约束、奖惩和规则等内化而成的。与自我不同，超我不仅力图使本我的欲望延迟得到满足，而且使它完全不能得到满足。在弗洛伊德看来，人格的这三个部分之间相互作用，相互影响，处于动态平衡状态之中，共同构成整体人格，一旦这种平衡关系遭到破坏，便会产生精神病或心理变态。

作为20世纪最主要的社会思潮和学术流派之一，弗洛伊德的精神分析理论对心理学、教育学、哲学、人类学、文学艺术、宗教、伦理学等领域都产生了重大影响。弗洛伊德的著述涉及范围十分广泛，主要有:《梦的解析》(1900)、《日常生活的心理病理学》(1901)、《性学三篇》(1905)、《图腾与禁忌》(1913)、《精神分析引论》(1910)、《超越享乐原则》(1920)、《群众心理学与对自我的分析》(1921)、《自我与本我》(1923)、《文明及其不满》(1930)、《精神分析引论新编》(1933)。

(杨 宁 邢 强)

名篇选读

精神分析引论（节选）

（一）过失心理学

无论是思辨哲学或叙述性的心理学，或是和感官生理学联带研究的所谓实验心理学，都不能帮助你们懂得心身的关系，或了解精神生活的失调。医学上固然有一种精神病学专讲各种精神失调，汇集为种种临床图书，但就是连精神病学者本人也怀疑他们的这些纯粹描述的公式是否够得上称为科学。这些图画所表现的症状究竟如何发生，如何组成，如何联系，都是个未知数：它们或者是与脑子里的变动联系不上，或者虽能联系，却无法解释。只是当这些精神失常已被断定为机体疾病的间接结果之后，才有治疗的可能。这个缺陷就是精神分析所要填补的。精神分析法要供给精神病学以心理的基础，要求得到一种共同的理由来解释身体和精神的病扰。要达到这个目的，便不得不放弃种种成见，无论它们是解剖方面的，化学的或是生理的，而彻底应用纯粹的心理学的概念。这在你们看来，开始时是会感到奇怪的。

其次还有一种困难，并不是由于你们的教育或你们的心理态度而引起的。精神分析有两个信条最足以触怒全人类：其一是它和他们的理性的成见相反；其二是和他们的道德的或美育的成见相冲突。这些成见是不可轻视的，它们都是人类进化所应有的副产物，是极有势力的，它们有情绪的力量作基础，所以要打破它们，确是难事。

精神分析的第一个令人不快的命题是：心理过程主要是潜意识的，至于意识的心理过程则仅仅是整个心灵的分离的部分和动作。我们要记得我们从前常以为心理的就是意识的。意识好像正是心理生活的特征，而心理学则被认为是研究意识内容的科学。这种看法是如此明显，任何反对都会被认为是胡闹。然而精神分析却不得不和这个成见相抵触，不得不否认“心理的即意识的”说法。精神分析以为心灵包含有感情、思想、欲望等等作用，而思想和欲望都可以是潜意识的。但是精神分析因为有了这个主张，一开始便失去了那些清醒的有科学头脑者的同情，而被怀疑为荒谬捣鬼的巫术。我为什么指“心理的即意识的”之说为偏见呢，你们当然不易了解，而潜意识如果真正存在，人类进化过程究竟要到哪一个时期才能否认它，或者这种否认究竟有什么好处，那也是你们所不能揣测的。于是心理生活是否和意识同范围或超出于意识的范围之外，这种争辩也就像是文字之争而无关实际了；但是我要告诉你们，对于潜意识的心理过程的承认，乃是对人类和科学别开生面的新观点的一个决定性的步骤。

现在我要叙述精神分析的第二个命题了；你很难猜想第一个命题和第二个命题之间的关系是如何密切。第二个命题也是精神分析的创见之一，认为性的冲动，广义的和狭义的，都是神经病和精神病的重要起因，这是前人所没有意识到的。更有甚者，我们认为这些性的冲动，对人类心灵最高文化的、艺术的和社会的成就作出了最大的贡献。

由我看来，精神分析法所以引起大家的敌视，这个结论是主要的原因。你们一定是想要知道这个结论的理由的。我们相信人类在生存竞争的压力之下，曾经竭力放弃原始冲动的满足，将文化创造起来，而文化之所以不断地改造，也由于历代加入社会生活的各个人，继续地为公共利益而牺牲其本能的享乐。而其所利用的本能冲动，尤以性的本能为最重要。因此，性的精力被升华了，就是说，它舍却性的目标，而转向他种较高尚的社会的目标。但是由此而造成的组织是不大稳固的，因为性的冲动不易控制；而参与文化事业的各个人都不免有受性力反抗的危险。性力如果一旦放肆，回复到它原始的目标，社会文化就将遭受到最大的危机。所以社会不愿有人指出性和社会发展的关系；更不愿承认性本能的势力，或讨论各人性生活的重要；为了训练克制，关于性的问题，就完全避而不谈了。因此，精神分析的理论是要受到非难的，是要被视为丑恶的，不道德的，或是危险的。但是这种驳斥并不容易生效，因为精神分析的结论实可称为科学研究的客观结果；所以要驳斥得有力，就不得不有相当的理由。人类的本性喜欢把不合意的事实看作虚妄，然后毫无困难地找些理由来反对它。因此，社会宣布它所不能接受的东西为不真实的，用来源于感情冲动的一些逻辑的、具体的理由来诋毁精神分析的结果，并坚持偏见，借以抵抗我们强有力的反驳。

然而我们决不因此对这种反面的理论趋势表示退让。我们只是要承认我们苦心研究所得到的事实。我们认定在科学研究的范围之内，不必照顾到各人实际上的成见，不论它们是否有理。

这些是你们开始对精神分析感到兴趣时所面临的一些困难。这对初学者来说也许讲得太多了。如果你们不因此失望，我们便继续讲下去。

（二）梦的象征作用

我们已经知道梦的不易理解乃由于梦的化装所致，而梦的化装则又为对于不道德的潜意识欲望冲动施行检查的结果。我们自然不敢说检查作用是化装作用的唯一原因，我们若对梦作进一层的研究，便可发现化装作用还有他种原因；换句话说，检查作用如被消除，我们仍然不能对梦有所理解，而显梦也不能和梦的隐意互相一致。

这个促成化装的另一原因，是由我们觉察到精神分析技术的一个缺陷而显露出来的。我曾经承认有时被分析者对于梦中的单独元素确实不能引起联想。这种情形当然没有像他们所说的那么多。就大多数的例子而言，分析者若坚持不懈，仍可引出联想；但是就某些少数例子而言，的确完全不能引起联想，最后纵有联想，也不是我们所需要的。精神分析的治疗若遇到这种情形，便有意义可寻，这里暂不叙述；但是这种情形在为正常人释梦或为自己释梦时也可发生。在这种情形下，无论如何劝促，都确实不能奏效，我们最后才知道每当梦里有特殊元素，便常发生这种不愉快的障碍；我们原来以为这只是技术失败中的特例，现在才知道这是由于某一新原则作用的结果。

因此，我们乃试用自己的办法来解释和翻译这些引不起联想的元素。令人不无惊奇的是，每当我们敢于作此翻译的时候，便常获得完满的意义，反之，只要决意不用此法，梦便失去连贯而毫无意义。这种实验开始时，本不敢自信，但同类的例子日益增多乃渐可相信了。

我现在要作一个概述，为了演讲，这是可以允许的，虽说较为简略，但不至于引起误会。

我们于是对一组梦的元素，采用一种固定的翻译，正好像我们在通俗的释梦书内看到的，对梦里各种事物都采用的那种翻译。可是你们要记得我们应用自由联想法的时候，梦的元素却从来没有这种固定的代替物的。

你们马上会以为这个释梦的方法似乎比自由联想法还更不可靠而更可指摘了。但是我也有话可说：我们已由亲身的经验搜集了许多可以用这种不变的翻译的例子，终于知道释梦有时可不必应用梦者的联想，只要应用我们自己的知识便够了。至于这种知识来自何方，等到本章下半段再讲。

我们可以把梦的元素与对梦的解释的固定关系，称之为一种象征的关系，而梦的元素本身就是梦的隐意的象征，你们当记得我们以前研究梦的元素与其隐意的关系时，我曾举出三种关系：(1) 以部分代替全体；(2) 暗喻；(3) 意象。我又说过还有第四种可能的关系，那时却未曾明确说出。这第四种关系就是刚才所说的象征的关系；关于这一问题，在未举出我们特殊的观察之前，请先对那些可供讨论的饶有趣味的各点予以相当的注意。象征作用或许便是我们梦的理论中最引人注目的部分。

第一，象征和被象征的观念的关系既固定不变，而后者又似乎是前者的解释，所以我们的技术虽和古人及一般人的释梦大不相同，然而象征主义在一定程度上是暗合古人和一般人释梦的意思的。我们因有象征，所以能在某种情形之下解释一梦而不必询问梦者，其实梦者无论如何也决不能以象征相告。假使我们知道梦中常有的象征，梦者的人格，他的生活状况，及梦前接受的印象，便常可立即释梦；好像一见面就可翻译出来。这个成功既可使释梦者满意，又可使梦者叹服，所以大大胜过麻烦的询问法。然而你们可不要因此引起误会：耍花样决不是我们的惯技，而基于象征作用的释梦法也决不能代替自由联想法，或与之相比拟。象征法乃是联想法的补充，而它所得的结果只是和联想法合用才有成效。至于我们关于梦者心理情境的知识，你们要知道我们不仅仅只是解释熟人的梦；一般说来，我们对于引起梦的前一天事实大概无所知晓，因而被分析者的联想乃是所谓心理情境的知识的来源。

特别值得注意的是，关于梦和潜意识之间的这个象征作用的问题竟引起最激烈的抗议，尤其是后文就要讨论到的那几点。即使精于判断的人在其他方面对于精神分析已深表同情，可是在这一点上也力持异议。我们若记得下面两件事，则这种行为就会更令人惊异了：(1) 象征作用并非梦所持有，也不是梦的独特性质；(2) 精神分析虽不乏独创之见，然而梦的象征作用并非创自精神分析。假使我们要举出近代此说的先辈，则当首推施尔纳 (1861)；精神分析只是证实了他的学说，但在某些重要方面作了修订。

你们或许希望有几个例子，说明梦的象征作用的性质。我愿举我所知道的相告，但是我自认我们的知识并没有像我们所期望的那么丰富。

象征的关系实质上就是一种比拟，但却又不是任何种的比拟。我们必定觉得这种象征的比拟受某些特殊条件的制约，但尚未能指明这些条件是什么。一物一事所可比拟的事物并不都呈现在梦中而成象征，反过来说，梦也不以象征代表任何事物，其所象征的只是梦的潜意识的精神元素，因此双方都各有界限。我们也必须承认，目前对于象征的概念还不能指出明确的界限，因为象征容易同代替物、表象等混淆起来，甚至近似于暗喻。有些象征的比拟基础不难看出，有些象征则须细求其比拟中的共同因素或公比 (the tertium comparationis)。有时细加思考才可发现其隐义，有时思考之后，其意义仍不能解释。而且象征即使确是一种比拟，这种比拟也不因自由联想法而显露；梦者对此一无所知，因此应用象征也非有意；所以要以此引起他的注意，他确实也不愿承认。可见象征的关系乃是一种特殊的比拟，至于其性质如何，则我们尚未充分了解。以后或可更有所发现以了解这一未知量。

梦中以象征来代表的事物为数不多，如人体、父母、儿女、兄弟、姐妹、生死、裸体——此外尚有一物，暂可不提。代表整个人体所常用的象征是房屋，此事施尔纳也曾知道，只是他夸大了这个象征的重大意义。一个人做梦在房屋的前面攀缘而下，有时感觉愉快，有时感到恐怖。墙若平滑，房屋意指男人；房屋若有壁架和阳台则意指女人。父母在梦中表现为皇帝及皇后或国王及王后或其他高贵人物；就此点说，梦的态度是恭敬的。儿女、兄弟、姐妹等则受较不亲切的待遇，往往被象征为小动物或害虫。出生的象征常不离水，或梦见落水，或梦见由水中爬出，或做梦救人出水，或做梦被从水中救出，这都象征着母子的关系。垂死的象征为乘车出发旅行，而表示死亡的状态则用种种隐晦的暗喻；至于表示裸体，反而用衣服和制服。由此可见象征和暗喻逐渐失去严格的分界。

这些事物的象征既如此贫乏，于是关于性生活的事物如生殖器，性交等象征的丰富便不免令人吃惊了。梦中大多数的象征都是性的象征。和性有关的事物很少，而其用以象征的数目则多得不可胜数，二者相比很不相称，所以每一事物都各有许多意义相同的象征。因此，解释的结果引起一般人的攻击，因为梦的象征方式五花八门，而其解释却异常单调。这固然是大家所不乐意的；但事实如此，又有什么办法呢?

因为这是在这些讲演里第一次说到性生活，我必须将讨论这个问题的态度略加说明。精神分析对于任何事都无所隐蔽，以为讨论这种重大问题实在无须感到羞愧；更以为无论何事都须先正其名，然后才不会有无谓的争论。此地听众虽然男女兼有，我也一律平等对待。演讲科学是不能有所隐瞒的，也不能专求适合女性的要求；座中各位女士既来听讲，便已表示要和男子接受同等的待遇了。

男性生殖器在梦中有各种不同的象征，就大多数说，其比拟所根据的共同观念是容易明白的。第一，神圣的数目三是整个男性生殖器的象征。其更重要更为两性所注意的部分——阳具——其象征可以是长形直竖之物如手杖、伞、竹竿、树干等；也可以是有穿刺性和伤害性的物体——即种种利器：如小刀、匕首、枪、矛、军刀等。也可以是种种火器：如枪炮、手枪及左轮手枪等，后面这些东西以其形似，所以是很妥当的象征。少女在焦虑的梦中，往往被佩刀或佩来福枪者所追逐。这也许是最常见的梦了，此种象征，连你自己都不难解释。有时男性生殖器以水所流出之物为象征，如：水龙头、水壶或泉水；有时则以可拉长之物为象征：如有滑轮可拉的灯及自由伸缩的铅笔等。其他如铅笔、笔杆、指甲锉刀、铁锤及他种器具等也显然是男性的象征。这些意义也都是不难明白的。

阳具因为有违反地心吸力高举直竖的特性，所以也用气球、飞机，近时且用齐柏林飞船为象征。但是梦见高举还有另一种有关勃起的更有力的象征；它使生殖器成为整个人的主要部分，于是梦者便自己起飞了。梦中高飞是大家所熟悉的，有时也非常美丽，现在若将这种梦解释为性兴奋的梦或阳举的梦，你们听了可不要大惊小怪。有一个精神分析研究家弗德恩曾证明这个解释的可靠；而以精明著称的沃尔德曾以臂和腿的不自然姿势进行实验，他的理论本和精神分析大不相同（也许他不知道精神分析的存在），但他的研究结果也得出了同样的结论。你们不要因为妇女也可梦见高飞，就来驳斥我们的学说；要知道梦的目的在于满足欲望；而妇女往往于不知不觉间有想成为男子的欲望。而且你们若熟悉解剖学，就不至于假定女人不能有和男子相同的感觉而实现这个欲望，因为女子生殖器有和阳具相同的一个小的部分叫阴核，在儿童期及在性交之前确和阳具占同样的地位。

有些男性的象征如爬虫和鱼，尤其是蛇作为著名的象征，则较难领会。更难理解的是帽子和外套为什么也可作此种象征，但其象征的意义是不成问题的。至于手脚代表男生殖器是否也可名为象征则不无可疑。但由其和鞋袜手套的关系来看，实不得不视为象征之一。

女性生殖器则以一切有空间性和容纳性的事物为其象征，例如坑和穴，罐和瓶，各种大箱小盒及橱柜，保险箱，口袋等。船艇也属于此类。有许多象征是指子宫，而不是指其他生殖器官：例如碗柜，火炉，尤其是房间。房间的象征在此和房屋的象征相关联，而门户则代表阴户。各种材料如木和纸及其制造品如桌和书等也是妇人的象征。就动物界说，蜗牛及蚌肯定是女性的象征；就身体各部分说，则嘴代表阴户；就建筑物说，则教堂，小礼堂都是妇女的象征。你们知道对所有这些象征的理解的难易，是各不相同的。

乳房也属于性的器官；女性的乳房及臀部都以苹果、桃子及一般水果为其象征。两性的阴毛在梦里则为森林丛竹。女性器官的繁复部位则常比喻为有岩石，有树，有水的风景；而男性器官的构造则往往象征而为各种复杂而难以描述的机器。

女性生殖器还有一个可注意的象征，那就是珠宝盒，而“珍珠”、“宝贝”在梦里也可代表爱人，糖果常用来象征性交的快感。由自己生殖器而得到的满足则以各种游戏为喻，例如弹钢琴。手淫则以滑动、溜动及折枝为喻，都是很典型的。尤可注意的是，手淫的象征是掉牙或拔牙，其要义是指以宫刑为手淫的惩戒。至于性交的特殊象征则不如我们所期望的那么多，但在此也可以举出如跳舞、骑马、登山等有节奏的活动，又如受暴力的待遇，如为马蹄所践踏及为武器所威胁等。

你们可不要以为这些象征的用途和解释都很简单；其实，在各方面所遇见的都往往出人意料之外。譬如，使人难以置信的是，两性所用的象征常可互相交换。有许多象征可兼用来代表男性和女性：例如小宝宝，小男孩，或小女孩。有时男性的象征也可用以指女生殖器，而女性的象征也可用以指男生殖器。这是不易了解的，除非我们已略知人类对于性的概念的发展。就有些例子而言，这种象征似乎模棱两可，而实则不然；最显著的如武器、口袋、橱柜等则永为单性，不是两性可以互用的。

现在请从象征本身，而不从被象征的事物讲起，以表明性的象征的起源，对于取义较不明显的象征则拟稍加说明。这种象征可以呢帽或一切帽子为例；帽虽间或有女性的意义，但常有男性的意义。同理，外套的意义为男人，虽然有时专指生殖器。这究竟是什么缘故，你们当然可以随便提问的。领结下垂，又不是女子所戴，显然是男性的象征；而衬衫、内衣则常是女性的象征。衣服、制服是裸体的象征，这上面已经说过；鞋和拖鞋则有女生殖器的意味。

桌和木材作为女性的象征，虽然费解，但仍可信而不疑。登梯、登山或登楼的动作显然是性交的象征。其节奏的性质和兴奋的增加——如登高者上升时呼吸短促——两者相同，这是仔细一想便可知道的。

我们已知道女性生殖器可喻为风景，高山巨石为男性生殖器的象征；而庭园则常为女性生殖器的象征，水果指乳房，而不是指孩子。感官兴奋而有情欲的人们则喻为野兽，花卉代表女性生殖器，特别是处女的生殖器。关于这一层，你们要记得花原为植物的生殖器官。

房间的象征意义是我们所已知道的。这个象征还可扩大，于是门窗（即房间的出入口）用以指阴户；房间开闭的意义可以类推：开房间的钥匙乃是男性的象征。

这是研究梦的象征作用的一点材料；当然是不完备的，一边可以扩充，一边更可以深入。但是我以为尽够了；你们也许深感不快，以为："我真的生活在性的象征中间吗？我周围的一事一物，我所穿戴的衣服鞋帽以及我所接触的一切难道都仅仅是性的象征吗?"这些疑问的确不无理由：梦者对于梦的象征既不提起半句，我们究竟如何揣知这些象征的意义呢？

我的答复是：我们的知识来源广阔：有神仙故事和神话，有笑话和戏语，有民间故事，有关于各民族习惯、风俗、格言和歌曲的传闻，还有诗歌和惯用的俗语。这些方面到处都有相同的象征，其中有许多意义都可自然了解，不言而喻。假使我们将这些来源一一分开考察，便可见它与梦的象征作用有许多相同之点，使我们不得不相信我们解释的正确。

我们曾说过，据施尔纳的见解，人往往在梦里以房屋为其象征；若将此义加以扩充，则窗和大门、小户都可为体腔出入口的象征，而屋的正面也可是平滑的或者有阳台和壁架。俗语中也有同样的象征，例如，头发和毡帽。在解剖学内，凡属身体的出入口都称为"户"或"门"，如阴户、幽门等。

父母入梦而成帝王皇后：初次听见，不免觉得奇怪，但在神仙故事中，确有与此相平行的事实。有许多神仙故事开场便说："古时有一国王和皇后”，我们难道不知它的意思只是指“古时有一个父亲和母亲”吗？就家庭生活而言，儿子有时称为公子，而长子称为太子。国王称为“庶民之父”。有时小孩被戏称为小动物，例如在康瓦尔（英格兰西南部一个郡）被称为“小蛙”，在德国被称为“小虫”，怜爱孩子，便称他们为“怪可怜的小虫”。

现在再回过头来说房屋的象征。房屋突出的各部分在梦里可作攀登之用，这便暗合一句著名的德国话，德国讲到胸部特别发达的女人，便说：“她有可供我们攀登之处。”此外还有一句与此相同的俗话：“她在她的屋前有许多木材”，我们曾说木材是女性母亲的象征，从此处似又可以得到证明。

关于木材这个题目还有许多话可说。木材为什么代表女人或母亲，那是不容易理解的，但在此地我们可以利用各国语言加以比较。德字 Holz（即木材）和希腊字ϋλη源出同一语根，ϋλη意即原料。由原料的通名最后变为特种材料的名词，这种化广为狭的过程并不罕见。现在在大西洋里有一个岛名叫马德拉 Madeira。此名为葡萄牙人发现此岛时所定。因为那时岛上有茂密的森林，而葡文“木材”一字为 madeira。然而你们总知道这个 madeira 字只是拉丁字 materia 的变式，而 materia 则又有原料的意思。materia 源出 mater（意即母亲），制造任何物品的原料都可视为那物品的生母。所以说木材是女人或母亲的象征，我们也只是援用这个字的古义。

表示分娩常用与水有关的事：例如入水或出水，那就是说自己分娩或自己出生。我们不要忘记这个象征实指双重进化的事实。不仅人类所由出的一切陆生动物都从水生动物进化而成——这是关系较远的一重事实——而每一哺乳动物，每一个人，都在水内经历第一期的生活——这就是说，作为胚胎时，生活在母亲的子宫的羊水内——所以分娩时都由水出。我自然不主张梦者知道此事；而且我以为他也没有知道此事的必要。也许他做孩子时听人说过，但我以为这也无关于象征的构成。小孩子在托儿所内听说婴孩是鹳鸟带来的，但是鹳鸟又从哪里得到婴孩的呢？得自池中或井内——那又是从水中出来的了。我有一个病人，做孩子时（那时他是一位小伯爵）听到此事，后来不知道他到哪里去了，整个下午都找不到他，找到时，他正躺在宅内湖边，注视着水面，想要看见水底的婴孩。

兰克曾对神话中英雄的降生作过比较的研究，在这种神话里——最早为阿卡德的萨贡王（King Sargon of Akkad），约当公元前2800年——弃孩于水内和救孩出水二事占一重要地位。兰克知道这就是分娩的象征，其象征的方法和梦所应用的相同。无论何人若梦见救一个人出水，他便认为这人是他的母亲，或任何人的母亲；而在神话里，救孩子出水的总自认是这孩子的生母。有一个笑话说，有人问一个聪明的犹太孩子，谁是摩西的生母，孩子就说是“公主”。那人说：“不对啊，公主不过是将孩子从水中取出来。”孩子说，“那就是她所说的啊”，可见他对于神话解释得不错。

出发旅行在梦里是垂死的象征；同样，在托儿所内，儿童若问一个死者到哪里去了，保姆们照例告诉他说那人已“远行”去了。诗人也用同样的象征，说死境是“旅行家一到，便再也不能回来的乌有之乡”。在日常谈话里，也常常把死比喻为“最后的旅行”，无论什么人若深知古礼，便知道丧仪都非常隆重，例如在古埃及，往往用所谓《亡灵书》赠给木乃伊，以为其最后旅行的指南。因为坟地和活人的房屋总有相当的距离，所以死者的最后旅行也竟成为真实的事了。

性的象征也不仅属于梦。你们总知道有时候轻侮女人，戏呼之为“铺盖”，可没有人知道这就是一种生殖器的象征。《新约》说：“女人是较脆弱的器皿。”犹太人的圣书，文体颇近于诗，也颇多性的象征的表示，这些象征不常有人了解，所以其注释，例如在“所罗门之歌”内，曾引起许多误会。在后来的希伯来文学内，也常常以房屋比喻女人，用门户比喻生殖器的出入口；譬如男子若发现妻子已不是处女，就说，“我发现门已开了”。桌为妇人的象征也见于希伯来文学；譬如有妇人说到她的丈夫，“我为他将桌子摆开，但是他把桌子推翻了”。跛孩之所以跛，据说是由于男人“将桌子推翻”了。这些我都引自布吕恩的列维的书：《圣经和犹太人法典中性的象征》（*Sexual Symbolism in the Bible and the Talmud*）。

船在梦内意即女人，这个信仰也为语源学家所主张，他们说Schiff（德文“船”字）的原义为泥造的器皿，与Schaff（意即木桶或木制器皿）为同一个字。至于火炉意即女人或母亲的子宫，也可从希腊科林斯的珀里安德尔与其妻梅里沙的故事中得到证明。据希罗多德的译文，这个暴君本来很热爱他的妻子，但因妒忌而杀了她，杀害之后，他看见妻子的影子，他命令影子诉说有关她本人的事，于是那已死的妇人证明了她的身份说，他（珀里安德尔）“把他的包子放在一个冷火炉之内了”。这是一句隐语，不是第三者所能了解的。又克劳斯所编的《不同民族的性生活》（*Anthropophytcia*）乃是研究各民族性生活的必读之书，此书说某部分德国人讲到给女人接生时说，“她的火炉已粉碎了”。生火及烧火有关之事都含有性的象征，火焰代表男生殖器，火灶或火炉则代表女人的子宫。

假使你们因梦内常用山林风景象征女性生殖器而大感惊奇，那么你们读神话便会知道“地为人母”（Mother Eeath）这句话在古代宗教仪式里所占有的地位，而整个关于农业的观念也都受这个象征的支配。至于梦内以房间代表女人则可在德国的俗语中追溯其起源；德语以 Frauenzimmer［即妇人的房间］代表 Frau［即妇人］，那就是说，人可以用她所住的房子为代表。又如说到 the Porte（土耳其宫廷），意指苏丹及其政府，而古时埃及的国王法老也仅有“大宫廷”的涵义（古时东方双重城门之间的宫廷是集会的地方，好像希腊罗马时的市场）。但是这个溯源的推论似嫌肤浅，在我看来，房间之所以象征女人，就因为它有“人居其内”的性质。我们已知道房屋含有此义；由神话和诗歌看来，我们更可将镇市、城堡、堡垒、炮台也作为女人的象征。现在若研究不说德语和不懂德语的人的梦，便可证明这一点。近年来我所治疗的病人，大多数为外国人，根据我的记忆，他们的梦也同样以房子代表女人，虽然说他们的语言中没有和德文 Frauenzimmer 一字相当的字。还有一层，象征可超出于语言的界限之上，这是从前梦的研究家舒伯特在 1862 年所主张的。不过我所有的外国病人都略懂德文，所以这个问题，只好让分析不懂德文而只晓得本国文的外国病人的那些分析家去作最后的判断。

关于男性生殖器的象征，没有一个不见于笑话、俗语或诗歌之内，尤其是古希腊拉丁的诗。但是我们不仅看见梦中出现这些象征，而且也从各种各样的工具中可以看到，尤以锄犁为最。关于男生殖器的象征，范围既大，争论尤多，我们为了节省时间，最好存而不论。我仅想对三这个数目略说几句。这个数目被视为神圣是否因为它的象征的意义，姑不必说，但是有许多由三部分组成的自然物如苜蓿叶等，就是因为它们的象征意义，而被用在盾形纹章和徽章之内。又如所谓“法国的”三瓣百合花及西西里和人岛两岛所同用的怪徽章“trisceles”(一个由中心点射出的三脚跪着的像）也仅为男生殖器的化装，因为古时相信生殖器的影像为消灾避祸的有力工具；现在所有护符或也可认为是性的象征。这种护符多以小小银质悬饰做成，如四叶苜蓿、猪、香蕈、蹄铁形物、长梯、扫烟突等。四叶苜蓿是用来代替三叶的，作为象征，三叶当然较为合式；猪是古时丰盛的象征；香蕈显然是阳具的象征，有一种香蕈因为类似阳具，故其学名为 Phallus impudicus；马蹄铁的轮廓和女性的阴户相仿佛；而扫烟突和其长梯则为性交的象征，因为一般人往往以扫烟突比拟性交（参看《不同民族的性生活》)。我们已知道长梯入梦乃是性的象征；而由成语看来，Steigen（意即“升登”）一字实有性的意义，例如：Den Frauen nachsteigen（意即钉梢女人）和 ein alter steiger（意即年老的登徒子)。法文表示进行的字为 la marche，而 un vieux marcheur 之意也为年老的登徒子。这个联想或许以下列这个事实为根据：即有许多大动物于性交时，雄者须升登雌者背上。

折枝为手淫的象征，不仅因为折枝的动作有如手淫，而且在神话里，二者也颇多类似之点。然而特别要注意的是以掉牙或拔牙为手淫或手淫的惩戒即阉割的象征；民族故事中也有与此相同的事，只是梦者很少知道罢了。我想许多民族的割包皮仪式即阉割的代替。近来更知道澳洲有几种原始部落于成年时举行割包皮仪式（即对男童成年的祝贺)，而其他附近的部落则代以拔牙仪式。

我就用这些事例作结束了。这些只不过是些例子；假使搜集这种事例的不是我们这样一知半解的人，而是神话学、人类学、语言学、民族学的真正专家，那么所搜集的材料将更丰富和更饶有趣味，而我们对于这个问题的了解，也定会更多了。但是我们不得不下的结论，虽不无挂一漏万之弊，然而也够我们作思考的材料了。

第一，梦者虽能作一种象征的表示，然而他对于这种象征一无所知，在清醒的时候，竟至不能认识。这个事实未免太奇怪了，正好像你忽然惊悉你的女佣人懂得梵语。虽然你知道她生长在波希米亚一个乡村内，从未学过梵语，这个事实当然不容易和我们的心理学说互相调和。我们只好说梦者所有关于象征的知识是潜意识的，附属于他的潜意识的心理生活；但即使有此假定，也不能给我们多大帮助。我们以前只假定暂时不知道的或永久不知道的潜意识倾向的存在；现在这个问题可更大了，我们实际上不得不相信潜意识的知识、思想关系和不同事物之间的比较，因而使一个观念常代替了另一观念。这些比拟不是次次都要新的材料，而是现成的，随时可以应用的；何以见得呢？因为尽管语言不同的民族也都用完全一致的比较。

这个象征的知识究竟来自何处呢？语言的习惯只算是这个知识的源流的一小部分，其他方面与之相当的事实多不为梦者所知；因此我们首先必须将这些材料加以整理。

第二，这些象征的关系并不是梦所特有的，因为我们已知道同样的象征也见于神话和神仙故事，也见于俗语、民歌、散文和诗歌之内。象征的范围非常广泛；梦的象征只占一小部分；所以我们不便由梦入手研究整个的象征问题。有许多象征常见于他处，但不见于梦，或即使见于梦，次数也很少；反过来说，有许多梦的象征也只是偶或见于他处，这是我们所已知道的。我们因此深感象征是一种古用今废的表示方式，而这种方式的断片，东鳞西爪，在各方面稍微改变其形式而已。我于是不禁想起一个很有趣味的精神病人的幻想；他以为世间必有一种所谓“原始语言”，所有这些象征都是这种原始语言的遗物。

第三，你们必定以为其他方面的象征都不以性的问题为限，而梦的象征为什么都是代表性的对象和性的关系呢？这又是很难解释的。我们能否假定原属于性的象征后来被用之于其他方面，或这方面的象征方式降低为他种表示的方式呢？这些问题显然都不是仅仅根据梦的象征便可解答的；我们只能坚决主张真正的象征和性有着特殊密切的关系。

关于这一层，我们最好请教一个语言学家乌普萨拉的斯珀伯(他的研究不受精神分析的影响)，据他的意见，性的需要在语言的起源和发展上占极重要的地位。他说，动物在进化上最早的声音即为召唤异性伴侣的工具，在后来的发展中，语言的元素就成为原始人工作时所伴发的声音。这种有节奏的声音既和工作造成联想，于是工作也带有性的趣味了。所以原始人好像是以工作作为性的活动的代替，而使工作较为愉快。而工作时所发出的字音便有双重意义，一方面和性的动作有关，另一方面则和性的动作的代替物或劳动有关。久而久之，字音逐渐失去了性的意义和原来的用法。几代之后，有性的意义的另一新字亦是如此，于是此字也改用于新的工作方面。由此乃产生许多基础字，这些基础字最初本属于性，后来失去了性的意义。此说如果不错，那么我们至少就有用它作为了解梦的一种可能性。梦本保留着这些原始情形的一部分，所以梦内为什么有这么多的性的象征，而武器和工具为什么代替男性，材料和事物为什么代表女性，我们也便可以理会了。于是象征的关系也可视为古字相同的遗意；譬如古时一度和生殖器同名的事物现在可入梦而为生殖器的象征。

进一步说，我们所有和梦的象征相平行的事实可以使你们懂得精神分析何以引起普遍的兴趣，而心理学和精神病学则不如此；精神分析的研究和许多其他学科——如神话学、语言学、民俗学、民族心理学及宗教学——有很密切的关系，而研究的结果又给予这些学科以有价值的结论。如果你们听说精神分析学家写出了一本书，以促进这些关系为唯一目的，你们当不至于吃惊了。我指的是《初恋对象》(*Imago*)，它在1912年初版，编者为萨克斯和兰克。精神分析和其他学科的关系，是施多于受。精神分析所有看来令人惊奇的结果虽受其他方面的证实而大有收获；但是总起来说，正是精神分析给这些学科提供了有实效的研究方法和观点。人类个体的精神生活接受精神分析的研究，其所产生的结果可用来解决人群的许多生活之谜，或者至少也可给这些问题以解决的希望。

至于对那假定的所谓“原始语言”或以此为主要表示的精神病

究竟如何可以有深切的了解，我却尚未提起。只要你们不知道这一层，就不能领会这整个问题的真义。神经病的材料可求之于神经病患者的症候和他种表示方式，精神分析就是要对这些现象加以解释和治疗。

第四个观点使我们回到原来的出发点而将旧话重提。我们曾说梦者即使没有梦的检查作用，梦的解释也很不容易，因为那时我们须将梦的象征译为日常的语言。象征作用因此乃是梦的化装的第二个独立因素，和检查作用并存。检查作用也乐于利用象征，这个结论是显而易见的，因为二者的共同目的是使梦变得奇异而难解。

在对梦作进一步研究之后，可否发现化装作用的又一因素，我们立即可以知道。但是在结束梦的象征作用的问题之前，势必再提一下这个奇怪的事实，就是：神话、宗教、艺术、语言虽毫无疑问地充满象征，但是梦的象征作用却引起受教育者的强烈反对。这不又是因为象征和性的关系这一原因引起的吗？

选自：弗洛伊德．精神分析引论．高觉敷译．北京：商务印书馆，1986

思想评介

弗洛伊德心理动力学述评

弗洛伊德的精神分析（或译心理分析）学说，乃是西方病理社会和变态畸形的精神世界的产物，它汇成一股思潮，不仅与行为主义和人本主义心理学流派鼎足争雄，而且它的影响渗透到文艺、哲学及文化的各个领域中去。

与传统的构造心理学或者机能心理学的观点不同，弗洛伊德把人的心理看作是对立的力量相互作用的结果，因此他的理论被称为心理动力学。我们将在下文对此作一较为详细的介绍和说明。

（一）弗洛伊德的生平、著述和他的历史时代背景

弗洛伊德是奥地利人，在他的一生碰上了第一、第二两次世界大战。在第一次世界大战前夕，奥国内部民族矛盾和阶级矛盾日趋尖锐，奥匈王国，封建势力强大，宗教迷信盛行，经济崩溃，民不聊生；维也纳发生过大罢工，复仇主义的怒火，到处在燃烧，奥塞的冲突导致了大战的爆发。这时弗洛伊德还不到60岁。在他的晚年又碰到了希特勒上台，他因系犹太人而遭受迫害，逃亡伦敦，因患口腔癌逝世，终年83岁。可以说，他的一生是在社会动荡、人与人之间互相猜忌和残杀、秩序不宁、危机四伏的病态社会中度过的。这不能不对他的学说内容发生深刻的影响。

西格蒙·弗洛伊德（Sigmund Freud，1856～1939）于1856年出生于奥地利摩拉维亚的弗莱堡小城镇上，现在归属捷克。父亲祖籍犹太，是经营羊毛的商人，曾结婚两次。弗洛伊德是他父亲同第二个妻子生的五女三男中的头一个儿子，父母的年龄相差30岁。

由于当时发生了经济危机和反犹太人运动的高潮，弗洛伊德3岁时随父母迁往维也纳。就在赴维也纳的旅途上，小西格蒙目睹了他母亲赤身裸体的景象。后来，弗洛伊德在给弗里斯（Flies）的回忆中用拉丁文写道："后来对于母亲的'里必多'（libido）（译注：意即"欲力"）是被唤起了；一定是同她在一起的旅途上……在这期间我们一起度过了夜晚，我有机会看到她光着身体。"① 弗洛伊德写出这一段回忆录，其目的恐怕是想说明他的人皆有之的性欲的主张在他3岁的时候就已经露其端倪了，据他的主张，这种性欲支配着日后他一生的心理生活。在这些字里行间的确暴露了他的丑恶的心灵，已经远远超出了科学的范围了。一个3岁男孩看到母亲的裸体，发生了强烈邪念以致影响一生，这是不可思议的。

中学毕业后弗洛伊德于1873年进入维也纳大学医学院学习，最初对神经生理学很感兴趣。他于1881年毕业后，因为经济问题

---

① 译自：Freud S. In：Levitt M，ed. Readings in Psychoanalytic Psychology. New York：Appleton，1959. 1

和准备结婚，改行做精神病医师。这次改行对他后来的思想和学说，产生重大影响。他曾去巴黎，向法国著名精神病学家沙可（Charcot）学习了一年。他回到维也纳以后，同精神病医师布洛尔（Josef Brener）合作开设一个精神病诊所。那时，歇斯底里（或称癔病）很流行，他们用催眠术加以治疗时发现，在催眠过程中病人能唤起某种痛苦经历的回忆，病情便逐渐好转。弗洛伊德在《自传》中写道："布洛尔告诉我关于一个歇斯底里的病例，在1880～1882年期间他用一特殊的治疗方法，使他能深入到歇斯底里症状的病原和意义中去。"[①]1893年二人发表了一篇《论歇斯底里症状的心理机制》的初步报道，并于1895年合作出版了《歇斯底里的研究》一书。弗洛伊德后来用"自由联想法"代替了催眠术治疗病人，他与布洛尔因意见不合而终于分手。在《自传》中弗洛伊德有如下的叙述："在我同布洛尔分手以后的十多年里面，我没有什么信徒，我是完全地孤立了。在维也纳人们回避我；在国外我不被人所注意。我在1900年出版的《梦的解析》在科技杂志里面几乎毫无评价。"[②]

弗洛伊德认为，歇斯底里病状之所以发生，是因为病人的欲望不能得到满足，受到了压抑。这种被压抑在"无意识"中的心理的创伤，乃是致病的主要原因。催眠或者"自由联想"的方法，使病人能回忆起他的痛苦的经验，使他得到精神上的"宣泄"（Catharsis），疾病即能霍然而愈。[③]让病人躺在沙发上并将心中所想到的一切都自由自在地报道出来，就叫做"自由联想法"。

在《梦的解析》中，弗洛伊德用大量的事例来说明梦之所以产生的机制。他认为梦也是欲望的一种满足。在实际生活中，一个人的欲望往往得不到满足，而梦便是被压抑的欲望经过浓缩、转移及象征等作用而得到伪装起来的满足。他把梦分为两种成分，一是外显的，即

① 译自：Freud S. An Autobiographical Study. Strachey J, trans. New York: Norton, 1952

② 译自：Freud S. An Autobiographical Study. Strachey J, trans. New York: Norton, 1952

③ 译自：Freud S. In: Levitt M, ed. Readings in Psychoanalytic Psychology. New York: Appleton, 1959. 198～199

表现在外的形式，另一种是内隐的，也就是隐藏在里面的部分。梦是无意识的，但由于梦是欲望的一种满足，因此梦是有意义的，“欲望乃是造成梦的唯一精神动力”①，性的欲望起着决定作用。

1901年，弗洛伊德的《日常生活的心理病理学》问世。他举例说明了在日常生活中的许多精神病理现象，如一个人讲错了一句话，失言；一个人写错了字，笔误；或者说了一些笑话，等等，这些都是由于在人的无意识里面有一种欲望在起着作用，才导致失言、笔误现象等的发生，因此都具有一定的意义。他举例说有一次集会，主持人不说“朋友们，我宣布开会了”而却说成“朋友们，我宣布散会了”，他认为这是因为在主持人的无意识里面有某种对立的愿望在作怪。

1905年，弗洛伊德发表了《性学三篇》，阐述了性的心理发展的阶段，也是属于他的一种重要理论。

1914年，他发现了所谓“自恋”现象。

1919年，去美国讲学。以后，他又回到维也纳。对于他的讲学，反应很不一致，褒贬互见，各趋极端。但美国这个高度发展的资本主义国家，人欲横流，色情泛滥，终于使弗洛伊德学说找到了最适宜的土壤。

1920年，他创立了人格结构理论，创造了像“伊德”（Id，译为“本我”）、“自我”和“超我”这样的离奇名词。

1927年，发表《一个错觉的发现》。

1930年，发表《摩西与一神教》。

他晚年的著作还有《超越享乐原则》、《群众心理学与对自我的分析》、《自我与本我》等，越来越充满了神秘主义的色彩，他的学说走向了神话。

1938年，在此期间德国纳粹头子希特勒上台，残酷迫害犹太人，弗洛伊德逃亡到伦敦，在此度过了他的最后的一年。他因患口腔癌动了32次手术，终于1939年9月逝世。

---

① 弗洛伊德. 梦的解析：7章. 出版地不详

（二）心理动力学的重要内容

1. 何谓心理动力学

弗洛伊德于 1929 年写道：“精神分析把一切心理过程（除了接受外界刺激的以外）起源于力量之间的相互作用。这种力量有的时候相互协助，有的时候相互抑制，或者妥协。所有这些力量的来源，在于本能的性质。也就是说有一个生物性的起源，就是动力。”当时的一些传统心理学的见解，都以静态的观点去描述感觉等心理过程，弗洛伊德的动力观表现了他的独创性。

2. 弗洛伊德的理论体系

弗洛伊德的理论体系庞大复杂，从他初次著作问世到他逝世长达数十年，他的学说往往几经修改，甚至前后矛盾。而且他的取材主要是从精神病患者的口头陈述中而来，因此即使是事实也与正常人的心理状态不同，有时达到了荒诞不经的地步。他的重要理论可分心理地形学（意识，前意识，无意识）；人格的结构（本我，自我，超我）；“里必多”学说；人格的性心理发展阶段说等几方面。兹按此顺序摘译弗洛伊德的原著叙述，并作简要说明如下。

（1）心理地形学。所谓心理地形学指的是构成心灵的意识和无意识划分的界限或者层次，弗洛伊德用三间房屋作为比喻，一个大房间就是无意识（也译潜意识或下意识），隔壁的小房叫做前意识，再前面还有一个小房间这才是意识。弗洛伊德原著摘译如下：

“在成为意识的之前所存在的观念状态叫做压抑，而我们认为构成并维持它的力量，在分析的工作期间，被理解为阻力。因此我们从压抑的理论获得了关于我们的无意识概念。对于我们来说，被压抑的就是无意识的原型。但是我们有两种的无意识——一种是潜在的而可能成为意识的，而另一种是被压抑的而其本身干脆不可能成为意识的。对于心灵动力学的洞察不得不影响术语和描述。那仅仅在描述上潜在的无意识而不是在动力意义上的无意识，我们称之为前意识；我们把无意识这个名称限于被压抑的动力性无意识，从而现在我们有了三个专门名词，即意识、前意识以及无意识，其意义已不再是纯粹描述性的了。前意识我们认为比无意识大大地靠近意识，而且既然我们已把无意识叫做心灵的，我们将毫不迟疑地把潜在的前意识称为心灵的。……我们现在可以将意识、前意识、无意识三个术语运用自如了，只要我们不会忘记，在描述的意义上有两种的无意识，而在动力的意义上，却只有一种无意识。

"……我们认识到：无意识并不同被压抑的相符合；一切被压抑的都是无意识，这仍然是正确的；然而并非一切无意识的都是被压抑的。"①

无意识系统是弗洛伊德理论的柱石，他认为在无意识里面，隐匿着一个人被压抑了的情结欲念，时时刻刻力图得到满足，这支配着人的一切心理生活。

(2) 人格的结构（本我，自我，超我）。关于人格的结构，又是弗洛伊德所创造出来的一套理论。兹将弗洛伊德有关这方面的原著，择要摘译如下：

"我们用研究人类个人发展的方法来取得关于心灵结构这方面的知识。对于这些心理领域或者心理机构的最古老的一种，我们称之为'本我'(Id)。它含有一切遗传的东西，存在于诞生的时候，在人的素质中所固定了的东西——从而首先是种种本能，起源于躯体的组织之内而且以我们所尚未了解的方式在本我中最先有其心理的表现。

"在围绕我们的现实的外部世界的影响下，本我的一部分经历了一种特殊的发展。从原先是一个提供接受刺激的器官并且有对于过度刺激提供保护机构的大脑皮层，产生了今后在本我与外部世界起着中介作用的一种特殊的组织。我们的精神生活的这个区域就叫做自我。

"自我的主要特征为：由于感知觉与肌肉活动之间早已建立起来的关系的结果，自我控制着随意的运动。它具有自我保存的任务。至于外界的事件，它以觉知来自外界刺激，在记忆中储存关于这些刺激的经验，通过逃避以避免过度的刺激，通过适应而对付中度刺激，以及最后以学会通过活动而在外部世界中产生对自身有利的适当变化的方式而执行自我保存的任务。至于内部的事件，关于本我，它以对本能的要求取得控制，决定本能的要求究竟应否获得

① 译自：Freud S. The Ego & the Id. Strachey J, trans. New York: Norton, 1961. 4

满足，拖延这种满足到在外部世界有利的时间和情境，或则完全压制本能要求的引起。自我的活动受着考虑到存在于其内部或则引进在它里面的刺激所产生的紧张程度的支配。紧张的升高通常感到为不快乐，而其降低则感到快乐。但可能并不是紧张的绝对程度被感到为快乐或不快乐，而乃是在其变化的节奏里面的事情。自我追求快乐而追求避免不快乐。期待而预见的一种不快乐的增加会碰到一个焦虑的信号；不管是发自外部或者内部的威胁，这就叫做一种危险。自我有时放弃了它同外部世界的联系而退至睡眠状态，在睡眠状态中自我的组织发生了深远的变化。从睡眠状态中可以推想自我的组织在于心理能量的一种特殊的分布。

"在漫长的儿童期间一个成长中的人依赖于他的父母而生活，这遗留下了一个沉淀物，它在他的自我之内形成一特殊的机构，在此机构里他的父母的影响被延长了。这取名为超我。只要超我是从自我分化而来的或者与之相对立的，它构成了第三种力量而自我必须加以重视。"①

兹将弗洛伊德关于人格结构组成部分的学说内容列表如下②：

表 4－1

本　我	自　我	超　我
心灵的原始部分 由遗传的心理生物本能所组成 心灵能量的源泉 "真正心理的现实" 根据快乐原则发生作用减除紧张 控制反射活动并以不合逻辑的幻想等所谓"原始程序思维"为特征 完全是无意识的	即自己 为本我服务并控制本我 管理着人格 利用心理的官能 辨别客观的与主观的 服从现实原则 以次级程序思维为特征 既是有意识的也是无意识的 中介于本我及超我之间并与外界打交道	有两种功用：良心及自我理想 为人格的道德的或文化的成分 在神经病人中是原始的 努力追求道德的和完善的目标 促进自我控制 既是前意识的又是无意识的 反对本我及自我

① 译自：Freud S. An Outline of Psycho-Analysis. Strachey J, trans. New York: Norton, 14

② 译自：Di Caprio N S. Personality Theories. W. B. Saunders Co., 1974. 289

(3)“里必多”学说。里必多（Libido），这是在弗洛伊德理论体系中的一个重要概念，一般音译为“里比多”，我建议把它翻译成“欲力”。在弗洛伊德学说的词汇中，它是用以描写性欲动力的表现，是依附于性欲的一种能量的总汇。有两种对立的冲动，一个是自我保持的欲望，一个是性欲。它们相互对立。里必多包括人的所有的动机、本能和生命力，这种力量与性的本能密切联系着，它是心理的能源，通过它的作用指向所追求的目的对象。弗洛伊德写道：“里必多这个名词是指一种力量、本能——这里是性的本能，借这个力量以完成其目的。”由于在里必多概念理解上的分歧，曾与弗洛伊德友善合作的荣格，终于与他分道扬镳。弗洛伊德认为里必多作为人的生命力同性欲密切相关，而荣格则认为里必多应当是广义的。

(4) 人格的发展学说。即性心理的发展阶段。弗洛伊德主张分为三个主要阶段：

第一阶段——口腔阶段（oral stage）。弗洛伊德认为：一个初生儿在他的最初一年，他的里必多所指向的对象是口腔，他吮吸喂奶者的乳房，从口腔的刺激中得到满足和快乐，所以叫做口腔期。

第二阶段——肛门阶段（anal stage）。大体为一岁半至三岁。幼儿从第二年开始，他的里必多转向肛门，他们在进行大小便时体验到了快乐和满足，所以称之为肛门期。

第三阶段——性器官阶段。弗洛伊德写道：“从第三年起，关于儿童里的性生活便不再有任何可疑的了；在这一时期生殖器官开始表现出兴奋的迹象。”①

弗洛伊德用这种解剖学器官的观点来划分人的心理发展的阶段，遭到了不少心理学家的反对和批评。

3. 弗洛伊德专用名词浅释

(1) 无意识。这是弗洛伊德学说的核心问题，无意识是与意识相对立的。无意识与意识及前意识之间的区别和联系，上文已有译

① 译自：Freud S. A General Introduction to Psycho-Analysis. Rivers G, trans. New York: Liveright, 1935. 286

述。弗洛伊德认为无意识支配着包括意识在内的人的一切心理生活。前面已经提到，弗洛伊德在医学实践中发现，病人生活中有一个痛苦的经验被压抑在无意识里面，他的欲望得不到满足，产生了冲突，从而发生了精神神经病。只要用催眠或自由联想的方法，使病人被遗忘了的经验事实，回到意识中来，通过精神的宣泄，就能痊愈。弗洛伊德写道："从我迅速增长的经验中我现在了解到：并不是任何一种的情绪刺激都在神经病现象后面发生作用，而是有规则地一种性的性质，不论是一种现行的性的冲突，或者是早期性的经验的结果。"因此人们往往把弗洛伊德的学说称为"泛性论"，不是没有根据的。弗洛伊德把性爱看成是人的基本心理活动。无意识便是心理能量的组织者。有人把意识比喻为海洋上露出水面的冰山之巅，在水的下面的很大的冰山主体，便是无意识。弗洛伊德认为梦是无意识的，在梦中一个人的欲望（主要是性的欲望）得不到满足，由于"检察员"的压抑作用，因此只能以乔装打扮了的象征性的活动来满足这种欲望，这样便产生了种种离奇荒诞的梦了。一个人发生失言、笔误等错误，也有类似的心理的原因。在上文关于人格结构成分的表内，弗洛伊德用本我、自我和超我的概念，进一步说明意识与无意识以及前意识的作用、区别和关系。

(2) 情结（Complex）指具有情绪色彩的一组相互关联的意念或欲望，由于与自我或超我发生冲突而部分地或完全地被压抑在无意识里面了。

(3) 奥狄浦斯（Oedipus）情结或恋母情结。据希腊神话，奥狄浦斯为底比斯王子，当他生下时，父王举行了神祭，神示此孩长大后将犯杀父娶母之罪。于是国王用钉子把孩子的脚钉住，命令牧羊人把他丢进荒山里去，但这牧羊人却把弃儿交给了邻国国王的一个牧羊人，后又转送给他的主人国王作为自己的儿子加以抚养。奥狄浦斯长大后，从一次神示中得知他将要犯杀父娶母之罪，便独自逃往忒拜城。这便是他的亲生父母所在之处。在路上同坐在车上的一位老人发生口角，他动手把这老人打死了，当时他并不知道这老人就是他亲生的父亲。

奥狄浦斯行近忒拜城，遇见一个人面狮身的女妖斯芬克斯，他猜中了斯芬克斯所提出的谜而消灭了那女妖，被立为该城的国王。让位给他的原国王还把自己的姐姐，也就是奥狄浦斯的亲生母亲嫁给他为妻。悲剧暴露后，奥狄浦斯气极把自己的眼珠挖了出来，过着悲惨的生活。

弗洛伊德认为每个男人都有奥狄浦斯情结，尤其是在儿童时期，特别热恋自己的母亲，恨死了他的父亲。这种情结随着年龄的增长而慢慢转化，转化好的，变成了正常人，转化不好的，就可能变成精神神经病患者。

(4) 厄勒克特拉情结（Electra Complex）。希腊神话里也有一个女子恋父嫌母的传说，这个女子名叫厄勒克特拉。因此弗洛伊德便将恋母情结取名为厄勒克特拉情结。

弗洛伊德的情结学说影响很大，特别对于西方的文艺戏剧界，尤其如此。弗洛伊德的专用语已载入各国出版的大字典及百科全书中去。弗洛伊德对莎士比亚所写的哈姆雷特进行了精神分析，发现在哈姆雷特内心有奥狄浦斯情结，因为他恋母，所以对复仇迟疑不决。

(5) 自恋现象（narcissism）。据希腊神话，那喀索斯是一个美少年，他看见湖水中的倒影而留连忘返，自己爱上了自己。我国成语有所谓“顾影自怜”，而他却成为“顾影自恋”了。后来他掉在湖中死去，变成了水仙花。英语 narcissus 就是水仙花之意。弗洛伊德认为一个人在儿童期将里必多转向自我，这便是自恋现象。

(6) 防御机制（defense mechanism）。一个人的欲望和冲动得不到满足是痛苦的，只好用心理的防御以自慰。寓言里传说有一头狐狸走到葡萄树下面，见到树上结着累累的果实，它又饥又渴，十分想吃葡萄。但因树长得很高，够不着，没有办法，只好摇摇尾巴走了。临走时狐狸说道：“原来这葡萄是酸的！”这叫做酸葡萄主义。这是一种自我解嘲，是一种所谓合理化的“文饰”作用。

(7) 移情（transference）。里必多要有一个对象，为了得到某种欲望的满足，有时里必多转向别的对象上去，这叫做移情。比方说，一个男医生给一个年轻的女病人治病，以后出于里必多的本能，她把医生当作恋爱的对象了。这就是移情。

(8) 升华 (sublimation)。被压抑在无意识中的冲动或欲望，可能转向社会要求所允许的途径或者事情如文艺创作上去，这是一种象征性的欲望的满足，便叫做升华。弗洛伊德写道："……一种本能的满足可以代替其他一些本能的满足。一种本能所能经历的最重要的变迁似乎是升华作用。这里对象与目的二者都发生了变化，从而使原来是一种性的本能转为某些不再是性的而是有一较高的社会的或道德价值的成就。"(见弗洛伊德所写的两篇百科全书文章)

(9) 性爱与死亡两类本能 (Eros and Thanatos)。弗洛伊德晚期除了主张性爱本能之外，又提出了一个所谓死亡本能。他写道："这第二种本能是并不那么易于指明的，最终我们逐渐承认性虐待狂作为它的代表。基于理论的考虑，并有生物学的支持，我们提出了一个死亡本能的假设，其任务在于引导有机的生命回到无生物的状态去。"①

(10) 爱和恨情绪的两极性。弗洛伊德写道："与两类的本能相对立，我们可以提出爱和恨的两极性。……现在，临床的观察不仅表明爱是以一种意外的规律性被恨所伴随着，而且不但在人的相互关系中恨常常是爱的先行者，而且在许多场合内恨转变成爱，而爱亦转变而为恨。"②

(11) 快乐原则和现实原则。弗洛伊德认为人的一切生活和行为都受本能——特别是性本能的支配的，其目的就在于得到快乐和满足。但在现实的生活中，这种所追求的目的往往不能达到，也就是说快乐的原则受到了现实的限制。弗洛伊德认为快乐原则支配着本我(伊德)的活动。他又以为在追求达到快乐目的过程中，自我必须考虑到现实生活中的种种阻挠和障碍，设法克服它们才能得到快乐和满足。

总之，弗洛伊德的理论体系经过了多少年的修正和补充，他又喜欢运用神话式的编造和设想，使得他整个理论体系，显得分外庞大，内容复杂。以上所述，仅对一些较为常见的他所专用的名词，

① 译自：Freud S. The Ego & the Id. Strachey J, trans. New York: Norton, 1961.

② 译自：Freud S. The Ego & the Id. Strachey J, trans. New York: Norton, 1961. 30

作一简略的介绍和说明。

（三）对弗洛伊德学说的几点评价

弗洛伊德思潮乃是他所处的社会历史时代的产物。这时正处在第一次和第二次世界大战的战火蔓延于好几个国家的当口。贵族豪富过着骄奢淫逸的生活，而一般劳动人民，则遭受着民族、阶级、宗教等重重压迫和种种迫害，在病态的社会中出现了许多变态的心理、症状和行为，这是不足为奇的，法西斯头子希特勒的血腥统治使人杀人的惨剧，提高到了一个难于想象的程度。就在这样的历史条件下，形成了弗洛伊德的思想体系，决不是偶然的。

我们衡量一种学说，首先要考查一下它究竟符合不符合科学的事实，它含有多少真理，它对人类产生哪些影响。我们主张把弗洛伊德的学说作一较为全面的历史的分析，作出实事求是的评价。

弗洛伊德学说的早期，大约在1882~1894年期间，弗洛伊德通过医疗的实践得出了这样的结论，这就是“一切神经症的特定的原因乃是在病人性生活里的某些失调”①。他又用被压抑在病人无意识里面的某种不能满足的欲望——主要是性的欲望的内心冲突，来说明致病的原因。他采用了自由联想法代替催眠术对歇斯底里症等患者进行了治疗，并取得一些成效。性的问题一向被认为禁区，他冲破这个禁区是需要一定的勇气的。但从此他把性的本能看成是人的一切心理生活的动力，这显然是错误的。他的理论取消了变态的人同正常的人的心理之间的差异和界限，这也是不符合科学事实的。下面我摘译《人格的各种理论》（*Personality Theories*）一书作者狄·卡普里奥的话，我认为这些意见是具有很大的代表性的，他写道：“许多人，包括专业心理学家们和精神病学家们，都发现弗洛伊德关于婴儿性心理的见解是十分脱离实际的。一些专家们承认弗洛伊德的观点只适用于一小部分的实例，其中可以描述为变态的一个家庭。”②

① 参见：Jones E. The Life and Work of Sigmund Freud. New York: Anchor Book，167

② 译自：Di Caprio N S. Personality Theories. W. B. Saunders Co.，1974. 49

关于弗洛伊德的《梦的解析》这本著作，据说它是精神分析学说的一部经典著作，已经翻译成几国文字。弗洛伊德于1931年在英文第三修正版的序中写道："本书的出版（1900年）在震撼了整个世界后，基本上还是没有更改。这里面包括了我好运得到的所有发现中最有价值的部分，像这类的灵感许多人都有，不过一生中只会有一次。"现在让我们来分析一下，这一本他引以自豪的著作内容，究竟具有些什么科学的价值？其实，弗洛伊德对于一个人——多半是精神病人——的私人心理生活的梦的描写，已经到了荒唐离奇、不知廉耻的地步。我们只要看看这本书的第六章的目录也就够了：

梦的象征——更多的典型的梦例

(1) 帽子，男性的象征（或男性生殖器）；

(2) 象征性器官的小东西，而以"被车辗过"象征性交；

(3) 象征性器官的建筑物，阶梯和柱子；

(4) 以人象征男性性器官，以风景象征女性器官；

(5) 孩童阉割的梦。

弗洛伊德在书中所描述的大量梦例，即使是事实的话，也是一种变态的人所产生的一种变态的梦，正常的人是不大可能见到的，这些只能说是揭露了人的心灵中的最丑恶的东西，这是一种畸形的心理状态。而且梦的这样的解释也是难以置信的。

本来，古今中外，对于真挚感人的可歌可泣的男女之间的爱情，以戏剧、小说、诗歌等各种文学艺术形式加以颂扬而赞美。冲破牢笼和束缚，情投意合，海誓山盟，这是一种足以流芳百世的高尚的情操。但弗洛伊德所谓性爱的本能及其表现，实际上却是一种肉欲，一种兽性。恩格斯在《反杜林论》里写道："人来源于动物界这一事实已经决定人永远不能完全摆脱兽性。所以问题永远只能在于摆脱得多些或少些，在于兽性或人性的程度上的差异。"[①]而弗洛伊德一生所宣扬的恰恰在于兽性，而不是男女之间的人性的爱情。我国两位男女的革命烈士周文雍和陈铁军在刑场上举行了婚

---

① 恩格斯．反杜林论．北京：人民出版社，1959．98

礼，这种崇高的纯洁的爱情，难道不是已经超越了肉体而达到了心灵美的最高的境界了吗？这难道是弗洛伊德和他的信徒们所能想象得出的吗？

关于无意识问题，近代人脑的生理心理学的研究已经揭露了它的不少奥秘。弗洛伊德把意识降低到从属的地位而把无意识当作是无时无刻不在每一个人里面积极地活动着的主张，遭到了像埃里克森等人的否定，而认为这是远远没有确凿证据的。

弗洛伊德主张一个人孩童时期的性心理发展决定着他日后人格的发展的说法，也是不符合实际的。许多事例证明，一个人的所谓人格或个性倾向，在中年甚至老年时期出现了显著的变化。一个人的人格乃是他的社会实践活动所形成的。弗洛伊德所编造出来的人格结构理论，完全忽视了社会历史环境和经济文化条件对人的人格发展所起的重要作用。他晚年所提出的许多学说，正如美国作家哈利·威尔斯所说的那样：弗洛伊德的哲学使他“走向了神话”，也就是他离开科学越来越远了。

（胡寄南）

选自：胡寄南．胡寄南心理学论著选．北京：学林出版社，1986

华 生

（John Broadus Watson）

- 生平简介
- 名篇选读

  行为主义者所看到的心理学

- 思想评介

  华生的行为主义心理学

生平简介

J·B·华生（1878～1958），美国心理学家，行为主义创始人。华生出生于美国南卡来罗纳州格林维尔的一个农庄，16岁时，进入格林维尔城福尔满大学学习哲学，5年后获哲学硕士学位，1900年入芝加哥大学研究哲学与心理学，求学于教育哲学家杜威、心理学家安吉尔、神经生理学家唐纳尔森和物理学家洛布。1903年，华生获芝加哥大学心理学博士学位，以后在芝加哥大学任讲师和心理实验室主任，1908年转任约翰·霍普金斯大学教授。华生在霍普金斯大学工作了12年，在此期间，他系统地提出并阐发了自己的行为主义心理观。1913年，华生的著名文章《行为主义者所看到的心理学》问世，行为主义正式产生。1915年华生当选美国心理学会主席，1919年，华生出版了对自己立场更为全面、完整陈述的著作《行为主义心理学》，同时开始对婴儿的情绪反应进行研究。1920年，华生辉煌的学术事业突然结束，他迁居纽约，转入广告业，直至1945年退休。其间，他不遗余力地倡导把心理学技术应用于商业和工业，并致力于向大众普及行为主义，使得行为主义心理学在美国深入人心，产生了巨大的影响。

作为行为主义心理学的奠基人，华生特别强调，心理学研究行为，而非意识。华生恪守实证主义的观点，把心理、意识归结为行为，认为行为是有机体应付环境的一切活动，而构成行为的最基本成分则是肌肉收缩和腺体分泌，即反应。他把人的反应区分为：(1) 明显的遗传反应（如抓握等）；(2) 潜在的遗传反应（如内分泌的分泌）；(3) 明显的习惯反应（如打球、游泳）；(4) 潜在的习惯反应（如思维）。华生把心理和意识归结为潜在的或内部语言，他认为，无论是身体活动或心理活动，如果加以分析，最后可以还原为肌肉的收缩和腺体的分泌；思维是全身肌肉，特别是喉头肌肉的内隐活动，情绪则是内脏和腺体的变化。这样一来，华生便把全部行为包括身体活动和通常所说的心理活动，最终还原为一些物理或化学变化引起另一些物理或化学变化而已，华生认为这样就可以把心理学纳入自然科学体系中去，把精神现象还原为物质现象，从而取消心理现象不同于其他自然现象的独特性。与此相应的是华生坚持心理学研究方法应是客观观察而不是自我内省，华生在研究方法上反对内省，这是他在研究对象上否认意识的必然结果，他明确指出，在行为主义者的实验室里，只允许采用客观的研究方法，包括：(1) 观察，使用仪器和不使用仪器的观察；(2) 条件反射法；(3) 言语报告法；(4) 测验法。心理学的任务在于有效地理解、预测和控制人类及动物的行为。华生认为心理学作为一门行为的科学，必须只研究那些能够用刺激和反应的术语客观地加以描述的动作、习惯的形成、习惯的集合等等，所有人类和动物的行为都能用这些术语而不用心灵主义的概念和术语加以描述。通过对行为的客观研究，行为主义的心理学便能够完满地实现自己的目标，即既能预测已知刺激引起的反应，也能预测引起这种反应的先前刺激。因此，通过把行为降低到刺激—反应的水平，人类与动物的行为都能有效地加以理解、预测和控制。在遗传与环境的关系上，华生持极端的环境主义立场，他除了否定本能外，还拒绝承认有任何种类的遗传能力、气质或才干。他认为，人类行为中所有那些似乎像本能行为的方面，实际上都是在社会中形成的条件反应。由于他把学习理解为人类行为发展的关键，华生成了一个极端的环境主义者。更进一步的是，华生相信，通过童年期条件反射作用的适当的程序对婴儿行为进行修正和控制（实际上也是对成人的控制），不仅可能，而且是绝对必要的。为了达到这一目的，他提出了一项基于行为主义原理的“实验伦理学”计划。

虽然华生在心理学中的那种富有创造性的经历持续了不到20年，但是，他深刻地影响了心理学的进程。他大胆革新，藐视传统并反对陈旧心理学的见解，他在使心理学客观化方面发挥了巨大的作用。而方法论的行为主义正是今天美国心理学的主流。

华生的主要论著有：《行为主义者所看到的心理学》（1913）、《行为：比较心理学导论》（1914）、《行为主义心理学》（1919）、《行为主义》（1925）和《行为主义的方法》（1928）。

（杨　宁　罗胜庆）

名篇选读

行为主义者所看到的心理学

由行为主义者看来的心理学纯粹是自然科学的一个客观实验分支。它的理论目标就是对行为的预测和控制。内省并不是它的方法的主要部分，它的资料的科学价值也并不有赖于这些资料是否容易运用意识的术语来解释。行为主义者努力想把动物的反应纳入一个统一的系统，承认在人兽之间并无分界线。人的行为尽管有其细致性和复杂性，也仅仅是行为主义者的总研究计划的一部分而已。

心理学追随者们一般主张心理学是关于意识现象的科学的一种研究。心理学的问题，一方面是把复杂心理状态（或过程）分析为简单的元素成分，另一方面，是从所得到的元素成分建立复杂状态。作为自然科学家的全部现象的物理客体世界（刺激，这里包括任何可以使一个受纳器活动起来的东西），对于心理学家来说，仅仅是达到目标的手段而已。那个目标就是产生心理状态以便“检验”或“观察”。例如，若要观察一种情绪，那么观察的心理对象就是那心理状态本身。情绪的问题是要决定所发生的元素成分的数目和种类，以及这些成分的定位、强度、出现次序等。他们同意内省是为了心理学的目的而操纵心理状态的最卓越的方法。根据这种假设，行为资料（这个名词包括比较心理学这个名称所包含的所有的东西）本身是无价值的。这些行为资料之所以有意义，只是由于它们可能说明意识状态。这种资料至少必须有一种类比或间接参照价值，才属于心理学的范围。

真的有时候，我们发现有些心理学家，甚至于对这种类比的参照都发生怀疑。这种怀疑常常表现为这样考问行为学者：“研究动物的工作对于人类心理学有什么关系?”我常常不得不考虑这个问题。而这个问题确实总是使我有些难堪。我对自己的工作发生兴趣，而且觉得这种工作是重要的，但是我不能在这种工作和发问者所理解的那种心理学之间看出有任何密切联系。我希望我这一坦率的声明能使气氛澄清到这种程度，使我们再没有必要在虚伪的托辞之下工作了。我们必须老实承认，我们运用行为方法广泛研究动物感官所搜集的那些对我们来说是那样重要的事实，对于人的感官过程的一般理论，仅仅只有一些片断贡献而已，这些事实并没有提示出什么实验研究的新观点。我们在学习方面所进行的大量实验，同样对于人类心理学贡献也极少。显而易见，双方必须作出某种妥协：或者是心理学必须改变它的观点，以便接纳行为的事实，不管这些事实对于意识的问题有无关系；或者是行为必须单独分开，成为一种完全不同的而且独立的科学。如果人类心理学家不接受我们的建议，而拒绝改变他们的立场，行为主义者将会被迫利用人类当作受试者，而且采用各种研究方法，这些方法和在动物工作中现在所运用的那些方法是完全相仿的。

除了承认行为材料有独立价值——不管这种材料对于意识可能有什么关系以外，任何别种假设，都只能迫使我们采取荒唐的立场，就是要我们尝试对我们一直在研究其行为的动物，设想它们有些什么意识内容。根据这种观点，我们即使先确定了我们的动物的学习能力，动物学习方法的简单性和复杂性，过去习惯对于目前反应的效应，动物通常反应的刺激的范围，在实验条件下动物能够反应的扩大范围—— 一般来说，即动物的各种问题，以及它解决这些问题的各种方法——我们还是会感觉到如果我们不能够从意识的观点，用类比来解释这些结果，这种工作并未完成，而且这些结果也是没有价值的。虽然我们解决了我们的问题，我们还是感觉不安稳，因为我们对于心理学的定义，还有问题：我们被迫对于我们动物可能有的心理过程必须有所说明。我们说，既然没有眼睛，动物的意识流中就不可能有像我们所知道的那种明度和颜色感觉；既然没有味蕾，这个意识流中就不会有甜、酸、咸和苦的感觉。但是另一方面，因为动物对温度、接触和机体刺激起反应，动物的意识内容，必定主要是由这些感觉组成的；而且我们通常还加上一句话，以便给我们自己辩护，免受拟人论之指责，这句话就是“如果动物有任何意识的话”。诚然，要求对所有的行为资料都加以一种类比的解释，这种主张可能证明是错误的：这个立场是说，对于行为的观察的价值，取决于这种观察是否会产生仅仅在（真正人的）意识的狭窄范围内才能给以解释的结果。

在心理学中对于类比的这种强调把行为主义者引入旁途。因为并不愿摆脱意识的羁绊，他觉得被迫在行为的系统中，找到一个位置，以便可以确定为意识的兴起。这一起点常常是游移不定的。几年以前，某些动物被假设有“联想记忆”，而某些别的动物却被假设缺乏“联想记忆”。我们会看到，对意识的起源的这种探索是在种种掩饰之下进行。有些教科书说，意识兴起的时候，正是反射和本能活动不能适当地保存机体的时候。一个完满顺应了的机体，可能缺乏意识。另一方面，只要我们见到先有散漫活动的出现，后来终于形成习惯，我们就有理由假设有意识存在。我必须承认，当我开始研究行为的时候，这些论点对于我是有分量的。我恐怕我们当中有许多人，在心目中还是采取类似这种看法来看待行为问题。不只是一位行为学者曾经尝试要确立心灵的标准——要创立一套客观的、构造的和机能的标准，这些标准如果应用到某一个特殊例子上去的话，就能够帮助我们决定某某反应是否肯定有意识，仅仅表示有意识，或者某某反应是纯粹“生理的”。像这样一些问题，已经再不能够满足行为学者们了。宁可完全放弃这个园地，而老实承认没有什么正当理由要对动物的行为进行研究，也比承认我们的探索是这么一种“鬼火”性质要强些。我们在种系发展阶梯上的任何地方，都可以假设有意识存在或不存在，既丝毫不影响行为的问题，也丝毫不影响研究这些行为问题的实验方式。另一方面，关于下面一些事情，诸如草履虫会对光亮起反应，老鼠学习一个问题时，每天学五次比每天学习一次要学得更快一些，或者说，儿童在他的学习曲线上表现有高原存在——对于这些事情我们却绝不能随意假设。这些都是确实与行为大有关系的问题，而且必须在实验条件下，利用直接观察来裁决。

从人类意识过程，运用类比来推论到动物的意识过程，或者作反转过来的类比推论，这种把人类所知道的意识作为所有行为的参照中心的尝试，迫使我们处于与达尔文时代在生物学中的情境相类似的境地。对整个达尔文运动的评价，是以这个运动对于人类种系的起源和发展的意义为根据的。人们进行探察，以便收集材料，来证明人类种族的兴起是一个完全自然的现象，而不是一种特殊的创造。在寻求选择性有累积效应和清除效应的证据的同时，变异性的存在也曾仔细寻找；因为在这些以及别的达尔文式的机制中，有许多因素非常复杂，足以解释人类种系的起源和分化。在这个时期所收集的丰富材料所以有价值，主要是因为这种材料能够建立起人类进化的概念。很奇怪，这种情况会在生物学中占有这么许多年的优势。到动物学一旦开始对进化和血统进行实验研究，情况于是立刻改变了。人不再是参照的中心了，我怀疑是否有任何一位实验生物学家，今天还会用人类进化来解释他所发现的事实资料，或者在他的思想中还以人类进化为参照，除非他确实是在从事于人类种族分化问题的研究。实验生物学家收集他的资料，是以许多种植物和动物的研究为根据的，而且想在他所进行实验的特殊类型中，建立起遗传定律。很自然，他追随着人种分化和人种血统工作的进展，但是他把这些当作特殊题目看待，与他自己的题目同等重要，然而他对于这些题目决不会是特别关注的。不应该说，实验生物学家所有的工作都是关于人种进化的，或者说，所有的工作必须用人种进化去解释。他不必放弃他在小老鼠的毛色的遗传方面所得到的某些事实，因为这些事实对于人种分化为不同的种族或者对于人种是从某个更原始的祖先继承下来，确实很少有关系。

在心理学方面，我们还正处在觉得必须选择我们的材料那样的发展阶段。当牵涉到某些过程对于心理学的价值时我们总会有一个总的理由来抛开这些过程置之不问，我们诅咒这些过程说，“这是一种反射”；“那是一种纯粹生理事实，与心理学毫无关系”。我们（作为心理学家）对于了解动物作为一个整体所应用的全部顺应过程并不发生兴趣，而且对于探究这些不同的反应是如何联系起来的，如何拆散的，因而制定出一种系统规划，以便预测和控制一般反应，也不发生兴趣。除非我们观察到的事实代表意识，否则我们保有这些事实并无用处，而且除非我们的仪器和方法被设计得刚刚可以突出这些事实，否则这些事实还是同样会被轻视的。我永远记得一位有声望的心理学家所说的话，当时他是在约翰·霍普金斯的顶楼上，参观专为测验动物对单色光所起的反应而设计的颜色仪器。他的话是："他们居然把这叫做心理学！"

我并不想不恰当地批评心理学。我相信，心理学在它的存在的五十多年中，本是一门实验学科，但却在力图作为一门毫无争论的自然科学在世界上获得它的地位上惨遭失败了。照一般人的想法，心理学的方法未免有些神秘。如果你不能够重复我的发现，这并不是因为你的仪器，或者你对刺激的控制有什么过错，而是因为你的内省是未受过训练的。这种攻击是针对观察者，而不是针对实验设施。在物理和在化学中，这种攻击是针对实验条件的，如仪器不够灵敏，所用的化学品不纯等等。在这些科学中，较好的技术是会得到再现的结果的。心理学并不是如此。如果你不能观察 3~9 种状态的注意清晰性，那么你的内省就是拙劣的。如果，另一方面，有一种情感好像对于你是相当清楚的，那么你的内省也是错误的。你看到的太多了。情感从来不是清楚的。

时机好像已经到来了，心理学必须放弃所有提到意识的地方；心理学没有必要设想把心理状态当作观察的对象再去欺骗自己。我们已经纠缠在许多空论的问题上，如关于心理元素、意识内容的性质［例如，无意象的思维；态度和识态（bewusseinlage）等］问题，因此，作为一位实验学家，我感觉我们的前提，以及从这些前提得出的问题种类，总好像有什么东西是错了。现在已经不能有任何担保，认为当我们使用现在心理学中流行的术语时，我们都是指的同一件事情了。请举感觉为例。感觉是用它的属性来下定义的。一位心理学家会说，视觉的属性是性质、空间展延、时间久暂和强度。另一位心理学家要加上清晰性，又一位要加上顺序性。我怀疑任何一位心理学家是否能够用几句话描写他所认为的感觉是什么，而为受过不同训练的三位别的心理学家所同意。现在让我们再看可以分离的感觉数目这个问题。颜色感觉的数目是很多还仅仅是红、绿、黄、蓝四个？还有黄色虽然在心理上是简单的，但是把色谱红光和绿光重叠在同一漫射的平面上，也可以得到黄色，反过来，如果我们说，色谱上每一种最小可觉差都是一种简单感觉，而且某一种颜色的白的程度，每一次刚刚辨别出来的增加都是些简单感觉，我们就不能不承认，这个数目是如此之大，而且获得这些感觉的条件是如此之复杂，因此感觉这个概念不管是为了分析还是为了综合，也就无用了。铁钦纳在美国为内省心理学进行了最英勇的斗争，他觉得这些不同的意见，例如关于感觉和感觉属性的数目以及是否有关系（从原素的意义上说）的存在，还有许多其他在每一次尝试分析时都好像是基本的问题，对于此类问题存有不同的意见都是完全自然的，因为心理学还正处在不发达的状态之中。虽然一般都承认，每一个成长中的科学都充满了还未解答的问题，但确实只有热爱过我们现在这个体系的人，为它作斗争而受过累的人，才能够坚决相信，关于这许多问题的答案，将来会比我们现在所有的要一致得多。我确实相信，二百年以后，除非放弃内省法，心理学对于某些问题还是会有分歧的，例如，关于听觉是否有“空间展延”的性质，强度是否可以用作颜色的一种属性，在映象和感觉之间是否有一种“质地”的差异，以及关于几百个其他同样性质的问题。

关于别的心理过程的情况，也是同样混乱。意象类型能够用实验来测验并证实吗？奥妙难解的思想过程是机械地有赖于意象吗？心理学家对于情感是什么这个问题看法一致吗？一位说情感就是态度，另一位发现，情感是具有一定结合性的一些机体觉群。还有其他更多的人发现，情感是一些和感觉相关而且同等重要的新元素。

我的关于心理学的争论，并不是单单针对系统的和构造心理学家的。过去15年，我们看到所谓机能心理学的成长。这种心理学大声反对把元素照构造主义者的静力意义加以应用。它强调意识过程的生物意义，而不强调把意识状态分析为在内省上可以分离的元素。我已经尽了自己最大努力来了解机能心理学和构造心理学之间的差异，但我并未弄清楚，反而被弄糊涂了。像感觉、知觉、感情、情绪、意志力这些名词，机能主义者使用得和构造主义者同样多。在每一个名词后头，加上“过程”这个词（常常遇到“作为整体的心理动作”和类似的名词），在某种意义上，排除了“内容”尸体，而代之以“机能”。确实，如果从一种内容观点看，则这些观念是无从捉摸的，那么，从机能的角度看，则这些概念更是有欺骗性的，特别是当机能是由内省法得到时，尤其如此。很有趣，还没有哪位机能心理学家曾仔细区分过正统心理学家所使用的“知觉”（别的心理学名词也是一样）和机能心理学所使用的“知觉过程”。如果我们批评正统心理学家所教给我们的心理学，然后又利用他的名词，但是并不仔细指出这些名词所牵到的意义的改变，这似乎不合逻辑，而且也是不公平的。不久以前，当我打开皮尔斯柏瑞的教科书，看到他把心理学定义为“行为的科学”时，我不禁大吃一惊。更近的一本教科书说，心理学是“心理行为的科学”。当我看到这些有希望的话时，我想，现在我们的确会有以不同的路线为基础的教科书了。过了几页之后，行为科学被丢掉了，而我们所遇到的还是对感觉、知觉、意象等的传统处理，不过强调有些变动，事实有些增加，这些只表明著者的个人印记。

一种一贯的机能心理学所遇到的困难之一，就是平行论的假设。如果机能主义者，想要运用一些使心理状态好像真在起机能作用的名词来表达他的公式，在顺应周围世界中采取主动地位，那么，他差不多不可避免地会陷入含有交感论的术语之中。当机能主义者受到这种指责时，他回答说，这样做为的是方便起见，而且他这样做，为的是避免任何彻底的平行论所固有的婉转曲折和笨拙不灵。事实上，我相信机能主义者实际是用交感论在思考，只有当他被迫表达他的看法时，才运用平行论。我觉得**行为主义**是唯一始终一贯而合乎逻辑的机能主义。有了行为主义，我们就可以避免在平行论和交感论之间进退两难、腹背受敌。这些自古以来的哲学空论的残余，并不需要为难行为学者一丝一毫。就好像他们不需要为难物理学者一样。讨论心身问题并不影响选择了的问题的种类，也不影响解决那个问题的方案。在这里能够表明我的立场的最好方法是说，我乐于训练我的学生对于这些假设一无所知，就好像我们看到别的科学部门的学生们对此一无所知一样。

这就引导我到了可以举出建设性理论的地步。我相信我们可以写一部心理学，照皮尔斯柏瑞那样为它下定义，并且决不背离我们的定义：决不用这些名词，像意识、心理状态、心灵、内容、内省地可证实、意象等。我相信我们能够这样做，这只要几年功夫，而且不会遇到比尔、贝特、冯·尤克思库尔、纽艾儿的荒谬的名词和一般所谓的客观学派的术语。这部心理学可以用刺激和反应、习惯形成、习惯整合等等术语来写。而且，我相信现在值得这样来尝试一下。

我要想尝试建立的心理学有一个出发点，就是，第一，一种可观察到的事实是，一切机体，包括人和动物，二者是一样，都会顺应他们自己的环境，方法就是利用遗传的和习惯的装备，这些顺应可能很适合或者很不适合，以致机体仅仅只能够维持它的生存；第二，某些刺激引起机体的反应。心理学的这种系统如果完全建立起来的话，知道反应，就可以预测刺激；知道刺激就可以预测反应。这一番话粗鲁而且生硬到了极端，好像所有这类普遍性结论必然是如此一样。但是这些话并不比当前的心理学教科书中所出现的那些话更为生硬和更不可能实现。我如选择一个任何人在工作过程中都会遇到的日常问题，也许能更好地证实我的观点。不久以前我被聘来对某些种类的鸟进行研究。在我去托尔士葛斯（Tortugas）以前，我从来没有看见过这些活鸟。当我到达那地方的时候，我发现这些动物正在做着某些事情：有些动作好像特别适合这种环境，但是另外一些动作却好像不适合它们那种生活。我先是研究整群的鸟的反应，然后个别地来研究这些鸟的反应。为了要更彻底地了解在这些反应中，什么是习惯的和什么是遗传的这两者之间的关系，我捉住小鸟来喂养它们。这样我就能研究遗传顺应的出现次序和这种顺应的复杂性，而后研究习惯形成的开始。我在断定什么刺激引起这些顺应上所做的努力是很粗糙的。因此，我尝试要控制行为和随心所欲地产生反应，但并未得到很多成功。这些鸟的食物和饮水，两性间的关系和别的社会关系，光亮和温度条件，在一个现场研究中都是不能控制的。我曾发现把窝和蛋（或者小鸟）当作刺激，有可能或多或少控制它们的反应。本文没有必要进一步叙述这么一种研究应当如何进行，以及这种工作必须如何用仔细控制了的实验室实验来补充。如果我被召去检验澳大利亚某些部落的土著，我必定是照此同样地进行我的工作。我会发现这个问题更困难：物质刺激所引起的反应类型更会多种多样，而且有效刺激的数目也会更大。我应当格外小心谨慎地来断定他们的生活的社会背景。这些野蛮人受到彼此之间的相互反应的影响比起鸟类来可能更多些。其次，习惯会更为复杂，而过去习惯对于现在反应的影响也会显得更清楚。最后，如果我被要求写出受过教育的欧洲人的心理的话，我的问题可能需要几辈子的时光。但是在我能处理自己的这一生中，我应当采取同样的一般研究路线。大概说来，我对于所有这些工作的欲望就是，要获得关于顺应以及引起这些顺应的刺激的一些精确知识。我这样做的最后理由，就是要学会一般的和特殊的方法，以便我能够控制行为。我的目的并不是“描写并解释意识状态本身”，也不是要在心理锻炼方面获得足够熟练，以便我立刻能够把握一种意识状态，而说“在总体上，这包括灰感觉350号，空间展延是如此如此，与某种强度的冷感觉同时发生；有某种强度和空间展延的压感觉”等等，以及无数类似的细目。如果心理学要采取我所提议的方法，只要我们能够用实验来获得这些资料，教育家、医生、法官和商人，都可以把我们的资料用于实际。那些有机会实际应用心理学原理的人们，会发现没有必要像他们现在那样老是埋怨，去问医生或法官，去问科学心理学在他的日常生活中是否占据一种实际地位，而你会听到他们不承认实验室心理学在他的工作计划中有任何地位可言。我认为这个批评是极端公平的。使我不满意心理学的最早的情况之一就是，觉得运用［心理］内容的术语所建立起来的原理并无应用的场合。

有一个事实使我有了希望，认为行为主义者的立场是可以辩护的，这一事实是：心理学中有某些分支，早已部分地脱离了实验心理学本源，因而就极少依赖于内省，可是这些分支却处于最繁荣的状态。实验教育学、药物心理学、广告心理学、法律心理学、测验心理学和心理病理学，这些都在茁壮成长。这些有时被错误地叫做“实用”或“应用”心理学，的确是再没有比这更坏的错误称呼了。将来可能产生真正应用心理学的职业服务所。目前这些分野是真正科学的，而且是在寻找广泛的概括，以便导致人类行为的控制。例如，我们用实验研究出来几节的长诗究竟是整个一次学习比较容易记得，还是每节分开学习然后再转到下一节这样更有利些。我们并不试图应用我们的发现。这个原理的应用完全由教师作主。我们可以指出，药物心理学告诉我们某种剂量的咖啡因对于行为所产生的效应。我们可以得到这种结论：咖啡因对于工作速度和准确性有良好效应。但是这些只是一般原则。至于我们的测验结果是否要应用，我们把这个问题交给个人处理。还有，在法律口供作证中，我们测验近因对于证人的报告的可靠性所发生的效应。我们从运动着的东西、固定的东西、颜色等下手来测验报告的准确性。要靠本国的审判机构来决定究竟是否要应用这些事实。对一位“纯粹”心理学家来说，他宣称对这门科学的这些分支所提出来的问题不感兴趣，因为这些问题间接牵涉到心理学的应用，这种情况表明，第一，他没有了解这些问题的科学目的，以及第二，他并无兴趣来关心一种本身和人类生活相联的心理学。我认为这些学科的唯一错误就是，其中的材料大半是用内省的术语来描述的，其实用客观结果的术语来描述就有价值得多了。看不出来有什么理由必须要求助于意识。或者为什么要在实验中搜集内省资料，或者在结果里面发表这些资料。我们在实验教育学中，特别可以看到，最好是把所有的结果保持在一种纯粹客观的水平上。如果这样做，则我们对于人类所做的工作，就可以和动物工作直接相比较。例如乌尔里奇先生（Ulrich）在霍普金斯所获得的某些材料，是关于学习中的努力分配，他用老鼠做受试者。他准备对一个动物关于一个问题每天做一次，每天做三次，每天做五次所产生的效果作出比较。究竟应该是让动物每次仅仅学习一个问题还是同时学习三个问题。我们需要在人身上做相似的实验，但是我们在进行实验的时候，很少关心他的“意识过程”，就好像我们用老鼠做实验时，根本不关心这些过程一样。

目前我的兴趣比较更多倾向于指出，有必要在实验程序中以及在叙述结果中保持一致性，不管是人类工作或者是动物工作都应当如此。我的兴趣并不在于发挥任何观念，以便我可能用来解释人类心理学范围内必然要发生的变化。让我们暂时讨论动物所反应的刺激的限度这个问题吧。我想先讨论关于动物的视觉工作。我们把动物放在一种情况下，以便它能够对两个单色光亮之一起反应（或者学习反应）。我们在一种（阳性）光亮下喂他，而在另一种（阴性）

光亮下罚他。不久，动物就学会朝着喂他的那个光亮走。这里发生了问题，我可以用两种方式来表达：我可以选择心理学方式这样说，这个动物像我一样把这两个光亮看成两种不同的颜色呢？还是他像全色盲者一样把这两个光亮看成两种明度不同的灰色呢？照行为主义的说法，我们应当这样说：我的动物是根据两个刺激之间的强度差别来反应呢？还是根据波长来反应呢？行为主义者什么地方都没有根据自己的颜色和灰色的经验来理解动物的反应。他想确定这个事实：究竟波长是不是那个动物的顺应中的一个因素。如果是如此，那么，什么波长是有效的？在不同区域，应当保持什么样波长的差别才能作为分化反应的根据？如果波长不是顺应的一个因素，那么，他愿意知道，什么强度差别足以作为反应的一种根据，以及是否同样差别适用于全部光谱。其次，他愿意测验究竟动物能否对不影响人眼睛的波长起反应。他对比较老鼠的光谱和小鸡的光谱，以及比较老鼠和人的光谱同样感兴趣。观点并没有因为做了各种比较而丝毫有所改变。

无论我们向自己如何提出问题，在我们的动物已经形成联系之后，我们就用它进行某种控制实验，这些实验能够使我们对于刚才所提出的问题给以回答。但是在我们这方面，同样有一种强烈的欲望，要在同样条件下测验人，而且用共同术语叙述这两方面的结果。

人和动物应当尽可能放在同样实验条件之下，愈相同愈好。我们并不采用喂饲或惩罚人类受试者的办法，而是叫他用调节第二种仪器来作出反应，直到对标准刺激和比较刺激不能作出分化反应为止。这样我会被人指责是在用内省吗？我的回答是决不会的；虽然我可以喂我的人类受试者，如果他选择对了，并且可以罚他，如果他做错了，从而产生了受试者所能做出的反应，但是并不需要走到极端，甚至于按照我所建议的纲领，也不需要这样做。但是必须了解，我不过是把这第二个方法当作一种简化了的行为方法来用罢了；不管我们用冗长方法或者用简短方法，我们可以走得同样远，而且达到同样可靠的结果。在许多情况下，并不能稳妥地运用直接而典型的人类方法。例如，假设我在上列实验中怀疑调节比较仪器的准确性，我将会像怀疑视觉有缺陷那样办吗？如果我要受试者做内省报告，那是没有希望的。他会说："感觉并无区别，两个都是红色，性质完全相同"。但是假设我给他标准刺激和比较刺激看，而且把条件布置好，如果他对比较刺激作出反应就罚他，对标准刺激作出反应就不罚他。我随意地互换两个刺激的位置，从而迫使他试行区分标准刺激和比较刺激。如果他甚至就是通过许多次数的试验之后，才能够做这种顺应，那么显而易见，这两个刺激确是能够引起一种分化反应的。这么一种方法，听起来好像是蠢举，但是我坚决相信，当我们有理由不信任那种语言方法时，我们就不得不愈来愈多地采用这种方法。

所有人类视觉问题，几乎没有一个不同时也是动物的视觉问题：我可以提出光谱的限度、阈限的绝对值和相对值、闪光、塔波定律、韦伯定律、视野、普金耶现象等。每一个问题都可以用行为方法研究出来。有许多问题，目前正在进行研究之中。

我觉得所有关于感官的工作，都可以按照我在这里关于视觉所提议的路线，一贯地进行研究。我们的结果归根到底会明确描绘出每一个器官在机能上的表现是什么。解剖学家和生理学家可以利用我们的资料一方面来说明负责作出这些反应的结构，以及另一方面说明这些反应和别的反应必然涉及的物理化学变化（神经和肌肉的生理化学）。

记忆研究的情况并没有什么不同。差不多所有的记忆方法，凡是实际在目前实验室中应用的，都得到了我正在争论的那类结果。把一串无意义音节或别种材料呈现给人类受试者。所要强调的就是：习惯形成的速度、错误、曲线形式的特点、所形成的习惯的坚持性，这种习惯和用比较更复杂的材料所形成的那些习惯的关系等等。现在这些结果是连同受试者的内省记载下来的。其所以要做这些实验，为的是要讨论在学习、在回忆、回想和遗忘之中所牵涉到的心理机制，而不是为的要探索人类如何形成反应，以便应付他遇到的极端复杂的环境中所发生的问题，更不是为的要指出人类方法和其他动物的方法之间的相似性和差异性。

如果我们要对一些形式比较复杂的行为如想象、判断、推理和概念等进行研究，情况就有所不同了。目前关于这些行为，我们所有要说的一些话都是用内容术语说的。我们的心理学已经被歪曲了五十多个年头，这五十多个年头都是用来研究意识状态的，所以我们只能用一种方式来看待这些问题。对这种情况，我们应当公正地说，我们还不能够在所有这些战线上，统统要用目前所通用的行为方法进行研究。退一步说，我想要请大家注意上一段我所提到的一点，就是内省法本身在这些研究中，已经走到一条死胡同。许多题目由于处理得过多，而变得乏味，最好还是暂时搁置在一边。当我们的方法发展得更好一些的时候，我们将有可能进行形式愈来愈复杂的行为研究了。现在被搁置在一边的许多问题，将来会又成为不可避免的，但是这些问题可从它们新的发生角度和更具体的背景上来看待。

> 有一种假设说，一切所谓“较高级思想”过程，其所以能够进行，是因为原先的肌肉动作（这里包括语言）隐约重现。又说，这些隐约重现的肌肉动作整合成系统，照一定顺序（联想机制）起反应。这种假设，我相信是一种可以支持的假设。这种假设把反省过程看作和习惯是同样的机械。詹姆斯早就描述了的习惯机制——习惯中每一个反回或（内导）神经流，会释放下一个适当的动作冲动——对外部肌肉动作适用，对“思想过程”也适用。“意象”缺乏是常事。换句话说，只要有思想过程，肌肉系统就会有隐约收缩，这些隐约收缩的肌肉就是在通常的显著动作中的那些肌肉，特别是语言所牵涉到的比较更细致的肌肉系统更是如此。如果这是对的，我看不出如何可以否认，意象（甚至就算意象真正存在的话）无任何机能上的意义而变成为一种心理奢侈品了。如果实验程序能够证实这种假设，我们手边就有了可捉摸的现象，可以当做行为材料加以研究。我可以说，总有一天，我们可以用这种方法来研究反省过程，就好像总有同样近的一天我们能用物理化学方法，来考查活原形质和无机物之间的分子的结构和分布的差异。这两个问题的解决，还有待于方法和仪器的出现。

是否如叶克斯所说，心理学中所剩下的仅仅是一个纯粹心灵的世界呢？我承认我不知道。关于心理学，我最赞成的一些计划，实际上导致丢掉当前心理学家所用的那种意义的意识。我实质上已经拒绝认为这个心灵境界是可以进行实验研究的。目前我不想进一步讨论这个问题，因为这个问题不可避免地会引导到形而上学去。如果你给行为主义者权利，使之像别的自然科学家一样来运用意识这个词，就是说，不把意识当作观察的特殊对象，那么你就接受了我的论点所要求的一切了。

总而言之，我想我必须承认，关于这些问题，我有一种很深的偏见。我已经花了差不多12年功夫进行动物实验。很自然，这么一个人必定会趋向于一种与他的实验工作相调和的理论立场。很可能我竖起了一个稻草人，而同他进行斗争。在这儿所提出的立场和机能心理学的立场之间，可能并没有绝对不可调和之处。但是我倾向于认为，这两种立场不能够很容易地调和起来。确实，我所主张的立场目前是很软弱的，而且可以从许多观点来加以反驳。但是就是承认所有这一切，我还是觉得，我所提出的一些考虑，对于将来所要发展的那种心理学应当有一种广泛的影响。我们所需要做的是在心理学中从头工作，把**行为**而不是**意识**当作我们研究的客观对象。在行为的控制方面，的确已经有了足够的问题，够我们所有的人工作几辈子，而没有时间让我们去想到意识本身。只要一旦投入这种事业，我们不久就会发现，我们自己脱离一种内省心理学，就好像目前的心理学脱离了官能心理学一样。

总　结

(1) 人类心理学并未实现它要想成为一门自然科学的宣言。因为它采取了一种错误的看法，以为它的事实范围是意识现象，而内省是查明这些事实的唯一直接的方法，它把自己纠缠在一系列空论的问题上，这些问题虽然对于它的目前教义是基本的，但是并不能够通过实验来处理。为了追求对于这些问题的答案，它愈来愈和人类兴趣紧密相关的问题脱离了接触。

(2) 照行为主义者看来，心理学是自然科学的一种纯粹客观的、实验的分支，它需要内省就好像化学和物理科学需要内省一样少。大家同意，动物行为可以研究，并不要诉诸意识。直到现在，通常的观点是，这种资料之所以有价值，只是因为它们能够依照意识的术语用类比来加以解释。我们在这里所采取的立场是，人类行为和动物行为必须同等对待；对于行为的一般理解是同等重要的。这种立场可以取消心理学意义上的意识。照这个假设看来，分别观察“意识状态”，其作为心理学家的部分任务并不超过物理学家的。我们把这叫做回复到意识的一种非反省的、朴素的用法。在这种意义上，意识可以说是所有的科学家工作时所用的手段或工具。究竟这个工具目前是否为科学家运用得很恰当，那是哲学的而不是心理学的问题。

(3) 从这里所提议的观点看来，阿米巴的行为事实并不须牵涉到人类行为，其本身即具有价值。阿米巴的种族分化和遗传的生物学研究，形成了一个分开的研究分支，必须用这种研究中所发现的定律来评价。这样得到的结论，在任何别的形式中可能不适用。但是如果进化作为整体看来必须加以调节和控制的话，则这些研究虽然可能缺乏普遍性，也是必须进行的。同样，阿米巴的行为定律、反应范围、以及有效刺激的测定、习惯形成的确定、习惯的坚持性、习惯的干扰和强化等这些问题，不管它们的普遍性如何，也不管它们对于别的形式中这些定律的意义如何，如果行为现象迟早终得置于科学控制范围之内的话，则从这些问题本身看，或者为这些问题本身着想，都必须加以决定和评价。

(4) 取消意识状态作为研究的适当对象这种建设本身就会消除心理学与别种科学之间所存在的障碍。心理学的发现，会成为与结构上有机能性对应关系的东西，而且这些东西本身就可以用物理化学术语来解释。

(5) 作为行为的心理学，最后，将不得不忽视作为内省科学的心理学目前所认为真正重要问题中的仅仅几个。很有可能，甚至于就是这些残余的问题，还是可以用这么一种方式来叙述，以便适用精密的行为方法（这些方法确实必定会来到的）来解决它们。

选自：张述祖总审校．西方心理学家文选．北京：人民教育出版社，1983

思想评介

华生的行为主义心理学

行为主义是美国现代心理学的主要流派之一，也是对西方心理学影响最大的流派之一。行为主义可被区分为旧行为主义和新行为主义。旧行为主义的代表人物以华生为首，其次则有霍尔特、拉施里·亨特和魏斯。新行为主义的主要代表则为托尔曼、赫尔和斯金纳等。

行为主义的旗帜是由美国心理学家华生（1878～1958）树立起来的。他认为心理学的对象不是意识而是行为。这个行为主义的诞生可以在华生的师承关系中找到近因。华生在芝加哥大学当研究生，1903年获取哲学博士学位。他留校任讲师至1908年，才转任霍普金斯大学教授。芝加哥大学是美国机能主义的策源地，华生在芝加哥与安吉尔及杜威常有往来，不能不使他深受感染。试先以杜威为例。杜威说，按照十八九世纪的心理学，“心的生活发端于感觉”，“意志、行动、情绪和欲望是跟着感觉和心象（表象）而起的”。但是“生物学发达的结果倒转了这个场面。有生命的地方就有行为，有活动”。[①] 那么感觉有什么作用呢？杜威认为，“这种感觉与其说是认识的、知识的，毋宁说是情绪的、实用的”。他说：“让我引一个浅近的例证。笔记者，当他记得顺利的时候，他感觉不到他的铅笔在纸上或在他的手上的压力。它不过是作为一个刺激使当时的调度得以灵敏而有效。”“如果笔尖秃了，写字不大顺利，他便有另一种感觉，使他削好铅笔或调换另一支再写。”[②] 所以在杜威看来，感觉只是调整动作的一个信号或刺激，是为动作对环境的

① 杜威．哲学的改造．北京：京华印书馆，1958．45

② 杜威．哲学的改造．北京：京华印书馆，1958．47～48

适应服务的。

其次，我们可以用安吉尔为例。安吉尔说："我们将采取生物学的观点……我们将把意识的一切操作过程——我们的一切感觉、一切情绪、一切意志活动——都视为对环境的有机适应的种种表现，这一环境，必须记住，既是物质的，也是社会的。"①

总之，在芝加哥机能主义者看来，不问感觉或意识，都被剥夺了认识的功能而贬低为适应环境的工具。如果他们再前进一步，就将会放弃意识而改以行为为心理学的对象了。安吉尔在讨论"行为之为心理学的一个范畴"时，认为心理学如果放弃意识，就可能成为生物学或其他科学的附庸而丧失其独立存在的权利。但是他说，新近的心理学家有少数人在进行研究时的观点很容易这样做，安吉尔把自己也列入这些少数人的阵营里去。②

华生在这个机能主义的气氛中发育成长，无怪他到了霍普金斯以后数年之间就孕育起来他的行为主义了。他宣称"行为主义是唯一彻底而合乎逻辑的机能主义"③。他于1913年发表了第一篇论文《行为主义者所看到的心理学》，这可以说是行为主义的宣言。1914年，他刊布了《行为：比较心理学导论》。1919年出版了他的心理学系统的著作：《行为主义的心理学》，对行为主义的观点作了全面的阐述。1924年出版一本通俗的书，题名《行为主义》，广泛地宣传他的观点。从此，行为主义就在现代心理学流派中取得其应有的地位了。

（一）行为主义的历史背景

上文曾经接触到行为主义诞生的近因，也就是粗略涉及它的历史背景了。现在我们要进一步研究这个背景。

原来在20世纪初期，美国的资本主义制度已经进入了垄断阶

---

① 转引自：吴伟士．西方现代心理学派别．北京：人民教育出版社，1963．26

② 参见：安吉尔．行为作为心理学的一个范畴．见：利查·鲁宾逊编．普通心理学文选．出版地不详，1923．19

③ 华生．行为：比较心理学导论：英文版．出版地不详，1941．9

段，它把充分利用人的全部潜力来增进生产效率，最大限度地提高利润，最稳定地维持社会秩序，作为研究人的总目的。行为主义心理学就是在这样的社会历史背景下产生的。在行为主义者看来，生产效率是直接通过身体动作的效率而体现的，要提高生产效率就得靠提高身体动作的效率。而维持社会秩序则在于使人们的行动遵守社会秩序。他们认为，心理学应该探索行为的规律。掌握这些规律，就可据以预测和控制人的行为。这对提高生产效率和维持社会秩序来说都是需要的。因此，行为主义的心理学符合垄断资产阶级的利益，得到了他们的支持。

在一定的社会历史条件下产生的任何学术观点，都是以当时的哲学思潮为背景的。自18世纪产业革命以来，各种自然科学飞速发展，它们对人类生活产生了愈来愈深刻的影响。而在当时自然科学中占统治地位的是力学，因之，作为当时自然科学成果总结的哲学是机械唯物主义。笛卡儿和拉·美特利等都可以说是行为主义的先行者。这种把人也看作机器的哲学观点，在当时曾起过反宗教的作用，而到后来却为把人当机器来使用的垄断资产阶级服务了。行为主义创始人华生虽然拒绝哲学，但他的行为主义心理学却正以机械唯物主义为其哲学基础。

从另一方面看，各种自然科学的最后依据都来自经验事实，这就使经验事实在人们心目中的地位愈来愈高。于是，借曲解经验事实而披上自然科学伪装的各色主观唯心主义随之而兴起，用来作为维护垄断资产阶级统治人民的精神武器，其基本手法就是拿经验事实作为勾销主客观界限的得力工具。他们认为，主客观的界限一经勾销，双方就等同起来。这样就可以把主观说成客观或把客观说成主观。霍尔特作为一个新实在论者主张："思想与所思及之物不是两码子事。"① 这就把华生的行为主义纳入他的新实在论的哲学范畴之内了。

随着生产力的加速发展而日益成长的自然科学，至19世纪中叶，大踏步地向生物界进军，从而产生了进化论。进化论由研究有

---

① 霍尔特．意识的概念：英文版．出版地不详，1914．148

机体结构及其机能的进化而涉及动物心理的进化，把动物心理也看作动物借以适应环境的手段。

于是，不只要探索动物在机体结构和机能的发展上与人有连续性，还要进一步探索动物在心理发展上也与人有连续性。这方面达尔文和罗曼尼斯曾有过论述，但罗曼尼斯所采取的是自上而下或自人而至动物的途径，以致以人的心理比拟动物，犯了拟人论的错误。

英国动物心理学家摩尔根（1852～1936）为了纠正这个错误，着眼于人与动物的相同之处，采取了自下而上的途径，提出了所谓吝啬律，即只要能用更低级的心灵作用来解释的活动，就绝对不用较高级的心灵作用来解释它。他对动物做了很多实验，创制了“比较心理学”这个术语称呼他的研究。他的方法介乎自然观察与实验室实验之间，主要是观察动物行为在特异情境中的变化。

德国生物学家洛布（1859～1924）比摩尔根的观点还要激进，曾以无机物运动的物理、化学规律来解释植物的运动以至动物的运动，提出“向性”（tropism）学说，认为像向日葵、灯蛾等的向光性那类运动，是完全受这些生物的机体结构和光的物理、化学关系所支配的。

华生也沿着这个方向进行动物心理学的研究。桑代克研究动物行为，企图贯彻摩尔根的吝啬律，但是他的效果律假定动物能够感受满足和烦恼。华生反对这种主观的解释。他要采取客观的解释而力求简单化。他要将动物学习的成功归因于频因和近因。频因的解释认为动物在学习中，无效的动作可有可无，而有效的动作则在每一次实验都必须出现一次，否则实验就不能结束了。所以，有效动作被保留下来，是由于出现的次数之多。近因的解释认为有效的或成功的动作总是在最后出现的，因此，对第二次实验来说，它是最近出现的动作，因此，容易被保留下来。

华生遵循摩尔根的吝啬律，在动物心理学的研究上，要彻底消除一切主观的解释。他不但以此为满足，而且主张人类心理学也应如此。所以波林以为美国的动物心理学是机能心理学的儿子。由于动物心理学发展为华生的行为主义，而行为主义则欲取消意识，把人类心理纳入动物心理的范畴，“这个儿子就企图扼杀他的父亲了”①。

（二）华生的行为主义的体系

现在我们可以进一步评述华生的行为主义的体系了。这个体系的基本特点就是否认传统心理学的对象——心理或意识——而代之以行为，又将行为归结为肌肉的收缩和腺体的分泌，而肌肉的收缩和腺体的分泌则归因于外在和内在的刺激。这便导致了刺激反应的简化的行为公式。

同时我们要知道对象决定方法。行为主义既以行为为对象，当然要采取客观的方法而反对内省的方法。

1. 把心理、意识归结为行为

心理、意识如何可以归结为行为而没有遗留下来任何所谓精神的因素呢？原来华生把人的反应区分为：(1) 明显的遗传反应，如抓握等；(2) 潜在的遗传反应，如内分泌腺的分泌；(3) 明显的习惯反应，如打球、游泳；(4) 潜在的习惯反应，如思维等。人们一向以为思维是最高级的心理活动。如果华生能够证明思维仅仅是潜在的习惯反应，他就可以成功地占领传统心理学的这个思维的堡垒了。

华生以为思维就是默语。他说，行为主义者主张，心理学家所一向称道的思想，简单地说，只是自己对自己说话。他接着宣告：“我的学说主张大声言语中所习得的肌肉习惯也负责进行潜在的或内部言语（即思想）。”② 所以思想是全身肌肉，特别是喉头肌肉的内隐的活动，在根本上，与打网球、游泳或任何其他身体活动没有本质上的区别，只是难以观察或更为复杂和约缩罢了。

华生关于思维的学说是外周说，与思维的中枢说相反。中枢说认为思维纯属大脑皮层的活动，外周说认为思想是整个身体的机能。在华生离开理论心理学的领域以后，科学家发展了用现代化技

---

① 波林．实验心理学史．高觉敷译．北京：商务印书馆，1981．714～715

② 华生．行为主义：英文版．出版地不详，1924．191～192

术记录肌肉电位、脑电波和神经冲动，证明我们的思维确与全身肌肉有关，不仅仅是脑的活动。可以说中枢说和外周说是互相为用的。华生的外周说排斥中枢说，正反映出他的机械唯物论的片面性。

华生把通常当作心理活动的情绪，也看成是身体机构的变化，特别是内脏和腺体的变化。他认为，无论是身体活动或心理活动，如果加以分析，最后可以还原为肌肉的收缩和腺体的分泌。肌肉有横纹肌、平滑肌两种，腺体有有管腺和无管腺两种。他认为，无论是强烈而外显的身体活动，或微弱而内隐的身体活动，都有其引发的原因，而这些原因不外是有机体的外部情境及其本身状态的变化。

华生一方面把有机体应付环境的一切活动统称之为行为，而把作为行为的最基本成分的肌肉收缩和腺体分泌称之为反应；另一方面把引发有机体活动的外部和内部的变化统称之为刺激，并认为刺激必然是属于物理性或化学性的变化。尽管引发人的行为的原因可以是高度复杂的，但无论怎样复杂，最后也要通过物理性或化学性的物质变化作为刺激才能起作用，否则其影响不能为有机体所接受。例如不管是多少抽象的语言和各种符号，都必须以光或声的物理形式才能起刺激作用。至于作为反应的肌肉收缩和腺体分泌，当然也是物理变化和化学变化。这样一来，全部行为，包括身体活动和通常所说的心理活动，都不外是由一些物理或化学变化引起另一些物理或化学变化而已。华生认为这样就可以把心理学纳入整个的自然科学体系中去，把精神现象还原为物质现象，取消了心理现象不同于其他自然现象的独特性。这就是他所说的："人和动物的全部行为都可以分析为刺激和反应。"① 而最基本的刺激、反应联结叫做反射。不管多么复杂的行为总不外乎是一套反射而已。因此，他宣称"行为主义者是严格的决定论者"②。这种决定论显然是机械

① 华生．行为：比较心理学导论：英文版．出版地不详，1941．299

② 华生．关于情绪禀赋如何丧失和改变的新近实验．载：1925年心理学：英文版．出版地不详，1926．12

唯物主义的。

但华生在描述具体行为时，并不能贯彻他这种元素主义的机械决定论观点，因为事实上绝少有那么简单而固定的刺激反应关系；同一刺激在不同的场合就要引起不同的反应。华生为了应付这个难题不得不偷换概念，使刺激和反应这两个词的含义变得很广泛，前者泛指引起有机体活动的一切情境；后者泛指有机体的一切活动。这样一来，他所宣布的要把全部行为分析为刺激和反应的那句话，就难以成立了。

华生在强调刺激、反应的同时，极不重视神经组织在行为中的作用。例如，他说："神经系统，连同它的中枢也一样，只不过在感受器与反应器之间起联络作用而已。"① 他甚至认为在人的行为里，中枢神经系统的重要性与其他器官相等。他说，完整的反应固然离不开神经中枢，但同样也离不开心脏、骨骼、肌肉和腺体。他问，"我们行为主义者应否对中枢神经系统发生特殊的兴趣呢?"他说："行为主义者对于脑和脊髓的重视没有超过他对于身体的横纹肌、肠胃的平滑肌以及腺体等的重视。"他接着指出，这个态度"为什么使内省主义者生气，你就必须记得神经系统由内省主义者看来常常是一个神秘的盒子——凡是他不能用'精神'解释的东西都被推到脑子里去"。他认为神经系统并不神秘，"它乃是一种特殊化的身体机制，使有此机制者在接受刺激时比没有神经系统的有机体较为迅速和完善而已"②。他贬低了神经系统的功能，进一步暴露出他的反中枢说的偏向。他以后，神经生理学家的研究成果恰恰证明了他的神秘盒子说的浅陋。

2. 对意识问题的处理上的新实在论或二元论的倾向

华生拒绝哲学化，但是他却犯了哲学错误。他除犯了机械唯物主义的错误外，还不自觉地暴露出新实在论或二元论的倾向。他说："如果你同意行为主义者有像其他科学家那样地使用意识的权利——就是说不把它当作特殊的观察对象，你就满足我的论旨的要

① 华生．行为主义：英文版．出版地不详，1924．71

② 华生．行为主义：英文版．出版地不详，1924．43

求了。”[①] 其他自然科学家是怎样使用意识的呢？华生认为，物理学家研究光学和声学时，要利用他的有关声和光的感觉；化学家研究某种元素和化合物时，要利用他对这些物质的颜色和气味的感觉。总之，他们都把感觉当作客观事物的感觉，而不去研究感觉的感觉。只有传统心理学才把感觉当作特殊的观察对象，要发现感觉的感觉或意识的意识。华生的行为主义不否认关于事物的感觉和意识，而仅仅否认关于意识的意识。因此他说：“意识到只不过指我们对内部世界和外部客观世界的称谓活动。”[②] 这就是说当我们把自己所觉察到的身体内部情况和外部环境情况出声或不出声地说出来时，那就是说我们意识到它们了。他认为精神分析学派所谓的无意识，只不过是不能用语言表达的东西。

华生在处理意识的问题上陷入了主观唯心论或二元论的两难境地。因为如果不承认意识的理由在于意识是关于客观事物的意识，而不是关于意识的意识，他就把心理学家所研究的意识和其他科学家所研究的客观事物等同起来，把意识当作了客观事物，正如霍尔特所说的客体和关于客体的知识是一回事，抹煞了主客观的界限，也就是以新实在论的形式表现出来的主观唯心主义。

从另一方面看，如果像华生有时所自称的那样，不是从根本上否认意识这种事实的存在，而只是因为它不能由任何另外一个人的观察来证明，因而不能成为科学的对象；这样虽然可以避开否认意识这一人所共知的事实的困难，但却必然陷入了二元论，似乎人的活动可有两种，一种是科学方法所能及的，一种是科学方法所不能及的。而后者正是主张意志绝对自由的唯心主义者所要竭力维护的那种东西，也正是标榜只承认物质而绝对否认心灵的华生本人所要坚决排除的东西。

3. 把内省法从前门赶出去，又以语言报告法把它从后门迎进来

① 华生．行为主义者所看到的心理学．载：丹尼斯．心理学史文选：英文版．出版地不详，1948．469

② 华生．行为主义：英文版．出版地不详，1924．213

尽管不应该像华生那样否认意识或否认意识作为科学研究的对象，但对意识进行自我观察，究竟比对行为进行的客观观察更为困难。即使同属客观观察，却也因通过不同的感受系统而有不同程度的便利和精确性。无论何种科学都不免要对其研究对象进行间接观察，尽可能诉诸最敏锐的感觉系统，来提高观察的精确性，不必非依靠直接观察不可。通过行为来间接观察意识，比靠内省来直接观察意识更为便利和精确。所以，就这一点说，华生反对把意识作为心理学研究的对象，是有其一定的论据的。

同时，必须指出，他在研究方法上反对内省，是他在对象上否认意识的必然结果。他说："内省陈述的真假无法确定，因为一个人除了能对自己作内省观察外，决不能对任何别人进行内省观察。"① 因此他宣称"行为主义者满足于观察开初的客体（刺激）和终末的客体（反应）"②。他认为重要的事情是看所给予的刺激是什么样的，再看该刺激所引起的反应是什么样的，或者该刺激使已在进行的反应发生了什么变化。这种观察的结果是可以由不同的观察者同时进行而互相验证的，符合于一切自然科学所要求的真实性的标准。

华生认为语言是人所特有的一种反应，因此听取别人在接受某种刺激后的语言反应，并不违反行为主义者所坚持的客观原则。这是把语言当作反应来看的，所以听取别人的语言和观察别人的身体动作一样，都属于客观观察。可是，他又说："很遗憾，心理学目前还没有观察别人体内机制变化的方法，所以我们至少部分地需要别人报告他自己的体内变化。"③ 他虽然认为这种语言报告法有待于仪器的验证，但并没有完全弃而不用。很明显，他在这里是把语言当作对自己的内隐反应的自我观察报告来看的。这两种场合下的语言对心理学的意义显然不同。在前一种场合下，语言是客观观察的对象，一个人的语言可以由任何别的人来听取。在后一种场合下，

① 华生．行为主义心理学：英文版．出版地不详，1924．3

② 华生．行为主义心理学：英文版．出版地不详，1924．3

③ 华生．行为主义心理学：英文版．出版地不详，1924．42

语言是自我观察的结果，除本人以外任何别人是无法体验的。前一种场合下的语言没有什么真实与否的问题，因为它本身就是事实，即使是谎话，也是表明说谎的事实。后一种场合下的语言，就有了真实与否的问题。谎话表明语言报告与事实不符，因此就不能把所报告的东西当作事实。华生把这两种场合下的语言混为一谈，就造成概念上的混乱了。

华生把内省和自我观察混为一谈，也显示了他的概念的混乱。因此，关于究竟什么是内省，为什么要反对内省，也就没有清楚的认识了。在一种情况下认为内省是要去观察意识，要去观察根本不存在的东西，所以是根本不可能的。在另一种情况下则又说："内省……指那种对自己身体组织所发生的变化，如肌肉和腱的运动、腺体的分泌、呼吸、循环等等的含糊陈述。"① 这样一来，他就以语言报告，把内省从前门赶出去而又从后门迎进来了。

4. 与巴甫洛夫的分歧

华生采用了巴甫洛夫的条件反射法，但与巴甫洛夫的基本理论观点是有分歧的。华生以为，对聋哑人、婴孩及某些病例，语言报告法是不适用的。至于研究动物行为则更不必说了。因此，有必要改用条件反射法，可借以把原来只能由自我一个人来观察的事实，转化为"有目共睹"的事实。假如不知道某人对两种差别极微的色调能否发生不同的感觉，我们可以通过语言报告法，先把这两种色调的刺激呈现给他，问他这两种刺激是否有差别。但也可以把其中的一种色调作为条件刺激，看他能否和另外那种色调刺激形成分化性的条件反射。如果能够的话，就证明他对这两种色调产生了不同的感觉；如果不能够的话，就证明他对这两种色调产生了相同的感觉。这就是说在内隐反应与外显反应之间建立起条件反射关系，使原来只能引起内隐反应的刺激也引起外显反应，然后通过外显反应来间接观察内隐反应。

华生否认了内省法，但不能否认内省法所提供的事实，他便力图以客观方法来验证内省的结果，甚至借助于这种方法，把传统心

① 华生．行为主义：英文版．出版地不详，1924．212

理学从它们的世袭领地中驱逐出去，而由行为主义来占领。因此，他在客观方法中，特别强调条件反射法。他明确指出，可以“用条件反射法代替语言报告法”。可是，我们必须看到，对于条件反射的研究，华生与巴甫洛夫的观点是根本不同的。首先，巴甫洛夫十分重视动物和人的行为同神经系统的关系。他说：“神经系统的活动，一方面是要达到统一化，即把机体各部分的工作整合起来。另一方面是要达到机体和周围环境的联系，达到机体系统和外界环境之间的平衡。前一部分神经活动可以叫做低级神经活动，反之，后一部分，通常被叫做动物或人类的行为的部分，由于其复杂性和细致性的关系，可以很合理地称之为高级神经活动。”① 因此，巴甫洛夫通过条件反射的研究，探索大脑皮层和皮下的活动。这也就是他所称的生理学的方法。至于华生则仅仅注意肌肉和腺体的生理学而完全忽视大脑皮层的生理学。

第二，巴甫洛夫认为人的高级神经活动和动物的高级神经活动虽有联系，但彼此之间存在着本质的差异。他说：“对于动物来说，差不多完全只有传到了视觉、听觉及其他感受器官的特殊细胞的刺激作用和它们在大脑两半球上遗留下来的痕迹，起着关于现实的信号作用。”这种信号是人和动物所共有的，巴甫洛夫称之为第一信号。至于词则为人所独有，叫做信号的信号或第二信号。所以他说，“词使我们变成了人”②。有了第二信号系统，就给人带来了神经活动的新的原理，人可用以进行抽象、概括，形成一般概念，这就是“人类比动物的最大的优越性”。而华生则混淆了人与动物的界限，抹煞了人类思维的特点。

第三，巴甫洛夫不否认意识。他说：“否认主观世界是最愚蠢的，不言而喻，它当然是存在着的。作为表述我们主观世界种种现象的心理学是完全合法的东西，为此而发生争辩乃是无稽之举。我们的行动都是以此为基础，一切的社会生活和个人生活都是在这个基础上形成的，关于这一点就用不着再说了。”虽然巴甫洛夫不满

① 巴甫洛夫．条件反射演讲集．北京：人民卫生出版社，1954．330

② 巴甫洛夫．条件反射演讲集．北京：人民卫生出版社，1954．437

意心理学的研究方法，但是他认为反映主观世界的心理学还是需要的。① 至于华生则根本否认意识和主观世界的存在。

总之，尽管华生采取条件反射法研究动物行为和儿童的情绪反应，但是他的行为主义与巴甫洛夫学说是有距离的。

5. 行为主义的环境决定论

否认行为的遗传也是华生的基本观点之一。他认为行为最后都可还原为由刺激引起的反应，而刺激不可能来自遗传，既然如此，那么行为当然就不可能来自遗传了。再者，行为主义既然以控制行为为研究目的，而遗传是不能控制的，所以遗传的作用愈小，控制的可能性就愈大。

但是在对待行为遗传的问题上，华生的见解却不是一贯的。他最初并不否认本能，只是要用反射的概念来解释本能，正如他要用反射的概念来解释一切行为一样。在这一时期，不止承认有简单反射的遗传，而且也承认若干反射之间的组合的遗传。他曾说："本能是一连串的反射，这串反射的个别元素是按照严格的遗传方式而连续进行的。"②

后来华生逐渐否认本能的遗传；他认为只有一些简单的反射是遗传的。他所列举的遗传的反射，都是极其简单的。他断言："在人类的反射目录中，找不出哪一种相当于心理学家和生物学家所说的本能。"③

华生有时又完全否认行为的遗传，而只承认身体结构的遗传。他认为如果有什么与生俱来的行为的话，也只是由于有与生俱来的身体结构。他说："人是生来就具有一定类型的结构的动物。有这样的结构，就不得不在一出生时即以一定的方式对刺激发生反应。"④ 他以澳洲某地土著使用的一种叫做"飞去来"的武器为例，

① 巴甫洛夫学说与心理学的哲学问题. 北京：科学出版社，1955. 86

② 华生. 行为：比较心理学导论：英文版. 出版地不详，1941. 106

③ 华生. 托儿所对本能应提供的证词. 载：1925 年心理学：英文版. 出版地不详，1926. 1

④ 华生. 托儿所对本能应提供的证词. 载：1925 年心理学：英文版. 出版地不详，1926. 1

这种武器被抛出去以后会自己转回来。这就是因为它有那种特定的结构。抛掷可以说是对它的刺激，去而复回可以说是它的反应。所以有了一定的结构，在接受到一定的刺激时，就必然要发生一定的反应。

必须指出，这只是就最简单的反应而言的。至于较复杂的行为的形成，华生认为完全来自学习，尤其是早期训练。有机体结构上的差异和早期训练上的差异，就足以说明全部后来行为的差异。他还认为，学习的决定因素是外部刺激，外部刺激是可以控制的，控制的最基本途径是条件反射法。他说："条件反射是整个习惯所由形成的单位。"①他详细阐述了这一观点，指出不管多么复杂的习惯也是由一系列反应联结而成的。其联结的关键，是先行反应所产生的动觉刺激成了后继反应的条件刺激。如果说一系列反应中的每一个反应原来都是由一定的外部刺激引起的，那么后一反应的刺激总是紧接前一反应而出现，恰好符合于条件刺激与无条件刺激的时序关系。于是，前一反应就成了后一反应的条件刺激。以后这个反应系列一经发动，即可自动进行。这样一来，不论多么复杂的行为都可通过条件反射这一机制而建立起来。对于形成新行为的这一看法，最适合于行为主义预测和控制行为的要求。因此，华生最重视学习问题，他说："学习这一领域包括了行为主义者的最重要的一群问题。因为借助于行为的形成，他取得了控制动物活动的直接途径。"②

这便导致了他的教育万能论和环境决定论。由他看来，不但动物的行为可以用学习或训练加以控制，人类，特别是人类儿童都莫不如此。行为主义的目的就是要控制行为。所以他夸口说："给我一打健全的婴儿和我可用以培育他们的特殊世界，我就可以保证随机选出任何一个，不问他的才能、倾向、本领和他的父母的职业及种族如何，我都可以把他训练成为我所选定的任何类型的特殊人物

---

① 华生．行为主义：英文版．出版地不详，1924．166

② 华生．行为主义：英文版．出版地不详，1924．45

如医生、律师、艺术家、大商人或甚至于乞丐、小偷。”① 他这样否定遗传的重要，强调教育、训练和学习的影响，在某种意义上是对种族歧视和种族优越等反对学习的批驳。譬如他说：“关于黑人劣根性，我们没有可靠的论证。但是在同一学校内教育一个白人儿童和黑人儿童，在同一家庭内教育他们（在理论上没有差别）时，当社会开始给予有力的影响，黑人儿童就不能与白人儿童比赛了。”② 这就是说，黑人儿童的相形见绌不是由于先天才能的低劣而是由于社会待遇的悬殊。这个分析是有进步的意义的。但在另一方面，任何儿童如果可由教育者一厢情愿地把他培养成任何类型的人物，那么在垄断资本家统治一切的社会内，资本家就可以按其愿望将儿童从小塑成甘受剥削和奴役的自动机了。

6. 对华生的行为主义的估价

华生的行为主义是对传统心理学的反抗，华生不仅厌弃构造主义，也厌弃机能主义。他厌弃构造主义是因为它从事意识的分析研究。有些构造主义心理学家分析的结果，得到了感觉和感觉的鬼魂、影像，有些构造主义心理学家得到了感情和意志之类的元素，各凭主观，很难论定谁是谁非。他厌弃机能主义是因为它保留一些模糊的术语如情绪、意志、历程等等，而不把机能主义的逻辑贯彻到底。这两个学派虽开展过相互的攻击，但都依靠内省的方法，尤其引起了华生的不满。

因此，华生要破旧立新，异军突起，提倡行为主义。他矫枉过正，如否定了意识，贬低脑和神经中枢的地位，片面强调环境和教育而忽视人的主观能动性等等，当然会使他在心理学的基本理论上陷入困难的境地，受到了多数心理学家的批评；但是他的行为主义的运动却也有积极的意义和影响。

首先，心理学的研究如果局限于意识，它便很难跻入科学的行列之内，而仅能逗留在哲学的边境之上。华生以行为为心理学的对象，就可以使心理学消除它的传统的特点，即主观性，而取得其他

---

① 华生．行为主义：英文版．出版地不详，1924．82
② 华生．行为主义：英文版．出版地不详，1924．83

自然科学所共有的客观性，从而与自然科学在对象和方法上有了共同的语言。客观行为的观察取代了主观意识的内省，而凭借感觉远较灵敏的外部感受器为研究的工具，因此获得了远较可靠的结果，而且不同的科学家还可以交流经验，互相验证，更有利于心理学的发展。

其次，心理学如果局限于意识的研究，动物心理学中的拟人论便成为一种不可避免的倾向。只有以行为为对象才能彻底扫除这种倾向，而使动物心理学在心理学的领域中取得其应有的合法地位。儿童心理学也是一样，只有客观的观察才适用于儿童心理学的研究。因此，华生的行为主义扩大了心理学的领域。

第三，如今，就美国来说，心理学家的足迹已经见于生物化学实验室、大中小学校的系统、医院诊疗所、工厂和政府机关，可以说遍及于人事部门，这部分地也应归功于行为主义的运动。华生不是说行为心理学的目的就在于预测和控制人们的行为吗？所以行为的研究不能不进一步促进心理学的应用。

总起来说，早期行为主义者，多半从机械唯物论的观点出发，使人们对心理学的对象和方法等最根本问题的看法，发生了转折性的变化。特别在方法论方面，其影响是广泛而深远的。但它们把行为说成完全是被动的，这与行为所表现的，最为人们所普遍注意的那些特点，如主动性、变异性、选择性、适应性等等明显地不相符。行为现象之不同于一般物质运动现象，也正在于这些特点。面对这些有目共睹的、不容抹煞的事实，一些行为主义者不得不设法来解脱这一困境，力图找一条出路，以便既能维护“严格决定论”这一行为主义的核心观点，同时又能解释行为的那些总归是表现为不确定性的特点。这样就产生了下章所要论述的、各种不同形式的所谓“新行为主义”。

（张述祖）

选自：高觉敷主编．西方近代心理学史．北京：人民教育出版社，1982

韦特海默

(Max Wertheimer)

■ 生平简介

■ 名篇选读

视见运动的实验研究(节选)

创造性思维的动力学与逻辑

■ 思想评介

对格式塔学派的评价

生平简介

M·韦特海默（1880～1943），德国心理学家，格式塔心理学派的创始人。韦特海默1880年出生于德国布拉格，18岁读完大学预科后，进入查理斯大学学习法律，后来他的兴趣转移到了哲学、生理学和心理学上。韦特海默跟查理斯大学的哲学家、心理学家厄棱费尔学过很多课程。1901年他转入柏林大学学习哲学和心理学，师从于斯图姆夫。1904年他在符茨堡大学以最优异的成绩获得哲学博士学位，导师为屈尔佩。他的学术生涯开始于法兰克福的一个研究机构，1916～1929年他在柏林大学任教，1929年任法兰克福大学教授。1933年由于不堪纳粹迫害，他被迫与许多闻名世界的科学家一道移居美国，受聘为纽约市社会研究新学院教授，一直在此工作到1943年去世。在最后的十年里，韦特海默将格式塔原理拓宽到了许多新的领域中。1988年10月德国心理学会追赠韦特海默一枚冯特胸章，这是该学会最高的荣誉，证明他在实验研究、理论创建、对人性问题的关注等方面的贡献已得到了确认。

韦特海默在心理学最有影响的是他在似动现象方面的研究和创造性思维方面的开创性研究。在似动现象的研究方面，韦特海默认为似动现象是一个格式塔，是一种突出的现象，格式塔的性质不存在于部分之中，而附于整个心理物理的情境中。因此，对部分进行分析无法解释整体的性质。似动现象的关键在于两个刺激在时间上发生了一种动的交互作用。从这种现象出发，韦特海默进而认为在一切心理现象中整体都不可分析为元素，整体不等于各部分的总和，整体先于部分且大于部分之和，并决定着各部分的性质。

在创造性思维方面的研究，韦特海默对创造性思维的两种传统的看法作了评析。他认为，传统的逻辑观点虽有很大优点，如逻辑严密、重视规则、强调证明等，但不能说准确地完成逻辑运算就能够进行创造性思维，联想学说中无法区分有意义的思维和无意义的组合，创造变成了只靠回忆、靠过去操练过的机械重复、靠一系列盲目尝试中纯机遇的发现。韦特海默把完形心理学原理应用于人类创造性思维的研究，他从儿童解决简单的几何问题的思维过程，到复杂的爱因斯坦创立相对论的思维过程的大量研究中发现，创造性思维就是打破旧的完形而发现新的完形。在他看来，对情境、目的和解决问题的途径等各方面相互关系的新的理解是创造性地解决问题的根本要素，而过去的经验也只有在一个有组织的知识整体中才能获得意义和得到有效的使用。因此，创造性思维都是遵循着旧的完形被打破、新的完形被构建的基本过程进行的。韦特海默提出了三条科学创造的方法论原则，包括：（1）逻辑—非逻辑互补原则，即逻辑与非逻辑思维两者相互补充、交互作用、共同完成创造思维。（2）结构—整体性原则，即结构重组和意义重释的整合形成创造性思维。认识过程、创造过程同时是一种结构重新建构、重新组合，其中还包括对结构各部分含义的重新解释。（3）和谐—简单性原则，即创造性思维追求结构的完整、简单与和谐。他在分析伽里略创立惯性定律的思维中，还提到结构一致性这一重要概念。他认为，追求结构的完整性、简单性、和谐一致，的确与创造思维的问题解决有着内在的、必然的联系。韦特海默不仅探索了创造性思维的本质、原则和途径，并且还指出了教师教育学生打破框框、勇于创新、培养创造思维能力的意义。韦特海默提出要通过整体进行思维。如果一个教师能把问题安排得使课堂练习单元成为有意义的整体，那么会使学生产生顿悟，而一旦他们掌握解决问题的原则，就可以很容易地把这种原则迁移到其他的情境中去。

韦特海默的著作不多，但影响巨大。主要有以下几种：1912年发表《视见运动的实验研究》，成为格式塔学派诞生的宣言书；1925年出版《格式塔说三论集》；1945年出版《创造性思维》，这是一本遗著。

（张金桥）

名篇选读

视见运动的实验研究（节选）

引　言

一个人看见了运动：看见一个物体从某一位置向另一位置移动。他描述这种运动出现的物理情况：在时间 t_1 之内，物体出现在位置 P_1 上（在呈现场所 l_1 之外）；在时间 t_n 以后，物体出现在位置 P_n 上（在呈现场所 l_n 之外）。在时间 t_1 与 t_n 之间，物体则先后相继地出现在 P_1 与 P_n 之间的各个位置上，并且带着空间上与时间上的连续性通过这些位置，最后达到 P_n 位置。

一个人看到的就是这种运动。他不仅看到，物体出现在一个与前不同的位置上，从而知道物体已经移动了（正像他知道移动缓慢的钟表指针是在移动一样），而且他还［在实际上］亲眼看见了这种运动。［那么，］在心灵上［到底］发生了什么事情呢？

一个人很容易按物理情况进行简单的类推说，当被看到的东西，即通过视觉出现在心灵上的物体，从最初看到的位置 P_1 通过中间先后相继的空间位置最后达到位置 P_n 时，视见运动也就发生了：这样，既然一系列先后相继的中间位置在心灵上出现了，那么视见运动从而也就在心灵上出现了。

如果这种视见运动只是通过“错觉”得来，也就是说，如果在物理上，物体最初只出现在一个静止（ruhende）位置上，以后又出现在与上述位置有一定距离的另一个静止位置上，那么，当初一定出现了某种主观上的补充（erganzung），以对这两个静止物体所发生的感觉为基础，并且跟感觉一道发生了：这就是说，物体位置之所以显得移动，亦即对这两个位置之间中继各点的知觉，乃是主观上作了某种补充的结果。

甚至当先后相继呈现的两个物体位置在空间上彼此相距相当远时也可以使人产生运动的印象，下述实验就是研究这种现象的。

* * *

已经知道，如果呈现物体时的条件适当，在两个静止位置上先后相继呈现物体可以使人产生“运动错觉”。电影放映机就是用这种方式使人获得物体运动的印象的……，埃克斯纳（Exner）通过两个火花先后相继闪光……使人产生了物体运动的印象；马尔比（Marbe）以静止的小电灯泡先后相继发光的实验产生了运动；舒曼（Schumann）通过速示器作出先后相继的呈现，首先呈现一根垂直直线，然后呈现一根水平直线，观察到了一种突然的转动现象。……

关于视见运动存在着一些理论观点；特别是关于视见运动“如果没有建基于某种特殊感觉或高级心灵过程之上的时空联合知觉的痕迹的话，是否能够确定或推论出来的问题，有着范围广泛的讨论；每当一个人尝试去对视见运动作理论分析时，对运动错觉作出解说的问题自然就会在其中起作用。调查的结果发现存在着下述这些理论：痕迹（nachbild）理论，它企图用眼网膜上相邻各点所受到的刺激，其强度有相应的上升或下降来解释视见运动的本质；眼球运动理论，它强调眼球运动感觉在创造运动错觉上的作用；感觉变化的理论，则从某种初级的东西推论出物体运动的印象来，亦即从感觉印象有了变化的特定感觉推论出运动来；事先假定在这儿存在着一种统觉的融合的融合学说；以及最后是格式塔学说或复杂性学说。有一些学说被提出来了，这些学说一方面主要是建基于外围过程之上，另一方面又建基于超越外围的高级过程之上。埃克斯纳代表了一种观点，这种观点认为必须用大脑中枢过程来解说确定的运动印象。马尔比和林克也采取了这种观点。舒曼代表了另外一种观点，这种观点认为，不管我们是跟埃克斯纳一道把这种意识内容叫做运动感觉，还是跟厄棱费尔（Ehrenfels）一道把它称为格式塔性质，我们在这儿与之打交道的都是大脑中枢中产生的意识内容。

（一）三个基本阶段

我们在频闪观测器呈现实物的纸带上简单地画上两个客体。例如，在纸带的开头部分画一根三厘米长的水平直线，在纸带的中部又画上一根与上一直线约低两厘米的水平直线。将频闪观测器作低速旋转时，第一根直线首先出现，然后是第二根直线；它们是作为两根直线清晰而先后相继出现的。加快旋转速度时，它们是作为两根直线一在上一在下地同时出现。以中等速度旋转时，它们则以确定的运动形式出现：我们可以非常清楚地看到一根直线从上面位置降到下面位置，然后又回升到上面位置。

或者，我们在纸带的开头部分画一根斜线，在纸带的中部画一根水平直线。在先后相继出现阶段，斜线先出现，然后出现水平直线。在同时出现阶段，我们可以看到这两根直线同时出现构成一个角。介于这两个极端阶段之间，在运动出现阶段，我们看到一根斜线以其一端为顶点向下转动变成水平直线，然后又向上转动变成斜线。而纸带上如果画上其他物体、形状和位置、情况也跟这相类似……

对看到客体移动位置的问题，可以容易地作出解释：这是一个以客体的相对位置所决定的方向为依据的物体上下运动转动或停止不动的问题。……使用频闪观测器带来了进一步的复杂情况；这三个“互有区别的阶段”——先后相继出现阶段，最佳似动运动阶段以及同时出现阶段——在物体在其中实际上并没有发生运动的其他实验中也可以同样容易地观察到。这儿的主要实验情况是这样：用舒曼速示器先后相继呈现两个静止不动的刺激物，其结果跟上面是一样的……

对静止不动的客体，获得感觉上清晰明确的运动印象，这在心理学上是神秘莫测的。当一个人看见似动运动时，他心灵上发生了什么事情？

是否有可能（通过继续不断的实验研究）达到对下述这个问题的解决：什么是似动运动印象的实在的心灵过程？什么是似动运动的本质？

用频闪观测器进行的观察结果提出的头一个实验技术问题是：最佳似动运动阶段是如何地产生出来的？这个阶段是怎样地从静止物体同时出现阶段和先后出现阶段中产生出来的？这个运动阶段是如何地分化成为静止物体同时出现阶段和先后出现阶段的？在这三个阶段之间发生了什么事情？这个中间阶段是否存在着也许在性质上是人各不同的独特的印象，可以帮助我们理解这种似动运动的最佳印象的质的发展和心理本性？

其次，“在运动出现场所”（field of motion）里面发生了什么事情？是否有可能确定在第一、第二两个位置之间的空间中，例如，（在出现角的实验中，在两个角边之间的空间中）发生了什么？

还有一点，外围条件或者说眼球运动在这里具有基本的决定意义吗？

注意的条件和理解的条件具有基本的重要性吗？注意时的不同姿势发生了作用吗？如果发生了作用，那么，发生了什么样的作用？

这个过程的出现方式和效果是什么？如此等等。

从这些提问中获得的清晰而广阔的观点出发，我们在实验条件的安排上作出了下述的特殊变动：

1. 对这三个阶段之间的相互转化进行观察，改变两个客体呈现之间的间隔时间 t；改变呈现时间本身。

2. 在客体安排方面进行适当的变动，改变客体的呈现位置，改变客体之间相对的空间距离，改变客体的形状、颜色，等等，以及用特殊的方式运用种种不同的客体。

3. 主体行为方面的变动，改变眼睛的注视点，改变注意时的姿势，改变定势。

4. 在呈现客体的场内引进第三个客体，或更多的客体，进行适当的控制实验来消除那些使事情复杂化的因素。

5. 进行后效研究。

（二）真实运动与相继呈现客体的实验比较

……在多数情况下，受试者完全无法分辨真实运动跟“似动”

运动。即使在许多速示器实验中受过几个月训练，能对瞬间呈现的刺激物进行十分精确的观察的观察者也无法分辨出来。在多数情况下，要经过多次呈现同一刺激物，并且经过对运动长时间的观察，才能正确地分辨真实运动和似动运动。然而，这种分辨并不是把真实运动看成是运动，把似动运动不看成是运动；而只是在这两种看到的运动之间分出了质的差别。存在着不同的“运动印象”……或者说，在客体的可见度方面存在着相对的差别……常常听到这样的说法：“这种运动跟那种运动不同在于它很强，很有力；这是最好的运动。”这种说法实际上并不是针对呈现真实运动而言，而是针对两个静止不动的刺激物的相继呈现而言……

在所有这些实验程序中，运用不同的观察方法是可能的。观察者的眼睛可以跟着运动移动，也可以集中注视在某一点上。在一次长时间的呈现中，观察者可以将观察方式先后变动——在所有场合都可以得到对运动的最佳印象……

同样地，由于对客体有不同的安排，就出现了对运动的不同印象；如果幻灯片上画的直线是互相对立的（见图 6 – 1），就会产生角的转动和曲线的转动（见图 6 – 2，图 6 – 3），如此等等。

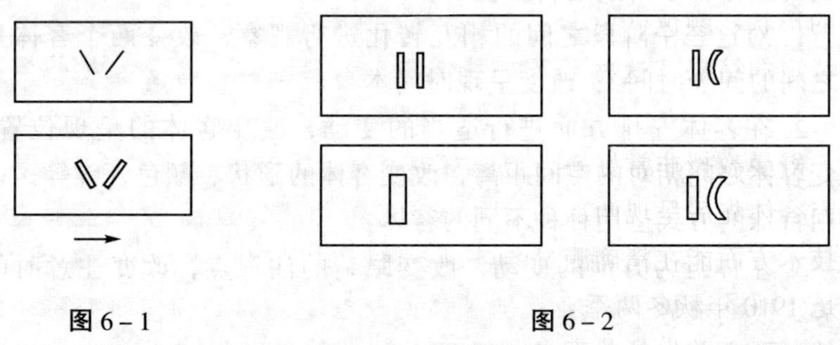

图 6 – 1　　　　图 6 – 2

关于似动运动的速率，请注意客体从一个呈现位置变到另一个呈现位置的客观实际速率，并没有像我们根据物体连续运动的速率最初所设想到的那样异乎寻常地慢速，例如，以为 $t = 50\sigma$ 在日常生活中我们每天看到的物体实际运动速率跟这种速率是差不多的：这种速率相当于一个人迅速行走（不是奔跑）的速率，或者一匹马

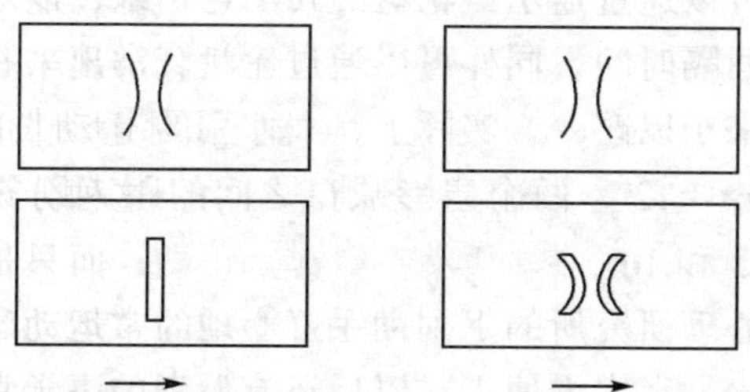

图 6－3

的快步速率。已经表明……在某种情况下慢得多的运动速率（“慢得很但却是最佳的”速率）也是可以得到的。……

（三）关于主要的实验

最初我是用一具简单的频闪观测器对其中出现的三个基本阶段之间的转化进行了很多观察：增大速率，降低速率，并且选定一个独特的速率，在这些情况下进行观察；改变实验条件，例如，引进一个膈片，注视点固定不变，注意集中于某一特定地点；使用种种不同的简单客体并且进行适当的改变；引进特定的第三客体，在客体的形状、颜色、大小、位置方面作出特定的改变。这些观察获得了特定的结果，这些结果已为苛勒（W.Köhler）博士的观察所证实。

舒曼教授非常好心，把他有名的速示器借给我用（带有他为了研究客体先后呈现两次的效果而安装的特殊装置），从而使我能够在技术方面能在精确测量的条件下进行实验。本论文中所描述的实验是 1910 年秋冬两季在德国莱茵河畔法兰克福心理学研究所中进行的。下面首先是关于借助于舒曼速示器而进行的主要实验结果的一个报告。这些结果如果用其他不同的实验安排，在本质上也是可以观察到的。……事实已经证明，为了抵消视野中明度的变化并且消除视野边界的最后影响，在呈现客体处所使用黑色背景，上面放上白色或有色物体（如纸条等）是可取的。

客体呈现时间 α 和 β 的长短，一方面可以通过扇形缺口的长度，另一方面可以通过速示器轮盘的转动速率来加以改变。先后两次呈现之间的间隔时间，同样可以通过轮盘转动速率和两个扇形缺口之间的距离来予以改变。实际上，我使用的扇形缺口，其长度等于轮盘圆周角6°~12°，两个扇形缺口之间的距离则分别为轮盘圆周角3°，6°，12°和16°。

……上述心理研究所的下列助手好心地经常地充当了实验的受试者：苛勒博士，考夫卡博士，以后还有后者的妻子克莱因-考夫卡博士。

有许多场合，特别是在非常方便的观察条件下使用幻灯进行实验时，我也用了其他的，对进行心理学观察完全没有经过任何训练的人作受试者。

所有重要的观察结果都是受试者不假思索地作出的；实验的结果只有当它们自身已经自动地显示出来时才告诉受试者。

事实证明，使用大量的受试者是不必要的，因为在每一场合都会毫不含糊地，自发地并且必然地出现这种独特的现象。……

……作为刺激物的客体（为 1×6 厘米^2 的纸条或其他东西，面积也可能大些或小些；颜色是白的或其他颜色）放置在呈现客体的地方，位置则是便于两者客观地同时呈现（扇形缺口能同时一起张开）。两者的照明度可以通过调节其旁边的灯光的位置而变成相等。客体的照明度、形状和大小，以及两客体之间的空间距离（与它们的位置形成对比），也是有些关系的。这样，两次呈现之间的间隔时间 t 的变化范围（在这个范围之内会出现最佳运动印象），当两客体之间的空间距离小时比大时要大一些（这就是说，这时间隔时间既可以更大一些，又可以更小一些）。在这种场合，举例来说，如果一个人从最佳运动阶段开始，想获得两个静止物体同时出现阶段（通过减少间隔时间 t），或者想获得两个静止物体先后出现阶段（通过延长间隔时间 t），那么，他就必须比两个客体空间距离大时，将间隔时间拉得更大些，或缩得更短些。相应地，在使用特别准备的幻灯的场合（图6-4），（在同样的呈现速率和同样的间隔时间 t 的情况下），当两客体之间的空间距离增大时（从产生最佳运动印象的条件下开始增加）会变成另外一个不同的阶段；而当空间距离缩小时，则最佳运动印象阶段仍然保持不变。空间距离的大小对本现象的影响也以另外的方式表现出来：两条直线之间的空间距离小，一般地说，则易于产生似动运动的现象。

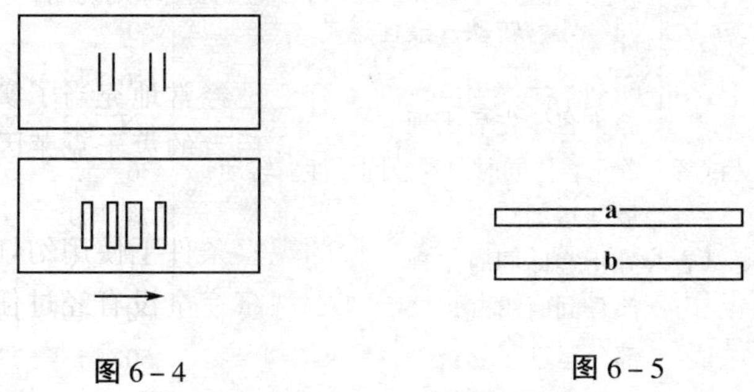

图 6－4　　图 6－5

在平行客体（见图 6－5）与斜行客体（例如，见下面的图 10）的空间距离方面，我采用了 1，3，5 厘米或者更大的距离。

在当前情况下，当两次呈现之间的时间间隔为 $t=60\sigma$ 时，呈现客体照例会引起最佳运动印象。当 $t=30\sigma$ 时，则引起静止客体的同时出现。当 $t=200\sigma$ 时，则会有静止客体的先后出现。

为了说明客体呈现时间的数值，我把对这三位主要受试者的实验结果，列表于下。这些受试者在观察速示器方面受过大体相等的训练，给他们的指导语也是清楚明白的，……在某些实验当中，特别是在开头的时候，个别差异起了某种作用……，可是，一般地说，速示器实验得出了差不多的时间数值……在下面的表中，实验结果是按照时间数值排列的。

……第一个实例。

呈现的客体：两条白色纸条（1.5×8.7 厘米^2）放置在黑色背景之上，互相倾斜，呈 45°角度，在顶点处相会合。……水平的纸条 a 放置在呈现处所 A 处，倾斜的纸条 b 位置在呈现处所 B 处。当最佳运动印象阶段出现时，纸条 a 从水平位置向倾斜位置转动。

表6－1

		t	α①	β	γ
第一受试者	静止客体同时出现	32	5	5	42
	双重完整运动	53	7	7	67
	同一性、转动、最佳运动	59	7	7	73
	……慢速运动	116	14	14	144
	静止客体先后出现	178	22	22	222
第二受试者	静止客体同时出现、同一性、转动、	36	5	5	46
	最佳运动	74	9	9	92
第三受试者	静止客体同时出现	31	8	8	47
	部分同时出现	40	10	10	60
	部分运动	50	13	13	75②
	双重完整转动	58	15	15	87③
	同一性、转动	62	16	16	93④
	同一性、转动	64	16	16	97⑤

①原文作 σ，显然错误，故改为 α。

②③④⑤怀疑这儿有印刷错误，可能分别是76，88，94，96——中译者。

单独呈现 a，b，其间歇时间为两分钟……受试者的观察条件完全相同，眼的注视，注意时的姿势……对准共同的顶点——就像以前单独呈现 a 时那样。……

第二个实例。

与第一个实例类似，只是客体呈现时间较长，而且 α 与 β 不相等（结果见表6－2）。

在这儿人们可以看出，不同阶段的出现首先依存于 t（出现最佳转动的 t 值为：59，45，74，54，70，62，49，50σ）。在这些条件下，客体呈现时间 α，β 可以有很大的变化而不致严重地减弱运动印象的出现。[值得注意：当客体呈现时间（实际上）有重叠时，会出现某种其他的运动现象——参看下文]

表 6－2

		t	α[①]	β	γ
第一受试者	同一性，最佳运动	45	33	33	111
第二受试者	静止客体同时出现	33	17	8	58
	同一性，转动	54	28	14	96
	慢速运动	61	31	16	108
	……慢速运动	131	67	33	231
	同时出现	45	6	8	59
	同一性，转动	70	9	13	94
	同一性，转动速度较慢	90	17	11	118
	静止客体先后出现	153	19	28	200
第三受试者	静止客体同时出现	32	15	15	62
	部分运动	45	20	20	85
	同一性，转动	49	22	22	93
	部分运动	105	57	57	200[②]
	静止客体先后出现[②]	322	17	9	58[③]
	同一性，转动	50	25	12	87
	同一性，转动	53	28	14	95

①原文作 σ，显然错误，故改为 α。
②如果前三个数字不错，则这儿应为 219。
③如果前三个数字不错，则这儿应为 348——中译者。

所有在以后进行的实验（但有少数例外……）所使用的 γ，其最大值为 $\gamma = 0.1$ 秒 $= 100\sigma =$ （$\alpha + \beta + t$），最小值为 $\gamma = 40\sigma$[①]（静止客体同时出现阶段），从而跟这儿列出的值差不多。

……为了考查眼球运动问题，我们使用了若干次同时性的先后呈现并最后达到了目的。在图6a中，第一次只呈现 $a'a''$，第二次只呈现 $b'b''$，呈现的结果产生了两个方向相反的同时运动（像图6－6b所表示的那样）（同样也可以改变 a、b 的形状和位置）。同

① 怀疑这儿有印刷错误，原文为 $\gamma = 4°S$，可能是 $\gamma = 40\sigma$ 之误，因为如果理解为圆周角，则两者无从比较，谈不上最大、最小问题。

——中译者注

图 6－6a　　图 6－6b

样，在运动出现的同一处所，使用速示器的单个呈现（或多个呈现）也可能出现方向相反的两个同时性运动（见图 6－7）。

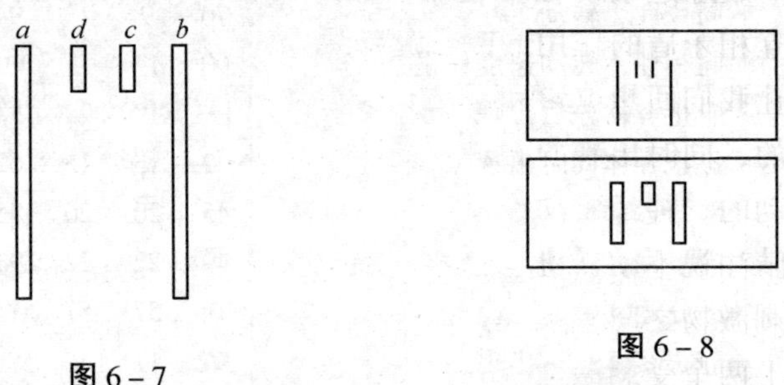

图 6－7　　图 6－8

同样，使用幻灯也可以出现方向相反的两个同时性运动（见图 6－8）。事实很明显，我们可以同时得到好几个（三个或四个）很不相同的，方向也不同的运动印象。出现这种可能性的限度，看来只是取决于意识的宽度或注意的广度。这样，就出现了（见图 6－9）三个，甚至四个确定的同时性运动，在其他不同的条件下进

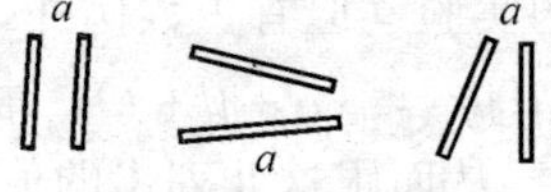

图 6－9

行的不同实验，也得出了类似的结果（这种现象不仅出现在受试者对某种特定客体受过训练以后，同时也出现在第一次呈现客体，受试者设有经过任何训练的实验场合）。某些受试者的确需要事先的训练，以便扩大他们的知觉广度，从而能够在一次如此短促的呈现时间中看到很不相同的，印象清晰的运动；可是这一点并不是通过相同的实验安排做到的。例如，全部受试者都是在第一次（而且是

令人惊奇的）使用三个真实而复杂的客体时——例如同时呈现一个小鸟笼，一株植物和一束葡萄，但每一次呈现都改变其前后位置——获得三个同时性运动的。

要是一个人想用眼球运动来说明这些运动印象的出现的话，他就必须假定：同时存在着几个很不相同的甚至是方向相反的眼球运动。

（即使是作出退一步的假设，假设存在着“眼球运动的神经发动作用”或“眼球运动的记忆痕迹作用”，也仍然必须假定，有几种，甚至是互相矛盾的作用同时在起作用。）

最后，让我们回想电影和看到真实运动时的情况，人们能够看到多么复杂的，同时出现的方向不同的运动啊，这种情况对眼球运动或眼球运动的“神经发动作用”又该提出什么样的要求啊。

即使眼睛注视不动，也会在两个刺激物之间出现运动现象——假定这两个刺激物之间有某种空间距离——这个事实本质上就排除了用眼网膜上两个受刺激地点的兴奋升高或降低过程来说明这种在两客体之间的空间距离上的运动现象（要说明眼网膜上两个邻近兴奋点的映象的重合，也就是说明先后相继出现的两个静止映象的重合，也许是必须考虑上述兴奋升高或降低的过程的；可是，这儿出现的现象却是在两个客体位置之间的空间间隔距离上看到的）。

（五）推论出来的两个论点

事实是下面这些：

相继呈现两个客体作为刺激物。让受试者知觉到这些客体。首先看到 a，然后看到 b，然后在没有相应的运动，或者说，在 ab 之间实际上并没有呈现出时空连续位置的条件下看到“从 a 到 b 的运动”。

这儿在心灵上发生的事情，可以毫无偏见地叫它为 $a\phi b$，ϕ 表示存在于 ab 知觉之外的某种东西，或者说 a 与 b 之间，a 与 b 之间的空间距离上发生的事情，或者说，加在 a 与 b 之上的东西。

从而，上面简要地列举的考察使我们产生了两个基本论点：只要一个人以上述这些理论来理解视见运动，……那么，这两个基本论点当中至少有一个在客观上是需要的，即使它是以不同的形式和方向出现。

(1) ϕ 是某种与 a 和 b 同样有关的东西，某种建立在基于 a 和 b 之上的东西，某种既包括 a 和 b，又把 a 和 b 联合起来的东西。

(2) ϕ 在感官知觉上的内容，取决于受试者对客观上并没有表现为时空连续体的 a 与 b 之间的中继位置所作主观上的补充（或者说，以主观的补充为其形成的基础）。

因此，一个人可能不得不说，ϕ 清楚地是跟 a 和 b 有关的东西，而且是与 a 与 b 同样有关的东西，也是把 a 和 b 联结起来的东西；必须认为 a 和 b 是必不可少的东西，是形成 ϕ 的基础和框架的主要内容。最后，ϕ 在下述意义上是存在的，即 a 与 b 这两个位置之间的空间间隔是由主观提供的。

然而，对这些现象进行的［实际］观察，却指向一个不同的方向。我们［在实验中］所取得的进展越来越清楚地表明，在这里必然发生了某种使人不能不相信的特定现象，它指引我们一步一步地进行研究，从而必然地对认为 $a\phi b$ 是一种表面的绝对的同时发生的现象的观点提出异议。

……

（十八）总　　结

整个地回顾一下实验结果，我们得到下述结论：

(1) 以适当方式相继呈现两个处于一定空间距离的静止不动的刺激物，就可以使人看到运动，这种运动不能用眼球运动或视网膜上两个受刺激点所产生的兴奋的相对升高或降低来予以说明。

当眼睛处于注视状态时，眼网膜上两个不相邻的点会先后受到刺激。在某种特定条件之下，……当两次刺激之间的时间间隔约为 30σ 时，则这两个作为刺激物的客体会被看成是静止不动地同时出现；当间隔时间为 200σ 时，客体会被看成是静止不动地先后出现；当间隔时间为 60σ 时，照例会出现从一个位置向另一位置的运动。产生这种效果，看来，除了时间关系以外，首先是取决于两客体之间空间距离的大小：举例来说，空间距离小，则获得最佳运动时的时间间隔范围可以大一些。长时间的观察与观察者所形成的定势具有特定的调节性影响。

(2) 运动印象的产生，本质上不一定要与受试者看出 a 跟 b 是同一个客体联合在一起，从同时出现阶段往下进行，照例首先出现运动，然后认出 a 跟 b 的同一性来；从最佳运动阶段往上进行，照例，$a=b$ 的同一性首先消失不见，甚至在出现静止不动现象以前就消失了。

(3) 在完整体运动出现阶段（从位置 a 向位置 b 运动）与极端阶段（例如，静止不动，同时出现）之间，出现了双重部分运动，也就是说，两个客体各自运动。

在出现［自我］同一的整体运动与极端的静止不动阶段之间，发生了有质的不同的特殊的印象：两个作为刺激物的客体，只是在最佳运动阶段才会出现自我同一性；超出这一阶段（例如在缩短间隔时间的过程中）在部分运动这一特殊现象之外，还出现了客体没有自我同一性的运动，也就是属于两个客体的每一个的两个小运动。这种双重部分运动的程度可大可小：进一步缩短间隔时间一直到出现静止不动同时出现阶段时，两个运动的范围都缩小了。接近同时出现阶段时，另外一种现象出现了（不再取决于两客体间的空间距离的大小）；这就是内部运动（在客体之内的运动现象），而且在某些场合，还出现了客体的移位。

(4) 发生了这样的运动印象，两客体之一保持静止不动，而另外那个客体则表现出（部分）运动（单独运动）。

(5) 注意时的姿势和定势对是否产生运动效果以及效果属于什么种类，具有调节性的影响。

事实证明，某些特殊因素对观察发生了影响：呈现时间、定势和注意时的姿势具有特殊的效果。例如，注意集中于空间距离的大小，对形成运动印象是有利的。用实验方法改变定势，则对运动出现的地点和种类具有在数量上可以测量出来的影响。

(6) 有一些客体运动印象（部分运动）出现时，受试者在主观上并没有看到两客体之一出现，或者是这个刺激物客观上已不复存在。

(7) 运动印象之出现，实质上并不是由受试者对客体的中间位置进行主观的补充而构成的。在某些实验中，受试者虽然并没有在客体之间的空间距离上看到任何客体，也没有想到有什么客体，或想到客体的什么视觉性质，然而呈现处所中发生的运动现象却使人不能不相信地看到了（甚至当两个客体静止不动，纯然表现为两个客体的时候）。ϕ现象的出现与两个作为刺激物的客体的出现是互不相关的。

(8) 在两个客体出现运动现象的呈现处所中（在最佳运动阶段），加进一个较小的第三客体，它在某种场合中保持静止不动状态，就这两个客体而言，并没有妨碍其运动现象的出现；但在另外的场合则表现出微小的单独运动。在相邻的地点相继呈现两个客体，则表现出确定的相互影响。

(9) 在特定情况下，个别刺激物本身呈现时间的长短可以作相当大的改变。在第一个刺激物呈现完了与第二个刺激物开始呈现之间的时间间隔，对运动印象的出现是否绝对必要，这个问题已经在下述意义上解决了，即运动印象（部分运动）甚至在两个刺激物的呈现时间有部分重合时也可以出现，只是有较大的困难而已；同时还可以（这是确定无疑的）通过下述方式出现，即在刺激一个受刺激处时，同时以不同的方式刺激另一个受刺激处，专门为此进行的实验已经证实：如果给一个眼睛提供一个刺激物，给另一眼睛提供另一个刺激物，就会出现运动印象。

(10) 先后相继的刺激产生的最佳运动现象，是作为运动出现的，是跟呈现真正运动的相应客体时所看到的运动等值的。它给人的印象跟真正的运动同样强烈，在某种情况之下，使人更加不能不相信它是真正的运动。

(11) 在各种不同的实验安排之下，向持久的连续不断的运动现象的转化，与静止位置的先后相继呈现相伴随，这些位置在空间上是彼此分隔开的。同时在专门进行的实验中也证实了：这种先后相继呈现客体所产生的运动印象具有负的后像（跟较长时间观看真正运动所产生的后像现象相类似）。

……

（二十一）一种生理学假设述略

在上述这些实验中，本质上是视网膜空间上分隔开的两点先后受到刺激。眼球运动以及视网膜上受到特定刺激之点本身的兴奋性的升高或降低的情况，不能认为是构成似动运动的基本成分。

埃克斯纳曾根据他用“双眼频闪观测器”做的实验结果解释说（1875）必须引用大脑中枢因素作为基础才能说明这些运动现象。马尔比根据笛尔关于运动时相不一致的实验，从另一个角度也得出了相同的结论。冯特也得出了这种结论。以后，林克也根据上述运动现象得出了这种结论……。而舒曼根据“在产生刺激的客体位置没有改变的情况下出现了运动”的事实，也得出了这样的结论。双眼分别同时观察速示器而知觉出运动现象的实验……（这和埃克斯纳的实验相类似，只是眼睛并没有来回地注视）清楚地表明，在关系到单眼视觉时，仅仅考虑到外围神经过程的作用是不够的：我们必须考虑到“视网膜后面”的过程。

就上述实验研究来说，一种生理学理论应该有两种功能：一方面它能够把各种不同的实验结果及其规律性都以统一的方式包括无遗，使其可以演绎推导出来；另一方面，而这一点看来是非常重要的，这种统一的概括必须能够进一步推进研究，它通过提出进行实验的具体问题，首先对理论本身进行了考验，然后又能够对运动现象的规律性进行深入的探讨。

在这个意义上是有可能在这里对上述运动现象的生理基础作出概略的说明的。我把它当成对已经获得的实验结果进行全面的演绎推导的工具，同时也作为在实验进程中进一步提出特定问题的工具。这个概括说明已经在以后的工作中证明它是具有正确启发作用的。如果这个假设牵涉到困难的或未知的学术领域，那么，这看来是由于本研究所提出来的事实所要求的。这看来是必要的，也是可以容许的，因为这个假设本身会提出能在实验中加以解决的具体问题。在这里我只能简略地说明它的一些重要特点……，这是一个关于某些中枢神经过程的问题，一种特殊的生理的“横向的（transverse）功能”，它可以作为 ϕ 现象的生理关联物。

根据最近一些神经生理学研究的结果，必须假定下述现象是可能发生的，即中枢神经上某一点 a 的兴奋作用，会在它周围一定的环形地带上引起一种生理激动。如果 a，b 两点产生了兴奋，结果就会在每一点的周围产生类似的环形激动。从而使这种环形激动易于产生兴奋过程。

如果点 a 受到刺激，在一定的短促的时间内相邻的点 b 也受到刺激，那么，从点 a 到点 b 就会发生一种心理上的短路。一种特定的兴奋作用就会在 ab 之间的距离上通过。例如，如果从点 a 处产生的环形激动强度达到其时间过程曲线的顶峰，而从点 b 产生的激动现在也出现了，那么，兴奋就会流动起来（这在生理上说来是一个特定事件），流动的方向取决于下述事实，即点 a 的兴奋作用及其引起的环形激动发生在点 b 之先。

点 a 与点 b 彼此空间距离越近，则产生 ϕ 现象的条件就越优越（比较……距离较近律的各种不同情况）。

如果兴奋进入先后受到刺激之点 a，b 的时间间隔 t 太大，则当从点 b 来的环形激动进入中枢神经时（这就是两个静止物体相继出现阶段的情况），围绕点 a 的环形激动已经消失；如果时间间隔短一些，以致点 a 的环形激动仍然存在，而当点 b 的环形激动进入时，点 a 的激动达到其时间过程曲线的顶点，那么，兴奋的传导作用就出现了。如果时间间隔 t 太小，那么从点 a 点 b 来的环形激动就在同一时间内发生（或者就是在关键时刻，点 a 的激动未能达到足够的强度），这就使得有特定方向的短路不可能出现（这就是两个静止物体同时出现阶段的情况）……

不管我们对注意所起的基本的中心作用有什么样的看法，对运动过程的形成必须永远是这么一种看法：凡是基本的注意所指向的那一个地点，它引起兴奋作用的能力就提高（也许只是兴奋性的提高，也许是兴奋传导性的提高，也许是兴奋状态的提高）这样说是完全跟实验结果相符的……注意集中于（a，b 两点之间的）空间上，则有利于运动现象的出现；注意集中于两个物体之一所在的地点上，则有利于该物体的（部分）运动现象的出现，如此等等……

环形激动在受到刺激之点的周围，自然是最强烈的。如果最佳条件没有出现，例如，如果时间间隔 t 介于最佳阶段与同时出现阶段之间，那么，运动现象在两个物体的边界上出现的作用最强；而在中心之点上出现的作用则在阈限以下（这时出现双重部分运动现象）。再者，就最佳完整运动而言（以及在客体运动意义上的部分运动而言）就需要考虑物体 a 或 b 的特性所发生的影响。但是这种影响却不是必然要出现的：对纯粹的 ϕ 现象而言，与之相应的是兴奋作用的一闪而过，a 或 b 的特性不发生任何影响。

谈到比较特殊的运动现象时……，下面这些话需要说明一下：在这儿出现的总是这样一个问题，或者是 b 的呈现出现较迟，或者是 a 的呈现过早消失。通过刺激的重复，通过一些倾向性的因素，通过呈现时间的延长，通过呈现时间的先后交叉，环形激动（部分运动）也可以变得有效起来。在有刺激物 b 出现的情况下，以与前不同的物体作刺激物 a，效应可以仍然发生的事实，也是可以用上述说法加以解释的。

ϕ 过程在某些情况下对运动领域中的客体，对先后相继出现的邻接刺激所发生的作用是符合这种生理过程的本性的。

可以预期，好几个本身很微弱的环形激动，经过一再积累以后可以变得强大一些，同样，许多特定的心灵过程经过实际上一再重复出现以后应该有利于其进入……

另一方面：如果长时间出现了朝某一特定方向的强烈的闪过运动，那么，可以预期，以后当引起闪过运动的刺激不再出现时，就会出现与原有运动方向相反的回流运动；存在着负的后像……

在最优条件之下……当同时有多数对象相继呈现时，结果所产生的 ϕ 现象就会互相连接起来，从而出现统一的连续的完整运动过程；而“位置特性”……却消失不见了。看来这就为说明看见实际的持续的运动现象提供了线索：空间间隔的逐步缩小直接导致实际运动的物理条件的出现。在这种场合，除了刺激物本身为受试者所知觉（从而 ϕ 过程受到刺激物的直接制约）以外，也注意到某物体闪过某一空间的整齐划一地出现的 ϕ 过程。就真实运动而言，最优时间间隔的存在范围要大得多这一事实，可以很简单地加以解释：空间“间隔”愈小，则最优时间间隔 t 的范围愈大。如果空间距离不大，或者如果用的刺激物是先后相继连续出现（而且在同时呈现多数物体的场合，所用的呈现位置的静止位置特性，并未受到α，β等太大的持续时间的帮助，那么，为了要从最佳运动阶段达到那两种极端阶段——静止位置的先后出现或同时出现——我们就必须使先后呈现的时间间隔越来越特别地短或者越来越特别地长（也就是t值的逐渐减小或增大）。

（胡士襄译）

选自：张述祖总审校．西方心理学家文选．北京：人民教育出版社，1983

创造性思维的动力学与逻辑

我很愿意把我探索旅行的故事讲下去，再报告一些事例以及对这些事例所引起的争论。可是我必须就此停止。我想从我所讨论的几个事例中足以做出初步的结论。与这些事例具体接触，对于使问题得到澄清的一些步骤，把问题深入的方法以及新的研究方法，读者会看到一些主要线索。可以简要地概括为几点。

第一，我们已经发现了可以称之为真正的、美妙的、清晰的、直接的、创造性的过程——这个过程与其他过程不同，比一些人预期的更好。认为人不喜欢或一般不能够进行创造性的思维，看来似乎是不正确的。创造性思维的成果会受到高度赞赏。当然，有许多外在因素极大地妨碍这些过程，例如，盲目的习惯，某些学校的过于着重操练、偏见或某种特殊的利害关系。

第二，在创造性思维过程中，我们找到了传统研究方法没有发现的或者为传统研究方法所忽视的但是却对思维起主要作用的因素和运算。这些运算的本质，如组合、定出中心、重新组织等等，对情境的结构很合适，但是对于传统研究方法的要旨以及它们所用的运算却是格格不入的。

第三，前面所描绘的创造性思维，其特征与运算具有下列典型特点。它们不是零敲碎打的而是和整体特征密切相关的，它们随着整体特征而运转，由情境结构上的实际需要所决定的。每一项目，数据、关系都在整体之中有其位置和作用，在同样的动力学的要求之下作为整体的部分产生并起作用。

第四，在这种创造性思维中，也包含了传统研究方法所用的运算，但是这些传统运算只在与整体特征有联系时才起作用。这些传统运算以什么方式出现极为重要。

第五，就整体而言，创造性思维过程不是加法的累积，不是随便出现的项目、联想、运算，不是零敲碎打的、偶然发生的事件的连续。从本质上看，它不是任意的：尽管有许多困难、偏差以及常见的戏剧性插曲，但是这样的思维过程表现出发展的前后一贯性。

第六，创造性思维过程的发展往往导致切合实际的期望、假设。创造性思维以及在程序之中的其他步骤，要求老老实实，要求检验。如果追求真理缺乏诚实态度，就有可能堕入浅薄涉猎和貌似有理的泥坑，这是毫无价值的。但是，情境所需要的不是简单的、零碎的事实真理，而是“结构的真理”①。

正是第二点到第六点的特征提供了真正的、有意义的创造性思维过程的可能性。

表 6－3

思维在于

1. 看到、发现结构的特征和结构的要求；进行的时候要依照着这些要求，并受这些要求的制约；因而向着结构上改良的方向改变情境。这包括：

看到漏洞、有问题的地方、干扰、肤浅性等等，而且在结构上予以处理；在受到干扰的情况下，找出整体特定情境与各个部分之间内在的结构联系；

有结构组合和分离的运算，决定中心的运算等；

要从运算在结构上的位置、角色、动力学的意义以及运算带来的变化方面观察和处理运算；

2. 实现结构上的位置交换、结构上的层次，并且将结构上外围的特征与基本的特征区别开来——这是组合的突出例子。

---

① Wertheimer M. On Truth. Social Research: Vol. 1, 1934. 135～146

3. 探求结构上的真相而不是零碎的真相。

人类灵魂深处，有一种欲望与渴求要探索情境的真正问题、结构的实质和根源；想从模糊的、不适宜的关系走到明晰的、透明的、直接的面对面的关系——从思维者的心一直达到其对象和它的问题的实质。以上提到的所有的项目既可适用于真正的态度与行动，也适用于思维过程。而这种类型的思维过程本身包含着真正的态度。

这里我又使用了“看到”、“寻找”、“观察到”等术语，我认为这些术语较为恰当、合乎实际的需要。必要时，表6-3所列各项特征，也可以用客观的或行为的术语来表达。正如前面几章所指出的，可以用“反应”、“情绪结构上的特征所制约的行为”等术语来代替。

当然，这些术语造成困难。我认为这些术语被所研究的创造性问题塞满。应该加以调查和研究的问题，可以分为三类：

(1) 一向被人忽视的或者很少有人研究过的运算：如拆散、组合、找出中心、在结构上互换位置等，这些运算有什么特征、规律和规则。

(2) 关于部分与整体关系的许多问题，其中包括部分在整体中的位置、角色、功能等的运算①。

(3) 关于“特殊的整体”、完好的图形、P关系等问题。

为了在理论上予以澄清，并寻求其中的规律，格式塔理论开始对这些问题进行科学研究，并且在许多实验研究中设法找出解决这些问题的适当科学手段。如果没有真正理解格式塔研究的文献，表6-3内的术语确是不容易理解的，事实上这些术语很容易受到曲解。这些术语对以上各章所讨论的具体问题来说，是个指路标，读者能有这个看法也就够了。

让我们正视理论的现状。联想主义即第二种研究方法，传统逻辑即第一种研究方法的许多方面，在具体运算中，在研究问题和集

① 数理逻辑对这些问题没有作出贡献。

中注意问题的时候，显示出下列特征：

为了理解思维的要素，以上两种研究方法将生动的思维过程切割为零碎的片断，完全不顾结构的情形去处理这些片断，而且认为思维的过程就是这些要素的集合和总和。处理创造性思维过程时，它们除了把这些过程分解之外别无他法，因此把过程生动活泼的东西剥夺无余而只显现出死板的图案。步骤和运算的产生来自外部，根据回忆一般或相似的过去知识与现在情境某些项目有关的联想(甚至与情境全部项目有关的联想）或者就是纯粹的机遇。思维过程中，项目以及所有的联系与其在特殊结构上的功能没有关系或者是中性的。这就是 a 和某个 b 的经典性的联想，这就是手段与目的之间盲目的联系；这也就是传统逻辑处理“所有的 s 是 p”，或“如果 A，则 B”这些命题的方式。联系、项目、事实以及运算在结构上都是盲目的或中性的：即在整体之中，对它们在结构上动力学的功能毫无所知、对结构上的要求毫无所知。

我们要直接掌握前面所描绘的创造性思维过程，用这些方法是绝对不可能的。

除了想解决问题的驱动力与欲望以及机遇发生的事情、由于联想的回忆、在许多情况或全部情况会发生的事件或者是真的事件也是在这件事上发生或者是真的设想之外，传统逻辑方法在动力学上，在理论上无法提供更多的东西。当然，除此之外，传统逻辑也有追求真理和系统知识的愿望。

本书所提到的 A 型问题，其情境明确要求思维的理论直接进入这些过程的结构本质。这种理论要求思维过程中所发生的一切，都和情境的结构动力学所产生的力的矢量密切相关。

一般来说，首先是情境，我们称它为：

S_1，在这个情境中，实际的思维过程开始。经过一些步骤之后，转为

S_2，在这个情境中，思维过程结束，问题得到解决。

让我们比较一下第一情境与第二情境，考虑它们的本质，然后再考虑这二者之间发生了什么事情，怎样发生的以及为什么会发生。显然，这个过程就是从第一情境到第二情境的转移和变化。和

S_2 比较，S_1 在结构上是不完整的，中间包含着漏洞，或者说是一个在结构上很麻烦的地方。S_2 在结构上比较完好，漏洞已得到适当地填补，结构上麻烦的地方也消失了。与 S_1 相比，意义上也是完整的。

问题解决了，S_1 所包含的结构上的紧张与压力就在 S_2 中得到了解决。我们所讲的主题，就是这些步骤、运算以及 S_1 和 S_2 之间变化的性质，都是由于结构上麻烦的地方产生一种力，这力的矢量的本质是朝着帮助情境，使情境的结构走向好转的方向前进。这和另一种过程是迥然不同的。在后者的过程中，某些步骤和运算来自各种来源向着不同的方向或许也能偶然地或曲折地解决问题。

如果与下述事例的心理情境对比一下，那是颇有兴味的：列出问题和看到问题以后，被试不知道怎样进行，有的被试用了现成的答案。被试对这个答案可能理解，也可能不理解，可能发现这就是答案，也可能发现不了；但是不管怎样，这个答案不是被试做出来的，被试没有发现结构上所要求的步骤。这个答案反而使他感到意外有时甚至使人不快。因为真正的理解要求人们必须重新创造出步骤、结构上的内在联系以及需要。

我再重复一次：S_1 中结构上的独特特点带着它们固有的、具体的本质创造出力的矢量，而这种矢量又导致动力学上和与之相应的步骤与运算。这些步骤与运算的形成受所谓完成趋向原则①、良好格式塔倾向以及种种格式塔规律的支配。这就是我的论点。

本书中出现某些特殊事例是最简单的原型，其中的 S_1 是结构上很简单的情境，没有什么隐蔽的东西，只具有结构上的漏洞或麻烦的地方，只要把它理顺便可改变为 S_2。在这些情况下，发现结构上的要求以及达到要求的手段十分容易，往往可以从每个被试那里得到自然、容易而有力的反应。甚至没有提出问题，定出任务，这些过程就常常产生，这是因为材料本身的结构就将问题摆在面前。

---

① 编者按：韦特海默第一次提出关于知觉的完形趋向原则（Principle of Prägranz），它确认场的组织在一定条件允许时倾向于简单明了。

也有其他事例，因为最初的情境太复杂、太使人晕头转向或者以一种简单的但是廉价的、肤浅的结构出现，要掌握住并不那么容易，所以需要初步的转变。情境必须在结构上为人所理解，才能掌握问题在结构上的地位，因为问题是特定情境的一部分。常常出现这种情况：这种转变一经爆发，整个 S_1 的旧观点便完全改变。

简而言之，这个论点的核心就是：结构上的理由变成过程的原因。结合充足理由律问题，历史上对于“理由”与“原因”的关系进行过长期的讨论。强调二者性质上基本不同颇有根据。无疑，用第一种研究方法去理解，二者是不同的。然而这里的论点在涉及结构上的理由问题时，则认为二者在有意义的思维过程中是吻合的。

换句话说，当人们掌握了问题情境的时候，情境的特点与要求引起思维者某种紧张。真正的思维发生的情形，就是这种紧张持续下去，产生走向改良情境的力量，并且相应地改变情境。S_2 就是情境的一种状态，是受内在力量把情境调整为良好结构；在这个良好的结构中，相互的要求是协调的，部分被整体的结构支配，而整体又受部分的支配。

这个过程并不仅仅包含特定部分与其转变。这个过程与结构上有关的材料一起活动，但是这种材料并不是从过去经验、知识以及倾向性中选择出来的。

总而言之，这种运动和步骤能够改变 S_1 的现状，沿着结构上前后一贯的方向朝着 S_2 转变，是备受欢迎的。

如果这就是过程的根本性质，也就是说，思想的过程由结构上来决定，那么又产生了一系列问题，例如，为什么这个过程不能更直接进行，为什么会产生停滞状态，为什么思维的发展会停步不前并在一个时期内受到阻碍——即偏差与错误是怎样产生的。前面我已经提到一些理由。我再说一遍，第一次对情境产生不适当的观念，往往使被试掌握不住漏洞的真正结构，找不到适当弥补这个漏洞的先决条件应具有什么性质。被试往往缺乏广阔的观点。即便他有广阔的观点，如果他只忙于细节问题或者陷于只顾一点不及其他的态度之中，那么在思维过程中，这种广阔的观点也会失掉。在这种情况下，很可能思路过于狭窄而无法弥补漏洞。另一方面，被试的观点可能过于广阔。

寻求捷径来弥补漏洞往往十分诱人。这时一些部分的问题解决了，但仍可能失掉全局的观点，因为部分观点太突出了。经常有这种情况，找到答案的欲望太热切，反而使我们的目光过分集中在某一点之上，或者我们的眼界过于狭窄，很像一个饥肠辘辘的动物观看被铁栅隔着的食物，只看到近处的目标，反而不可能自由观察情境，从而看不到一个只需简单的迂回就能达到目标。

我们不应该忘记，尽管 S_1……S_2 的过程是比较密闭的整体，但是这也只是相对而言。它本身是一个领域的一部分，正如 S_1 和 S_2 又各是这个部分领域的一部分一样。整个过程也是这样。在知识和顿悟的一般过程之内，在历史发展的长河中，在社会情境之中，这个过程是部分领域。它与整个领域中的物质、能量的数量和来源不能完全分离：更广大领域中的条件、因素、力等等，不论是有利还是有害，都很重要。因此，我们必须考虑到，这部分领域和更广大领域的其他部分在何种程度上是分离的，又在何种程度上在动力学方面有联系。至于在更广大的领域中，前面所提的部分领域结构上的动力学则又成为真正的问题。其结果就是，从内在结构上的动力学来看，更大的领域又展现在我们面前，需要我们去了解与研究。

这里我想再强调一点。情境中的力可能有两种。在很多情况下，决定力的矢量和步骤的，主要是客观情境的结构性质，至于我、自我、我的个人利益与趋向只扮演很微末的角色，或者不起任何作用。如果具体的自我倾向牵涉进去，往往起干扰作用（参阅第四章第二节）。也有其他例子个人需要成为问题的源泉。此时，“我”就扮演了重要角色。但是，为了真正解决问题，首先需要转变；只要人们只是注意个人的愿望或需要，问题就解决不了；如果看到个人的欲望只是情境的一部分，并且发现了客观的结构需要，那么问题就成为可以解决的了。在这样的例子里，人们可以合理地达到解决问题的目标，否则，人们就会发现，个人的目标是没有道理的，如果不全部放弃的话，也应该合理地加以改变。所以，即使对于问题与自我之间的关系而言，结构特征始终具有决定性的作用①。

到现在为止，我只讨论了 S_1……S_2 的问题，即问题情境和导致问题解决的步骤。但是，无论如何，我已经提到，过程并不是从 S_1 开始，也不是以 S_2 终结，而是如下的情况

……S_1……S_2……，

S_1 已经是发展过程的一个部分，而 S_2 作为问题的解决，并不表示终结，而是根据它的性质，又导致更进一步的动力学的后果。

还有其他的类型。例如下型：

S_1……

在这个情境里，S_1 并不包含一个问题，没有把 S_2 作为它的具体目标。真正的成就在于发现情境显得不合适，应该加以改良。在这种状况下，过程往往是从加法总和或从结构很肤浅的观点转变为更适当的观点。从而，初步的成就在于发现那里有问题。人们看到，提出正确的问题，往往比解决既定任务取得成就更重要得多。

另一方面，有 S_1 扮演微不足道的角色或完全不起作用的过程。例如在艺术和音乐某些创造过程中，通过看到将要创造的 S_2 的某些特征，开始了这个过程。为使 S_2 完美、具体或者充分实现，有一种力量驱使着艺术家。要创造出的东西，其结构上的整体性质，不管已经构思清楚或者还不很清楚，决定着过程，这是很典型的。一般来说一位作曲家并不能把音符堆在一起而得出某种旋律；他首先看到处于萌芽状态的旋律性质，然后当他把旋律的各个部分具体化的时候，他是从上而下进行的②。对于某些作曲家来说，这不是轻而易举的过程，往往要花很长时间。当有关目标的观念还相当模糊，处在胶着状态的时候，很可能两个方向同时在起作用—— 一个方向的作用是使中心思想越来越明晰；另一方向是掌握各个部分。在这样的例子中，很典型的是，什么合适什么不合适立刻就清

① 参阅：Levy E. Some Aspects of the Schizophrenic Formal Disturbance of Thought. In: Psychiatry, 1943 (VI): 59 ~ 69

② 数学家设想一个公式或一个方程式的时候也是这样的。

楚可见；在 $S_1 \cdots S_2$ 类型的例子里，进行情形如何在结构上取决于 S_1 的性质，或者说，S_2 与 S_1 的关系取决于 S_1 的性质；但是在这里却被预想的 S_2 结构特征所决定，尽管 S_2 还不完整，还很模糊。这多多少少模糊、不完整的东西改变了上面所说的轮廓，但是在切合实际的程序中，力的矢量是被内在结构上要求的性质所决定的。

常常是两个互相联系的方向出现在这一过程之中，其中之一是从某些部分走向整体，另一方向则从整体性质走向部分。这是一般的情况，在切合实际的过程中会达到好的格式塔。这种格式塔并不是不顾部分的性质强加于部分之上，它也符合部分的要求。

以上谈及的动力学理论不是晓畅的理论，不是为了归类编目提供普遍性的原则；它包含着需要研究的真正的问题，这些问题我想都是妙不可言的。但是我并不认为这个理论的核心与一般常识所体验到的东西背道而驰。

我们在这里探讨对问题所采取态度的哲学含义，我希望读者不要误会。当我们提出这样的图案，这并不意味着，内在结构的动力学决定着思维的过程发生在思维的发展中。人仅仅是被动的。对人来说，有态度问题，即愿意老实地面对问题，准备勇敢地、诚实地把问题搞个水落石出，并渴求进行改良，而不是采取任性的、固执的或奴性的态度。我想，这是构成人的尊严的重大属性之一。

这个理论的核心，就是从孤立的一堆、肤浅的结构转变为客观上更完善或合适的结构。立足于结构的真理观点，比起立足于孤立的真理的观点来，其标准更高。本书中，通过比较初步的例子，我只限于证明，对于适当的、真正的结构能够做出正确的决定，而反对搞怀疑主义、相对主义的怀疑论或不可知论。

有时，情境在结构上是模棱两可的，好像知觉中模棱两可的图像，其边界线条既可属于这个图，也可属于另一个图，从而有可能成为不只一个结构。所以，在许多情况下，还看不出某个独特的结构就是正确的结构，这是因为我们对事实的认识还不全面，还没有掌握可以做出决定的有关材料、事实，或者这些材料、事实还不够清楚。对被试而言，许多条件、力量、因素都会影响结构——其中有习惯的惰性，只顾一点不及其余的态度以及要匆忙得出结构的定形趋向。此时，被试就会成为诱人的简单化的受害者。

所有这些都不能解决客观上合适的结构化问题。

不要在结构上盲目，要有真正结构定向的欲望是很强烈的，甚至在错误的过程中和注定要犯错误的情况下也表现出来。处于云雾之中，处于不能统观全局复杂的因素和力量的情况下，不能对行动、对形势的主要线索作出明确的决定，对许多人来说，这是一种不能忍受的状况。他们喜欢寻求结构上的明晰、统观全局、寻求真理而反对琐碎的观点，也就是渴求不犯错误。如果诚实地找到真正结构的欲望减弱了，那么结构上的简单化作为受欢迎的方向就占了优势。极端的例子就是有妄想狂体系的人，他们会歪曲实际的事实。中心显然没有找好的结构，从动力学来说，往往是不稳定的：尽管由于结构的力量使被试忽视或回避关键的问题，而且将他的错误辩解为正确，然而也有非常清晰的例子，在这些例子中，一个项目或者一个论点破坏了肤浅的结构观点，给它粉碎性的打击，然后转为富有戏剧性创造性的活动。

这种关键问题在个人、社会、政治领域中都起着极为重要的作用。在政治争论和观点中，往往可以发现，完形趋向律几乎以不可抗拒的力量施加影响。对某个领域中简单的、但有决定性的结构，要有强烈的欲望去理解它，要得出明确的定向，要切合实际地行动，而不要盲目，也不要侥幸地行动。人们渴望着真正的定向。

在政治争论中，经常发生这样的事情：产生分歧的争议问题，不仅是事实本身和争论的内容，而是在前后关系中，这些事实和争论内容在结构上所扮的角色，以及它们所具的功能，其特点是附带许多“因为”、“但是”、“然而”、“虽然”等等。人们不喜欢用这些复杂的连词把争论的问题搞得稀里糊涂，人们渴望的是结构上清楚的观点，其中每一项目都具有明确的位置、功能与作用，而不干扰观点与行动的主要线索与最终方向。否则可能会使人误入歧途。经常也可以看到，结构上的简单明了与渴望了解真正的结构，二者怎样紧密相联。尽管有些力量设法维护现有结构的观点，但是经验和实验已经有力地、明确地证明了上述看法。

我对这个问题做了一些实验，获得了惊人的结果。S·E·阿希博士对这些问题也做了很广泛的研究。社会心理学家忽视这种研究，他们几乎全部集中于任意力量的研究。我希望阿希博士不久将会发表他的研究成果。

民主的伟大任务就在这里。批判的态度和怀疑是不够的。需要的是结构上的明朗。我们希望创造性方法会得到改进，不仅能够对零碎事实搜集信息，也能够在主要线索上，在关键情境的基本结构上获得清晰的顿悟。

本书各章所讨论的思维过程，我们称它为 α 型。除此之外，还有其他的思维过程特征，我们称它为 β 型。甚至就在前面所描写的过程中，为了使思维前进，也有一些项目或者运算，有机遇、外表的雷同、纯粹的回忆或者盲目尝试的结果从外参加到思维过程之中。此外，在科学发展过程中，在已知和未知的交界线上，许许多多情境的性质要求首先对事实进行仔细研究、发现事实的联系等等，这是因为我们懂得和了解的太少。然而经过长期勤奋、细致的研究或者实验，会有一个奇妙的时刻，理解结构的渠道打通了，或者实验结果与已有结构观点不相符合甚至与之相矛盾。这时，思维的过程就在这种激励下前进。

在另一极端，有我们称之为 γ 型的思维过程。在这里，解决问题是通过纯粹机遇的发现，一系列的尝试错误，纯粹外在的回忆、纯粹依赖重复、盲目的操练或者提示来进行的。有许多情况，其性质决定了除了盲目的进行和盲目的搜索之外别无他法，例如广泛使用的迷宫实验、辨别任务以及问题箱等等。在这里一切可以为合理的有指向的行为提供线索的因素，实验者都将它们有意排除。在这种情况下，不管多大的天才，除了进行盲目的尝试外，也毫无办法；得到成功只有通过机遇，然后加以重复，除非实验者任意改变从前随意规定的实验装置。

再重复一次：极端 α 型与极端 γ 型之间的差异，不仅关系到智力的程序，也与人的态度的差异有关。

许多理论家把思维的全貌都归入 β 型思维特征周围，因而忽视了 β 型过程也包括的结构特征。

现代心理学中，有一种强烈的倾向，基本上根据 γ 型的因素、运算和态度来观察思维，而无视 α 型的可能性，而且用各种方法解释 α 型和 β 型，说这是典型的 γ 型因素的复杂化。研究 γ 型的因素无疑是需要的。但是不应该轻易地、极为肤浅地加以概括。在某些例子里，为了“解释”一个过程甚至可以建造一个零碎的、盲目的机制。对科学家来说，必须小心谨慎，否则他得到的将不是真正的图案，而是贫乏的、仅仅表面上适用的赝品。在这方面，应该特别小心谨慎，因为这会对教学、教育以及生活产生重大的影响。

学习心理学也是如此①。γ 型和操练学习，外在的联想、外在的条件作用、盲目的尝试错误② 相对应。α 型则集中注意培养结构上的顿悟、从结构上掌握和名符其实的有意义的学习。有一种相当普遍的想法，认为有意义的学习，对有意义材料的学习，归根结底不过是死记硬背无意义的音节的学习，只是稍为复杂一些而已，似乎这种学习就是学习的规律。然而不能把 α 型的特征归结为这类的因素和运算。即使人们抱着这样的希望，但是时至今日在实际研究中并没有找到它，但常常只是起教条的作用。

用最简明扼要的方式来说：如果我们把 α 型的思维和学习称为“在结构上是有意义的”，如果把 γ 型的特征称为“在结构上是盲目的”，那么传统的看法就把情境视为：

图 6－10

换句话说，γ 是基本的，而 α“无非是 γ 因素的复杂化而已”。

科学上更慎重的步骤应该首先研究每一个类型过程的显著特

---

① 见作者本人为 G. Katona, Organizing and Memorizing (Columbia University Press, 1940) 一书所写的前言。

② 编者按：韦特海默教授所谓“外在的”联想，指的是不顾所包括项目的内容，在记忆中所建立的联结。对“外在的”条件作用这个术语，也应该做同样的理解。

征。只有根据这样的研究才能决定这两种类型是否在性质上截然不同，或者把 α 型看作是 γ 型具有的本质因素的复杂化，或者 α 型是适当的理论核心，而 γ 型是特殊的例子。

$\alpha \;//\; \gamma$

图 6－11

图 6－12

目前，理论上似乎倾向于选择上述最后一点：γ 型看来只是特殊的例子，在 γ 型中，α 型结构上互相依赖的特征接近于零，真正学习和真正思维在 γ 型中根本没有出现。

前面曾经提到几种不同的研究方法之间的区别，现在让我们将这二者联想起来。我们回顾表 6－3（格式塔的研究方法），并将它与传统逻辑（演绎的和归纳的）以及联想理论的研究方法相比较。在我们面前展现出两条道路：要么我们把表 6－3 的结构特征看作是先前研究的结构特征的复杂附加物，要么首先对这些研究方法的功能原理以及它们彼此间的相互关系进行实际研究，然后我们再决定什么是适当的理论态度。说老实话，先前研究的结构特征中的每一个项目都很重要。但是，这些运算本身仅代表特殊的例子。一般的传统看法认为，先前研究的结构特征中的项目，在某种程度上对结构上的特点和要求都是中性的或盲目的。对这些项目仔细考察，我们发现，先前研究的结构特征中的每一项目本身都是含义不清的，每个项目的含义既可以作为结构上切合实际的方式来理解。也可以作为结构上盲目的方式来理解。这些项目结构上盲目的形式与运算似乎是表 6－3 的极端例子，其中结构上的连贯性与相互依赖性接近于零。

这并不是说具有先前研究的结构特征的外貌、因而在内容和联系方面都缺乏结构特征的地方，**全部**缺乏结构的因素。即使联系仅是事实上的，仅仅在事实上恒定不变和不可理解，但是这些联系的**层次**依然提供某种程序，要么在结构上是切合实际的，要么在结构上是盲目的。

让我把先前研究的结构特征中的项目和运算中含义不清的特点简要地描述一下。

传统演绎逻辑的项目：

比较和辨别一般意味着对两个或两个以上的对象进行比较。如果只对它们之间的随便哪一个特点进行比较，就可能意味着对规定的结构盲目无知。从这个观点出发，重要的不在于是否有相同或相异之处，而在于相同和相异是什么。然而相同性可能是零碎的相同性，即使它们是经常的和普遍的，也可能将人引入歧途；或者，与此截然相反，即使零碎的事实一点都没有显示出相同性，也可能获得结构上的相同性。

分析意味着把某一领域或某个对象切割为加法累积式的部分，而可能对结构依然无知；或者进行结构上合适的分割，这就意味着按各部分本来的性质来对待它们。

抽象和概括可以意味着集中注意零碎的东西的作业，对结构盲目无知，而导致一种加法总和的形式，即

$$m + x$$

这里，m 代表许多情境中共有的东西，x 代表许多情境中相异的其他特征。这时，这个共同因素，可能只是意味着某些零碎部分或性质的互相吻合而已，至于这些相同的部分在既定的结构中起什么作用，并没有涉及。这个程序甚至包括可能破坏其结构的分割。反过来说，抽象和概括也可以意味着按着一定结构的要求所进行的运算。类的概念也是这样。把东西归类或归为子类，可能将结构上互相没有关系的一些东西归在同一类之中，基本上是将不同的东西归在一起，而又把结构上相似的或者等同的东西严格区分开（看原书208~210页）。反过来说，对上述程序所忽视的那些在结构上共同的因素，类概念也可能准确地包括进去。

命题，举例来说，“所有的S是P”，可以叙述一个事实上严格的但是盲目的联系，即叙述一个关系，实际上是共处的，而在结构上却丝毫不是彼此从属的。反过来说，这些命题也可能是结构上切合实际的预测。一系列的谓语从属于一个主语，可以意味着没有结构的加法总和，也可以意味着互相适合的事实，从而将情境的特殊

结构作出明确的叙述。

推理、三段论法等等的项目也是如此。既可以将它看作是纯粹的形式联系，其中有些空洞的量词扮着主要的角色，如“所有的”、“一些”、“没有”，但是也可以看做是来自结构要求[①]的运算。

传统归纳逻辑的项目：

归纳既可以意味着在一些例子中根据零碎的、外表上的一致作出概括；也可以意味着结构上很合理的假说。

经验既可以意味轻率收集事实与事实之间的联系；也可以意味着生动地掌握了结构上的特点，得到了定向，了解了事实和联系在上下前后关系中的作用与功能。

实验可以意味着轻率地加进任何零碎的因素，用零碎的观点观察结果而不顾结果结构上的含义。作为第一步，这往往是需要的。但是这还远远不够，否则，到了最后，除了与结构无关的事实的堆积之外，便一无所有了。另一方面，存在着结构上切合实际的实验，其形式往往是探索关键问题，通过认识上下前后的结构，设法在可能的假说中作出决定。

“一个变量是另一个变量的函数。”正如一些理论家所一贯主张的那样，这可以意味着任何两个系列的事实是相关的，而且根据相关的变化提出原理，而不顾二者搭配时结构上的意义。有了这个函数的概念，这种搭配、其原则和项目的性质、其全部系列的结构特征怎样发生联系，人们就不考虑了。但是，在另一极端，人们就会研究部分的变化在整体结构中意味着什么；就会发现在整体中支配各个项目性质的内在规律，就会发现项目怎样依赖于部分整体关系而变化。联想理论的项目：

联想可以意味着把项目结合在一起，成为本质上没有结构联结的加法总和，正如学习无意义音节的理论所表现的那样。或者，在另一个极端的例子中，联想可以意味着发现了项目与项目之间的关

① 见本书作者“创造性思维中的三段论法”一文，文章中对准确的但是空洞的三段论法与切合实际的三段论法进行了对比。Wertheimer M. Uber Schlussprozesse im produktiven Denken. Erlangen: Drei Abhandlungen zur Gestalttheorie, 1925. 164 ~ 184

系，它们作为整体中的部分彼此互相需要，在结构上互相从属——也包括发现这种关系的长期效应。

重复既可以意味着将发生的、相同的、零碎的、盲目的联结一再重复；也可以意味着从不理解的、纯粹加法的成对东西转变为一种结构，其中项目的含义与有特点的整体息息相关。

尝试错误既可以意味着乱七八糟的、盲目的程序漫不经心地连续下去；也可以意味着在结构上检验某个切合实际的假说。在后一种情况下，失败本身可能澄清情境，从而提出更适合于既定结构的假说。

学习既可以意味着行动后带来了事实上的成功，于是这个行动得到肯定，但是并没有理解这个行动；也可以意味着，在学习中被试掌握了为什么只有这种行动才会得到这种效果，乃是由于固有结构的原故。这后一种形式，就可以促使被试再遇到不同情境的时候，能够以结构上切合实际的方式改变他的行动。

如果我们再回到逻辑上，首先回到传统逻辑根本的类概念上，对上述一切概念的两种解释，二者之间的主要差异，也许会得到极清楚的阐述。如果我们把许多错综复杂的东西抛开，只集中注意有关运算的具体含义，以及传统逻辑的准确性真正需要什么东西，就会发现下列各点：

有一些东西（这些东西处于彼此离散的方式，为什么这样，一件东西和其他东西分离，自己是怎样构成的等问题往往为传统逻辑所忽视，而且被认为是理所当然的事而从不加以研究），我对它们作些比较。我发现它们的性质或它们的组成部分有相同和相异之处。抛开它们不同的地方，而集中注意它们的普遍属性或部分，我就获得一般的概念。这些共同的部分就得出内容。这就是“内涵”。“外延”就是这个类概念所包含的对象的多少。

如果我们把相同的要素称为 m，把其他的要素叫做 x，这个类的准确表达方式就是

$$m + x$$

在 m 和 x 之间，有一个“和”。m[①] 就是许多东西的内容中共同有的；x 就是 m 之外，许多东西变化不同的内容。这构思的资料 m 安排在左方和右方都没有关系，而且在推理、三段论法中准确地应用这个概念时怎样安排也没有关系。而且，和东西内部任何部分没有联系，和 m 在这个东西中所起的作用没有联系，m 作为东西一部分的含义和同样东西的其余部分没有联系，和这个东西的结构没有联系。这个 m 是简单地孤立出来的，这种抽象是减法。对 m 来说，x 是什么，完全无关紧要。在原理上，x 是任意的；换句话说，不管 x 会是什么，x 对 m 有什么含义都不发生问题。在运用传统逻辑应有的运算时，如分类、归类、普遍命题、推理、三段论法等，都认为 m 的固定的常性，以及 m 的性质和 x 的性质没有任何依赖关系在基本上是必要的。

在许多情况下，这样的程序很合适、很有用，例如传统逻辑经常使用的经典例子中就是如此，让我们考虑一下“在某州，所有的信箱都是绿色的”这个命题，m 和 x 的关系就是分离的、加法的、纯粹堆放在一起的，不存在任何互相依赖的内在联系。在所有这类例子中，这个步骤完全合适。在 x 变化的时候，m 的含义总是不变，反过来说也是一样。在所有这类例子中，这个步骤也完全合适。

在历史发展过程中，某种情况下，这种步骤是否合适也遇到过困难（例如法兰西学院对林耐植物分类体系的著名争论）。问题在于，这个程序尽管很完备，是否会把性质基本不同的东西轻易地归在一起，而在另一方面，又把事实上彼此互相从属的东西严格地分离开来。逻辑学家用“主要”这个词寻求帮助。过去也一向强调这一点；尽管在常识上“主要”的含义相当明确，——然而不幸的是在逻辑学上对它的含义一直意见极度分歧。它只是提出问题而不是解决问题。所以在逻辑学更新的发展中，它又被排除在外。当我们注意到结构上的特点时，澄清它的美妙含义的道路又展现在我们的面前。我从音乐中举出一个极端的例子。下面是四段乐谱：我们对

① m 本身可能是一些共同要素的加法总和。

它们进行分类。根据音调，A和B的前两个音符都一样。C和D也是一样。一个图书馆员可能根据前两个音符把A和B归为第一类，而把C和D归为第二类。这样做，可能在其分类索引里出现准确的次序并且有用。但是对此我很怀疑。按照传统逻辑，这种程序是准确的。但是在这个程序中，他到底做了什么呢？他把两个性质不同的旋律甚至头两个性质不同的音符归在一类。在第二组中，他也是这么做的。C是A的变调，D是B的变调，这两个旋律一样只是主音不同。而他却把性质相同的旋律严格地分离开来。

图6－13

在钢琴上，在他的分类中，A与B、C与D的头两个音符相同。但对那些掌握了旋律的人来说，A与B、C与D是截然不同的。对图书馆员来说，从原子论的观点，头两个音符是相同的。然而这两个音符在旋律中所起的作用实际上很不同，作为旋律的一部分也很不相同。如果用同样的符号书写头两个音符，正如我前面在每行的末端书写的一样，音乐家就会恼火，认为这无意义、不合逻辑。A行的第二音符和B行的第二音符是不同的。同样的，A行B行的第一个音符彼此也是不同的，A行的第一个音符是和声学中的长三度，而B行则为短三度。甚至于两个音符的关系，从孤立的观点看来，是相同的。其实也是不同的，在A行是三度，B行则为减四度。联系起来看，这两个音符的动力学，以及稳定性也是不同的。这在实际唱歌时可以见到，B行的第二个音符发音要稍高，因为要和第三个音符相联系。它们表达的性质也不同。所以，A 和 B 的头两个音符，在所谓的类概念中，是作为共同的因素，而本质上差异极大。反过来说，从各方面看，A 和 C 在结构上相同，B 和 D 也是如此。将 AB、CD 分类在一起，对结构来说是盲目的、毫无意义的，因为没有把旋律当为整体来看，而是将头两个音符从整体上分割出来，把它们看作零碎的、互不相干的个体。

让我们考察对立的一方：盲目结构类的形成得出 AB/CD 组合，而结构类的形成则得 AC/BD 组合。

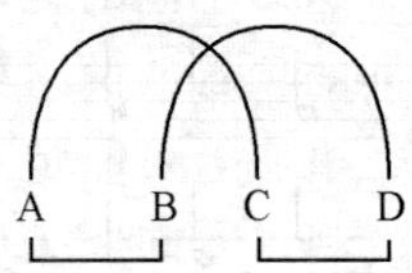

图 6－14

在这里，我们只涉及严格的变调。但是在有意义的音乐变奏曲中，甚至开始的两个音符以及它们的音程，在一定程度上可以加以变化而无损于旋律的结构。反过来说，只改变一个音符倒可能出了格而破坏了结构。如果有人想掌握其中的旋律，他就会发现这里面有些不对头、有些乱套、有些不合适。这样破坏了的旋律是无意义的乐音的堆积，一般说来不能像美好的旋律那样给人演奏出良好的变调。只要结构上稍许遭到破坏，就会有麻烦。如果人们没法回忆无意义的音符堆积，过了一些时候再重复一遍，就会发现重复这些东西很困难，而且重复时这些东西会发生变化。也就是说，有一种变化的强烈倾向，要把这些东西朝着有意义结构的方向改进。所以，这根本不是枝节上等同的问题，甚至也不只是在某个整体中的地位、作用、功能问题，真正的问题在于是否合乎既定结构的要求。

我选择旋律作为例子，因为在音乐中，可以生动地观察到这些问题。当然，要在这里对整体性质、对结构上的要求加以明确的系统的阐述是不容易的——这就是伟大的音乐家称之为旋律的内在逻辑的东西，是美学的重大问题之一。然而，在这些例子中，我设法阐述的许多东西具有一般的重要性，它们对不同的材料都是有效的。而且要加以明确的系统的阐述也没有困难。举例说，可以研究同样的问题，如：一组四件东西的图形分配，在物理体系内事物的结构、抽象的关系网络、人的性格特征的组成。当我们考虑变换的问题并且寻找结构常性原理的时候，更广大的领域展现在我们的面前，比分类的问题更为广阔得多。

关于分类的问题，要点可以归结为一句古老的格言：

si duo faciunt idem, non est idem,

如果两个人做同样的事情，这是不同的。用准确的语言来说：从原子论观点看问题，两个相同的项目或两组相同的项目，在结构上可能意味着非常不同的东西，事实上可能是本质不同的。应该补充一句反过来的话：从原子论的观点看问题，如果两个人做非常不同的事情（请参阅上述的 AC/BD），而在结构上，它们的行动却可能是相同的。在变化了的情境中，为着做同样的事情，人们必须以不同的方式做它。用准确的语言来说：不同的项目在结构上可以是同样的。

逻辑学中最根本的项目也同样有上述的情况：例如关系、同一性、真理等等的概念，如“和”、“不是”、“如果……则”等等。我在这里简要地提几点。传统上使用和考虑这一切项目的时候，往往对结构上的问题是茫然无知的。所有这些，就其传统含义来说，似乎属于局限性的例子。这甚至对思维定律如同一律、矛盾律、充足理由律。也有这样的情况，即在结构上是盲目的。

在准确的传统逻辑学中，“和”可以联结任何两件东西或者任何两个命题，不管二者之间意味着什么，也不管二者彼此在结构上是否有从属关系。“和”意味着这是“是”或“真”，那也是“是”或“真”。从希尔伯特和阿克曼的经典论文中，我们可以找到“和”的传统含义的例子[①]。如下列“2 比 3 小和雪是白的”，这就是“和”的传统含义。这里我们可以看到，上下命题的内容如果放在

① Hilbert D, Ackermann W. Grundzuege der Theoretischen Logik. Berlin: J. Springer, 1928. 3

一起，无非是加的总和而已；第一命题的实际内容与第二命题的实际内容没有什么联系；二者的题目没有内在的结构上的关系。在这个加法总和中，每一件事不管另一命题怎样，或者另一命题是否有了变化。这个例子可能使读者感到震惊，但是这个例子为我们提供了结构盲目的逻辑学中“和”的准确含义。

事实上，这个空洞的“和”仅是一个极端的例子。在生动的思维中，“和”在多数场合并不具有这样的特征。有的“和”是联结了互相从属的两件东西、在结构上彼此需要的两件东西。还有的“和”联结了不应该在一起而把它们放在一起的两件东西，互相破坏的两件东西。这两种“和”，在功能上与结构上盲目的“和”不同。真正的“和”往往具有非常严肃的性质，蕴涵着动力学的后果，而使用空洞的“和”则对动力学的后果无知。甚至在形式逻辑中，我们应该对不同类的“和”加以基本区别，因为普遍应用空洞的“和”会使思维者莫名其妙，以致把一些东西放在一起的时候，他不理解实际在做什么。

在现代数理逻辑中，“和”是用一组两句命题的真假值来下定义的。看来很漂亮，但是这样程序对“和”以及对两句命题的含义表现出对结构明显无知。这种程序只宜于用在两个命题之中，它们所讨论的内容是彼此无关的，而这里的“和”无非表示两个命题中的每一个都是真的而已。但是在有些例子中，两个命题之间内容的联系不属纯加法的总和。如果我们首先单独考察命题中的每一句，然后，当两个命题用“和”彼此联结的时候，去寻找发生了什么变化，我们就会发现，这个“和”给命题的意义带来了很大的变化。在简单关系网络上的有关命题里，在某种程度上这一点已经表现得非常清楚——即根据所谓的数理逻辑学家暗指的定义，从而在真假值表本身上，都发生了变化。真假值表以纯粹的加法总和形式出现。如果我们考虑结构上的特点，这不过是远为丰富而深刻的逻辑关系中一种极端的例子而已。

结论是：真正的“和”蕴涵着真正的关系，标志着存在特殊的整体及其动力学。

传统逻辑具有结构盲目性和功能盲目性，于是逻辑体系中对一些项目不予考虑，例如“如果”、“然而”、“无论如何”等，这是很严重的问题。

正如“和”的含义一样，“关系”的含义也有同样的情况。

有这样一些例子，其中的

|a| |R| |b|

只是纯粹加法总和的关系，其中的三个项目彼此之间没有任何有意义的联系。R 对 b 的关系，对 a 来说毫无任何后果，对 b 也是同样没有后果。其次也有一些例子，将结构上彼此不相宜的两件东西或项目，硬放在一起发生某种真正的关系，破坏彼此的相互需要，然而又非必须放在一起不可。这种关系的形式，往往会在结构上的动力学方面产生强烈的结果。也有第三种情况，两件东西或项目之间存在着实际的关系，项目之间在一个良好的结构下互相补充，互相配合而构成一个良好的整体。

最后，还有这样的例子，其中项目因内在的必然性而相互依赖，并通过明确的方式表现出来；这时，a 和 b 决定 c 或者要求得到 R；a 和 R 要求有一个合适的 b，而 R 和 b 又要求有一个合适的 a。

正如“和”以及“关系”一样，我们发现否定的概念也可以从空洞的、结构上盲目的意义上来了解。然而这只是否定的极端例子，只能用于特殊的情况。另一方面，否定某个东西可能意味着，某个东西恰如其分地不是这样，这个否定正好是情境结构上的本质所需要的。但是还有一种“否定”，它叙述某种事物的欠缺，但是这个事物本身，事实上正是情境结构上所需要的东西。后两种否定都和没有结构上的意义的空洞的否定相反。描绘结构上欠缺实际上就是经典逻辑学的 negatio privativa（欠缺否定）这时，明确了解其结构上的本质很重要。在空洞的否定以及“不是”的各种形式中，存在着多种多样的形式。

逻辑学中非常基本的“如果……则”形式，也同样存在着这种差异。一个极端例子纯粹是形式的，对结构无知的，例如：“如果二比三少，那么雪就是白的。”① 为了形式上的目的，研究这种最空洞的、对结构上最无知的类型也很重要。有时我们在实际生活中必须和这种类型的经常联系打交道，有时在创造性过程的初期甚至也是如此。但是在切合实际的思维中，“如果……则”很少属于这种空洞的类型。前面刚刚提到的例子使人震惊，说明常识是正确的。“如果……则”的大部分包含着结构上的合理性。它不意味着在没有关系的主题中间随便加一个“如果……则”。有意义的“如果……则”要求某种内在的连贯，某种结构上的本质联系。所以空洞的类型只是一个极端的例子，其中所有结构上的联系都完全消失而只留下外表的形式，它对“如果”下面的主题以及“则”下面的主题都毫不相干。

再谈一下同一律。完全同一的例子在实际思维中很平庸，很少引起争论。真正的问题在于，尽管外表上有差异，仍然发现其中有“同一性”。在这里，根本的任务是区分忽视结构枝节的同一性和结构上的同一性。在心理学实验中，研究这两者的差异一向是可能的。研究有关具体题材导致了明确的结果；枝节的同一性只有在结构上条件许可的时候才是合适的②，这是特殊情况。

真理本身也是一样。研究真理的问题产生出四值逻辑的图式，其中每个项目都给它真或假的值，但是既可以从原子论的意义也可以从结构上的意义来了解③。这方面，在结构上无知的程序中，导致只有二值的亚里士多德逻辑的特殊例子。

所有这些问题对创造性思维起着重要的作用。但是，应该将这些问题看作是思维动力学这个大问题的一部分。传统的逻辑学集中注意准确性的问题和静止的特点；一般逻辑的理论则致力研究动力事件的逻辑特点和规则，这些又都涉及结构问题。

举例来说，我们说同一性常常应该从结构上的意义中来了解。

---

① 这个例子不是我发明的。引用它是作为极端的例子。

② Ternus J. Experimentelle Untersuchungen über Phanomenale Identitat. In：Psychologische Forschung，1926（7）：81～136

③ Wertheimer M. On Truth. In：Social Research，1934（1）：135～146

但只是这样说还不够。传统的逻辑认为，逻辑有一个非常根本的原理，就是在讲话的时候，其中的项目，如概念、命题等等，如果被重复的话，应该严格地遵守同一性。对于准确性的某些问题来说，这个原理很重要。然而一般来说，这个原理与真正的思维并不相符合。在真正的思维过程中，项目并不总是严格地同一的；从事实上来看，这些项目的变化与改进却是合乎要求的。如果一个项目、概念或命题在过程中重现，而且从原子论的观点来看，是同一性；其实，往往不是这样。其功能与结构上的含义实际上发生了变化。幸亏如此。不了解这种意义的变化往往有碍于创造性思维过程。在真正思维中，项目、命题的功能含义随着思维的进展而变化，这是非常重要的——没有这种变化，思维就会僵化；觉察不到这种变化，人们就不能掌握前进的脉络。因为陈述等等在上下文中有一个方向。生动活泼的思维过程具有强烈方向性，它会改进一个特定的情境。而传统逻辑对这个方向性置于不顾，这就是传统逻辑的基本特点。

选自：韦特海默．创造性思维．林宗基译．北京：教育科学出版社，1987

思想评介

对格式塔学派的评价

诚如已故心理学家杨清所言：“格式塔学派是一个内容较为复杂，体系较为严整，立论较为精密，影响较为广阔，极富于迷惑力的心理学派别。”① 我们拟从三个方面对格式塔学派进行简要评价。

① 杨清．现代西方心理学主要派别．沈阳：辽宁人民出版社，1980．329

（一）格式塔心理学的建立：两个经典实验及其新诠释

格式塔心理学家做过许多实验，但是促成格式塔心理学创立的有两个经典的实验。

1. 似动现象的实验

似动现象实验是韦特海默开始建立格式塔心理学的主要实验根据，也是创造格式塔心理学派的开端和标志。

1910年夏，韦特海默从维也纳去莱因兰度假的途中，在火车上反复思考构造主义的理论，突然获得一个解决视觉运动方法的灵感，临时决定中途在法兰克福下车，立即到玩具店买了一个玩具动景器，从透镜中观察定速移动的静画，可以获得图像活动的知觉。他在旅馆中就开始着手设计实验，并初步检验自己的想法。次年，韦特海默在法兰克福大学任教时，又用新设计的速示器正式开始实验研究，并以当时该校两位年轻的学者苛勒和考夫卡为助手和被试者，三人合作继续实验研究了似动现象。

所谓似动现象，是指先后出现的两静止刺激，被个体知觉为刺激从前面一个刺激的位置向后面的一个刺激位置运动的现象。

韦特海默用速示器通过两条细长的裂缝，先后在幕布上投射出两条光线，一条是垂直线，另一条则同这条垂直线成20度或30度角。如果先后投射这两条线间隔时间很长（如超过200毫秒），这时被试者看到的是两条先后出现的光线。如果两条线出现的时距很短（如30毫秒），这时被试者看到的是两条同时出现的光线。可是，如果在两条线出现之间有一最适应的时间间隔（例如60毫秒），这时被试者实际看到的光线则是从一处向另一处移动。这种原来是静止的两条光线，能在一定条件下知觉为单线移动的现象，被称为似动现象（或ø现象）。

对上述运动知觉的机制，以前有三种解释：(1) 以冯特为代表的眼球运动说；(2) 以马尔比为代表的后像混合说；(3) 以厄棱费尔为代表的感觉综合说（或联想说）。

韦特海默对这三种解释一一作了反驳，并提出了自己的新解释。他的实验表明，在幕布上先呈现出 A_1 和 B_1 两线，然后隔60

毫秒再在它们的左右两方同时各呈现出 A_2 和 B_2 两线。这时，被试可看到 A_1 和 B_1 同时各自向相反的 A_2 和 B_2 方向移动，而眼球不可能同时向相反的两种方向运动。须知，眼球运动至少需要 130 毫秒以上，60 毫秒时间是不可能产生眼动的。因此，眼球运动和似动现象无关。既然证明眼球并未移动，那么后像混合说也就不成立了。

至于感觉综合说，韦特海默也予以否定。他认为被试者看到的好像是单线移动，不是先看到两条孤立的线，然后在这两条线的感觉基础上通过综合作用才产生运动的。多数人认为，这种反驳不够有力。相反厄棱费尔的形质说却是格式塔心理学思想的先驱。

韦特海默认为，似动自身是一种现象，是一个整体或格式塔(或完形)，而不是若干不动的感觉元素的集合。他进而推论，心理现象的整体是不可分析为元素的。因为整体并不等于部分之和，整体是先于部分而又决定各个部分的。这是韦特海默根据似动现象实验研究，首次提出的格式塔主义观点，并以题为《视见运动的实验研究》的论文于 1912 年发表在《心理学期刊》上。后来它被公认为格式塔心理学派建立的标志。

2. 小鸡视觉辨别的实验

小鸡视觉辨别实验（1918）是苛勒为验证格式塔心理学提供的一个实验根据。该实验中，实验者把谷子撒在两张纸上，一张纸是明度较低的深灰色，一张纸是明度较高的浅灰色。小鸡啄浅灰色纸上的谷子，就让它再吃，如啄深灰色纸，就不让它再吃。做了 400~600 次，深浅纸常常换位。最后小鸡学会拣浅灰色纸啄。此后再把深灰色纸换上比浅灰色纸更浅色的纸。结果，小鸡不是啄原来啄的那张浅灰色纸，而是啄新的更浅灰色的纸。苛勒认为小鸡不是对特殊刺激的反应（有百分之三十的被试的小鸡还是啄原来的浅灰色纸)，而是对整个情境下相对关系的反应。如果说似动现象实验为格式塔心理学的建立提供了科学根据，那么小鸡辨别实验则为格式塔心理学的确立提供了科学证明。

从格式塔心理学派的三位倡导者来看，韦特海默处于领袖的地位，但他的著作最少，苛勒的著作较多，而考夫卡的产品最多。但从他们在反对冯特的元素主义的改革运动、建立格式塔心理学满腔热情的影响来看，正如波林所说："耐人寻味的是，我们看到这三个人的创造性与他们的多产力构成的反比例。"①

（二）格式塔心理学的体系

格式塔心理学这个名称不像意动心理学、机能心理学或行为主义那样明确地表示出它的性质，格式塔（gestalt）即形式或图形，广义地说，即形态或要义，它是与冯特的内容心理学相对立的，斯皮尔曼称之为"形的心理学"，这个名称似有其片面性。格式塔又有"structur"的意义。但是考夫卡认为，"这个名词不得译为英文structure，因为构造主义和机能主义争论的结果，structure在英美心理学中已得到了很明确而很不同的含义了"。因此考夫卡采用了铁钦纳对structur的译文configuration，中文译为"完形"。②

苛勒认为格式塔一词具有两种涵义：一种是指事物所具有的一般属性，在这种涵义中，格式塔即形式；另一种涵义是指具体的个别的特殊的实体，形式只是它的属性之一。依据这个传统，格式塔说便以格式塔为分离的整体。③考夫卡指出：假使有一种经验的现象，它的每一成分都牵连到其他成分；而且每一成分之所以有其特性，即因为它和其他部分具有关系，这种现象便称为格式塔。韦特海默也曾指出，格式塔理论的基本公式可用如下的方式来表达：整体不决定于其个别的元素，而局部过程却决定于整体的内在特性。总之，格式塔不是指孤立不变的现象，而是指通体相关的完整的现象。完整的现象具有它本身的完整的特性，它既不能割裂成简单的元素，同时它的特性又不包含于任何元素之内。

我们掌握了格式塔或完形的一般的涵义，就可有助于我们对格式塔心理学体系的理解。现在试从格式塔心理学研究的对象及其研究的方法等方面，来作进一步的阐述。

---

① 波林．实验心理学史．高觉敷译：北京：商务印书馆，1981．342

② 考夫卡．儿童心理学新论．北京：人民教育出版社，1957．序言

③ 苛勒．格式塔心理学：英文版．出版地不详，1929．192

1. 格式塔心理学研究的对象

(1) 苛勒的直接经验。

格式塔心理学也以行为为心理学的对象，但在实质上并不否认意识。格式塔心理学家要用另一种词语代替意识。苛勒把“经验”作为意识的同义词。他认为心理学曾有一个时期被假定为有关直接经验的科学。“心理学家通过直接经验的叙述，不仅希望对这种经验的一切变化作有条理的记载，而且对这些事件的函数关系也得到大量的知识。甚至他还有志于求得直接经验消长起伏的规律。”[①] 但是行为主义者则对这种旧心理学进行了批评，认为它在对象和目的上都迷失了方向。他以心理学和物理学相比，认为物理学观察客观的事物，心理学则通过内省法与直接经验打交道，所以不同的心理学家对于相同的“事实”得到不同的结果。苛勒虽然对行为主义者的意见表示同情，但对直接经验作出了不同的评价。

苛勒认为物理学家研究物理现象，心理学家研究心理现象，都离不开直接经验。他说，“对作为物理事件的物理事件，我永远不能作直接的叙述。因此，我对物理事实的观察在原则上与对一个视觉后像、边缘视觉所持有的模糊形象或我的健康之感的观察常常是属于同一种类的观察。我对物理观察的精确性决非由于我在物理学中回避了直接经验的缘故。我不回避它，因为我不可能回避它。这样做是有实效的。对直接经验的某些观察乃是科学的适当的基础”[②] (着重点是原有的)。

所以据苛勒看来，物理学和心理学的观察都须通过直接经验，在这一点上心理学和物理学是没有什么差异的。但是苛勒说，“现代物理学在物理研究的关键时刻对有决定性作用的经验进行审慎的选择从而获得实际的好处。当然，物理学家不理睬一切主观经验……心理学家在试图观察和描述直接经验时所遇到的一切困难，物理科学就完全可以避免了”[③]。就是说，物理学以处理客观经验

---

① 苛勒. 格式塔心理学：英文版. 出版地不详，1929. 8

② 苛勒. 格式塔心理学：英文版. 出版地不详，1929. 23

③ 苛勒. 格式塔心理学：英文版. 出版地不详，1929. 35

为限，心理学要兼行处理主观经验。因此，心理学和物理学还是有所不同的。所以物理学可以采用客观的研究法和量的测量，至于心理学则须满足于质的研究和推测。苛勒说："在某种情境之下观察小狗时，常可引起这样一个重要的问题：这个动物的某种行为是否代表游戏的活动或对情境的'认真的'反应。这种问题不意味着小狗的意识；它只涉及我们客观观察到的某些特有的差异。这个差异就是质的差异的一种。又如在稍微重要的情境中，观察一个人，看他对我们讲话时，是否声音'如常'或'颤抖'。在目前，这种观察只能是一种质的辨别；即使将来有一种方法测量声音的稳定性，但是这种方法也永远要有一个先决的条件，就是我们在直接观察中知道声音的不稳定性这个特点究竟意味着什么。"① 所以研究行为要以客观经验和主观经验互相印证，而华生的行为主义则根本否定了意识或经验。

苛勒批评行为主义是言之成理，持之有据的，但他是站在唯心主义立场对行为主义进行批评的。

苛勒说："在我面前而为我所看见和觉得的'物体'决不等同于相应的物理客体。这个客体影响了我的身体，在我的体内引起了某些变动，最后的结果就是显现在直接经验中的'物体'。这种'物体'是我所知道的第一项目。因此，我如果一旦感到需要，我就必须由此构成物理世界的一幅图景，这幅图景是从间接推论出来的东西。与此相反，显现在我面前的世界和物理学家构成的世界不同，这个世界叫做直接经验的世界。"② 他又指出："在这种情形之下，直接经验的世界是我所有的第一个世界，我所知道的关于物理世界的一切，既然是后来从经验着的世界推论出来的，那么，这个经验世界，对我说来，是我继续推测物理实在的唯一基础，我如何能否认它呢？当然，谁也不能阻止我，如果我高兴的话，去设想那物理世界究竟是较重要和较主要的世界。但是即使在那时，我还得承认另一世界是首先而且永远为我而存在的，除非我去观察我的

① 苛勒．格式塔心理学：英文版．出版地不详，1929．39～40

② 苛勒．格式塔心理学：英文版．出版地不详，1929．23

‘客观经验’，作出关于物理世界的结论外，我就没有其他办法去发现物理世界的性质。”① 当苛勒认为一个物理的客体影响了我们的身体而产生了物体的映象时，他是不错的，我们不必在这方面和他有所争论。当他认为直接经验的世界是我们所知道的第一个世界时，他也没有很大的原则性的错误，因为我们也认为意识是我们所首先接触到的现实。但是必须指出：我们认为意识经验是第二性的东西，是客观现实在我们头脑中的反映。至于苛勒，由直接经验中的“物体”是我们所知道的第一种东西出发，就断言客观现实仅仅是我们通过直接经验而构思出来的东西，因此，是第二性的东西。这样，他便犯了主观唯心主义的错误。

(2) 考夫卡的行为环境。

考夫卡也以行为为心理学的对象，他说，“现在我们要明确心理学的任务是研究行为与心理物理场的因果关系”。可见心理学的对象除行为外，还有所谓心理物理场。这个心理物理场含有自我和环境的两极性，而这两极的每一部分都各有自己的结构。所谓结构就是说环境不是各色各样感觉的镶嵌或乱七八糟的总合。自我也不是一点，一个总和或欲望本能的集合。他以为人格这个概念或可用以说明自我的意义。② 他又把环境分为地理环境和行为环境。地理环境就是现实的环境，行为环境是意想中的环境。考夫卡认为行为产生于行为的环境，受行为环境的调节。他用一个生动的例子来说明这个问题。一个冬天的晚上，在暴风雪中，有一个人骑马来到了一个旅店，暗自庆幸经过几小时的奔驰，骑过冰天雪地的平原，居然能够找到暂时安身的地方。旅店主人开门迎接，惊问客从何方来。客遥指他所由来的方向。旅店主人用惊奇的语调说：“你知不知道你已骑过了康士坦斯湖?”客听他一问，就惊毙在他的脚下了。③

---

① 苛勒．格式塔心理学：英文版．出版地不详，1929．25～26

② 考夫卡．格式塔心理学原理：英文版．1963．67．转引自：华生．心理学史基本著作：英文版．出版地不详，1980．307～308

③ 考夫卡．格式塔心理学原理：英文版．1963．67；转引自：华生．心理学史基本著作：英文版．出版地不详，1980．27～28

试问客的行为发生于何种环境之内呢？考夫卡认为在客骑马过湖时，地理环境是大湖，行为环境则是冰天雪地的平原。由于客听了旅店主人的话就大惊毙命了，可以证明，客如果事先知道前面是一大湖，他的行为就会有很大的变化了。因此，考夫卡认为行为受行为环境的调节。

但由我们看来，人的行为永远是在实际环境中发生的，它所反应的是实际的事物，只是由于年龄、性别或教育的不同，以致赋予有关环境或事物以不同的意义。如果像考夫卡所说，人的行为是针对意想中的环境，那么他如果遇虎而逃，难道他不是逃避实际的老虎，而是逃避意想中的老虎？

2. 格式塔心理学的同型论

格式塔心理学认为心理现象是完整的格式塔，是完形，不能被人为地区分为元素。

韦特海默认为观察窗外时所看见的是一幢房子，几株树木和天空，不是多少个光和色的元素。尽管我们在理论上可分析出比如327个元素，可是我们还是不能认出327个元素的本身，而只能看到天空、房屋和树木。如果用这一古怪的计算，碰巧得出房屋的元素是120，树是90，天空是117，我们仍然只能看到自然的组合，而不说127个元素加100，再加100，或者说150个元素再加177。①韦特海默把这种人为的元素计数称为毫无意义的相加而成的关系。因此，感觉元素不是自然而然观察到的现象，而是人为的抽象的产物。

照格式塔心理学家看来，自然而然经验到的现象都有一个基本特点，那就是它们都自成一个格式塔，格式塔是一个通体相关的有组织的整体，它不是部分之和，而部分也不含有整体的特性。

格式塔不仅是一个有组织的整体，并且本身含有一定的意义，可不受以前经验的影响。比如我们已熟悉E，H，K的英文字母，现在下面三个图形含有这三个字母在内，可是我们初看一下，往往

① 韦特海默．知觉的完形组织与格式塔心理学．见：华生．心理学史的基本著作：英文版．出版地不详，1980．292

看不出图 6–15 含有 E 的字母，图 6–16 含有 H 的字母，图 6–17 含有 K 的字母，我们就是看了很久，也不易看出它们。照格式塔心理学家看来，尽管我们对这些字母已很熟悉，可是不熟悉的图形如果有完整的组织，而将熟悉的字母的图形掩盖起来，我们就只能看到不熟悉的图形，而看不到熟悉的图形。① 他们想以此来说明以前经验对有组织的格式塔是不起作用的，从而证明格式塔是先验的产物。但他们所设计的这些所谓不熟悉的图形，也未必能完全排除以前的经验的影响。

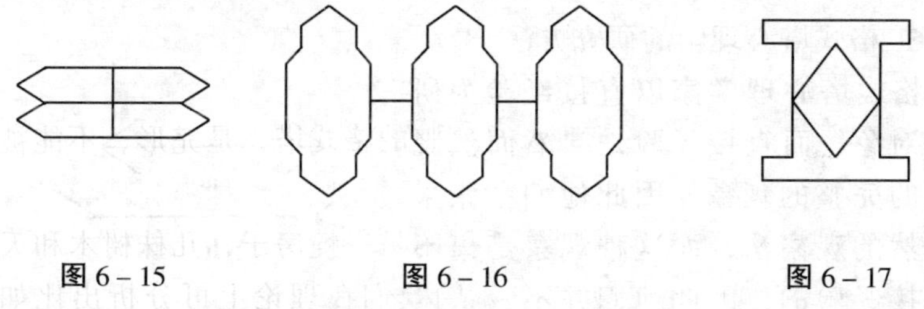

图 6–15　图 6–16　图 6–17

格式塔心理学家认为物理现象和生理现象都有同样格式塔的性质，因而它们都是同型的。

就物理现象来说，比如水是由 2 个氢原子与 1 个氧原子所组成，但水不是氢和氧之和，而是一个全新的结构。又如在一个盛水的容具里，水的各分子间具有一定的力的分配，如果再加一点水进去，立即可以改变原有的水的分配状态。在电的现象中更为明显，我们把两个电容器用电线连接起来，它们便成为一个动力系统，保持着相等的电荷。我们不论改变哪一个电容器的电荷，立即可使另一个电容器发生影响，用以保持电荷之间的相等关系。既然物理现象与心理现象是同型的，它们之间就有相对等的关系。

生理现象也是这样。我们上面说过的魏斯的细胞移植的实验，以及拉施里的大脑机能的实验等等，都说明生理现象也是一种通体相关的现象，具有格式塔的特点。由于生理现象也是和心理现象同型的，格式塔心理学家就认为不论我们的空间知觉还是时间知觉都

① 苛勒．格式塔心理学：英文版．出版地不详，1929．211

是和大脑皮层内的同样过程相对等的。苛勒指出，如果一个人感知到灰色背景上的白色圆形，这就意味着他的脑内也存在着一个具有圆形的有限区域，一些强有力的电荷沿着这个圆形的轮廓不断运动着，环绕着这个区域的是一个电荷较弱的场，它和灰色的背景相适应。

格式塔心理学家把他们解决心物和心身关系的这种理论称为同型论，这种理论否定心理是客观现实的反映，心理是脑的机能，并且带有浓厚的思辨和推论的性质，它实际上不过是身心平行论的翻版。

3. 格式塔心理学的研究方法

格式塔心理学家以直接经验为研究的对象，而直接经验是自然而然观察到的完整的现象，因此他们主张采取自然的观察法，而这种观察是离不开直接经验的，因此他们并不否认内省法，只是反对人为分析的内省法。

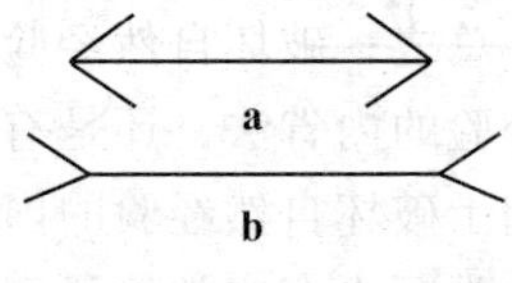

图 6－18

苛勒认为若将内省法用作观察自然经验来说，原是无可厚非的，可是有些心理学家所采用的分析的内省法则可使心理学陷入歧途，即他们以“人为的方法破坏了自然的经验”。比如图 6－18 中，a 和 b 两线的长度本来是相等的，可是由我们看来，a 线好像比 b 线短，根据构造主义的内省的分析，这种感觉经验是不“真实”的，因为我们若排除它们和环境发生的任何关系，单把 a，b 二线抽出来看，那么它们就不再有长短之分，而这才是“真实”的感觉经验。可是照格式塔心理学看来，这种所谓“真实”的感觉经验反而是不真实的，因为这是人为的方法破坏了自然经验的结果，a，b 两线由于附加了两个不同方向的箭头，各自组成了一个格式塔，它们之间又有一定的关系，所以把它们看成一长一短，才是真实的自然经验。因此他们极力反对传统的内省法。苛勒指出：“如果内省主义者的这种态度还流行下去，那么心理学就永远不会严格地研究那些组成我们整个生活重心的经验了。相反地，它只观察和讨论那些罕见的不寻常经验的属性，而这些属性似乎是经常隐埋着的，它们的存在和我们的实际生活，并不发生什么关系。”①

格式塔心理学虽然反对不自然的人为的分析，但也不否认自然的机能的分析，所谓机能的分析就是根据完整的单位来分析。所以苛勒说，“我们甚至可以说，我们在格式塔的分析中找到了场内的‘真确’部分是分离的整体，而在这些整体和组合中，它们的‘真确’部分又是附属的整体和成分，至于内省分析的所谓感觉则仅为设想和理论中的存在。”② 什么是‘真确’的部分或单位和次单位呢？比如一棵树、一支笔都是自然而然形成的‘真确’的单位，将树分成树干、树叶，将笔分成笔头、笔套，这是自然而然的‘真确’的次单位，至于把树和笔割裂为颜色、软硬、糙滑等等感觉，那只是人为的分析，有损于自然经验的完整了。

总之，破坏自然经验的分析的内省法是要抛弃的，但不破坏自然经验的内省法，还是有存在的价值，不能轻率地一概加以否定。有别于破坏自然经验的内省法，苛勒另称之为直接观察法。

为了更有成效地研究自然经验，格式塔心理学也采用控制一定条件而自然而然地进行观察的现象论实验法，格式塔心理学家所常引用的鲁宾的两可图形（见图 6－19）的研究，就是现象论实验法的一个范例。图中的感觉元素始终是一样的，可是我们先后可有两种看法。若以白色为图形，黑色为背景，则看到的是一个杯子；若以黑色为图形，白色为背景，则看到的是两个对向的人面。因此我们自然而然观察到的不是感觉元素，而是完整的整体。这不仅说明了整体不是部分的集合，并且也说明了在控制一定条件的实验中，我们必须采用自然而然的观察。韦特海默对于运动知觉的实验，苛勒对猩猩进行的实验，都是在设计

图 6－19

① 苛勒．格式塔心理学：英文版．出版地不详，1929．86

② 苛勒．格式塔心理学：英文版．出版地不详，1929．183

一定的条件下，通过自然而然的观察，进行的自然的机能分析，用以证明各种心理现象都是格式塔的现象。

从这种观点出发，格式塔心理学家认为经验是很难用数量来计算的，照他们看来，心理学不宜在年轻时期立刻作量的研究，而只能对经验进行质的分析。从自然科学的发展来看，也往往先作质的观察，然后进一步再作量的研究。比如物理学在测量X光之前，也先经过质的研究。心理学即使要模仿物理学，也应模仿在年轻时期重质的物理学，而不宜模仿在成年时期重量的物理学，并且量的研究也需要直接经验的观察。苛勒指出："行为主义以为我们可研究被试者的情绪行为而不牵涉到他们的主观经验。的确，心理学家已经想把这种观察改变为更精确的记录和测量。他们正在应用呼吸描记器、体积描记器、皮肤电反射器等记录的方法，可是这些结果还不能使我们得到鼓舞，因为我们对这些仪器所记录的曲线的解释，尚需有赖于同时的直接观察，而不能单从这些曲线来得到正确的结论。目前这些方法似乎本身还有问题，还不是解决心理问题的工具。在大部分事例中，我们较易在被试的行为中看出他的'愤怒'，而不容易从血液中肾上腺素的测量看出愤怒。"①

当然，我们不能像行为主义那样，片面追求量的精确，而把生理变化与心理现象混为一谈，但是心理现象确是和某些生理变化密切联系着的，把这些变化当作心理现象的客观指标，根据质与量的辩证关系来进行研究是完全可取的。我们决不可以片面强调经验的质的分析，而忽视精确的量的研究。

4. 格式塔的组织原则

格式塔心理学认为我们自然而然地观察到的经验，都带有格式塔的特点，因此他们就把格式塔这一概念，广泛地运用于心理学的全野。由于格式塔心理学是从研究运动知觉开始的，并且自然而然的观察所直接碰到的往往是知觉的问题。因而他们早期进行的研究，主要是知觉方面的问题，他们根据大量的工作，提出了如下一些形成一个良好格式塔的组织原则或因素：

---

① 苛勒．格式塔心理学：英文版．出版地不详，1929．40

(1) 格式塔的组织原则。

①图形与背景。在具有一定配置的场内，我们对其中的对象并不是都很明显地感知到的，有些对象突现出来而形成图形，有些对象退居到衬托的地位而形成背景。一般说来，图形是具有一定界线的组织比较严密的对象，背景则是没有界线的同一性的空间或时间；图形是被包围的比较小的对象，背景则是包围着的比较大的对象。

图形与背景的区别愈大，图形愈可突出而为我们所感知。比如在静夜中我们愈能听到清脆的钟声，在绿色弥布的丛叶中我们愈能看到鲜艳的红花。图形与背景的区别愈小，我们就不易把图形与背景分开。军事上的伪装就是要使图形与背景缩小区别。

②最短距离的原则或邻近的因素。某些距离较短的或互相邻接的部分，容易组成整体。例如图 6-20 中，距离较近而相邻接的两线，自然而然地组合起来成为一个整体，图 6-21 中距离较近而相邻接的三点，也自然地组合成为一个整体。

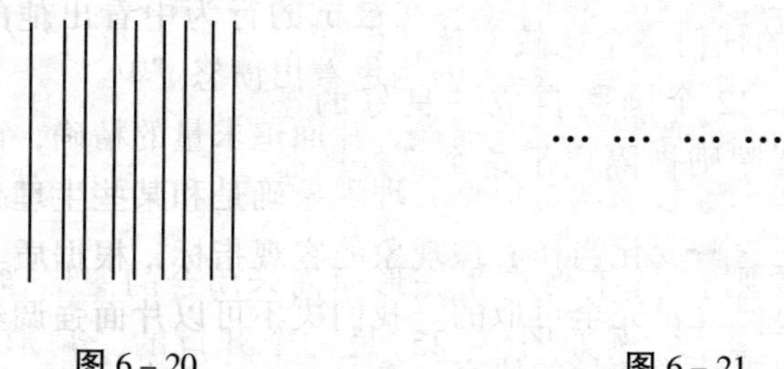

图 6-20　　图 6-21

③类似原则。互相类似的部分容易组成整体，如果各部分的距离相等，但它们的颜色有异，那么颜色相同的部分就自然组合成为整体。例如图 6-22 中以○代表白色，以●代表黑色，我们若用自然而然的态度去看，我们容易把它们看成直线的排列，而不会看成横线的排列。

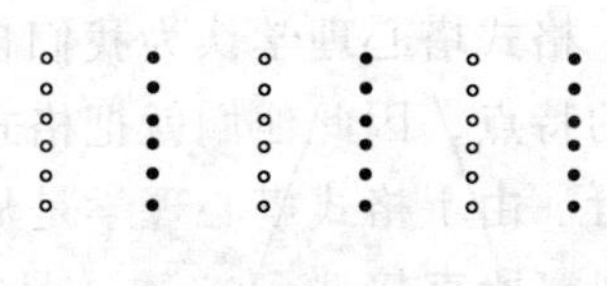

图 6-22

④共同命运原则。一个整体中的部分，如果作共同方向的移

动，那么这些作共同方向移动的部分容易组成新的整体。例如图6－23中的排列，可看到abc，def，ghi，jkl等组合。

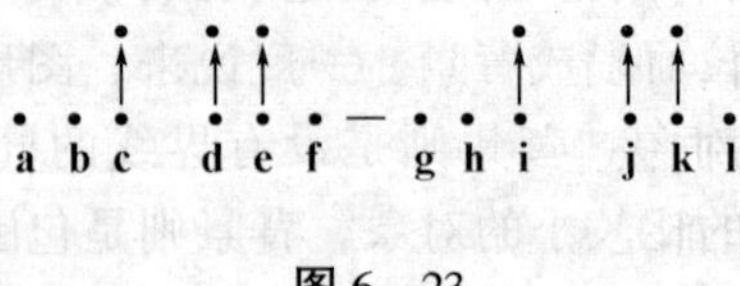

图6－23

如果cde及ijk同时向上移动，那么这种共同的运动可组成新的整体，即我们看到的不是abc/def/ghi等等组合，而是看到ab/cde/fgh/ijk等组合。

⑤完形的倾向性或良好完形原则。彼此相属的部分，容易组合成整体，反之，彼此不相属的部分，则容易被隔离开来。例如图6－24中12个圆圈排列成一个椭圆形，而另一个圆圈靠近在任何12个圆圈的旁边，尽管它与12个圆圈的任何一个比较邻接，但我们任意张望一下，12个圆圈自成一良好的整体，而另一个圆圈则被隔离于这个良好的整体之外。

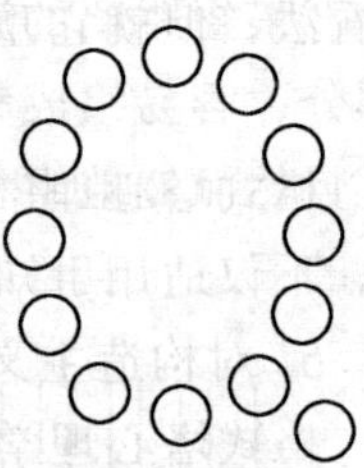

图6－24

⑥闭合的原则。一个有倾向于完形而尚未闭合的图形，容易被看作一个完整的图形。例如图6－25，是一个开口的三角形，我们顷刻瞥见，总有把它合拢的倾向，而看成顶尖合拢的三角形。又

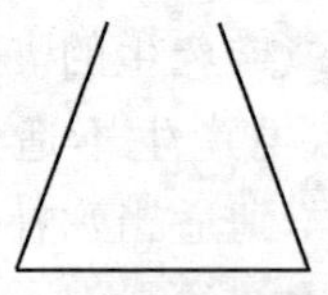

图6－25

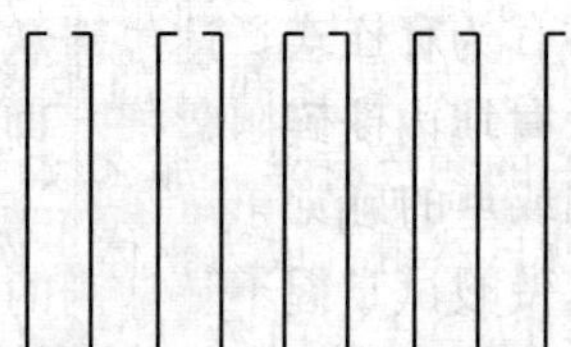

图6－26

如我们把图 6－20 中的各条直线加上两条短线如图 6－26 所示，我们就不会把距离最短而相邻接的两线看成一个整体，而是把距离较长而较不邻接的具有四条横线包围的两条直线看成一个整体，因为它们虽然还未闭合，但有完成长方形的倾向，因而就自然而然地引导我们朝着这一方向去观察。

这些原则并非都是崭新的，有些原则是已经为人所周知的常识，有些原则则以过去实验所建立的事实为基础，或本身就已经成为过去实验的基础。但从格式塔的观点出发，把它们组织起来，却构成了全新的一章。它把各种经验的组织描述为可感知的物体，再把这些物体的结构描述为较大的系统，而不与感觉或其属性发生任何关系。从它在现象上认为经验先于物体来说，完全是一种先验论的看法，但就它重视现象的整体和关系来说，却带有辩证法的因素。

格式塔心理学认为这些原则不仅适用于空间，也可适用于时间，不仅适用于知觉，也可适用于其他心理现象。

5. 对构造主义的“一束说”和“恒定说”的批评

格式塔心理学对直接经验应用自然的观察法，并且发现经验具有格式塔的特性，因此格式塔心理学反对构造主义的两种假设，即“一束说”和“恒定说”。

“一束说”就是把经验人为地分析为不真实的感觉等等元素，然后把这些支离破碎的元素勉强地捆绑在一起，粘合成不真实的混合物、镶嵌物或捆束物。格式塔心理学认为这种假设是完全错误的。首先，我们自然而然地观察到的是有一定意义的整体的经验，而不是具有一定样式、性质和强度特性的简单的感觉经验，比如我们可直接看到一棵树、听到一首歌曲，而不是直接看到或听到某些孤立的色或声的感觉；这些孤立的简单的感觉经验，只是在人为的条件下取得的，它们不是真实的经验。我们既然没有孤立存在的感觉经验，那就不能把它当作在任何场合都可采用的简单的元素。其次，即使我们假定有这些简单的元素存在，我们也不能认为把它们勉强捆绑起来就成为整体的经验。比如正方形不是四条等边之和，歌曲也不是某些声音感觉的机械的集合。

格式塔心理学做了大量的研究工作，来证明我们经验到的不是整体中的孤立的部分，而是各部分之间密切联系的整体。比如在灰色的背景上放置一个红十字形，经20秒的注视后，我们可在红色的边缘，看到呈有相补的绿色。现在把红十字形横的一臂切去一点呈现出一个凹形的缺口，我们在注视之后，这凹形的缺口将呈现什么颜色？构造主义者认为应呈现出绿色，因为这缺口的灰色边缘必定会产生对比的补色，格式塔心理学则认为它应该呈现出红色，因为它受到整个红十字形的影响，而具有完成良好完形的倾向，观察的结果，证明格式塔心理学的看法是正确的。

苛勒也做过如下的实验：他采用两只灰色的箱子，一为深灰色，一为淡灰色，深灰色的箱子里不放食物，而淡灰色的箱子里放了食物，两只箱子的位置常常改变。他训练猴子去反应淡灰色的箱子，学习成功后，再用一只灰色更淡的箱子去代替深灰色的箱子，而把食物放在灰色更淡的箱子里。如果猴子先前所反应的仅为孤立的特殊刺激，而不是两只箱子所组成的完形，那么它应当反应原来灰色较淡的箱子，可是实际上猴子反应的不是原来淡灰色的箱子，而是反应现在灰色更淡的箱子。后来苛勒用同样的实验来测验母鸡及三岁半的儿童，也得到同样的结果。这就证明了动物和儿童不是对全体中的部分刺激发生反应，而是对全体中所包含的关系，即部分所组成的格式塔发生反应。

“恒定说”就是指刺激和反应之间，具有固定的一对一的关系。格式塔心理学家认为若以刺激和反应之间一对一的关系来说明完整的知觉，未免失之于机械而难以自圆其说了。

格式塔心理学常以知觉的恒常性来批驳元素主义的恒定说。在我们日常生活中，在一定的限度内，刺激物投射到我们视网膜上的现象虽已发生改变，可是我们对它的知觉，还是恒定不变的。比如晚上雪景射到我们眼中的光线，也许比不上在亮光中一块煤反射到我们眼中的光线，可是我们总觉得雪是白的，煤是黑的，这叫做色的恒常性。又如一张方桌子，我们不论站在什么角度去看，尽管它在我们视网膜上的投影已有改变，可是我们总觉得它是方的，桌子上放置的菜盘，也许放射到我们网膜中的投影已是椭圆形的了，可是我们看来还是圆的，这叫做形的恒常性。既然刺激已有改变，而我们的知觉保持不变，那就不能用刺激与反应之间固有的一对一的关系所能说明了。

元素主义为了解决其困难，常援引“意义说”（the meaning hypothesis）以济其穷，格式塔心理学则对此竭力加以驳斥，考夫卡认为援引过去经验以资说明的“意义说”，不仅解释得太过，并且也解释得不够；太过是夸大了经验的影响，不够是说缺乏经验却不一定缺乏恒常性。

我们即使有了经验，也不能保证促进知觉的恒常性。考夫卡举了如下一个例子来说明：在柏林的胜利纪念碑上，高高低低地放着许多大炮，他小时常和他的父亲在纪念碑经过，当他的父亲告诉他放在那里的都是些大炮时，他几乎不能置信，因为那些放得低一点的可以看成短的来福枪，放得高一点的看来又像小小的手枪，尽管知识经验不断增加，可是依旧不能改变知觉的这种印象。由此可知，经验对事物大小的知觉是没有多大影响的。

反之，我们即使排除了经验，但知觉的恒常性并不因此而有所减弱。根据戈策的研究，如果训练 3 个月的小鸡只啄两粒谷子中的较大的一粒，以后把两粒谷子放在不同的距离，而使大者在视网膜上的投像小于小者，可是小鸡仍去啄大的谷粒。弗朗克夫人以大小不同的盒子用同样的方法试验 7 个月到 7 岁之间的儿童，结果也是一样。尽管这些被试很少经验或甚至没有经验，可是这些儿童也产生体积的恒常性的现象。由此可见，这种现象也非经验所可解释。

尽管真正相信“一束说”和“恒定说”的人是极少数的，但格式塔心理学重视整体，重视部分之间动的交涉作用，这对克服元素主义的机械观点和忽视联系实际，是起着一定作用的。可是它片面强调格式塔的现象，排除经验的作用，那就不免陷入先验论的错误了。比如体积的知觉既有生理的因素，又有经验的因素，我们决不能把它们截然分割。3 个月的小鸡和 7 个月到 7 岁之间的儿童，未必没有一些经验，成人知识经验的增加，未必能完全排除生理的因素。把它们截然分割开来，然后完全排除经验的作用，那便从一个极端走向另一极端了。

（三）格式塔学派的影响与贡献

吉尔根曾指出："从欧洲移居美国的心理学家中，对美国心理学贡献最大的是苛勒和韦特海默，他们是格式塔心理学的两位重要的奠基人。"① 还有人曾就在心理学发展历史中扮演过重要角色的人物的名次排列，调查过美国心理学家，韦特海默被认为是 1910～1919 年间最有影响力的五位杰出心理学家之一。值得注意的是，直到 40 年代末，最起码还有一位主要的格式塔理论家处于五位最有影响的人物之列，只是到了 50 年代，位次才有所下降。② 维利曾指出，格式塔学派的理论研究、争论对心理学的发展表现出了强劲持久的影响，这主要表现在以下几个方面：在格式塔思想的影响下，心理学工作者开始有条不紊地、系统地研究了动机、人格和社会心理学问题；格式塔心理学的一些概念及研究成果已成为当今心理学理论体系及教科书中极富生命力的组成部分；格式塔心理学的理论探索，也成为其他学派前进中强有力的刺激，经常促使他们对自己的理论进行一些必要的修正。③

格式塔学派对心理学的贡献可大致归纳为如下几点。

1. 对冯特元素主义的反击具有进步意义

格式塔学派和行为主义几乎在同一时间从德国和美国向冯特的元素主义及铁钦纳的构造主义发难。但到了后期，两者又逐渐分歧，并且针锋相对了：格式塔学派主要反对冯特和铁钦纳将意识人为地分析为元素并无视价值在意识中的作用，行为主义则拒绝意识，把意识和内部心理活动排斥在心理学之外。

黎黑曾指出，在格式塔心理学家们看来，"把整体分解为元素不仅是人为的，而且是无意义的，科学上也是无结果的，它不能揭示心理的任何东西"④。这话虽然重了些，但却不无道理，大量的

---

① 吉尔根．当代美国心理学．北京：社会科学文献出版社，1992．55

② 斯泰格纳．心理学理论的历史：英文版．出版地不详，1988．413

③ 参见：维利．心理学：英文版．出版地不详，1993．364

④ 黎黑．心理学史．上海：上海译文出版社，1990．264

事实也证明冯特和铁钦纳的理论体系漏洞百出、举步维艰。格式塔学派大胆地冲破了元素主义的束缚，积极而有成效地进行了大量的探索，并取得了一系列引人注目的成果，这对促进心理学事业的繁荣和发展是大有裨益的。

2. 格式塔学派引发了知觉心理学的革新

由于格式塔学派在知觉领域作了大量有目共睹的研究，使得经验论、联想论、官能主义的传统方法逐渐让位于先验论、整体论和突创论。知觉心理学也由感觉心理学的附庸变成一个独立的分支，并在短时期内就取得了一系列突破。

3. 格式塔学派的学习理论独具特色

格式塔学派的顿悟说及对迁移、创造性思维的研究，冲击了联结主义和行为主义的框框，不论在理论创建还是在教育实验中都具有独到的价值和意义。顿悟说也成为西方学习理论中最重要的理论之一，他们关于人类学习的观点，在70年代初也逐渐得到了学术界的认同。

4. 对人本主义心理学影响较大

与韦特海默、苛勒和考夫卡一起在1921年创刊《心理研究》的戈尔德斯坦采用格式塔学派的整体观，否定了原子心理学；人本主义心理学的创建人马斯洛曾在他最崇敬的两位老师之一韦特海默的指导下，研究整体论，形成了自己的整体分析的方法论，主张以此来研究人的经验；罗杰斯也主张对人的心理事件或直接经验进行现象描述和整体研究；罗洛·梅强调对主观意识经验的整体体验和描述，主张存在分析的心理学，这些都表明了格式塔学派的潜在影响。

5. 对现代认知心理学的产生起了推动作用

格式塔学派强调整体、模式、组织作用、结构等在研究知觉的认识过程及高级心理过程中的作用，并注重人们对感觉信息输入的组织和解释的主动性，这些都成了现代认知心理学的基本观点。在方法论上，格式塔学派强调研究直接经验，并主张用现象学的方法来研究它们，这也成了现代认知心理学的基础。可见，格式塔学派对认知心理学的影响和促进是极大的。正如罗伯特逊指出，认知心理学实际上是一种新格式塔现象。①

（四）格式塔学派的局限与不足

格式塔学派的理论体系尽管比较严谨，立论比较精密，然而其局限与不足也是十分明显的。

1. 其理论主张带有明显的唯心主义倾向

格式塔学派关于客观世界的划分、组织原则的论述及其场论和同型论带有明显的唯心主义倾向和强烈的先验论色彩。在探讨学习问题时，忽视了人与动物的本质区别，没有充分考虑人的心理的社会性和能动性的作用。

2. 其理论观点和术语含糊不清

格式塔学派不加分析地采用了一些物理学的概念和数理术语，观点模棱两可，概念不确切，给人的感觉是理论主张过于晦涩深奥，神秘莫测，常常遭到许多心理学家们的非议，有人甚至断言：这可能是因为格式塔心理学家无法清楚地表述自己的思想而故弄玄虚。

3. 对其他学派的批评过于苛刻

格式塔学派对联结主义、行为主义和元素主义的批评有的是一针见血、比较中肯的，但有的又过于武断，缺少根据。有人曾指出格式塔学派对其他学派的批评只是指出了他们的缺陷所在，并没有提出更好的改进措施，且自身的理论建设和主张又并不明确和高明多少。“格式塔心理学家的批评或许是正确的，但他们并没有做得更好一些，事实上他们只会批评并没有提供什么新东西。”② 或许是对别的理论指责过多，他们竟没有足够的精神和时间来构建更令人信服的理论，显得勇气有余、底气不足。

4. 格式塔学派的实验不够严谨

格式塔学派过分依赖现象学的方法，缺乏严格的控制条件和科学的依据。他们所进行的实验人为因素过大，没有做出定量分析和

---

① 转引自：斯泰格纳．心理学理论的历史：英文版．出版地不详，1988．441

② 转引自：马克斯等．心理学的体系和理论：英文版．出版地不详，1979．194

统计处理，别人很难进行验证，缺乏信度和效度。平心而论，格式塔心理学家早斯所做的实验是比较初级和带有尝试性的，就水平而言，并不比他们所批评的其他学派好多少。

选自：叶浩生主编．西方心理学的历史与体系．北京：人民教育出版社，1998

考夫卡

(Kurt Koffka)

- 生平简介
- 名篇选读

  知觉：格式塔学说引论（节选）
- 思想评介

生平简介

K·考夫卡（1886～1941），美籍德裔心理学家，格式塔心理学创始人之一。他出生于德国柏林，1903～1908年间在爱丁堡大学、柏林大学修哲学和心理学，1909年在斯顿夫的指导下获得了博士学位。1910年，考夫卡同韦特海墨和苛勒在德国法兰克福开始了长期的和创造性的合作，并成为格式塔三人小组中最多产的一个。1911～1924年，他受聘于基赞大学工作，指导许多研究工作。一战期间，他在精神病医院从事脑损伤和失语症病人的研究工作，一战后，美国心理学界已开始意识到德国正在发展新学派，并劝说考夫卡为《心理学通报》杂志写一遍关于新运动的论文，这篇论文题目为《知觉：格式塔心理学引论》，于1922年发表。论文根据许多研究结果提出了格式塔心理学的一些基本概念。1924年考夫卡去美国，先在康奈尔大学，后在威斯康辛大学任访问教授，1927年担任斯密斯学院教授，在那里一直工作到1941年逝世。

作为格式塔心理学派的主要发言人，考夫卡最早向美国心理学界介绍格式塔心理学，并对格式塔心理学的对象、方法等问题作了详尽、系统的阐释。他在《格式塔心理学原理》一书中阐述了两个基本思想——心理物理场论和同型论。考夫卡明确指出心理学的任务是研究有机体的行为与心理物理场的因果关系，在他看来，世界是心物的，经验世界与物理世界有所不同，观察者知觉现实的观念称为心理场，被知觉的现实称为物理场。心理场与物理场之间并不存在一一对应的关系，有机体心理活动是两者结合而成的心理物理场。心理学的对象除行为外，还有心理物理场。这个心理物理场含有自我和环境的两极性，而这两极的每一部分都各有它自己的结构，其中自我是一个分离的、持久的系统，它有一个边界，但这个边界并不固定，它扩展时可以包括许多的东西，它收缩时就排除许多东西，但它能够保持自己的同一性。而环境则可分为地理环境和行为环境。地理环境就是现实的环境，行为环境是意想中的环境。考夫卡认为行为产生于行为环境，受行为环境的调节。有机体的心理活动是一个由自我—行为环境—地理环境等进行动力交互作用的场。同型论是指环境中的结构关系在经验这些关系的个体中产生了一个与之同型的脑场模型，即心理和物理有同样的格式塔的性质，知觉经验的形式和刺激的形式相对应，而不是刺激与知觉之间的一一对应。在学习理论上，考夫卡以及整个格式塔心理学派的观点与桑代克的尝试错误的学习理论截然不同，考夫卡认为学习包括对心理环境的重新组织和重新构造，有机体对问题的解决是重建知觉场的过程。正是基于此，他进一步明确提出应把学习问题分为记忆问题与成就问题，他认为，我们如果已适应过一种新的情况，或解决过一个新的问题，第二次再遇到同样或相似的情境与问题，我们就可较为便利地对付或处理它们，这就是学习中的记忆问题。我们如果第一次就遇到一种的新的情况或新的问题我们就得首创性地去解决它，这就是学习中的成就问题。传统学习理论中，学习的问题常被理解为记忆的问题，成就的问题很少得到重视。考夫卡根据苛勒对黑猩猩学习的实验提出，成就问题的解决——对于新情境的适应和新问题的解决，在于能对旧的格式塔进行改造，从而建立一个新的格式塔。要建立一个新的格式塔便有赖于智慧和顿悟。他认为有机体的学习主要有顿悟和理解学习，不是试误学习。他从同型论出发提出痕迹说，将学习定义为系统的创造、痕迹的巩固及痕迹在重复情境和新颖情境中的可利用性。遗忘的原因是痕迹已消失，痕迹再现时不能发生影响，当前的过程不能与痕迹沟通。考夫卡还用格式塔的原理来说明儿童心理的发展过程，认为儿童的动作最初是整体的反应，以后才逐步分化；儿童的思维也不是孤立元素的堆积与拼凑，而是具有自己的本质结构。

考夫卡的主要著作有：《心理的发展》(1921)、《知觉：格式塔学说引论》(1922)、《格式塔心理学原理》(1935)。

（杨　宁）

名篇选读

知觉：格式塔学说引论（节选）

在要求我对新近所进行的知觉研究工作写一篇一般性的评述之际，我发现这倒是一个机会，可对美国读者介绍一下十年来在德国发展的一种心理学思想的运动。

1912年，韦特海默首次阐述了格式塔理论的纲领，而它业已成为一小部分德国心理学家的出发点。凡在接触到具体问题时，这种新的思想和工作方法不仅总是表现出其有效性，而且还揭示出了激动人心的重要事实，这些事实，倘无这种理论的指导，是不易被发现的。

格式塔学说不只是一种知觉的学说，它甚至也不只是一种心理学的理论。然而它却起源于一种对知觉的研究，而且在已进行的实验工作中，比较成功的部分，就是由对知觉进行的研究所提供的。因此，通过考察有关知觉的事实，也许能对这个理论作出最好的介绍。

由于这种新的观点在德国尚未能获得很大进展，因而首先不得不公正地申明，即大多数德国心理学家仍然对此观点持回避的态度。但是，其他研究者作的许多工作中所包含的一些结果，却能在我们的理论中找到解释。因此，我将在提及那些由正统格式塔心理学家们所证实的结果的同时，也提及这一类结果；表明我们的学说是怎样完备地包罗了一些至今不能完善解释的事实，用这个办法显示出这个学说的全面性。为了同样的原因，我还会间或回头去提出一些更久以前的研究。另外，由于我不可能对有关知觉的工作情况作一个全面的描述，因而将只能按自己的首要目的来选择事实。

正由于我的主要意图是为了引起对这个新的学说的思考，我于是要首先使我的美国读者明白这个学说的主旨何在。迄今对这个学说还未有任何全面的表述，将其本身所依据的所有事实整理出来；而事实上，就是对心理学的一般领域也还没有以这种观点来加以对待。正因为如此，对这个学说的理解遇到了严重的困难，许许多多的误解引起了对这个学说的大量责难。但是，作为一种被公认为曾经引起过那么多成功研究的学说，它总应该有权利要求至少得到正确的理解吧。

我的具体打算是：先对当代心理学的一些主要概念，按照它们在一个格式塔心理学家心目中所造成的图景，作一简短描述。我要证明这些较新的概念是如何地适用于解答一种很古老的心理学问题，从而说明这些新概念本身的意义。然后我将进一步阐明那个和传统概念相反的新学说所造成的根本不同之点，同时我还要说明对这种不同点的广泛应用。……

在下面的评述中，凡是提到知觉的地方，我所指的并不是某种特定的心理功能，我利用这个术语所希望说明的是那种不仅是“想象的”、“表象的”或“想到的”经验的领域。我会把我正在上面写字的桌子称为知觉，另外还有诸如我从我自己烟斗里吸入的烟草的味道，或者在我窗子下面来往交通的噪声等等都是如此。也就是说，我希望以一种可以排除一切理论偏见的方式来利用知觉这个术语，因为我的意图正是要提出一种十年来在德国发展起来的关于日常知觉的学说，并拿这种学说和心理学的传统观念作一对比。由于心里有了这个意图，我就需要一个相当中性的术语。在当前的心理学教科书中，知觉这个术语是在一种更加专门的意义上使用的，是一种和感觉对立的更为复杂的过程。在本绪论部分中，除了对传统心理学的基本原则作一概观之外，我还将对现在的种种知觉学说加以探讨，对于这些学说，这儿的确有一条线索可寻。在当前的每个心理学体系里，我都发现有三种概念，隐含着心理学的三个原则。在有些体系中，它们是仅有的基本概念，而在另一些体系中，它们由一些附加的概念所补充，然而长期来对于这三个概念的适当性是不存在争论的。我所说的这三个概念就是**感觉**，**联想**和**注意**。我将在这些概念的基础上制订出理论的原则，并且以某种极端的方式来说明它们的含意，以便把应用这些概念时所采用的思想方法揭示出来。我当然完全清楚，虽非全体，起码也是大多数的有关作者，对我就要作出的那种推断，都曾试图加以缓和；但是，我仍认为，在解决具体问题时，这些原则正是以我所将要叙述的方式而被采用的。

（一）

1. 感觉

所有呈现的或存在的意识都是由有限数目的真实可分的（尽管并不一定是分离的）元素所组成，每个元素都对应于一个确定的刺激或特定的记忆痕迹（见下文）。由于一个意识单元被这样地当作这种元素的集束，韦特海默在最近一篇评述我们新学说的基础的报告中，为这种概念起了“集束说”（bundle-hypothesis）这个名字。这些元素，或者说其中的部分元素，就是感觉，而发现他们的数量和特性，乃是心理学的首要任务。

曾经以感觉形式出现的元素，也会以意象的形式被经验到。意象也同样被认为是心理结构的元素或原子，而且是可以在某些特性上和感觉加以区别的，然而它们在很大程度上是一种附属的类别，因为每种意象都预先假定有着一种对应的感觉。故而意象的概念，虽然和感觉概念不全相同，但都遵循着同一条原则，也就是集束假说的原则。

依照历来研究感觉的方法，在确定构成感觉这个概念的基础的原则时，必须要提及刺激那个方面。更明确地说，感觉对于其刺激的这种关系，是以一种普遍承认的规则来表述的，苛勒称之为“恒常说”（constancy hypothesis）；即感觉乃是刺激的一个直接和确定的函数。只要给定一个刺激和一个正常的感受器官，我们就可以知道受试定会有什么样的感觉，或者说，我们可以知道感觉的强度和性质，而它的“清晰性”或“意识度”则有赖于另外一个因素，那就是**注意**。

痕迹之于意象，正如刺激之于感觉。由于每个分离的感觉元素都留下了一个分离的痕迹，我们在记忆中便有着大量的这种痕迹，其中的每一个都能单独地被唤起，因而对于在感觉经验中的原初组列，就有了一定的独立性。这就导致了由G·E·缪勒提出并被海林在一篇文章中又加以强调的“联想混合”说。

2. 联想

还在感觉这第一个标题下面，我们便已遇到了记忆这个概念。根据流行的说法，记忆的主要形成原则是联想，尽管最纯粹的联想主义者也认识到它并非唯一的原则。对此只需要指出这个例子就足够了：罗莎·海恩（Rosa Heine）根据G·E·缪勒实验室中的实验得出结论，认为认知并不以联想为基础，因为她未能从认知中察见在所有联想学习中都具有强大作用的倒摄抑制这个因素的痕迹。同样，缪勒本人以L·舒鲁特（Schluter）的实验为依据，也承认因相似性而产生重现的可能性。然而，尽管有这些情况，联想作为控制我们的观念来来去去的因素，仍然保持着重要的地位，而联想法则是以感觉—意象概念作为基础的。由于我们的思想系列被分割成分离的元素，于是就引起一个这样的问题：一个元素是根据什么法则引起另一个元素出现的，对此的回答则是：联想，即在各个元素与曾有接近关系的所有其他元素之间形成的纽带。正如韦特海默所指出的，这个理论的核心是，一种联想的形成和运用，其必要而充分的原因乃是某种原初的存在联结——也只是a和b两者的共同存在才使得其中每一个都有一种促使另一个重现的趋势。至于意义，不但远未被当作联想的一种条件，反而要用联想作用去加以解释，而这些联想本身却是不具意义的。

这种理论的另一特征是它的统计性质。在每个瞬间，有无穷的联想在起作用，彼此强化和抑制着。由于我们绝不可能对所有起作用的力量作一完全的考察，因而在任何一个单独特例中，要作出精确的预测是不可能的。由于联想的特定法则只能通过统计方法才能发现，因而我们的预测只能是统计形式的。

3. 注意

虽然联想和感觉的概念看起来是明确而又简单的，但注意这个概念存在着大量含混之处，这也是一个确认了的事实。然而，凡是在一种效果不能用感觉和联想解释之处，注意就会被搬上台来了。在较复杂的体系中，如果你愿意的话，就可以把它当作一种临时藉口或者替罪羊，说它总是干扰着其他那些原则的施行。如果所期待的感觉并不随着合适刺激的呈现而发生，那总是由于注意其他内容而把它忽略过去了，或者如果某种感觉并不与呈现的刺激相对应，那总是由于注意不充分，致使我们产生了一个虚假的判断。我们一次又一次地遇到类似的实例，用以证实以下一般性的陈述，即必须把注意作为一种加上去的另外的因素，这个因素不仅影响着我们意识过程的组织和历程，它也可以被这些意识过程所影响。

现代心理学致力于使其心理学的概念有一个生理的基础。所以，让我们看一下关于这三条原则的生理方面的基础，据认为，感觉（或意象）的基础是皮层的某种分离的、限定的区域的兴奋，而联想的基础则是在这些区域之间建立的神经联系。注意仍然保持着一种模棱两可的地位，因为有些人把它的实质看成是对神经过程的促进作用，而另一些人则把它看作是对神经过程的抑制。在我们详细讨论之前，先对这种心理生理的对应性质作一大致的考察。从方法论来说，这三个原则的生理和心理方面是完全相符的。大脑皮层被划分成若干区域，直接经验被分析成若干元素，而假设在大脑各区域之间，就像在意识的各元素之间一样，存在着联系。此外，神经过程可以有功能上的变换，而和它们相对应的心理元素则服从于起作用的注意因素。心理的和生理的活动肯定是相互依存的，难道感觉、联想或注意的存在不就是事实吗？难道大脑皮层区域不存在吗？难道神经通路，或者兴奋的助长和抑制不也存在吗？当然，用这种方式加以解释的事实本身是存在着的，但是我们又相信，也可以证明对其他更为广泛的事实来说，这种解释还是不够的。此外，我们坚持认为，这种陈旧理论的不足之处，不能用弥补这三条原则的方法来加以解救，这些原则都必须被舍弃，而用另外的原则来代替。认为这三个概念不足以概括多样的大量心理现象并非格式塔学说的发现。因为其他许多人都持有相同的意见，有些人甚至已经抱着这样的想法开始了实验工作。我只需指出V·厄棱费尔和麦农学派的一例，以及屈尔佩和符茨堡学派的另一例就够了。但是他们都不去触动传统的概念，而且在企图用增加新概念的权宜之计去克服困难时，他们又无法克制那种包含在自己新概念中的对旧概念加以修正的倾向。不过我必须提醒读者，不要把Gestalt-Qualitat（形质）这个旧术语和新学说所采用的Gestalt（完形）这个术语混淆起来。正是为了避免这种混乱，韦特海默在其第一个报告中才回避了这个术语，而引进了一个关于运动知觉的完全中性的表达方式——似动现象（phi-phenomenon）。

在此要简略地提一下，美国心理学中存在的某种最近的倾向，行为主义。按照它的做法，将所有形式的意识都从它的领域中排除了出去，严格说来是全部否定了对这三条原则的应用。因而在行为主义者的著作中。我们看不见注意，感觉这样的术语，甚至联想本来作为一种原始意动（act）而形成的纽带，但是这种意义上的联想概念也在行为主义者的解释中消失了。然而正如我在讨论韦特海默与麦农和贝努西之间在理论上的根本区别的一篇报告中所说明的那样，尽管行为主义者对术语的运用限制很严，他的整个理论在本质上和传统心理学家却是一样的。在后者说“感觉”的地方，行为主义者就说“反应”，这样一来，行为主义者便把过程的效应器方面包括进来，但除此而外，行为主义者用完全相同的方式建立了自己的体系，完全依据“集束说”的方法，只是将反射弧与反射弧结合起来。

但是我发现在栾恩（Rahn）的论文集以及在奥格登（Ogden）新近的报告中，都相当彻底地摒弃了这种假说。对于二人的说法，我在很大程度上是赞同的，在我看来，这两位作者都能很容易吸收形成格式塔心理学的基本原则。

（二）

为了说明旧的和新的思想方法的冲突，我选择了我在一个新近报告中讨论过的一个基本例子。也许没有任何一种心理学的研究可以比对于差别阈限和韦伯律的研究更为明确的了。然而当我们涉及理论的时候，心理学家们却还未产生一致的意见。我只需提请读者回想一下斯顿夫（Stumpf）的旧的著名争论，这个争论可以简单地用以下的方式来陈述：无论何时总可能产生这样三个感觉a，b和c，可以把a和b看成相等；同样，b和c也相等，然而a和c却被判断为不相等（或 $a>b$，或 $b>a$）。[①] 斯顿夫的结论认为，实际上 $a \neq b$ 而 $b \neq c$，也就是说，我们作出相等的判断，是由于我们缺乏发现极细微然而实际上存在的差别的能力，这个结论的结果就是说，用我们的方法测量出来的差别阈限似乎不是一种感觉的事实，而是知觉能力的事实。其他人，如科内利厄斯（Cornelius），艾宾浩斯，铁钦纳并不如此轻易地摒弃感觉主义的解释。艾宾浩斯和铁钦纳的解释可用“滞力”（friction）这个词加以归纳。对应于感觉 a 的神经兴奋具有某种惰性，以致仅稍有不同的第二个刺激无法引起一个稍有不同的感觉，而仍只引起第一个感觉 a，但是，如果我们提供一个相当不同的刺激，惰性将被克服，一个不同的感觉就会产生。粗看起来，这倒像是个充足的解释，但对于以下结果却有例外：当我们提供两个稍有不同的刺激 $a>b$ 多次以后，我们得到四种不同的判断：（1）a 等于 b，（2）$a>b$，（3）$a<b$，（4）不肯定。这里“滞力说”尽管可包括（1）和（4），却不能解释（3）。

为了克服上面这个困难，曾经有过两种努力，第一种是 G.E. 缪勒的“机误”（chance error）说，它认为某个刺激的最终结果决不仅仅是这个刺激本身的效应，因为总有外部和内部的一些过程起着作用，改变着感觉本身或我们对感觉的领会（就此而言，缪勒的理论和斯顿夫所谓的被忽视的感觉相一致）。因而这种情况很可能发生，即尽管 $a>b$，但 $a-d<b+d$。据缪勒认为，产生这类偶然过程的原因之一就是注意。

要理解由科内利厄斯所作的第二种努力，我们必须对用以解释斯顿夫的矛盾公式的“滞力”说和“机误”说进行分析。斯顿夫引入“知觉作用”以回避矛盾，如 $a=b$ 且 $b=c$，那么 $a \neq c$ 就是矛盾的。然而，这整个的争论却立足于某种默认的假设之上。当 $a>b>c$ 时，我们就有三个不同的刺激，根据经典的理论，对于其中每一个刺激，总有一感觉相对应。我们可将它们称为 a，b，c。现在我们实际上也有三种实验（或三组实验）：a 和 b 相比，b 和 c 相比，以及 a 和 c 相比，只有当一个感觉被看作仅仅是它的刺激的

① 疑为（或 $a>c$，或 $c>a$）之误——校者注。

函数时，也就是以最严格的方式来看待恒常说时，斯顿夫所说的矛盾才会出现。但是，如果感觉也是实验的一般格局（setting）的一个函数，那么矛盾就消失了。假使根据特定的实验情况，刺激 a 分别对应于感觉 a_1，a_3 中的一个，刺激 b 对应于 b_1，b_2 中的一个，刺激 c 对应于 c_2，c_3 中的一个，那么作为实验的结果我们就可能会有以下非矛盾的事实：$a_1 = b_2$，$b_1$① $= c_3$，$a_3 \neq$② c_3。很久以前科内利厄斯即已提出了这一点，此后，斯顿夫也一直承认这点，然而他却坚持自己的立场，也就是：$a_1 = a_3$，$b_1 = b_2$，以及 $c_2 = c_3$，因为在他看来这和其他的假说相比要简单得多了。但是“滞力”说和“机误”说都摒弃斯顿夫的立场，滞力说要求 $c_2$③ 至少不同于 $c_3$④，而机误说，就其涉及感觉而不仅是领会方面来说，也允许各种感觉的可变性。但是这两种理论，特别是后者，都力求尽可能接近恒常说，因为根据这个学说，真实的刺激总是引起同样的那种感觉，尽管附加的过程也许会增加或减少其效应。

这样，科内利厄斯将恒常说排除了他的学说之外，他假设对于某个确定的刺激，对应的不单是一个确定的感觉而是若干不同感觉中的一个（他也否定感觉系列的连续性）。因此，他的理论意味着一种普遍的规则，即感觉不单单是刺激的函数，还有注意在决定着许多可能的感觉中哪一个将会被引起。

这样，我们就有了几种不同的解释；但是它们除了关于注意的作用以外，都具有一个共同的要素：也就是它们都以单个刺激和单个感觉之间的联系为起点，尽管滞力说特别是科内利厄斯都曾对这种联系加以修正。可是这种修正却包括着增加的新的因素，因此我们得到的是不同效应的总和，而不是一个单独的效应了。

我们是否能说问题已经全部解决，某些意见方面的微小不同是可以忽视的呢？我的回答是：不！因为用现存的不管哪个理论，我

---

① 原文为 b_3。

② 原文为 Δ。

③ 原文为 c^2。

④ 原文为 c^3。疑以上为原文印刷错误——译者注。

们都不能预测哪怕是一个单独的事例。因此，如果我们接受了这些理论，我们要不就必须从我们的程序中完全排除对单个事件的预测——因为偶然性只能用统计方法来预测——要不我们就得等待注意法则的发现，而考虑到现在对于注意概念的定义情况是多么糟糕，其前景是并没有多大希望的。

因此，让我们来尝试另一种方法，返回到最简单的事实，不带先入之见，而正视作为这些理论之基础的事实。当我说这种灰色比那种灰色淡些的时候，或这条线比那条长些，这个音比那个响些的时候，我所经验的究竟是什么呢？旧的学说不加疑问地假定我们是在处理灰色 a 和灰色 b，线条 a 和线条 b，音响 a 和音响 b，而每当单独存在的两个感觉显得不足以解释一个比较判断时，心理学家们总会不无效果地寻求另外的元素。舒曼（Schumann）很久前就试图解决这个问题，并且能够从进行比较的描述方面作了补充。但是他所发现的仅是他所寻求的，正是以这种方式，他发现了附加映象（nebeneindrucke）——一些过渡的感觉，它们在心理学理论中仍在不断地起着重要作用。其他一些作者则转而把关系作为分离的自主的或依存的元素。而另外的心理学家所进行的分析又反对或贬低这一切。这样，当前的学说对于这个问题的描述方面未能获得任何的一致意见。

正因为如此，我们就不妨转向经验的本身。在一块黑的平面上，两块灰的小方块并排挨放着。我将要判断它们的灰色是否相同。我所经验的是什么呢？我可设想出四种可能性：(1) 我在一块黑的表面上看见一片颜色相同的灰色长方形，在长方形中有一细的分界线，将长方形组成两个方形。为了简明起见，可以忽略这条线，尽管它具有不同的方面。(2) 我看见一对“明度梯级”，由左往右升起。这是一种具有明确特征的非常确定的经验。正如在真实的阶梯上，梯级可以有不同的高度，同样我的经验也可以是一种陡起的或平缓的上升。它可以有良好的或不好的平衡，例如，当一种中灰色在左面而一种亮白色在右面时的情况，就是一种不好的平衡。它具有两个梯级。但对这一点必须正确理解。如果我说一个真正的阶梯有两个梯级，我并不是说有一块板在下面，另一块在上面。也许过一会儿我会发现这些梯级都是木板的，但从一开始来说，我并没有看见木板，而只看见梯级，我的亮度梯极也是如此。我看见较暗的左边和较亮的右边并不是分离的独立的色块，而是梯级，是由左往右升起的梯级，这意味着什么呢？一块木板在任何地方和位置都是木板，而一个梯级只是在一个等级的某个适当位置上才是梯级。同样，一个灰色感觉，对于传统心理学来说，在任何地方都可以是一个灰色感觉，而一个灰色梯级只有在一个亮度系列中才是灰色梯级。作为科学的思想，关心的是真实的事物，它总是集中注意于有关"木板"之类的概念，而忽视"梯级"这样的概念。结果是一个"梯级"就是一块"木板"的论断就不加验证地成为真实的了。心理学，尽管关心的乃是经验，却一直不变地采用这种类型的程序。由忽视梯级概念所造成的缺陷在心理学中远比在物理学中明显，而正是我们的科学研究首先提供了考虑这个问题的动力。当我们重新考虑这个问题时，我们立即发现"一个灰色感觉在任何地方都是一个灰色感觉"的论断就失去了一切意义，至于一个真正的梯级就是一块板的论断则只是在特定的条件下才能说是真实的。

不过对于我们上面的描述须加进一步的补充，或者说，加以扩大。因为，谈到"梯级"，我的意思并不只是指两个不同的层次，而是指上升的本身，是往上的趋势和方向，它不是一个分离的，飘忽的，过渡的感觉，而是整个不可分的经验的中心特征。不可分并不意味着一致性，因为一种不可分的经验可以是相互联结而成的，它可以包含着极端丰富的细节，但是这种细节并不使其成为许多经验的总和，在特定条件下，例如，在短暂呈现时，那种往上或往下的方向，也许是整个经验的主要要素，在极端的例子中，也许除了呈现这种方向以外别的什么都没有呈现，梯级的板的特征完全消失了。在此，我可以提及赛弗特（Seifert）研究的结果，他用速示器呈现由实线或者虚线组成的图形。但是这并没有使整个图形之外观显出不同，而且尽管赛弗特接受对于基础和表层结构的区分，他仍被迫地承认对于元素的"反感"。再谈到我们自己的例子，我们可以说那种被描述为方向的经验，可能完全是动力的，至少是部分如此。

让我们再来谈在比较两个灰方块时可能出现的剩下的两种可能性。(3) 我看见一对相反方向的亮度梯级。(4) 我既未看见同色的长方形也没有看见梯级，而只有一些不确定的，模糊的，既不趋向完全一致又不趋向于上升或下降梯级的东西，这是因为它本身从未固定下来。

从这些经验的每一种中会得出什么样的判断是很明显的：(1) 相同的判断；(2) 左边深（或右边浅）；(3) 左边浅（右边深）；(4) 不肯定。于是，我们前面曾提到的四种判断就被还原成四种不同的经验了。

在以上的段落里，我们使这四种经验对应于相同的一对（有阈限下的差异）刺激，而现在我们将考虑一些实例，其中一对对典型不同的刺激引起了上面这些不同的判断。从我们的纯粹描述中，在理论上可以推得出什么呢？我们发现我们的描述解释了两相比较的现象，比较不是一种附加在特定感觉之上的新的意动（act），两种感觉如何进行比较的问题不再存在了，因为这两种感觉本身并不存在。我们所发现的只是一个不可分的，连贯着的整体。让我们把这些整体称为“结构”，而我们可以断定，通过不存偏见的描述将会在所有的心理—物理实验事例中发现这种结构，而决不是任何分离的感觉。

我们的理论在一个重要的实验中得到了证实，这个实验进一步表明，这些结构远不只是人类特有的禀赋，而是一种极原始的反应形式。问题正如苛勒所提出的，当动物面对两个刺激，并被训练得对一个作肯定的反应而对另一个作否定的反应，它所习得的究竟是什么呢？传统的理论会这样回答：动物在与第一个刺激相应的一个感觉和肯定的反应之间形成了联结，同样在另一感觉和否定反应之间形成了联结，而我们的理论则提出动物习得的是对某种结构进行反应。苛勒于是又介绍了一种实验变式以解决这个两难论题，即决定究竟哪种解释更为合适。他的方法如下：将 b 和 c，一种色浅些（b），另一种色深些（c），放置在动物面前，对这两件东西的位置安排时时加以变动，从其中一个例如 b 可以得到食物，而从另一个则得不到食物。训练一直继续到动物通过一定次数的尝试而能不变地选择性质肯定的 b 为止。然后，这一对刺激被替换成另一对刺激 a 和 b，a 又比 b 色浅些。根据旧的理论，动物的行为应如下述：由于它必须在熟悉的、肯定的 b（因过去的训练而和一个肯定行动联结起来）和一个新的中性的 a（对于这个 a，它没有建立过任何联结关系）之间进行选择，我们期待的应该是，在大多数的实例中 b 将被选择。而按照我们的理论，我们却会作出一个相反的预测。由于已经学会对亮度梯级中那个较高梯级作出肯定的反应，动物在面对一对新的刺激时，将会作出同样的行为而选择 a。实验用家禽、猩猩和一个三岁儿童来进行。在极大多数的实例中，灰色 a 被选择了，而进一步的实验变式则可显示出产生每一次 b 反应的具体原因。在这些反常的实例中，绝对因素 b 是占优势的，然而即使这样，也不能将其看成在传统术语意义上的一个感觉，而须看成是某一种结构，我们将在下一部分中进行讨论。和结构的成分相比，作为反应线索的绝对因素，仅保持着很微弱的记忆，而随着训练和检查实验之间时间间隔的增长，可发现 a 被选择次数的增加。用不同大小的物体来研究同一个问题，也得到同样的结果。实验的进行非常仔细，所有可能的错误都被排除，虽然还是有人提出了反对意见，但这些反对意见通过继续进行的实验而被驳斥了。

尽管这些实验的结果是无可非议的，心理学家们却并不都乐意接受苛勒的理论。例如杨施（Jeansch）曾在苛勒实验发表后两年报告了用家禽进行的同样实验，但他却诉诸舒曼的过渡感觉作为对自己结果的解释，就像彪勒（Bühler）和林德沃斯基（Lindworsky）在批判苛勒实验时所作的一样。我在自己关于智力发展问题的书中曾用一定篇幅来说明这种解释的企图是相当不能令人满意的，但是这儿我必须略过这个问题。至于结构乃是一些非常基本的反应，在现象上它们不是由作为组织成分的元素构成的，它们的组成物乃是一些根据自身作为“组成物的特征”，根据自身在整体上的地位而表现的东西，它们的基本性质来自它们作为组成部分的那个整体。

可以预见对此会有争论，即在分析时，部分必定决定着整体，你把较浅的灰色放在左边，比起它放在右边时，就得到一个不同的亮度梯级！但是这种争论实际所证明的是什么呢？要记住，不能把你的感觉去替换你的刺激，如果能小心地不这样干，那么存在的争论就只能是某些单独的刺激的排列决定着整个结构，但是这并没有证明部分的现象决定了整体现象，因为如果真是依据梯级式现象进行反应的话，那么现象的性质当然必须有赖于引起反应的刺激。你也许会说：很好，但是用这种新的方式对简单经验进行描述究竟有什么好处呢？在表面上看来，它和旧的方式相比复杂得多，系统性小得多。确实，这是一个基本问题。但是这个问题不能用争论来回答——而只能用事实来回答。必须说明，在一切领域里，如同在选择性反应的训练中一样，这种新的描述方式，对于经验事实的解释，要比传统观点的解释更为容易和妥善。

这样，让我们再回到阈限问题和斯顿夫的矛盾公式上来，这个矛盾公式现在很容易获得解决，而所获得的结论则使我们得到两条重要的结构法则。对于 a 和 b 这两个不同的阈下刺激，观察者的反应将会如何？最有可能的将是出现（1）或（4）那种经验，至于两者之中究竟是哪一个，则要看情况而定。如果观察者不是作为心理实验的被试而活动，既不怀疑受骗又不准确寻找出最微妙的差别来的话，他将以经验（1）的方式作出反应，这意味着和两个差别很小的刺激相对应的结构将会是一致性的东西。接着再呈现两个不同的阈上刺激 a 和 c，观察者将会以经验（2）或（3）来反应，如实验所表现的那样，他将经验一个真实的梯级现象。在数学上，一个平面可以定义为无穷小的等级的集合，因而在数学中，我们能有一个从梯级到平面的持续转换。但是在我们的实验中却并不如此，因为在这里，平面决不是一个梯级，两者间也没有什么中介，我们的经验既非梯级又非平面，而是一种非常易变和不定的经验，这就意味着，如果我们此刻忽略经验（4）的话，我们将得到两种截然不同的经验之中的一种，其中任何一种都是一个“好”的结构。一个只有 1 毫米高梯级的真实梯子不会是个好的梯子，而除了在人为的情况下，这种梯子通常并不存在于我们的经验之中，也不存在于真实世界中。另一方面，如果两个刺激之间的差别太大以至不能产生一种平面的经验，那么我们将得到一种梯级经验，大致地说，这种经验到的差别，和刺激差别相比，是夸大了的，只要我们有适合于重视刺激的器具，这个事实到处都可以得到证实。

我们可以将这些事实归纳为两条特殊的结构法则：平面化或同化法则和突出化法则。在后面我们将可以看到这两者都是一种更普遍法则的特例。

从这两条法则我们可以推断，等级的“良好”程度也有其最大或最高的极限，因而随着刺激差别的增大，梯级—高度经验将会变得越来越不突出，直至达到一种无差别点，此时客观的差别和现象的差别相重合，在这一点上，突出将会被某种同化性的平面化所代替，因为现象上的差别已经小于实际的差别了。如果在真实的梯子上，我们不断提高梯级的高度，我们最终达到一点，这时我们所得到的不再是梯子了。两块在上下相距十米的平面之上的木板已不再是两个梯级，这种同样的情况也会发生在现象方面。从蟋蟀的鸣叫到16吋大炮的轰鸣之间并无等级可言，因为对它们，我们无法像两声锤击一样加以相比。

我们将通过回答另外一些问题来完成我们的考察，为此我们可以转向注意问题。注意影响着差别阈限，差别阈限由于高度的注意而降低，由于低度的注意而提高。这意味着什么呢？(1) 我们发现同化和突出化相比，同化是发展水平较低的反应，突出化需要特殊的情境和反应的机体的特殊准备状态，因此，疲劳会提高阈限，而减低机体的效率；(2) 高度的注意在这种情况下真正起到的是什么作用呢？我在上文提到，在正常的条件下，当没有要求我们作出比较时，我们对不同的阈下刺激的反应将会把它们认为相同，然而在心理物理实验中，相同判断非常少见，而被不肯定的判断乃至“大于”、“小于”的判断所代替。封柏格（Fernberger）就报告了这样的一个被试，他在一万二千次的一系列判断中从没有把任何一对刺激判断为相同，如何去解释这种行为上的差异呢？我们可以用这种说法来描述上面这种事实：即明确描述的相同判断或“平面化经验”受到了实验条件的干扰，因为这些条件总是会有利于某种突出化的。因此，我们必须努力去发现实验条件的专门特征。观察者负有进行比较和判断，亦即断定某种关系的任务。到现在为止我们尚未对关系的意识和对结构的意识加以区分，这是为了有利于使其简单明了，现在则应该对此作一定程度的改正了。一种纯粹的梯级现象会导致我们产生“渐强”或“渐弱”的判断，根据经验，这些判断和某种不可分的整体有关。“A 比 B 大”的判断，本来就意味着某种多少有差异的经验，因为梯级的两个等级较为突出，较为独立，它们不仅是梯级的等级，而且是梯级的界限平面，在一定程度上，它们两相分立，而在整体中，这两个组成部分之间就会产生较大的“紧张”，这种“紧张”在平面型的同化现象中是绝不存在的。正如苛勒指出的，我们进行比较的经验大体上就是如此。因此，一种比较的态度本身由于产生紧张状态便倾向于分成两个组成部分，这种紧张状态会减少平面型现象出现的可能性，这就解释了在心理实验中，不肯定判断次数所以会超过相同判断的原因。

但是实验态度往往还会更特别一些，即使我们将相同判断和不肯定判断看成是出于一源，它们两者却可能都很少出现。封柏格明确地指出，这种情况之所以产生，原因在于被试的态度，这种态度会使他倾向于采取“大于”或“小于”的特定判断。根据我们的理论，指导语助长了等级化而减退了同化现象，这点可以通过实验获得证明，封柏格曾经阐述过布朗（Brown）的某个实验是怎样证明了这一点的。布朗影响他的受试，使他们觉得应该能找出某种差别，例如，他强调等级化态度，结果在一长系列实验中，实际上没有作出相同判断。封柏格本人也安排下述的提重实验。对一个 7 人组给予惯常的语言指导，这种指导语据认为会助长等级化现象，而另一 7 人组接受不同的指导语，在指导语中对“大于”、“小于”、“等于”给予同样的值。封柏格并未列出表格来表明这些判断的出现率，他也没有对相同判断和不肯定判断作出区分，而这种区分对于我们现在的目的来说会是有利的，但是他计算了不肯定态度的差距，而发现“第二组的不肯定的差距比第一组大一倍半还要多”。

在这里我还可以提出华希朋（Washburn）关于指导语对于触觉空间知觉的效应的实验。她连续两次对观察者手腕的手掌一边的同一区域用橡皮尖两脚规的针尖施以刺激，两个针尖相距总是 15 毫米，指示观察者比较两次连续触刺的两针尖相距的大小。在一组实验中，观察者被告知距离应该总是有大于或小于的关系，而在第二组中指出有相同关系的可能性。结果表明第二组中相同判断的次数比第一组有明显的增长。第一组的80次判断中仅5次是相同判断，而第二组中则有20次。

通过这些事实我们能说明什么呢？这些事实说明有机体对于一对刺激的结构性反应有赖于其本身的态度。如果我们对所有材料作一概括，这种态度可以有利于等级化结构或同化结构这二者中的一种（而妨碍另一种），也可以对于两者同样有利。从关于等级化态度的考察中，我们可以得出以下的结论；受试在面对刺激以前，必须对最终将产生的结构先有某种心理态度作准备，而这种心理态度主要是实现一定结构过程的一种准备性。“态度”在这里成为一个和“注意”有所区别的定义明确的术语。它意味着，有机体在进入一个特定情境时，在准备性上已具备了某种反应的模式，这种模式本身就是我们所说的“结构”。准备性上有了这种过程，也许会只是一种妨碍，或许对最终的反应毫无帮助——例如当我准备某种上行梯级时，而接受的却是一种决定下行梯级的刺激——但是态度仍然可以非常有效，如果某种结构过程得到非常充分的准备，这个过程将会在一些条件之下达到充分的效应，而这些同样条件本来是很可能引起另一种不同的结构过程的。这是一个非常重要的法则，根据它的作用，可包罗旧的联想法则未能完善处理的许多事实。我们再以上行梯级的态度为例，考虑它和一对不同的阈下刺激 a 和 b 的关系。就这一对刺激本身来说，它们会引起一种平面型结构，然而现在它们却引起了上行梯级现象，ab，那些典型的错误判断用这方法可以得到解释，至少是解释了用绝对印象（absoluter Eindruck）所不能解释的所有事实。

由此我们可见，偶然性指的乃是，由于通常的实验条件不能决定有机体的态度，我们通用的实验条件便为某种无法控制的态度变化留有了余地。因而设立实验条件，使其也能对这些态度加以控制，乃是最重要的实验任务了。

对于上述的这条普遍法则，我还未曾向读者提供一个实据，我将提出韦特海默的两个实验作为证据，这两个实验我已经在别的地方用同一观点进行了考察。韦特海默在速示器中以一个短的时间间隔连续呈现两条直线 a 和 b，如图 7－1。

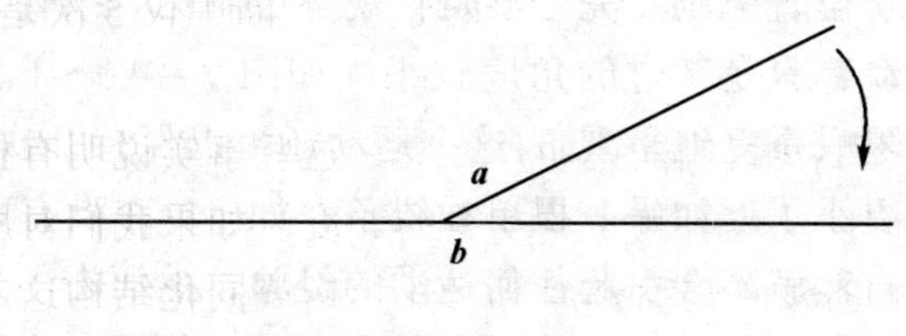

图 7－1

观察者看见的是一条直线朝着箭头方向转动，这个实验先重复几次，然后将 a 线的位置逐渐变动，a 和 b 的右半段之间的角度逐渐变大，直至成为一个直角，最终逐渐成为一个钝角，使转动的方向如图 7－2 所示的那样保持恒定。

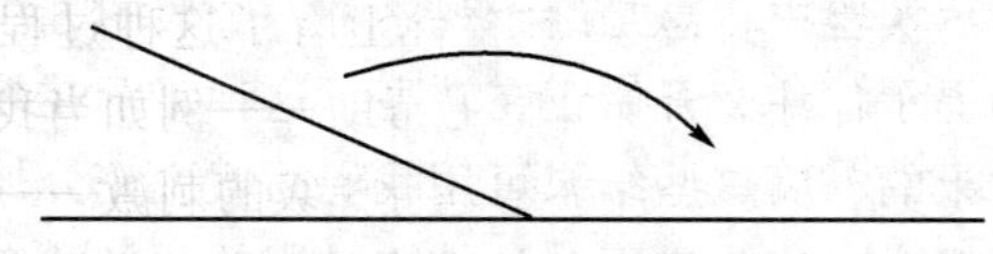

图 7－2

而如果实验以上述最后的那种型式开始，那么观察者便自然会看到相反的运动。这种效应总是由观察者的态度所产生，并有赖于原来运动—结构的力量。如再以图 7－3 的型式呈现 a，b，重复多

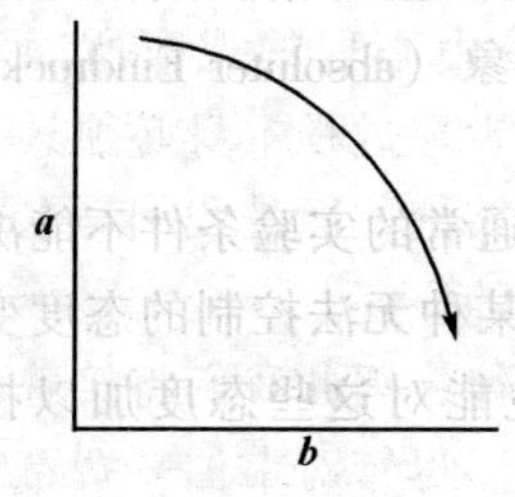

图 7－3

图 7－4

次，然后突然去掉 a，只呈现 b，观察者会看见什么呢？b 会停在它自己的真实位置上吗？完全不是！观察者看见一条直线仍然循以前的方向运动，只是转过的角度较小，如图 7－4 一样。而如果以短的时间间隔只重复地呈现 b，这个运动还可以保持几次，只是每次角度都变得更小了。如果一根单独线条，如 b，在没有特定运动态度时呈现，自然就不会引起任何运动的经验，然而在上述最后的这个实验中，运动—结构过程的预备状态竟至于能被一个完全不充分的刺激所激起，这证明结构的准备状态或预期的真实性。我们在持续倾向（perseveration）和暗示的实例中发现了同样的情况。对于暗示的一个明显例证是爱德华兹（Edwards）的实验。他在不同的感觉领域里采用了如下的实验方法：给予一个刺激，然后渐渐在某种确定的方向上对其加以改变，观察者必须在一发现改变时就作出报告，但是在暗示实验中，总是给予观察者一个假的方向。因而当灰盘转暗时，却提示他注意开始正在转亮。这种暗示在数目惊人的实例中是发生效果的，而这些结果可用我们的假说充分加以解释。

这种态度概念，作为进行某种结构过程的预备状态，我们已用来解释了许多迄今为止归因于注意的事实，这意味着我们已经能将一种不确定的，定义不清楚的原因替换成确定的，定义清楚的原因了。这种解释也和我们理论的其余部分相一致，这种对所采用的描述的和功能的概念的一致，是不应忽视的。一种描述性观察到的等级化现象和一种功能性推论出来的等级过程，便如此紧密地联结起来了。由态度所准备的结构过程在现象呈现时作为这种现象的生理相关物，而起着作用，而这种生理的假设是由心理的观察所确定的，因为我们认为，作为结构现象之基础的生理过程本身必须具有结构的特性。这看来是一个问题而不是一个结论，但是我们马上可以看到，即使对这个问题也已经进行了成功的研究。

对差别阈限的任何讨论都不能回避韦伯律，因此我们将接着考虑我们的理论对韦伯律这个经典法则的关系。尽管对韦伯—费希纳律的理论长期有着争论，我们却可以说生理的解释现在占了上风。它认为把刺激和引起感觉的神经兴奋联结起来的函数关系是一种对数的关系。由于我们的理论摒弃了感觉，必须对韦伯律的通常解释加以修改，这又再次说明我们并非只是在处理名称的变动问题，而是在对付一个非常活跃的原因。为了阐明我们学说的这一部分，我们必须深入到生理化学的某些细节中去。让我们根据苛勒的推论，假定我们的整个视野都充满了一种同一的灰色，我们的视觉器官整个都受到同样的刺激，我们会看到一堵灰墙或灰色雾状物，但是在我们大脑里的过程是如何的呢？如果不只是诉诸思辨，就可以作出以下的论断：当我们逐渐适应于刺激之后所发生的化学反应将是一种静止的反应，也就是说，所有有关物质的浓度在整个时间内将保持恒定。还可以进一步说明，由于我们神经系统的化学组成，在此过程中将产生离子，所以一定的浓度就意味着一定数量的自由离子。我们现在再把刺激变成由两个不同颜色（如深色和浅色）的部分所组成的刺激，比如说，两部分的吻合处是一条任意的曲线。能否把这个新的过程完全描述成对应于两色区的两个静止的过程呢？对这个问题的肯定回答就意味着大脑中分别兴奋的两个部分之间不存在任何联系，而且由于它们的分界线是颇为任意的，这就又意味着每个大脑元素都是一个小小的系统，孤立于一切其他的要素，这种假设是明显站不住脚的。因为在纯粹生理化学的基础上，我们只能作出结论说，在两个具有不同浓度的区域之间，必然会有某种渗透压的调节，因为有某种浓度的物质，就有一定浓度的离子。由于离子必然加入这种扩散过程，又因为不同的离子是以不同的速度运动着，因此必然会即时沿着整个分界线产生一个静电位差的跃升，两个区域中每个的绝对电位就是这样由这种电位差的程度所决定的。这种情况绝不是好像有两个相互独立的区域，各有其固定的电位，电位差即由此而生。真实的情况与此恰恰相反，因为两个不同反应区域相遇并形成一个系统的事实，乃是引起电位跃升并因此决定着单个电位本身的原因。“电位差”这个术语，如果不使我们产生误解的话，应该为我们生理学的等级现象提供一个明显的类比，因为正像梯级只有在等级中才成为梯级一样，这里每个区域也仅在其发生的系统中才具有各自的电位，而正由于梯级的“向上（向下）方向”乃是经验的一种主要特征，因此电位的跃升也是视觉功能的一个主要因素。

让我们再稍进一步，提出这样的问题：究竟电位差 $O_1—O_2$ 是如何依赖于两种浓度 C_1 和 C_2 的？根据纳恩斯特（Nernst）的电流链（galvanic chains）理论可以演绎出下列公式：$O_1 - O_2 =$ 常数 $\log \cdot \frac{C_2}{C_1}$，而这正是费希纳对韦伯律所制定的公式。

我们可以在此叙述对韦伯—费希纳律的结构理论，这种对数关系法则针对的完全不是单个感觉，而是针对整个结构。而根据我们的演绎，我们甚至必须作出推断，即离子在一个区域中的浓度是刺激强度的线性函数。另外，心理学家们长期以来所谓比较的功能或过程并不是一种“更高级”的或第三个因素附加到进行比较的两个感觉之上的，它是一种和整个结构系统不可分的因子，只是由于假想才把它分离出来，就像假想地把感觉分离出来一样。事实上，比较总是由某种系统所决定，在此系统中一个等级必然促生另一个等级。

在我们的心理描述和生理—化学的推断中，存在着本质上最为接近的类比，甚至存在着某种同一性，尽管后者绝不以前者为先决条件。我们因而有了充分的理由作出上述的论断，即生理过程也必须是结构性的，因为具有电位差的两个反应区域所构成的系统，严格说来，正是一种真正的结构。厄棱费尔在他著名的文章中为他的**形质**作了两条规定，它们尽管不完善，却可以运用到我们的结构上来，对心理的结构和生理的结构二者都可应用。这两条规定是：(1) 结构不能由元素所组成；(2) 它们可以像曲调那样地变调。

我们的概念现在已经得到进一步的补充，因为虽然我们的推论在任何意义上都不依赖于生理的假设，但可以看到它们对于纯粹的生理—化学事实是适用的。我们还可以因此而接受这样的事实，即结构同样存在于无机自然界中。

在结束讨论关于差别阈限的问题之前，我想提及从一些提重实验中得到的一个很有趣的事实，这些实验的报告由波拉克（Borak）最近发表了。尽管他的报告仅叙述了事实而没有提到结构原则，但是，为了两个原因，我们应该在此提到这个报告。(1) 新的事实为结构心理学提出了一个新的问题，对于这个问题，我有理由认为，已经进行了有力而有成效的研究。(2) 这个事实过去竟未被发现是令人惊奇的，因为在用恒常刺激法所作的大量实验中，几乎每个实验都应该出现这个问题。这个事实如下：对于重量增加的敏感度大于重量减少的敏感度，而在特定的限度内，这种差别随着两次提重时距的增长而增大。我从波拉克的表格中摘引了一些结果：

表 7－1

上行系列中的重量	正确判断次数	下行系列中的重量	正确判断次数
400:420	16	420:400	2
400:430	27	430:400	10
400:440	30	440:400	16
400:450	33	450:400	20
400:460	45	460:400	35

无论是上行系列还是下行系列中的阈限，都符合韦伯律。

选自：张述祖总审校．西方心理学家文选．北京：人民教育出版社，1983

思想评介

见“韦特海默”条目的评论文章。

勒　温

(Kurt Lewin)

生平简介

K·勒温（1890～1947），德国心理学家，场论创始人，也是社会心理学的先驱。勒温生于德国的莫基诺，1908～1909年先后在弗赖堡大学和慕尼黑大学学习，最后于1914年在柏林大学获哲学博士学位。第一次世界大战后回到柏林大学任讲师，到1926年升为教授，在柏林大学任教期间，他结识了格式塔心理学的创始人韦特海默和苛勒，成为格式塔团体中一位多产而富有创造性的成员。同时，他完成了许多关于联想和动机的重要研究，并开始创建他的场论。1932年，因为纳粹排犹的威胁，他决定永久离开德国移居美国，先任康奈尔大学心理学教授，后转任依阿华大学儿童心理学教授，指导了一系列儿童实验社会心理学研究。由于在社会心理学领域的优异成果，他1945年受聘到马萨诸塞理工学院建立并领导团体动力学的新研究中心，兼加州大学伯克莱分校及哈佛大学的访问教授，1947年去世。

勒温的心理学实际上是格式塔心理学的一个变种或分支。在30年的专业活动中，他始终致力于人类的需求系统或心理动力方面的研究，开辟了格式塔心理学的新领地。勒温受到拓扑学和向量学两个数学分支的影响，他用拓扑学描述心理事件在生活空间的移动，以及一切可能的目标及达到目标的途径，用向量分析来描述心理事件的动力关系及方向，因此，勒温将他的理论体系称为“拓扑与向量心理学”。

勒温吸收了物理学的场论的思想，他认为，个体的心理活动是在一种心理场或“生活空间”发生的，生活空间指个体的心理空间。个体的生活空间包括所有能够在某一时空之内可能影响或决定个体行为的一切环境因素或心理事件。个体的行为随其生活空间而变化，用公式表示即：$B=f(L)$，其中B是指行为，f是指函数，L是指生活空间。由于生活空间是由个体心理事件与环境因素所形成，因此该函数式也可写为：$B=f(PE)$，其中P是指个体，E是指环境。生活空间常具有一定的区域，并为易于通过或不易通过的疆界所分开，心理事件就是在心理生活空间中从这一区域向那一区域的移动，移动是多种多样的，可以是身体的移动，也可以是社会的移动、思想的移动等等。生活空间里的对象具有效价（valence），效价有正的，也有负的。正的效价具有吸引力，凡能满足人的需求与愿望的，或活动被阻止而引起心理紧张的，具有正的效价；负的效价具有抗拒力，凡不符合个体的需求与愿望的，或甚至对人有损害的需求或愿望，则具有负的效价。不论吸引力或抗拒力，都是有方向的，并且随着人的要求而具有不同的力量。吸引力使人趋向某一事物，抗拒力则使人背向于某一事物，因此这些力都是向量。它们彼此交涉而产生的动力结构便构成了动力场。

勒温还致力于需求和紧张的心理系统的研究，他认为如果我们对某一事物有所需求，便可产生一种紧张的心理系统，也就是产生了一种心理状态；在这个系统或状态中，当需要得到满足或实现，张力便会减弱，如果需要得不到满足或动机受阻，张力就会增强，只有消除紧张心理才会平衡。

勒温后期逐步侧重于从整个社会关系研究人类行为，如研究关于领导类型、团体标准、价值观念、偏见等等。他认为正像个体和他的环境形成心理场一样，团体和它的环境也形成社会场。他提出的团体动力学就是关于个体行为和团体行为的理论。勒温还组织了一群年轻的心理学家，进行了一系列有关实验儿童社会心理学的研究工作。其中他与利皮特一起所作的关于民主型领导和独裁型领导及其对男童团体的创造性和一般行为影响的研究，被认为是社会心理学中开创性的经典实验。

勒温的主要著作有：《人格的动力理论》（1935）、《拓扑心理学原理》（1936）、《心理学的表述和测量》（1938）、《解决社会冲突》（1948）、《社会科学中的场论》（1951）等。

（杨　宁）

名篇选读

意向活动的理论（节选）

（一）意向动作的效应是一种准需要

关于意向遗忘的实验，尤其关于受到阻挠的活动的恢复的实验证明，意向所产生的效应是一种势力，要使这个势力生效，在意向动作中并不需要为了引出意向活动所预期的场合的实际出现。

即使不出现预定的导致活动的场合，指向一定方向的内在压力，即内部张力状态会迫成意向的执行。

这种事情的最清楚的主观经验表现在受阻挠的工作的恢复上，做完曾起阻挠作用的活动后，出现一种一般性的压力——就是“我还要做一些事”。在这种情况下正像在日常生活里也是常有的情况，一个人对意向的内容还不清楚，只是感到这样一种内部紧张，只有后来才意识到一定目标，即自己要做的是什么事情。在日常生活中确乎常有这样的情形，尽管竭力寻思，却也记不起自己真正所要的东西是什么（有时即使在预定的场合提醒一个人的意向活动的情况下，也会出现这样的模糊的紧张）。但是在这种情况下，完成活动常常是无须特殊场合的刺激而在内部压力下发生的。

可以认为在上述的实验中，在做过起阻挠作用的活动以后没有确定的事情可做这一事实，就可作为一种“真正的起因”。……要“完成一定的活动”，确实可以获得一个起因场合的真正诱发力，例如，倘若意向是在完成一种活动后去做一定的事情。

可是，一般说来“没有什么事做”不能认为是具有一定诱发力的起因场合，像信箱具有寄信的诱发力那样。“暂时不专心于某事”（不做别的事情）的作用，仅仅是指当运动神经领域不是有别的沉重负担时（这种情况和真正感到厌烦的情况完全不同），那种通向运动神经领域的一定内部张力更容易渗透进去。

由意向动作引起的张力状态不是在有意识的张力体验中不断地表露出来的。通常这种张力状态只以潜伏的形式长时间存在着，如同在干扰的活动进行时存在着长时间潜伏的张力状态那样，但是这种状态不因其隐蔽而不真实。这些事实是和运动神经领域的心理机能以及意识机能相关联的，又是和相对分离的情结结构相关联的。即使在干扰的活动仍在进行时，这些潜伏的张力状态也可以突破干扰而暂时进入意识中，并被体验为朝向原来的活动的压力。

(A) 缺失的和没有预见到的起因。承认意向活动的内驱力不是联结作用而是一种内部张力状态——就是，一个有一定指向的内部压力——就有可能解释我们所描述过的各种现象。

现在我们可以懂得为什么当没有起因场合出现时，就会找到其他起因，以及为什么当一个人等待起因出现的时间太久，内部压力太大，结果就会产生不成熟的行动。

现在我们也懂得为什么意向不仅对意向的场合起反应，而且也对完全不同的物件和事情（信箱和朋友）起反应。当有消除或至少是减弱紧张的可能性时，就是说，当许可朝向目标的活动的情境一出现时，内部紧张状态就立即脱颖而出。

(B) 心理力量随着圆满完成而终止。只要承认完成活动的决定原因是内部张力而不是联结作用，就能推断出完成活动后意向场合的诱发力的消失。在极端情况下，圆满完成后，意向场合的效应就会因为内部张力在“替代完成”中已经发泄而完全不再发生。

很清楚，从意向行动产生的势力是和我们通常所称为需要的心理力量在类型上密切相关的，而需要是相应地从内驱力或从意志的中心目标（如追求一种职业就是意志的中心目标）派生出来的。

(C) 真需要和准需要的平行现象。真需要和自然的诱发力。驱力—需要如饥饿，是内部张力，是有指向的压力，迫使一个人朝向于所谓“满足需要的活动”。对于驱力—需要，一定的“场合”也起着实质性作用。驱力—需要也对一定的有吸引力的物件和事情作出反应。这些物件和事情对于驱力—需要是有诱发力的。

我们的特定的心理环境不是视觉、听觉和触觉的总和，而是由物件和事情构成的。心理学对于这一点已逐渐有了认识。我们习惯于把一定的情调归属于这些物件和事情，说它们是令人愉快或不愉快的、舒适或痛苦的。

而且，这是一种常识，即：环境中的物件和事情对我们活动着的人不是中立的。不仅是这些物件和事情的性质在不同程度上促进或阻止我们的活动，而且我们遇到面对我们的很多事物，这些事物有自己的意志，要求我们进行一定的活动。好的天气和美丽的风景诱使一个人去散步；楼梯刺激两岁的孩子爬上去和跳下来，门刺激他去推开和关上，他看到地上的糕饼屑就拾起来，看见小狗就要抚弄它，接触到积木就要玩，看到巧克力和一块蛋糕就要吃。这里不详尽地讨论这些具有诱发力的“物件和事情”的性质、种类和作用。我们只是提一点儿关于它们的基本特性，我们不去讨论经验和习惯在形成这些特性中所起的作用。

物件和事情挑动我们，挑动的强度有很大的变动。挑动强度的差别是从不可抗拒的“诱惑力”使小孩子和成人同样莫名其妙地屈服于它而自制作用对之很少或完全无能为力，到那些具有“命令”性质的，再到只有较弱的“驱策力”和“吸引力”，因而可以抵制的，而且只有当一个人试着找些事情做的时候才引起对它们的注意。“诱发力”一词包括所有这些差别。

我们按照是吸引我们的事物（一个好的音乐会，一位有趣的人，一位美貌妇人）还是使我们感到厌恶的事物（不舒服，危险）而把诱发力区分为正负两类。这样的两分法是正确的。它之所以正确，在于第一类诱发力都是迫使我们接近当前的事物，而第二类诱发力则迫使我们从当前事物退却。可是，把这个设想为诱发力的唯一特征则是错误的。诱发力的突出特点是迫使人们朝向各种特定的行动，行动范围可以是狭隘的，也可以是广阔的。即使在正诱发力一类之内的行动也有很大的变异。书籍惹人读，糕饼逗人吃，海洋诱人游泳，镜子吸引人照自己的面孔，混乱的情境引起人采取坚定的行动。

一个结构的诱发力常常不是恒定的，它的种类和程度大大地依赖于一个人的内外情境。关于诱发力的变化的研究揭露了各种诱发力的性质。

具有诱发力的一个结构，其意义在某些基本情况里是显而易见的：这些事件里具有诱发力的物件是满足需要的直接手段（糕饼、对于一个去听而不是去给人看的人的那种演奏会，等等）。在这样的事件里，我们把诱发力叫做独立的诱发力。

此外，有些物件和事情由于它们在特定情境中和满足需要的直接手段有关系而有了诱发力；例如，它们能够促进需要的满足。它们是达到目的的手段，而且只有暂时的意义。其他这样派生的诱发力是从有原始诱发力的结构在空间上扩展或时间上延长而发生的。所爱的人居住的房屋、街道，甚至城市都可能取得一种诱发力。正负两种诱发力的转变是自然地流动的，独立的诱发力这个概念也是相对的。

一种诱发力可以经历着巨大变动，这变动依赖于当前事物出现于其中的行动一整体：例如，刚才引诱一个女子去照自己的发型和衣着的镜子，在她接受到使用镜子的一项工作时，就成为一种中性的工具了。最极端的类似的变化是战斗时战场地形里出现的东西。诱发力的变化除依赖于暂时的占优势的活动外，还有其他变化：一个人吃饱的时候，对有极大吸引力的精美食物就不感兴趣。事实上，尤其是过分的满足会改变诱发力的正负号，原来有吸引力的东西后来变成排拒性的了。过度的满足甚至可以使负诱发力永久固定下来（时而出现这种情况：一个人因为一次吃了一碟佳肴而呕吐，就多年回避它）。然而，一般的情况是随着相应需要而有起伏节奏是诱发力变化的典型。

某些诱发力的变化可以长时间持续下去，例如，那些伴随一个人的发展从幼年期、儿童期、青年期以至成年和老年期的诱发力。诱发力的变异和个人的需要、兴趣的改变是一致的，而且，诱发力在个人发展中起着重要作用。完成个人事业的能力的发展不仅依靠“天资”这个潜力。举例来说，言语能力或智力成就的发展从根本上受到某些“倾向”的程度和方向的影响，这类“倾向”是心理过程的原动力。

刚刚开始探讨的那些变化，似乎和伴随着统治个人意志的总目标的变化而变化的诱发力变化相类似。从事某种职业的意志是意志总目标的一个例子。一旦选择了一种职业，原来一直是漠不关心的事物获得了正的或负的诱发力。有很多起初看来似乎是“自然的”天生的爱好或厌恶——对某种工作的偏爱、整洁和细心的趋向——可以是从个人的职业目标中产生出来的。

当一个人的意志目标起了根本变化的时候，他的世界观就要根本改变。这不仅是指一个人由重大的激变决定自杀或改变职业，而且指一个人在假期中出现的那些一般意志目的暂时的中止。这时候一个人原来熟悉的事物可以突然显出新的面貌，过去无数次不介意的事物变得有趣起来；平时在职业上的重要事情会变得无足重轻。

强烈的正的或负的诱发力变为完全无关紧要，常常使当事人吃惊，这在诗篇中常有描述，特别是关系到色情领域的。这样的诱发力的改变常常是一个人内部情境变动的最初迹象，而且甚至可以先行于“倾向”变动的觉察。诱发力有无变动，常常是作出的决断——例如“在某种道路上开始新生活”——是表面的还是真实的实际标准；那就是说，决断只是作为主观经验而出现呢，还是一个心理上有效的动力改变。皈依（宗教、党派、信仰等的改变）就是属于这一类的深远而突然的变动：“迫害你崇拜过的东西和崇拜你迫害过的东西。”

诱发力和一般意志目标之间的关系结构，同诱发力和单一活动之间的关系结构基本上是一样的。

这些粗浅的考虑表明自然的诱发力和一定的倾向与需要有最密切的关系，有些倾向和需要产生于所谓“内驱力”，有些是产生于有不同程度的普遍性的意志中心目标。的确，由于诱发力的改变和需要的改变相对应，主张“这样那样的需要的存在”，在一定程度上和主张“这样那样的结构领域有对这样那样活动的诱发力”是等同的。

2)[①] 准需要和真需要的效应。关于真需要和自然的诱发力的关系并不是说每一种需要总有其所属于的具有相应的诱发力的一定

---

① 原文编号缺 1)。

结构。特别是那些尚未屡次得到满足的新需要，而尤其是初次得到真正满足之前的一些需要，它们有广阔的潜在诱发力。例如，为了研究的目的，“性”和“色情”倾向的原型，不取固定在一个人或某些人身上而且满足活动已经特殊化的阶段，而是要取“倾向”尚在扩散而且诱发力的领域尚为广阔而不确定的阶段。但是发展并不总是从扩散进入到分化和特殊化阶段的。有这样的过程：一种倾向起初是特殊的，后来却多样化了。例如，一个一岁半的孩子起初只是喜欢打开和关上某一时钟匣子，逐渐地会开门和关门，开、关抽水马桶和五斗橱的抽屉。在一个扩散时相以后继之以逐渐的特殊化和固定化，也可以是和一般意志例如，职业意志目标相关联的需要的进程（然而，一个高度特殊化目标可以从开始时就出现）。

在这样驱力—需要或中心需要扩散的事例中，情境在颇大程度上决定着何种诱发力具有效应，以及何种行动将被执行。“在一种职业中有所前进”这个需要很少包含或不包含维护或反对任何特殊的完成活动，不能确定是否应当写信或打电话，做甲活动还是做十分不同的乙活动。甚至常常被人回避的那种认为“有损职业尊严”的工作（例如，一个簿记员担任把信件归档这个工作），在某些情况下也可以看作光荣的而高兴去做（例如，一个簿记员得到信任，由他把机密文件归档）。因此，对于得到相等成就的活动，时而表现出称心，时而表现出禁忌，这取决于职业的意义。甚至十分特殊和固定的需要也常常存在着一定的和绝大多数不是范围狭隘的诱发力，哪种诱发力实际被唤起仅仅取决于具体情境。

这情境和产生意向的情境十分相似。在产生意向的情境中的场合和完成活动常常是很不确定的，即使意向动作已经建立起确切的场合也存在着引出意向效果的一定范围的诱发力。

一个真正需要的效应和一个意向的效应之间的平行状态伸展到下面即将讨论的很多要点上。由于这种平行状态，每当一个意向还存在的时候，我们将设想有准需要出现。

对于真需要和意向效应都存在着具有诱发力的一定物件和事情，当接触这些物件和事情时就引起对一定活动的趋向。不论在哪种情况下，诱发力和活动之间的联结都不是活动的原因。驱力—需要所产生的活动力量也是主要来源于一定的内部张力，尽管外部刺激也有意义。和在意向效应事件里一样，在外界不出现驱使满足需要的场合和手段的情况下，就要积极地寻求出这些场合和手段。

反对这种概念的论据是动用所谓习惯这个概念。事实上，通俗的心理学以至近代科学心理学认为习惯是一定场合和活动之间的联结，这些联结是习惯行动的力量源泉。支持这种理论的是这一类事例：我们在规定时间吃饭时不是常常饿的。根据近来的实验结果，如果我们设想当前的活动是包含在较广阔的活动的综合体中并且是依存于这个活动综合体的一个部分，——例如“例行事项”或“生活作风”的一个部分——因而它的力，活动的原动力，是从其他需要源泉产生的，那么，我们对这种情况就能理解了。在我看来，即使在习惯活动和特殊的固定活动中，内驱力和结构仍然是看得清楚的：尽管外部刺激也有意义，那种包含紧张状态的需要迫使一个人追求满足。满足解除了张力状态，因而可以描述为心理的“充分满足”。

在需要满足以前一个结构领域和事情的诱发力（饥饿状态中）由于需要的充分满足而消失，结构领域成为中性的。需要和意向在这方面也是相似的。我们已经叙述过由于意向活动完成而一个结构中的诱发力突然中立（成为无效或被抵消）。对于这个意向效应的基本现象如果没有复杂的补充假设而单单用联想理论是难以说明的。如果认为意向效应是产生准需要，并且意向的圆满完成是准需要的充分满足，那么，这种基本现象就成为可以理解的了。

事实上，满足需要的体验常常产生于完成活动终止的时候。即使在实验研究中也是如此。

比圆满完成和满足需要的体验之间的现象关系还要好些，有关准需要的观点由其提供意向效力的动力阐明和推导出意向效力的特征而得到支持。

如果是逼使朝向均衡（充分满足）的潜在张力状态起着主导作用，那么，意向的效力应当是由每一个客观上相关的场合而不只是由意向行动中的场合产生出来——如果心理上存在这些场合而并未因相反势力使之无能为力。如果场合不出现，由于潜伏的张力，如同驱力—需要以及其他真正需要的情况那样，结果就要积极地去找出。如果张力状态过强，就会出现类似赛跑中“提前起步”的不适当行动。

真需要和准需要在它们同诱发力的关系上也表现出很大的一致(下面是从日常生活的观察中所得的材料，关于真需要和准需要迫切地需要用实验来探测。这些材料应看作不过是研究的起点)。

增强真需要的张力往往同时扩大诱发力的领域。在非常饥饿的情况下，难吃的和引起憎恶的东西可以获得正诱发力。极端的情况是吃泥土和吃人肉的习性成为了常事：(在这样的事件里，人们是部分地怀着憎恶而服从需要，但部分地也改变了表面的诱发力。)即使在不太极端的事例中，加强需要的张力的结果也造成诱发力的显著蔓延。这同样适用于所谓智力需要。……关于准需要也有类似的观察到的情况。对不同于意向场合的场合领域作出反应的情况，当从意向产生的张力增强时往往扩大。例如为了紧迫地送出一封重要信件，对一个朋友来访或其他境况就比送出一封不受重视的信更加要利用了（后面我将讨论和强烈活动性质有关的一些例外)。

3）真需要和准需要中的固恋（fixation)。固恋是属于诱发力和真需要之间的关系的重要现象。它指的是诱发力领域有时比本来有关的物件或事情的领域来得狭小。

例如，一个孩子有几个洋娃娃，但她常常玩弄其中的一个洋娃娃，或者对这一洋娃娃有不相称的偏爱。她坚持认为这个洋娃娃的“行为常常是好的”或“她从不撒谎”。即使这孩子对其他洋娃娃表示不高兴和少注意的时候，她仍然喜爱这个洋娃娃。

这种对一定诱发力和一定的满足需要的方式的固恋在心理生活中起着巨大的和有意义的作用。大家知道，出自任何真需要的对人，或一种职业，或对一种工作的固恋可以达到何等异常强烈，固恋会起何等的排他作用，以及消除固恋是何等的困难。

这种固恋明显地形成对所述结构的异常强烈的诱发力，而且起着一定的排他作用：其他结构的诱发力全部或部分地消失。对于满足欲望的活动的某种变式的固恋也有相似的情形。

在准需要上也可以看到和上述情况类似的一些事情。意向动作中含有的一个场合可以具有固定的效力从而客观上缩小有关联场合的范围，对这些场合较少特殊化的意向本来会作出反应的。这也适用于完成活动；例如，一个人如果并无提出一定论点的特殊意向，他在讨论中会提出适合于情况因而是有目的的争论，但由于先前的意向动作产生的对争论的特殊固恋，结果是作出不适合情境的陈述。但是，通常固恋不论对真需要或准需要都没有完全的排他效力。尽管有固恋，一定范围的其他诱发力长久持续着，特别是真需要和准需要有强大的压力时。

对于真需要，第一次满足需要的场合和性质有着特殊的固定效力（初恋）。那些逼使趋向于重复活动的意向也有这样的情况。如果在初次圆满完成以前存在着几种可能的场合，那么，到后来第一次出现的场合就会从其他场合中突出出来。第一次满足需要的完成活动也是如此，而且在所谓训练过程中起着值得重视的作用。这里决没有千篇一律的心理过程，诱发力及其变化是有重大意义的。学习任何一种活动（例如开动一个车床），许多事情便失去它们的自然诱发力，起初使人产生恐怖的大车轮或突然发生的事情，后来变为无关的东西了。反之，开始时不注意的一些结构和事情，当它们被纳入新的一个整体中，就有了确定的、明晰的诱发力。

在意向活动的重复中，常常把一定的完成方式固定下来。这种固定化过程常称为“自动化”，活动的进程成为刻板的和缺乏生气的。把早先的重复活动中的准需要和后来的重复活动中的准需要进行比较，就像幼小的有机体同年老的有机体相比较。所有的合起来可以给准需要提供条件性发生的定义的那些潜力，一开始确实存在，这种需要对多样化的场合作出反应，而且它的圆满完成方式很快地适应了情境。可是，后来的圆满完成方式则变得相对地僵硬：历史因素限制着行为方式的范围（上面已提到，在有些事件里，固恋似乎从开始就一直存在着）。

一般说来，需要或是准需要活动的某种日益增长的独立性，伴随着思想僵化，甚至可以成为这种思想僵化的必备条件。一个相对独立的特定的有机体出现了，它的行动不受整个人格的控制，它和其他需要和准需要的交流受到限制。

关于测量意志的实验可作为一例。这些实验中的过程——例如，出现预期的错误（习惯错误）——仅间接地依靠潜在需要，而直接依靠的则是完成方式：是一个确定的“活动—准备”——这就意味着确定的完成方式——而不是确定的准需要决定着是否会出现一种习惯性错误。

但是，即使在这样僵化的准需要中，力量源泉依然是准需要本身，根据最后的分析，就是潜在其下的真需要。

不论是由意向动作或是由最初的完成动作进程，建立起诱发力和完成活动的，它们的建立过程是和真需要的固定化过程密切相关的。它和用死记硬背方法学习音节或其他改变知识积累的学习中所见到的联想有根本不同之点。

不论把联想设想为场合和圆满完成之间所建立的，还是设想为场合和从意向自然增长的诱发力之间所建立的，这都没有什么差别。一个物件的诱发力正像它的外形格式塔（虽然前者比后者变动大），不是作为第二种心理结构独立于这个物件而存在的。一个物体的诱发力正如它的外形格式塔一样，是它的实质的一部分。为了避免误解，最好不要谈诱发力的变动而谈仅仅是在外形上相同的不同结构。一个结构，其诱发力随着情境的改变而改变——例如，寄信前和寄信后的信箱——是心理上的不同结构……

下面的考虑最初看起来和我们的观点相反。我们看到意向活动的圆满完成——准需要的充分满足——通常由于没有留下朝向圆满完成的真正张力而消除了诱发力。然而，对日常生活的观察似乎指出这种诱发力，即使在圆满完成后，也能持续一个时间。确实发生这种情况，即虽然信已寄出，但在重复经过一只信箱时，又提醒我们寄那封信。

可以想到这和下面所讨论的那些事件是相反的，在那些事件里，一种替代的满足使意向活动忘掉了。在这里，寄信在客观上得到预期的结果，却没有满足需要的心理效果；它无论如何，没有完全消除准需要的张力。我们所关心的不是外部活动的本身，而是张力的消除。

同样的问题是和真需要相关联的诱发力：

当一个幼年小孩子拒绝吃一些食物时，拿汤匙放到他的嘴边，常常会促使他吃。年龄较大的孩子，对能使年龄较小的孩子当作内驱力而屈从的直接诱发力表现出较大的控制：他紧抿着嘴，把头转过去，等等。可是，对年龄较大的孩子，引开他的注意，也会得到同样的结果（超过一定的年龄，引开他的注意也不起作用了）。

这种现象的产生有两个基本因素：

第一，如果诱发力不“受到注意”，则诱发力有较强的效力。增强“注意”则阻碍这种“刺激”（诱发力）的直接效力。我们解释这种好像是自相矛盾的事态是设想在精神涣散、控制力削弱的时候，“场”力更加直接发挥效能。

食物的负诱发力使分散注意的情况更为复杂。

第二，盛满食物的汤匙接近小孩子的嘴，对他有诱发力，即使他不喜欢这种食物。通俗的心理学把这种情况解释为一种“习惯”，这是一种固恋效果的某种常用的标签。由于没有对当前食物的需要，诱发力应该是来自汤匙或是来自在这样情境中汤匙与小孩嘴的靠近。在这种情况中，即使没有临时需要，诱发力仍然是有效力的。同样，在日常生活中我们常常做不愿做的事情，这些事情在别的场合曾经是做得愉快的。

我们有理由问：在没有较重大的需要的事件里，有没有从事活动的一些真需要或准需要？这里，我们可能有处于真需要和准需要中间形式的张力，这种张力和影响我们日常生活（起身、穿衣、吃饭、就寝）的普通意志目标有关系。我们观察到面对着相反的需要时，诱发力通常仅仅持续一个短时间，终于要改变“生活作风”。这种观察支持了上述设想。

只有实验的分析能够回答这些解释是否适用于一切事件这个问题，或是否在特定条件下（如在固态中）尽管准需要已经满足而诱发力依然存在的问题。

固恋在心理生活中起着重要的作用，我们讨论真需要和准需要中的固恋并不意味着系统的理论。我们也不断言真正的联结在固恋中没有作用。

我们仅仅进一步提出一些基本论点：把诱发力限制在一定场合

上，和对圆满完成的特殊方式的固恋，在具有诱发力的广阔领域的事情和结构连续体中是极端的情况。准需要的理论和习见的概念相反，它认为意向过程的纯粹的、基本的形式，在那些没有特殊的固恋来限制其他客观上适合的场合效果的那些事件里可以找得到。这些过程的势力的源泉是潜存于这些过程的真需要或准需要，而且固定下来的诱发力也主要是和这些过程有关系的。固恋本身不是活动的源泉，而只是活动方式或场合的决定者。即使场合和圆满完成的关系确实是联想性的联结，这种关系和音节间的联系或其他知识间的联系也不相似，而是和对一定场合的一种诱发力的固恋相似的……

4）替代的圆满完成。如果意向活动的源泉是准需要而不是场合和圆满完成之间的联结，那么，关于替代的圆满完成的一些根本问题，也就容易弄清楚了。

真需要也有替代的满足。真需要和准需要都有一整套不同方式的替代圆满完成。这些方式的差别一部分是基本的，但在概念上不容易给它们下定义，因为它们之间有转变，并有混合类型。我们统称它们为替代圆满完成，我们仅仅谈到几种主要方式，而不去讨论这些方式所引起的重要问题。

(a) 对情境是恰如其分的圆满完成，客观上等同于意向的圆满完成，并且是适应情境的。举例：我们原来的意向是寄信，我们自己不寄，而请一个朋友做好这件事。这不是真正的一种替代圆满完成，仅只是完成活动的进程和预期的不同。我们知道这确实是意向动作的普遍形式，因为真需要和准需要一样，往往使圆满完成的方式十分广阔。准需要理论（和联结理论相反）对于解释这个性质的圆满完成是没有困难的，这种替代的圆满完成实际上达到了原来需要的目标。完成活动解除了张力（准需要得到满足）并使诱发力消失。我们重说，这也适用于真需要。

(b)“部分的”圆满完成。事例：我们以走过能够买到一种东西的街道来代替买那件东西；我们在笔记本上记上一个意向来代替真正实行那个意向。完成活动虽然按照原定目标的方向进行，但是到了某处就停止了。虽然恰当的圆满完成没有发生而且可以忘掉，然而，没有出现那种不完全的完成所特有的动力效果，并且需要的张力得到良好平衡。由部分完成得到的特殊的满足需要的经验似乎使真正的圆满完成不能出现了。

(c) 不真实的圆满完成、表面的圆满完成和密切相关的替代圆满完成。事例（邓波女士的实验）：某人用环套一个瓶子没有成功，他就把环套在容易套上去的一只瓶子上或挂在附近的一个钩上。这里没有指向真正目标的活动。目标本身并未由此而接近了些。但是完成活动似乎和真正圆满完成有些相似。往往可以达到某种暂时的满足结果，但这种满足很快就为原来的需要所克服。这种情况是较易在实验里产生的，例如在困难工作中的"回避活动"。

需要的张力怎样逼着人产生不是指向消除需要的活动呢？这里不详细讨论这个重要问题。用有"做一些事情"（如在激动不安的活动中）的趋向这个设想来解释是不够的。可能有各种不同设想，如：原始需要"扩散"到同一类型的活动上或由替代活动真实地满足了原先的需要（在完成活动有相同性的基础上）。在后一种情况下，需要偶尔持续存在可以解释为由于刺激（诱发力）的重复而使需要复活了（这并不排除一些别的可能的理论：例如这与易于被误解的弗洛伊德"符号"观念之间存在着明显关系）。

当满足需要的活动本身遇到障碍时，替代的满足需要的活动甚至会和内驱需要或意志的中心目标一道发生：我们就"满足于较少的东西"并缩减了我们的热望。有各种程度的替代的满足需要的活动，从不十分完全的满足到不过是假冒的满足或一个幻影式的满足。一个没有权威而喜欢发命令的人常常喜欢发表意见，煞像熟悉内情。不能用信号指挥火车的少年会跟在站长后面叫喊："预备，开。"一个要逃出孤儿院的孩子用一只旅行包来代替他的火热的愿望，一个无力购买钢琴的学生用收集钢琴目录来代替买钢琴。

像上述最后一种情况，这种活动可以成为独立的而引起"替代的需要"（升华观点和这个观点有关）。

(d) 隐蔽的表面上的圆满完成。在上段（c）中提到的第二个瓶子可以用玩具熊或类似的其他东西来代替，活动形式可以"改变"到难以分辨出来。在情境需要把替代的圆满完成隐蔽起来，例如，当它使人感到为难的时候，会发生这种情况。

除了在当前需要下的张力强度外，一个人的需要的满足或受挫折的一般水平对于引起替代的圆满完成也是一个关键。已经提到的关于意向的遗忘实验证明了这一点。当一个人因他的其他成就特别感到满意时更容易忘记签名。

(4)[①] 准需要和真需要的真实关系。

1）准需要及其相反的需要。考虑到意向的效果，一个准需要的效果比一个在形式上和真需要类似的需要为多。准需要使意向效果和真需要之间的真实关系成为可以证明的。

各种各样的自然需要可以互相冲突：它们的张力系统不是完全孤立的。它们中的一部分是从属于一般紧张状态的因素，一部分是互相沟通的。它们之间的相互沟通和当前的各个心理领域和情结与整个心理范围的联结相一致（这在处理（内）驱力问题上常被忽视）。

对于准需要之间的相互关系以及准需要和真需要的关系，要作类似的考虑。这说明当一个人对抗一种强烈的和真需要相反的需要时，“意向就迅速遗忘”。

准需要和真需要发生关系和冲突，引起意向自由的问题。一个人有极大的自由去意向于做任何一件事，甚至是一件无理取闹的事（就是创造自己的准需要的自由），这种自由大到足以令人惊异的程度。这是文明人的特征。幼儿以及前文明人类也可能是如此，他们极少有这种自由。这种自由很可能比高度的智慧更能把人和有血缘关系的动物相区别（这种区别显然和“控制”问题有关）。

然而，倘若意向的标准是形成一个实在的准需要，一个人就不能只想随便做些事情。一个人没有真实需要，不会决心去自杀或杀死他的熟人或做一些严重违反他的真实利益的事情。甚至在催眠的压力下也不会实行这样的意向。这些例子使准需要和真需要的关系特别清楚。

对小孩子来说，明显的任意的意向范围更为狭小。他们往往不

① 原文编号如此。

能利用准需要赋予相对中立的物体或事情以正诱发力。他们向往的活动，至少是部分地必须从自然的诱发力产生出来（这些论点对于儿童教育起着重大作用）。

2）准需要和具有同一方向的真需要。准需要和真需要的真实关系阐明，各种实验研究得到的起初看起来两者是诡异的一致结果，即意向动作的强度不决定意向的效果。

特别强的意向动作的效力常常比弱的意向动作的效力少。如前所述，一部分原因是感情强烈的活动和有控制的活动相比，前者一般是效率低的。在这里意向动作本身被认为是一种活动。

更为重要的是下面的考虑。由意向动作引起的紧张力和诱发力不是原始的。张力和诱发力是从真需要导出的，而真需要又是从内驱力或意志的一般目标产生出来的。一个准需要从一个真需要产生后，它仍然同包含在真需要中的张力系统相沟通。即使是像把一封信投入信箱的意向、访问一位熟人的意向、一个实验中的受试者学习无意义音节的意向，都是相对地封闭而相互分离的活动，它们的潜存力也还不是孤立的，而是从下面那类一般需要发生的，如从事个人职业中的工作的意志，在学习中前进或帮助一个朋友的意志等。意向效果不是依靠意向动作的张力程度，而是在其他因素相同的条件下依靠包含着准需要的真需要的强度（活力性质）和深度。

现在所谈的真需要是产生意向的，也就是引导一个人决定活动的那些需要。寄信的意向，其决定性的需要是和某人通信，这个需要又是由一个更一般的意志目标引起的。

可是，在完成活动的进程中，对于形成意向少有或没有作用的紧张和势力是经常出现的。一旦一个意向确立了，或者一个活动开始后，往往“整个的人”立即投入活动；于是与“自尊心”和“生怕不胜任”有关的这两种紧张就和意向沟通起来。辅助势力和意向活动相联结的难易，以及它们能否有时成为意向活动的唯一内驱力，这是有很大个别差异的，例如尽可能坚持曾经作出的决定是一定人生理想的必然结论。情境对于决定这些辅助势力的作用也有重大影响。例如拜伦伯夫人发现在集体实验中的签名比在个别实验中不容易忘记，可以解释为这种辅助势力的结果。

与各种真需要的沟通，就集体实验来看，可以是从开始后就一直存在的。可是，这种沟通不是常在意向动作中出现，而是继意向动作后发生的。需要之间的这种关系不仅是理论性的，如同理解上可以相通的不同类型的需要之间的关系那样。各种需要的沟通是具体的张力系统的真正沟通。张力系统之间的沟通尚存或缺乏时，一个人只能建立个别事件之间的相互沟通，不能建立一般性相互沟通。张力系统之间的沟通是由一个真实过程在一定时间产生的，这种过程可以缓慢地进展或者陡然破裂。

除这些真需要外，是否还有不建立在真正需要基础上，为意向活动所用的个人积聚的积极力量，这是个有待于实验加以探讨的明显的问题。有一些对于脑炎的观察（在短暂喷射后的“突然阻滞”迅速过渡到显微检查记录）是有助于解答这个问题的。

意向的效果不是依靠意向的强烈而是依靠潜存于意向中的真正需要的深度。这个观点是和林特沃斯基那个被重复引用的研究相一致的。他也抵制关于重复一个动作必然加强它的内驱力的观点。他认为意向效果的决定因素是意向和个人对事物的评价的关系。

一个人对一个物件或一桩事情的评价无疑对他的动机过程和整个行为产生决定性的影响。但是我们应该注意，和我们的问题有关的不是价值的客观尺度，而是主观的暂时评价，如一个孩子对一只宠爱的狗或一块巧克力的评价。这些评价常常随着情境和当时个人“需要满足程度”的变动而改变。可是，必须强调两个事实：(a)一个物件的价值不是简单地等同于它的诱发力（某处一定数量的金子对一个人可以表现出巨大价值，但不引诱他去盗窃；而对另一个人可能有强大诱发力，促使他去盗窃)。评价和诱发力自然是可以发生关系的；可是有时它们是不相干的。(b) 过程的力的源泉不是价值，而是一定的真实的心理张力，心理系统。这些力的系统是一些动力事实，它们决定着过程的进行。

实验中的受试“接受一个指示”能动地包含着一个意向，这个意向在现象上难以和仅仅是对指示的理解相区别。常常只是：“能用这样的方法做”或“如果会遇到某种情况，那就好极了”的想法就能起意向的作用。

陀斯妥也夫斯基描写过这种性质的一个极端的案件，在这个案件里虽无意向动作，并且不可能作出决定，但突然间，能动的真实心理因素像随着一个决定而来那样，实实在在地展现出来："他感到清晰，突然，他知道得很清楚，他必须逃跑，是的，他确实要逃走，但是他也知道现在他完全不能回答应该在谋杀萨托夫之前还是在谋杀萨托夫之后逃走这个问题。他又觉得他决不要在谋杀萨托夫之前逃走，而绝对是在谋杀萨托夫后逃逸，就这样决定下来，签了名并盖了印章……。"

在其他至少在表现型式上很相似的事件里，就没有出现这样的效果。很大的差别似乎在于一种需要是仅仅停留在愿望的阶段上，还是具体地成为一定的准需要。关键性差别似乎是准需要的具体化在原则上是开辟了通向运动神经领域的道路，这条道路以前是不存在的。但即使在这里，有决定性的也不是"我真正需要它"这个清楚的体验，而是是否开辟了一条达到运动神经领域的道路。

3）准需要的能动独立性（分离）。在完成活动的进程中其他需要对一个准需要的影响程度是有很大变化的。

叫一个受试者用一只手的两个手指去接触二根铜电线，而用另一只手去按压接通电流的杠杆。受试接受到一次强烈的电震。一些一旦决定做这个作业的受试给人一种特殊的"真实"印象，他们的活动进程成为很直接的（有些观察者说："像战士那样"）受试们的内省证实了这些观察。例如，有一个受试的经验是她"如在梦中"行动，除此之外，不再能报告出什么。

另一些受试的行为很少直接的进程。在作出决定以前的内在的犹豫和矛盾造成的紧张，在决定接受指示以后仍然持续着。这些受试的决定不像"实干"的受试那样能在决定前后的进程之间确立严格的分界线。但奇怪的是实干的受试并非对于电震少所忧虑，他们比"主观性较强"这个类别的受试更为害怕痛苦。

这个例子所揭示的差别在意向的圆满完成中常常起着重要作用，并和这里略为接触到的心理结构上一般的和根本的问题有关。一个人的精神并不是一个同质的统一体，其中每一个结构和事情与每一个别的结构和事情并不是都有同样的相互关系，这些心理结构和心理过程的相互影响也不单单依赖于它们的强度、力量或重要性。有一些心理领域或情结尽管在不同程度上是由别的心理情结中引入的，而彼此之间有最密切的关系。一种心理事件或力量影响别的心理结构到什么程度，要看它们是包含在同一情结内，还是在不同情结内。

一个情结的独立和分离程度随着各个事件而变化。在运动神经范围内的一个例子：一个开始从事拍影片的人在图景范围内遇到任何突然发生和没有预料到的事情就会不由自主地停下来，即使是图景范围以外的事情，也会使他受到影响，如转动他的头和另一只手，这些都会阻碍他平稳地转动摄影机的柄。有经验的操作者就不被这些影响所扰乱。他已经把他的一只手臂的运动，即转动摄影机的步骤和另一只手的运动与印象分离开来，使之发展成为一种相对独立的活动有机体……

这样的事件常被描述为"机械化"活动。可是，在本文中所认为重要的不是活动的反射性或刻板性。即使在不规则的活动进程中，例如，接住不规则地投掷的球或转动一个摩擦力在变动中的柄，可利用变换接球运动或肌肉紧张使矫正的动作变成"高度机械化"的。这种机械装置常常像一个真的有机体一样工作，其中"知觉基础"和"运动神经领域"是互相协调的（当然，在特定条件下，一个机械装置像许多有机体一样，也可以由自然的机动性改变为刻板的自动化）。

这里的重要事实是：一个独立的活动有机体不是机械地产生的，对一个生手来说，转动摄影机的柄是属于整个运动神经领域的一个附属的部分（运动神经领域是和作为一个整体的知觉基础相协调的）；而对于一个经验丰富的影片摄制者，则转动摄影机的柄是运动神经领域中独立的部分，这一部分从运动神经领域中的其他部分离出来的和本属于知觉基础的一个部分相协调而成为一个活动有机体。格式塔结构的种类和强度，系统关系的种类和强度，经历着动力变化：老的联结（bond）分解了，一个新的相对封闭的结构形成起来。

前面述及的决断效果的例子包含着类似的过程。一个对工作感到特别痛苦的受试，他的完成活动倒是特别着实和直接的。由决断产生的准需要的紧张从自我中分离出来，要比别的受试强得多。准需要和其他心理情结划分界限有双重效力。这个界限使完成活动脱离其他心理紧张（因而有直接性），并且给个人以更多的保护来抵抗过程中的痛苦（因而具有梦的特点）。这就可以懂得为什么具体的和孤立的特殊情结刚好是出现在那些特别怕痛的受试身上。

战争中，在一个战役里常有机会观察到所谓"顽强的"战士。

这表明准需要独立于其他需要紧张之外的程度有很大的情景变易性和个人变异性。

(E)[①] 记住已经结束和没有结束的活动。张力状态发生的效果，不仅可以从张力状态所产生的意向活动中观察到，而且可以从记忆心理学的事实中间接地观察到。例如，我们可以问问，已经完成的意向活动记得牢些，还是没有完成的意向活动记得好些。一个人可以设想完成的意向活动被记住，因为受试从事那些完成的意向活动时间较长久些。

实验却得出完全不同的结果。在一个实验时间内给受试做20项作业。主试者在他们完成这些作业前，对其中的一部分作业进行干扰。在受试做完末了一项工作后立即进行测验看他记住哪些作业。

测验结果表明遭到干扰的作业所记住的，平均比完成的作业超过百分之五十。不同的活动有不同的特点（结尾活动和继续进行的活动，有兴趣的活动和感到乏味的活动各有其特点），不同类型的受试者也有不同的特点。我们文中所述限于十分普遍的东西，并且只指出，在意向活动受到干扰后仍然保持的张力状态本身不仅表现出恢复原来活动的倾向，而且表现为能够记住原来的活动。

紧张不是常常或对所有的受试者都能产生较好的记忆，紧张也可以产生抑制现象。可是，特别是幼稚型的受试者，紧张对记忆有好处。

① 原文编号如此。

（二）意向形成的条件；意向活动，“意志活动”（控制的活动）和“内驱力”（场）活动

如果我们对日常生活中的意向的出现频率作粗略的估量，先考虑伴随着特殊意向动作的那些意向，我们感到惊奇的是意向动作并不是很频繁的。的确，每天开头常有一个意向动作。往往有大约百分之五十的学生说，那天早上起身前有起身的特殊意向，但是，在当天的其余时间内如穿衣、吃早饭、工作的时候，则意向动作是少见的。

意向动作的稀少不能单单用习惯或一般化意向决定常规事项的假设来说明。孩子们在新的情境中玩耍并不使人留下频繁的意向动作的印象，即使他们玩得粗暴或打架，也丝毫没有使人留下频繁意向动作的印象。甚至当出现一些吸引他们的新事物，或当他们要别的孩子的一些东西时，也没有意向动作介入，相反地我们观察到即时发生的反应，常被描述为“内驱力似的”或“不自觉的”。在真需要直接起作用的事件里，典型的情况是活动前没有意向动作（在这样的情况下，用准需要理论的话说，意向动作就会成为没有意义的）。

但是，不是一切没有意向动作先行的活动都是内驱力性质的。例如，在一段对话中，在回答别人的问话和一般的交谈之前的意向动作是少见的，意向动作主要发生在说谎或隐瞒一些事情的时候。我们应该认识到这种谈话——事前没有意向动作的问答——不都是内驱力性质的，而多数具有意志力性质。有很多其他日常活动，例如职业活动，虽然事先没有特殊意向动作，但既非自动化的，又非无控制和内驱力式的。讨论它们就会使我们离题太远。这些事实和其他事实与意向活动是意志活动的原型这个观点相抵触。确立心理事件所属的活动类型，我们应该考虑事件进程的性质而不是考虑在它之前有无其他动作。

因此，下述事件显然不是“内驱力活动”而是“意志”活动：如一个人不是回避危险或痛苦的威胁，而是面对着它，甚至上前迎接它；一个人对别人对他的凌辱泰然处之；一个人对一个向自己献

殷勤的人表示冷淡或不友好。我们现在要集中注意的这种类型的活动是控制下的活动。

如果我们不考虑“自动化”活动——精确地讲是反射性质的活动——那就可以证明使用“内驱力”一词是含糊不清的。“内驱力”活动的意思首先是指“不自觉的由不受个人控制的势力引导的活动”。

内驱力活动不总是由一个刺激群立刻产生的效果。这种活动在产生之前可以有所延缓，但对刺激群突然作出反应确实是不受控制的反应的标志。因此“内驱力性质”、“非自愿的”、“冲动的”等观念的又一种意义是指由“内驱力”产生的、“非自愿”的和“冲动”性活动是同那些先有特殊意向动作的活动相反的。

必须强调，先有特殊意向动作的真正的意向活动并非常常具有和第一种意义的内驱力活动相反的控制特性。自然，一种意向活动可以采取控制形式。当一个孩子决定在他害怕的一只狗的旁边走过去时，有时是控制的活动；这个孩子抱着一种控制的和平静的态度小心翼翼地在狗的旁边经过。然而，意向活动不常常是控制活动，或者只表现出有一点控制。例如上面的例子，常常用完全不控制的从狗的旁边奔跑过去的方式来实现意向。

在这个事件里，事情的进程好像意向是简单地附加在情境（心理场）的其他势力上的一种势力，又好像活动是按照由一种完全是内驱力式的非控制形式所产生的力量分配而发生的。

不受控制或少受控制的完成活动在意向活动中是时常发生的，并且是在某些方面，比控制的完成活动更具有意向活动的特色。普通的简单的反应实验——确实是一个真正的意向活动，它完全建立在受试者在试验前的意向的基础上——它就完成活动和跟随在信号以后的事件来判断，往往是非控制活动的纯粹类型（只有遭到失败才趋向于使它转变为受控制的活动）。我们特别是在成功的意向中发现这种情况，即继场合而出现的活动（把信投入信箱）是非随意的，即和非控制活动相比，它和控制活动更接近。像“内驱活动”一词那样，同“内驱活动”相反的随意活动一词也有两个意思。它可以指意向的活动，也可以指控制的活动。为了澄清概念，在任何有微小机会发生误解的地方，有必要避免使用“意志”和“内驱力”等词。可以用下列的词代替“意志”和“内驱力”等词：(a)受控制的活动以及和它对应的“不受控制”的活动或我更喜欢称呼的“场活动”(由“场”的势力直接决定的)。(b)意向活动，它不包含任何类型的完成活动，而只包括完成活动前的意向动作，即意向活动在准需要中的起源。

我们能够确定下面的论点。完成活动的特性不取决于它是来源于一种意向这个事实。圆满完成可以采取控制活动方式，但它的特点是相对地不受控制，这在理论上是必要的，因为在许多方面在不受控制的活动中的意向效果特别清楚。一个人原来对一些物件和事情是淡漠的，由于意向，这些物件和事情获得诱发力，并直接引起不能控制的纯粹的场活动（定势理论也特别着重这些事例）。

现在清楚，意向的基本成就是一种准备。由于意向动作，在它之后的一些时间内出现心理场，如果没有意向动作，这种场是不存在的，或者至少不是以同一方式出现。形成一个意向就创造了条件让我们以后使自己服从于场的效果（信和信箱），或使一个心理场得以转变或受到附加势力的补充，从而使一种控制活动成为可行的或做起来较为容易。

现在我们能够陈述意向发生的条件。就控制活动的意义说，意向不是意志活动的特点。狭义的意向只是有一定的预见才能产生(这种预见毋须意指未来的确切图景)，而且预先看到的情景不包括那些本身即能使所企望的活动变成纯粹场活动形式的诱发力。在预见情境的本身导致和所期望的活动相反的“场”活动的时候，意向也会发生。

下面一个有代表性的例子，是邓波女士为了其他目的而做的实验。在这个实验里，不准受试者离开一定的地方。受试者愿意离开这个地方而不敢离开，那就是说，她不能以控制活动的形式离开这个地方。她的出路是形成这样一个意向：“我将在时钟的针指到这个或那个位置的时候立刻离去”（在每天日常生活中常常发生类似情况）。这样，她就创造了未来的诱发力，从而直接逼使她离开，并产生或促进了意向活动（这是一个有趣的问题：为什么在不可能立即离去的时候，却可能形成离去的意向？这里我们不能深入讨论这个问题)。

下面的事件也关系到目的在于影响未来情境的意向这个事实。有这样的情况：当我们对预期的一定事情和情境产生恐惧，就用“坚定的意向武装自己”。如果实际的情境证明没有危害，我们就感到这是敲了已经开着的门。在这样一些事件中，即对未来的认识是错误的，实际的情境没有像预计那样的相反势力，此时意向和预见的关系特别清楚。

伴随着意向的往往是另一种叫做决断的过程。这个过程的主要功能是为内部张力暂时地或原则上打开或促成到达活动和能动性的道路（就是说为着未来情境）。因此，决断并不创造新的心理张力(如果心理张力伴随着决断，心理张力也不是决断的实质)，而是为已经存在的张力开辟了一条以原来尚未存在的形式而出现的通向运动神经系统领域的新道路。决断的这一能动事实的现象学的表达方式是这样一种体验，“我确实要它”“但愿如此”！意思是“这就是我将要做的”。当一个人有几种同时发生而方向相反的张力系统时，一个决断常常等于在它们中间产生某种均衡，或者是把其中一些分离出来。无论如何，制造出来的内部情境是或多或少统一的张力系统控制着活动。在这样的事件里偶尔可以观察到在决断前内在的犹豫（所谓动机斗争）。

在这种关系上，人们习惯于讲选择，这意指为了一种明确的活动，常有必要压制一些要争着进入运动神经系统领域的张力系统。然而这并非常常完全成功的，尽管有选择，从被压制的张力系统发生的张力仍将使它们在活动中引起适度的注意。这样可以出现无目的的杂乱活动，结果是阻止和削弱了这种活动。

这里从功能上予以界说的决断，像意向一样，在主观经验上没有确定的指标。一种决断的坚定性和决断活动的强度不是直接关联的。即使是极其重要的决断也可以在没有明确的决断体验的情况下作出来。

在功能意义上的（形成准需要）意向和在功能意义上的决断(压制或平衡同时存在的多种内部张力对活动的控制要求）有时表

现为［心理］过程中密切相关的，而只能在概念上把它们分开的、机能的组成部分；有时则以相对纯粹的形式分别出现。内部决断，选择一定方向的结果，可以产生对一定方式的圆满完成的特殊意向。但是，意向，正在发生的准需要，常常在原则上含有使自己进入运动神经领域的通路，除非有内部相反的张力，不需要为此目的作出特殊的决断。

选自：张述祖总审校．西方心理学家文选．北京：人民教育出版社，1983

思想评介

论勒温心理学中的动力

“动力”（dynamic & dynamics）是勒温心理学立论的基础，也是勒温心理学最突出的特征。勒温曾把他的第一部专著取名为《人格动力论》，把他最终创建的社会心理学体系称为“团体动力学”。他认为自己的拓扑心理学和向量心理学都可包括在心理动力学之内①，故利维拉（J．Rivera）曾把勒温的心理学研究称为“格式塔对行为动力学的贡献”和“意向动力论”②，波林则直截了当地把勒温称为“动力心理学家”③。动力既为人类一切活动的根本，也是勒温心理学研究的核心和进行理论建构的基础，从而理解勒温心理学中的动力，也就成了理解勒温心理学理论的关键。

---

① Lewin K．The Principles of Topological Psychology．New York：McGraw-Hill Book Co．，1936．85

② Rivera J．Field Theory as Human-Science．Grardner Press，1976．vi

③ 波林．实验心理学史．高觉敷译．北京：商务印书馆，1982．834

（一）勒温的动力概念

在心理学中，“动力”一词含有力、能量和活动等意义，可包括所有决定有机体行为的内在或潜在因素。对于不同的心理学家，“动力”可能会有着不同的涵义，他们所使用的动力概念不尽相同，对待动力的观念也颇有差异。弗洛伊德的精神分析是一种动力心理学，他所侧重研究的是潜意识欲或里比多的作用；麦独孤是一位动力心理学家，他的动力概念主要指本能和本能对行为的策动。勒温的动力概念（或动力观念）可概括为心理紧张系统，他不但注重要求和动力能量的意义，而且强调各种心理动力在一个系统中的交互作用，以及人的内在动力与环境因素的关系。

1. 心理紧张系统

心理紧张系统是勒温从概念的水平上对人的行为根源所进行的动力分析，他认为，“只要在一个人的内部存在一种心理的需要，也就会存在一种处于紧张状态的系统”[①]。紧张的释放可为心理活动和行为提供动力和能量，从而也就构成了决定人的心理活动和行为表现的潜在因素。为了证明这一理论设想，勒温指导他的学生进行了一系列的实验研究，如蔡加尼克的实验，她让被试去做 18～20 项简单的工作，但只有其中半数工作让被试完成，另一半则中途阻止不让完成，最后让被试对所做过的工作进行回忆。根据勒温的理论可以预知：(1) 一件要完成的工作等于一种准需求，并会随之产生相应的心理紧张。(2) 如果完成了工作，紧张就会消除。(3) 如工作受阻没有完成，心理紧张将继续存在，并且会影响被试的行为和心理活动。蔡加尼克实验的结果完全证实了勒温的理论设想，被试对未完成的工作的回忆量平均为 68%，对已完成的回忆量为 43%，这就是心理学史上著名的蔡加尼克效应。1927 年蔡加尼克在德国《心理学研究》上发表了她的实验报告，她自己对这项实验的解释是：“当被试接受一项有待完成的工作时，内心便产生

① 转引自：Wolman B. Contemporary Theories and Systems in Psychology. Plenum Press, 1981. 477

一种完成这项工作的准需要，完成工作便意味着解除心理紧张，或使准需求得到满足，如果未完成这项工作，紧张状态继续存在，准需求有待实现。中途受阻未完成工作的被试之所以在回忆工作时占优势，一定与这些继续存在的准需求有关……所以回忆便可作为鉴定紧张系统存在的一种指标。”① 在蔡加尼克实验的基础上，也以检验心理紧张系统为目的，勒温的另一个学生奥芙散金娜进行了关于“受阻活动的重做趋势”的实验。她在其实验报告的前言中写到：“如果勒温的理论是正确的，意向性活动的潜在动力不是联想而是一种紧张系统，那么我们将会看到一种对受阻活动的重做趋势。”② 实验得到了预期的结果，勒温认为这一实验同样证实了“一种目的或一种意向，可以形成一种准需求，产生具有动力意义的紧张系统”③。勒温说，“这一重做（趋势的）实验表明，只要需求未得到满足，一种与目标相连的力便存在，并引导着朝向目标的活动”④。

波林注意到，勒温所用的紧张（tension）一词与注意（attention）和意向（intention）有关，并认为“或许这一概念的应用，就是一种动力心理学的真正标志”⑤。在这里我们可以看到勒温与意动心理学的关系，事实上勒温的老师斯顿夫就是一个意动心理学家，并用意动心理学的观念影响了勒温的思想，正如“意动”和“意向”都需要一定的对象，“紧张”也必然要有它的确定目标。在勒温的动力理论中，行为或心理活动的目标也具有一种力，勒温称之为引拒值（ralence）。正的引拒值具有吸引力，负的引拒值具有排拒力，所以人的行为不单是由于内在需求和紧张的推动，而且还由于目标本身的吸引（或排拒）。需求的强度增加，与该需求有关

---

① Zeigarnik B. On Finished and Unfinished Tasks. In：Euis W，ed. A Source Book of Gestalt Psychology，New York：1939

② Ovsiankina M. The Resumption of Interrupted Activities. In：Rivera J. Field Theory as Human-Science. Grardner Press，1976

③ Lewin K. A Dynamic Theory of Personality. New York：McGraw-Hill Book Co.，1935. 242，62，65

④ 转引自：Marrow A. The Practical Theorist：The Life and Work of Kurt Lewin. BDK Learning Products Inc.，1984. 246

⑤ 波林. 实验心理学史. 高觉敷译. 北京：商务印书馆，1982. 808

的目标的引拒值也会增加，而引拒值的增加，又会反过来影响到需求的强度。因而在勒温的动力理论中，人与环境是密切相关的，他的心理紧张系统便包括了这种人与环境的关系，包括了紧张与目标的相互作用。

在这里我们可以把勒温的心理紧张系统与弗洛伊德的里比多说和麦独孤的本能说略作比较。弗洛伊德和麦独孤所追求的都是对行为动力作一种实体性的解释，把动力本质归结为里比多或本能（一种实体），遵循了一种旧物理主义的能量说。在他们那里行为的动力模式带有很大的机械性，人的行为基本上取决于里比多或本能所提供的能量本身。然而勒温则倾向于对行为动力作一种关系性的解释，把动力本质归结为包括人与环境在内的各种力相互作用的心理紧张系统。这种从实体概念到关系概念的转变不但是一种动力解释的差异，而且涉及一种动力观的转变。勒温的动力研究是以新物理学的世界观为背景的；对此我们可以进一步来考察勒温的另一个重要概念：生活空间或动力场，并借以探讨勒温动力观念中的整体意义。

2. 紧张系统与生活空间

在勒温看来，“紧张”始终处于一种系统之中，因而要真正理解“紧张”，也就必须理解这种系统的意义，对需求与紧张，紧张与目标，目标的吸引力与排拒力，以及各种力的相互作用都有所了解。或者说，理解勒温的动力就必须同时理解他的动力场，而这种动力场也被勒温称为“生活空间”。

生活空间包括在一定时间决定个体行为和心理活动的所有事实。勒温说，“为了理解或预测行为，就必须把人及其环境看作是一种相互依存因素的集合。我们把这些因素的整体称作该个体的生活空间，并用 $B = f(PE) = f(LS)$ 来表示”①。生活空间包括了人与其环境，行为便发生在这种生活空间中，它既是人与环境的函数，也是生活空间的函数。与勒温这一行为公式相联的，是他陈述

① Lewin K. Feild Theory in Social Science. Harper & Brother Publishers, 1951. 239

生活空间时所提出的一个动力原则："实在的是有影响"[①]，存在于生活空间中的事物或因素都必然对个体当时的行为有着实际的影响。这样勒温所讲的生活空间就既非一般的纯客观环境，也非考夫卡的意识中的行为环境。生活空间以对人的行为发生实际影响者为存在标准，将主体与客体融为一个共同的整体，并表现着整体所具有的格式塔性，即其中任何一部分的变化都必将引起其他部分的变化，都必然与整体有关。场的意义充分体现在生活空间中，故勒温及其学生也就把生活空间看作是人的行为动力场。

勒温曾借助于拓扑学来描述生活空间以及生活空间中的动力结构，借助于向量学来分析生活空间中的动力作用以及动力和行为的方向，故勒温的心理学又有"拓扑心理学"和"向量心理学"之称，而拓扑心理学与向量心理学的结合，或动力研究与整体研究的结合，也即在生活空间或动力场中来研究人的行为和心理活动，便形成了勒温的场论，因而场论也就被认为是勒温心理学的象征。笔者把动力与整体看作是勒温场论的基石，把紧张与生活空间看作是勒温心理学的两个最基本的概念。它们既具有动力性，又具有整体性，勒温动力观念的本质，便是这二者的结合与统一。

在1924年至1933年间，勒温曾指导他的学生围绕心理紧张系统和生活空间概念进行了一系列的实验，较为著名的除了蔡加尼克和奥芙散金娜关于心理紧张与记忆和重做趋势的实验，还有丹波和霍普等关于欲求水准的实验，巴克（R.Barker）关于挫折与倒退的实验和玛勒（V.Mahler）关于代替满足的实验等。这些实验不但为勒温的心理紧张系统学说提供了大量的证据，而且检验了弗洛伊德精神分析理论的一些观点，为整个实验心理学和动力心理学的研究开辟了新的途径。或许正是在这种意义上，波林称勒温的动力研究是对弗洛伊德体系的科学改造。事实上，勒温的研究和理论可说是整个动力心理学中的一次革命。他不但推动了动力心理学中的实验研究，把"动机心理学从清规戒律中解放了出来"[②]，而且以心理

① 勒温．形势心理学原理．高觉敷译．北京：正中书局，1944．17

② 波林．实验心理学史．高觉敷译．北京：商务印书馆，1982．840

紧张系统引起了动力心理学研究从实体概念到关系概念的转变，把新的科学观运用到了心理学的动力研究之中，对整个心理学的发展都起到了积极的促进作用。

（二）勒温的动力模式

把勒温的动力概念扩展开来，便表现为一种基本的动力模式，勒温把它称为“准稳定平衡过程”。正如勒温的动力概念与实验研究都引起了动力心理学中的革命，他的动力模式也为动力心理学的发展提供了新的选择。

在勒温之前，求乐论是动力心理学研究中的主导传统，如联想主义、精神分析和行为主义，他们都以“避苦求乐”为研究人类动机的唯一标准。然而，在人类思想史中还有一种关于人性和动机的基本观念，那就是稳态论传统。稳态论主张有机体内有一种自我保护和自然平衡的倾向，强调人所具有的自我控制的能力。它强调整体、系统和功能，具有有机论和生态论的特点。勒温首次把这一传统思想系统地引入了动力心理学，并从中阐发了稳态动力论，至今仍具有很大的影响力。

稳态（homestasis）这一概念是坎农 1929 年创用的，1932 年他在《躯体的智慧》中对稳态的意义作了具体的阐述，然而稳态所表示的这种有机体自然平衡的思想却由来已久。希波克拉底和斯宾诺莎就曾对这种思想有过论述，贝纳德在 1859 年提出了著名的有机体内外环境论，坎农的稳态概念就是从贝纳德的“内环境”中推导出来的。坎农认为，“稳态这个词不是表示某种固定不变的事物或一种停滞状态，它表示这样一种情况——一种可变的而又保持相对恒定的情况”①。稳态的失调就会产生有机体的紧张状态，并促使有机体通过适应性行为去获取新的平衡。勒温的心理紧张系统便遵循了这种稳态论的动力模式。

勒温在表述他的心理紧张系统时指出，只有当需求打破了原有的心理平衡，才会引起内在的紧张。而由这种紧张所激发的行为不

① 坎农．躯体的智慧．范岱年译．北京：商务印书馆，1985．8

是为了避苦求乐，而是为了获取新的内在平衡。勒温说，“心理过程通常出自趋于平衡的倾向，正如普遍的生物过程，以及物理、经济或其他过程一样。从一种稳定状态转向一种过程，以及稳定的过程中所发生的变化，都可以从这样一种事实中推出：即在某一点上平衡被打破了，于是朝向一种新的平衡状态的过程便开始”①。平衡概念甚能表现稳态的心理学意义，它不是表示静止，而是蕴含着变化，体现为过程。因为一种平衡既是一种活动的目标或结束，也是下一次活动的准备或开始，目标的设立便已蕴含了动力作用。沃尔曼（B.Wolman）说，“勒温提出有机体倾向于平衡，这是仿效坎农和戈尔茨坦。勒温把稳态原则运用于心理力在一个系统内的活动，但没有提稳态这一概念”②。勒温把平衡看作是一个动力概念，把紧张系统看作是一种“准稳定平衡的过程”，并以此为基础论述了社会变化的三个步骤：“解冻—流动—重冻”，也即打破原有的平衡，趋向新的目标，并在新的水平上重获平衡。勒温的动力理论不但遵循了稳态论的基本模式，而且表现出强调整体结构和系统等有机论的特点。此外，勒温所主张的心理宇宙为一种开放系统也与稳态论的基本观点一致。贝纳德和坎农都把有机体看作是一种开放的生物系统，在与其外在环境的相互作用中保持着相对的内在平衡。

长期以来，心理学史家们多偏重于动力心理学中的求乐传统，基本上忽视了来自稳态论这一方面的影响。波林在他的《实验心理学史》中论述“动力心理学”的时候，便只讨论了求乐传统与活动心理学的影响，未能注意到稳态论传统和有机论在动力心理学研究中所起的作用。然而在笔者看来，只有认识到稳态论在动力心理学中的意义，认识到稳态模式与求乐模式的差异，才能更好地理解勒温的动力理论以及整个动力心理学。事实上，勒温本人曾明确指出，不能把人的需求局限于自我对获取快乐和奖励的需求，动机的

① Lewin K. A Dynamic Theory of Personality. New York: McGraw-Hill Book Co., 1935. 62

② 转引自：Wolman B. Contemporary Theories and Systems in Psychology. Plenum Press, 1981. 477

求乐论是片面的，不充分的。[①] 勒温的动力研究和动力理论所体现的是一种稳态论传统，他的心理紧张系统本质上是一种稳态动力模式。这种动力模式发展为当代社会心理学中的认知平衡和认知不协调理论，并且对人本主义的动机学说也产生了很大的影响。

（三）勒温的动力观

“动力”在许多心理学家那里被用作动机的代名词，如吴伟士，他创用了“动力心理学”，同时提出以动机学（motivology）来代替心理学。波林也曾说，“动力心理学这一领域就是动机心理学”[②]。然而笔者则认为，“动力”中还有动机之外的意义，在勒温的心理学中（以及在任何其他一种动力心理学理论中），动力不单单是指动机，而且代表了一种观点，一种分析和研究问题的方法和态度。就此而言，勒温心理学中的动力就具有更为广泛和深刻的意义，我把它概括为整体动力观，对此可作如下讨论。

1．动力与整体

格式塔心理学的整体观是勒温动力研究的一个自然基础，心理紧张系统发生于生活空间之中，而生活空间便是一个心理的格式塔。它是人的心理活动和行为动力产生与表现的场所，是一种具有整体特性的动力场。勒温以此为背景所阐述的心理紧张系统不但具有动力性，而且具有结构性、关系性和系统性，具有格式塔整体性所具有的一切特点。勒温曾说，“在研究心理能量和心理紧张的问题时，我们必须记住它们在一定的心理系统中所占的位置，因而就必须以在这种系统中行之有效的格式塔理论的观点来研究这些问题”[③]。

勒温以整体性原则来指导动力研究，同时也以动力研究丰富了整体性原则。勒温的动力研究强调人与环境的关系和相互作用，突

① Rivera J．Field Theory as Human-Science．Grardner Press，1976．144

② 波林．实验心理学史．高觉敷译．北京：商务印书馆，1982．796

③ Lewin K．A Dynamic Theory of Personality．New York：McGraw-Hill Book Co．，1935．65

出人的情感、意志和人格，这样研究者所面对的必然是人的整体性或整体的人，而不再单单是人的感知觉或人的某种个别属性，这样格式塔的整体原则便具有了更广泛的意义。这种动力与整体的结合，构成了勒温心理学的基础与核心。勒温说，“动力整体这一概念在动力格式塔的孕含性意义上将起到非常重要的作用，它已为心理学的实验研究展开了广阔的前景，势必会产生对解决基本生活问题的重要突破”①。在这里，勒温的动力理论所展现的已是一种心理观，一种心理学的方法论或认识论的意义。笔者也在这种意义上提出了勒温的“整体动力观”，它蕴含着整体与动力的统一，结构与功能的统一。此外，这种整体动力观还包含着对人的心理和行为动力的过程性、发展性和系统性的解释，包含着一种整合心理学的倾向。

2. 动力与过程

任何运动都必然体现为一种过程，所以动力研究从本质上说也应该为一种过程的研究，从过程中能够进一步地来理解动力和动力的发展。在勒温的动力理论中，过程始终占有相当重要的位置，但却一直未受到人们的重视。笔者认为理解勒温所论述的过程对理解勒温的动力是很有必要的，并把过程所蕴含的意义看作是勒温整体动力观的一部分。

勒温曾以“人与环境的心理学”来标示自己的动力心理学理论。他说，一旦接触人与环境的关系，“我们的注意中心也就从客体转向了过程，从状态转向了状态的变化”②。一般来说，勒温在阐述他的心理动力理论时，总是要涉及这一动力的过程。他认为在任何心理过程中，内在的力与外在的力都会由这一过程本身来改变，动力的意义便体现于过程之中。勒温的心理学以研究“朝向目标的行为”而著称，而朝向目标便包含着一种过程性，心理紧张系统中便具有这种过程的意义。勒温对社会变化的动力解释也体现在

① Lewin K. A Dynamic Theory of Personality. New York: McGraw-Hill Book Co., 1935

② Lewin K. The Principles of Topological Psychology. New York: McGraw-Hill Book Co., 1936. 16

“解冻—流动—重冻”的过程之中。

过程本身蕴含着发展的意义，因而动力的观点也和发展的观点有联系。勒温曾把心理的动力过程看作是生命的发展过程，以“条件发生”（conditional-genetic）的概念来注解人的心理活动和行为表现。“条件发生”意味着潜能和表面现象背后的动力因素，意味着一种动力的发展观。这种发展观表现出过程中蕴含的另一种意义——时间性，勒温曾提出“心理过程本身是在时间上扩展的整体”，据此他为生活空间确定了一个“现实原则”（“现在的事件只受现在情境的影响”①），并用它作为衡量心理上的真实性与非真实性的一个标准。这种时间观念和心理事件的真实性与个体发展有着密切的联系。或者说，发展便意味着时间观的扩展和真实水平的提高，因而时间观念或时间维度也是勒温动力理论中的一个基本成分。

过程的意义还体现在系统之中，动力与过程在系统中得到统一，组成了一个整体。笔者认为，勒温的心理学理论，尤其是他的动力场论，是系统论在心理学中的反映。事实上勒温本人就是一位系统论学者，他的心理学研究曾促使了一般系统论的发展。普汶（L. Pervin）指出，“过程（正如一般系统论所尽力阐明的）是动力心理学的核心”②，并认为动力的过程性是一个有待进一步研究的课题。勒温整体动力观所蕴含的过程性同样也具有一定的潜在意义。

3．动力与整合

把勒温心理学中的动力理解为一种观点，整合是其中所包含的一种积极意义。心理学中的动力研究既包括动机方面的内容，也包括被波林称之为“人性心理学”的部分。这种人性心理学范围广泛，其本身便要求一种综合性研究，而这种综合性研究自然地孕育了一种致力于心理学统一的整合倾向。

---

① 勒温．形势心理学原理．高觉敷译．北京：正中书局，1944．31

② Pervin L．Dynamic Psychology．In：Corsin R，ed．Encyclopedia of Psychology．New York：1984

科弗（C. Cofer）也曾认为，在发展一种整合的人格理论或行为理论的种种尝试中，动力概念起着关键的作用①。动力研究的领域为整合理论的诞生提供了合适的条件，麦独孤曾明确表示他只是以动力观点来研究人性问题，由此而阐发出来的心理学理论要把以往“所有学派的有效的原则和方法都结合到一个统一的体系中”②。关于这一点吴伟士更是积极，心理学史上的“中庸之道”便是他最先提出来的。“每一个学派都是好的，虽则没有一个学派是够好的。”③因而学派应该综合起来，去走一种“中间道路”。在吴伟士看来，动力心理学似乎就是这一道路的路标。

然而在勒温的心理学中，动力与整合联系得更为密切具体，因为他继承并阐发了格式塔整体原则中的整合意义，并且努力从具体的研究和理论建构中去体现和促进整合。他不但想整合或统一心理学的各个学派，而且想为心理学的各分支提供一种统一的基础，为整个社会科学提供一种统一的模式。当他把整体研究与动力研究结合起来的时候，他也就在某种程度上综合了格式塔心理学与精神分析，以及格式塔心理学与行为主义。因而笔者把整合看作是勒温心理学的一个重要特点，看作是勒温整体动力观所蕴含的基本意义。勒温的整体动力观所体现的整体性、动力性、过程性和系统性，都为他致力于心理学的整合打下了坚实的基础。而他的场论和团体动力学，他的整个心理学的理论与实践，则为心理学的整合与统一作出了具体的贡献。

近年来，勒温的心理学思想在世界范围内引起了人们越来越多的重视，托尔曼的预言似乎已成为现实（托尔曼在悼念勒温去世时说：“在未来的心理学史上，有两个人必将超于众人之上——弗洛伊德和勒温。他们两人的洞察力相反相成，初次使心理学成为可以同时适用于真实的个人和真实的社会的一门科学。”④）。笔者认为

---

① Cofer C. Motivation: Theory and Research. John Wiley & Sons, Inc. 1964. 1

② McDougall W. The Energies of Men. Menthuen & Co., 1932. 20

③ 吴伟士. 西方现代心理学派别. 谢循初译. 北京：人民教育出版社，1963. 225

④ Tolman E. Kurt Lewin. In: Psychologial Review, 1948. 55

认识与理解勒温的心理学思想对理解当代心理学发展史，理解当代心理学尤其是社会心理学的发展有着重要的意义，批判地吸收勒温心理学中的某些积极因素也将有益于我们自己的心理学理论建设。笔者撰写此文意在探讨勒温心理学的本质，但自知学识有限，谨望能以此文与读者有所讨论和交流。

（申荷永）

选自：心理学报，1991（3）

斯金纳

（Burrhus Frederick Skinner）

- 生平简介
- 名篇选读

  关于行为的一个理论体系（节选）
- 思想评介

  斯金纳操作行为理论若干问题的剖析

生平简介

B·F·斯金纳（1904～1990），美国心理学家，新行为主义学派的创始人之一，操作性条件反射理论的奠基者。他于1904年3月20日出生于美国宾夕法尼亚州；18岁中学毕业后进纽约哈密尔顿学院主修文学，获英语科学士学位；1926年，在汉密尔顿大学毕业时，获得了为人羡慕的霍尔利希腊奖金；1928年进哈佛大学专修心理学，在那里，他读了华生和巴甫洛夫的著作，被华生的心理学观点所吸引，从而开始对人类和动物的行为感兴趣。1930年和1931年，斯金纳分别获该校心理学硕士和哲学博士学位，毕业后留在哈佛大学当研究员，1936年入明尼苏达大学当讲师，1937年升为助理教授，1939年当了副教授，1944年取得了格建黑姆研究员的职位。第二次世界大战期间曾参与美军秘密作战计划，这一计划直到1959年才公诸于世，斯金纳当时研究飞鸽领航导弹和鱼雷的心理条件作用，使飞鸽受高水平的领航训练，已达到能指引一枚导弹直接射入敌驱逐舰的烟囱里。二战结束后，他于1945年出任印第安纳大学心理学系主任，1948年重返哈佛大学，担任W·詹姆斯讲座教授，并被聘为该校心理系的终生教授，直到1974年退休。在哈佛期间，他又发明“斯金纳箱”，专门用于研究老鼠和鸽子的学习，动物在斯金纳箱中的任何活动都可以被记录下来并且有自动的装备对这些记录进行分析。斯金纳于1990年8月18日于波士顿逝世。斯金纳一生获过多项重大的荣誉奖，主要有：美国心理学会的杰出科学贡献奖（1958）、美国政府颁发的最高科学奖——国家科学奖（1968）、美国心理学会基金会赠与的金质奖章（1971）、美国心理学年会授予的心理学毕生贡献奖（1990）。

斯金纳深受实证主义、操作主义及巴甫洛夫和华生著作的影响，20世纪30年代撰写博士论文期间也陆续接触过布里其曼、彭加勒和马赫的作品，同时也受了物理学操作主义的影响，以其深刻的研究和独到的见解创立了自己的行为主义体系。他认为心理学应研究可以观察到的外显的行为，而不是行为的内部机制，研究者的任务就在于确定刺激与其他实验条件和其所引起的有机体的反应之间的函数关系：R = f（S，A），但他同时指出："在操作性条件反射的情况下，刺激是超乎实验者的控制能力的，因而就不能成为一种实验变因，所以上述公式就可以简化为：R = f（A）。"他在其博士论文《行为描述中的反射概念》中便提出"一个反射就是一种刺激和反应之间的相互关系，而不是任何别的东西"这一基本观点，该观点用他自己的话说即是"对反射所作的一种操作分析"。他虽然在进行行为实验时把有机体内部所发生的事件当作行为本身的一部分，在他看来，外部和内部的事件都不过是一组操作，因而他认为行为科学无需假定那些内部事件具有任何特殊性质或者必须用任何特殊方式去认识。他关心的是对行为的描述而不是解释，避免应用任何假设，从经验资料开始，采用归纳法逐步进行科学的概括，坚持描述性的严格的行为主义立场。

斯金纳提出的操作性条件作用的原理，是他对有机体的行为分析的核心观点。他以"斯金纳箱"为工具，以动物和人为被试深入研究操作性条件作用的规律，他把依随反应而发生的强化看成是增强某个反应概率的重要手段。斯金纳认为有机体的行为主要的是由操作性条件作用形成，他把学习的公式概括为：一个操作发生后，接着给予一个强化刺激，其强度就会增加。操作性条件作用与塑造成为是一样的，只要安排好一种强化的特殊形式，就几乎会随意地去塑造有机体的行为。斯金纳根据操作条件作用及强化原理，于50年代设计和发明了"程序教学"和"教学机器"，给教学技术带来了一场深刻的革命，当时曾风行一时，对西方教育产生过深刻影响。70年代以来，原先应用在教学机器中的程序设计已在计算机辅助教学（CAI）中被广泛应用。

斯金纳深信控制刺激和强化不仅可以塑造和矫治有机体个体的行为，而且可以改造社会行为和控制团体行为。他应用其有关行为控制的规律，在行为矫治方面，发展出一整套行为矫正技术，用于问题儿童、智力迟钝儿童等的个别矫治。他还试图把实验室内的发现转用于一般的社会，制定了一个控制团体行为的计划，在其小说《沃尔登第二》（1948）中曾提出过他的操作行为主义的原理可以建立理想的公社生活的设想。

斯金纳著作颇丰，主要著作有：《有机体的行为：一种实验分析》(1938)，该书主要通过对白鼠和鸽子的观察，经验性地描述学习的法则，从而为操作性条件作用原理奠定了基础；《科学与人类的行为》(1953)，该书着重探讨了人类行为的一些重要方面，如思维、自我和社会化等；《教学技术》(1968) 一书则探讨了他的基本原理在人类学习中的运用；小说《沃尔登第二》(1948) 则是根据人类行为的科学原理，试图形成一种以积极控制的方法加以管理的理想社会。《超越自由与尊严》(1971) 是对他自己观点的总结，并驳斥了他人的种种批评。此外，其主要著作还有：《言语行为》(1957)、《强化程序》(1957)、《关于行为主义》(1974) 等。

(何先友)

名篇选读

关于行为的一个理论体系（节选）

行为作为科学的题材

一门行为科学所致力研究的这门题材虽然是人类经验中最普通的一种，可是无保留地把它当作妥当的科学题材还是新近的事。这不是说人们从未谈论行为或者从未尝试去系统地描述行为，而是说人们谈论行为总是采用间接的方式。行为具有错综复杂性，这就使人感到难于给以简单的描述，于是荒诞的解释就泛滥起来。关于行为的原始理论把人的行为放到外界某种实体的指挥之下，这样就定下了一个对待行为的格式。既然用以解释行为的指挥势力被假设为不可思议的或至少被认为是无需说明的，这样，把确定行为的规律作为科学研究题材的问题就被毫不费事地处置掉了。较高级的关于行为的理论把终极的指挥和控制归于机体内部的实体，即称作心理的实体。采用这一策略也是无补于事的，因为按照这一想法，最初的行为所具有的大多数的，如果不是一切的，起决定作用的特性都必须归因于内部实体，而这内部实体仿佛成为一个本身有理由存在的机体。以此为起点，有三条可走的道路。对于这个内在的机体可以退一步称它为自由的，例如像"自由意志"这类东西，认为要进一步考查它是不可能的。或者，也可以含糊其词地给以定义，使人不感到有追问的必要，像普通的人可以随便用一个当家作主的"自我"来解释自己的行为，他既不追问也不认为需要解释这个"自我"为什么要做它所做的事。还有一条道路是把这个内在的机体当作科学的题材。一些关于"心"及其官能的概念，近来又有关于"自我"、"超我"和"本我"的概念，就都是内在主体或机体的例子。制造出这些概念是为了说明行为，直到现在它们仍然是科学研究的对象。

从这样的解释水平转向神经系统方面，把神经系统当作控制行为的实体，这是一大进步，但不幸的是，这一转变仍然阻碍人们对行为进行直接的、描述性的研究。这一转变之所以称为进步是因为所求教的行为以外的实体，它本身具有明确的物质身份，可以受到科学的考查。可是对行为的科学来说，研究神经系统，其主要作用还是把人们的注意引开，使他们不把行为当作研究的题材。用神经系统来对行为作出虚构的解释，在笛卡儿以前已经流行，而时至今日，这种办法比我们所觉察到的更为广泛风行。通俗的说法是，人有脑髓（这是关于神经系统的事实）所以人有能力（这是关于行为的事实）。这种说法对于说这话的人有没有意义是无关重要的；不论有意义还是没有意义，这个办法是搬用我们所不了解的东西来解释明显的事实（也许是未经组织的事实）的例子。深奥的神经学所持的见解大体上和通俗的见解抱有一致的看法，它们都认为行为本身是无法理解的，要得出行为的规律，必须证明它是受制于一种内部体系，而那个内部体系是科学所能研究的东西。关于行为的事实，它们本身无权受到科学的研究，它们被看作是必须用神经系统的事实来加以解释或解释掉的东西（我不是在蔑视神经学的重要性，我指的只是对神经系统的粗浅用法，那种用法把神经系统当作一种解释原理而回避直接描述行为）。

把行为看作本身有理由作为科学题材并加以研究，这是在把心理的虚构（不是神经学的虚构）改造以后才能做到的事情。从历史上追溯起来，它曾经经历三个有趣的阶段，这些阶段常被描述或总结如下。首先，达尔文强调心理的发展有其连续性，他认为低于人的动物也有心理官能。其次，劳合·摩尔根提出吝啬律，他排除低等动物有心理官能的说法，仍能相当成功地说明动物行为的特征。最后，华生用摩尔根的方法来说明人类行为，他将达尔文所要求的发展连续性重新建立起来而无需假设心理存在于任何发展阶段。这样，一门行为科学就产生了，可是很难说它是在顺利的情况下产生的。这门行为科学问世的时候，它具有改头换面的心理学的形式，到处流露出它的前身的轮廓。它承受了一个以古老概念为基础的题材编制，这些古老概念并不能构成它本身结构的实质部分。它所继承的学术用语是如何充满着隐喻和含意，以致你一谈行为你就不能不把一些死去的体系中的幽灵召唤出来。最坏的是，它也不向行为本身寻求关于行为问题的答案，而向别处去寻求。当行为科学把心理的虚构抛弃以后，它又面临以下的抉择：要么把心理虚构所留下的位子空在那里，径直去研究自己的题材，要么再弄些别的东西来填补那空位。习惯和传统的全部势力都使人倾向于填补那空位。于是在丢开一门心理的科学以后，神经科学就成为它的天经地义的代替物，而这正是一门非心灵派的心理学所选择的东西。至于建立一门直接描述性的行为科学的可能性及其特别有利之点则几乎无人加以考虑。

任何人只要看一看行为在人的事务中的作用，就不难体会行为科学是必需创立的。这种需要是如此明显、如此急迫，它对于这门科学的建立反而起着阻碍作用，不起促进作用。正因为以严密方法研究行为会带来巨大后果，就有各方面的人们认为这样的研究是难于着手的。这种目标似乎是万难达到的。这门科学到底会有怎样的成功，谁也说不上来；但至少可以说，一些初级的问题如果用现有的科学方法去研究它们，并不是办不到的。这种研究可为现代科学开辟出最饶有趣味的前景之一。

有两个问题立刻摆到我们的面前：一门行为科学会具有怎样的结构？它的规律能达到如何切实的地步？这两个问题可以很好地代

表本书内容的双重领域。我想做的第一件事是建立一个关于行为的理论体系，用它的术语来陈述一门科学的事实。第二件事是在它的一些比较重要的论点上用实验方法来检验这个体系。在本章里我把我目前认为整理资料的最方便的方式作一简略介绍，在以后各章里我将讨论一些适合于这一理论体系的事实材料。……

行为的定义

开头就提出定义是有必要的。行为仅是机体的全部活动中的一部分，所以必须正式划定它的界限。行为的范围可以用一种固有的兴趣为参照从历史上加以规定。行为现象不同于机体的其他活动，它们是由一个共同的突出之点聚合在一起的。行为是机体所正在做的事情——说得更确切些，就是被另一机体观察到的它所正在做的事情。但是如果仅仅因为某一活动的事例通常能被观察到就说它属于行为的范围，那是把这一特征的意义理解错了。更中肯的说法是，行为是一个机体的机能中用以作用于外界或和外界打交道的那个部分。使行为成为单一的、独特的题材的那些特殊性质是从这个定义生发出来的。只是由于别的机体的感受器官是外部世界中最敏感的部分，所以把对于机体做什么的固有兴趣当作参照才是成功的。

因此，我说的行为不过指的是在以机体本身或种种外部事物或势力场为参照的框框里一个机体或机体身上的某些部分的运动。为方便起见，可以称之为机体对于外部世界的作用；有时我们只谈运动的效果而不谈运动的本身，例如我们说机体发出声音，（不去细谈发声的动作）这样也很合适。

一套术语

当我们着手研究这样一个为了科学描述的目的而划分出来的领域时，一开头我们就碰上准备一套术语的需要。大多数民族的语言在用语方面都是相当丰富的，但对于我们却并不有利。拿英语做个例子，我们说一个机体看到或摸到物体，听到声音，尝到滋味，嗅到气味，喜欢或不喜欢它们；它需要，它寻求，它找到；它有一个目的，它尝试，它成功或失败；它学会，它记住或忘掉；它受惊，发怒，快乐或郁闷；它醒着或睡着了等等。在对行为作科学描述的时候，以上这些词语大多数是必须避免使用的，但这却不是出于常被提到的理由。如果说无法给这些词语下定义，那是不真实的。即使说这些词语按照它们通常的用法经受不住分析的考验，然而互相约定“看到一个物体”的意思是什么，“想要喝一杯”的意思是什么，并从此以后大家尊重这些约定的意思，那还是办得到的。建立一套约定的定义，不超越行为的范围，是可以做到的，事实上早期的行为主义者们曾经建立过这样的定义。他们花费了不少的工夫（在我看来，很不值得）把传统心理学中的概念译成行为主义的术语，这些概念原来大半是从通俗语言中吸取过来的。曾有人用了很大气力把通俗词汇中的一些词语按照研究行为的要求给它们重下定义，托尔曼（Tolman）就是其中的一例。

如果说用这样的词汇来描述行为就不能使行为的研究数量化，那也同样是不真实的。这种词语常常用以指示连续系列的事情（例如说一个机体看得清楚，看得模糊，或全看不见；它以或大或小的强烈程度喜欢或不喜欢；它努力尝试或有气无力地尝试；它很快地学会或很慢地学会等等），只要以行为为参照给它们下个定义，就能用单位来表示它们，这种单位并不比厘米或秒钟更带有武断的性质，甚至还可以把它化成这些厘米、秒钟等单位。

我们反对用通俗语言描述行为，其重大理由是通俗语言中的许多词语都带有某些概念体制上的含意。我不是说一门行为科学用不着概念体制，而是说它不能不经过仔细考虑就把通俗语言中含蕴着的概念体制承受过来。通俗语言呆笨臃肿；用语的意义互相重叠，它们强作不必要的或不真实的区分，绝不能用作处理行为题材的方便工具。通俗用语的不利之点在于它们是历史的产物。它们被采用是为了日常生活的便利，而不是为了作为一门简单的科学体系的特征的特种便利。除非出现一个奇迹才能使这套用语合乎行为科学的使用，可是这里并没有出现奇迹。只有一条办法来达到一种方便而有用的体系，那就是径直去研究行为资料。

以上的说法并不意味着我们要把日常语言全部从行为科学中抛弃出去。排除通俗用语的唯一标准是看它有没有某些概念体系的含意或有没有超越直接观察范围以外的说理。一切能够描述行为而又不带有系统含意的用语都可以随意保留下来。例如“尝试”这个用语必须排除，因为它蕴涵着某一行为片段和过去及未来事件的关系；但“行走”这个用语可以保留，因为它没有其他含意。“看到”这个用语必须排除，但“向着……看”可以保留，因为“看到”不仅是把眼向着刺激来源转动或简单地接受刺激，而是带有更多的含意。也有可能把某些通俗的带有体系性的用语用到最后建立起来的科学体系中去。我们也许想要建立一种类似于“尝试”所指的关系，在那种场合，我们也许把这个用语重新采用。但是可以假定，通俗体系和科学体系的接触点是不会太多的。无论如何，在确定一个通俗用语真能合乎科学体系之用以前，必须将它删掉。

用以上标准可把通俗语言中一个可观的部分保留下来，用以描述机体的运动。如果通俗语言含糊不清，就借用解剖学和肤浅的生理学中的用语来补充，遇必要时还可创造一些新词。

记叙和反射

一旦我们有了一套术语，我们就可以采用一种方式来描述行为，这个方式是把一段正在某种参照的框框里逐渐开展的行为从头到尾记录下来。这是自然史中的典型方法，在当前的研究工作中也被广泛采用——例如关于儿童和婴儿行为的研究。这种方法可称作记叙法。这种方法不会引起什么特殊问题。如果认为语言文字的描述不好，研究者可以利用有声电影，并且可以随意复制。只要你愿意增添记录的工具，那你就能使记录无限地日益完善。根据这样取得的资料，就可以将行为分类，并确定发生各类行为的相对频率。但是这种记叙法虽然可以恰当地称作行为的描述，按照公认的科学意义说来，它还不是一门科学。我们不能只限于观察，还得进一步研究函数关系。我们还得建立规律，借助于规律来预测行为，要做到这一点，就必须求出一些变量，即以行为为其函数的变量。

有一种用以描述行为的变量来自作用于机体的外界势力。要表明全部行为是整个起刺激作用的环境的函数大概是不可能的。行为和环境都是复杂的项目，这两个复杂项目之间的关系不容易分析，也许永远无法证明。如果我们能够表明，把作用于机体的势力作出部分的改变就能随意地（或按照一定的规律）引起某一部分的行为，那就是借助于环境来描述行为了。环境中这样一个部分或一个部分的改变在传统心理学中称作刺激，与之相关联的部分行为称作反应。这两个术语中的任何一个如果离开了另一个，就不能就其实质的特性给以定义。我将用反射这个术语来表达刺激和反应之间被观察到的关系。我为什么用这个术语，看到下文就会明白。在使用反射这个术语时，常使人只想到那个关系的一个特征，即刺激与反应是紧紧地同时发生的，但还有其他重要特征，不久以后我们即可看到。

把一个反射证示出来和单纯记叙，这两种方法之间存在着差别，这不是由于记叙法不能单提环境中的某一部分，而是由于记叙法不去指明这一部分环境和行为之间有规律的关系。例如，用记叙法可以说“在某时某刻某个类人猿拾起木棒”，这里不提它过去或以后发生过同样的行为，也不下个断语说所有的类人猿都能拾起木棒。所记叙的仅于是曾经发生过的某一件事。在另一方面，把一个反射分离出来就可以证示行为的某种可以预测的一致性。行为的可预测的一致性不论它的形式如何，是任何行为科学所不可缺少的部分。我们不妨采用其他名称，证示规律性关系的手段也可能比不上在观察反射时要求的那么严格，但是只要我们想对行为表示一点具有科学性质的意见而不是单纯的记叙，我们就必须采用基本上和观察反射相同的方法。目前流行的反对把反射分离出来的理由是，如果分析行为，我们就把所要理解的对象给摧毁了，这种说法几乎不值一驳。我们总是要分析的。既要分析就公开分析，这是正当的办法——尽可能公开而认真地去分析。

这样来替反射下定义，反射当然不是一种理论，而是一种事实了。它是一个分析单位，有了它才能研究行为。用反射作为研究的手段绝不像这段简略说明所暗示的那样简单，我在下文里还将讨论一些关于如何正确使用它的问题。如果把定义保持在操作主义的水平，许多传统的困难就可避免。我除了观察刺激与反应的相互关联以外决不多走一步。我绝口不谈神经方面的事情，这对于习惯于神经学中关于反射这个术语的传统用法的读者，可能引起他的惶惑。

我想这个问题在第十二章中会得到澄清，但不妨预先提示一下，我们使用反射这个概念不是用它给行为作出“神经学的解释”，我们是把它当作一个纯粹的描述性术语。

在描述行为时，我们并不把表达刺激与反应的关联的反射当作唯一的单位，在下文里会看到，我们将对另一种反应，即“发出的”反应而不是“引起的”反应，加以界说。下面的论点主要是以引起的行为为限。

……

反射的静的规律

上面几节的讨论限于从外貌上预测行为的问题，这是为了为另一种预测留下余地，这种预测是行为科学所必须致力的——这就是对于具有代表性的反射的数量特点的预测。把反射的概念限于刺激与反应同时发生这个意义，会使问题简单化；再如假定这样描述的关系是不变的，也会使问题简单化。只是由于这两种简单化，才能表明单单列举各类反射能有任何预测的价值；如果考虑一下，当这些简单化的假定不能成立时反射目录的价值就会大大降低，那么我们反对把列举各类反射作为行为科学的目的的理由就大大加强了。

反射之所以具有数量的特点是因为刺激和反应不仅有种种不同的外貌，而且还有强度和时间的线度，而它们在强度和时间方面的数值又是互相关联的。如果有了一个可以控制其数量的刺激，又计算出反应的大小，我们就能够证明以下的规律。

阈限律　刺激的强度必须达到或超过某一临界值（称作阈限）才能引起反应。机体感受外界微弱势力的能力是必然有限的，因此就有个阈限。在这一类典型的反射中取得的数值常略高于用其他方法确定出来的机体基本感受性的数值（例如第五章里所举的通过“辨别作用”求得的数值）。

潜伏期律　在刺激开始和反应开始之间要经过一段时间的间隔（称作潜伏期）。由于感受器和效应器之间常有空间距离，而刺激和反应在能的形式上又有差别，潜伏期是在意料之中的。各类不同的反射，其潜伏期的数值大有不同，数值的变动在不大的程度上依存于感受器的类别（试比较视觉的和温觉的反射）和效应器的类别（试比较骨骼肌的反应和平滑肌或腺的反应）。如果刺激和反应的大小保持恒定不变，就不需计算刺激或反应的大小来确定潜伏期，因此当刺激或反应这两者之中任何一项的线度不清楚时，潜伏期就是一个有用的计量了。潜伏期的重要特征之一是它常是刺激强度的函数，像谢灵顿（Sherrington）最初表明的（谢灵顿，《神经系统的整合作用》第 18 页起）刺激越强，潜伏期就越短。

反应大小律　反应的大小是刺激强度的函数。虽然有些例外的反应表现出全有或全无的性质，反应的大小一般是可以分等的，而刺激强度的分等则与之相应。刺激和反应各按其形式分别采用适合的标尺来计算它们的大小，这对于证示两者的关系并无妨碍。两者大小的比率今后将用 R/S 比率来表示。

后继放射律　在刺激终止之后，反应可以持续若干时间。后继放射这个术语不仅指时间而言，而且也指该时间内发生着的全部活动量。一般说来，后继放射随着刺激强度的增加而增加。当我们计算各个反应在终止时间上的差别时，可以将潜伏期减去，这样可使计算的精密性略为提高。

以上的说法都把反应当作刺激强度这唯一特征的函数，但时间久度也不应忽视。上面的规律还必须给以如下的加工。

时间上的累积律　将刺激延长或将刺激按一定限制性的频率反复呈现，其效应和增加刺激的强度相同。累积作用常限于刺激强度的数值接近阈限时，这时它的效应是在不累积就不反应的情况下引起反应，但这条规律不仅适用于反应的发生，而且也适用于反应的大小、反应的潜伏期等方面。因此，一个具有阈下数值的刺激，如果延长其作用的时间，或在一定时间内或按一定的频率反复呈现，就能引起反应。反应的大小和反应的后继放射既是刺激强度的函数，也是刺激久度的函数。潜伏期常因它本身时间过短，受不到延长刺激的影响，但当刺激数值接近阈限时，影响就能表现出来。如果反复呈现一个弱刺激，其潜伏期是呈现频率的函数。

用各种不同的强度和久度呈现刺激，并观察反应发生的时间、反应的久度和反应的大小，就能发现潜伏期、阈限、后继放射和

R/S比率等特征。这些特征可称为反射的静的特征。对于一种外貌的描述，这些特征是重要的补充，要想充分说明行为，决不能把这些特征略而不谈。这些特征应该和更广泛的一组规律区分开来，后者涉及静的特征在状态上的变化。如果我们反复地引起一个反射——我们为了检查实验的计量，或者为了描述一段持续相当长时间的行为，不得不反复引起那反射——我们就观察到一些变化。在连续多次引起之后，一个反射的静的特征的数值很少是原封不动的。随着时间的消逝，或者作为机体所受到的某些操作处理的函数，重大的变动是会发生的。我们借助于另一类的规律来描述这些变化，为了区别于前一类规律，我称之为动的规律。

反射力量的动的规律

下面所举的动的规律的例子（反射疲乏律）说到，如果一个反射按某一频率反复地被引起，它的阈限就提高，它的潜伏期就延长，而R/S比率和后继放射就降低（谢灵顿，同上书）。这里机体所受到的操作处理仅于是某一反射被重复引起。其效果是使一切静的特征的数值都同时变化。动的规律应该描述每一特征和操作处理之间的关系，但为方便起见，可以用一个术语把反射在一切静的特征方面的状态作一总的描述。目前有好几个术语用于这个目的，像“强度”、“势力”、“力量”等。我将使用“力量”这个词。反射力量的数值是根据它的静的特征的数值任意指定的，从来没有直接把它测量出来。

反射的力量不可和反应的大小相混淆。后者是刺激强度的函数，但反射力量和刺激强度无关。如果刺激的强度低，那么一个强的［大力量的］反射也会表现为小量的反应；反过来，一个弱的［小力量的］反射对于十分强烈的刺激也能表现为相当强的反应。我将保留“力量”这个术语专用于这里指定的意义，用“强度”或“大小”来表示刺激和反应的数值。

在有关反射力量的两条规律中，反射的状态是引起反射的操作的函数。所起的变化是向同一方向的变化，但在时间性的特点上则各不相同。

不应时相律 紧随在引起反射的操作之后，有些反射的力量处于低的，甚至是零点的数值。在后随的无活动期间它回复到先前状态。数值为零的期间称作“绝对不应时相”；数值低于正常值的期间称作“相对不应时相”。不同的反射的不应时相长短不同，绝对时相约占一秒钟的若干分之一，相对时相约占几秒钟。

不应时相只适用于一类反射，这类反射是由同一个效应器在不同的时间以相反的方式发出的反应。这种反应或是节奏性的，或是时相性的。经典的例子是狗的搔痒反射和人的眼睑反射，这两种反射都包含屈曲和伸展的交替。光把腿蜷屈或光把眼睑闭上只涉及这些对抗运动中的第一个运动，它们没有不应时相；第二次呈现刺激只是再一次引起反应或延长反应或加强反应。可以把不应时相看作是一种特殊机制，它是产生和支持节奏活动的机制，通过这种机制那些必须时时停止下来再重新开始然后才能完成其功能的反应就得以产生并得到支持［关于不应时相的资料，参阅布吕克（Brücke）的论文“不应时相和节奏性”。］（载在《正常和病态生理学手册》）。

反射疲乏律 反射力量在反射被反复地引起时逐渐降低，在随后的无活动期间回复到原先数值。降低的速率是反复引起反射的频率和刺激强度（因而也是反应的强度）的函数。各种反射的降低率各不相同。由于降低和恢复是两种对抗的过程，反射力量可以稳定于一个恒定数值，这个数值是反复引起反射的频率的函数。当频率很高时，反射力量可降到零点。有些反射实际上不发生疲乏，例如由头部引起的姿态反射，这是马格努斯（Magnus）已经证明的（见所著《身体姿态》）。

反射疲乏律直接和“渠道化”（“canalization”）的观念相对立。所谓“渠道化”是说反复引起反射增强反射力量。渠道化的概念和许多不同的学习学说以及所谓练习律都有联系。没有必要采用那个概念，因此疲乏律可以毫无例外地保持下去。有些操作处理可以增强反射力量，但单纯把反射反复引起却不属于这类操作的范围之内。

如果疲乏迅速发生而恢复很慢，这种过程常被称为“适应”现象。例如对于大的声音的刺激，有些反射相当迅速地发生疲乏（“适应了”），并在相当长的时期内停留在零点或极低的力量水平上。要在无活动期间重新建立原先的力量，所需要的时间甚至于穷年累月。适应和疲乏只能在时间的特点上加以区别，这里是把它们当作同一现象的表现。

我们要讨论的下面两条动的规律所涉及的操作是呈现第二个刺激。这个外加的刺激本身不能控制反应，但它对于包含这反应为其一个组成部分的那个反射的力量却能有影响。

助长律　反射的力量可因呈现第二个刺激而加强，这第二个刺激本身并不能引起反应。

在埃克斯纳（Exner）原先的实验中，兔子的屈肌反射的力量（由一个恒定强度的刺激所引起的反应的大小观察到的）由于出现大的响声和其他强烈刺激而加强。大的响声是一个普通的起助长作用的刺激，但它的助长作用只限于某些种类的反射，特别是骨骼肌反射。对于分泌唾液这类的反射，它可能起相反的作用（参看下节）。规律中第二句话——这第二个刺激本身并不能引起反应——是用来将助长作用和下面将要谈到的空间累积作用的过程区别开来。助长作用的定义有时被限于一定的范围，专指从零点起把反射力量提高，那就是说，它能使先前不能出现的反应产生出来。但这种狭义的定义只是我们所给的广义定义中的一种特殊情况。

抑制律　反射的力量可因呈现第二个刺激而减弱，这第二个刺激对于有关的效应器并没有其他关系。

抑制这个术语一向是用得不甚贴切的，它可以指反射力量的任何下降或由此而生的削弱状态。上文提到的两条规律（不应时相和反射疲乏）被谢灵顿引用为抑制的例子，下文里还要谈到其他作者所举的例子。在我的体系里，许多重要的行为现象都是就其力量的变动来给以界说，过去空泛的术语是用不着的。一切力量的变动都有积极的一面和消极的一面；光把变动的方向作为一个特性并不足以树立一类有用的资料。这一类所包含的种种变动很容易按照它们是由何种操作所产生的来加以区别，给它们以一个共同名称没有什么益处。

反射力量的变动中有一种消极的变动在科学史上有权利称作抑制。其操作是呈现一个本身不能影响有关的反应的某种刺激，因此这种规律和助长律相同，只不过正负的符号不同而已。把两条规律归到一起，我们就可以说，有一种力量的变动是由于呈现外加的刺激所引起，这种变动可以是阳性的（助长），也可以是阴性的（抑制）。这是抑制这个术语的狭义解释，在我的体系里只有这样的用法。我的用法和传统的用法，可以通过两对术语——抑制对助长，抑制对兴奋——的对比，更清楚地看出它们之间的差别。在第二对术语中抑制指的是力量的任何低微状态或造成这种状态的过程。我们不需要这种用法的术语，因为我们用不着它的对立面。在我们这里兴奋和抑制是不同程度的反射力量的连续系列中的两端，这两端不需要给以不同的名称。另一方面，第一对术语中的抑制指的是由于某种操作而使力量向消极方向的变动，这种操作在其他的情况下也可使力量向积极方向变动。

使用成对的概念显然是危险的，因为这样会使人怀疑我们设计体系时是要想攫取资料，不管资料落在哪一方面。但我们的意思不是说外加的刺激可以随便这样或那样地影响反射力量。助长律和抑制律所指的是特定的刺激和特定的反射，其含意是，变动的方向是助长还是抑制都是可以确定的。

我以上所举的四条动的规律都是经典性的例子。还可用一些补充规律来表示药物的影响、氧气压力变化的影响等等，这些问题在经典论著里也都讨论过了。到此为止，这些规律足以作为实例来说明我们的体系有着怎样的结构。我用反射开始来作为刺激与反应之间的外貌关系的一种经验性的描述。那些静的规律使描述数量化。通过关于反射及其静的规律的陈述，可以借助于产生行为的刺激势力来预测机体某一部分的行为。有了那些动的规律，就能把其他各种操作如何影响同一行为的重要性表达出来，于是我们的描述在任何时间都能是妥善的了。

在本书的进程中我将试图表明平常不依我们的观点去研究的大量材料是可以用动的规律来表达的，动的规律和经典的例子之不同只在于操作性质的不同。最重要的例子是条件作用和消退作用（及其附带的辨别过程），内驱力和情绪，这些项目我都打算用反射力量的变动来加以阐述。这里先描述一种类型的条件作用以及和它相应的消退作用。

S型条件作用律　约略同时呈现两个刺激物，如果其中之一（即起强化作用的刺激物）是属于一个当时以某种力量存在着的反射，就可使第三个反射的力量增强，这第三反射是由起强化作用的反射中的反应和那另一刺激物所组成的。

S型消退作用律　如果由S型条件作用所加强的反射被引起时没有呈现起强化作用的刺激物，它的力量就减弱。

这两条规律所说的都是巴甫洛夫类型的条件反射，在第三章里将详加讨论。这里只想指出，所观察到的资料不过是反射力量的变动而已。作为反射力量的变动，它们并没有什么线度足使它们有别于疲乏、助长、抑制时的力量变动，或有别于内驱力、情绪等等的力量变动（后者我将在下文里说明）。要知道那种条件化过程的特征，就得看对机体是做了什么来引起那变动的；换句话说，它是由同时呈现一个起强化作用的刺激和另一刺激这样的操作所规定的。这一类型称作S型，以区别于R型条件作用（看下文），后者的强化刺激物是以一个反应为前提。

在谈到怎样用反射力量来阐述行为领域的其他部分以前，必须讨论另一类行为，这类行为我还没有提过。在介绍了这类行为以后，就可以同时结合两类行为来说明剩下的几项动的规律了。

操作性行为

许多作者们发现了刺激物并收集了刺激与反应之间的大量特定关系以后，他们就认为只要能指明恰合的刺激物，就能从刺激与反应的关系说明一切行为。曾有人做过许多精心的尝试来证明这个假定是可取的，但依我看来这些尝试并不能使人信服。有大量的行为看上去不像是被引起的，不像灰沙眯眼引起闭眼那样被引起的，而是和外界刺激物处于另一种关系之中。机体原有的“自发的”活动主要是属于此类，一个成年的机体的大部分条件化行为也属于此类，我希望在下面能说明这一点。硬说必定存在着引起反应的刺激，那是强以不知为知，是一种不能令人满意的说法。要想证明一切行为都由某个刺激所引起，其最大希望曾寄托于巴甫洛夫的实验，他曾证明控制着成年机体的部分行为的刺激物，其引起行为的能力是先前获得的。但要说明这个过程势必要对每一事例都证明其条件刺激物所引起的反应一定是首先曾被一个无条件刺激物引起过的。我不相信我们能把导致唱歌或绘画这类细致反应的“刺激物”只看作是原先引起这些反应或其组成部分的刺激物或刺激物群的代替物。

为什么一定要寻求引起反应的刺激物呢？这种压力主要来自一种顾虑，唯恐一说有“自发性”的行为就意味着不受制约的自由。如果无法逃避自发性，人们就试图用未知的刺激物来解释它。例如贝隋（Bethe）就曾说过，这个术语“久已用以描述那种不知其刺激物为何物的行为，我看不出什么理由非把它从科学词汇中排除不可”。但是在没有可以观察到的先行事件时一个事件仍然是可以发生的，而且我们还可以在一门描述性科学里很好地处理它。我的意思不是说自发性行为不是被某种势力所发动，我只是说无法指出这种势力在环境中的位置。我们没有办法看见它们，也没有必要看见它们。我们可以说这类行为是由机体发出的；尽管把它作为是发出的，我们也有适当的技术来研究它。一个重要的自变量是时间。我利用这个自变量时，我不过是承认所观察到的资料是某一段可以指认的行为正在按照着某一有规则的定率出现。使用一个定率，这大概可算是以下篇幅里勾画出来的总方法的突出特征，以后我们主要要谈的就是这类行为。

因为硬要把行为纳入刺激—反应的简单公式，对于那类大量的不能被证明为受到引起反应的刺激所控制的行为就迟迟不去进行研究。在我们当前的研究中承认有这一特殊领域的存在是非常重要的。在本书中这两类行为的差别会逐步扩大起来，此时我就不必多谈两者的区别。那种和特定的引起反应的刺激相关联的行为可称作回答性行为，某一一定的关联称作回答性活动。使用这个术语的目的是为了表明和前面发生的一个事件的关系。凡不受这种控制的行为我将称之为操作性行为，任何具体的例子称作操作性活动。这一术语所参照的是后面发生的事件，其意义不久可以说明。反射这个术语，我们既用以包括回答性活动，也用以包括操作性活动，虽然按它原来的意义只适用于回答性活动。用一个术语来包括两类行为比较方便，因为两者都是行为的外貌单位，并且也因为一个操作性活动可以而且常常和前面的刺激作用构成关系。一般说来，必须把刺激具有积极“推动”的涵义从反射概念中清除。这些术语在这里只指有关联的实体，别无他意。应该尽力避免一切动力关系的涵义以及一切譬喻或比喻的定义。

操作性活动就是一段可以指认的行为，关于这样的行为，不必说我们找不到能够引起它的刺激物（有的回答性活动其反应也具有与此相同的外貌），却可以说当我们观察到这种行为是在发生时，我们发现不出与之有关联的刺激物。我们是把它当作一个按照某一频率自然而然地出现的事件来研究。操作性活动没有可以和回答性活动相比的静的规律，因为既然没有刺激物在面前，那么阈限、潜伏期、后继放射和 R/S 比率等概念就是没有意义的了。替代的办法是，必须借助于发生的频率来树立力量的观点。操作性活动的力量是和它发生的频率成正比，我们将用动的规律来描述机体受到种种操作处理时所造成的发生的频率的变动。

选自：斯金纳．新行为主义学习论．章益辑译．济南：山东教育出版社，1983

思想评介

斯金纳操作行为理论若干问题的剖析

（一）溯　源

操作的概念是在20世纪30年代从物理学操作主义中引进心理学的。史蒂文斯在这一引进工作中曾起过重要的作用。他通过把心理量变为可以量度（实验操作）的物理量，把某些经典概念（如存在、经验、感觉与属性等）尽量剪裁为操作的模式，为心理学概念的操作定义作出了示范，从而肯定“操作主义诸原理提供了一种以精密形式处理心理学概念的方法”，并指出：“这种方法在于把一概念的定义归于藉以得出该概念的具体操作，也在于剔除一切不可能以操作为依据的概念。”①

斯金纳在30年代撰写博士论文时，也已陆续接触了布里奇曼、彭加勒和马赫的著作，也受了物理学操作主义的影响。但斯金纳遵循的主要是心理学的生物学方向，而非史蒂文斯的心理物理学方向。斯金纳曾系统学习过生物学、胚胎学、解剖学、中枢神经系统生理学。②他自称：“我必须承认我受罗素、华生和巴甫洛夫不少教益。”即，罗素曾指出：在心理学中的“反射”就像在物理学中的“力”一样具有同等地位③；华生提供了行为主义学说；巴甫洛夫则开创了古典条件反射的方法。斯金纳自认为他的学位论文就是“反射的一种操作分析”④。他曾说：“操作的态度尽管有缺点，在任何科学中都是一件好事，尤其是心理学，因为其中存在着大量古老和非科学来源的术语。在科学的哲学中广阔的经验运动，如史蒂文斯已指出的，是操作主义的背景，而在心理学的领域中就该有一个有活力的早期代表——名叫行为主义，这是不奇怪的。”⑤由此可见斯金纳早就把行为主义与操作主义内在地结合起来了。他一生不懈地工作，曾发表论文122篇，专著12部（截至1977年）。他的操作行为主义是现代西方心理学领域中颇有影响的理论。

---

① Stevens S S. The Operational Definition of Psychological Concepts. Psychology Review, 1935 (42): 517~527

② 斯金纳. 斯金纳自传. 陈泽川译. 石家庄：河北师范大学印，1980

③ Skinner B F. The Experimental Analysis of Operant Behavior. Annals of New York Academic Sciences, 1977. 374~385

④ Skinner B F. The Experimental Analysis of Operant Behavior. Annals of New York Academic Sciences, 1977. 374~385

⑤ Skinner B F. The Operational Analysis of Psychological Terms. Psychology Review, 1945 (52): 270~277

（二）发 展

斯金纳的工作是从桑代克的“老鼠跑迷津”的传统实验开始的。他的处女作《有机体的行为》（1938）概括了他早期的实验工作和基本理论。该书出版时他写信给桑代克说：“显而易见，我只继承了你的迷津实验罢了。”① 事实上他不仅仅是继承，而且有他独特的扬弃或发展。托尔曼在上述同时给斯金纳的信中提到这一特点说：“你从哈佛大学闯过来而丝毫未受到它的不良影响，我真为你庆贺。”②

不同的公式 斯金纳自称曾向托尔曼“详尽说明我的操作的立场”，他们之间的相互影响是显而易见的，他们的公式很相像，但两者在实质上是不同的。斯金纳自己曾对此作了比较③：

斯金纳的公式：R = f（S，A）

〔A是代表影响到反射强度的任一条件〕

托尔曼的公式：B = f（S，H，T，P）

〔B代表行为，相当于斯金纳的R；S代表“提出的环境刺激”，相当于斯金纳的S；H代表遗传；T代表“特殊的过去训练”，相当于斯金纳的“条件”；P代表“一种释放的欲望或厌恶的内部状态”，相当于斯金纳的“内驱力”〕

斯金纳认为最重要的区别是：“我所称的‘第三变量’，托尔曼则称‘中间变量’。以我看，在条件作用、内驱力与情绪中可以观察到的种种操作处于有机体外部，但托尔曼把它们放在内部，来代替心理过程（……），而这就是他们至今仍处于认知心理学中的地方。”④ 斯金纳认为托尔曼公式比他的更加接近于传统的反射弧。他反对用“中间变量”或把“生理过程”作为中介物来解释行为，坚

---

① 斯金纳．斯金纳自传（1967）．陈泽川译．石家庄：河北师范大学印，1980

② 斯金纳．斯金纳自传（1967）．陈泽川译．石家庄：河北师范大学印，1980

③ Skinner B F．The Experimental Analysis of Operant Behavior．Annals of New York Academic Sciences，1977．374～385

④ Skinner B F．The Experimental Analysis of Operant Behavior．Annals of New York Academic Sciences，1977．374～385

持以有机体外部的操作行为作为实验研究的对象。

反射与操作　操作条件作用是斯金纳行为理论的实验基础，它与巴甫洛夫古典条件反射既有联系又有区别。巴甫洛夫的实验是以狗流口涎的条件反射闻名，斯金纳的实验却以老鼠按压杠杆的操作条件作用著称。斯金纳在回答波兰生理学家时就开始区分这两种条件作用的不同性质①。他把前者称为应答的（respondent），后者称为操作的（operant）。因为有机体在前者的行为反应是由刺激所引起的一种应答性的，在后者则是先操作（按压杠杆）才出现食物强化。因此，其区别可以概括为“反射学习是一个S—R过程，操作学习则是一个R—S过程”②。更重要的是斯金纳又从他这种新型的条件作用中，发展出一种行为列联（contingencies）的思想，即在R—S过程中，反应、刺激和强化的顺序发生组成行为的基本列联。斯金纳用这种列联理论来描述人类种种行为。

斯金纳自称，从反射出发到抛弃“反射”概念而明确使用“操作的”这一术语，“花了我好几年的时间。然而，从这以后我明显地不再是一个刺激—反应的心理学家了”③。他开始摆脱传统反射概念的束缚，认识到种种行为并不单是由刺激—反应而引起，而且是由操作得到强化而形成的。这就要求在能强化一个行为以前，必须选择适当“起爆”的一种操作反应（即，为强化它而首次引起它）的种种途径，并制定一系列相继性接近的强化程序，以形成种种复杂的操作行为。这就发展了他的行为控制技术。

生理与行为　斯金纳认为，操作行为分析的主张是“一种从神经系统独立的宣言”④。他指出，神经生理学长期来主要停留于想

① Skinner B F. Two Types of Conditional Reflex：A Reply to Konorski and Miller J. General Psychology，1937（16）：272～279

② 彼捷. 斯金纳行为科学的理论和实践（资料选编）. 上海：上海师范大学心理专业编，1977. 53，54

③ Skinner B F. The Experimental Analysis of Operant Behavior. Annals of New York Academic Sciences，1977. 374～385

④ Skinner B F. The Experimental Analysis of Operant Behavior. Annals of New York Academic Sciences，1977. 374～385

象与推断，从谢灵顿到巴甫洛夫都没有直接观察到一个突触或大脑皮层的实际活动。他们仅是从实验动物的行为中推论出它们的过程。因此传统上用来代表“中枢神经系统”的三个缩写字母“CNS”可以说是代表“概念的神经系统”（conceptual nervous system）[①]。现在，这种概念的神经系统仍然为其他学科（如信息论、控制论、系统分析、数学模式及认知心理学）所借重。其实，它们涉及的是“假如人类有机体像它所做的那样去行为，大脑或心理必定是如何工作的”[②]。这就是说，它们的理论，归根还是来自对行为着的有机体（behaving organism）的观察。他坚认生理学从来也没有告诉过任何关于我们所不曾知道的行为的生理事实。斯金纳声明说，他的这种看法“并不是反生理学的”[③]，也“并不企图去贬低神经科学的重要，但要坦率指出神经系统的原来用作一种解释原则以逃避对行为的直接描述”[④]。他强调行为有它自身的事实，有它自身的权利和实验已取得的科学资料“作为科学真正研究的对象”。他认为“把神经系统作为行为的一种虚构的解释”甚至在笛卡儿以前就很常见，而“现在比一般所知的还更为广泛流行”，他反对这种以神经系统取代行为研究的趋向。他认为这种趋向会“再一次分散了把行为作为研究课题的注意”。因此，他像反对心灵主义的“精神小人”一样，也反对假定有一种控制力量之类的“神经小人”[⑤]。

他还驳斥了认为神经系统比行为更有规律，必须以它来解释行为的这种偏见，指出：“我知道，比如关于中枢神经系统，还没有实验材料，它能包括着比我这本书中许多插图所表示的较平滑或较容易再产生的曲线。”[⑥] 他认为从生理学对行为科学历史上的关系看

---

① Skinner B F. Behavior of Organisms. New York：Appleton-Century-Crofts，1938

② Skinner B F. American Psychologist，1975（30）：42～49

③ Skinner B F. The Experimental Analysis of Operant Behavior. Annals of New York Academic Sciences，1977. 374～385

④ Skinner B F. Behavior of Organisms. New York：Appleton-Century-Crofts，1938

⑤ Skinner B F. Behavior of Organisms. New York：Appleton-Century-Crofts，1938

⑥ Skinner B F. Behavior of Organisms. New York：Appleton-Century-Crofts，1938

“必须对神经科学的优越性打折扣”，他认为这两门科学“都有同等的效度（validity）”①，甚至，“有益的关系适相反：行为的分析确定着生理学家的工作”②。如此，他所发展的是一种超越了生理学的行为理论。

（三）某些新论点

斯金纳的新行为主义是从旧行为主义发展出来的。他的基本理论来自动物实验，仍然以可观察的外现行为作为心理学研究的对象；并侧重环境对行为的作用，而无视人类本身的主观能动作用。下列几方面是他试图涉猎人类行为、意识与言语研究的有关论点，可以窥见它与旧行为主义的异同以及他的操作行为理论观点的一斑。

两类列联　斯金纳和旧行为主义一样强调环境的作用。他认为如此“才能消除心灵主义把注意力引向假定的内在原因的种种影响”，并指出正是行为的实验分析，“它能提供行为与环境间因果联系的最清楚而可能的表述”③。“由于直接转到行为与环境的关系而不管所假定的精神中介状态，我们就能跟着物理学与生物学所采取的道路前进。”④但他并不认为当前环境决定一切。他曾批评华生声称能将任一个健康婴儿培养成一名医生、律师、巨商、盗贼等夸大之词。他指出遗传也不可忽视地对行为起深刻的影响。他认为“在某种意义上说，所有行为都是遗传的。……操作条件作用也像消化或妊娠一样是遗传禀赋的一部分。问题不在人类是否有遗传禀赋而在于如何去分析它。”“当然条件反射与无条件反射已被认识好几个世纪了，但只是在近来，对生存列联与强化列联才有了研究。”他认为，正是这两类列联形成人类种种行为：“物种在生存列联下获得行为（本能），而个体在强化列联下获得行为（习惯）”，两者是

---

① Skinner B F. Behavior of Organisms. New York: Appleton-Century-Crofts, 1938

② Skinner B F. The Experimental Analysis of Operant Behavior. Annals of New York Academic Sciences, 1977. 374～385

③ Skinner B F. About Behaviorism. New York: Alfred A. Knopf, Inc., 1974

④ Skinner B F. Beyond Freedom and Dignity. New York: Alfred A. Knopf, Inc., 1971

相互联系着的。他举例说："说智力或某些其他能力或品质是环境约占20%而遗传约占80%，这并不是说一个人的行为的20%归因于强化列联而80%归因于遗传禀赋。抚育一对同卵双生子，一个在中国一个在法国，而他们的口语行为就会完全不同（这两种语言的语法可能具有共同特点，但就我们所见，并非因为语法具有遗传的基础）。"斯金纳考查了这两类列联之后，说："环境在物种进化中作出首要的贡献，但它在个体生活期间发挥不同的影响，而这两类影响的结合，就是我们在任何特定时间所观察到的行为。"①

私密事件　斯金纳认为"宇宙的一小部分被包含在我们每个人的皮肤内"，"皮肤并不是那么重要的一种界限，私密事件和公开事件具有同样的物理维度"②。斯金纳强调他的彻底行为主义并没有"砍掉有机体的脑袋"，也没有"把主观性这个问题避而不谈"，而且"决不忽视意识，而是发展了研究意识的一些方法"，行为科学分析就提供了这种方法。他对自我观察采取有保留的使用，并且不坚持"真理由于一致"的原则，因此并不把感觉知觉的概念还原为"辨别的操作"，也不同于方法学的行为主义虽承认私密事件（意识、心理、精神生活）的存在却对它置之不理。从彻底的行为主义立场看来，"感觉到的或内省观察到的不是意识、心理或精神生活的某种非物质世界，而是观察者自己的躯体"，但这并不是指生理的研究也不是指行为的原因，而是指"一个人的遗传的和环境的历史的某些附产物"。他认为"一个被打得'无意识'的拳击手就是对他皮肤内外当前的刺激均不起反应"，"一个人在言语社会安排种种列联之下，他不仅看见一个客体，而且明白正在看它，在一种不同意义上他就成为有意识的。在这种特殊的意义上，意识和觉知就是一种社会的产物"。"行为、遗传与环境的变量之间的控制关系只要不被觉察到就都是无意识。……假如意识似乎具有一种因果作

① Skinner B F. About Behaviorism. New York: Alfred A. Knopf, Inc., 1974

② Skinner B F. Behaviorism at Fifty. In: Wann T W, ed. Behaviorism and Phenomenology. Chicago: The University of Chicago Press, 1964. 79～108

用，它就是引起自我观察的这种特殊环境的作用。”[①] 上述几种不同的含义和说法表明，斯金纳最终仍是把意识分析为躯体行为、某些附产物或环境的作用。

言语行为　斯金纳把言语作为人种区别于其他物种之间本质不同的操作行为。他说：“在人种的历史上相当迟才经历着一种显著的变化：它的发音肌肉发达到归于操作的控制。像其他物种到那时只表现了警戒的号叫、威胁性的呼喊和其他先天的反应，但发音操作行为则大不相同，因为它扩大了社会环境的范围。”“言语行为具有一种特殊性，只因为它的影响到人——首先是别人后来是说话者自己，而受到强化。”例如儿童学习叫出各种颜色名称，在未经受有关列联之前是办不到的。“这些列联是不同的，而它们在长期受心灵主义的解释弄得含糊难懂的行为中产生着许多重要的差别。”[②] 一个人如何说话依赖于他作为言语社会中的一员的实践。同一说话者在不同言语社会中形成和保持不同的言语，然后他具备有对不同听者有同样效果的各种言语节目。

如果说“行为的科学分析已经产生一种经验认识论。私密的问题可以从行为而不是从直接经验着手朝着一种新方向进行探索”[③]，那么对言语行为的问题更是如此。斯金纳对语言操作，根据由一语言社会所支持的有关强化列联加以分类，并试图去发展一种“言语自我支配技术”[④]，以便说话者巧妙使用他们自己的语言行为去控制或限定听话者的反应。斯金纳把文学作为分析行为的一个分支，广泛收集人们熟悉的事实材料（从托儿所、讲课及诗词中），进行分析，证明言语行为也像其他的操作行为一样，是由环境中提供的强化列联所决定的。此外，斯金纳还认为科学知识也是言语行为，“科学知识是进行有效行动的全套规则，……一个命题达到这样的

---

① Skinner B F. About Behaviorism. New York：Alfred A. Knopf，Inc.，1974

② Skinner B F. About Behaviorism. New York：Alfred A. Knopf，Inc.，1974

③ Skinner B F. Behaviorism at Fifty. In：Wann T W，ed. Behaviorism and Phenomenology. Chicago：The University of Chicago Press，1964. 79～108

④ Skinner B F. The Experimental Analysis of Operant Behavior. Annals of New York Academic Sciences，1977. 374～385

程度，即能用它帮助听者对它描述的情境作出有效的反应，它才是‘正确的’。说话者作出解释所起的作用代替了由产生这个解释的环境所施的直接控制，而听者的行为决不能超过由上述情境所控制的行为”[①]。斯金纳广泛开展言语行为探索研究，试图表明各种类和各水平的言语和写作均属条件性操作的范围，在此范围中能受到实验性的分析并能接受精心设计的控制。

（四）应　用

斯金纳的理论与技术在行为科学研究与社会实践中有着广泛的应用。

在生物科学和医学科学方面　生理心理学上的《脑的愉快中枢》（1956）实验者J·奥尔兹把他的实验的成功，归之于斯金纳提供了对阳性情绪行为测查方法的改进。在生理学上，斯金纳（1938）还是“第一个应用操作方法到血管反射的人”（W·C·林茨与U·斯楚里，1978）。在习性学方面，斯金纳自认为他早期所做的就属习性学一类的工作，并认为操作分析可能阐明对习性的现场观察并纠正由此得出的结论。在心理药物学方面，斯金纳早期也曾研究少数常见药物对于操作行为的影响，他所创新的技术，已为美国许多药物公司广泛采用。斯金纳的《科学与人类行为》（1953）一书被认为是建立行为疗法这门新科学的基础论著[②]，而被用于心理治疗和行为的矫正。

在社会文化实践方面　斯金纳关于行为强化的理论促进程序教学和教学机器的发展，我国曾有所介绍，并在教育实验中进行试验。同样，在企业管理、人事奖惩及刑罚学中也开始被注意。他的语言行为操作理论，在心理语言学中与乔姆斯基的理论，都被认为是重要的理论而引起热烈的争论[③]。他的著名小说《沃尔登第二》

---

① Skinner B F. About Behaviorism. New York: Alfred A. Knopf, Inc., 1974

② Rimm D C. Behavior Therapy. New York: Academic Press, 1979

③ Prucha J. International Journal of Psycholinguistics, 1976 (5): 107～111

(1948) 是“关于设计一种新文化的早期尝试”①。其中描述一个一千多人的农村公社用积极强化“控制”的一种乌托邦式的生活，曾被用来进行一种社会改革试验，并曾出版过《“沃尔登第二”实验：“欧克孪生村杜”的头五年》(纽约，1973 年版，由斯金纳作序)。斯金纳把他的行为主义自称是一种认识论，是一种科学的哲学。他的《超越自由与尊严》(1971) 一书曾经受到许多非议。他后来 (1974) 辩解说，他主要是要求“把行为的解释翻转过来的问题”。“我相信，人类行为科学的表述，能帮助我们把自由与尊严的情感增加到最大限度”②，并“在人类事业的每一领域中就会作出更加有效的决断来”③。他认为人类行为都受各种列联的制约与环境的控制，应深入研究环境对行为的作用，积极采取强化措施，以改善人类的行为。他强调环境是力所能及的，是可以用科学方法去改变它，从而在地球上就可能建设起天堂来的。

(五) 简　评

1. 斯金纳的理论有它独特的发展

斯金纳从传统的反射概念出发经过古典条件作用，发展了自己的操作条件作用；并在此基础上形成了他的行为科学分析的理论和技术，广泛应用于人类实践，作出了他的一定贡献。斯金纳强调行为主义 (Behaviorism) 这个词的最后三个字母“主义”(ism)，以说明是一种认识论、一种科学的哲学。他又自称为彻底的行为主义 (radical behaviorism)，以区别于方法学的行为主义 (methodological behaviorism)，并打破了方法学行为主义不去涉猎的禁区 (如意识问题)，累积了大量资料，完成了它自己关于操作行为的概念体系。

斯金纳是从认识论接近心理学的，最后又把他自己的研究归结于哲学。这是从哲学认识到科学实践，又从科学实践到哲学认识的

① Skinner B F. The Experimental Analysis of Operant Behavior. Annals of New York Academic Sciences, 1977. 374 ~ 385

② Skinner B F. About Behaviorism. New York: Alfred A. Knopf, Inc., 1974

③ Skinner B F. Behaviorism at Fifty. In: Wann T W, ed. Behaviorism and Phenomenology. Chicago: The University of Chicago Press, 1964. 79 ~ 108

一大循环。物理学操作主义对他有重要影响，但他却在一定程度上摆脱它所加的束缚，并区别于史蒂文斯心理物理的操作主义，走上他自己的道路——我们姑且称它为“生物行为操作主义”道路！

2. 斯金纳的理论有它可以肯定的积极成分

作为反对精神至上的唯灵论和“心理等于大脑”之类的机械论的意义上说，斯金纳提出反对“内部小人”（包括心灵的和神经的），反对把心理活动归因于似乎是不可知的某种因素，这是有积极意义的。他又进一步提出行为并不是这些神秘动因的附产品，行为有它自身的事实，有权作为科学研究的真正对象。他提出了操作行为的概念体系和列联学说，认为从形成的原因来说，现代人的种种行为系属于操作行为，是由种族演化的生存列联和个体发展的强化列联交互选择和演变的结果。它既是遗传的也是受环境所决定的。他还认为人种和其他物种一样，不过演化水平高于其他有机体，且具有人类的言语和意识；但皮肤并不是一个重要界限，体内的私密事件也和体外的操作行为具有同样的物理维度，可以从环境的作用和行为分析加以研究。斯金纳重视从种族演化史和个体发展史去研究个体行为，并且肯定个体内外的物理特性与外部物质环境的统一性，这种观点是具有自然科学家朴素唯物论的成分和自发的辩证因素的。

斯金纳在论述环境的作用时曾多次肯定马克思关于存在决定意识的论断；他从操作条件作用（或称工具条件作用）进行的行为实验分析，从某种意义说，也未曾不可说是对恩格斯关于使用工具在进化上的重要作用的原理的一种佐证。从行为事实有其因果性而可以预测与控制这一观点看，他的行为技术学或行为工艺学也已被证明具有积极实用意义。他的操作行为理论是具有一定的科学成分值得深入探讨的。

3. 斯金纳的理论有它固有的问题与缺点

问题可以溯源于《日晷》杂志上逻辑实证主义与物理学操作主义的影响。斯金纳的理论对揭露人类行为事实有所深入，是行为科学不可忽视的理论之一，但有它的片面性与局限性。人类正是在发展自己的行为中发展了自己的意识（心理）的，两者是辩证统一而不是同一的发展。而实际上他的理论与做法本身，却是把意识（心理）等同于行为，或把意识当成“一个人遗传的和环境的历史的某些附产物”。显然，斯金纳没有看到心理与行为两者的辩证发展，而是把它们混而为一，取而代之，最后更把它们统统归因于外界环境，而完全不顾心理发展固有的内部矛盾和规律。无怪有人听到斯金纳的关于行为控制的主张和他否定“自主人”的概念时，感到这是对人类尊严的莫大侮辱，而称他是一种“条件制约的机器人”的理论。斯金纳只看到人的外表行为而看不见人的心理、意志、动机；他也是“生物主义者，都以为人与动物一样，只能顺应环境而不能改造世界”[①]；他只看到人是环境与历史的附庸却看不到人是环境与历史的主人与创造者。而人终究不是动物，只顾片面夸大强化的效果和否定“自主人”，正是他哲学上的贫乏，也正是他的哲学基础固有的“主观唯心主义或机械唯物主义”[②]成分造成的影响。

4. 从斯金纳理论的本来意义上加以扬弃

逻辑实证主义或操作主义坚持：“科学是社会成员意见一致的知识。”[③]他们认为心理事件是“观察不到的事件”，不可能有一致的真理，感觉知觉本身不能测量，但能测量一个人辨别刺激的能力。感觉知觉的概念于是就被还原为辨别的操作。这就是史蒂文斯心理物理操作主义的做法。斯金纳与此稍异，他认为“‘真理由于一致’这个原则并不是操作主义本质部分”，“对于一个概念，好坏的最高标准不在是否两人出现一致，而在使用这个概念的科学家能否成功地对它的材料进行操作——例如需要，一切都可以由他自己”[④]。由此，可见斯金纳的生物行为操作主义虽与心理物理操作主义有所区别，但从其固有的哲学观点来说，在他们的主张中，真理的主观性成分却是有增无减。在他们看来，真理与科学概念或者

① 唐钺．西方心理学史．北京：北京大学心理系印，1979．269

② 唐钺．西方心理学史．北京：北京大学心理系印，1979．268

③ Stevens S S．The Operational Definition of Psychological Concepts．Psychology Review，1935（42）：517～527

④ Skinner B F．In：Rejoinder and Second Thought．Psychology Review，1945（52）：278～294

是由于“意见一致”或者是“便于操作”的结果，并不是客观事物所固有的。因此，斯金纳在他的行为分析中，可以把意识混同于环境，以便于他的操作和控制，这就不足为奇了。但，这与我们认为科学实验是人类重大革命实践之一，并认为实践是检验真理的唯一标准，就相去很远了。

斯金纳自己曾说早年受培根的影响，严格遵循着：我“研究的是自然而不是书本”这个原则。可见他是要坚持实事求是的科学态度的。但由于他原来的哲学或认识论上固有的主观性。我们只能引用他曾引用过的两百年前迪德罗的话说：“遗憾的是请教自己总比请教自然来得容易些与直接些，因此，真理就有意躲藏于它自身之中了。”①

以上仅就已掌握资料，对斯金纳的理论发展中的若干问题，追根究源，作一大略剖析和简要评论。错误在所难免，希望批评指正并引起深入一步的探讨，以便“从它的本来意义上扬弃它，……救出通过这个形式获得的新内容”②，或“剥取那在错误的、但为时代和发展过程本身所不可避免的唯心主义形式中获得的成果”③。

（陈大柔）

选自：心理学报，1982（2）

---

① Skinner B F. In：American Psychologist，1975（30）：42～49

② 马克思，恩格斯．马克思恩格斯选集：4卷．北京：人民出版社，1972．219

③ 马克思，恩格斯．马克思恩格斯选集：3卷．北京：人民出版社，1972．528

马斯洛

（Abraham Harold Maslow）

- 生平简介
- 名篇选读

  动机与人格（节选）
- 思想评介

  马克思主义和人本心理学

生平简介

A·H·马斯洛（1908～1970），美国心理学家，人本主义心理学家的主要代表。马斯洛出生于纽约布鲁克林一个犹太移民家庭，他的童年十分孤独不幸，是在阅读图书馆的书籍中长大的，几乎没有任何朋友。马斯洛先进康奈尔大学，三年后转入威斯康辛大学；1934年获哲学博士学位，并留校任心理学讲师；1935年在哥伦比亚大学任桑代克学习心理研究工作的助理；1937年任纽约布鲁克林学院副教授；1951年被聘为布兰代斯大学心理系教授；在1967年被选为美国心理学会主席。

在威斯康辛大学攻读博士学位期间，马斯洛在当时以研究灵长类动物学习与依恋而著名的哈洛教授指导下进行研究工作，马斯洛的博士论文也是以灵长类动物的性行为与支配行为为题目的。在他的早期研究中，有两个因素促使他完成了从一个动物心理学家向人本主义心理学家的转变，其一是他与阿德勒、弗罗姆、霍妮、本尼迪克特、韦特海默等人的交往，他抱着开放的态度向所有的人学习，拒绝关闭任何门户；其二是第二次世界大战，特别是1941年12月7号发生的珍珠港事件，这一天改变了马斯洛的生活方向，他决定贡献毕生精力去寻找一种关于人类行为的普遍理论——“我想证明人类有能力完成比战争、偏见和仇恨更美好的东西”。

马斯洛早期在对动物行为进行观察时发现灵长类动物在饱食之余仍然努力不懈地探索环境，解决问题，灵长类动物之间通常也是友爱合作的，而不像弗洛伊德所描绘的那样小气、自私、侵犯成性。这使他获得一个启示，动物似乎具有一种健康的内在基本驱力，人是万物之灵，自然应当具备更多的求知向善的内在潜力。马斯洛认为，心理学研究（特别是在行为主义和精神分析那里）的重点被放到了人的缺陷和弱点上；马斯洛提出心理学不应当仅仅关注精神病患者和动物，而更应该研究健康人或自我实现的人，只有这样，才能更好地把握人类的本质。正是这样的观念使马斯洛独辟蹊径，他研究了诸如林肯、杰斐逊、爱因斯坦和罗斯福等已经达到了相当程度的自我实现的人物，提出了自我实现者或健康人的特征并将所得资料和分析结果作为构成人本主义心理学的依据。马斯洛在人本主义心理学方面具有代表性、方向性的第一步探索，是他对动机理论的新的系统阐述。他把人类的动机称为需求，指出人类价值体系中有两类需要；一是沿生物系谱上升而逐渐减弱的本能需求，称低级需要或生物需要；一是随生物的进化逐渐显示出来的潜能，称高级需要或心理需要。这两类需要可分为七个层次，由低到高以金字塔形排列：(1) 生理需要：体内平衡、饮食（水）、性的需要；(2) 安全需要：安全、稳定、依赖，免受恐惧、焦虑的折磨，对秩序和规范的需要；(3) 归属和爱的需要：对归属感、爱情、友谊和摆脱孤独的需要；(4) 尊重的需要：自尊和受人尊重的需要；(5) 认识需要：好奇心、探索、对世界的秩序、系统和稳定的追求和需要；(6) 审美需要：对美的鉴赏和艺术创造的需要：对真、善、美和谐统一的需要；(7) 自我实现的需要：对实现自己的潜能、创造力、理想和信念的需要。马斯洛认为只有低级的需要得到满足才能推进到更高一层的需要水平，不过这种层次并不是固定不变的顺序，只是一种一般的模式，在实际生活中有很多的例外。在他的研究中，马斯洛最感兴趣的是最高水平的需要，即自我实现的需要，他把自我实现的需要与认知需要、审美需要放在一起称为发展的需要或超越性需要，而把需要层次中前四个层次的需要称为缺失性需要，缺失性需要是因匮乏而产生的需要，发展的需要或超越性需要则指向人的潜能的充分实现。

马斯洛的主要著作有：《趋向存在心理学》(1962)、《宗教、价值和高峰体验》(1964)、《科学心理学：一种调查研究》(1966)、《动机与人格》(1970)。

（杨　宁　罗胜庆）

名篇选读

动机与人格（节选）

人类动机理论导言

这一章试图系统地阐述一个积极的动机理论。它将满足前一章列举的理论要求，同时又符合已知的、临床的、观察的，以及经验的事实。但它最主要是由临床经验直接导出的。我想，这个理论符合詹姆斯和杜威的机能主义传统，并且与韦特海默、戈尔德斯坦和格式塔心理学的整体论，以及弗洛伊德和阿德勒的精神动力论相融合。这种融合或综合可以称为整体动力理论。

基本需要——生理需要

通常作为动机理论基点的需要是所谓的生理驱力。最近的两项研究使我们有必要修正我们对这些需要的看法。这两项研究是：(1) 体内平衡概念的发展；(2) 发现口味（在食物中进行的优先选择）相当有效地指明了体内实际的需要或者匮乏。

体内平衡指的是身体维持血流的经常的正常状态的一种无意识的努力。坎农（Cannon）描述了这一过程。其内容有：(1) 血液的水含量；(2) 盐含量；(3) 糖含量；(4) 蛋白质含量；(5) 脂肪含量；(6) 钙含量；(7) 氧含量；(8) 恒定的氢离子标准（酸碱平衡)；(9) 血液的常温。很明显，其内容还可以包括其他无机物，以及荷尔蒙、维生素等等。

杨（Young）对口味与身体需要之间的关系的研究作了如下概括：如果身体缺乏某种化学物质，人就会趋向于（以一种不完善的方式）发展那种缺少的食物成分的专门口味或癖好。

那么，似乎不可能也不必为基本的生理需要造表。因为，只要人愿意，它们的数字可任意增大或缩小，完全取决于描述的专门性程度。我们不能将所有生理需要都确定为是体内平衡的。现在尚未证实性欲、困倦、纯粹的敏捷（sheer activity）以及动物身上的母性行为是否是体内平衡的。而且，这种表内将不会包括各种感觉上的快意（如味觉、嗅觉、搔痒、抚摩等），这些快意很可能是生理上的，并可能成为动机行为的目标。我们也不知如何解释这一事实：有机体在趋向于呆滞、懒惰和懈怠的同时，还有活动、刺激和兴奋的需要。

前一章已指出，这些生理驱力或需要应看成是独特的而不是典型的，因为它们是可孤立的，在身体上是可定域的。这就是说，它们既彼此相对孤立，又相对独立于其他层次的动机，也相对独立于作为一个整体的机体。其次，在许多情况下都可能为这种驱力找到一个部位的潜藏的基础。这不如料想的那样普遍准确（疲劳、困倦、母性反应等就是例外），但对于饥饿、性欲以及渴望的情况却是确切的。

应当再次指出的是，任何生理需要以及包括在内的，完成行为同时起着疏导其他种种需要的作用。比如，一个认为自己饿了的人也许实际上更多地是正在寻求安慰或依赖，而不是蛋白质或维生素。反之，有可能通过其他活动，如喝水、抽烟等来部分地满足饥饿感。也就是说，这些生理需要是相对独立的，但并非彻底独立。

毋庸置疑，这些生理需要在所有需要中占绝对优势。具体说，假如一个人在生活中所有需要都没有得到满足，那么生理需要而不是其他需要最有可能成为他的主要动机。一个同时缺乏食物、安全、爱和尊重的人，对于食物的需要可能最为强烈。

如果所有需要都没有得到满足，并且机体因此而受生理需要的主宰，那么，其他需要可能会全然消失，或者退居幕后。这时就可以公正地说，整个有机体的特点就是饥饿，因为意识几乎完全被饥饿所控制。此时，全部能力都投入到满足饥饿的服务中去。这些能力的状态几乎完全为满足饥饿这一目的所决定。感受器，效应器，智力，记忆，习惯，这一切现在可能仅限于是满足饥饿的工具。对于达到这一目的没有用处的能力则处于休眠状态或者隐蔽起来。在这种极端的情况下，写诗的冲动，买汽车的欲望，对美国历史的兴趣，对一双新鞋的需求等等，都被忘记，或者变得只具有第二位的重要性了。对于一个其饥饿已经达到危险程度的人，除了食物，其他任何兴趣都不存在。他梦里是食物，记忆里是食物，思想活动的中心是食物，他感情的对象是食物。在组织平稳地进食，饮水，或性行为的过程中，通常与生理驱力融合得更为微妙的决定因素现在可以被吞没得如此干净彻底，以至于我们可以在此时（但仅仅是在此时）带着解除痛苦这一绝对目的来谈论纯粹的饥饿驱力和行为。

当人的机体被某种需要主宰时，它还会显示另一个奇异的特性：人关于未来的人生观也有变化的趋势。对于一个长期极度饥饿的人来说，乌托邦就是一个食物充足的地方。他往往会这样想，假如确保他余生的食物来源，他就会感到绝对幸福并且不再有任何其他奢望。生活本身的意义就是吃，其他任何东西都是不重要的。自由、爱、公众感情、尊重、哲学，都被当作无用的奢侈品弃置一边，因为它们不能填饱肚子。可以说，这种人仅仅是为了面包而活着。

不能否认这类情况的真实性，但可以否认它们的普遍性。危急情况在正常运行的和平社会里几乎可以肯定是罕见的。这个明显的道理会被忘记主要应归咎于两个原因：其一，老鼠除生理动机外，很少有其他什么动机，既然在这些动物身上作了这么多有关动机的研究，那么就很容易将老鼠的情况转用于人。其二，人们总是认识不到文化本身也是一种适应性工具，它的主要功能之一就是使生理上的危急情况发生得越来越少。在大多数已知的社会里，经常处于危急状态中的极度饥饿是罕见的，而不是普遍的。至少这在美国是事实。当一个普通的美国公民说“我饿了”，他是在感受食欲而不是饥饿。他只可能偶然遭遇生死攸关的饥饿，一生中可能只有几次。

显然，遮掩高级动机，对人的能力和本性持片面观点的一个有效方法就是使机体长期极度饥饿和干渴。如若有人试图使危急情形典型化，使用人在极度的生理匮乏时期的行为来衡量人的全部目标和欲望，那么他一定对许多事实视而不见。“人只靠面包活着”并不是谬论——但这只有在没有面包时才是事实，那么当面包充足，并且人们腹中长期有食时，欲望又会发生什么变化呢？

其他（更高级的）的需要会立即出现，这些需要（而不是生理上的饥饿）开始控制机体。当这些需要满足后，又有新的（更高级的）需要出现了，依次类推。我们说人类基本需要组成一个相对的优势层次，就是指这个意思。

这句话的一个重要含义是：在动机理论中，满足成为与匮乏同样重要的概念。因为它将机体从相对更强于生理需要的控制下解放出来，从而允许更社会化的目标出现。生理需要以及它们的局部目的，在长期得到满足时，就不再是行为的活跃的决定因素和组织者了。它们只是以潜能的方式存在，即，如果遭受挫折，它们会再次出现，并控制机体。然而满足了的要求（want）不再是要求。机体的控制者和行为的组织者只能是未满足的需要。如果饥饿得到满足，它在人目前的原动力中就变得无足轻重了。

这种说法可以表述为一个后面要更详细讨论的假设：正是那些某种需要一直得到满足的人最能忍受将来这种需要的匮乏，然而，过去一直被剥夺了这种需要满足的人对于目前需要满足的反应则将与他们不同。

安全需要

如果生理需要相对充分地得到了满足，接着就会出现一整套新的需要，我们可以把它们大致归为安全需要类（安全、稳定、依赖，免受恐吓、焦躁和混乱的折磨，对体制、秩序、法律、界限的需要；对于保护者实力的要求，等等）。上面谈到的生理需要的所有特点同样适合这些欲望，不过程度稍弱。他们同样可能完全控制机体，几乎可能成为行为的唯一的组织者，调动机体的全部能力来为其服务。因此我们可以将整个机体描述为一个寻求安全的机制，感受器、效应器、智力以及其他能力则主要是寻求安全的工具。正如在饥饿者那里表现的一样。这个压倒一切的目标不仅对于他目前的世界观和人生观，而且对于他未来的人生观都是强有力的决定因素。几乎一切都不如安全重要（甚至有时包括生理需要，它们由于被满足，现在不受重视了）。假如这种状态表现得足够严重，持续得足够长久，那么，处于这种状态中的人可以被描述为仅仅为了安全而活着。

这一章我们的兴趣主要在成年人。但是我们可以通过观察幼儿和儿童来更有效地获得对成年人的安全需要的理解。因为，在他们身上，这些安全需要要简单、明显得多。幼儿对于威胁或者危险的反应更为明显，原因之一在于，他们根本不抑制这个反应。而我们社会中的成年人却学会不惜任何代价压抑它。因此，当成年人真正感觉到安全受到威胁时，我们可能在表面上看不出这一点。假如幼儿突然受到干扰，或者跌倒，或者受到高声喧闹、闪电或者其他异常的感官刺激的惊吓，或者受到粗鲁地对待，或者在母亲怀中失去支持，或者感到供养不足，等等，他们会全力以赴地作出反应，仿佛遭遇了危险。①

我们在幼儿身上还能看到他们对各式各样的身体不适的更直接的反应。有时，这些不适似乎立即具有本质上的威胁，使幼儿感觉不安全。例如，呕吐、腹痛或者其他剧烈的疼痛会使孩子用不同方式看待整个世界。可以假设，这类痛苦的时刻，在孩子看来，整个世界突然从阳光灿烂变得暗无天日，仿佛变成一个任何事情都可能发生的地方，在这里，一切过去曾是稳定的东西现在变得不稳定了。这样一个因为吃不好食物致病的孩子有一二天会感到害怕，夜里做恶梦，并且还有一种他病前从未出现过的情况，要求保护和一再的保证。最近，一些论述外科手术对儿童心理上的影响的著作充分地证明了这一点。

儿童的安全需要还表现在他喜欢一种安稳的程序或节奏。他似乎需要一个可以预见的有秩序的世界。例如，父母方面的非正义、不公正或相互矛盾似乎使孩子感到焦虑和不安全。这种态度与其说

---

①　随着孩子的成长，完备的知识，对周围环境的熟悉以及运动神经的发展，使这些危险变得越来越不可怕，并且越来越容易控制。可以说，教育的一个最重要的目的就是通过知识来使危险的事物化险为夷，比如，我不害怕打雷，因为我知道打雷的原因。

是来源于不公正本身，或者由不公正造成的某些痛苦，不如说这样的待遇是世界变得不可靠，不安全，不可预见的凶兆。在一种至少有一种骨架轮廓的系统里面，儿童似乎能更健壮地成长，在这种系统里，不仅对于现在，而且对于将来，都有某种程序和常规，某些可以依靠的东西。儿童心理学家、教师和心理治疗家发现，有限度的许可，而不是不受限制的许可更为儿童欢迎和需要。也许可以这样更精确地来表达这一意思：儿童需要一种有组织、有结构的世界，而不是无组织、无结构的世界。

父母在正常家庭结构的中心地位是无可争辩的。家庭内部的争吵，动手殴打，分居，离婚或死亡往往是特别可怕的。同样，父母对孩子大发脾气，吓唬说要惩罚他，对他进行谩骂，粗声粗气地对他讲话，粗暴地对待他，或者对他实行体罚，这一切有时竟会使孩子惊慌失措，惶恐万分；因此，我们可以假设，这里面所包含的决不仅仅是皮肉之苦。的确，在某些孩子身上，这种恐惧同时也是害怕失去父爱或者母爱的表现；然而，它也可以发生在被完全抛弃的孩子身上，这样的孩子依附于仇视他们的父母似乎不是出于对爱的希望，而纯粹是为了求得安全和保护。

让一个普通的孩子来面临新的、陌生的、奇特的，无法对付的刺激或者情况，常常会引起威胁或者恐惧的反应，例如从父母身边走失，甚至在短时期内同父母分离，面对着陌生的面孔，新的情况或者新的任务，看到奇特、不熟悉或者对应不了的物体，疾病、死亡等等。特别是在这种情况下，孩子会发疯似的依附于父母，这雄辩地证明了父母作为保护人的作用（且不说他们作为食物提供者和爱的提供者的作用）。①

从这些观察以及其他类似的观察中，我们可以归纳出一点：我们社会中的普通儿童以及成年人（在后者身上不甚明显）一般更喜

① 在一组安全感试验中，可以让儿童面临下列情况：一个小爆竹的爆烈声，一张长满胡子的面孔，一次皮下注射，让母亲离开房间，将他放在一张高高的梯子上，让一只老鼠向他爬去，等等。当然，我并不能当真建议故意采用这类试验，因为它们很可能会伤害接受试验的儿童。但此类以及类似的情形在儿童的日常生活中是时常发生的，可以观察到。

欢一个安全、可以预料、有组织、有秩序、有法律的世界。这个世界是他所可以依赖的。在这个世界中，出人意料、无法应付、混乱不堪的事情或者其他有危险的事情是不会发生的；而且在这个世界里，无论遇到了什么情况也会有强大的父母或者保护人使他免遭受难。

在儿童身上可以很容易地观察到这些反应，这从某个方面来说，证明了我们社会中的儿童不安全的感觉极强（或者一句话：他们没被抚养好）。在一个没有威胁、洋溢着爱的家庭中，成长起来的儿童通常不会有我们描述过的那种反应。在这类孩子身上，大部分威胁反应往往起因于连成年人也觉得有危险的事物或情况。

在我们的文化中，健康或者幸运的成年人在安全需要方面享有很大程度的满足。安全、运转顺利、稳定、健全的社会通常都会使自己的成员感到决不会受到野兽、严寒酷暑、强奸、谋杀、动乱、暴政等等的威胁。因此，从一种非常现实的意义上看，不会再有什么安全需要能成为他的有效（active）动机。正如一位吃饱了的人不再感到饥饿。如果我们想直接、清楚地观察到这些需要，我们就必须把目光转向神经质的或者接近神经质的人，转向经济上和社会上的穷途潦倒之辈，或者转向社会动乱、革命或者权威的崩溃。在这两个极端之间，我们只能在下列现象中观察到安全需要的表现：例如一般都愿意找有保障的、可以终身任职的工作，渴望有个银行户头和各种类型的保险（医药、牙医、失业、残疾、老年保险等）。

在世界上寻求安全和稳定的努力还有一些范围更广的方面，这些方面见于一种极为常见的偏爱：偏爱熟悉的事物，而不是不熟悉的事物；或者是已知的事物，而不是未知的事物。那种想用某一宗教或者世界观把宇宙和宇宙中的人组成某种令人满意的和谐和有意义的整体的倾向，多少也是出于对安全的寻求。在这里，我们同样可以将一般科学或者哲学列为部分地是由安全需要所促成的（我们在后面将会看到，科学、哲学或者宗教方面的努力同时还有别的促动因素）。

不然的话，则只有在真正的危机状态中，才能将安全需要看作是调动有机体潜能的活跃和支配因素，这些危机状态包括：战争、疾病、自然灾害、犯罪浪潮、社会解组、精神变态、脑损伤、权威的崩溃、长期恶劣的形势等。

在我们的社会里，一些患神经病的成年人在对于安全的渴望上，有很多方面都与感到不安全的儿童一样，只是这种现象在成年人身上表现得更特殊罢了。他们的反应往往是由巨大的、心理上的威胁所引起的，这些威胁存在于一个被认为是敌对的、势不可挡的、充满着威胁的世界之中。这种人的一举一动都表现得好像每时每刻都会有大难临头，也就是说，他随时都好像是在对危急情况作出反应。他的安全需要往往有着独特的表达方式，往往会寻求一位保护人，或者一位可以依赖的更强大的人，或许是一位搞独裁的"元首"。

可以极为有用地将神经病患者描述为保留着童年时代世界观的成年人。也就是说，一个患神经病的成年人，可以说一举一动都仿佛是真的害怕要被打屁股，或者惹母亲不高兴，或者被父母抛弃，或者被夺走食物。仿佛他的孩子气的惧怕心理和对一个危险世界的恐惧反应已经转入了地下，丝毫没有受到长大成人和接受教育过程的触动，现在又随时可以被一些会让儿童感到担惊受怕，威胁重重的刺激因素诱导出来。① 特别是霍妮写了一些有关基本焦虑的很好的文章。

在一种类型的神经病中，对安全的寻求表现得最为明晰可辨，这就是不由自主、如痴如醉型的神经病。这类神经病的患者发疯似地想要使世界秩序化、稳定化，以便确保绝不会出现无法控制、无法预料或者并不熟悉的危险情况。他们用各种各样的礼节仪式、清规戒律和程式将自己围护起来，这样，不管发生了什么样的偶然事变都能应付得了；这样，也可以使新的偶然事变不再发生。他们同戈尔德斯坦描述过的脑损伤病例非常相似。这类病人总是想尽各种办法来保持自己的心理平衡，例如通过避免所有奇特、陌生的事物，通过将他们有限的世界整理得一板一眼，井井有条，使这个世

① 并非所有的神经病患者都有不安全感。神经病也可能出现在一个通常感到安全的人身上；它之所以出现是因为他的感情需要和尊敬需要受到了挫折。

界里的任何事情也出不了格。他们试图将世界安排得使任何出人意料的事情（危险）都不可能发生。如果竟然发生了什么出人意料的事情，而且又不是他们自己的过错所致，那他们就会有一种惊惶失措的反应，似乎这个出人意料的事变造成了非常严重的威胁。我们在健康人身上所看到的强烈的偏爱，例如对熟悉的事情的偏爱，到了不正常的人身上，就成了一种生死攸关的需要。对于新奇和未知事物的健康趣味，在一般神经病患者身上是缺乏的或者只是在最低的限度上存在着。

归属和爱的需要

假如生理需要和安全需要都很好地得到了满足，爱、感情和归属的需要就会产生，并且以新的中心，重复着已描述过的整个环节。现在，个人空前强烈地感到缺乏朋友，心爱的人，妻子或孩子。也就是说，他一般渴望同人们有一种充满深情的关系，渴望在他的团体和家庭中有一个位置，他将为达到这个目标而作出努力。他将希望获得一个位置，胜过希望获得世界上的任何其他东西，他甚至可以忘掉，当他感到饥饿的时候，他把爱看得不现实，不必需和不重要了。此时，他强烈地感到孤独，感到在遭受抛弃、遭受拒绝、举目无亲、浪迹人间的痛苦。

关于归属需要我们掌握的科学资料很少，尽管在小说、自传、诗歌、戏剧以及新兴起的社会问题文学中，它是一个常见的主题。借助文学作品我们大致了解了工业化社会引起的频繁迁徙、漫无目标、流动性过大给儿童身心带来的严重损害。儿童们变得没有根基或蔑视自己的根基，蔑视自己的出身，自己所在的团体；他们被迫同自己的亲朋好友分离，同父母姐弟分离，体会到做一名过客，一名新来乍到者，而不是做一名本地人的滋味。我们还低估了邻里、乡土、族系、同类、同阶层、同伙、熟人同事等种种关系所具有的深刻意义。这里我很高兴地向大家推荐一本以极大的感染力和说服力来叙述这一切的书，它能帮助我们了解我们根深蒂固地要成群结队、要入伙、要有所归属的动物本能。阿德瑞（Ardrey）的《必须服从的土地》将使我们对这一切引起注意。这本书的大胆直率使我获益匪浅，因为它强调了我平时疏忽的问题，并迫使我对此认真考虑。也许此书对广大读者也会起到同样的作用。

我相信我们社会的流动性，传统的团体的瓦解，家庭的分崩离析，代沟。持续不断的都市化以及消失的乡村式的亲密，还有美国式友谊的肤浅加剧了人们对接触、亲密、归属的无法满足的渴望以及对战胜目前广为蔓延的异化感、孤独感、疏离感的需要。这一切又一定程度地导致了目前训练小组（T-groups）以及其他自发的、有目的的团体的迅速发展。我强烈地感到相当一部分的青年反叛组织——我不知道有多少或到什么程度——的起因是极度地渴望集体感、渴望接触、渴望面对共同的敌人，真正地团结在一起；无论什么敌人，只要它能使一个集体团结起来共同应付外来危险。类似的情形曾发生在士兵之间，他们被共同的外来危险推入一种非同异常的亲密的兄弟关系，结果往往是整个一生他们都会紧密相依。如果一个好的社会要发展、要健全，它就必须满足人的这一渴望。

在我们的社会中，从适应不良和更严格的病理学的案例来看，这些需要的挫折是最普遍的基本的核心。爱和情感，以及它们在性方面的表现，一般看来是有矛盾心理的，习惯上包括有许多限制和禁忌。实际上，所有精神病理学家都强调，在适应不良的情况下，对于爱的需要的阻挠是造成适应不良情况的基础。因此，在临床研究方面，有许多关于爱的研究，除了生理需要外，我们对于它的了解也许比对其他需要的了解更多。

我们必须强调的是，爱和性并不是同义的。性可以作为一种纯粹的生理需要来研究。一般的性行为是由多方面决定的，也就是不仅由性的需要，也由其他需要决定，其中主要是爱和感情的需要。爱的需要既包括给予别人的爱，也包括接受别人的爱。

自尊需要

除了少数病态的人之外，社会上所有的人都有一种对于他们的稳定的，牢固不变的，通常较高的评价的需要或欲望，有一种对于自尊、自重和来自他人的尊重的需要或欲望。这种需要可以分为两类：第一，对于实力、成就、适当、优势、胜任、面对世界时的自信；独立和自由等欲望。[①] 第二，对于名誉或威信（来自他人对自己尊敬或尊重）的欲望。对于地位、声望、荣誉、支配、公认、注意、重要性、高贵或赞赏等的欲望。这些需要比较被阿德勒（Alfred Adler）及其拥护者们所强调，并且比较被弗洛伊德所忽视。然而，今天在精神分析学家和临床心理学家之中，对于它们的突出的重要性产生了越来越广泛的注意。

自尊需要的满足导致一种自信的感情，使人觉得自己在这个世界上有价值、有力量、有能力、有位置、有用处和必不可少。然而这些需要一旦受到挫折，就会产生自卑、弱小以及无能的感觉。这些感觉又会使人丧失基本的信心，使人要求补偿或者产生神经病倾向。从对严重的创伤性的神经病的研究我们很容易明白基本自信的必要性，并且理解到，没有这种自信人们会感到何等无依无靠。

从神学研究者关于骄傲和傲慢的讨论，从弗罗姆关于一个人对自己性质的虚假的自我知觉的理论，从罗杰斯关于自我的研究，从像兰德（Ayn Rand）这样的随笔作者以及其他来源那里，我们越来越认识到基于来自他人的看法，而不是基于真实的能力，以及对于任务的真正的胜任和适合情况的自尊的危险性。最稳定和最健康的自尊是建立在当之无愧的来自他人的尊敬之上，而不是建立在外在的名声、声望以及无根据的奉承之上。即使在这里，将基于单纯的意志力量、决心和责任感所取得的实际的胜任情况和成就，与凭借人的真正的内在天性、素质、遗传基因或者天数，或者如霍尼所说，依靠人的真实自我而不是理想化的虚假自我，非常自然、轻松地取得的成就区分开是很有帮助的。

自我实现需要

即使所有这些需要都得到了满足，我们可以经常（假如并非总

① 我们还不知道这一特殊的愿望是否带有普遍性。关键的问题在于，特别是对于今天来说，那些命中注定要被奴役与统治的，会感到不满并萌发反抗意识吗？根据众所周知的临床数据我们可以认为一个已知真正自由为何物的人（这种自由不是以放弃安全感为代价得来的，而是建立在充分的安全感之上的）是决不会自愿或轻易地允许他的自由被夺走的。但我们并不十分确切地知道，对于那些生而为奴的人，情况是否也相同。

是）预料新的不满足和不安又将迅速地发展起来，除非个人正在独特地干着他所适合干的事情。一位作曲家必须作曲，一位画家必须绘画，一位诗人必须写诗，否则他始终都无法安静。一个人能够成为什么，他就必须成为什么，他必须忠实于他自己的本性。这一需要我们就可以称为自我实现（self-actualization）的需要。

“自我实现”这一术语是戈尔德斯坦首创的，本书在一种更加特殊和有限的意义上予以采用。它可以归入人对于自我发挥和完成（self-fulfillment）的欲望，也就是一种使它的潜力得以实现的倾向。这种倾向可以说成是一个人越来越成为独特的那个人，成为他所能够成为的一切。

满足这一需要所采取的方式在人与人之间是大不相同的。有的人可能想由此成为一位理想的母亲，有的人可能想在体育上大显身手，还有的人可能想表现在绘画或创造发明上。[①] 在这一层次上，个人间的差异是最大的。

自我实现需要的明显的出现，通常要依赖于前面所说的生理、安全、爱和自尊需要的满足。

基本需要满足的先决条件

有一些条件是基本需要满足的直接前提。对于它们的威胁似乎就是对基本需要本身的威胁。它们包括言论自由，在无损于他人的前提下的行动自由，表达自由，调查研究和寻求信息的自由，防卫自由，以及集体中的正义、公平、诚实、秩序等等。这些需要遭到挫折会对人们构成威胁或者紧急情况。这些条件不是目的本身，但它们接近目的，因为它们与基本需要的关系太密切，而基本需要显然本身就是唯一的目的。这些条件受到保护是因为没有它们，基本

---

① 显而易见，创造性行为，例如绘画，与其他任何行为一样是有着多种决定因素的。在具有天赋创造性的人们身上可以看到他们满意与否，幸福与否，是饥饿还是满足。而且创造性活动显然是有报偿的，有改善作用的，或者是有纯经济效益的。我的印象是（当然是通过非正式的实验），通过仔细观察，安全可以区分基本满足满足的人们的艺术与智慧的成果与基本不满足的人们的艺术与智慧的成果。无论如何，这里我们还必须以一种积极的方式将外显行为与它的形形色色的动机或目的区分开来。

需要的满足就完全不可能，或者至少会受到严重的威胁。

假如我们没有忘记，认识能力（感性和理性学习）是一整套适应性工具，它们除了其他功能之外，还有满足我们的基本需要的作用，很明显，它们所遭遇的任何威胁、任何剥夺或阻碍都会对其自由使用的权利的行为，以至对基本需要构成间接的威胁。这个观点部分地解决了这样一些普遍的问题：好奇心，对于知识、真理和智慧的追求以及解释宇宙之谜的一成不变的欲望。

因此，我们必须提出另一个假设，并且采用一种与基本需要有关的疏密程度的说法，因为我们已经指出，由于任何有意识的欲望（部分目标）都与基本需要有着或疏或密的关系，它们在本身的重要性上也就有差异。这个论点对于各种举止行为（behavior act）也同样成立。如果一个行动直接有助于基本需要的满足，它在心理上就是重要的；倘若对此间接有益或者贡献较小，那么根据动力心理学观点来看，这个行动则不那么重要。这同样适应于各种防御或者应付手段（defense or coping mechanism）。其中一些与保护或者达到基本需要有直接关系，另一些则只有微弱的和疏远的联系。的确，如果我们愿意，可以说防御手段有更根本和不太根本之分，并且可以断言，危及更根本的防御比起危急不太根本的防御具有更大的威胁性（切记这些都归结于它们与基本需要的关系）。

认识和理解的欲望

我们对于认知冲动，对于它们的动力以及病态了解甚少的主要原因在于，它们在临床上并不重要，在由医疗传统（即：旨在消除疾病）主宰的诊所里当然也是如此。在这里，没有传统精神神经病例中纷繁的、使人激动的谜一样的病状。认知心理病理学苍白无力，容易被忽略，认知的精神病态往往被解释为正常的，并不迫切需要治疗。结果，我们在心理治疗和心理动力理论的伟大创立者弗洛伊德、阿德勒和荣格等的著作中全然找不到论述这个主题的内容。没有一个人系统地尝试过创立认知心理疗法。

希勒（Schilder）是我所知道的在其著作中能动地表现好奇心

和认识的唯一精神分析学家①。在学院派心理学家中，墨菲、韦特海默和阿斯奇（Asch）探讨过这个问题。到目前为止，我们只是附带地提过认识的需要。获取知识，使宇宙系统化在某种程度上是在世界上获得基本安全的方法，或者对于智者来说，是自我实现的表达方式。另外，探究和表达自由也被作为满足基本需要的前提来详细论述。尽管这些论述有它们的作用，但它们并没有构成对于好奇、学习、推究哲理、实验等的促动作用等问题的最终答案。它们至多只是不完全的答案。

我们知道，获取知识有一些消极的决定因素（焦虑、恐惧），但除此之外，我们还有合理的理由假设一些根本上是积极的冲动：满足好奇心，了解，解释，理解。

1. 类似人类好奇心的东西很容易在高级动物身上观察到。猴子会把东西撕碎，把指头捅进窟窿，在各种情境中进行探索，在这些情境中，不大可能有饥饿、害怕、性欲、安抚等情况存在。哈洛的实验以一种可接受的实验方式充分显示了这一点。

2. 人类对于特大危险会追根寻源并且作出解释，甚至对于危及生命的情况也不例外。对此，人类历史为我们提供了相当数量的实例。无名的“伽里略”一直层出不穷。

3. 对于心理健康者进行的研究表明，作为这一类人的特征，他们着迷于神秘的、未知的、杂乱无绪的或者没有答案的事物。这一点似乎正是吸引人之处；这些领域本身就非常有趣味。相比之下，他们对人所共知（the well-known）的事情则感到索然无味。

4. 试图从心理病态如强迫性神经病患者（以及一般的神经病患者）中得出推论或许是可行的。戈尔德斯坦所研究的大脑受损伤的士兵，以及麦尔（Maier）的被观察的老鼠（fixated-rats），（在临床观察上）都显示出强硬而急切地固守熟悉的事物，害怕不熟悉

① 然而，人类对于世界、行动、实验有着与生俱来的兴趣。当他们在世界中勇敢地前进时，他们得到了深切的满足。他们并不感到现实对于生存是个威胁。有机体，特别是人体对于世界抱有与生俱来的安全感。只有特殊情况才会产生威胁和匮乏。即使在这种情况下，机体也感觉困难和危险是暂时的，最终会导致一个与世界沟通的新的安全保障。

的、无规则的意外的事物，害怕无秩序状态的倾向。另一方面，有些现象也许又会指出相反的可能性。这些现象包括非自然的违抗习俗，顽固地反对任何权威，行为狂放不羁，渴望使人震惊等。这些都可能在一些神经病患者以及处于反文化适应过程中的人身上发现。

5. 当认知需要受挫折时，很有可能产生真正的心理病态结果。下面的临床印象也是中肯的。

6. 我见过几个实例，它们清楚地告诉我，一些变态现象（兴味索然，对生活失去热情，自我厌恶，压抑身体的功能，逐步破坏理性生活和各种趣味等等）① 产生于那些感到生活乏味，工作枯燥的智者中间。我这里至少有一个实例显示了适当的认知治疗消除这些症状的可能性，这个治疗包括恢复业余研究，寻找一个需要更多脑力的工作，以及进行观察思考（insight）。

我见过许多聪明、富裕（prosperous）、无所事事的妇女逐渐发展了这些智力营养缺乏（intellectual inanition）的症状。常常有些人按照我的劝告埋头做一些与他们相称的事情，结果他们自身的症状有所好转或者痊愈了，这足以使我清楚地感觉到认知需要的存在。在那些新闻、消息、事实的来源被切断的国家，在那些官方的理论与明显的现实极相矛盾的国家，至少一部分人采取玩世不恭的态度，不相信任何价值，不抱任何希望，甚至怀疑不言而喻的东西，人与人之间的一般关系的深刻的瓦解、丧失道德，等等。另一部分人似乎采取了更被动的方式：沉闷、顺从、丧失主动性，丧失能力和与世隔绝。

7. 了解和理解的需要在幼年晚期和童年期就表现出来，并且可能比成年期更强烈。不仅如此，无论怎样解释，这似乎是成熟的自然产物而不是学习的结果。孩子不必要人教他去好奇，但是却可能被收容教养机关教导不要去好奇，如戈德法布（Goldfarb）的研究。

---

① 这个综合病状与里波特（Ribot）和后来的迈尔逊（Myerson）称之为“缺乐症”的现象极为相似，但是他们将后者归于其他起因。

8. 最后，满足认知冲动使人主观上感到满意，并且产生终极体验（end-experience）。虽然人们注重所得的成果，注重学习等等，而忽视洞察和理解这一方面，然而不可否认的事实是，在任何人的生活中，洞察常常是一个令人感到欢快、幸福、激动的平台（spot），甚至可能是人一生中很高的一个平台。

以上论及的那种克服困难的现象，那种一旦遭受挫折便出现变态的现象，一些普遍的（跨人种的、跨文化的）观象，那种永不消失（虽然微弱）的持续的压力，个人早期历史上的自然产物以及人们要求满足认知需要，以此作为全面发展人类潜力的一个前提，这一切都说明了基本的认知需要。

但是，这种假设并不全面，但是在我们认识了之后，我们仍受到激励，一方面要使认识越来越细致入微，另一方面又朝着某种宇宙哲学，宇宙神学等的方向使认识越来越广阔博大。我们获得的事实如果是孤立的或者原子式的，它们终究要被理论化，不是被组织就是被分析，或是两者俱全。这个过程被一些人称为寻求意义。那么我们再来假设一些欲望：理解的欲望，系统化的欲望，组织的欲望，分析的欲望，寻找联系和意义的欲望，创立一个价值系统的欲望。

一旦允许讨论这些欲望，我们会发现它们也组成了一个小小的层次系列，其中了解的欲望（the desire to know）优先于理解的欲望（the desire to understand）。我们曾描述过的优势层次集团所具有的一切特征似乎也适用于这个小集团。

我们必须提防那种极易发生的将这些欲望与前面论及的基本需要分离的倾向，即在认知需要和意动需要之间采取绝对的两分法。了解和理解的欲望本身就是意动的，即它们具有力争（striving）的特点，并且如同基本需要一样，也属于人格需要（personality needs）。再者，正如我们所知，这两个集团是相互关连而不是截然分离的；并且我们下面将会看到，它们是彼此协作而又相互对抗的。

审美需要

我们对审美需要的了解比其他需要更少，但是历史、人类美的属性（the humanities）和美学家的证据不允许我们回避这个令人不快（对于科学家来说）的领域。我曾以经过选择的人为对象，在临床—人格学的基础上努力尝试研究这种现象并且至少使我自己确信，在某些人身上，确有真正的基本的审美需要。丑会使他们致病(以特殊的方式)，接触美的事物会使他们痊愈。他们积极地热望着，只有美才能满足他们的热望。这种现象几乎在所有健康儿童身上都有体现。这种冲动的一些证据发现于所有文化，所有时期，甚至可追溯到洞穴人时代。

审美需要与意动、认知需要的重叠之大使我们不可能将它们截然分离。秩序的需要，对称性的需要，闭合性（closure）的需要，行动完美的需要，规律性的需要，以及结构的需要，可以统统归因于认知的需要，意动的需要或者审美的需要，甚至可归于神经过敏的需要。至于笔者，我将这个研究领域考虑为格式塔心理学和动力心理学的会合点（meeting ground）。例如，当一个人看到一幅斜挂在墙上的画时便有一种强烈的意识冲动要去把它挂直，这意味着什么?

续基本需要的特点

到目前为止，我们把这个层次集团说成仿佛是一个等级固定的集团，然而实际上它并不完全像我们可能表达的那样刻板。的确，我们研究的大多数人的这些基本需要似乎都是按照已经说明过的等级排列的。但是也一直有许多例外。

1. 例如，在有些人身上，自尊似乎就比爱更重要。层次序列中的这种最普通的等级颠倒通常起因于这样一种概念的发展：最有可能获得爱的人是一个意志坚定或者有权威的人，他们令人尊敬或者敬畏，充满自信或者敢做敢为。因此，缺乏爱并且寻求爱的人可能竭力表现得具有进攻性和自信心。然而实质上，他们寻求高度的自尊以及自尊在行为上的表现方式与其说是为了自尊本身，不如说是将它作为达到一种目的的手段，他们的自我表现（self-assertion）是为了爱，而不是自尊本身。

2. 另有一些显然是天生具有创造性的人，他们的创造驱力似乎比其他任何一种反向决定因素（counter-determinant）都重要。他们的创造性的出现不是作为由于基本需要的满足释放出的自我实现，而是作为不顾基本需要满足的匮乏的自我实现。

3. 有一些人的志向水平可能永远处于压低或者压抑状态，也就是说，在层次序列中占劣势的目标可能干脆被丢失，并且可能永远消失，结果，这个在一种很低的生活水平上度日（如长期失业）的人，可能在余生中继续仅仅满足于获取足够的食物。

4. 所谓心理变态人格是永久丧失爱的需要的另一个例证。根据掌握的最好材料来看，这些人从生命的头几个月开始就缺乏爱的哺育，现在已经永远丧失了爱的需要和给予，以及接受感情的能力(就像动物因出生后并未立即锻炼而丧失了吸吮或者啄食的反应能力一样)。

5. 等级颠倒的另一个原因是，当一种需要长期得到满足时，其价值就可能被低估。从未体验过长期饥饿的人很容易低估它的效果，将食物看成无足轻重的东西。如果他们为高级需要所控制，这个高级需要的重要性似乎压倒一切。那么很有可能，并且确有其事，他们可能为了这个高级需要而使自己陷入不能满足某种更基本的需要的困境。我们可以预料，在这种更基本的需要长期匮乏之后，会出现重新估价这两种需要的倾向，这样，优势需要将会在可能曾经将它轻易放弃的人的意识中占据优势地位。例如，一个为保其自尊而宁愿失去工作的人，在经历了六个月左右的饥饿后，可能愿意找回工作，甚至不惜牺牲自己的尊严。

6. 对于表面的层次颠倒的另一个不完整解释是，我们一直是从意识中感觉到的需要或欲望的角度而不是从行为的角度来讨论层次优势的。观看行为本身可能给我们带来错误的印象。我们的观点是，当一个人同时缺乏两种需要时，他会想要其中更基本的一个；这并不意味着他一定按照自己的欲望行事。让我们再次强调，除了需要和欲望，行为还有许多的决定因素。

7. 也许比这些例外都重要的是那些涉及理想、高尚（high）的社会准则、高尚的价值观等等的例外。具有这类价值观的人会成为殉道者，他们为追求某个理想或价值可以放弃一切。至少在某种程度上我们可以根据一个基本概念（或者假设）来理解这些人。这个概念可以称为由于早期的满足而增强的“挫折容忍力”（frustration-tolerance）。在生活中基本需要一直得到满足，特别是在早年得到满足的人似乎发展了一种经受这些需要在目前或将来遭到挫折的罕有力量，这完全是由于他们具有作为基本满足的结果的坚固健康的性格结构。他们是坚强的人，对于不同意见或者对立观点能够泰然处之，他们能够抗拒公众舆论的潮流，能够为坚持真理而付出个人的巨大代价，正是那些给予了爱并且获得了充分的爱，与多人有着深厚友谊的人能够在仇恨、孤立、迫害中岿然不动。

以上所述抽掉了这样一个事实：所有关于挫折容忍力的全面讨论中还包括一定数量的习惯问题。例如，那些习惯于长期忍受某种程度的饥饿的人也许因而能够在一定程度上忍受食物的匮乏。对于形成习惯的倾向如以往的满足哺育了现在的忍受挫折能力的倾向，我们应该在二者之间作一个怎样的平衡呢？这仍旧有待于进一步的研究。同时我们可以假设两种倾向都在起作用，二者并行不悖，因为它们并不互相冲突。说到增强的挫折容忍力这种现象，最重要的满足似乎很有可能是在生命的头两年中提供的。这就是说，在生命的早年就被培养成坚强，有信心的人往往在后来的任何威胁面前仍旧保持这样的性格。

相对满足的不同程度

到此为止，我们的理论性讨论可能造成一种印象，这五个层次需要的似乎是按下面的关系排列的：如果一个需要得到满足，另一个需要相继产生。这个说法可能会造成这样的虚假印象：一个需要必须百分之百地得到满足，下面的需要才会出现。事实上，对于我们社会中的大多数正常人来说其全部基本需要都部分地得到了满足，同时又都在某种程度上未得到满足。要想更加真实地描述这个层次序列，就应该在这个优势层次序列中逐级减小满足的百分比。

例如，为了说明情况，我可以任意假定一些数字，或许一般公民大概满足了85%的生理需要，70%的安全需要，50%的爱的需要，40%的自尊需要，10%的自我实现需要。

至于说到一个新的需要在优势需要满足后出现这一观念，这种出现并不是一种突然的、跳跃的现象，而是缓慢地从无逐渐到有。比如，如果优势需要A仅满足了10%，那么需要B可能还杳无踪影。然而，当需要A得到25%的满足时，需要B可能显露出5%，当需要A满足了75%时，需要B也许显露出50%等等。

需要的无意识特征

这些需要既不一定是有意识，也不一定是无意识的。然而从整体来看，在一般人身上，它们经常是无意识的。在这一点上，没有必要查找一大堆证据来表明无意识动机的绝对重要性。目前单纯以优先为根据，可以推测无意识动机总的来说比有意识动机重要得多。我们称之为基本需要的东西，通常大部分是无意识的，虽然对于富有经验的人（sophisticated），借助于恰当的方法，它们可能变为有意识的。

需要的文化特性和普遍性

基本需要的分类还试图重视具体的欲望在不同文化中新表现的表面差异后面的相对统一性。当然，任何具体文化中的某个人的有意识动机的内容通常会与另一个社会中某个人的有意识动机的内容极为不同。然而，人类学家的共同经验是，人们之间，甚至不同社会的人们之间的相近程度远比我们首次与他们接触时产生的印象要大得多，并且随着我们对他们的了解的加深，我们似乎会发现越来越多的共同点。于是我们认识到，最惊人的差异不过是表面的，不是根本的，例如，发型和衣服款式的差异，对食物喜爱的差异等等。我们对基本需要的分类在某种程度上就是试图解释文化与文化之间的表面的多样性后面的这种统一性。但是我们无意强调这种统一性对于所有文化来说都是绝对的。我们的观点仅仅是，它比表面的意识欲望相对更加重要，更普遍，更根本，并且更加接近人类共同的特性。基本需要与表面的欲望或行为相比更加为人类所共有。

行为的多种动机

这些需要绝不能被理解为某种行为的唯一的或者单一的决定者。举例说，任何看来是由生理需要促动的行为都可能有多种动机，如吃东西、性享乐（sexualplay）等。很久以来，临床心理学家发现，任何行为都可能是多种冲动发泄的渠道。或者换句话说，大多数行为都由多种动机促成。在动机决定因素（motivational determinants）的范围内，任何行为都往往由几个或者全部基本需要同时决定，而非只由其中的一个决定。由一种动机决定的情况往往是例外。吃东西可以部分地是为了填饱肚子，而部分地是为了安抚（comfort）其他需要，改善其他需要的状况。一个人进行性行为，可能不仅出于性欲发泄的目的，而且还要确立自己男性的自信，或者是为了一次征服，获得强者的感觉，或者是为了赢得更基本的感情。作为说明，我想指出，如果不是在实践上，也至少是在理论上对某人的一个单一的行为尽可能进行分析，从中发现生理需要，安全需要，爱的需要，尊重需要和自我实现需要的表现。这一点与特质心理学（trait psychology）中更幼稚的一派形成鲜明对比。后者用一种品质或者一个动机来解释一种行为，即，一个进攻性行为的根源仅仅是一种进攻性的特质。

行为的多种决定因素

并非所有行为都由基本需要决定。我们甚至可以说并非所有行为都是有动机的。除了动机以外，行为还有许多决定因素。例如，有一类重要的决定因素是所谓外界。至少在理论上，行为完全可以由外界决定，甚至由具体的、孤立的外界刺激决定，如联想，或一些条件反射。如果外界给予“桌子”一词作为刺激，我立即感觉到记忆中桌子的形象，或者想起一把椅子，这种反应当然与我的基本需要毫无关系。

其次，我们可以再次提请注意有关与基本需要接近的程度或者动机的程度的概念。一些行为的动机非常明确，另一些行为的动机不甚明确，还有一些行为则根本没有动机（但是所有行为都有其决定因素）。

另一个要点是，表现性行为与应对性行为（机能性的努力，目的性的追求）之间具有根本的区别。表现性行为并不试图做什么，它只是人格的反映。蠢人言行愚笨，并不是他想要或者试图这样做，不是他有这样的动机，而完全是由于他就是他。同样，我说话时用男低音而不用男高音或女高音也是一个道理。一个健康孩子的漫不经心的动作，一个愉快的人独自一人时脸上露出的笑容，健康者走路时脚步的轻快和他站立时挺直的姿态，这些都是属于表现性的，非机能性的行为。另外，一个人言谈举止的风格，无论有无动机，几乎总是表现性的。

那么，是否所有行为都表现或者反映了性格结构呢？答案是否定的。生搬硬套的、习惯的、机械的或者随俗的行为可能是，也可能不是。与刺激物相关的行为就属于这种情况。

最后有必要强调，行为的表现性和行为的目的性不是两个相互排斥的范畴，一般的行为通常兼容两者。

以动物为中心与以人为中心

这个理论是以人类，而不是以任何低级的、并且可能是更简单的动物为出发点的。在动物身上所获得的很大一部分发现被证明只适于动物而不适于人。研究人的动机要先从研究动物开始是毫无道理的。对于隐藏在这种貌似简单、普遍的谬误后面的逻辑，或更确切地说，对逻辑的背离，哲学家、逻辑学家，以及科学家在各自的领域内都已给予了足够的揭露。就像研究地质学、心理学或者生理学不必先研究数学一样，研究人也不必先研究动物。

动机和心理发病理论

日常生活中有意识的动机的内容，根据其与基本目的的接近程度，有着各自不同的重要性。一种对冰淇淋的欲望可能实际上是一种对爱的欲望的间接的表达。果真如此，这种对冰淇淋的欲望就成了极为重要的动机。但如果冰淇淋只被当作爽口之物，或它仅仅引起偶然的食欲，这种欲望则相对不重要了。日常的有意识的欲望应该被看作是征兆，是更基本的需要的表面指示物，假如我们只承认这些表面的欲望的表面价值，我们就会发现自己处于一种完全的混乱状态。这种状态永远不可能解除，因为我们忙于认真处理的是征兆而不是潜伏在征兆后面的东西。

挫伤不重要的欲望不会导致心理病理后果，但挫伤根本上重要的需要却肯定会导致这种后果。因此，任何一种心理发病理论都必须以一种合理的动机理论为基础。冲突或者挫折不一定会致病，只有当它们威胁或者挫伤基本需要或者与基本需要紧密相关的不完整需要时，才会致病。

已经满足的需要的作用

上面已经多次指出，我们的需要通常是在占优势的需要得到满足后才会出现。满足因而在动机理论中具有重要作用。不仅如此，需要一旦满足，就不再起积极的决定或者组织作用。

举例说明，一个基本需要得到满足的人不再有尊重、爱、安全等需要。他只可能在下面这种几乎是玄学的意义上被认为有这类需要：一个吃饱的人有食欲，或者一个装满的瓶子有空隙。如果我们的兴趣仅在于什么东西实际上正在促动我们，而不在于什么东西已经，将要或者可能促动我们，那么，一个满足了的需要就不是促动因素。对于所有已经完全不存在，完全消失了的实际目的，我们都必须考虑这一点。这一点应该受到强调，因为在我所了解的每一种动机理论中，它不是被忽视就是被否定。极为健康、正常、幸运的人没有性、饥饿、安全、爱、名誉或自尊的需要，只有在具有短暂威胁的偶然时刻，它们才会出现。如果要作补充，我们也必须断言，人人都有全部的病理反应能力，例如巴宾斯基（Babinski）的研究等，因为假如人的神经系统遭到破坏，这些反应就会出现。

正是这些考虑提出了这个大胆的假设：基本需要中的任何一个受到挫折的人完全有理由被设想成一个病人。这相当于我们把缺乏维生素或者无机物的人称为病人。谁会声称爱的匮乏不如维生素的匮乏更重要呢？既然我们了解爱的匮乏的致病作用，谁能说我们乞灵于价值问题的方式比医生诊断和治疗糙皮病或者坏血病时更不科学，更不合逻辑呢？如果允许，我干脆说，一个健康者在根本上受其发展和实现自己最充分的潜力和能力的需要促动。如果一个人在任何活跃的，长期的意义上具有任何其他的基本需要，那么他简直就是一个不健康的人。就像他突然显现出一种强烈的缺盐症或者缺钙症一样，他肯定有病。①

如果这一论点显得不同寻常或者似是而非，读者可以认为它只是在我们不断变换方式考察人类更深层的动机时要出现的许多似是而非的论点之一。当我们探索人究竟想从生活中得到什么之时，我们就接触到了人的本质。

功能自主

阿尔波特（Gordon Allport）已经详细叙述并且总结了这一原理：达到目的的手段可能最终成为满足本身，那时，它们与最初的起源只有历史的联系。人们可能最终会需要它们本身。这一关于在有目标的生活中，学习与变化的巨大重要性的论点，给以往每一件事都附上了一层复杂性。在这两套心理学理论原理之间并不存在矛盾，它们是相互补充的。通过这种途径所获得的需要是否可以根据迄今为止我们所使用的标准看成是基本需要，这是有待进一步研究的课题。无论如何，我们已经看到，高级基本需要经过长期的满足后，可能变得既独立于它们的更强有力的先决条件，又独立于它们本身的满足，也就是说，一个爱的需要在其生命早期得到满足的成年人，在安全、归属以及爱的满足方面，比一般人更加独立。我倾向于将性格结构看成是心理学中功能自主的重要例证。正是那些坚强、健康、自主的人最能经受住爱和声望的损失。然而，在我们的社会中，这种坚强和健康通常是由于安全、爱、归属和自尊的需要

---

① 如果我们在这种意义上使用“病态”一词，我们还必须公正地正视人与他的社会之间的关系。我们的定义的一个明确的含义是：(1) 既然一个基本需要受挫折的人应该被看作病人，并且，(2) 既然这种基本需要的挫折完全由这个人之外的力量造成，那么 (3) 这个人的疾病完全导源于这个社会的某种疾病。因此，我们就该这样给良好或者健康的社会下定义：它通过满足人的所有基本需要来允许人的最高级意图出现。

在早年长期得到满足的结果。也就是说，此人的这些方面在功能上已经具有自主性，即独立于曾产生这些方面的满足本身。

选自：马斯洛著．动机与人格．许金声等译．北京：华夏出版社，1987

思想评介

马克思主义和人本心理学

美国人本主义心理学，就其关于人的价值的观点而论，可以说主要是从心理学角度对人的本质及其实现问题的研究。这当然并不是一个新问题。早在一个多世纪以前，马克思就曾从哲学、心理学和经济学角度对此进行过系统的探讨。

人是自然存在物，又是社会动物。人的本质及其实现既是一个自然科学问题，又是一个社会科学问题，在历史上曾引起过许多争论，至今仍然众说纷纭。特别值得注意的是，由于对这一问题的理解不同，对理想社会的设想也各异。我们知道，古典国民经济学以人性自私的假说为根据曾得出资本主义社会永恒合理的结论；而马克思则说过，人性本善的学说与共产主义有天然的联系。

以人本心理学和马克思主义相比较，两者虽然不是绝对对立，但对人的本质及其实现问题在看法上也有着重点的不同，或者说，两者的观点既有相近之处，又有深刻分歧。两者都强调人的本质的社会性，强调个人与社会之间不存在根本的矛盾，强调理想社会应以充分发挥人的潜能为目的。这是相近的方面。但人本心理学理论的重点在于人的本质的自然基础或机体遗传构成；马克思主义的重点在于人的本质的现实性或与社会生活的联系。人本心理学认为人的动机或潜能是一种层级式结构，有自发的由低而高追求满足或

"自我实现"的趋向；马克思则认为人自身是一个能动与受动的对立统一体，人的本质的实现是一个实践过程，是一个必然要在历史发展影响下经历矛盾、斗争和发展的"生成"过程。这是分歧的方面。由于这一基本分歧，又引起两者对劳动与实践和人的本质实现的关系，人的异化的发生与扬弃，意识和自我意识的作用，以及个人与社会的关系等许多问题的看法不同。这些问题不仅与心理学的理论建设有关，而且直接涉及人类的精神生活和理想信仰。本文的目的是想通过对两者观点的比较研究求得对上述问题的进一步理解。以下先就几个基本问题分别研究，然后试作讨论和展望。

什么是人的本质

所谓人的本质，这里是指人与一般动物比较唯独人才具有或动物进化到人类才特别显著的人的特性。人的本质的讨论一般涉及两个方面的问题，一为人的本质的自然基础问题，一为人的本质的现实性问题。

人的本质的自然基础问题是费尔巴哈、马克思和当代人本心理学都十分重视的问题。马克思对于费尔巴哈的人本学曾给予很高的评价。当代人本心理学则以心理学资料对于人的本质的自然基础作出进一步论证。

费尔巴哈说明人的本质的自然基础主要表现是：(1) 人是有意识的自然存在物，因而是类存在物，这与只有个体感的动物不同；(2) 以爱与友情为核心的类意识或社会意识是以人的感性为基础，他爱以自爱为基础。这样，费尔巴哈就从根本上批驳了康德的先验道德观和黑格尔的绝对精神论，机智而深刻地指出，脱离自然感性的先验论是"圣母无垢受胎"[①]。对于费尔巴哈的这些思想，马克思和恩格斯曾给予很高的赞誉，认为"费尔巴哈把形而上学的绝对精神归结为'以自然为基础的现实的人'，不仅完成了对宗教的批判，而且也巧妙地拟定了对黑格尔的思辨以及一切形而上学的批判

① 费尔巴哈．费尔巴哈哲学著作选集：上卷．北京：三联书店，1959．592

的基本要点”①。

但是，费尔巴哈的这一理论虽然对于形而上学的价值观是一个有力的批判，却不足以自圆其说。费尔巴哈这里提出的两个因素——感性和意识都不直接就是价值概念。宁可说，他是把两者合起来才间接构成了人的价值或本质，构成了以爱和友情为核心的类意识。就是说，由于人有意识，才能由自爱而推广到爱人，类似我国儒家“推己及人”的同情心概念。然而，值得考虑的是，感性加意识固然可以产生同情或类意识，但并不必然如此。意识的作用可以外向，也可以内向；在现实生活中，感性加意识也可以产生别的什么心理状态，如自私、贪婪等等。我们知道，马克思后来曾批判过费尔巴哈理论上的这一缺陷，指出费尔巴哈“除了爱与友情，而且是理想化了的爱与友情，他不知道‘人与人之间’还有什么其他的‘人的关系’”②。

那么，人的社会性美德是否可以直接从人的自然禀赋中得来呢？这就是当代人本心理学家试图解决的课题。人本心理学主要发起人马斯洛，当代发言人罗杰斯，和另一位发起人、机体心理学家戈尔德斯坦都曾对人的心理潜能作出过机体遗传构成的解释。所谓心理潜能是指人有别于一般动物的高级动机或需要，包括社会性动机和智能性动机。马斯洛曾以他自己和其他比较心理学家的实验资料说明，在黑猩猩中已有明显的友爱、合作，甚至利他行为的证据，说明这些社会性潜能是沿生物系谱上升到人类而愈益显著的生物进化特征（但这是一个引起争论的问题。与人本心理学相反的意见认为爱是一种由私利派生的感情。另一种意见则认为人还有另一方面的遗传潜能——侵犯性。人本心理学家认为，爱是基本的、自发的，侵犯性是由于基本需要受挫而派生的）。

但不论是费尔巴哈的感性加意识或人本心理学的机体遗传构成都只是强调了人的本质的自然基础一面，而忽略了人的本质的另一个方面，也是问题的更为复杂更为重要的一面，即人的本质的现实

① 马克思，恩格斯．马克思恩格斯全集：2卷．北京：人民出版社，1972．177

② 马克思，恩格斯．马克思恩格斯全集：3卷．北京：人民出版社，1972．50

性问题。马克思则不同，他不仅肯定了人的本质的自然基础，而且着重研究了人的本质的现实性问题。

有必要顺便说明的是，这里所说的现实性不是指马克思后期的阶级论说的，而是指马克思早期的人道主义观点说的。国内外对于这个问题曾有各种不同的见解。一种是把马克思后期的阶级论和早期的人道主义观点对立起来，这是一种“认识断裂论”。另一种实际上是在马克思早期与晚期思想之间划了一个等号，否认了马克思认识上的发展。本文作者认为这两种看法都是不适当的。马克思的阶级论和马克思的人道主义观点是理论上的不同范畴，人道主义是更高范畴的问题，是共产主义的最终目标，不能以马克思的阶级论否定马克思的人道主义。另一方面，也应该看到，马克思早期对人的本质或人道主义问题讨论中提出的现实性问题已包含着马克思后期观点的胚芽，就是说，马克思《1844年经济学——哲学手稿》中的观点和费尔巴哈的观点已有所不同，尽管马克思在早期讨论中借用了德国古典哲学的术语。但这一问题已超出本文范围，这里只能简略提一笔以说明与本文上下文讨论有关的基本观点。现在先就人的本质的现实性说明马克思的人道主义的观点。

前已提及，费尔巴哈曾以类意识说明人的本质。类意识的含意很广，既涉及人与自然的关系，也涉及人与自身的类或个人与社会的关系。马克思借用费尔巴哈的这一术语，但明确指出，这不能“理解为一种内在的、无声的、把许多个人纯粹自然地联系起来的共同性”①。这就是说，类意识不是一种纯粹抽象的本质，而是与类生活密切相关的。

就类这个词的广义说，人与自然界的关系是以人的肉体和精神两方面的自然生活为基础。人对大自然的爱，人对自然万物的爱是由于人的肉体生活和精神生活与自然相联系。从肉体方面说，马克思指出，自然界是人为了不致死亡而必须与之不断交往的“人的身体”。从精神方面说，自然界一方面作为自然科学的对象，一方面

① 马克思，恩格斯．马克思恩格斯全集：42卷．北京：人民出版社，1972．95

作为艺术的对象，“都是人的意识的一部分，是人的精神的无机界”①。

就人对自身的类的意识或人的社会意识说，则与人的社会生活有密切的关系。马克思认为，活动和享受，无论就其内容或就其存在方式说来，都是社会的，是社会的活动和社会的享受。因此，马克思强调：“自然界的人的本质只有对社会的人说来才是人与人联系的纽带，才是他为别人的存在和别人为他的存在，才是人的现实的生活要素；只有在社会中，自然界才是人自己的人的存在的基础。只有在社会中，人的自然的存在对他说来才是他的人的存在，而自然界对他说来才成为人。”马克思这一段论述比较完整地表达了马克思关于自然与社会统一和人的本质与社会生活密切相关的思想。马克思关于人的概念所引起的许多争论在一定程度上都同对这一问题的正确理解有关。联系上文讨论，我们看到，马克思在这里主要是说明，以自然为基础的人的类本质或社会本质，只有通过人的社会生活和社会联系才能实现。所以马克思在约半年以后所写的《关于费尔巴哈的提纲》中又概括地说：“人的本质并不是单个人所固有的抽象物。在其现实性上，它是一切社会关系的总和。”② 马克思这句常被引用的话过去往往只作为人的阶级性的说明，但联系马克思上述的思想看，这句话从根本上说则是马克思对人的本质的社会性的说明。马克思并不否认人的本质的自然基础，但人的社会性是不能与社会生活分割的。就是说，人的社会性，如果只就主体的本质说，还不是一个在客观上已经发展形成的东西。人的社会性的存在、发展和实现离不开社会或只有通过社会生活和社会联系才能完成。因此，马克思又说：“社会是人同自然界的完成了的本质的统一，是自然界的真正复活，是人的实现了的自然主义和自然界的实现了的人道主义。”③

---

① 马克思，恩格斯．马克思恩格斯全集：42卷．北京：人民出版社，1972．121～122

② 马克思，恩格斯．马克思恩格斯全集：1卷．北京：人民出版社，1972．18

③ 马克思，恩格斯．马克思恩格斯全集：42卷．北京：人民出版社，1972．122

马克思不仅论证了人的本质和社会生活的关系，而且具体阐明了社会活动和社会享受的不同形式，强调我们的社会活动和社会享受不仅存在于直接共同的活动和直接共同的享受这种形式中。马克思并举出人的高级精神活动——科学活动为例，说明科学家的活动虽然很少同别人直接交往，但科学研究所需要的材料，甚至用来进行活动的语言本身都是社会的产品，而且科学家本身的存在就是社会活动的产物。可以说，不论直接或间接，不论从现实生活角度还是从历史发展角度看，个人的活动和享受都受惠于社会，都同社会有千丝万缕的联系。人的社会性或人的本质正是由这种联系所构成的。

通过以上比较，可以看出，马克思的意思实际是说人的本质或人的社会性不仅有自然基础，而且也有现实基础。既然如此，为什么现实中又会出现人的异化现象或人与人相异化和人与人的本质相异化呢？这又涉及对人的动机和需要、劳动实践和历史实践、意识和自我意识的作用等问题的理解。

人的动机和人的异化

为说明这些问题，首先需要从人的动机说起。人本心理学从个人心理生活的角度提出人的动机或需要的层级说并说明人的动机和人的异化的关系。在这个问题上，马克思的观点和他们的观点也有深刻分歧。人本心理学家的观点可以概括为以下两点：

1. 人的动机和需要是一种层级结构，心理生活是一个由低而高逐级实现的过程。马斯洛起初把人的动机和需要分为五层，后又添加审美与求知两层，合为七层，构成一个七层级“金字塔”：(1)生理需要；(2)安全与经济保障；(3)爱与亲密关系；(4)尊重与名望；(5)审美；(6)求知与理解；(7)创造自由。前两层作为低级需要，后五层作为高级需要；高级需要中又可分为社会性和智能性两类。基础是生理需要，顶峰是创造自由，达到顶峰也就是完成了自我实现。所谓自我实现，就是人的尽其所能或潜能的充分发挥。他认为高级需要的追求，以低级需要的满足为基础，而最高一级创造潜能的充分发挥则有赖于较低各层次需要的满足，但从价值角度看，只有高级需要的满足才能使人产生更深刻的内在幸福感和丰富感。而创造自由或自我实现则能给人以最高的喜悦，这种感受，他称之为“顶峰经验”。

2. 异化的实质是自我概念脱离了自身的“机体评价”。“机体评价”是罗杰斯的用语，指人人都有的趋向自我实现的内部指导能力。所以会产生这种脱节，是因为人与人的现实关系总是附带条件的，使人的自我概念由于条件的考虑而不断在他人的影响下分化，严重时便产生自我分裂。

我们知道，马克思把人类的动机或需要分为两大类：生存需要和社会需要。他认为，生存需要的问题不解决而空谈道德和爱是无意义的，科学社会主义应以物质生产的丰富为基础。他并预言，人类进入共产主义社会时，劳动将成为人的第一需要。从这方面看，人本心理学认为高级需要的追求以低级需要的满足为基础，创造自由是人的最高动机，这些观点基本上类似马克思的提法。但马克思对人类动机结构的分析则不同于马斯洛的说法。马克思没有集中论述这一心理学问题，但从马克思的一些有关论点中可以看出，两者的不同至少表现在以下两个方面：

1. 人的动机系统不是层级结构，而是对立统一。马克思曾提出，人作为自然存在物是一种能动与受动的对立统一体。马克思说，人作为自然存在物一方面具有自然力、生命力，是能动的；另一方面，人作为自然的、肉体的、感性的、对象的存在物，又是受动的、受制约的、受限制的。人一方面有实现自己本质的欲望，另一方面又不能不受外界的约束，因为他的本质的实现离不开他所需要的对象的确证。而且，因为人感到自己是受动的，所以是一个有激情的存在物。激情、热情是人强烈追求自己的对象的本质力量。①

2. 马克思的劳动概念也不同于马斯洛的创造概念，在人的动机结构中，劳动或实践活动是实现统一的核心因素。马克思的这一

---

① 参见：马克思，恩格斯. 马克思恩格斯全集：42卷. 北京：人民出版社，1972. 167~169

观点极其重要，因为不仅人的本质或人的社会性动机要通过劳动或实践才能实现，而且人的异化也正是通过劳动的异化而产生。这一点我们将在下文进一步阐述。现在先就人的动机系统中劳动概念与创造概念的不同涵义说明两者对人的动机结构的不同看法。

首先，劳动概念要比创造概念含意广泛得多。当然，作为人的自由生命的表现，作为人的个性特点的发挥，作为人的生活的乐趣，马克思的劳动和马斯洛的创造含意是一致的。劳动生产作为改造自然的活动就是创造。但劳动概念包括最原始的改造自然的活动，也包括最高级的科学、艺术等创造活动，劳动适用于每一个人的心理生活，不限于少数人才能实现的科学或艺术的创造自由。劳动既是人的最普遍的本质，又是人的最高级的本质。正是由于有这一基本含意的不同，又引出两种动机结构的不同，即马克思的对立统一结构与马斯洛的层级说的不同。

上文曾提及，马斯洛把人类动机和需要分为两大类，一为低级需要，一为高级需要。高级需要又可分为社会性和智能性两类。马斯洛虽然把创造自由摆在人类动机金字塔的最高的位置上，但创造在马斯洛那里仅仅具有个人潜能发挥的意义，创造动机的实现和社会动机的实现只有高与低的层级关系，而没有什么内在的联系。

马克思的劳动概念则不同。马克思认为，劳动不仅是个人自由生命的表现，而且是人的社会本质的实现。劳动在马克思那里是使人的自由生命和人的社会本质统一起来的中介力量。可以说劳动是人的智能性动机和社会性动机的统一，人的智能动机和社会动机不是一个高与低的层级关系而是具有内在联系的统一体。关于劳动的这一意义马克思曾有充分的说明，可以使我们对这一问题有一个比较完整的理解。马克思说："假定我们作为人进行生产。在这种情况下，我们每个人在自己的生产过程中就双重地肯定了自己和另一个人：(1) 我在我的生产中物化了我的个性和我的个性的特点，因此我既在活动时享受了个人的生命表现，又在对产品的直观中由于认识到我的个性是物质的、可以直观地感知的因而是毫无疑问的权力而感受到个人的乐趣。(2) 在你享受或使用我的产品时，我直接享受到的是：既意识到我的劳动满足了人的需要，从而物化了人的本质，又创造了与另一个人的本质的需要相符合的物品。(3) 对你来说，我是你与类之间的中介人，你自己意识到和感觉到我是你自己本质的补充，是你自己不可分割的一部分，从而我认识到我自己被你的思想和你的爱所证实。(4) 在我个人的生命表现中，我直接创造了你的生命表现，因而在我个人的活动中，我直接证实和实现了我的真正的本质，即我的人的本质，我的社会的本质。”①

可以说，马克思的这一段话既是对人作为人所进行的生产活动的分析，又是对人作为人在劳动实践过程中个体心理与社会心理如何实现辩证统一的分析。

劳动的作用和人的本质既然如此，异化又从何发生呢？上文曾提及，罗杰斯认为异化是自我概念的异化，这是和马斯洛的动机层级观与自我实现论相应的，意思是说，异化就是自我脱离了由低而高层级发展的自发趋向。从上述马克思关于人的动机结构和劳动概念出发，对人的异化的理解当然也完全不同。

概括地说，马克思认为人的本质和人的异化的矛盾主要是因为人本身作为自然存在物具有能动与受动的两重性，劳动作为一种本质力量具有两面性，而意识作为人的心理特性则具有积极与消极两方面的作用。

人自身的两重性已如前述，这里只需说明，由于人除能动性的一面以外还有受动性的一面，因此，人的本质的实现在人类社会经济发展的低级阶段就不能不受到外部条件的限制。

关于劳动的两面性则需要较详说明。上文曾提及，马克思认为人的本质只有通过劳动才能得到确证。但劳动具有两面性，这种两面性和人自身的两重性相互作用，便不可避免地引起人的本质与人的异化的对立。就是说，人的本质的实现要通过劳动，人的异化的发生也要通过劳动，但这是两种不同的劳动。所谓劳动的两面性，概括地说，就是指劳动对于人的本质的实现既具有积极作用的一面，又具有消极作用的一面。自由劳动是人的自由生命的表现，是人的社会本质的实现，这是积极的一面；与劳动积极面相联系的人

① 马克思，恩格斯．马克思恩格斯全集：42卷．北京：人民出版社，1972．37

的心理状态是人的本质和人的能动性的反映。谋生劳动则是人的生存需要和利己需要的表现，这在人类社会经济发展低级阶段是不可避免的，与人的本质的实现相对而言则是消极的；与这一消极面相联系的人的心理状态则是人的异化和人的受动性的反映。马克思又把谋生劳动或消极劳动称为异化劳动，而人类历史和人的本质发展中的全部曲折而丰富的内容正是由异化劳动所引起的。马克思在批判黑格尔没有看到劳动的消极方面因而只能对人类历史进行抽象理解时曾指出过这一点。①

由于以上两个方面的原因，马克思看出，在人类经济发展的低级阶段，在出现了交换与分工以后，必然的结果是人类的生产并不是人为了作为人而进行的生产，或者说，并不是人的本质构成人们彼此为对方进行生产的纽带，而是各为生存和利己需要进行生产。马克思在这里便把哲学、心理学的研究与现实发展和经济学的研究紧密结合起来。他并指出，在这种条件下人与人的关系实际上已演变为一场斗争，“在这场斗争中，谁更有毅力，更有力量，更高明，或者说，更狡猾，谁就胜利”②。从马克思的这一段论述理解，可以说，在这场斗争中，就整个关系来说，谁取得胜利是偶然的事情；必然的结果则是财富的逐渐集中、私有制的发展和人的异化的出现。而这种情况又由于人所特有的意识的反作用而愈演愈烈。

上文曾提及，人是有意识的存在物，因而人具有类意识并成为类存在物。从人的本质的角度看，这是意识的一种积极的作用。但马克思又指出，异化劳动把这种关系颠倒过来，以致“人正因为是有意识的存在物，才把自己的生命活动，自己的本质变成仅仅维持自己生存的手段”③。这就是说，在自由劳动转变为谋生劳动或劳动异化的过程中，本来具有积极作用的人的意识，也可以反过来产生消极的作用。

在这里，马克思又从经济学研究转入进一步的哲学和心理学研

① 马克思，恩格斯．马克思恩格斯全集：42卷．北京：人民出版社，1972．163

② 马克思，恩格斯．马克思恩格斯全集：42卷．北京：人民出版社，1972．35

③ 马克思，恩格斯．马克思恩格斯全集：42卷．北京：人民出版社，1972．96

究。由于看到意识还具有消极作用的一面，马克思看出，在异化劳动和私有财产的相互作用下，人类的自我异化如何不可避免地逐步深化。他并特别指出，在剥削者方面，意识的这种消极作用如何先使不劳而获的资本家发展了享乐的心理，以后又如何促使资本家强化了对资本的贪欲。由于享乐的意识，资本家“把人的本质力量的实现，仅仅看作自己放纵的欲望、古怪的癖好和离奇的念头的实现”①；作为贪婪的心理，资本家又有意识地使“享乐服从于资本，享乐的个人服从于资本化的个人”②。因此，马克思说，“在私有权范围内，社会的权力越大，越多样化，人就变得越利己，越没有社会性，越同自己固有的本质相异化”③；而且“人们越是意识到它是异化，它就越成为更大的异化”④。

由此可见，在马克思看来，异化首先是一个很复杂的现实问题，而不是什么自我异化的问题。意识或自我意识的异化首先是现实异化的反映，然后才反作用于异化而使异化进一步加深。

由人的异化的逐步加深如何达到人的本质的实现？这也是马克思和当代人本心理学都深入探讨过的问题。但由于两者对异化的起因理解不同，两者对异化的扬弃和人的本质的实现也有不同的看法。

关于人的本质的实现

人本心理学关于人的本质的实现的理论是一种自我实现论。这一理论的要点如下：

1. 就遗传与环境对自我实现的作用而论，他们强调人类机体遗传因素或内因的作用。当然，他们并不否认环境作为外因的作用，但他们既反对外因决定论，又反对“同时打两张牌”的相互作用论。马斯洛认为环境对于人就像土壤、阳光和水之于植物，只能

---

① 马克思，恩格斯．马克思恩格斯全集：42卷．北京：人民出版社，1972．141～142

② 马克思，恩格斯．马克思恩格斯全集：42卷．北京：人民出版社，1972．143

③ 马克思，恩格斯．马克思恩格斯全集：42卷．北京：人民出版社，1972．29

④ 马克思，恩格斯．马克思恩格斯全集：42卷．北京：人民出版社，1972．140

起制约的作用而不是决定的作用。罗杰斯则把自我实现比为海滨大树的生长，比为那种突入令人难以置信的敌意环境的生命的顽强推进能力。

2. 马斯洛认为历史上每一时代都曾强调人的德性的价值，而大多数人却反常地拒绝提供给他们的幸福，根本原因是人的软弱，而要使人变得更坚强，更富有德性，关键在于改善人的“自知”或自我意识。

3. 前已提及，罗杰斯认为自我异化主要是人与人的关系总是附带条件所引起的。因此，他强调异化的消除关键在于在人与人之间建立无条件关怀的关系。他在 1980 年的新著《一种存在方式》中提出，只要能够创造真诚相处、相互理解和彼此尊重的气氛，就会出现奇迹。人人都可以由僵化变为灵活，由静态变为动态，由依赖变为自主，逐步实现自己的全部潜能。

从以上概述中可以看出，就特定领域的应用而论，如在心理治疗和教育实践中，人本心理学家确有许多独到的见解，值得我们参考借鉴。的确，罗杰斯的理论在这两大领域中不论在美国或欧陆都有影响。但作为一种理论体系，忽略或无视人类社会作为一个总体的发展对人的心理发展的影响，当然不可能找出现实生活中的要害问题（或有意回避这一问题），而使他们理论的广泛社会应用不可能不带有浓厚的空想色彩。

马克思的体系则不同。马克思把人的心理发展放在人类社会发展的宏观背景中进行考察。由于有这一根本的不同，在人的本质的实现这一最后也是最关键的问题上，便可以更清楚地看出两者的分歧。这里从比较研究的角度，试对马克思的观点说明如下：

1. 马克思认为，高于一般动物的人的本质或人的社会化在历史发展进程中必然要实现；但是，马克思又看到，在人类社会经济发展的低级阶段劳动异化和人的异化的不可避免。这就决定了人的本质的实现不是一个简单的由低而高的自发过程，而是一个由历史实践活动所决定的矛盾、斗争和发展、提高的过程。人本心理学强调“自知”或自我意识。马克思虽然也认为意识作为一种反作用对于人的本质的实现非常重要（这一点下文还将讨论），但从根本上说，人的本质的实现取决于历史的实践活动而不取决于意识或自我意识。黑格尔曾十分强调自我意识。他认为人的本质的一切异化都不过是自我意识的异化，因此对异化的本质的重新占有就在于掌握对本质的自我意识。马克思曾明确指出黑格尔观点的错误在于“自我意识的异化没有被看作人的本质的现实异化的表现，即在知识和思维中反映出来的这种异化的表现”①。

2. 涉及历史实践活动，要害问题则是私有财产的扬弃。上文曾提及，劳动异化和私有财产的相互作用造成人的异化，因此，马克思认为，人的本质要实现，首先就要废除私有财产，异化扬异和私有财产的扬弃就成为一个密切相关而不可分割的问题。

废除私有财产当然主要是一个共产主义运动和经济学的问题，但在马克思关于人的本质的实现问题的讨论中，私有财产起着一种中介的作用，因而这里也有必要联系心理学问题予以说明。

首先是对私有财产起因的认识。我们知道，古典国民经济学是把外化劳动作为私有财产的结果，但马克思经过对历史过程的分析则说明，与其说私有财产是外化劳动的根据和原因，还不如说它是外化劳动的结果。马克思说，这“正像神原先不是人类理性迷误的原因，而是人类理性迷误的结果一样”②。联系马克思关于人的本质或人的社会化终将实现的概念，我们看到，马克思对私有财产与异化劳动关系的这一剖析是非常重要的。这就是说，私有财产并不是如资产阶级学者所说是什么人性不可侵犯的原理，而是人类社会经济发展低级阶段出现的一种暂时的异化现象，它在人类历史发展到一定阶段也必然可以由人类自身予以废除。

但是，马克思又认为，私有财产在被废除以前必须充分发挥它的历史作用。这种作用我们可以概括为经济的与心理的两个方面。从经济上说，私有财产和异化劳动相互推动创造出巨大财富，为人类发展到共产主义准备了物质条件；从心理上说，使人类生活历尽沧桑，使人的异化发展到极端，从而创造出根本消除这种异化的精

① 马克思，恩格斯．马克思恩格斯全集：42卷．北京：人民出版社，1972．165

② 马克思，恩格斯．马克思恩格斯全集：42卷．北京：人民出版社，1972．100

神条件。

3. 这就涉及马克思关于人的本质的实现或人的社会化的最后一个观点也是最重要的观点，即马克思认为人的本质的实现是“保存了以往历史发展的全部财富的”，是一个“生成”的过程。这同人本心理学关于自我意识与“机体评价”复归统一的看法也是完全不同的。这一“生成”的过程，我们可以从心理学的角度概括为以下四点：

(1) 这是人的本质由贫困到富裕的“生成”过程。上文曾说明，马克思曾从人的本质的自然基础和社会基础两个方面强调了人的社会性，并指出人的一切活动和享受就人的本质的意义说都是社会活动和社会享受。但在讨论人的本质的生成问题中，马克思又看出，私有制却使人变得愚蠢而片面，以致一个对象只有被我们使用的时候即为我们私人所“拥有”的时候才被看成是“我们的”。因此，一切肉体的和精神的感觉都被这种异化的或“拥有”的感觉所代替。从事物发展的辩证法的角度看，马克思强调，“人的本质必须被归结为这种绝对的贫困，这样它才能从自身产生出它的内部的丰富性”[①]。就是说，只有当人的异化和人的本质形成尖锐对立以后，人才能从私有的意识中解放出来，使活动和享受与人的本质相联系，成为一种具有内在丰富感的社会活动和社会享受，或者如马克思所说，别人的感觉和享受也成了我自己的占有。所以，马克思又说，私有财产的扬弃，是人的一切感觉和特性的彻底解放。

(2) 上文提及，人的本质的实现取决于历史的实践活动而不取决于意识或自我意识，尽管意识的反作用对于促进人的本质的实现非常重要。在讨论人的本质的生成过程中，马克思更明确地指出，历史是人自身的历史，历史是人创造的历史，因此，他看到，“理论的对立本身的解决，只有通过实践方式，只有借助于人的实践力量，才是可能的；因此，这种对立的解决决不只是认识的任务，而是一个现实生活的任务，而哲学未能解决这个任务，正因为哲学把

① 马克思，恩格斯．马克思恩格斯全集：42卷．北京：人民出版社，1972．124

这仅仅看作理论的任务”①。从这里得出马克思的一个极其重要的思想：人的本质的生成过程首先是人自身的实践过程。

(3) 谁是这种实践的积极力量？众所周知，马克思和恩格斯曾反复强调这种力量来自革命的无产阶级和在斗争中转到无产阶级方面的一切革命力量，包括已经提高到从理论上认识整个历史运动这一水平的一部分资产阶级思想家。马克思和恩格斯并特别强调，无产阶级之所以必然产生一种革命的义愤，“是由于它的人类本性和它那种公开地、断然地、全面地否定这种本性的生活状况相矛盾”。可以说，马克思的全部著述都贯穿着一个思想，就是要揭露资本主义社会违反人的本性、践踏人的尊严的事实，并以此来激发革命人民的这种义愤。

(4) 正是通过这种人类社会化的实践活动，新的社会才“创造着具有人的本质的这种全部丰富性的人，创造着具有丰富的、全面而深刻的感觉的人作为这个社会的恒久的现实”。而且马克思当时就已经看到这样的新人在成长，他指出，在共产主义的实践活动中，无产阶级已放射出“人类崇高精神之光”，“人与人之间的兄弟情谊在他们那里已不是空话，而是真情”。

总之，历史的发展必然使人的本质和人的异化处于愈益尖锐的对立中。人类社会化的运动必将不断发展壮大，符合人类本性的理想社会终将在地平线上涌现出来。这是人类社会化运动的必经过程，也是人的本质“生成”的必经过程。这一过程决不是返回不发达的简单状态，而“是人的本质的现实的生成，是人的本质对人说来的真正的实现，是人的本质作为某种现实的东西的实现”。

几个问题的讨论

通过上文的比较研究，联系今天的现实，我们可以得出一些什么基本的认识呢？我想，首先应该看到，就理论体系和一些基本观点而论，马克思一个多世纪以前提出的关于人的本质问题的看法对于世界今天的现实仍然富有指导意义。同时，也应该看到，人本心

① 马克思，恩格斯．马克思恩格斯全集：42卷．北京：人民出版社，1972．127

理学从个人心理价值角度提出的某些观点也值得我们参考借鉴。除上文比较研究中已经分别说明的以外，现在再就几个问题集中讨论如下。

1. 首先，不论马克思或人本心理学都强调人的社会性并对人类社会的未来持乐观态度，这一点非常重要。当然，今天的世界仍如马克思一个多世纪以前就已指出的那样，存在着人与人的本质相异化的现象，而且也如人本心理学家所指出的，异化已发展到严重的阶段以致人类正面临被自身创造物所“吞没”的危险。但人类经过曲折发展，人的本质或人的社会化终将实现，人类的未来必然趋向光明。即使在精神生活极为空虚的资本主义社会，今天也有越来越多的有识之士认识到这一真理。从这方面说，人本心理学强调人的尊严的观点本身就是一个证明，而他们关于人的价值的自然基础的假说，则可以看成是从心理学角度提出的对马克思的共产主义人道主义的支持。

2. 马克思不限于肯定人的本质的社会性，而且强调这种社会性的现实基础，强调人的社会本质与社会生活的密切关系或自然与社会的统一，这一点尤其重要。马克思的这一观点不仅把人的本质与社会生活结合起来，而且阐明了人类爱的绝对与相对的辩证关系。人类自古以来就存在而且至今依然存在一种似是而非的想法，似乎只有一种绝对的爱才是崇高的。因而宗教宣扬普渡众生的爱，思辩哲学强调无上的道德命令，人本心理学则着重从人的本性的角度提出问题。尽管这三种说法各有不同，但都有意地回避了爱的相对性或根本否认相对爱的价值。只有马克思才全面地解决了这个绝对与相对的关系问题。马克思的这一解决不仅无损于人类爱的崇高，而且正是为这种崇高的爱找到了现实生活的坚实基础。可以说，正是由于个人的一切都直接或间接依赖于社会，受惠于社会，以自然为基础的人的本质或人的社会性才能在现实生活中发展成为人对社会的爱，而且这种爱的心理不受时间和空间的限制，不受任何非本质条件的制约，即使在不合理的现实条件下，充分意识到作为社会存在物的人也不会失去对作为人类总体的社会的爱。这不仅表现在人的一般社会生活中，而且，在为推翻旧社会或为社会改革而奋斗的革命者的心理中也能得到充分的确证。为理想的社会而献身正是人类爱最崇高的表现。所以马克思说："无神论的博爱最初还只是哲学的、抽象的博爱。而共产主义的博爱则从一开始就是现实的和直接追求实效的。"

此外，还应看到，马克思的这一观点对于今天现实生活中误解马克思主义的庸俗唯物论思想也是一个有力的批判。抽象的绝对的爱不足以使人信服，摆到另一极则是从根本上否定有什么崇高的爱。什么爱祖国、爱社会、爱人类，什么共产主义理想和信仰，好像都成了欺人之谈。而在马克思主义理论研究中则出现了只强调马克思对费尔巴哈的批判而忽略了马克思自己对人的本质的深刻认识；好像一提现实生活就只有人与人之间的异化关系而根本不存在人与人之间的本质关系。其实，恰恰相反的是，马克思在社会生活中首先注意的正是人与人之间的本质关系，而人与人之间的异化关系不过是作为人类经济发展低级阶段在分工与交换出现以后所产生的一种暂时现象，这种现象必将随着私有制的废除而逐步为人与人的本质关系所取代。

3. 马克思强调劳动不仅是人的自由生命的表现，而且是人的社会本质的实现，这一观点也有重要的现实意义。上文曾提及，与马克思自由劳动相当的人本心理学概念是创造自由，但不论创造自由或自由劳动，当然都不是现实社会所能普遍实现的目标。即使在作为共产主义第一阶段的社会主义社会，虽然从国家方面说，应该尽可能为个人提供适合个性特点的职业条件，但由于经济发展水平的限制，还不能保证人人都实现这样的理想。然而，在社会主义条件下由于阶级压迫已经废止，人人却都有像马克思所说的那样通过劳动实现自己人的本质或社会本质的可能。我国自解放以来，不论在多么艰难困苦的条件下，都有许多人在本职劳动中，包括在极平凡的岗位上，表现出为人民服务的崇高品质，创造出动人的事迹。他们的行动就是马克思关于劳动概念的确证。可以说，他们不仅通过劳动实现了人的社会本质，而且，由于改变了对待劳动的态度，他们虽然不一定都能从事适合自己个性特点的职业，却也在相对的意义上表现了个人生命的价值。从这方面说，马克思的劳动概念更具有适合每一个人的心理生活的普遍意义。

4. 关于社会主义条件下的异化扬弃问题。上文提及，马克思在批判古典国民经济学时曾指出，异化劳动发生在前，私有财产在后。因此，私有制的废除并不直接意味着异化现象的消灭，尽管它是消除异化的先决条件。那么，在今天私有制已基本废除的社会主义社会要消除异化现象还需要一些什么条件呢？对于这个问题马克思没有也不可能具体讨论，但我们仍然可以从马克思关于异化发生的分析中受到一些启发。人的异化从客观条件说主要是社会经济发展水平的低下不利于人自身能动与受动矛盾的解决和劳动的异化所引起的，从主观方面说则由于意识的消极作用而愈演愈烈。因此，今天在社会主义条件下要消除异化，一方面就要尽快地发展生产建设，一方面还必须充分发挥人的主观能动性和意识的积极作用。前一个问题超出本文讨论范围，后一个问题与个人心理生活有密切关系。

从个人心理生活的角度说，人的本质的实现和人的社会享受是人的最高幸福，不论马克思或当代人本心理学都强调了这一点。认识到这一点将有助于提高个人克服异化行为的自觉性，促进人的社会化的实现。马克思在谈到意识在异化劳动和私有制条件下的消极作用时曾说过："人们越是意识到它是异化，它就越成为更大的异化。"我们反过来也可以说，在社会主义条件下，人们越是意识到人的本质，就越能促进人的本质的实现。就这一意义说，人本心理学关于人的动机层级说也有积极的意义。层级说可以理解为以人的本质的实现为目标的个性动态结构，它强调的是人作为一个整体由低而高的心理发展或生长过程。这和近代传统心理学以追求低级需要的满足为核心的紧张缓解概念根本不同。人本心理学家认为紧张缓解说只适用于解释低级需要的追求和满足，而涉及高级需要或人的本质的实现则只能用生长动机来说明。所谓生长动机是指理想超越发展过程，它不在于寻求紧张的缓解，而是相反，常常着重于保持甚至制造紧张以实现其目标。抱有人类最伟大理想——共产主义事业理想的革命人民应该把这一理想的追求和实现视为人生最高的幸福而为之奋斗不息。

关于心理学

近代科学和心理学关于人的本质问题的探讨可以追溯到由达尔文进化论所引起的关于“人”与“神”的争论。这当然是科学战胜神学的一次伟大胜利。但这一胜利只解决了人的本质问题的一半，证明人不是上帝创造或人与生物界的连续性，却并未解决另一半的问题，即人与一般动物的区别性问题。达尔文自己后来也意识到还有这后一半问题的存在，并在他的第二部名著《人类起源》中试图作出解答。他曾设想人的同情、忠诚和勇敢等一类社会美德也是通过自然选择作用在人类中逐渐演化生成的。但他不能肯定这一看法，因为部落战争中具有这些优良品质的成员往往更多地牺牲，这似乎又同适者生存的理论直接矛盾。因此，他又不得不提出社会褒贬的刺激作用作为社会美德演化形成的辅助因素。

达尔文未能有效解决的问题一直是近代西方心理学力图解决的问题。进入20世纪，已很少有人采取绝对的立场，或者把人与一般动物完全等同，或者把两者完全区别开，但仍有强调的重点不同。弗罗伊德学说和行为主义理论实际上都是强调人与生物界的连续性，强调人的自私本能。弗洛伊德认为人的本我（id）本质上是与社会冲突的，所谓人的社会意识不过是人为了自我的利益而不得不对社会采取的一种顺应作用。以简单的刺激反应模式解释人的行为的早期行为主义理论已不能使人信服，但以斯金纳为代表的现代行为主义仍然通过动物实验解释人的行为；尽管他的实验设计十分精巧复杂。斯金纳并直接采用达尔文的社会褒贬说作为一种不同于自然选择的社会性选择来解释他对一种新文化的设计——行为控制论。另一条研究路线则强调人与一般动物的区别性，其当代的代表就是人本心理学。人本心理学家马斯洛、戈尔德斯坦、弗罗姆、罗杰斯等强调生物进化到人而逐渐显著的人的特性，实际上是印证并发展了达尔文关于人的美德由生物进化而逐渐生成的说法，这已在一定程度上突破了近代传统心理学强调人与生物界的连续性所形成的僵局。但他们的学说作为一种理论体系也存在着根本的缺陷。他们不适当地强调人的本质的自然基础，忽略了人的本质的现实基础，结果是，他们虽然批判了近代传统心理学中的生物还原论，自身却不可避免地陷入人的自然本性还原论。他们夸大了意识的作用，看不到人的实践活动的重要意义，尽管他们批判了行为主义设计的乌托邦，自身却不可避免地陷于教育万能的空谈。

在达尔文进化论发表之前，德国古典哲学也在探讨人的本质问题。哲学的探讨和生物科学的研究尽管角度不同，但两者的发展方向却不谋而合，都首先表现为对宗教或神学的批判。费尔巴哈肯定了自然的、物质的、感性的世界，既完成了对宗教的批判，又拟定了对黑格尔思辨哲学批判的要点。但费尔巴哈谈到的仅仅是“人自身”，而不是“现实的历史的人”，这也同样只是解决了问题的一半，即哲学对神学的批判，却并未解决另一半的问题，即现实对哲学的批判。哲学对人的本质的讨论到此为止似乎都同近代科学和心理学的讨论步调一致。然而，由于人类历史的发展对哲学和社会科学提出了更为迫切的要求，我们看到，在以后不同学科的发展中却出现了迥然不同的局面。马克思的辩证唯物论和历史唯物论迅速结束了德国古典哲学中的谬误，提出了关于人的本质在现实运动中辩证发展和生成的正确理论。而一百多年过去了，心理学尽管在许多问题上作出了贡献，在理论体系上却仍然未能与哲学并驾齐驱。

心理学与哲学相对而论的这种落后的原因是什么呢？从以上的比较研究中有一点似乎是可以肯定的。即不论弗洛伊德学说，行为主义理论，或人本心理学都未能突破近代心理学的一个固有的传统——只强调心理学是一门自然科学，忽略了心理学也是一门社会科学，特别是脱离了人类的社会实践。行为主义强调要模仿物理学和生物学的严密性，弗洛伊德强调人的生物本能，是这一点的明显说明，可以不必多论。以人本心理学而论，尽管他们强调了人的社会性和创造性，但脱离了人的实践活动，实际上仍然是对人的心理进行抽象的直观研究。而人作为一种社会动物，他的一切活动都离不开社会，社会活动在本质上则是实践的。由于不是从实践活动的角度进行观察和研究，近代西方心理学各个流派虽然也反复讨论遗传与环境或自然与教养的关系，却长期陷于形而上学的片面之争，不可能找出统一的焦点。

马克思没有专门研究心理学问题，但他从哲学和经济学角度的研究中曾广泛涉及人类学或心理学问题。马克思的高明之处就在于把人的心理与人的实践活动——劳动实践和革命实践活动联系起来进行研究，从而在人类社会的历史运动中找到了自然与社会、个体与类、本质与存在的统一。

早在一个多世纪以前，马克思在批判费尔巴哈心理学脱离劳动实践和革命实践活动时就曾说过："如果科学从人的活动的如此广泛的丰富性中只知道那种可以用'需要'、'一般需要'的话来表达的东西，那么人们对于这种高傲地撇开人的劳动的这一巨大部分而不感觉自身不足的科学究竟应该怎样想呢?"马克思的这一段话难道不是也完全适用于当代西方心理学的现状吗?

当然，这只是就西方心理学理论体系方面的缺陷说的，并不否认西方心理学各学派研究工作的具体成果，包括人本心理学的研究成果。众所周知，马克思的早期理论就是吸收了古典经济学、哲学和空想社会主义的研究成果而发展形成的。今天我们的心理学研究在坚持马克思主义理论体系的正确方向时，仍然需要不断地从各学派的研究成果中吸取一切有价值的东西，才能建立真正内容充实的科学心理学体系。

（林　方）

选自：心理学报，1982（2）

皮亚杰

(Jean Piaget)

- 生平简介
- 名篇选读

  发生认识论(节选)

  皮亚杰的理论(1970)
- 思想评介

  试论皮亚杰的发生认识论

生平简介

J·皮亚杰（1896~1980），瑞士心理学家，发生认识论创始人。皮亚杰生于瑞士纳沙特尔，早慧，十几岁起即发表科学论文；1918年在纳沙特尔获自然科学博士学位，同年在苏黎士大学荣格的指导下研究精神分析学，后来到巴黎求学，获法国国家科学博士学位，并从事儿童智力测验的研究；1921年经克拉帕瑞德的推荐，从巴黎回到日内瓦担任日内瓦大学卢梭研究所实验室主任，1940年任该所所长。皮亚杰长期担任联合国教科文组织领导下的国际教育局局长，被哈佛、巴黎、剑桥等20多所著名大学授予名誉博士，担任过瑞士心理学会主席、法语国家心理联合会主席，并于1954年当选为第十四届国际心理科学联合会主席，他还是瑞士《心理学杂志》主编及日内瓦《心理学文库》、巴黎《儿童》与《辩证法》、美国麻省理工学院《语言学探究》的编委。皮亚杰于1955年在日内瓦创建国际发生认识论中心并一直担任该中心主任。

皮亚杰在20世纪50年代以前主要从事儿童心理学的研究，后来逐步从儿童心理学的研究进入到发生认识论的研究，他在日内瓦建立的国际发生认识论中心就集中了不少著名的心理学家、逻辑学家、哲学家、语言学家、控制论专家、数学家、物理学家和教育家等共同研究发生认识论问题。他一生最大的贡献是创立发生认识论的理论体系，他通过儿童心理学把生物学与认识论、逻辑学沟通结合起来，从而将传统的认识论改造成为一门实证的实验科学。皮亚杰的发生认识论认为，个体心理的发生发展过程，既不是外部物理世界的简单复本（经验论），又不是主体内部预成结构的展现（预成论），而是主体在不断成熟的基础上，与客体相互作用的过程中获得个体经验与社会经验，使图式不断地协调、建构，逐步形成一系列由低级到高级的心理图式（或称认知结构）的过程。这个过程首先从外部的感知动作开始，个体出生后，在先天的遗传图式的基础上，与环境相互作用，不断地对环境作用进行同化、顺应，实现动态平衡，简单的图式相互作用、协调而成为越来越复杂的图式，到了感知运动阶段的后期，出现了具有内包关系、序列关系与一一对应关系的智慧动作图式，这是感知动作阶段。然后，随着符号功能的出现，这三种动作图式内化而成为三种最基本的内部运算图式，这三个基本结构是儿童整个运算的基础。此后，个体继续通过同化、顺应，三个基本结构不断协调整合而建构起越来越高级的心理运算图式，使个体经历前运算，具体运算，最后达形式运算阶段。据此，他将儿童心理发展过程划分为四个阶段，并用数理逻辑为工具，将各个阶段的特点结构化。第一个阶段是感知运动阶段(0~2岁)，这个阶段的个体仅靠感知动作的手段来适应外部环境，他们形成了动作图式的认知结构，其逻辑是动作逻辑，只有动作智慧而没有表象与运算智慧。第二阶段是前运算阶段（2~7岁），这个阶段由于符号功能的出现，尤其是语言的出现与发展，个体上一阶段形成的智慧动作图式内化，儿童开始从具体动作中摆脱出来，凭借象征性图式在头脑中进行“表象性思维”，这种表象性思维有三个特点，一是具体形象性，二是不可逆性，三是刻板性，因此，这个阶段的儿童的图式都是半逻辑的，只具有 $y = f(x)$ 的单向函数关系，还不能进行逻辑运算，不能守恒。第三阶段是具体运算阶段（7~11岁），由于图式的不断协调、建构，个体开始具有两种可逆操作，即互反性与逆反性，从而形成守恒概念，儿童的思维操作开始具有运算的性质。但在这个阶段，两种可逆性的进行还是孤立的，不能将它们之间的复杂关系在一个系统内综合起来，因此只能进行“群集”运算，其运算还离不开具体事实的支持，只能把抽象运算运用于具体的或观察所及的事物，而不能扩展到抽象概念之中。第四阶段是形式运算阶段（11~15岁），在这个阶段中，个体的两种可逆性可以结合起来构成四变换群，与此相应出现了运算的组合系统即所谓的“格”的结构，个体可以不受具体内容的束缚，可以通过假设推理来解答问题，其思维的主要特征是把逻辑运算结合成各种系统，并根据可能的转换形式去解决脱离具体事物观察所提出的有关命题。皮亚杰在研究儿童心理学方面创立了临床法，具有重要的方法学意义。

皮亚杰一生发表论文500多篇，出版专著50多部，最重要的著作是：1932年前用临床法研究儿童的语言和思维，写成《儿童的语言和思维》、《儿童的判断和推理》、《儿童的世界概念》、《儿童的因果概念》和《儿童的道德判断》等5部著作；1932～1945年，他以自己的三个孩子为研究对象，详细地研究了儿童出生头几年的心理发展，提出了儿童智力起源、象征性行为等一系列重要理论，出版了《儿童智力的起源》、《儿童现实建构》、《儿童数概念起源》、《儿童数量观念的发展：守恒与原子论》、《类、关系和数》、《儿童符号的形成》、《智慧心理学》等著作；1940年后与日内瓦学派其他学者合作，开展关于时间、空间、运动、速度、类、系列、概率、数等概念个体发生的研究，并以数理逻辑为工具研究儿童心理的发展；40年代出版的《发生认识论导论》三卷本，标志着发生认识论体系的完成，同时还出版了《逻辑概论》、《儿童概率概念的起源》、《儿童的空间概念》、《儿童逻辑的早期形成》、《儿童心理学》等；60年代以后，他注重从哲学高度上总结自己的理论成果，出版了《结构主义》、《逻辑与科学认识》、《哲学的洞察与错觉》、《发生认识论原理》等著作。皮亚杰的著作被大量译成各国文字，产生了巨大的影响。

（莫　雷）

名篇选读

发生认识论（节选）

（一）

发生认识论试图根据认识的历史、它的社会根源和它所依据的概念和运算的心理来源解释知识，特殊地讲，解释科学知识。这些概念和运算大部分是从常识中抽绎出来的，因此，这些概念和运动的来源能够阐明它们对于较高阶段知识的重要意义。但是只要有可能，发生认识论也要考虑形式化的问题，特殊地讲，也要考虑应用于平衡的思想结构和在某些情况下应用于思维发展中从一个阶段向另一阶段转变的逻辑形式化的问题。

关于认识论的性质，我们的这个说明碰到了一个主要的问题，即如何对待认识论的传统哲学观点。在许多哲学家和认识论者看来，认识论是对当前此刻存在的知识的研究；是为知识而分析知识，是在它本身范围以内，不管它的发展而分析知识。在这些人看来，追溯观念或运算的发展，也许对历史学家或心理学家有兴趣，但不是认识论者所直接关心的。这是对我所概述的发生认识论这门学问的主要反对意见。

但是在我看来，对于这种反对意见，我们能够答复如下。科学知识是在永远不停的进展之中的；它每天都在变化。结果，我们不能说，一方面是认识的历史，另一方面又是认识今天当前的状态，似乎知识的当前状态是确定的，乃至是稳定不变的。其实，知识的当前状态是历史中的一瞬间，正似过去的知识状态一样迅速地变化着，而且在许多情况下，甚至还变化得更快些。于是科学思想就不是顷刻间的事情；不是一种静止的情况；它是一个过程。特殊地讲，科学思想是一个继续不断构成和重新组织的过程。这种情况几乎在所有的科学研究支流中都是如此。我想讲一两个例子。

第一个例子是关于当代物理学领域的，比较特殊地讲，是有关微观物理学的。在这门科学领域内，知识的状态逐月都在发生变化，而且肯定在一年之中有重要的改变。这个例子一般视为理所当然之事。这些变化在某一位作者的著作中也时常发生；在他的一生事业中他能对他自己的研究题材改变看法。我们不妨以巴黎的布罗吉利作为一个突出的例子。几年前，布罗吉利坚持布尔的非决定论的看法。他追随哥本哈根学派相信：在微观事物的非决定状态背后，人们不可能发生有决定性的状态；非决定性的状态乃是根深蒂固的实在，而且人们甚至能够提出理由证明非决定性状态的必要性。但是后来发现的新事实使布罗吉利改变了他的想法，以致今天他采取了一种十分相反的观点。因此，这是科学思想转变的一个例子，而这种转变并不是经过连续几代人发生的，而发生在一个有创造性的科学家的一生之中。

让我们从数学领域内另举一个例子。几年以前，鲍尔巴基派数学家小组试图把所有数学的基本结构分隔开来。他们确立了三个母结构：代数结构、序列结构和拓扑结构，而这三个母结构就是数学的结构学派所根据的基础，而且被视为一切其他结构所由演进的数学结构的基础。他们的这些有效果的努力现在在一定程度上已经遭到了挫折或者至少是有所改变的了，因为麦克兰和爱伦伯发展了范畴的概念，而所谓范畴即许多因素结合起来的集以及根据这些集所说明的、具有一切函数的集。结果，今天鲍尔巴基小组一部分成员已经不再是正统派而采纳了最近的范畴概念。这里在科学思想的另一领域内又有了非常迅速的变化。

让我们再重复一遍，不能说，一方面是科学思想的历史而另一方面又有今天的科学体系；而只有一个连续不断的转变、继续重新组织的过程。在我看来，这个事实意味着：在这些变化中，历史的和心理的因素对于我们企图理解科学知识的本质是有用的。①

还有一些领域内，根据心理学的和社会学的因素，我们能够更好地理解当代科学思想的起源。在这方面，我想举一两个例子。第一个例子是坎托的集论的发展。坎托是根据一对一相应的根本运算发展他的理论的。特殊地讲，在整数系列和偶数系列之间建立了一对一的相应关系后，所得到的数目既不是整数，也不是偶数，而是第一个超穷的基数，*aleph* 零。有穷数系列是至今为止唯一在运用中的系列，而这个一对一的相应关系的基本运算却能使坎托超脱了这个有穷数系列。现在追问一下这种一对一的相应运算是从哪里来的，这是有重要意义的。坎托并没有发明这一点，意思是说，他并

---

① 在哲学界时常引用的另一种意见是：认识论主要是研究科学的有效性、有效性的准则和证明的问题。如果我们接受这个观点，那就可以辩论说，科学研究本身，作为一种事实，就根本与认识论无关。如我们所见到的，对于这种把模式与事实，评价与描述分开的情况，发生认识论是最坚定地思考着的。我们相信，相反，只有在科学的真正发展中才能发现那种指导，启发和调节科学的内在价值和模式。在我们看来，任何其他的态度都只是强加在一个孤立观察者的个人知识之上的东西。这一点我们是要避免的。

没有发明一个完全崭新的构造。他是在他自己的思维中发现这一点的；甚至远在他转向数学以前，这种一对一的相应运算早已是其心理资质的一部分，因为极初步的社会学的或心理学的观察已经揭示出来：一对一相应是一个原始的运算。在所有一切早期的社会中，一对一的相应就是经济交易的基础，而在年幼儿童中，甚至在具体运算阶段之前，我们就发现了它的根源。第二个问题是，一对一相应的基本运算是属于什么性质的？这又立即引出了另一有关的问题：在一对一的相应关系和自然数这个概念的发展之间有什么关系呢？一对一的相应运算现在流行很广，这一点是否有助于证明罗素与怀德海的主题——数是相等类的类（所谓相等即指一个类里面的各个单元有一对一的相应关系）吗？或者说，实际数，除了一对一相应以外，还根据什么别的运算吗？这个问题我们将在以后作比较详细的研究。现在根据这个事例来说，如果认识了一个概念的心理学基础，这就意味着从认识论上理解了这个概念。这是一个突出的事例。在我们研究儿童中数的概念的发展时，我就能看出，这个概念只是以相等类的类为根据，还是另有别的运算。

现在我想继续讲第二个例子，而且提出如下的问题：爱因斯坦怎能对同时在远距离发生的情况给予一个新的运算定义？他怎能批评牛顿关于普遍时间的概念而不致在物理学中产生深刻的危害？当然，毫无疑问，他的批评是根据实验发现的，如迈克尔森—莫利实验。虽然如此，如果对远距离可能同时发生的事情再下的这个定义和我们的逻辑本质是冲突的，那么在物理学中就会有很大的危害。或者说，物理世界是不合乎理性的；或者说，人的理性是软弱无能，不能掌握外在的实在。在这两种可能性中我们必须选择其一。但事实上并没有这类的事情。并没有发生这样的混乱现象。有少数的玄学家们（我对在场的哲学家们表示歉意），如柏格森或马利坦等人，曾为物理学中的这种进展所吓倒，但就大多数玄学家而言，以及在科学家本人中间，这并不是什么巨大的危害。为什么事实上它不是一种危害呢？它不成其为危害，因为同一性并不是一个原始概念。它不是一个原始概念，甚至它也不是一个原始知觉。以后我将进一步讨论这个题材，但是目前我想申述一点，我们的实验已经显示出来：人类并没有明确地感知到同一性。如果我们看到两个以不同速度移动的对象同时停下来了，我们并没有明确地感知它们是同时停止的。同样，当儿童对于同时性没有明确观念时，他们并不脱离移动的对象的速度去理解同时性。那么，同时性就不是一个原始直觉，而是一个理性的构造。

远在爱因斯坦以前，彭卡莱在分析同时性这个概念以及揭示其复杂性方面，已经做过了大量的工作。事实上，他的研究几乎已经达到了发明相对论的边缘。现在如果我们阅读他的一些有关这个题目的论文，我们就能看到，他的思想几乎完全是从心理学的论点出发的。以后我们将表明，时间的概念和同时性的概念都是以速度的概念为基础的，而速度的概念则是比较原始的直觉。所以我们有各种理由，各种心理学上的理由，可以解释为什么相对论所带来的危害对于物理学并不是致命伤的。勿宁说，它是一种再适应，而且我们既可以在实验和逻辑的基础上得到这种再适应，也可以发现心理学的途径去达到这种再适应。就事实而言，爱因斯坦本人也承认心理学因素是与此有关的。当我在 1928 年第一次有机会遇见他的时候，他曾向我建议，如果我能研究时间的概念，特殊地讲，如果我能研究同时性的概念在儿童中的根源，那将会是有益的。

以上所述，可以指明：当我研究知识的性质时，利用心理学上的数据可能有所助益。现在我想说，它不仅是有所助益，而且是必不可少的。事实上，所有认识论者在他们的分析中都参照过心理学的因素，不过他们对心理学因素的参照大多数是玄想性质的而不是以心理学的科学研究为根据的。我深信，所有认识论既提出了事实问题，也提出了形式问题，而且当一旦遇到事实问题时，心理学的发现便有用处并且必须加以考虑。就心理学而言，不幸的是，每一个人都自以为是心理学家。而在物理学或哲学领域内便没有这种情况。结果，当认识论者需要考虑某些心理学方面时，他们并不去参考心理学的科学研究，也不去请教心理学家，而只凭自己的玄想。他把某些观念和关系和他自己的思想混合在一起，企图由他自己去解决心理学方面的问题。现在我想叙述几个认识论上的例子，说明即使某些心理学的发现在初视之下似乎与所讨论的问题无关，但它们却是能够与有关的问题关联起来的。

第一个例子是关于逻辑实证主义学派的。逻辑实证主义者在运算过程方面从不考虑心理学，他们肯定，逻辑实体和数学实体都只是语言结构。这就是说，当我们进行逻辑的或数理的运算时，我们只用一般的句法、语义学或莫利斯所谓一般的语用学，即语言用法的规律，就够了。一般讲来，他们主张，逻辑数理的实体是从语言演化而来的。逻辑和数学都是特殊的语言结构。是否如此，这就是事实问题了。事实上，我们能够发现，在语言发展以前，儿童是否就有了逻辑行为。我们能够发现，儿童动作的协调是否就揭示出了一种类的逻辑；是否就揭示了一个序列系统；是否就揭示出了一对一相应的结构。如果我们在语言发展之前，我们在年幼儿童动作的协调中的确就发现有逻辑结构，那么就不能说，逻辑结构来自语言。这是一个事实问题，不能用玄想而只能用实验的方法以及其客观发现去解决的。

于是发生认识论的第一个原理就是严肃地对待心理学。严肃地对待心理学的意思是说，当发生一人有关心理事实的问题时，我们应该向心理学的科学研究请教，而不应试图用自己的玄想去发明一个答案。

附带地说，值得指出，在语言学本身领域内，自从逻辑实证主义的黄金时代以来，它的理论地位也已经颠倒过来了。布卢姆菲尔德原来完全坚持逻辑实证主义的观点，逻辑语言学的观点。但是目前，你们都知道，乔姆斯基已经站在相反的立场了。他肯定说，逻辑不是根据和来源于语言，相反，语言是以逻辑为基础，以推理为基础，而且他甚至于认为这种推理是先天的。他主张，推理是先天的，这一点也许走得太远了。这个问题又需要参照事实，参照科学研究，才能解决。这也是心理学领域内另一个需要解决的问题。乔姆斯基主张：语言是根据于理性而理性是先天的。实证主义的语义学观点认为：逻辑只是语言中约定俗成的结果。在乔姆斯基的理性主义和实证主义语义学观点之间还有各种各样可供选择的可能答案，而要在这些可能的答案中作出正确的选择，就必须以事实为根据，以心理学的科学研究为根据，而不能根据个人的玄想去解决。

我不想使人们有这样的印象，觉得发生认识论只是以心理学为根据的。相反，每当我们能够从事某种形式化的工作时，每当我们在思维发展过程中遇到某些业已完成的结构时，逻辑的形式化是绝对必要的。我们总是在逻辑学家和有关领域的专家们的协助下，努力形式化，以形成这种结构。我们认为，以心理学的形式为一方面，以逻辑形式化为另一方面，而这两者之间是相互对应的。但是，即使我们承认形式化在认识论中的重要性，我们也明白，仅有形式化是不够的。我们指出，如果要在某一领域内阐明某些认识论上的问题，心理学的实验工作是必不可少的。即使就形式化本身而论，我们仍有理由证明，仅有形式化，永远是不够的。现在我想讨论三个理由。

第一个理由，不仅有一种逻辑，而且有许多不同的逻辑。没有一个单独的逻辑有足够的力量支持人类知识的整个结构。但是，即使所有这些不同的逻辑结合在一起，它们彼此也不是完全融贯一致的，以致不能用来作为人类知识的基础。于是，任何一种逻辑力量太薄弱，而所有逻辑结合一起又太复杂，以致不能使逻辑为知识奠定一个单一的价值基础。这是第一个理由，证明单有形式化不够。

第二个理由是在哥德尔定理中发现的。形式化是有限度的，这是事实。任何与其他系统一致的系统，虽然相当丰富，足以包括初等算术，也不能证明它本身内部是一致的。因此，便发生了下列的问题：逻辑是形式化，是某些事物的公理化，但是到底是哪些事物的形式化、公理化呢？逻辑又使什么东西形式化了呢？这是很大的问题。这里甚至还有两个问题。任何公理系统一开始就会有不可证明的命题或公理，而其他命题则是这些公理所能证明的；这种公理系统包括有不可下定义的根本概念，而其他概念则是根据这些根本概念下定义的。现在就逻辑而言，这些不可证明的公理和不可下定义的概念的背后是什么东西？这是逻辑中有关结构的问题，而这种问题以形式化作为根本基础是不合适的。这个问题表明，有必要既考虑公理化的逻辑系统，又要考虑思想发展过程本身，因为逻辑系统得以发展而仍保持其直觉性乃是由于人类思想的发展。

形式化不够的第三个理由是，认识论开始解释知识时，是按照它在科学领域内的实际情况去解释的，而事实上，知识并不只有形式的方面，它还有其他的方面。我想引用一个与此有联系的事例。我有一位逻辑朋友，已故的贝思。他强烈地讨厌一般的心理学并且反对把心理学观察引进认识论的领域。因此，他也讨厌我的著作，因为我的著作是以心理学为基础的。虽然如此，由于学术上对质的关系，贝思参加了一次我们关于发生认识论的座谈会；他仔细地思考了我们所关心的问题。在这次座谈会之后，尽管他还害怕心理学家们，他同意和我同写一本我们称为《数理的和心理的认识论》的著作。这本书是用法文出版的，后来翻译成为英文。在他对这一卷书的结论中，他写了下面几句话："认识论问题是要解释：真正人类的思想怎能产生科学知识的。为了做到这一点，我们就必须在逻辑与心理学之间建立一种协作关系。"这个宣告并不暗示，心理学应该直接干预逻辑，但它却主张：认识论对逻辑和心理学都应加以考虑，因为讨论人类知识在形式方面和经验方面的问题都是重要的。

总之，发生认识论既研究知识的意义，也研究它的形式。我们可以用下面的语词提出我们的问题：人心是用什么手段从一个比较不足的知识状态转向一个较高的知识状态的呢？决定什么是较低的或不很正确的知识和什么是较高的知识的因素当然有其形式的和规范的方面。决定一种知识状态是否高于另一知识状态，这并不是心理学家的事情。这是由逻辑学家或某一科学领域内的专家们所决定的事情，例如，在物理学领域内，就要由物理学家来决定某一理论比另一理论是否较有进步。从心理学家观点而言，从发生认识论观点来看，我们的问题是解释一个较低的知识阶段怎样过渡到较高阶段的。这种过渡的性质是事实问题。这种过渡具有历史性质和心理学性质或者有时甚至具有生物学性质。这一点我将试图以后加以说明。

发生认识论的基本假设是，在逻辑的、理性的知识组织和相应的心理形成过程之间有一种平行状态。如果这是我们的假设，那么我们的研究领域乃是史前人类思想史。不幸，我们对于尼安德特人[①]的心理和塔亚·得·夏丹的“北京人”，还没有可靠的知识。既然我们还没有研究生源学这个领域，我们就只好作为生物学家，转向个体发生学。概念在个体中发生的过程是我们最容易研究的。我们周围都有儿童。在儿童们身上，我们最有机会研究逻辑知识、数理知识、物理知识等等的发展。这就是我们将在本书中研究的。

关于这个研究领域的导言，我就讲这些。现在我想转向专题讨论并从儿童逻辑结构的发展开始。开始时，我准备把思想的两个不同而互相补充的方面加以区别。一个是形象思维，一个是运算思维。形象思维是对瞬间的和静止的事物进行模仿。在认识领域内，形象思维的机能是知觉、模仿和心理影像，事实上，即内化的模仿。运算思维并不研究事物的状态，而是研究从一种状态向另一种状态的转变。例如，运算思维包括转变对象或状态的行动本身，也包括智力运算；这种智力运算实质上就是转变的系统。这些都是行动。这些行动可以和其他行动比较，也可以逆行，即可以向着两个方向进行（这就是说，行动 A 的结果能够被另一行动 B，A 的反面，所排除；A 与 B 之积则导致同一性的运算，而其状态不变）；这些行动也可以内化；它们能够通过再现而不通过实际行动表现出来。形象思维总是从属于运算思维的。任何状态只能理解为某一转变的结果或另一转变的出发点。换言之，按照我的思想方法，思维的基本方面是运算思维而不是形象思维。

以另一方式表达同一观念，我认为，人的知识本质上是能动的。认识就是把实在同化为转变的系统。认识就是转变实在，从而理解某一状态是怎样产生的。根据这个观点，我反对把知识当作实在的摹本，一个被动的摹本。就事实而言，这种把知识当作实在摹本的概念是以一种恶性循环为根据的：为了制造一个摹本，我们就得认识所描摹的模型，但是按照这种认识论的看法，我们认识模型的唯一方法就是去描摹它，这样，我们便陷于循环之中了，而不能知道我们的摹本是否像这个模型。我以为，认识一个对象并不是去

---

① 尼安德特人是旧石器时代中期的“古人”——中译者注。

描摹它，而意味着对它发生作用，意味着构成转变的系统，而这种转变系统是借助于对象或通过对象发生作用的。认识实在就是构成转变的系统，而这些转变系统多少是正确地符合实在的。这种转变系统在一定程度上和转变实在的机能是相等的。知识所包含的转变结构并不是实在转变的摹本，而是许多具有同等机能的、可能的模型，而经验使我们能够从中作出选择。因此，知识就是一个转变系统，它继续不断地变得更加正确一些。

大家都同意，逻辑数理的结构是抽象的，而物理的知识——根据一般经验的知识——则是具体的。但我们想问：逻辑数理的知识是从什么东西抽绎出来的呢？有两种可能性。第一，当我们对于对象发生作用时，我们的知识就从对象本身演化出来了。这是一般经验论的观点，而在实验或经验方面，这个观点大部分是正确的。第二，当我们对于对象正在发生作用时，我们就要考虑到这种行动本身，即运算过程本身，因为转变能够在心理进行。根据这个假设，抽象不是从受到作用的对象中抽绎出来的，而是从行动过程本身抽绎出来的。我看这就是逻辑数理抽象的基础。

在物理知识中，抽象是从对象本身抽绎出来的。例如，儿童能够在他手里举起几个对象并且知道它们有不同的重量——大的东西通常比小的东西重些，但有时小的东西比大的东西重些。所有这一切，他是从经验中发现的，而他的知识是从对象本身抽绎出来的。但我还可以提出一个例子，它和上述的例子是同样原始的。在这个事例中，知识是从行动，从行动的协调，而不是从对象本身抽绎出来的。在这个事例中，我对很多儿童进行过相当彻底的研究。这原是一位数学朋友建议我做的。他曾引用过这个例子作为他对数学发生兴趣的出发点。当他是一个儿童时，有一天他在数卵石，他把它们一行一行排列起来。从左边数到右边，他得到10。然后他为了好玩，又从右边数到左边，看他将得到什么数目。他很奇怪，他又得到了10。他又把卵石列成一个圆圈，结果又是10。他从另一方面，围着这个圆圈再数一遍，他又得到10。不管他把卵石排成什么样子，当他数时数目总是10。在这里他发现了数学中所谓可转换性，即数与次序无关。但他是怎样发现这一点的呢？这种可转换性是卵石的本性吗？不错，卵石是可以按照各种不同的方式排列的，但水滴就不能这样做。因此，从这个意义讲来，他的知识有其物理的方面。但是次序并不在卵石之中，而是他这个受试者把卵石排列成行，然后又排成圆形的。此外，和数也不在卵石本身，而是受试者把它们联结起来的。这位数学家那一天所发现的知识便不是从卵石的物理性质中抽绎出来的，而是从受试者作用于卵石的行动中抽绎出来的。这种知识我们称为逻辑数理知识而不是物理知识。

从对象中抽绎出来的这类抽象，我们称为简单抽象，而第二类我们称为反省抽象，我们是从双重意义使用这个名词的。"反省"一词，除它在物理学中的意义外，在心理学里面至少还有两个意义。在物理学中，反射是指一条光线从一个表面反射到另一表面的现象。按照心理学中的第一个意义，抽象是从一个等级转向另一等级（如从行动阶段转向运算阶段）。按照心理学的第二个意义，反省是指思考的心理过程，即思维运算阶段所发生的重新组织的活动。

现在我想区别两种动作。一方面是个别的动作，如掷、推、触、摩。这些个别动作大部分产生从对象中抽绎出来的抽象。这是我们上述的那种简单的抽象。然而，反省抽象却不是根据个别动作，而是根据许多协调的动作。动作能够以各种不同的方式互相协调。例如，能够把它们联合一起，这就称为加性协调。或者能够把它们按照时间先后排列起来，这就是所谓依次的或顺序的协调。例如，当某些动作是达到一个目标的必要手段时，在我们组织这些动作的过程中，便有一个在先，一个在后。另一类动作协调是在两个动作之间相应的配合起来。第四种协调是在许多动作中互相交叉。所有这些协调形式在逻辑结构中都有其相应的平行物。在我看来，当这些形式以后在思维活动发展时，这些动作阶段的协调便是逻辑结构的基础。事实上，我们的假设是：逻辑思维的根源不单是在语言中，虽然语言协调是重要的，而更一般地，是在作为反省抽象基础的动作协调中。我们还可以补充说，在单个动作和协调动作之间的区别不是一种突然中断的区别，而是逐渐演进的。即使推、触、摩等个别动作也是由更小的附属动作组成的。

这只是回溯分析的开始，这种分析还能进一步作下去。如发展心理学中一样，在发生认识论中永远没有一个绝对的开端。我们永远不能追溯到这样一点上，我们可以说，“这就是逻辑结构的开始”。我们一旦开始讲到一般的动作协调时，我们当然还要进一步追溯到生物学领域里面去。于是我们就立即进入神经系统和神经原网的协调领域。如果我们再寻求神经系统的逻辑根源，我们就要进一步追溯到更多的有机协调。当我们再进一步进入比较生物学领域时，我们就到处都会发现具有依次内包的对应结构。我不想进入生物学领域；我只想把回溯分析追问到逻辑结构在心理学领域内的开始。我想再一次强调，人类逻辑数理结构的形成不能单用语言去解释；它们的根源是在一般的动作协调中。

(二)

我已证明，逻辑数理结构即使在语言发展之前就已在动作的协调中发现了。现在我想考察，这种动作协调是怎样变成心理运算的，而运算又是怎样形成结构的。我想开始时用四个特征来说明所谓运算的意义。

首先，运算是一种行动，它能够内化，即能在物理上运算，也能在思想中运算。第二，运算是一种可以逆行的行动，即它能向一个方向进行，也能向相反的方向进行。但并非所有的行动都是这样的。例如，我们吸板烟，在我们从头吸到尾以后，我们不能颠倒过来，重新再吸同一堆烟丝了；如果我们想再吸烟，我们就得重新用新的烟丝装满烟嘴。另一方面，加法是可逆行的运算的例子。我们把1加1变成2，也能用2减1得1。减法就是加法的颠倒——这是从另一个方向进行同样的运算。在这里，我们还要区别各类的可逆行性。第一类是反演的或否定的可逆行性，例如，$+A-A=0$，或$+1-1=0$。第二类是互换的可逆行性。这不是否定，而只是次序的互相交换，例如，$A=B$，而它的互换$B=A$也是真的。运算的第三个特征是，它总是事先假定有某种守恒性，某些不变的因素的存在。既然它是一种行动，它当然是一个转变过程，但在这种转变过程中并非所有的东西都转变了，因为这样就没有逆行的可能了。

例如，算术中的加法，我们能用各种不同的方式结合它的各个部分，如5+1，4+2，3+3，其和数总是不变的。第四个特征是，各种运算并不是单独进行的。所有的运算都是和一个运算系统，或和整个结构关联着的。现在我想替结构下一个定义。

首先，结构是一个整体，它是在法则支配下的系统，而这些法则不仅应用于这个系统的某一单个因素，而且也应用于这个系统本身。整数的系统就是结构的一个事例，因为有些法则是应用于这个系统本身的。在一系列的整数中，可以有许多不同的数学结构。例如，有一种结构属于加法之类。加法中的可结合律、可转换律、可转移律和闭合律在这一系列的整数中都是有效的。第二，这些法则不是静止的法则，而是转变的法则。在整数的加法中，我们可以在一个数目上加上某些数目就转变成另一个数目了。第三个特征：结构是自我调节的，即为了实行这个转变的法则，我们无需超出这个系统之外去寻求某些外在的因素。同样，转变的法则一旦应用之后，其结果并不是在这个系统之外产生的。再以加法群为例，当我们把一个数目加于一个数目之上时，我们不必到这个系统之外去寻求任何不在这个系统之内的因素。而且当我们一旦把两个整数加在一起时，其结果仍然在这个系统之内。我们也能把这种情况称为闭合。但这并不是说，作为一个整体的结构就不能和另一结构关联起来。任何结构都能够是一个较大的系统中的一个附属结构。很容易懂得，整数是一个较大的系统中的一部分，而整体又包括分数在内①。

现在我想考察一下鲍尔巴基派数学家的三个母结构并且试问："这些母结构在自然界和心理方面是否有相应的东西？或者是否通

① 在这里，读者可以问："结构"是否真实地、客观地存在或仅为我们分析实在时所采用的工具？这个问题是一个更普遍的问题的一个特殊事例：即关系是否真实地、客观地存在？我们的答案是，如果不事先假定关系是客观存在的，我们就几乎不可能理解和证明我们的知识的正确性。但是这个答案具有这样一个含义：即"存在"一词必须具有各种不同的意义。

过公理化过程所演化出来的一种直接的数理发明①?"

正如你们所知，这些鲍尔巴基派数学家的目的是要发现在各个数学分支中具有同样机能的结构。在那时以前，这些分支，例如数论、微积分、几何学和拓扑学都在一定程度上是各自分开而互不相关的。鲍尔巴基派打算找出所有这些分支内容所共有的形式或结构。他们的手续是用一种回溯分析，从每一分支的每一结构开始，把它还原到它最基本的形式。这里没有一点先验的东西，这是就数学的现状，对于这些结构进行全面探讨的结果。这种研究产生了三种互不相属的结构，在这些结构中每一结构发生分化或两个或更多的结构结合起来，从而产生其他的结构。因此，这些结构便称为母结构。现在认识论的基本问题是要询问：这些母结构正像自然那样的自然吗？或者说，它们完全是人为的，仅是理论化和公理化的结果吗？为了解决这个问题，让我们比较详细地考虑一下这三个母结构。

第一个是鲍尔巴基派的所谓代数结构。这种结构的原型是数学中群的概念。有各种的数学群：如几何中的移位群；在一系列整数中的加法群；以及任何其他的数。代数结构的特征是它们的可逆行性，即我们上述那种意义的反演形式。这一点可以下面方式表达出来：$P \cdot P^{-1}=0$，读为："以负1倍的 P 这个反演运算乘运算 P 等于0。"②

第二类结构是序列结构。这类结构应用于关系方面，而代数结构则应用于和数方面。序列结构的原型是格子；序列结构所特有的可逆行性的形式是互换性。如果我们考察一下命题逻辑，我们就能发现序列的这种互换性。在命题逻辑里面的结构中"P 和 Q"是转变的低限，而"P 或 Q"是高限。"P 与 Q"这种连接关系先于"P

① 在这里我们将不分析这个问题，但业已提及的"范畴"这个比较普遍的概念同样有心理方面的对应物。有兴趣的读者可阅读"认识与机能心理"，见《发生认识论研究》，卷XXIII (1965)。

② 通常把代数结构界说为一个集数，根据集数对等量关系下定义，这个定义就导致和我们在这里提出的定义相同的特性（具体地讲，对于每一等量关系的理论都有一个相应的类论）。

或 Q” 这种选择关系，但整个关系能够颠倒过来表达。我们能说，“P 或 Q” 是继 “P 和 Q” 之后的。这和我们说，“P 和 Q” 先于 “P 或 Q” 一样容易。这就是我所谓互换性的可逆行性形式。它和反演或否定不同。这里没有否定任何东西。

第三类结构是拓扑结构，它是以邻近、范围、接近限度这类概念为基础的。拓扑结构不仅应用于几何学，而且也应用于许多其他数学领域。

这三类结构看起来十分抽象。但是在年龄小到六七岁的儿童的思维中我们却发现了相似这三类的结构；我想在这里把它们讨论一下。但在讨论之前，我想先讲一个小故事，说明在这类母结构和儿童的运算结构之间我所找到的一种平行状态并非完全是人为的。

若干年前，我们在巴黎郊外出席过一次名叫“心理结构和数理结构”的会议。当时我对于数学的无知更甚于今天。另一方面，代表鲍尔巴基派的数学家裘东尼对于任何与心理学有关的东西都是完全不信任的。在他的讲话中，裘东尼描述了这三类结构，然后在我的讲话中，我叙述了我在儿童思维中所发现的结构。我们两人都大为惊奇。我们发现在这三类数理结构和儿童运算思维中的三种结构之间存在着一种十分直接的关系。当然，我们彼此都给对方深刻的印象，而且裘东尼甚至对我说：“我这是第一次严肃地对待心理学。这也许是最后的一次，但是，无论如何，它确是第一次。”

在儿童思维中，代数结构十分普遍，但在类的逻辑——分类的逻辑——中最多。我将从简单的分类运算中，提出例子，不过，这类简单的分类运算是把许多对象根据它们的类似性分成若干小堆，而不是根据许多不同的变量同时进行分类的这种比较复杂的程序。儿童在七八岁左右就能够在我所谓运算方面进行分类。但在前运算阶段，儿童就有各种比较原始的分类尝试。如果我们让四五岁的儿童看各种剪裁的不同形状——如圆形、四方形和三角形这类简单的几何图形，他们就能根据不同的形状把它们分别放在一起。年龄最小的儿童就进行图形分类，即把所有的圆形摆成一个小的图案；把所有的四方形摆成另外一个小图案，而这种图案是分类的重要部分。他们以为，如果图案的式样改变了，分类也就不同了。

稍大一点的儿童将放弃这种图形分类的方式，而把形状相同的对象放在一起。但是儿童虽能进行这种分类，但还不能理解类的内包关系。从这个意义讲来，他的分类能力还是前运算阶段的。他也许能对较小的从类在数量上进行比较，但他还不能推论说：总类比组成总类的从类必然同等大或较大些。这个年龄的儿童将同意：凡鸭子都是鸟类，但并非所有的鸟类都是鸭子。但是如果你问他：在树林里面，鸭子多，还是鸟类多，他会回答："我不知道，因为我从未数过。"这种类的内包关系便产生了分类的运算结构，事实上，这就是类似数学家的代数结构。类的内包可以采取下面的形式：鸭子加鸭子以外的其他鸟类"形成"了鸟类；鸟类加鸟类以外的其他动物便"形成"了动物类等等。或者用另一种语词来讲，$A+A'=B$，$B+B'=C$ 等等。这里显然可见，这种关系很容易颠倒过来。鸟类就是从所有的动物中减去鸟类以外的动物所留下的结果。这就是我们上面讲过的否定性的可逆行性：$A-A=0$。这并非完全是群，如我们所已知，这里不仅颠倒，而且还有重复。$A+A=A$。鸟加上更多的鸟等于鸟类。这就是说，在这种结构中没有分布性。如果我们写出 $A+A-A$，而加上一个括弧便会产生不同的结果。$(A+A)-A=0$，而 $A+(A-A)=A$。所以它不是一个完全的群，而只是我所谓构成群的过程。它是一种类似代数结构的结构。

同样，在儿童思维中有一种非常原始的序列结构，它和分类结构同样原始。一个十分简单的例子是系列性的结构。我们要求儿童首先把一把长短不一的小木棒放在他们面前。木棒长短的差别很小，因此，必须仔细比较，才能看出这种差别，而这一点是不容易知觉的。这些木棒长短的差别是在 1/8 吋和 1/4 吋之间。一共有十根木棒，最短的约两吋长。然后要儿童按照从最短的到最长的顺序排列起来。前运算阶段的儿童在回答这个问题时，并没有显示出任何结构概念。他们拿一根长的和一根小的，再拿另一根长的和一根短的，而在各对木棒间他们没有作过任何协调。或者他们一次拿三根木棒——一根短的，一根中等的，一根长的，组成几个三根一套的形式。但是他也没有作过任何协调，把这些木棒排列成为一个系列。稍大的儿童在前运算阶段末期已能成功地把这些小木棒排列成为系列，但这只是通过尝试与错误而成功的，没有任何系统的探讨法。对比起来，7岁左右的儿童就用完全不同的方法来解决这个问题的。他所用的完全是系统探讨法。他们首先找出最短的一根，然后在剩下来的木棒中再找出其中最短的一根，这样继续下去，一直达到了构成一个完整结构，一个完整系列的结果。这里所蕴涵着的可逆性是互换形成的。当儿童在剩余下来的木棒中找出最短的木棒时，他同时也理解，这根最短的木棒大于以前他所选出的所有的木棒，而小于所有剩余的木棒。这里面，他正在协调"较长的"关系和"较短的"关系。

至于这种结构的运算性质，甚至还有更为令人信服的证据。事实上，儿童也能根据转移性进行推理。我们先拿两根木棒交给一个儿童看，A根小于B根。然后再把A根藏起来，拿B和较大的一根木棒C给他看，问他A和C中哪一种较长。前运算阶段的儿童会说，他们不知道，因为他们没有把A和C放在一起看过——他们不能比较它们。但运算阶段的儿童则把这些木棒系列化了，立即就回答说：C大于A，因为C大于B，而B大于A。按照逻辑家的看法，系列化就是把不对称的，转移的关系汇集一起的。这里可以很清楚地看到，达些不对称关系和转移性在年幼儿童思维中已经结合起来，有所发展了。此外，在这里，结构的可逆行性是互换性质的而不是否定性质的，这一点也十分清楚。这种可逆行性是属于下面这一类的："A小于B"，意味着"B大于A"，这不是否定而是互换的关系。

按照鲍尔巴基派数学家的看法，第三类结构是拓扑结构。这种结构出现于儿童思维中的情况和另一有趣的问题是联系在一起的。在几何学的发展史中，第一种形式类型是早期希腊人欧几里得的米制几何；其次便是投影几何，它首先为希腊人创始，发展于17世纪。更晚一些便是拓扑几何，发展于19世纪。另一方面，当我们考察这三种几何的理论关系时，我们发现，最原始的类型是拓扑学，而欧几里得和投影几何都是从拓扑几何中演化出来的。换言之，拓扑学是另外两类几何学的共同根源。于是我们便遇到一个有趣的问题：在儿童思维中几何学是遵循历史顺序，还是遵循理论顺序呢？

说得明白些，我们将发现，欧几里得的直觉和运算首先发展而拓扑学的直觉和运算后来才发展呢？还是我们将发现，这种关系是颠倒过来的呢？事实上，我们发现：首先的直觉是拓扑学的直觉。第一次的运算是划分空间，在空间上安排顺序，这十分类似拓扑学的运算而不像欧几里得的米制运算。

我想列举几个前运算阶段存在的拓扑学直觉的例子。比纳显示过，前运算阶段儿童当然能够识别各种欧几里得的形状——从长方形、三角形到圆形。4 岁儿童就能按照他自己的模式这样识别。但我们看一看在这个年龄以前，他们做了一些什么。如果我们给他们看一个圆形，叫他们描摹这个圆形；如果我们给他们看一个正方形，叫他们描摹这个正方形，他们就会画一个多多少少封闭的圆形。如果我们给他们看一个三角形，他们又将会画一个几乎同样的圆形。他们的这些形状图画之间实际上是不可识别的。但是另一方面，如果我们要他画一个十字形，描摹一个十字形，他们所画的形状和一个封闭的圆形就完全不同了。他们将画一个开口的图形，多少像一个十字形式互相接触的两根直线。于是一般讲来，在这些图画中，我们看得出，儿童并没有根据不同的欧几里得形状来区别这些欧几里得图形，而是从拓扑学的观点来区别这些图形的。封闭的形状画成封闭的；开口的形状画成开口的。

儿童当然感知到欧几里得的形状区别，但是看来他们并没有在这些形状再现时识别它们。人们也许认为，这只是一个有关筋肉控制的问题，这时儿童还不能画出正方形。但是我们可以提出另一个问题，在这里似乎也需要同样的筋肉控制。我们给儿童三个不同的图形，在每个图形中有一个大圆圈和一个小圆圈，但是在第一个图形中，小圆圈在大圆圈里面；在第二个图形中，小圆圈在大圆圈的外边；在第三个图形中，小圆圈在大圆圈的边缘上，一半在里面，一半在外边。3 岁儿童还不会画一个不同于圆形的正方形，但他们却能正确地描摹出这些图形，至少他们能够识别在内、在外、在边缘这样的关系。有些儿童甚至于能够描述第三个图形。例如，他们说，小圆圈一半在外边。这就是说，他们看得出，它不在里面，也不在外边，而在边缘上，而这些都是拓扑学的关系。

有些作者主张：在直线图形和曲线图形之间的区别与在内、在外和在边缘之间的区别是同样原始的。当然，在直线图形和曲线图形之间没有拓扑学上的区别；它们只是欧几里得几何上的区别。为了答复这些作者，我想引述两位蒙斯特里的心理学家孟尼格·柳伦道和艾德里安·平纳德。他们重复了所有我们的有关几何和空间再现的研究，每个年龄选择了20个受试者，对每个受试者都进行了所有的实验，在质量和统计方面，进行了非常透彻的分析。他们利用了古特曼所创造的顺序统计学。他们的分析揭示出来，有时儿童的确在区别直线图形和曲线图形。但在每一事例中，他们实际上都是利用拓扑关系作出这种区别的。这就是说，这些图形现在直线或曲线这类欧几里得关系方面，也在拓扑关系方面都不相同。但儿童是根据图形的拓扑特点作出判断的。

以上我试图证明：这三种数学上的母结构在个人的思维发展中都有其自然的根源。现在我还想推出，在儿童思维中其他结构怎样能从两个或更多的基本结构的结合中发展出来。上面我曾经表明，这就是数学的所有分支中各种各样的数理结构的根源。我将在心理学中以数的概念为例子，而这个概念就不是以三个母结构之一为基础，而是以两个这种原始结构的结合为基础的。

我曾讲过坎托在构成超穷数时所用的运算，即一对一相应的运算。现在我想考查一下这种运算是怎样在儿童思维中发展的。我们进行过下面的实验。我们在儿童面前排列着8个红色物，然后给他看一批蓝色物，要他们按照红色物的数目拿出数目相同的蓝色物。在很早阶段上，儿童把蓝色物和红色物排列得一样长，而不注意蓝色物和红色物实际上是否数目相同。还有一种略微复杂的行为，即根据一对一相应的关系进行运算，即把一个蓝色物直接放在一个红色物下面。不过，这种一对一相应的关系是视觉上的相应，因为儿童认为，这种一对一的相应是依靠这两者之间紧密的空间关系的。如果我们改变一下空间上的安排而没有增减任何东西——我们只是把这两排隔得开些或靠得紧些，儿童就会说，现在这些东西已经改变了，蓝色物再也没有红色物那样多了。如果我们数一排，有8个东西，于是我们问他，隔得开些的那一排有多少东西。他将回答说："一定有9个或10个。"即使当他数过这两排东西，发现它们同样都有8个时，他会说："不错，这两排都有8个，但是那一排的东西仍然多一些，因为那一排长些。"最后，这种一对一的相应关系变成运算性质了，这时候，儿童对于数目便有了守恒性，即他们已经明白：仅仅改变了空间安排，数目是不变的。在这一事例中，当儿童一旦在每一蓝色物和每一红色物之间建立了一对一的相应关系时，数目就必然是始终相同的了。因此，这种一对一的相应关系看来就是数这个概念的根源。

由此，我们就立刻想到罗素和怀德海的著作《数学原理》，在这里他们把数的概念说成是许多等量类的类——所谓"等量"即指通过一对一的相应所建立的数量上的相等。例如，我们有一个包括5个人的类，又有一个包括5棵树的类，又有一个包括5只苹果的类；这3个类有一个共同点，即5这个数字。罗素和怀德海就是从这个意义上，说数是许多等量类的类。他们对数的根源的这种看法看来是有道理的，因为，如我刚刚说过的，事实上，数这个概念看来是这种一对一的相应中演化出来的。但是这种一对一的相应有两种类型的，而检查一下罗素和怀德海所用的是哪一类型的，这一点在我们看来是重要的。

有一种类型的一对一的相应是以因素的质量为根据的。由于两个类有某些共同的因素，于是一个类的因素和另一类的特定因素便是相应的了。例如，我们不妨把上述的那3个类（5个人、5棵树、5只苹果）用不同颜色的纸板裁剪出来，于是我们便有5个纸人——红的、棕黄色的、蓝的、黄的、绿的——；也有这5个颜色的树，5个颜色的苹果。再把红人、红树、红苹果相应地放在一起，把蓝人、蓝树、蓝苹果相应地放在一起，如是等等。这便是质量上一对一的相应。事实上，这是双重分类的程序，根据事物和颜色这两方面同时分类，构成了一个矩阵。

一对一相应的另一类型便不是以个别因素的质量为根据的。罗素和怀德海关于等量类的著名例子就是一年12个月、拿破仑的12个元帅、耶稣的12个门徒和黄道的12宫之间的相应。在这个事例中，并没有个别因素的任何性质足以在一类的某一因素和另一类的某一特定的因素之间构成相应状态。例如，我们不能说，圣彼得与正月相应，而正月与内伊将军相应，而内伊将军与世蟹宫相应。当我们说这4个类是彼此相应的时候，我们所用的这种一对一的相应是指任何因素能和其他因素相应。每一因素都是作为1计算的，而和它的特性无关。每一因素只是一个单一体，一个算术上的1。

这种运算和那种在性质上一对一相应的运算是不相同的。后者用于分类并产生矩阵，而前者乃是很不相同的一种运算。因素剥去了它们的性质之后，就变成了算术上的单一体。现在我们很清楚了，罗素和怀德海并没有利用分类时所用的那种质量上一对一的相应。在他们所用的相应状态中因素变成了一些单一体。所以他们并没有像他们所想要做的那样，把数这个概念建立于分类的运算的基础上。事实上，他们已经陷入了一个恶性循环，因为他们一方面想把数的概念建立在一对一相应的基础上，但另一方面，为了要建立这样的一对一的相应，他们就得提出一个算术上的单一体，即引进一个无质量的因素和数量上的单一体这样的概念，以实现这样一对一的相应。为了从类中去构成数，他们又把数引进类里面去了。

因此，他们的解决办法就变成不适当的了。数的基础问题是一个认识论的问题，对此，他们并没有解决，我们就得另寻其他的办法。心理学的科学研究似乎可以提供这种解决办法。当我们研究数在儿童思维中的发展时，我们发现，数不是单独根据分类的运算而是两种不同的结构的结合；我们发现，数不仅根据分类结构，即鲍尔巴基的代数结构，而且还要根据序列结构。这就是说，数是两种不同结构的综合。分类肯定是包括在数的概念之内的。类的内包也包括在内，如2包括于3之内，3包括于4之内等等。但是我们还需要顺序关系，因为，如果我们认为类的因素是等量的（这当然是数的概念的基础），那么这个事实本身还不可能把各个因素区别开来，因而也就不可能分开来单讲一个因素。这时我们只有一种重复$A+A=0$；我们只有逻辑上的重复，而没有数的系列。如果我们只有这些因素而忽视了它们的特性，我们又怎能区别它们呢？唯一可能的办法就是引进某种次序。例如，把这些因素在空间一个靠着一个排列起来，或者在时间上一个连着一个接连起来。所以序列关系是唯一的办法，把原来认为等同的因素互相区别开来。

于是我们可以总结说，数是内包和序列关系两者的综合。数同时既靠代数结构，也靠序列结构。单独一种结构是不够的。

数是以两种不同类型的运算为根据的。我想，如果这一点不是通常的，也实在是十分显明的。事实上，在根据分类所建立的数论中总有内包的因素，而在根据基数所建立的数论中总有次序的因素。

在我离开在儿童逻辑思维中所运用的运算结构类型的分析之前，我还想讨论一下最后的一个方面。在我们考察的具体运算阶段，即从六七岁到十一二岁之间，有两种类型的可逆行性：否定和互换。但是它们从未在一个系统中综合起来，以致可能在同一系统中从一种类型的可逆行性转向另一种类型的可逆行性。在形式运算阶段上，新的逻辑结构已经构成了，而这种逻辑结构便产生了命题逻辑，而在这种命题逻辑中便同时有了这两种类型的可逆行性。例如，“*P* 蕴涵着 *Q*”，则它的否定就是：“*P* 而不是 *Q*”；它的互换就是：“*Q* 蕴涵着 *P*。”在这个系统中这是容易得到的，而且同样也有它的否定：“*Q* 而不是 *P*。”就其最初的含义而言，最后这种情况有一种新的关系，我们称之为相互关系。

当我们向儿童提出的问题涉及双重的参照架格和空间时，例如在相对的运动中，我们的论据便有这种更加复杂的结构类型。在一块小木板上有一只蜗牛。如果它向右移动，我们就把它当作直接的运算。而它的颠倒或否定就是蜗牛向左移动。但是如果要把蜗牛的移动向左进行互换，那就把这块小木板向右移动，而它的互相关系就把这块木板向左移动，如果蜗牛在木板上向左移动，同时再把木板向右移动。那么根据外边的参照架格看来，这个蜗牛就没有移动。根据外边的参照架格来看，有两种颠倒蜗牛运动的方式：一种方式是让蜗牛再向后移动；另一种方式是移动这块木板。在儿童能够在这个单一的系统中综合运用这两种颠倒的方式之前，即在十一二岁之前，他们还不能解决这一类的问题，因为在这里需要根据两种可能的参照架格，在两种不同类型的运动之间加以协调。

（傅统先　译）

选自：教育研究，1981（2，3）

皮亚杰的理论（1970）

下述的发展理论，特别是关于认识机能的发展，如果不详尽分析这种理论从中产生的生物学的前提和它最终的认识论后果，则是不可能理解的。的确，作为本章所总结的各个观念的基础的那个基本公设，就是同样一些问题和同类一些说明都可能在下列三种过程中找到：

(1) 有机体在生长进程中，对于环境的适应同相互作用和自动调节连在一起，从而表现为“后成性系统”的一种特征。[“后成性”或“衍生性”(epigensis) 在它的胚胎学的含义上总是由内部和外部双方决定的。]

(2) 智慧的适应在其本身结构形成的进程中，既依靠不断的内部协调，同样也依靠通过经验所获得的信息。

(3) 认知关系的建立。或者更广泛地说，认识论关系的建立，既不是由于外物的一种简单复本，也不是由于主体内部预成结构的独自显现，而是包括主体和外部世界在连续不断的相互作用中逐渐建立起来的一套结构。

我们从上列第 (3) 点谈起。在这方面，我们的理论是与大多数心理学家的观点和“常识”的看法有极大距离的。

(一) 主体与客体的关系

1. 在一般的看法中，外部世界是完全与主体分离的，虽然外部世界也包括着主体自己的身体。这样，任何客观的知识似乎仅仅是一组知觉记录、运动联想、言语说明等的结果，它们协同活动对外物和它们的联系产生一种图像的复本或“机能的复本”(用赫尔的术语)。智慧的唯一机能就是系统地将这些不同的信息集合进行编排、校正，等等；在这种过程中，关键性的复本愈真实，最后形成的系统就愈一贯。在这种经验主义者的视野中，智慧的内容来自外界，而组成智慧的协调作用只是语言和符号工具所产生的结果。

但是这种对知识动作的消极的说明事实上是与发展的各种水平相矛盾的，特别是在感觉运动和前语言阶段的认知适应和智慧发展的水平上。实际上，为了认识物体，主体必须对它们施加动作，从而改变它们：它必须移动，连接，合并，拆散和再集拢它们。

从最基本的感觉—运动的动作（例如推和拉）到精巧复杂的智慧运算，即在心理上进行的内化的动作（interiorized actions）（例如并在一起，排成次序，排成一对一的行列），知识是经常与动作或操作联系在一起的，也就是与转化联系在一起的。

因此，主体与客体之间的界限是无法事先决定的；更重要的，这种界限是不稳定的。的确，在每项动作中，主体和客体都是融合在一起的。当然，主体需要客体的信息，以便明确自己的动作，但是它也需要许多主观的成分。没有长期的练习，或者缺少构造精细的分析与协调的工具，他就不可能知道属于客体的是什么，属于自己作为一个积极主体的是什么，以及属于从最初阶段到最后阶段转化的动作本身又是什么。因此，知识在本原上既不是从客体发生的，也不是从主体发生的，而是从主体和各个客体之间的相互作用——最初便是纠缠得不可分——中发生的。

甚至这些初期的相互作用是如此紧密地交织在一起和不能分开，以至正如鲍德温（J. M. Baldwin）所指出的，婴儿的心理态度可能是“非二元论的”，这就意味着这些心理态度在独立于主体之外由客体所形成的外部世界和一个内部的或主观世界之间，没有发生任何分化。

因此，知识问题，所谓认识论的问题，是不能离开智慧发展的问题来单独考虑的。这一问题就得归结为分析主体如何能够递进地和恰当地认识客体，也就是主体如何能够具有客观性的问题。客观性并不是如经验主义者所认为的一种初始的属性，而对它的获得却包括一系列的不断地接近于它的构造。

2. 这就引导我们达到理论中第二个中心观念，就是构造的观念，这是相互作用的自然结果。既然客观知识并不仅仅是从外部信息记录中获得的，而是起源于主体与客体之间的相互作用，那就必然蕴涵着两种活动。一方面是一些动作本身的协调；另一方面是引入客体之间的相互关系。这两种活动是相互依赖的，因为只有通过动作，这些关系才能发生。结局是，客观知识总是从属于某些动作结构的。但是这些结构是一种构造的结果，不是出自于客体中，因为它们依赖于动作，也不禀赋于主体中，因为主体须得学习协调他的动作（这些动作除了反射或本能之外，一般地不是按照遗传程序编制的）。

这些构造的早期（早在第一年开始）例子，是9~12个月的儿童能够发现客体的稳定性，最初是依赖这些客体在他的知觉场中的地位，后来便不依靠任何实际的知觉了。在他头几个月的生存中，不存在着稳定性的客体，只有知觉的图像，这些图像有时出现、消灭，有时再出现。一种客体的"稳定性"开始表现于当这个客体在视野 A 点消失时（例如，当物体的一部分可看得见或被布掩盖仍有突起时），儿童做出寻找的动作。但是，当这个物体后来在 B 点消失时，通常儿童仍旧在 A 点寻找它。这种非常有助益的行为，对主体和客体间所存在的早期的相互作用提供了证据。在这个阶段，儿童仍然相信客体的存在是依靠寻找的动作，而当这种动作第一次成功了，下次这种动作仍旧会成功的。一个真实的例子是一个年龄11个月的儿童正在玩弄一个皮球。有一次，皮球滚到一张扶手椅子下面，他从此处取回了皮球。隔了一会，皮球滚到一张低沙发下面，他不能在这张沙发下面去找皮球。当他返身转向房间的另一部分，他仍旧往扶手椅子下面寻找，这一动作进程是因为前回曾在此处成功地找到了皮球。

为了建立不依赖于主体动作的一个客体稳定性的图式(scheme)，就要构造一个新的结构；从几何学的意义来说，那就是"平移群"（group of translations）的结构：如（a）$AB+BC=AC$，（b）$AB+BA=O$，（c）$AB+O=AB$，（d）$AC+CD=AB+BD$，等等位置的平移。这个群的心理学的等价语义就是包含着回到原初位置或者围绕一种障碍进行迂回［例如（b）与（d）式］等等行为的可能性。这种组织一旦完成（这种组织并不是在发展初期就已存在，必须通过连续不断的新协调才能构成），则客体运动和主体自身运动双方的客观性的结构化立即成为可能。客体变成一种独立的实体，它的位置就可能作为它的平移和其连续位置的一种函数而被追踪出来。这时，主体的身体就不被认为是世界的中心，而变成一个同其他客体一样的客体，因为它的平移和位置是与其他客体的平移和位置相互联系的。

平移群是结构的构成的一个例证——可归因于主体动作的不断协调和物理经验所提供的信息——它最后将为外部世界的组织构成一种基本的认识工具。它同时也是如此重要的一种认识工具，以至它有助于12~18个月的幼儿完成一次真正的“哥白尼式的革命”。在儿童没有演化出这个新结构以前，固然他总是（无意识地）认为他自己是宇宙的静止的中心，由于稳定性客体和空间这个组织（而这又引出另一与之平行的时间绵延和因果关系的组织），在构成他的宇宙的各种运动性客体的一个集合中，他就变得只是一个个别的成员而已。

3.现在我们看出，即使在感觉运动阶段的婴儿研究中，人们也不可能仅仅从事心理发生的研究而不会引申出一种蕴含的认识论；这种认识论也是发生学的，却也引起认识理论上的所有主要的争论。构造平移群显然地包含着物理的经验和经验的信息，但是它还包含着更多的东西，因为它也依靠主体动作的协调。这些协调不仅是经验的产物，而且也受其他一些因素的控制，例如成熟和随意的练习；更加重要的是受不断的和积极的自动调节所控制。一种发展理论的要点是不能忽视从认识论意义上看到的主体的活动。尤其重要的是因为认识论上的词义还包含有深切的生物学上的重要意义。有生命的机体本身不仅仅是它的环境属性的单纯的映象。它总在演化成一种结构，而这又是在后成过程中一步一步地构造起来，而不是完全预成的。

在感觉运动阶段所说明的发展情况也在所有其他发展阶段和在科学思想本身中重新出现，但是，在有些阶段中原始的动作已经转化为运算（operations），这些运算是内化了的动作（例如加法，能用外部动作计算或心算），是可逆的（加法是在减法中达成一种反演），并且形成集合理论的结构［例如，逻辑加法性群集或“准群”

(“grouping”) 或者代数群]。

依靠主体活动的这类运算结构化的一个显著例子就是原子论，它远在实验证明以前早就由希腊人创造过了。同样的过程在四五岁的儿童到十一二岁的儿童身上可以观察到。在这种情况中，经验不足以说明结构的出现，而这种结构的构造蕴涵着一种依靠主体活动所产生的加法性的组成。实验包括：在一杯水中溶解几块砂糖，询问儿童有关溶解物质的守恒，以及物质重量和体积的守恒。7岁到8岁以前的儿童认为溶解的砂糖是消灭了。它的味道消失了。在七八岁左右的年龄阶段，认为砂糖是在很小和看不见的粒子中保存它的物质，但是它既无重量，也无体积。9岁到10岁的儿童认为每一微粒保持它的重量，而这些基本重量的总和相等于溶解前全部砂糖的分量。11岁到12岁的儿童能将这种想法适用于体积（儿童预见到，在糖溶化以后，杯中水的平面将会保持原有的高度）。

现在我们能看到，这种自发的原子论，虽然是由于看得见的微粒在溶解中逐渐变小而提出的，但它已远远超过主体所看到的范围，而且包括一步一步的，并且是与加法性运算相互关联的构造。这样，我们就有了一个新例子，表明知识的起源既不是单纯来自客体，也不是单纯来自主体，而是来自在两者之间纠结在一起的相互作用。这样一来，外部物质所给出的东西通过主体动作的协调，就整合于逻辑数理的结构之中。上例将整体分解为各部分（看不见的），又将这些部分重新合成为整体，实际上，是逻辑的或逻辑数理的构造的结果，不只是物理实验的结果。这里所叙述的整体不是知觉的“格式塔”（它的特征恰好是非加法性的合成，正如苛勒所正确坚持的），而是一个（加法性的）总和。而这样的结局来源于运算而不是来源于观察。

4. 在儿童的思想和成人的科学思维之间，不可能存在着理论上的中断性，这就是为什么我们要把发展心理学扩展到发生认识论的缘故。这种情况在逻辑数理结构的领域中特别清楚，这些结构是就其本身而言，而不是（像在第2和第3小节中所讲的）被作为组织物理材料的工具加以考虑。这些结构主要有：包含、序列和对应的关系。这些关系显然有其生物学上的起源，因为它们远在行为发展各阶段中出现并被重新构造以前，在胚胎发展的遗传（DNA）程序中和成熟机体的生理组织中早就存在了。它们随后，在出现于自发思想和反省思想领域之前，变成为最早期发展阶段中行为和智慧的基本结构。它们又为我们称之为逻辑和数学的更加抽象的公理化提供基础。假如认为逻辑和数学是所谓“抽象的”科学，心理学家一定要问：从何抽象而来？我们已经看到，它们的起源不仅仅是在客体，也只是一小部分依靠于语言，而语言本身却是一种智慧的构造。乔姆斯基（Chomsky）甚至把它列入先天的智慧结构。因此，这些逻辑数理结构的起源应该在主体的活动中去找，即是在主体的动作协调的最一般的形式中去找，最后还要在他的机体结构本身中去找。这就是为什么在生物学的自动调节的适应理论、发展心理学和发生认识论之间存在着基本的联系。这种联系是如此地带有基本性质，如果它被忽视，则任何智慧发展的一般理论都不能建立起来。

（二）同化与顺应

5. 上节（从第1到第4小节）所讲各点的心理学意义就是，在发展进程中所发生的心理发生上的基本联系，不可设想能还原于经验论的“联想”；宁可说，它们是由一些同化（assimilation）所组成，这种同化是既就生物学的也就智慧论的意义而言的。

从生物学的观点来看，同化就是把外界元素整合于一个机体的正在形成中或已完全形成的结构内。在一般含义中，食物的同化借化学的转化来完成，使得食物变成有机体的物质组成。叶绿素的同化是植物的新陈代谢循环中辐射能的整合过程，瓦丁吞（Waddington）的“基因同化”是通过表现型的选择达到遗传性状固定化（表现型的变异在此处可认为是基因系统对环境所施加的影响的“答复”）。这样，有机体所有的反应都包含着一种同化的过程，可用下列公式来表明：

$$(T + I) \longrightarrow AT + E \qquad \text{公式 (1)}$$

这里 T 是一种结构，I 是被整合的物质或能量，E 是被排除的物质或能量，A 是大于1的系数，它意味着这种结构的强化是借物质的增加或运算效率的增加的形式表达的。根据这个公式，可以明显地看出，同化的一般概念不仅适用于有机体生活，也适用于行为。确实，没有一种行为，即使对于个人是新的，能构成一种绝对的开端。它总是嫁接在以前的格式之上，因此这等于说，累进地把新的元素同化于已经构成的结构（先天的，如反射，或习得的）之中。甚至哈罗（Harlow）的“刺激饥饿”，也不能归结为单纯的对环境的屈从，而应该更恰当地解释为一种对“机能的输入”（机能元素）的寻求，以便被同化到当前正在真正提供反应的格式或结构中去。

在这里，正可趁此机会指出众所周知的“刺激—反应”理论被当作行为的普遍公式是如何地不适当。很明显，一个刺激能够诱发一个反应，只有当有机体是首先对这个刺激有感受时才有可能［或者，具有对反应的必要的“胜任能力”（competence），有如瓦丁吞描述的对特殊诱导物（inducers）有遗传的感受性一样］。

当我们说一个机体或者一个主体对某一刺激感受到了，并能对之产生反应，我们意指它已具有让这个刺激被同化进去（按前述定义，也就是被吸收或整合进去）的一种格式或结构。这一格式正好具有对之作出反应的胜任能力。因此，原有的刺激—反应格式不应该写成单向的 $S \rightarrow R$ 公式，而应该写成如下的公式：

$$S \rightleftharpoons R \quad 或 \quad S \longrightarrow (AT) \longrightarrow R \qquad 公式（2）$$

在这里，AT 是同化刺激 S 于结构 T。

现在我们回到原先提出的公式（1）$T + I \rightarrow AT + E$，在这里 T 是结构，I 是刺激，AT 是刺激 I 被同化于结构 T 的结果：这就是对刺激的反应，E 是任何在刺激情境中都被排除在结构之外的东西。

6. 假如在发展中单有同化的作用，那么，在儿童的结构中就不会有变异。因此，他就不会获得新的内容，也不会再有发展。同化作用在保证结构的连续性和把新的元素整合入那些结构中是必要的。没有同化作用，一个机体就好像是一些化学复合物，A 和 B 的境况一样了，这些复合物通过相互作用，就产生新的复合物 C 和 D（其公式就会是 $A + B \rightarrow C + D$，而不是 $T \rightarrow AT$）。

虽然如此，生物的同化如果没有它的对立面——顺化［即顺应（accommodation）］——不会自身单独存在。在它的胚胎发展中，例如，一种表现型把某些由它的遗传型规定为其结构的保存所必需的物质加以同化，但是，随着这些物质的多寡，或者这些通常的物质是否由其他稍有不同的物质所替代，某些非遗传性的变异［往往称为“顺应性”（accomodates）］，如形状或高度的改变，是会发生的。这些变异乃是受某些外部特殊条件的影响而具有的性质。同样，在行为的领域内，我们把同化性的格式或结构受到它所同化的元素的影响而发生的改变称之为顺化（即顺应）。例如，婴儿把手指吮吸同化到图式中去时，是对他过去吮吸母亲的奶头的动作所产生的不同的动作。同样地，一个 8 岁儿童把“糖在水中溶解”这一现象同化于物质守恒观念时，他必须对于那些看不见的微粒作出一些不同于对看得见的颗粒作出的那些顺应。

因此，认知上的适应，亦如其生物学上的对应面一样，是由同化和顺化之间的一种平衡所组成的。上面指出过，没有顺化就没有同化。但是我们必须强调：没有同时的同化，也就没有顺化。从生物学的观点来看，这种事实是由于近代遗传学家所说的“反应常模”的存在而证实的：一种“遗传型”可能提供能被顺化的或大或小的全距，但是所有这些顺化总是限于一种统计学上称之为“常模”的范围之内。同样地，从认知方面来说，主体可能产生种种的顺化，但只限于为保存相应的同化结构的需要所确定的某些范围之内。在公式（1）内，在 *AT* 中的 *A* 项明确地规定着对顺化所加的限制。

曾经被从休谟到巴甫洛夫和赫尔的各种联想论使用过并滥用过的“联想”概念，只是从定义上为同化与顺化间的平衡的一般过程中人为地隔离出来的一部分。巴甫洛夫的狗是将声音联系到食物，从而诱发唾液反射。如果声音出现之后，没有食物再出现，这种条件反应或暂时联系就会消失；它没有内在的稳定性。这种条件作用是作为食物需要的一种函数而持续着的；那就是说，只要它是同化性图式及其满足的一部分，因而也就是对环境的顺应的一部分，它就会持续发生，实际上，一种“联想”总伴有向以前结构的同化，这是不可忽视的首要因素。另一方面，只要“联想”把某些新的信息整合进来，它就表现出一种积极的顺化，而不仅仅是一种被动的记录。这种依存于同化图式的顺化活动，就是一种不可忽视的次要因素。

7. 虽然顺化和同化在所有活动中都出现，它们之间的比率会经常改变，只有在它们之间存在着或多或少稳定的（即使经常是流动的）平衡，才表现出一种完满的智慧动作的特征。

当同化胜过顺化时（就是说不考虑客体的特性，只顾到它们与主体的暂时兴趣相一致的方面），就会出现自我中心主义的思想，甚至表现我向的思想。儿童在游戏中表现这种情况的最普遍形式就是“象征游戏”，或者叫做虚构游戏；在这种游戏中，他运用所掌握的各种客体来代表他所想象的东西。这种游戏在表象开始阶段（在1.5岁到3岁之间）是最普遍的。在这以后，儿童趋向于构造性的游戏，这时对客体所起的顺化逐渐趋向确切化，直到在游戏与自发的认知活动或工具活动之间不存在任何的差别。

相反地，当顺化胜过同化达到它能忠实地仿效当时作为模型的物体或人物的形式和动作时，儿童的表象（发生在表象之前的感觉—运动行为也引起远较象征性游戏为早的练习性游戏）向着摹仿的方向发展。通过动作的摹仿，即一种对当前模型的顺化，逐渐扩展到延迟的摹仿，最后发展到内化了的摹仿。在最后形式中它构成意象的起源，也就构成与思维的运算性方面相对立的思维的形象性方面的起源。

但只要当同化与顺化处于平衡状态（即是说，只要同化仍从属于客体的属性，从属于伴有其本身所限定的顺化的情境，而顺化本身又从属于情境必须被同化于其中的已存的结构），我们才能谈到与游戏、摹仿或意象相对立的认知行为，才回到在严格意义上的智慧的领域。可是，这种同化与顺化之间的基本平衡或多或少是难以达到与保持的，这要看智慧发展的水平和遇到的新问题而定。然而这样的一种平衡存在于所有的水平，既存在于儿童智慧的早期发展之中，也存在于科学的思想之中。

很显然，任何物理学或生物学的理论往往把客观的现象同化于有限数目的模型，而这些模型并不绝对是从这些现象中抽出的。这些模型另外还包含有一定数目的逻辑数理的协调（coordinations），而这些协调就是主体本身的运算活动。要把这些协调简约为单纯的语言（虽说这是逻辑实证论的立场），那将是肤浅的，因为，严格地说来，这种协调才是结构化的工具。例如，彭加勒（Poincare）对于相对论可说是“交臂失之”，因为他设想用欧几里得几何的“语言”或者用黎曼几何的“语言”去表达（传译）外界现象是不存在差别的。而爱因斯坦之能够构成他的相对论，正是由于运用了黎曼的空间作为结构化的工具，去“理解”空间、速度和时间的关系。虽说物理学要把现实同化于逻辑数理的模型中去，它必须不断地把那些模型顺应于新的实验结果。它不能免除顺化，因为这样它的模型就会变成主观的和任意的。但是，这种新的顺化都是受着现存的同化的制约。每种实验的重要意义并不是单纯地从知觉记录（初期的“逻辑的经验主义者”所提出的“实录”）中推导得来，它不能与解说分离开来。

8. 儿童智慧发展中，存在着许多类型的同化和顺化的平衡，它们随着发展的水平和所解决的问题而有所变化。在感觉—运动阶段（在1.5岁到2岁以前），它们仅仅是一些实际问题，其中包括有直接的空间，而早在2岁期间，感觉—运动的智慧就抵达一种显著的平衡状态（例如工具行为、平移群，参阅第2小节）；但这种平衡很难达成，因为在初生的前数月中，婴儿的宇宙是以他自己的身体和行动为中心的，又因为他的同化尚未经适当的顺化校正而受以歪曲。

思想的开端引起了表象方面（它扩展到远距的空间而不止局限于近距的空间）的许多问题，也引起不再只以实际成功来衡量的适应问题；因此智慧要经过同化性歪曲的一种新时期，这是因为物体和事件是根据主体的动作和观点而被同化着，而且可能的顺应仍然仅仅固执于现实的形象方面（因而固执于与转化相反的静止状态上）。由于两种原因——自我中心的同化与不完全的顺化——平衡未能达到。另一方面，从7岁到8岁，可逆的运算的出现保证着同化与顺应之间一种稳定的和谐，这时两者都能对转化和静态同样发生作用了。

一般说来，这种同化和顺应间递进的平衡是认知发展中一种基本过程的实例，这一基本过程可借用集中化与离中化来解释的。由于没有伴随着适当的顺化而固执于感觉—运动阶段或初期表象阶段所表现出的系统性歪曲的同化，这意味着主体停留在集中于他的动作和他自己的观点上。另一方面，逐渐出现的同化和顺化间的平衡，则是不断离中化的结果。这就使得主体采纳别的主体的观点或客体本身的观点有了可能。我们从前曾仅借自我中心和社会化来说明这一过程。但是，这一过程对各种形式的知识是更加普遍的和更加基本的。因为认知的进展不仅是对信息的同化；它还带来一种系统的离中过程，这种过程又是客观性本身的一个必要条件。

（三）发展阶段的理论

9. 在以前各小节中，我们谈到只属于主体的结构的存在（第1小节），这些结构是构造起来的（第2小节）以及构造是一步一步的过程（第7小节）。因此我们必须作出结论：发展的阶段是存在的。许多作者同意发展阶段的看法，但对于划分阶段的标准和解释持有不同的意见。这就成了一个需要讨论的问题。例如，弗洛伊德所主张的阶段彼此之间的差异仅只按照一种优势的生理特征（口腔、肛门等等）来划分，但是这种特征在以前或以后阶段中也有出现，因此它的“优势”可以认为是任意的。格塞尔（Gesell）所主张的发展阶段是根据于近似排它性的成熟作用的假设，这些阶段保证着一种固定的连续性的次序，但是可能忽视了递进构造的因素。为了表明认知发展阶段的特征，我们需要统一两个必要的条件，同时不致引起彼此间的任何矛盾。这两个条件是：(1) 它们必须定义为保证着一种固定的和连续性次序，(2) 这定义必须估计到递进的构造，从而不致留下完全预成论的印象。这两个条件是必要的，因为知识显然地包含着通过经验的学习：这意味着除了内部结构之外，还要有外部的贡献，而且结构的演进方式似乎并不是预定的。

发展心理学中阶段的问题是与胚胎发生说中阶段的问题相类似的。在这一领域所发生的问题，也是既估计到发生的预成性也估计到可能实现的“后成性”的问题，所谓后成性就是指由基因群和环境间的相互作用来实现的构造，正是由于这个理由，瓦丁吞引出

"衍生系统"(epigenetic system)的概念，并在遗传型与"衍生型"之间作出区别。这种"衍生性"的发展的主要特征不仅是那些众所周知和明显的按照顺序的连续性和累进的整合(分段化继之以由特定"能力"所控制的决定性，以及最后的"重整作用")相结合的特征，而且还是一些正如瓦丁吞所指出的比较不明显的特征。这些一方面就是发展程序的"必要途径"的存在，即每一必经途径各有其自身的日程表，和另方面是一种演化性的调节或"流动平衡"的干涉。流动平衡按着这样的方式起作用：如果某一外界影响使得发展中的机体离开某一必经途径，那么，马上就引起一种流动平衡的反作用，这就把它又导回到正常顺序，或者，这样如果失败了，就把它导入另一新的但与原来相类似的途径。

上述的每一特征在认知发展中都可以观察到，只要我们认真地区别开结构本身的构造和特定的学习程序(例如，宁可在某一年龄开始阅读而不在其他年龄)的获得。于是自然地会提出这一问题：发展是否能归结为学得程序的相加，或者学习本身是否就依靠着一些自主的发展规律?这个问题只能通过实验作出答复，但我们要在第4节中进一步讨论。不管答案怎样，区别主要的结构，如运算的"准群"和特殊的习得，仍然是可能的。现在这些主要结构的构造能否用阶段来加以限定，这个问题看来是适当的。果真如此，那就可能决定这些主要结构与学习发展规律的关系了。

10. 假如我们限于研究主要的结构，我们会明显地发现所有的认知阶段具有一种顺序的属性，就是说，它们是按照固定的连续性的次序出现的，因为每一阶段都是形成下一个阶段的必要的条件。

如果我们考虑的只是主要的发展阶段，我们可以列举下列三大阶段：

(1) 感觉—运动阶段——从出生到1岁半左右，又可以分成两个分阶段：

第一分阶段——从出生至7到9个月，其特征表现出对主体自己身体上的集中化。

第二分阶段——从9个月到1岁半，其特征表现出实用智慧格式的客观化与空间化。

(2) 从表象的智慧到具体运算（限于实物的类、关系和数目）过渡的阶段，又可分为下列两个分阶段：

第一分阶段——初期的前运算阶段，开始于1.5岁到2岁，这时，语言与意象的符号化过程开始出现（尚未表现可逆性或守恒，定向函数和质的同一性已在萌芽中）。

第二分阶段——后期前运算阶段，开始于7岁到8岁，以其不同具体形式的运算的准群开始出现为特征，并表现其各种类型的守恒。

(3) 命题或形式运算阶段——又可分下列两个阶段：

第一分阶段——11岁到13岁，开始组织各种形式运算。

第二分阶段——13岁到15岁，完成着一般的组合性的运算和有两种可逆性的INRC群的运算（参阅28~29小节）。

假如我们现在考虑上面的顺序，我们很容易观察到每个阶段或分阶段对形成它的后继者都是必需的。作为第一个实例，为什么语言和符号的机能只能在长期的感觉—运动阶段——那时只有标志和信号而无象征或符号——完毕之后才能产生？（如果语言的获得仅依存于联想的累积，那么，它就早该出现了。）研究结果指出，语言的习得需要至少满足两个条件。第一，必须存在摹仿的一般上下文关系，以便可能进入人与人之间的交通。第二，必须存在那样一些结构上的特性征状，即构成乔姆斯基于1957年所谓的转换性语法中的一个基本单位的必然出现。为了满足第一个条件，那便意味着除了掌握摹仿的运动技能（并不容易）之外，还要掌握感觉—运动阶段第二分阶段中对客体、时空和因果关系的离中化。为了满足第二个条件，心理语言学家辛格莱尔（H. Sinclair）最近指出乔姆斯基的转换语法的结构要利用从前感觉—运动格式的操作来促使形成，而这些结构的来源既不存在于先天的神经生理的预定表内，也不存在于操作性的或其他条件性的“学习”过程中。

各阶段或分阶段的连续特性的第二个实例就是在2岁到7岁的那个分阶段，它本身导源于第9个到第10个月间形成的一些感觉—运动格式，并为7岁到10岁的具体运算作出准备。这个分阶段的特征表现出某些消极的方面，如缺乏可逆性和守恒概念，但是它也演化出某些积极的成就如定向函数［即“映射”，在映射中函数$y=f(x)$以单元1值代表任何x值，从而在质上得到$a=a$的同一性］。事实上，这类函数在前运算思想中已经起了广泛的作用。这些函数的单程定向可从恰当的方面说明在此阶段中序列概念的首要地位；但是这也是系统的歪曲的来源（例如“长久些”理解为“走得远些”；估计水的容量只以水平的高度为准）。过些初级的函数不过是在动作格式中固有的一些联系（在具体运算以前，它们总是指向某一目标的），因此是从感觉—运动格式本身发生的。质的同一性（如儿童在水的数量有改变时仍然说：这是同一的水）来源于稳定性物体的概念以及来源于主体自己身体（以及同其他主体的身体）在时间与空间上维持同一性的概念；以上所说就是感觉—运动阶段的三大成就。另一方面，单程的定向函数与所包含的同一性组成未来运算的必要条件。因此，我们看出2岁到7岁的阶段就是感觉—运动的阶段的延展，同时也构成未来的具体运算的基础。

在11岁到15岁之间出现作为INRC群和一般组合性结构的命题运算都由以运算来运算和以转换来转换所构成。因此，事实很明显，这个最后阶段的存在必然地包含前一阶段（即具体运算或一次幂运算阶段）的收获。

11. 作如上界说以后，各阶段都是按照同样的连续次序出现的。这种情况就使得我们设想某些生物学上的因素（如成熟）是在参与工作。但这显然与本能的神经生理的遗传是不能相比的。生物学上的成熟只是为可能的构造铺平道路（或为了解释瞬变的不可能），还有待于主体使它们现实化。这种现实化如果是正规的话，须得依照“必经途径”的规律，即常定的和必要的进程开展下去，以致内因的反应能够找到环境和经验的支持。因此，把这些阶段的连续性顺序看成某种先天预定的结果是一种错误，因为在整个顺序中存在着一种构造的不断创新。

上述论点最好的两个证明是对常模离差的可能性（可借“流动平衡”来调节）和在时间表上的变异（有可能加速或延迟）。离差有可能是由于儿童在活动中遇到意外的经验所引起，或者是由于成人教学的影响。某些教学的影响当然能够加速和完成自然的发展，但它们不能改变构造的次序。例如教学程序理应远在初级算术运算之后才导入变量比例的概念；虽然比例看来好似两个除法的等式，例如 4:2 = 6:3。但是也有一些家长，当儿童尚无任何数的概念的时候过早地教他们数数字到 20 甚至 50。在许多事例中，这些过早的习得并不至于影响儿童形成整数概念的“必经途径”。例如，有由 m 和 n 个部分（$m = n$）组成的两行相等的线，首先，两线各部分在儿童眼前是相互对应着的，后来，将构成两行线的部分间的距离改变了，从而改变了两线的长度，这一实况并不能使能数数的某一年龄的儿童不说较长的那行线有较多的组成部分。另一方面，即使教育的影响是成功的，或者儿童在某一运算领域获得部分胜利，但在各种“必经途径”的相互作用的问题上仍未得到解决。例如，在类和关系事例中，加和乘的运算总是同时发生的（看来往往如此），还是一种运算随着另种运算之后进行，而其最后的综合也许依然不变呢？

12. 在考虑到各阶段的持续时间或速度这个问题时，我们随时观察到，作业的平均实足年龄的加速或延缓依靠于某些特定的环境（例如，可能的活动与自发经验的多寡，教育的或文化的环境），但是连续的次序总是保持不变的。有些作者甚至相信无限制的加速是可能的和可取的。布鲁纳（Bruner）曾经极端地主张，如果一个人处理得恰当，他可以在儿童的任何年龄教学任何东西；但是他现在似乎不如此自信了。关于这个问题，我们可以引证格鲁布（Gruber）所研究的两种情况。第一种是发育中的小猫的情况。他指出有些小猫在获致稳定物体的“概念”中也同婴儿一样经过同样的一些阶段，并且能在三个月中获得婴儿要在九个月中所得到的成就。但是以后它们不再进展了。因此，我们可以设想，儿童发展的较慢速度是否有利于最后更大的进展。格鲁布的第二个研究是他认为达尔文的某些主要概念出现的显著缓慢性，虽然它们是他以前的一些观念的合乎逻辑的结果。这种创造的显著的缓慢速度是否是富有成效的一个条件或者只是一个可悲的偶然事件？这些都是认知心理学中尚未解决的主要问题。然而我们愿意提出一个可取的假设。对一个主体来说，从一个阶段到下一个阶段的过渡有一个最适当的速率。就是说，一个新组织（或结构化）的稳定性，甚至它的富有成效都是依靠一些联系，这些联系既不能立即发生，也不能无期限地延缓，因为这样它们就会失去内部组合的能力。

（左任侠　胡祖荫　译）

选自：张述祖总审校．西方心理学家文选．北京：人民教育出版社，1983

思想评介

试论皮亚杰的发生认识论

让·皮亚杰（Jean Piaget，1896～1980）是一位世界闻名的瑞士思想家。一般人认为他是儿童心理学家、逻辑学家等等，但实质上他是一位哲学家、认识论者，尤其是发生认识论者。不错，几十年来他都是研究儿童智力的发展，他的许多著作也都是关于儿童心理发展过程方面的。但这些都是准备工作，最后他提出了他的发生认识论的主张。他研究人类认识的历史，找出认知的社会根据，并发现概念与运算的心理来源，以便于他去解释知识，特别是科学知识的本质。逻辑学家通过命题的推演，数学家通过公式化的运算，物理学家通过公理化的演算，发现了人类认识的一些基本结构。但是这些认知结构是通过形式的运算得来的，还需要进一步经过事实上的验证，还需要从人类心理发展过程中找出它们的发生根源。这就是皮亚杰发生认识论的研究任务。为了完成这一任务，他曾邀请全世界一些心理学家、逻辑学家、数学家、语言学家、教育学家在日内瓦建立了一个国际发生认识论研究中心，出版了三大卷的《发生认识论》和许多有关这方面的科学论文。近若干年来皮亚杰和他的同事们正集中全部精力从事这项研究工作。所以我说，他是当代世界上的一位伟大的哲学家、发生认识论者。

本文准备简明扼要地介绍一下他的认识论的学说，并对一些对他的误解提出一点我个人的看法。

(一)

一般地讲来，发生认识论和传统的认识论一样，要解决：知识是什么？人类获得知识的手段是什么？人类能否认知世界的真象？根据什么标准判断知识的真伪？即解决认知的本质、认知的机制、认知的有效性与真理的标准问题。但是皮亚杰不赞成传统认识论的那种就知识论知识的办法。皮亚杰说："在许多哲学家和认识论者看来，认识论是按照它目前存在的样子去研究知识；它是就知识而研究知识，是局限于认知本身的范围以内去研究知识而不考虑其发展。"① 但是美国涅勃拉斯加大学教育哲学副教授西格尔（Harvey Siegle）却说："这的确是对传统认识论的一种十分不可靠的说法。没有人，甚至古代的哲学家，主张过目前的知识状态已成'定局'——它是静止的、稳定的和不能改进的了。"② 我觉得这是蓄意的歪曲。皮亚杰所强调的是说科学知识永远在演进中，它是一个过程，一个不断构造和改组的过程。而目前的知识状态是这个历史过程中的一刹那，一个横切面。传统认识论者只是就这一刹那去研究知识，把自己局限于这个横切面的范围之内，似乎目前的知识状态是"稳定的"、"静止的"。这并不是说，传统的认识论者主张科学知识是一个静止的、稳定的状态，而是说，在他们研究人类的认识时，他们只就知识的现状考虑知识，而没有把知识现状当作一个过程中的一刹那去进行研究。这一点，我想，传统的认识论者也是承认的。西格尔教授不是也主张："我们是怎样知道2+2=4这个命题是真的"和"当我们知道2+2=4这个命题是真的时候，我们的智力是怎样发展的"是两种不同的问题，前者是认识论所要解决的问题，而后者是心理学所研究的问题吗？他不是说，不能把这两者混为一谈吗？他不是说，认识论只研究目前知识状态，而不考虑它

---

① 皮亚杰．发生认识论．出版地不详，1970．2

② 西格尔．皮亚杰的认识论．载：教育杂志（冬季），1978（17）：注6，19

的心理来源吗?

皮亚杰所反对的正是这样的传统认识论。他认为，不能一方面说认知是一个历史过程，另一方面又说它是一个目前独自存在的知识状态。他认为，要知道认知的本质和认知的有效性，就必须知道认知的心理来源，就必须知道认知的机制是怎样发生、发展的。认识论和心理学是密切联系的。虽然它们是两门学问，但是必须根据心理学，特别儿童心理学的研究成果去解释认识的根据，从而去认识认知的本质和它的有效性。但是西格尔说，皮亚杰的这种做法显示出他的思想混乱，表示他不懂数理逻辑。西格尔说："总之，一方面是习得知识的机制是怎样发展的，另一方面是怎样评价认知中的各种主张。皮亚杰把这样清晰而重要的区别搞得彻底模糊不清了。我认为后者是哲学中认识论的固有题材，而前者则属于发展心理学的领域。……关于人类观念的来源（包括其发展的模式）的问题是一回事，而关于这些观念的有效性的问题则是另一回事。"①

皮亚杰承认，人类的认知有其形式化的一方面，也有其具体发展过程的一方面。他并不要把心理学当作发生认识论的唯一基础。他认为，逻辑的形式化是绝对必要的；每当我们在思维发展过程中遇到某种结构时，我们总是要努力把这个结构加以形式化。皮亚杰说："我们的设想是：在心理上的形成与逻辑的形式化这两者之间有一种对应的关系。虽然我们承认认识论中形式化的重要性，但我们也明白光有形式化是不够的。"② 心理学或社会学的因素能够帮助我们更好地理解当代科学观念的发生。至于知识的有效性问题，皮亚杰也认为，只有在科学的具体发展中我们才能发现知识的价值和规范。知识结构的形式化和认知机制的发生发展不是彼此孤立，各不相干的，而是相辅相成，互相联系的。因此，皮亚杰认为，要解释知识的本质，说明认知的有效性，只有逻辑的形式化不够，还必须研究心理的发展过程。他列举了三个理由：

首先，逻辑不只一种，而有各种不同的逻辑。除了形式逻辑和

---

① 西格尔．皮亚杰的认识论．载：教育杂志（冬季），1978（17）：注 6，22

② 皮亚杰．发生认识论．出版地不详，1970．10

数理逻辑以外，还有辩证逻辑、实验主义逻辑，等等。这就是说，没有一种单独的逻辑足以说明人类知识整个的构成过程。同时这些不同类型的逻辑又不够互相一致，因而也不能结合起来作为人类知识的基础。于是任何一种逻辑的力量太薄弱，而各种逻辑结合起来又过于复杂，这样就使得逻辑不能成为知识的唯一价值基础。

其次，逻辑形式化有其本身的局限性。我们知道，任何一个公理系统一开始就有少数不可证明的基本命题或公理，而其他命题都是用这些公理去证明的。而且任何一个公理系统也有一些不可界说的基本定义，它们是替别的概念下定义的基础。那么在逻辑中，我们要问，这些不可证明的公理和不可界说的定义是从哪里来的？逻辑就是进行形式化和公理化。我们要问：逻辑是对什么东西进行形式化？是对什么东西进行公理化？这些问题就表明，仅有逻辑的形式化还不能构成人类知识的基础。这些问题表明，因为逻辑系统是从人类思维中发展出来的，而且我们至今还只是直觉地感受到这一点，所以我们既要考虑公理化的逻辑系统，也要研究思维发展过程本身。这就是说，我们不能就逻辑系统本身研究逻辑系统，而必须从它的心理根源与社会历史背景中去认识逻辑系统；我们不能就人类整个认知过程中的某一个横切面，就其目前存在的某一刹那去解释这个横切面、目前这一刹那的知识状态，而必须从其来龙去脉中去说明这个横切面、这一刹那的知识状态。

最后，人类的科学知识事实上不仅有其形式的一方面，也有其实质的一方面。有的科学可以专门研究其纯形式的一方面，如数学与逻辑；有的科学专门研究其某一方面的特性，如生物学、物理学、心理学、社会学。但是，研究整个科学知识的本质和有效性的认识论就必须研究科学知识的形式方面和实际形成的过程方面。皮亚杰曾讲过一个故事。他有一位朋友，埃弗特·W·贝思（Evert W. Beth），是一位逻辑学家，他非常讨厌心理学，尤其反对把心理学的研究成果引进认识论中。在他参加过一次发生认识论的座谈会之后，他同意和皮亚杰合作，写一本名叫《数理的和心理的认识论》的书。在这本书的结论中，贝思说：“认识论的问题是要解释真实的人类思想怎样能够产生科学知识的。为了做到这一点，我们必须在逻辑与心理学之间进行一定的协调工作。”直接把心理学的研究放到逻辑里面去，当然是荒唐的，但是在认识论里面应该既考虑到逻辑学，也要考虑到心理学，因为认识论同时要研究人类知识的逻辑形式方面和它的心理发展方面。

皮亚杰认为，认识论要解决人类的智力是通过怎样的机制，从低级知识水平过渡到高级知识水平的。决定知识水平的高低、优劣，这不是心理学的任务，而是逻辑学的任务。心理学是去解释低的知识水平是怎样过渡到所谓高的知识水平的。逻辑是考虑思维形式的问题，而心理学则是研究思维发生的事实问题。发生认识论认为这两方面——科学知识的逻辑组织或理智结构的进展和相应地它在心理上形成、发展的过程——是并行不悖的。皮亚杰觉得，我们在儿童智力发展过程中能得到最好的机会去研究逻辑知识、数理知识、物理知识等的发展情况。所以皮亚杰为发生认识论下了一个定义：

发生认识论就是企图根据认知的历史、它的社会根源以及认识所依据的概念与运算的心理来源，去解释知识，尤其是科学知识。①

所以皮亚杰的观点是十分明确的，而西格尔批评皮亚杰是思想混乱，这只能表明西格尔教授坚持传统认识论的立场不放，坚持逻辑与心理必须严格划分而不能合作的陈旧观点而已。

（二）

皮亚杰的发生认识论首先要解决的一个问题就是：认知是怎样发生的？经验主义认为认知发生于对于客观对象的感觉与知觉；认知一个对象就是通过感知去反映对象。皮亚杰不同意这种经验主义的观点，认为这是一种消极的或被动的反映论。他认为，认知发生于行动，行动有两类，一种是个别的行动，如掷、推、碰、擦等，它产生人类对于个别对象的认知；一种是经过协调的许多行动，例如，许多行动可以结合在一起，这是一种相加的协调。各个行为也

① 皮亚杰．发生认识论．出版地不详，1970．1

可以按照时间先后一个继续一个进行，这是一种序列的协调。再如采取一系列的行动去达到一个目标，这就是手段与目标之间的协调。此外，还有一一对应的协调、几种行动互相交叉的协调。这种由各种方式协调起来的行动便是抽象思维之所以发生的基础。认知就是发生于人类对客体所采取的协调行动，就是这种协调行动的抽象化，而不仅是对所感知的对象的抽象化。皮亚杰有一位朋友是一位数学家，他曾讲过一个故事。当他小时候，他数卵石玩。他把这些卵石排成一行，从左边数到右边，他得到10，再从右边数到左边，他很奇怪，也是10。然后，他又把它们列成一个圆圈，向左边数去，也得到10；向相反的方向数去，也得到10。结果，他发现，不管卵石排成什么形状，它们的数目是不变的。于是他便发现了数学中的可换律，即总数与序列无关。他是怎样发现这个定律的呢？这种可换性是卵石所固有的特性吗？不错，是卵石才能使他排列成为各种形状，而几滴水就不能这样办。从这个意义讲，认知是与对象的物质特性有关的。但是序列，这些不同的形状并不是这10粒卵石所固有的特性，而是这个主体把它们排列出来的。而且这些卵石的总数也不是这些卵石所固有的特性，因为总数是这个主体把这些卵石联合起来的结果。这位未来的数学家在玩卵石的那天所获得的知识便不是从这些卵石的物理特性中抽象出来的，而是从主体安排这些卵石的这种协调的行动中抽象出来的。这便是一种能动的认识论，而不是被动的认识论。这是皮亚杰发生认识论的出发点。

然后皮亚杰便进一步研究这种行动的协调是怎样变成心理的运算的，而这种心理运算是怎样构成结构的。换一个方式说，他要研究：一些科学的和数理的形式，如传统的认识论或逻辑实证主义所主张的那样，是通过逻辑形式化和公理化的过程直接发现的结果呢，还是在自然界里面具有它的心理来源呢？

关于这个问题，皮亚杰首先研讨了一个数学上的例子。在鲍尔巴基学派以前，各种的数学分支，如数论、微积分、几何和拓扑学彼此都是分隔而各不相干的。鲍尔巴基学派的目的就是要找出一些为各种不同的数学内容所共有的形式或结构。后来他们找到了三个互相独立而不能互相归结的结构，然后由于某一个结构的进一步分化或者由于其中二个乃至全部三个结构互相结合起来，便产生了其他的各种结构。于是这三个基本的结构便被称为“母结构”。认识论的基本问题就是要找出在儿童的智力发展中是否也有与这些母结构相应的一些基本结构，还是它们只是逻辑形式化和公理化本身所产生的结果。

第一个母结构，鲍尔巴基学派称为代数结构。这个结构的原型便是数学里“群”这个概念。代数结构的特征就是它具有反演的或否定的可逆性。它是用这样一个公式：$P \cdot P^{-1} = 0$ 表示的（这就是说，运算 P 乘以反演运算 P^{-1} 等于 0）。第二个母结构被称为序列结构。代数结构主要应用于类与数，而序列结构则是应用于关系方面的。它的原型是“格”（Lattice），它的特征是具有互换的可逆性，而不是反演的可逆性。例如，形式逻辑中，P 与 Q 的“合取”先于 P 或 Q 的析取，可以转换为，P 或 Q 的析取后于 P 与 Q 的合取。第三个母结构是拓扑结构，它是以邻近、边缘、接近、极限这类概念为基础的结构。

这三种母结构看起来很抽象，但是在六七岁的儿童的思维中，皮亚杰也发现了类似的这三种基本结构。首先在儿童的思维中，代数结构十分普遍，而在儿童的分类运算中，这种代数结构最多。儿童能根据对象的类似点把它们分成几堆。例如，让四五岁幼儿看许多简单的几何图形——如圆形、正方形、三角形等。他们能根据图的形状把它们放在一起。但这时候他们还不懂得类的内包关系。这个年龄的儿童将同意：凡鸭子都是鸟类，而且并非所有的鸟类都是鸭子。但是如果你问他：“在树林里是鸟多还是鸭子多?”他会说：“我不知道，因为我没有数过。”同样，在儿童的思维中也有一种很原始的序列结构，皮亚杰曾做过如下的实验。他给儿童 10 根长短不同的木棒，而其长度差别很小，需要仔细比较才能辨别。要求儿童按长短秩序，从最短的到最长的把它们排列起来。开始儿童还没有表现出序列结构，只是把一根长的和一根短的木棒放在一起。稍大点的儿童偶然能够按长短排列起来。但到了 7 岁左右，儿童就能经过系统的探索按长短秩序排列成行了。他首先找出最短的一根，然后在剩下的一堆木棒中再找出其中最短的一根，一直到后来他构成了一个完整的结构。这种运算的特征是互换式的可逆性。当他在剩余的一堆里找出最短的一根时，他知道这一根又是前面已经挑出的许多小棒中最长的一根。儿童这时已能协调“较大的”和“较小的”的关系了。这说明在儿童的思维运算中已经具有了一种原始的序列结构。同样，儿童在运算期以前也已经具有了拓扑的直觉。这时他能够区别几种几何图形：圆形不同于四方形，正方形不同于三角形。4岁前的儿童看过一个圆形后，他能画一个多少带圆形的封闭形式。在看过一个正方形或三角形后，他所画出的图形也是这种多少带有圆形的封闭形式。但是当他看过一个十字而叫他描摹时，他就画一个开口的图形，二条线多少有点接触或近乎交叉。总之，他能把封闭的形状画成封闭的，把开口的形状画成开口的。这是按照拓扑学的区别画出来的。

以上的事实说明，数学上的三个母结构在个人思维发展过程中是有其自然根源的。根据数理的运算，各个数学分支的各种不同的结构都是在三个母结构的基础上发生的。于是皮亚杰又进一步证明在儿童思维的发展中许多其他的结构也是在这三个基本结构中的两个或三个结构互相结合而成的。现在仅举两个例子来说明这一点。

首先来看数这个概念是怎样发生的。皮亚杰不同意一一对应是数概念发生的根源，而主张，数的概念是在儿童思维发展中由两个母结构结合而成的。罗素（B. Russell）与怀德海（A. N. Whitehead）认为，数的概念是派生于“许多等值类的类”（class of equivalent classes）的基础之上的，即由于按照一一对应的关系进行分类而转换出来的。但是皮亚杰发现，罗素与怀德海并不是根据各个因素的共同性质作出一一对应去分类的，而是把一年包括12个月，拿破仑有12元帅，耶稣有12个门徒，黄道有12宫作为一一对应的例子。在这个例子中各类所有因素之间没有共同的性质：圣彼得不能和正月对应；正月不能和Ney元帅对应；Ney元帅不能和巨蟹宫对应。当他们说这4类是一一对应的时候，不是因为其中的因素具有什么共同的性质，而是因为每一因素都是一个单位；因为每一类都有12个单位；所以它们是一一对应的。因而他们便根据这种一一对应的关系进行分类，数的概念便是由于有许多的类在数量上相等而归成一类时所构成的。皮亚杰认为，这种说法不可避免地要陷于一种恶性循环：数的概念建立在一一对应的关系上；而一一对应又是以算术上的单位（数）为根据的。为了避免这种恶性循环，皮亚杰便另谋出路。他认为数的概念是由于内包的代数结构与序列结构两者的结合。皮亚杰说，数的概念除了分类的结构（即鲍尔巴基学派所谓类的内包的代数结构）以外，还要根据序列结构。类的内包是包括在数的概念之内的，因为 2 必须内包于 3，3 内包于 4，等等。但是还需要有序列结构，因为如果我们把类中的因素一视同仁，那么我们对一类中的这些因素就难以作出区别，这样 2，3，4 就变成完全相等的东西了，这样就不可能得出数的概念来。唯一的办法就是引进一个序列，把一类中的各个因素按时间或空间的先后排列成为一个系列，这样一来，由于各个因素在这一系列中所处的地位不同而区分开了。所以数的概念是类的内包和序列关系这两个基本结构（相当于鲍尔巴基学派的代数结构与序列结构）综合的结果。

再来看看逻辑的形式结构是怎样构成的。皮亚杰认为，这种逻辑结构是由反演的可逆性（代数结构所具有的特征）和互换的可逆性（序列结构的特征）两者结合的结果。六七岁到十一二岁的儿童还只能从事具体运算，这时他们或者只能进行反演可逆的运算，或者只能从事互换可逆的运算，而不能把这两种运算结构结合成为一个系统。当他们到了十一二岁左右，他们就能同时结合着使用这两种可逆的运算结构了。例如，$p > q$（p 蕴涵着 q），它的反演逆行是 $p \cdot \overline{q}$（p 与非 q），而它的互换逆行是 $q \supset p$（q 蕴涵着 p），而 $q \supset p$ 的反演逆行则是 $q \cdot \overline{p}$（q 与非 p）。最后的这种关系便构成了一种新的结构，皮亚杰称之为相关的关系。这就说明，反演逆行的运算结构（代数结构）与互换逆行的运算结构（序列结构）两者的结合便构成命题运算或逻辑运算的结构了。皮亚杰利用了双重参照系统与相对运动的实验例子说明这一点。在一块放在桌子旋转的木板上有一只蜗牛。如果它向右移动，我们就把它当作直接运算。如果它向左移动，我们就说这是反演逆行的运算。如果把这块木板向左移动，这就是蜗牛向右移动的互换。如果把木板向右移动，这就是蜗牛的右移动的相关。如果蜗牛在木板上向右移动，而同时我们把这块木板向左移动，那么从板外的参照系统来看，这只蜗牛就好像没有移动。从板外的参照系统来看，蜗牛的逆行有两种方式：一种是让蜗牛再走回去；另一种方式是将木板旋转过去。在十一二岁的儿童还不能把这两种方式在同一个系统中结合起来，因而他们还不能解决这个问题，只有当他们能够用两种可能的参考系统，把反演逆行的动作和互换逆行的动作两者互相协调起来的时候，即有了逻辑运算结构的时候，才能解答这个问题。这说明，逻辑结构是在综合代数结构与序列结构的基础上构成的。

以上是说明皮亚杰怎样用儿童思维发展中的三种原始的运算结构，以及由其中的两种结构综合而构成复杂结构的心理学的事实，来印证数学中通过逻辑的形式化和公理化的系统而求得的三种母结构以及其中两种母结构综合而构成各种的复杂结构的逻辑形式或纯形式的推演。然后皮亚杰进一步探讨这些运算结构是怎样从许多行动的协调中发生的。在解决这个问题之前，皮亚杰要根据心理学的事实去决定逻辑结构是否像逻辑实证主义所主张的一样来源于语言的结构。皮亚杰认为，逻辑结构的雏形在语言出现之前就已经存在了，所以前者不是从后者派生出来的。皮亚杰列举了四个理由来支持这个观点。

首先，语言一般出现于儿童出生后第二年的中期，但心理学的事实证明，在第一年末或第二年初儿童的动作本身就有它自己的逻辑。这时儿童的动作是可以重复的和可以概括化的。例如，当儿童学会了把一床毯子拉到自己身边来，以取得毯上的东西时，他能重复地拉毯子以取得它上面的东西。而且当他学会了拉一根绳子去取得系在它另一端的东西时，他就能进一步利用一根棍子去取得一个远距离的对象（即他把拉绳子的动作概括化了）。当动作可以重复和概括化时，我们就说，这种动作是具有一定“格式”（Schema）的，而这些动作的格式之间是可以彼此协调的。这种行动间的协调便形成了一种行动的逻辑。这种行动的逻辑便是后来逻辑结构的起点和基础。一个格式是许多附属格式组成的。例如，儿童用棍子去推一个对象的格式中包括有手与棍子的关系、棍子与对象的关系和对象与它在空间的地位之间的关系。那么这些附属格式便是包括在这个总格式之中的。这便是内包关系的开始。在儿童的动作中，他总是通过一定的手段去取得一定的目标，那么在手段与目标之间便有一种序列行动。这便是序列关系的开始。当儿童模仿一件东西时，在这个模型和儿童的模仿行动之间便有了一一对应的开始了。以上事实证明，在感知运动的水平上，儿童的行动就具有了内包、序列和对应逻辑的开始，成为后来逻辑结构的基础。当时还没有出现语言。所以逻辑结构不能从语言中派生出来。

逻辑结构不产生于语言结构的第二个理由就是，聋哑儿童并不能使用语言但他们却有思维运算。美国的汉斯·佛思（Hans Furth）在他的一本《无语言的思维》一书中发现在他的实验中聋哑儿童除了发展比较迟缓以外，他们的逻辑结构同样是发展的；他们能从事分类、系列、对应的运算；他们能发现数量和空间表象。这证明他们没有语言而具有发展很好的逻辑思维。

皮亚杰的第三个理由是以乔姆斯基（Chomsky）的转换语法为基础的。根据乔姆斯基对于语法的分析，证明逻辑思维并不是从语法中派生出来的，相反，语法是从人类具有的智力结构（乔姆斯基的所谓“普遍语法”）派生出来的。从而他把逻辑起源于语言的说法颠倒过来了。

逻辑结构不产生于语言结构的第四个理由是以辛克莱夫人（H. Sinclair）的实验为根据的。她把儿童分为两个小组：一组儿童明白，当一定数量的液体从一种形状的玻璃杯倒入另一形状不同的玻璃杯时，虽然两杯的水平表面看来不同，但液体数量仍未变动——这一小组称为守恒组，他们的运算水平较高；另一组儿童则认为这两杯水的数量已经不同了，因为两杯液体的水平面已不相等——这一组被称为非守恒组，他们的运算水平较低，只能根据表面现象判断液体的数量。然后辛克莱夫人利用一些简单的对象，如长短与粗细不同的各种铅笔，要求这两组用语言来描述它们。结果，辛克莱夫人发现这两组描述这些对象时所用的语言有显著的不同。非守恒组一次只描述一个对象或一个对象的某一个特征，如

“那支笔是长的”或“这支铅笔是细的”。守恒组则一次能考虑几个对象或一个对象的几种特征以及其间的关系，如“这支铅笔比那一支长些，但比另外一支粗些”。这说明守恒组儿童的运算水平和语言水平都比非守恒组高些。现在要问：是运算水平影响了语言水平呢，还是语言水平影响了运算水平？辛克莱夫人进一步进行实验来回答这个问题。这时她训练非守恒组儿童的语言；教这些儿童运用守恒组儿童所用的同样的字句去描述这些对象，然后对这些原来的非守恒者而现在已经受过比较高级语言形式训练的儿童进行检查，以便发现这种语言形式的训练对于儿童的运算水平是否有所提高。结果，她发现，这组儿童的进步很小。因而她结论说，语言的训练并未促进运算水平的提高。

以上四点理由说明了，运算结构不是来自语法结构。那么这些运算结构在感知运动的水平上是怎样从行动的协调中构成的呢？皮亚杰认为，在感知运动的水平上所构成的运算还只是半逻辑性质的，这就是说，它只能朝向一个方向应用；它只能使人发现事物之间的依存或共变关系而还不能导致守恒的概念。例如，用一根线的一端系在一只弹簧上，另一端横拉过去，经过一个小环使这根线向下垂直，在垂直的线端上系上一块石头。5岁的儿童都知道，横线越短，垂直线就越长，横线越长，垂直线就越短。但是他却不知道垂直线与横段线的总和是不变的。这说明，这时幼儿的运算还只知两事的依存关系而不知事物的守恒性。所以皮亚杰说，这种运算是半逻辑性质的。再有一个例子，给儿童许多卡片，每张卡片上有一部分是白的，一部分是红的。再给他各种形状的剪纸，叫他找出那些能够盖住卡片上红色部分的剪纸。儿童能够用许多形状不同的剪纸去盖住卡片的红色部分。用数学的名词来说，他懂得多与一的关系。但是他却不明白同一形状的剪纸可以盖住许多卡片上的红色部分，即他不理解一与多的关系。这也说明了儿童思维的半逻辑性质。

最后，我们来谈一谈皮亚杰是怎样从心理学的发现中证实爱因斯坦通过公理化系统得来的关于速度的理论。

关于时间与速度的关系，古典力学认为，速度依赖于空间距离和时间间距之间的关系。古典的公式是 $s = d : t$，这个古典力学的公式将陷于一个恶性循环。它一方面说，速度是存在于时间与空间之间的一种关系，而另一方面又必须根据一种恒定的速度去测量时间。怎样能避免这个恶性循环呢？爱因斯坦的相对论通过严密复杂的数理演算证明：运动的速度是基本的，而时间概念却是派生的；时间判断是根据运动的速度不同而派生出来的。这样便避免了这个恶性循环。据皮亚杰说，当他在1928年第一次有机会遇见爱因斯坦时，爱因斯坦曾向他建议，如果皮亚杰能研究时间的概念，特别是同时性的概念在儿童中的来源，那将会是有益的。后来，皮亚杰在儿童思维发展中所发现的事实果然证实了爱因斯坦通过数理运算所得出的结论。

皮亚杰是怎样解决这个问题的呢？他的研究是解决在儿童思维发展中，是时间还是速度是原始的。在他的发展心理学的实验中，他发现了儿童在运算期以前，乃至在6岁以前，就已经有了速度的直觉，而这种原始的速度直觉不是根据距离与时间之间的比例得来的，而是以出现的空间的前后为根据的。当A，B两辆汽车向前行驶时，如果儿童看见汽车A超越了汽车B，他就会说，汽车A跑得比汽车B快些。皮亚杰举了这样一个实验。有两条并排而长短不同的隧道，用两个小人模型，以固定的速度在这两条轨道上移动。当儿童看见这两个小人沿着这两条并排的轨道同时进入洞口，又同时驶出洞口时，他就说，这两个小人是以同一速度移动的。然后实验者敞开了隧道，这样儿童便可以看见这两个小人在这两条轨道上移动的情况。当儿童看见一个小人在轨道上超越了另一个小人时，虽然两个小人是同时进入和同时走出洞口的，但是儿童却判断说，第一个小人走得快些。当实验者重新盖住隧道，使儿童看不见一个小人超越另一小人的情景时，大多数四五岁儿童仍会说，两个小人是以同一速度前进的。这个实验说明，儿童的速度判断不是根据时间与空间之间的关系，而单纯是根据两个对象在空间的地位不同。这说明速度的直觉要比时间的判断原始些。

那么时间判断是怎样产生的呢？皮亚杰认为，时间的判断乃是以一件进行某项工作的行动和进行这项工作的速度之间的关系为根据的。例如，同一件工作，如果一个人很快就做完了，另一个人完成得较慢，或者如果一个人以一定的速度完成了若干工作，而另一个人以相同的速度只完成了较少的工作，在这两种情况之下，我们说，第一个人用的时间多些，第二个人用的时间少些。但是幼儿还没有这种时间判断，因为这时候，他们只能根据进行了多少工作，或者根据工作的速度去判断时间，而不能把行动量和行动速度两者结合起来。皮亚杰做过这样一个实验，实验者在两只手上，一手拿一个洋娃娃沿着桌子的边缘走动。儿童说，“走”，这两个娃娃就开始同时以同一速度走动。儿童说，“停”，这两个洋娃娃也是边靠边在同一距离上停下来了。在这种情况之下，儿童毫无问题承认这两个洋娃娃是同时出发的，同时停止的。如果略微改变一下情境，使一个洋娃娃走得快些。这样当儿童说停的时候，这个洋娃娃比另一个就走得远些了。在这种情况下，儿童承认它们是同时出发的，但是不承认它们是同时停止的。这时实验者问儿童：“当这个洋娃娃停止时，那一个还在走动吗?”他说不。然后再问他：“当那一个停止时，这一个还在走吗?”他也说不。这是他实际看见的情况。最后实验者问他：“那么这两个洋娃娃是同时停下来的吗?”他说：“不，它们不是同时停止的，因为这个洋娃娃没有走那么远。”这时儿童只根据两个洋娃娃走路的远近去判断时间的先后，而没有考虑到走路的远近去判断时间的先后，而没有考虑到走路的速度。这就说明，这时儿童还没有同时性的直觉。时间的判断还需要有一个理智构造的过程。

儿童是通过怎样的理智运算过程获得时间概念的呢？皮亚杰发现，它所经过的运算结构和逻辑数理思维中的运算结构完全是一致的。时间概念是由三种运算结构综合而成的。首先是序列运算：B 在 A 之后，C 在 B 之后，D 在 C 之后，等等。其次是类似类的内包运算：如果事 B 继于事 A 之后而事 C 继于事 B 之后，那么运算的结果则是 AC 的时间间距长于 AB 的时间间距。这和整体大于部分的归类逻辑是完全相符的。最后还要有测量时间的运算，这和数的运算一样，是序列与归类的综合运算。

因此，皮亚杰在儿童思维发展中所发现的关于时间判断的心理来源和爱因斯坦的相对论数理运算所获得的结论完全是一致的。

以上事实证明皮亚杰要根据科学知识的历史、它的社会根源，尤其是根据科学知识所依赖的概念与运算的心理来源去解释认知本质的发生认识论是完全正确的。

(三)

最后还准备申述两点，为皮亚杰的发生认识论作一点辩护，意见不一定正确，本着百家争鸣的精神，提出来供大家讨论。

首先讨论一下西格尔对皮亚杰的批评。西格尔说："皮亚杰对于这些哲学家（指罗素与怀德海——译者注）和逻辑学家（指逻辑实证主义者如卡纳普等——译者注）的讨论显示出他对他们的著作的根本误解而且显然他并不懂得他们的学说，甚至不懂得它们所提出的问题。"[①] 他说，皮亚杰的思想混乱，因为皮亚杰把"根据"一词的两种不同的含义混为一谈了。按照逻辑学家的主张，有关的概念可以根据已有的集通过演绎推算出来的。这完全是一个逻辑形式化的问题。而皮亚杰所说的，数的概念是根据儿童思维发展中的某些心理运算派生出来的。这完全是一个心理学的问题。西格尔就指斥说，皮亚杰把这两者混为一谈了。我说，这是对皮亚杰的蓄意歪曲，因为皮亚杰讲得很清楚，把心理学直接介入逻辑是荒唐的；他难道不懂得罗素与怀德海所作的数理逻辑的研究，以及爱因斯坦所进行的物理理论的研究和他自己所从事的发展心理学的工作不一样吗？或者说，难道连逻辑、物理理论和心理学是不同的几种科学，这样的常识他都不能区别吗？前面我们已经讲清楚了，他认为，仅就认知的形式探索认知的本质及其有效性，仅就认知的整个过程的一刹那或一个横切面去解释认知的本质及其有效性，虽是必要的，但是不够的。他要从儿童心理发展中所发现的事实，他要从逻辑的公理或科学的基本概念的心理来源去印证逻辑学家、科学家所运算出来的理论。他用心理的事实证明了爱因斯坦的时间概念派生于运动速度的理论，也用心理的事实否定了罗素与怀德海以为作

① 西格尔．论皮亚杰的认识论．载：教育理论（冬季），1978（17）

为“许多等值类的类”的数乃是最基本的逻辑概念而发现了数是两种母结构综合的结果。这怎么说是把两者混为一谈呢？难道把物理理论与数理逻辑通过形式运算推演出来的科学理论和心理科学，在心理发展过程中找出这些形式概念的心理来源两者结合起来，不是更能确切地解释认识的本质及其有效性吗？因此，皮亚杰并没有把逻辑和心理学混为一谈，而是企图把两者互相印证，综合利用。这不能说明皮亚杰误解了逻辑实证主义，而只能说明西格尔硬把他自己的逻辑实证主义者对于认识论的狭隘的看法强加于皮亚杰，是对皮亚杰发生认识论的彻底误解。

近来读到国内一些介绍皮亚杰的文章，其中有些文章对于皮亚杰的学说也作过一些批判。例如韩进之同志的《皮亚杰儿童思维心理学简介》一文，作者认为皮亚杰的“基本观点是唯心的”。他提出了几点理由。第一，这突出表现在他关于知识来源问题上。作者说，皮亚杰“强调的是主客体的相互作用，特别是主体的动作，实质上降低了客体的决定作用”。第二，皮亚杰“把人的智力解释为最高形式的适应”，而没有说明智力“表现有积极的变革现实的作用”。第三，皮亚杰的“图式”概念正是“康德的先验论图式的翻版”，因为在皮亚杰看来，“客观只是对知识才存在，客体是构造的结果”。

当我们把这三个理由和皮亚杰的原著对照起来看时，我觉得这三个理由能否应用于皮亚杰的理论，还值得商榷。

第一，不错，皮亚杰的认识论是建筑在“认知来源于主体与客体的互相作用”这一观点的基础上的。他在一定的程度上也强调了主体的动作。在这里，既然是讲主体与客体之间的互相作用，那么皮亚杰首先就并没有否认客体的存在。皮亚杰说：“我认为，认知一个客体并不是描摹它，而是指对于客体发生作用。”① 他又说，“我们作用于一个客体时，我们的认知就是从这个客体本身派生出来的。”② 其次，在认知问题上，是否应该强调主体的动作、行动

① 皮亚杰．发生认识论．出版地不详，1970．15
② 皮亚杰．发生认识论．出版地不详，1970．16

呢？马克思曾经在《费尔巴哈论纲》里面说过："以前的一切唯物主义——包括费尔巴哈的唯物主义——的主要缺点是：对事物、现实、感性，只是从客体的或者直观的形式去理解，而不是把它们当作人的感性活动，当作实践去理解，不是从主观方面去理解。"① 根据这一段话，在理解事物方面，强调人的感性活动至少不能说是唯心的。再次，皮亚杰所指的"主体的动作"并不是指一种超自然的心灵，而指的是一种具有了社会特征的自然有机体的能动作用。因此，主体与客体的相互作用是指自然界里面的一个具有社会特征的有机体和它的自然与社会环境之间的相互作用，所以从存在的意义讲来，我们也可以说是两个存在物之间的相互作用。这两方面都可以说是第一性的，从这两者相互作用所产生的意识、思维、认知则是第二性的。总之，皮亚杰并没有否认客体的存在，而主客体的互相作用也并不意味着客体是依赖于主观心灵而存在的。

第二，不错，皮亚杰说过，人的智力是对环境的适应，但是他也说，人的智力是能动地、积极地改革现实的。他说："认知就是改变现实，以便了解某种状态是怎样产生的。"② 又说，运算思维"包括有行动本身，而这些行动改变着对象或事态"③。他也强调地指出："我认为，人类的知识实质上是积极能动的。"④ 这一点是他的认识论根本不同于感觉主义认识论的地方。

第三，说皮亚杰主张，"客体只是对知识才存在，客体是构造的结果"，这种说法也是没有根据的。据我们看到的皮亚杰的原著中，他并没有这样说过；他只说过，认知结构是在原始的图式的基础上通过主体与客体的相互作用而构成的。乔姆斯基谈到具体语法的基础是普遍语法（理智的核心），而这种理智的核心则是先天的时候，皮亚杰是不同意的。他说："我否认这些结构是先天的。我认为我们已经有可能看到过它们是发展的结果。"⑤ 再者，当他谈到

---

① 马克思，恩格斯．马克思恩格斯全集：3卷．北京：人民出版社，1960．3
② 皮亚杰．发生认识论．出版地不详，1970．15
③ 皮亚杰．发生认识论．出版地不详，1970．14
④ 皮亚杰．发生认识论．出版地不详，1970．15
⑤ 皮亚杰．发生认识论．出版地不详，1970．47

逻辑结构的开始时就人类生出时而论，他有最原始的图式。如果再追索这些图式的根源时，“我们就立即进入神经系统与神经原网的协调领域……如果我们再追索到这些神经系统的图式根源时……我们就会发现更加基本的有机协调。如果我们在进一步深入比较生物学的领域，我们又会到处发现有内包、序列、对应的结构。”① 这样可以一直追溯下来。当然皮亚杰说，他的研究只从人类的心理活动开始。不过我觉得这种科研还不是先验论的，而是唯物的。最后，康德的先验论认为在人类经验之先，独立于人类经验之外，人类的心灵里就已经有了各种先验的范畴。这和皮亚杰认为“图式”具有神经系统和神经原网的基础的说法没有任何相似之处，怎样可以说它们是康德先验论“图式”的翻版呢?

在以上的分析中，我并不是说，皮亚杰的发生认识论中没有唯心的因素，而只是本着实事求是的精神说，韩进之同志所列举的那些理由是不符合事实的，是武断的，因而是不能成立的。我的意见很可能是完全错误的，现在提出来，希望大家指正。

（傅统先）

选自：教育研究，1982（4）

① 皮亚杰．发生认识论．出版地不详，1970．19

12

维果茨基

(Lev Semenovich Vygotsgy)

- 生平简介
- 名篇选读
  高级心理机能的发展（节选）
  儿童心理发展问题（节选）
- 思想评介
  维果茨基关于高级心理机能的理论

生平简介

维果茨基（1896~1934），前苏联心理学家，社会文化历史学派创始人。维果茨基1896年11月出生于白俄罗斯的戈梅利，1934年6月因患肺病逝于莫斯科，年仅38岁。维果茨基先后就读于莫斯科大学法律系和沙尼亚夫斯基大学历史—哲学系，他广泛涉猎了有关心理学、语言学、哲学、艺术和其他社会科学的著作；毕业后，先后在莫斯科实验心理学研究所、缺陷学研究所、莫斯科心理研究所工作，并在莫斯科、列宁格勒、哈尔科的许多高等学校讲授心理学。

在他短暂的科学活动期间，维果茨基为前苏联乃至全世界所贡献的心理学思想是极其丰富的，他给前苏联心理学乃至马克思主义心理学的发展带来了巨大的成就。他和鲁利亚、列昂节夫一起提出的观点，即著名的文化历史理论，成为现代心理学主要的学术流派之一。

早在创立文化历史理论之前，维果茨基就针对当时心理学中行为主义和唯心主义等心理学所导致的心理学在方法论上的危机，于1925年发表《作为行为心理学问题的意识》一文，坚决反对把意识从心理学研究领域中完全排除出去的企图。与此同时，维果茨基还批判了新旧主客观心理学的原子论和二元论，指出它们在理解高级心理机能方面的错误，即把高级心理机能与低级心理机能所作的不适当区分。

与上述观点相反，维果茨基提出了对心理学极为重要的理解心理过程的历史原则。他第一次明确地提出，一切都应当是从历史的观点，而不是抽象的观点，不是在社会环境之外，而是在同它的作用的不可分割的联系中，加以理解。正是历史原则构成了维果茨基理论的核心，在他的关于心理的历史观中，作为出发点的是这样一个论点：现代文明的成人的行为是两种不同的发展过程——动物的生物进化和人类历史发展——的结果，由于这样，最初原始的人变成了现代文明的人。从个体发育角度看，这两个过程是融会在一起的，因为儿童自出生起就处在他的周围社会环境的一定影响下，而同时他的机体的发展也在继续着。维果茨基指出：“文明社会中的正常儿童的成长，通常表现为包含他的机体成熟过程的统一的合金。发展的两个方面——自然的方面和文化的方面——彼此一致并融会在一起。”

维果茨基把高级心理机能的发展看作是行为的文化发展的最重要的一个方面，他认为高级心理机能是在人类文化发展过程中由低级心理机能演变而成的。而表明文化行为特征的、与其较早期的生物形式不同的主要之点是制造工具和使用工具，与此相符合，作为人类文化发展的一个最重要方面的心理机能的发展，自身中必然包含着对特殊的（外部的）手段的创造，而这种手段就是一种工具。正是历史过程中工具（特别是心理工具）的创造使得心理机能产生从低级到高级的质变。对维果茨基来讲，这种心理工具就是文化符号（首先是语言符号）。他进一步阐明，一切文明的东西都是社会的东西。文化是社会生活的产物，与此相应的是，符号最初也总是社会联系的手段，影响他人的手段，而只是在以后才成为影响自己的手段，而后者又是通过社会交往条件下的内化过程实现的。维果茨基特别强调在人的文化行为和他的高级心理机能中所使用的心理工具或符号，其中词占有最重要的地位。他认为，言语就其本身意义而言，是社会联系的核心系统，是社会联系和文化行为的核心机能。

维果茨基在他科学活动的后期还就思维与言语的关系作了深入的探索。首先，他对思维和言语的起源，从系统发生和个体发生两个方面作了研究；其次，他对概念的发展与儿童科学概念的形成进行实验研究，论证词与教学对形成科学概念的重要作用；最后，在自我中心言语问题上，维果茨基与皮亚杰进行了论战，他根据实验研究的结论指出，自我中心言语在儿童活动中不是伴随的、非本质的，而是起定向与调节作用的，这种自我中心言语将逐渐转化为内部言语，由内部言语取而代之。

在发展与教学的相互关系上，维果茨基则提出了“最近发展区”理论，即儿童发展可能性的思想，归结为“教学始终并应当走在发展的前面，而不要落在发展的后面”的结论，这思想成为前苏联指导开展教学改革实验的重要依据，并对世界教育思想的发展产生了巨大影响。

维果茨基英年早逝，然而他的思想仍具有极大的现实意义，近20年来，维果茨基的思想重新受到西方心理学界的高度关注。“维果茨基的夭折中断了一项意义重大的事业，人们还远没有从这项事业中取其全部的教益。”

维果茨基著述甚丰，达186种，主要著作有：《儿童心理发展问题》（1929~1934）、《高级心理机能的发展》（1930~1931）、《心理学讲义》（1932）、《思维与言语》（1934）等。

（杨　宁）

名篇选读

高级心理机能的发展（节选）

想象及其在童年期的发展

研究表明，言语发展受到抑制的儿童，在其想象的发展上也显得十分落后。言语畸形发展的儿童，比如说，耳聋的儿童失去言语交往因而变成全哑或半哑，其想象同时也显得十分贫乏、枯竭，有时甚至残缺不全。

……

由此可见，对想象的发展所作的观察，揭示了该机能对于言语发展的依存性。如所判明的一样，言语发展的障碍同时也标志着想象发展的障碍。

……

言语使儿童摆脱了直接的印象，促进他形成关于事物的表象。

言语使儿童有可能产生他未曾见过的事物的表象并对它进行思考。

借助言语，儿童才有可能摆脱直接印象的支配，超出直接印象的范围。儿童也可以用词去想象那些与现实事物的准确结合或相应的表象不一致的东西。这样便使儿童有可能在以词所表示的印象范围内极为自由地翱翔。

进一步的研究表明，不仅言语，儿童随后的生活步子都有助于儿童想象的发展。例如学校就具有这样的作用，儿童在学校里能够在他去做什么之前以想象的形式周密地思考。毫无疑问，这恰恰是在学龄期形成初次真正的幻想形式的基础。这就是能够使儿童脱离与现实思维相联系的机能而或多或少地服从于一定的智力结构。最后，由于概念的形成标志着过渡年龄的到来，所以它对于形形色色的、十分复杂的结合、组合与联系的发展是极其重要的因素。这些结合、组合与联系在少年期，在各个经验要素之间通过概念思维才得以建立。换言之，我们看到，不仅是言语的出现本身，而且在言语发展中最重要的关键性因素同时也是儿童想象发展中的关键性因素。

由此可见，各种实际的研究材料不仅不会证实儿童的想象是无词的、我向的、无指向的思想，恰恰相反，这些材料都表明儿童想象发展的过程也像其他高级心理机能发展的过程一样，都是与儿童的言语、与他同周围人交往的基本心理形式，亦即与儿童意识的集体的社会活动的基本形式本质地联系在一起的。

……

如果拿所谓空想的结构，亦即在意识中从真正的现实方面出色地分化出来的明显的幻想的表象来说，那么，它们丝毫也不是下意识地实现的，而完全是自觉地实现的。其明显的目标是为了构成对未来或过去的某种幻想式的映象。假如我们拿儿童很早就熟悉的艺术创作，诸如图画、故事创作作品的产生而言，那么我们就会看到，在这里想象也带有指向性，也就是说，它们不是下意识的活动。

最后，我们如果回过头来研究一下儿童的所谓结构想象，研究一下与真正的改造活动，比如说与技术—结构活动或建造活动相联系的意识的全部创造活动，那么我们就会到处看到，正如一位真正的发明家一样，想象是他借以工作的基本机能之一，在任何情况下，幻想的活动同样也是极有指向性的，亦即它自始至终都指向于人所追求的一定的目的。至于儿童关于未来的行为的计划等也是如此。

……

儿童心理学指出了想象活动的一个重要方面，它在心理学中称之为幻想活动的现实感规律。其实质很简单，它是以实际的观察为基础的。我们的情感运动是与想象活动紧密相联的。我们的这两种结构从理智因素的角度来看经常是不合理的，因为理智因素是各种幻想映象的基础，但是它们从情绪的意义上又是现实的。

我们且举一个旧的粗浅的例子来说。假如我进入一个房间里，把一件挂着的长衫当成了强盗，我知道我的恐惧性的想象是荒唐的，但是我的恐惧情感却又是现实的体验而不是对现实恐惧感的幻想。这的确能说明童年期想象发展的特点以及成熟期多种幻想形式中的许多现象的根本因素之一。

这一事实的本质就在于想象是一种充满情绪因素的活动。

……

但是，有必要谈谈另外两个因素以便于我们看到与情绪因素的结合并不是或者并不构成想象的特殊基础；想象不尽限于这种形式。

当人的现实的思维与他所担负的、并这样或那样处于他自身的个性核心的重要任务联系在一起时，便会引起与唤起一系列的情绪体验。这些情绪体验要比想象与幻想有更为显著得多的真正的性质。如果拿一位深入思考……某种复杂的政治形势的革命者的现实思维，一句话，如果以指向于解决对他具有重要意义的任务的思维来说，我们可以看到与这种现实思维相联系的情绪较之与幻想相联系的情绪表现得无比深刻、强烈，有更大的推动作用，在思维系统中更有意义。在这里，情绪过程与思维过程的另一种联结方式是极其重要的，如果说幻想性的想象的特点在于思维是以服务于情绪兴趣的形式而表现出来的话，那么在现实思维的场合下，我们看不到有专门受情感规律支配的现象，这种思维的各种机能本身之间有着复杂的关系。如果我们拿与发明以及作用于现实的想象来说，我们就会看到，在这里，想象活动并不服从于情绪规律的主观摆布。

一位凭想象制图或拟定他要完成的计划的发明家和一个遵循主观的情绪规律而进行思维的人是不相同的，在这两种情况下，我们会看到不同的系统和不同的复杂活动的形式。

如果从分类的观点来看问题，把想象看成为在其他许多机能中的特殊机能，看成为同一类型的与经常重复的脑活动形式，那将是不正确的。必须把想象看成为更为复杂的心理活动形式，这种心理活动的形式乃是由具有特殊关系的若干机能的现实的结合。

对于那些超出我们习惯于称之为“机能”的过程的范围的复杂的活动形式而言，如果采用**心理系统**这个名词是正确的。在这里我们指的是它的复杂的机能结构。这种系统是以它内部占统治地位的机能间的联系与关系为特征的。

对想象活动及其多种形式的分析以及对思维活动的分析表明，只有把这些活动形式当作系统来看待，我们才有可能去描述其中所发生的最重要的变化以及其中所表现出来的依存关系与联系。

……

同时，我们还观察到两个极为重要的因素，这些因素不仅是从批评方面，而且从积极方面说明了我们所感到兴趣的思维与想象之间的关系。

该两个因素是这样的：一方面，我们指出思维过程与想象过程这两者十分接近和极其近似。这两个过程所取得的主要进展就其发生因素方面都是同样的。因为在儿童思维的发展中，在想象的发展中，基本的转折点都是与言语的出现吻合的。学龄期既是儿童的现实思维也是儿童我向思维发展中的转折点。换言之，我们看到逻辑思维与我向思维是在极其紧密地相互联系中发展起来的，更细致的分析使我们敢于作出更大胆的表述：我们可以说它们是统一地发展起来的。实质上，在这种心理过程的发展中我们完全观察不到它们有各自的独立生活。更有甚者，当我们观察那些与指向现实的创造相联系的想象形式时，我们就会看不到现实的思维与想象间的界线。我们所看到的是，想象乃是现实思维完全必备而不可缺少的因素。在这里产生了一些从事物的基本原理的观点看来是很自然的矛盾：如果没有一定的想象成分，如果不超脱现实，如果不超越该现实在我们意识的基本活动中所表现出来的那些直接的、具体的、单一的印象，我们就不可能对现实有正确的认识。例如拿发明、艺术创作问题来说，在这里你们就会看到，问题的解决在很大程度上要求现实思维参与到想象过程之中，它们两者是统一地发生作用的。

然而尽管如此，如果将它们两者等同起来或是看不到它们两者之间存在的现实的对立性，那是十分错误的。像一位研究想象的优秀工作者所说的一样，这种对立性在于，想象与情绪方面的联系不会更多，自觉性的程度不会更小，具体性的程度不会更小也不会更大，这是想象的特征；这些特征同样地也表现在思维发展的各个不同的阶段上。对想象而言最重要的是意识倾向，这种倾向在于意识离开现实而进行一定的、相对的自主活动，它不同于对现实的直接认识。除了在对现实的直接认识的过程中所构成的那些映象之外，人还构成一系列的映象，这些映象被看成是由想象所建立起来的领域。在思维发展的高级水平上所发生的映象的结构，我们在周围环境中无法找到它们的现成的形式。由此，现实的思维活动与高级形态的和在所有发展阶段上的想象活动实际上存在的复杂关系就变得是可以理解的了。儿童在争取更深刻地渗透到现实之中的每一步，和与此同时儿童在一定的程度上摆脱他从前所熟悉的比较原始的认识现实的形式，就变得是可理解的了。

任何对现实更深刻地渗透都要求意识与该现实的诸要素的更自由的关系，离开通过初次知觉而直接感知的现实的明显的外部方面，要求可能有愈来愈复杂的过程，从而借助于这些复杂的过程对现实的认识变得更为复杂与丰富。

选自：维果茨基．心理学文选．龚浩然译．北京：人民教育出版社，1986

儿童心理发展问题（节选）

学龄期的教学与智力发展问题

我们可以系统地把现有的如何解决儿童发展与教学的关系问题基本上归为三类……

在科学史上提出的第一类解决办法的中心论点是：儿童的发展过程不依赖于教学过程。在这些理论中教学被看成是纯粹的外部过程，这一过程应当千方百计地适应儿童的发展进程，但是它本身并不积极参与儿童的发展，它不会改变儿童发展中的任何东西，与其说它推进儿童的发展过程和改变发展的方向，还不如说它利用发展的成果。

……

发展应该完成其自身的一定的完整的系统。某些机能应在学校可能给儿童着手进行一定的知识技能的教学之前成熟。发展的系统总是在教学的系统之前。教学落后于发展，发展总是走在教学的前面。只是由于这一缘故，关于提出教学本身在发展与由教学进程促使其活跃起来的机能的成熟过程中的作用问题，就没有任何可能提出来。机能的发展与成熟，与其说是教学的结果，不如说是教学的前提。教学是建筑在发展之上的，实质上丝毫也不会改变发展中的任何东西。

第二类解决办法，可以概括为教学也就是发展这样一个与上述论点相反的中心论点。这种提法最扼要与准确地表现了这类理论本身的实质。这些理论是在极为不同的基础上产生的。

乍一看来，可能以为这种观点较之前一种观点进步得多，因为如果说前一种观点是以教学与发展的完全分离作为基础的，那么，这一种观点却赋予教学在儿童发展进程中以中心的意义。但是，进一步研究第二类解决办法表明：尽管这两种观点有着明显的对立性，然而它们在基本点上却是一致的，彼此是非常近似的。

……

尽管这两种理论有相近之处，但是也有着十分重要的差别，如果留意教学过程与发展过程在时间上的联系的话，差别就可以极为明显地表现出来。像我们以前所见到的一样，第一种理论的创立者们断言，发展的系统处在教学的系统之先，成熟是在教学的前面，教学过程落后于心理的形成。第二种理论认为，这两个过程是同等地和平行地进行的，因此，教学上的每一个步子都是与发展的步子相一致的。发展跟着教学，好像影子紧跟着投影的物体一样，甚至这种比喻对该理论的观点而言好像还过于大胆，因为这种理论是从发展与教学这两种过程的完全融合与等同出发的，完全没有把它们分开，因而是以这两种过程之间更加紧密的联系与依赖为前提的。发展与教学对这种理论而言，在其一切地方都是相互一致的，正如两个同样的几何图形叠在一起一样。当然，关于什么在先什么在后的问题，从这一理论看来是毫无意义的。同时性、同步性成了这一类学说的基本信条。

第三类理论采取把以上两种观点结合的办法，试图克服它们的极端性。从一方面说来，发展过程被理解成是不依赖于教学的过程，另一方面，儿童在教学过程中获得一系列新的行为形式的这样的教学本身，同样被理解成是与发展等同的。这样一来，便创立了各种二元论的发展理论。

……

这一理论有三个方面是新的，第一，如已经指出过的那样，这是两种对立观点的结合，其中每一种观点在以往科学史上，如上面已经描述过的一样，是单独分开的。这一理论把这两种观点结合起来这一事实本身就已经说明，这些观点并不是对立的、相互排斥的，实质上它们之间有共同的东西。

这一理论的第二个新的方面在于，构成发展的两个基本过程是相互依存、相互影响的……。教学过程仿佛刺激着成熟过程并使其推向前进。

最后，这一理论的第三个新的并且是最重要的方面便是扩大教学在儿童发展进程中的作用。

……

我们上面所研究的三种理论都是用不同的观点去解决关于教学与发展的关系问题，这就使我们有可能以这些理论作为出发点，从而对这个问题提出更正确的解决办法。对儿童的教学在学校教学之前早就开始了。我们认为这一事实就是解决这个问题的出发点。实际上，学校教学无论何时都不是在空白开始的。儿童在学校中所碰到的任何教学，总是有其自身的前史。例如，孩子在学校里学习算术，但是，早在他入学之前，就已经有了数量方面的若干经验，他曾碰到过分东西、测量大小、某些加和减的运算。因此，儿童有他自己的学前的算术。

……

学校的教学路线并不是在某一个领域内的儿童的学前发展路线的直接的继续，除此之外，学校的教学路线可能在某些方面回过头来了，甚至可能与学前的发展路线背道而驰。但是，这无关紧要，不管我们在学校中碰到的是学前教育的直接的继续也好，或者是对它的否定也好，我们都不能轻视这样一种情况，即学校的教学无论何时都不是从空白开始的，而总是面临着儿童在入学前所走过的一段发展阶段。

……

自然，在学龄期来到之前的这一段教学过程与作为掌握科学知识基础的学校教学过程是有着本质区别的。但是，甚至当儿童在最初向别人提问的时候便掌握着他周围物体的名称。实质上，这时他便经历着一定的教学系统。由此可见，教学与发展并不是在学龄期初次相遇的，实际上从儿童出生的第一天便相互联系着。

这样一来，我们给自己提出的问题便变得加倍复杂起来。它似乎分解成了两个单独的问题。首先我们应该了解教学与发展之间一般存在着的关系，然后我们也应当了解在学龄期这种关系有哪些特点。

我们先从第二个问题开始讲起，从而也便可以使我们阐明我们所关心的第一个问题。为了明确这一点，我们详细研究一下某些研究的结果。这些研究结果，从我们的观点看来，对我们的整个问题具有原则的意义，并且使我们能给科学引进一个极为重要的新概念，否则，我们所研究的问题就不能得到正确的解决。这里谈的是所谓最近发展区。

教学应以各种方式与儿童的发展水平相一致，这乃是通过经验而确立的并多次验证过的无可争辩的事实，只有从一定的年龄开始才可以教儿童识字，只有从一定的年龄起儿童才能学习代数，这未必还需要证明。因此，确定发展水平及其与教学可能性的关系乃是一个牢固而又基本的事实，从而使我们可以大胆地把这一个无可置疑的事实作为依据。

但是，只是在不久之前才注意到，当我们试图确定发展过程与教学的可能性的实际关系时，无论何时我们都不能只是限于单一地确定发展水平。我们应当至少确定儿童的两种发展水平，不了解这两种水平，我们便不能在每一个具体的场合下找到儿童发展进程及其与教学的可能性之间的正确关系。第一种，我们称之为儿童的现有发展水平。我们指的是由一定的已经完成的儿童的发展系统的结果而形成的儿童心理机能的发展水平。

……

我们面前有两个同样智龄为7岁的儿童，但是其中一人在最微小的帮助下能解答9岁的题目，另一个人则解答7岁半的题目，这两个儿童的智力发展是同样的吗？从他们的独立活动的观点来看是同样的，但是从最近的发展可能性的观点来看，他们却有很大的差别。那种原来在成人的帮助下能够做到的事情，向我们表明他的最近发展区。这就意味着，借助于这种方法我们所能估计到的不仅是直到今天为止已经完结的发展过程，不仅是已经完成的发展系统，不仅是已经完成的成熟过程，而且是那些现在仍处于形成状态、刚刚在成熟、刚刚在发展的过程。

儿童今天在成人的帮助下所做的这种事，明天就会独立地去完成了。由此可见，最近发展区能帮助我们判明儿童的明天，判明儿童发展的动力状态，从而不仅注意到在发展中已经达到的东西，而且也注意到正处在成熟过程中的东西。我们所举的这两个孩子的例子，从已经完成的发展系统的角度看，他们两人的智龄是相同的，但是从他们的发展动态来看却是完全不同的。由此可见，儿童的智力发展状态，至少要通过弄清楚他的两种水平（现有发展水平与最近发展区）才可能加以确定。

看起来好像这一事实本身并不是很重大的，但是实际上，它却具有着决定性的原则的意义，并且给关于教学与儿童发展过程之间的关系的整个学说带来了一场大的变革。首先，这一事实改变了对于从对发展的诊断中应该怎样做出教育学的结论问题的传统观点。过去的事情呈现了这样的情况：借助测验我们确定儿童的智力发展水平，教育学应当考虑到这个水平而不应当超过这个水平。

由此可见，这个问题的提法本身已经包含了这样一种思想，即教学应当面向儿童发展的昨天，面向已经经历过的已完成了的发展阶段。

这种观点还没在理论上露头就在实践中暴露出错误。在智力落后儿童的教学实例上，这一点可能表现得最为突出。大家都知道，研究表明：智力落后儿童的抽象思维能力是很低的，辅助学校的教育学便由此而得出了一个看起来好像正确的结论，即对这样的儿童的全部教学都应当以直观性作为基础。但是，在这方面的广大经验使得特殊教育学大失所望。原来，这样的教学体系，由于它完全建立在直观性的基础之上并且从教学中排除了一切与抽象思维相联系的东西，所以它不仅不会帮助儿童克服他自身的天生的缺陷，而且还使这种缺陷巩固下来，从而使儿童完全习惯于直观的思维，并妨碍了这样的儿童仍然具有抽象思维的脆弱幼芽得到发展。正是因为智力落后的儿童如果听其自然，无论何时何地都不能获得稍为发展的抽象思维的形式。学校的任务正是在于全力以赴，使儿童朝着这一方面向前推进，发展他那种发展的欠缺方面。就是在辅助学校的现代教育学中，我们也观察到由于这样来理解直观性而发生的很有益的变革，从而也给直观教学的方法本身赋予了真正的意义。直观性只是当作发展抽象思维的阶段、当作手段才是需要与不可避免的，但是他本身并不是目的。

在正常儿童的发展中也产生某种与此非常相似的东西，教学如果是以已经完成的发展系统为目标,从儿童的一般发展的角度看来,这种教学是没有积极作用的,它不会引起发展过程而是充当发展的尾巴。

与旧的观点不同,关于最近发展区的学说使我们能提出一个与之相对立的公式,这个公式宣布:只有那种走在发展前面的教学才是良好的教学。

从一系列的研究中……我们知道人所特有的、在人类的历史发展过程中出现的儿童的高级心理机能的发展进程是一个极其特殊的过程。在另一个地方我们曾经以下面的形式表达过高级心理机能的发展规律:任何一种高级心理机能在儿童的发展中都有两次表现:第一次是作为集体的活动,社会的活动,亦即作为心理间的机能而表现的,第二次才是作为个人活动,作为儿童的思维的内部方式,作为内部心理机能而发现的。

……

我们并不会害怕在说过这一切话之后肯定,教学的最重要的特征便是教学创造着最近发展区这一事实,也就是教学引起与推动儿童一系列内部的发展过程,这些内部的发展过程现在对儿童来说只有在与周围人的相互关系以及与同伴们的共同活动的范围内才是可能的,但是由于经过了内部发展进程后来才成为儿童自身的内部财富。

教学,从这一观点来看并不就是发展,但是对儿童正确组织的教学能引起儿童的智力发展,使一系列这样的发展过程得以产生,离开教学发展根本不可能。这样一来,教学乃是在儿童身上发展人的历史特点而不是人的自然特点的过程中的、内在必要与普遍的因素。

正如同聋哑父母生的孩子一样,由于听不见自己周围的言语声,尽管他在发展言语上有完整无缺的自然素质,却依然变成哑巴,同时那些与言语相联系的高级心理机能在他的身上也得不到发展。任何教学过程都是如此,它是引起实现许多这一类过程的发展源泉,而这些过程如果离开教学就根本不可能在发展中产生。

作为发展的源泉的教学,创造最近发展区的教学,其作用是使儿童与成人的教学过程相互对照时便显得更清楚了。直到最近为止，很少有人注意成人的学习与儿童的学习之间的差异。大家都知道，成年人也具有着特别高度的学习能力。詹姆斯认为在 25 岁以后成年人便不可能获得新思想，这种看法已在现代实验研究的过程中被驳倒了。但是，成人的学习与儿童的学习有什么根本的不同，这个问题至今仍不够清楚。

……

成年人学习打字、骑自行车、打网球的过程与在学龄期学习书面言语、算术和自然知识的过程将会有什么根本的区别呢？我们认为这两种过程的最根本的区别将在于它们与发展过程的关系是不同的。

学习打字实际上就是意味着形成许多的熟巧，这些熟巧本身并不会使人的一般的智力面貌发生任何变化。这种学习是利用已经形成和完成了的发展系统。正因为如此，这种教学从一般的发展观点来看，所起的作用是特别微小的。

书面语言的学习过程便是另一回事了。下面我们将谈到的一些专门研究表明：这些过程引起这样一些心理过程，一系列新的特别复杂的发展，而这些心理过程的产生就是意味着在儿童的一般精神面貌上发生如此根本的变化，就像从婴儿期过渡到幼儿期学习言语一样。

我们现在便可以试把以上所述作一番总结，并把我们所探求到的教学与发展过程之间的关系作一个一般的表述。有关小学中算术、书面语言、自然常识以及其他科目的教学过程的心理实质的实验研究表明，当我们说，所有这些教学过程走在前面时，它们是围绕着学龄的基本的新的类型而旋转的，就好像绕轴心而转动一样。一切都是与学生发展的中枢神经交织在一起的。学校教学路线本身激发内部的发展过程。透彻地研究这些由于学校教学进程而产生的内部发展路线的发生与命运，就构成了分析教育过程的直接任务。

发展过程并不是与教学过程同步的，发展过程跟在建立最近发展区的教学过程的后面。这一论点对在这里所提出的假设是最为重要的。

假设的第二个最重要的方面便是认为教学虽然也是直接与儿童发展的进程相联系，然而这两者无论何时都不是均等而并行地实现的。儿童的发展无论任何时候都不是像影子跟在投影的物体之后一样地跟随在学校的教学之后的。因此，对学校成绩的测验，任何时候都反映不出儿童发展的实际进程。事实上在发展过程与教学过程之间，建立起了最复杂的动力的制约关系，从而无法用一个统一预成的先验的抽象公式把它们都包括进去。

选自：维果茨基．心理学文选．龚浩然译．北京：人民教育出版社，1986

思想评介

维果茨基关于高级心理机能的理论

维果茨基是苏联建国初期杰出的马克思主义心理学家，维列鲁学派的创始人。他所提出的关于高级心理机能的理论是这个学派的理论基石。

维列鲁学派是指以维果茨基、列昂节夫和鲁利亚为首创立的并以他们三人命名的苏联当代最大的心理学派别。维果茨基创立的高级心理机能的理论是这个学派的基本出发点，它认为高级心理机能是人的心理的最本质的表现形式。人的心理之所以不同于动物，就是因为人具有着一切动物所没有的高级心理机能。

人所特有的高级心理机能是从哪里来的呢？它们是怎样起源的呢？这个学派通过大量的实验研究证实人脑是物质基础，它只提供高级心理机能产生的可能性，仅仅是由于社会，由于社会文化历史条件，才使这种可能性变为现实性，所以这个学派也称为社会文化历史学派。

下面着重谈谈有关维果茨基高级心理机能理论的一些基本问题。

(一)

维果茨基关于高级心理机能的理论是在20年代中期开始形成的。当时以列宁为首的布尔什维克党领导苏联人民完成了十月革命并进入了和平经济建设时期，从而使知识分子有一个和平环境进行科学研究工作。

为了巩固社会主义制度，就必须在意识形态领域内肃清各种唯心主义、形而上学的影响，用马克思主义占领阵地。所以，在1920年重新发表了列宁的《唯物主义与经验批判主义》，1922年列宁在联共（布）第六次代表大会上公开号召全体共产党员、苏联人民起来同资本主义进行斗争。

在20年代初期，苏联心理学界中以切尔班诺夫为代表的唯心主义心理学势力的影响颇大。切尔班诺夫是冯特的学生，在心理学的基本观点上他完全继承了冯特的心身平行论，在研究方法上主张采用内省法，把内省法看成是认识心理机能，特别是高级心理机能的唯一的手段。十月革命以后他不但丝毫没有改变自己的观点和方法，并且公然反对马克思主义对心理学的指导，说什么心理学是一种经验科学，不应该依赖于一般的世界观，应该独立于马克思主义之外。这种观点理所当然地遭到了许多要求进步的心理学工作者的批判。以科尔尼洛夫为代表的要求进步的少壮派心理学工作者，坚决反对切尔班诺夫的反马克思主义的错误观点，并力图以马克思主义为基础对传统的唯心主义心理学进行彻底改造。但是，后来的实践证明，由于受马克思主义水平的限制，他们并没有真正实现这一宏伟的任务，例如以科尔尼洛夫为首的反应学派所提出的“反应”概念，实质上把高级的心理过程降低为对刺激的简单反应，并把心理过程说成是在有机体中发生的生理过程的主观反映，而不是客观现实的主观映象，所以在30年代也同样地受到了批判。

另一以别赫捷列夫为首的反射学派却主张把意识、心理都归结为各种反射，即声带、喉头、舌、唇等生理反射现象，把情绪归之为脏腑及肌肉的活动。这实质上是俄国式的行为主义，但在当时却把它标榜为最彻底的唯物主义，1920～1926年间在苏联十分流行。然而不久这个学派的错误随着意识形态领域斗争的深入开展也同样遭到了批判。

苏联心理学在20年代的处境反映了世界心理学在方法论上的深刻危机。这就是一切心理学派别在对待研究人的高级心理机能上都采取了错误的观点和方法。这些错误有两种表现形式：第一种根本否认高级心理机能的存在，根本否认意识的存在，行为主义就是如此；另一种是认为人的高级心理机能是完全不可捉摸的，是不可认识的，是所谓“精神的内部力量”，无法进行自然科学的研究，只能通过内省的方法对它们加以描述。从心理学发展的历史来看，一切心理学派都毫无例外地只是把感觉、知觉、反应时间、不随意注意、机械识记作为自己的研究对象，这就必然使他们陷入生物学化的泥坑，从而导致人兽不分，并导致把统一的心理学掰成了两半，一半是不涉及高级心理机能的解释性的自然科学，另一半是只能描述无法研究的人的内在的精神生活。

这样一来，心理学便变成一门完全研究低级心理过程的纯自然科学，把本来与社会生活密切联系在一起的、生动的、丰富的心理生活变成了完全关闭在实验室中脱离社会实际的东西，从而心理学自身也必然变成一门毫无生气的科学。这就是由于传统心理学的方法所造成的危机。世界心理学如此，苏联心理学的情况也是如此。这就是维果茨基所处的时代以及他所面对的复杂的情况。

维果茨基认为，人根本不同于一切动物，人具有一切动物所不具有的高级心理机能，所以人能总结经验，发现事物的内部规律，主动地控制自己的行为，并因而具有积极地改造客观现实、创造世界的本领。人的高级心理机能是不是从天上掉下来的呢？对它是不是只能通过内省的方法进行描述而无法进行科学研究呢？他从发生学的观点去研究一切高级心理机能的起源，写出了《高级心理机能的发展》、《思维与言语》等一批重要的著作，试图用马克思主义的观点研究人的心理，从而提出了高级心理机能的社会起源的理论。

(二)

维果茨基认为，心理机能有两类：一类是低级心理机能，如感觉、知觉、不随意注意、形象记忆、情绪、冲动性意志、直观的动作思维。低级心理机能是消极适应自然的心理形式。低级心理机能本身也有简单与复杂之分。例如感受性、最原始的感觉能力，这些是最简单最低级的心理机能，动作思维则是比较复杂的低级心理机能。我们之所以称它们为“低级的”，是因为这些心理机能有着许多共同的特征：(1) 这些心理机能是不随意的、被动的、由客体引起的；(2) 就反映水平而言，它们是感性的、形象的、具体的；(3) 就它们实现过程的结构而言，它们是直接的、非中介的；(4) 就这些心理机能的起源而言，它们是种系发展的产物，是自然发展的结果，因而它们是受生物学的规律所支配的；(5) 它们是伴随生物自身的结构的发展尤其是神经系统的发展而发展的。

另一类是高级心理机能。维果茨基给了高级心理机能以确定的含义，这就是指观察（有目的的知觉）、随意注意、词的逻辑记忆、抽象思维、高级情感、预见性意志等。这些高级心理机能具有一系列根本不同于低级心理机能的共同特征：(1) 这些机能是随意的、主动的，是由主体按照预定的目的而自觉引起的；(2) 就它们的反映水平而言是概括的、抽象的，也就是说在各种机能中由于有思维的参与从而使它们发生了本质的变化；(3) 就其实现过程的结构而言是间接的，是以符号或词为中介的；(4) 就其起源而言它们是社会历史发展的产物，是受社会规律所制约的；(5) 从个体发展来看，高级心理机能是在人际的交往活动过程中产生与不断发展起来的。

维果茨基认为，低级心理机能与高级心理机能虽然是两条完全不同的发展路线（种系发展与历史发展）的产物，然而在人的个体发展过程中这两种不同的心理机能却交织、融合在一起了，也就是说在儿童个体发展的过程中既有种系的发展又有历史的发展，这就给儿童心理学的研究工作带来了巨大的困难，从而常常使儿童心理学的研究工作者不是犯生物学化的错误就是犯庸俗社会学化的错误，因此十分迫切地需要用马克思主义来指引航向。

人的高级心理机能是怎样产生的呢？维果茨基提出了社会起源的学说。儿童从他出生的第一天起就处在社会文化的影响之中，高级心理机能的根源并不存在于生物有机体之内，而是在生物有机体之外，只有在人的客观社会生存条件之中才能找到。人脑这个器官当然是十分重要的，但只是为高级心理机能的产生提供了物质基础。

为什么说高级心理机能起源于社会呢？我们且举儿童的随意注意为例。维果茨基指出："因此，从发生学的角度去了解随意注意，关键在于：这种行为的形式的根子不应从儿童个性的内部去寻找，而要到儿童个性的外部去寻找。"婴儿最初的全部注意是不随意的、低级的。这种注意是由婴儿的生物的内驱力来推动或者是一种极其简单的定向反射动作。到了一定的阶段，妈妈便对他说"帽帽"，这时"帽帽"便成了他的注意中心，继而妈妈便说"给我帽帽"，儿童便用手去摸帽子，这时一种完全新式的随意注意便由此产生了，这种注意的结构根本不同于以前的注意结构。这种注意是以妈妈的言语为开端，以儿童的动作为结尾，是通过两人之间的交往进行的，这是儿童一切高级心理操作的最初模式。这样经过多次重复，随着儿童的发展，被动言语便由主动言语所代替，在消极言语的基础上形成了积极的言语。在这种情况下儿童便开始自己呈现这种动作的图式，现在他便会自己说："这是帽帽"，他的注意也就随着移到帽子上，他自己给自己发出一个言语指令"拿帽帽"，他便听从这一言语信号的支配而引起相应的动作。以前由两人构成的动作，现在却内化成了他自身的心理活动的组成方式，两人间的动作转化为他内部的心理结构。一切高级心理机能也都是以这种方式通过人与人的交往而形成起来的。

交往是活动的一种最重要的形式，它是形成高级心理机能的社会基础。没有社会交往就不可能产生高级心理机能。随着儿童社会交往的扩大和复杂化，他们的高级心理机能也就不断地发展，最后便形成了完整的高级心理机能的自我调节系统，形成了意识。由此可见，人的高级心理机能是受社会制约的。许多"野人"的实例证明：由于他们长期离开了人群，失去了社会交往的机会，虽然他们也都有正常人的脑，却不能产生高级心理机能。

高级心理机能的发生和发展是通过什么样的具体机制而实现的呢？维果茨基曾提出了关于工具的理论。维果茨基认为，行为有两种：一种是动物具有的自然行为，另一种则是人所特有的工具行为。工具也有两种：一种是物质工具，这就是石斧、石刀、锄头乃至现代化机器等，人运用物质工具进行物质生产，进行劳动操作；物质工具愈是复杂、高级，物质生产也就愈复杂、高级，人由于使用了物质工具，才最后脱离了动物界。另一种工具则是精神工具、心理工具，这就是各种符号、记号乃至词、语言。人运用这种精神工具进行精神生产，进行心理操作。动物没有也不可能有这种精神工具，所以它们的心理机能永远只能停留在低级水平上；人由于有了这种精神工具，从而他们的心理机能发生了质的变化，上升到高级的阶段。精神工具也像物质工具一样是不断发展变化的，起初只是一些极为简单的符号、记号，到了后来便出现了文字、语言，这种精神工具愈复杂，精神生产、心理机能的内部技术也就愈高级。当然这两种工具又是彼此密切地联系在一起的。从人类历史发展来看，精神工具是随着物质工具的使用而产生与发展起来的，反过来，精神工具的使用又促进了物质工具的进一步发展。

精神工具的使用是怎样使心理机能发生质变的呢？维果茨基提出了中介结构的理论。他认为，一切动物的心理机能从其结构来看都是直接的，而人的高级心理机能比起低级机能来在结构上多了一个中介环节，从而使它们都具有间接的性质。打一个比喻说，低级心理机能的结构就好像甲乙两人打电话，这条电话线是直通的，而高级心理机能的结构则不同，甲乙两人的电话线不是直通的，而是中间经过了一个电话员的接线工序。以识记为例：动物的识记是建立A—B的直接联想的过程，而高级识记则是中间通过了心理工具X，从而建立A—X—B的间接联想过程（如图12－1所示）。

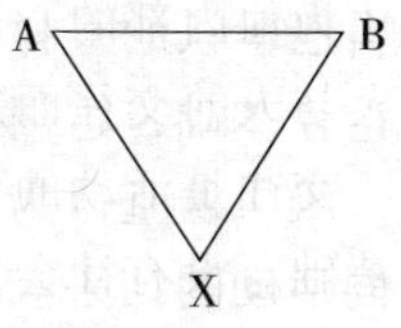

A B X

图12－1

高级心理机能本身也有一个不断地由简单到复杂的发展过程。

随着儿童的成长，高级心理机能不仅在心理内容方面日益变化与发展，而且各心理过程之间的关系也在不断地变化。例如在婴幼儿的早期，知觉与识记起着主导的作用，他们的思维、想象、情感、意志都是随着他们的知觉转移的。例如他们所思考的东西就是他们所感知的东西，离开了当前的知觉，思维也就转化为与另外知觉有关的其他心理过程。到了后来，这种心理过程之间的关系便颠倒过来了。思维在心理机能中取代知觉而居于主导地位，从而使他们一切的心理机能由于有思维的参与而发生了根本的变化，人的一切心理机能都高级化了，即使是感觉与知觉这样本来属于低级心理机能的东西，也由于有思维的参与而具有了高级的性质。人怎样去思维，他便怎样去感知。

维果茨基并没有忽视高级心理机能的脑机制问题。在他逝世前不久，他曾专门写了《心理学与关于心理机能的定位学说》一文，这是一份准备给1934年夏乌克兰第一届精神神经病学代表大会上作报告的详细提纲，但是由于他的逝世而没有实现。维果茨基一方面反对那种根本否定高级心理机能的脑定位的唯心主义思想（如谢灵顿等人），同时也反对那种把心理机能的脑定位问题加以简单化或绝对化的做法。他认为高级心理机能是不断变化发展的复杂的机能系统，因此把高级心理机能的定位机械地局限在脑皮层的某一狭小的部位是毫无根据的。维果茨基提出了关于高级心理机能的系统动力定位的理论，从而导致了他的学生和亲密助手鲁利亚创立了一门新的学科——神经心理学。神经心理学的研究成果进一步发展与完善了维果茨基关于高级心理机能的理论，使这个学派产生了世界性的影响。在这里，鲁利亚的功绩是不可磨灭的。但是也正如鲁利亚自己承认的一样，如果没有维果茨基提出的关于高级心理机能的理论作基础，这门学科是不可能形成与顺利发展的。

维果茨基认为高级心理机能是大脑皮层各个部位所构成的系统协同活动的结果。在这个系统之中虽然每个部位都有它自身特有的作用，但是他们彼此又处于极其复杂的系统关系之中。维果茨基在这里发现了一条极为重要的规律，这就是：大脑皮层某一特定部位的损伤所引起的心理机能的破坏现象对于儿童与成人来说是不同的。儿童大脑皮层某一特定部位的损伤就会影响基于这一部位的高级心理机能的正常发展，然而成人的情况则相反，由于他们的高级心理机能已经形成，因此同一部位的损伤所引起的则是与该部位有关的比较低级的心理机能的破坏现象，这一原理后来成了鲁利亚所创立的神经心理学的出发点。

以上扼要地介绍了维果茨基关于高级心理机能理论的一些基本内容。

(三)

维果茨基的高级心理机能理论在苏联30年代的后期曾遭受过严厉的批判。现在看来，这种批判无疑是过分的、不公平的。但是事物总是一分为二的。我们认为，维果茨基的高级心理机能理论最大的缺点是他把低级心理机能与高级心理机能这两者绝对地对立起来了。虽然他也一般地说这两种机能在儿童的发展过程中是融合在一起的，但是一接触到具体问题就暴露出了他的观点的矛盾。例如他在谈到记忆的个体发展过程时，他认为要经过两个阶段：第一个阶段是婴幼儿期的纯自然记忆阶段与后来随之而出现的高级记忆的阶段。这是一种机械论的观点，实际上人一生下来就处于社会的影响之下，即使是婴幼儿，他们的一切心理过程，都是不断在与周围人的言语交往的影响下形成的，因此，在人的个体发展中不存在有什么纯自然的发展过程。其次，虽然维果茨基也提到了人的高级心理机能是在与周围人的交往过程中形成的，但是他没有强调与研究人的社会生活实践在高级心理机能形成与发展中的重大作用。人的高级心理机能与人的社会生活实践有着极其重要的关系。人的心理是在人的社会生活实践过程中形成与发展起来的，它不仅是人的社会生活实践的产物，同时又是人的社会生活实践的前提。客观世界作用于我们，转化为我们自身的个体意识的内容，反过来，我们的个体意识内容又不断地客观化，表现为言语活动、劳动活动或其他活动形式反作用于客观世界，从而又进一步提高自身的心理水平。这种转化过程每时每刻都在进行。如果没有这种转化，人便无法积极地去适应与改造客观世界。然而这种客观东西与主观的东西的相互转化，一刻也无法离开人的社会实践。人的高级心理机能是怎样在人的社会生活实践中形成和发展起来的，它们一经形成之后又在人的社会生活实践中起什么样的作用，实现这种转化的条件是什么？这些都是研究人的高级心理机能中的极为重要的课题。可惜维果茨基没有来得及在这方面进行深入的研究，这不能不使我们深感遗憾。

然而，维果茨基关于人的高级心理机能的研究至今仍有巨大的指导意义，从他的研究中我们可以得出如下的一些结论：

第一，心理学的对象是研究人的心理。人的心理所不同于动物者乃是人具有高级心理机能，这就从根本上克服了传统心理学的人兽不分的缺点。

第二，维果茨基研究高级心理机能的目的就在于研究意识。他认为心理与意识是两种不同质的反映水平。因此他不同意把意识强加在动物的身上，他认为意识是人在活动开始之前的活动结果的映象，同时他还认为意识是高级心理机能的一种系统，意识与各种心理机能的关系就是整体和部分的关系。维果茨基把意识是由各种心理机能构成的系统形象地比喻为像有机体是由各种器官的活动而构成的系统一样。因此他把意识称为"心灵机体"。意识是以需要、动机、目的为最高调节器的各种高级心理机能的复合系统。他写了《意识是行为心理学的对象》、《意识问题》、《心理、意识、无意识》等一系列关于意识的科学著作。他一方面竭力反对以布伦塔诺、培因为代表的将心理与意识等同起来的传统心理学观点，同时又竭力反对当时十分流行的把意识排斥在心理学研究的大门之外的行为主义的错误。这在当时的历史条件下是不容易的，既要有科学的远见卓识，又要有高度的科学勇气。

第三，人的各种高级心理机能并不是人脑所固有的，而是社会迫使人脑以高级的方式进行工作，否则，人脑离开了社会只能停留在动物的状态。因此，我们只能在人的社会生活中、人与人的交往中去找高级心理机能的根源，而不是到人脑中去找根源。这当然不是否定人脑作为物质本体的作用，但这一作用是不可与人的社会生活作用同日而语的。

第四，维果茨基关于高级心理机能的理论是以马克思主义的基本原理为出发点的，从他的《高级心理机能的发展》这一本40多万字的专著中可以看出他熟读了诸如《资本论》、《自然辩证法》等许多马克思主义的原著。在这本专著的第一页的右上方就用了恩格斯在《自然辩证法》中说的“自然界的永恒规律正在日益地转化为历史的规律”一句话作为全书的指导思想。心理学绝不是像有些人所主张的那样是一门什么可以摆脱一般世界观的纯粹的经验科学，这种思想渊源于冯特，尽管冯特对创建心理学有很大的贡献，但是他的著作也始终贯串身心平行论的世界观。我们则公开声明心理学必须建立马克思列宁主义的基础之上，离开了马列主义的导航，心理学必然迷失方向。

正因为如此，以维果茨基为首所创立的心理学派别，当前在苏联与美国、西欧、日本等工业发达国家颇有影响。这个学派的许多基本观点已深入到苏联心理科学的各个领域，尤其是在普通心理学、儿童心理学、教育心理学、医学心理学、当前正在迅速发展的社会心理学方面影响更大。拥护和支持这个学派的人愈来愈多，形成了一股苏联最大的心理学势力。随着近些年来这个学派的一些主要领导人在国外获得一系列荣誉学衔、学位与称号，尤其是鲁利亚在他新创立的神经心理学方面进一步发展了维果茨基的高级心理机能的社会起源的学说，维果茨基的高级心理机能的理论引起了广大心理学家的极大兴趣。美国和西欧一些国家翻译出版维果茨基文集。近年来西方的一些刊物发表了不少有关维果茨基观点的评论文章，如1977年美国的《科学与社会》刊登了Richard Bickley题为《维果茨基对辩证唯物主义心理学的贡献》一文，对他的高级心理机能的研究作了很高的评价，文章在结尾中说：“他是始终不渝地应用辩证唯物主义的正确的方法的实践典范，对所有那些用马克思主义去探讨心理学的发展感到兴趣的人都能获得巨大的教益。”虽然近几年来这个学派的一些主要领导人均已相继去世，但是其中的一些重要成员与继承人如加里培林、艾里康宁、达维多夫、陈千科等均在苏联心理学界有重要的影响，他们通过自己的研究与实验进一步证实与发展维果茨基的思想。例如赞科夫在他的“学生的教学与发展问题”的实验中就多次地说自己的实验只不过是遵照维果茨基的指导思想进行的，他在《学生在教学过程中的发展》一书中写道：“维果茨基的思想在我们的科学研究的安排上起了重要的作用。”安德烈耶娃在她的1980年由苏联教育部批准出版的高等院校教科书《社会心理学》中以相当长的篇幅阐述了维果茨基对于发展社会心理学方面的贡献。作者写道：“应该特别提到维果茨基的研究对于心理科学中的社会心理学思想的发展起了极其重要的作用。”1956年和1960年苏联教育科学院分别整理出版了维果茨基的心理学论文选集，1982年又重新整理出版了他的六卷文集。许多文章也都一致指出：这个学派对苏联心理科学起着奠基的作用，在苏联心理学的历史上具有特殊的地位。

因此，要了解苏联心理科学，特别是要了解苏联的儿童心理学、教育心理学、神经心理学、社会心理学，就不能不了解维果茨基的心理学思想，尤其是维果茨基关于高级心理机能的理论。

（龚浩然）

选自：心理学报，1985（1）

列昂节夫

（A. H. Lyeondyev）

- 生平简介
- 名篇选读

  人类心理研究中的历史观（节选）

  活动　意识　个性（节选）
- 思想评介

  关于列昂节夫活动理论的历史形成、基本思想和对它的评价

生平简介

列昂节夫（1903～1979），前苏联心理学家，莫斯科大学教授，前苏联教育科学院院士。他 1924 年毕业于莫斯科大学社会学系，并留在莫斯科大学心理研究所工作。从那时起，他追随维果茨基，并与维果茨基、鲁利亚一起运用马克思主义辩证唯物论观点研究人的高级心理机能的发生问题，提出了心理的“文化—历史发展论”，后来形成著名的“维列鲁”学派。1931 年，由于成立乌克兰心理研究所，列昂节夫到哈尔科夫工作，并形成以他为首的哈尔科夫心理学派，这一学派是“维列鲁”学派的重要力量。1934 年他回到莫斯科心理研究所工作，1940 年获得博士学位，1941 年任莫斯科大学教授。1945 年起，他任莫斯科大学哲学系心理学教研室主任，俄罗斯联邦共和国教育科学院通讯院士、院士，苏联教育科学院成立后，他被选为院士。1966 年他当选为莫斯科大学心理系的第一任系主任。列昂节夫由于成果显著，1968 年被巴黎大学授予名誉博士的称号，1973 年被匈牙利科学院授予名誉院长的称号，1957～1976 年曾担任国际心理学联合会执委、副主席。

列昂节夫的主要贡献是提出了以活动为核心的关于个体的心理发生发展理论。他认为，人的高级心理活动方式起源于外部活动的内化，操作外界物质对象的外部形式的过程转变为在心理水平上进行的过程，就是人的高级心理机能的发生形成过程。人类个体心理机能的形成过程，与动物一样，都是个体实现种的成就的过程，但两者的实现过程有本质的不同。动物对种的成就的继承是通过遗传而实现的，因为，每一动物个体在适应环境中所形成的特殊的行为经验，无法通过物化为外部对象而保存下来世代相传成为种的特性。而人的本质是实践，在实践过程尤其是劳动实践过程中，人的本质、能力外化或客体化为劳动产品，这些产品以静态的形式凝聚着人的能力与经验，这样人类积累的经验、形成的能力便可以以客体化的存在代代相传，构成了“种的经验”，因而，人类掌握种的经验的过程便出现了一种全新的形式。这些物化的人类社会历史经验对于个体而言只是一种外部存在的社会机能，个体要将这种外部的社会机能转为自己内部的心理机能，就必须在社会传递下与这些客体化的社会机能相互作用，“对它们实现符合于已在它们之中客体化的人类的活动”，从而内化为自己的心理活动方式或心理机能，实现“为人的社会历史发展之产物的那些特性与能力”。“活动”是列昂节夫的理论的核心范畴，他认为，活动可以分为外部活动与内部活动两种形式，外部与内部活动有相同的结构，因此，外部活动可以内化为内部活动。而活动的基本特性是它的对象性，这样，个体的活动就要受到活动对象的性质的制约，个体在原来图式最初的内导作用下，与活动的对象实际接触，从而受到对象的属性的制约。对象的属性通过环状结构的返回联系“侵入”主体内部，变动着原来的内导作用而形成高于原来图式的外部活动模式，这个模式内化则成为新的更高级的内部操作图式。由于强调了人的高级心理机能的社会历史性，列昂节夫必然注重社会传递在个体外部活动内化过程的作用，因此，“交往”是他的理论另一个重要范畴，他进一步认为，正是由于人的心理机能是社会历史的形成物，它不可能由个体自我建构而获得，个体只有在社会传递下进行实践性的外部活动，才能不断地内化为心理活动方式。他指出：“人的心理过程（人的‘高级心理机能’）获得了一种结构，这种结构以社会—历史地形成的方式和方法作为自己的必要环节，而这些方式和方法是在跟周围的人们进行协作和交往的过程中传递给他的。但是传递实现这种或那种过程的方式与方法，只有通过外部形式（动作或外部语言的形式）才有可能，换句话说，人所特有的高级的心理过程，只有在人与人的相互作用中才能产生，也就是作为人们之间的过程，而只是以后才开始由个体独立地去实现；这时，其中某些过程便进一步失去其原有的外部形式，转化为个人心理之内的过程。”由此可见，列昂节夫将个体心理机能的形成看作是一个在社会传递下不断内化的社会建构过程。从活动到交往，构成了其理论的主线。

列昂节夫发表重要的心理学论文200多篇，出版多部有深远影响的经典之作。30年代，他进行随意记忆与随意注意方面的研究，证明人的高级心理机能具有中介结构，是由主体的外部活动内化过程发展而来，出版了专著《记忆的发展》。40年代，他出版了专著《心理发展概论》，分析了动物心理发展对其生活活动的内容与结构的依存性，论证了人的意识的特点及其对人的劳动活动的依存性。1959年，他总结了自己关于心理发生发展的研究，出版专著《心理发展问题》，这部专著对心理学界产生重要的影响，标志着他的以活动与交往为主线的、文化历史派的心理发展观的形成。该著作被译成13种文字出版，1963年获列宁奖。60年代后，他从外部物质活动的结构进而分析内部心理活动的结构，进一步探讨主体的物质活动与精神活动在发生和机能上的相互联系与过渡，并在此基础上写成另一部心理学巨著《活动　意识　个性》，该著作1975年出版，1976年获罗蒙诺索夫一等奖，已被译成近10种文字出版。

（莫　雷）

名篇选读

人类心理研究中的历史观（节选）

人掌握社会历史经验的问题

人类在其历史过程中发展了最伟大的精神力量和能力。几千年的社会历史在这方面比数百万年的生物进化所提供的东西大得不可估计。人的能力和特性发展的成就积累了起来，一代一代地流传下去。可见，这些成就必然应当加以巩固，可是我们已经看到，在社会规律统治的时代，这些成就并没有在形态特点上以遗传上固定的变化的形式得到巩固，它们是以特殊的、正是外部的（公开的）形式得到巩固的。

人积累种族发生经验的这种新形式之所以可能是因为人类专有的活动与动物的活动不同，具有生产的性质。这种活动首先就是人们的一种基本活动——劳动活动。

实现生产过程（物质和精神的两种形式）的劳动铭记在其产品上。马克思说："在劳动者方面在动的形态上表现的东西，在生产物方面是当作静的性质，在存在的形态上表现。"

劳动从活动形式转变为存在形式的过程，可以从各个方面加以考察。可以从所消耗的劳动力的量的方面和产品的量的方面加以考察，舍弃劳动的具体内容。可是，也可以从劳动活动内容本身在其对生产个体的关系方面考察这个过程，舍弃其他方面。如是，上述这个转变在我们面前就表现为人们的活动、人们的精神力量和能力体现为或客体化为产品的过程，而人类物质和精神文化的历史就是以外部的、客体的形式表现人类能力发展成就的过程。从这个观点看，武器和工具完善化和精确化中的每一步骤都可以看作是表现着和巩固着人手的观念动作机能发展的一定阶段；语音的复杂化表现着听觉能力和言语听觉的发展；艺术作品的进步表现着人类灵感的发展，等等。甚至在通常物质工业生产中，我们也在外物形式下看到客体化的人的能力或人的客体化的"本质的力量"。

应当特别强调指出，这里所谈的是人们的心理能力。虽然人用于劳动过程并铭记于其劳动产品中的全部能力必然也包括人的身体力量和能力。然而这些只是实际实现那种表现着劳动活动的心理内容的人的劳动活动的特殊方面。因此，马克思说，工业的既成的对象的存在，是感性地呈现于我们之前的心理学，并接着写道："如果这部书卷，既正是这部历史的最感人、最易解的部分，对于心理学不揭开来，那么这心理学就不能成为一门真正内容丰富而又实际的科学。"

马克思的这种思想在我国心理学文献中常常被引用，但通常是把它的意义缩小了，主要是赋予它以历史的和发生学的意义。事实上，这种思想对科学的心理学来说具有一般的和决定性的意义。这种意义在研究过程的另一方面时完全表现出来，就是不从人的能力的客体化方面，而从个体掌握这些能力的方面去研究。

人在其个体发育的发展过程中与其先辈创造的周围物体和现象的世界发生特殊的、专门的关系。这种关系的特殊性首先取决于这些物体和现象的本性。这是从一方面看。从另一方面看，这种特殊性取决于这些关系形成的条件。

现实的、与人接近的、首先决定人的生活的世界，不是人的活动改造或创造的世界。然而，也像社会性客体，体现着在社会历史实践发展过程中形成的人的能力的客体的世界一样，它不是直接呈现给个体的；它正是以其这种品质作为任务而呈现在每个人的面前。

甚至儿童最初碰到的最基本的工具、器具或生活用具，儿童也都积极地揭示其特殊的品质。换句话说，儿童应对它们进行实践的或认识的活动，这种活动跟客体所体现的人的活动相符（虽然不是等同）。儿童的这种活动相符的程度如何，某一客体或现象的意义对他表露的完整程度如何，这是另一个问题，然而这种活动总是存在的。

这就是为什么如果把人类物质文化的客体放进动物笼里，虽然这些客体自然并不丧失其任何一个物理特性，但为人而表现的那些特殊的特性就不可能显现出来，它们只是作为适应、平衡的客体，也就是仅仅作为动物自然界的一部分而表现出来。

动物的活动实现适应环境的动作，但永远也不能实现掌握种族系统发展成就的动作。这些成就表现在动物的自然的、遗传的特点中，而对人则以人周围世界的客观现象的形式呈现出来。为了在其个体发育的发展中实现这些成就，人应当掌握它们，只是由于这个永远积极的过程的结果，个体才能表现出真正人的本性——作为人的社会历史发展之产物的那些特性和能力。而这之所以可能，正是由于这些特性和能力取得客观的具体的形式。

马克思说："只有经过人本质的丰富性对象化地展开以后，人的主观感受的丰富性：会欣赏音乐的耳朵、能感受外形美的眼睛，简言之，能够有人的享受并确定自己为人的本质力量的诸感觉，才一部分被形成，一部分则刚产生出来。因为，不仅是五种感觉，而且连所谓的精神感觉、实践的感觉（意志、爱情等），一句话，人的感觉，感觉的人类性，都只是由于相应的对象的存在，由于人类化的自然，才产生出来。五官感觉的形成是以往的全部世界历史的工作。”

“人对世界的关系的每一种——视觉、听觉、嗅觉、味觉、触觉、思维、直观、感觉、希望、活动、爱情——一句话，个人的一切器官……在其对客体的关系上……都是对客体的掌握，对人的现实的掌握。”

可是，个别人的精神的、心理的发展乃是一个十分特殊的过程——掌握过程的产物，动物是没有这种掌握过程的，也像它们缺乏相反的过程一样，那就是自己的能力不能在其活动产物中客体化。

应当专门强调指出这个过程跟对自然环境的个体适应过程的差异，因为毫无保留地把与环境适应或平衡的概念推广到人的个体发育的发展上去，仿佛是受到公认的。然而，把这个概念应用于人而不加以应有的分析，就只能掩蔽人的发展的真实情况。

是否可以用适应或平衡的术语来解释人的符合于对言语形式的客观存在的知识的认识需要的活动呢？人在满足自己的知识（知识成为他的动机和目的，或者甚至于只成为达到目的的条件）需要时可以使相应的概念成为自己的概念，也就是掌握其意义，可是这个过程绝不同于适应或平衡的过程。“对概念的适应”，“与概念的平衡”是没有任何意义的说法。

在人的关系的对象是人们的活动所创造的物质客体，例如劳动工具的情况下，问题并不两样。对人来说，工具不仅是具有一定外部形式和拥有一些机械特性的物体，而且也作为铭记社会地形成的操作工具的方法、劳动操作的物体表现出来。因此，人对工具的正当关系首先表现为人掌握（实践地或理论地——仅在其意义上）固着在工具中的操作方法，发展自己的人的能力。

其他一切人造物体显然也是这样。

本来意义的适应过程和掌握过程之间的基本差异在于，生物适应过程是有机体的种的特性和能力及其种的行为改变的过程。掌握过程则是另一回事。这是这样一种过程，其结果是个体再现历史地形成的人的能力和机能。可以说，这是这样一种过程，由于它，人就在个体发育的发展中得到动物由遗传而得到的东西，也就是，种的发展成就在个体特性中的体现。

人在这个过程的进行中形成的能力和机能是心理的再建，对它来说，遗传的、天生的机制和过程只是使再建有可能发生的内部（主观）条件；然而这些条件既不决定其组成成分，也不决定其特殊的品质。

例如，人的形态特点使得人形成听觉能力，但只有语言的客观存在可能解释言语听觉的发展，只有语言的声音特点才能解释这种听觉的特殊品质的发展。

同样，逻辑的思维原则上不是从人脑天生的过程和支配这些过程的内部规律产生的。逻辑思维的能力只可能是掌握逻辑——人类社会实践的这个客观产物——的结果。从婴儿时代起就没有接触过体现人类逻辑的客观形式，就与人们断绝交往的人，是不可能形成逻辑思维过程的，虽然他经常遇到要求形成这种能力的问题情境。

然而，关于人与周围物体世界面对面站着的观点，自然完全是人为的假设。在正常情况下，人与其周围物体世界的关系总是以对人们、对社会的关系为中介的。它们包括在交际中，即使当一个人从外表看独处的时候，如当他从事于科学的或与此类似的活动时，也是这样。

交际，当表现为原始的外部的形式，如人们联合行动的方面，也就是表现为“直接的集体活动”形式，或者表现为内在的、内化的形式时，组成个体掌握人类历史发展成就过程的第二个必要的和特殊的条件。

交际在人的个体发育的发展中的作用，在有关早期童年的心理学研究中被相当清楚地研究过。从我们感兴趣的方面看，这些研究的一般结论可以表明如下。

早在婴儿期，儿童与其周围人造物体的实际联系就必然包括在与成年人的交际——自然是最初“实践的”交际之中。

这些早期概括产生的主观前提是唤起儿童的由人引起的特殊反应，费古林和杰尼索娃把这种反应叫做“活化的复合物”。儿童与周围人进一步的实践的交际就从这种复合的反应中分化出来。

这种交际从一开始就具有作为人的活动之特点的间接过程结

构，但在其早期的萌芽的形式中，作为其中介的不是词，而是物体。这种交际的产生是由于，在儿童发展的初期，他对周围物体的关系必然是通过成年人实现的：成年人把儿童所要的东西送到他跟前；成年人用匙子喂儿童；成年人使会发声的玩具发声，等等。换句话说，儿童对物体世界的关系最初总是以成年人的动作为中介的。

这种关系的另一方面在于，儿童自己作的动作不仅指向于物体，而且也指向于人。例如，儿童往地板上抛东西，以此动作来影响在场的成年人；这就是有时被描述为"召唤成年人来交际"的现象。儿童行为中交际动机的产生表现为，儿童的某些动作开始不由动作的具体效果来强化，而是由成年人对这个效果的反应来强化。例如，法扬斯的研究资料形象地说明了这一点，他研究了托儿所儿童玩弄物体的动作：当成年人从儿童的视野中消失时，儿童的动作便中止了，当成年人重新出现于其面前时，动作又恢复了。

可见，早在个体发展的最早阶段，具体的现实就是通过他与周围人的相互关系而出现在他面前，因此，不仅从物体的物质属性和生物学意义方面表现出来，而且也是作为逐渐由人的活动给他揭露出来的物体的世界表现出来，也就是显示出其社会意义。

这就组成了掌握语言、言语交际的最初的基础。

现在并未涉及言语给心理发展带来的新东西（关于这一点已写出了数千页来），我只想再一次强调指出，虽然语言具有巨大的、真正决定性的作用，可是语言不是人身上人的东西的造物主。语言是概括和向个别人传递人类社会历史实践经验的东西，从而也是交际工具，个体取得这种经验的条件，同时也是个体意识存在的形式。

换句话说，人的心理形成的个体发育的过程不是在言语刺激物本身的影响下形成的，而是上述特殊的掌握过程的产物，这个过程取决于个体在社会中的生活发展的各种情况。

掌握过程实现着人的个体发育的发展的主要的必要性和主要的原则——在个体特性和能力中再现历史地形成的人类的特性和能力也包括理解语言和使用语言的能力。

当我们谈到人生活于其中的社会环境时，我们把不同于生物学中的意义加入这个概念之内——在生物学中环境是作为有机体适应的条件的。人的最接近的社会环境就是他所属的社会集团，这个集团构成他直接交际的范围。不言而喻，这个集团给予他这种或那种影响。资产阶级心理学把人的个体发育的发展看成是“对其环境的适应”，与资产阶级心理学的这种看法相应，对环境的适应绝不构成人的发展的原则。相反地，人的发展的成就在于超出其最近的环境的局限性，而绝不是适应于环境，在这种情况下的适应只能妨碍他的丰富的真正人的特征和能力的尽可能完全的表现。这就是为什么人对其周围社会环境的适应的概念最低限度也是含有两重意义的——社会和伦理方面。

人的发展或生活，自然要求维持他与自然环境的不断的相互作用，物质的交换。人与自然之间的这种相互作用，物质的交换，实现着他对自然的适应过程。然而人不单单是适应他周围的自然，而且也生产其生存资料。因此，与动物不同，人以自己的活动为中介，调节和控制着这个过程（马克思）。同时，为实现作为他与自然之联系的中介的活动所必要的资料、能力和技能，他是在社会中，在由社会历史过程改造过的世界中得到的。为了使它们成为自己的资料，自己的能力，自己的技能，他应当跟人们、跟人造物体现实发生关系。他的个体发育的发展过程也在这些关系的发展中完成。也像动物在其自然环境中的发展一样，人的发展具有外因性（即依外界条件为转移），但是，与动物的进化不同，人的发展不是生物学本义的适应过程。

如果说在对抗的阶级社会条件下，属于被剥削阶级和被压迫民族的大多数人被迫几乎只从事粗笨的体力劳动，这妨碍着他们的高级的精神能力的发展，那么可以解释这种情况的不是他们对比较高级的要求“不适应”，而是在社会关系体系中他们所处的不由他们决定的地位。这种地位决定他们掌握人造现实的可能性，决定他们“适应”的可能性，他们的人的本性，人的能力和特性发展的可能性。

在阶级社会历史的全部过程中，人类全部活动发展的成就、人的全部能力在个别个体发展中的体现，是片面的、局部的。只有消灭了私有制以及由私有制产生的对抗关系的统治，才能为消灭个体的这种片面性的必要性创造条件（马克思）。这样才能创造条件，使人的个体发育的发展的基本原则——在个体的特性和能力中再现社会历史过程的进程中形成的全面的特性和能力——首次获得其表现的广阔天地。

这就是说，这个原则的表现在这种条件下已不受那种把人跟人类成就世界实际“分离开来”的情况的限制。现在“每一个人的口号、使命、任务——全面发展自己的全部能力”（马克思），第一次完全可以实现。

实现人的这个口号，这个使命的过程的具体规律的研究，是我们这个时代的科学心理学的最重要的任务。

上述过程的最接近的条件和内容如何呢？

动物和人的个体发育的发展中的基本行为机制

动物的协同作用的两种类型的行为机制是大家都知道的。第一，这是天生的、遗传的行为机制（无条件反射，本能）——实现动物的种的行为的机制。第二，这是非遗传的，生活中获得的行为机制（条件反射及其复杂变化形式）——实现个体适应的行为机制。

天生的种的行为的重要特点在于，其发展与体外器官（制约着动物与外界环境联系的器官）的发展密切联系着，似乎表明这些器官进化的机能方面。

种的行为的改变，也像一切遗传的改变一样，是通过淘汰和微小变化的积累而进行的，是符合外界环境的缓慢变化的极其缓慢的一个过程；这些变化同时也具有基本的适应的意义。

个体行为机制则是另一回事。这种机制跟种的行为机制的主要差异在于，在其中固着的只是实现个体适应的行为的能力，而在种的行为机制中固着的是行为本身。虽然它们符合于环境的迅速变化，但它们的进化也跟缓慢的遗传的变化有联系，然而只直接跟脑、最大的机能多形变态性器官的变化有联系。

这两种机制在个体动物行为中的相互关系的问题具有中心的意义。

现代动物研究所积累的大量实验材料证明，完全不依赖于个体经验的影响的遗传行为的表现，实际上是不存在的。甚至于像昆虫这种以其本能机械化为特点的动物，与法布尔的旧观点相反，也使其行为适应于外界环境的变动因素。

像同窝鸡雏啄食运动这类天生的动作也是如此；包括应用“延缓”啄食运动开始的方法的许多作者的实验研究阐明，为了顺利地实现这些运动，必须有一定的练习期，在练习期内，这些运动适应化和协调化。

最后，大家知道，高级哺乳类的无条件反射活动的个体发育的表现不仅依赖于相应的神经机制成熟的时期，而且也依赖于外界条件的影响，由于这些影响，天生的行为机制周围迅速布满条件反射。

可见，在动物个体发育的发展过程中，其遗传的行为适应于外界环境的变动的因素。由于在环境中变动的因素总是存在的，那么动物的种的行为的个体变异性也总是存在的。

另一方面，大家知道，动物个体行为的形成依赖于他们所具有的天生的、种的行为。无论是谈个别的条件反射，谈逐渐形成的链锁的定型的行为，还是谈动物的智力行为——在这一切场合都同样需要具有天生的、本能的基础。

因此，为了要了解动物的个体行为及其在外界条件的影响之下可能的变化，首先应当考虑该种的动物所具有的天生行为的资源。因此巴甫洛夫写道：“这一切反射（无条件反射，本能——作者）的完全的列举，详细的描述和使之自然体系化是神经系统生理学的迫切而极为重要的任务之一。”“我再重复一次，完全列举这些反射并使之系统化是极为重要的，因为有机体的其他一切神经活动，我们下面会看到，都建筑在这些反射的基础之上。”

比较生理学和动物心理学的资料一致地说明，动物的个体行为的形成直接依赖于它们所具有的本能；例如动物能解决困难的任务，如果这些任务处于它们所具有的种的行为的潜能的范围之内，但动物不能处理比较简单的，而与其种的自然生活条件不符合的或不同的任务。

然而，动物也可能有这样的行为，从外表上看这种行为与它们的本能毫无关系。但是如果探究一下这种行为形成的过程，则它与遗传的、天生的资源的联系便一目了然了。对受过训练的动物的行为的分析就可以作为例子。如海驴持球以求保持平衡，或者狐狸展开地毯，似乎与它们的种的行为没有任何联系。然而这些动作却正是根据本能反应形成起来的。起初引起动物的种的一般的，其中包含训练者所要的运动的本能行为（直接的或间接的“促进”阶段）。而后利用无条件强化把这些运动固定下来，而训练者认为多余的那些运动则受到抑制，被消退掉（“强化”和“磨练”阶段）。这两个阶段的必要性表明，由训练形成的、似乎崭新的行为乃是动物的种的行为的直接的衍生物，是动物的种的行为对外界条件的适应的结果。它的异乎寻常的形式只可由训练者创造的那些条件的极端的人为性来解释。像沃尔夫的猿猴实验那类的某些考虑外部效果的实验中形成的动物的特别复杂的行为也是这样。

没有必要专门从这个观点来探讨在动物的比较一般的条件中个体经验的获得。大家都很清楚，研究所揭示的那些差异——这是具体机制的差异，是行为过程本身结构的差异，相应地，也是在行为过程中形成的，作为行为过程实现之中介的对环境的反映的差异。然而，个体行为机制的复杂化——从猿猴的最基本的条件反射起到复杂的智力动作——只表示在一个方面的进步，这就是动物在与其种的一般生活条件日益疏远的具体条件下实现其种的行为的能力的发展。

可见，动物的个体行为总是取决于两类经验：种的、以机制固着下来的、无条件反射的本能的行为经验和个体的、个体发生中形成的行为经验；同时个体经验形成机制执行的主要机能是种的行为适应于变动的外界环境因素。

人的情况便不同了。不同于动物，人还具有另一类经验。这就是社会历史经验，人在其个体发育的发展过程中掌握这类经验。

这类经验在下述的意义上也是种的经验，就是它不是在个别个体生活中形成的，而是许多世代的人的发展的产物，是一代一代流传下来的。然而它不是在遗传上固着下来的，它与动物的种的经验的根本差异便在于此。虽然它是在人的个体发育发展过程中获得的，然而不能把它跟本来意义的个体经验等同起来。它与个体经验的不同不仅在于其内容上（这是显而易见的），而且也在其获得、掌握的根本机制上。

社会历史经验的掌握造成行为过程和反映的一般结构的改变，形成新的行为方式并引起真正新的行为种类和形式。因此掌握过程的机制有如下的特点：它是机制形成的机制。研究这些机制是很困难的，因为这些机制被作为其基础的个体经验形成的一般机制掩盖着。

当成年人最初几次教儿童用碗饮水时，接触液体引起儿童的无条件反射运动，这些运动与饮水动作的自然条件严格一致（以手作杯形形成自然水槽）。儿童的双唇伸展开，形成管状，舌头前突，鼻孔紧缩，作吸乳运动。碗在这里还不是决定实现饮食动作方式的客体。然而儿童很快便学会了正确用碗饮水，也就是他的运动改造如下：碗现在被确切地用以完成其使命。碗边上部一贴近下唇，儿童的嘴便张开，舌头摆的位置是使其尖部碰到下颏内部，鼻孔张开，液体从倾斜的碗流入口中。产生了崭新的机能运动系统，实现饮水动作本身包含着新的因素（作者的观察）。

这个新的机能系统的形成取决于客体——碗本身的客观属性，碗之不同于任何“自然水槽”不仅由于碗能被移动，而且也由于碗有细边；然而儿童对碗的这些属性的利用与其说是取决于这些属性本身，不如说是教儿童饮水的成年人的动作；他正确地把碗送到嘴边，逐步地使碗倾斜；而后当他把碗交到儿童手中之时，他最初还积极指导和改正他的运动。可见，成年人为儿童组成新的机能运动系统，一部分是直接强要儿童作的运动（把碗放在嘴边的运动和逐步地使碗倾斜的运动），一部分是以此引起儿童的现成的反射，但这些反射仍属于其他的自然的“反射的综合体”。

儿童掌握像使用匙子、铲子等这些人类专有的动作的过程也是这样进行的。起初，交给儿童手中的客体被吸引到手的自然运动体系之内：儿童把盛满东西的匙子送向嘴边，就像使用任何“非工具的”自然的物体那样，也就是说，不考虑必须使匙子呈水平状态。后来仍是在成年人的直接干与的影响之下，儿童手拿匙子的运动才得到根本的改造：这些运动开始服从于使用匙子的客观逻辑。转向较高的具体的水平的这些运动的传入作用的一般性质改变了；儿童形成了服从于部位关系比例的机能运动系统——工具型动作系统。

在某些高级动物身上也可以看到乍看起来类似的运动改造，然而这种类似性只是表面上的。例如，猿猴能很好地形成那种利用木棒取得食饵的动作，如诺沃谢洛娃的尚未发表的实验指出的，它们这时发生了典型的从手的近侧环节到主导的远侧环节的灵活性的变动。然而这类的动作是动物每次重新形成的对外部的节奏的和机械的关系的自然运动的适应的产物，苛勒早就指出了这一点，它们并不构成任何特殊类型的行为。换句话说，猿猴有可能形成使用简单的工具的个别动作，然而工具动作的原则在它们是达不到的，在它们利用“工具”时所犯的错误的性质就明显地说明了这一点。

动物的“工具”动作和真正的工具动作的差异的另一方面表现为，它们是在具体条件本身的影响之下形成的（障碍物，视野中具有木棒），其他动物或人的动作在其形成中不起决定性作用。这些动作不是借助于其他的动物建立起来的，不是借用来的，不能“按照典范”实现。

动物自然能够摹仿，但摹仿并不能构成其新型的动作。应当说，一般说来，动物的摹仿作用往往被错误地过高估计了，实际上有时被认为是由于摹仿而出现的许多反应是没有这个机制的参加而产生的。例如，鸟的声音反应没有任何摹仿也会产生。瓦格纳依据列－但代克关于同窝鸟的旧的观察当时就指出了这一点；后来这个事实又被对同窝鸟的实验从实验上严格地确定了，这些鸟是在完全孤立的情况下养育的，然而它们的声音反应无论在量的方面还是在质的方面都与“参校”同窝鸟的声音反应无异，营巢的鸟则有些不同，然而这里也只表现了天生的摹仿反射。

猿猴的摹仿是一个比较复杂的问题。围绕着这个问题曾发生过相当广泛的讨论。然而这里分歧的主要根源不是事实的矛盾，而是不同作者给摹仿概念确定的内容的不同。

无论如何，有一点可以认为是肯定了的，就是这些最“富有摹仿性的”动物的摹仿能力，主要是，摹仿在它们的行为中所起的作用是极其有限的。说明这一点的，不仅有对低级猿猴作的研究的资料，而且也有对高级猿猴作的研究的资料。

拉德吉娜－科特斯描述的青年黑猩猩“约尼”的摹仿的事实在这方面是有教育意义的。“约尼”常常摹仿人的动作，包括工具动作，以锤子钉钉子。然而它并未掌握动作的客观逻辑：它有时用力不足，有时未使钉子处于垂直状态，有时锤子落到钉子旁边。作者写道：“可见，‘约尼’虽然作了多次实践，但有时仍然不能钉进一个钉子。”

儿童的摹仿具有原则上不同的性质。虽然儿童也有反射性摹仿现象，类如回声摹仿，可是在正常情况下，这些现象在出生后的第二年便失去了其意义。与此同时他们产生了人所特有的摹仿形式——所谓智力的摹仿，“按照典范”的摹仿。儿童的这些高级的、生活中形成的摹仿形式已被很好地研究过。正如查普罗热茨、波里亚科娃和基利洛娃的实验指出的，按照典范摹仿动作的重要特点在于，在摹仿动作形成过程中起强化作用的不是这种或那种由于摹仿动作而起作用的刺激物，而是动作与一定典范呈现的一致性本身。因此摹仿获得了新的功能：动物的摹仿局限于它们所已具有的行为能力的框子内，儿童的摹仿则能超出这种框子，形成新的能力，形成崭新的动作类型。这就使儿童的摹仿跟专门形式的教学，跟本质上不同于动物的 learning（学习）的过程接近起来。

选自：列昂节夫等著．苏联心理科学．孙晔等译．北京：科学出版社，1962

活动 意识 个性（节选）

心理学中的活动问题

（一）心理学中的两种观点——两种分析图式

近年来，苏联心理学中的各个分支和应用方面的研究得到了迅速的发展。同时，对普通心理学的理论问题却很少注意。而且，建立在马克思列宁主义哲学基础上的苏联心理学，对心理提出了原则上新的观点，并首先把许多最重要的范畴引进了心理学，而这些范畴是需要进一步加以探讨的。

在这些范畴中，活动这个范畴具有最重要的意义。我们可回想一下马克思关于费尔巴哈的著名提纲，其中谈到，以前的形而上学的唯物主义的主要缺点是，对感性只从直观的形式去理解，而不是把它当作人的活动、当作实践去理解；所以，与唯物主义相反，唯心主义发展了能动的方面，但对它是抽象地理解，而不是当作人的现实的感性活动去理解。

马克思以前的一切心理学的情况正是如此。可是，在马克思主义之外发展起来的现代心理学，情况也和以前一样。在这种心理学中，活动或者是按照唯心主义观点的框框予以解释，或者是按照自然科学的、一般唯物主义倾向的学派加以解释，把活动当作被动的主体对外部影响的回答，而这种回答是受其生来的组织和学习所制约的。这样，就把心理学分成了自然科学的心理学和作为精神科学的心理学，行为的心理学和“心灵主义的”心理学。因此在心理学中产生的危机现象迄今还保持着；这些危机现象过去只是“不断深化”，以不大明显的形式表现出来。

现代的特点是，把心理学同神经生理学、控制论和数理逻辑学科，同社会学和文化历史联系起来进行学科之间的研究，而这种研究正在迅速发展；但是这种发展本身还不能解决心理科学主要的方法论问题。这种发展还不能解决这些根本问题，它只是加强了向生理学、逻辑学和社会学的还原论倾向，从而使心理学有失去其对象和特点的危险。各种心理学派的争论现在失去了自己从前的尖锐性：好战的行为主义已让位于妥协的新行为主义（或者像某些作者所说的"主观行为主义"），完形派已让位于新完形派，弗洛伊德理论已让位于新弗洛伊德理论和文化人类学，这些情况也不是理论上取得进步的证明。虽然"折衷主义的"这个名词似乎获得了美国作家的高度赞扬，但是折衷主义的观点从来也没有取得过成就。对于各种不同的复合体和所取得的心理事实和概括，当然不可能借助于对它们进行一般的重新编排而把它们简单地结合起来，就能达到科学的综合。这种综合要求对心理学的概念体系作进一步的深入研究，寻求新的科学理论，借以把心理科学大厦的裂缝弥合起来。

我们这里所谈及的各种学派，从方法论的观点来看，它们之间的共同处在于，都是根据下面的二项分析图式：对主体感受系统施加的作用⟶由该作用引起的回答（客观的和主观的）现象。

这种图式极为明显地表现在上一世纪的心理物理学和生理心理学中。那时提出的主要任务是，研究意识的各要素对引起它们的刺激物参数的依存关系。之后，在行为主义中，即在运用于行为的研究中，这个二项图式直接表现在著名的刺激—反应（S→R）公式中。

这个图式的不能令人满意之处在于，它把主体从中实现同对象世界的现实联系的那种内容丰富的过程，即主体的有对象的活动（德文是Tätigkeit，与Aktivität不同），从研究的视野中排除了。对主体活动的这种抽去，只有在以揭示最简单的心理生理机制为目的的实验室实验的狭窄范围内才是正确的。但是只要超出这种狭窄的范围；立刻就会发现把活动抽去是毫无根据的。这样就迫使以前的一些研究者在解释心理事实时，容许诸如积极的统觉、内部的意向等这样一些特殊的力量的参与，也就是说，还是要求助于主体的活动，但是所求助的只是被唯心主义神秘化了的活动。

二项分析图式以及隐藏在这种图式后面的“直接性公设”在心理学中所造成的一些原则性困难，引起了克服这种图式缺点的一些坚决尝试。这些尝试所遵循的路线之一表现在对下述事实的强调：外界作用的效应取决于主体对这些作用的折射，取决于作为主体内部状态特征的心理的“中间变量”（托尔曼等）。鲁宾斯坦当时曾用“外因通过内部条件而起作用”的公式表达了这一点，当然，这个公式是无可争议的。但是，如果内部条件所指的是遭受作用的主体的当前状态，那么，这个公式没有给 S→R 这个图式带来任何原则性的新东西。因为甚至无生命的客体在改变自身的状态时，也以不同方式显示出自己同其他客体的相互作用。例如，在湿软的土地上，鞋掌会留下明显的痕迹，而在干硬的土地上就不会这样。这一点在动物和人身上表现得更加明显：饥饿的动物会对食物刺激发生反应，而吃饱了的动物就不会这样；足球比赛结果的报道，对于足球迷所引起的反应，完全不同于对足球漠不关心的人的反应。

毫无疑问，引入中间变量这一概念充实了对行为的分析，但是这完全不会取消上述的直接性公设。问题在于，虽然所谈的变量也是中间性的，可是这只是就主体本身的内部状态来说的。这儿谈的也适用于“起动机作用的各种因素”——需要和欲望。大家知道，各种很不相同的学派，如行为主义、勒温学派，特别是深蕴心理学，都对这些因素的作用进行过研究。但是，虽然这些学派之间各有差异，对动机及其作用的理解也各不相同，可是主要的一点，即动机同活动的客观条件、同外部世界相对立这一点却是始终不变的。

特别应当指出从所谓文化学方面解决这一问题的尝试。这一学派公认的奠基人怀特发展了对于社会现象和个体行为的“文化决定作用”的思想。人和人类社会的产生使有机体同环境之间以前直接的自然的联系变成由在物质生产基础上发展起来的文化所中介的联系。在这种情况下，文化对于个人来说是以言语的符号和信号所传达的意义的形式表现出来的。根据这一点，怀特提出人的行为的三项式：人的机体×文化刺激→行为。

这个公式妄图克服直接性公设和由这一假设引申出来的 S→R

图式。但是，在这个图式中把通过符号系统所传达的文化作为中间环节，就不可避免地把心理学的研究局限于意识（社会的和个体的）现象的范围之内。可以进行这样的简单替换：由社会形成的符号和意义的世界，现在代替了对象世界的位置。这样一来，我们又面临着 S→R 二项图式，但只是把其中的刺激解释为“文化刺激”。怀特的下一步公式也表明了这一点，他用这个公式证明动物和人的心理反应（精神活动）的决定作用方面的差别。他这样列出这个公式：

$$V_m = f(V_b)\text{——在动物方面，}$$

$$V_m = f(V_c)\text{——在人方面，}$$

这里 V 是变量，m 是心理，b 是身体状态（body），c 是文化。

与涂尔干的心理学中的社会学观点（这些观点是这样或那样地保持着人同对象世界相互作用的第一性思想）不同，现代美国文化学只知道“身体以外的各客体”对人的作用，这种种客体构成一种连续统一体，这种连续统一体是按其自身的“超心理的”和“超社会的”规律发展的（这就使文化学成为一门必不可少的特殊科学）。从这种文化学的观点来看，人的个体只是文化进程的“触媒剂”及其“表现的媒介物”。仅此而已。

由于发现了通过返回联系进行行为调节（这一发现已被朗格清楚地叙述过），就产生了完全另外的一条路线，沿着这条路线就使以直接性公设为依据的分析复杂起来了。

关于人的复杂运动过程的结构的最初研究（其中应当特别指出伯恩斯坦的一些著作），就已发现了具有返回联系的反射环的作用，这便有可能按新的观点理解广大范围现象的机制。

这些最初的研究还是在 30 年代完成的，从那时到我们这一代时期内，控制论和信息论无论是对生命系统的过程，还是对无生命系统的过程，都获得了普遍的科学意义。

有趣的是，这些年代里所制定的一些控制论概念，后来被大多数心理学家作为完全新的概念加以接受。这些概念在心理学中好像是第二次诞生，这就使某些热衷于控制论方法的心理学家形成这样一种印象：终于给包罗万象的心理学理论找到了新的方法论基础。

但是，人们很快就发现，控制论的方法在心理学中也有它的限度，超过这种限度就只能付出以某种“控制论神话”偷换科学控制论的代价；而一些真正心理的现实，诸如心理映象、意识、动机作用和目的的形成，实际上是被取消了。在这个意义上和最初的研究比起来，甚至有一定的后退，因为在那些最初的研究中，曾发展了积极性原则和关于调节水平的概念，其中特别区分出了对象动作的水平和高度的认识水平。

现代理论控制论的各种概念形成了进行抽象的一个很重要的方面，它可以描述范围极为广泛的一类过程的结构和变化的特点，而这些特点借助以前所了解的资料是不能描述的。同时，在这一新的方面进行抽象的种种研究，虽然它们有无可争议的成果，但它们本身不能解决这一或那一特殊知识领域的基本的方法论问题。所以，即使把控制、信息过程和自动调节系统等概念引入心理学，还是不能取消前面所提到的直接性公设，这是丝毫没有什么可奇怪的。

结论是，看来，不论把以这一公设为依据的原来的图式搞得如何复杂，可以说，“从内部”是不能消除这种图式在心理学中所造成的方法论困难的。为了消除这些困难，必须从根本上以另一种图式代替这个二项分析图式，而不放弃直接性公设，就不能做到这一点。

主要的论点（其理由将作进一步阐述）是，把对象活动这个范畴引进心理学，才能开辟一条真正的道路，以消除这一对心理学来说是“致命的”公设（按乌兹纳捷的说法）。

提出这个论点时，必须立即予以明确：这里所说的正是活动，而不是行为，也不是实现活动的那些神经生理过程。问题在于，通过分析所区分出来的，用以描述行为过程、大脑过程或逻辑过程的“单位”和用语这一方，同对象活动这一方是彼此不相符的。

这样，在心理学中就形成了如下的两种选择：要么把二项图式作为基本的东西：客体的作用—→主体现在状态的变化（或者是那个根本上同样的 S→R 图式）；或者根据三项图式，其中包含一个中间环节（“中项”）——主体的活动及其相应的条件、目的和手段，——而这个中间环节中介着它们两者之间的联系。

从对心理的决定这一问题的观点来看，这两种选择可以这样来表达：要么我们站在这样的立场上，认为意识决定于周围的事物、现象；要么站在另一种立场上，确信意识决定于人们的社会存在，而按马克思和恩格斯的定义，人们的存在就是他们的实际生活过程。

但什么是人的生活？这是彼此交织着的活动的总和，更确切地说，就是彼此交替的活动的系统。在活动中发生着客体向它的主观形态，向映象的转变；同时，在活动中也实现着活动向它的客观结果，向它的产品的转变。从这方面来看，活动就表现为在其中实现着“主体—客体”这两极之间的相互转变的过程。马克思指出：“在生产中，人客体化，在消费中，物主体化……”

（二）关于对象活动的范畴

活动是躯体的、物质主体的生活的分子性单位，而不是它的累加性单位。较狭义地说，即在心理的水平上，活动是以心理反映为中介的生活单位，而心理反映的现实机能则是，它使主体在对象世界中辨识方向。换句话说，活动不是反应，也不是反应的总和，而是具有自己的结构、自己的内部转变和转化、自己的发展的系统。

把活动这一范畴引入心理学，就会改变心理学知识的全部概念体系。但为此需要从整个活动的完整性，从它的最重要的依存关系和决定，即从它的结构方面和它的特殊动态，从它的不同种类和形式来理解这个范畴。换句话说，这里所谈的是，要回答活动这个范畴在心理学中究竟如何表现的问题。这个问题提出了许多远未解决的理论问题。当然，我在这里只能谈到其中的几个问题。

人的心理学是同具体的个人的活动打交道的，这种活动或是在公开的集体条件下（在周围的人们中间，与他们协同地和相互作用地）进行的，或是在面对周围的对象世界的情况下（在陶工辘轳面前或在写字桌旁）进行的。但是，人的活动无论是在什么条件和形式下进行，无论它具有什么样的结构，都不能把它看作是脱离社会关系和社会生活的。个人的活动尽管有它自己的一切特点，但总是一个包括在社会关系系统中的系统。在这些关系之外，人的活动是根本不存在的。活动究竟是怎样存在的，这决定于物质和精神交往的形式与手段，而这些交往的形式和手段是由生产的发展所引起的，并且只有在具体的人们的活动中才能实现。

当然，每一个个别人的活动同时又取决于他在社会中的地位，他所遭遇的条件，以及这种活动是怎样在不可重复的个别环境中形成的。

特别应当提出反对的是：把人的活动理解为存在于人和跟他相对立的社会之间的一种关系。不得不强调这一点，是因为现在渗透到心理学的实证主义观点极力推行个人与社会相对立的思想。对于人来说，社会似乎只是人为了不显得“不适应”而能生存下去所被迫适应的外部环境，完全像动物被迫适应外部自然环境那样。从这种观点来看，人的活动的形成是由于对它进行强化的结果，即使不是直接的强化（例如，通过“领导者”集团所表示的评价）。在这种情况下就忽略了主要的东西——人在社会中所遇到的不单是他自己的活动必须加以适应的外部条件，而且这些社会条件中还含有人的活动的动机与目的、活动的方法与方式；总之，社会产生着组成社会的个体的活动。当然，这绝不意味着这些个体的活动只是使社会关系和社会文化人格化。还有着把它们联系起来的复杂的转化与过渡，所以，无论如何不可能把一方直接归结为另一方。有一种心理学只局限于理解个体心理的“社会化”，并未对社会化作进一步的分析，对于这样的心理学来说，这些转化依然是真正的秘密。这种心理学的秘密，只有通过对人的活动的产生及其内部结构加以研究才能被揭开。

活动的基本的特征，或者像有时人们所说的、它的确定的特征，是它的对象性。其实，活动概念本身已经含蓄地包含其对象的概念。“无对象的活动”的说法是没有任何意义的。活动可能**看来**是无对象的，但是对活动的科学研究，必须要求揭示它的对象。在这种情况下，活动的对象表现为两重性：第一性表现为对象的独立存在，它使主体活动服从于它并加以改造，第二性表现为对象的映象——主体对对象的属性的心理反映的产物，而这种反映是由于主体的活动而实现的，否则就不可能实现。

活动对象的性质已在活动和心理反映的萌芽中就显示出来了。例如，已经证明，在同质的、甚至变化着的环境中，有机体的生命，只有在维持它们生存的那些最基本的机能系统复杂化形式中，才能发展。只有在不连续的环境中，即在对象世界中，向生命过渡的情况下，在那些适应着具有直接生物意义的作用的种种过程之上，才能建立起由那些本身可能是中性的、非生物性的（但能使有机体对前一种作用确定方向的）作用所引起的种种过程。那些中介着最基本的生命机能的种种过程之得以形成，是由于对象的生物属性（例如，对象的食物属性），是在对象的其他“表面”属性后面显示为隐蔽的属性，而所谓表面属性，形象地说就意味着，在有机体感受到生物作用对自己引起的效应之前，必须通过这些表面属性（例如，固体的机械属性对于它的化学属性来说，就是这样）。

显然，我在这里省略了对上述论点加以具体科学论证的阐述，同样也省略了对这些论点同巴甫洛夫关于条件刺激物的信号功能与定向反射学说的内在联系问题的讨论；因为这两方面都在我的其他著作中讲过了。

这样，人类活动的经历史是从生活过程中获得对象开始的。后者也就标志着心理反映低级形式的出现——受刺激性变为感受性，变为“感觉能力”。

动物的行为和心理的进一步演化，同样可以理解为活动的对象内容发展史。在每一个新的阶段上，活动的效应过程越来越完全地服从于跟动物相互作用的对象属性的客观联系和关系。对象世界好像是越来越“卷入”活动之中。例如，动物沿着障碍物的运动服从于这一障碍物的“几何图形”，而很像这个图形，从而把障碍物纳入自身的运动中，跳跃运动服从于环境的客观韵律，而迂回道路的选择则须服从于对象间的关系。

活动的对象内容的发展，表现为随着这一发展而来的。心理反映的发展，心理反映调节是对象环境中的活动。

任何活动都有环状结构：**起初的内导作用**——→**同对象环境实现接触的效应过程**——→**借助返回联系对起初传入映象进行修正和充实**。现在，实现着有机体和环境相互作用的各种过程的环状特点已被大家所公认，而且加以很好的描述。但主要的还不在于环状结构本身，而在于对象世界的心理反映不是直接由外部影响（包括“返回的”影响）所引起，而是由主体借以同对象世界进行实际接触的过程所引起的，所以这些过程必须服从于对象世界的独立的属性、联系和关系。而这种情况意味着，控制着活动过程的“内导者”，就其第一性来说，是对象本身，而作为活动之主观产物的对象之映象只是第二性的，对象的映象把活动的对象内容确立、固定下来并纳入于自身中。换句话说，实现着双重的过渡：既有从对象向活动过程的过渡，又有从活动向活动的主观产物的过渡。但是，从过程向产物形式的过渡，不仅是发生在主体这一极。更明显的是，它发生在被人的活动所转化着的客体这一极。在这种情况下，被心理映象所调节的主体的活动就转化为它的客观产物的“静止的属性”。

初看起来，关于心理的对象性质的理解，好像只是属于认识过程的领域，而不能扩展到需要和情绪的领域。其实并非如此。

对于情绪和需要领域的各种观点，也像对于心理状态和心理过程（它们的本质都存在于主体本身中，它们只是在外部条件的压力下改变自己的表现）的领域的观点一样，都是把实质上不同的范畴混同起来作为基础的。这种情况特别显示在需要问题上。

在需要心理学中，必须从一开始就以如下的基本区别为依据：把作为内部条件，作为活动的必要前提之一的需要，以及同引导和调节主体在对象环境中的具体活动的需要区别开来。谢切诺夫写道：“饥饿能使动物站起来，能使寻觅动作具有或多或少剧烈的性质，但是饥饿中没有任何因素能把动物的动作指引到任何方面，并按照地形的要求和遭遇的意外情形改变动作。”正是在这个指引的机能中，需要才是心理学认识的对象。而在前一种情况下，需要只表现为有机体需求的状态，这种状态本身不能引起任何有明确指向的活动；它的机能只限于起动相应的生理机能和运动区的一般兴奋。这种兴奋在无指向的寻觅动作中表现出来。只是由于“遇到”符合需要的对象，需要才开始能够指引和调节活动。

需要和对象的相遇是一个特别的动作，达尔文就已经指出过这一动作，巴甫洛夫的某些著作也论证过这点；乌兹纳捷在谈到定势产生的条件时谈到过它，现代的人种学家也对它作了绝妙的描述。这个特别的动作是需要的对象化的动作——把从周围世界中汲取来的内容"充实"需要。这就使需要过渡到本身的心理的水平。

需要在这个水平上的发展也是以它们的对象内容的发展形式进行的。顺便说一下，只有这种情况才能使我们理解人的新需要的出现，其中包括在动物身上没有与此类似的、"摆脱"机体生理需要的那些需要，而就这个意义来说，它们是"自主的"需要。需要的形成是由于，在人类社会中生产着需要的对象，而因此也生产着需要本身。

总之，需要控制着主体的活动，但只有在需要是有对象的需要的情况下，它们才能够执行这个机能。由此就使勒温能够编成一些术语，借以说明对象本身的激动力量。

在情绪和情感方面也是这种情况。在这里必须把无对象的增力状态和乏力状态，跟由主体的对象活动及其需要同动机的相互关系而产生的情绪和情感本身区别开来。但关于这一点必须专门来讨论。就对活动的分析来说，只要指出以下情况就够了：活动的对象性不仅产生映象的对象性，而且也产生需要、情绪和情感的对象性。

当然，需要的对象内容发展的过程不是单方面的。它的另一方面在于，活动的对象本身向主体显示出符合于他的某种需要。由此可见，需要激励起主体方面的活动，并加以控制，但只是在具有对象的条件下，需要才能执行这些机能。

（三）对象活动与心理学

外部的、感性—实践活动，从发生上来说，是人类活动的原始的和基本的形式，这种情况对于心理学具有特殊的意义。要知道，心理学当然总是研究活动的，例如，思维活动、想象活动和记忆活动等等。由于这种内部活动陷入笛卡儿的沉思这个范畴，于是只有这种内部活动才被认为是唯一进入心理学家视野的心理活动。这样，心理学就脱离了对实践的感性活动的研究。

如果在旧心理学中也提到外部活动的话，那只是作为表现内部活动，表现意识活动的东西。本世纪初发生的行为主义者对于这种心灵主义心理学的反抗，与其说是取消了意识与外部活动之间的割裂，不如说是更加深了这种割裂，只有在这时，外部活动反而成为脱离意识的了。

心理学知识发展的客观进程所酝酿成熟的、现已充分表现出来的一个问题是，心理学任务中是否包括对外部实践活动的研究。要知道，在活动的“前额上”并没有写明它是哪一种科学的对象。同时，科学实验表明，把活动划分出来作为一种特殊知识领域——“应用科学”的对象，是没有理由的。活动也像经验所提供的事实那样，可以由不同的科学来研究；可以研究活动的生理学，可是，例如在政治经济学或社会学中来研究活动，也同样是合理的。在心理学本身的研究中，也不能排除外部的实践活动。但是，对后一论点可能有本质上不同的理解。

早在30年代，鲁宾斯坦就指出了马克思的下述思想对于心理学具有重要的理论意义：在通常的物质工业中，我们面前摆着一本打开着的有关人的本质力量的书，如果这本书对于心理学是合着的话，那么，心理学就不能成为一门内容丰富的实在的科学，心理学不应当忽视人类活动的财富。

同时，鲁宾斯坦在他以后的著作中强调指出，在心理学领域，虽然包括人们借以改变自然界和改造社会的实践活动，但作为心理学研究对象的，“只是活动的特殊心理内容，活动的动机和调节作用，而行动就是按照行动的完成所处的客观条件在感觉、知觉和意识中的反映加以调节而进行的”。

总之，按照他的观点，心理学的研究对象中应包括实践活动，但只限于活动中以感觉、知觉、思维为形式，和一般地以主体的内部心理过程和状态为形式而表现出来的那种特殊内容。可是，这个论点至少是片面的，因为它脱离下面这个根本性的事实：这样或那样形式的活动是包括心理反映过程本身，包括这个过程的内容本身、这个过程的产生的。

让我们来考察一个最简单的情况：对于对象弹性的知觉过程。这是主体借以同外部对象实际接触、实际联系的一个外部运动过程，这个外部运动过程所实现的甚至可能不是以认识的任务，而是以直接的实践任务为目的的，例如使对象变形。在这种情况下所产生的主观映象当然是心理的东西，因而也是心理学的无可争辩的研究对象。但是为了理解这种映象的性质，我必须研究使这种映象产生的过程，而在当前所考察的情况下，它是一个外部的和实践的过程。不论我愿意与否，不论符合我的理论观点与否，我还是不得不把主体的外部实际动作包括在我的心理学研究的对象之中。

这就是说，如果认为外部对象活动虽然是心理学研究的对象，不过是作为其中包括着内部心理过程的东西，因此心理学的研究不能进展到外部活动本身及其结构的研究范围，这是不恰当的。

对于这种观点，只有在下述情况下才能同意，即如果容许外部活动只是单方面地依存于控制着它的心理映象、性活动的表象或者它的思想图式。但情况并不是这样。活动必须同与人相对立的对象发生实际接触，从而使活动偏向、改变和丰富起来。换句话说，正是在外部活动中，内部心理过程的领域是面对着客观对象世界而打开着的，客观对象世界是有权侵入内部心理过程的领域的。

所以，活动成为心理学的对象，并不是由于它的特殊的“部分”或“要素”，而是由于它的特殊的机能。这个机能把主体纳入对象的现实中，并把这种现实改变为主观性的形式。

但是，让我们再回到上述跟物质性对象实际接触下对象基本属性的心理反映产生的情况。这只是一个供举例说明的极为简单的情况。但是它也具有实际的发生学上的意义。现在无须证明，活动在其发展的最初阶段必须具有外部过程的形式，以及相应地，心理映象就是把主体与对象现实实际联系起来的这些外部过程的产物。显然，在早期发生阶段，对心理反映的性质和特点的科学说明，只有以这些外部过程的研究为基础，否则是不可能的。同时，这样来说明并不意味着，以对行为的研究来偷换对心理的研究，而只是意味着，消除对心理实质故弄玄虚。因为，否则我们只得承认存在着某种神秘的“心理能力”，这种能力在于，由于外界作用对于主体感受器的影响，在主体的脑中（作为与生理过程相平行的现象）爆发出给人照亮了世界的某种内部的光，似乎放射出一些形象，然后由主体把它们安排在周围的空间里，使其“客观化”。

不言而喻，心理学家所涉及的现实，同上面所谈的由于与对象的实际接触而产生映象的粗略图式所描绘的现实相比，更加无比复杂和丰富。但是，不管心理学的现实如何远离这作为心略图式，不管活动的变化怎样深刻，在任何情况下活动始终是实现着有躯体的主体的生活，而这种生活就其实质来说，是感性实践过程。

活动的复杂化及相应地对活动进行心理调节的复杂化，提出了范围极其广泛的一些科学心理学问题，其中首先应当提出关于人类活动的各种形式以及它们的互相关系的问题。

（四）外部活动与内部活动的相互关系

旧心理学只同内部过程，即同观念的变动、它们在意识中的联想、观念的概括以及观念的代替者——词的变动打交道。这些过程以及非认识性的内部体验，被认为是唯一组成心理学研究对象的东西。

关于内部心理过程起源问题的提法，奠定了对过去的心理学重新确定方向的基础。在这方面谢切诺夫迈出了决定性的一步。还在100年以前，他就指出，心理学从由自然本身联系各个环节而成的一个完整过程中不合理地抽出其中间部分——“心理的东西”，并把它与“物质的东西”对立起来。因为按照谢切诺夫的说法，心理学是由这种违反自然的做法产生的，所以后来，甚至用任何办法也不能把这些被分割开的环节接合起来。谢切诺夫进一步写道，这种处理方法应当改变。“科学的心理学，就其全部内容而言，只能是一系列关于心理活动起源的学说。”

历史学家的工作就是要追溯这种思想发展的各个阶段。我只是指出，已经开始的对思维之系统发生和个体发生的深入研究，实际上打开了心理学研究的界限。根据主观经验主义的观点，一些离奇的概念，如实践理智的概念或手的思维的概念，已被引入心理学。从发生上来说，外部过程先于内部智慧活动这一观点，几乎已被公认了。另一方面，即从行为的研究出发，又提出了关于外部过程是通过机械地理解的直接过渡而转化为隐蔽的内部过程的假设。例如，我们可以回忆一下华生的公式：言语的行为⟶低声私语⟶完全无声的言语。

但是内化概念被引入心理学，在关于内部思维运算起源的具体心理学观点的发展中，起了重要作用。

如所周知，所谓内化指的是一种过渡，由于这种过渡的结果，对付外部物质性对象的外部形式的过程转变为在智慧方面、意识方面进行的过程；在这种情况下，它们经受了特殊的转化——概括化、言语化、简缩化，而最主要的，是能够超出外部活动可能性的界限而进一步发展。如果用皮亚杰的简明说法，这就是"从感觉运动方面向思维"的过渡。

现在，已经把内化过程与发生学、教育心理学和普通心理学的许多问题联系起来进行详细的研究。同时，不论在研究这种过程的理论基础上，还是在对这种过程的理论解释上，都显示出严重的分歧。对于皮亚杰来说，研究内部思维运算起源于感觉运动性动作的最重要理由在于，显然，不可能直接从知觉中引申出思维的运算模式。像组合、序列、集中这样一些运算，最初是在对于外界客体进行的外部动作的进程中产生的，然后按照活动本身的逻辑—发生规律继续向内部思维活动方面发展。让内、瓦龙、布鲁纳等对于从动作向思维过渡观点则决定于另一些出发点。

在苏联心理学中，关于内化的概念通常是同对这个过程进行了重要研究的维果茨基及其继承者的名字联系起来的。近年来，加里培林特别详细地研究了把外部（物质化了的）活动有目的地（"非自发地"）、改造为内部（智慧的）活动的各连续阶段和条件。

促使维果茨基研究内部心理活动来源于外部活动问题作为出发点的那些思想，与和他同时代的其他研究者的理论概念相比有原则区别。这些思想是由于对人类特有的活动（借助于工具实现的有生产成果的劳动活动）特点进行分析而产生的；这种活动一开始就是社会性的，即只有在人们的合作和交往的条件下才发展起来。相应地，维果茨基区分出应该成为心理科学基础的两个主要的相互联系的因素。这就是人的活动的工具化结构以及活动包括在与其他人的相互关系的系统中。就是这两个因素决定着人的心理过程的特点。

工具中介着不仅使人与物体世界、而且也使一个人与其他人们联系起来的活动。因此，人的活动汲取着人类的经验。由此也可以得出这一结论：人的心理过程（人的“高级心理机能”）获得了一种结构，这种结构以社会—历史地形成的方式和方法作为自己的必要环节，而这些方式和方法是在跟周围的人们进行协作和交往的过程中传递给他的。但是传递实现这种或那种过程的方式与方法，只有通过外部形式（动作或外部语言的形式）才有可能。换句话说，人所特有的高级心理过程，只有在人与人的相互作用中才能产生，也就是作为人们心理之间的过程，而只是以后才开始由个体独立地去实现；这时，其中某些过程进一步失去其原有的外部形式，转化为个人心理之内的过程。

内部心理活动起源于实践活动，实践活动是由于以劳动为基础的人类社会的形成而历史地形成的，在新一代的每一个人身上，内部心理活动是在个体发展的进程中形成的。同这一论点并列的，还有另一个极其重要的论点。这就是，对现实的心理反映形式本身同时发生着变化：产生着意识——即主体对现实，对自己的活动，对自己本身的反省。然而，意识是什么呢？意识是“共同认识”，但只有在这个意义上：个体意识只有在社会意识以及作为其现实基质的语言存在的情况下才能存在。在物质生产的过程中，人们也生产着语言。语文不仅是交往的工具，而且也是在交往中固定下来的社会形成的意义的体现者。

旧心理学把意识看作心理过程运动的某种超心理的方面。但是，意识不是从原始时就有的，也不是由自然界产生的。意识是由社会所产生的，它是被生产出来的。因此，意识不是心理学的公设和条件，而是它的课题——具体的科学心理学研究的对象。

由此可见，内化的过程不是把外部活动移置到以前发生的内部的“意识图景”中；这是内部图景得以从中形成的一个过程。

大家知道，维果茨基在对外部手段的作用及其“内化”进行了第一轮的研究工作之后，接着便转而研究意识和它的“细胞”——词的意义，它们的形成和结构。虽然在这些研究中，意义是从它的（可以说是）返回运动的方面显示出来的，因而是作为处于生活之外并支配着活动的东西，但是对于维果茨基来说，相反的论点却始终是不可动摇的：不是意义、意识处于生活之外，而是生活处于意识之外。

对智慧过程与意义（概念）的形成的研究，似乎是从活动的整个运动中割取了一个部分（虽然是很重要的一部分），即个人对人类所形成的思维方式的掌握。但是，这一部分，即使和认识活动（无论是它的形成，还是它的机能）都不相吻合。从心理学方面来说，思维（和整个个体意识）同逻辑运算和逻辑运算被简缩于其结构中的那些意义相比，要更为广泛。意义本身不能产生思想，而是中介着思想，就像工具不能产生动作，而是中介着动作一样。

维果茨基在其研究的最后阶段，曾多次以不同的形式表述过这个重要的基本观点。他把言语思维的动机、情感意志领域认为是言语思维的最后的、依然“隐蔽着”的一个方面。他写道，从决定论观点对心理生活的研究，要排除“把思维认为是以本身的方式确定人的行为的一种魔力”。由此得出一个积极的计划，要求在保持已经揭露出来的意义和思想的积极机能的同时，再一次把问题掉转过来。而为此，必须回到对象活动这一范畴，并把它扩展到内部过程——意识过程。

正是由于理论思维沿着这一途径运动的结果，揭露了内部活动与外部活动的根本的共同性，这两种活动是人同他从中实现其现实生活的世界的相互联系的中介。

与此相适应，作为古典的笛卡儿—洛克心理学之基础的主要区别是：外部世界、时空世界（外部的躯体的活动和它有关）这一方面，同另一方面——意识的内部现象和过程的世界——的区别，应当让位于另一种区别，即对象性现实及其观念化的转化形式这一方面，同另一方面既包括外部过程、也包括内部过程在内的主体活动的区别。这就意味着排除了把活动分割为仿佛属于两个完全不同领域的两个部分或两个方面。同时，这也就提出一个新问题：研究人的活动不同形式之间具体的相互关系与联系的问题。

这个问题过去就提出来了。但是只有在我们这个时代，它才获得了完全具体的意义。现在我们看到，外部活动与内部活动日益密切地互相交织和接近：对物质性对象进行实际改造的体力劳动日益“智慧化”，包括完成最复杂的智慧活动；同时，现代研究人员的劳动（特殊的认识活动，主要是智慧活动）日益被外部形式的活动的各种过程所充实。各种不同形式的活动的过程的这种结合，已经不能解释为仅仅是由于外部活动内化的术语所描述的那些转化的结果，这个结合必须要求，也在相反的方向，从内部活动向外部活动实现不断的转化。

在保证人们全面发展的社会条件下，智慧活动才与实践活动不相分离。他们的思维成为按照需要而出现的个人整个生活中的一个因素。

我们首先谈谈使人的对象活动在其历史的和个体的发展中得以形成最重要的变动的相互转变。这些转变之所以可能，是因为外部和内部活动具有同样的共同的结构。我认为，对于外部活动和内部活动的结构上的共同性的发现，是现代心理科学最重要的发现之一。

因此，内部形式的活动起源于外部实践活动，并不与外部实践活动相分离，也不是在它之上形成的，而是同它保持着根本的并且是双方面的联系。

选自：列昂节夫．活动 意识 个性．李沂等译．上海：上海译文出版社，1982

思想评介

关于列昂节夫活动理论的历史形成、基本思想和对它的评价

（一）活动理论的历史形成

十月革命胜利之后，唯心主义在苏联心理学领域仍十分活跃。当时任莫斯科大学心理研究所所长的切尔潘诺夫就公然声称："我什么立场也没有放弃，我过去是哲学上的唯心主义者，现在依然是唯心主义者。"此外，当时在苏联整个心理学界，关于心理学研究什么，行为和意识在心理学中的地位等问题，也呈现出一派混乱的景象。这样，一场大辩论就是不可避免的了。进步心理学家布隆斯基首先发出了心理学必须改革的呼吁，继而柯尔尼洛夫提出了"把心理学建立在马克思主义哲学基础上"的主张。此时刚刚从大学毕业的列昂节夫站在柯尔尼洛夫一边，也参与了对旧心理学的斗争。

这场斗争虽然揭露了唯心主义心理学的虚伪性，但在马克思主义哲学基础上制定具体的心理学概念体系的意图，却由于当时领导人的错误指导思想而步入歧途。因此，列昂节夫很快就对柯尔尼洛夫所鼓吹的行为主义变种的《反应学》，感到极大的失望。

就在这时，维果茨基提出了他的高级心理机能发展的"文化历史理论"。这一理论是在具体的心理研究领域中，企图实现马克思主义关于个人掌握社会创造的物质文化和精神文化对他的意识的发展具有决定意义的原理的一种尝试。维果茨基首先提出了两个假说：第一，关于人的高级心理机能的间接性的假说；第二，关于内部智慧过程起源于活动，先是外部活动后是"内部"活动的假说。这两个假说就成了他以后研究的基础，从而开阔了苏联心理学关于人的心理的社会历史制约性问题研究的新阶段。

列昂节夫赞成维果茨基的观点，并随后作为他的助手同鲁利亚

一起在其领导下开展实验研究工作。这些研究不仅充实了“文化历史理论”，而且发展了包含在这一理论中的活动概念。

在列昂节夫的早期著作中，首先应该指出的是他对随意识记的研究。他在这些研究中采用的是记忆间接形式研究法，即在一个实验中向被试呈现15个单词进行直接识记，在另一实验中则借助外部手段（小图片）对15个词进行间接识记。运用这种方法他对不同年龄（学前期、学龄期和成人）的人的直接识记过程和间接识记过程进行实验，加以比较。结果发现：4~5岁儿童在两种情况下识记都是直接的，因此两种识记指标基本接近；成人在两种情况下，两种识记指标也很接近；在儿童和成人之间的中间年龄阶段（即学龄期）两种识记之间存在很大的差别——间接识记比直接识记效果要大得多。

列昂节夫认为，学前儿童还不能利用外部手段，更不能达到内部的中介作用，所以用与不用外部手段都一样，这就是他们两种识记指标基本接近的原因。成人不同了，在这两种情况下，识记都是通过内部的中介作用进行的，因此两种识记指标也基本接近。而学龄期两种识记指标之所以有很大差别，主要是在他们那里发生着由外部—中介的识记向内部—中介的识记过渡的复杂的过程。也就是说，发生着直接识记形式向间接识记形式的转变。这样，列昂节夫认为，由于内化的结果，外部过程变为内部过程，或如维果茨基所说的“心理间的东西变成心理内的东西”，而活动在这个过程中起着很大的作用。根据这些实验，他写了最初的一部著作《记忆的发展》，从而在苏联心理学界初露头角。

以此为始端，列昂节夫从30年代开始着手系统地研究活动对各种心理过程形成的作用问题。在他的领导下，哈尔科夫的一批年轻心理学家实验研究了：儿童智力过程的发生对活动性质的依赖性；在实践活动影响下儿童推理性质的变化；实践活动对知觉的发生和技能形式的重要意义。但是，这只是对活动进行一般的考察，他认为这样做有一定的局限性，因此又提出专门研究主体的活动结构、活动结构之基本成分的特点以及这些基本成分之间的相互关系等课题。于是，他研究了人的实践活动的中心环节——工具的意义、目的和动机。再后他还研究了某些动物，对它们的行为特点进行了仔细的观察，从而由另一侧面丰富了他的活动观点。

到了30年代中期，列昂节夫为了探讨心理的发生和发展，又研究了感觉起源的问题。他以心理与活动统一的观点作为研究的出发点，仔细分析了从活的、但还不具有心理的物质，向活的、同时又有了心理的物质的转化。他的感受性是心理的最初表现和判断心理产生的标准的假说，就是在这个时候提出来的。而动物心理的发展，则划分为三个阶段：感觉心理阶段、知觉心理阶段和智慧心理阶段。从猿到人，是劳动的产物；劳动活动又是人类意识发生和发展的首要条件。

此外，列昂节夫在这一时期运用活动原则研究了不少应用课题，如军队司机活动的特点，训练和心理教育等问题。这些具体的心理学问题的研究，是对活动理论的检验，同时也取得了不少材料以充实这一理论。

从以上简单叙述中，我们不难看出，列昂节夫的心理学活动理论，正像所有理论体系一样，都有一个形成和发展的过程。在这一理论的历史发展过程中，有三个因素，或者说是三个条件起了决定的作用。这三个因素就是：十月革命后新的社会制度对心理学提出的创立新体系的客观要求；维果茨基文化历史理论的影响；列昂节夫本人早期各方面的实验和应用的研究。如果说新的社会条件是产生他的心理学活动理论的土壤，那么维果茨基的文化历史理论就好比是为他后来提出的活动理论埋下了种子，而在他的精心培育下这颗种子终于发芽、成长、开花、结果。这个果就是他的最重要的两部著作——1959年出版的《心理发展问题》和1975年出版的《活动　意识　个性》。前者荣获列宁奖金，后者获得莫斯科大学罗曼诺索夫一等奖。前者渗透了他的活动理论，后者则抽象概括地阐述了这一理论的结构和内容。底下我们就具体剖析一下活动理论的基本思想。

（二）活动理论的基本思想

列昂节夫的活动理论，是一个较为完整的心理学体系。这一体系涉及的问题很多，在此我们不可能一一论及，只就其主要思想作一梗概的分析。

1. 活动是心理学的研究对象。列昂节夫认为心理不是别的而是活动的特殊形式，是物质生活和外部物质活动发展的产物，因此研究活动及其结构和活动的内化始终是心理学研究的中心环节。换句话说，活动产生心理，研究心理当然也就离不开对活动的研究，因此“活动不论其形式如何，乃是心理科学的对象”。

他认为，把活动列为心理学的对象可以更好地解释心理学中的意识问题。他说，意识是在社会劳动过程中产生的，是要求语言参加活动的一种高级的为人所特有的心理形式。因此，研究外部实践活动过程是认识心理反映和意识的关节点以及主要方法。

列昂节夫还认为，人是在活动中形成着自己的个性的，因此只有把活动列入心理学的范畴，才能更好地解决个性问题。

2. 活动的心理学定义。列昂节夫认为，传统的心理学中的刺激—反应公式，只有在以揭示最简单的心理生理机制为目的的实验室实验的狭窄范围内才是正确的，而一遇到更复杂的心理事实时就会毫无办法。造成这种困境的主要原因是因为这个公式排斥了主体的活动，因此要想摆脱这种困境就得用三项式来代替上述的二项式，即在刺激—反应之间加上一个中间环节（主体的活动及其相应的条件、目的和手段）。

由此可见，活动作为“主体—客体”之间的中间环节，起着一种中介的作用。也就是说，在活动中发生着从客体向它的主观形式即映象的转化，并且在活动中也实现着向它的客观产品的转化。所以列昂节夫说：“在心理的水平上：活动是以心理反映为中介的生活单位……。换句话说，活动不是反映，也不是反应的总和，而是具有自己的结构、自己的内部转变和转化、自己的发展的系统。”

3. 活动的基本特征。列昂节夫认为，活动的基本特征是它的对象性。也就是说，无对象的活动是不存在的。然而，活动的对象又是什么呢？他回答道，一是客观独立存在的事物，二是主体对这些客观独立存在的事物属性的心理反应的产物。前者对于活动来说是第一性的东西，而后者是第二性的东西，因此活动对象具有两重性。

活动的对象性说明了主体活动对对象世界的依赖性，即对对象世界的属性、联系的服从。这种服从表明了对象活动消极的一面。但是，对象世界又是千差万别的，是不断变化发展的，所以主体活动也是不断变化、不断被改造的，是可塑的。在对世界的反映过程中，活动并不像镜子一样，而是积极的反映，因此列昂节夫指出："映象的主观性概念包括指出它的积极性。"这种积极性也就是活动的倾向性，即对人的需要、动机、定势、情绪的依赖性。

4. 活动的分类。列昂节夫把心理学上的活动分为两大类：外部的实践活动和内部的心理活动。

他认为，外部实践活动是活动的基本形式，在发生上具有发端的性质，由它才派生出个体意识的内部活动的一切形式，因此必须包括在心理学研究对象之中。他说，他作这种规定，并不是根据自己的意愿而是客观规定了的，是由于外部活动的特殊机能规定了的。他写道："无须证明，活动在其发展的最初阶段必须具有外部过程的形式，以及相应地，心理现象就是把主体与对象现实实际联系起来的这些外部活动过程的产物。显然，在早期发生阶段，对心理反映的性质和特点的科学说明，只有以这些外部过程的研究为基础，否则是不可能的。"

5. 活动之间的相互关系。既然活动分为两大类，它们之间的相互关系是怎样的呢？列昂节夫认为：外部活动在其历史发展过程中产生出具有相对独立性的、能够脱离开实践活动的内部智慧过程，如分析、比较等；另一方面，内部活动同样经常实现着向其对立面即外部活动的转化。前者他称之为内化，后者称之为外化。

列昂节夫特别强调内化的思想。他指出内化是一种过渡。在外部过程向内部过程过渡时，"它们经受了特殊的转化——概念化、语言化、简缩化，而最主要的是能够超出外部活动可能性的界限而进一步发展"。因此，他认为把内化这个概念引入心理学，就会把关于内部思维运算起源的研究大大推进一步。

6. 活动的结构。如上所述，外部活动通过内化可以转化为内部活动，而内部活动通过外化又可以转化为外部活动。这种转化之所以能够成立，列昂节夫认为这是由于外部活动和内部活动具有同样的共同结构。

列昂节夫指出，具体的活动是多种多样的，但不论什么活动都要适合主体的一定的需要，并在活动中力求达到这一需要的对象。活动所指向的对象就是活动的真正动机。因此，活动的概念必须与动机的概念联系在一起。

此外，活动是由各种动作构成的，而动作乃是服从一定的目的的自觉的过程。因此，动作概念与目的概念相联系。

有目的的动作要想实现出来，又必须依赖于实现动作的方式，即操作，而操作决定于客观对象的条件。这样，操作与条件相关联。

由此列昂节夫得出如下结论：任何一种活动，都是适合于主体的一定需要，具有一定的动机，为一定的目的动作所组成，而动作又由客观对象条件所决定的操作来完成，这就是活动的共同结构。

他认为，活动、动作、操作和与其相应的需要、动机、目的、条件构成了活动共同结构的“单位”。对活动的研究就是要分析出活动的这种内部系统关系。不仅要分析活动的各种形式彼此间的转化，也要特别注意它自身的这些结构的变化。如，活动本身可以失掉自己的动机而变成动作，而动作在目的发生变化之后又可以变成操作，所以活动—动作—操作以及动机—目的—条件相互间的转化是经常发生的。

7. 活动的分散与合并。列昂节夫指出，上述活动结构的“组成部分”的相互转化，说明活动结构的各个“组成部分”具有灵活性的特点。他认为，这种灵活性不仅表现在它们相互间的转化上，还表现在每一组成部分可以变成更细小的分散的单位，如在达到所选定的总目的的进程中，可能划分出一些中间性的目的，从而使一个完整的动作分散为一系列个别的连续性的动作。相反的过程则是被划分出来的活动结构单位会合并起来，联合起来。

由于活动单位的这种分散与合并，与其相应地、对活动起着定向和调节作用的心理映象也会发生分散与整合。例如，儿童在用没有经验的手抄写课文时，这些课文在他的知觉里被分解为一些个别的字母，甚至是字母的笔画，但后来在这个抄写过程中，课文中完整的词，甚至句子就成了他的知觉单位。

以上就是列昂节夫活动理论的主要思想。列昂节夫认为他提出的这一理论，是马克思列宁主义方法论在心理学领域中的具体体现，是对复杂的心理学事实给以彻底改造的唯一完整的心理学基础。

（三）对活动理论的评价

包含在《活动　意识　个性》一书中的活动理论，受到苏联国内学术界的广泛反响和充分重视。苏联心理学界一般认为，这一理论对心理学一些根本性问题的研究起了基本理论的定向作用，是对辩证唯物主义心理学的一大贡献。例如全苏教育科学院心理研究所所长达维多夫就专门撰文，备加赞扬，极力推崇。他写道："列昂节夫关于活动范畴的主要论点，……在我们看来，可以清楚地看到他的关于心理学理论结构问题的观点的深刻独创性和真正地打破了传统观点。"他还写道："几乎我们科学的所有领域，都感到了列昂节夫的贡献。因为，如果考虑到列昂节夫创造中的主要东西，那么这就是他在世界科学中近代普通心理学理论——活动心理学理论的创立者。"

自然，在苏联心理学界也有持不同看法者，这就是我们经常提到的系统观点的积极倡导者洛莫夫。举例来说，1979年他发表了一篇长文，在文章中开宗明义首先提出了这样一个问题："心理学是否只能在一个唯一的范畴——活动范畴的基础上发展，或者是，它要在范畴的系统的基础上发展。"按照他的系统观点，回答自然是后者，即在范畴的系统的基础上发展，而"在这一系统中，反映的范畴具有奠基性的意义"。这样，洛莫夫就把列昂节夫提出的对象活动对心理学具有根本意义的论点否定了。洛莫夫现任苏联科学院心理研究所所长，因此他的批评和挑战是有相当分量的，对活动理论的发展也会带来一定影响。当然，这不是说，两家观点尖锐对立，水火不容。实际上，活动理论也讲系统，系统理论也承认活动，但立足点不同则是显然的，因此就有了分歧。

我国心理学界，对列昂节夫的活动理论也有过争论，我个人认为，对活动理论全部肯定或一笔抹杀都是不对的，应该“一分为二”地看待。让我们先分析一下它的不足和错误。

首先，这一理论还是很不完善的，还处于发展之中。如前所述，很多问题只是提出来了，缺乏详细而具体的研究，因此给人的印象是语言晦涩，议论繁多，论据不足。此外，正如洛莫夫指出的，活动理论是随着对个体活动的研究发展形成起来的，活动的分析模式及其概念体系也是建立在个体活动研究的基础上的，所以对活动的不同类型、形式和水平探讨得就非常不够。列昂节夫本人也承认这一点。他曾明确指出，活动理论“还只是处于探讨少数主干性问题的阶段”，但“心理学不能只满足于关于活动的综合观念，它的任务在于具体地研究个体活动的不同种类、形式和水平，它们的结构和实现着它们的心理生理机制的微观结构的特点，以及最后，主体本身、他的个性在活动中所获得的那些特点”。遗憾的是，他本人没有来得及完成自己提出的这一任务就去世了。

其次，列昂节夫虽然十分强调马列主义的指导作用，但在引用或转述马列主义经典著作时，往往为了自己提出的理论体系的需要，有时生搬硬套或故意删减经典作家的语录。如他把马克思所讲的人的“感性活动”、“实践活动”统统以“活动”概念代替之，这显然是不妥的，曲解了马克思的原意。再如，他把马克思著作中为分析社会活动所确立的一些原理搬用于个体活动，这显然也是不恰当的。

最后，列昂节夫的活动理论最主要的问题，或者说要害性的问题，是他无限拔高活动的意义，从而用研究活动代替了对整个心理学的研究。也还是洛莫夫清楚地看出了这一点，因此他指责活动理论的研究者在某些研究方向上把活动原则变成了一种先验论的模式，把活动范畴变成一切心理东西的独特缔造者和包罗万象的可以替代解释其他一切范畴的超级范畴。他写道：“当然，凭自己的愿望，可以把人的存在当中的一切都通过某一个范畴，例如活动范畴进行考察。但这是否需要？这样的片面观点能否推进对心理的东西的本性和实质的认识？照我们看来，不能。它会导致把人的生活的现实多样性简化、还原。”所以洛莫夫提醒活动理论的研究者注意，每一强而有力的范畴都是由于其本身所具有的普遍性的意义，但也只是揭露现实的某一方面，对其意义的任何过甚其词、绝对化，都是非常危险的。

我们以上提到的活动理论的不足和要害问题，仅只是从大的方面来谈的。就具体问题而言，值得商榷的地方还很多，如用“三项式”代替传统的“二项式”就能像他所说的可以彻底解决和克服传统心理学的一切弊病吗？片面强调活动，尤其是外部活动的作用，使得这一理论带有明显的外因论的色彩，等等。但是，尽管这一理论存在着上述的不足之处和一些严重问题，其重要的积极的意义也应该给以充分的估计和肯定。具体地说，我认为有以下几点：

第一，列昂节夫的活动理论及其所创立的学派是苏联心理学中的最重要的组成部分，在某种程度上体现了整个苏联心理学的独特性。这不单单是说，这个理论在苏联心理学中影响巨大，或者说这个学派的拥护者人数众多，主要是这个理论在苏联心理学中具有一定的代表性。苏联心理学的历史和现状告诉我们，指导苏联心理学研究的三大基本原则——活动和意识统一的原则、心理发展原则和决定论原则，使整个苏联心理学区别于以往历史上的和现今存在的一切心理学学派而构成了自己的独特体系。三大原则的形成是苏联心理学家们集体研究的结果，但也不能否认，列昂节夫及其学派对活动的研究起了重要的作用。因此我们可以这样说，研究列昂节夫的活动理论是研究苏联心理学的重要方面。

第二，列昂节夫的活动理论具有明显的唯物主义的性质，特别是注意贯彻了人的社会历史制约性原则。如上所述，他的关于主体的完整的活动在其一切形式和种类中、在其一切形式和种类的相互转化中，以及在其系统的历史和个体的发展中是一个有机的系统的观点；关于起源上发端的基本东西是外部实物的感性活动，并由它派生出个体意识的内部心理活动的论点；关于外部活动和内部活动有着社会历史的起源和原则上的共同结构的论点，以及关于内外活动的内化和外化的观点，对活动有着定向作用的主观映象的中介和调节、分散和整合、积极性和偏颇性的论点，是与一切唯心主义的变种如实证论、存在主义和人本主义相对立的，对马克思主义哲学也有一定的价值。

第三，活动理论也具有一定的实际应用价值。如，在教育实践领域列昂节夫强调直观性教学的重要性，强调通过改变外界条件可以培养、形成人的内部心理、意识的可能性，因此在苏联教育界很受重视，影响也很大。在儿童和年龄心理学中，在苏联也是根据他的主导活动占优势的观点进行年龄分期的。在劳动心理学方面，他提出了在自动化生产中运用动态原则的问题。在医学心理学方面他运用活动观点研究了伤员四肢运动机能受损的恢复问题，具体地制定了治疗的新方法——劳动疗法和体育疗法，这些方法在苏联被广泛采用和推广。在社会心理学研究中，他的活动理论也被许多社会心理学家作为方法论原则来建立苏联自己的社会主义心理学体系。此外，他的学生和拥护者，在社会生活的各个方面应用活动理论解决了不少实际问题。正因为这样，他的活动理论在苏联是颇受欢迎的。

第四，活动理论有助于克服心理学研究中的自然主义和生物学化的倾向。他认为心理学研究中的自然主义观点不仅不能科学地论证人及其意识活动的真正特点，而且肯定了在生物学中也是错误的看法，如混淆和抹杀人和动物、人的行为和动物行为的原则差异。按照活动理论，人和动物有着本质的不同，人的活动和动物的行为有着根本的区别。他指出动物行为实质上是由对象决定的，就拿黑猩猩而言，也只能把物体当作“临时的工具”，虽然它也能分析、综合，但只有具体的思维即手的思想，因而只能依靠敏锐的视觉、高度的观察力、迅速的反应和眼手的精确协调的活动以适应自然界。而人的活动、心理、意识是社会历史发展的产物，具有明显的社会性。为此他认为：在研究意识的历史发展时，看到的是高级动物的复杂活动从属于自然物体的联系和关系，而转变到人的活动，则从一开始就从属于社会的联系和关系。

综上所述，我们可以作出这样一个结论：列昂节夫的活动理论，虽然存在着不少问题和错误，其重要意义也不可低估，可以把它看成是当代马克思主义心理学研究中的一个较好的尝试，理应引起我们的充分重视。

（张世英）

选自：心理学报，1985（1）

西蒙

（Herbert Alexander Simon）

- 生平简介
- 名篇选读

  人类认知系统的结构
- 思想评介

  西蒙信息加工理论述评

生平简介

赫伯特·西蒙（1916～　　），又名司马贺，美国著名科学家。西蒙1916年6月生于美国威斯康辛州密尔沃尔，父亲是一个电气工程师，母亲是一个多才多艺的钢琴演奏家。受其叔叔哈洛德·迈克尔的影响，西蒙自中学时代起就对社会科学研究产生了浓厚的兴趣，尤其是经济学和心理学。1933年西蒙进入芝加哥大学政治系学习，1943年获芝加哥大学政治科学博士学位。他历任芝加哥大学研究助理，伊利诺斯理工学院政治科学助理教授、副教授、教授，伊利诺斯理工学院政治和社会科学系系主任，卡内基理工学院工业管理系系主任，卡内基理工学院工业管理研究院管理学教授，卡内基理工学院管理和心理学教授，卡内基理工学院工业管理研究院副院长，卡内基—梅隆大学计算机科学和心理学教授等。由于西蒙杰出的学术成就，耶鲁大学、凯斯工学院、芝加哥大学、加拿大麦吉尔大学、密执安大学、匹茨堡大学、瑞典隆德大学、荷兰经济学院等先后授予他理学、法学荣誉博士称号。

西蒙教授是美中学术交流委员会的主席，1972年以来，曾先后五次来我国访问，在中国科学院、北京大学、天津大学等单位就心理学、管理学和计算机科学等学科与我国学者进行交流。1985年，中国科学院心理研究所授予西蒙教授名誉研究员称号。同时，西蒙教授还是中国科学院管理学院、北京大学、天津大学的名誉教授。

西蒙教授学识渊博，是个多才多艺的科学家，其研究领域横跨政治学、经济学、管理学、社会学、心理学、计算机科学和科学哲学等多个学科；其早期的研究集中在组织管理领域。西蒙认为，管理过程也就是决策的过程，但是，决策过程并不是传统经济学里简单的供求关系的决定过程，而是决策者在真实环境里复杂的心理和行为的过程。为此，西蒙提出了“有限度理性理论”和“令人满意原则”，认为人们的决策过程并不符合传统理论中的“最大利益原则”，即决策者总是在相当数量的备选方案中选择“最好的”方案，而是“令人满意原则”，即决策者需要的是一个“足够好”的方案。因为绝对的理性是不存在的，人的理性会受到人的心理以及其他诸多因素的限制。只有在例外的情况下，人们才会探索和选择最佳的方案。例如，缝衣者要在一堆针中找一颗针，他所需要的并不是最尖的针，而只是他适用的针。西蒙的这种思想现已成为现代企业经济学和管理学研究的基础。由于西蒙对“经济组织内的决策过程进行的开创性的研究”，他获得1978年度诺贝尔经济学奖。

20世纪50年代以后，西蒙的研究逐渐转向了认知心理学和人工智能领域。西蒙认为，社会科学缺乏像自然科学一样的科学性，社会科学需要借鉴自然科学严格和精确的研究方法，才能使它成为真正意义上的科学。同时，在西蒙看来，经济学、组织学、心理学等学科所研究的课题，实际上都是“人的决策过程和问题求解过程”。要想真正理解经济组织内的决策过程，就必须对人及其思维过程有更深刻的了解。因此，借助于计算机技术的发展，西蒙与同事纽威尔等人一起开始尝试用计算机来模拟人的思维和决策过程，对人的认知过程进行量化分析和模拟研究，力图建立一个关于人类行为的更为严格和准确的理论模型，从而创建了认知心理学和人工智能研究新领域。西蒙认为，人的思维过程和计算机运行过程存在着一致性，都是对符号的系列加工，因此，我们可以用计算机来完成人脑的工作。西蒙甚至大胆地预言，人脑能做的事，计算机同样也可以完成。“初级知觉和记忆程序（EPAM）”和“通用问题解决系统（GPS）”等人工智能软件的问世，部分地证实了西蒙的预言，同时也使心理学的研究进入了一个新的纪元。由于西蒙在认知心理学和人工智能领域里的卓越成就，他荣获了1958年美国心理学会杰出贡献奖和1975年计算机科学图灵奖。1986年，西蒙获美国总统科学奖。

西蒙教授一生致力于科学研究，著作颇丰，主要有：《管理行为》（1945，1957，1976）、《公共管理》（与斯密斯伯格合作，1950）、《组织理论的比较》（经济研究评论，1952）、《理性抉择的行为模型》（经济学季刊，1955）、《理性抉择与环境结构》（心理学评论，1956）、《经济学与行为科学中的决策模型》（美国经济评论，

1959)、《管理决策新科学》(1960，1965，1977)、《求解难题过程中的试误搜索》(行为科学，1962)、《论如何决定做什么》(贝尔经济学杂志，1978)、《思维模型》(1979)、《有限理性模型》(1982)等。

(宇 斌)

名篇选读

人类认知系统的结构

(一) 人脑的基本机能

我们可以通过心理学实验来研究人的信息加工过程，从而了解人是怎样进行思维的。我们也可以从进化的角度来研究人是怎样获得信息加工能力的。人类在其几百万年进化的过程中，通过对外界环境的适应，逐渐具有了从外界获得新的信息，进行非常有效的活动的能力。现在的问题是，我们怎样才能设计一个有效的模拟人的认知活动的系统。这样一个系统必须满足下列四个条件，或者说这个系统必须具备下列四种功能。

1. 模拟人类认知活动系统的必需条件

(1) 这个系统必须是一个单线的、进行系列(serial)活动的系统，因为人只能同时想一件事、做一件事。人就是一个单线的系统。

(2) 这个系统只能进行有限的计算。人用弓箭去射一个目标时，并不能同时列出箭行进的微分方程。

(3) 这个系统必须能够发展多方面的需要。人在生活中有各种需要，他不仅有衣、食、住、行等基本的需要，而且还有不断增加的新的物质需要，如自行车、手表等等。此外，人还有不断增长的精神和文化的需要。

(4) 这个系统必须能够处理突然发生的、没有预料到的事件。

2. 人脑的认知活动的机能

在人类的进化过程中，人脑发展了认知活动的三种机能，这三种机能使人能够完成上述四种功能。下面讨论人是怎样利用这三种机能来完成上述四种功能的。

(1) 人是通过搜索来解决问题的。所谓搜索就是提出策略并用其来解决面临的问题。由于搜索过程是串行的，而人的计算能力又是有限的，所以对解决办法只能一个一个地加以尝试。人类在搜索时并不能同时考虑到解决问题的各种可能性，并对各种可能性进行权衡比较。例如，解决围棋中的任务要比解决生活中的任务简单得多。然而，即使在围棋棋盘上，棋子分布模式的数量也是很大的，人们下围棋时进行搜索的可能性也是无限的。一个围棋棋盘是 19 ×19 个方格，为了便于计算，假定它是 20×20=400 个点，每一个点又有三种可能的状态：黑棋子、白棋子或空点，这样总共就有 10^{190}种可能性。这个数量比整个宇宙中分子种类的数量都要大，因此，在解决围棋这样简单的任务时，人也不可能同时考虑到各种可能性。一般情况下，人在进行活动时只是很简单地考虑一种或两种可能性，即利用一些生活中常用的启发式的规则（heuristics）。再举一个比围棋更为简单的“数字排列游戏”的例子。画一个大方块，里面分成几个小方格，除一个空格外，每一格里都有一个数字（见图 14–1）。被试可以把任一方块里的数字移到空格里去，使之重新安排，最后达到某种指定的排列。在完成这样一个简单的任务时，在每一步上能够用以解决问题的方法也是大量的。人在解决问题时，不可能把各种可能性同时都考虑到，一般只采取一些启发式的规则来指导行动。在解决这一问题时，一种简单的办法就是先设法把 1 移到左上角，这样就得把左上角的数字先移到空格里去，才能把 1 移到左上角；然后把 2 移到第一行的中间去，这又得把这个格里的数字先移到空格里去；再使用同样的方法依次把 3 移到右上角，把 4 移到第二行左边的格子里……直至达到最后的目标状态。在解决这一问题的解题过程中，人在头脑里并没有考虑到各种可能性，而仅是运用了生活中行之有效的搜索法而已。

7		2
6	3	5
1	4	8

起始状态

1	2	3
4	5	6
7	8	

目标状态

图 14－1　数字排列游戏

(2) 人在解决问题时，一般并不去寻求最优的（optimal）方法，而只要求找到一个满意的（satisfying）方法。为什么只要求找到满意的而不一定是最优的解决方法呢？因为即使是解决最简单的问题，要想得到次数最少、效能最高的解决方法也是非常困难的。在上述数字排列游戏中，如果不要求用最少的动作来达到目的，而是允许用任何方法的话，那就很容易解决问题。最优方法和满意方法之间的困难程度相差很大。英国的一个成语“草垛寻针”是用来形容一件事的困难程度的。假定有一个大草垛，里边有许多针，为了缝衣服上的钮扣，要从草垛里找出一枚最细最尖的针，那是要花费相当时间的；如果草垛大一倍，寻找的时间也要增加一倍。但是，如果不要求找出最细最尖的针，而只要求找到一枚能把扣子缝上的针就可以了，这时所采取的方法就是满意的方法。在这种情况下，搜索时间不以草垛的大小为转移，只取决于草垛中针的分布密度。人们在实际生活中解决问题就像从草垛里寻针一样，不能只认定某一种最优的方法。用满意的方法解决问题要容易得多，它不依赖于问题的空间，不需要进行全部搜索，而只要能达到解决的程度就可以了。

(3) 人在解决问题时，具有可变的志向水平（aspiration level）。人的一个特点是可以调节满足需要的程度。人根据不同的情况，调节自己满足需要的幅度可以是很大的。他在非常困难的情况下，可把满足需要局限于基本的生存方面，如饱食、温暖；当情景不太困难时，人不仅想到要满足基本需要，还要更舒适一点；当舒适的需要满足了，又会有文娱、美术等更高的需要。因此，在困难条件下认为是好的东西，在不太困难的条件下就认为是不够好的了。心理学家把这种满足需要的不同水平叫做志向水平。随着成功的程度不同，志向水平也会提高或降低。在困难条件下志向水平降低；在成功条件下志向水平提高。例如前面的数字排列游戏问题，第一次能把问题解决了就感到满意；但在第二次仍使用前一种方法就不一定满足了，而是希望能有更快、更好的解决方法。人的志向水平，即满足需要的程度，可以随外界条件的变化而自我调节。这一特点适用于每一个人的生活，也适用于人的社会活动。社会越发展，人的要求也就越高。当然，这并不是说每个人的需要都能得到满足。

除了人类认知活动的上述三种机能之外，所设计的认知系统还必须具备注意、记忆、运动等信息加工的机构。

（二）注意分配机制

在人的生活中，每时每刻都有大量的符号进入感觉器官。这些符号中只有少数引起中枢神经系统的活动。人脑如果不能把大量的输入信息过滤掉，就不能进行加工。学生在课堂外面打球，并不影响教师讲课，因为人们有控制注意的能力，使注意集中到教师授讲这一个目标上。我们同时注意的事情只能有一件，这件事往往是重要的事情。如果教室里突然出现了一只狗，学生会马上把注意集中到狗身上，而不再注意教师了。因此，优先选择的注意目标有时是预料不到的，突然出现的。为了把注意集中到没有预料到的目标上，必须有一个转移机制把正在感知的东西排除掉。因此，对于人这样一个系统，除了有单线加工特点，能通过有限的活动解决复杂的需要，能应付突然出现的事件外，还必须具备控制注意的机制。我们既要能对原先的重要的东西加以注意，也要能够把注意及时地转移到那些没有预料到的新出现的事件上去。

在日常生活中，中断注意的机制是很重要的，这种机制能把人的认识活动和满足其生理需要及其他需要联系起来，因为中断和转移注意的机制可以使人的各种需要互相发生竞争。中断注意和人的情绪有关。恐惧、愤怒这些情绪是在短时间内突然发生的，当我们处于这种情绪状态时，就很难注意其他的事情。生理学已经证明，情绪的唤起与皮层下的网状结构有关；注意中断的机制既涉及认知心理学，也涉及生理心理学。

（三）记忆系统

1. 人类信息加工系统的结构

人类信息加工系统的结构（见图 14－2）包括输入装置、输出装置、中间的记忆装置和围绕着它的控制部分。控制部分负责控制

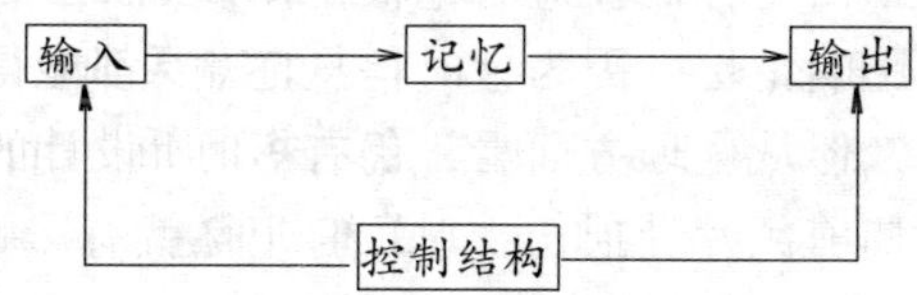

图 14－2　人类信息加工系统的结构

信息进入记忆和再从记忆中输出信息。此外，人类具有各种不同的记忆，这可以用实验加以证明。根据这个信息加工结构，可以建立一个人类记忆的模型，还可以用这个模型在计算机上模拟人的记忆过程。人类记忆模型里首先是输入部分。视觉信息传入眼睛，然后进入记忆框架。记忆分几个部分，一部分是识别记忆。识别即再认(recognition)，认识记忆中已有的东西。当一个模式或图像被识别后，它就存储在短时记忆中。除了物体本身的信息被存入短时记忆外，还有另外一些信息进入到短时记忆中，以帮助认识这个物体。例如，当你辨认一位朋友时，这个朋友的家庭、年龄和其他情况是原来已在长时记忆中保存着的，它们可以帮助你识别当前的刺激。用计算机术语来说，这些就是数据。此外，在记忆中还有程序。数据提供各种情况和资料；程序则组织和利用这些资料。程序也要先经过提取进入短时记忆，然后才能执行。除识别记忆外，长时记忆也起作用。长时记忆即原有的数据，识别时有的数据要输出来，没有传出的就在长时记忆中保存着，同时还会有新的数据存到长时记忆中去。实验证明，从视觉、听觉传入，到短时记忆识别出这个事物，其间还有一个小的记忆，即缓冲记忆。另外，输出前也有一个

小的记忆，即动觉记忆。这是认知心理学家所普遍承认的人类记忆的理论模型。

2. 人类记忆的理论模型的实验依据

人类记忆的这个理论模型已由许多实验所证实。这些证据来自两个方面：一是生理学方面的，包括脑损伤和动物实验的证据；二是行为方面的，即心理学实验的证据。大量的实验证明，有短时记忆和长时记忆（识别、数据和程序）。例如，让白鼠进行学习5~10分钟后再给一个强的电刺激，它已学会的东西就全部忘掉了。这是因为学会的东西是存储在短时记忆内的。如果一个小时后再给电击，这就不会影响记忆，因为这时信息已输入到长时记忆了。人的记忆更为复杂，但从生理方面看，仍有短时和长时两种记忆。人的脑部受损伤，如前额叶受损伤，对短时记忆就有影响。颞叶（特别是左颞叶）损伤时，长时记忆就受到影响。

心理学家的有关行为的几个重要实验也证明有两种记忆的存在。

（1）即时回忆实验：主试用口述或视觉的方式先后给被试呈现一系列符号，每个符号不超过半秒钟，如：

0 1 0 0 1 0 1 1 0 0 1 0

呈现后马上让被试复述这些刺激。全部回忆这12个符号是比较困难的。实验结果表明，人的短时记忆不能记住12个项目。1956年米勒（G. A. Miller）提出人的短时记忆的容量是7±2。实际上，人能记住的数量还要少些。米勒发现，如果用二进制的办法就能记住这一系列符号，方法是把这12个项目重新编码，分成3个一组，就能记住它们。可见，人的记忆广度不在于信息数量的多少，而在于编码的方式。

根据信息论的观点，信息要用比特（bit）来测量，上述数字系列包括12个比特。而用十进制的0~7编码时，每个数字都能表现3个比特（见表14-1）。

表14-1 二进制与十进制数字转换表

二进制	000	001	010	011	100	101	110	111
十进制	0	1	2	3	4	5	6	7

上述12个符号就可编成“2262”4个数字，每一个数字包括3个比特。当记“2262”这4个数字时，实际上就记住了12个比特的信息。可以看到，用比特作单位时，这一系列数字包括着12个比特，但人们的短时记忆容纳不下12个比特；如果用十进制数字作单位，这一系列符号可以看作为“2262”这4个数字，这4个数字自然就很容易记住了。因此，比特不是测量记忆信息量的基本单位，应该有一个新的单位。

米勒提出，测量短时记忆的最小单位为“组块”（chunk）。“2”这个数字就是一个组块。上例的数字系列是12个组块，如果用二进制，可以说是4个组块。在即时回忆实验中，如果给一系列没有联系的字母，被试只能记四五个字母；如果给的是英文字词，回忆出来的可能是四五个字词；如果给的是短语，即要求记住像“中华人民共和国”这样的短语，能即时回忆的是四五条短语。可见，组块是人们熟悉的一个单元。对讲英语的人来说，当字母孤立出现时，每一个字母都是一个熟悉的单元；当一个一个的字母组成词时，每个词也是一个熟悉的单元；短语也是如此。人的短时记忆容量是4个组块。如果无联系的汉字独立地出现，可能记住4个汉字；如果两个字组成一个词，如朋友、老师等，能记住4个组块(4个词)，也即8个字了；对于由4个汉字组成的词组，如万里长城、良师益友等，4个组块就是16个汉字了。根据即时回忆实验可以提出这样一个假定：人有短时记忆能力，在很短时间内就能记住少量的东西。短时记忆的识记速度快，但容量小，只有4个组块。长时记忆的识记速度慢，但记忆容量却是无限的。

(2) 延缓回忆实验：彼得森和彼得森（L. R. Peterson & M. J. Peterson）设计了延缓回忆实验，在呈现刺激后的很短一段时间内，给被试另外一个记忆任务，例如在呈现一系列字母后的30秒内，让被试从一个数每次减3倒着背数，那么，短时记忆内的一部分内容就消失了。一般情况下，当呈现刺激与回忆之间有干扰时，人只能回忆一二个组块。

(3) 斯波灵（G. Sperling）的实验：斯波灵的实验证明，在输入到短时记忆之间还有一个缓冲记忆阶段。实验用视觉显示方法，给被试呈现3行字母，每行4个，共12个字母。它们之间没有意义联系。根据即时回忆实验，一般人只能记住四五个字母。本实验呈现全部12个字母50毫秒，50毫秒结束时，出现高、中、低三个声音中的一个。要求被试听到高音时回忆第一行字母。听到中音时回忆第二行字母；听到低音时回忆第三行字母。实验发现，如果视觉呈现停止到出现声音之间有25~50毫秒的间隔，无论给哪种声音刺激，被试都能正确回忆出要求他回忆的字母。若视觉呈现后100毫秒才出现声音，被试就不能按要求作出正确的回忆。这说明在视觉刺激呈现后，至少在20~50毫秒的时间内，所有看到的12个字母都在记忆中保存着。听觉实验也有类似结果。对口头说出的声音刺激，在短时间（2~3秒）内，被试能够记住很多内容。因此，我们认为在输入（呈现刺激）和短时记住之间还有一个小的记忆，它的范围比短时记忆更广。这个记忆阶段叫做缓冲记忆。

（4）机械言语学习实验：这类实验包括系列回忆和对偶联想回忆两种形式，它们的结果是一致的。在系列回忆实验中，给被试呈现一系列不相联系的项目，要求被试按顺序回忆这一系列刺激。在对偶联想实验中，呈现一系列对偶的刺激，即每次先呈现一个刺激项目，再呈现一个反应项目。在此之后，当呈现这个刺激项目时，要求被试回忆出相应的反应项目来。这就像学外语单词一样，“cat—猫”是一对对偶，当被试看到“cat”时，他就要回答“猫”。

系列回忆是艾宾浩斯100年前所做的实验。过去，心理学家只考虑念多少遍才能记住，而不考虑需多少时间学会。现在已经知道，记一个词需要8秒。记CMMA等6个字母就需要48秒。在艾宾浩斯最早的实验中，学会刺激词与反应词之间的联系也需近于8秒的时间。如果每次呈现间隔为2秒，需要四遍才能记住，即仍需8秒；如果呈现得再慢一点，第一个词和第二个词之间的间隔为4秒，只需两遍就能记住。总之，不管呈现的方式如何，学会一个刺激词和反应词之间的联系总是需要8秒的时间。虽然只有8秒，实际上在头脑中所进行的保持过程却是很复杂的。在实验中，每个项目就是一个组块，各组块之间是没有联系的。对会英文的人来说，CAT作为一个词可能就是一个组块。如果所用的字母并不组成词，那么学会它的时间就不止8秒，而会更长些，因为8秒是指学习第一个组块和第二个组块联系的时间。但是，要学习KAZ和CEF之间的关系，还要记住KAZ这三个字母之间和CEF这三个字母之间的关系。这样，所要记忆的就成了6个项目，需要48秒了。若要记忆KAZ和CEF这样的6个项目，因为它们都是由没有联系的字母组成的，所需时间就应是3×6×8=144（秒）。另外要提到的是意义性效应，即项目的意义对记忆的影响。学习有意义的符号比学习无意义的符号要快得多。研究发现，学习无意义音节（如KAZ）所用的时间是学习有意义音节（如CAP）的时间的两倍半。

短时记忆和长时记忆这两种记忆系统的特点可以概括如表14-2。

表14-2

	短时记忆	长时记忆
记忆容量	四五个组块	∞
存储时间	1/2秒	8秒/组块
记忆的恢复	150毫秒/组块	第一个组块2秒 以后每个组块200毫秒
久暂性	直到再有一个刺激 出现复述可使短时 记忆保持更长	∞

（四）EPAM系统

费根鲍姆（E. A. Feigenbaum）在他的博士论文中提出了一个“初级知觉和记忆程序”（Elementary Perceiving and Memory Program），简称为EPAM程序。这个程序分为两步，第一步是操作，第二步是学习。EPAM程序可以识别简单刺激，并建立简单的程序去学会如何去辨别更复杂的刺激。这个程序是先把一个复杂的刺激分解成简单的单元，再通过对这些单元的分析比较来识别整个刺激，然后把识别的结果保存在短时记忆中。例如，要学会如何分辨COT和CAT，程序就得对输入的刺激进行检查，看第二个字母是O还是

A。学习中文时，计算机要辨认一个字，它先要辨认出这个字的偏旁和部首是什么，是“言”字旁还是“木”字旁；是“山”字头还是“穴”字头等。

人在识别一个对象时，也要利用记忆中保存的很多网络来进行多次的检验。通过这样的辨别网络，人们可以认识许多东西。如果每次检验只是区别是和否两种情况，且有10层检验，那么就能分辨出1 024个项目；如果有20层检验，就能分辨出约100万（2^{20}）个项目。如果每次检验用10毫秒，那么，只用200毫秒就可辨别出100万个项目。这种假设有很大的可能性，人在很短的时间内就能辨别许多事物，而每一次检验又都是无意识进行的，速度很快。在开始学习做一件事时，可能是有意识地辨别，如一个人刚学认字，科学家初次分辨动植物时都是有意识的。但熟悉了之后，就可以自动化，无意识地进行分辨了。另外，每次检验不一定都是二分的。有时一次检验可以有许多分支，例如在辨别一个字的偏旁时，就可以检验它是“言”字旁、“氵”，还是“木”字旁。现在还没有足够的证据说明辨别网络是如何工作的。

我们可以把EPAM的辨别网络比作查字典的索引。当遇到一个字时，开始我们只知道它像什么，但不知它是什么。这时，我们就可以查索引，看这个字是什么偏旁，是“木”字旁、“氵”，还是“言”字旁？第一次检验完了，再看看这个偏旁的另一边是什么。这样一层一层的检查就是多层次、多分支的检验方法。我们可以把字典前的偏旁索引比作人的再认记忆，字典中的主要部分比作要找的数据。如果我们有一个足够大的辨别网络，那么就可以分辨、认识很多东西。

现在的问题是，当人在学第一句话的时候，他的脑子里还没有这样一个网络，那么这个网络又是怎样产生的呢？例如，我们开始学习文字时，脑内已有一点网络，当看到“言”就要问：“这是不是言字？”如果言字边上还有东西，它就不是言，而是言字旁的别的字了，这时我们还要根据经验去检验，看言字的右边是个“兑”字，还是个“舌”字，然后就可以识别这个汉字是“说”字，而不是“话”字了（见图14－3）我们就是这样一步步地学会分辨很多

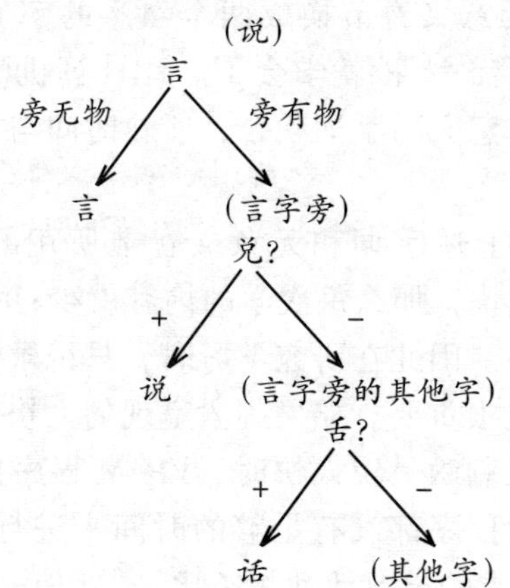

图 14-3 辨别网络

汉字的。人在认识汉字时总是根据已有的知识不断提出检验。这个检验是逐层进行的。在检验中来进行再认，这同时也就发展了辨别网络。把这个过程编成一个计算机程序，在技术上并不太难。这个程序就是 EPAM 程序。EPAM 程序是人的再认记忆模型。

1.EPAM 程序的学习内容

EPAM 程序的学习内容有两种：

(1) 根据上述内容编成一层层测验的程序，用它来辨别不同的项目；

(2) 建立联合对偶。

在计算机上进行这套网络的活动是需要时间的。我们可以计算出在每一层网络上所用的时间，以及建立一个联合对偶所用的时间。这个时间是 8 秒。计算机学习所用的时间与人所用的时间基本上是一样的。

EPAM 程序学习联合对偶时，如学习 CEF-DAX，首先要认识那些最简单的字母符号，然后再学会把三个字母放在一起（CEF）作为一个刺激，再和 DAX 建立联系。这些字母不是一个熟悉的单元，即不是一个组块，因此学习 CEF 用 3×8=24（秒），学习 DAX 用 24 秒，然后 CEF 与 DAX 建立联系用 8 秒，共用 8×7=56（秒）。

如果我们把上述的无意义音节换成两个熟悉的字 CAT-DOG，这样就成了三个组块，只需 24 秒就学会了。让计算机学习无意义音节的联合对偶和学习有意义的字词联合，所花时间与人所用的时间是类似的。

EPAM 程序学习上述字词和无意义音节所用的时间比例也是 1∶3。如果刺激呈现很快，那么每次学的内容就少；如果刺激呈现很慢，学习的内容就多。因此在研究学习时，只记录学习的次数是不够的，呈现的时间也很重要。如果刺激呈现的太快，人就什么也学不会。同样情形，在刺激呈现太快时，EPAM 程序也学不会。这是因为 EPAM 的每一步程序都没有足够的时间来进行活动了。可见，EPAM 程序可以和人类的学习活动相类比。

2.EPAM 能证实的现象

EPAM 能证实五种现象：

（1）加工时间：加工一个组块所需的时间是 8 秒。

（2）意义性效应：学习材料的意义影响学习所需的时间。将有意义的组块 CAT-DOG 联系起来所用的时间是将无意义音节 CEF-DAX 联系起来所用的时间的三分之一。

（3）符号相似性的影响：如果我们用 XET 和 XEG 作为两个组块建立联合对偶，由于它们的相似性比较大，EPAM 网络需要增加一些测验才能进行辨别。在联合对偶实验中，两个刺激词之间和两个反应词之间都可以有相似性。若 L 代表低相似性，H 代表高相似性，则有三种组合情况：L－L，L－H 和 H－L。人和计算机实验结果的比较如下：

	L－L	L－H	H－L
人	100	95	131
EPAM	100	96	125

由此可以看出，当我们根据人的活动方式，编制程序输入计算机，让其模拟人的活动时，人和机器完成同样任务所需的时间是相近的。

（4）一次学习和多次学习：行为主义与格式塔学说之间有一个争论，即行为主义主张人类的学习是经过多次的尝试错误而学会的；格式塔学说则主张人类是一次就学会的。实际上人既可以一次学会，也可以多次学会。EPAM 程序能够告诉人们，何种条件下要多次学习，何种条件下可以一次学会。这要依赖两种因素：

a. 学习材料的难度；

b. 学习者的策略。

这方面的实验是用系列刺激进行的。例如，给被试呈现一个刺激系列 C－F－A－G－H，然后要求被试在出现一个刺激时即预计下面要出现的是什么刺激。被试若能预计第二个字母，便继续呈现下一个。一般来说，被试很少一次就能学会。如果被试预计错了，便更换另外一个刺激系列，如 C－F－W－G－H。人要学会一个组块，必须要 8 秒。若呈现给被试的刺激是一个熟悉的或有意义的组块，或者呈现时间多于 8 秒，那么被试一遍就能学会。EPAM 程序能够预计出验的结果。如果每个符号的呈现时间少于 8 秒，被试就不可能学会。如果刺激系列是 3 个字母的无意义音节，被试的学习时间就得 24 秒，否则就学不会。因此 EPAM 理论就提出刺激难度与学习时间成正比。难度大，花时间多；难度小，花时间少。

被试使用的策略是影响学习的第二个因素。如果总的呈现时间太短，被试就不可能学会任何一个字词。如果训练被试使用如下策略：并不平均分配注意，而只注意学会字表中的一个字母，而不管其他的刺激，如只注意 C－F－M－G－H 中的 F－M。这样，即使时间少，被试也能学会这对字母。照这种办法，被试就可以先注意学会这一对，再注意学会另一对。材料比较容易时是一次学会的，材料难度大时就是多次学会的。根据 EPAM 理论可以设计出不同的实验，以得知用什么刺激和什么呈现时间可以一次学会，在什么情况下则要多次学会。

当我们对人类的复杂认识活动做实验时，应该注意到各种条件，例如，如何呈现刺激及呈现的速度，也应注意到被试使用的策略。认知心理学研究人在解决复杂问题时最好的策略是什么。

为了说明策略如何影响人的行为，下面可以再举一个例子：让被试做 102×98＝？的乘法题，一个被试可能会这样做：

$$\begin{array}{r} 102 \\ \times \quad 98 \\ \hline 816 \\ + \quad 918 \\ \hline 9996 \end{array}$$

如果我们知道被试做一位数乘法和一位数加法所需的时间，便可预计他解此题所需的时间。

另一个聪明的被试可能会这样来解题：

$$102 \times 98 = (100 + 2)(100 - 2) = 100^2 - 2^2 = 9996$$

这个被试使用了另外一种认知加工策略，他的计算的速度就快得多。乘法这个例子说明被试使用的策略不同，加工方式不同，其效果也不同。

(5) 系列位置效应：多年前人们就注意到这样一个事实，即如果让被试学习 12 个无意义音节，最先学会的是第一个和最后一个音节。中间的音节学得慢，而且错误多。在回忆效果上则是两端好，中间差。如把这一结果绘制成图，就是下面的“U”形曲线(见图 14-4 曲线 a)。

如果刺激是一系列的字母，如 C-F-M-B-X。首尾的字母 C，X 似乎起着关键的作用，其他字母都向这两个字母联系。M 向下联系，F 向 C 联系，C 是首端。我们发现，计算机的学习结果与人在实验室里学习的结果一样。我们认为这样现象是由于注意分配造成的，是被试在学习时把一个字母与首尾两端的字母联系的结果。我们可以改变策略，以防止出现这种现象。文献上有两个实验可以借鉴：

实验 1：把中间的字母印成红色，将所有其他的字母都印成黑色。原来两头的字母是关键点，现在中间的红字便成为关键点了。结果就使原来的倒“U”形曲线变成中间低的双峰曲线了（见图 14-4 曲线 b）。这种现象叫做 Von Restorff 现象。

实验 2：事先让某些被试把注意集中在刺激的前面部分；让另一些被试把注意集中在刺激的中间部分；又让一些被试注意刺激的后面部分。实验的总时间是固定的，只是让被试注意的部位不同。

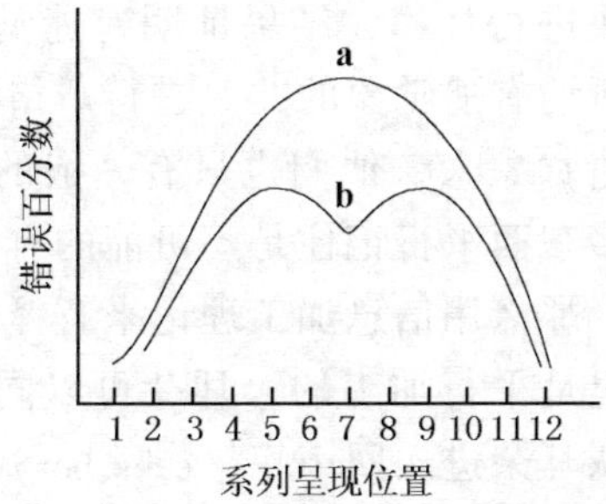

图 14－4　系列位置效应

在这种情况下，被试所注意的部分错误就减少。这说明人使用不同的策略，就会出现不同的系列位置效应。

由上可见，计算机程序可以严格、确切地表现出人的心理活动，同时也可以数量化地预计人的行为表现。

（五）系列加工与平行加工

视觉刺激作用于视网膜，再传入大脑，产生视觉。视觉刺激进入视网膜后其能量有个积累的过程，这个过程所积累的时间是 100 毫秒。视网膜上的信息量可以用比特来加以测量。我们可以把视网膜想象成一个平面，它是一个平行加工的机器，大量的信息可以在这里积累起来。信息从视网膜平行地进入皮层的第 17、18 区。信息到大脑皮层后会有很大的损失。大脑皮层的短时记忆是系列加工的。人有意识地控制自己的行为也是一种系列加工活动。这就产生了一个问题，人脑有上亿个神经元，如果在大脑里进行的主要是系列加工的话，那么，除了对信息进行加工的神经元以外，剩下的神经元起什么作用呢？答案是，大多数神经元虽然不处于活动状态，不是在处理信息，但它们却都保存着信息。

很多人对视觉的遗觉象感兴趣。一些人，特别是儿童，把一页书在他面前呈现很短的时间以后，他能够在头脑里逐字逐句地把这页书重新呈现出来。从遗觉象这种情况看来，似乎从视网膜到脑的加工是平行的。但是，EPAM 理论认为人要 8 秒才能加工一个组块，是不是EPAM理论不能解释遗觉象的问题呢？R. N. Haber把遗觉象的刺激按组块进行计算，结果证明有遗觉象的人是很少的。在实验室里对那些所谓有遗觉象的儿童进行严格控制的实验，结果这些儿童表现不出遗觉象来，他们也只有一般的短时记忆的容量。事实上，同时把许多东西平行记住是不可能的。如果在实验室里证明人确实有遗觉象，那么用信息加工理论来解释就很困难。

声音传到耳朵里是平行加工的，耳朵可以同时加工各种频率、各种强度的声音。从耳朵进入回声箱（echo box）是短时记忆部分，短时记忆能保留3～5秒。声音是由双耳听到的，双耳听觉是否也是平行加工的呢？第二次世界大战以后，英国的心理学家做了许多双耳听觉的实验，他们用一个仪器把不同的刺激分别作用于两只耳朵，使两耳同时听不同的声音信息。实验结果如下：

(1) 事先让被试注意用左耳听，但问右耳听到了什么，结果右耳能听到的内容很少。一般只能听出是男声还是女声，是英语还是别的语言，而讲不出具体的内容。

(2) 交替地给被试两耳以不同的刺激，例如一边是心理学讲演，另一边是政治报告，被试能听出的主要是一个耳朵的内容。

(3) 若给一只耳朵听数目字，给另一只耳朵听字母，被试能够根据他所注意听的一只耳朵，按顺序回答数目字或按顺序回答字母。如果把字母和数目字的排列顺序打乱，呈现时间错开，分别给两只耳朵听。被试的报告也是数目字连着数目字，字母连着字母。以上两种实验安排如下：

①	左耳	右耳	②	左耳	右耳
	7	B		B	7
	4	A		4	A
	1	M		1	M

人在听声音时，有时知觉到左耳的声音；有时知觉到右耳的声音，这说明听觉不完全是系列加工的。例如，在很嘈杂的屋子里，当一个人正在和近处的几个人谈话时，如果远处有人叫这个人的名

字，他仍然可以听出有人在叫他。当我们集中注意听某一内容时，仍可以感知到其他信息。这就说明听觉有一定的平行加工的能力。正是由于我们对某其他事物也稍有注意，所以才能转移注意去听更为重要的内容。同样情形，由于运动的东西容易被看到，所以当我们注意前方时，同时也能看到在视觉边缘运动的刺激物。当我们注意一件事情时，我们仍能注意到干扰或意外出现的事情。这都说明人的知觉系统有一定的平行加工能力。

人的运动系统也具有平行加工的能力。从大脑向外传送的支配动作的冲动不是系列的，而是一束冲动。人在弹钢琴时十个手指的动作是同时受支配的，这种动作是整套的动作。

总之，人的感觉输入和运动支配有许多成分是平行加工的。但在大脑皮层水平的记忆、思维、注意等过程则多是系列加工的。

在讨论平行加工和系列加工时，还要考虑到时间的片断性。人在1/4秒的时间内只能做一件事，这是系列加工。如果我们采取更长的一段时间，把它加以切割，那么，在这段时间里就可以做很多事，如吃饭、和朋友谈天、走到另一个楼里等。在这一段时间内所完成的许多事情，实际上是穿插进行的。这在计算机的操作中叫做分时（Time-Sharing）。再举一例，一个人可以一边开车一边谈话，这可能被认为是平行加工，但实际上，这仍是系列加工。如果马路上车辆增加了，或者自行车很多，这时也就不能说话，而要用更多的时间去注意开车了。在这种情况下，为了避免事故，注意开车比说话更为重要。

现在的计算机基本上是系列加工。计算机也可以模拟人的平行加工过程，这是用分时或时间切割的方法进行的。因此，按系列加工原理设计的计算机既能模拟人的平行加工过程，也能模拟系列加工过程。

（六）遗　忘

长时记忆能保持很长时间。人可以记住一生中的许多事情，甚至六七岁时的一些事也能记住。但也有些事情却回忆不起来了，这就是遗忘。

有两种最主要的遗忘理论。第一种理论认为遗忘是原来的记忆被擦掉了；第二种理论认为过去的记忆一直保持在头脑中，遗忘只是记忆恢复不起来了。如果拿字典作比喻的话，第一种理论就如同字典中的几页被撕掉了，第二种理论就如同字典缺乏索引，每个字词的解释都存在，就是没有办法找到，这两种理论都有一部分正确性。要想恢复已有的记忆，就得有新的线索和利用更多的通路。

信息的多余性使信息得以长时间保持在记忆里。信息的多余性可用下面的例子加以说明。有四行随机的数字：

7　1　6　8　7　3

4　5　9　2　3　5

1　8　7　1　2　2

8　1　1　5　4　2

一个人用几分钟就可以把这些数字记下来。以后如果能经常复习，那么一年两年也能记得住；如果不加复习也就记不住了。现在再写两行数字，这两行数字不是随机数字，而是根据上面第四行的811542写出来的：

0　3　3　7　6　4

5　8　8　2　1　9

第一行中的每个数字比上面第四行的相应数字大2；第二行又比每一行大5。假若最初的三行数字中的一部分被擦掉，就无法知道被擦掉的是什么了。这是因为那些数字是随机数字。而新给的两行数字若有一部分被擦掉，则可以根据数字间的关系把擦掉的数字恢复出来。这个例子说明，我们不要孤立地去记东西，而要找出事物之间的关系，这样就容易记住。这就是记忆的多余性。格式塔心理学早已证明学习中掌握关系的重要性，意义识记要比机械识记效果好得多。目前长时记忆的实验一般是10分钟、半小时、最多是几星期。做更长时间的记忆实验是比较困难的，因为几个月、几年的长时记忆实验，其条件不易控制，也不易找回原来的被试。

数据存储好似字典里的内容，是已经记忆的东西。辨别记忆是指用什么线索使这些记忆恢复起来。前面讲过，一个组块存到长时记忆中需要8秒，现在的问题是，这8秒是花在存储上面了呢，还是花在辨别记忆的线索上面了呢？延缓回忆实验有助于回答这个问题。让一个棋手看棋盘 10 秒，间隔 30 秒，让这个棋手回忆第一盘棋。结果是，如果只给 10 秒回忆时间，他就回忆不出第一盘棋。这是因为第一盘棋仅呈现 10 秒，它仍处于短时记忆中，还没有足够的时间被充分地存到长时记忆里去；第二盘棋的出现又倾向于把它从短时记忆中推出去，因此，第一盘棋就回忆不起来了。但是，假若在 30 秒间隔后给他 30 秒到 1 分钟的回忆时间，他就能回忆起第一盘棋的大部分。既然给被试较长的时间让他努力回忆，他就能把第一盘棋回忆出一部分来。这说明第一盘棋还保存着，呈现 10 秒不仅使它到了短时记忆，同时也到了长时记忆。但是，这 10 秒对于建立及时回忆的充分线索又嫌短了一些，即 10 秒还不够建立辨别记忆。因此，在 30 秒干扰后，被试短时间内回忆不出来。但若给被试加长回忆时间，经过努力地回忆，他用少量线索，利用多余性，也能回忆出一部分来。学习时间长，建立的联系多，回忆时能有更多通路促进记忆，已为许多实验所证明了。

关于记忆术问题。有人识记东西时常常利用窍门，这些窍门主要的就是把要记的每一种东西和一个熟悉的事物建立起联系。如果要在二三秒的时间内读出十几样东西，并把它们都记住，我们就可以这样做，即把每样要记的东西都和宿舍里熟悉的东西建立起联系；第一件东西放在床上，第二件放在衣柜里，第三件放在抽屉里，第四件……。我们上街买东西用这个方法就不会忘记该买的是什么了。利用记忆术，只需二三秒，甚至更少的时间就能记住一个组块。这样识记会节省时间，因为床、衣柜、抽屉……这些家具是已经熟悉了的东西，现在只是在每件家具里放上一个新的项目而已。熟悉的东西，即原来的通路，可以帮助回忆起这些项目来。自古以来，各种记忆术多半都是利用辨别记忆，即建立线索，扩大辨别网络，以便利提取。目前心理学非常需要进行这一类研究。

选自：司马贺．人类的认知—思维信息加工理论．荆其诚，张厚粲译．北京：科学出版社，1986

思想评介

西蒙信息加工理论述评

赫伯特·西蒙，又名司马贺，是个多才多艺的科学家，其研究领域十分广博，横跨政治学、经济学、管理学、社会学、心理学、计算机科学和科学哲学等多个学科，并多有建树。由于其卓越成就，他1985年获得美国心理学会杰出贡献奖，1975年获得计算机科学图灵奖，1978年获得诺贝尔经济学奖，1986年又获得美国总统科学奖。

西蒙早期的研究集中在组织管理领域。西蒙将管理过程看作是一个决策的过程，管理的核心是管理决策，忽视决策的管理不可避免地会造成企业组织的混乱。与传统的理论相反，西蒙认为，决策并非只是组织活动中高层领导者的责任，而是整个组织——从最高层领导到中、基阶层的管理人员到一线的作业人员——共同的活动。最高层领导需要对全盘的方针作出决策，这是一种决策。中、基层管理人员在执行高层领导的方针、计划时，也需要依据企业组织的总目标来制定本部门的目标和计划，这同样也是一种决策。即使是基层的操作人员，仍然需要在具体的操作对象和操作方法上进行决策。

根据西蒙的观点，管理的任务是追求决策的合理性。决策的合理性包括两个方面，目的的合理性和手段的合理性。目的的合理性，指的是组织目的的合理性。为达到这一目标，管理者需要协调组织的目标和个人的目标，谋求二者之间的平衡，使个人的目标成为组织目标的一部分。手段决策的合理性，表现在从多种可替代的行动方案中选择合理的方案。在论述手段的决策时，西蒙指出，人们在行动方案的决策上并不是服从“最优化原则”，因为人的绝对的理性是不存在的，人类的认知能力（或称信息处理能力）是有限度的，人们在决策过程中会受到心理及其他诸多因素的制约，如学习、记忆和知识经验等。同时，人们一般都难以得到决策所需要的全部信息，在决策时也不可能对所有的选择方案一一比较，以确定最优化的方案。人们更多地是根据已有的知识和经验，在若干方案中选择一个可行的方案。虽然在客观上，应当承认“最优化的决策”的存在，但是就实际情况而言，最优化的决策只存在于逻辑推理之中，没有多少实践的价值。西蒙提出了“令人满意原则”来替代“最优化原则”。他认为，在实际操作中，一项决策是否合理，应当只是看它是否符合某个特定的“满意”标准，而不是“最佳”的标准。只有在例外的情况下，人们才会探索和选择最佳的方案。西蒙的“有限理性理论”和“满意原则”现已成为现代企业经济学和管理学研究的基础。

西蒙认为，传统的社会科学研究往往缺乏类似自然科学的客观与严谨，因此，社会科学的发展需要借鉴自然科学的研究方法和手段。同时，西蒙认为，要想真正理解经济组织内的决策过程，就必须对作为决策主体的人及其思维过程有更深刻的了解。因此，西蒙力图为企业组织的科学决策建立一个关于人类行为的严格的和准确的理论模型。西蒙认为，这个模型必须要建立在严格的定量计算基础之上。电子计算机技术的发展为西蒙构想的实现提供了条件。

随着电子计算机技术的发展，西蒙敏锐地发现，人的思维过程实质上和计算机运算过程存在着一致性。在他的“物理符号系统”(又称“符号操作系统”）假设中，西蒙提出，所谓的“符号”，意思即是模式。任何一个模式，只要它能与其他的模式相区别，它就可以称作是一个符号。例如，不同的英文字母就是不同的符号。西蒙指出，符号不仅可以是物理的符号，也可以是头脑中的抽象的符号；可以是计算机中的电子运动模式，也可以是头脑中神经元的某种运动方式。物理符号系统的基本任务和功能就是对这些符号进行操作，也就是对这些符号进行比较、辨别和加工。

西蒙认为，一个完善的符号系统归纳起来应该具有六种功能：(1) 输入符号：纸、笔加上手的运动，可以给白纸输入符号；(2) 输出符号：纸本身并不能输出符号，但当我们阅读时，文字符号就从纸上输出而进入眼睛了；（3）存储符号：文字符号在纸上的留存；（4）复制符号：我们认出纸上写的字符，并把这字符复制出来，存储在某个地方就是复制符号；（5）建立符号结构：通过找到各种符号之间的关系，在符号系统中形成符号结构；（6）条件性迁移：依赖已掌握的符号而继续完成行为。如果在记忆中已经有了一定的符号系统，再加上外界的输入，就可以继续完成这个活动。

西蒙认为，一个物理符号系统，如果能够完成上述全部六个过程，它就是一个完整的物理符号系统，就能够表现出智能；反过来，如果一个系统能够表现出智能的话，它就一定能执行上述六种功能。进而西蒙指出，人脑是一个物理符号系统，因为人脑具有智能，人脑具有上述六种功能。计算机也是一个物理符号系统。计算机可以通过键盘输入符号；计算机运行的结果可以通过显示器或打印机进行符号输出；计算机可以存储信息；计算机也可以根据程序指令复制和建立某种符号结构，并根据指令完成相应的操作任务，所以计算机也一定具有某种智能。既然人脑和计算机都是物理符号系统，都具有智能，那么，我们就可以利用计算机来模拟人的活动。这样，西蒙就在人脑和计算机之间建立了某种联系，通过把人类所特有的观念、概念以及大脑内的认知加工活动看作是某种物理符号系统，也就把抽象的心理事件变成了可以符号进行描述和处理的物理事件，人类的心理活动也就可以用处理物理符号的计算机系统模型来加以研究和探讨。而计算机是一部工人装置，它的运转性是我们已知的，我们就可以根据计算机的工作原理来建立心理活动或人脑的活动机理，了解和认识人类是如何接受信息，进行信息编码和存储，进行信息加工，并作出决定……

但是，虽然人脑和计算机都是物理符号系统，都具有智能，这却并不意味着二者之间一定可以划等号。它们可以是以不同的方式、表现出不同的智能活动。计算机可以进行复杂的运算，来解决某个问题，这种运算过程未必就一定是人类的思维过程。对此，西蒙指出，我们可以按照人类思维操作的过程来编制计算机程序，来使计算机表现出类似人类智慧的特点。如果我们能做到这一点，我们就有可能用计算机科学的语言和概念来描述人的思维活动，或者模拟人的心理活动，然后再通过实践操作加以证实或否定，以检验其正确性与否。也就是说，我们就能够建立人的心理活动的理论模型来说明人的心理活动过程，用计算机模拟的方法，对人的认知和问题求解过程进行严格的量化分析和模拟研究。西蒙指出，这是完全可以实现的。我们完全可以根据心理学的研究成果，设计计算机程序来模拟人的心理过程，特别是思维、问题求解等高级心理活动。

由此，西蒙创建了认知心理学和人工智能这一新的研究领域，并取得了丰硕的成果。图 14－5 是一个认知心理学用来表示人类心理的主要过程和结构的简单模型。它由四个主要组成部分组成，即感知系统、记忆系统、控制系统和反应系统。感知系统感知周围的环境信息，并对感知到的信息进行特征识别和编码加工，然后把已编码的信息符号送入记忆系统。记忆系统包括长时记忆和短时记忆两个部分。长时记忆是一个巨大的信息存储库，它存储着各种各样的信息，如运动技能、语义信息、加工程序等。短时记忆则是人类的工作记忆，是当前精细的认知活动的工作场所。它包含处于人们注意中心范围内的各种信息，以及用来处理这种信息的特定的操作。感知的信息进入记忆系统后，可能会激活长时记忆中的一部分信息，这些被激活的信息也一起参与当前的认知加工活动。当前输入的信息和长时记忆里被激活的信息会被一起送至短时记忆当中，在那里接受更精细的加工。加工的结果则通过反应系统进行信息的输出。反应系统控制着从运动动作到语言表情的全部符号输出。中枢处理器是系统的控制器，其主要任务是处理目标和达到目标的计划。目标可能是一般的，也可能是特殊的。大的目标可以分解成为小的目标，小目标又可分解为更小的目标。中枢处理器决定着各个目标操作与实现的先后次序，并监督当前目标的执行。

上述四个部分都以不同的方式相互作用着。来自环境的信息经过感觉系统达到长时记忆，但它对长时记忆的影响却往往依赖于其是否在短时记忆中受到加工，这种加工又依赖于中枢处理器中当前的目标。同时，记忆也为中枢处理器提供了优先的目标输入。计划与目标以及当前系统的状态影响着控制系统的决策。系统操作的结果激活了反应系统，反应系统的输出又会成为环境的一部分，向感觉系统提供输入等。

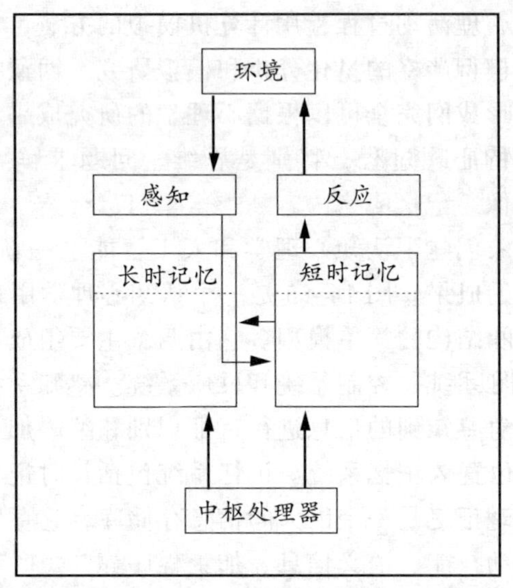

图 14－5

作为上述信息加工系统模型的实现，西蒙和费根鲍姆曾提出了“初级知觉和记忆程序”（EPAM 程序）来解释人类的再认记忆活动。西蒙等人认为，人的再认过程可以被分析为知觉和记忆的连续加工。人在识别某一事物时，一方面要不断地对它进行知觉分析，同时又要利用已有的知识经验，提取在记忆网络中存储的有关信息，对知觉到的各种特征单元进行比较分析，经过多层次的连续检验，最后就可以达到再认。例如，在阅读汉字“村”的过程中，首先看它有什么偏旁。当认出它的左侧是个“木”字时，就进行了第一次检验；然后再检验木字右侧是否还有其他特征，如果没有，就认出它是个木字；如果还有其他特征，它就不是木字，而是木字旁的其他的字了。在知觉的基础上再次检验木字的右侧是木还是寸，就这样按层次逐步地检验下去，就可以识别出这个汉字是“林”还是“村”了。在上述识别的过程中，最初逐层的分析和辨认都是有意识地进行的，速度比较慢；但是在达到熟练以后，这种识别活动就可以自动化地、无意识地进行了。所以，通常人可以在极短时间内识别大量熟悉的事物。把人的这种逐层检验达到再认的过程编制成计算机程序，就是 EPAM 程序。实验证明，EPAM 程序是一种有效的人的再认模型。在 EPAM 程序中，要把一个图像分成简单的单元，在记忆中形成网络；在识别时，将输入的刺激特征在记忆的网络中与存储的特征进行比较，通过对一个个特征逐层的检验，就能识别出这个图像。记忆网络内容越丰富，可以分辨、认识的东西也就越多。

西蒙指出，EPAM 程序能证实五种现象：（1）加工一个组块所需的时间是 8 秒；（2）学习材料的意义影响学习所需的时间；（3）符号之间的相似性增加，EPAM 程序检测的过程与时间也增加；（4）尝试错误学习和顿悟学习依赖于学习材料的难度和学习者的策略；（5）系列位置效应。这说明，计算机程序是可以确切地再现出人类的某种心理活动过程，同时也可以准确地预测人类的行为表现。

在西蒙等人看来，人类的高级心理活动，如问题解决也是一个信息加工系统，由符号输入过程、符号结构存储过程、信息加工过程和效应器等几个部分构成。问题解决就是这个系统对信息进行加工的过程。例如，在解决转换问题（如河内塔）中，系统要对问题的初始情境进行操作，把它转换成问题目标所要求的目标情境。为了完成这个操作，系统需要采取“手段—目的分析”的策略，在中枢处理器的控制下，对目标进行分解，计划和选择实现目标所需要采取的操作步骤。因此，系统需要发现已知情境和目标情境之间的差异，进而建立起一个对所述问题的内在的表征。西蒙把这种表征称为“问题空间”。

问题空间是系统在解决问题时对所面临的任务环境的内部表征，而不是问题解决的任务环境本身。问题空间包括所呈现的问题的起始状态，要求达到的目标状态，问题在解决过程中的各种可能的中间状态（想象的，或者是经验的），可以使用的各种算子（操作）等，同时，它还包括与问题情境有关的“约束”，如在操作过程中不可以做什么等。由此可见，问题空间是由问题解决者对所要解决的有关问题的一切可能的认识状态构成的。问题的解决过程，也就是系统穿越其问题空间，搜索一条由问题起始状态通往目标状态的路径的过程。可见，问题解决的关键也就在于系统是否能够把作业环境的特征在问题空间中表征出来。

在问题解决过程中，系统一般需要经过大量的尝试错误。系统首先尝试性地选择一种解答，检验这种解答的正确性；然后再尝试另一种解答，检验解答的正确性，直至得到正确的答案为止。西蒙认为，这是一种搜索的过程。但是，人类解决问题的过程中并不是盲目的、随机的搜索。通常一个问题解决都隐含有数万数十万以上的可能性，系统不可能进行全部的搜索。这个时候，人们更多的是采取一种称作“选择性搜索”或“启发式搜索”的策略，即只是选择一种或几种最为可能的解决问题的途径进行搜索，一些不太可能出现的结果，在搜索过程中就会被忽略过去了。这样，就可以充分缩小搜索的空间，提高搜索的效率。

西蒙指出，我们从认知心理学的角度研究人类信息加工的过程，就可以根据人类信息加工的特点和规律去编制计算机程序，用计算机来模拟人的思维活动。程序写得越周密，计算机也就越能细微地模拟人的思维活动。西蒙甚至断言，凡人脑能做的事，计算机人工智能也一样可以做到。而初级知识和记忆程序（EPAM）和通用问题解决系统（GPS）等人工智能软件的问世，部分地证实了西蒙的预言。

此外，西蒙还分析了口语报告法与内省法的不同。西蒙指出，内省法不是一个科学的方法，因为在不同的实验室里用内省法得出的结果不一样，不同的受试者的内省报告也不一样，而科学研究的基本前提就是材料的客观性和结果的可重复性。但是因此而否定口语报告法的科学性却是不恰当的。人确实不能可靠地报告他行为的原因，但我们并没有把口语报告的结果就等同于行为的理论。口语报告只是一些数据，心理学家借助于对这些数据的客观分析和解释，配合已有的知识经验，就可以建立起理论模型或是改进理论。这与物理学家通过对宇宙射线的记录，得到数据而建立理论是一样的道理。因此，西蒙认为，虽然口语记录尚未被心理学家普遍接受，但它却很可能是获得关于人的复杂心理活动知识的非常重要的方法之一。而事实上，口语报告法已经成为认知心理学重要的研究方法之一。

西蒙杰出的创造性的研究，使得认知心理学在心理学研究领域掀起了一场研究范式的革命，在70年代发展成为西方心理学研究的主流。从心理学的发展历史来看，认知心理学的出现，一方面是由于计算机科学技术的促进，另一方面也是对传统的行为主义心理学和格式塔心理学的批判继承。行为主义心理学强调科学研究的科学性，强调严格的实验研究；在研究方法上，采用还原主义的方法，将复杂的心理现象简化，来分析说明人的心理活动的规律。行为主义认为，心理学只能研究可观察的外部行为。他们提出了S→R的联结来解释人的心理活动。这样实际上就把记忆、思维、意识、经验等高级心理活动排除在心理学的研究范围之外。片面强调刺激和反应之间的关系，否定意识活动的存在，给行为主义带来了致命的错误，使行为主义心理学变成了机械的心理学。认知心理学突破了这种限制，它不仅把表象、记忆等心理活动作为自己的对象，还把策略、计划、控制等也纳入到自己的研究范畴，从而扩展了心理学的研究领域。格式塔心理学强调复杂的心理现象的整体性，认为人的心理活动不可以被分割及还原。他们提出了著名的"整体大于部分之和"来表达这一立场，强调心理学研究必须把人当作一个整体来看待。但是，格式塔心理学的现象学研究方法却使得它的研究成果很难用"客观"的科学术语加以体现。如格式塔心理学家认为，在问题求解过程中有"顿悟"过程的存在；但什么是"顿悟"，格式塔却不能进一步说明；同样，格式塔心理学认为图形知觉服从"完好图形原则"，但什么是"完好图形"，格式塔也没有一个精确的定义。而以计算机技术和人工智能为基础的认知心理学就可以对格式塔心理学难以解释的心理活动的内部过程赋予科学的和客观的解释，它不仅承认"完好图形"的概念，同时又把"完好图形"分解为最基本的过程，以了解"完好"究竟指的是什么，从而是使心理学研究更加丰富和完整。

认知心理学经过了近半个世纪的发展，虽然也有一些研究者对认知心理学的前景并不表示乐观，如J·梅勒和S·弗兰克在《认知》杂志创刊十周年庆典上苦恼地说，“在认知心理学方面，进展并不明显”。另一位认知心理学的创始人U·奈瑟在其《认知与现实》一书中说，“认知心理学在过去几年的实际发展一直令人失望，而且很有限……它的总方向是否真正富有成效?”所以，在认知心理学内部也发生了一些变化，如“新联结主义”的产生。但是，西蒙和认知心理学对心理学发展的历史贡献是不可否认的。至于认知心理学将向何处发展，我们拭目以待。

（宇　斌选编）

参考资料：①司马贺．人类的认知—思维信息加工理论．荆其诚，张厚粲译．北京：科学出版社，1986

②Doug Stewart 对西蒙的采访，1994

潘菽

(Pan Shu)

- 生平简介
- 名篇选读

  心理学简札（节选）

  略论心理学的科学体系
- 思想评介

  关于心理活动范畴的二分法问题

生平简介

潘菽（1897～1988），中国当代心理学家，原名有年，字水叔，江苏宜兴人。潘菽1920年毕业于北京大学哲学系；1921年赴美国留学，攻读心理学；1923年获印第安纳大学硕士学位；1926年获芝加哥大学博士学位；1927年回国，先后任南京中央大学理学院心理系副教授、教授、系主任；新中国成立后，于1949～1956年先后任南京大学教务长、校务委员会主席、第一任校长兼心理系主任；1955年被聘为中国科学院生物学部委员，同年开始担任第一至三届中国心理学会理事长，1984年被推选为名誉理事长；1956年任中国科学院心理研究所所长；1983年改任名誉所长，中国科协全国委员会常务委员，九三学社中央副主席，《中国大百科全书·心理学卷》编委会主任。潘菽于20世纪20年代至50年代中期曾在中央大学、南京大学讲授心理学、实验心理学、比较心理学、生理心理学、理论心理学等十余门课程，为培养中国的心理学人才作出了贡献。此外，潘菽早期还进行过记忆、汉字知觉、审美判断、错觉及形式训练等方面的实验研究。

潘菽是中国心理学的奠基人之一，从20年代末以来，他一直致力于探索改革旧心理学和建立科学心理学的途径，主张我国心理学应以辩证唯物主义为指导，结合中国的实际，批判地继承中国古代心理学思想，吸收国外心理学研究成果，试图开拓一条具有中国特色，理论与实践并重，传统与现代兼收并蓄的心理学研究道路。为此，他提出了建立有中国特色的心理学的四个途径：（1）要以马列主义、毛泽东思想作为心理学工作的指导思想；（2）要坚决贯彻理论联系实际的原则，使一切心理学工作都最密切地结合着我国的社会主义现代建设的实际而为之有效地服务；（3）要贯彻“洋为中用”的原则，积极地通过批判分析，学习吸收国外心理学的一切有价值的东西；（4）要贯彻“古为今用”的原则，努力挖掘我国古代心理学思想这个宝藏，取其精华，去其糟粕。潘菽大力倡导心理学基本理论的研究，他对于心理活动范畴、心理活动的矛盾、心理学的研究方法、心理学的学科性质、心身关系、心物关系、心理与实践以及意识问题等作了深入的探索。他认为心理学是跨自然科学和社会科学之间的中间科学，是一门独立的基础科学，主张生活和实践的观点应是心理学首要的和基本的观点。潘菽还提出了心身关系的唯物一元论点，认为身体是心理的主体，心理是身体的作用，人脑具有生理的和心理的两种机能。同时，他批判了传统心理学把心理活动范畴分为知、情、意三个部分的做法，认为“三分法”不符合辩证法，提出心理活动应分为认识活动和意向活动两个基本范畴，即“二分法”。此外，他还针对人的实质及其在自然界中的位置提出了新三界说，即自然界、生物界和人界，使人自成一界，而为“万物之灵”。在我国传统心理学思想的继承方面，潘菽也提出了自己的独特看法，比如他将中国古代心理学思想的主要理论概括为“人贵论”、“形神论”、“性习论”、“知行论”、“情二端论”以及“唯物论的认识论传统”等几个方面，对传统心理学思想作了较为系统、深入的整理。他的主张与观点对我国心理学的发展有着广泛而深刻的影响。

潘菽学识渊博、治学严谨，发表了大量学术专著与论文，主要著作有：《心理学概论》（1929）、《社会心理学基础》（1931）、《心理学的应用》（1935）、《教育心理学》（主编，1980）、《心理学简札》（1981）、《人类的智能》（主编：1983）、《中国古代心理学思想研究》（与高觉敷合作，1983）。

（杨　宁　罗胜庆）

名篇选读

心理学简札（节选）

（一）（卷一·六）

人们的心理活动（或简称心理）显然具有两方面或者说由两大

部分构成。一部分是意向活动（可简称意向），另一部分是认识活动（可简称认识）。长时期以来的传统心理学的传统区分是知、情、意的三分法。这种三分法是不恰当的，是不合辩证法的。这种三分法也不很符合客观实际，长期阻碍了我们对人们的心理活动的如实的科学理解，因而也就是有不利作用的。三分法的“知”固然就相当于认识活动，“意”固然就相当于意向活动。但“情”是什么呢？其实“情”也就是一种“意”，是一种意向活动。现在一般心理学者抱着三分法不放，这是因为受了一种不正确的观点和旧框框的束缚而没有多加思考之故。这种不符合实际的旧观点和旧框框必须打破。人们的心理活动的这两个基本组成部分，其实总归是人们的任何具体心理活动的统一体的两个不能互相分离的方面。

（二）（卷一·十）

人们作为主体的心理活动是人们在生活实践中通过自己的脑和其他器官联系着客观世界所产生的主观活动，是人们通过脑及其他器官对客观世界所作的富有能动性的活动。人们在生活实践中的整个心理活动总是由认识活动和意向活动两方面所组成。认识活动是人们对客观世界的反映活动，人们对客观事物的感觉、知觉、想象、唤起、联想、思考等都是认识活动。意向活动是人们对客观世界作出的对待活动。人们对客观事物的注意、欲念、意图、情绪、谋虑、意志等都是对待或处理客观事物的活动。感觉和知觉可以总称为感知，也可以把知觉包括在感觉之内或相反。唤起、联想和思考等可以概括称为思维。唤起是回想起认识过而当前不在眼前的事物因而产生表达象（意象）的过程。过去旧的“知”、“情”、“意”三分法中的“意”一般是指“意志”而言。但“意志”一般是指比较有复杂组织的较高级形式的“意”而言，只是“意”的一种形式。故用“意向”来包括不同形式的“意”，是有此需要的。

（三）（卷一·十八）

意向活动（包括体现在行动中的意向）和认识活动是人们的心理活动的两个基本组成部分。这两个组成部分是经常密切地结合在一起的，实际上是人们在任何时候的整个统一的心理活动的两个方面。它们之间是怎样的相互关系呢？一般地概括地说，意向总是认识指引之下的意向，而认识总是意向主导之下的认识。没有一定的认识活动指引的意向活动是没有的。即使在变态情况下的“梦游”和所谓“无意识”举动等也是如此。另一方面，不在一定的意向活动的主导之下的认识活动也是绝对没有的。一般所说的注意，或者如注目而视的注目，倾耳而听的倾耳，也就是一种主导着认识活动的意向活动。就人们所有具体的心理活动来看，可以在一个时候是以认识活动为主，虽然同时总有一定的意向活动主导着。而另一个时候可以是以意向活动为主，虽然也同时总有一定的认识活动指引着。但是就整体或一般来看，意向活动总是主导的，第一位的，而认识活动则总是辅助的，第二位的。人们有时候好像是为认识而认识，好像是在进行独立的认识活动。其实，这只能是表面的错误的看法，或者是虚伪的讲法。此外，意向活动和认识活动的关系也总是对立统一的矛盾关系。

（四）（卷一·二十六）

人们的意向活动有多种多样，人们的意向活动的对象也有多种多样。但人们的意向活动，概括起来，可以区分为两种或两大类。那就是肯定的和否定的或者正向的和负向的两种。肯定的或者正向的意向就是对某种客观事物要去接近它，取得它，保护它，接受它，拥护它，吸收它，助长它，产生它，造成它等等。否定的或者负向的意向就是对某种客观事物要避开它，丢弃它，反对它，破坏它，拒绝它，抵抗它，限制它，消灭它等等。但一种意向是属于哪一种性质，不能只从表面去看。例如，为了要消灭一种事物，就往往要先接近它。为了吸收某一种事物，就往往先要破坏它。至于对一种事物采取肯定的意向就同时是或者必须对另一种事物也采取肯定的意向，或者相反而对另一种事物采取否定的意向。反过来，也是同样的情况。这是在人们的生活、实践中经常产生的情况。这是人们的意向活动变成复杂化以至十分复杂化的一种情况。

(五)(卷二·四十三)

在中国古代哲学中，有一种流行的看法，认为人的活动有“知”和“行”两种或两方面。在古代希腊哲学中也有同样的情况。亚里士多德在叙述了在他之前的希腊哲学家关于“灵魂”的说法以后，总括起来说，“这样，实际上所有的人都用三种特征来说明灵魂，即运动、知觉和无形体性”。这里所说的运动是作为，行为，或行动的意思。所说的知觉是知识或辨认的意思。可以看到，这两种特征都是指“灵魂”的作用而言。至于“无形体性”则是指“灵魂”本身是什么性质的东西而言。所以就“灵魂”的作用而言，只有两种。这两种作用和中国古代哲学中所说的“知”和“行”是完全相当的。亚里士多德自己也有相同的意见。他说，“有生物的灵魂是由两种能力来表现的，即一方面是判断（这里思维的作用）的能力和感觉的能力，而另一方面是移动的能力”。这里所说的“移动”应该是广义的。这样，这里所说就更显然和“知”和“行”的说法相当了。但中国古代哲学讲到“知”和“行”时和古代希腊哲学讲到“运动”和“知觉”时有一点差别，那就是前者是专指人说的，而后者则指人和动物一起说的。但，总之，中国古代哲学和古代希腊最有代表性的一种哲学对人类的心理活动的看法都基本上是二分法而不是近代心理学中流行的三分法。

选自：潘菽．心理学简札．北京：人民教育出版社，1981

略论心理学的科学体系

科学知识的一个特点就是它是成体系的。科学的体系由它所研究的领域的全部反映所构成。一方面，各门科学所研究的客观领域各不相同，这就决定了不同科学有不同的体系；另一方面，科学知识总只能是人对某一客观领域中的事物的主观反映结果。不同的人，即使都是有训练的科学家，会由于反映的角度不同、观点不同、思想方法不同或知识背景不同等，而得到不同的反映结果。因此，同一门科学知识体系会因不同的科学家而有所不同。

科学是不断进步的。一门科学的客观领域内会不断发现新事实、新情况或受到其他科学领域内产生的变化的影响。因而这个领域会有所扩大或缩小或内容有所增加或减少。但这样的客观领域和它所决定的科学知识的体系一时之间不会改变太大，更不会有根本性的改变，所以它应该是相对稳定或基本稳定的。然而，一门科学知识的体系，由于科学家的主观因素可以有颇大甚至根本性的不同。这种大的以至根本性的不同，在科学来说是不应该有的。所以，有了这种不同，也就有了较大的是非争论问题。现在的心理学就是这样的情况。

以下拟就心理学的体系问题简略地作一些初步的考察并提出一些看法。

(一)

科学有分工是因为客观世界的事物或现象有不同的类别。这种类别有大小之分，大类别中又包括小类别。例如生物是一个大类别，但它又包含动物、植物、微生物三个次大类别，每一次大类别又包含一些较小的类别，如此等等。而不同的科学是研究不同类别的事物或现象的。它所研究的事物或现象的全部就是它的领域。科学中的不同学科也因它们所研究的事物类别（即领域）有大小而有大小之分。例如生物学就是一个大学科，其中的动物学就是次大的学科，如此等等。

心理学怎样呢？心理学是研究一个大类别事物或现象的一门大学科。心理学之下也有一些次大或较小的学科。心理学这个大学科所研究的大类别事物或现象是什么呢？那就是人们的心理活动这种事物或现象。这种事物或现象所构成的领域不同于物理科学的领域，是明白无疑的。它和生物科学的领域也有实质的不同，却为许多人所混淆。人固然有生命，但人之所以成为人，却主要在于他有能发展到最高度并还在继续发展的心理活动。而心理和生理（或生命）是有本质差别的东西。此外，心理学的领域和社会科学的领域也有实质的差别。所以心理学有它自己独特的、属于大类别之一的研究领域，因而也显然应有它自己的独立体系。

关于心理学的体系，有两个值得讨论的主要问题：一是它的体系有哪些部分，也就是它的领域有哪些方面；二是它的体系和别的科学的体系有怎样的关系，也就是它的领域和别的科学的领域有怎样的关系。把这两个问题搞明确了，也就是把心理学的体系问题基本上搞明确了。

就心理学体系有哪些不同的部分来说，需要探讨心理活动的范畴究竟是三分法好还是二分法好的问题。三分法（知、情、意）一直是普遍流行的分法，也是大家所熟悉的分法，不必去多加说明。二分法（知、意）和三分法的差别在于前者把后者的情归属于意。情不是知，这是大家很明白的，可以没有异议。然而，有一种说法是把情说成一种“体验”，这实际上是把情认作是一种知了。因为体验有感觉或觉察的性质，就说它有知的性质，这是不恰当的。有人把情包括在意识里面，这也不对。因为意识属于知的范畴，把情包括在意识中就是认为情是一种知了。不错，一个人在产生某种情的时候，他是感觉到或体验到这种情在自己身上产生了。但这是他对自己的某种情的觉察或体验而并不是那情本身。所以，把情混同于知，显然是不符合事实的。

至于把情看作是一种意，则有颇强的理由。我们在说话或写作中常把情和意联在一起，讲成情意。在日常生活实践中，我们常常是有了某种情也就同时有了某种意。反过来，有了某种意也常常就同时有了某种情。一个人有了一种情，必然要表现为相应的一种意向或意图或态度或行动。意向和意图都是意的一种形式，而态度和行动则都是意的外化表现。这时候，情就起了动机的作用，而动机则是意的发端部分。但情不仅构成意向或意图或态度或行动的发端部分，还常常伴随着意的全部过程并同它们难分彼此地融合在一起。有一句古话说：“爱之欲其生，恶之欲其死。”这就是说，喜爱一样东西，就一定要去爱护它、保全它，想方设法使它存在下去。反过来。嫌恶一样东西，就要去排除它、破坏它甚至消灭它。这也说明，情必然会转为意或者就是意的开始阶段。当然，事实上有意不一定有情，但有意就常常有一定的情，即同或多或少或深或浅或显或隐的情结合在一起。所以，有意不一定就是有情，有情却一定就是有意。情是意的一种形式，是具有较广泛的机体变化的意。意可以统情，情却不能统意。这是情可以归属于意的主要理由。

我国历来关于情的种类有两种主要的说法。一种是六情说，认为情有喜、怒、哀、乐、爱、恶六种；一种是七情说，认为情有喜、怒、哀、乐、爱、恶、欲七种，比六情说多了一个欲。欲就是现在所说的“要”，也就是意。每一种情都会转化为意（欲），所以意（欲）并不是一种特殊的情，把它同六情并列在一起并不妥当。这样看来，六情说是可取的，七情说多加一个欲是多余的。不过由此却可以看到，我国古代思想家颇多采用七情说，把“欲”和六情摆在一起，这说明他们理会到情和意（欲）是密切关联在一起的。虽然把欲看作一种情是错误的，但认为各种情都和欲（意）有性质上的密切关联却是不错的。这是情可以归属于意的一种佐证。

我国从古代一直到现代，几乎所有的思想家讲到人的整个心理的时候都把它分成两个方面，即知和行两个方面。据很早的历史传说，约三千多年前的伊尹就提出了知易行难的说法。后来人差不多一直在谈知和行的问题。除了知行难易之外还讨论到它们之间的先后轻重以及互相关系。知和行的问题就是知和意的问题，因为行就是意，是意的外化表现。也有人提出良知良能的问题，认为人有不学而知的知（良知）和不学而能的能（良能）。如果说后者还有一点可取，前者则是完全错误的。不过，知和能这种二分法却是可取的。能也就是行或意的意思。这些古代人都不知道有情吗？当然不是。他们之中也有重视情的。那么，他们在谈论知和行的时候为什么都不同时提到情呢？很可能他们不言而喻地认为知和行就包括情在内。但知包括情是说不过去的，只有行包括情是有理由的。这是二分法又一种较强的佐证。

现在大家承认人是能认识世界和改造世界的。但人为什么能那样高度有效地认识世界和改造世界而动物则远远不能如此呢？显然，这是因为人具有通过学习而发展到很高的水平并且还在继续这样发展的心理活动。人的心理活动的作用可以区分为两大类型：一大类型是起认识世界作用的类型，即人的认识心理活动；另一大类型则是起改造世界作用的类型，即人的意向心理活动。人改造世界要凭行动，而行动则是意向活动（包括意志、意图、计谋等等）的客观表现。所谓改造世界不一定都是大的改造。可以是小小的变动，也可以包括对客观事物的驾驭和利用活动，总之，可以指一切施加影响于客观世界的心理活动。这里所说的被认识和被改造的世界，当然包括其他的人，其实也包括我们自己在内。这样看来，人的心理活动不外乎作为认识世界的知和作为改造或施加影响于世界的行（或意）二大端。这是人的心理活动可分为知和意两大方面的另一佐证。

人的心理活动范畴的二分法显然是优于三分法的。不过现在可以暂且不忙作结论，让心理学界议论议论，让主张三分法的同志也多摆摆理由以资比较，并看看实践的检验结果如何。过一段时间，相信对这个问题会取得比较一致的意见。

关于心理学组成部分的另一个重要问题是个性心理在心理学体系中究应处于怎样的地位。由于这个问题不明确，致使我们对个性问题的理解陷于混乱。而且参加研究讨论的人越多，不同的见解也越多，因而更增加了混乱。

确定个性问题在心理学体系中的地位，首先要明确人的个性同人的知行两大范畴的心理活动是怎样的关系。在这个问题上存在着两种主要的偏见：一种偏见认为，个性是独立于两大范畴的心理活动之外的另一种东西，两者之间没有什么共同的言语；另一种偏见则相反，认为个性和两大范畴的心理活动之间没有什么界限，例如认为动机问题既可以摆在体系的后面部分，也可以摆在体系的前面部分。这两种偏见都同样无法说明个性。认为个性是独立于两大范畴之外的什么东西的看法是不可理解的，因为人的心理都已包括在两大范畴之中，此外还能有别的什么吗？如说包括在三大范畴之中，也是一样。认为个性和两大范畴（或三大范畴）之间没有界限的看法也说不通。因为，如果是这样，就没有个性问题的存在了。这样看来，个性和两大范畴（或三大范畴）的心理活动之间，必然只能是既有明确区别又有紧密联系的关系。

现在，问题的关键在于，个性心理问题同两大范畴（或三大范畴）的心理问题是怎样的既区别又联系着的？对于这个问题，传统心理学并不是完全没有想到。有些心理学者颇早就对这个问题有所觉察了，但似乎没有理解到这个问题的全部意义。例如心理学上较早地就有心理过程和心理状态的说法。心理过程就是指心理的动态表现；心理状态则是指心理的静态或较稳定的状况。心理过程是指心理的一时动态表现；心理状态则是指心理的比较经久的静态存在。譬如认识或识知是指知的动态过程，而知识或“智”则是指知的静态状况。不过。一般说话或写作中往往不作这样的区分。譬如，情绪就兼有过程和状态两种意义。思想也是这样。但这种区分在作为科学的心理学上就有必要予以强调指出。这些实例说明，承认个性心理同两大范畴（或三大范畴）的心理活动既有联系又有区分，确实非常重要。因为个性指的就是一个人（或每个人）所有心理静态或较稳定的状况的全部内容。忽视了这一点，个性心理问题无论如何都说不清楚。这一点，我国心理学界已有人（主要是周冠生同志）初步看到了。这是我国具有自己特色的个性心理学发展的良好起点。

既然如此，个性心理的内容也就应该不超出两大范畴（或三大范畴）的心理之外。这样，传统心理学中的个性部分，有些概念虽是两大范畴所不能有，但如有可能用两大范畴的某一概念或某些概念去阐明的，就应该这样去阐明，如性格、倾向性等。如有不能这样阐明的，就应该抛弃，如气质等。既然两大范畴（或三大范畴）应该包括人的心理的一切类型，而两大范畴（或三大范畴）的心理同个性心理之间又只能有过程（或动态）和状态（或静态）的区别，那么这二者之间应该全部两两相对应。例如，一边有某种情绪，一边就应有相应的情操。当然也有两边共同的东西，如世界观、立场、地位性（包括阶级性）等。这种似乎两边共同的东西其实也是两两相对应的。例如一个人对整个世界是怎样认识的，在他的个性方面就有怎样的世界观。先有动态才能有静态。动态方面改变了才有静态方面的相应改变。两方面的动态和静态还可以互相转化。动态转化为静态已如上述，不必多说了。也有静态转化为动态的情况，例如“爱国心”是一种属于个性的静态心理状态，而一个有爱国心的人，他的爱国心（或爱国情操）在一定条件下就会转化为爱国的认识、激情、图谋或积极的行动。人的个性的所有成分都会产生这样的转化。当然，坏的个性成分也会转化为坏的意图或行动。这也正是个性心理学研究重要性之所在。

附带指出，一个人个性的种种成分也就是他的种种“性”。这种成分的全部也就是他整个的性。由此，可以顺便看到，“个性”这个词是十分恰当的，“人格”这个词则很欠恰当。

（二）

以上说明了心理学体系的内涵，现在略论一下它的外延，即它和其他相邻科学的体系的界限。显然，这也就是心理学领域和其他相邻科学领域的边界关系问题。

首先谈心理学和哲学的边界关系。心理学是不久前从哲学脱离出来而独立成为一门科学的。所以，现在心理学领域的大部分是原来哲学领域的一部分，尤其是关于认识的这部分。但心理学现在的体系和未脱离哲学时的体系在性质上有了颇大的改变，也应该有颇大的改变。主要的原因是因为它要成为一门科学就必得有科学的体系。科学心理学和哲学体系的不同，体现在有不同的观点，不同的方法和不同的问题上。其中，不同的观点是主要的。哲学的观点中包含了唯心论，科学的心理学观点则不能容许唯心论。科学心理学只能建立在唯物论的基础之上。建立在唯心论基础之上的科学心理学是不可能有的。近代号称为一种科学的心理学是建立在心物二元论的基础之上的。因此它的科学性一直强不起来，不少根本问题一直在争论中而得不到科学的解决。在研究方法上，因为要保持科学的称号，近代的西方心理学不能不采用科学的实验方法。但这种实验方法却是从物理学和生理学那里借用来的，并不很适合于自己的需要。再加上指导思想还有一半是唯心论，所以它始终只能停留在半截科学的地位上。但有了这半截的科学化，也就使它同哲学在体系上有了可以明确划分的界限。

现在的心理学虽然有比较明确的界限可以同哲学区分开来，但同它仍有特别密切的联系。一切科学研究都要有正确的哲学思想作指导，而心理学尤其如此。在哲学方面也有许多地方需要科学心理学知识的帮助。

其次谈心理学同生理学在体系上的关系。心理学和生理学有很密切的关系，然而又有本质的区别，二者不容混淆。在很多人看来，心理学就是一种生物学，因而把它归入生物学一类。也有一些心理学者自已就认为心理学是一种生理学，是高级的生理学。这种种看法都是很错误的。因为照着他们所说的去说去做，心理学这样一门十分重要的独立科学就要被抹杀被取消了。这当然在实际上是做不到的。然而，那种误解一定会对心理学起危害的作用以至破坏的作用，所以不能不予以辩驳或抵制。心理并不是一种生命，生命在植物也有，而心理只在人身上才有充分的表现，在很高级的动物身上也只有一点点萌芽。所以心理学决不是一种生命科学或生物学。生理现象也是动植物都有的，而具有完备的心理现象的只有人。心理的机能或作用和生理的机能或作用有本质的区别，不能把它们等同起来。所以心理学体系和生理学体系虽然有密切的联系，以至相互交叉，但同时也有不可抹杀的重要差别和界限。看不到这些，不注意辨别这些，误把生理的东西当作心理的东西或者反过来，就不能研究好心理学，不能科学地认识人的心理的实质，也就不能正确认识人的心理活动。这样，怎么能推动科学心理学的发展呢？正因为心理和生理的关系特别密切，心理学便很容易受到生理学的干扰，以致模糊了两者的界限。传统心理学的科学性不够也和这一点很有关系。为了心理学的进一步科学化，心理学就必须在领域上和体系上同生理学划清界限。绝对划清是有困难的，相对的划清则是可以做到的，保持两者之间一定的交叉联系也是必要的。这是我们研究心理学体系的时候必须予以明确的一个重要问题。

至于心理学和社会科学在领域上和体系上的关系问题则更错综复杂，不容易搞明确，但仍必须相对地搞明确。这同心理学的科学前途很有关系。有的人认为心理学纯然是一种社会科学，这是很不对的。这一错误看法的严重性在于，它会很有害于对心理学的领域和体系的正确认识，因而也就很有害于心理学在科学道路上的发展。心理学和社会科学一方面有很密切的联系，而另一方面也正因为如此，必须特别注意认清两者之间的界限。否则，心理学这样一门很重要的具有自己独立的特殊领域的科学也就会被淹没于社会科学之中，而得不到应有的重视和发展。

人和社会有错综复杂的密切关系。因而心理学和社会科学也在领域上和体系上有错综复杂的密切关系。正如心理学同生物学的密切关系不应使心理学在领域上和体系上丧失自己的特殊性和独立性一样，心理学同社会科学的密切关系也不应使心理学在领域上或体系上丧失自己的特殊性和独立性。对于心理学而言，这也是很重要并很值得辨认清楚的一点。就人和社会的关系说，一个简单明了的事实是，社会是由人构成的，没有人就不会有人类社会。所以解决社会的种种问题不参考到人的因素是不行的。不错，人也不能脱离社会而存在。但两相比较起来，不能不承认人是更根本的。其实人不能离开社会而存在的意义就是人不能离开其他的人而存在。所以心理学同社会科学的关系问题归根到底还是一个人的问题。

（三）

以上说明了心理学的领域和因领域而产生的心理学体系的内涵和外延问题，并说明了这个问题的根本重要意义。对这个问题的明确认识和心理学的发展前途很有关系，而过去的心理学对这个问题是关心得很不够的。现在就来初步考察一下有关这方面的实际情况。

首先要提到的就是冯特的心理学。冯特心理学的一个严重缺点是它建立在唯心论的经验论基础之上。这样就很难谈到科学性。另一个大的缺点是它的体系也很残缺。经验论，即使是唯物论的，也偏于感知的方面。冯特的全部心理学就是这样。它在两大范畴的意的方面讲得很不够，在知的方面则限于感知，至多加上一个统觉，高级的思维则完全付之缺如。所以它在体系上是很不完整的，因而也有损于科学性。作为科学心理学的草创人，这种缺点也许是难于求全责备的。但感到遗憾的是，这样先天不足的心理学却给后来的研究者和心理学的发展带来了不小的不良影响，造成了不少困难。冯特也是一个当时颇有名望的哲学家。他对心理学的体系这样考虑欠周，也令人难解。

继承冯特的铁钦纳的意识构造心理学和冯特心理学有类似的情况，不过他对冯特心理学在体系上的缺点有所弥补。

主要是继承英国经验论心理学的詹姆斯、安吉尔以及后来的卡尔和吴伟士等的机能派意识心理学则在体系上较为完整。原出于铁钦纳门下而后来采取折衷观点的波林的心理学在体系上也较完整。不过，波林的心理学仍主要是意识心理学。意识心理学一般都比较偏于两大范畴的知的方面，有以知统率意的偏向。

反对意识心理学的华生的行为论心理学则完全偏向于意的客观表现的行的方面，不但不要知，连意也不要了。不过不要知在讲心理学的人是做不到的。只好把知说成行的形式或企图把知融化于行或把知看作完全无关紧要的东西。这种种做法孰优孰劣，可以存而不论。但它们都同样地抹杀了知，使心理学成了半边瘫痪。行为论心理学的指导思想是心身二元论，但完全强调身的一边。它在体系方面的缺陷很大，心理学体系的核心部分都没有了，成为徒有其名的心理学。因此它的科学性也就很有问题，虽然从表面上看像是颇为科学的。

因反对冯特心理学过分强调分析方法转而强调综合方法的完形心理学也是一种意识心理学，并且也是建立在二元论的思想基础之上的。它对知觉心理学作出了重要的贡献，对思维心理学的研究也有值得称道的成果。但它在体系上是偏于知的方面的，因而在科学性上也有所欠缺。

较近出现的人本论心理学强调对人类潜能特别是动机的研究，这是很值得欢迎的。但它显得偏重于意的方面的研究，因而在体系方面也有不足之处。

也属较近出现的认知心理学则问题比较复杂而且多一些。认知心理学的主要特点是看到了行为心理学因抛弃意识所造成的缺陷并因而遇到的不可克服的困难，决定把意识再拣回来并重新重视内部活动。这样做的本身是很需要的，是同人本论心理学一起构成为西方心理学的发展中一个重要的转折。但它拣回来的意识是詹姆斯的“意识流”说法。这就未免是新瓶装旧酒，是一种大的失策。因为意识流之说是对意识的表面现象的一种形容，一点也没有说明意识的实质和作用。这种旧酒会使认知心理学的革新意图一点也得不到帮助，甚至反而会被引入迷途。认知心理学最主要的问题在于把认知这个属于知的概念去概括人的全部心理活动。这的确像是把行为心理学反转了过来并走到另一个极端去了。这就具有和行为心理学同等的体系上的缺陷。至于认知心理学其他一些缺点，因和这里讨论的问题无直接关系，就不多谈。

以上是举大家比较熟悉的一些事例来说明心理学体系问题的重要性以及漠视心理学体系或缺乏对心理学的全局观点会导致怎样的错误或片面性。多年来心理学上的众说纷纭，莫衷一是，也是和对心理学的体系问题没有受到足够的重视很有关系的。

以上都是个人的一些看法，未免还有失当之处。

选自：中国社会科学，1986（4）

思想评介

关于心理活动范畴的二分法问题

心理活动有哪些大的范畴，大的分类？有的认为可以分为“知”（认识）、“情”（情绪）、“意”（意志）三个范畴，这是三分法。有的认为只有两个范畴，即“知”（认识）和“意”（意向）两大类，把“情”归到“意”中，认为“情绪”属于“意”的一种。这是二分法。潘菽同志说他倾向于二分法。他认为：“这是比较切合实际的概括。”他认为“三分法是不正确的，是不符合实际情况的，是不合辩证法的”。以下主要介绍潘菽同志对“二分法”的一些看法。

一、两种心理活动的区别和联系

就二分法而言，心理活动是由“知”（认识活动）和“意”（意向活动）所组成。这两种心理活动有什么区别呢?

1. 就这两种心理活动的实质来看:

（1）认识活动是人们对客观事物的反映活动。人们对客观事物的感知（感觉、知觉）、思维（想起、联想、思考）等都是认识活动。我们通常说的“意识”，其实质就是认识活动，主要是思维活动。人们的反映活动、意识活动，只能是认识活动，不能包括意向活动或情绪、意志活动，所以反映不能等于心理。

（2）意向活动是人们对客观事物的对待活动。人们对客观事物所产生的注意、欲念、意图、情绪、谋虑、意志等都是对待客观事物的活动。

2. 就这两种心理活动所要解决的主要矛盾来看：人们在生活实践中，在与客观事物交往的过程中，主观与客观的矛盾不断产生，因此也就不断引起心理活动以解决这种矛盾。这两种心理活动所要解决的矛盾是不同的:

（1）认识活动所要解决的是主观不符合于客观的矛盾，即对客观事物缺乏知识所构成的矛盾。通过认识活动可以使主观向客观转化，使客观表现于主观之中。由于客观事物的发展变化的规律是不以人的意志为转移的，所以人们在认识客观事物时，应该有意识地使自己处于被动的地位，力图使自己的主观符合于客观情况，要力求避免在认识客观事物的主观随意性。

(2) 意向活动所要解决的是客观不适合于主观的矛盾。通过意向活动，可以使客观向主观转化，使主观体现于客观之中。这种转化，要通过行动才行。如果我们在改变客观事物时，认识是正确的，但没有足够的意向活动，没有实际的意志行动，也是不能收到效果的。

3. 就两种心理活动和神经系的关系来看:

（1）认识活动主要是和感觉器官、感觉神经以及有关的脑中枢相关联的。至于和运动神经以及与之有关的脑中枢的关系不能说完全没有，但只能是居于次要的地位，而且是间接的。有不少人认为脑中有特别和认识有关的中枢。最近有人强调指出，左右两个大脑半球在知觉上的作用是不同的，左半球在言语和文字知觉上居于优势，而右半球则在深度视知觉上居于优势。

（2）意向活动主要和神经的输出通路以及和引起肌肉运动的脑中枢相关联的，它发动身体的肌肉和腺体部分的活动比较显明，有时是很显明的。

有人就现代信息论、控制论的角度来看，认为脑的活动在内部的确有“信息的获得”与“信息的利用”两大环节，这是从不同的角度说明了二分法。当然心理活动与物理活动有本质的不同，这里只是有某种类似而已。

认识活动和意向活动的联系：前面谈的认识和意向两种心理活动的区别，只是为了分类研究的方便。实际上，在任何一个具体的心理活动中，意向活动和认识活动都是同时存在的。它们是心理活动的两个方面，只是有时以意向活动方面为主，有时以认识活动方面为主而已。这两种活动的相互关系是：意向总是在一定的认识指引下的意向，认识总是在一定的意向主导之下的认识。没有一定的认识活动指引下的意向活动是没有的，即使在变态情况下的“梦游”和所谓“无意识”举动等也是如此。没有认识的指引，一个人的意向活动就会寸步难行，即使这种指引可能是不正确的。不在一定的意向活动主导之下的认识活动也是绝无仅有的。一个人认识到什么，认识得怎样，一般总是受到他的意向或多或少的决定。平时所说的注意，如注目而视的注目，倾耳而听的倾耳，也就是一种主导着认识活动的意向活动。所以认识活动与意向活动的关系是辩证统一的关系，是相辅相成而同时又或多或少矛盾着的关系。

在认识与意向这种关系中，就一般而论或者从整体来看，意向活动总是矛盾的主要的一方，而认识活动总是从属的、次要的一方。在一定的局部情况下，认识活动可以成为矛盾的主要方面而意向活动则成为次要的方面。但是从更大的范围看，这时候起着主导作用的仍然是一种意向活动。一个人的意向活动如何，例如要什么，不要什么，拥护什么，反对什么，因他在整个社会活动中如何生活而定，因他的社会关系、生活地位而定（最根本性的当然是他的阶级关系、阶级地位）。不同社会地位的人的立场、观点会有不同，他们的好恶、爱憎的情绪也就会有不同以至根本不同，因而他们在认识活动上对待事物的取舍以及怎样认识，都要产生相应的不同。他们会有相反的是非标准和好坏标准，这就是不同社会地位的人在心理上会有的或大或小的分界。传统心理学完全忽视或者有意抹杀了这样重要的事实，这是不对的。

认识（意识）和意向的关系问题在传统心理学中一向是一个引起混乱的问题。有的认为意识、反映包括情绪和意志。这是因为传统心理学一般都把意识、反映理解为“心理”的同义语，因而错误地认为意识、反映包括情绪和意志。这样就把认识和意向的本质差别都混淆起来了。实际上，和情绪有关联的意识、反映，不外是对情意活动的觉察或意识到或认识到或予以指引，并不是情意本身。在意识、反映和情意之间划上等号，就是把意识（反映）活动和所意识到的（所反映的）事物等同起来，混同起来。这是在传统心理学中广泛流行的对意识的见解的一种带根本性的错误。意识、反映只是认识活动，它不等于心理，它不能包括认识和情意两方面。

有人认为认识、意识也是意向活动，也有对待客观事物的态度，因此认为不能和意向活动区别开。例如你要研究这种事物而不研究那种问题，这本身就是一种对待的问题。其实这是一种具体的认识活动中所包括的意向活动方面，而其主要方面则是意识活动。

有人认为人在思想时，也有肌肉活动，因而认为思想也是意向活动。在传统心理学中有一种学说就认为意识是由很轻微的肌肉活动，即所谓“内隐的肌肉运动”所构成。有一个实验的结果曾常被心理学界引用来作为对这个学说的支持。这个实验要求受试人躺下来，让身体各部分完全休息，不作任何的肌肉运动。然后告诉他设想做几件事情，并同时记录有关的肌肉的动作电流。结果表明，他设想伸手取一只杯子时，他的臂部肌肉就发生动作电流。当设想看一件东西时，他的眼部就表现有动作电流。这种实验结果能否就证实认识（意识）就是由很轻微的肌肉运动构成的呢？完全不能。这也由于没有把意识（认识活动）与意向活动的不同区别清楚的结果。在所谓思想中，也必须把思维（属于认识活动）和思虑（属于意向活动）区别开来。这个实验只能说明意向活动是包括肌肉活动的，因为他要求受试人所作的思想，都是意向活动。设想看一件东西，也是由注意构成的意向活动。这个实验无法说明所得到的动作电流不是由意向活动所产生，肌肉运动既不能说明意向活动的全部，更不能说明意识的实质。

有的人认为意向活动是意识的主观能动性的表现。这样就把意向包括在意识之内了。苏联鲁宾斯坦就是这样的看法。他认为“人的意识不只包括知识，而且也包含由于人的需要、利益等等的关系而对世界上对他有意义的东西的体验。由此在心理学中就产生了动力的倾向和力量；由此也就产生了这样的能动性和选择性……”

其实意识本身的能动性在于它能成为对于客观现实的忠实反映；成为对于客观事物规律的正确认识。只有这样才能有效地指引人变革客观世界的行动。但作为人类的认识活动的意识必须和意图、意志、感情、决心等的意向活动紧密地适当地结合起来，才能发挥自己的巨大能动性，才能表现为所谓“选择性”。意识始终是在意向的主导之下的，选择性其实是完全属于意向活动的。而意向也必须和意识结合，必须在认识的指引之下，才能实现其主导的能动作用。如果把意向归结为意识，这就抹杀了意向，抹杀了意向的主导作用。

二、为什么“情”是意向活动？

在“二分法”中，最使人感到困惑的就是把情与意归入同一范畴的活动——意向活动中。

为什么“情”是意向活动的一种？因为：

第一，“情绪”和“意志”一样也是对待客观事物（包括人）的一种对待活动。例如“爱”，照普通的说法，就是一定的人对一定事物的一种态度。这也就是对一定事物的一种对待方式。“恶”（厌恶，憎恨）也是这样。

第二，情和意一样，都要发动肌肉和腺体的活动，在情绪发生时由外面显然可以看到的活动部分，如欢乐时的“手舞足蹈”，愤怒时的“摩拳擦掌”憎恨时的“咬牙切齿”等等，都是情绪本身的构成部分而不能把它们说成仅仅是有关情绪的表现。情绪发生时的内脏活动也就是情绪的本身构成部分而不仅是它们的生理伴随物。因此我们从情绪的整体去看而不陷于传统心理学那种片面的甚至是主观唯心的观点，那么，情绪是属于意向活动就是很显然的了。

第三，从实际情况看，意可以看作是情的一种形式，情也可以看作是意的一种形式。它们之间的差别只是在于所包含的躯体过程（尤其是内脏过程）的广度和深度不同，以及受到认识过程（感知觉和思维）或意识或“知”的制约的不同。当意向或意志所包含的躯体过程最少最微而受到的认识的制约一般有所减低时，就成为情绪。躯体过程较多较强或很多很强而所受认识的制约一般较少或很少时，就成为激情（情绪照普通所用的意义，应该是概括感情和激情而言）。所以，情和意在实质上不过是同样的过程的不同形式，它们的差别不是实质上的差别。这种不同的形式当然是可以因为表现和主客观条件的变化而容易相互转化的。

关于情和意向活动的关系问题，还有两点需要说明：

第一，在二分法中，把情归入意向活动中，并不是因此在心理学中就无“情”了，在普通心理学中，“情绪”就不能再独章讲授了。这完全是误解，既然认识活动可以分为感知、思维等几章来讲，意向活动为什么不可以分章讲呢？同一大范畴的几个小范畴是各有其相对独立性的，是可以专门讲授的。

第二，一般人认为情绪发生时有很显明的体验，这与认识和意志很不相同，因此认为应该单独成为一类。这是使人容易接受三分法而不容易接受二分法的一个重要原因。其实我们在情绪发生时的体验，是人对情绪发生时的内脏活动变化的认识，即是对情绪活动过程觉察或意识到或认识到。在这种认识活动的指引下，可以加强或减弱情绪活动过程本身，而不是情绪过程本身。如果把体验当成另外的东西，把对情绪过程的认识结果当作情绪过程，那就等于把颜色感知的结果当作感觉过程，那就是把认识过程和认识的对象混为一谈了。这就造成了混乱，使人看不到情绪的本质特点——对待客观事物的态度了。由于看不到情绪的本质，因而就完全歪曲了人们的主观心理活动的实在情况，混淆了心理活动的两个重要的必须分清的不同成分，即意向活动和认识活动。

三、意向和行动、心理和实践的关系

1. 意向和行动的关系：意向和行动是密切结合着的。行动是意向的延续，是主观的意向向客观世界方面的伸展。没有行动，意向就只能完全停留在主观活动的状态，不会产生任何客观的效果。没有行动，主体对客观世界也就将失去几乎一切心理上的联系。

主观的意向要能影响或改变客观事物，要能化为客观而体现于客观之中，就必须通过行动。行动是主观化为客观的过渡过程，是由主观这一边转化到客观那一边的必经桥梁。行动是半主观半客观的东西。它是主观的，因为它仍包含着意向的活动成分，并且仍是属于人们这个主体的活动。它是客观的，因为行动的基本特点是肌肉运动，而肌肉运动本身是具有完全的客观性质的，能产生客观的物质力量，能造成客观的物质化结果。行动是意向调配着的肌肉活动。因此，主观的意向通过行动的过渡就能影响、移动、改变或制作出属于客观世界的事物而使自己客观化。因此，人们就能充分表现出主观的创造的能动作用，就能继续前进改造自然，改造社会，改造世界，并包括改造自己在内，因此在考虑人们的意向的问题时，必须同时考虑到行动的问题。

2. 心理（认识、意向）和实践的关系：

人的实践过程，从心理学的观点来分析，就是如下的过程：

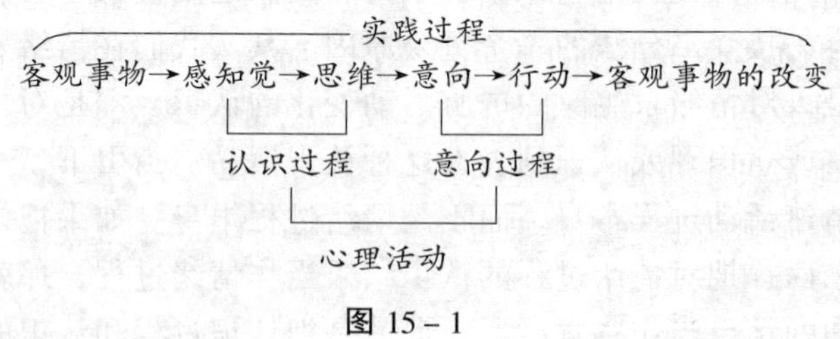

图 15－1

由图 15－1 可以看出：人们在实践活动中与周围的客观事物打

交道时所产生的心理活动，包括对客观事物的认识过程（前半）和施加影响于客观事物使之改变的意向过程（后半）。这是就分析而言。其实，这两个过程是紧密联系、互相制约、不可分割的；上图所示还远不能说明它们互相之间的复杂关系。对客观事物的认识过程也包含有一定的意向过程，但认识活动是重要的。对客观事物施加影响的意向过程中也包含一定的认识过程，但意向活动是主要的。

恩格斯有一段话可以帮助说明认识、意向和行动的关系。他说："黑格尔哲学永远结束了那以为人的思维和行动的结果具有最终性质的一切想法。"又说："科学永远不会达到这样的一点，即永远不会因它在发现了某种所谓绝对真理以后，就再不能越过此点，除了袖着手望着这个获得的绝对真理以外，再无事可做了。这不仅在哲学认识上是如此，就是在任何其他的认识上以及在实践行动的领域内，也是如此。"恩格斯在这里所说的话也说明了一点，就是人类的活动归结起来不外乎思维或认识以及行为或实践两个基本方面。从心理学来看，思维是认识的高级形式，而行动或实践则是意向的客观化的实现。故人们的心理活动——即在变革客观事物时在自己主观方面的活动——不外乎认识和意向两个基本方面。

人在实践过程中，由客观事物引起认识活动（感知、思维）或意向活动，这就是"物质变精神"；人的认识活动和意向活动通过行动改变、改造或产生物质的事物，这就是"精神变物质"。如在脑里有一种想法在纸上写出来，也就是精神（心理）转化为物质之一例。

列宁在《共产主义运动中的左派幼稚病》中指出，无产阶级对资产阶级的憎恨情绪是无产阶级革命的"一切智慧之本"，同时也十分强调了无产阶级的革命情绪发展为革命行动对高度的智慧（认识，也包括技巧）的依赖性。这是对革命情绪和科学认识及革命行动相互关系之间的辩证关系的完整说明。

人们头脑中进行的内部活动或心理活动（认识、意向）在人的整个实践过程中起着一种关键性的决定性作用。没有人的心理活动，人的一切实践活动都是难于进行的，甚至是不可能的。人们的心理活动是这样或那样，就表现为他们影响或变革客观事物、改造客观世界的活动是成功的还是失败的，是正确的还是错误的，是革命前进的还是反动倒退的。因此，我们搞清楚并掌握人的心理活动的规律，就可以更加充分地发挥它在实践活动中应有的能动作用，从而有效地调节或改进人们的实践活动。

同时也要看到，人的心理（认识和意向）又依赖于行动和实践，它是在人的生活、实践中形成和发展的，它又受到实践的检验、补充和纠正。

四、三分法为什么不对?

三分法具有以下的主要问题:

1. 不符合实际情况：科学的首要任务是对事实作出如实的说明。在“意”和“知”之外，不适当地把“情”突出来和它们并列，把心理活动分为知、情、意三者是不合客观实际的。它把心理的客观情况搅乱了，阻碍了人们对心理活动的理解。它没有把“情”、“意”的关系搞清楚，同样也没有把“知”（意识）和“情”、“意”的关系搞清楚，所以传统的心理学始终搞不清楚意识是什么，行为论者就更不必说了。

2. 增加教学上的困难。近代心理学多用三分法。有些心理学教师因为习惯于用“三分法”，就觉得“二分法”不好讲。其实对初学的学生来说，是不存在这个问题的。如果结合《实践论》中关于人的活动不外认识世界和改造世界的观点来讲“二分法”，学生是很容易接受的。如果把“情”作为一个独立的范畴来讲，它既不是对客观事物的认识，也不是对客观事物的对待活动（影响、变革、改造等等），而只是个人的体验，好像和客观事物没有直接关系似的，这对于已有《实践论》观点的学生，反而不好讲清楚了。又如过去在心理学教学中，大多把“注意”放在认识过程的“感知”之后，但又说它不是心理过程而只是心理过程的特性，这是不好自圆其说的。在“二分法”中，把注意归属于意向活动，这是最恰当不过的了，因为它最符合实际情况。

3. 是唯心论和形而上学的产物：心理学的根本问题是在于采取哪一种观点：唯心还是唯物，形而上学还是辩证法。长期以来，传统心理学抱住“三分法”不放，是因为受了唯心论和形而上学观点和旧框框的束缚而没有多加思考之故。它只看到了“情”与“意”在形式上的某些特点而没有看到二者在本质上的共同点；它错误地把情绪体验这种认识过程看作是独特的过程而看不到情绪过程的本质特点在于对待客观事物。这种三分法长期以来阻碍了我们对人的心理活动的理解，因而是有害的。这种不符合实际的旧观点和旧框框必须打破。

五、潘菽同志对二分法的发展和创新

中国古代哲学和古代希腊哲学对人们的心理活动的看法基本上是二分法。近代心理学关于人们的心理活动的基本分类范畴问题的流行看法都是知、情、意的三分法。例如解放后我们首先接触的柯尼洛夫高等心理学，捷甫洛夫心理学，斯米尔洛夫心理学都是“三分法”。曹日昌主编的普通心理学也是“三分法”。冯特认为情和意的关系很密切，情可以作为意的开头，意可以看作复合的情，即意仿佛是由情发展而成。这是包含一部分真理的一种可贵见解。这有些类似“二分法”。但冯特的这个见解，还不是完全符合实际情况的、明白了当的二分法。因为他还没有完全认识到情和意的同一性，他在实质上是把意和情看成是分别的两类过程，不过密切联系、能互相转化而已。其次，他又把意包括情和感知等，因此意就包括了一切心理过程了。

潘菽同志很早就主张心理活动的二分法，但他对二分法的认识却是在发展中逐步加深的。

潘菽同志在 1929 年出版的《心理学概论》中说，人的活动可分二种，一是对于环境的认识，一是适应环境的动作和行为。……认识和行为乃是人类因环境而起的活动的两种重要的形式。研究人类“活动所遵循的律法的心理学因此也分为两大部分，就是行为动作的研究和认识作用的研究”。可见潘菽同志在五十多年前就主张心理学研究的对象是人的活动，而人的活动可分为认识和行为两部分的。这时，他对心理活动和一般活动的区别还没有加以划分，他对二分法中的行为的主观成分和客观成分也没有进行具体的分析。

1935年，他在《教育心理学》中仍然认为“心理学是研究人类活动的基本原则的”。

1944年，他在前中央大学心理系讲授《理论心理学》时说，就当时的一般趋势看来，大多数心理学家都认为心理学研究的对象包括意识和行为两方面。但是这两方面是怎样的关系，却没有一致的看法。有的只是勉强地调和拉拢，并没有真正解决问题。潘菽同志认为“如把意识当作认识和辨别来看，意识只是人的动作而非实物。由此就可把意识和行为两个观点统一起来”。这时，他认为人的活动分为两方面，一方面是动作（肌肉收缩活动），一方面是认识，二者都是活动的必要成分。研究个人的活动的心理学必须研究这两方面。所以到这时为止，他还是认为心理学研究的是人的活动，而活动分为意识和行为两方面。这种见解和他在1929年的见解没有多大的变化。

1964年，他写的《简论心理学的几个问题（初稿）》中谈到“心理学是研究人的心理活动的科学”。……“人的心理活动包括两大方面。一方面是识知或识知活动，另一方面是行动或行动活动。”“感觉、知觉和思维都是识知活动。”“态度、动机、注意和意志都是不同形式的行动。”“情绪是属于行动的活动。”到这时，潘菽同志把心理学的对象不再认为是活动，而认为是心理活动，他把心理活动和一般活动加以区别了。这时，他又把心理活动分为意识和行为两方面了；他在这里所说的行动是偏于心理方面的。这时，他对行动中主观和客观方面还没有加以区分。

直到1967年前后，他在他写作的《心理学简札》中，才明确地指出了心理学研究的是心理活动而不是其他活动。心理活动分为认识和意向两大类，而意向活动和行动活动是既有联系而又有区别的两个概念，意向是主观活动，而行动则是半主观半客观的东西。这时他明确而且具体地说明了心理、认识、意向和行动之间的区别和有机联系。

五十多年来，潘菽同志对心理学研究的对象和二分法的具体内容的认识的发展情况可归纳如以下的简表（见表15－1）：

表 15－1

时间	对象	内容（二分法）	未明确的问题
1929	人的活动	意识和行为	把意识和行为都统一为活动，未区别动作活动和心理活动
1935	人的活动		
1944	人的活动	意识和行为	把意识和行为都统一为活动，未区别动作活动和心理活动
1964	人的心理活动	识知活动和行动活动	区别了心理活动和一般活动，未明白区分意向和行动
1967	人的心理活动	认识活动和意向活动	明白区分了心理和活动，也明确区分了意向和行动

由此可见，潘菽同志对心理活动和意向活动二分法的探索是经过漫长的时间的。到现在，他认为心理学研究的对象就是而且只能是心理活动。心理活动的区分范畴是认识和意向两种，而意向和行动是既有区别又有联系的。这是对“二分法”的发展和创新。这对于贯彻《实践论》的思想，对于建立辩证唯物论心理学都是有重大意义的。

选自：心理学报，1980（3）

下　篇

艾宾浩斯

（Hermann Ebbinghaus）

■ 生平简介

■ 名篇选读

记忆（节选）

■ 思想评介

艾宾浩斯简评

生平简介

H·艾宾浩斯（1850～1909），德国实验心理学家。艾宾浩斯1850年生于德国的巴门，17岁起在波恩大学攻读历史学和语言学；1867～1870年期间曾转入哈雷大学与柏林大学，后对哲学发生兴趣；1873年在波恩大学获博士学位；1875～1878年他游历英法两国，一面求学，一面教书。在英国期间，他受到英国联想主义思想的影响；后受费希纳《心理物理学纲要》一书的启发，开始用实验方法研究记忆。1880年艾宾浩斯任柏林大学讲师，1886年升任柏林大学副教授。1890年他与柯尼希共同创办了《心理学和感觉生理学杂志》，心理学家格缪勒、斯顿夫、利普斯等人和生理学家赫尔姆霍兹、黑林等人都共同担任该杂志编辑，因此，该杂志实际上成为冯特实验室以外德国心理学家的主要论坛。他还担任过德国实验心理学协会的领导人。1894年艾宾浩斯转赴布雷斯劳大学任教授，1905年任哈雷大学教授。在上述大学他都分别建立或完善了心理学实验室。1909年艾宾浩斯应邀参加美国克拉克大学成立20周年校庆时突患肺炎去世，终年59岁。

艾宾浩斯在费希纳《心理物理学纲要》一书的启发下，决心将实验法应用于研究高级的心理过程，并决定在记忆领域作尝试。他发明了无意义音节，并用无意义音节与诗作材料，自己为被试，用完全记忆法与节省法对记忆作实验研究。研究的问题包括学习材料的长短变化对学习的影响，保持作为不同复习次数的函数，遗忘作为时间的函数，同一材料的直接联想与远隔联想，前行联想与倒行联想的强度等等，提出了著名的艾宾浩斯遗忘曲线，认为遗忘历程是“先快后慢、先多后少”。

1885年艾宾浩斯发表实验心理学经典著作《记忆》一书，由此名声大振。1897年出版了他的大学教科书《心理学概论》第一卷的上册。该书文笔优美，可与詹姆斯的《心理学原理》相媲美。该书出版后风行一时，他不久就忙于修订而无暇继续写第二卷，第一卷的下册也到1902年才完成。1907年艾宾浩斯为《现代文化大全》撰写心理学部分，1908 年又以《心理学纲要》为题出版单行本。艾宾浩斯的著作中常有对心理学的惊人名言，据著名心理学史学家波林考证："他的《记忆》的副标题为'实验心理学研究'，在标题上还有拉丁引语如下：'我们要将一门极古旧的学科发展成一门极崭新的科学。'二十多年后他的《心理学纲要》中复有一名言与此相应：'心理学虽有一个漫长的过去，但仅有一短暂的历史。'"这后一句话是《心理学纲要》的开卷语，后来经常被人用来说明心理学历史的特殊性。

艾宾浩斯对心理学的其他方面也有较重要的贡献，他于 1887 年与 1889 年发表两篇论文讨论过明度对比，1893 年提出他的色觉学说。1897 年他设计出一种"填字测验"，作为测验儿童智力的最初尝试，是后来智力测验的前身。正如舒尔茨指出的："这显然是第一个成功的所谓心理能力的测验。"1894 年法国的狄尔泰发表《关于一种描述和分析的心理学的观念》一文，提倡描述的文化心理学运动，反对分析的实验心理学。两年后，艾宾浩斯针锋相对地发表《关于解释和描述的心理学》一文与狄尔泰进行论战，这是心理学史上一场著名的论战，他们分别代表心理学发展的两条道路，一条是以人文科学为模板的心理学，另一条是以自然科学为模板的心理学。

此外，在艾宾浩斯的心理学内容中，还包含着许多所谓社会心理学的东西。他的唯一完备的著作《心理学纲要》几乎有五分之一的篇幅论述行为、道德、宗教、艺术和理想等问题。由于逝世过早，他未能把自己的研究发展到定型阶段。

（张　卫）

名篇选读

记忆（节选）

我们的关于记忆的知识

在日常生活和科学中论述心有记忆时，总是试图举出下述的事实和解释。

一时在意识中出现的又从意识中消失的各种心理状态——感觉，情感，观念等——并不随着它们的消失而绝对地停止存在了。虽然由内部也观察不到它们了，但它们并没有全然地破坏了或消散了，而以一定方式继续存在，或者这样说，储存于记忆中。我们自然不能直接观察它们当时存在的情况，但由它们的效果可以显示出来，在我们的知识中它们的存在就好像我们能推知在地平线下有星体存在那样确切。记忆的这些效果是多种多样的。

第一类的情况是我们经过指向这个目的的意志的努力可以把似乎已经消失的心理状态唤回到意识中来（或者，如果是直接的感知觉我们可以唤回真实的记忆表象），也就是说，我们可以随意地使它们复现。在这样的回忆的努力中，各种各样的表象，我们的目的并不在唤起它们，也会伴随着我们需要的表象回到意识中来。时常确实需要的表象，回忆倒没有找到，但一般说来，在复现的一般事物中有我们所需要的；并且立刻认出来它是从前经验过的事物。如果设想无中生有，它是我们的意志，如它原来那样，重新创造的，那将是荒谬的；它一定是以某种方式或在某一处所存在着的；意志，可以这样说，只是发现了它，把它再带回给我们。

在第二类的情况中，这种留存就更显著了。时常，甚至经过许多年以后，显然是自然地、没有经过任何意志活动，曾在意识中一度存在的心理状态，又回到意识中来；就是说，它们是不随意地复现的。在多数情况下，这里我们也立刻会认识到这重现的心理状态是从前经验过的，就是说，我们记得它。在有些情况下，并没有这种伴随的意识，我们只是间接地知道现在的经验一定是和从前的相同的；这样我们也是一样有可靠的证据，说明它在间隔的时间内是存在着的。更严密的观察告诉我们：这种不随意的复现的发生并不是完全无规律的和偶然的。恰巧相反，它们是由当时直接存在的心理的表象为中介而引出来的。而且它们的发生是有一定的规律的，概括说来，把这种规律归之于所谓“联想规律”。

最后，还有第三类，这是在这里要加以考虑的一大类。已经消逝的心理状态，就是它们自己完全不回到意识中来，或至少不在一定的时间回来，但还可以提供它们继续存在的确凿的证据。运用一定范围内的思想，就是这些思想的方法与结果没有直接地意识到，在一定情况之下，可以促进对相似范围的思想的运用。累积的经验的无限广阔的效果，就属于这一类情况。常常意识到的任何情况和过程的发生就促进同类过程的发生与进行，就是这样的效果。这种效果并不受那使组成经验的因素整个地回到意识中来的条件的妨碍。这样出现的可能是偶然的其中的一部分，它的发生不能是范围很大的或者是异常明确的，否则现在进行的过程就立刻受到干扰了。这些经验的大部分还是在意识外隐藏着，但产生很重要的效果，确证着它们以前的存在。

扩大我们关于记忆的知识的可能性

自然科学的方法

对于因果关系的内部结构获得准确的测量——数量上准确的——方法，由于它的性质，是一般可靠的。这种方法在各种自然科学中是这样大规模地应用着和这样充分地发挥着作用，以至通常把它当作自然科学特有的，只是自然科学的方法。但可再重复一下，它的逻辑性质使它可以普遍地应用于一切的存在和现象的领域中。更进一步，把任何过程的实际情况作准确和正确的阐明，因而建立对它的各种联系作直接的了解的可靠的基础，主要就依赖于应用这种方法的可能性。

我们大家都知道这种方法包括一些什么：把已经证明和一定的结果因果地联系着的一切条件固定下来；把一种条件和其余条件分离开，并把它按照能以数量化描述的方式加以变化；用测量或计算确定在效果方面随之产生的变化。

但是，把这种方法转移到研究一般的心理现象和特别是记忆现象的因果关系中来，似乎有两种根本的和不可克服的困难。第一，我们对于复杂的大量的起作用的条件如何加以控制，使之大致固定？这些条件，由于它们是属于心理现象，几乎完全是不在我们控制范围之内的，而且它们又是经常地在不断地变化着。第二，我们用什么方法能对转瞬即逝的，由内省看来又难以分析的心理过程，加以数量化的测量？我将首先联系我们现在要研究的记忆讨论这第二种的困难。

对于记忆内容的数量测量的引用

如果现在从计量的可能性的角度再考虑一下以前讨论过的保持和复现，对于这两种过程，至少一种数量的测定和一种数量的变化是可能的。一组的观念由第一次出现到复现，中间经过的时间是可以测量的，使这组观念能够复现所必需的重复出现的次数是可以计量的。但是，最初看来，在效果方面，似乎没有类似的情况。这里只提了一种选择，复现或者是可能的或者是不可能的，它或者发生或者不发生。当然，我们也承认，在不同的条件下，它可能或多或少地接近于实际的出现，因之它在阈限下存在时是有不同等级的差异的。但是只要把我们的观察只限于由于偶然机遇或由于有意唤起，观念由这种内部领域中复现出来，对我们来说，一切的差异就是不存在的。

但是，如果少依赖一些内省，我们却可把这些差异显露出来。把一首诗学到能够背诵，就不再复习了。我们可以设想，过了半年之后它就会忘记：无论如何努力回忆也不能使它在意识中复现出来，最多只可想起零碎的片断。设想把这首诗再学到能够背诵。这就显现出来：虽然看来是完全忘记了，在一定意义上它还是存在的，在某种形式上也还是有效的。第二次的学习比第一次显然需要较少的时间或较少的诵读次数。它比学习一样长短的同类的诗也需要较少的时间或次数。在这时间和诵读次数的差异中，我们显然得到对于在学习了半年之后仍在形成诗的连贯的观念组合中存在的那种内在的能力的一定的测量。我们可以预期，在较短时间之后两次学习的差异大些，在较长时间之后这种差异就会小些。如果第一次的识记是细心进行的，也继续了较长的时间，这种差异就比第一次识记是漫不经心的、时做时辍的，要大一些。

总之，我们对于用数量表示的阈限下存在的成组的概念之间的差异的存在是可深信不疑的，这些差异在其他情况下我们只是承认它们存在，而无法用直接观察验证它们。这样我们就得到了一些东西，它们在我们应用自然科学方法的企图中可以作为一个立足点：这就是在效果方面可以清楚地确定的现象，它是随着条件的改变而变化的，可以做数量的确定的。至于我们是否对于这些内部的差异得到了正确的测量，我们是否由此可以对于这种内部的心理生活的因果关系建立正确的概念，——这是不能预先给予答案的问题。正如化学对于在化合作用中究竟是电的现象、热的现象还有其他伴随现象是化学亲和力的有效能量的正确指标，也不能预先确定一样。只有一种确定的方法，就是先假定假设是正确的，然后看是否能够得到可以很好整理的、不自相矛盾的结果，能正确地预测将来。

我从实验的角度，不考虑没有数量差别的复现的发生或不发生的简单的现象，只考虑从效果看是比较复杂的过程，我要观察与测量当条件变化时它的变化。我的意思是指在适当数量的反复诵读之后，人为地引起复现，这种复现在平常情况下是不会自动发生的。

要用实验方法实现这一点，至少必须满足两个条件。

第一，必须能够准确地规定达到目标的时间，就是完成了学习过程，达到能够背诵。如果识记过程有时超过了达到成诵的时刻，有时没有达到，那末在情境变化时所看到的差异就可能是由于这种不平衡，若把它归之一组观念的内部差别就不正确了。例如在识记一首诗的过程中，在不同的复现中，实验者必须选定一种有特殊特点的复现，以后可以相当准确地再找到这一类的复现。

第二，必须承认假定，其他条件不变，可使这种有特点的复现发生的诵读次数，在每次实验中都是相同的。如果其他条件相等而这种诵读次数有时这样，有时那样，那末变化其他条件所产生的差异就失去探讨论断这些变异的条件的任何意义了。

第一种条件是容易满足的，只要你应用可以背诵的材料，例如诗、字表、曲调，等等。在这里，一般说来，当复习的次数逐渐增加时，复现最初是片断的，不完全的；随之，它的准确程度逐渐增加；最后，复现可以无差误地顺利进行。第一次出现最后这种情况的复现不仅可以选出来作为具有显著特点的，并且实际上可以重认出来。为了行文便利，我把它叫做“第一次可能的复现”。

现在的问题是，这样能满足上述的第二种条件吗？如果其他条件相等，可以导致这种复现的复习次数经常是一样的吗？

照这种方式提出的这个问题是有理由被排斥的，因为它好像是一个不言自明的假设，把问题的主要点、事实的核心提到我们面前而得不到解决，只能得一个导致误解的答案。任何人都会毫不迟疑地承认，如果实验条件保持完全相等，这种依存关系也就一样。至少在这里任何人不会误解常被祈求的意志自由。但是这种理论的恒常性并没有多大的价值：当我必须进行观察的环境条件永远不会一致时，我怎样找这样关系呢？所以我必须问：我能把不可避免的而又经常变动的环境条件加以控制，使它们相等，而使问题中的因果关系变成可看到、可触知的吗？

所以关于正确探讨心理生活中的因果关系的一种困难的讨论把我们引到另一个问题（参看“自然科学的方法”部分）。看来只要我们在重复实验时能把主要的条件加以控制，达到必要的一致，就可能对原因与结果的相互依存的变化作数量的确定。

保持研究中需要的条件固定的可能性

考虑高级心理活动的复杂过程的人或者研究国家与社会的更复杂的现象的人，一般都会否认心理实验中把条件控制固定的可能性。没有比心理生活的动荡不定，对我们说来是更熟悉的了，这里没有任何的预见和计量。最有决定作用的因素，也是最常变化的因素，例如心理的活力，对作业的兴趣，注意的集中，由于突然的想法和决定引起的思维活动进程的改变，等等，——所有这些不是我们所不能控制的，就是只能在很不满意的程度内能稍加控制的。

由于观察这些过程而得的这些看法，本身虽然是正确的，但在我们处理这些领域之外的问题时，对于这些观点却不可给予过分的重视。所有这些不可控制的因素在一些高级心理过程中是很重要的，这些过程只是在特殊适当的环境条件下才发生的。低级一些的、平凡的、经常发生的过程也不是不受它们的影响的，但更重要的是，它们大部是在我们的力量控制之下的，可以使这种影响只有轻微的干扰作用。例如，感知觉，就因受兴趣高低的影响而有不同的准确性，它也由于外界刺激或观念上的变化而经常地改变方向。虽然有这些影响，但大体说来，当我们愿意看时，就可看到一所房子，只要它客观上没有发生变化，我们可以连续十次地看到它的实际上相同的图像。

根据一般一致的意见，普通的记忆保持和复现在等级上接近感知觉，那末假定在这一方面它们的活动规律相似，并没有什么预先看来是荒诞的。但这是否是实际的情况，我现在仍像我以前说过的一样，是不能预先决定的。我们现在有的知识是太片断、太一般化，极大部分是由特殊的事件中得来的，根据它们，我们不能对这点作出决定，必须由为了这种目的而特别进行的实验来作决定。我们必须试用实验的方法把已知的和假定的对记忆保持和复现有影响的环境条件，尽量控制，使之固定，然后确定这样做是否是足够的。材料必须是这样选择的，至少从各方面看来可以排除有决定影响的兴趣的差异；防止外界的干扰，使注意可以一致；忽然引起的一些想法是无法控制的，但它的影响只限于当时，如果把实验时间加长，它的影响就很小了，如此等等。

研究方法

无意义音节组

为了实际试验深入研究记忆过程的一种途径（尽管仅是一个很有限的领域）——前述的讨论也是为了这个目的——，我想到了下述的方法。

用字母中的单子音字母和 11 个母音和双母音，把母音放在两个子音中间可以拼出所有的一定形式的音节来。

这样的音节共有约 2 300 个，把它们混在一起，然后随机抽取一些出来，作成长短不等的组，每次就用几组作为一个试验的材料。

在最初准备音节时，订了几条规则，以避免过快地重复相近的发音，但并没严格遵守这些规则，以后就放弃了这些规则，完全随机行事了。把每次用过的音节都小心地搁在一旁，等全部用完之后，再把它们混合起来，重新应用。

用这些音节进行试验，要达到的标准是，用重复出声诵读音节组，以至读后立刻能把它们有意地复现出来。如果拿出第一个音节，第一次就能用一定的速度，毫不犹豫地背诵出全组的音节来，并确认背诵是正确的，就算达到标准了。

实验材料的优越性

上述的无意义的材料具有许多的优越性，部分原因正是它缺乏意义。首先，它是相对地简单和相对地单纯的。……在几千种的组合中，只有几十个可能有些意义；就是这些有意义的，在识记时也很少能察觉出来。

然而，对于这种材料的简单性和单纯性却不能作过高的估计，它还远不是理想的。学习这种音节，要有三种感觉通道的活动，视觉、听觉和言语器官的肌肉感觉。虽然三种感觉通道的活动都是有限的，也都是相同的，但由于三种感官的联合活动，可以预期在结果中会有一定的复杂性。特别是音节组的单纯性远不是所想象的那样。在学习的难易程度上这些组表现出很重要的和几乎不可理解的差异。甚至可以说，从这个角度看来，有意义的和无意义的材料的差别并不是预先想象的那样大。至少我看到，在学习拜伦的“唐璜”一诗的几章时，所得的个别测量数字的分配的差距，并不比用大约同样的时间学习无意义音节组时数字分配的差距更大。在前一种学习中，前述的无数的干扰影响似乎彼此抵消了，只产生了中等的影响；而在后一种学习中，由于祖国语言的影响，对某些字母和音节发生的倾向性，却一定是很不相同的。

我们的材料的优越性在两方面是不容置疑的。首先，它可能有无穷尽的数量的、性质很相似的新的组合，这是不同的诗和不同的散文的片断所不能比拟的。它还可能有适当的和确定的数量上的变化，而韵文或散文若在末尾之前或中间截断，由于这样要不可避免地以不同形式破坏原意而导致产生复杂的情况。

我也试用过数字组，但看来对于更严格的试验这是不适用的。它们的基本成分在数量上过少，以致很容易就用尽了。

可能的最恒定的实验情境的布置

为识记过程制订了下列几条规则。

1. 每组音节都是从头到尾一遍一遍地念；在一组音节中不进行分部分的学习；就是特别难的部分也不摘出来多念一些遍。诵读和有时试行背诵自由地交替进行，在试行背诵时只要遇到一犹豫，就从这一音节读到这一组的末尾，然后从头诵读。

2. 诵读和背诵音节组，都按固定的速度进行，一分钟念 150 个音。最初用一个放在一定距离的节拍器调节速度；后来改用一个表的滴答声，这样更简单，更少干扰。多数钟表齿轮的擒纵机恰好一分钟摆动 300 次。

3. 因为在连续发音时，几乎不可能避免重音变化，就用了下列方法防止不规则的变化：用三个或四个音节组成一个音格，因之或者是第一、第四、第七或者第一、第五、第九……音节读成轻微的重音。尽可能地避免其他方式的加重音。

4. 学完一组音节之后，有15秒钟的间隔，记录结果。随之进行同一试验中的下一组。

5. 在学习过程中，经常有意识地想着，要实事求是地尽快地达到学习标准。尽量使注意集中在这种吃力的工作和要达到的目标上，意识的决定，在这里有一定限度的影响。不用说，用心避免一切外部干扰，以便可能达到这一目的。由于在不同环境中进行试验所可能引起的小的干扰也尽可能地避免了。

6. 不应用任何强记术在无意义音节之间制作特殊的联系；学习只是依靠重复诵读对于自然记忆的影响。由于我没有任何强记技术的知识，所以执行这一原则，对我来说，是没有什么困难的。

7. 最后也是主要地，在试验期间小心控制了生活的客观条件，以避免太大的变动或不规律的生活。因为试验继续了许多月，这自然只在一定限度内是可能的。尽管如此，做了种种努力，使那些结果要直接比较的试验，在尽可能的相同的生活条件下进行。特别是在试验之前，要尽可能地使活动在性质上保持恒定。由于人的心理和身体状态有明显的24小时的周期，不言而喻，只有在每天的相同的时间才可能有相同的实验条件。但是因为有时一天不只要进行一次试验，所以有时有些实验是在一天的不同时间内进行的。如果在外部和内部生活中发生了重大的变化，就把实验停止一个时期。在恢复实验之前，要根据中断时间的长短进行几天的重新训练。

误差的来源

选择材料和制定应用材料的规则的主要出发点是：企图使所要观察的活动，也就是记忆活动的条件，尽可能地简单和尽可能地恒定。自然，我们的这种企图越是成功，也就越使这种活动远离了它在日常生活中活动时的那种复杂而多变的情境，也是在这种情境下它对我们具有重要意义。但这不是反对研究方法的理由。物理学中研究的自由落体和没有磨擦的机器等，和对我们有重要意义的、在自然界所发生的情境比较起来，也仅是抽象。我们差不多没有方法可以直接得到关于复杂的、真实的事件的知识，而必须通过迂回的道路，把关于自然界很少或没有提供的、人工的、实验的情境的经验，累积起来，总合起来。

暂时使记忆活动和日常生活失掉联系这一事实还不如它的反面，也就是它和生活中的纠缠和波动的联系还太密切，更为重要。为了得到尽可能地最简单的、最一致的条件的斗争，自然在许多地方受到阻碍，这种阻碍的根源是在这一事件的性质中，它使我们的企图受到挫折。不可避免的材料的不一致性，和同样不可避免的外界条件的不规则性，前面已经提到了。我现在再说其他两种难以克服的困难。

由于重复诵读，可以说，音节组就达到较高的识记水平。自然的假定是：在第一次可以背诵复现音节组的时刻，所达的水平总是相同的。如果真是这种情况，也就是说，如果这具有特点的第一次的复现，到处都是音节组的同样地无变化的巩固性的一种无变化的外部指标，这对我们是有重要价值的。但是这却不是实际的情况。在第一次可能的复现时，不同的组的内部情况并不常是一样的，最多只能假定，在这些不同的组中，这些情况是以相同程度的内部确定性而波动的。在一组达到第一次自动的复现之后再继续学习，这种情况就清楚地表现出来了。一般来说，在达到第一次随意复现之后，这种能力还可继续保持。但在许多情况下，它在第一次出现之后，立刻就又消失了，而只在又继续复习几次之后才又出现。这证明：记忆音节组的倾向，不管它们由于一天内的时间、客观和主观的条件不同而有的较大的差异，还发生短时间内的较小的变异，这或叫做注意的波动或者其他。如果正在要记忆的材料将要达到所需要的确实程度的时刻，恰巧发生一种特殊的心理上的豁然清爽之感，常出乎学习者的意料，音节组就被及时掌握了；但不能较长时间保持。反之，如在那时产生一种迟钝之感，第一次无差误的复现就要延迟一短时间，虽然学习者感觉到他确实掌握了材料，但不知为什么总是发生犹豫支吾。在前一种情况下，虽然外界条件是一样的，第一次无误的复现发生在正常地与之相联系的记忆保持水平之下；在后一种情况下，它达到较正常稍高的水平。像我们以前说过的，在这里对这些差异的最好的推测是在较大的组合中它们要彼此抵消。

关于另外一种错误的来源，我只能说，它可能产生，而它产生时，就成为一种很大危险的根源。我指的是在形成中的意见和理论的秘密的影响。一种研究常是从结果应当怎样的一种预见性的假设开始的。在实验者不得不单独进行工作时，如果开始时没有什么预先的假设，它会逐步地形成起来。不可能进行任何期间的实验而不注意到所得的结果。实验者必须要知道问题是否提得恰当，它是否需要补充或修正。对于结果的波动必须加以控制，以便不同的观察可以继续足够长的时间，使平均数值得到为当前目的所需要的确实性。在观察了数量化的结果以后，就不可避免地对于结果中所隐藏的或所提示的普遍规律要形成一些假设。当研究继续进行时，这些假设和那些在实验开始时就已具有的想法，形成一种复杂的因素，对于以后的结果可能产生确定的影响。不用说，我所指的不是任何有意识地认识到的影响，而是好像一个人尽力使自己不带偏见时所产生的影响，或者像一个人要摆脱一种想法，而这种摆脱的企图却正助长了这种想法或偏见。试验结果是被预期的知识和一种希望在中途等待着的。实验者仅是告诉自己，不能为这样的期待改变研究的客观的性质，并不能达到这种目的。相反，这些期待继续存在着，在形成全部的内部态度上起着一定的作用。根据受试验者注意到这些期待是证实了还是没有证实（一般说，他在学习中就注意到了）他就感觉到——即使是轻微的一种满意和惊奇！你想受试验者，尽管具有极大的谨慎，当看到结果中特别显著的正的或负的偏差时感到的惊奇，不会自己毫无意识地产生态度上微小的改变吗？他不会比他对于结果的可能的数值毫不知晓或毫无想法时更会这里紧张一些、那里松一口气吗？我不能肯定是不是总是这样，或时常是这样，因为这里我们处理的不是可以直接观察的事实，还因为可能被这样隐蔽地歪曲的结果可能表明并没有受这样的影响。我所能说的一切就是，从我们的关于人的本性的一般知识，我们可以预期有这一类的事情，在内部态度具有重要意义的任何研究中，例如关于感知觉的实验，对于这样可以导致偏差的影响，我们必须给予特别的注意。

现在清楚了这种影响一般是怎样暴露出来的。对于平均数值，这种影响趋向于把极端数值拉平；在可以预期有特殊大的或特别小的数值时，它又趋向于进一步增大或缩小这些数值。如果试验由两个人做，可以确实地避免这种影响，其中一人做受试验者，在一定时期对研究的目的与结果不闻不问。另外就只有用迂回的办法。但这样可能只得到一定程度的帮助。我自己做受试验者，就在尽可能长的时间内，把确切的结果对自己隐藏起来。把研究工作延长到一定程度，就使所研究的变量达到最大限度。在这种情况下，真理受什么东西歪曲就变得相当不容易了，也不关重要了。最后受试验者可以提出许多看来是互不相关的问题，希望相互联系的心理过程的真实关系可以突破障碍自行表露出来。

在后面列出的结果受了上述误差来源多大的影响，是难于确切测定的。数据的绝对数值无疑地时常是受它们的影响的，但由于试验的目的并不是精确地确定绝对数值，而是获得比较的结果（特别是在数量化的意义上）和相对地更一般的结果，所以没有理由值得有太多的顾虑。在一个重要的个例中（第三十八节），我可以直接地使我相信，排除对结果的性质的任何知识，并没有产生任何变化；在另一个例中，我自己不能消除疑虑，我特别注意了它。无论如何，任何预先倾向于把这种隐蔽的愿望对整个心理态度的无意识的影响估计过高的人，也必须考虑获得客观真理的隐蔽的愿望，和以不用不相称的劳役把自己的空想的构造建立在沙堆上的隐蔽的愿望，——我可以说，这种愿望在这些可能的影响的复杂的机制中也有一定的位置。

需要的工作量的测量

记忆一组音节达到第一次可能的复现所需要的诵读次数，原来并不是直接计数的，而是由记忆所需要的时间秒数间接计算出来的。我的目的是这样避免必然与计数相联系的干扰，我可以假定在一定的节奏下，任何时间内的诵读次数和所用时间是有一定的比例关系的。我们不能希望这种比例是完全的，因为只计量时间时把犹豫、思考的时间都包括在内，而计算次数时这些就不计算。用时间测量比按次数计算，相对地发生较多疑难的较难的音节组就比容易的组得到较高的数值。但在有大量的音节组的组合中，可以认为难的和容易的组的分配是大致平衡的，所以比值（时间和次数的）上的偏差，也像在任何一些组中一样，就互相抵消了。

在一定的试验中，当需要直接计算次数时，我是用下列方法进行的。把一些直径14毫米、厚度4毫米的小圆木片穿在一条绳子上，这些木片有一定重量不会偶然滑脱，而又容易挪动。每第十块是黑色的，其余是木质本色的。在进行识记时，手里拿着绳子，每念一遍就把一块木片从左到右移动几个厘米的距离。到音节组能够背诵时，只要看一下绳子，因为木片是分成十个一组的，就可知道所需要的诵读次数了。这种操作需要很少的注意，所以按诵读的时间（同时记录下来）计算，并不比以前的试验（没有计算次数的）用得更长。

试验的时期

试验是在1879～1880年和1883～1884年两个时期内进行的，每个时期都有一年多。在第一个时期进行正式试验之前，进行了一个长时间的同类性质的预备实验，所以在这里所报道的结果中，由练习增进技能的时期可说是已经过去了。在第二个时期开始时，我又小心地给了自己重新的训练。这样中间隔了三年多的两个时期的试验，提供了所需要的使大部分结果可以一定方式互相检验的可能性。坦白地说，这两个时期的试验并不是可以严格地相互比较的。在第一个时期的试验中，为了限制在特别高度注意集中时刻对音节组的第一次的瞬时掌握的意义，决定识记音节组时要达到两次可能的无错误的复现。后来我放弃了这种只部分地达到它的目的的方法，而用第一次流畅的复现作标准。较早用的方法，在许多情况下，显然地增长了一些学习的时间。还有，在每天中进行试验的时间上也有差别。在第二个时期，所有的试验都是在下午1～3点钟进行的；第一个时期的试验则平均地分配在三个时间内，上午10～11时，11～12时和下午6～8时，为简单起见，我把这三个时间分别称为A，B，C。

保持与遗忘和时间的关系

对保持和遗忘的解释

所有的观念，如果听其自然，都会逐渐遗忘。这是众所周知的事实……。心理学家们，各自从他们的一般观点出发，对这些事实的解释有不同的看法，这些看法并不完全相互排斥，但也不能相互谐调。一类的看法好像是对于鲜明的表象在长时期以后还能显著地复现，给予特别的重视。他们设想在由外界印象产生的知觉中留有浅淡的表象或“痕迹”，这种表象或“痕迹”虽然比起原来的知觉来在各方面都是比较微弱和不稳定的，但它们可以继续存在，而不失去原来的强度。这些心理的印象在强度和巩固度上不能和实际生活中的知觉相比，但在知觉完全或部分地消失的场合，表象的优越性就是无限的了。早先的表象也好像越来越多地被后来的表象所重叠与掩盖，因之早期表象复现的可能就越来越少和更困难。但是如果有意外的有利的环境条件，能把积累的掩盖物抛开，在下面隐藏着的也一定能够重现，不管经过多么久的时间，还会具有它的原初的、仍然存在的鲜明性。

在另一派看来，观念和继存的表象都要经受变化，这就越来越多地影响它的性质。在这里就有所谓“晦暗”（obscuration）的概念。较旧的观念好像是被新的观念压制而沉没下去。随着时间的消逝，这些性质中的一种，即内在的清晰性和意识的强度就要受到损伤。观念间的联结和连贯的观念要经过同样的逐渐变弱的过程。它还会进一步使观念分解成它们原来的组成成分，结果就是现在只有微弱联结的各部分以后能形成新的组合。越来越受多的压抑的观念要完全消逝也只发生在很长时间之后。但是我们不要把被压制着的变得晦暗的观念设想为暗淡的表象，它们毋宁是一些趋势，改造沉没下去的观念内容的“倾向”。如果这种倾向得到一定的支持与加强，那末在压制和阻碍它们的观念也被压制的时候，好像是完全遗忘了的观念就会以完全的清晰性再行显现出来。

第三种意见认为：至少在复杂的观念，遗忘不是一般的晦暗化而是复杂观念首先分裂为其成分片断，又随之遗失个别成分。最近有人说道，观念溶解成它的各种成分部分，为这种说法提供了唯一的解释。“对于一件复杂事物的观念在我们的记忆中变得不明确了，并不是因为它还是完整的，各部分都存在的，只是好像被意识的较微弱的光芒照射着它；而是因为它变得不完整了，它的有些部分完全丢失了。更重要的是现在尚存的那些部分之间的确切的联结，一般说来，也消失了，只有在思想上可以想到它们之间从前是有过某种的结合；在一定的范围之内我们想到这样或那样的联结都是同样可能的，而不能作最后决定，这个范围的大小就决定这个有关的观念的确切的程度。”①

上述的每种见解都从我们有时有的实际的或我们想它是实际的内部经验中得到一定的支持，对各种意见的支持也不是彼此不相容的。为什么？因为这些偶然的容易获得的内部经验是太不确切、太浮浅，能容许各种各样的解释，而难于就它的整体说只容许一种解释，甚至难于明显地倾向于一种可能性。谁能用一定程度的精确度描述观念的假想的掩遮、沉没或分裂的逐步的过程呢？对于由一些内容不同的观念所引起的抑制，或对于由于把它的成分用于一种新的结合而使一个巩固的复杂的观念遭受到的溶解，谁能相当满意地加以描述呢？对于这些过程每个人都有他自己的“解释”，但那正需要说明的实际情况我们都是同样不知道的。

如果我们考虑到直接的无辅助的观察的局限性和有用的经验的发生的偶然性，这种情况的改进的可能性是很少的。例如，我们如何确定在一定阶段的观念的晦暗的程度或尚余存的片断成分的数目呢？如果几乎完全忘记了的观念不再回到意识中来了，如何追溯这种内部过程的可能的进程呢？

对实际情况的研究方法

应用我们的研究方法，可以对上述的问题，在一个狭小而确切

① 陆宰（Lotze）．形而上学．1879．521．载：微观世界，(3，卷Ⅰ)：231

的范围内，进行间接的探索，暂时不管任何的理论，也不能树立理论。

由学习一个音节组而形成的、过了一定的时间变得隐蔽但仍是存在的活动趋向，可以由进一步识记这一音节组而增强，这表明残存的观念的片断可以重新结合起再形成整体。这时需要的工作量和这些趋向与观念片断不存在时所需要的工作量相比较，可以得到对于在间隔时间内所损失的与所留存的东西的数量的测量。由于在学习和重学之间插入的许多相当确定的观念的集合体而引起的在各种不同性质、不同范围的观念集合体之间的彼此的干扰抑制，可以由重学时或多或少的增加的工作量中反映出来。观念的各成分间的连结由于其他用途因而松散的情况，可以由下列方法进行研究：先学习一定的音节组，把这些音节组作重新组合又进行识记，再重学原来的组合，确定重学时所需要的工作量的变化。

首先我研究了上述的第一种的关系，把问题提成下列的方式：如果把一定性质的音节组学习到能够背诵，搁置下来不管它，只在时间的影响或充满时间间距内的日常生活的影响下，遗忘的过程是如何进行呢？遭受的损失是用上述的方法确定的：即在一定的时间间隔后，把曾识记过的音节组重新学习，对两次学习需要的时间进行比较。

这些研究是在 1879 ~ 1980 年内进行的，包括 163 个复式试验。每个复式试验包括识记 8 个音节组，每组 13 个音节（其中在上午 11 ~ 12 时学习的 38 个试验，每试验中只识记 6 个音节组），过了一定时间再重学一次这些音节组。每次学习要达到连续两次无误的背诵，重学时要达到同样的标准。时间间隔共七种：约 1/3 小时，1 小时，9 小时，1 天，2 天，6 天，31 天。每个复式试验只应用一种时间间隔。

时间间隔是从第一次学习中完成第一组的学习算起，在长时间间隔，无须计算得很精确。在试验后四种时间间隔的影响时，试验是在上午 10 ~ 11 时，11 ~ 12 时和下午 6 ~ 8 时进行的（参看第十六节）。在报道所得的结果以前，有必要作几点初步的说明。

在一整天或几天之后重学识记过的音节组时，可以假定实验的情况是相同的。但就是外界条件尽可能地保持一致时，除了多做一些试验外也无法抵偿实际发生的波动。在一个整月的间隔之后，内部的差异可以假定是最大的，我就把试验的数目几乎增加了一倍。

在学习和重学的间隔是 1 小时和 9 小时的情况下，在实验条件方面就存在着一种显著的、固定的差异。在一天的晚些的时间里，心理的活动力和感受力都降低了。在早晨学习的音节组，在晚些的时间内重学，除了其他的影响之外，也要比如果重学是在和第一次学习时具有同样的心理活动力时进行的，需要较多的工作量。重学时所得的数字，特别是重学是在 8 小时实际间隔后进行时，遭受了不可忽视的相当程度的缩小，所以为了直接比较，应当确定在一天中 *B* 时学习一个音节组比在 *A* 时学习需要多用多少秒钟。但要确定这个数值就需要比我直到现在所做的更多的试验。如果对于 1 小时和 8 小时间的数值作了必要的但是不正确的校正，那就比只用原来数据更不可靠了。

在用最小的间隔，1/3 小时的时候，发生同样的，但是较小的不利情况；但这可能因有另一种情况而得到补偿。全部的时距很短，所以在学习了一个试验的音节组的最后一组之后，几乎是紧接着或只隔一两分钟就重学试验的音节组的第一组。这样学习和重学事实上就形成了一个连续的试验，在这里重学是在心理的清新程度逐渐变得越来越不利的条件下进行的。但在另一方面，因为重学是在很短的时间间隔后进行的，所以进行很快，通常只需要不到学习时所用的时间的一半就可完成。由于这种关系，对一定的音节组来说，学习和重学的时间间隔逐渐变短了。一个试验中后部的音节组在时间间隔方面就处于有利的地位。由于很难作更确切的确定，我就假定，这两种看来是相矛盾的影响大致可以彼此抵消。

结　果

对下列各表内应用的符号，说明如下：

L——识记音节组时所用的时间，以秒为单位，这是实际记录的时间，其中包括两次背诵所用的时间。

WL——重学音节组时所用的时间，也包括背诵的时间。

WLK——经过校正的重学的时间，即在必要时减去一定数值后的重学的时间。

Δ—*L*—*WL* 或 *L*—*WLK* 的时间，依情况而定，也就是重学时所节省的工作量（时间）。

Q——节省的时间对第一次学习时所用的时间的比例关系，以百分数表示。在计算这个商数时，我用了实际学习的时间，也就是记录时间中减去了背诵的时间。

估计每组 13 个音节的 8 个组的背诵的时间为 85 秒，这就是说每个音节用 0.41 秒。

所以：
$$Q=\frac{100\Delta}{L-85}$$

虽然在细节方面有许多不规则的地方，试验结果的整体圆满而确切地形成一幅和谐的图画。数值表列如下：

表 16-1

序号	Ⅰ 时间间隔 （小时），X	Ⅱ 所学习的音节组的保持的数量，也就是重学时比初学时节省的时间的%，Q	Ⅲ 平均机误 $P.E._m$	Ⅳ 遗忘的数量，υ，相当于初学时所用时间的%
	X:	Q:		υ:
1	0.33	58.2	1	41.8
2	1	44.2	1	55.8
3	8.8	35.8	1	64.2
4	24.	33.7	1.2	66.3
5	48.	27.8	1.4	72.2
6	6×24	25.4	1.3	74.6
7	31×24	21.1	0.8	78.9

可以断言，在过程的开始遗忘是很快的而在最后遗忘是很慢的，这种事实应当是可以预见到的。但在我们的实验的条件下，在一个受试者对一组 13 个音节，遗忘的最初的迅速和最后的缓慢也表现出来，也是值得惊异的。在学习之后 1 小时，遗忘就发展到相当深的程度了，要用原来的一半的工作量才可使音节组重新达到成诵；在 8 小时之后，要用原来工作量的 2/3。但是逐渐地这种过程

变得缓慢起来，以致要确定更长时间内的增加的遗忘的分量是比较困难的。在 24 小时之后，大约 1/3 总是记得的；6 天之后大约有 1/4，在 1 个月之后，还足有原来工作的 1/5 充分有效。在上述的这些时间间隔内，这种后效的衰退是这样的慢，可以很容易地预计到，要使对这些音节组的第一次的记诵的效果由于完全置之不顾不加温习而完全消失，只能在一个无限长的时间后才会发生。

选自：艾宾浩斯．记忆．曹日昌译．北京：科学出版社，1965

思想评介

艾宾浩斯简评

艾宾浩斯的名字常常使人想起关于记忆的实验，他对记忆的研究是在费希纳的《心理物理学纲要》一书的启发下开始的。当他读完了这本书之后，就决定要用自然科学的方法研究比费希纳研究的感知过程更为复杂一些的心理现象。艾宾浩斯认为记忆是个老问题，联想主义心理学一向从记忆的结果推论原因，这种做法是不妥当的，应当从控制原因中来观察结果。这就是说，要研究识记和遗忘过程，要把最古老的题目变成最新的科学。

艾宾浩斯的研究是心理学史上第一次对记忆的定量化研究，从心理学发展史的观点来看，他对记忆的研究，概括地说有三方面的贡献：

（一）对记忆进行数量化的分析

为了对记忆进行定量分析，艾宾浩斯创造了无意义音节和节省法。

1. 无意义音节

旧联想主义者之间争论虽多，但对联想本身的机制和结构从不进行分析。艾宾浩斯用字母拼成无意义音节作为实验材料，这就使联想的内容结构划一，排除了成年人用意义联想对实验的干扰。这是一项创造性工作，对记忆实验材料的数量化是一种很好的手段和工具。例如，他先把字母按一个元音和两个辅音拼成无意义的音节，构成 zog，xot，gij，nov 等（事实上，艾宾浩斯实验中用的分别是德语的母音和子音）共 2 300 个音节，然后由几个音节合成一个音节组，由几个音节组合成一项实验的材料。由于这样的无意义音节只能依靠重复的诵读来记忆，这就创造出各种记忆实验的材料单位，使记忆效果一致，便于统计、比较和分析。例如，研究不同长度的音节组（7 个、12 个、16 个、32 个、64 个音节的音节组等等）对识记、保持效果的影响以及学习次数（或过度学习）与记忆的关系等。

2. 节省法

过去的经验证明，对记忆进行严格的科学和实验研究，一定要进行数量化的分析。平常说，某人的记忆好，某人的记忆差；某人对这一件事情记住了，对另一件事情忘记了等等。这种记忆的好坏，对事情记住了或是忘记了既有质的区别，也有量的差异，怎样进行分析呢？有什么衡量标准呢？

艾宾浩斯看到，学习识记的材料有长有短，学习用的时间或朗读的次数、学习后到检查记忆经过的时间，都有长短多少的不同，这些都是数量上的差别。对于学习的材料也不仅有记住或遗忘的差别，也有记住多少的差别。

为了从数量上检测每次学习（记忆）的效果，艾宾浩斯创造了节省法。它要求被试把识记材料一遍一遍地诵读，直到第一次（或连续两次）能流畅无误地背诵出来为止，并记下诵读到能背诵所需要的重读次数和时间。然后过一定时间（通常是 24 小时）再学再背，看看需要读多少次数和时间就能背诵，把第一次和第二次的次数和时间比较，看看节省了多少次数和时间，这就叫做节省法或重学法。节省法为记忆实验创造了一个数量化的统计标准。例如，艾宾浩斯的实验结果证明：7 个音节的音节组需要读 16.6 次才能成诵，16 个音节的音节组则要 30 次才能成诵。如果识记同一材料，诵读次数越多记忆越巩固，以后（第二天）再学时节省下的诵读时间或次数就越多。

（二）对记忆保持的研究

1. 保持与遗忘时间的关系

学习后经过的时间和记忆保持数量的关系是艾宾浩斯研究的中心问题之一。生活经验告诉我们，时间过得越久，记得越少，忘得越多。艾宾浩斯用不同系列的材料在学习到恰能背诵后，经过不同的时间，利用重学来检查记忆和遗忘的分量。

艾宾浩斯根据自己所记住的无意义音节，经过不同的时间间隔，在记忆中所保持的百分比发现，刚刚记住的无意义材料最初几小时内的遗忘速度很快，两天后就较缓慢，以后则更慢。这一研究及其结果都对后来记忆心理学和学习心理学有很大的影响。在艾宾浩斯以后，许多人做了类似的实验，也都大体上证实了他的结果。

2. 记忆保持与诵读次数的关系

他发现诵读次数越多，诵读时间越长，则记忆保持越久。我们知道，英国联想主义者早就根据日常生活经验提出过“频因律”。艾宾浩斯则对此加以实验证明和数量分析。当然，艾宾浩斯也认为过度学习是无益的。

3. 重复学习和分配学习的规律

艾宾浩斯通过研究发现，对一定的识记材料，每天重复学习到恰好成诵所需诵读的次数，约按几何级数逐日递减，且一定数量的材料分配到几天之内学习，比集中一天学习的效率要高。这是西方心理学史上分布学习和集中学习比较研究的开端。

（三）对联想的实验研究

艾宾浩斯在心理学理论上属于联想学派。他对于在学习中联想的形成过程进行了详尽的实验研究。他用精巧的实验设计研究了直接联想和间接（远隔）联想、顺序联想和反向联想。他观察到，通过学习，不仅在识记材料中紧邻的项目之间形成联系，也可以在相互远隔的项目之间形成联系。联系是双向的，即不仅可有由第一项到第二项或第三项的联系，也可有反向的，即由第二项或第三项到第一项的联系。他还认为不仅在有意识记的各个项目之间可以形成联系，还可以在和这些项目原有联系的项目之间也形成联系。

艾宾浩斯在记忆理论和实验上的三大贡献，对心理学发生了很大的影响。在《论记忆》一书出版之后，记忆成了心理学中实验研究最多的领域之一。无意义音节成为学习记忆的实验中最常应用的一种材料。

但艾宾浩斯的影响并不只是对于心理学中一个专题的研究，更重要的是因为他是最早把实验法应用于高级心理过程研究而得到量化结果的人。他对记忆的实验打破了冯特以为实验法只能用于简单心理过程研究的成见。因而，他的工作在心理学史上有着十分重要的作用和地位。

当然，艾宾浩斯的研究也和任何新生事物一样，存在着这样或那样的缺陷，这主要可归纳为如下两方面：一是他对于记忆过程的发展只作了数量的测定，对于内容性质的变化，没有进行分析；二是他所用的识记材料的人为性。无意义音节不是实际生活中要识记的东西，由研究识记这种材料所得的关于记忆发展的规律，和实际生活中识记活动的规律，虽然也有一定的共同性，但毕竟有很大的区别。这就使由这样的实验研究所得的成果对于实践的指导意义具有很大的局限性。

艾宾浩斯虽然没有建立学派，也没有形成正式的理论体系，但是，他在心理学史上的重要地位可由美国著名心理史学家 D·舒尔茨的一段评论看出："对一个科学家总的历史价值的一种衡量方法是看他的观点和研究成果是否经得住时间的考验。根据这样的标准来看，可以认为艾宾浩斯比冯特更加重要，他的研究给联想或学习的研究带来了客观性、数量化和实验方法，正是由于艾宾浩斯的研究，才使联想的概念从只是对它的特性进行思辩转变为借助于科学方法对它进行实验研究。另外，他对学习和记忆的许多发现在百年后的今天仍然可靠。"在心理学史上能够得到这种评价的心理学家真是凤毛麟角，可见其研究的价值和重要性。

（王穗苹　张卫）

17

巴甫洛夫

(Ivan Pavlov)

- 生平简介
- 名篇选读

  大脑两半球机能讲义(节选)
- 思想评介

  从现代神经生理学看巴甫洛夫学说

生平简介

巴甫洛夫（1849～1936），前苏联著名科学家、科学院院士，高级神经活动学说的创始人。巴甫洛夫1849年9月26日出生于梁赞一个牧师家庭，1936年2月27日卒于列宁格勒。1860年，巴甫洛夫进入神学院，其间受到俄国思想家和民主主义者赫尔岑、别林斯基、车尔尼雪夫斯基等人的思想影响，特别是“俄国生理学之父”谢切诺夫的著作《脑的反射》，对他的世界观的形成起了很大的作用。他1870年进入圣彼得堡大学学习动物生理学，同时，还在著名生理学家齐昂主持的实验室工作，在此期间写成论文《论支配胰腺作用的神经》，于1975年获得校务委员会的金质奖章，同年转入军事医学院学习；1883年获医学博士学位，次年获军事医学院副教授称号，1890年起成为军事医学院药理学教授，1895年起成为生理学教授；1904年因消化腺生理学研究的卓越贡献而获得诺贝尔奖金。他是用条件反射方法对动物和人的高级神经活动进行客观实验研究的创始人，提出了“高级神经活动类型学说”和“两种信号系统学说”。其观点主要记述在《动物高级神经活动（行为）客观研究20年经验：条件反射》和《大脑两半球机能讲义》。

巴甫洛夫最重要的贡献是大脑生理学的研究，他发展了谢切诺夫关于心理学活动反射本性的学说，并以决定论原理、动力和结构联系的原理、分析和综合统一的原理，论述了自己把反射作为有机体与外界相互作用的因素这一观点。他所创立的高级神经活动学说的核心思想是条件反射学说，这个学说指出，反射是在动物和人的大脑两半球的皮层里形成的暂时联系，它们的形成是由于有机体个体生活经验的结果；它们得到牢固的保持是由于它们经常得到强化。他通过控制性实验，研究了条件反射的形成、强化、消退、泛化、区别以及高级条件反射。“心理的唾液分泌”现象，为巴甫洛夫的心理信号机能的结论奠定了基础，他在此基础上拟定了关于高级神经活动学说的全部基本原理。巴甫洛夫发现不同的机体在形成条件反射时表现出很大的个别差异，他认为这种差异是由于不同机体具有不同的神经过程特性，即大脑皮层的兴奋和抑制过程的强度、平衡性和灵活性不同造成的，他进一步提出了神经类型学说，作为人类气质和性格的生理基础。另外，巴甫洛夫关于第二信号系统是抽象思维的生理基础的思想也具有重要的哲学意义。他指出："如果我们关于周围世界的感觉和表象对于我们来说是现实的第一信号、具体的信号，那么，言语，首先是在大脑皮层由言语器官发出的专门的动觉刺激，就是第二信号、信号的信号。"巴甫洛夫关于两个信号系统的理论，从生理学立场解决了人脑反映活动中自然和社会的相互关系问题。

"高级神经活动类型学说"和"两种信号系统学说"在前苏联被认为是对心理学问题进行辩证唯物主义深入研究的自然科学基础。巴甫洛夫强调了心理与生理的统一，反对把心理的东西与生理的东西割裂开来。他应用客观的方法对心理现象进行科学研究，揭示心理活动的生理机制，有助于心理学摆脱早期内省主义的束缚。

巴甫洛夫的主要著作有：《心脏的传出神经》(1883)、《主要消化腺机能讲义》(1897)、《消化腺作用》(1902)、《动物高级神经活动（行为）客观研究20年经验：条件反射》(1923)、《大脑两半球机能讲义》(1927)等。

(郭淑斌)

名篇选读

大脑两半球机能讲义（节选）

诸位！我上次叙述了动机和理由，使我决心只用绝对客观的方法：去研究高等动物的全部神经活动，换句话说，只是纯粹地从外在的事实资料方面着手于神经活动的研究，这正与任何自然科学的研究相同，绝对不求助于荒唐无稽的设想：狗在它自己本身的里边会和我们人类相同地，可能有什么体验。同时，我告知了你们，从这个观点看来，动物的整个神经活动对于我们的表现是如下的。第一种是用生来反射的形式而表现出来的。就是说，对于有机体发挥作用的外来的一定动因，与有机体的一定的应答性活动，会作成规律性的联系，并且已经阐明：这一类动因，是一般地比较不很多的，是近在的、一般性的。这对于有机体的生存，当然具有相当程度的保证，但是还很嫌不够的（尤其对于比较地高等的动物是如此）。所以如果我们除去动物一定的部分的神经活动，那么，动物只靠生来的反射以维持生活。这样的动物，如果没有人去照应它，就不能不过残废者的生活，一定会死亡。所以动物每日完美的生活，须要与外界环境保持比较更精细的、特殊的关系。这第二种的关系，只由中枢神经系统最高级部分，即只由大脑两半球而形成的。再详细地说，事情是这样的：自然界的非常多数动因的本身能够一时地、交替地，对引起生来反射的、比较少数的、基本的动因发挥信号化的作用。只有这样，有机体才可以与外界维持精细而正确的平衡。我把这种大脑两半球的活动，叫做信号活动。

首先，关于我们的技术方面，我有说明的必要。究竟我们应该怎样研究大脑两半球的信号活动呢，应该对于什么器官呢？用什么处理方法呢？很显然，大脑两半球的研究也许随便用什么反射，都是可能的，因为一切的反射都是与信号刺激物能够结合的。可是，像以前说过的，根据我们研究工作的历史条件，我们集中于两种反射的研究。一个是食物性反射，另一个是极普通的防御反射。并且我们所用的防御反射就是对于我们实验对象的狗匹，将可厌恶的物质放进它嘴里时所引起的反射。这两种反射的研究是在许多关系上很有益的。譬如用电流刺激动物皮肤所引起的强有力的防御反射，会使动物非常兴奋、继续不断地不安。如果应用性的反射，就需要特殊的环境（姑且假定很长的周期性，动物年龄关系等不在考虑之中）。可是食物性反射和因厌恶的物质进入口腔而发生的轻度防御反射却是每日发生的、正常的、单纯的动作。

我们的方法的第二个最重要的特色是如下的。食物性反射与由可厌物质进入口内而引起的反射都是由两个成分而成立的。从一方面说，在食物性反射的时候，动物向食物突进，引进食物于口内，咀嚼，吞下去，而把可厌物质排出于口外。从另一方面说，在这肌肉活动以外，同时还有分泌性活动。对于食物和对于可厌物质，唾液即刻分泌出来，以完成机械的与化学的食物消化的作用，同时有将无益的物质向口外排出的作用。在我们的实验里，我们特别地利用反射的分泌性成分。只在若干必要的时候，我们才注意运动性的反应。分泌性反射是很有利的。在分泌的场合，很正确的数量测定是可能的；我们可以用滴数或测管及漏斗管的划度测定唾液反射的强度。反射的运动成分强度的测定是非常困难的。因为运动反射是种种不同的、很复杂的成分。为了这个成分的确定，也许需要很精微的器械，然而即使有了这种器械，关于反射程度的测定，依然不可能与唾液测定相同地获得精确的结果。并且这个对分泌的观察，不至需要像对运动的观察所采取的凝人观的解释，这在研究初期也是很重要的。

我们所用的全部实验狗，都预先受准备的小手术，即将唾液腺导管的正常开口部，移植到表面皮肤部位去。先把口腔内唾液腺导管开口部周围的粘膜切开，其次稍向深部剥离唾液腺导管，以后把导管开口部终端经过切孔移植于口腔壁的表面皮肤，加以缝合。结果是，唾液不在口里流出，而在颊部或颈部流出。这样，就可以非常容易观察唾液腺的活动。在测定的时候，只要把华龙卡（即接受唾液的漏斗状管）用某种的粘着物质（我们用门介乃夫氏的遮莫斯卡），贴着于皮肤上唾液腺开口部的部位，我们就可以正确地，用种种方式、观察唾腺的机能。或者我们用具有一向上一向下的两个小管的半球形玻璃器械，密切不漏气地紧紧与该皮肤部位相贴粘起来。在每次刺激以后，唾液从下方的管子被吸出来。上方管子与一个水平的、装满有色液体的玻璃管相交通，但这两个管子之间的联系是经过空气的。所以如果半球状玻璃器械一为唾液所充满，就引起测管内有色液体的移动，于是你们根据这测定管上的划度而知道唾液的多少。精密的自动性电气器械记录也容易测定容积完全相等的唾液滴数。

其次是，实验的一般环境条件。因为这是与大脑两半球机能有关的研究，而大脑两半球却是异常锐敏壮丽的信号机器，所以无数的、各种不同的刺激都经过这个信号机而不断地对动物发挥作用，这是自明的。这些刺激任何一个都对于动物发挥一定作用，同时这些刺激在一起，彼此间会互相冲突，互相地发挥作用。所以如果对于往往混乱纠纷的这些影响不采取任何预防的步骤，那么，诸位就什么也莫明其妙，一切都是纠纷紊乱的。所以我们必须使观察环境简单化。首先，在开始实验的时候，我们通常地先把动物放在实验架台的上面。从前我们的办法是这样的，就是在个别的实验室里只准实验者一个人在狗的旁边进行实验。但是以后知道，这个办法还是不完全的。实验者的本身就具有无数的刺激。实验者每个极小的运动——呼吸、呼吸杂音、眼的运动等等，这些一切都会对于动物发生影响而使我们所研究的现象变成复杂。所以不能不使实验者移到实验室的门外，以除去他对于动物所发生的影响，当然这还是不完全的。然而如果是普通的研究室，这个办法还是不够完美的。实际上，实验室内狗周围的环境依然是不断地摇动着的：新的声响会发生，有人会在实验室外走过，敲门，说话，从街上会有杂音传过来，实验室壁会因马车经过而震动，影子会映进室内等等。这样，各种偶然的新异刺激会向大脑两半球突进，这是必须加以注意的。所以在我们的实验医学研究所内，利用了一个开明的莫斯科商人的资金，建筑了一个特殊的实验室。这个实验室的任务，首先是要可能地保障它不受外方的影响。为了这个目的，在这实验室的周围建筑了一条壕沟，并且应用了若干的其他建筑方法。其次，这个建筑物内部的所有的研究室（研究室每层四个）都是由于十字形的走廊而互相隔离的；研究室所在的上层和下层却由于中层而被隔离。末了，在每个个别的实验室内，要特别努力借助于若干不传导声音的材料，使动物所在的一间和室内实验者进行实验的一部分互相隔断。为了要对动物加以种种刺激和记录动物的反应，就装好了空气导线或电气导线。这样一来，实验环境的尽可能的单纯化和恒定状态就得到保证了，动物在实验的时候就是在这样环境之内的。

最后，还要提及一个目前过分的奢望。既然所研究的是外界各种刺激对动物所发生的复杂影响，那么，这个复杂性必须在实验者的掌握之中，这是自明的道理。实验者必须有运用如意的许多器械，才可以任意地应用某一个刺激物的作用，才可以由许多不同的刺激物作成种种不同的复合刺激物，这才是与生活本身的复杂性相同的。我们以前和现在往往不能不感到，一般地说，现代研究的器械是很缺乏的，尤其是我们生理学的研究器械更缺乏。大脑两半球的机能总是比我们器械所允许的研究程度更大大锐敏的。

也许有人听知了我们的实验条件以后会反对地说，这是一个非常人工的环境。我们对于这疑问的答复是这样的。第一，因为生活条件是复杂无穷的，所以不管应用什么人工条件，这几乎不可能是在动物的生涯里完全不会遭遇的绝对崭新的条件。第二，在研究如此混沌复杂的现象的场合，故意地将现象分解而成组，这是绝对必要的办法。在动物生理学的方面，直到现在，我们不是不断地应用了和应用着活体解剖，或者用器官与组织的个别处置方法吗？我们把实验动物，放在数目有限的、一定的条件之下，于是才有陆续研究各条件间影响的可能。诸位以后会多次地看见，与我们研究环境相关的动物生活状态的方式改变使我们掌握了很重要的事实。

这些就大抵是我们的原则性的和技术性的方法。

其次，我们着手于大脑两半球信号活动本身的研究，现在从一个实验而开始罢。

实验　此地有一匹狗。它按照以前我对诸位所说明的手续，受了适当的准备。像诸位现在目击的，在没有特别动因对它起作用以前，它的唾液腺保持静止的状态，唾液一滴也没有。现在我们开始使狗耳受拍节机响声的作用。你们看，在9秒钟以后，开始有唾液的分泌，并且在45秒钟内，唾液共11滴。所以，在你们的眼前，在与食物无关系的一个新异刺激的影响下（拍节机），唾液腺的活动发生了。我们必须把这个唾液腺的活动当做食物性反射的一个成分看待。你们还看见了这食物性反射的另一个成分，即是运动性成分。狗对着以前通常地接受食物的方向转过去，并且开始舐着口部。

这就是特别地由于大脑两半球所引起的中心现象，以后我们不断地对它会从事研究。如果用除去大脑两半球的狗匹做实验，就无论用什么刺激物，诸位也不会看见唾液的分泌。同时你们明白地看见，这个活动是信号性活动。拍节机的响声成为食物的信号，因为动物对于这个信号，也与对食物相同地显出同样的反应。如果将食物使动物看见，完全同样的反应也会发生。

实验 我们把食物给动物看。诸位看见，在5秒钟以后唾液就开始分泌，在15秒间分泌了6滴。这是与拍节机的场合完全相同的。

这也是一种信号作用，就是说，这是大脑两半球的活动。这个信号作用，是在动物个体生存期间以内形成的，而不是生来的反应。这是在逝世的华儿他诺夫教授的研究室里由奇托维区氏曾经确证过的。奇托维区把乳犬和母犬隔离起来，在相当长的时期以内，只用牛奶喂养。当这些小狗发育了几个月以后，奇托维区把它们的唾腺导管移植到皮肤表面上来，以便于唾液分泌的测定。当他把牛奶以外的食物，譬如把面包和肉片给这些乳犬看的时候，并没有任何唾液分泌的发生。所以，看见食物的这件事情的本身，并不是引起唾液反应的刺激物，也不是出生前与食物相结合的，只是在这些小狗吃了面包和肉片几次以后，才会因为一看见面包或者肉片，而开始有唾液的分泌。

现在，诸位会看见，所谓反射是什么。

实验 现在我们即刻把食物给狗吃。在一两秒钟以后，唾液就流出。这已经是食物本身的物理化学的特性对于口腔粘膜发生了作用，这就是反射。大脑两半球被除去的狗匹，即使它在大量的食物之中，也会因为饥饿而死亡，原因即是在此。它只在用口与这些食物相接触的时候才开始吃。

现在可以明了，生来的反射是怎样不完全的，是怎样粗陋而受着限制的，信号的意义是多么重大的。

其次，我们不能不答复一个极严肃的问题，就是，信号作用的本身究竟是什么？从纯粹生理学的观点，应该如何解释它？

我们知道，反射就是生物个体对于外来动因而发生的、必然的、规律性的反应，而这反应是由于神经系统一定部分而显现的。完全显然，在信号作用的里面，所谓“反射”的神经动作的一切成分都是存在的。对于反射的发生，外来的刺激是必需的。在第一实验内，诸位看见了外来刺激的存在，这就是拍节机的响声。这个刺激使狗的听器发生作用。其次，听器里面的兴奋沿着听神经而进入中枢神经系统，由此，这兴奋再转而传导于向唾液腺进行的引起唾液活动的神经。在拍节机实验里有一个情形，可以引起你们的注意，就是从拍节机开始发出响声起直到唾液分泌的开始之间，有相当多的几秒钟过去了，而在真正反射的场合，这个相隔时程是不足一秒钟的。这个潜在刺激时间的增长，是由我们所采取的特别处置而成立的。一般地说，信号刺激的效果也与普通的反射同样地迅速地发生，这是以后会再说明的。在完全一定的条件之下，应答的规律性是反射的特征。在信号作用的场合，情形也是同样的。当然，在信号的场合，与效力有关的条件的数目是更多的。可是这当然并不构成任何本质上的差异。在严格的一定的条件之下，反射不也是屡屡被消去或被制止吗？在信号作用的场合，情形也是完全相同的。如果我们研究这个对象很完美，那么，此处也不会有任何偶然情形的发生。此地的实验也正是按照我们的预定进行着。在前述的特殊的研究所里，往往情形是这样的，就是如果实验者坐等一两点钟，动物也不致和你所给与的刺激无关地会分泌一滴的唾液；当然在普通的研究室里，偶然的刺激物往往会歪曲实验的进行。

在上述一切说明以后，就没有任何根据，可以把我直到现在用专门名词所表现的信号作用不当做反射看待，或者不把它叫做反射。然而现在还有此事的另一面，起初似可能指明在旧有反射与这些新现象间，有一个本质上的区别，而这些新现象就是我们现在也称为反射的，食物以其机械性的和化学的特性，从任何一匹狗生下来这一天起，就可以引起反射。然而诸位看见过的新反射，是动物个体生存中渐渐地形成的。这一点不正是两种反射的本质上的差异吗？这不是使我们丧失了以反射这名词称呼新反射的根据么？的确，无疑地这是一个根据，可以区别和标明这个反应，然而从称呼这反应为反射的科学权利而言，这权利并不因此而受任何的妨碍。与此有关的完全是另一个问题：不是反射机制的问题，而是与反射机制形成有关的问题。譬如将电话通信常做例子看。电话联系的实现，有两种方法。我也许可以在我的住宅与我的研究所之间，有特殊的直接电话线的联系，我随时可以向研究所打电话。然而我现在经过电话局的中央接线站才与研究所通电话，这也是完全相同的电话联系。唯一的区别，一个是随时使用的直通电话线，而另一个却需要每次经过电话局中央部分的接通。前者的通话线是完全准备好的，而后者则在每次使用的时候先要多少有补充的准备工作。关于我们的问题，事情也是同样的。一种的反射是本来已经准备好的，而另一种的反射却必须预先有若干的准备手续。

这样，我们当前的问题是这个新反射机制怎样组成的问题。因为在一定的生理学条件之下，这新反射的形成是必定容易发生的，这是今天稍迟一刻我们会看见的情形，所以同时我们没有任何感觉不安的理由，以为我们不曾考虑实验狗匹的内部状态。如果我们关于这个问题具有充分的知识，这现象就完全在我们掌握之中，并且完全具有规律性。没有任何根据，不承认它是生理学的现象，正与生理学者有关的其他各现象相同。

我们把这一类新的反射叫做**条件反射**，而对立地把生来的反射叫做**无条件反射**。这个“条件的”形容词开始普遍地被使用了。从我们的研究的观点，这个名称是完全可以认为是正当的。与生来的反射比较起来，这条件反射的确是极受条件限制的反射。即是，第一，这些条件反射的发生，须要先有一定条件的存在，第二，条件反射的活动也系于极多数条件的如何。所以研究者在研究条件反射的场合，必须考虑非常多的条件。当然，这个形容词“条件的”也可以有理由地为其他形容词所代替。我们可以把旧的反射叫做**生来的反射**，而把新的反射叫做**获得反射**，或者又可以把旧反射叫做**种族反射**，把新的叫做**个体反射**，因为前者成为动物同一种族所共有的特性，而后者则即在同类动物的场合，也是个别地各不相同的；并且在不同时期和不同条件之下，某一个动物的条件反射也是会发生差异的。我们也可以有理由地把前者叫做**直通性反射**，后者叫做**中继性反射**。

关于承认在大脑两半球里有神经中继作用、有新联系的形成，这在理论上是不可能发生任何异议的。在技术方面，和在我们日常生活方面一样，这个中继作用原则（即接通原则）现在是如此屡屡被应用着的：如果在确定最复杂而又最精微关系的高级神经活动机制里，认为中继作用这个原则是出于意外的话，那么，这也许是很奇怪了。完全当然，除直通的装置以外，在大脑两半球内还有中继装置的存在。生理学者更不应该反对这个原则。因为几十年以来，在神经生理学内，德文的名词“道路拓通（Bahnung）”已经被公认了。而这个名词就是道路拓通的概念，新联系形成的概念。条件反射的事实是每日发生的最普遍存在的事实。很显然，我们对本身或对动物以不同名词所表现的活动，也可以认为是条件反射，譬如训练、训育、培育、习惯等等皆是。的确，这些行动都是个体在生活中所形成的行动的联系，也就是一定外来动因与生物一定的应答性活动两者间的联系。这样，根据条件反射的事实，高级神经活动的绝大部分，甚至可能地高级神经活动的全部，都为生理学者所掌握住了。

我们现在讨论另一个问题：在什么条件之下，条件反射才被形成呢，新神经道路的中继过程才会成立呢？一个基本的条件是，外来一切的动因的出现必须在时间上与无条件刺激物的作用互相一致。从我们的例子说，食物是食物性反应的无条件刺激物。这样看来，如果动物喂食，是同原来和食物无关的一个动因对于动物的作用互相一致的话，这动因也就会成为同样反应的刺激物，和食物本身一样。从诸位已看见的实验例子而言，事情也是这样经过的。我们开始使狗听拍节机的响声若干次，并且每次拍节机一响以后就把食物给狗吃，换句话说，这就是引起生来的食物性反射。这样地反复应用几次以后，就只用拍节机的响声也开始引起唾液分泌和相应的运动。在同样的条件之下，如果把狗所厌恶的东西放进狗的嘴里，同样地防御反射也会发生。如果我们把酸的稀薄溶液注入狗的口里，无条件的酸液反射就会发生：动物做种种不同的运动，强烈地摇着头，口部张开，用舌头将酸吐出，并且同时有多量唾液的分泌。如果在用酸注入于狗的口内的时候，同时再应用任何一种外来的动因，几次以后，该外来动因的单独应用也会引起与无条件酸反射完全相同的反应。所以，某一条件反射形成上的第一个基本条件，就是，本来无关的动因的作用必须与引起一定无条件反射的无条件动因的作用在时间上是互相一致的。

第二个重要条件是如下的。在条件反射形成的场合，在无条件刺激物发生作用以前，无关性动因必须多少早一点先被应用。如果我们采取相反的步骤，开始使无条件刺激物发生作用，以后再结合无关动因，那么，条件反射就不能形成。

克列斯托夫尼可夫氏在我们的研究所里用各种不同的方法做了与此有关的实验，可是结果依然不变。他的若干实验的结果如下。对于一匹狗，华尼林（香荚兰素）的香味与酸液注入相复合的应用共继续了427次，并且每次都先把酸注入，过5~10秒钟以后，再使华尼林香味相结合。这样地做，华尼林并不曾成为酸条件反射的刺激物，而在其次的实验的场合，他应用醋酸亚迷儿（醋酸戊酯）的香味，每次都先用醋酸戊酯，后用酸，只在20次结合的应用以后，醋酸戊酯就成为良好的条件刺激物。对于另一匹狗，每次在给予食物以后过5~10秒，才给与强电铃声，但这样的结合虽然重复了374次，电铃声也不曾成为食物性反应的条件刺激物。然而对于同一匹的狗，在给与食物以前先把回转物体放在狗的眼前给它看，不过5次结合以后，该回转物就成为条件刺激物。并且在这实验以后，把同一的电铃声在食物之前先给与，这样地不过结合了一次，该电铃声就成为条件刺激物了。克氏的实验是对5匹狗做过的。不论新动因的结合是在无条件刺激物以后5秒至10秒或者一两秒钟，所得的结果都是相同的。为了保证更大的确实性，在这些条件反射形成的事例中，我们很小心仔细地观察了动物的分泌反应和运动反应。结果是，第一组的重要条件就是无条件刺激物与形成条件刺激物的动因两者间的时间关系。

从大脑两半球本身的状态说，在新条件反射形成的可能性上，第一个需要是大脑两半球的活动着的状态。如果实验狗或多或少地瞌睡着，那么，条件反射的形成或者就会很缓慢而困难，或者就甚至完全不可能，就是说，新联系的形成，新神经道路中继的过程是动物大脑两半球觉醒状态的机能。第二个条件，就是在形成新条件反射的时候，大脑两半球必须没有其他的活动。

当我们作成新条件反射的时候，必须避免其他对动物的外来的刺激，以免引起机体任何其他活动，否则很会妨碍条件反射的成立，而且在许多场合，就完全不允许条件反射的形成。譬如在我们努力形成条件反射的时候，如果使站在架台上的狗受架台任何部分的破坏性作用（压迫或挟压），那么，即使我们应用新刺激物与无条件刺激物的结合回数很多，至少可以说，即使新刺激物与某些无条件刺激物的结合回数很多，条件反射并不能形成。或者请诸位想起我以前曾经提及过的一匹狗。它在架台上不能忍受运动自由的限制。所以有一个几乎无例外的法则：如果我们用一匹新的狗，就是说，如果我们用从来没有受过这类实验的狗来做这实验，那么，第一个条件反射的形成很困难，往往需要很多的时候。这是自然明白的，因为我们一切的实验环境对于各式各样的动物可能引起许多特殊的反应，就是说，可以成为决定动物大脑两半球某些新异活动的条件。需要补充地说，如果我们还不一定能确实证明，究竟什么新异反射妨碍了条件反射的形成，并且如果我们不能除去这些新异反射，那么，在这个场合，神经活动本身的特性会帮助我们了解：如果实验中动物不断地存在的环境不含有任何引起特殊破坏性作用的东西，那么，几乎一切妨碍性的新异反射都会与时俱进地渐渐丧失其强度。

当然也应该归纳于这一组条件的是动物的健康状态。它保证大脑两半球正常状态，并且排除向大脑两半球进行的内部病理刺激的影响。

最后一组的必要条件是与形成条件刺激物的动因的特性有关的，同时也与无条件刺激物的特性有关。

条件反射是由于或多或少地无关的动因而容易形成的，如果严格地说，绝对无关的动因是没有的。如果你有一匹正常的动物，那么，环境极微细的变化——甚至于如极弱的音响、微弱的气味、实验室内光度的变化等等，这些一切都即刻会引起一种所谓“这是什么”的反射，以前述探索反射的形式而引起相应的运动反应。但是如果这些比较无关的动因反复地被应用若干次，那么，这对于大脑两半球的影响就会自动地迅速地消失，于是对条件反射形成的障碍也被排除。然而如果无关的动因属于一般地强有力刺激物的一组，或者属于比较特殊刺激物的一组，那么，条件反射的形成当然就很困难，或则在例外的场合，会成为完全不可能。我们也需要注意，在极大多数的场合，狗的既往经历是完全不明的；一匹狗在它的生活里不是已经遭遇过种种的刺激吗？它以前不曾有过条件反射的形成吗？可是从另一面说，很明显，我们甚至可以当做新的动因而利用有力的无条件刺激物，并且居然能够使它变成条件刺激物。譬如我们用破坏性刺激物做例子：强力的电流对皮肤的应用乃至皮肤的损伤或烧灼伤。这当然是防御反射的无条件刺激物；动物对于电流刺激的应答必定是极强的运动反应，其目的就是要排除或避开这刺激物。然而这样的刺激也可以形成其他的条件反射。

破坏性的刺激物化为食物反射的条件刺激物了。当强力电流刺激皮肤的时候，并没有任何防御反应的痕迹，相反地，食物反应出现了：动物将身体伸长向给与食物的方向转过去，舐着嘴唇，唾液分泌很多。

叶洛菲叶娃氏与此有关的实验记录如表 17－1。

表 17－1

时　间	绕圈距离（电流的强度）	刺激部位	唾液滴数（30 秒间）	运动反应
4 点 23 分	4.0 厘米	通常部位	6	全部都只在食物反应，没有防御反应
45 分	4.0 厘米	通常部位	5	
5 点 07 分	2.0 厘米	新部位	7	
17 分	0.0 厘米	新部位	9	
45 分	0.0 厘米	新部位	6	

在每次电流刺激以后，这匹狗被喂食几秒钟。

烧灼狗的皮肤或刺伤皮肤到流血程度的刺激，也可以获得相同的结果。如果敏感的人因为这个实验而愤激，那么，我们可以证明，这些人的愤激是由于误解而起的。当然，我们即在此时也不想深入狗的主观世界，同时我们也不想了解，究竟狗感觉着什么。然而我们有了完全精确的证明，就是在这样实验的场合，这些动物虽然受了强有力的破坏性刺激物的作用，但在动物全身状况上，并没有任何微妙的客观现象。我们的实验狗的反射虽然由上述方式的实验而改造了，但在受这些刺激的时候，并没有任何呼吸与脉搏的显著异常。如果破坏性刺激不曾预先与食物性反应互相结合，这脉搏与呼吸的变化也许必定会强烈地发生。神经兴奋从一个传导路而移动到其他一个传导路的结果就是这样的。然而反射的这样改造是与一定的条件有关的。就是，在两种无条件反射之间，必须有一定关系的存在。这样，一个反射的无条件刺激物变为其他一种反射的条件刺激物的可能性是限于一定的场合的，就是，前者必须在生理学上是比较弱的，或者在生物学上是比较不重要的。应该根据叶洛菲叶娃氏实验以后的结果，我们采取这个结论。我们毁损了一匹狗的皮肤，并且由此做成了食物性条件刺激物。我们可以想象，这个情形之所以成立是由于食物反射比皮肤损害时的防御反射更强有力的缘故。我们从日常的观察知道，狗在争取食物而相斗争的时候，皮肤往往都会受伤，这就是说，食物反射比防御反射更占优势。但是，这也有一定的限度。也还有比食物反射更强的反射，这就是"生与死的反射"，就是生存与否的反射。从这观点也许可以了解如下事实的意义。即是，如果对皮肤应用强力电流，而该皮肤下方并无厚肌肉层，因而皮肤直接与骨相接触，那么，这电流刺激就绝对不能成为食物反应的条件刺激物以代替防御反射，就是说，在骨部受破坏性刺激的场合，兴奋了的传入性神经发出威胁有机体生存的最严重的信号，这传入性神经与脑内引起食物反应的部分很难成立一时性的联系，或者完全不能成立。因此，从上述的事实而明了，在我们实验中经常应用无条件食物反射，这是有利的，因为食物反射在反射强度次序上是最强的。

虽然从一面说，强有力的、甚至有特别作用的动因，在一定条件之下，可以成为条件刺激物，这是我们刚才看见过的。可是从另一面说，当然，也有动因的极小强度的限制，如果在限度以下，该动因就不能以条件刺激物的性质而发挥作用。譬如摄氏 38°～39°以下的温度刺激被应用于皮肤，这决不能成为温热性条件刺激物（叔洛蒙诺夫的实验）。

同样地，虽然我们利用强有力的无条件刺激物，譬如在我们应用食物的事例的场合，属于另一种反射的极不利的动因，甚至另一种无条件反射的动因，也可能成为条件刺激物，相反地，在利用弱力的无条件刺激物的场合，从最无害的动因，就是说，从几乎完全无关的动因，条件刺激物的形成却是完全不可能的，或者只勉强地成为薄弱的条件刺激物。而且是，此时所指的无条件刺激物，或者是经常地薄弱的无条件刺激物，或者不过是暂时地薄弱的、而在动物其他状态下却是强有力的无条件刺激物，譬如食物就是。如果对于饥饿的动物，我们应用食物，那么，食物当然引起强有力的食物无条件反射，并且其时条件反射的形成是迅速的，是很显著的。对于不断地饱食的实验动物，食物不过引起极微弱的无条件反射，其时条件反射或则完全不能形成，或则很缓慢地形成。

如果注意于上述的各条件——这并非是困难的——，新的条件反射是必定可以获得的。于是这个条件反射的形成为什么不当做纯粹的生理学现象看待呢？我们对于狗的神经系统从外方发挥一定的刺激作用，结果就规律地形成新的神经联系，产生一定的神经传导路的中继。于是获得一个完全典型的反射活动，这是上方已经昭示过的。那么，这类反射活动还有什么非生理学关系的理由呢？为什么，条件反射和它的成立过程必须被假定为生理学以外的什么现象呢？我对于这现象不能发现采取另一个观点的任何理由。我敢于推定地说，人类的先入之见通常对于这些问题的解决具有很大的有害影响，因为现在在大多数的场合，我们极复杂的主观性的体验、活动与各种刺激的关系还不曾分析到决定的程度，所以关于神经系的活动，我们就一般地不情愿作因果关系性的结论。

诸位！我们在前讲的终末已经举出可以形成条件反射的各种条件，并且条件反射是用无条件反射而形成的，这就是说，新的动因会与无条件刺激物同时所引起的反应互相结合。可是这最后的条件，即无条件刺激物的参与，并不是绝对必要的。我们也可以利用已形成的条件反射而形成新的条件反射，不过所利用的条件反射必须是确实可靠的。诸位已经看见拍节机的条件作用。这是一个建立得很坚定的极强有力的食物刺激物。动物虽然在不习惯的环境内(多数听众存在的讲堂)，拍节机也很正确地、显著地显出它的作用。这情形是这样的，就是如此强有力的条件刺激物可以更形成另一个条件反射。如果我们现在应用任何多少无关的新动因，只与拍节机共同应用，就是说，其时并不把食物给动物吃，那么，这个新动因也可以成为食物性刺激物（日廖尼、富尔西科夫、弗洛洛夫三人的实验）。我们把这样成立的条件反射叫做第二次条件反射或第二级条件反射。然而在这第二级条件反射形成详情上，也有些重要的特点：新动因不仅在和已形成的条件刺激物结合以后，不可继续发挥作用，并且在条件刺激物的作用开始以前，该新动因的作用必须停止若干时间。于是新的动因，才可以成为显著的、恒常的阳性条件刺激物。在新动因是中等的生理强度的场合，这个相隔时程不能少于10秒以下。在使用强有力的新动因的场合，相隔时程就可能显著地加长。如果我们把相隔时程缩短而使新动因与条件刺激物的作用互相融合，我们就会遭遇一个完全别种的现象。这在大脑两半球的生理学上是最微妙而最有兴味的一点，并且这是现在已经相当详细地分析过的一点。这个对象的完全说明，只能以后在本讲义内的另一部分再记载。现在从弗洛洛夫的研究里举出一个与此有关的记录（1924年11月15日的实验）。

对于一匹狗，先用拍节机的响声与电铃，各形成第一级条件食物性刺激物；对于这匹狗，只用黑四角形与拍节机的结合而形成了第二级条件刺激物，而两刺激物的相隔时程是15秒。黑四角形停留在狗眼前的时间是10秒。拍节机与电铃的响声每次都继续30秒。在该实验内，黑四角形被应用到第10次。

表17－2

时　间	条件刺激物	唾液滴数（60秒）
1点49分	拍节机	13.5
57分	电　铃	16.5
2点07分	⎧黑四角形	2.5
07分10秒	⎨休　　息	3.0
07分25秒	⎩拍　节　机	12.0
20分	电　　铃	13.5
27分	拍　节　机	9.5

我们利用第二级条件食物性刺激物的帮助，却不曾能够形成第

三级的条件反射。在应用这手续做实验的场合，总是有完全别种现象会出现。如果用无条件性防御反射所形成的第二级条件反射做基础，即是如果用强力电流的皮肤刺激所形成的第二级条件反射做基础而结合一个新动因，第三级条件反射能够成立。可是即使这样做，第三级条件反射以上的条件反射却不能形成，其时总是另一种类的现象会发生。

关于第三级条件反射，我举出富尔西科夫的实验如下。

这匹狗的无条件刺激物是应用于前腿皮肤而引起了防御反应的电流。照通常的手续使狗的后腿皮肤的机械性刺激成为防御反射的第一级条件刺激物，而这机械性刺激本来是对狗匹无关的刺激。按照刚才上述的处理方法再用水泡音（即是在水中通过空气时所发生的水泡音）也形成了第二级条件刺激物。以后更利用这种水泡音的结合，而使直到当时是无关的、一秒间760次振动的音成为第三级条件刺激物。新作成的条件反射的级数愈高（由第一级至第三级），潜在刺激时间也就渐渐增长，同时防御反应渐渐减弱。然而这一切已经形成的条件反射，在适当地受着强化手续的场合，能够维持了一年。但是我们再尝试这第三级条件刺激物与新动因（在这场合是在狗眼前使物体回转）的互相结合，结果是，引起了后述的完全不同的现象。从全体而言，我们把这样获得的一些反射（第一级至第三级）叫做链索反射，这样，我们有两种条件反射形成的场合：**第一是利用无条件反射，第二是利用已经确实形成的条件反射。**

可是还有显然更特殊的条件反射形成的情况。

我们已经老早就根据若干的考虑而做了如下的一些实验（柏德可琶叶夫的研究）。用小量的阿卜吗啡注射于狗的皮下。一两分钟后，使狗在实验室内听取一定高度的音若干时间。在这音响继续之中，狗对阿卜吗啡的呕吐反应开始：狗显出多少不安的状态，开始用舌舐口部，唾液分泌也开始，有时还现出若干微弱的呕吐动作。这实验重复几次以后，音响的开始就引起相同的反应，不过反应程度较轻。但可惜因为勤务的关系，柏德可琶叶夫不曾能够彻底做这实验，也不曾能够用种种变式的方法做实验。在不久以前，他吉坎特研究所细菌学专家克雷洛夫氏，做了血清学的研究，观察了如下的现象。他慢慢长期地用吗啡注射于狗的皮下。在注射吗啡的场合，先会引起狗的恶心，其次是分泌多量的唾液，呕吐，以后才会睡眠，这是周知的。克雷洛夫氏发现了如下的事实，就是，如果每天注射吗啡，那么，很快地即在五天或六天以后，只要做注射的准备和环境一存在，狗就会显出与吗啡注射时相同的反应：很强烈的唾液分泌，恶心和呕吐，其次也是睡眠。这样，这呕吐的发生，并非因为吗啡进入血液而直接对呕吐中枢发生作用的缘故，而是由于与吗啡注射同时一致的外来刺激的缘故。在这场合的条件反射性联系是很复杂而远隔的。在极端的场合，实验者一在狗的面前出现，狗就显出这些一切的症候群。如果这还不够，那么，只要实验者拿出注射器的盒子，而把盒子开放，剃去预定的皮肤注射部位的毛，用酒精揩一揩，末了，注射无关的液体，反应现象也就会发生。吗啡已经注射的次数愈多，所需要的这些处置就越少，而会引起吗啡中毒的症候。克雷洛夫氏在我们研究室里，非常容易地表演了这个事实，并且用若干方式的实验而确定，这事实是与我们条件反射完全相同的。

上述实验也能够很容易地在诸位面前做。这匹狗是已经受过吗啡注射几次的。一个生人把狗放在桌上，捉住它，它是很安静的。现在常常对它施行注射的实验者在它面前出现，它即刻就不安，开始舐自己的口唇。实验者现在着手揩擦它的皮肤，它就有多量的唾液分泌，并且呕吐也出现。

这个实验使我们了解一个久已知道的事实，就是，摘除副甲状腺的狗匹，或者门静脉被结扎而作成了爱克氏 экк 瘘管的狗匹，只要吃过一次肉，以后就不肯再与肉相接触。很显然，肉的外观与气味会多少引起某些病理的刺激，而这些病理刺激是与上述条件下肉中毒时的刺激相同的，所以这就引起拒绝肉的反应。

在考虑上述一切实验以后，就发生一个疑问：这新的神经性联系、新的神经道路的中继性联系是怎样地，由什么过程而发生呢？从纯粹事实的一侧而言，解答绝不困难。无条件刺激物或确实形成的条件刺激物当然能引起大脑一定部位的活动状态。姑且依照公认的术语，我们把大脑的这个部位叫做中枢 центр 吧，然而这不是说解剖学上正确的特别部位的概念和这个名词相一致的。很显然，在大脑两半球皮质细胞内同时由外来动因所引起的兴奋会向这中枢进行。兴奋向这中枢进行的道路是特别容易的，而在同时作用若干次以后，这条道路就拓通了，这些事实很显然的意义就是这样的。根据事实的这样解释，我们做了前述的阿卜吗啡的实验，其次又由吗啡实验而非常证实。如果大脑两半球皮质细胞所受的刺激是向反射地兴奋的中枢进行的，那么，在由内在动因，即在由于血液成分和特性的关系而自动地兴奋的脑内中枢方面，当然与上述相同的情形也必定发生，这是已经证实的。在上方所说的事实材料里，还有一个与此有关的很重要的详情。外来的刺激，甚至在动物出世以后即向某一定中枢传导的刺激，也可能离开该中枢而传入其他的中枢，并且可能与后者（指其他的中枢）相结合，如果后者在生理学的强度上强于前者。

这样，脑的种种部位所发生的种种兴奋的融合即联合，就是一种神经中继性联系，这正是在研究大脑两半球皮质机能的场合我们最初所遭遇的神经机制。当然还剩有一个问题：这个中继性联系究竟是在何处发生呢，单是在大脑皮质里面发生呢？或者大脑的下位部分也与此有关系呢？这两个可能性都是可以想象的。一个可能性是，由大脑皮质细胞出发的兴奋直接向位于大脑皮质以外部位的中枢进行。然而还有另一个可能性。从生物个体的一切活动中的器官，从个体一切部位出发的刺激，都由传入性神经纤维而达到大脑皮质的细胞，而这些皮质细胞就是整个机体的皮质感受中枢，在器官活动的时候就进入于活动状态，于是在无条件刺激物、条件刺激物及自动性刺激物等等的影响之下，也可能把其他的皮质细胞由外界动因而引起的刺激都集中到它们本身（指感受器中枢）上来。以外更可能的是，在大脑未受损伤而保持完整的场合，一切在动物觉醒状态时引起无条件反射的刺激，起先进入于大脑两半球的某些一定的细胞里，于是这些细胞的部位就是形成条件反射的、种种不同刺激所趋向集中的部位。

在次序上，以后我们可以移行于另一个问题：究竟什么东西可能成为条件刺激物？这个问题不是像最初一见时所想象的、简单的问题。当然在一般的形式上，这是容易答复的。就是说，存在于自然界的一切动因都可以成为条件刺激物，不过只需要该生物个体对动因有感受的装置。然而从一方面说，这一般性的命题以后还需要分析和补充，而从另一方面说，却需要限制。外界刺激物的第一个分类，可以从刺激物构成的关系着手。可能成为个别刺激物的是外界一个动因的极微细的成分。譬如同一乐音的一个微细的部分、光的极微小地不同的一定的强度等等都是。这样，只单是这样看，刺激物可能的数量就差不多可以扩大无限。当然，这也是有限度的，而这个限度是由感受器装置的完全度及精确度而决定的。从另一方面说，自然界对于动物所发挥的作用也以若干因数的，并且往往以很多因数的、总体的方式，即是以复合刺激物的方式而成立的。譬如在我们区别两个人面貌的时候，我们就要同时考虑形状、色彩、阴影、大小等等。或者在决定某一地点的情形的时候，我们也需要这样的考虑。这类复合刺激物的数量可以说是无限的。如上指明，从一个巨大系列的各基本性刺激物可能成立极多的复合物，然而这也有一个限度，这就是由大脑皮质的构造而决定的限度。在此地，我不过想关于个别条件刺激物可能的数量，给与一个近似的概念。在以后的讲义里，这个很重要的对象会被详细说明。

这就意味着，在生物个体面前的自然界的现象，都可以成为条件刺激物。可是一个现象的终止也可以成为条件刺激物。譬如在实验室里拍节机正在响着；其时把狗带进实验室里来，但拍节机的响声依然继续着。如果在这样环境之下，把这个响声停止，在间歇以后，即刻把食物或酸放进狗的口里，以引起无条件反射的发生，那么，在这样的同时应用反复几次以后，拍节机响声的停息就会成为这些无条件反应的条件刺激物（日廖尼和马可夫斯基两人的实验）。

不仅自然界现象的中绝，而且这个现象以一定速度进行的减弱，也可以成为条件刺激物。这样，如果由某个现象的突然停止而形成条件反射，但以后该现象如果渐渐地迟缓地减弱，那么，它就不能并有条件反射的作用。日廖尼氏的一个实验如下。他用一定强度的调音管 re_2 音刺激动物，即刻又使这声音中绝，于是引起了条件性的唾液分泌，每分钟 32 滴。如果这同一的音慢慢地减弱而经过 12 分钟以后才完全消失，那么，就完全没有条件作用。

所以，不但同一动因的突然出现，而且它的消失、停止或相当迅速的减弱，都可以成为条件刺激物。我们当然可以获得无数的这一类的条件刺激物。

因此我们应该把以前有关可能形成条件刺激物的各动因的假定作如下的更改，就是，外界环境向积极方面的或消极方面的动摇，都可以成为条件刺激物。

下一组的条件刺激物，与前述一组的条件刺激物具有若干的差异。这一类条件刺激物不是对动物即刻发生作用的现存刺激物，而是该刺激物停止以后存在于神经系统内的残余作用。实验的进行如下。对于动物，给与某一定的外来动因，譬如给与某一个响声 30 秒至 1 分钟，其次在音响停止以后经过 1～3 分钟，再应用食物或酸的结合。如果我们重复数次地应用这复合刺激，就有如下事实的发生。这动因本身并不引起任何反应，但在这动因停止以后，会发生食物反应或酸反应。在这场合的条件刺激物不是现存刺激物，不是我们所应用的响声，而是响声残存于中枢神经系统里的痕迹。因此我们区别**现存刺激性反射和痕迹刺激性反射**的两类。

关于这个痕迹性条件反射，现在举出格洛斯曼氏的实验记录。条件痕迹性酸刺激物是皮肤机械性刺激。每次的皮肤刺激继续 1 分钟，停止以后休息 1 分钟，以后再把酸注入口里去。

表 17－3　1909 年 2 月 18 日实验

时　间	条件刺激物	唾液滴数		备　　考
		刺激时 1 分钟	休息时 1 分钟	
12 点 40 分	皮肤机械性刺激	0	0.5	每圈都用酸强化
50 分	皮肤机械性刺激	0	10.0	
1 点 14 分	皮肤机械性刺激	0	11.0	
27 分	皮肤机械性刺激	0	14.0	

关于这痕迹反射的性质，我们更作如下的区别，即由新鲜残留痕迹所形成的反射，也就是在动因终止以后只过了一至数秒，而形成的反射——这是短时性痕迹反射。如果在刺激动因终止以后，我

们等候一分钟或一分钟以上的相当长的时间，才使之与无条件刺激物结合，我们就把它叫做长时性后发性痕迹条件反射。

我们所以必须区别这两样场合的原因是，在现存性条件反射和后发性痕迹反射之间存在着本质上的区别，这是在以后适当的地方会说明的。

末了，我移行于最后一个特殊动因的记载，这是与以前一切动因都不相同的。它本身恒常地似乎独立地会成为条件刺激物。关于痕迹性刺激的问题，并没有疑问的余地。因为从神经系统里的一切兴奋之中，我们都会遭逢所谓后作用的现象。然而我们的这个新动因，虽然和以前所说的一切动因相同地是真实性的东西，可是在其性质的明了理解上却有若干的困难。我从这类一般性实验的记载而开始罢。我们带一匹狗到实验室内，不断地经过每次一定的相隔时程以后都给狗吃食物，而对于另一匹狗，却在同一的相隔时程内把酸注入于其口内。如果我们这样地重复几次以后，就会得如下的结果，就是如果在某一次的中隔时程内应该给与食物或给酸的时候而不曾给与，那么，第一匹狗自动地会显出食物反应，而第二匹狗自动地会显出酸反应。

我从费阿克里托娃氏的实验举出一个例子。

在实验架台上的一匹狗正确地每30分钟都被给与食物一次。在各个实验里，在一至三次给与食物以后就省掉一次。于是在某次食物给与后大约经过30分钟，唾液分泌会开始，同时食物运动性反应也开始出现。这个反应有时完全正确地在第30分钟出现，有时却迟一两分钟才出现。如果该实验进行的圈数是足够的，那么，在相隔时程本身以内（注：即不在第30分钟），却没有一点反应的出现。

这样的实验结果应当怎样解释呢？不能不说，在这场合，时间的本身是条件刺激物。

这个实验也可以用多少改变的形式做。我们可以对于动物每30分钟一次地给与食物，并且同时再应用某一动因作用的结合。就是说，在每次给与食物以前的数秒，先使动物受某一动因的刺激，于是就形成了总和性条件刺激物，这总和性条件刺激物是由所使用的动因及一个30分钟时间的因素而成立的。如果再迟一些时候试验该动因，它就会显出作用，但是不大的作用。在20分钟以后，这动因的作用就会增大，在25分钟以后，它会更增大；而在30分钟的时候，该动因的效果就会是完全的。如果在30分钟以外的时间都有系统地不给狗吃食物，那么，只在第30分钟，该动因会显现完全的效力，甚至于在第29分钟也不发挥效力。

实验　从费阿克里托娃氏的研究内试举一个实验例子。

对于一匹狗，在每次给与食物以前的30秒钟先给听拍节机响声。各次食物的相隔时程是30分钟。

表17－4　1911年12月20日实验

时　间	条件刺激物（30秒）	唾液滴数（30秒间）
3时30分	拍节机	10
4时00分	拍节机	7
29分	拍节机	0
30分	拍节机	7

当然，利用任意的相隔时程都可以形成这条件反射。不过我们的实验，不曾利用过30分钟以上的相隔时程。

具有条件刺激物性质的时间，从生理学的立场应该怎样解释呢？当然目前对于这个质问还不能有精确的一定的回答。但是关于这一点做一个相当的解释，这是可能的。一般地说，我们是怎样地标明时间呢？我们是利用自然界的种种周期的现象，譬如太阳的升降、钟的分针在数字盘上的运动等而标明的。可是，在我们身体的内部也有不少的这一类的周期现象。大脑在白天接受许多刺激而疲劳，以后又能恢复。消化管周期地为食物所充满，以后又变成空虚。因为任何器官的每个状态，都能够反映于大脑两半球，所以我们有理由相信，大脑是具有区别时间的能力的。我们试取很短的时间作为例子来想一想。当刺激刚刚发生的时候，我们对于刺激的感觉是很强烈的。当我们进入充满某种气味的房间的时候，我们起初很强烈地感觉这个气味，可是以后我们的感觉会慢慢地减弱。在刺激的影响之下，神经细胞的状态会蒙受一系列的变化。在相反的场合，情形也是如此。当刺激物消失的时候，它起初还是非常强烈地被感觉着的，但以后就会越过越淡，最后我们就完全不能察觉它。这就意味着，这又是神经细胞一系列各种不同状态的存在。从这观点，我们就可以理解刺激物的终止所引起的反射和痕迹反射，同样地也可以理解时间的分射。在上述实验里，动物周期地被给与了食物，同时动物的许多器官也与此相关地有了一定的活动，就是说，这些器官也体验了一系列的一定的、连续性的许多变化。这些一切的变化都在于大脑两半球内显现出来，都被大脑两半球所感觉，于是这些变化的某一定瞬间都能成为条件刺激物。

最后，关于可能成立的条件刺激物的命题是还可以如下地改变而扩大的：生物个体的内界与外界的无数动摇各反映于大脑两半球皮质神经细胞的一定状态，都能够成为个别的条件刺激物。

其次，我着手说明如下材料丰富部分的事实。直到现在所讨论的都是阳性的反射，就是说，这些反射在最后的结果上都是具有阳性作用：即有运动和腺活动，而在神经系统里这就是兴奋过程。然而我们知道神经活动的另一半部，这在生理上和生命的意义上是与兴奋过程有同等重要意义的制止过程。所以我们在研究最复杂的大脑两半球机能的时候，不能不期待着，我们会与制止现象相遭遇，而这制止现象是与兴奋现象极复杂地互相交错的。然而在从事于这问题的研究以前，我认为须要先稍稍说明在无条件反射场合的中枢性抑制的现象。

从现在的生理学的实验资料而言，在正常活动的场合，可以区别两种中枢性制止过程。我们也许可以把它们叫做直接性及间接性制止过程，或者把它们叫做内（内在的）和外（外在的）制止过程。我们一方面知道，在各种为神经所支配的器官内，譬如在骨骼肌肉运动的器官内，血液循环、呼吸等的器官内，由于一定的传入性神经或由于血液里的某些动因对于各一定中枢的刺激，会引起直接的制止作用。但从另一侧说，中枢性神经活动充满着极多的间接性制止过程。一个中枢的间接性制止过程是这样发生的，就是，与该中枢的现存的活动同时，由于其他传入性神经所传来的刺激，或由于其他自动性刺激的作用，另一个中枢会变成活动的状态。在复杂反射的所谓本能的场合，情形也是与此相同。例如多数的昆虫，特别在幼虫时期，一受什么接触，就即刻会变成不动的状态而落下。这明明是全运动神经系统的直接性制止过程。从另一面说，我们试举刚从鸡蛋出来的鸡雏当做一个例子看。它从地上极小物体一接受了视觉的刺激，就即刻能显现食物性啄抓反射。但是如果该物体强烈地刺激雏鸡的口腔，那么，啄抓反射即刻就被制止而为防御性抛掷反射所代替。

这样，一种制止过程是由于传入某中枢的刺激而引起的直接效果，这就是内制止过程，而另一种制止过程是许多同时活动的各中枢相互作用的结果，这就是外制止过程。

在条件反射的场合，我们也与这两种中枢性制止过程相遭遇。因为条件反射的外制止与无条件反射的外制止是完全没有什么差异的，所以我先谈外制止。

最单纯的、常见的事例是这样的。你们和一匹实验狗同在一个实验室里，而这个环境是暂时不变的，但以后环境忽然发生变化，或者有新异声响传进来，或者实验室的光度突然变化（太阳为云所掩蔽或从云里出现），或者从房门有气流吹进，并且气流甚至带着什么新的气味。这些一切都一定会或多或少地引起条件反射的减弱（由于新刺激的强度而不同），并且如果条件反射正是同时开始，新刺激就可能使该条件反射完全毁灭。这现象的说明是简单而没有任何困难的。任何一个新的刺激物，即刻会引起探索反射的发生，就是说，有关的神经感受器会转到新刺激物的方向去，狗就向新刺激倾听着、注视着和嗅闻着，并且这探索反射就会制止条件反射。所以在研究条件反射的场合，很重要的是需要上述的、特别设计的建筑物。这样，偶然的刺激物与该研究室的接近关系就可以被除去，或者至少可以非常受限制。

在此地我们还须要注意如下的情形，这是自明的。本来一切动因，即使是迅速消失的动因，不仅在它存在的时期以内，而也在它停止以后的若干时间以内，它的作用都存在，这就是由于神经系统内的所谓后作用而起。所以如果我们在一个动因以后即刻应用条件刺激物，条件反射就或多或少地会被制止。此外必须要补充地说，各种不同的新异刺激物，不论是偶然的或故意应用的新异刺激物，可以说，在神经系内消失的速度也是种种不同的：某个刺激物在两三分钟内会丧失效力，而另一刺激物可能在10分钟以后才消失，但也有些新异刺激物能在几整天里具有效力。最后这一类的是口味性的刺激物，特别是食物性刺激物，所以我们必须十分注意这一点。

新异反射的作用当然由于条件反射的不同而是非常各不相同的。就是说，与这新异反射发生关系的条件反射是新近成立的呢，还是老早成立的、坚定的呢？当然，新成立的条件反射比坚定的旧反射容易被制止。因为这个缘故，以前当一个实验者和实验动物共在实验室内的时候，一件滑稽的事情曾经重复地发生过。一位工作同仁，形成了动物的一个新条件反射，想做示例试验，邀我去看，但是他不能证明任何成绩。我一进实验室，新反射就消失。这事实是很简单的。对于狗，我是一个新异的刺激物，狗注视我、嗅闻我等等，这就足够地使刚形成的新条件反射被制止了。还有这样一个事例。一位研究同志对他的狗形成了很好的、坚定的条件反射，并且用这反射做过很多次的实验。可是一把这匹狗交给另一位研究同志做研究工作，这条件反射暂时就不出现了。在动物从某一个房间移到另一个房间的时候，尤其在从某一实验室被移到另一个实验室的时候，上述的情形也是常常发生的。

当然，在外制止过程的场合，特殊的刺激物具有更强的制止作用。譬如猎犬看见鸟儿，大多数的狗看见猫，或者某些狗听见由地面传来的沙沙声以及一般地非常强烈的，完全异于寻常的刺激物等等皆是。从最后一类的强烈的刺激物而言，事情是很复杂化的。在强烈的、异于寻常的刺激物的关系上狗可以分为两组。有些狗匹对于这些刺激是积极地攻击地反应的：激烈地吠吼，要向刺激物冲过去。另一些狗匹却显出被动的防御性反应：或者努力要从实验架台逃去，或者在架台上像木头一样地站着不动，或者在架台上发抖，伏在台上，或者甚至排尿，这在通常条件的场合是不会发生于实验架台之上的。所以，从这一类的狗匹说，制止过程是占着优势的，并且制止过程也影响于条件反射。因为这类制止过程是起源于脑内另一些部分的，以后才向条件反射的脑内部位传布，所以不妨把这一类制止过程也归纳于条件反射的外制止过程之中。

然而我刚才所列举的这些事例都有一时性的特色，所以我们把在这些场合发挥作用的动因都叫做消去性制止物或一时性制止物。如果这些动因重复地对动物发挥作用，而同时并不对于动物并有什么重要的结果，那么，这些动因就迟早会对于这个动物成为无关的动因，并且也会丧失其对于条件反射的制止性影响。

与此有关的实验，就是说，一时性制止物的实验也在诸位面前有过了。我给诸位看过的、用拍节机做实验的一匹狗，在讲义开始以前就站在这个讲堂里，并且一个工作同仁已经把这实验重复地做了几次，其时，我不曾使诸位注意于这个实验。事情是这样的，就是这实验起初不曾能够成功——条件反射被制止了。这匹狗，慢慢地才解除了这特殊的、新环境的制止性影响。在几年前，我也做过有关条件反射的特别连续讲演，并且当时我是这样进行的。在讲义开始以前，我已经把实验供览所需要的狗匹放在这讲堂里，并且我的工作同仁们与我的讲义进行无关地预先重复地做几次相应的实验，在需要实验说明的瞬间，我就利用这些狗的实验，并且这在全部讲演中不曾有过一次的失败。可惜，现在因为若干外方的关系，我丧失了这准备的可能。所以我只能间或做示例实验，主要的还是已经印刷的论文中的记录，或者是正在进行中的研究的记录。

然而在外制止过程的这一小组以外，还更有恒久性制止物的一小组。这一小组的制止物在重复应用的场合并不丧失其作用，而恒久地保持住。譬如用条件酸反射做例子。如果在这酸反射以前，先把食物给狗吃，就是说，这就使在动物吃东西的时候大脑一定中枢部位发生活动了，那么，在这以后，条件酸反射就在相当长时间以内会完全地或相当地被制止。不管怎样多次地重复做这个实验，情形都是相同。所以这是应该作为恒久性制止物看待的。这种恒久性制止物并不很少。例如我们在用酸注入而形成条件反射的场合，因为不注意（注入过浓的酸，或者酸的注入量太多和回数太多）而引起狗口腔的炎症，那么，酸的条件反射就会被制止，直到口腔粘膜的病态完全治愈时为止。还有如下情形也是可能的，就是狗具有皮肤的伤口，在实验架台上受捆绳的刺激，于是就会有防御反射的发生，而条件反射，尤其酸条件反射，会被制止。当然其他这类的例子也是很多的，譬如下面所举的一切。一个实验，起初进行很顺利，可是忽然一切条件反射都减弱下去，最后会消失。这是什么缘故？然而只要把这匹狗带到院子里去，让它一排尿，以后它在实验室里又会恢复正常的条件反射。很显然，排尿反应中枢的兴奋制止了各条件反射。还有一个例子，就是雌狗的交尾期。如果雄狗在实验以前曾在这雌狗的近旁，这匹雄狗的条件反射就或多或少地会被制止。很显然，在这场合，性中枢的兴奋具有制止的作用。

这样，诸位现在看见，制止我们反射的条件是很多的，所以“条件的”这个名称不是徒然的。可是这一类的条件是容易掌握的，也是容易除去而不许发生的。这就是一切外制止的情况，我再重复一次说，这些外制止过程的特色是如下的，就是，在中枢神经系统里，一有其他新异的神经活动的发生，该新神经活动即刻就使条件反射减弱或消失，不过这是一时性的，这是只在新神经活动的刺激物本身或其后作用存在的时期以内的。

选自：巴甫洛夫. 大脑两半球机能讲义. 戈绍龙译. 上海：上海卫生出版社，1957

思想评介

从现代神经生理学看巴甫洛夫学说

（一）

伊·彼·巴甫洛夫院士是苏联一位伟大的生理学家。1903 年，他提出了著名的条件反射学说。后来，经过 25 年不断思索和大量的动物实验，他终于创立了一套关于大脑的高级神经活动的学说，即巴甫洛夫学说。

半个多世纪以来，巴氏的高级神经活动学说，在生理学界，并且在心理学界和哲学界，都得到了广泛传播和很高的评价，是一种具有国际影响的学说体系。

本世纪50年代初，苏联科学院和医学科学院，曾经专门召开了讨论巴甫洛夫学说的科学会议，用行政的手段进一步肯定了巴氏学说的科学性质，并认为：巴甫洛夫卓越的科学成就，对根据科学原则的心理学改造工作创造了坚实的自然科学基础（《巴甫洛夫学说与心理学的改造》，第333页）。会后，苏联心理学界又专门召开了会议，着重研究了如何在巴甫洛夫生理学说的基础上改造心理学的问题。在这次会议上，斯米尔诺夫、捷普洛夫、列昂节夫、鲁宾斯坦等等几乎所有的心理学家都进行了自我批评，检讨了自己在心理学研究中忽视或轻慢了巴甫洛夫学说的“错误”。而那些以巴甫洛夫学说继承者自居的神经生理学家，如贝科夫院士等则严厉地批评了当时苏联的心理学界，把忽视巴甫洛夫学说的“错误”，提高到了政治高度，并要求苏联心理学界必须用巴甫洛夫的高级神经活动学说来“彻底改造心理学”。在这些所谓的科学会议上，苏联人对于一切非巴甫洛夫学说的学术观点，进行了最严厉的声讨、指责和批判，并给敢于非难巴甫洛夫学说的一切人，统统加上诸如“唯心主义”、“黑暗势力”、“帝国主义”、“法西斯”、“伪科学”、“反苏”之类罪名。就这样，他们声称为在巴甫洛夫学说的基础上改造心理学打下了“自然科学的巩固基础”。此后，苏联的心理学家在对待巴甫洛夫学说的科学性质和科学地位的问题上，是很少提出怀疑或争论的。心理学只能向巴甫洛夫的神经生理学顶礼膜拜，而绝对不能越雷池一步。

在我国，50年代初有一段学习苏联的热潮，巴甫洛夫学说也在人们学习之列。加之苏联当时正处在巴氏热的情况下，这个学说在我国的生理学界、心理学界和哲学界无疑也享有超常的声望。然而，即使在这样的学术气氛中，我国心理学界关于巴甫洛夫学说本身的性质问题，仍有持不同意见者。本文只想着重从现代神经生理学发展的科学成就上，对巴甫洛夫高级神经活动学说谈些看法。但关于巴氏学说的哲学性质问题。容后再论。

（二）

人们都知道，巴甫洛夫高级神经活动学说的核心就是“条件反射学说”。而这个条件反射学说的神经生理机制，就是所谓“暂时联系的建立”，也就是说，在巴甫洛夫的生理学看来，大脑皮层的主要机能和作用就是建立神经的“暂时联系”。他运用这种建立“暂时联系”的学说去解释各种“条件反射”，这就是巴氏神经生理学的最高成就，或者说是巴氏学说的精髓。许多年来，它处于近乎不可动摇的地位。迄今为止，我国的大多数心理学家仍然认为：大脑皮层可以看作保证有机体完善地适应外界生存条件的暂时联系的器官（曹日昌：《普通心理学》第33页）。很少有人对巴氏的学说表示怀疑。

但是，随着科学的发展，我们不禁要问：大脑皮层究竟是不是“暂时联系的器官”？大脑皮层上有没有巴甫洛夫所设想的那种拓通神经通路的活动过程？大脑皮层的机能是不是像巴甫洛夫所设想的那样？对于这些问题，每一个严肃的生理学家、心理学家和哲学家，都应当根据新的科学发现去加以考查和检验。如果作为科学家的巴甫洛夫在世的话，他自己也一定会这样干的。

为了能够根据现代神经生理学的科学成就回答上述问题，我们有必要回顾一下巴甫洛夫时代神经生理学的发展水平。巴甫洛夫在叙述当时生理学家所进行的反射实验时说：“这些反射的问题，不管生理学者研究得怎样久，依然还与完美的程度相隔很远。新的反射是陆续地被发现的；而在多数的场合，生物接受外来动因，尤其接受内在冲击的感受器的特征如何，都依然是完全不曾被研究的；并且中枢神经系统里的神经性兴奋传导的道路，往往是不很明白的，或者还是完全不曾确定的；中枢神经系统里制止反射的机制也是完全不清楚的，我们不过知道远心性（传出性）神经的制止性反射而已；关于各种不同反射的联系及相互作用的关系，我们所了解的事情也是很少（《大脑两半球机能讲义》第9页）。”巴甫洛夫高级神经活动学说产生之时，其神经生理学的基础就是如此薄弱。

我们绝不能超越历史时代去苛求巴甫洛夫，因为在他所生存的时代里，神经生理学的发展水平就是那样一种状况。相反，我们应当感谢巴甫洛夫，因为他在那样落后的神经生理学的基础上，通过对狗的唾腺分泌的实验和研究，居然为我们提供了一整套关于高级神经活动的学说，为我们展现了一幅大脑高级神经活动的瑰丽画图，这正是他在科学发展史上的伟大功绩。

究竟巴甫洛夫高级神经活动学说的出发点是什么？用他的话来说："我们的出发点是狄卡尔特的概念，就是反射的概念。当然，这个概念是完全科学的，因为这个概念所表现的现象是严格地被规定的。这就意味着，外在界的或生物内在界的一定动因，冲击某一个神经性的感受器。这个动因的冲击变换成为一个神经过程，换言之，即变换成为神经兴奋的现象。这兴奋沿着神经纤维进行，像沿着电线一样，直达中枢神经系统，并且由于此部已成立的联系，这兴奋再沿着另一条线路，传到某一个活动中的脏器，于是这兴奋本身又变换而成为该器官细胞的特殊过程。这样，某一定动因是规律地与生物个体某一定活动相结合的，正是与原因和结果互相结合的关系相同的（《大脑两半球机能讲义》第 8 页）。"巴甫洛夫就在这种反射概念的基础上创造了他的高级神经活动学说。

由于当时神经生理学的许多问题都不清楚，巴甫洛夫为了要说明中枢神经系统，特别是大脑皮质的机能和神经活动，就不得不依靠推测、猜想和假设。当然，这是科学所允许的。

关于大脑皮质的高级神经活动，巴甫洛夫是这样设想的：当某种刺激物引起的神经兴奋传到大脑皮质的一个相应点之后，就引起这个皮质点的兴奋活动，形成一个兴奋中心（或称为兴奋灶）。同时，大脑皮层上的这个兴奋中心，依靠皮层的扩散和集中的生理机制，可以把兴奋活动向外扩散，就像给平静的水面上投一块石子一样，水波就会一圈一圈地由着落点向外扩散。另外，大脑皮层除了兴奋机能之外还有一种抑制的机能。这种抑制作用和兴奋作用一样，也可以向外扩散和向内集中。以此为基础，他又进一步设想：如果动物在同时接受两个或两个以上的刺激时（例如当接受食物刺激和灯光刺激时)，在动物的大脑皮层中就会出现两个兴奋中心。一个是觅食活动的兴奋中心，这个兴奋中心指挥着唾液腺的分泌活动；另一个兴奋中心是视觉区的灯光兴奋中心。这两种兴奋中心都会向外扩散，而且较强的兴奋中心（巴甫洛夫认为食物刺激形成的兴奋中心一定较强）可以把弱的兴奋吸引过来。经过这样反复的扩散和吸引作用，最后就在大脑皮质上拓通了一条神经通路，即形成了所谓神经上的“暂时联系”。这种大脑皮层上的“暂时联系”就是建立“条件反射”的所谓自然科学的神经生理学基础。如果已经建立了“暂时联系”，以后即使只给灯光，不给食物，灯光的兴奋活动还可以沿着已经拓通的“暂时联系”的神经通路，再传到食物中枢去，因此，还会继续引起动物的唾腺分泌活动。

如果继续进行上述实验，并且不再用食物去强化，经过一段时间以后，“条件反射”就会消失，即灯光不再引起狗的唾液腺分泌。巴甫洛夫认为，这是因为在原来的“暂时联系”的通路上发生了内抑制，或者说是产生了阻塞或中断。这种情况就使原来的阳性条件反射变成阴性条件反射，灯光也就失去了食物信号的作用。在巴甫洛夫看来，动物就是依靠着高级神经系统的这种建立“暂时联系”的机能，来与外界环境保持平衡，保证动物的生存的。他还主张用这种学说来解决全部心理学的问题。在这种学说的基础上，巴甫洛夫又把大脑设想为一种“壮丽的镶嵌细工式的东西，也是一个壮丽的信号用板”，“是一个极复杂的动力定型系统”（《大脑两半球机能讲义》第208页和221页）。这就是被誉为辩证唯物主义的巴甫洛夫的高级神经活动学说的梗概。

（三）

随着现代科学技术的发展，随着现代化实验手段的采用，人们对于大脑高级神经活动的实际情况有了比较清楚的了解。许多在巴甫洛夫时代根本“不曾研究过”、“不很清楚”，甚至“完全不曾确定”的问题，现在大都已经研究过了，而且情况也比较清楚了。特别在近一二十年以来，现代神经生理学取得了许多显著的科学成果。前面曾列举过的巴甫洛夫根本不清楚的几方面的问题，现代的神经生理学几乎都给予了比较明确的科学说明。例如，①关于生物接受外来动因和内在动因冲击感受器的活动特征问题，由于膜电位学说的出现，已经基本上解决了。膜电位学说揭示了感受器活动电化学变化的实质，还指出：神经传递实际上是以电脉冲的形式实现的；②关于脑干网状结构问题的发现，已经比较清楚地揭示了中枢神经系统里神经性兴奋传导的实际道路；③关于神经体液调节问题和脑的神经化学机制问题的研究，对于大脑神经兴奋和抑制活动的神经化学作用也有了比较清楚的了解。此外，还有大脑皮层联合区的问题，往复传递的反馈问题等等。这些生理学上的新发现，向每一个神经生理学家、心理学家和哲学家都提出了新的任务。它要求人们必须重新研究巴甫洛夫的学说，重新用科学发展的事实去检验巴甫洛夫的学说。

另外，随着信息论和人工智能的发展，也为我们进一步研究大脑活动和阐明精神现象的本质，提供了新的资料。下面我想着重谈一下大脑网状神经结构和神经化学方面的发现，向巴甫洛夫学说提出几个原则性的问题。

第一，大脑网状神经结构的发现，要求对巴氏关于扩散和集中的机制必须作出新的科学说明。

在巴甫洛夫时代，人们对于中枢神经系统里的神经兴奋传导的道路，是不很清楚的。当时人们只知道每个感受器受到刺激之后，其神经兴奋可以直接传到大脑皮层的相应区域。但是，在中枢神经系统里，各个兴奋点又是怎样联系起来的呢？在当时只有借助想象出来的所谓兴奋中心的扩散和集中活动的机制来回答这个问题。

对于这个问题，现代生理学已经确证，当有机体在感受到刺激以后，引起的神经冲动到达中枢神经系统的时候，明显有两种传导途径。一条是由感受器直接把感受到的信息（以电脉冲形式）传送到大脑皮层的相应区域。而另外一条是当传入神经经过脑干各段的时候，都有旁枝进入大脑的网状结构。这种网状结构是一种通向大脑皮层各个部分的神经通路。通过这种网状结构，就直接可以把每种感受器所接受的每一种刺激所产生的神经冲动，传送到大脑皮层的广大区域，并分布于大脑皮层所有各层。由此对皮层的机能状态产生广泛的影响。这种网状结构的存在是现代神经生理学在50年代的重要发现。

网状结构可以直接将各种刺激引起的神经冲动传送到大脑皮质的各个部分去，这种现象看起来是一种类似于扩散活动的现象。从这个意义上说，我们认为是证实了巴氏关于扩散活动的猜想。但是，网状结构的存在，实际上又完全否定了巴甫洛夫原来的设想。它表明大脑皮质根本不需要借助什么兴奋中心向外进行扩散活动的机能，而只借助于网状神经结构，就可以把各种神经冲动传送到大脑皮层的各个区域去。因此，我们认为，这个生理学上的重要发现，是现代神经生理学向巴氏学说提出的一个原则性的挑战。

第二，两种传入通路的存在，要求改变我们对于大脑皮层神经机能的看法。

现代神经生理学把中枢神经系统的两种传入通路称为特殊传入通路和非特殊传入通路。前者是指直接由感受器通向特殊机能分区的神经通路；后者是指通向网状结构，并传向整个大脑皮层的神经通路。这些神经通路都是生来具有的，而不是临时接通的。这两种传入通路的存在，就要求我们改变巴甫洛夫关于高级神经活动的一整套设想。这就是说，在中枢神经系统中，既有特殊传导通路可以把神经冲动传到大脑的特殊区域，又有非特殊传导通路可将神经冲动传到大脑皮层的广大区域。这样，大脑皮质上就不需要存在巴甫洛夫所设想的那种（由于兴奋和抑制的机制而产生的）扩散与集中的过程，也不需要存在什么吸引和排斥那样的力学作用。

另外，由于两种传导系统的存在，就直接把大脑皮层的各个区域结合成了一个有机的整体。因此，任何神经冲动当它传送到大脑皮层特殊区域的同时，也就很自然地送到了大脑皮层的其他区域。例如：眼睛接受了灯光的刺激，这种刺激通过特殊传入通路送到视觉中枢，并在视觉中枢产生灯光的感觉，使机体感知了这是一种特殊的灯光。另外，这种灯光引起的神经冲动，又通过网状神经送到大脑的其他各区，并引起其他各区的神经活动。如果是传送到触觉中枢以后，就会引起与灯光有关的感触知觉的再现活动。这种感触知觉只是已往存储的感觉经验的再现。因此，如果已往有感觉经验的话，对于油灯就会有烧手的知觉。如果触觉中枢原来没有储存已往感触的经验，那就不会引起具体的感触知觉。假使这种灯光特别刺眼，在刺眼作用传入视觉中枢的同时，也一定会传送到运动中枢，并立即作出保护性的闭眼或转脸运动，避开这种强光的刺激。这种情况向我们表明，视觉中枢在和其他感觉中枢联合活动的过程中，根本不需要发生什么兴奋中心的扩散活动，也不需要去拓通什么神经通路，而只要大脑皮质具有能够储存各种感觉经验的机能，就可以使巴甫洛夫的条件反射实验得到新的解释。现代神经化学发现，大脑神经细胞中含有大量的脱氧核糖核酸（DNA）和核糖核酸(RNA)。它们和蛋白质的合成关系密切，而且可能与记忆的机能有关。这又为大脑皮质的存储机能，提供了有力的佐证。

第三，科学的发展要求对巴甫洛夫的条件反射实验作出新的解释和说明。

巴甫洛夫是一个力图坚持唯物主义的生理学家。为了探索大脑高级神经活动的秘密，他进行了大量的条件反射实验，并为我们积累了丰富的实验材料。这是他在科学史上的不朽的功绩。但是，究竟应当怎样综合和解释这些实验材料呢?

笔者认为，如果我们不把大脑皮质的主要机能看成是接通神经通路，而把大脑皮质的主要机能看成是存储各种感受器官所接受的外来信息，即把大脑皮质看成一个庞大的存储系统。这样，我们就会对大脑高级神经活动的实质，获得一种新的认识。以狗的实验为例，如果当人们给狗一个声音刺激（例如让狗听到节拍器的声响），那么，这种节拍器的声音就必然通过特殊传入通路，把这种声音的信息送到大脑皮层的听觉中枢，使狗产生这种声音的知觉，并在听觉中枢把这种感觉经验保留下来。同时，这种声音刺激产生的神经冲动也必然通过大脑神经的网状结构，又被直接传送到大脑皮层的的各个部分去，并引起整个大脑皮层的神经活动。因此，当狗一听到声音，就会耸起耳朵仔细辨别，这种所谓的“探索反射”，实际上是因为声音所引起的冲动被传送到运动中枢而引起的。这并不是什么听觉中枢的兴奋中心向外扩散的结果，而是网状神经结构传送外界声音刺激的结果。

在巴甫洛夫开始描述条件反射活动的时候，曾出现下述情况：即必须在狗需要吃食物的情况下，才可能去建立所谓的“条件反射”。这是什么原因呢？巴甫洛夫没有作详细解释。我们认为这是因为，狗在饥饿的时候，它的体内的饥饿状态也可以传入狗的大脑的觅食中枢，并通过网状结构传向大脑皮层的其他区域，从而使狗产生复杂的求食活动（当然也包含着唾液分泌活动在内）。因此，如果在狗吃得很饱的时候，不要说声音的刺激，即使是食物的刺激，也不会引起狗的觅食活动，也不会引起狗的唾液腺分泌。相反，如果在狗饥饿的时候，没有任何外界的刺激，狗也会进行各种觅食的活动，甚至也可以自动地分泌唾液的。

在承认上述事实的基础上，我们再分析一下声响和食物同时作用时的情况。巴甫洛夫的实验表明，如果要使这两者之间建立起条件反射，必须选择适当的时机，而且要把外界的两种刺激联系起来。所谓适当的时机是指狗有食欲的时机，没有这个条件是建立不起条件反射的。另外要使声音和食物之间形成条件反射，就必须把声音和食物这两种刺激联系起来，而且要比较牢固地联系在一起。如果在客观上狗有求食的内在需要，我们又把声音和食物联系在一起呈现在狗的面前，那么，在狗的头脑之中，就会很自然地通过网状结构把求食、声响和食物等刺激所产生的神经冲动联系起来。听到声音后又能有食物可吃，经过这样的多次反复，在狗的听觉中枢（或觅食中枢）就会产生一种声音和食物总是联系在一起的知觉经验。大脑皮质又可以把这种知觉经验以特殊的方式存储起来。这时候就形成了巴甫洛夫所谓的条件反射。

但是，如果客观情况发生了变化，在以后的实验中，食物并不伴随声音同时出现。这样经过长久的反复之后，狗的记忆就会发生变化。从而产生声音与食物并无联系的知觉。这种知觉也可以储存在狗的听觉中枢（或觅食中枢）。当它听到声音之后，也就不会自动地流唾液了。这种情况充分说明，无论在建立条件反射或消退条件反射的过程中，在大脑皮质上根本不需要建立什么“暂时联系”，也不发生什么“暂时联系”通路的阻塞和中断。在狗的头脑中，声音是食物的信号，或者不是食物的信号，并不取决于大脑神经中有没有建立“暂时联系”，而完全取决于在客观上，声音是不是作为食物的信号这个事实。

这样来解释大脑的反射活动，就必然会得出与马克思主义的认识论，即反映论相一致的结果。

可是，巴甫洛夫并没有这样看待大脑高级神经系统的机能和作用，也没有这样地解释他的条件反射实验。因此，无论他对大脑高级神经系统活动的设想多么壮丽，但总归是一种建立在当时生理学基础上的设想而已。随着科学的发展，对他的设想提出了质疑和改变，这绝不是什么个人的头脑中产生了什么新的“暂时联系”。这是科学发展的必然趋势在人们头脑中的反映，也可以说，这是自然辩证法的一种胜利。

（郭祖仪）

选自：心理科学通讯，1981（5）

托尔曼

（Edward Chase Tolman）

生平简介

E·C·托尔曼（1886～1959），美国心理学家，目的行为主义的代表人物。托尔曼1886年4月出生于马萨诸塞州的韦斯特纽顿的一个贵格会教徒家庭；1906年中学毕业后在麻省理工学院学习工程，1911年获得电子化学学士文凭。由于受到詹姆斯作品的影响，他开始对哲学发生兴趣。他认为心理学可能是哲学和科学之间的一个有趣的折衷，于是到哈佛大学专攻心理学；1912年曾在德国著名的格式塔心理学家考夫卡的指导下学习，并获心理学硕士学位；后来转入哈佛大学跟随霍尔特（Holt）学习心理学，他还对佩里和华生的思想有所了解，使他热衷于动物心理学。1915年他以《记忆的研究》获哈佛大学哲学博士学位，同年被任命为诺思韦斯敦大学心理学助教；之后应西北大学之聘，在那里任教到1918年，同年转到加利福尼亚大学伯克利分校任心理学副教授。1920年托尔曼发表了《本性和意愿》，这是他一系列重要论文的开端。1923年托尔曼重新来到考夫卡的身边，这使他加深了对“整体知觉”概念和完形心理学的认识。

托尔曼1937年任美国心理学会主席，1940年担任社会问题心理学研究学会主席，1951年耶鲁大学又授予他理学博士学位，1953年任美国心理学会普通心理学部主任，1957年获美国心理学会卓越贡献奖，1959年在他从事了40年教学和研究工作的伯克利加州大学与世长辞。

托尔曼在研究生时所受的培养是冯特—铁钦纳式的传统心理学，到了最后一年他熟悉了华生式的行为主义。托尔曼的观点是目的行为主义，它以有目的的整体行为为研究对象，他说：“只有行为—动作的整体性才应该是心理学家感兴趣的对象。”他认为行为都是有目的的，都能客观地加以描述，不必诉诸内省或有机体是怎样“感觉到”的经验。托尔曼认为目的是嵌于行为主义刺激—反应公式中的中间变量。他在其1932年出版的《动物和人的目的性行为》一书中指出，行为具有目的性、整体性和认知成分。行为的目的性说明行为不是刺激—反应的机械关系，而是指向一定的结果；行为的整体性说明行为不是分子概念，而是块状概念；行为的认知成分说明动物和人不是简单地趋向目标，而是根据对符号或认知地图的理解而趋向目标。

托尔曼反对行为的生理分析，主张行为的心理分析。他认为华生的“刺激—反应”公式属于生理学范围，决非真正的心理学。他提出了“中间变量”的概念。他认为，在自变量和行为之间存在着中间变量，虽然它们不能被直接观察到，但它们是行为的实际的决定因子。因此，必需把 S—R 理解为 S—O—R，中间变量就是在 O（有机体）内部正在进行的东西，只有弄清了中间变量，才能回答一定刺激情境何以会引起一定的反应的问题。托尔曼提出两种主要的中间变量：需求变量和认知变量。前者包括性欲、饥饿等，决定着行为的动机；后者包括对客体的知觉、对经历过事物的再认知技能等，它决定着行为的知识和能力。1951 年托尔曼受勒温的影响，修改了中间变量的概念，作了两个重要的补充：(1) 把需求变量改为“欲求系统”，即指有机体当时的生理需要和内驱力状况。(2) 把认知变量改为“行为空间”。托尔曼的中间变量避免了华生的“刺激—反应”公式的片面性，深入到个体内部过程，因而有助于说明行为的个别差异。

托尔曼的学习理论在他的整个理论体系中占有重要的地位。托尔曼否认斯金纳的学习理论，认为奖励或强化在学习中只起很小的作用。他根据严密控制的实验研究提出了符号学习理论，认为学习者不是学习简单的、机械的运动反应，而是学习达到目的的符号及其所代表的意义，建立一种“符号格式塔”模式或叫“认知地图”，从而达到对整个情境的认知。托尔曼的“符号学习”说明了行为的目的性、行为的整体性、行为的期望和预见性。

托尔曼毕生探索和研究的成果，对心理学，特别是对学习这个领域产生了很大的影响。托尔曼的体系与华生的行为主义、麦独孤的策动心理学、吴伟士的动力心理学以及同正统的和勒温的格式塔心理学均有复杂的联系。最可贵的是他在对各派心理学兼收并蓄的同时，能始终坚持严肃的批判态度，积极发挥独创精神。他强调行为的目的性和整体性，创造性地提出了“中间变量”和“操作向量”等新的概念，开创了有关学习的许多重要的研究课题。他的认知学习理论促进了认知心理学及信息加工理论的产生和发展，被认为是认知心理学的起源之一。

托尔曼的主要著作有：《动物和人的目的性行为》(1932)、《机体与环境的原因结构》(1933)、《导向战争的动力》(1942)、《行为的和心理的人》(1951)、《托尔曼自传》(1952)以及他的弟子们选辑出版的《托尔曼论文集》(1951)等。

(何先友)

名篇选读

行为——一种整体现象（节选）

（一）心灵主义与行为主义的对立

心灵主义者认为“心理”实质上是“内心活动”的长流。他说，人类进行“内观”(look within)就能观察到“内心活动”。他还认为，低于人类的有机体，尽管不会“内观”，或者至少不会报道它们内观的结果，但是它们也有“内心活动”。心灵主义者认为，动物心理学家的任务是从动物的外部行为来推测动物的内心活动；心灵主义者把动物心理学降格为根据类推而来的一系列论点。

请和行为主义者的论点对比一下。对行为主义者来说，“心理过程”可以按照心理过程所导致的行为来加以识别和给予定义。“心理过程”，在他看来，只是一些推论出来的决定行为的因素，而这些因素最终可以由行为推断而得。行为以及这些推断出来的决定因素都是可以客观地作出明确定义的实体。行为主义者宣称，这些东西既非私有的，也不是“内蕴的”。人类和低于人类的有机体是沉浸在各种环境中的生物实体。有机体基于生理上的需要，必须适应这些环境。有机体的“心理过程”是在机能上加以限定的一些方面，这些方面决定着有机体的种种适应行为。对于行为主义者来说，一切事物都是公开的，摆在台面上的，而且，动物心理学也可为人类心理学所利用。

（二）各种行为主义派别

本文所采取的总的立场是行为主义的立场，但是，这个立场是一种相当特别的行为主义的派别，因为实际上存在着各种各样的行为主义。行为主义大师华生提出一个牌号的行为主义，而在他以后，其他人们提出了许多很不相同的行为主义的变种，特别是：霍尔特（Holt）、帕里（Perry）、辛格尔（Singer）、德·拉古纳（de Laguna）、亨特（Hunter）、魏斯（Weiss）、拉施莱（Lashley）和弗洛斯特（Frost）等人。我们并不想对所有这些类型进行全面的分析和比较。我们在此仅提出他们一些特有的观点，从而进一步介绍我们自己的这一种行为主义。

（三）华生的分子定义

华生在多数场合似乎采用简单的刺激—反应的联结来描述行为。而且，他似乎是用比较直接的物理学和生理学的术语来设想这些刺激和这些反应。他在第一次全面说明他的学说时这样写道：

“我们在心理学中就像在生理学中一样地使用刺激这个术语。不过在心理学中，我们必须把这个术语的用法稍加扩大。在心理学实验室中，如果我们所处理的是相对简单的因素，比如，处理不同波长的以太波的效应、声波的效应等等，并且设法区分出这些效应对人类适应所起的影响，我们就叫它为刺激。另一方面，如果导致反应的一些因素较为复杂，例如社会环境中的因素，我们就叫它为情境。基于最终的分析，情境当然可以分解为一组复杂的刺激。我们可以举出下列各项作为刺激的例子：不同波长的光线；幅度、长度、相位和组合各不相同的声波；粒径极小，但散布出来会刺激鼻膜的气体粒子；含有极小的物质粒子并能激发味蕾活动的溶液；影响皮肤和粘膜的固态实物；引起温度反应的发出辐射热的刺激；切割、刺戳及一般造成体素损伤的伤害性刺激。最后，肌肉的运动和腺体的活动本身，由于作用于活动着的肌肉里的内导神经末梢，也是一种刺激……

“同样，我们在心理学里使用生理学术语‘反应’，但是我们对它的用途也要稍加扩大。轻轻敲打膝关节腱或者抚摸脚掌引起的运动，既是生理学，也是医学加以研究的‘简单’反应。在心理学中，我们有时也研究这些类型的简单反应，但是更多的时候，研究几个同时发生的复杂反应。”

然而必须注意，华生虽然用构成行为的严格的物理的和生理的肌肉抽搐来对行为下定义，他却常会滑入一个不同的，而且是有点自相矛盾的概念中去。例如，在上面引文的末尾，他又说道：

“在后一种情况中［就是在心理学中，当我们研究几个同时发生的复杂反应时］，我们有时使用一个通俗的词语‘行动’或适应，意思是一整组的反应，以一定的方式（本能或习惯）整合起来成为一个人所做出的事情，我们可以给它一个名称，叫做‘进食’、‘造屋’、‘游泳’、‘写信’和‘谈话’等等。”

这些“整合反应”也许具有一些特质，不同于组成这些“整合反应”的生理元素的特质。事实上，华生在“情绪”这章的脚注中写了下述语句，似乎就暗示了这种可能性。他写道：

“一个研究行为的人，即使他对于交感神经系统、腺体和平滑肌，甚至对于整个中枢神经系统毫无所知，他也能写出一份关于情绪的全面而精确的研究报告——包括情绪的类别、情绪和习惯的相互关系和情绪的作用等等，这完全是可能的。”

然而，这最后的说法似乎和他前面的说法相矛盾。因为，如果像他在前面的引文中所说，行为的研究只关心“物理学家所定义的那些刺激”和“生理学家所描述的肌肉收缩和腺体的分泌”的话，那么，“一个研究行为的人如果对于交感神经系统、腺体和平滑肌，甚至对于整个中枢神经系统都毫无所知”，而要想写出一份关于情绪的全面而精确的研究报告就肯定是不可能的了。

此外，在华生最近的一本著作中，我们发现他这样说：“有些心理学家似乎有这样的观念：即行为主义者仅仅对于记录细微的肌肉反应有兴趣。这决不是事实。让我们再次强调，行为主义者感兴趣的主要是整个的人的行为。他会从早到晚观察一个人从事他的日常工作。如果是砌砖，行为主义者会测量这个人在不同条件下砌砖的数目，他可以连续工作多久而不疲劳，他学会这种手艺需要多长时间，以及我们能否提高他的工作效率，或者使他在较短的时间内完成同样数量的工作。换句话说，行为主义者感兴趣的反应是对于'他在做什么'和'他为什么这样做'这类问题的一般常识性答案。有了上面这个总的说明，就不会再有人能够对行为主义者的研究活动范围歪曲到如此的程度，竟然声称行为主义者仅仅是一个肌肉生理学家了。"

这些说明强调整个反应以区别于构成这样一些反应的各个生理元素。简言之，我们的结论必然是：华生在实际上玩弄了行为的两种不同概念，虽然他并没有清楚地理解这两者之间有多大的区别。在一方面，他用行为所依据的物理学和生理学的细目，也就是用感受器过程、传导器过程及效应器过程本身给行为下定义。我们把这种定义称做行为的**分子**定义。同时，在另一方面，华生终于认识到，也许只是模糊地认识到，行为之所以作为行为，不只是它的生理零件的总和，而且也不同于这个总和。行为之所以作为行为，它是一种"突创"（emergent）现象。这种现象有它自己的可描述的和规定的特性。我们把这后一种定义称做行为的**整体**定义。

（四）整体定义

本文要辩护的正是行为的第二个概念，即整体概念。我们（如果不是华生）将努力争辩："行为—行动"，虽然无疑地是和它所根据的物理的和生理的分子事实完全一一对应，但是作为"整体"的全体，行为—行动有它们自己的某些"突创"特性。而正是这些行为—行动的整体特性才是我们这些心理学家的主要兴趣所在。此外，在我们目前的知识情况下，就是说，在找出行为及其生理相关物之间的许多可验证的相互关系之前，若是根据仅有的物理学和生理学的基本的分子事实，即便想要推知这些行为—行动的整体特性也办不到。这就正如一大杯水的特性，在证验之前，无法从个别水分子特性中想象出来一样，我们也无法从组成“行为—行动”的物理的和生理的基本特性直接推导出“行为—行动”的特性。行为作为行为，在目前无论如何都不能以列举肌肉抽搐，列举组成行为的仅仅作为运动的运动推论出来。行为首先必须作为第一手的研究对象，并以其本身作为研究的对象。

一个作为“行为”的行动具有它自身的可资区别的特性。对于这些特性的识别和描述，可以不考虑其中含有什么肌肉的、腺体的和神经的过程。这些为整体行为所特有的新特性，可以假设是与生理的运动密切相关，如果你愿意，也可以说依赖于这些运动。但是在描述上这些特性在本质上却不同于生理运动。

一只老鼠走迷津，一只猫走出一个迷宫，一个男人开车回家吃饭，一个孩子躲开陌生人，一个女人洗衣服或者在电话上闲谈，一个小学生做智力测验，一个心理学家背诵一张无意义音节表，我的朋友和我说出各自的思想感情——这些全是行为（作为整体的行为）。必须注意到，在谈到以上任何一件行为时，我们从来没有提到所涉及的有哪些确切的肌肉、腺体、感觉神经和运动神经。说来也难为情，关于这些生理过程的任何一种或其大部分我们甚至是不知道的。可是这些反应多少都各有一些其他足资辨认的特性。

（五）整体定义的其他支持者

现在必须进一步注意到，行为的这个整体概念——这一概念认为行为呈现其本身所具有的鉴别性和规定性的特性，这些特性不同于行为所依据的物理的和生理的特性——也得到其他一些理论家的支持。特别应该提出的是霍尔特、德·拉古纳、魏斯和康托尔(Kantor)。

霍尔特：

“那种过分强调唯物主义观点的生物学家，往往非常害怕碰到某个怪物，即‘心灵’（psyche)，于是他匆匆忙忙把每一件行为都分析成为构成行为的一些反射，而不敢首先把行为当作整体来加以观察。”

“整合的有机体所表现出来的现象不再只是神经的兴奋或者肌肉的抽搐，也不只是刺激所触发的反射的作用。所有这些都表现于上述现象之中，而且是这些现象的基本东西，但是它们现在只是些组成成分，因为这些东西都已被整合在一个整体之中。而这些反射弧及其所包括的其他方面已经整合成为一个有系统的、互相依存的状态，从而产生了一些不限于反射动作的东西。生物科学早就承认了这一新的、进一步的现象，并且把它称为‘行为’。”

德·拉古纳：

“一个由距离感受器开始，并由接触刺激所强化的总的反应（例如，向某物伸手、啄食、吞咽）形成一个机能单位。这种行动是一个整体，而且作为一个整体受到刺激或抑制……。在行为更为复杂的场合，我们仍能找到类似的关系。”

“作为整体的一组［感觉细胞］的机能作用（functioning），因为它是一种机能作用，而不仅仅是一种‘化学释放’，所以就完全不是组成这一整体的各个细胞的机能作用所产生的结果了。”

魏斯：

“体内神经状况的研究，当然是行为主义者研究计划的一个部分，但是，即使不能把某一神经兴奋在整个神经系统中的分散情况弄清楚，这也并不妨碍我们研究工业、教育和社会等方面的生活领域中有效的刺激和反应，正如物理学家即使在电流通过时不能确定电池里的电解质起了什么变化，仍然可以进行电力的研究工作的情形一样。”

康托尔：

“心理学家正试图越来越多地根据完整的有机体，而不是根据特殊的部分（例如，脑等）或者孤立的机能（如神经的机能）来说明事实了。”

“简言之，心理的有机体，与生物的有机体不同，可以被看成是反应的总和加上这些反应的各种不同的整合。”

（六）作为整体行为的可描述的特性

假定行为作为行为有它可以描述的特性，我们就必然要追问，这些可以辨认的特性的详细内容又是什么?

这个问题的答案中的第一项可以发现于下述事实:作为我们的概念中的行为,似乎总是具有“趋向”(getting-to)或者“离开”(getting-from)一个特定目标对象(goal-object)或者目标情境(goal-situation)的特性。也就是说,若要完全辨认任何一个单一的行为—行动,首先需要提到某一特定的目标对象或者某些目标对象,这些对象正是一个行为—行动试图“离开”或者“趋向”的,或者既“离开”又“趋向”的。例如在老鼠“走迷津”的行为中,“趋向”食物这个事实,是行为的第一个或者最重要的可供辨认的特征。桑代克的猫打开迷笼的行为之首要的可供辨认的特征是猫要“离开”迷笼的禁锢这个事实,或者你可以说,是为了“趋向”笼外的自由这一事实。又如心理学家在实验室背诵无意义音节的行为,作为这一行为之首要的可描述的特征的事实是,为了“得到另一所大学的延聘”。最后,我和朋友之间的一串闲谈,是以一套“趋向”于这样那样的双方思想准备以求发展进一步的行为而作为首要的可供辨认的特征的。

关于行为—行动的第二个可描述的特征,我们还注意到这个进一步的事实:这样一个“趋向”或者“离开”的行为,不仅以目标对象的性质和要趋向它或离开它这种坚持性为特征,而且还以下述事实为特征:行为—行动总是包含着和这样那样的中间手段—对象打交道(commerce-with)、相往来(intercourse-with)、相约束(engagement-with)和相沟通(communion-with)的特定模式,作为趋向或者离开的一种手段。

例如,老鼠的奔跑是“趋向”食物,这种奔跑表现为一种特殊模式的奔跑,即在某些小径中奔跑而不在其他小径中奔跑。同样,桑代克的猫的行为,不仅是要“离开”迷笼的禁锢,而且也表现了诸如咬、嚼和用爪抓笼子的这样那样特殊部分的特定模式。再如,那个男人的行为不仅是“离开”办公室而“趋向”那个有他的妻子和食物的家,而且也是通过同一些手段—对象(汽车、道路等)打交道的特定模式才回到家里的。最后,那个心理学家的行为也不仅是为了得到“另一个大学的聘请”,而且也表现为一定模式的手段—活动，或者以同手段—对象打交道的一种特殊模式作为特征，即朗读和背诵无音义音节，以及先在原稿上记录其结果和其他一些废话，再用打字机打出原稿等等。

关于行为—行动的第三个可描述的特征，我们发现借助于和这样那样手段—对象打交道而实现“趋向”或者“离开”特定的目标—对象时，行为—行动的特征也可表现为，采用较短的（容易的）手段活动而不采用较长的手段活动以表现出有选择的较大准备性。例如，向一只老鼠提供达到某个目标—对象的两条可供选择的手段—对象的空间路线，一长一短，老鼠在一定限度内会选择短的一条路线。而以同样的方式选择时间上和重力上较短（较小）的一些手段—对象路线。这些在老鼠身上表现出来的情况，毫无疑问，会以同样的方式，或者更明确的方式在高等动物和人身上表现出来。这也等于说，这种对于手段—对象和手段—路线的选择性是与目标—对象的手段—结局的“方向”和“距离”有关的。动物在有选择的情况下，迟早总会选择最终能使它“达到”或“离开”既定要求的或想要避开的目标对象或情境的途径，以及选择用较短的通路以达到目的地的途径。

总之，任何行为—行动要做出足以说明其本身特性的完全可描述的辨认，就要求有关下列几个可描述的说明：a）想要达到或者离开的一个或几个目标对象；b）包括在这种趋向或者离开的活动中而与手段—对象打交道的特殊模式；c）一些表现出与途径和手段—对象的选择性辨认有关的事实，包括为了达到或者离开而采用的，与手段—对象的较短的（或较易的）交流。

（七）目的性和认识性的决定因素

但是，任何一个“讲究实际”的读者现在一定准备进行辩论了。因为很明显，用目标—对象和用与手段—对象打交道的模式作为选择短的路线以达到或者离开目标—对象来辨认行为，就意味着采用“目的”和“认知”这类可怕的字眼了。而且这肯定要触犯任何一个讲究实际的有素养的当代心理学家。

但是，似乎也别无其他出路。作为行为的行为，即作为整体的行为就是具有目的和认知性的。这些目的和认知就是行为的直接可以描述的经纬线。毫无疑问，行为是完全而严格地依赖于其所根据的一套复杂的物理和化学的功能，但是最初，并用作为开始可资识别的东西，是具有目的和认知的行为。而且，我们以后将会看到，这样的一些目的和这样的一些认知，不论在老鼠的行为中，还是人类的行为中，都是同样的明显。

最后必须强调指出，行为中这样直接的固有的目的和认知，在定义上完全是客观的，这些目的和认知是用我们在观察行为时得到的特性和关系来确定其含义的。我们这些观察者，观察着老鼠、猫和人的行为，而且注意了行为的特性：采用这样那样一种和手段—对象打交道的特殊模式来达到这样那样对象。正是我们这些无偏见的中立观察者才注意到这些完全客观的特性和行为所固有的，也正是我们这些观察者才碰巧选用了目的和认知作为这些特性的属名。

（八）行为目的的客观定义

让我们更详细地考察一下我们称之为目的和认知的那些直接能动的特性；我们先从目的开始。以桑代克的猫为例。猫要冲破笼子的禁锢以达到走到外面的目的，不过是我们对于猫的行为的一个非常客观的特性所给予的名称。我们现在对猫的行为的决定因素所给的名称，已在上次分析中用学习的某些事实给了明确的定义。桑代克对于那次具体行为的描述是：

> 这只猫被放进一个笼子以后，就会明显地表现出不舒适和逃出禁锢的冲动的迹象。它试图钻出任何空隙，它抓咬铁丝栅栏；把爪子伸出任何空隙，碰到什么就抓；一旦把一样东西弄得松动，它就会继续弄下去；它会抓笼子里的任何东西……。猫挣扎的力量真是异乎寻常。它不断地抓咬，而且想钻出去达八九分钟之久……。而且，所有不成功的冲动都会逐渐消退，只有那个导致成功的特殊的冲动会由于成功的喜悦而逐渐加强，直到多次尝试以后，当猫被放进笼中，就以一种明确的方式去抓机钮或者绳结。

我们注意到上面描述中的两个有意义的特点：(a) 表现这一行

为的有机体具有通过尝试错误而坚持下去的准备性这个事实；(b) 连续地越来越快地选择使它更快和更容易逃出的动作的倾向，也就是可驯性这一事实。我们现在要宣称，正是这两个互相关联的特点为我们称为“猫要达到外界自由”这一目的的直接性质来下定义。我们要阐明的观点，简单地说，就是只要一个反应对于某一目标表现可驯性——只要一个反应易于 (a) 投入尝试与错误的系列，(b) 逐渐地或突然地选择有关达到那个目标更为有效的那类尝试——这样一种反应就表达和解释了我们为了方便而称之为“目的”的某种东西。无论哪里出现了这样一组事实，我们就把为了方便而称之为“目的”的东西客观地表达了出来而且下了定义（除了在一些最简单和严格的向性和反射之外，哪里又不出现这组事实呢?）。

行为的“可驯性”是行为的“目的性”的客观定义，首次明确认识和提出这个事实的应该归功于帕里（Perry）。他在 1918 年发表的一篇文章中说：

“如果小猫仅见到一个处于垂直位置的门把手就会被激动而作出努力；如果这些努力一直持续到碰出一个方法把门把手转到横向位置；如果散乱动作表现出被一种完全成功的动作的稳定性倾向所代替的话，我们就可以说；这只小猫正在试图转动门把手……”[就是目的在于转动门把手]。“为了能把一个有机体说成是由于目的在于一定结果而以一定方式在动作着，则这些动作既证明其本身具有一定结果，也应该从这个事实引申出其本身有出现的趋势；而其他动作由于证明毫无结果，就应从那些事实得出被排斥的趋势。必要的是，合适不合适的动作都会试探地出现，然后根据结果而取得一种稳定的或有倾向的性质。”

最后，必须注意麦独孤（McDougall）也提出了一种似乎相似的理论。麦独孤和帕里（以及我们自己）一样，发现行为有它自己的特性。他把这些明显的特性归纳为六个：

(1)“运动的一定自发性”；(2)“不论那开头引起活动的印象是否继续，那活动仍持续下去”；(3)“持续动作的方向的变化”；(4)“动物的运动一旦引起情境里的一种特殊变化后，运动即行停止”；(5)“准备接受某一动作所造成的新情境”；(6)“动物在相似情况下重复某种行为时，行为效率在某种程度上的提高”。而且他说，前五项表明“目的”。所以，麦独孤的理论似乎与我们的理论至少在表面上也很相似。

然而，必须注意，他没有特别强调第六个特点，“某种程度的提高”——即行为的“可驯性”。我们认为，按照帕里的理论，这正是其他五个特点的极致和意义所在。

还必须指出一个更进一步的差异。对于我们和帕里教授说来，目的是一个纯粹客观规定的变量，它是由尝试错误及其最后的可驯性的事实来解释的；而对麦独孤教授说来，目的似乎就是由内省的、主观的某种“东西”来解释的了。它不同于，而且超出于它在行为中出现的方式；它是在这种客观现象背后的某种“心理的”、“精神的”东西，而且归根到底，只有通过内省才能认知，麦独孤的观点与我们的观点的分歧是根本的，而且意味着完全的颠倒。

（九）行为认知的客观定义

现在我们来考察认知的事实。我们要宣称，行为的可驯性特点也客观地界说着可以适当地称之为认知或认知过程的某些直接的、固有的特性。更具体地说，我们的论点是，据以辨认某种行为—行动的选定路径和特定的打交道模式，就下列三点而言是可驯的，而且同时是可以从认知方面来提出的。a）目标—对象的性质；b）这个目标—对象相对于实际的和可能的手段—对象的初始位置（即方向和距离）；c）作为能支持这样那样的打交道而特别呈现出来的手段—对象的一些性质。因为如果这些环境实体的任何一个实体证明不正是如此，这一行为—行动就会崩溃瓦解，并且会接着出现行为的改变。因此，正是任何给定的行为—行动能否连续进行，取决于环境的性质是否果真如同所证明的那种样子，这一事实才规定了那个行动的认知方面。

这些认知方面的事实可用老鼠走迷津中的行为加以说明。老鼠只要学会一个给定的迷津之后，它的行为就是一种很特殊的穿过迷津的跑动。但是在连续情况下，这种迅速穿过迷津的继续行为很容易在实验上显出是依照环境事实确实如此而定的。穿过迷津的动作是伴随着目标盒里证明确有某种特性的食物而发生的，也是伴随着确实证明这条或者那条路径是到达食物的最好和最短路径而发生的。最后，穿过迷津的动作是伴随着这些路径确实是具有其本身现有的形状而发生的。因为。如果这些环境事实有了任何没有预料到的改变，就是说，不再证明是如此如此，这一给定的行为，即这个给定的穿过迷津的行为，就会崩溃而表现出行为的瓦解。因此，老鼠继续照它现在的样子跑迷津就构成了一套直接相倚性（contingencies）的客观表现。它继续跑迷津还说明了环境特点具有不使这类行为趋于瓦解的性质。正是为了这些相倚性，认知这个名称似乎才是恰当的。

（十）作为整体的有机体

上面所说的理论认为，行为是可驯的，由于是可驯的，所以是有目的的和认知的，这个理论也意味着应当指出，行为总是作为整体的有机体的事情，而不是个别的感觉神经段和运动神经段自身在某一个局部而单独进行的。因为，我们前面说过的这种可驯性，意味着广泛分布在有机体各部分的运动反应和感觉活动中的转移、选择和代替。那种坚持的准备性可以包含从一个感觉神经段到另一个感觉神经段，从一个运动神经段到另一个运动神经段的广泛的转移。作为与环境打交道的一种行为，只能在整个有机体中发生。行为是不会在相互隔绝，各成一体的特殊感觉神经段或者运动神经段中发生的。

事实上，行为是整个有机体的一种顺应，而不是孤立的感觉神经段和运动神经段的一种各自单独地孤立进行着的反应，这个事实很容易用甚至比老鼠更低级的动物来说明。例如，吉尔豪森（Gilhousen）根据龙虾（Crayfish）在一个简单T形迷津中的行为得出这样的结论：

“没有发现明确证据能使任何学习理论可以认为，即使在相对低级的生物中，学习主要是一个对某一刺激的特定反应的强化或抑制。上面指出，从分析动物在迷津中的跑动可以看出，学习以对迷津情境不断作出各种不同反应为特征。完好的龙虾以很好的方式表现了这一点：龙虾对于相同的特殊记号，不是以一成不变的反应动作作出反应，而就观察所得，它在各次不同的尝试中，对不同的记号，是以恰当改正了的方式作出反应。”

在这方面，必须注意，有些行为主义者倾向于认为，行为是整个有机体的事情，而这一事实，正是作为整体来看待的行为的基本特征。例如，帕里（我们曾把最早强调行为的可驯性归功于他）就常常倾向于强调，行为是整个有机体的事情，并且认为这个事实就是行为的明显之处。他写道：

“心理学［即行为主义］处理有机体行为中较大而易见的事实，特别是有机体作为一个单元而动作的那些外部和内部的顺应；生理学处理的则是一些更为基本的组成成分的过程，例如，新陈代谢，或者神经冲动。但是，当心理学把有机体分开研究时，则趋近于生理学，当生理学把有机体整合成为一个整体时，它就趋近于心理学。”

他进一步说：

“人类行为的这个概念的重要特性是有机体的一直被称为决定趋势的一般状况，作为整体的有机体在一段时间里全神贯注于一项任务，这项任务耗费着它的精力并动用着它的机制。”

他又说：

“按照有机体是统一的并且以整体而起作用的程度而言，有机体的行为不能说成是个别与外部事件相关的一些简单反应。”

魏斯和德·拉古纳也强调这一点。

然而，最后可以注意，从这里所提出的观点来看，行为属于整个有机体这一事实，似乎是派生的而不是基本的。这只是从一个更基本的事实得出的推论：作为行为的行为，即作为整体的行为，是可驯的，而且成功的可驯性要求有机体各部分之间彼此的相互结合。

（十一）行为决定因素的初始原因和三种变量

我们一直在设法表明，某些“内含的”目的和认知是任何行为所固有的。这些在机能上被规定的变量是决定行为的因果方程式中的最后步骤。这些变量要通过适当的实验设计才可发现并予以定义。它们是客观的而且正是我们这些外部的观察者才发现——你也可以说是推论或者发明——它们是行为中固有的，而且起着决定行为的作用。它们是行为的最后和最直接的原因。所以，我们把它们称为“固有的决定因素”。

但是，必须扼要指出，这些固有的决定因素反过来是由环境刺激和一些初始生理状态所引起的。我们把这一些环境刺激和有机的状态称做行为的最终原因或“初始原因”。固有的决定因素是在初始原因和最后的结果行为中间的因果方程式中起中介作用的。

然而，也须说明，除了起中介作用的固有决定因素之外，介于刺激（以及初始的生理状态）和行为之间还有真正另外两类行为决定因素。我们可称之为“能力”和“行为调整”。这一些能力和行为调整，将在本书以后其他部分详细讨论。我们在此只要引起读者注意这个事实，并且提出一些基本的特性描绘。

第一，关于能力：在目前讲究智力测验并且强调个体的和遗传的差异的时代，最终被激起的固有的决定因素的性质，在任何特定的情况下，不仅取决于在那个情况下出现的初始原因——刺激和生理状态——的性质，而且还取决于所讨论的个别有机体或其种属的能力这种明显的事实。刺激和初始状态通过能力产生固有的有目的的认知的决定因素，然后产生作为最后结果的行为。

第二，关于行为调整：同时必须指出，在某种特别情况下会出现这种情形：固有的目的和认知能否最终起作用，似乎取决于它们的性质能否激起有机体内某种初步的，被称为“行为调整”的东西。行为调整是我们行为主义者替心灵主义者叫做“自觉觉知”和“观念”所起的代用名词和所下的定义。行为调整是在有机体内，在某些特定场合下，作为实际行为的一种替代物或代用品而出现的独特机体事件。行为调整的功能是在有机体原先激起的固有决定因素中进行某些修正和改善。这样，相应于这些新改变的决定因素的有机体的最后行为，就不同于原先未经修正时会出现的行为了。

总结：行为首先的初始原因是环境刺激和初始生理状态，这些刺激和状态作用在行为的决定因素上面或通过这些因素而发生作用。更进一步，行为的决定因素还可分为三类：a）直接“内含的”

具有客观定义的目的和认知——即“固有的决定因素”；b）某一个体或种属的有目的的和认知的“能力”，这些能力作为特定刺激和初始状态的结果而在特定固有的决定因素间起中介作用；c）“行为调整”，在某些特殊情况下，由固有的决定因素所产生以代替实际的外显行为，而且反过来对于这类固有决定因素起作用，对它们加以修正或“矫正”，从而最后产生一些否则就不会产生的新的不同的外显行为。

（十二）综　述

行为本身是一种整体的现象，它和构成这种行为所依据的生理学的个别（分子的）现象构成对比。而且，作为一个整体的现象，行为的直接可以描写的特性似乎是：通过选择这种而不是别种手段—对象—路径，并且通过显示出与这些挑选出的手段—对象打交道的特别模式以到达或者离开目标—对象。但是，使用“达到或者离开，路径的选择和打交道模式”等名词而作的这些描写，意指并且界说了行为的直接而固有的目的方面和认知方面。可是，行为的这两个方面只是从客观上和机能上来下定义的实体。它们蕴含于行为的可驯性的事实之中。这两方面在最后的分析和最初的例子中都没有用内省来下定义。它们在猫和鼠的行为—行动中以及人的更精细的言语反应中，都容易看得出来。这类目的和认知，这类可驯性，显然都是作为整体的有机体的功能的。最后，本章也指出，除了行为固有的决定因素之外，另有两类决定因素：能力和行为调整。能力和行为调整也介于以刺激和初始生理状态为一方和以行为为另一方二者之间的方程式之中。

（戴振飞译　　吴　棠校）

选自：张述祖总审校．西方心理学家文选．北京：人民教育出版社，1983

思想评介

托尔曼信号学习理论评述

托尔曼在1922年发表的《行为主义的一种新程式（*A New Formula for Behaviorism*）》一文中，最初发表了他的新见解。1932年出版的《动物与人的目的性行为》一书则已形成了他的理论体系。当时美国心理学界正值华生行为主义“甚嚣尘上”的时候，托尔曼打出了目的性行为主义的旗号，后又改称为信号学习理论，这是需要有相当大勇气的。

首先，托尔曼强调行为的整体性，也就是说，行为是指向一定的目的的；行为具有认知的性质；行为不是机械的、固定的，而是适应性的，从而把各种各样的心理现象包容在行为主义的框架内。其次，托尔曼引进了中介变量这个概念，填补了介于作用于有机体的刺激和有机体作出反应之间的空白。虽说中介变量不能直接观察，但可以借助科学的手段间接地推导出来。赫尔正是借助了中介变量，建立了他庞大的行为系统理论的。但需要指出的是，他俩选择的中介变量是不同的。赫尔是“纯”行为主义者，试图把各种中介变量都还原为自然科学的术语；而托尔曼则把“要求”和“预期”这类具有明显的认知特性的中介变量作为主要研究对象。最后，托尔曼的信号学习理论对认知性质的强调，被认为是认知心理学的起源。托尔曼坚持认为，行为主义必须回答认知过程中所存在的问题。

托尔曼的理论不仅主要受行为主义和格式塔心理学的影响，同时也顾全到勒温的场论和弗洛伊德的精神分析学派，可以说是博采众长。他把各方面的观点组合在一起，又不失自己独特的理论体系在众多学习理论中的地位。尽管他自己谦虚地认为：“我一直只是提纲挈领地讨论，至今还不曾试图提出任何一种精确的公设和推理的体系。”美国心理学家希尔加德对此下了一个很好的注脚：“托尔曼兼收并蓄的风格和他对新见解的友好态度，使他不能建成一个‘严密的’或‘完美的’理论体系，尽管他素来不断建议一个完美的体系应该如何如何。由于他善于发现重大问题，工于设计巧妙的实验方法，又常能给旁人以启发鼓舞，他始终保持着学习理论家最前列的显赫地位。”

也许，托尔曼的最大贡献是富有创造性地设计了各种精密的实验，并用实验的方式来探讨认知的问题，从而促使人们为承认比格式塔心理学更激进的认知主义做好了准备。这为当代认知心理学，如布鲁纳、皮亚杰、乔姆斯基和信息加工理论的出现打开了通道。难怪许多人把托尔曼称为认知心理学的鼻祖。

但是，托尔曼的行为—认知观，当时受到来自行为主义和格式塔心理学两方面的批评。例如，格思里批评他只关心有机体对目标物体的认知，而不关心行动本身；考夫卡则批评他对整体行为和分子行为的区分还不够彻底，相比之下，当代学习理论中认知与行为的趋同往往受到人们的青睐。这也许是由于他一方面声称自己是行为主义者，另一方面又善于挑出一些行为主义难以解释的问题，而他自己却又没有对这些问题提供系统的解释而造成的。事实上，托尔曼一生中只发表了一本学习理论专著，即 1932 年出版的《动物与人的目的性行为》，这在所有学习理论家中，他是仅有的一个。

然而，如果我们考虑一下托尔曼是怎样把行为主义与认知理论结合在一起的，他所探讨的各种变量的范围，他提出的中介变量对学习理论发展的意义，以及（或许是最为重要的）他最早提出认知方式的问题，我们就会客观地认识到托尔曼在学习理论中的地位。

选自：施良方．学习论：学习心理学的理论与原理．北京：人民教育出版社，1994

赫尔

（Clark Leonard Hull）

- 生平简介
- 名篇选读

  心理机制和适应性行为（节选）
- 思想评介

  赫尔心理学思想述评

生平简介

C·L·赫尔（1884～1952），美国心理学家。赫尔1884年出生于纽约州阿克伦市，早年家境贫寒；1909～1911年，曾在密执安的溪克地方任公立学校校长；嗣后进入密执安大学从二年级读起，先学习采矿工程学，后改学心理学，1913年毕业。值得注意的是，赫尔早年对数学和逻辑学有浓厚的兴趣，并将这一兴趣融进了他终生的学术生涯。他1916年入读威斯康辛大学，1918年获该校哲学博士学位，后留校任教；1916～1920年任实验心理学教学助理，1920～1922年任助理教授，1922～1925年任副教授，1925～1929年升任心理学教授兼实验室主任。1929年起，他受聘为耶鲁大学人类关系研究所的研究教授，1947年任心理学系系主任，在校任教23年期间，培养了不少心理学人才，心理学家K·W·斯彭斯、N·E·米勒、E·J·吉布森等人，均曾跟随赫尔从事过研究。1935年，赫尔当选为美国心理学会主席，1945年获美国实验心理学协会华伦奖章。1952年5月10日赫尔逝于康涅狄格州纽黑文市。

赫尔早期研究概念形成，吸烟对行为效应的影响和实用统计分析方法，发明了计算相关度的仪器，还曾致力于催眠和暗示感受性的研究。他以巴甫洛夫的条件反射规律为基础，经由假设—演绎法研究而建立学习理论。他认为，心理学要成为同其他自然科学一样的客观科学，唯一可采用的方法就是假设—演绎法，即树立假设，确定操作定义；用严格的逻辑演绎出一系列相互联结的，包括有关领域的主要具体现象的定理，用经验或测验到的事实检验这些定理，检验成功，便把这些定理列入有关科学总体之内。赫尔孜孜致力于研究刺激与反应的联结和其间的中介变量层次，希望能建立起一套精确的公设和定律来揭示其间的函数关系，他为此演绎了十几条公设，推出了一百多条定律和附律，从而构建出他独特的行为原理。赫尔认为学习是有机体在进化过程中所产生的适应环境需要的主要手段。他通过假设—演绎法研究，认为学习进行的基本条件就是在强化情况下刺激与反应的接近，这是赫尔的学习理论的核心。

赫尔认为学习的一个重要条件是效应器的活动在时间上紧相接近。这样，从感受器发生的神经冲动在足够重复之后引起该反应的倾向就会得到加强。他把这两者之间的联结关系，谓之习惯，而把联结的力量谓之习惯强度，以 s_{HR}表示。赫尔关于习惯强度这个假设与巴甫洛夫经典条件反射相类似。但他提出任何刺激只要同它所引起的反应在时间上接近，就会同该反应形成联结，而不同于巴甫洛夫经典条件反射实验中的条件刺激（铃声）必须在无条件刺激（对食物的唾液分泌）之前出现，赫尔认为时间上接近对习惯形成是一个必要条件，但还不是充足的条件，习惯形成最关键的条件乃是所谓强化，习惯随强化而发展。习惯强度就是反应被强化的次数的函数。强化次数愈多，质量愈高，习惯强度曲线的上升就愈高。强化的延缓同习惯强度的关系则相反，即强化延缓的时间愈长，习惯强度的效应就愈弱。赫尔还认为，有机体的习惯只有在驱动状态下才能被激起。这种驱使有机体指向一定方向并使之行动的动力，谓之内驱力，以 D 来表示。它是决定行为的一个重要因素。内驱力激起有效的习惯强度，使有机体具有完成某种行为的力量而成为反应势能，以 s_{ER}表示。反应势能是赫尔理论的又一个中心概念。他认为反应势能的量是内驱力和习惯强度的递增函数，如简明地加以表述，其公式是：$s_{ER} = D \times s_{HR}$，即当内驱力是零时，反应势能就会是零。当内驱力增大时，反应势能就会增大。而增大多少，则视习惯强度而定。例如：在辨别学习实验中，让动物学会走T形迷津，饥饿思食向右转，口渴思饮向左转。之后，这些从内脏驱动状态来的刺激就会按内驱力的强弱和有效习惯强度的大小激起恰当反应。赫尔对有机体反应之所以形成，看作主要是内驱力与其他因素交互作用的结果，此为其驱力减弱论的基础。

赫尔的主要论文有：《心理机制和适应性行为》（1963）等；其主要著作有：《催眠和演示感受性》（1933）、《机械学习的数理演绎论：科学方法论研究》（1940）、《行为的原理：行为理论导论》（1943）、《行为纲要》（1951）、《一种行为系统：关于个体有机体的行为导论》（1952）等。

（陈筱洁）

名篇选读

心理机制和适应性行为（节选）

应用理论的方法论于适应性行为的一种示范

既然魏斯或埃丁顿或任何其他作者，在这个研究领域中，未能提出那种必要的系统理论来作为逻辑权利的先决条件，以表示有关比较高级的适应性行为的终极本质的某种正确结论，那么，这是否意味着不可能求得这样一种系统，因此，问题就只得停留在哲学思辩的范围之内呢？有理由相信，情况不是这样。乐观的理由部分存在于下面提出的小型的理论系统中。……

我们可以开始考虑定理Ⅰ，作为对这个系统的导言……。简言之，这个定理的大意是：巴甫洛夫的条件反射和由桑代克的所谓“效果律”引起的刺激—反应“联结”，实际上是一套原理在操作时的一些特殊事例。这套原理中主要的原理见公设 2。简要地说，公设 2 提出了该系统中有关刺激和反应形成联系的诸条件的假设。这样，两种反应类型的差异，便变成完全决定于学习情境中刺激反应之间时间关系的偶合因素，同时具有如下的含义：R_a 部分标志一种强化事态，也就容易和一种新的刺激联系起来。用这种方式例示的自动化刺激—反应的研究方法，乃是该系统其他部分所共具的特点。

考虑定理Ⅱ会进一步指明摆在我们面前的这个系统的方向，我们看出这个定理指明：正确的和不正确的反应，都可以用上面刚提出过的那种制约过程或联系过程建立起来。我们对于作为这个系统入门的定理Ⅱ的主要兴趣，涉及这样一个问题：当“正确的”和“不正确的”这两个词诚如公设 2 所表示的那样指的是一种纯粹自动化联系过程结果的反应趋势时，它们究竟会有什么意义？我们相信，它们有一种明确的意义。定义7和8实际上说的是：正确性或不正确性决定于在特定条件下反应趋势是否容易产生实验性的消退。对于通常被认为只应用于经验方面而不应用于行为方面的这样一些为数众多的术语，给以纯客观的和行为的定义，是这整个系统的特点。

明确了一般的方向，我们可以着手更具体地考虑那些与适应性行为有关的定理。其中第一个定理，即定理Ⅲ的论证表明：在一定情况下，有机体总是相继地重复同一种不正确的反应。初看起来，这好像是一种最平常不过的结论。但是，如果根据上面关于正确性的定义进行考虑，那么，很明显，这个定理与一滴雨点或一块卵石在重力场移动的行为所可能推演出来的结论，截然不同。

定理Ⅳ说的是有机体在作出一次或一次以上的不正确反应之后，即使周围环境的情况保持不变，它也会自发地改变其反应。这个定理之所以值得注意，是因为它代表一种自发性形式的古典事例。远在中世纪开始，就广泛地认为：没有预先假定的意识，这种自发性的反应形式就会是不可思议的。

定理Ⅴ说：当一个有机体原先具有由一种单一的刺激情境所激发的正确和不正确激动趋势时，正确的趋势终于会自动地优先于更为强烈的不正确的趋势而被选择。这个定理也被广泛地认为没有预先假定的意识就不可能推演出来。有人这么争辩说，不然的话，机体怎么能知道选择哪一种反应？

定理Ⅵ是这样推论的：在某种情境中，有机体将会放弃探索，也就是说，它会停止各种尝试，因而即使在它的全部行为目录中有一种完全正确的激动趋势时，它也不作出这种正确的反应。这一论证的实质在于如下预想，即从反复的错误反应所产生的消退将会间接地引起一种非优势的但却是正确的反应趋势的明显减弱。这个定理非常重要，因为它表示一种还未能进行实验的现象的演绎推理，就这一点说，它作为各项公设的正确性的检验，应该具有特殊的意义。

在定理Ⅶ和Ⅷ中我们进行讨论有关预期的或准备性的反应方面

的问题。定理Ⅶ的证明从刺激痕迹和条件作用（公设 1 和 2）的原则中引出提前反应现象。这个定理的实质是：学习过的反应，在学会之后，倾向于在它们形成条件反应过程中原先出现顺序之前就出现。

遵循这样一种推理线索，定理Ⅷ表示：在要求逃遁的情境中，这种提前反应，在它们对那些已经逼近但尚未成为现实的情境具有生物学的适应性，就这个意义说，它成为一种真正的预期或准备性反应。这样我们就获得了一种行为的预见能力，即在动物生活中显然具有非常重要的生存意义的一种现象，这种现象常常被认为主要是心理的东西，而且没有意识便是不可思议的。

跳过定理Ⅸ这个奠定某些必要基础的定理，我们看看定理Ⅹ。我们可以看到有一种部分的预期目标反应的推论。从我们目前的观点来看，这种推论意义尤为重要。它说的是：通过纯粹的联系活动，部分预期反应以后的场合中倾向于自动地产生某种事态，这种事态在部分的预期反应在最初建立时，构成这种反应的强化动因，因为这个原因以及另外一些原因，人们相信预期目标反应是期望、意图、目的和指导观念的生理基础。

定理Ⅺ是关于一种行为的失望现象的推论。这种行为的失望现象，可以用廷克尔包（O. L. Tinklepaugh）的猴子为例子来说明。当这些动物在预期得到某种食物而解决了某个问题时，如果偷偷地换上本来是它们可以接受的其他种类的食物，它们会表现出拒绝接受的倾向。

定理Ⅻ说的是这样一种原则的推论：有机体总是力图主动地去求得那些从前已证明具有强化作用的情境或事态。从定理Ⅹ的论证中推演出来的自动化程度，在这儿达到了一个更高的水平。这是一种克服障碍的能力。但是随着这种不顾各种障碍去达到目的的能力而来的，乃是一种自动化了的真正的自由（定义 18）。这种真正的自由，具有巨大的生物学价值，但是丝毫也不与决定论相矛盾。

定理ⅩⅢ也是通过部分预期目标反应而推演出来的。这个定理阐明一种具有适应性但却是自动的习得反应的迁移现象。这些反应是对那些从外部特点看来与原先形成习惯时的情境毫无共同之处的情境而发的。这也是一种对有机体具有最大生存意义的适应性行为形式，而且被认为在某些方面是不可能从联系原则推导出来的。人们认为这是一种低级的然而却是真正的顿悟形式，同时，也应归于“心理”的相当高级的某种级别中。

以上就是用形式推论得出的定理表。它们是从大约50条涉及同一题目的一组定理中挑选出来的。在这些定理中，没有任何一条“达到”埃丁顿所谓的“在道德上负责的有理性的人”的标准。因此它们并不是为决定这类行为的终极性质而提供基础的。它们是为埃丁顿或任何其他想确定行为较高级形式的基本性质的人在他们必须遵循的方法论中最重要的一步上提供一种具体而有关的示例。它们还附带提出这样一种特殊的证据：长期以来被认为是属于哲学的特殊领域中的这类问题，现在可以用一种严格的正统的科学方法论加以解决。

适应性行为——一种具体而微的科学理论系统

一、定　义

1. 强化事态（公设3）就是这样一种事态，它发生作用，从而赋予先行或后继的时间重合的刺激痕迹组成部分（公设1）以一种引起有关反应的能力（公设2），这种刺激痕迹的组成部分包括一个刺激痕迹和一个反应。

2. 实验性消退是由于强化作用受到挫折和失败而引起的条件激动的趋势的减弱（公设4）。

3. 当存在这样一种情境，使过去通常由一种刺激复合引起的反应现在不再发生时，我们就说出现了挫折（frustration）（公设4）。

4. 探求是有机体在尝试错误情境中表现的行为，这种行为在遇到挫折时，具有如下特征：不同的可供抉择的行动，在一种共同的内驱力（S_D）的影响下，全部发生作用。

5. 企图是一种行为环节，其终结以强化或消退为标志。

6. 简单的试误情境是这样一种情境，它向有体机呈现一种容易引起互不相容的多方反应趋势的刺激复合体，这些多方反应趋势，有的容易被强化，有的不那么容易被强化。

7. 正确的或“对”的反应是一种导致强化的行为序列。

8. 错误的或“不对”的反应是一种导致实验性消退的行为序列。

9. 沮丧是某种激动的趋势激发其正常反应的本领的减小。这种本领的减小是由包含一个次级反应的一次或多次的不成功的企图所引起的。

10. 一个行为序列在下述情况下就可以说是针对于达成某一特定事态的，即在此序列中始终表现出具有那样一种特点的动作（R_G）的成分（r_G），它与所说的事态密切联系，而这种动作成分（r_G）作为刺激，倾向于引起整个反应（R_G）的动作系列。这个成分是整个反应的一部分。

11. 奋力就是那种有机体在遇到挫折时表现各种选择性行动序列的行为。所有这种选择性行动序列都受到有机体求得同一强化事态的意图（r_G）的指引。

12. 目标是一种强化事态，在获得该强化事态的进程中，有机体的行为序列可能由有机体的意图（r_G）所指引。

13. 当那种与有关事态相联系的行动的各个组成部分（r_G）在导致该事态的行为序列的整个过程中是主动的，我们就说有机体预期着该事态。

14. 成功就是奋力的终结，其特征是：出现了充分的反应（R_G），各个预期的组成部分（r_G）是这种充分反应的一部分。

15. 失败就是以缺乏充分反应（R_G）的告成为其特征的奋力终结，各个组成部分（r_G）是这种充分反应的一部分。

16. 失望是激发适当的完满反应的一种强化情境的本领之减小，这种减小（公设 4）是由一种次级反应序列的失败产生的。该次级反应序列指向（由于某个意图或 r_G）不同于一级反应序列所指向的强化情境，这两种反应序列都以同一内驱力（S_D）为基础。

17. 习惯同族阶层包括一些具有共同的最初刺激情境和最后强化事态的习惯行为序列。

18. 行为的个体自由，如果存在的话，在于没有外部的限制。

二、公　设

1. 某种感官的适当刺激在有机体内部引起神经反响，这种神经反响在刺激停止作用之后仍持续若干时候。它的绝对强度逐渐减弱到零，但是这种减弱是以缓慢的速率进行的（刺激痕迹）。

2. 当某个反应与某段刺激痕迹（公设1）同时重复发生，而且这一重合是在内驱力（S_D）起作用的过程中发生的，在时间上又与一种强化事态（定义1）接近，则这段较强的刺激痕迹渐渐倾向于获得激发反应的能量，因而习得的联系的强度，随着联系与强化事态（正联系）距离的增大而表现一种负的加速减退。

3. 特定的一种刺激—反应联结（$S_G \rightarrow R_G$）往往标志着强化事态（定义1）。在特殊内驱力的事例中标志强化事态的特殊的刺激—反应联结是在经验上确定的，也就是说，是由观察和实验确定的（强化事态的标志）。

4. 当一个刺激激发一个条件的（联想的）反应（公设2），同时这一事件不发生于强化事态的范围之内（定义1和公设3），或者，当一个行为序列的激动趋势遇到使某一动作不可能执行的情境时（定义3），这个有关的激动趋势的强度就减少到反应阈限以下某一极限（定义2）。这种减小相当广泛地扩大到其他同时可以起作用的或以后一段时间可以起作用的激动趋势方面（负联想或实验性消退）。

5. 正的或负的联系的任何特定的增量的强度（公设2和3），随着时间的推移而减弱，而剩下的部分则表示自从这种联系形成后，对联系解体的阻力与时俱增，每种联系的增量中有一定比例是恒常不变的（负保持或遗忘）。

6. 有机体的每一反应引起或多或少的特定的内部刺激（内部刺激作用）。

S = 适当刺激及其引起的刺激痕迹（公设1）。

S_D = 与内驱力，如饥饿相联系的刺激。

S_G = 与目标或强化事态相联系的刺激。

s = 由反应引起的内部刺激。

R = 反应。

R_G = 与目标和强化事态相联系的反应。

r_G = 目标反应的部分成分。

⟶ = 从刺激到反应的激动趋势。

→ = 非刺激—反应性质的表示原因的联结。

… = 过程的继续或持续，如内驱力的继续或持续。

从左到右的距离表示时间的推移。

三、定　　理

Ⅰ

巴甫洛夫的条件反应和桑代克的联想反应乃是同样一些学习原则的特殊操作事例。

(1) 假定在一个有感觉的有机体附近，刺激 S_C 和 S_G 紧接着相继发生而且这两个刺激连同内驱力（S_D），分别激发起反应 R_C 和 R_G，假定 S_m 在时间上与 S_C 重合而且 S_n 在时间上与 S_G 重合，又假定（公设 1）S_m 的刺激痕迹扩展到 R_C，同时 S_n 的刺激痕迹扩展到 R_G。

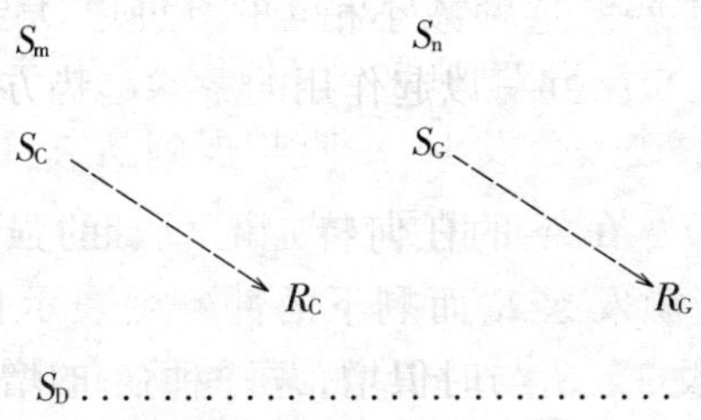

图 19 – 1

(2) 从（1）和公设 1，可以得出：S_m 的刺激痕迹的一个时相将与 R_C 相重合，而 S_n 的刺激痕迹的一个时相将与 R_G 相重合。

(3) 此时，由公设 3，$S_G \rightarrow R_G$ 的联结标志着一种强化事态。

(4) 从（1），(2)，(3) 和公设 2，除其他结论外，可以得出：

刺激痕迹 S_n 与 R_G 形成条件联系；刺激痕迹 S_m 与 R_C 形成条件联系，并产生下面的激动趋势：

$$S_m \rightarrow R_C$$

$$S_n \rightarrow R_G$$

图 19－2

（5）但是根据（3）和（4），刚学习的激动趋势 $S_n \rightarrow R_G$ 的反应是与巴甫洛夫式条件反应相同的那种与强化事态密切相联系的反应。

（6）另一方面，根据（3）和（4），激动趋势 $S_m \rightarrow R_C$ 的反应是与桑代克式联想反应相同的那种区别于强化事态的反应。

（7）根据（5）和（6），巴甫洛夫与桑代克这两种反应方式是从（1），（2），（3）和（4）共同推演出来的，而这四者又是从同样一些学习原则（公设 1，2，3）推演出来的。

（8）从（7）得出本定理。

——证明完

Ⅱ

正确的（**对的**）和**不正确的**（**不对的**）**反应都可以由条件的**（**联想的**）**过程建立**。

（1）假设一个能够获得联想反应的有机体（公设 2）多次同时地接受 S_A，S_B，S_C，S_D 的刺激；又假设 S_C 激发反应 R_C；再假设 S_A 和 S_B 的刺激痕迹（公设 1）一直扩展到 R_C；再假设 S_B 代表的对象，连同动作 R_C 在外部世界中导出（引起）产生刺激 S_C 的事件：最后假定 S_G 激发起 R_G。

（2）根据公设 3，$S_G \longrightarrow R_G$ 标志一种强化事态。

（3）从（1），（2）和公设 1 和 2 得出：除了其他各种联想趋势，还必须保持以下关系：

（4）现在假定在此以后，S_B **单独**就激发起 R_C，结果是：从（1），S_B 连同 R_C，就会使外部世界的事件发生，这一事件会产生刺激 S_G，刺激 S_G 又转过来会激发 R_G。

（5）但是，再一次根据公设 3，$S_G \rightarrow R_G$ 标志着一种强化事态。

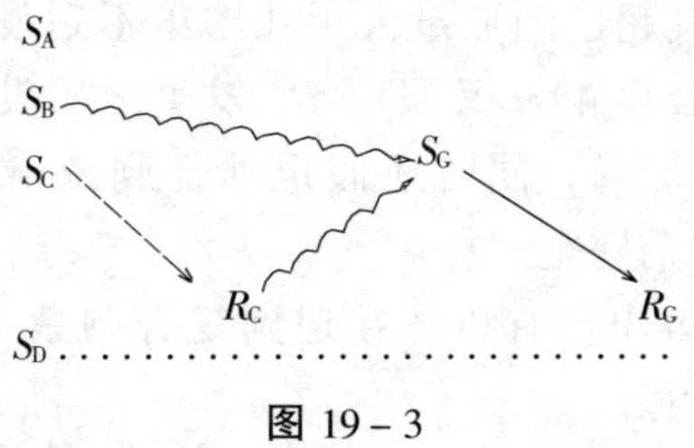

图 19 – 3

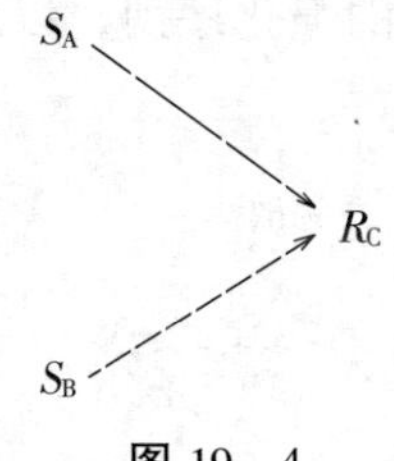

图 19 – 4

从这个强化事态，得出如下结论：在（4）这种新的特殊条件下，反应趋势 $S_B \rightarrow R_C$ 仍将得到强化。

（6）从（5）和定义 7，得出：$S_B \rightarrow R_C$ 一定是一个正确的或“对的”反应。

（7）另一方面，假定 S_A 单独就会激发 R_C，从（1）得出结论：引起 S_G 的外部事件将不发生（S_B 当时不存在），同时激动趋势 $S_A \rightarrow R_C$ 将得不到强化，而根据公设 4，会出现实验性消退。

（8）从（7）和定义 8 得出：$S_A \rightarrow R_C$ 将是一个不正确的或“不对的”的反应。

（9）从（6）和（8）得出本定理。

证明完

Ⅲ

可能出现简单的尝试错误的情境，有机体在这种情境中会重复地作出不正确的反应。

（1）假定存在同时出现的刺激情境 $S_T S_B S_D$，其中有引起 R_C 的组成部分 S_B（定理Ⅱ，第 3 步）；又假定 S_B 和 R_C 在共同发生作用时引起 S_G，S_G 又引起 R_G，但是 S_T 以一种超过 S_B 至 R_C 的激动趋势，激发 R_V，其超过的分量大于几次得不到强化的企图（定义5）的弱化效应（公设 4）；又假定 R_V 发生之后没有得到通常的强化序列（$S'_G \longrightarrow R'_G$）；同时还假定外部刺激情境在每一企图之后，与每一企图之前完全一样。

(2) 从 (1) 得出：有机体在遇到复合刺激 $S_TS_BS_D$ 之后，反应 R_V 立刻就会发生。

(3) 于是，根据 (1)，该情境处于这样一种状况，即 R_V 发生之后，没有跟着出现通常的强化序列，以致这个行为序列必然受到阻碍。

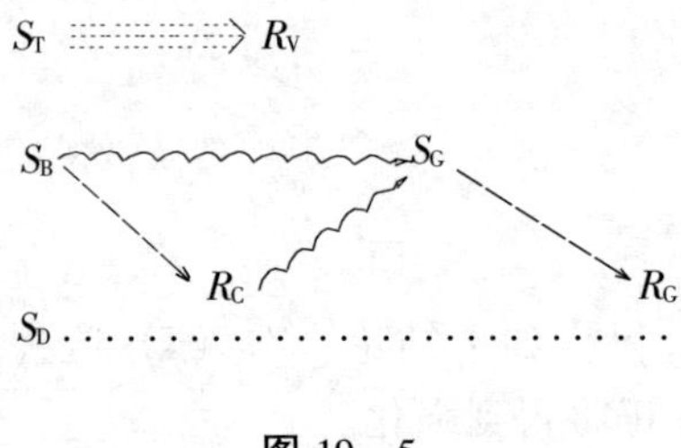

图 19 - 5

(4) 从 (3) 和公设 4，可知，从 S_T 到 R_V 的激动趋势会因实验性消退而减弱。

(5) 根据 (4) 和定义 8，R_V 是一个不正确的反应。

(6) 根据 (1) 和 (2)，第一个反应 R_V 之后的刺激情境当与开始时一样，而且对 R_V 的激动趋势必定仍然相当明显地超过 R_C 的激动趋势，由此可以得出：R_V 将会再次出现，等等。

(7) 但是，根据 (2)，我们已有第一个反应（R_V），而根据 (5)，这个 R_V 是不正确的反应，而根据 (6)，这个不正确的反应会重复出现，于是得出本定理。

——证明完

Ⅳ

在客观情境保持恒定的情况下，有机体在简单的尝试错误情境中可能表现反应的自发的变异性。

(1) 假定在定理Ⅲ的 (1) 情境中，进一步假定激动趋势

$S_B \longrightarrow R_C$ 的强度足以抗阻全部泛化了的抑制效应（公设4）而免于变为阈下的激动趋势。

（2）根据（1）和定理Ⅲ，可以得出：反应 R_V 将会重复发生。

（3）根据（1）和（2），反应 $S_T \longrightarrow R_V$ 得不到强化（即得不到 $S'_G \longrightarrow R'_G$ 的强化，也得不到 $S_G \frown\frown\longrightarrow R_C$ 的强化），由于得不到这种强化（公设4），就会使对 R_V 的趋势逐渐减弱。

（4）根据（1）和（3），得出：对 R_V 的反应趋势最终必定变得弱于对 R_C 的反应趋势，这时刺激复合体 $S_T S_B S_D$ 就会引起反应 R_C。

（5）但是从反应 R_V（2）到反应 R_C（4）的变动构成一种反应的变异性。

（6）同时，根据（1），客观情境没有改变。

（7）从（5）和（6），得出本定理。

——证明完

Ⅴ

有机体在以**错误反应开始的简单试误情境中，经过足够数量的试探之后，最终会作出无限的长系列相继的正确反应。**

（1）假定定理Ⅳ推论中第（1）步的情境已确立。

（2）根据（1）和定理Ⅳ的第（2）步、第（3）步和第（4）步，反应趋势 R_V 由于消退作用，将逐渐减弱，直到这种反应趋势低于 R_C 的反应趋势的水平，这时 R_C 就会发生。

（3）此外，根据（1），R_C 连同 S_B 引起 S_G；S_G 引起 R_G，由公设（3），R_G 乃是一种强化事态。

（4）从（2）（3）和公设2得出：激动趋势 $S_B \longrightarrow R_C$ 将得到强化，因而其联结加强。

（5）但是在反应 R_C 发生时，必定经历一定时间；由公设5，这段时间必然使反应 R_V 从实验性消退作用中获得一定程度的自然恢复。

（6）这时 R_V（5）自然恢复的速率有三种可能：（A）比 R_C 通过强化而加强的强度要快些；（B）比这种强度增加的速率要小些；

(C) 两种过程产生的速率相同，如果 R_V 的强度增加较慢，或者两种过程增加的速率相同，R_C 将会保持其优势，这样它就会发生无定限的长系列的正确反应（定义 7）；由此可以得出本定理。

(7) 但是，假定情况不是这样，反应 R_V 从它的实验性消退作用中获得自然恢复的速率比反应 R_C 通过强化（6）而得到的强度增加更快，就会得出：在这两者的竞争中，R_V 必将再度占优势。

(8) 根据（7），并通过类似于（2）的推理，可以得出：R_V 将重复地出现，直到它因进一步的实验消退而降低到 R_C 的强度以下为止。这时 R_C 再度发生，并将得到进一步强化，依此类推。

(9) 这样，根据（4）和（8），并加上公设 5，可以得出：每经过一次 R_V 和 R_C 优势逆转的全周期，R_V 将会保持某种程度的弱化作用，阻止自然恢复，R_C 将会保持某种程度的强化作用，阻止遗忘。

(10) 根据（9）得出：如果这样周期性的优势相互逆转无限地继续下去，R_V 的反应趋势将会弱化，以至达到零点，而 R_C 的反应趋势则会得到强化而增至最高点。

(11) 根据（10）可以推证：在 R_V 和 R_C 的基本强度进行变换的某点上，这两种运动会交叉，在交叉点上，不论自然恢复或遗忘的情况如何，R_C 与 R_V 相比较，永远占优势，因此就会无限地得到长系列相继发生的正确反应。

(12) 根据（6）和（11），本定理得到证明。

……

——证明完

这个系统诸公设所表明的适应性行为的性质

现在我们对埃丁顿和魏斯在阐述较为复杂的适应性和道德的行为以前本应贯彻到底的程序作第二步说明。在这一步，主要为了便于解释清楚，我们回过来直接考察那些引出该系统的各个公设，看看这些公设事实上是物理的还是心理的。让我们逐个回顾一下。公设 1 说，甚至在刺激停止之后，刺激的生理效应仍然持续一段时间。公设2指出刺激与反应借以形成联想或形成条件联系的诸条件。公设3提出强化情境的标志。公设4说明联系解除的条件。公设5提出正学习和负学习丧失的条件。公设6说明众所周知的内部刺激作用的事实。

乍一看来，大多数人可能会说，这些公设所表示的乃是向来被认为是物理的行为。再者，这些公设好像是这样一些物理结构现象，即多数理论物理学家认为它们最终是可以由他们从电子、质子、中子等等推导或推论出来的。根据这种看法，理论物理学家最终将从电子、质子等等推论出各项定理，即推论出我们已用作适应性行为的演绎推理基础的那六条公设。如果我们这种演绎推理成功，我们就会有一条从简单的电子一直延伸到复杂的目的性行为的连续不断的逻辑上的链索。进一步发展下去，可以想象得到，这个系统可能扩展，把最高级的理性的和道德的行为包括进来。这就是科学的、理所当然的目标，这就是完整的科学一元论想要描绘的图景。可惜，理论物理学距离这个成就还很远，因为有关其最终成就的判断还须无限期的悬挂起来。这样一种观点，虽然十分引人入胜，充其量只能被认为是一种可行的假设。

意识的性质又是什么?

然而意识、觉知、经验的性质又是什么呢？哲学家和神学家曾经如此看重并竭力坚持应把它们放在第一位的这类现象，其性质又是什么呢？对上面提出的适应性行为的具体而微的公设进行一番考察，肯定揭示不出任何这类现象的痕迹。因此，由大批的复杂行为来看意识或经验就不再具有什么逻辑上的优先性。这是显而易见的。在科学理论的领域中，没有任何其他形式的优先性是最重要的。

那么，我们怎样来谈论意识呢？是不是可以否定意识的存在呢？绝对不能。但是承认一种现象的存在与坚持这种现象是基本的，或者说，在逻辑上是优先的，这不是一回事。与其说意识为问题的解决提供一种手段，无宁说它本身是一个需要解决的问题。在上述具体而微的理论体系中，所以未提及意识或经验，只是因为没有发现这么一个定理由于包括这样一个公设而使其演绎的进行有所顺利。再者，我们迄今未能找到任何有关行为的其他科学体系已经发现意识是一种必不可少的前提，或者，因为肯定意识的存在，就能够从意识推演出某种适应性行为或道德行为的体系来，但是，如果意识能够明显地满足已建立的演绎推理上的标准，那就完全没有理由根本不用意识或经验作为科学理论体系的公设。如果这样一种体系能够以一种明白无误和不带歧义的方式推演出来，那么把意识纳入行为理论的总体这件事当能自发地迅速地发生。那些宁愿把意识作为适应性行为和道德行为的中心因素的人，照上面这种说法，其任务是很清楚的。他们应该致力于长期而艰巨的劳动，以求从逻辑上推演出一套真正科学的体系来。在他们相当成功地求得这种体系以前，为了对科学的发展有利，他们最好还是把他们那种出自希望和愿望的声明加以限制为是。同时，人们不禁要回想起这么一个事实：实际上若干世纪以来，所有的心理学和哲学的理论家们正是提出这样一种关于意识或经验具有优先性的假设。如果考虑到这种情况，即所有这些努力，本来想使意识在哪怕只是在一套小范围的适应性行为或道德行为的科学体系中找到某种作为公设的逻辑优先地位，实际上已经宣告全部失败，那么，对这种努力的结果，多少抱一种悲观主义的态度，也许是可以原谅的。

既然表示意识在逻辑上的优先性所必需的证据一般仍然缺如，人们自然要问：为什么意识的中心意义总是被坚持着？虽然原因很多，但有一点是无庸置疑的，那就是中世纪神学的顽固影响构成了其中一个重要的因素。在整个中世纪，以及中世纪以后的若干个世纪，社会和道德的控制，主要是通过死后赏赐或惩罚的许诺而发生作用的。所以，应该有某种在人死去以后仍然存在的东西来承受这种赏赐。意识既是一种非物质的东西，便被认为是不朽的，并且不受肉体崩解的影响。结果便提出了在身体死亡之后仍存在某种东西的可能性，身体死亡时，生前的债台可以在冥河彼岸的阴暗处铲平。但是为了有说服力，受奖惩的事情，必须是在决定道德行为方面构成一种基本原因的要素。这样，意识不仅必须是非物质的，而且它还必须是决定行为的基本因素。这样一种观点，与那种相信较复杂的人类行为形式可以一点也不必参照意识而推演出来的看法，是不相容的。传统是顽强的，尤其是在它得到强有力的制度的维护时，更是如此，因此，常常有人坚持意识在逻辑上的优先性，也就不足为奇了。甚至坚持这种看法的人，对产生这种感情的根源思想上并不清楚，这也不足为奇。

这就使我们很难怀疑：心理学的基本原理，在相当大的程度上受到中世纪神学的束缚。具体地说，可以相信，我们在意识问题上的流行的系统观点，主要仍然是中世纪的观点。奥罗兹可（Orozco）在英国海军学校图书馆壁画的一块引人注目的画板上所描绘的情景，对上述这一点提出了一种有力的艺术形象。在这幅画中，毫无生气的一些骷髅，穿着学究式的外衣，庄严地参与一个斜躺着的骷髅把自己再拼造起来的可怖劳作的活动。这是一幅多么贫乏无味的图景啊！幸好，我们现在已找到明白无误的拯救的方法。像往常一样，这种拯救全在于应用科学方法，这种方法论是古老而又健全可靠的；它甚至可以追溯到伽里略的时代。这篇论文，实际上只是以一种系统的方式，把这种科学方法具体地应用于复杂的适应性行为的问题上面而已。伽里略冒着立即遭到监禁、受到种种折磨，乃至死亡的危险实践了这一方法，我们应用这种方法，只需要把毫无生气的传统的镣铐抛弃就行了。

（陈泽川译　沈德灿校）

参考资料：张述祖总审校．西方心理学家文选．北京：人民教育出版社，1983

思想评介

赫尔心理学思想述评

赫尔是新行为主义的代表，他接受了达尔文进化论思想的影响，认为有机体行为从本质上说就是一种环境的适应行为。至于这种行为是物理的或机械的，还是非物理的或心理的，赫尔毫不犹豫地选择了前者的观点，并进一步发挥说，要检验以上两种对立的观点孰是孰非，就必须建立一套可靠的科学理论体系。赫尔从逻辑实证主义和操作主义方法论出发，认为这种科学体系必须具备以下三个特征：(1) 有一套表述清晰的公设以及被予以具体明确的"操作性定义的一组重要术语"；(2) 从以上的公设出发，以尽可能严密的逻辑演绎出一系列相互联结的包括有关领域的具体现象的定理；(3) 以所观察到的已知事实去检验、印证以上定理，如果两者一致，则该理论体系为真，否则是没有科学意义的。赫尔称这个科学理论体系称为"假设—演绎"系统。他用这一系统对行为进行研究，得出了十几条公设和一百多条定理，这些定理概括了关于学习和行为的基本观点。赫尔认为，学习和行为的性质是刺激—反应联结。他将华生的 $S \rightarrow R$ 联结的公式修改为 $S—s—R—r$，其中 S 为外有刺激，s 为刺激痕迹，R 为运动神经冲动，r 为外部行为，借以回避心理或意识的作用。他认为学习和行为的基本条件是接近和强化原则。刺激与反应在时间上的接近将加强该刺激引起该反应的可能性，但接近并不是学习和行为的充分条件，它只是一个必要条件，学习和行为的另一个必要条件是强化。强化是内驱力降低所必须的。他还将强化分为初级强化和次级强化两类，初级强化是内驱力降低的过程，满足这类强化的强化物主要是一些能满足有机体生物需要的物质，如食物、水等。另外一些中性刺激，本身并不具有降低内驱力的能量，但因为经常和初级强化物紧密相连，因而也获得了强化的效用，这就是次级强化。赫尔将刺激与反应的联结力量称为习惯强度。对于学习和行为的动力问题，赫尔假设了内驱力这一中间变量以取代生物需要的概念。他认为内驱力是一种有机体组织需要状态引起的刺激，是有机体一切行为反应的动力。每一种内驱力都有与之相联系的特殊刺激，如干渴内驱力的特定刺激是嘴唇、喉头的干燥，而且内驱力也可以分为两类：原始内驱力和继起内驱力。原始内驱力与有机体的生物需要相伴随，是维持生存所必需的，如饥、渴、性等；继起内驱力是指某一中性刺激因为曾伴随过原始内驱力的降低而具备了内驱力的性质。关于学习和行为的抑制和消退，赫尔认为行为消退是因为发生了抑制。抑制可能是反应抑制，即由于有机体不断重复产生疲劳而导致行为的终止，也有可能是条件抑制，即与反应抑制匹配出现的刺激也能导致的行为消退。赫尔还提出零期待目标的概念，以解释连锁反应行为的学习。

可见赫尔十分重视对行为和学习的中介变量的研究，并根据其研究资料制定了一个精确的学习理论系统，还把学习定律加以数量化。赫尔花费了毕生的精力，以数学和逻辑方法为工具，提出了一个庞大的、无所不包的、企图说明“一切哺乳动物行为”的理论体系，希望借此使心理学摆脱模糊、玄奥、不可测的旧轨，而成为一门完全客观的，像物理学和数学那样精确的自然科学，这是其他任何一位心理学家所不曾做过的。尽管最终的结果与初衷相去甚远，但这种尝试和努力本身是值得赞赏和令人鼓舞的，赫尔也以此为心理学作出了巨大的贡献。

在理论上，赫尔建立了一个非常精确、详细的理论。正因为详细、精确，所以他同时代的人或是后来者竟要检验或修正它，赫尔本人也不断地改进和修正。同时，赫尔及其同伴所做的无数严密而又生动的实验不仅向人们展示了精确的实验研究模型的标准，而且大大促进了我们对学习问题的理解。他的实验研究方式和结果对心理学作出了久远的贡献。

赫尔的理论提出后，激起了巨大的反响。不管是赞同还是反对他的人都对此展开了广泛的研究，以验证或批评他的假说。他的理论导致了动机与冲突、挫折与攻击、社会学习理论和生物反馈等一些领域的重要研究。许多心理家汇集到他的门下，成为他的学生和信徒，以至于形成了人们所说的耶鲁学派；40 年代以后的数十年间，其理论体系对现代心理学的影响，为西方学者所公认，成为心理学界影响最大的学说之一。他的文章和著作被广泛引证，他关于学习问题，如强化、内驱力等的观点至今仍为许多心理学家所接受。这一切莫不表明赫尔及其理论对现代学习心理学的重要影响。毫无疑问，赫尔的体系“在当时是最好的体系。……在 1930 ~ 1955 年这一段时间内，它是影响最大的学说”。

但是，赫尔的理论体系也遭到了众多的批评。他的体系过于庞大、复杂、精细，简直令人望而生畏，难以弄懂。赫尔的方法过于特殊而且缺少概括性，他的许多普遍的公设和参数往往来自单一的实验情境中的少量动物行为的研究，而他又将它们用来概括和说明一般动物行为，这究竟有多大的代表性令人怀疑。而且赫尔假定和推断了许多内部状态变量，如刺激痕迹等等，但这些假定状态或变量又难以被证实。更一般地讲，赫尔的假设演绎系统是从经典几何学中借来的，应用于经验科学是否合适仍是一个问题。最后，人们还批评赫尔，说他是一个还原主义者，他以动物的刺激反应实验来解说人类的意识等高级认知活动，犯了还原论的错误。

（陈筱洁选编）

参考资料：①叶浩生主编．西方心理学的历史与体系．北京：人民教育出版社，1998

②高觉敷，叶浩生主编．西方教育心理学发展史．福州：福建教育出版社，1996

鲁利亚

（Alexander R．Luria）

生平简介

鲁利亚（1902～1977），前苏联心理学家，神经心理学的创始人。鲁利亚1902年生于喀山，1921年毕业于喀山大学社会科学系。1928～1929年，他与维果茨基一起在莫斯科大学开始了神经心理学的早期研究。1931～1933年，这项工作又在哈尔科夫乌克兰精神病学研究所附属医院继续进行。1936年，他结业于莫斯科第一医学院，并得到医生证书，同年又取得教育科学（心理学）博士学位。1936～1941年，鲁利亚在苏联医学科学院神经外科研究所工作，主要研究失语症问题。1942年他取得医学（神经病理学）博士学位。在苏联卫国战争期间，他是苏联医学科学院莫斯科神经学研究所分所——康复医院的领导人，主要研究脑外伤引起的心理障碍的诊断和恢复问题，特别研究了脑额叶在心理过程中的调节作用。从1945年起，他作为莫斯科大学的教授在那里进行了不间断的心理学教学工作，并与他的同事们一道，在苏联教育科学院儿童缺陷研究所开展了关于言语对不同年龄正常儿童随意运动调节作用的研究。1967年，他出任莫斯科大学神经心理学教研室主任；1967～1968年担任国际心理科学联合会副主席；1977年8月15日卒于莫斯科。

鲁利亚的工作包括两部分，第一部分是普通心理学方面，如高级心理机能、言语等问题的研究，他与维果茨基和列昂节夫一道共同研究并提出心理的“文化历史发展论”。这一理论反对当时那种把意识排除在心理学研究之外的思想，主张心理学必须研究意识，研究人类的高级心理机能，认为高级的心理机能（如言语思维、逻辑记忆、随意注意等）是随着人类文化历史的发展而发展起来的，是具有特殊性质的复杂系统，具有社会生活制约性、中介性、随意性、动态性。同时，鲁利亚提出了研究情绪的新方法——共轭方法：即把内部隐蔽的情绪过程与外部显现的语言和运动过程联结起来。研究的结果表明，以语言和运动反应作为指标，比过去运用植物性神经系统的变化作为指标，能更好地反映内部情绪的变化。

鲁利亚另一部分工作是神经心理学的研究，他创立与发展了心理学一个重要的新领域——神经心理学，在神经心理学方面进行了广泛的研究，包括对失语症、大脑损伤后的机能恢复、语言表达和高级皮层机能的研究，并且发展了语言丧失理论和额叶机能理论。他认为心理机能是复杂的机能系统，不能将它集中在某些被隔开的细胞群或小块的皮层之上；细胞群必须被置于协同工作的区域内，在复杂的系统中分别起到各自的作用，他把这种机能定位称为系统的动态机能定位理论。

鲁利亚一生著述颇多，有300余种，包括30多部专著，如《创作性失语症》（1947）、《战伤后脑功能的恢复》（1948）、《人的高级皮质功能及其在局部脑损伤下的障碍》（1962）、《人脑的心理过程》（1976）、《神经心理学原理》（1973）、《神经语言学的基本问题》（1975）、《语言与意识》（1975）等等。

（王穗苹）

名篇选读

神经心理学原理（节选）

一、对基本概念的重新审定

为了研究关于人的心理活动复杂形式的脑定位问题，我们首先需要谈到基本概念的重新审定，没有这样的重新审定，这个问题的正确解决是不可能的。我们指的首先是对“机能”的概念的重新审定，然后是对“定位”的概念的重新审定，最后是对被称之为“症状”的概念，或者是在脑的局部损伤的情况下机能的“脱失”的概念的重新评价。

（一）对“机能”概念的重新审定

试图探究初级机能在大脑皮质中的定位问题的研究者，不论是应用刺激的方法，还是应用切除脑的有限部分的方法，他们将“机能”理解为这一组织或那一组织的作用。

这种理解无疑是正确的。十分自然地会认为，分泌胆汁是肝脏的机能，而分泌胰岛素是胰脏的机能。同样合理的是，把对光的知觉看作是眼睛网膜的感光要素和与这种机能联系着的视觉皮质高度专门化的神经的机能，把运动冲动的发生看作是别茨氏大锥体细胞的机能。

但是，这样的规定并不能把“机能”概念的所有侧面概括无遗。

当我们谈到关于“消化机能”或“呼吸机能”的时候，把它们理解为一定组织的作用，这显然是不够的。

为了实现消化的动作，要求把食物送到胃中，在胃液的影响下将食物予以加工，参加这一加工的有肝脏及胰腺的分泌物，有胃壁和肠道的收缩，沿着消化道推动吃进去的东西，最后，由小肠壁吸收被分解了的食物成分。

“呼吸机能”的情况也是同样的。呼吸的最后课题是将氧气送到肺泡中去，并通过肺泡壁将氧气扩散到血液中。但是，为了实现这一最后的目的，必须有复杂的肌肉器官的参与，其中包含有膈肌和肋间肌，这些肌肉能扩大和缩小胸腔的容量，而它们是由脑干和上部组织神经器官的最复杂系统来控制的。

显然，这个全部过程并不是简单的“机能”，而是整个的“机能系统”，其中包括分布于不同层次上的内分泌器官、运动器官和神经器官的许多环节。

这样的“机能系统”（П. К. АнохиН）所采用的专门术语，1935，1940，1949，1963，1966；等等），不仅是以它结构的复杂性为特点，而且也以它所包括的组成部分含有的机动性为特点。

显而易见，始初的课题（体内环境恒定的恢复）和最后的结果（将营养物质引到肠壁中或者将氧气送到肺泡中）总是同样的（或者正如有时候所说的那样，是不变的）。但是，完成这一课题的方式，可能有很大的不同，例如：如果在呼吸时工作着的主要一组膈肌停止起作用，那么肋间肌就会参加这项工作，而如果它们由于某种原因而受到损伤，喉头肌就加入这项工作，空气就好像是被动物吞咽下去一样。固定的（不变的）课题借助于变化着的（变体的）方式来实现，这些方式可使过程达到固定的（不变的）结果，这种固定的（不变的）课题的存在，乃是每个“机能系统”工作的基本特点之一。

第二个特点是“机能系统的复杂成分”，它经常包括一整套传入的（调整的）和传出的（执行的）组成部分。

这种关于把“机能”作为整个的机能系统的概念，是同关于把它作为一定组织的作用的概念截然不同的。

如果最复杂的植物性和躯体性过程是按照这种“机能系统”的类型构成的，那么就有着更多的根据来说，这一概念对于行为的复杂“机能”也是适用的。

我们用运动的机能（协调行动）的例子来说明这一点。卓越的苏联心理生理学家 Н．А．Бернштейн 曾经研究过这种机能的详细结构（1935，1947，1957，1966）。

一个具有在空间中移动、打中某个点或者完成某种行动的意图的人的运动，在任何时候也不能只以一些传出的、运动的冲动来实现。具有灵活关节的支持性运动器官，照例有很大程度的自由，并由于在运动中有成组的关节参加而增加了这种自由的程度，这就使运动成为在原则上不只是仅由一些外导冲动来控制的。为了实现开始进行的运动，必须由它的发出关于运动着的肢体在空间中的状况和关于肌肉紧张度改变的信号的内导冲动进行不间断的校正。

只有运动过程的这种复杂结构，才能以变化着的（变体的）方式来保证完成固定的（不变的）运动任务，也就是说，借助于这些在动态上变化着的方法以达到固定的（不变的）有效的结果。

在 Hunter 著名的实验中，老鼠在迷宫中通过奔跑达到了目的，当迷宫中的环节之一代之以水池的时候，它就借助于游泳运动来通过。在 Lashley 的实验中，经过训练而能通过一定的道路的老鼠，当把它的小脑切除或将它的脊髓分成两半而使任何一根神经纤维都不能达到外周部分的时候，它们的运动成分就根本地改变了，在这种情况下，在再现曾经很好地学习过的运动的能力丧失以后，它们踉踉跄跄地才达到目标（应当得到的结果）。

在仔细地分析人的任何运动性动作的场合下，同样也显露出为了实现目标而必需的运动的可替换的性质。例如：要触及某一目标，将依赖于身体的原初状态，可以运用不同的一套运动来实现；另一个例子是书写过程，这个过程可以用铅笔或钢笔，用右手或者左手，甚至可以用脚表现出来，同时在这种情况下并不改变书写的任何内容，甚至连书写者所特有的笔迹也不改变。

这种描述相当简单的行为动作的特征的“系统性”结构，在很大程度上也是心理活动的更复杂的形式所特有的。

十分自然，像知觉与识记、认知和习惯、言语和思维、书写、阅读和计算这样一些心理过程，并不是孤立的和不可分解的“能力”，因而不能把它们看成是“被定位于”脑的某些部分中的特定细胞群的直接机能。

大家知道，心理过程是在长期历史发展过程中形成的，它们就自己的起源来说是社会的，就结构来说是复杂的、间接的，所以依赖于方式和方法的复杂体系。上述这些论点，在苏联心理科学杰出代表 Л. С. Выготский（1956，1960）和他的学生——А. Н. Леонтьев（1959），А. В. Вапорожен（1960），п. Я. Гапъперин（1959），Д. В. ЭЛъконин（1960）以及其他人的著作中曾经详细地研究过。这些论点迫使把有意识的活动的基本形式看成最复杂的机能系统，因而就在根本上重新审定了它们在大脑皮质中的定位问题。

（二）对“定位”概念的重新审定

以上一般地谈过的关于机能系统的结构，特别是高级心理机能的结构，迫使我们从根本上重新审定了关于心理机能在人的大脑皮质中定位的古典概念。

如果这种或那种组织的初级作用是根据定义确定地被定位于这些或那些细胞群中，那么，当然就根本谈不上关于复杂机能系统在脑和大脑皮质特定部分的定位了。

甚至于像呼吸这样的机能系统（关于这一点我们在以上已经说过了），也包括着如此之多的要素。在这里回忆一下巴甫洛夫在讨论“呼吸中枢”问题时所说的话是适当的：“如果最初认为这是延髓中的一个针尖般的小点，……”那么“马上它就非常快地向各方爬行，上升到大脑和下降到脊髓，并且，现在谁也不能精确地指出它的界限，……”（全集，第三卷，第127页）。十分自然，关于心理活动高级形式的定位问题，事情还更复杂。心理活动的高级形式有着特别复杂的结构，它们是在个体发育的过程中形成的。开始它们是展开的对象活动的形式，然后逐渐“卷缩”，并具有内部的“智力活动”的性质；照例，它们总是依据于一系列在社会历史过程中形成的外部辅助手段（语言，顺序的计算系统），总是以这些辅助手段为中介的，要是没有这些辅助手段的参与，那就成为不可理解的了。它们始终都是同在积极的活动中与外部世界的反映联系着的，如果撇开这个事实那就丧失全部内容。

这就是为什么作为复杂的“机能系统”的高级心理“机能”不可能定位于脑皮质的狭隘区域或孤立的细胞群中，而是应该包括一系列协同工作的脑区复杂系统，其中的每个区对复杂的心理过程的实现都有自己的贡献，这些区可能分布在脑的不同部位，有时候彼此之间相距得很远。

也许，在关于心理过程在大脑皮质中定位的“机能系统”的概念中，最重要的是两个方面，这两个方面把人脑的工作与动物脑的工作的比较简单的形式截然区分开来。人的意识活动的高级形式依赖于外部的手段（为了记住一个必要的内容，我们就在手帕上扎一个小结，为了不忘记某一个思想，我们记录一些字母组合，为了完成计算作业，我们利用扩大的表格，等等，都可以作为这样的例子）。这些历史上形成的方法，看来就是建立脑的各个区之间机能联系的重要因素——借助于它们的帮助，那些以前独立工作的脑的区域，成为统一的机能系统的一些环节。如果形象地表示，那就可以说，这些历史地形成的组织人的行为的方法，在他的脑的活动中结扎起新的结点，正是这些机能“结点”，或者像一些人称呼它们的那样："新的机能器官"的存在，乃是把人脑的机能组织与动物的脑区别开来的最重要特点。正是把人脑机能系统结构的这一方面称为复杂的心理机能的"皮质外"机构原则，这一个极不寻常的术语指的是这样一种情况：人的意识活动的高级形态之形成，始终都是借助于一系列外部辅助工具和方法来实现的。

人的高级心理过程的第二个特点是这样的一种事实：它们在脑皮质中的定位并不是固定的、不变的，这种定位不论是在儿童发育的过程中，还是在连续的练习阶段上都是发生变化的。

这一理论是应当加以说明的。大家知道，每一个复杂的意识活动，最初都具有展开的性质，并依赖于一系列的外部支撑手段，只是到后来才逐渐简化而转为自动化的运动熟练，例如：如果在第一阶段，书写依赖于对每一个字母图形的回忆，并由一系列孤立的运动冲动来实现，其中的每一个冲动只保证完成图形结构的一个要素，那么到后来，由于练习，过程的这种结构就发生了根本变化，书写转变为统一的"动觉旋律"，不需要专门去回忆孤立的字母的视觉映象或回忆那些为了完成每一个笔画的运动冲动。另一些高级心理过程也是以类似的方式发展起来的。

自然，在这样的发展过程中，不仅改变过程的机能结构，而且还改变它的脑的定位：在某些活动形成的早期阶段所必需的听觉皮质区和视觉皮质区的参与，在它的晚期阶段，就不再是必需的了，于是，同一个活动，开始依赖于另一个协同工作的脑皮质区系统。

在个体发育的过程中，高级心理机能的发展还有一个特点，这一特点对于它们在大脑皮质中的机能组织有着决定的意义。

正像Л. С. Выготский（1960）在当时所指出的那样，在个体发育过程中，不仅高级心理过程的结构发生变化，而且它们彼此之间的关系，换句话说，它们的"机能之间的组织"也发生变化。如果说在发展的第一阶段，复杂的心理活动具有更初级的基础，并且依赖于基本的、"基础的"机能，那么，在发展的以后阶段上，它不仅具有更复杂的结构，而且开始在那些就其结构方面来说更高级的活动形式的直接参与下实现出来。

这样，假如年幼的儿童是借助于知觉和记忆的直观的映象来思考的，换句话说，他是在回忆的时候思考，那么，在少年的晚期和成年阶段，与他的抽象和概括运演一起，他的抽象思维竟发展到了这样的程度，即便像知觉和记忆这样相当简单的过程，也转变成认识的分析和综合的复杂形式。这时，人已经是在思考的同时来进行知觉和回忆了。

基本心理过程之间的关系发生了变化，为实现这些过程所必须的脑皮质基本系统的相互关系就不能仍然是不变的。因此，如果在幼年期，某一个保证心理活动的比较初级的基础的皮质区（例如大脑皮质的视觉区）受到损伤，必然会以第二级的、“系统的”效应的形式引起较高级的，即建筑在它上边的组织的发育不全。而对成年人来说，他们的复杂的系统不仅已经形成，而且对比较简单的活动形式的组织开始起着决定性的影响，“低级”区的损伤，已经不具有在发育早期阶段所具有的那种意义，相反地，“高级”区域的损伤会导致初级的机能的分解，这些初级机能具有复杂的结构，并紧密地依存于更加高度组织起来的活动形式。

Л.С.Выготоский 表述过一个法则，根据这一法则来看，在儿童的早期，脑的某个部位的损伤会系统地影响到建筑在它的上边的比较高级的皮质区，可是在成年期，同一脑区的损伤，则对那些现在依存于它的较低级皮质区发生影响。这一法则是苏联心理科学引入高级心理过程的动力定位学说中的基本论点之一。作为它的例证，我们指出：在童年的早期，视觉皮质第二级区的损伤可能导致同直观思维联系着的高级过程系统的发育不良，可是在成年期，同样的一些区的损伤，可能只引起视觉的分析与综合的局部缺陷，而从前已经形成了的、比较复杂的思维形式则仍然被保留着。上述关于高级心理过程的系统性结构，使得我们根本改变关于它们在大脑皮质中定位的古典概念。

现在，我们在这里看到了自己的基本课题是：在仔细地分析了那些协同工作以保证完成复杂的心理活动形式的脑皮质区之后，弄清楚其中的每一个区在机能系统中的位置，以及在发育的各个阶段上这些协同工作的脑皮质区在实现心理活动时的相互关系是怎样变化的。

自然，这样的观点也根本改变了心理学家的实际工作形式。在回答“人的这个或那个心理过程的脑的基础是怎样的”这个问题之前，必须要仔细研究我们希望确定其脑的组织的心理过程的结构，并在其中分出那些在某种程度上可纳入一定的脑的系统中的环节。只有根据下列工作：明确被研究的心理过程的机能结构，同时区分出它的组成要素，并进一步分析它们在大脑系统的“分布”，才使得有可能达到重新解决关于心理机能在大脑皮质中的定位这一老问题。

（三）对“症状”概念的重新审定

心理机能在大脑皮质中定位的古典研究是应用对局限性（定位）脑损伤后的行为变化的观察，这些研究是从这样的一些简化的概念出发的，根据这些概念，由于大脑特定区域的损伤所造成的各种心理机能（言语、书写、阅读、习惯、认知）的失调，乃是这种机能定位于脑的这一部位（即现在被破坏的部位）的直接证据。

以上所探讨的事实导致对这些过于简化的概念的根本重新审定。自然，一般感受性的失调必然指明中央后回的损伤，同样，视野的部分缺失必然指明网膜、视觉通路或视觉皮质的损伤。在这些情况下，确定症状就意味着得到了关于损伤的局部诊断的明确资料，从而获得了关于机能在神经器官中定位的明确资料。

在高级心理过程破坏的情况下事实完全是另外一个样子了。如果心理活动是一个复杂的机能系统，大脑皮质各协同工作着的区域的整个综合体都参加这个系统的实现，那么，其中的每一个区的损伤都能导致整个机能系统的崩溃，由此可见，“症状”（某种机能的失调或降低）还不能说明关于机能定位的问题。

为了从确定症状过渡到相应的心理活动的定位，需要通过漫长的途径，这一途径的最重要环节乃是对所发生的失调的结构进行详细的心理学分析，和对那些导致机能系统分解的直接原因的揭示，或者换句话说，对被观察的症状给予仔细的鉴定。

我们试举例说明我们的这种思想。在脑的局部损伤的临床中，经常遇见失动症的症状，这种症状在于患者没有能力来完成这种或那种对象性行动。在古典神经病学中，只要断定损伤是定位于被认为是“复杂的习惯中枢”的下顶部就足够了。如果在清楚地提示图解的情况下失动症者具有难以完成运动的性质，那么它的损伤则是定位于下顶部的前方。

在许多生理学家（首先是杰出的苏联生理学家 H. A. Бернштейн）的研究之后，事情完全明确了，所有的随意运动——在更大的程度上是对象性行动——都是复杂的包括着一系列条件的机能系统，在缺少这些条件的情况下，这种运动是不可能完成的。

为了完成一个运动，首先必须有动觉的内导作用，换句话说，必须有把运动着的肢体、关节和肌肉紧张度的情况“通知”大脑的动觉冲动系统。如果这些内导冲动（它们的接收和综合，是由后中央皮质的一般感觉区来保证的）缺失了，运动就失去了内导的基础，那么，由大脑皮质到肌肉的反应冲动实际上就成为失调的了。作为后果，甚至皮质后中央区相当细小的损伤，也能导致特殊的“动觉失动症”，这些失动症具有精细的分化性运动遭受损伤的性质，使得不能保证手具有那种与其所完成的对象性行动相适合的必需姿态。动觉内导作用的存在是完成相应的运动的重要条件，但还不是足够的条件。

一切运动——不论是在空间的移动，命中目标或作用于对象——总是在空间坐标系统中实现的，因而必需要有视觉—空间内导作用的综合，它是由皮质的第三级区，顶—枕区（由视觉分析器、内耳分析器与皮肤动觉分析器来的冲动汇合在这里）的参加来保证的。

如果皮质的这一区域受到损伤，而且空间综合也丧失掉，那就必然地要发生结构复杂的运动的失调。但是，在这些情况下所发生的失动症具有完全另一种性质，这首先表现在不能使动作着的手在空间中具有应有的姿势；例如，患者在铺床时开始感到困难：本应把被子顺着床铺好，可是却经常把它横着摆开；他不能保持他所拿着的勺子的正确方向，经常不是让它处于水平的位置，而是让它处于直立的位置，等等。

显而易见，这种“空间失动症”与以上所描述的“动觉失动症”，无论是在行动的结构方面，还是在机制和作为它的基础的缺陷定位方面，都是截然不同的。

但是，为了实现完全合乎要求的运动和行动，以上所列举的条件还是不够的。每一个行动总是由连续展开的运动组成的，这个链条的每一个环节在实现之后就应该解除兴奋，以便让位给下一个环节。在形成的开始阶段，运动环节的这种链条具有展开的性质，因而每一个运动环节都要求专门的、孤立的冲动。随着运动熟练的形成，孤立的冲动链条就简化了，于是，复杂的运动就开始作为统一的“动觉旋律”而实现出来。

重要的是这一事实：运动的动觉组织既由基底运动神经节来保证（在形成初级“运动性协同作用”的早期阶段上），也由皮质的前运动区来保证（在形成复杂的运动熟练的后期阶段上）。因此，在皮质的这些部位损伤的情况下，也产生失动症，但是在这一次它具有“动觉失动症”的性质，表现在不能将各个运动环节综合于一个流畅的旋律，前面那个完成了的运动环节的兴奋解除停滞了，因而难于从一个运动环节转向另一个运动环节。自然，“动觉失动症”的结构与以上所描述的习惯破坏的形式本质上是不同的，相应的症状的定位同样也是不同的。

我们还需要指出完成运动的正确性的最后一个条件。

任何运动都是指向一定的目的，并实现着一定的运动性课题。在简单地建立起来的本能行为的水平上，运动课题受先天的程序的支配；在复杂的、在生活中形成的意识行为的水平上，它们是由意图来决定的。这种意图，本身是在调节人们行为的言语的直接参与下形成的（A. P. Лурия，1961）。正像专门的研究证明的那样（A. P. Лурия，1962，1963，1966，1969；A. P. Лурияи 和 E. Д. хомская，1966），借助于起调节作用的言语来实现的复杂意图的形成，是在脑的额叶的直接参与下进行的。因此，额叶的大量损坏，同样能导致失动症，但是，这种“有目的的动作失动症”与早先描述的形式根本不同。照例，这种失动症会使自己的运动不能服从在言语中形成的意图，导致那些组织复杂的程序的崩溃，和那些有理解的、有目的性的行动被探究运动的模仿性重复或者被失去理解性和目的方向性的消极定型所代替。我们现在不准备来谈习惯破坏的这种类型，因为它是以下专门讨论的对象。

上面所引证的事实使我们得出一个重要的结论。习惯破坏（“失动症”）的症状是脑的局部损伤的标志；但是这个症状的本身还不能说明病灶的定位问题。随意运动（习惯）是一种最复杂的机能系统，这个系统以一系列因素的完整性为基础，并依赖于大脑皮质各区和皮下组织的整个综合体的协同工作，而且，其中的每一个区都对运动的实现作出自己的贡献。因此，复杂的对象性运动在皮质（或皮下组织）不同的部位损伤时都可能遭到破坏，然而，这种运动在每一次遭到的破坏将是不同的。

研究者的直接任务是，要在对所观察到的缺陷的结构加以研究之后，再来评定症状，只有区分出在所观察的症状后面的基本因素的这种工作，才能得出以这一缺陷为基础的关于病灶定位的结论。

由此可见，“病灶定位”和“机能定位”的概念不是吻合一致的，为了利用局部脑损伤的方法来得出关于“机能定位”（或者，更确切地说，关于机能系统的脑的组织）的结论，就必须对症候群进行结构性的分析，这是神经心理学研究的基本途径。

二、症候群的分析和心理过程的系统性组织

对症候的鉴定只是对心理过程的脑组织的分析的第一个阶段。为了从脑的局部病理学资料中能够得出心理过程的有关结构，以及它们在人的大脑皮质中的定位的可靠结论，必须经过由单个症候的审定到整个症候群的描述，或者，像通常所说的，转向对那些在脑的局部损伤的情况下所出现的行为改变的症候群的分析。

像我们已经说过的，人的任何心理活动都是复杂的机能系统，这个机能系统的实现是由整个地协同工作着的脑器官的综合体来保证的。每一个脑器官都对这个机能系统的保证做出自己的贡献。这实际上意味着，整个机能系统可能由于许多区域的损伤而遭到破坏，并且，由于损伤的位置不同，它所遭到的破坏也是不同的。后

一种情况是与这一事实相联系的，即每一个参与保证机能系统工作的脑区都对自己的因素承担责任，它的失职就使机能的正常实现成为不可能的了。从上面所引证的随意运动的结构，以及在脑局部损伤情况下随意运动破坏的形态的例子，就清楚地说明了这一点。

上述机能系统的结构和破坏的规律性使得神经心理学家有可能查明：复杂的心理活动究竟包括哪些因素，正是脑的哪些部位组成它的神经基础。

这两个问题只有在这样的条件下才可能解决：一方面，对那些在大脑皮质（或皮质下组织）中有一个严格的定位性病灶时所发现的全部症候进行比较；另一方面，在定位不同的脑损伤时，对该系统破坏的性质进行仔细的分析。

以下我们来说明这个论点。

就如以上已经说过的，为了成功地实现复杂的运动，必需具有它的精确的空间组织，换句话说，在空间坐标系统中的明确的运动结构。这一条件是由皮质顶—枕叶的第三级（视觉的、动觉的、前庭器官的）区来保证的。它的紊乱会导致有组织的空间运动的失调。但是，产生了一个很自然的问题：还有另外哪些心理活动形式在保证过程的空间组织机能的脑顶—枕区损伤时也遭到破坏呢？如果我们对于这个问题得到了答案，并且我们能够把一组在这样的病灶定位情况下遭到损害的过程与另外的一组在这样的病灶定位情况下仍然保持着的过程区别开来，那么我们就明显地接近于弄清楚：所说的与脑皮质顶—枕区有直接联系的空间因素究竟是包括在心理活动的哪些形式中？

事实证明：任何一个特定的皮质病灶确实破坏一些心理过程的进行，同时另外一些过程仍然保持完好（这个现象被美国神经心理学家 H. L. Teuber 称为机能的双重分裂原则），包括在神经心理学研究的资料中的这种事实是很丰富的。

例如：在左半球的顶—枕区（或下顶区）中的特定病灶，能导致知觉和运动的空间组织的破坏，同时不可避免地引起另外一些症状；通常，这些病人不能辨别钟表指针的位置或地图坐标的方向；他们不能辨别他们所在的病院平面图的方向，甚至不能解决比较简单的算术题。例如：在做两位数的减法时，当从十位借位时，作业的方向就混乱了（解决例题31－7，他们正确地完成了计算的第一步——从30减去7，等于23，但是，以后他们就不知道：剩下的“1”应该加到十位上还是加到个位上，也不知道：什么样的最后答数——“22”或“24”是正确的）；最后，他们特别难于理解一些包括人所共知的逻辑关系的语法结构（例如：“父亲的兄弟”和“兄弟的父亲”，“夏天之后的春天”或“春天之后的夏天”），可是，对其他比较简单的文法结构的理解仍然保持下来了。

但是以上所提出的病灶却并不导致这样一些过程的失调，如流畅的语言，对音乐旋律的再认或再现，运动的连续性要素的更替，等等。

凡此种种都说明了：上述第一组过程把“空间”因素包括在自己的组成之内。可是第二组过程则并不包括这个因素，因此在皮质顶—枕叶损伤的场合下仍然保存着。

在皮质颞叶区（听觉区）局部损伤时则观察到完全相反的情况。像我们在以下将要看到的，具有这样的定位性损伤，就会导致听知觉组织的破坏，因而就使得不可能将声音信号组织到连续的（“演替的”）结构中去，正是由于这一点，具有这种损伤的病人不能清楚地感知对他所讲的言语和保持它的痕迹；正像听觉—言语记忆一样，流畅的、有选择性的言语在他们那里受到严重的破坏。但是，如空间中的定向、运动的空间组织、计算作业、对某些逻辑—语法关系的理解这样一些机能，在他们那里照例保存着。

凡此种种十分清楚地证明，对症候群和那种在脑的局部损伤时所产生的“双重分裂”进行仔细的神经心理学分析，使得有可能接近于对心理过程本身进行结构性的分析，并区分出那些属于这一组心理过程而不属于另一组心理过程的因素。

像我们在以下将会看到的，这使得有可能密切接近于解决关于心理过程的内部成分问题，这个问题在通常的心理学研究条件下始终是没有得到解决的。这样，大概可以把那些类似的心理过程加以区别开来，并且大概可以将那些不同形式的心理活动接近起来。

我们用两个例子来说明这一论点。

对于一个没有专门知识的观察者来说，音乐和言语听觉似乎是同一个心理过程的两种变式，但是，对一些具有脑的局部病灶损伤的病人的观察表明：左颞区某些部位的破坏会导致言语听觉的明显失调（完全不能区别近似的语音），但音乐听觉仍然保持着而未受损害。在我们发表的文献中有对一个优秀的作曲家的描述，他在左颞叶脑溢血之后，再也不能区别语音和理解对他讲的话，但是他继续创作出了出色的音乐作品。

这意味着，像音乐听觉和言语听觉这种看起来如此接近的心理过程，不仅在自己的成分中包含着不同的因素，而且，它们依赖于不同的脑区的工作。

证明不同的心理过程内部似乎具有近似性的事例，对于神经心理学来说，也是人所共知的。

任何人也未必会立即同意，像空间定向、计算和对复杂的逻辑语法结构的理解这些如此不同的心理过程，会有着原则上可以把它们联合成一组的共同环节。

但是，左半球顶—枕区（下顶部）的损伤，几乎不可避免地导致所有这些过程的失调，具有类似病灶定位的患者，不仅对空间定向感到明显的困难，而且在计算和理解复杂的逻辑语法结构的场合下也显露出笨拙的毛病。

这就证明，以上指出的所有的看来仿佛如此不同的机能都包含着共同的因素，而这些共同的因素的区分，促进了对心理过程的结构进行更加深刻的分析。

不难看出，症候群的分析使得不仅有可能详细说明关于复杂心理过程的脑组织问题，而且有可能密切接近它的内部结构。

因此，每一个有意识的心理活动都是一个复杂的机能系统，这个机能系统可能在不同的环节上遭到破坏，也可能在不同部位的大脑损伤的场合下遭受损害（但是是以不同的方式）；在它的成分中包含了各种不同的因素，对这些因素的研究，为对心理过程的内部结构进行神经心理学的分析开辟了新的途径。

观察那些在脑的局部损伤的场合下所产生的心理过程的变化，可能真正成为我们关于心理活动的脑组织的知识的最为重要的源泉之一。但是，这种方法的正确应用，只有在拒绝将心理过程直接定位于大脑皮质中的概念和这一个古典课题被如下的另一个课题所代替的条件下才是可能的，这另一个课题要求分析在脑的不同的局部损伤时心理活动是如何变化的，以及大脑的每一装置把什么样的因素纳入心理活动的复杂形式中去。

这一个新课题规定着神经心理学，即关于人类心理过程的脑组织的学说的总路线。

选自：鲁利亚．神经心理学原理．汪青等译．北京：科学出版社，1986

思想评介

鲁利亚神经心理学研究述评

随着心理学家对人的心理发展机制研究的不断深入，前苏联社会文化学派所倡导的“文化历史发展论”受到了越来越多研究者的重视。作为社会文化学派的重要代表人物，鲁利亚的一些思想也重新得到了研究和重视。但是，关于鲁利亚的研究和介绍多集中在他的普通心理学方面，如高级心理机能、言语问题等等，而他所研究的另一重要领域——神经心理学的思想与成果却常常被人们所忽视。而鲁利亚这方面的研究不仅是社会文化学派关于心理发展机能的脑机制的思想的继续和发展，而且他的研究成果又进一步为“文化历史发展论”提供了更多的神经心理学层面上的理论依据。因此，有必要对鲁利亚的神经心理学研究的方法、内容和成果作出应有的考察与总结。

在神经心理学的研究中，鲁利亚创造性地借鉴了许多临近学科的最新成果和研究方法，并且把它们与神经心理学研究结合起来，取得了大量有价值的结果。在研究记忆病理学的时候，鲁利亚不仅使用了普通心理学的，而且也使用了生物控制论关于记忆过程结构的概念，即瞬时记忆、短时记忆和长时记忆、信息编码的开放与封闭系统等概念。这样就可以按新的方式看待记忆的脑机制了。在研究视知觉的时候，鲁利亚广泛宣传并使用了生物力学的成就，同时记录解决学习认识任务的眼睛运动，揭开了视知觉病理学研究中的整体方向。此外，鲁利亚在研究中更多的是使用心理生理学的资料。他赞同“心理学方向的生理学”的观点，这种生理学是研究人类高级心理机能或者“意识活动的复杂形式”的神经生理学基础。他的研究小组对额叶损伤病人的随意注意与不随意注意障碍的生理学进行了一系列研究，也进行了其他一系列心理生理学的研究。同时，鲁利亚还注意与临床研究的全部方法，如脉搏描记法、脑电描记法等等的密切联系。这种联系包括两个方面：一是在研究神经心理问题时，必须考虑到临床资料；二是在临床实践中，神经心理学的资料可作为一种补充方法而得到运用。这种联系同时也是鲁利亚全部神经心理学工作的基础。

通过以上方法的综合运用，鲁利亚在神经心理学领域主要开展了两种类型的基本研究：第一类研究可以统称为“综合症状学”，即研究局部脑损伤条件下的各种神经心理综合症；第二类研究是不同的局部脑损伤而产生的某种心理过程的不同障碍形式。这两类研究在多年内是并行的，彼此紧密地结合着。在早期的研究中，鲁利亚在局部脑病人的研究中发现：此类病人在心理过程上受到不同水平的破坏，并且存在着心理活动障碍的两种基本类型：第一种，在此条件下实现的基本水平的破坏，能由心理过程的高级组织形式来补偿；在第二种条件下，心理活动组织的高级的（和言语联系的）水平本身受到破坏，此时，更“基本的”，但在系统上与它们相联系的机能也瓦解了。以这种思想为基础，鲁利亚和他的同事通过多年的研究，在神经心理学领域取得了一系列重要的成果，这突出地表现在有关高级心理机能定位和失语症问题的研究中。

在概括局部脑损伤病人的大量观察材料以后，鲁利亚在《人的高级皮层机能及其在局部脑损伤下的障碍》一书中，提出了高级心理机能系统结构的一般概念，说明了局部脑损伤下心理过程障碍的综合症分析法。在此基础上，他提出了高级心理机能的系统的动态定位理论，这种理论是以高级心理机能的系统性组织的心理学概念为基础的。按照这种理论，由三种基本机能结构（动力结构、外感受信息接受、加工改造结构和随意运动和动作的计划、监督结构）组成的人的整个脑，参与任何复杂心理活动的实现，每种结构都为这种活动的实现作出自己的贡献。人类高级心理机能是一个复杂的机能系统，具有多水平的等级结构。这些系统的不同环节（输入和输出）处于中枢神经系统的不同水平上：既在大脑半球皮层上也在皮层下结构里。这些机能系统的特征是具有巨大的可塑性、其各个环节的互相代替性和改造的可能性。可见，每个心理机能都是由脑的一系列协同活动的区域实现的并且包括在机能系统中，不同的脑区都为机能系统的工作作出自己特殊的贡献。

这个理论说明了从事大脑局部损伤临床工作的人都很清楚的两个基本事实：(1) 在局部损伤的条件下，受到破坏的一般不是某个心理机能，而是一系列机能，即出现一定神经心理综合症；(2) 同一种心理机能在许多不同脑区受伤时均可能受到损害，但其损害的形式在每种情况下是不同的。

鲁利亚的另一个重大成就体现在他对失语症的研究中。在现代语言学一系列成果的基础上，鲁利亚分出了言语系统的原发障碍、继发障碍和保留环节。把脑的三种机能结构的每一种同言语过程进行的特点相比较，鲁利亚发现，如果脑深部损伤时出现的动力结构的机能障碍导致非特殊的言语缺陷，那么另外两种结构的损伤则引起原则上不同的特殊言语障碍。脑后部损伤导致同时性综合的破坏与言语单位聚合体的瓦解，脑前部的损伤导致言语相继组织的缺陷和言语单位结构体联系的破坏。在“后部”型言语障碍条件下，也就是在感觉的、传入运动的、听觉记忆的、视觉记忆的和“语义的”失语症条件下，从语言的清晰语音码和逻辑语文码中挑选所需单位的操作受到损害。在“前部”型言语障碍条件下，也就是传出运动和动力的失语症条件下，言语表达的意义结构、句子的语法结构、结构体的运动程序编制受到损害；作为从意图过渡到展开表达的中介的内部言语受到损害。

在鲁利亚多年从事失语症研究的活动时期里，创造性地利用语言学成果是一大特征，如在说明感觉失语症的机制时他利用了音位学说；在分析动力失语症、“电文体”、“语文”失语症条件的语法缺失时运用了现代语言学原理。在研究“语文”失语症时，鲁利亚在心理学家中第一个注意到这种病人所不理解的一定种类的语法结构。按照现代语言学的概念，这些结构具有一定的属性，即有可逆性。按照鲁利亚的概念，同时性分析与综合的能力是理解这些结构的基础。关于句法结构，关于言语结构的聚合体和结构体组织的语言学学说，重新说明了在各种失语症形式下进行表述和理解表述的障碍。鲁利亚还设计了“初级语义记录”、“深入的与肤浅的句法结构”的进一步语言学研究，理解课文各种形式的障碍与言语表述的各种形式的障碍的进一步语言学研究。此外，由于对神经语言学的兴趣，鲁利亚还重新审查了失语症的某些形式，如贯通皮层的运动性失语症、遗忘失语症和传导性失语症。

鲁利亚特别注意脑的外语言区，也就是深部结构和右半球损伤下言语活动障碍的分析。他描述了左视丘损伤下表现为言语痕迹的“过滤”缺陷的“类失语症”言语障碍，他还描写了深部病灶引起的非特殊性言语障碍。鲁利亚及其同事大量地研究了两半球间的差异和互相影响问题，把“特殊贡献”的原则推广到右半球，并认为每一半球都承担全部责任，其中包括言语机能。

纵观鲁利亚的神经心理学的研究，我们可以看到这样一条研究路线：即从个别心理机能的脑组织的概念到整个脑结构和任何心理过程定位原则的概念。可见鲁利亚的神经心理学研究的基本理论课题是人的高级心理机能定位理论的研究，即他所称的系统的动态机能定位理论。如同大家所知道的，高级心理机能定位理论的研究是跨学科的课题。鲁利亚的研究表明，产生于心理学、医学（神经外科、神经学）和生理学交接点上的神经心理学可以为研究现代自然科学的基本问题带来极有分量的贡献。

尤为值得一提的是，在大量进行精确的科学研究的同时，鲁利亚还注意到了临床情况和病案的描写在神经心理学工作中的特殊地位。在仔细地研究一些个别的神经心理综合症的同时，鲁利亚始终强调对病人全部个性整体考察的重要性。他曾多年追踪调查了两个个案，并用专著的形式描述了这两个人的个性。其中的一本是关于有超长记忆力的人的书——《关于大记忆的小书》；另一本是关于因外伤失去知识后又逐渐形成知识的人的书——《失而复得的世界》。这两部专著是采用综合症分析法研究人的整个个性的具体例子。

总之，鲁利亚及其同事关于神经心理学的研究一方面把关于高级心理机能的系统结构、关于意识的系统和意义结构的学说推广到了脑活动的机能组织上，这是维果茨基关于人类高级心理机能的脑机制的思想的继续和发展；另一方面，他的研究不仅对局部脑损伤问题进行了深入的探讨，而且对于重要的心理的物质基础研究作出了巨大的贡献，这不仅在生理学和神经心理学领域，而且在普通心理学领域都产生了巨大的影响。

（迟毓凯）

21

乔姆斯基

（Noam Chomsky）

- 生平简介
- 名篇选读
  语言与心理（节选）
- 思想评介
  乔姆斯基理论选评

生平简介

N·乔姆斯基（1928～ ），美国语言学家、哲学家。乔姆斯基1928年出生于美国费城，早年研究现代希伯来语，在宾夕法尼亚大学就读期间，他专攻语言学、数学与哲学，并获得哲学博士学位。1951～1955年，他作为哈佛大学学术协会会员开始进行学术研究，1955年起在麻省理工学院任教。乔姆斯基在学术界影响甚广，芝加哥大学、芝加哥洛约拉大学和伦敦大学都授予他名誉博士学位，他曾应邀到加州大学、牛津大学、伦敦大学、剑桥大学等许多大学讲学。

乔姆斯基是美国结构主义语言学布卢姆菲尔德派哈里斯的学生，但他认为结构主义语法最多只能对语言作充分的描述，却不能解释人为什么能听懂和讲出从未听到过的大量句子。而语言的这种生成性，恰恰是语言最重要的特点，因此必须要用新的语法来解决这些问题。他出于对现代逻辑学和数学的兴趣，力图用类似于数学公式的式子，去建立生成语法体系，用它来解释自然语言。1957年乔姆斯基的《句法结构》一书的出版，标志着转换生成语法学说的诞生。转换生成语法学说认为，儿童具有一种先天的加工语言符号的大脑内在机制，随着儿童脑的成熟，在一定条件下，这种内在机制被激发，就能自然而然地获得言语。乔姆斯基把他设想的这种“言语获得装置”称作“LAD”。成人结构完整的语言材料输入儿童的这一装置后，经加工就构成了输入语言的语法规则。转换生成理论还认为，语法规则主要包括基础部分和转换部分：基础部分生成深层结构，即基本语法关系和语义，属语言能力；深层结构经转换形成表层结构，即为人们直接感知的言语。儿童在他们本族语言环境中能获得确定基本语法关系和语法特征的基础规则和转换规则并能有效地进行运用，从而显示出他们的言语能力。乔姆斯基的部分理论得到了神经学研究的证明，他的语言学说使许多人对语言产生了兴趣，开创了一个热烈争鸣的局面，并在此基础上形成了一些新的语言学学派。

乔姆斯基强调语言学是认知心理学的一个分支，与斯金纳的言语学习理论发生冲突，1959 年他对斯金纳《言语行为》的抨击，使 60～70 年代的心理学家开始努力去探索语言获得的非行为主义解释，打破了行为主义一统天下的局面，也使越来越多的研究者重视语言学的心理学基础，并通过各种途径去论证转换生成语法的心理现实性。

乔姆斯基著述颇丰，涵盖了语言学、心理学、哲学、政治等各方面，主要有《句法结构》（1957）、《关于句法理论的几个问题》（1965）、《笛卡儿语言学》（1966）、《语言与心理》（1968）、《深层结构、表层结构和语义解释》（1970）、《对语言的看法》（1976）、《语言知识：其本质，起源及应用》（1985）等近 200 种。

（王穗苹）

名篇选读

语言与心理（节选）

行为科学一直专注于数据及数据的整理，它甚至也把自己当作是一种控制行为的技术。在语言学中和语言哲学中的反心理主义立场与上述的方向转移是一致的。如我在第一章中所述，我认为，近代结构主义语言学的一个主要的间接贡献，来之于它成功地把关于一种研究语言现象的方法上的假定明晰地揭露出来了；这种方法是一种反心理主义的、完全操作性的和行为主义的方法，在结构语言学中这种方法被推到了它的固有极限，这就为明确地暴露这种方法对研究心理之不足奠定了基础。

更一般地说，我认为，语言研究的长远意义在于：在这个研究中有可能相对尖锐和明晰地提出心理学研究的核心问题；并且获得与这些问题有关的大量证据。不仅如此，在现阶段，唯有在语言研究中才能把掌握丰富的资料和灵敏尖锐地提出基本问题这两方面结合起来。

当然，要想预言未来的研究是愚蠢的。大家也会明白，我并不想让大家很严肃地对待这一章的标题。然而，如果我们说，语言研究的主要贡献在于能帮助我们理解心理过程的特性和心理过程形成和使用的结构的特性，那是合理的。因此，我在本章中要集中讨论一些当我们试图把语言结构作为人类心理学这一章加以研究时所提出的问题，而不去推测那些研究今天引人注目的问题的可能路径。

人们自然会设想，对语言的关注仍将一如既往成为研究人的本性的中心课题。任何一个关心研究人的本性和能力的人都必须以某种方式紧紧抓住这一事实：所有正常的人都具有语言；而即使获得的语言是最简单的，这也远远超出了在其他方面都很聪明的猿的能力——在笛卡儿哲学中也很正确地强调了这一事实。许多人以为，现代对动物通讯问题的广泛研究，对这一经典观点提出了诘难；而且大家都理所当然地认为，存在着一个解释人的语言是如何从动物通讯系统中“进化”而来的问题。然而，在我看来，仔细考察近来对动物通讯问题的研究就会发现，这些研究并不支持上述假设。相反，这些研究只是更清楚地宣告：在某一范围内，人类语言是独一无二的，它与动物世界没有什么类似之处。如果是这样，那么，提出解释人类语言是怎样从较低智力水平的、更原始的通讯系统中进化而来的这一问题，便是很无聊的了。这是一个重要的问题，我愿意对此再多花一点时间。

人类语言是从更原始的系统中进化而来的这一假设，被波普（Karl Popper）在他最近发表的题为“云和钟”的 Arther Compton 讲演中，以有趣的方式进行了发挥。他试图表明，意志自由和笛卡儿的二元论问题是怎样可以通过对“进化”的分析而得到解决。我现在并不关心他从这个分析中得出来的哲学结论，而只关心这个假设——存在一种从人们在其他机体那里发现的较简单的系统到人类语言的进化发展过程。波普提出，语言的进化分为几个阶段。例如，特别是有一个“较低的阶段”；在这个阶段，有声的身势被用来表达感情状态。还有一个“较高阶段”，在这个阶段，音节分明的声音被用来表达思想——用波普的话来说，即，用于描述和批判性的论证。他对语言进化阶段的讨论暗示了某种连续性，但事实上，他并没有在较低阶段和较高阶段之间建立起联系，也没有提出一种从低级阶段向较高阶段转化的机制。简言之，他没有证明这些阶段都属于一个单独的进化过程。事实上，很难看出这些阶段之间究竟存在着什么样的联结（除了对“语言”这个词的隐喻性使用以外)。没有任何理由去假定上述各阶段之间的“沟”是可接通的。在这个例子中，假定存在着一个从“较低”阶段向“较高”阶段的进化过程，并不比假定存在着从呼吸到行走的进化发展更有根据。看来，这些阶段不具有任何显著的类似之处，而似乎涉及完全不同的过程和原理。

对人类语言和动物通讯系统之间关系的更透彻的讨论，现比较习性学家托波（W.H.Thorpe）最近的讨论。他指出，除人以外的哺乳动物看来缺乏人那种模仿声音的能力，因而，人们应该期望鸟(许多鸟在这方面有惊人的能力）成为“能在真正的意义上进化出语言的群体”，“而不是哺乳动物”。托波没有说人的语言在严格的意义上是从较简单的系统中“进化”而来的。但他确实认为，人类语言的特性可以在动物通讯系统中看到，虽然，“我们目前不能确定地说，这些特性都存在于某一种特定的动物身上”。人和动物的语言共有的特性就在于它们都是“有目的性的”、“有句法的”和“命题性的”。语言具有目的性，“是指在人的言谈中几乎总是有一个确定的意向，传达某些事情给他人，改变他人的行为和思想，或改变他人对形势的一般态度”。人的语言是“有句法的”，是指一段话语是有内在组织的语言行为，具有结构和一致性。语言具有“命题性”，是指它能传递信息。于是，在这个意义上，人的语言和动物通讯都是有目的性的、有句法的和命题性的。

上面所说的这些可能都对，但却没有什么建树，因为当我们来到一个人类语言和动物通讯都混在一起的抽象层次上时，几乎所有其他的行为也都能纳入上述的框架。请考虑行走问题：显然，在“目的性”最一般的意义上讲，行走是有目的的。事实上，在刚才定义的意义上讲，行走也是“有句法的”，就像卡尔·莱什利（Karl Lashley）很久以前在讨论行为的顺次秩序问题时所指出的那样——我在第一章中曾提到过此。不仅如此，行走肯定是可以报告信息的。例如，我可以通过我行走的速度和强度来表明我对达到某一目标的兴趣。

顺便说，正是在上述这种方式的意义上，托波提供的动物通讯的例子是“命题性的”。他举欧洲的知更鸟为例。这种知更鸟用高低音调变换的速率来表达它防卫自己领土的意图：变换的速率越高，防卫领土的意图就越强。这个例子很有趣，但在我看来，它清楚地表明，把人类语言和动物通讯联在一起的努力是没有希望的。我们所知的每一种动物的通讯系统（如果我们不考虑关于海豚的一些科幻小说）都利用下述的两个基本原理之一：其一，存在着一组固定有限的信号，每一个信号与一个特定范围的行为或情感状态相联系，如同日本科学家在最近几年对灵长目动物进行的广泛研究所表明的那样；或者，其二，使用一组固定有限的语言维度，每一维度都以如下的方式与一个特定的非语言维度相联系：在语言维度上选定一点就决定和通报了非语言维度上的一个确定点。第二个原理就是托波所举的鸟声例子中所运用的原理。高低音调变换的速率是一个语言维度，它与防卫领土这一非语言维度相互联系着。鸟通过选择音调变换这一语言维度上的一点——当然，我是在不严格的意义上使用“选择”这个词的——来传达它防卫领土的意愿。语言维度是抽象的，但这个原理是明显的。第二种类型的通讯系统具有无限多的潜在信号，像人类语言系统一样。然而，其机制和原理却完全不同于人类语言用以表达无限多的新思想、意图、感受等的机制和原理。根据一个系统潜在信号的多少来谈论该系统的“缺陷”，是不正确的。事情恰恰相反，因为动物的通讯系统原则上允许沿语言维度作连续的变化（就其在该例中谈论“连续”是有意义的这一点而言），而人类语言却是分离的。因此，这里不是一个“多”或“少”的问题，而涉及完全不同的组织原理。当我用人类语言随便作出一个陈述，例如，“跨国公司的兴起对人类的自由构成一个新的危险”，我并没有沿语言维度选择一点来通报与此相关的非语言维度上另一点，也没有从先天的或习得的一个有限的行为储备库中选择一个信号。

进一步说，把人类对语言的运用设想为具有有意或无意地通报信息的特性，也是错误的。人类语言可以用于通报信息或欺骗，也可用于整理自己的思想或表现自己的聪慧，或只是用于游戏。如果我在说话时并没有想去改变你的行为或思想，那么，与我在说话时怀有这样的意图的情形相比，我仍在一点儿也不少地运用着语言。如果我们希望理解人类的语言以及它所依赖的人的心理能力，我们就必须首先问它是什么，而不要去管它是怎样运用的或为什么目的而运用的。当我们问人类语言是什么时，我们发现它与动物通讯系统之间没有明显的相似之处。在把动物和人的通讯混在一起的抽象层次上，我们对行为或思想说不出什么有益的东西。迄今所考察过的动物通讯的例子确实具有人的手势语系统的许多性质；而且在这种情况下探求二者间直接关联的可能性，也是合理的。但是，人类语言似乎是建立在完全不同的原理上的。我认为，这一点是很重要的，也是经常被那些把人类语言当作自然的和生物现象来研究的人所忽视的。尤其是，由于这些原因，去推测人类语言从较简单的系统中的进化问题，就是毫无意义的了——也许就像去推测从基本粒子之中“进化”出原子一样的荒谬。

就我们所知道的来说，掌握人类的语言与一种特殊的心理组织有关，而不只是智力程度高一点的问题。在那种以为人类语言只不过是比在动物世界可见到的某种东西的更复杂一些的特例的观点中，似乎没有什么实质性的内容。这就为生物学家提出了一个问题，因为如果情况果真如此，那么，这就是一个真正的“突现”的例子——在一个复杂组织的特定阶段出现不同质的现象。对于这一事实的了解——虽然是用完全不同的术语表示的——是促使许多主要关心心理本性的人进行经典的语言研究的动机。而且，在我看来，现在没有比通过对人类这一独特所有物的详尽考察更好或者更有希望的途径，来探索人类智力的基本的和特有的属性。这样，就产生了一个合理的猜测：如果能构造出在经验上充分的生成语法，并确定出支配其结构和组织的普遍原理，那么，这将是对人类心理学的一个重大贡献——对此我还要直接加以详细的讨论。

在这个讲座的过程中，我已经提到与语言结构有关的一些经典观念，以及当代对这些观念所做的深化和扩展的努力。看来很清楚，我们必须把语言能力——一种语言的知识——当作是在行为底下的一个抽象系统，一种通过其相互作用来决定无数个可能的句子的形式和内在意义的规则构成的系统。这样一个系统——即一种生成语法——为洪堡特学派的“语言的形式”的观念提供了一种阐释。在他死后出版的伟大著作《超越人类语言的差异》中的一段含糊但却有暗示意义的话里，洪堡特把“语言形式”定义为“在心理动作底层的、恒常不变的过程的系统，这种心理动作把有结构地组织连接好的信号提升为一种对思想的表达”。这样一部语法在洪特堡的意义上，把语言定义为“一个递归的生成系统，其中的生成法则是固定不变的，但其应用的范围和方式是完全未加说明的”。

在每一部这样的语法中，都有一些具有特质的元素，对这些元素的一种选择就确定出了一种特定的人类语言；也有一些一般的和普遍的元素——人类的任何一种语言都很遵守的关于其组织和形式的条件；这些元素构成了研究“普遍语法”的课题。在普遍语法的原理中，有我在上一章中讨论过的原理，例如，区分深层结构和表层结构的原则以及制约着一组把二者联系起来的转换操作的原则。顺便请注意，由于存在着普遍语法的确定原理，就有可能产生出一个数理语言学的新领域，即一个对满足普遍语法中所提出的条件的生成系统进行抽象研究的领域。这个考察的目的，在于弄清楚任何一种可能的人类语言的形式特性。这个领域还处于摇篮时代。只是在过去的10年里，这项事业的可能性才被人们想到。它已取得一些有希望的初步结果，并为未来的研究提出了一个将会具有重大意义的可能方向。这样，目前来看，数理语言学在社会科学和心理科学中的数学研究方法中，将占有一个特别有利的位置，以发展不只是作为数据的理论，而是作为决定人类心理过程特性的高度抽象的原理和结构的理论。在这个情形下，所考察的心理过程就是那些包括在人类知识的一个特殊领域——即语言知识——的组织中的心理过程。

生成语法——包括特殊的和普遍的——理论，指出了心理学理论中一个我相信是值得一提的概念空缺。作为“行为科学”的心理学，一直关心的是行为和行为的习得和控制。它没有与“能力”相对应的概念——在可以用生成语法来表征能力的意义上而言。学习理论则一直把自己局限在一个狭隘而不当的关于业已习得的东西概念上——即刺激—反应的连接系统，联想的网络，行为项目的储备库，习惯的等级结构，或在特化的刺激条件下以特殊方式作出反应的倾向系统。就行为心理学在教育和治疗中的应用而论，它也同样地把自己局限在“所习得的东西”这样一个概念上。但是，生成语法是无法用这样的术语来表征的。除了行为和学习这样的概念外，所必须的是一个关于所学到的东西的概念——能力的观念，这个概念超出了行为主义心理学理论的概念限制。与近代语言和语言哲学类似，行为主义心理学有意接受方法论上的限制，从而拒绝研究那些具有必要的复杂性和抽象性的系统。语言研究在未来对普通心理学的一个重要贡献，可能就在于集中精力重视这个概念上的“沟”，并且表明，怎样通过对人类智力某一领域中的深蕴能力系统的发挥展开，来填补这个“沟”。

在一种明显的意义上说，心理学的任何一个方面最终都是建立在对行为的观察上的。但这根本不等于说，对学习过程的研究应该直接着手调查控制行为的因素，或“行为储备库”得以被建立起来的种种条件。首先必须的倒是确定这个“行为储备库”的重要特征以及把它组织起来的原理。只有在这一预备工作开展起来并导致一种得到相当好的确证的、关于深蕴能力的理论——就语言而论，就是提出所观察到的语言运用的底层生成语法——之后，对学习过程的有意义的研究才能着手进行。这种研究将会关心在机体所得的数据和它所获得的能力之间的关系。只有达到成功地抽象出能力概念的程度——就语言研究而论，就是假定的语法达到了在第二章中所说的“描述充分性的”程度——对学习的考察才有希望取得有意义的结果。如果在某些范围内，行为储备库的组织是相当琐细和初级的，那么免去理论构造的中间阶段——我们试图在该阶段准确地描述所获得的能力——也无碍大局。但是人们不能总是指望这种情况；而且，语言研究肯定不属于这种情况。对“所习得的东西”——即构成被研究机体的“终态”的深蕴能力——的特征有了更丰富和更恰当的把握，就有可能着手考虑构造一种学习理论这个任务了。这种学习理论与近代行为主义的心理学相比，在视野上将会宽广得多。而接受那种阻挠上述这种对学习问题的研究思路的方法论限制，确实是没有意思的。

那么，在人类能力（Competence）的其他方面，是否还有希望提出一种与生成语法类似的、富有成果的理论呢？虽然这是一个非常重要的问题，但现在对此还说不出什么来。例如，有人可能会考虑人是怎样获得三维空间的某一概念这样的问题，或者用类似的话说，会考虑一种隐含的“人类行动理论”这样的问题。这种研究将会首先试图描写在实际行为底层的隐含理论的特征，然后转向这样一个问题：该理论在给定的时间和可得资料的条件下是如何发展的？即最后所得到的信念系统是如何由所得资料、“启发式程序”以及那些限制和支配所获得的系统的形式的先天图式，这三者间的相互作用所确定的？目前，这只不过是一个研究计划的草图。

长期以来，一直就有研究其他的类似语言系统的结构的尝试。例如，我这里想到的就有对亲缘系统和民俗分类法的研究。但至少是到现在为止，还没有发现任何能够大致上与语言研究相匹敌的东西。据我所知，对这个问题，没有人比列维-斯特劳斯（Lêvi Strauss）所作的思考更多的了。例如，他最近关于原始人心态范畴的一本书，就是探讨此问题的一个严肃的和富于创见的努力。然而，除了野蛮人的心理试图把某种组织加在物理世界上——即如果人类要完成心理活动，他们就要分类——这一事实之外，我从对他的文献的研究中，看不出能得到其他什么结论。具体说，列维-斯特劳斯对图腾制度的众所周知的评论，似乎也不过如此。

列维-斯特劳斯有意识地以结构主义语言学，尤其是特鲁伯兹考（Troubetzkoy）和雅各布逊（Jakobson）的工作，作为自己研究的模型。他反复地、也是很正确地强调，不能简单地把类似于音素分析的步骤应用于社会和文化的亚系统上。与此相反，他关心的是那些“能够在亲缘系统、政治意识形态、神话学、礼仪、艺术等中找到”的结构，并希望用这些结构自身的关系来考察这些结构的形式性质。但是对于这种把结构语言学如此用做模型的做法，有必要做一些保留。首先，把音位系统的结构看作为一种形式对象没有什么意思；从一种形式化观点看，一组按照8种或10种特征来交叉分类的四十几个元素，没有什么重要意义好讲。由特鲁伯兹考、雅各布逊及其他人发展起来的结构主义音位学的意义，并不在于音素系统的形式性质，而在于下面这样一个事实：一组可以用绝对的和独立于语言的术语说明的为数不多的特征，为所有的音位系统的组织提供了根据。结构主义音位学的成就在于，它表明：许多种不同语言的音位规则适用于几类元素；这些元素只用上述的那些特征就可以说明；历史的变化以统一的方式影响着这类元素；上述特征的组织在语言的运用和习得方面具有根本性的作用。这是最重要的一个发现。这为现代语言学的绝大部分奠定了基础。但如果我们抽走了这组明确的和普遍的特征以及这些特征在其中发挥作用的规则系统，那也就没有什么有意义的东西留下来了。

不仅如此，现代音位学的研究在越来越大的范围内表明：音位系统的真正丰富性并不在于音素的结构模式，而在于那些形成、修改和说明这些模 式的复杂的规则系统。在派生的不同阶段出现的结构模式，只是一种副现象。语言规则系统从根本上讲，是要利用普遍特征的；但在我看来，正是规则系统的性质真正阐明了语言组织的特殊本性。例如，看起来存在着一些很普遍的条件，诸如循环顺序原理（在上一章中讨论过的）和其他一些支配这些规则的应用的、更抽象的原理；还有许多有意义但尚未解决的问题，如各种特征之间的复杂、普遍关系是怎样确定对规则的选择的？进一步说，只有当人们考虑到具有无限生成能力的规则系统时，用数学来研究语言结构这一想法——列维－斯特劳斯曾提到过的——才会有意义。现在对于出现在不同的派生阶段上的各种不同模式的抽象结构，尚讲不出什么来。如果这是正确的，那么，人们就不能期望结构主义音位学本身能为其他的文化和社会系统的研究提供有意义的模型。

一般来说，在我看来，目前把语言结构的概念推广到其他的认知系统上去，并没有多大希望，虽然现在就作一个悲观主义者，无疑还为时太早。

在着手讨论语言能力研究的一般意义之前，或更明确地说，在着手讨论普遍语法结论的一般意义之前，最好按照目前关于语言可能的多样性的知识，弄清楚这些结论的处境。在第一章中，我引用了 W·D·惠特尼对他称之为“人类言语的无限多样性”的评论。他认为，这种无限制的多样性削弱了那种认为哲学语法是与心理学相关的主张的基础。

哲学语法学家突出地强调，各种语言在深层结构上几乎没有什么不同，虽然在表层可能显示出很大的变化。于是，按照这种观点，就存在着一种关于语法关系和范畴的底层结构；而且，人类的思维和心态的某些方面是不因语言的不同而变化的，虽然，人类的语言可能是不一样的。例如，在是否是用曲折变化或词序在形式上表达其语法关系方面，人类语言可能会相互有别。不仅如此，从哲学语法家们的工作中还可看出，他们认为生成深层结构的底层递归原理在某些方面是受到限制的，例如，新的结构只有通过在业已形成的结构中的固定位置上插入新的“命题内容”——即本身与实际简单句相对应的新结构——才得以形成。与此类似，那些通过重新排列次序、省略和其他一些形式的操作来形成表层结构的语法转换，其本身也必须符合某些固定的一般条件，如像我们在前章中讨论过的那些条件。简言之，哲学语法理论及其新近的发展，做了这样一个假设：如果我们发现了语言的深层结构并揭示出其基本的机制和原理，那么，各种语言之间就几乎没有多大差别，尽管其表面的具体实现具有相当大的多样性。

注意到这个假说甚至经过德国浪漫主义时期也没有改变是很有意思的。德国浪漫主义当然是专注于不同文化的多样性和人类智慧发展的丰富多彩的可能性的。因而，W·洪堡特虽是因为有关语言的多样性以及不同的语言结构与不同的“世界观”相关联的观念而留名于世的，他却坚决认为，在任何一种人类语言的底层，我们都会找到一个普遍的、只表示人所独有的智力属性的系统。由于这个原因，他坚持唯理主义的观点——语言并不是习得的，肯定也不能教会，而只能以一种基本上是预先决定的方式，在具备适当的环境条件下，从“内部”发展出来——就成为可能的了。他提出，人们不能真正教授母语，而只能“提供一条母语自行地沿其发展的线索”。这更像是一个成熟过程而不像一个学习过程。这种柏拉图主义的因素贯透了洪堡特的整个思想。对他来说，提出一种柏拉图式的“学习”理论，就像卢梭依据人类自由的概念对压迫人的社会制度进行批判一样的自然，——这种人类自由的概念严格说来之于笛卡儿哲学关于机械论解释之限度的假设。概言之，把浪漫主义时期的心理学和语言学理解为主要是唯理主义概念的结果，似乎是合适的。

惠特尼与洪堡特以及一般地说与哲学语法之间的争端，在语言学对普通的人类心理学的影响方面具有重大意义。显然，只有在唯理主义的观点基本上是正确的条件下，上述的影响和意义才能是真正深远的；在这种情形中，语言的特殊结构和普遍结构才能真正作为“心理的镜子”。人们大都相信，由于现代人类学通过经验研究表明：事实上，语言所展示出的多样性可能是最宽广的，这样它就确定了唯理主义的普遍语法学家所作假设的虚假性。惠特尼关于语言的多样性的主张在整个近代阶段一再被重申。例如，当马丁·朱斯（Martin Joos）提出近代人类语言学的基本结论是“不管在程度上还是在方向上，不同语言之间的差别都没有限度”时，他只不过表达了传统的见识。

在我看来，所谓人类语言学已经推翻了普遍语法假设的信念，在两个重要方面是很虚妄的。首先，这个信念误解了古典唯理主义的语法观点。古典唯理主义语法认为，不同的语言只是在较深的层次上——在语法关系得到表达、语言运用的创造性得以实现的层次上——才是相同的；其次，这种信念严重误解了人类语言学的发现。事实上，人类语言学几乎完全把自己局限在语言结构的很表面的一些方面。

说这些并不是要批评人类语言学。它是一个具有自己的独特问题的研究领域，——具体说，它至少担负着记录下即将消失的原始社会的语言这一任务。然而，记住它在说明普遍语法的主题方面所达到的成就的这一基本限度，是很重要的。人类学研究（像一般的结构语言学研究一样）并没有试图去揭示语言生成过程的底层核心。这里所说的语言生成过程，是指那种确定出较深层次的结构并制定了创造新句型的系统方法的过程。因此，这种研究显然与经典假设——从一种语言到另一种，底层的生成过程只有极小的变化——没有真正的关系。事实上，现在可得到的证据表明，如果普遍语法有什么重大缺陷的话——从现代观点来看，它确实存在着缺陷，那么，这种缺陷就在于它没有认识到语言结构的抽象性，也没有对任何一种人类语言的形式加上足够强的和限制性的条件。现在语言学研究的典型特征就是，它关心那种只能通过详细地考察特殊语法才能发现的语言的普遍性，这种支配语言性质的普遍性是不能通过在人类语言学中所采用的有限框架——通常是有很好的理由才采用的——下进行研究来发现的。

我认为，如果我们深思心理学的经典问题，即那种解释人类认知的问题，我们就不能不被经验和知识之间的巨大差异所震惊。对语言来说，这种差异则存在于那种表现说母语者之语言能力的生成语法和他为自己构造语法所依据的贫乏而死板的语言资料之间。原则上，关于学习的理论应该考虑这个问题，但事实上，由于存在我前面讲过的那种概念上的“沟”，它绕过了这个问题。甚至直到我们提出与学习和行为相并列的能力这个概念，并将其应用于某些领域时，才能够以明智的方式提出这个问题。事实是，这个概念迄今为止只是在对人类语言的研究中才得到广泛的发展和应用。只是在这个领域，我们才至少朝着对能力——即不全面的、为特殊语言构造出的生成语法——的解释迈出了这一步。随着语言研究的进步，我们可以有把握地期望，这些语法在广度和深度方面都会得到扩展，虽然我们并不会为如果发现这第一个方案根本上是错误的而感到惊讶。

选自：乔姆斯基．语言与心理．牟小华等译．北京：华夏出版社，1989

思想评介

乔姆斯基理论选评

乔姆斯基是转换生成语言学派的创始人，其地位不仅在当代的语言学中是独特的，而且在整个（心理学和认知）科学历史上可能也是空前的。他在1957年出版的第一部著作《句法结构》，虽然篇幅不长而且相对说来技术性不太强，但却对语言的科学研究进行了革命。现在，理论语言学由于其自身的价值和它对其他学科能作出的贡献已经广泛地被承认是一门值得研究的科学，这在很大程度上应归功于乔姆斯基。

对于乔姆斯基来说，语言学首先是关于句子的研究。句子的研究涉及句法、语音和语义三个方面，他认为，语言是受规则支配的符号系统。也就是说，在人的头脑里有一套规则支配着人说出和理解合乎语法的句子，判断和排斥不合语法的句子。语言学家的任务就是要找出这套语言规则，即语法。因此，语法是内化于听说语言的人的头脑中的，人靠这种语法生成合乎语法的句子，而不生成不合语法的句子。这样，语法也就是生成语法。

通过大量和深入的研究，乔姆斯基提出了能力语法的详细而复杂的结构，他的一个著名的假说是深层结构和表层结构及其联系二者的转换规则。他认为，每一个现实的句子（这是语法研究的对象）形成一个表层结构，但在这个表层结构之下都对应着一个深层结构。每一个深层结构通过一套转换规则给出一个或几个表层结构。一般来讲，深层结构决定句子的意义，而表层结构只决定语音表达（乔姆斯基后来对此看法有变）。歧义句因为有不同意义，因而句子的每一种意义对应不同的深层结构。这种情况是由转换规则的不同造成的。乔姆斯基认为，尽管每种语言都有其各自的特殊语法，但这都是表层形式的不同。在深层形式上，各种语言必定是相同的，因而存在着普遍语法。语言学家的最宏伟的任务就是构拟出人类语言的普遍语法。

支持这种看法的证据主要来自于对语言习得过程的考察。其一，操不同母语的儿童习得母语的过程经历了相似的阶段；其二，儿童在很短的时间内就习得了极为复杂的语言规则系统，如果不假定人有一套天赋的语言规则系统，而借用学习和归纳来解释，是很难说得通的。而天赋的语言规则系统显然对所有语种都是普遍的、共同的。

因此，普遍语法的主张必然建立在承认有天赋的语言能力这一基础上。这样，乔姆斯基的语言观就与经验主义的语言观大异其趣。在后者看来，对语言习得问题来说至多只可能存在一些天赋的“学习策略”。例如类推、归纳能力等等。语言知识是借助于这些“学习策略”，在语言资料的基础上学来的，因此他们主张的是“发现程序”。但乔姆斯基则认为，存在着对各种特殊语法都相同的天赋的普遍语言规则，同时也存在着天赋的语言习得限制性条件，这些构成普遍语法的内容。在具体的语言资料背景下，儿童是运用“评价程序”，在普遍语法的基础上“挑选”出特殊语法的。因此，对乔姆斯基来说，语言习得不是一个学习的过程；外部语言环境不可缺少，但只起一种“诱发”的作用。

乔姆斯基的观点是鲜明的，鲜明的观点最易遭到攻击，但也常常因而最有价值。无疑，他的天赋论思想是最受非议的了。实际上，在中国，由于天赋论曾经一度成为让人回避的名词，因此常听到攻击乔姆斯基为唯心主义的非议。

事实上，人脑毕竟是一块高度发达的、有自身结构的物质，如果我们可以把大脑的特性归结为遗传，把人体心脏组织的产生归结为遗传，那么将语言能力归结为脑的天赋所有又有什么地方让人难为情呢？从原则上说，语言能力完全有可能是几百万年来人类发展并内化的规则系统。乔姆斯基说：“今天肯定没有什么理由去认真采取这样一种立场，即把复杂的人类成就整个地都归因于几个月（或至多是几年）的经验，而不是归因于几百万年的演化，或归因于可能更牢固地建立在自然法则基础上的神经组织诸原理。”（《句法理论的若干问题》)。

实际上，乔姆斯基不但不是一个唯心主义者，倒恰恰像一个“冷酷”的唯物主义者。因为他把语言能力和语言运用、语言知识和非语言知识截然分离开来，并且认为语言是有良好结构的系统，因此句子的产生都严格受到语言规则的支配，就像计算机的输出严格受到计算机程序的支配一样。这样一种过分清楚的图画自然是有可能失真的。因为经验告诉我们，我们的语言直觉并不总是在判定句子时很清楚的，有时我们会犹豫，拿不定主意，不知句子是否合语法。如果这种情况并不是随便可以忽略的话，那么认为语言是一个有良好结构的受规则支配的系统，甚至这个规则系统是天赋的——这样的观点是否真的无懈可击呢?

也许我们最终会证明，确实有复杂和丰富的规则系统，不过这些规则并不伸展到语言的每一个角落。

从历史的角度看，正是乔姆斯基的鲜明甚至有点极端的理论立场为人类心理科学作出了贡献。

在乔姆斯基刚刚提出他的理论观点的年代，统治美国语言学的是结构语言学，而统治美国心理学的则是行为主义心理学。这些党派都自觉和顽固地坚持经验主义方法论。行为主义心理学是历史上自称最讲究科学的客观性的心理学派。作为它的典型代表的刺激—反应心理学，为了坚持所谓最纯正的客观性，把自己严格限制在对动物和人类外部行为的研究上，企图通过探索一系列刺激—反应链来建立人类心理的解释理论。这种心理学或多或少否定通过建立内部心理过程的抽象模型来解释心理现象这一方法的价值，甚至否定内部心理现象的存在。这样一种以行为为研究对象的心理学常常标榜为“行为科学”。乔姆斯基评论道:“‘行为科学’这个词表明了一种并不那么隐晦的重心转移——从那些可以由行为证据显明的、隐藏得更深的原理和抽象的心理结构转向这些证据本身。好像自然科学就是被指定为‘读仪表的科学’。”可以公正地说，正是由于这种单纯追求客观性、精确性，专注于行为表层的研究，忽视对心理表征构造抽象的的理论模型的教条主义方法论，使行为主义心理学在推进人类物自我认识方面毫无重大的实质性建树。

今天，回顾历史可以清楚地看到，乔姆斯基是以最系统的方式反抗人类心理学中的教条主义的先驱者之一。事实上，按公认的看法，作为行为主义心理学的对立面而于60年代出现的认知心理学，其产生的外部因素除了信息论、计算机科学、人工智能研究以外，另一个重要的因素就是乔姆斯基的语言学理论。因此，可以毫不夸张地说，乔姆斯基不仅革新了语言学，而且帮助建立起认知心理学这一新兴的学科。今天，认知心理学、人工智能研究、语言学、神经科学、认知人类学等学科，正在发现越来越多的相同着眼点和共同语言，一门以这些学科为骨干的综合性学科正在崛起——这就是认知科学。

认知科学有这样三个特点：首先它强调对人类认知过程与结构的探究。其次，它以探索各种心理表征为核心，力图构拟认知现象底层的组织结构原理，这一点把认知科学与行为主义的心理学区分开来，行为主义拒绝研究心理过程的内部组织结构方式，它强调的是功能而非机制。第三，认知科学的研究不满足于用自然语言来作为表征模型的语言而力求更抽象、更精确化、更形式化地构拟表征的形式，这种表征的最终形式应是计算模型，即一种符号加工模型。认知科学的最终任务就是要探求各种心理表征的抽象的符号加工方式。

由于乔姆斯基坚持探索语言的抽象规则系统的心理表征形式，由于他成功地借用现代数学的要领将形式化方法引入语言学研究中，乔姆斯基实际上为当代认知科学提供了一个卓有成效的范例。特别是，由于语言学本身是认知科学的重要组成部分，乔姆斯基的理论因而就构成当代认知科学的重要成就。当然，这并不是说乔姆斯基与当代认知学界其他人物间就没有观点的龃龉了。但不管怎样，乔姆斯基是认知科学的一个真正先驱。这也就是我们今天读乔姆斯基的书仍能获得教益的地方之一。

（王穗苹选编）

瑟斯顿

（Louis Leon Thurstone）

- 生平简介
- 名篇选读

  因素分析法的心理含义
- 思想评介

  能力结构研究的基本方法与方法论问题

生平简介

L·L·瑟斯顿（1887 ~ 1955），美国心理学家、心理计量学家。瑟斯顿 1887 年生于美国芝加哥，他的童年时代是在瑞典度过的。1912 年他回到美国，同年进入康奈尔大学攻读电器工程学位。当他还是学生时，曾发明过电影放映机，并获得专利，因而得到爱迪生的注意和赏识，成为爱迪生的助手。在爱迪生的实验室中，瑟斯顿逐渐对声学问题、感觉心理学和感觉的客观测量产生兴趣，于是，便进入芝加哥大学攻读心理学研究生。1917 年他获芝加哥大学博士学位，不久就应聘到卡内基理工学院任心理系教授和系主任，一直到 1925 年；嗣后，又回到芝加哥大学，担任心理学教授达 28 年之久。1932 年，瑟斯顿当选为美国心理学会主席，1936 年创建心理测验学会，并担任第一任主席；1952 ~ 1955 年受聘于北卡罗来纳大学，任心理测验实验室第一任主任。该实验室至今都以他的名字命名。

瑟斯顿是美国传统因素分析的奠基人，他反对不管变量在因素空间的分布形态，人为地提取一般因素的做法，主张分析出直接影响活动进行的自然单位（因素）。瑟斯顿相应地提出简单结构的思想与斜交旋转的技术。所谓简单结构，指力求使各分测验变量的因素负荷尽可能向 0 或 1 两个极端靠拢，让公因素分别在一些分测验中有尽可能大的因素负荷而在另一些测验中有尽可能小的因素负荷。斜交旋转技术则更好地保证了简单结构思想的实现，所谓斜交旋转，即旋转后因素不必相互垂直，这样便于根据变量在多维因素空间的自然分布形态中确定因素轴，“将变量用相关因子进行线形描述，使得到的新因子模型最大限度地符合自然模型”。按照这个基本方法，瑟斯顿对能力结构做了研究，提出了著名的群因素结构理论。他指出，各种活动的能力都是由一定数量的基本心理能力组成，主要有七种：计算、词的流畅性、语义、记忆、推理、空间知觉和知觉速度。

瑟斯顿还把测量理论用于心理物理学、认知能力、态度、社会判断和人格等方面，并作出了突出贡献。他主要发明了为心理变量的测量所制定的间隔和比例量表的方法。他首次指出比纳的智力年龄（MA）作为智能量度概念以及经过计算作为智力年龄与实际年龄（CA）的比例的智商在心理测验学方面是不适当的，他认为，百分比等级或标准分应该取代智力年龄和智商，这一主张已经被所有现代测验所采用。

瑟斯顿的主要著作有：《向量心理学》、《主要的心理能力》、《多元分析》等。

（何先友）

名篇选读

因素分析法的心理含义

因素分析起源于斯皮尔曼 1904 年发表的一篇具有划时代意义的论文。斯皮尔曼在他那篇文章中看到了因素分析的重要意义，但在那时他是否已认识到他的通过观察而建立的体系还值得怀疑，后来他把这个体系称之为等级体系（hierarchy）。25 年来，在学术期刊上充满了关于斯皮尔曼的智力单因素理论的争论，这导致斯皮尔曼的设想和一维分析方法在 1930 年被扩展为多维分析方法。在过去的 17 年里，多因素分析有了迅速的发展，以至于在这样短的时间内就发表了几千篇有关多因素分析原理及其实验结果的文章。

我们的目的是揭示并评价多因素分析法的一些心理学含义，同时提出一些与它有关的仅供参考的意见。现在我们应经常斟酌因素分析方法是如何影响心灵学概念，反过来，这些概念又是如何影响合适的因素分析方法的发展的。应该强调的是，因素分析是一种必须针对每个具体问题作出调整的科学方法。它仅仅是一种统计方法，并不能有效地应用于各种可见表格中的有关数据的处理。

依据许多有关因素分析方法的经验，我们应该能给学生提供一些有实用性的建议。在芝加哥的一所心理治疗实验室里，我们做了只有一个因素的实验测试，结果完成它比在所有计算工作方面所花费的时间还要多，这些计算工作包括相关分析、因素分析以及对结构的分析。如果我们有许多假定因素的设想，那么我们就可以设计和发明一些新的测验方法，它能在区分这几个假定因素中发挥重要作用。这完全是一种心理学方面的工作而没有涉及计算方面。它要求我们尽量集中学生和指导者中具有的心理学洞察力。我们常常发现我们的猜测是错误的，但是偶尔一些结果却令人鼓舞。我们提及因素分析的这个方面，总希望能够消除那种相当普遍的一种印象——认为所有的因素分析都只涉及代数学和统计学知识。在调查研究一些心理学概念时，因素分析法应为我们服务。尽管因素分析结果清晰易懂，但其说明的东西也是同其他科学研究工作一样具有主观性，正因为如此，如果我们没有心理学的观念，就不可能发现一些令我们感兴趣的东西。

对于学生的另一个暗示是他通常在他的第一个因素研究中过于成功心切，但这在其他论题的研究中也是比较典型的。在这样的一个特定领域中，我们能清楚地对已知的因素成分加以测量，这种测量能反映出我们已知的因素同我们希望发现和分离的因素之间的联系，那么，因素分析研究就可能得出令人信服的成果。

我们做的大多数因素研究都是有关认知领域的。以前研究工作已经表明存在一大群因素，例如：词语的、数字的和视觉的。这些因素若用多因素分析法来处理，它便会更加清晰地揭示出来。把认知功能再进一步分解为更基本因素，其结果就会显示出，在认知领域中存在着大量的功能性的单元或因素。我们不再把词语作为单一不可分的因素。现在已了解的至少有三种语词因素，并进一步指出还存在着其他一些词语的因素。在这些词语因素中有一种用字母“V”来表示，它代表在理解词语材料方面的流畅性；另一种词语因素用“W”代表，它表示发现单词代表上下文的流畅性；第三种词的因素用“F”表示，它代表用词语形成概念的流畅性。在此必须指出还有另一种命名因素存在，它与我们前面提到的三种因素是彼此相独立的。在对某些形式的失语症的研究中，我们发现了一种奇怪现象。他们中有些病人在缺少某些词的因素的同时，其他一种或几种词的因素都完好无缺。因为不知道这些不同的语词因素之间的差别，所以人们无法理解其原因。为什么失语症病人在通过特定的词语测验的时候却不能通过其他的语词测验。今后在该领域应深入地按照因素分析的方法及成果，通过实验来进行研究。

记忆能力是独立于其他认知功能的基本因素，无意记忆（incidental memory）似乎是一种与有意记忆（intentional memory）能力不同的能力。这很好地表明了听觉记忆与视觉记忆不是同一种能力。

空间觉察能力是这些最重要的基本能力之一，用空间因素“S”来代表它。它涉及在空间中的立体物体或平面物体的觉察。我们把知觉功能分解为许多不同的基本因素。那些最有趣的知觉功能是那些展现知觉合闭（perceptual closure）的流畅性。每个人的知觉合闭具有很大的个体差异。知觉合闭是在一连串的视觉测验中发现的，同时也在一连串 28 个听觉实验中发现了知觉合闭，这些测验都是为因素分析特别设计的。我们不知道在视觉材料中的合闭因素是否与在听觉材料中的合闭因素是完全一样的，这真是一种奇怪情形。为了解决这个问题，在相同的因素分析中，必须做包括知觉合闭的视觉因素和听觉因素在内的实验，并进行同一因素分析，结果却发现知觉合闭是一种超出视觉特性和听觉特性的基本因素。如果是这样，则知觉合闭在人的智力中是一个非常重要的中心因素。另外，也许会发现合闭是两种或两种以上的因素来表示的，这些因素每种都有各自不同的特性。最近 Harold P. Bechtoldt 正在就知觉能力方面进行广泛的研究。

我们的目的不是就所有已鉴别出来的基本因素进行概括，而是要对那些研究结果的一般本质进行描述。

当我们注意那些由认知领域划分出大量的各不相同的功能单元时，必须从根本上修正关于一般智力的概念，因素分析的结果致使我们应用智力层面（mental profile）来描绘每一个人，而不是只用单一的指数如 IQ 分数来描绘。

随着该领域研究的进一步发展，我们对每个人的能力有许多不同方面的概述。现在我们相信，如果我们了解到 20 种最重要的基本因素，那么我们将在履行教育指导和职业指导方面会做得比现在更好。尽管在目前，只有 10 种从这些因素中鉴别出来，但我们在利用这种方法评估每一个人的智资（intellective assets）时，要好过用以前的老方法，即每个人都用单一的 IQ 分数来表示。

因素分析在有关斯皮尔曼的一般智力因素方面产生了一些有趣的问题。根据斯皮尔曼的设想，一种是一般智力因素，用“G”来表示。这种设想在过去 40 年里一直是充满争论的。当多因素分析方法开始用来分离出相当一部分认知领域的基本因素时，斯皮尔曼的单因素设想刚开始似乎不必要存在。随后人们发现在基本的认知因素之间存在着正相关。对成年人来说，大多相关系数都在 +0.3 以下。当利用因素方法来检验这些基本因素间正相关时，第二级因素就出现了。而且这些第二级因素中最惹人注目的地方就是它们与斯皮尔曼的设想符合得很好。这给我们一种启示：也许能够把斯皮尔曼前些时候的工作与随后的多因素分析工作统一起来。这种解释就是那些基本的因素代表不同大脑功能。诸如，一些种类的记忆和一些种类的知觉合闭，一些视觉因素以及一些词的因素，在目前看起来这似乎很有道理。这些基本的能力可以看成是表现智力的媒介，这种表现在用不同媒介表达他们自己的有效性方面有显著不同。第二级因素出现一些参数，这些参数更接近本质核心。在一般意义上，可以把第一级基本因素看成是相互独立的“器官”，然而第二级或者一般因素却表现影响那些“独立器官”或基本因素活动的参数。因此一般因素可能被看成没有固定位置的因素，然而一些基本因素可能最终被相当明确地固定下来。

根据因素方法最近的研究成果试图把斯皮尔曼的工作同后来的多因素分析统一起来是很有道理的，但我们不应该就字面意义来理解。在对人类的智力进行组织的早期阶段的理解中，我们只能作尝试性的概述。如果斯皮尔曼的一般智力因素与引入的第二级因素是完全相同的，那么，我们现在就可以决定出一般因素，这是斯皮尔曼不可能做到的事情。我们之所以提及第二级因素时都用了复数形式，是因为我们很少发现单个的二级的一般因素。这些因素在斯皮尔曼原来的设想中应被指出的。如此复杂的东西应随着科学的发展而得到解决，我们不应该对斯皮尔曼的工作怀疑，因为所有因素分析工作都建立在其基础之上。

我们在提出关于斯皮尔曼一般智力因素“G”与后来的多因素研究之间关系的推测中，已注意到那些基本的因素之间是存在正相关的。这同时也引入一个在统计习惯（statistical habits）与心理学判断（psychological judgment）之间的矛盾。一些具有因素分析原理思想的学生，重新回到传统统计方法这个课题上来。他们有时坚持认为，为了保持因素分析法有意义、有作用，这些因素之间就不应存在相关。在处理那些具有相关性的有意义的测量中，例如身高与体重，我们认为有相关；但是当转移到智力方面研究时，我们就必须迫使这些因素不相关。这样不很奇怪吗？科学的判断要求我们报告我们实际中所发现的基本因素之间的相关，而不应考虑统计学方面的便利。在因素分析中相关性是通过作斜交旋转所表示出来的，这就不如在所有的角都是直角的正交旋转系中那样方便。

关于倾向性（aptitude）方面的心理研究常常指的是机械倾向（mechanical aptitude）、艺术倾向（artistic aptitude）、音乐倾向（musical aptitude）之类的东西。我们将对机械操作倾向的现行研究作一简短叙述，来阐明心理学方面的因素分析。一听到机械操作，人们很容易把它想成是一个单一能力，但是在我们的理论假说里，与其说它是一种完整的能力，不如说它是各种能力的复合体，我们有理由找出一定数目的不同能力。我们的任务就是要发现在机械操作能力的复合体里究竟包含了多少种重要能力以及这些重要能力究竟是哪些，更进一步，我们假设机械操作能力更大部分是与大脑联系在一起的。把这种倾向看成是轻而易举的，甚至把弄脏手和愚蠢联系在一起，这种看法并不在少数。事实上，在公立学校里人们常常把语言迟钝的学生送进技术学校去学习，认为一个相当笨的孩子也可以成为一个好的机械修理工。这是我们这一代在教育上的一大失误。我们的理论认为当一个机械师检查一块出了毛病的机械零件，并诊断出毛病出在哪里时，他运用的是大脑而只是偶然才用到手。音乐天赋同样也是一个综合体，而不仅仅是手指的灵巧性。在当前研究中的心理学问题是：找出在机械操作能力中包含着哪些基本的认知功能。如果我们解决了这个问题，这对教育方面和对工业方面有一样重要的贡献。

在对这个问题的当前研究里，通过为研究目的而专门设计的用于区分不同能力的测试，我们提出了强有力的假说，一个在先前研究里得到证明的假说是机械操作能力组成空间因素“S”的大部分，空间因素“S”是指在两维和三维空间中思考物体。在这种空间因素的能力方面存在着很大的个人差异。在一个受过教育的读者群体里，我们可以发现在其他方面有天赋的个体相当大部分缺乏这种能力。上述现象的测试中所涉及的都是将静止的物体视觉形象化，而在处理机械操作方面的问题中，需要思考运动的物体，它们的相对运动有明确的限定，这种限定是用独立的运动学原理来研究的。这样，我们可以增加另一个心理假设，区别于思考静止物体，在思考运动物体中所使用的能力被揭示是由一种或多种能力组成的。另一个有关机械操作能力的假设是记住视觉形式的能力部分包括机械能力倾向。最富成果的一个假设也许就是在机械操作能力里包含有非言语推理。

当一系列假设已被提出，下一步要做的就是设计一系列可以很好地区分这些假设的实验。当设计业已完成，这些实验将被准备好并在适当的时间限制和操作指标下实施，这时这些实验实施在几百名在机械倾向上不同的被试上。这些个体没有必要代表一般的整体。事实上，组合一组实验对象去代表中等范围对象是浪费时间，因为在一组实验对象中已经包括了所有可能类型的极端例子，通常人们会发现做上面这些工作要比接下去的计算机统计工作费更多的时间。

在艺术能力和音乐能力方面也应开展类似的研究，以确定这些领域的能力维度。在我们的经验里，仅靠一个单因素研究确定一个范围是不可能的，因为每一个研究都比它的回答更能引起心理学问题，这就是科学的自然过程。

当一个因素分析完成后，我们就会试图去解释有关的共同因素的共同变异，但是通常有一些变异可以清楚容易地解释，而有的却不能确定变异的来源，必须指出：单因素分析可对我们理解智力作出重要的贡献，即使它不是试图去清楚了解所有共同因素。即使只有一个新因素被分离出来，并用心理学术语表达出来；即使是所有其他变异现象仍是一个未知的谜团；但这仍是一个贡献。这样的结果取决于在那些组合代表因素范围的因素群体中碰巧出现的结构，在这个结构里，在某种意义上讲每个单因素研究都是一个赌博。

就智力遗传方面，曾对150对同卵和异卵双生子进行调查研究。他们被给予40个心理测量，既包括群体测试，也包括个体测试。结果表明，同卵双生子比异卵双生子具有更大的相似性，同卵双生子与异卵双生子之间的不同，主要表现在视觉因素方面，区分同卵双生子与异卵双生子的最显著的特征在拼写能力方面。这种学习拼写的能力看起来与其他大多数能力是相独立的，应该对之进行调查研究以确定它与基本智力因素的关系。

因素分析最重要的含义在于打破了智力与气质的划分界限。这两种范围并不是像人们常想的那么完全可分。关于这一点已经有了越来越多的证据。例如：决定视觉合闭的基本因素从认知特征上来说是可以理解的，但它们却一样与气质特征有明确联系。关于这个联系，Dr. John Glynn最近的研究非常有趣，他给精神病患者进行了一些基本的智力测验，他特别注意到这样一些患者，他们在空间能力因素方面的天赋要比他们在词语能力因素方面的天赋相对来说好得多。他也注意到反面的极端例子，即那些患者在语言因素方面比在空间因素方面更有天赋。他发现两组患者的症状有非常有趣的差异，例如在空间能力优于语言能力的患者之中是没有幻觉的。这个领域引进了非常深入的研究，也许我们会更确切地认识到在情绪症状和基本认知因素之间的关系。对其他正常被试的研究，表现出了气质差异：在想象因素上的占优势的人们与语言因素上占优势的人们之间的确有差异。

因素分析工作通常是以几百个被试人数的实验为基础的，其基本因素是孤立的，通常以正常的被试样本为基础。我想要建议的是采取一种平行的实验模式，这将产生同因素型实验的结果一致。众所周知，在低能被试中，我们经常会发现他有一种或多种能力保持完好无损的明显事例，其中还有些优势品质，但在其他分品质方面是如此差以至于他必须受到社会有关机构的关照。我相信有意义的研究是由单个被试所组成的，以便能澄清我们对基本心智能力的理解。例如，某个患者也许会被发现他擅长于几个类似的测验，他对其余的测验则经常是毫无希望的失败。现在调查研究者稍微地改变几个患者会做的测验，其目的是确定患者有哪些品质一定被保存下来，他能完成哪些任务，还有哪些测验项目与他的失败有关联。调查者将不得不试图对测验作出大量的轻微的改变，目的在于能够画出一种心理地图（psychological map），即能展示患者仅会做什么和他不会做什么。如果能够假定患者有一种或几种能力是完好无损的，那么我们也许能够决定一个患者成功的行为包含有哪个基本因素，然后通过正常被试用因素方法来证明这些结论。我比较注意这种类型的调查以便能显示因素实验和心理假设之间的紧密关系。我们不能认为因素分析仅仅充当了一个统计者的工具，它是一种使用在实验上、诊断上、社会心理学上的进行假设检验的科学方法。

用其他方法来强调这个观点，我们也许会考虑到对因素结果解释的问题，当我发现几年前对两种词语因素进行因素分析时，惊奇地了解到这两个词语因素好像是心理学方面的。我用这些测验来玩单人纸牌游戏，对每一个测验都进行反省，来看看当我作两种辨别性测验时在我的头脑中正在想什么。两个实验明显不同的是，一是用一种言语测验来调查被试如何产生单词，有时我们并没有考虑到他们的意思；而另一种是用另一种测验去调查被试理解他目前的言语意义。在多因素研究中这是已经被证实了的因素 V 和因素 W。去年夏天 Calvin W. Tayor 用同样的方法流畅地将因素 F 分辨出来。当因素分析研究处于这种方法之下时，我们总是急切地去完成计算工作，以便能够开展更加有趣的心理解释工作，这就是因素研究之目的。

我坚信气质领域能够通过因素分析方法来研究，用一种同先前研究认知因素方法类似的方法来研究。大多数的气质测验是根本不能测验的，它们仅仅是一些被试完全由自己操作回答的问卷而已。用实验测验来代替问卷也许对于揭示和探讨气质领域问题是卓有成效的。大多数心理学家可能认为 June Douney 早期的工作是过时了的，是一种误导。我相信她的想法是正确的，她宁愿用实验方法进行气质调查而不是用问卷。那种引导方法也许是有成效的，但也没有必要把笔迹调查作为一种研究手段而加以限制。

当认知与气质之间存在交叉时，对符号联结进行因素实验研究可能是有益的，但要分别记录个体对符号联结的反应时，这几项测验由一些特殊类型的联结组成，这种联结是通过被试对刺激的反应而形成的。被试作特殊联想反应的准备时间就是测验中所得的分数。对其结果进行单因素分析就可以反应出了，如果这些因素在智力和气质之间有紧密联系，这并不必惊奇。

最近因素分析工作的一些应用是关于教育的，一种因素研究由70个心理测验组成，这些测验是对几百名5岁儿童做的。由于大多数孩子在这个年龄段还不识字，有必要把所有的测验用图画的形式设计出来。那个研究结果的实质表明在高年级学生和成人身上发现有相同的基本心智能力，而5岁儿童的智力层面（mental profile）则展示出与成人有极大不同。在这一年龄段的儿童在几个因素方面表现出比成人归纳性更强，于是把它称为定量思维（quantitative thinking），这能成为儿童辨别空间的能力的可能证据，甚至是3岁或4岁儿童。例如一个很小的孩子对线锯谜团（jigsaw puzzles）表现出兴趣，如果他的视觉好，那么他可能有较好的推理能力。显然地，年轻小孩有较强的推理能力，远远超过我们平常对他们作出的判定。结果，我们习惯于用词语来判断，而导致可能误判儿童的推理能力，他们仍没有发展到成人那样的词语水平。儿童在幼儿园时期的定量思维的早期发展产生了一个问题，目前在数学方面采用了延迟教育，一直到他们长大一些。

在几个低年级的教育中存在的重要问题之一是：有一定比例的孩子在阅读上产生了障碍。在许多例子中，这种阅读障碍与低智商并无联系，显得更为特殊。学生在上幼儿园时就被传授了一些入门知识，为了使这些最初形成的智力层面为学生后来的阅读能力产生密切关系，传授阅读方法很可能适应了孩子原有的智力层面。如果我们发现不同的教授阅读的方法会形成孩子的不同的智力层面，那么在以后的各个年龄阶段，会产生类似的问题。在孩子的早期就调整教授方法以适应他们的智力层面，这也许是非常重要的。

既然这些基本的心理能力在功能上存在着个体差异，甚至在幼儿园时就彼此不同，那么由于最初的素质不同，就会在成长方面产生不同的问题。这里还存在一个问题，是否不同的素质在今后的发展程度上会有显著的不同。如果最初的心理能力本身有很大的个体差异，那么后来发现在不同因素的生长快慢上也存在个体差异就不足为怪了。因为在生长速度上可能存在个体差异外，我们知道有一些因素比其他因素形成得更快。知觉合闭现象大概在9~10岁就完成了，因此9岁的儿童和成人所得的平均成绩之间并无明显不同。词语理解V可能比其他的因素都慢得多，词语理解能力的提高很难评价，因为这个因素的评估比其他因素更受学校教育或经验的影响。我们可能会发现我们应该担心的是对毕生都产生影响的智力层面的相对稳定性，而不是IQ的恒定性。

这些基本心理能力最通常的问题之一是它们是否能通过训练而提高，答案是肯定的。另一方面，如果两个男孩有一种基本心理能力显著不同，如果让他们接受同等量的训练，那么可以预料虽然他们都得到了进步，但他们之间的差异也随着增加了。显然天赋高的孩子比天赋差的孩子在训练中受益更多，但一般当然会认为受训机会应该尽可能地多一些。训练孩子基本能力的一年课程已经有人设计出来了，这些课程包括大量的每天都不同的游戏节目。这些类似的训练材料将被推广到以后的学校课程中还是有可能的。

在教育和职业指导上，用来作不同课程和不同职业的诊断测试已开始应用了。随着有关基本能力的知识的增长，依据这些能力而做出工作分析（job analyses）是可行的。当工作做了这样的分析后，理性的选拔测验就可以取代粗劣的经验方法，而且我们还可以自信地预言这种选拔测验会对这种工作具有效度。同样的推理可用于更复杂的职业中。那么对每一个工作的有效测试，我们就将有理性的就业指导来代替盲目的试误过程。

在芝加哥测定了50万高中学生的智力层面，结果发现它出现了各种可能的组合。他们记录记载了成百上千的有趣例子，一个阅读能力很差的男孩被他的教师视为智力低下者，而他的智力层面则表明他在空间能力和推理能力上得分最高，另外，除语词因素外，其他几种因素上得分也很高。当教师们知道他的障碍较为特殊，仅在一个因素上较差时，改变了对他的看法。还有一个令人惊奇的例子，有一个女孩，她很会为她的逃学和一些令人想不到的过失行为讲出理由，而且讲得合情合理，当她的谎言最终被人揭穿后，人们也同时发现她的智力层面中各种因素的得分都很低，只有一个例外，即语词的流畅性很好。这如果早一点被她的老师发现的话，就会警惕这种奇怪的智力层面出现的可能性。这需要测试者对智力层面和每一例子的环境之间的关系有相当的洞察力，但是毫无疑问，这种智力层面在对教育和行为问题的解释上比 IQ 更有用。

我们应将因素分析法应用于社会心理学中，公众关于包括国内和国际关系的政治问题的社会态度具有复杂性，我们正是要将它作为调查研究的首选维度。我的因素分析原理的首期论文之一试图通过立法机关里成员的投票记录来分离集团。这个问题是通过用正因素分析（oberse factor methods）来处理人们之间而不是测验之间的相关系数来加解决的。James W Degan 正是利用正因素分析方法来处理高等法院的投票记录的。其目的在于利用分析原理来确定投票结果是否显示出与处于投票的法官中的因素是否具有一致性。结果表明了通过逻辑推理决定他们选票多少的程度和通过政治哲学或权术所决定的选票多少的程度。这个研究具有某种普遍的兴趣。

人类差异的问题是通过因素分析结果来反映出来的。由于人类不同于自然物质，他们在认知特质和气质特质方面有所不同是合理的。如果这被发现成为事实，就没有必要暗示人们在智力水平上有显著的差异。这也许会被推测为人们在一般的智力层面有所不同，它包括基本能力和气质方面。如果这些差异被发现，它们也许最终会以同样的方法加以利用，即任何人群中的个别差异作为民族资产而被评价。

我试图评论最近的因素分析在心理学上特殊贡献的影响，这种因素分析方法已经被应用在其他的科学领域，并有了一些有趣的发现，但我们在这里关心的是这些方法在促进心理学上的作用。我最后要说的是：因素分析方法在促进心理学进步发展方面是卓有成效的，正如我们在与心理学有密切联系的学科上使用这种方法一样。

（张金桥　张定坤译　何先友校）

译自：Thurstone L L. Psychological implications of factor analysis. In：Jenkins J J，Paterson D G，ed. Studies in Individual Differences. New York：Appleton－Century－Crofts，1961

思想评介

能力结构研究的基本方法与方法论问题

长期以来，人们都非常注重对能力结构的分析，认为它有助于深入了解能力的本质，直接影响着对能力的定义、能力的测量、能力的发展与培养等一系列重大问题的解决，因此，直到五六十年代，“绝大多数外国学者所做的能力研究，都落实到结构的分析上”①，力图以此作为研究能力的突破口。然而，数十年来，国外对能力结构的研究却得出各种不同的模式，各种理论长期对峙，难有定论。追根溯源，造成这种分歧的根本原因，在于各派分析能力结构的不同方法。为了真正理解各派分歧的实质，客观地对它们的方法论的贡献及局限性作出分析，从而促进能力结构研究的发展，我们必须对心理学界研究能力结构的基本方法与方法论作一个系统的总结。

总的来看，研究能力结构的基本方法可以分为以西方为代表的因素分析法和与苏联为代表的活动分析法。

在五六十年代，西方心理学家主要采用了因素分析的方法来研究能力结构。因素分析法“是要把刻画事物性质、状态的一组变量

---

① 克鲁切茨基．中小学生数学能力心理学．北京：教育科学出版社，1984．85

缩减成能反映这一组变量之间内在联系和能起主导作用的少数几个共同性变量的统计分析方法”①。因素分析的全过程可以分为三步成三个基本环节：第一是信息的收集，研究者按照一定的构想设计出若干分测验（变量），对被试进行测试；第二步是信息的处理，将上一步收集来的数据（测试结果）作复杂的数学处理，提取出公因素；第三步是对提取出来的公因素的心理实质作了解释；一般的做法是研究者以对某个因素负荷最高的分测验的心理过程的主观看法来解释该因素。这样便完成了对能力结构的因素分析。但是，上面任何一个环节都可以有各种不同的做法：对同一种能力结构的分析可以设计不同的分测验，对收集来的数据可以用不同的数学方法进行处理，对提取出来的公因素可以作不同的解释，而任何一步的做法不同，所得出的能力结构都会相距甚远。西方因素分析研究所得出的能力结构各不相同，其根本原因正是在此。

英国心理学家斯皮尔曼（Spearman）在 1904 年首先用自己创立的因素分析法（四元区分法）对能力结构作了研究，提出了能力结构的二因素论。这个理论认为，任何活动的进行，都需要两种能力，其中一种对所有活动都是共同的，称为一般能力，即“G”因素；另一种则是各种活动所特有的，称为特殊因素，即“S”因素。值得强调的是，西方心理学家所说的“一般能力”指的是各种具体活动所共有的能力因素，用因素分析法的术语来说，一般因素是指“一个因素矩阵中所有的变量都共有的某因素”②，而不是指作为特殊能力的抽象的一般能力。

后来，斯皮尔曼以及其他心理学家经进一步的研究，都发现有些测验彼此相关的程度要超过依据它们与 G 因素的交迭所能说明的范围，G 因素不能解释测验间的全部相关，这表明除了共同的 G 因素及个别的 S 因素外，还有一些不是所有的测验都共有（小于 G），而是两个以上测验所共有（大于）的组因素（group factor）。

---

① 吴国铭．多元分析在心理学中的应用．载：心理学动态，1987（2）：63

② Cattel R R. Ability：Their Structure，Growth and Action. New York：Houghton Mifflin Company，1971．86～87

斯皮尔曼承认这个事实，但他认为组因素的出现只是由于选择了某些更相似的测验，它们不仅有共同的 G，而且 S 也有相同的成分，这些作为 S 的共同成分的组因素是不重要的①。因此，他仍然坚持二因素论的观点。然而，随着能力结构研究的深入，斯皮尔曼的追随者们逐步注意到组因素的地位与作用，过于偏激的二因素论已不再被坚持，但他们仍然继承了斯皮尔曼的基本思想，强调 G 因素的地位及对它的分析，从而形成能力结构因素分析的英国传统。这个派别的基本点是坚持 G 因素的至高地位，但同时也承认组因素的一定作用。进行因素分析时，他们使用了正交旋转的技术，对初始因素负荷矩阵进行正交变换，以提取出一个一般因素，使它能解释尽可能大的共同方差，然后再分析出组因素以解释其他剩余的相关②。

英国传统的因素分析派的典型代表是阜南（Vernon），他按照该传统的做法进行了大量的实验研究，提出了著名的能力结构层次理论。根据该理论，能力的基本结构如图 22－1③所示。

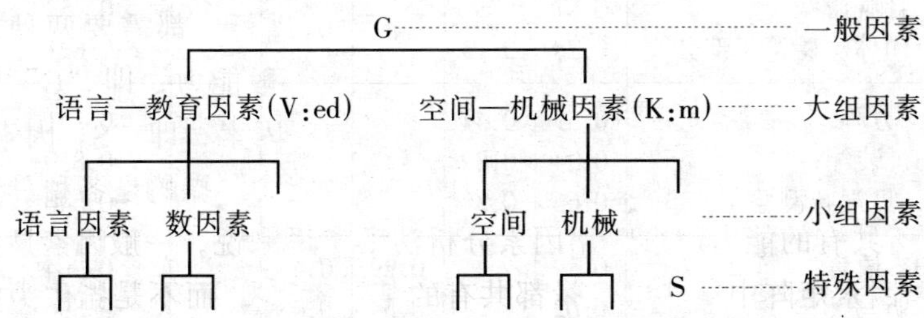

图 22－1 阜南的能力结构层次模式

阜南这个层次模式，是按照英国传统的因素分析途径，运用正交旋转的技术，先分析出贯穿所有变量的一般因素，然后再分析出覆盖面不同的组因素，最后得出的。为了说明这一点，我们以他对

---

① Spearman C. The abilities of man. ln: Jenkins J J, Paterson D G, ed. Studies in Individual Differences. New York: Appleton－Century－Crofts, 1961. 226

②③ Anastasi A. Psychological Testing. New York: Macmilian Publishing Company, 1982. 365

1000名陆军新兵团体测验的因素分析研究为例，分析结果见表22－1①。从表22－1可见，G因素覆盖了所有的变量，占了总方差的52.5%的变差；语言—教育因素与空间—机械因素各覆盖一个大区域的变量，其中V:ed占8.4%的变差，K:m占8.7%的变差；而语言因素与数因素在V:ed所覆盖的区域内各覆盖一个小区域，占6.9%的变差。由此可见，阜南的能力层次结构的各因素都是处在同一水平，相互独立的，G因素与各个组因素都是作为同一级因素而存在，之间不存在包含关系。其所谓的层级，只是就各因素在因素负荷矩阵中对变量的覆盖范围而言。如果不懂得阜南的研究方法，望文生义，就会对他的层次模式产生误解。

表22－1　1000名陆军新兵团体测验的因素分析

变　量	因　素　负　荷					公因素方差
	G	K:m	V:ed	V	n	
1. 矩阵	0.79	0.17				0.654
骨牌游戏	0.87					0.752
团体测验第1部分	0.78	0.13				0.621
6. 方阵	0.59	0.44				0.541
26. 装配	0.24	0.89				0.850
4. 贝涅特测验	0.66	0.31				0.540
10. 语言	0.79		0.29	0.45		0.904
听写测验	0.62		0.54	0.48		0.896
14. ATS拼写	0.68		0.41	0.43		0.818
11. 指令	0.87		0.23	0.09		0.819
9. 算术第1部分	0.72		0.49		0.39	0.914
算术第2部分	0.80		0.38		0.16	0.815
13. ATS算术	0.77		0.36		0.32	0.817
方差（%）	52.5	8.7	8.4	6.9		76.5

① Vernon P E. British Army and Navy Research on Intelligence. In: American Psychologist, 1947 (2): 35～51

从斯皮尔曼的二因素论到阜南的层次论，显示了因素分析的英国传统的发展形成，阜南的一般因素—组因素—特殊因素的分析研究路线，比较典型地体现出英国传统因素分析法的基本特点。

美国心理学家瑟斯顿是美国传统因素分析的奠基人。该传统认为，没有必要作一般因素的假设，“在某实验中，如果变量中确实存在着一般因素，那只是一种偶然”①。因此，它反对不管变量的因素空间的分布形态，人为地提取一般因素的做法，主张分析出直接影响着活动进行的自然单位（因素）。瑟斯顿相应地提出简单结构的思想与斜交旋转的技术。所谓简单结构，指力求使各分测验变量的因素负荷尽可能向零或一两个极端靠拢，让公因素分别在一些分测验中有尽可能大的因素负荷而在另一些测验中有尽可能小的因素负荷。斜交旋转技术则更好地保证了简单结构思想的实现。所谓斜交旋转，即旋转后因素轴不必相互垂直，这样便于根据变量在多维因素空间的自然分布形态中去确定因素轴，“将变量用相关因子进行线性描述，使得到的新因子模型最大限度地符合自然模型”②。按照这个基本方法，瑟斯顿对能力结构作了研究，提出了著名的群因素能力结构理论。他指出，各种活动的能力都是由一定数量的基本心理能力（primary mental ability）组成，主要有七种：计算、词的流畅性、语义、记忆、推理、空间知觉和知觉速度。瑟斯顿并没有否认可能会有一般因素贯穿所有的测验之中，但否认在能力结构研究中对这种一般因素的分析的价值，而注重分析出对活动现实地发生作用的自然单位。即使各测验间确实存在着某个共同要素，但如果这个要素只是分别同其他不同的要素结合构成直接影响活动的不同的能力单元的话，就不必将这个一般要素从其自然组合中人为地肢解出来，而让它分属不同的因素。这样所得出的因素会有一定的相关，这是完全合理的。这种分析思想必然要求容许所分析出来

---

① Cattel R R. Ability: Their Structure, Growth and Action. New York: Houghton Mifflin Company, 1971. 86~87

② 煤炭科学研究院地质勘探研究所编著. 数学地质基础与方法. 北京：煤炭工业出版社，1981. 455

的因素有一定相关的斜交旋转技术。我国心理学家陈立便指出："瑟斯顿的原始心理能力之所以不用正轴而用斜轴作为参照系统，就正因斜轴就有相关。"① 瑟斯顿与后来的美国传统的研究者都采用了斜交旋转的技术。卡特尔（Cattell）在其巨著《能力：它们的结构、发展与功能》中专门对斜交旋转的合理性进行了讨论，他认为，只有运用斜交旋转，才有利于分析直接对活动起作用的因素，能力的"自然的结构要求斜交因素"。瑟斯顿也指出："……我们要注意到基本能力之间有正相关，这产生了我们的统计习惯与心理判断之间的矛盾。一些因素分析理论的学生们将他们的统计习惯带到这里，坚持要各因素独立，认为这样才有意义。……实质上我们一直在进行着某些相关的测量，然而它们是有意义的，如身高与体重。"② 应该说，瑟斯顿对自己所提出的七种基本心理能力之间有正相关是十分清楚的，并且认为可以从这些相关的因素中再分析出二级因素，他指出："当考察基本能力间的正相关时，似乎有一些二级因素，……一级的基本能力可以看作是独立的机制，而二级或一般的因素则是影响几种机制或基本能力的参数。"③ 然而，尽管瑟斯顿在理论上提出了分析二级因素的任务，但在实践上他只是致力于分析寻找一级水平的基本能力因素。

瑟斯顿的理论与实践开创了因素分析的美国传统，而卡特尔则是该传统的集大成者。他系统地确定了这个传统因素分析的基本方法，明确地提出，应首先通过对变量进行因素分析（用斜交旋转技术），分析出直接对活动的进行发生作用的能力因素，即能力结构的基本因素（一级因素），然后，为了深入探讨能力结构的本质，可以进一步对这些有一定正相关的一级因素再进行因素分析（fac-

---

① 陈立．我对测验的看法．载：心理科学通讯，1982（3）：1

② Thurstone L L．Psychological implications of factor analysis．In：Jenkins J J，Paterson D G，ed．Studies in Individual Differences．New York：Appleton－Century－Crofts，1961．619

③ Thurstone L L．Psychological implications of factor analysis．In：Jenkins J J，Paterson D G，ed．Studies in Individual Differences．New York：Appleton－Century－Crofts，1961．619

torize the factors)[①]，以探求二级因素即“因素中的因素”（factors among factors)[②]。一级因素对变量起作用，而二级因素则对一级因素发生影响，一级因素的方程是：[③]

$$t_{ji} = b_{jv}a_{vi} + b_{jn}a_{ni} + \cdots + b_{j}a_{ji}$$

（i 为个体，b 为因素负荷，t_{ji}是 i 在测验 j 的分数，a_v，a_n 均为一级因素）

二级因素的方程是：

$$a_{ni} = bngfg_{fi} + bn_0cg_{ci} + bngsg_{si} + \cdots + b_n\bar{a}_{ni}$$

（a_{ni}为 i 个体在某基本能力的分数，g_f，g_c，g_s 是二级因素）

卡特尔的主要研究工作及其贡献在于对二级因素的探讨。他对前人已分析出来的基本能力因素再进行因素分析，根据研究结果提出了两个重要的二级因素，一个是流体智力（fluid intelligence），简称 g_f；另一个是晶化智力（crystalized intelligence），简称 g_c，并对这两种因素进行深入的分析，卡特尔改进或创新了许多有关技术，用此系统地进行了二级因素的研究，从而使美国传统的因素分析法进一步发展完善。

然而，英美两种传统都是因素分析法内部的流派，它们的基本点是相同的。总的来说，它们都是以因素分析为工具，探索变量的内在联系，从而揭示能力结构各因素。因此，它们都要先设计测验(变量)，进行测试，然后再根据测试结果分析出能力因素。这是典型的西方因素分析法的特点。应该指出，这种典型的因素分析法至今仍存在着一些难以克服的问题。首先，从信息收集方面来看，西方因素分析家们都要先设计一套分测验进行测试，以收集数据进行分析。但根据什么来选择变量，以使它们能代表要分析的领域，他们显然无法解决，而只是凭主观经验作出设计。斯皮尔曼在分析能力结构时只选择了 6 个分测验，而瑟斯顿则选了 56 个，其根据何

---

① Cattel R R. Ability：Their Structure，Growth and Action. New York：Honghton Mifflin Company，1971. 86~87

②③ Anastasi A. Psychological Testing. New York：Macmilian Publishing Company，1982. 365

在，难以解答。由于变量的数量、内容都直接影响着因素分析的结果，因此，这个问题不解决，因素分析就会缺乏坚实的基础，无法摆脱主观随意性。其次，从结果的解释方面看，提取出公因素后，应如何客观地、科学地揭示它们的心理实质，这也未得到解决。

美国心理学家吉尔福特对能力结构的分析采取了与众不同的方法，他不是运用因素分析法来发现因素，而是按先严密假设再实验验证的程序，用因素分析法证实所设想的能力结构模式。吉尔福特首先从理论上提出能力三维结构的模式，设想出 120 个因素，然后设计分测验并进行因素分析，以证实所设想的因素。不久前他宣布已找出了 77 种，并预言 120 种因素最终会全部找出来。

吉尔福特的能力三维结构理论是有其重要意义的，它扩展了能力因素研究的领域，促进了对创造能力的研究，并促进了智力测验的发展。然而，我们认为，吉尔福特这种先假设然后用因素分析法证实的途径能否科学地揭示能力结构，是值得考虑的。因为，吉尔福特虽然设计分测验进行因素分析来证明自己提出的因素模式，但正如卡特尔所述："吉尔福特处心积虑地使所选用的测验适合于他的主观理论框架而不是适合于人类现存行为的取样。"① 他只是根据证实自己能力结构的需要来选取测验，而不管这些测验能否代表现实的活动领域。由于因素分析的结果依赖于所选用的测验变量，研究者只要增加某方面的分测验的数量，便可以将一种特殊因素人为地扩张为组因素，这样，任何的因素模式都可以通过人为地选择测验而加以证实。西方不少心理学家指出，吉尔福特所提出的结构模型中，有些因素的作用范围相当小，它们对人类活动的调节作用是微乎其微的，只能算是特殊因素，但吉尔福特却通过重复编制一些相似的测验将它们扩大成为较广泛的组因素，以证实自己的假设。② 由此可见，吉尔福特不是让自己的假设模式经受严格的、客

---

① Cattel R R. Ability：Their Structure，Growth and Action．New York：Houghton Mifflin Company，1971．86～87

② Cattel R. R. Ability：Their Structure，Growth and Action．New York：Houghton Mifflin Company，1971．86～87

观的检验，而只是人为地选择材料使它得到证实。正因为如此，阜南指出："瑟斯顿的能力结构的因素几乎没有被加利福尼亚大学以外的因素分析家们所验证，而瑟斯顿早先提出的能力因素却为许多人所证实。"①

苏联对能力结构的研究走的是另一条道路，它强调以辩证唯物论为指导思想，坚持从活动中研究能力。苏联心理学家认为，"能力脱离了人的具体活动是不存在的"②，"能力只有在分析具体活动的基础上才能被揭露出来"③，对能力进行分析，必须在该能力的有关活动中，并在分析这种活动的基础上来研究能力④。根据这个基本方法论，苏联提出了以活动为中心分析能力结构的研究方法，从而形成了活动分析派。这个基本方法程序如下：首先根据对与某能力有关的活动的分析，提出该能力结构的设想；第二步，按照所设想的能力结构各因素设计相应的实验作业，让能力不同的被试个别完成，并对他们的完成过程进行定性分析，"如果能力强的学生所具有的那些心理特征，正是能力差的学生所不具备的，那么，这些心理特征必将在能力结构中起重要作用"⑤。这样便可以检验原先所设想的能力结构各因素是否符合实际，最后确定真正的能力结构。苏联心理学家捷普洛夫对音乐能力结构的研究，基列扬科对绘画能力结构的研究，卡尔梅科娃等人对接受能力的研究，以及克鲁切茨基对中小学生数学能力结构的研究等等，其做法都基本如此。

苏联心理学家主张从现实活动中分析能力结构，这个总的方法论思想是正确的，他们通过对活动过程作定性分析以揭示能力因素的心理实质的方法及技术也具有一定的意义。然而，总的来看，苏联的研究方法本质上仍然是直觉的、经验的。首先，其能力结构假设的提出，正如西方所指出那样，是建立"在先有概念、直觉和某

① Entwistle N. Style of Learning and Teaching. United States of America Press，1981. 148
② 彼得罗夫斯基. 普通心理学. 北京：人民教育出版社，1981. 492
③ 捷普洛夫等. 苏联心理科学：2卷. 北京：科学出版社，1963. 77
④ 克鲁切茨基. 中小学生数学能力心理学. 北京：教育科学出版社，1984. 85
⑤ 克鲁切茨基. 中小学生数学能力心理学. 北京：教育科学出版社，1984. 85

种程度上尚属经验的材料之一”[①]。其次，从其验证过程来看，苏联心理学家是通过对活动的定性分析来验证所提出的能力结构的假设的，但这种对活动的定性分析，缺乏客观的、严格的指标，缺乏量化，具有较大的主观随意性，这种证明与其说是实验性的，不如说是经验性的。并且，从其研究的程序来看，苏联的活动分析法实际上还是先假设能力结构然后再加以验证，由于其假设的提出是直觉的、经验性的，因此，纵然能通过分析证明这些假设的因素确实影响着活动的进行，也不能断定所假设的结构模式必然与实际模式相符。理由主要有两方面：第一，它无法保证所确定的能力结构必定完整。因为其验证只限于对原来设想的结构各因素是否真实作出检验，如果研究者在作出假设时忽略了某些重要因素，后面的实验验证是无法检验出来的。其二，这种程序无法保证所确定的能力结构的因素组合形式必定合乎实际，因为，仅凭直观、经验是很难正确地确定能力结构中因素的组合形式的，例如，在人们心目中空间思维是一种能力因素，但瑟斯顿却根据实验数据证明，三维空间思维与二维空间思维是不同的能力因素。苏联的研究在提出假设时既无法保证所设想的结构的因素组合形式与实际结构相符，在验证时也无法检验并修正假设中的不符合，因此，在其所验证后确定的能力结构中，可能有的因素在实际上应合并，有的应细分，有的应重组，甚至有的几个因素只是同一个因素。正因为如此，西方心理学家在评论克鲁切茨基的研究时指出：“这些测验（指克鲁切茨基用以验证所设想的数学能力因素的各个测验——引者注）很可能有高度的相关，因而有一个因素——一般的心理能力——是所有这些测验的共同因素。这种可能性似乎很遥远，但克鲁切茨基的分析并没有排除这种可能性。”[②]这个批评应该说是比较中肯的。

上面将五六十年代盛行的对能力结构的研究的基本方法作了全

---

① 基尔帕特里克，克鲁切茨基．中小学生数学能力心理学．北京：教育科学出版社，1984．英译本编者前言

② 基尔帕特里克，克鲁切茨基．中小学生数学能力心理学．北京：教育科学出版社，1984．英译本编者前言

面的总结。值得注意的是，自 70 年代以来，在西方用因素分析法研究能力结构已逐步不再行时了。原因主要有两方面：一方面来自研究方法，由于因素分析法本身的问题一直无法解决，人们感到不满；并且因素分析法是以个别差异为基础来理解人的能力的，而人们逐渐明确地认为要分离出能力不需要依靠显著的个别差异。另一方面是人们对分析能力结构这种“地理模式”① 的研究意义产生了怀疑。因为这种地理模式的研究很少涉及心理过程，难以把握人的智力活动的实质。因此，70 年代以来，“多数智力研究者既不接受地图模式，也不采纳因素分析方法”，这些研究者（包括一些原来的因素分析学者如杰恩森等）从信息加工的观点出发，将能力看作计算机程度模式，转向以实验方法研究认知过程，从内部心理过程的角度研究能力。近 20 年来，西方这方面的研究也取得重要的成果，例如杰恩森通过反应时的研究，从神经传导速度方面探讨智力；斯腾伯格通过对类推、系列及三段论推理的研究去理解加工过程；西蒙则研究了解决问题的信息加工；如此等等。这类研究对于人们认识能力的本质具有重要意义。总而言之，西方对能力研究这种新趋势是富有意义的，值得我们重视。然而，我们认为，对能力结构的分析研究仍然有其不可替代的重要作用，继续开展这方面的研究还是有必要的。

（莫　雷）

选自：心理学报，1988（3）

① 斯腾伯格．人类智力：模式的启示．载：心理学动态．1987（2）：3

吉尔福特

(Jop Paul Guilford)

■ 生平简介
■ 名篇选读
智力的三维结构
■ 思想评介

生平简介

J·P·吉尔福特（1897～1987），美国心理学家。吉尔福特1897年诞生于美国内布拉斯加州马奎特，1922年和1924年先后获内布拉斯加大学学士和硕士学位。在内布拉斯加大学，吉尔福特受到海德的影响，对心理学产生兴趣。嗣后，他进入康奈尔大学，师从铁钦纳，并获该校心理学博士学位；1927～1928年任堪萨斯大学副教授；1935年任美国西北大学客座教授；1940年任南加利福尼亚大学教授，一直工作到1969年退休，并任荣誉教授；1950年任美国心理学会主席；1977～1979年任国际智力教育会主席；1987年逝世。

吉尔福特1959年4月在《美国心理学家》杂志上发表一篇题为“智力的三维结构”的文章，首次提出著名的三维智力结构模式，即SI模型；1967年又在其主要著作《人类智力的本质》一书中对此模型作了较为全面的、详尽的论述。他根据因素分析和信息加工原理，将智力视为是由操作、内容和成果三个变项构成的立体形的智力结构。操作包括认知、记忆、发散式思维、聚合式思维和评价五种不同的方式；操作的内容包括图形的、符号的、语义的和行为的四个项目；成果即把某种操作应用于某种内容的结果，包括单元、类别、关系、系统、转化和蕴含六个项目。这样，在三个维度结合，整个智力结构即形成4(内容)×5(操作)×6(成果)=120个不同的组合。这120个组合可视为人类智力的120个不同因素。吉尔福特声称已经识别智力结构中的70多个因素了。1982年，他又修正了其理论，将内容中图形方面再分为视觉的和听觉的两种，于是，将智力视为5×5×6=150个不同因素的组合。吉尔福特将其上述智力结构模式推荐为认知心理学的参考系统。

吉尔福特的智力结构论中引人瞩目的内容之一是对创造性的分析。他把以前曾被从智力概念中忽略的创造性与发散性思维联系起来；还将发散性思维与聚合性思维相对应。他认为发散性思维具有流畅性、变通性和独创性三个维度，这是创造性的核心。通过对智商和创造力测验分数的相关分析，他认为创造力与智力之间有正相关趋势，智力和创造力是两种不同的能力，属两个不同层次的结构，一定水平的智力是创造力发展的必要条件。吉尔福特还提出人格是由态度、气质、能力倾向、形态、生理、需要和兴趣七种特质组成的一个统一的整体。它是一个七角形的交互体，从不同角度可以观察到七种不同的人格特质。

吉尔福特因应用心理测量方法和因素分析方法进行人格特质的研究，特别是对智力的分类而驰名世界。他一生获过多种奖励：1964年获美国心理学会卓越科学贡献奖；1974年获教育测验服务社教育与心理测量贡献奖；1983年获心理学基金会金质奖等。

吉尔福特的著作和论文多达400多种，主要论著有：《统计学》(1940)、《人格》（1959)、《智力的分析》（1971)、《超越智商》(1977)、《认知心理学的参照框架》(1979）和《创造性才能》(1985）等。

（何先友）

名篇选读

智力的三维结构

本文研究的课题是属于“人类智力”这一领域，目的是要向大家谈谈如何分析人类智力的组成。

我们对人类智力组成的知识大多数是在最近25年内获得的。能力倾向研究已经取得的成果也许是最引起人们注意的，这些成果都是同创造性思维能力有关的。它们大多都是崭新的发现。但对我来说，最富有意义的研究结果却是发展了一种统一的人类智力的理论，这种理论将各种已经查明的、独特的和首要的智慧能力组织成为一个单一的叫做“智力结构”的系统。我在本文中将花大部分篇幅来谈论这个“智力结构”系统，并简要地提及它对思维和解决问题的心理学、对职业测验和对教育的一些涵义。

智力组分的发现是由于在实验上应用了因素分析法。每一个智力组分或智力因素是一种独特的能力，这种能力是为了很好地完成某一类课题或测验所必需的。看来可作为一个普遍原则的是我们发现：有些人在进行某一类测验时完成得很好，但他们在做另一类测验时却可能做得很差。我们得到的结论是一个因素具有某些性能，而这些性能是从一类测验所共同具有的特征中分隔出来的。下面我将立即提供出一些测验作为实例，其中每个测验表示着一个因素。

智力的结构

虽然每一个智力因素可用因素分析法很明确地检测出来，近几年来已日益明白因素本身可以进行分类，因为它们在某些方面彼此有相似之处。分类的一种依据是按照实现的过程（或操作）的基本种类。这种分类给我们提供了五大组智力因素：认知、记忆、分散性思维、集中性思维和评价。

认知的意思是发现或再发现（即再认）。记忆的意思是保持已经认知的信息。分散性思维和集中性思维是二类创造性思维过程，它们能从已知的信息和回忆的信息中生成新的信息，在分散性思维操作中我们是沿着各种不同的方向去思考的，即有时去探索新远景，有时去追求多样性。在集中思维时，全部信息则仅仅只是导致一个正确的答案或一个人们认为最好的或最合乎惯例的答案。在评价中，我们要作出决定，即对我们所知道的、所记住的信息和在创造性思维中所产生的任何新信息就其优劣性、正确性、适用性及稳当性诸方面加以评定。

智力因素的第二种分类方法是按照这些因素所包含的材料或内容的种类。迄今所知道的各种因素包含三类材料或内容：图形的、符号的和语义的内容。图形内容是通过感官所接受的具体材料，这种材料除了表象本身之外不能表现其他东西。视觉材料具有诸如大小、形状、颜色、方位或质地等性质，我们所听到或摸到的事物是图形材料的另一些实例。符号内容是由字母、数字和其他惯用的记号所组成，这些符号通常组成普遍通行的系统如字母表或数系。语义内容是具有言语意义或观念形式的，这方面无需再举例了。

对某一种内容施行某一种操作时，有可能生成达于六种之多的产物。有足够的证据假定不管那些操作和内容是如何组合的，都可能发现会生成同样六种产物。这六种产物是：单元、类别、关系、系统、转化和蕴含。就我们从因素分析法已经确定的而言，我们所能知道的基本的产物种类只有这六种，正因如此，这六种产物在心理学上可以作为能够适合于各种类型信息的基本类别。

智力因素的三种分类可用图 23－1 所示的一个立体模型来表示，这个模型我们称为“智力结构模型”，它的每一维代表着因素变异的多种方式之一。第一维表示各种操作，第二维表示各种产物，第三维表示各种内容类别。我在内容这一维上增添了第四个类别，它指的是“行为的”内容，增添这一类别纯粹是出于理论上的根据。目的是为了表示通常称作“社会性智力”的一般内容，关于这一部分后面还将详细谈到。

为了提供一个更好的基础以便使人们能够理解此一模型，并将它作为人类智力的一种图解去接受它，我将利用若干测验实例来对此模型作一番系统阐述。本模型中每个小立方体要求有凭借操作、内容和产物三方面来表述的一种能力。因为每个小立方体都是在由操作、内容及产物三变元上不同元素的一种独特组合的交叉处，所以测量该种能力的测验也要具有相同的三方面特性。我们在研讨该模型时，将先取一个垂直剖面，即从最前面一个立面开始，该立面含有 18 个小立方体（我们暂且不管行为的内容这一个立柱，因为与这方面有关的因素至今还毫无所知）。在这 18 个小立方体中每一个小立方体表示了一种认知能力。

认知能力

我们现在已经知道了 15 种独特的认知能力，从逻辑上分析，它们相当于模型中认知能力 18 个小立方体中的 15 个。每一横排三个小立方体代表属于一组内的三种相类似的能力，它们具有共同的一类产物。第一横排的各种因素都是与认识“单元”的能力有关

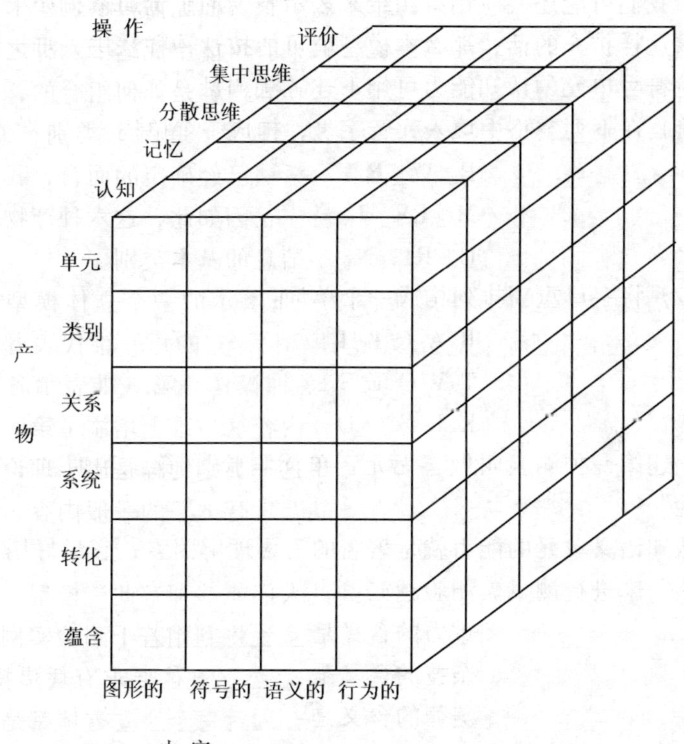

图 23－1 智力结构的立体模型

的。测量认知“图形单元”能力的最佳测验就是“斯特里特完成图形测验”（Street Gestalt Completion Test），在该测验中，将各种人们熟悉的图画形象的物体以剪影的形式向被试者呈现，目的是要被试者画出这些物体某部分的草图，虽然要被试者辨认这些剪影图案是有困难的。大家都知道还有另一种认知图形单元的因素，即听觉形象的知觉，出现的形式是旋律、节奏以及讲话声音等。此外还有另一种包含动觉形式的因素。这样，在一个小立方体中就存在了三种因素（可以想象，这是三种截然不同的能力，尽管至今对此尚未证实），这种情况表明，在图形内容这一立柱中每一个小立方体内，我们普遍认为可期望找到的能力，无论如何不止一种。因而对于图形内容我们可能还要应用第四维来表示不同的感觉通道，如果事实上要求这样扩充的话，那么本模型就可能按这种办法进一步扩充。

对符号单元的认知能力可用下述方法测量：

（1）在下列空格中填入元音字母，构成一个单词：

P_W_R

M_RV_L

C_RT_N

（2）将字母重新排列构成一个单词：

R A C I H

T V O E S

K L C C O

上述第一种测验叫做“无元音单词测验”，第二种叫“字母重排测验”。

认知语义单元的能力就是著名的言语理解因素，它最好用“词汇测验”来进行测量。测验题如：

重力的含义是＿＿＿＿＿＿

杂技的含义是＿＿＿＿＿＿

美德的含义是＿＿＿＿＿＿

将上面两种因素（指认知符号单元及语义单元这两种能力）作一比较，很显然，认识一个词汇的字母拼法构成和理解词汇含义是依靠完全不同的能力。

为了测量第二横排认知类别的能力，我们可以提供下面的题目，一种是关于符号内容的，一种是关于语义内容的：

下面几个字母组中，哪几组属于一类？

XECM，PVAA，QXIN，VTRO

下面几种物体中，哪几种属于一类？

蛤蜥，树木，炉灶，玫瑰

用一种普通的测验就可测得第三横排认知关系的三种能力，这三种能力测量方法的区别仅在于所使用题目的内容。著名的类比测验是很适用的，其中符号形式和语义形式的两种题目如下：

符号：Jire/kire * Fora/kore kora Lire gora gire

语义内容：诗歌/散文 * 舞蹈/音乐 散步 唱歌 谈话 跳跃

（这个题目要求被试者在后面五项内任选一项，即测验他发现类似于前面所示关系的能力——译者注）

第四横排认知系统的三种因素，目前在测验中出现的情况并不像上述三排例子中那样彼此间很相似，然而它们也有一种作为共同基础核心的逻辑相似性。在图形内容中可使用正常空间测验，如瑟斯顿的“旗子、图形与卡片测验”或吉尔福特—齐墨尔迈（Guilford - Zimmerman）能力倾向调查（简称 GZAS）中的第五类（空间定向）测验。认知内容所包括的系统是各种物体在空间中的次序或排列顺序。符号系统可用字母三角形测验的图解来说明。一个简单的题目是：

____
d ____
b e ____ 在有问号的地方
a c f ?___ 应该是个什么字母？

理解一个语义系统的能力有时称为“一般推理”的因素，它最可靠的一个指标就是一种由算术推理题目组成的测验。在该测验进行中，甚至不要求被试者作出完整的解答，他仅仅只需要指出他是怎样理解和处理问题的。

第五横排转化是指各种形式的变化，包括各种安排上、组织上或意义上的矫正。有一种意义的变换能力（即认知语义变换因素）的测验叫做相似性测验。该测验要求被试者讲出两种物体如一只苹果和一只桔子有哪些相像的地方。被试者只有设法将两者各方面所包含的意义加以对照比较，才能对这种题目作出回答。

第六横排的三种能力是关于蕴含意义的认知。我们往常发现个体能超越已知信息的内容而看出含蓄的意义，但又没有到达作出结论或评价的程度。我们可以说他具有推断能力，例如他能够由已知信息推想或预见到一些结果。

记忆能力

记忆能力领域的研究比其他一些操作要少些。在记忆能力的18个小立方体中至今还仅仅只知道其中7个所包含的因素。这7个小立方体分别属于3个横排：单元、关系和系统。记忆图形单元这一个小立方体中含有2个因素，即视觉记忆与听觉记忆，它与对应的认知图形单元中的2个因素是平行的。对于一系列字母或数字的记忆如记忆广度测验，相当于语义单元记忆。对于一段文章的意思的记忆相当于语义单元记忆。

在第三横排中，我们已经知道了其中两种能力，即对于符号关系及语义关系的记忆能力。在配对联想法中，在各单元诸如视觉形状、音节和意义的单词之间形成联想，似乎表示了包含三类内容的记忆关系的三种能力。

在第四横排中，关于已经了解的记忆系统的能力最近刚发现了两种（克利斯塔尔，1958）。记忆各种物体在空间的排列是属图形系统记忆能力的性质，对各种事件顺序性的记忆是属语义系统记忆能力的性质。一个人能够说出他在某一页书上的什么地方看见过某样物体，但他却记不清是书中的哪一页了，这个例子就说明了这两种能力之间的差异。我们如果继续探索记忆能力中尚未知的三个横排，可望找到记忆类别、转化及蕴含的各种能力，就如同我们能找到记忆单元、关系和系统的各种能力一样。

分散思维能力

分散思维这一种创造性运算的特征是产生反应的多样性，分散思维的产物不是完全由给定的信息所决定的。

在测量著名的字词流畅性能力时，要求被试者列举出能满足字母特定排列的许多单词，譬如以字母“S”开头的单词或“tion”结尾的单词。这种字词流畅性能力现在是作为符号单元分散思维的一种熟练能力。与此平行的有一种语意单元分散思维能力称为是思想流畅性能力。一种典型的测量项目是要求被试者尽可能多地举出可以食用的各种圆形物体。

在第二横排“类别”产物中，作为分散思维能力特征的一种因素叫做“自发可塑度”。一个典型的测验要求被试者在8分钟内列举出他所能想到的普通砖头的各种各样用途。如果他的答案是：造房子、造仓库、造汽车房、造学校、造教堂、造烟囱、造人行道、造晒咖啡豆的场地，那么他的思想流畅性可能得到较高的分数，但自发可塑度的得分则很低，因为所有这些用途都是属于同一类别的。如果另一个人说：做门槛、制成一块镇纸、打狗、造书架、赶猫、敲钉子、制成红粉、作打垒球用的场地，那么他可塑度的成绩也是高的，因为他的思路常常从一个类别跳到另一个类别。

在第二横排中，图形内容和符号内容的分散思维能力是否也能产生多种类别，近来对这两种尚未搞清楚但可预言存在的能力正在研究实验方法。在一个实验性图形测验中，向被试者呈示许多图形，这些图形可用几种方法分成三组，即每一个图形可适用于不止一个类别。而在另一实验性符号测验中，向被试者呈示一些数字，这些数字也可用多种方法将其分类。

在第三横排“关系”中，有一种独特的能力叫做联想流畅性能力，那是要求对一种给定的事物，以特有的方式想出各种各样的事物。例如要求被试者列举出与“好”字意义相同的各个词汇（即同义词），或者列举出与“硬”字意义相反的词汇来（即反义词）。在这些情形中，所产生的反应是去完成一种包含语意内容的关系。我们最近做了一些像这一类产生各种语意关系的实验，也做了一些包括图形内容和符号内容关系的测验。例如给被试者4个小数字，要求他答出有多少种方法可将这些数字组合为结果等于8?

在第四横排“系统”产物中，已经知道了一个因素，叫做表达流畅性。关于这种因素的一些实验的主要特点就是要快速组成短语或句子，例如，给出4个单词的第一个字母，要求被试者造出各种不同的句子来：

W__________ c__________ e__________ n__________。

在解释表达流畅性时，我们将句子看作一种符号系统。同理，图形系统可能是某种线条和其他元素的组合，而语义系统可能是具有一种用言语表述的问题的形式或者可能是像一种理论那样复杂的概念系统。

在分散思维第五横排“转化”中，我们发现了一些非常有兴趣的因素，其中之一叫做适应可塑度。我们现在认为它是属于图形变换分散思维的。这个因素的一种可靠的测验就是火柴问题。这种测验根据很普通的将火柴搭成正方形的游戏，测验时要求被试者拿走规定数目的火柴使得剩下的正方形数目正合题意。题目中并未提及正方形的大小。如果被试者认为留下的正方形仍是原来相同大小，那么他就无法答出如图23－2所示的这类题目了。在其他题目中还会有各种更奇特的解答，诸如出现正方形重叠或一些正方形套在另一些正方形之中，等等。在另一些火柴问题测验中，要求被试者每一个题目都要作出两种或更多的解答。

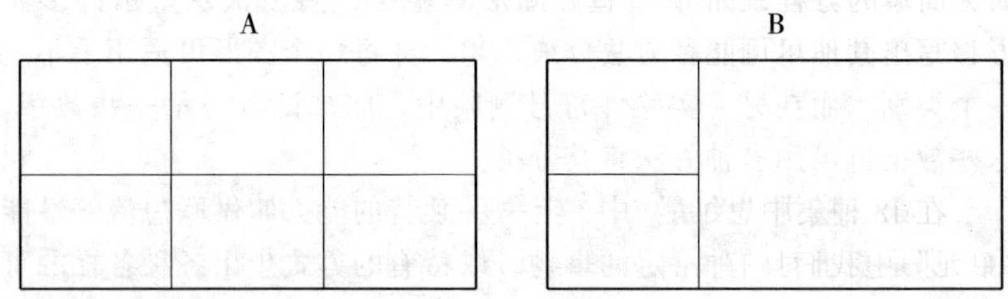

图23－2　火柴问题测验例题之一

本题要求从图23－2A中取走四根火柴，使六个正方形只剩下三个。答案如图23－2B。

一种称作“独创性”的因素，现在认为就是关于语意材料的适应可塑度，这种语义材料必然有意义上的变换，被试者必须更换或变化意义，并且因此而产生新颖的、非凡的、聪明的或深远的思想。在“设计标题”测验中，向被试者提供一个简短的故事，然后要求他们尽其所能为该短文冠以尽可能多的合适的标题。一个被试者答出聪明独特的标题的数目是他“独创性”的指标，或者说是他的语义变换分散思维能力的量度指标。

在另一种独创性测验中，向被试者提出了一个非常新奇的任务，以致任何一种可能作出的反应对于他来说都是不寻常的。在创造符号测验中，要求被试者设想几种简便的符号去代替每一个短句中的名词或动词，换句话说，就是要求被试者发明出一些类似图形符号的记号来。还有一种独创性测验要求被试者为一些小画片题写“妙语警句”，这种测验任务几乎本身就是对被试者是否聪明的一种考验。正是这样，有相当多的测验是供测量独创性用的。

在第六横排“蕴含”意义中，产生各种蕴含意义的能力可由一些测验来评定，这些测验要求对已给定的信息进行精心发挥。这一类型的图形测验是向被试者提供一条或二条线，要求他在这线上加画其他线条以形成一个物体，他能添加的线条越多，他的得分就越高。一种语义蕴含意义测验是告诉被试者有关的一个计划的概要，要求他据此提出他所想到的促使该计划实现的一切详尽细节。我们正在尝试的一种关于符号内容蕴含意义的新测验，是向被试者提出二个简单的方程，如 B－C＝D 和 Z＝A＋D，要求被试者根据已知方程写出其他尽可能多的方程来。

集中思维能力

在 18 种集中思维能力中，现在已经知道了 12 种，在第一横排“单元”中我们具有一种为图形性质（形状或颜色）取名的能力以及一种为抽象事物命名的能力（类、关系等等）。

集中思维的第二横排“类别”的一种叫词汇分类的测验，是向被试者提出 12 个单词，这些词可分为四组，也只能分成具有意义的四组，其中没有一个词可同时划入两组。一个与此平行的测验叫图形概念测验，这种测验是向被试者提出 20 种实际物体的图片，这些图片可按其意义分成两类，有的测验中也可分成更多种类，视每个测验而定。

集中思维的第三横排“关系”是由三种已知因素来表示的。这些因素全都含有斯皮尔曼（Spearman）所谓的“相关训练”。用符号内容的这种测验题目如：

Pots stop bard drab rats?

测量相关训练的一种语义内容题目是：

没有声音是因为______________________

集中思维第四横排“系统”中现在还只知道一种因素，它是关于语义内容的。这种因素可由一组编排次序测验来测量。测验时向被试者提出许许多多毫无次序的各种各样的事件，而实际上这些事件本身是有一个最佳的最合乎逻辑的顺序的。测验表中所出示的各种事件可以是图画形式如在图画排列测验中那样，也可表示成言语形式。这些图画可以从连环画中选择。用言语表示的各种事件例如可以采用种植一块新草坪所需要的各个步骤这种形式。

在第五横排“转化”中现已知道了三种因素，叫做重下定义的能力。为了测量给图形重新下定义的能力，可采用哥德沙尔特(Gottschaldt)嵌入图形测验，测验时要求在一个比较复杂的图形结构中认识出一些简单图形。

在第六横排中，集中思维产生含蓄意义就是表示要从已知信息作出完全确定的结论。著名的数字计算能力这一因素属于符号内容。对图形内容可采用形状推理测验。语义内容的能力就是指通常所谓的演绎因素，为了测量演绎因素可应用下面这一类题目：

查理比罗伯特年轻，

查理的年龄又比弗兰克大，

问罗伯特与弗兰克，谁的年龄大?

评价能力

在全部五种操作中，对评价能力这一领域的研究最少。事实上，在这一领域至今还只进行了一项系统的分析研究，仅仅只发现了八种评价能力认为是适合于这一领域的。

判断同一性是评价能力的一个显著特点，在符号内容单元的评价中，例如有这样一道题目：

判断下面几对符号是否一样：

825170493——825176493

dkeltvmpa——dkeltvmpa

C. S. Meyevson——C. E. Meyerson

这类题目在誊抄能力测验中是常用的。

在语义内容中应该有一种判定两种思想是否一致或不同的能力。如在这个句子中表达的思想与那个句子中表达的思想是相同的吗？这两句谚语所表示的意思实际上是相同的吗？诸如此类的测验应当是存在的。

第五横排评价语义变换的能力，我们认为就是平时所说的判断能力。在典型的判断测验中，要求被试者回答在一个实际问题的五个解答中哪一个是最合适的或最佳的。

在第六横排中，一种最早叫做“对问题的敏感度”的因素，现已认为它就是一种评价蕴含意义的能力，这种因素的一个测验就是社会风俗测验。在该测验中向被试者提问在几种社会风俗中，例如给小费或全国竞选等习俗中有哪些地方还存在错误。我们可以这样说，缺点与不足之处都是一种评价所产生的蕴含意义。另一种解释可以这样说，能看出缺点与不足之处是评价蕴含意义已经产生了良好的效果，因为它能促使这个事物的各个方面都更加完善起来。

智力结构模型的意义

对心理学理论的意义：

虽然按一般的使用来说，因素分析法是专门设计用于研究各个个体之间彼此差异的方式，换句话说，就是用于发现个体的体征。但因素分析得到的结果也告诉了我们许多关于各个个体彼此之间有哪些相像的特征。因而关于各种智力因素以及它们之间的相互关系的知识有助于我们对个体智力功能的理解。五类按操作划分的智力可认为是代表五种智力功能的方式。智力的种类又是按照测验内容来加以区别的。而且按照智力运算结果的产物不同所区分的智力的种类也标志了对于各种信息或知识的基本形式的一种分类。个体按照这种智力结构分成各种类型，表明了各个个体是用各种方式去处理各种不同的信息的。智力差异及智力分类的概念对我们将来进一步研究学习、记忆、解决问题、创造发明及作出决策等问题可能非常有用，而不管我们是选择何种方法去探讨这些问题的。

对职业测验的意义：

到目前为止，我们已经知道了大约50种智力因素。智力结构是一个理论模型，经预言如果模型中每一小立方体包含一种智力因素，就将存在120种互不相同的智力。自从模型第一次设想出来以后，预言的12种智力因素已经找到了它们在该模型中的位置，因而完全有希望能填满模型中的其余空格，最终我们将会获得120种以上的能力。

为了完全彻底地了解一个人的智力资源，我们将需要多到令人吃惊的各种量表，这正是智力评估最大的问题。我们希望其中有许多智力因素是彼此相关的，这样就有可能只要采用合适的取样法，就能以有限几个测验测得最重要的一些能力。但是无论如何，对于职业测验必定要有多种计算的方式去评估智力，才能指示出与未来的职业活动有关的智力情况。

对教育的意义：

智力结构对教育的意义无比巨大。这种智力结构理论最根本的意义是我们可能因之而改变过去对学生及学习过程的观念。以前流行的观点是将学生当作与自动售货机的程序相似的一种“刺激—反应”装置，你投进一个硬币就会有东西出来。机器学会分辨投进去什么硬币它就有什么反应产生。但是如果我们认为学生像一个处理信息的仪器，在这里信息的定义是广义的，那么很多方面就更加像一台电子计算机了。我们给一台计算机输入信息，这台计算机就贮存了该信息，并且能运用分散思维或集中思维的方式从这些已知信息产生出新信息，计算机还能评价自己的结果。人胜于计算机的优点是还具有从外界来源中寻求和发现新信息这一步骤以及自行编排程序这一步骤。

教育就是一种训练学生思维或训练学生智力的活动。这当然不是说每个人各种智力因素的状况完全是由学习决定的。至今我们还不知道各种智力因素是在多大程度上由遗传决定以及在多大程度上是由学习决定的。但是一切教育家选取的最好的办法就是假定，每一种智力因素都有可能通过学习在每一个人身上发展，至少是通过学习而得到一定程度的发展。

如果教育具有发展学生智力这一普遍目标的话，那就可以认为每一种智力因素都成了一个特殊的目标。由于每种智力是由内容、操作和产物三者的一定结合来下定义的，因此要想达到每种作为预定目标的能力，也就要求进行一定种类的实践，而这种实践是为了达到能力的改善。这就意味着需要选择课程和选择并发明创造一些教学方法，以使这种课程和教学法能最好地实现预定的结果。

考虑到由于智力因素的揭示所展现的能力的多样性，我们更有充分理由提出这样的问题。就是在现在的教育中，是否忽略了哪些普遍的智力技能的训练以及是否注意到了在发展学生的各种能力时达到适当的平衡。近来我们经常发现，我们在造就富于智谋及有创造性的毕业生的方法上已经失败了。与其他的时期相比，究竟这种失败的真实情况如何，我尚无法评论，也许是由于人们已经普遍注意到了这种教育的缺陷，因此现在对发明创造能力的要求是如此巨大的迫切。无论如何，我们必须了解到更加引人注目的创造能力是寓于分散思维的范畴之内的，在某种程度上也寓于变换的范畴之内。

当我们放弃了以前那种笼统的单一的智力观点时，还有许多人们仍留恋过去简单化的美好日子。简单化肯定具有它的吸引力，但人类的本性本来就是极其复杂的，所以我们最好还是面对事实。我们生活的世界中正在急速变动着的事态已经迫使我们必须充分认识人类的智力。人类对和平幸福的追求依赖于我们控制自然以及控制我们自己的行为。这也就依赖于我们对自己的认识，其中包括对我们自己的智力资源的认识。

(康清镳译　邵瑞珍校)

选自：心理科学文摘，1980（1）

思想评介

见“瑟斯顿”条目的评论文章。

斯腾伯格

(Robert J. Sternberg)

- 生平简介
- 名篇选读

  人类智力：模式的启示
- 思想评介

  斯腾伯格三重智力理论述评

生平简介

R·J·斯腾伯格（1940～　），美国著名心理学家，1972 年获耶鲁大学心理学学士学位，1975 年获斯坦福大学博士学位；现任耶鲁大学心理系教授，美国心理学会普通心理分会和教育心理学分会主席，兼任《心理学学报》、《美国心理学杂志》、《教育心理学杂志》、《人类智力国际通讯》等刊物的编辑。

斯腾伯格思维敏捷而且极富创新，迄今为止，他最大的贡献之一是提出了人类智力的三元理论。与传统的智力测量理论侧重智力的结构方面有所不同，斯腾伯格的智力理论是一种智力的认知理论，智力的认知理论主要关心智力的加工方面或过程方面，分析的基本单位是信息加工成分。斯腾伯格区分了三种信息加工成分：第一种，也是最重要的成分，是元成分（metacomponent），元成分是执行计划、实行监控，以及对个体完成任务的结果进行评价的高级控制过程。第二种信息加工成分是操作成分（performance-components），操作成分是指在完成任务或解决问题时执行各种策略的较低水平（与元成分相比）的过程。第三种信息加工成分是知识习得成分（knowledge-acquisition components）。知识习得成分是指学习和掌握新信息并将其贮存在长时记忆中的有关的过程。斯腾伯格认为，元成分、操作成分和知识习得成分三者之间又存在着紧密的相互联系，即认知中的这些成分总是处于不断的相互作用之中，元成分始终处于调节控制地位，只有它能对其他成分进行直接和间接反馈，也就是说，它可以指挥其他成分完成一定的活动，同时，也接受其他成分的信息反馈，从而了解这些成分的活动情况。而操作成分和知识习得成分之间的相互作用，或同一成分中不同具体方面之间的相互作用都必须以元成分为中介。无疑，斯腾伯格的三元结构理论为我们对智力的认识提供了一种新的角度和框架。

此外，斯腾伯格还致力于人类创造性、思维方式、学习无能等领域的研究，还提出了大量富有创造性的理论与概念，如成功智力理论、创造性投资理论等。

斯腾伯格著述甚丰，目前已达近500篇（本），主要有：《智力、信息加工和类比推理》(1977)、《超越IQ，人类智力三元理论》(1985)、《人类智力百科全书》(1994)、《成功智力》(1996)、《认知心理学》(1996)、《思维风格》(1997)等。

（罗胜庆）

名篇选读

人类智力：模式的启示

斯坦（Gertrude Stein）在临终之际提出了一个有名的问题："答案是什么？"因为没有得到答案。她说："在那样的情况下，什么是问题？"在人类智力的研究中再也没有比这更为恰当的反应了。一旦提出了一个关于智力的问题，人们就必须回过头来，想想为什么这样提问。提出问题的根源在于导出这些理论和研究的模式或比喻。为弄清智力理论和研究的发展和现状，首先必须考察促成这些理论和研究的各种模式，然后分析各种模式所产生的问题及提出的理论。智力的研究总是伴随着喋喋不休的争论，而这些争论表面上是寻找答案，实际上常常是关于模式或比喻以及它们提出的有关智力问题的争论。这些争论之所以没有得到解决，有可能是因为没有认识到问题的实质。

我将追随库恩说明这样一个论点，即在人类智力领域中的研究，和其他科学领域的探索一样，是以问题所由产生的模式为先导的。每个模式都产生出一系列有关智力的问题，这些问题就是各种理论和研究所论述的对象。科学家有时意识不到他们的研究所依据的模式的精确本质，甚至不清楚这一模式所提出的特定和有限的一系列问题。这样他们把只涉及一种模式所提问题的局部理论看成是该现象的完整理论，把他们的理论与另一个来自同一模式的理论相比较（模式内比较）可能是有成效的，但是比较来自不同模式的理论（模式间比较）则会令人失望。不同的局部理论并不真正是关于同一现象的理论。随着对他们的理论和研究所基于的模式及其产生的特殊问题的认识的深化，科学家们会逐渐弄清与他们所研究的现象有关的理论的范围和局限性。

本文将要考察三个问题，我想这三个问题正是智力研究者试图解答的。智力与个体的内部世界的关系如何？智力与个体的外部世界的关系如何？智力与个体经验的关系如何？我还要考察促成提出这些问题的各种互相争执的模式和比喻。对这些问题和产生各种智力理论和研究的潜在的模式进行适当评价有助于把这一领域推向前进，并能使我们正确认识过去的成就对以后的影响。

所考察的各种模式提出了许多关于人类智力的问题，但提出这些模式的理论家们并不以同样的方式定义智力，现在和过去一样，似乎仍然是有多少智力研究者就有多少关于智力的定义，每种定义都或多或少地依赖于所用的模式和理论。我对智力的定义是，智力由那些被有目的地用于适应、塑造和选择现实环境的心理机能所组成。

智力和个体的内部世界

许多心理学家和其他研究智力的人们力求“查看头脑内部”以弄清智力的本质，这种置智力于头脑内部的观点导致了一种相应的看法，即认为智力是有待发现的东西，虽然那些把智力看成人的机体内部特性的人们常常同意智力是有待发现的心理结构，但关于头脑中的这种东西采取什么形式，他们是有分歧的。20世纪以来，有两种模式在相互争夺着智力探索者们的支持。

地理模式（The geographic model） 智力就是心智的地图。把智力看成心智地图的观点可追溯到有名的骨相学家高尔（Gall）。高尔按字面的意思描述了地图模式：他研究了头部地形，寻找能反映一个人能力模式的特定区域的沟壑陵丘。智力的高低就在于一个人头骨隆起的模式。

在20世纪上半叶，把智力当作某种地图的模式在理论和研究中占了统治地位，可是它已经越来越抽象，而不像高尔所描述的那么刻板了。研究智力的心理学家既是探索者，又是地图绘制者，他们试图绘制出心智的核心区域的地图，仅凭视觉探索和触摸是不够的，心理学家需要工具，在智力研究中，因素分析是必不可少的统计方法。

因素分析是在数据中找出潜在结构的一种方法，它通常是用于各种可能的成对心理测验的相关矩阵，被试接受一系列技能测验，比如推理、词汇、空间知觉等等，然后计算各分数的相关。因素分析可以表明测验相关的变异根源。它的作用之一就是确定每个测验和造成测验成绩个别差异的假定因素的相关。为使因素分析有助于资料的精简，分析后所得因素几乎总是少于最初的测验数目。每种因素都代表观测分数的个体差异的一种潜在根源。如果因素模式与资料吻合，被试在各因素上的得分就可以总计起来重新得出心理能力测验的观测分数。

20世纪上半叶，智力理论家们的主要争论是围绕着智力的“真实”因素结构或地图展开的。相互竞争的主要是斯皮尔曼、瑟斯顿、吉尔福特、卡特尔和阜南诸家的理论。

通常被认为是因素分析的发明者斯皮尔曼认为，可以把智力看作是由一种单一的潜在因素和一系列特殊因素组成的；单一的潜在因素存在于各种心理能力测验的操作中，而每个特殊因素仅在一种心理能力测验中起作用。特殊因素只有偶然的意义，而一般因素才是理解智力的关键。斯皮尔曼以“G”表示一般因素，并认为它来自心理能量的个别差异。

瑟斯顿则不同，他认为智力的核心不寓于一种单一的因素，而是在七种基本的心理能力因素之中。根据他的理论，基本的心理能力是言语理解（由诸如词汇之类的测验测量）、言语流畅性（测量方法是在给定时间内让被试尽可能多地说出以某一字母开头的词）、归纳推理（由诸如类推和数字序列之类的测验测量）、空间知觉（由需要对物体的图片和单词的回忆测验测量）、数字（由计算和解决简单数学问题测验测量）、记忆（由图片和单词的回忆测验测量）和知觉速度（测量方法是让被试辨认图片中的细小差别或划出一列字母中的 A)。

吉尔福特提出了一个多达 120 种因素的模式。在他的智力结构模式中，使用一个长方体来说明智力，这一长方体表达了各种操作、内容和产物的交错关系。例如：数字（内容）关系（产物）的认知（操作）就是一个因素，这一因素可能存在于类推测验中对算术术语的知觉。言语（内容）单位（产物）的发出（操作）也是一种因素，让被试在一定时间内尽可能多地说出以某一字母开头的词汇，就含有这一因素，吉尔福特在其理论的最新版本中已提出了 150 种因素。

有人认为智力结构模式中众多的因素数目会造成繁琐，并且就抽取各种因素的方法学方面提出了问题。即使处理中等数量的心理因素似乎也可以采用层次模式这种较为简明的方法。卡特尔提出了这样一种模式，其中智力被认为由两个亚因素组成，即流体能力和晶体能力。理解抽象的，并且通常是新奇的关系需要的是流体能力，归纳推理测验就需要这种能力（比如类推和系列填充）。晶体能力是陈述性知识（事实如思想）和程序性知识（决策）的积累，这种能力通过词汇及常识之类的测验测量。在这两种因素之下是更为具体的因素。阜南也提出了相似的观点，他称之为实用的机械能力和言语教育能力。最近，加斯特辛提出了一种以最新的实证因素分析的方法为基础的层次模式，并综合了大量前人的研究结果。

20 世纪后半叶以来，心理地图模式和用于产生“地图”的因素分析方法不那么流行了。造成越来越多的怀疑的原因有三个。

首先，地图模式及其所赖以产生的因素分析方法很少涉及心理过程，两个人可以通过不同的过程或者答对不同的题目在同一心理测验上得同样的分数。到了 60 年代，所有从事认知领域的研究的心理学家对信息加工理论的兴趣越来越浓厚，智力研究也和该领域的其他方面的研究一样，卷入了这一新的浪潮。

第二，要想检验一些相互对立的因素分析模式，或者要完全否定它们都是极为困难的。这一困难多半来自因素轴的旋转问题。虽然得自典型的因素分析的各点被固定于多维欧氏空间，但用来解释各点的轴的方向则不固定。实际上，无穷个正交或斜交定位中的任何一个都可以用来表征空间点的位置（正如经线和纬线或极坐标，仅代表着对地球上位置的无限个可能的描述中的两个）。模式对资料的数学吻合不因轴的方向而变，各个方向都同样适用。但是不同的因素理论在因素轴方向上和在其他方面一样也是不同的。因此，模式吻合无助于区分各种理论。心理测量学家常去争论各种坐标变换在心理学上是否合理，这种争论是不会有结果的，因为持有某种观点的一些理论家都认为他们自己的变换在心理学上最有道理。现代因素分析的实证法不在任意轴上得解，这种方法现在被那些致力于对智力或其他心理结构进行心理测量学的研究的人所采纳。

第三，试图以个体差异资料为基础来理解智力这一总体观点受到攻击。麦克尼马尔提出质疑说，如果一对双生子在一个荒岛上一起长大，并且在心理能力上没有不同，那么他们是否能产生智力的观念呢？心理学家已逐渐明确地认为要分离出能力不需要依靠显著的个体差异。而通常所使用的因素分析却主要依赖于这一差异。

心理学家必须要么寻找新的模式，要么寻求新的方法或二者兼备。70年代，大部分心理学家都力求在模式和方法两方面有所创新，多数智力研究者既不接受地图模式，也不采纳因素分析方法，但也有例外。

加德纳在他最近提出的多重智力理论（Theory of multiple intelligences）中复活了心理地图模式。加德纳认为，人类有七种或更多不同的智力：语言、音乐、逻辑—数学、空间、身体运动、人际关系和个人内部。加德纳的理论与传统的因素理论在两个大的方面不同。首先，智力的实体不是从因素分析的角度得出的，而是利用各种方法集中得出的。加德纳使用了各种标准，比如由脑损伤造成的内部隔绝，来自极端个体（高能力水平和低能力水平）的例证，发展史等等，他使用这些标准来鉴定一个人的智力。其次，“智力”一词所包含的能力的范围比传统因素理论广得多。

多重智力理论仍存在一些问题。首先，正如加德纳所指出的，因素分析证明各种能力并非是独立的。例如逻辑—数学能力和空间能力很难单独测量，因为二者之间有高度的统计相关。再者，每种智力包含着什么还不怎么清楚，特别是因为这种理论和其他地图理论一样没有详述过程。最后，多重智力最好称为多种才能。例如，有人可能提出，五音不全的人在“音乐智力”这一重要方面的心理障碍和从来没有获得语言技能的成人的心理障碍并不相同。倒不如说五音不全的人是音乐才能欠缺。

计算模式（Computational model） 把智力作为计算机程序。在过去的十年中，占主导地位的模式是计算机程序模式。研究者力求从人在理智思维时的信息加工过程来理解智力。从信息加工观点出发的各研究者的主要不同点在于他们所研究的过程的复杂程度。

詹森提出智力可以理解为神经冲动传导的速度，并建议以选择反应时作为测量这一速度的间接方法。在这种方法中有一列灯每次亮一个，被试必须尽快按键把它关掉。

亨特指出，智力，特别是言语智力不能理解为一般的心理速度，而应看做是一些特殊的心理速度，即词汇信息的检索速度。比如字母名称它是储存于长时记忆的。为测量这一速度，亨特使用了较早由波斯纳和米歇尔所发明的方法：被试必需指出一对字母，比如“AA”，“Aa”，“Ab”是否在名称上相匹配。在一个较简单的实验条件下，只要求被试指出字母的物理性质是否一致。亨特把名称匹配和物理匹配时间之差作为对词汇检索速度的测量。这样，亨特在他的方程中剔除了对于詹森的理论是很重要的基本反应时。近来，亨特已经在研究智力与注意分配能力的关系。

斯腾伯格力求从更复杂的任务中，比如从类推、系列问题和三段论推理中，去理解加工过程，其设想是利用传统的智力测验中的各种任务，分离出在完成这些任务时的心理过程和所采取的策略，通过“成分分析”，他已经把这些任务的反应时和错误率分解为内部过程，比如推测刺激之间的关系，从各关系之间找出更高一级的关系以及把以前提出的关系应用于新的环境。

西蒙在他早期进行的关于信息加工的工作中，研究了被试在解决复杂问题时（比如在下棋和进行逻辑推理时）的信息加工。他与纽威尔等人一起发明了能够解决这些复杂问题的计算机模拟系统。近来，西蒙和陈、格拉瑟、拉金以及莱斯加德等人已经在研究需要相当的专业知识的智力操作（比如医学诊断，解决物理问题等）。

运算模式和对它作阐释和验证的信息加工方法也存在一定问题，主要是如下三个方面。

首先，无法知道计算机程序与人的智力的相似程度。有人指出，在研究智力时，要弄清的是编程序的人而不是程序。当然人与计算机程序在好些方面都不同，主要的是人的高度复杂性和心理功能的广阔性。运算模式的使用会抹杀这些差别。

第二，和多数地图理论一样，无法知道在智力研究中占主导地位的各种实验室测验和测量性测验是否真正测量的是指向和概化于外部世界的心理结构。大家都知道，有的人测验做得很好，可是在日常生活中就不怎么样了，运算模式和地图模式都解释不了这些人在运用智力于日常生活中的时候究竟出现了什么问题。

第三，运算模式没有充分考虑或说明世界各地的人在智力含义上的差别。运算模式的一个假设是要发现给定的任务中的智力操作程序。可是生活中的任务随时随地都有所不同，因而有人会说智力的本质也是如此。这一论点把我们引向智力的理论和研究中的另一个基本问题。

智力和个体的外部世界

并非所有的心理学家都把智力单纯地看成机体的内部特性，有些人已转向外部世界，特别是转向文化和亚文化，来理解什么是智力；这些心理学家甚至认为智力是文化的产物，为了理解这一产物，必须首先理解文化以及为什么它以特殊方式造就了智力。

许多支持这一观点的心理学家都致力于有关智力本质的跨文化研究。另外一些人则试图把智力看作构成一个智慧人的原型或文化观念。Neisser 指出，智力的概念就和椅子的概念一样：有许多椅子在不同的程度上符合椅子的观念，同样也有各种人在不同程度上与我们的“智慧人”的观念相一致。斯腾伯格、康威、凯罗和伯恩斯坦以及斯太因伯格对这些原型从统计上进行了确定，结果表明人们就是用这种原型判定自己和别人的智力。贝利对这些原型作了跨文化比较，表明它们因文化的不同而不同。因此照这种观点来看理解智力，不应该审查头脑内部，而是要着眼于一个人所在的文化环境。

人类学模式（The anthropological model） 把智力看作文化的产物。那些支持这样的观点，认为智力的本质全部或部分地由人的生活环境性质所决定的心理学家常被称为情境论者（contextualists）。按其偏激的程度至少可以分为四种。

①极端的文化相对主义观点（A radical cultural relativist view）。贝利认为，认知能力的地域观可以认为是对智力进行正确描述和探讨的唯一基础。在这一体系中，西方的智力概念根本不具有普遍意义，智力的定义必须适合于各种文化的人。

②条件性的比较观点（A conditional comparative view）。科尔和他在比较认知实验室的同事们接受了贝利、博厄斯等人的观点，认为没有适合于所有文化的成员的单一的智力概念。然而这些研究者指出极端的文化相对主义观点没考虑到各种文化的相互作用。在他们看来，可以进行一种“条件性的比较”（Conditional Comparison）以便弄清不同的文化是如何组织经验以处理某一类活动的。然而，只有当研究者能确证在所研究的一种或几种任务上的操作是一种普遍的成就（Achivement），并且有了关于这一任务方面的操作发展理论时，这种比较才有可能。

③智力二元论（Intellectual dualism），更为折衷一点的是查尔斯沃斯的观点，他研究智力的“习性学”方法着重于他所谓的智力的“另一方面”——即日常生活中而不是测验情境中的智力行为——以及这些情境如何与个体发展变化相联系。这样，查尔斯沃斯甘愿把传统的智力测验方面留给心理测量学家和认知心理学家，而着眼于智力的由情境决定的部分。

④整合观点（Integrated viewpoint）。最为折衷的是基廷、詹金斯以及巴尔特斯，皮特曼 - 科里和狄克逊等情境理论者（Contextualists）所采取的观点，他们把情境观点或多或少地与标准的心理实验研究结合起来。例如，巴尔特斯就进行过相当标准的心理测量学的研究，但是他对这一研究却作了情境论的解释。他和他的同事提出了有关整个一生中智力本质的一些设想，这些设想考虑了在生活的不同时期智力发生的环境。例如，他们注意到，随着年龄的增

长，个体的生活目标和认知作业有了改变，变得较少地指向于如传统的智力测验所测的认知效率。这些目标和作业指向于典型的（而不是最高的）水平。而且，认知机能以及智力的性质也越来越专门化和个体化。

情境主义者的观点的长处是考虑到了并非所有的文化都以同一种方式来看待智力，或都把同样的行为看作聪明的行为。同时从科学的观点来看，他们的观点有一定的局限性。首先，他们常倾向于忽略认知机能，这样，即使接受了情境观点，甚至在一种文化内部，也很少或无法知晓智力所依赖的认知过程。第二，他们可以把精简原则强调到极端，如果各个文化以至亚文化的智力都是不同的，那么人们就得对亚文化再作分析一直分析到个体水平。每个人确定生活在略有不同的亚文化或者亚文化的交迭中。如果认为智力完全因人而异，那么科学归纳还可行吗？第三，情境观点常常模糊不清，很难说它将导致什么样的智力理论。与这种模糊性相比，下面要谈到的皮亚杰的理论也许是最明确的理论。

智力和个体的经验

我所说的经验是指生活过程中个体的内部和外部世界的交界面。因为经验是内外世界发生关系的中介，所以从某种意义上说有理由从经验与智力的相互作用出发来建立理论。经验理论的特点常是持发展的观点。它注意于智力的本质在个体的部分和全部生活中是如何变化的。两个最有影响的经验理论是皮亚杰和维果茨基的理论。

生物学模式（A biological model） 把智力看作是一个进化系统。皮亚杰的智力理论非常丰富多彩，不可能以简短的总结窥其全貌。该理论主要基于这样一种生物学观点：生存取决于对环境的适应，从而聪明地生存需要聪明地适应。皮亚杰的理论大概有三个重要的方面。第一是图式的概念，它是完成一定作业的一系列有组织的心理结构和步骤。第二是平衡的概念——机体通过两种认知机制（同化和顺应）的精确平衡获得认知能力。同化就是机体使新的环境输入适应现有的认知图式。顺应就是机体改变其认知图式以接受外界输入，这样，顺应需要改变认知结构，而同化则不需要。

皮亚杰理论的第三个重要方面是一环扣一环的智力发展时期的概念。在感觉运动时期（大约从出生到 2 岁），婴儿以比较简单明了的感觉运动图式与外界发生作用，在前运算阶段（大约从 2 岁到 7 岁），儿童能用一件东西代表另一件不在场的东西；或者说儿童使用了较高级的象征方法。在具体运算阶段（大概从 7 岁到 12 岁），儿童能把心理操作运用于具体物体——例如，儿童可能会认为如果把水从一个又高又细的容器注入一个又短又粗的容器后，水的量保持不变。在形成运算阶段（大约 12 岁以后）儿童能把心理运算运用于抽象的或形式的物体，他不仅能认识到物体之间的关系，而且也能认识到更高一级的关系之间的关系（比如类推思维）。这样，儿童智力的发展是以认知机能的逐渐多样化和复杂化为其特征的。

社会学模式（A sociological model） 认为智力是社会过程的内化。从一个方面来说，维果茨基的发展理论与皮亚杰的正好相反。皮亚杰认为智力是由内向外的，而维果茨基则认为智力是由外向内的，按照维果茨基的观点，智力来源于社会过程——即人与人之间的相互作用——并且只有在社会中表现出来后才能内化。这样，皮亚杰强调内部成熟的作用，而维果茨基强调与伙伴，特别是父母的关系的作用。儿童逐渐能够干那些原来只有在成年人（比如母亲）的指导下才能干的事情。

维果茨基理论的一个重要概念是最近发展区（Zone of proximal development），也就是一个人的真实能力和潜在能力之间的距离。他认为检查儿童对有指导教学的反应是对这一区域的最佳测量。通过观察儿童在成人（比如父母或测验者）的指导下所能学到的东西可以看出儿童的实际能力和潜在能力的差距：比如原来操作成绩不好而经过引导有很大改进的儿童可能有巨大的潜能有待于通过社会过程实现出来。

皮亚杰、维果茨基等人的经验理论对智力领域有着深刻的影响，并使得理论家们考虑成熟和经验在智力和发展中的作用。当前，这些理论，特别是皮亚杰的理论，受到各种批评。首先，皮亚杰常把儿童能完成某种智力任务的年龄估计过高，很明显，这是因为问题的呈现方式使儿童不明白要他们做什么。第二，皮亚杰的智力概念可能过分形式化和逻辑化；无论儿童或成人都不会与逻辑学家相似到皮亚杰所要求的程度。最后，整个的阶段或时期的观点存在严重的问题。许多理论家已完全摒弃了这一观点，认为它对理解智力的发展害多益少。

把三个问题合并考虑

可以认为一个完全的智力理论不能只注意上述三个问题中的一个，而应对它们都作出答复：人类智力与人的内部世界、外部世界以及个体经验的关系。我所提出的人类智力的三重结构理论（triarchic theory）就试图同时回答这三个问题。当然下面要进行简单描述的这一尝试仅是阐明比较完整的人类智力理论的第一步。

管理模式（A political model） 把智力看作心理上的自我管理（Self-government）。根据这一理论，可以把智力理解为一种心理上的自我管理，理解智力，就像了解一个政府的情况一样，需要考察它的内务（智力与个体内部世界的关系）、外务（智力与个体外部世界的关系），以及发展变化着的管理过程（智力与经验的关系）。

心理上自我统治的内务，由一种"成分亚理论"（componential subtheory）来处理，这种理论详述了处理各种问题的心理过程，根据这一亚理论，有三种心理过程：元成分（metacomponent）或行政过程，它的功能是计划、监控执行的过程和评价结果；操作成分（performance-components），它执行元成分的指令，并提供反馈信息；还有知识获得成分，通过它一个人学会如何解决新问题。例如，即使解决一个简单的类推问题也需要确定解决的各步骤以及将这些步骤组织起来的策略（元成分），通过推导出来的关系在新情境中实际执行这些步骤（操作成分）并在最初就掌握解决类推问题的步骤（知识获得成分）。

心理自我统治的外务，由智力的情境亚理论详述。根据这一亚理论，智力的各成分在日常情境中有三个功用：适应当前的环境，选择新环境，把现有环境改变为新的环境。这种观点认为，智力测验必须测量一个人解决抽象学术问题的能力，这种操作可能迁移也可能不迁移到日常生活中；测验还必须测量一个人把智力的各种成分应用于日常生活中遇到的各种问题的能力，从选择住宅、做工作到婴儿教养。智力并非是这些具体工作中包括的所有东西，而是其中的重要组成部分。

智力和其他形式的政府一样也随时间而发展变化。根据智力的经验亚理论，要在各经验水平上考察智力的各成分在日常生活中的应用，特别是处理新异情境的能力，而对环境的处理能够自如娴熟的那种单个能力，乃是智力功能的重要方面。因此，可以通过测量一个人处理新任务的能力——比如学习阅读——以及测量使这一智力操作熟练自如的能力，对智力进行适当测量。

因为管理模式以及由此产生的三重结构理论涉及智力研究中的三个关键问题，所以从某种意义上说，这一理论模式把别的理论和模式当作自己的特例。比如，管理系统的一方面是它所包含的管辖区域（地图模式），另一部分是它的管理过程（运算模式），第三方面是其公民的社会活动（社会学模式），而且，管理系统很明显是文化的产物（人类学模式），管理模式和这里所给出的一种实例——三重结构理论——当然不是最终答案。但它可能有助于对智力研究中的各种概念作进一步的整合。

三重结构理论仅是探讨智力研究中的三大问题的许多方法之一，随着这一领域的不断发展，无疑会出现各种不同的答案，例如卡罗尔正在对大量的智力研究文献进行全面的综合。现在智力研究的倾向是对智力作出范围较广的构想，并以较为广泛的理论解释智力现象的大的方面而不是一小部分，智力研究者越来越清楚地认识到，答案也许不是问题，但问题却往往束缚着答案。模式应当是我们的仆从而非主人，所以研究者都在扩大自己提问的范畴。

（魏彬译　张厚粲校）

选自：心理学动态，1987（2）

思想评介

斯腾伯格三重智力理论述评

美国耶鲁大学教育与心理学教授斯腾伯格（R. J. Sternberg）是当代一位在智力研究领域颇有影响的人物。其代表性的理论建树是著名的智力结构三重模式。关于这一模式的阐述集中反映在他的《超越IQ：人类智力的三重理论》（1985）和《应用的智力》（1986）两书中。本文作者之一在美学习期间曾与斯氏有过接触，并蒙其赠送上述两书及有关资料，还曾就三重理论的某些内容与之进行过有益的交流。今撰此文，不揣谫陋。企望对三重理论作一较为客观的评介，以就识于国内专家与同仁。

（一）斯腾伯格对传统IQ测验的主要批评

斯腾伯格提出智力的三重理论，显然是基于对传统IQ测验的不满。IQ测验的不足决不只是如某些人所承认的，仅仅表现在它对个性和动机等因素对智力影响的说明上无能为力。他认为，如果仅仅承认这一点，那就只是一种“巧辩”，因为它掩盖了传统IQ测验中固有的缺陷和局限性。斯腾伯格对传统IQ测验的批评主要有如下几点：

首先，他认为传统IQ测验在内容上是不全面的，它未能把构成智力本质的一个重要方面，即社会智力涵盖在内，或者说，它对智力的实践性和现实性品格（consequentiality）及社会文化因素对智力的制约作用重视不够。三重智力理论从主体的内部世界，现实的外部世界以及联系内、外世界的主体的经验世界这三个角度来分析智力。传统IQ测验顾及的只是内部世界。在这一点上，认知派的智力观也没有什么不同。所不同的只是一个偏重于内部世界的过程，另一个则偏重于这一过程的产物。斯腾伯格的智力三重理论把这三个世界都纳入了自己的视野，显然扩大了智力本质的内涵，使基于三重理论的智力研究的结果更能全面反映个体的实际智力状况。

其次，斯腾伯格认为传统 IQ 测验一般未能很好控制知识和经验因素的作用，致使其学业成就的色彩过重。由于对测验材料的熟悉程度的不同，因而受测者实际使用或可资利用的心理资源就不相同。这是比社会文化因素更直接影响到测验结果可比性的因素。不能说传统 IQ 测验的编制者没有注意到或不重视这一常识性的问题，但在传统 IQ 测验的框架内是难以较好解决它的。

第三，传统 IQ 测验一般都是限时测验。斯腾伯格认为这实际是受"好就是快"这一世俗偏见之累。对某些人或某些心理操作来说，较快就意味着较好。但这一标准并非对所有人和所有心理操作都适用。盲目地接受这一假设，不仅是不公正的，而且甚至可能是错误的。面对困难的问题，采取审慎反思的态度而不是匆忙冲动地作出反应，这往往为智者所取。他们往往花比较多的时间对问题的解决途径和程序进行总体的谋划，并不在具体的局部细节上盘桓过久。换言之，时间的分配或速度的选择，比速度本身更重要。我们在现实世界中所面临的大量任务并不要求我们如同在解决 IQ 测验中的问题时那样，一定要在规定的极短时间内作出解答，它更多地是要求我们作出合理的，亦即"聪明的"时间分配。

第四，速度问题又与测验焦虑问题相联系。斯腾伯格本人在少年时代就是一名测验焦虑者，所以他对传统 IQ 测验易引起受测者的测验焦虑尤其不满。由于短短几小时的测验分数往往比数年的学习成绩对一个人的未来命运具有更大的决定作用，因而测验时出现紧张状况几乎是普遍存在的现象。少数人也许会因紧张而产生较好的结果，但多数情况却并非如此，更遑论测验焦虑者了。测验焦虑与低 IQ 分数往往会导致恶性循环，致使一次性的焦虑甚至演变为永久型的测验焦虑。因此，在这种情况下所得到的测验结果很难说能真实反映受测者的智力状况。

以上是斯腾伯格对传统 IQ 测验的主要批评。传统 IQ 测验的所有不足，归根结底，反映了它们理论基础的薄弱和缺失。斯腾伯格的三重智力理论缘此而提出。斯腾伯格的创见集中反映在情境亚理论和经验亚理论以及成分亚理论中的元成分作用的论述上。当然，诚如斯腾伯格自己所承认的，三重理论中的大部分内容前人多曾有所述及，并非他的新发现。“略有不同的只是把它们组合在一起了。”我们自然不应小觑这一“组合”之功。把他人所言完整地包含在一个统一的理论框架之下，从三重智力理论的观点来看，这本身就反映了斯腾伯格优于常人的处理新事物的“经验智力”。

（二）智力的三重理论

斯腾伯格认为，“智力不是在本体论意义上与知觉、学习和问题解决等认知过程相当的东西”，更不是一种实体形式的存在。但是，虽然我们无从捕捉到智力的实体，却可以在其出没的“场所”勾画出它的踪影，描绘出它的性质来。这些“场所”就是前面所说的“三个世界”。斯腾伯格以智力的成分亚理论、情境亚理论和经验亚理论分别与之相对应，考查这些领域对说明智力本质的各自贡献以及它们之间的相互作用。我们分述如次。

1. 情境亚理论

智力的情境亚理论阐明的是主体所处的社会文化环境决定智力行为内涵这一事实。不同的社会文化环境对智力行为有不同的标准。“智力就是主体实现对与主体有关的现实世界的环境有目的的适应、选择和改造的心理活动。”通过这些心理活动，个体达于与环境的最佳适宜状态，一定意义上，此种状态的适宜程度反映了主体的智力水平。

斯腾伯格提出智力的情境亚理论，遵循的其实是一条非常简单的原理：智力的实践性，即智力测验应该去测量与现实世界紧密联系的现实性的行为。应该指出，测验的早期理论家们对此是有所认识的。但遗憾的是，他们身后的那些追随者们却多少背离了这一传统而只顾在编制测题上忙忙碌碌。斯腾伯格的情境亚理论应该被视为是向这一传统的回归。

说到情境亚理论，应该指出斯腾伯格关于智力的这样一种观点：智力概念具有“约定”的性质，它是一个我们“发明”

(invent)而非发现的概念！我们之所以发明这个概念，为的是企望得到一种使我们能在所处文化认可的情境中，以及该文化所认可的任务操作中去评价个体及其行为的方法。斯腾伯格主张智力概念的约定性，乃是出于对智力的一个经常被忽视，或者说并未得到充分注意的方面的强调：即人们所处环境对智力概念形成的制约作用。非常相似的行为可能在一种情境下是智慧行为，但在另一情境下却不是智慧行为。因此，斯腾伯格指出，“关于智力的理论化的工作，其最主要的任务就是更好地详细说明在环境背景和心理机能作用两者之间的相互联系”。这就是说，我们不能在社会文化的大背景之外达于对智力的完全理解。不同文化下的个体的智力实际上是不相同和不可比的。在一种文化下是“聪明的”，到了另一种文化中，就可能是不那么聪明的，相反的情况也可能发生。斯腾伯格举过这样一个例子。有的人可能缺乏一种在大空间范围之内辨别方向的能力，但这并不妨碍他在一个不以此种能力为重的社会文化环境下成为“聪明的”人。但是，如果把他置于 Puluwat 的文化之中，那他就不能算是一名聪明人了。因为在这种文化中，大范围空间定位能力是个体适应能力的最重要的指标之一。不仅不同文化的智力内涵不同，甚至在同一文化之内，随着时代的发展，其智力内涵也会有所改变。例如当年作为瑟斯顿的“基本心理能力”之一的数字计算能力，现在随着廉价计算器的普及，它在智慧行为中的重要性以及对其他心理操作的预测价值似乎已有所下降了。

那么，与当今西方文化最相适应的智力行为是哪一些呢？斯腾伯格以职业心理学家和普通人为对象，进行过广泛的调查。其结果表明，以下三种能力最为重要，即：（1）实际的问题解决能力；(2) 言语能力；(3) 实践的社会能力。斯腾伯格认为，前两种能力在现存的 IQ 测验中，一般尚可得到某种测量。但对第三种能力则很难用任何测验去测量。较为可行的办法是通过比较个体行为与在某一实践领域中所谓“理想的”智慧个体的行为的相似程度来间接地加以测量。这种方法对测验焦虑者尤其合适。

智力的实践性情境属性除了表现为社会文化的大背景对智力内涵的制约作用以外，还体现在主体通过对环境的适应、选择和改造的能动作用方面。当然，这种能动作用总是在环境许可的范围内进行的。从这个意义上说，环境（社会文化因素）仍是决定智力内涵的主导方面。但是，应该指出，环境决定的是智力的内涵而不是决定智力水平的高低。“环境的适应、选择和改造总是与智力有关的，而与他所生活的社会或文化的性质无关。”换言之，从情境亚理论角度来看，智力水平的高低决定于适应、选择和改造环境的水平。无论在何种社会文化环境下，聪明的个体总是努力去适应、选择或改造（形成）有利于自身发展，有利于扬己之长和避己之短的环境的。斯腾伯格指出，所有各种职业的杰出人物，他们至少有两个共同的基本特征：其一是非凡的高度发展的某种技能，其二就是利用这些技能的杰出能力。这第二点显然与情境亚理论所描述的智力的情境方面有关。

2. 经验亚理论

如果说，情境亚理论探讨的是什么样的智力行为构成某种社会文化环境所认可的智力行为，因而它具有某种元理论的性质，起着潜在地决定智力行为内涵的作用，那么，在潜在的行为或具体的行为之后，这种具体的行为是否可称之为智力的行为，还要由此时的任务或情景在主体的经验中究竟处于何种位置来决定。这就是智力的经验亚理论所要回答的问题。经验有程度的不同并可被看作是一个连续体。经验连续体的一端是处理完全新异的任务或情景，另一端是达到加工的自动化。一个任务或情景究竟在多大程度上测得智力，要看它与这两种技能的关连程度。经验亚理论就是企望说明个体对任务或情景的经验水平与他的智力行为之间的关系。根据该理论，只有当一个任务或情景相对（不是完全）新异时，或当一个任务或情景的操作处在自动化的过程中时，智力才能得到最好的测量。斯腾伯格认为，传统IQ测验中的有些类型的题目之所以能在一定程度上测得智力，其原因就在于它们某种程度上测到了这两种能力。按照斯腾伯格这种说法的逻辑：即便处理新异性能力和加工自动化能力的差异与任务操作上的差异不是同一的，至少，它们也是密切相关的（至于它们的关系究竟是相关，还是同一——打个比方，是否可以把处理新异性和加工自动化理解为基因型，把任务操作中的差异理解为表现型，这是一个理论上值得继续探讨的问题，斯腾伯格似乎并没有对之作出明确的说明），甚至把这两种能力理解为处于亚元理论的地位上似乎也不为过。

(1) 处理新异性的能力。

根据斯腾伯格的分析，处理新异性的能力有两种类型，一种是关于任务的新异性。但一个任务对测量智力的有效性并不总是任务新异性的线性函数。这一观点与皮亚杰所主张的认知结构必须在同化的范围内才能发挥作用的思想是一致的。任务的新异性又可细分为两种：一是指任务理解中的新异性。它要求主体“学会怎样做而不是实际如何做”。二是指解决任务过程中的新异性，这时主体也许对任务的“样式”（genre）是熟悉的，但对与解决任务有关的具体参数是不熟悉的。

另一类新异性是关于情景的新异性。当主体需要适应新的富有挑战性的环境之际，这时就易于测量主体处理情景新异性的能力。情景新异性也既可能表现在对情景的理解上，又可能表现在这个环境背景的操作上。

任务与情景的新异性与主体之间存在着复杂的相互作用。对某人是新异的任务或情景对其他人可能就不是新异的，因此同样的任务或情景适合各人测量智力的程度也许是不一样的。任务和情景之间也存在着相互作用：在一种情景下是新异的任务可能在另一情景下就不是新异的。还有更复杂的情况：一个任务对某些人在此种情景下是新异的，而在彼种情景下就可能不是新异的；而同样的任务对其他人在彼种情景下是新异的但在此种情景下却又不是新异的。

(2) 自动化信息加工能力。

经验连续体的另一端是达于信息加工的完全自动化。测量智力的最佳点不是加工自动化的完全实现而是在实现加工自动化的过程之中。与处理新异性能力相类似，加工自动化能力也是既可表现在任务理解中，也可表现在任务执行过程中，并且它的表现水平也会受到在任务与情景之间，任务与主体之间，情景与主体之间，以及在任务、情景与主体之间各种相互作用因素的影响。

(3) 处理新异性能力与加工自动化能力之间的关系。

对许多类型的任务来说，处理新异性的能力和自动化加工过程的能力可能在一个经验连续体上发生。当一个人首次遇到一个任务或情景时，处理新异性的能力就开始发挥作用了。随着对任务和情景的经验的增加，新异性就会减少。这时，任务和情景就会变得较不容易根据对新异性的加工过程来测查智力。然而，在对任务和情景的一定量的操作之后，加工自动化的能力就逐渐开始发挥作用。此时，任务和情景就变得易于对加工自动化的能力进行测量。因此，一个给定的任务或情景在实践上可能持续提供适当的智力测量，但在实践的不同阶段，它所依据的逻辑是不同的：在经验的早期，测的是处理新异性的能力；而在后期，测的则是使加工过程自动化的能力。

3. 成分亚理论

成分亚理论是三重智力理论中最早形成和最为完善的部分。它是对智力活动内部机制的刻画。“智力的基本单元是认知成分。”经验亚理论所说的处理新异性的能力和加工自动化的能力的不同水平最终还是由认知成分的不同水平和构成所决定的。成分亚理论尽管非常重要，但并非是三重智力理论的新异之处，因为它与其他认知心理学的各流派处于同等层次上。要说其特色，主要反映在对元成分作用的分析上，这与当代智力研究中重视元认知的倾向是相一致的。从本质上说，元成分是作为一种策略构造机制而发挥作用的。它构造策略，支配操作成分和知识获得成分，把后者协调指挥成一种指向目标的程序。当主体对问题具有充分理解的时候，就只有元成分和操作成分参与形成一种解决问题的策略。元成分选择使用哪一种操作成分，以及决定使用它们的次序；操作成分则去完成实际解决问题的工作。但当主体对问题不具备充分的理解时，这时知识获得成分就要参与进来：知识获得成分得到了有关问题解决的新的信息，在与元成分相互交流的基础上，元成分把这些新信息与以前的理解相结合，然后在操作成分中产生一种解决问题的策略。斯腾伯格认为元成分构成了智力的主要基础。所谓智力落后，主要原因就是元成分功能的落后。对成分亚理论的更详细评述，限于篇幅，此处不赘。我们将另文介绍。

(三) 对三重智力理论的基本评价

1. 三重智力理论为我们描绘了一个较为全面的智力构成图

斯腾伯格曾说，对智力这块“馅饼”是否只有他的三重理论所作的一种“切分”呢？他断然回答：不！智力理论众多，他的三重模式只是其中一种。但是，我们认为，从主体与外部世界、内部世界及经验世界这三方面的联系来分析智力本质是较为全面的。这深化了我们对智力本质的认识，引导了我们对智力的深层探索。根据我们的理解，三重结构似乎是一种层级结构而非平行结构。对智力这一整体从情境、经验和成分这三个层面上去进行分析于是形成了三个亚理论。当然，这种划分，按斯氏的说法：“只是一种理论的结构，而不是心理本身。”他还说，“不存在孤立起作用的所谓情境智力，经验智力或成分智力”。“成分为处理外部世界提供了心理基础，因此，情境亚理论可以被看作是它说明的特殊的领域。”斯腾伯格认为，行为必须同时满足以下三个条件才能算是智力行为：即 a）它被运用于适应、选择或改造（形成）一个人的环境；b）对一种新异任务或情景作出反应，或处于加工自动化的过程中；c）是元成分、操作成分或知识获得成分机能的产物。这就是说，在解释“什么是智力行为”时，三个亚理论都有各自同时“说话”的权利和义务。这种权利和义务本质上是因为智力同时具有情境属性、经验属性和成分属性所赋予的。总之，智力是作为一个整体而发挥作用的。智力的情境、经验、成分的属性是我们人为分析的产物，并不是说在一个“大”智力中还有什么“小”智力。用一句话可以概括三者的“统一”：通过内部的心理机制（成分亚理论）去解决与外部世界有关的有利于主体更好地适应、选择和改造环境的任务（情境亚理论），而这些任务又必须处于经验连续体的特定位置上（经验亚理论）。满足这些条件的行为，就是智力行为。

顺便指出，斯腾伯格在《超越 IQ》一书中的用词并非是无懈可击的。一方面，他明确声称：我们不是主张，三重理论的结构是以某种方式表示了或反照出来的心理的结构。如果你推断出这个理论主张有“成分”、“经验”和“情境”的能力（faculties）存在，那是错误的。相反，该理论结构只是揭示了智力的三个中心方面。而在另一方面，书中又充斥着“情境智力”、“经验智力”和“成分智力”这种“三分智力”的说法。虽然“faculties ”与“intelligence”含义上有所区别，但难免不会使人产生某种理解上的困惑。

2. 三重智力理论对智力测验的贡献

我们认为，斯腾伯格的三重智力理论为编制较理想的智力测验提供了一个较为适当的理论框架。

首先应指出，斯腾伯格并不一般反对智力测验。他所要“超越”的只是传统 IQ 测验，而不是测验本身。智力为何物，专家们见仁见智，可以列出长长一串各不相同的内隐定义，但没有人否认智力可以通过外显的任务操作进行间接的测量。所有的智力测量都只能是间接的测量。因此，影响智力测量效果的最关键的因素是为之提供理论基础的智力的内隐理论本身是否准确、全面。我们认为斯腾伯格的三重智力理论能够较好地充当此任。

斯腾伯格认为，按照他的三重理论来编制和执行测验，传统 IQ 测验的一些缺陷就可以得到一定弥补。测验工作者经常被两大问题所困扰。一个是关于测验的真实性问题，即到底在多大程度上测到了真正的智力（只要我们不采取“我所测的东西就是智力”这一强词夺理的立场），另一个是关于测验的公平性问题，即在多大程度上测验的结果可以用来对不同个体之间的智力差异进行比较。正是在这两个重大问题上，斯腾伯格的三重智力理论能够有所贡献：其情境亚理论主要就是回答第一个问题；经验亚理论则与第二个问题有关。

斯腾伯格曾指出，一个测验如果不能很好解决真实性（有效性）和公平性的问题，在这种情况下把测验运用于不同文化或亚文化的个体，或甚至运用于虽属同一文化或亚文化但经验水平不相同的个体时，应该避免对测验结果轻率地骤下断语。因为“这就像让我们去比较苹果和桔子”，虽然它们都是水果，但本质上它们是不可比的。

尽管斯腾伯格对传统 IQ 测验不满，但他并未对之采取一概排斥的态度。这一是因为斯腾伯格清醒地看到他的三重理论尚有需待完善之处，特别是情境亚理论和经验亚理论，它们更多的是指出了问题，而非完满地解决了问题，而且在经验的证实和证伪这两方面都还面临着一些困难。二是因为传统 IQ 测验仍然有其存在的价值，至少就其与成分亚理论的密切关系而言，就决非是一无是处的。只要无偏见地使用，IQ 测验分数总可以向我们提供一些可参考的信息。当然，如果不是这样，那的确“用比不用更糟”。斯腾伯格告诫我们，千万不应受“精确数字”的诱惑，因为外表的精确决不意味着它具有内在的效度。

因此，斯腾伯格主张，对传统 IQ 测验不应抛弃，不必以完全新的测验取而代之——对“是否会有一个测验能全部满足（三重理论所提出的）全部标准”，他认为前景“是不清楚的”——最好的办法是以新的测验去补充它。“理想的评价智力的工具也许应该是那种把不同种类的测量相结合的测验”，因为“一套测量（可以）告诉我们比任何一种现成可用的测量所能告诉我们的更多关于智力的内容”。斯腾伯格的这一主张是可取的。

（李其维　金瑜）

选自：心理科学，1994（5）

安德森

(John Richard Anderson)

- 生平简介
- 名篇选读
  问题解决与学习
  认知心理学（节选）
- 思想评介
  命题网络模型和 ACT 理论的评价

生平简介

J·R·安德森于1947年出生于加拿大英属哥伦比亚温哥华，1968年从英属哥伦比亚大学毕业后在斯坦福大学继续攻读研究生。在此期间他与G·鲍尔首次建立了回忆的FRAN模拟，而后形成了记忆的HAM理论。1972年安德森从斯坦福大学获得博士学位，之后，在耶鲁大学当了一年的助理教授，在密执安大学当了三年的初级研究员，于1977年在耶鲁大学获得教授职位。1978年安德森转到卡内基·梅隆大学任教授，直至今日。

1976年安德森在《语言、记忆和思维》一书中，首次论述了ACT理论，对人类的记忆系统和产生式系统结构进行了整合，首次运用产生式解释命题网络。安德森在1983年出版的《认知结构》一书中对ACT理论进行了发展，并称之为ACT*。ACT*是对早期理论的修订，该产生式系统包括三类记忆：工作记忆、陈述性记忆、产生式记忆或程序性记忆，通过产生式运用把各种记忆联系起来。该理论特别强调程序性知识的学习，认为程序性学习是一种通过做的学习，其主要成就之一是描述了一种可能以神经激活为基础的加工怎样导致符号化的思维。很快该书便成为安德森受引用最多的著作。同时，安德森尝试在ACT理论的基础上建立以计算机为基础的智能教学，这一努力获得了显著成功。他的研究方案常被作为最成功的智能教学的尝试。1987年安德森开始致力于另一课题的研究，即认知怎样适合环境的统计结构，形成了ACT-R理论。其基本观点是：要理解人类认知，没有必要发展关于其机制的理论而只需理解所面对的问题的统计结构。ACT-R理论认为人类认知的力量依赖于译码知识的数量以及译码知识的有效配置。这种理性分析的研究，给次符号的激活过程一个更好的界定。因为它把知识符号化地表征为规则与事实，但也有基于神经激活的过程，这种过程决定在哪种情境中调动哪些规则与事实。安德森发现，由于这些次符号的过程被调整为环境的统计结构，个体需要一个像ACT一样的综合的计算机结构来理解它们如何相互影响。同时，安德森花了大量时间把 ACT-R 理论应用到认知心理学的许多现象中并帮助其他人使用这一系统。

安德森的研究兴趣十分广泛，主要致力于认知心理学和人工智能的研究，涉及的领域有学习和记忆、知识表征、认知结构、问题解决和智力教学，探索人们是如何从各种各样的经验中获得知识并产生智力行为的。总括起来他的研究有两个主要分支：其一，通过实验室研究探索人们在定义良好的情境中是如何学习和解决问题的。主要感兴趣的问题是：问题解决的策略是如何发展的；人们怎样发现新领域的事物；怎样处理由任务施加的工作记忆的负担；怎样更快地估计与任务执行相关的信息。其二，着手数学、计算机程序、认知心理学等领域中认知技能模型的建立，力图理解在这些领域中认知结构的含义。

安德森的著作颇丰，先后独立或合作出版的著作有：《人类联想记忆》(1973)，《语言、记忆和思维》(1976)，《认知心理学及其含义》(1980)，《认知结构》(1983)，《认知技能迁移》(1989)，《思维的适应性特征》(1990)。

（郭淑斌　邢强）

名篇选读

问题解决与学习

桑代克（1898）最初的学习实验包括猫学习解决迷箱问题，认为猫设法走出迷箱是一个试误过程。桑代克所谓的问题解决概念中其实没有发生什么变化，所发生的变化是成功反应的逐渐加强。过去，在关于学习的研究中一直引用桑代克的研究，但在最初的引用中且忽略了对问题解决的分析。

苛勒及其他格式塔心理学家用问题解决任务论证了行为主义概

念的不足，但他们没有提供对问题解决过程的分析。托尔曼虽然看到了目标在学习和行为中的关键作用，但没有提出一个有条理的理论。对问题解决做出有条理分析的是 Newell 和 Simon（1972），他们注意了人类学习和问题解决的研究，不断地在这一领域里提出问题解决的基本概念，并与计算机模拟和人工智能联系起来。

对人类学习的研究和问题解决的研究最终在现在关于认知技能获得的研究中结合了起来。安德森认为，近一个世纪以来，它们彼此忽视因而这两个领域中的概念不能很好地结合起来。本文在以往概念的基础上从学习理论的角度论述了问题解决和学习的关系。安德森认为学习理论的目的是按照简单单元（simple units）的获得去说明复杂的学习，提出了问题解决的一些基本概念。如，问题空间、状态、算子等。分析了问题解决的基本方法，认为问题解决的方法指选择算子所采用的原则。其中最为典型的是手段—目标分析法。认为人类问题解决的两个关键特征是差距的减小和下一目标的确立。前者指问题解决者倾向于选择与目标状态相近状态的算子的产生式，人们非常不乐意追求与目标状态毫不相似的状态的路径。后者指根据问题状态设立下一级目标。安德森以河内塔问题为例论述了这一过程。手段—目标分析法提供了理解为什么差距减小和下一级目标的确立在人类问题解决中到处可见以及它们的路径上是如何关联的方法。安德森指出手段—目标分析有三个关键特征：集中排除一个最大的差距；选择减小差距的算子；确立下一级目标。安德森认为想用一个理论观点来说明随经验一起发生的诸多变化也许太难了，因此他提出了关于学习过程的 ACT* 理论。

（一）ACT* 理论中的一些基本概念

认知的 ACT* 理论把知识区分为程序性知识和陈述性知识。程序性知识编码许多认知技能，而陈述性知识编码关于事实的知识。这一理论认为问题解决基本上发生在手段—目标问题解决结构内。ACT* 理论是一种满足手段—目标分析机制的关于问题解决算子的起源和本质的理论。认为当问题解决者达到一个没有充足的问题解决算子的状态时，他们将寻找一个类似问题解决状态的样例，并试着通过和样例类比去解决问题，安德森和汤普森创立了这种类比过程的模型。他们称问题解决的初始阶段为解释阶段，通过要求回忆特定的问题解决样例并解释它们。这种被提取的记忆是陈述性记忆。然而，长时记忆没有必要参与其中。例如，在数学课上，学生在没有把例子存入长时记忆的情况下使用样例来引导对所给问题的解答。Phelps（1989）认为仅当样例呈现在当前环境中时就起作用而无须从长时记忆中回忆。在这一过程中会出现一个过渡，这一过渡称之为“知识编辑”。程序性知识是以产生式规则的形式进行编码的。例如下面几何问题：

如果　要证明两个三角形全等

那么　试着证明对应部分全等

如果　线段 AB = DE　BC = EF　AC = DF

那么　三角形 ABC 全等于三角形 DEF（边边边定理）

这些规则是对问题解决算子的基本编码，其形式是抽象的，可以应用于多种不同的情景。安德森和汤普森的模型表明了在通过类比进行问题解决的过程中问题解决算子是如何提取的。知识一旦以产生式的形式存在，那么应用起来就会更快、更可靠。

（二）知识编码的强度

根据 ACT* 理论，决定陈述性知识的可通达性和程序性知识操作的关键因素是这种知识编码的强度，编码的强度基本上反映了练习的次数。根据 ACT* 理论，这种强度是练习的幂函数。安德森的研究表明，尽管其他学习过程，如知识编辑，也在发挥作用，但控制学习效率的因素是强度。例如，为了从一个样例中编辑一条产生式规则的形式，样例必须被提取并把持在工作记忆中，这将取决于其编码的强度。因此，根据 ACT* 普遍的学习幂定律，练习的增多反映了知识强度的普遍增长。这种强度增长正是桑代克练习率的反映，这似乎令人感到非常奇怪，但在独立测量如问题解决技能的操作速度（甚至在没有外界反馈时）等问题方面，有关于练习率的很好例证。ACT* 中的强度概念很像本世纪关于学习与记忆的其他理论中出现的其他强度的概念。尤其是，对一特定的产生式规则的应用的概率是其强度的函数。这种强度的概率说明了错误的逐渐消失以及人们是怎样解决问题的。在一特定情况下可能有多种产生式（有错误的有正确的）可以利用，每一产生式可以利用的概率反映了其强度。因此，ACT* 理论解决问题解决中的行为变化现象是不成问题的。

（三）智能教学研究

安德森在智能教学方面的研究，一方面是作为应用这种方法的指标，另一方面是作为上述关于问题解决技能的理论的进一步证据的来源。在智能教学方面的研究指的是为实现用人工智能方式进行教育而设计的以计算机为基础的教育系统的努力。采用的形成智能教学的方式称为模拟追踪法。它包括形成一种所要学习的技能（如几何中的求证或 LISP 语言编程）的认知模型。这一模型所采取的形式是一套产生式规则，这些规则能以学生解决问题所应采取的相同方式解决学生面临的问题。在这一领域中，我们的方法在非常重视教育的情况下采用真实情景的认知模型，因而显得比较独特。当学生尝试在计算机上解决问题时，我们的教学及其与学生的相互作用被看作是学生采用一种综合的手段—目标法，学习包括获得编码算子的产生式规则并在这一问题解决中运用之。教学机尝试根据一套产生式规则在其认知模型中的使用来解释学生的问题解决，教学技能给予学生的指导与帮助取决于其对学生问题解决水平的理解。我们研究的主要技术成果之一是已经形成了一套实际的诊断学习的行为，并把问题解决的各阶段归因于特定的产生式规则的操作的方法。对教学机的各种评价已逐渐变得积极，把在教学上取得的成功归因于在解释学生行为方面的成功。类型评价使学生的操作水平好于控制班级（如果在任务中给予相同的时间）的操作约一个标准差，或获得与控制班级相同水平的成绩的时间只需控制班的一半或三分之一。

把学生问题解决行为的各阶段归因于特定的产生式规则的能力，还使我们能监控这些规则的执行。我们能测量在某些特定的规则上学生的错误次数以及该错误率怎样随着该规则的练习而下降。

通过在不同学科上的实践，发现在规则的第一次与第二次的使用之间似乎有很大的提高，而后，提高就很缓慢，并符合幂函数规律。

安德森识别了一些影响被试在教学机上操作水平的一般因素。在LISP方面，这些因素是（A）被试获得新知识的速度和（B）他们用包含空间关系的规则所获得的成功。然而，如有补充练习，不同能力的学生可达到对这些规则的操作的相同水平。因此，看起来获得一种技能基本上是学习每一个别的规则。这种规则的数量可以很大。在LISP中我们为一个标准的学期课程估计了500个必须掌握的产生式规则。

因此，产生式规则正执行着在过去的理论中为刺激—反应联结所涉及的许多职责，该技能看起来只不过是这些规则的总和，每条规则被单独的学习，但个体差异反映在这些规则的学习中而不是这些规则的获得上。

选自：Anderson J R. Problem Solving and Learning. 邢强，郭淑斌节译. In：American Psychologist，1993（48）：35～44

认知心理学（节选）

陈述性与程序性的区别

直到此处我们所探讨过的是作为静态信息的知识，而没有谈到使用这些信息的过程。这就是说，我们考察过的是作为事实回忆的基础的知识，而不是作为各种智力作业成绩的基础的知识。例如我们曾关心过人们对于历史课本的知识，而没有考察过如何给计算机编程序的问题。知道什么和知道如何的区别，在现代认知心理学中有根本意义。前者的所知是陈述性的知识，后者的所知是程序性的知识。

顾名思义，陈述性知识主要是那种可以言传的知识。陈述性知识的一个典型例子是像这样一件事实：约翰·麦克道纳是加拿大的第一任总理。但陈述性的知识不必一定是语言的，正如我们在第四章所看到的，它也可以采取抽象命题的形式。还有像在第三章也往往可采取意象的形式。

尽管这种区别不是绝对的，但绝大多数的陈述性知识是可以言传的，而很多程序性知识则不能言传。骑自行车是程序性知识不能言传的一个好例。大多数人都会骑自行车，但却不能把这种知识用言语来表达。试图分析这类技能而惨遭失败已成为常见的传说。一个人在做打高尔夫球的挥旋动作时，试图解释这一动作，势必使这一挥旋动作解体。

另外还有不属于运动性质的程序性知识的例子。如关于本民族语言的知识，几乎可以说每一个人都有这种知识。但表述语言规则，对绝大多数人来说是非常困难的。试来考察与主动句和被动句有关的一套规则，以下列各句为例：

女孩打男孩。

男孩被女孩打了。

和

男孩喜欢女孩。

女孩受到男孩喜欢。

和

女孩要取笑男孩。

男孩要受到女孩取笑。

人们能够无困难地发出这类等义的主动句和被动句，但绝大多数人不懂得把这两种句型联系起来的一般规则。说真的，甚至语言学专家关于这些规则的确切内容也尚在争论之中。

当我们在教室里学习外语时，特别是在刚讲过一堂有关某些语法规则的课之后，是能够意识到这些语法规则的。我们可以认为此时我们关于语言的知识是陈述性的。我们一般以按规则办事的程序来使用自己所学的规则，说所学的语言；而不是像说自己本民族的语言那样直截了当。可以意料，使用这种知识，比起使用自己本民族语言中程序性地编了码的知识来，是一种迟缓而艰难的过程。最后，我们有幸对外语学得可以和对本民族语言一样好，到了此时，我们就常常忘掉了外语的规则。这就像是已把课堂上教的陈述性知识转化为程序性的了。

当我们把同样的知识反复在一个程序中使用时，我们就会失去和它的接触，从而失去把它报告出来的能力。这里举一个关于电话号码的例子。当我们初次记住一个电话号码时，能够说出它来，用通常转号码的程序，按号码行事。这就是说，号码开初有陈述的形式。可是有些人说，如果他们拨一个电话号码次数够多的话，就反而失掉了把这个号码报告出来的能力，他们检索这个号码的唯一方法就是亲手去拨出它来。事实上，这种知识可特定在某一特定类型的电话机上。例如曾有一个时期我回忆麦歇根计算机数码的能力就曾特定在我家用的触码式电话机上。

我个人还有一项事例是学习开汽车。我在几年以前对此事有特别清楚的感受，那时我的妻子曾教给我如何使用换档杆。我问过她的一个问题是，当换档时我的脚要否离开油门。她说我应该踩住油门，但我们不满意这样的结果。于是她坐上驾驶座，我们共同来看她换档时是怎样做的，其实她的脚是离开油门的。这是一个程序性知识和陈述性的知识直接相抵触的例子。就陈述性的知识来说，我的妻子认为她的脚是踩着油门的；而其实在程序性的知识方面她才是对的。要揭露她的程序性知识，只有去观察她如何进行这一程序。当我第一次换档时，只用陈述性知识，我从记忆中检索那些说明，从而照办（有时自己向自己说那些步骤）。现在经过一年的练习，尽管我的操作已相当熟练，但却难以报告出来换档时包含些什么动作。

波斯纳（M. I. Posner）(1973) 关于熟练打字举出另外一个区别陈述性知识和程序性知识的例子。

如果要求一个熟练打字员把字母依次打出，只要几秒钟就行，而且错误的概率甚低。可是如果给他一个键盘图案而要求他按程序填入字母，他将感到工作的困难，需要几分钟才能完成，而且错误率高。再者打字员往往报告说，他只能通过试着去打字母来取得关于某些字母的视觉位置，然后决定他的指头在哪里。这些观察表明，打字的经验产生了运动编码，这种编码可以在没有视觉编码的情况下存在。

程序性知识的表征形式

要建立一种关于认知技能的程序性知识的有效理论，其难题之一就是了解这种复杂的认知技能在人的头脑中是如何表征的。

关于程序性知识的表征形式，在心理学上有一种最早而且延用最久的看法，就是刺激—反应（S—R）联结的观点。这就是那种认为学习的进行是通过特定刺激与特定反应的联结。这种分析特别流行于对人类以外的动物行为的分析。

……

在作为刺激—反应联结概念的引申而称之为生成子的概念中，刺激—反应联结概念的这些缺点就可避免。把生成子（Production）这一概念运用于心理学中是由卡内基—梅隆大学的阿兰·纽厄尔（Allen Newell）和赫伯特·西蒙（Herbert Simon）提出的。生成子系统的概念在数学和计算机科学中有悠久的历史，但它向心理学中引用，则从1970年才开始。它确实还不是被普遍接受的表征程序性知识的方式，但它却是关于人的认知技能的最广泛发展和最适当的表征方式。

我们先来看在表征认知技能的系统中的生成子是什么样的。下面的例子就是在三速汽车中处理由第一档换到第二档的一个生成子(下面的陈述是对其结构的一个说明)：

如果　一辆车在第一档上运行
　　　而车行速度超过每小时10英里
　　　而这里有一个离合器
　　　而这里有一个把杆
那么　踩下离合器
　　　将把杆移向上方
　　　放开离合器

每一个生成子有一个条件和一个动作，条件包含由“如果”开头的一套短句，而动作则包含由“那么”开头的一套短句。在上面的生成子中，条件有四个短句。这四个短句查探由下列事件所组成的完形：(1) 汽车正在第一档开行；(2) 车速每小时超过10英里；(3) 离合器已被认明；(4) 换档杆已被认明。具有查探事件完形的能力是生成子不同于刺激—反应联结的一种重要区别方式。请注意，依照这一生成子，能够完成一系列动作，而不是一个动作。这种情况和拉什利关于行为序列统一的说法是相投合的。

请注意，像这样的一些生成子是具有非常大的普遍性的。上举这一生成子可运用于任何一个三速换档杆，而不仅限于某一特定汽车。这种情况的普遍性是生成子的一个重要特征，而且表明其对刺激—反应的概念来说是一重大改进。下面另举一个生成子的例子，它是关于单数变复数的规则之一的编码：

如果　要把结尾为一个硬辅音字母的名词变成复数

那么　把这个名词加s写出

这条规则能使我写出任何一个服从以加s来变复数的名词的复数。请注意，这一生成子的条件是指一个内部的目的（这个目的就是要写出一个名词的复数）和某项内部的知识（结尾为硬辅音的名词）。这种特点表明下一事实，即生成子系统既可关系到外部对象，也可关系到内心对象。

我们已经知道刺激—反应联结理论有四种缺点。(1) 刺激—反应联结只对外部事件反应，而不对内部事件反应；(2) 它们不能把反应系列按一个单元来对待；(3) 它们不能对由许多特征构成的一个完形来反应；(4) 它们没有普遍性。我们看到生成子消除了这些缺点。已经证明生成子作为人类认知的许多方面的模式来说是很有用的。学会如何来解释生成子是有重要意义的。下面举出在一个非常不同的领域中应用生成子的例子，那就是鲍尔（Gordon Bower，1977）笑话式地用它们来作为与各种精神病症状有关的错乱思维的模式。

妄想—攻击式的生成子

如果　一个人恭维我

那么　此人是在利用我

如果　一个人在利用我

　　　而此人又比我小

那么 我就揍他

如果 一个人在利用我

而此人又比我大

那么 我就侮辱他

抑郁式的生成子

如果 一个人恭维我

那么 此人是怜悯我

如果 一个人在怜悯我

那么 我就是不可爱的

如果 我是不可爱的

那么 我就不值得活下去

因而感到悲哀

上面的第一套生成子是怀疑性或妄想性推论的模式。在这一模式中恭维被解释为企图利用，而对利用则报之以殴打或侮辱（以利用者之大小而定）。第二套生成子则为称之为“歪曲”的抑郁性思维的一个方面的模式，在这里恭维被解释为非诚意的，从而成为恭维者是可怜这个人的表示。试来看这一套生成子如何导致抑郁性的思维者由受恭维而作出的解释，即认为自己是在受怜悯，从而把自己看成是不可爱的人，最后认为自己不值得活下去。正如鲍尔指出的：“这些生成子会自动化地按这种思想流来推进，从而达到这种不可避免的病态结论。”

构成生成子中条件与动作的那些短句可以按记忆中的命题网络结构来解释……

关于加法的一套生成子

生成子常常是成套起作用的。一套生成子中的每一个完成一个大作业行为中的一部分。表 25－1 为心算加法的生成子体系的一部分。为了便于解释，我在每一个生成子中加入一个关于它起什么作用的说明。单凭阅读一套生成子是很难理解它们的。看一套生成子如何应用在一个问题上却很容易理解它。因此，让我们考察一下这一套生成子是如何应用在下面的加法问题上的：

$$\begin{array}{r} 32 \\ +18 \\ \hline \end{array}$$

我们假定这个问题是按一套命题来编码的，这套命题可大体表示如下：

目的是要把数一、数二相加
数一以 3 开头
3 后面跟着 2
数一以 2 结尾
数二以 1 开头
1 后面跟着 8
数二以 8 结尾

表 25 - 1 中 P_1 的条件，当条件元素和上述材料基础中的各命题有如下对应关系时即可满足：

表 25 - 1　两数相加的一套生成子（P）

	生成子	说　明
	P_1	
如果	目的是要把两数相加 第一个数以一数字结尾 第二个数以一数字结尾	这个 P 是负责于把两数相加这一总目的的。它把第一列数字相加作为小目的
那么	小目的是把这两个数字相加	
	P_2	
如果	小目的是把两个数字相加 有一个数是该两数字之和	这个 P 找出两个数字之和，而把写出这个总和作为小目的
那么	小目的是把这个数写出来	
	P_3	
如果	小目的是写出一个数而这里有一个进位号而第二个数是第一个数加 1 之和	当有进位号时，这个 P 就是把 1 加在要写出的数上，然后去掉进位号
那么	小目的是写出第二个数，并去掉进位号	

续上表

	生成子	说明
	P_4	
如果	小目的是写出一个数而没有进位号那么此数小于10	当没有进位号，于是数小于10时，这个P就写出这个数
那么	写出此数而小目的是处理次一列的两个数字	
	P_5	
如果	小目的是写出一个数而无进位号 此数是10加1个数字	若无进位号而数又为10或大于10，这个P就写出该数与10的差别并记一进位号
那么	写出此数字 并记一进位号 小目的是处理次一列的数字	
	P_6	
如果	小目的是处理次列的数字，而第一个数包含此列一个数字，第二个数也包含此列一个数字	此P将注意转向次列的数字
那么	小目的是将此二数字相加	
	P_7	
如果	小目的是处理次列数字而第一个数不包含此列一个数字，第二个数也不包含此列一个数字	此P认识最后一列的数字是否已被处理，问题已否告终
那么	此问题就算解决了	

目的是要把两数相加＝目的是要把数一、数二相加

第一个数以一个数字结尾＝数一以2结尾

第二个数以一个数字结尾＝数二以8结尾

假使2和8这两个数字与条件相匹配，那么P_1的动作（即小目的是将两个数字相加）就变为这样一个指示：即小目的是把2和8相加这一命题加入记忆。那么将此命题加入记忆后，生成子P_1

就能够引发生成子 P_2，它就会实际上把 2 和 8 相加。

其次，P_2 就发生作用。由于执行了 P_1，P_2 条件的第一个元素就得到满足。

小目的是要把两个数字相加 = 小目的是要把 2 和 8 相加

P_2 的其余条件是和记忆中关于整数加法的一个命题相匹配的：

一数为两个数字之和 = 10 是 2 与 8 之和

P_2 的动作是把“小目的是写出 10”加入材料基础。

其次要应用生成子 P_5，它的条件是这样匹配的：

小目的是要写出一个数 = 小目的是要写出 10

这个数是 10 加一个数字之和 = 10 是 10 加 0 之和

P_5 的条件还包含着一个测验是没有进位记号。P_5 的动作是写出数字（在这里是 0）作为部分回答，安排一个进位记号，并且在记忆中加入下面这样一个命题：小目的是在次一列中写出数字（结果这一列就空了）。

值得注意的是为什么这里就用 P_5 而不应用别的生成子。P_3 不能用，因为没有进位。P_4 不能用，因为要写出的数不比 10 小。我们可以怀疑，既然它们记忆元素一度满足的条件没有改变，为什么不能再用 P_1 或 P_2。它们之所以不能再度应用是因为 P 系统不允许 P 条件准确地两次去匹配同样的材料基础命题。这种限制能够防止同样的 P 的不必要重复。

其次应用 P_6，把小目的是 3 和 1 相加，添在材料基础上，这样次（10 位）一列就可以加起来。接着应用 P_2，求出总数，添写小目的就是把 4 摆在材料基础上。于是 P_3 把 1 加在 4 上，因为有进位。从而应用 P_4，把答案的第二个数 5 写出，最后应用 P_7，请注意，问题已经解决了。

生成子系统和早先描述的 S—R 系统之间的相似性是清楚的。请看，由 P_1，P_2，P_5，P_6，P_2，P_3，P_4，P_7 所组成的链索，一个引发一个，就像白鼠学走迷宫时，由 S—R 组成的链索一个引发一个一样。就像 S—R 那样，一个制作生成子的动作可以作为另一个生成子的部分刺激。但请注意，二者的重要差别在于生成子系统中所反应的不是外部刺激，而是储存在记忆中的那些抽象命题。生成子具有普遍性，能应用于众多的记忆元素，而不专用于特定情境。最后说来，生成子所反应的是许多命题所形成的图式，而不是环境中的个别特征。

程序的动力学

我们已表明了表征程序性知识的形式，现在再来更仔细地考察这些程序的各种动力学特点。动力学一词在这里指决定 P 如何取得，如何保持和如何检索的那些特点。

程序的短期记忆

关于作为程序基础的 P 有短期记忆，似乎与命题有短期记忆一样。当一个程序是在短期记忆中时，其应用就比由长期记忆的仓库中来检索可靠而迅速。在动作技能上所做的一些实验表明程序的保持中有短期记忆的成分。亚当斯（J. A. Adams）和迪克特拉（S. Dikstra）（1966）让被试学习把一个金属尺子上的滑片移动到一个预定的位置。被试实际上看不见这个目标位置，而且只是移动滑片到一个不得不停止的位置。然后被试再把滑片移回起点处，保持间隔即开始。在一定时间间隔后，要求被试再把滑片移动到原定位置，但此时在正确位置上并没有什么东西来阻止滑片移动。结果表明技能保持也像词语保持那样，有一种短期记忆，当技能尚保持在短期记忆中时，完成情况最好。

练习的迁移

在陈述性知识的领域中，一种事实可以干扰另一种事实，一种程序也能干扰另一种程序吗？不幸的是在认知程序方面对这个问题还没有什么研究，我们仍须诉诸动作技能的研究。刘易斯（D. Lewis）、麦卡利斯特（D. E. McAllister）和亚当斯（1951）曾证明动作技能中各种程序的相互干扰。他们的被试使用一种叫做改制式的 Mashburn 仪的仪器，这是在二次世界大战中用以选拔航空员的仪器，它模拟一种飞机器件，包括一个拉杆，大小如飞机上用的那样，可供两个维度的操作，还包括一个足用来作一个维度操作的舵杆。

用一套光标来指定拉杆和舵杆应该移动的分量。当被试们练习规定的运动30次以后，让他们改做第二种作业，其中所要求的运动和原来的运动方向相反。这第二种作业或穿插性的学习包括10，20，30或50次的练习。然后再让被试重做原来的作业。结果发现他们原来的技能遭到破坏，而且破坏的程度随着穿插练习次数的增加而增加。可见在程序学习中和在陈述性事实的学习中一样有干扰作用。

这种一般被称为负迁移的技能的干扰作用，在一种技能与根深蒂固的旧技能直接冲突时可以十分显著。例如康拉德（R. Conrad）和赫尔（A. J. Hull）（1968）曾考察过数字键的两种排列方式，一种是用在加法机上的，另一种是用在触码电话机上的。

加法机	电话机
7 8 9	1 2 3
4 5 6	4 5 6
1 2 3	7 8 9
0	0

第二种排列与由左而右由上而下的通常阅读方式相符。这就是说，如果按由左而右由上而下来阅读电话机的数码排列，其次序为1—2—3—4—5—6—7—8—9，而这样去读加法机的数字排列，就会成了这样的次序：7—8—9—4—5—6—1—2—3。电话号码排列也符合于通常把0放在9后而由1开始的习惯（例如打字机上的排列），康拉德和赫尔发现按电话机的排列来打出8位数字的序列错误较少。可见在电话机上学习打出数目要比在加法机上容易，因为在电话机上数字按通常习惯次序排列；而在加法机上则不然，因而由先前的习惯产生了负迁移。

尽管有可能出现负迁移，但更常见的结果是一种技能对另一种技能的有利的迁移。例如有一个关于体育运动中三对技能迁移的研究：（1）由羽毛球发球到网球发球；（2）由排球发球的准确性到篮球发球的准确性；（3）由田径赛的起动姿势到足球的起动姿势。在上述每一种情况下，学习前一种技能有利于学习后一种技能。其所以有利，可能是因为两种技能要求学习许多共同的成分。两种技能所包含的共同成分往往多于对立动作。因此正迁移较负迁移普遍。

类化与分化

程序必须是能够对待新样例的。把一种程序应用在新样例上谓之类化。类化对理解语言获得特别重要。例如儿童学会把某一特定名词变复数，或把某个动词变过去式。以后他们就能把变复数的规则（例如加 s）类化到他们从来没有遇到过的名词上去，也能把变过去式的规则（例如加 ed）类化到他们从来没有遇到过的动词上去。而且事实上他们往往类化过度，因而臆造出一些像 mans 和 doed 等的“词”。于是在某些词上训练出来的语法变化程序就类化到许多新词上去。

程序的类化除语言外也见之于许多别的情境。就一种体育运动所包含的许多技能而言，例如在一些位置上练习了投篮就可以改进在别的位置上投篮的能力。社交技能的获得可提供另外的一类熟例。许多习得的社交技能可以类化：如何去和学生、教师、系主任、上司、雇员、爱人、孩子、送货员等等人打交道？如果和每一个生人接触都必须重新学习社交技能，那就太麻烦了。

有一些证据表明，在多种不同场合下学会的技能比在非常固定的场合下学会的技能可以较好地类化到新情况中去。例如邓肯（C. P. Duncan）（1958）关于杠杆定位的研究，就表明训练情境变异性的效果。他改变定位作业方式的数目，但使练习总次数保持不变。就邓肯所用的作业来看，向新作业方式迁移的多少随原始学习情境变异性的增加而增加。可见使一种技能类化的能力依存于该种技能练习情境的多少。

由于人们会使技能过分类化，因此需要一种补救的过程，这就是分化。分化对程序所能应用的情境和对象的范围加以限制。分化的例子也可以清楚地见之于语言获得。儿童在语言获得中需要学会对待规则的例外，例如 man 的复数是 men。可以看到儿童们要经过一个过分类化地应用规则的时期，像臆造 mans 这样的词，然后学知规则的例外。在有名词变格的那些语种中，可遇到略有不同的分化形式。在这类语种中，不同变格的名词有不同的变复数的方式。儿童起初认为所有的名词服从一条单数变复数的规则（由主要的变格形式学得），以后才分辨出每一种变格的不同规则（D. J. Slobin，1973）。

在语言之外还有一些分化的好例子。其中有一套重要的例子是关于解决问题的技能的。我们在解决问题上受到很概括的程序训练，例如在微积分中把部分合为整体，在问题解决中的一种技能是懂得在什么情境中应用这种程序合适。例如把部分合为整体是当整数包含一个指数时才可能有用。解决问题技能中的一个部分是懂得什么时候应用某个程序合适。

我们可以把分化与类化理解为对作为程序基础的那些生成子的操作。请回忆，生成子包含条件和动作，而所谓条件就是确定对当前信息来说应该是真实的那些特点。如果作为一种条件的那些特点具备了，那么这个生成子就能执行。因此，正是由条件来控制一个生成子能否应用于某一特定情境。生成子的条件越概括，我们就更能使程序类化；生成子的条件越特殊，就越能促使程序分化。

选自：安德森．认知心理学．杨清等译．长春：吉林教育出版社，1990

思想评介

命题网络模型和 ACT 理论的评价

（一）安德森（J. R. Anderson）的 ACT 理论的基本内容

安德森提出 ACT 理论的目的是要发展一个长时记忆的理论，它将能够解释人类的记忆、推理、言语生成和理解以及问题解决的结构和过程。这种理论被详细说明在一系列假定之中。此外，安德森还为他的理论的某些部分设计了计算机程序，以检验它的充分性和内部一致性。

在 ACT 理论里，一个基本的区分是在陈述性的知识（Declarative knowledge）和程序性的知识（Procedural knowledge）之间。

1. 陈述性的知识

ACT 理论认为，人类的知识由两种不同类型的知识构成，一种是陈述性的知识，另一种是程序性的知识。顾名思义，陈述性的知识主要指那种可以言传的知识，它包括我们所知道的事实。和其他命题网络模型一样，ACT 也用一个命题网络模型来表征陈述性的知识。每一个命题由一个椭圆来表征，椭圆又由带标签的箭头联结于它的关系和实体。命题、关系和实体叫做网络组织的节点(nodes)，箭头叫做联结（link)。安德森认为，命题是陈述性知识的最小单元，它是长时记忆的核心。命题的特征是：(1) 它是抽象的，它代表一个特殊的思想而不是特殊系列的词或意象；(2) 它是规则控制的，因为命题的建构必须和一系列规则一致；(3) 它可以被分派一个真值。

在 ACT 里，命题由一个主词的联结（标为 S）和一个谓词的联结（标为 P）构成。例如，图 25－1（a）代表命题“知更鸟是黄色的”，图 25－1（b）代表命题“恺撒死了”，图 25－1（c）代表命题“狗是动物”。在命题中，一个主词联结指向的节点是谓词联结指向的节点的子集，如“狗”是“动物”的子集，不仅如此，在 ACT 里，我们还可以限定一个命题是真的、假的，还是偶然的。因为 ACT 假定，一种记忆结构一旦在长时记忆中建立起来，就永远不会被消除，因此，限定命题的能力就是必要的。例如，一个人在记忆里建立了如图 25－2（a）式的命题，代表“考试是容易的”，后来他又贮存了命题“考试容易是偶然的”，为了表征这一命题，ACT 假定原来的命题将成为新命题的主词，如同图 25－2（b）所表示的那样。

ACT 里的第二种结构是关系—谓项（relation-arguement）的结构。如图 25－3（a）代表概念“自由的保卫者”。这一结构可以成

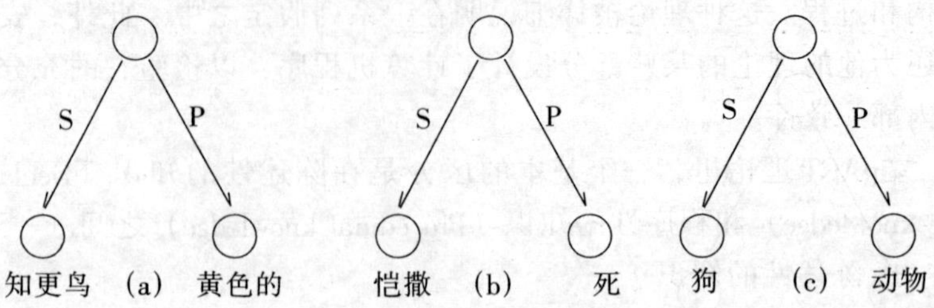

图 25－1　ACT中的命题形式

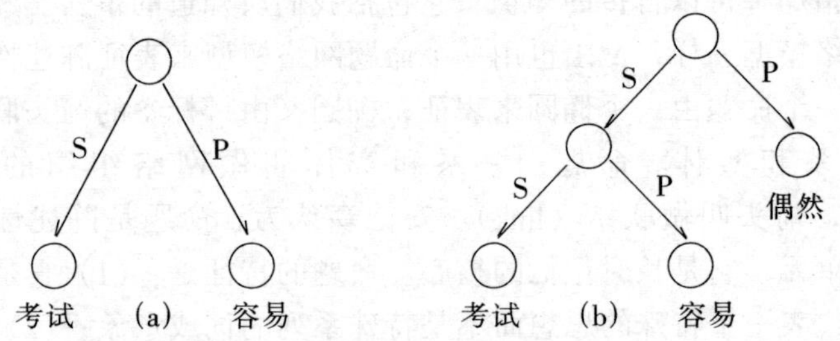

图 25－2　在ACT里命题怎样被限定说明图

为另一命题的主词部分，如图 25－3（b）代表命题“偷钱是不好的”，或者构成另一命题的谓词部分，如图 25－3（c）代表“Sam是偷钱者”。这种结构有时可以有不止一个的论证，如图 25－4（a）代表“John给Mary礼物”。

ACT既可以表征语义记忆又可以表征情节记忆。图 25－4 表征了一个情节，这个情节含有三个命题，主命题指出了一只知更鸟从洞穴中逃出，两个附加的命题（命题2和命题3）指明了事件发生的时间和地点。

那么，ACT的命题网络如何应用以及它怎样同程序性知识相互作用呢？ACT作出了如下假定：

（1）激活的假定。在任何时间上，在长时记忆里只有一小部分节点处于激活的状态，其他节点都处于不活动的状态。

（2）强度的假定。从节点出发的每一条联结都有特定的强度，某些联结比其他的联结要更强些。联结的强度取决于使用的次数。

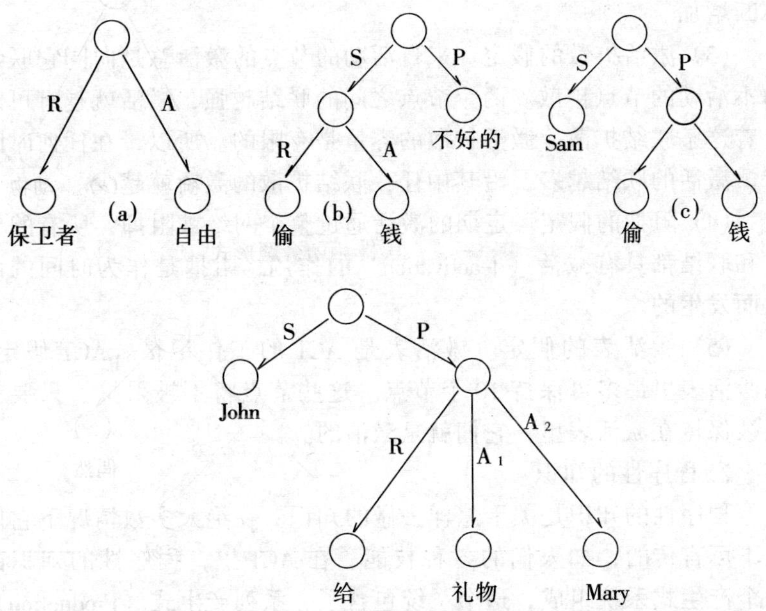

图 25-3 ACT 中的关系—论证结构举例

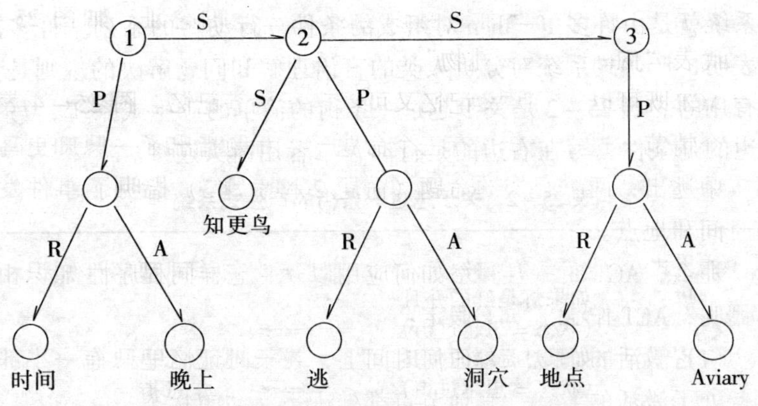

图 25-4 ACT 如何表征情节记忆说明图

一个刚形成的联结强度较弱，但是随着联结的被使用，它的强度将不断增加。

（3）激活扩散的假定。来自活动的节点的激活总是向同它联结的不活动的节点扩散。两个节点之间的联结越强，激活就越有可能沿着这条联结扩散。激活扩散的容量是有限的。所以，在任何时间上，激活的联结越多，沿其中任一联结扩散的激活就越少。

（4）阻抑的假定。定期的激活通过整个网络被阻抑，所有的节点和联结都具有减活（deactivation）的作用，阻抑是作为时间的函数而发生的。

（5）激活表的假定。激活表是 ACT 的工作记忆。ACT 假定，在激活表里最多可保持 10 个节点。这些节点将不被阻抑。只要节点被保持在激活表里，它们就是激活的。

2. 程序性的知识

程序性的知识是关于怎样去做的知识。在绝大多数情况下它们是不可言传的，如人们的各种技能。在 ACT 里，程序性的知识由一个产生式系统组成，这个系统包含了一系列产生式（Production）。每个产生式包含两个部分：（1）条件（condition），它将规定一系列特征；（2）行动（action），它规定如果条件被满足将作出的变化。所以，一个产生式就是一个 If—then（如果—那么）对，一个产生式系统就是由许多 If—then 对组成的条件—行动对的系列。许多研究表明，产生式系统对分析人类的言语理解和问题解决的规则是十分有用的。表 25－2 是关于越过一条街的简单的产生式系统，写在左边的是条件，写在右边的是行动，二者用箭头连接。

表 25－2　关于越过一条街的产生式系统

产生式	条　件		行　动
P_1	如果灯是红的并且 （状态＝想越过街）	→	等
P_2	如果灯是绿的并且 （状态＝想越过街）	→	走过街 并且变化状态到 （状态＝结束）

和行为主义理论中的 S→R 不同，ACT 的产生式具有两个特征：(1) 产生式的条件既可以指知觉到了的外部刺激（如红灯或绿灯），又可以是个人的内部目的和心理状态（如想越过街），这体现了人类的思想和行为是外部刺激和内部心理变量的联合的功能；(2) 行动既可以是外显的行为（如走），又可以是内隐的心理状态的变化（如改变目的）。如在上例中，想越过街的个体在看见绿灯之后，可采取两个行动，走过去或改变他的目的。由于产生式的这两个特征，所以它比简单的 S→R 更符合人类心理行为的实际。

ACT 关于程序性的知识也有两个假定：

(1) 强度的假定。每一产生式都有特定的强度，而且产生式每被执行一次，其强度就增值一次。因此，新形成的产生式其强度是弱的，但随着它们的被运用，其强度会越来越大。

(2) 选择的假定。所有产生式的条件都同激活的记忆比较，以确定其条件是否被满足。强的产生式比弱的产生式同记忆比较得更快。如果一个产生式的条件被满足了，那么它就被执行。

（二）ACT 理论的实验检验

安德森设计了许多实验去检验他的理论。我们这里仅介绍他的关于事实提取的实验。

安德森设计了一些“一个（人）在（地点）里”形式的句子(如表 25－3 左半部的句子)。在实验的开始阶段，被试学习句子。然后，安德森提出一些诸如“谁在公园里?”或“嬉皮士在什么地方?”之类的问题要被试回答。如果被试回答错误，被试就重新学习句子，一直到全部记住句子中所包含的全部事实为止。

在检验阶段里，安德森呈现两种测验句子，如表 25－3 右半部所示。每个句子呈现之后，被试通过按压按钮作出“真”或“假”的反应，记下反应的反应时。在这个实验里，主要的实验变量是概念在学习句子中出现的次数，安德森称这为“命题扇面”(proposition fan)。有的概念在学习句子中出现一次，有的则出现两次，还有的出现三次。因此，测验句子可以根据其主语和谓语在多少个命题中出现过来分类。例如，测验句“一个律师在公园里”可以作为

1—3 命题扇面分类。因为“律师”在学习句中仅出现一次，而“公园”出现过三次。

表 25－3 安德森的事实提取实验所使用的句子样例

学习句子	真的测验句子
1．一个嬉皮士在公园里	3—3 一个嬉皮士在公园里
2．一个嬉皮士在教堂里	1—1 一个律师在洞穴里
3．一个嬉皮士在银行里	1—2 一个新演员在银行里
4．一个上尉在公园里	
5．一个上尉在教堂里	假的测验句子
6．一个消防队员在公园里	3—1 一个嬉皮士在洞穴里
7．一个新演员在银行里	1—3 一个律师在公园里
	1—1 一个新演员在洞穴里
26．一个律师在洞穴里	2—2 一个上尉在银行里

安德森认为，在学习阶段里，被试将建立一个命题网络。然后，在测验阶段里，测验句子的出现将会引起被试的一系列的知觉过程。那么，被试如何判断句子的真假呢？安德森认为被试将采用一个像表 25－4 那样的产生式系统，这个产生式系统包含 4 个产生式。例如，如果个人当前的状态是“准备”，并且在激活的记忆里的句子是“一个 VPER 在 VLOG 里”（VPER 和 VLOG 是变量，它们可以是任何一个人的名字和任何一个地点的名称），那么 P_1 将被执行，此时状态变化到“译码”并且为 VPER 和 VLOG 复述两个名词。所以，如果呈现测验句“一个嬉皮士在公园里”，被试将复述“嬉皮士”和“公园”，这种复述把词保持在激活表里。在 P_1 被执行之后，P_2 的条件就被满足，此时个体将改变状态到“检验”，提取同 VPER 和 VLOG 相联系的概念（如“嬉皮士”和“公园”的概念），并将概念分派到 $VIDEA_1$ 和 $VIDEA_2$ 上。如果在 $VIDEA_1$ 和 $VIDEA_2$ 之间发现交叉，那么被试将执行 P_3；如没有发现交叉，被试将执行 P_4。但是无论执行 P_3 还是 P_4，被试都将再一次处于对新测验句的准备状态。

表 25－4 安德森事实提取任务里的产生式系统

产生式	条 件	行 动
P_1	（状态＝准备）和一个 VPER 在 VLOG 里	（状态＝译码）和复述 VPER 和 VLOG
P_2	（状态＝译码）和 VPER 和 VLOG	（状态＝检验）和提取与 VPER 和 VLOG 相联系的概念然后将它们分派到 $VIDEA_1$ 和 $VIDEA_2$ 上
P_3	（状态＝检验）和 $VIDEA_1$ 和 $VIDEA_2$ 交叉	（状态＝准备）和按压真
P_4	（状态＝检验）和 $VIDEA_1$ 和 $VIDEA_2$ 不交叉	（状态＝准备）和按压假

那么，命题扇面如何影响反应时间呢？根据产生式系统，在“真”的反应里，一直到在测验句子里两个概念之间发现一个交叉时，“真”的反应才被发动。根据 ACT 的激活扩散的假定，在一个概念上的激活，展成一个扇面向同它联结的概念扩散，而且在特定时间上所存在的联结越多，扩散到其中任一联结上的激活就越少。因此，包含在一个测验句里的命题扇面越大，要发现一种交叉的时间就越长。由此，ACT 预言，对于真的反应，反应时将作为命题扇面的函数而增加。实验结果证实了这一预言。反应时取决于主语和谓语的总的命题扇面。例如，命题扇面 1—2 和 2—1 几乎具有相同的反应时（分别为 1 167 毫秒和 1 174 毫秒），都短于命题扇面 2—3 和 3—2 的反应时（分别为 1 233 毫秒和 1 222 毫秒）。

对于“假”的反应，有两个重要的发现：（1）对于一个特定的命题扇面，“假”的反应比“真”的反应慢；（2）反应时随命题扇面的大小而增加。根据 ACT 的产生式系统，被试只有在没有发现交叉时才作出“假”的反应。既然被试是在对不存在的东西反应，所以被试在得出结论说不存在交叉之前必须等一段时间，所以对“假”的反应时长于对“真”的反应。而且，随着命题扇面的增加，激活要花更长的时间，被试在得出不存在交叉的结论之前等的时间也越长。

从这个例子中我们可以看出，为了作出关于反应时的预言，ACT将一个命题网络同一个用于当前任务的产生式系统结合起来。这些产生式是重要的策略，而且对于不同的任务，被试采用的策略可能是不同的。

（三）关于ACT理论的评论

以上我们介绍了安德森的ACT理论，我们看到它能很好地预言实验的发现。除此之外，这个理论还有什么优点呢？

1.ACT符合长时记忆的一般特征

对ACT和所有的语义记忆的网络模型而言，同长时记忆的一般特征一致是非常重要的。观察和实验都表明，长时记忆的最重要的组织基础是意义。ACT语义网络的核心也是意义，概念之间是在语义上相互联系的。因此ACT为我们提供了一个思考意义的重要性的框架。例如，在词汇决定任务里，决定一个词是词将加快另一个同它语义上相联系的词是词的反应［例如，决定“cat”（猫）是词将加快对“dog”（狗）是词的判断］。ACT将词汇决定任务里语义的促进作用归结为语义网络里的扩散激活，即激活了的“cat”节点使激活向有联系的节点扩散，因此当词“dog”呈现时，概念“狗”已处于激活状态。同样，ACT认为人们对词的自由联想反映了当一个词呈现时自动地被激活的通路。

长时记忆的第二个特征是它是综合的、抽象的。当ACT用命题表征句子和事件时，它也体现了这一特征。例如，如果ACT经验到句子“猫追老鼠”，它将建立同句子“老鼠被猫追”相同的命题。晚些时候，它将不知道听到的是哪个句子。它所记住的仅仅是作为句子的基础的命题。

长时记忆的第三个特征是它是建构的，允许推论。人们往往很难区分什么是我们实际地经验到的和什么是我们推论的。ACT的命题网络使推论成为可能。因为在ACT的类别的节点和特征的节点之间存在着联结，类别的节点中记录了关于概念的普遍的信息。无论何时，当个体经验到概念的某些样例时，特征的节点就被建立起来，这些特征的节点自动地与类别的节点相联系，构成推论的基础。

2.ACT符合分类的语义记忆的发现

ACT能够解释Collins和Quillian（1969）的发现。例如，对于证实“知更鸟是黄色的”比证实“知更鸟有皮肤”更快这一事实，根据强度假定，ACT只需指出在“知更鸟”和“黄色”之间的联结比“知更鸟”与“皮肤”之间的联结更强就行了，因为它在过去被更多地穿行。

ACT还能解释其他网络模型不能解释的关于语义记忆的实验发现。例如，在关于类别成员资格的判断中，对较高级的上属的判断有时反而比较低级的上属的判断要快（如判断“狗”是“动物”比判断“狗”是“哺乳动物”要快）。这一发现是与词的TLC层次网络模型矛盾的。但这一发现对ACT来说并不构成困难。根据ACT理论，既然证实这些句子的时间反映了主词和谓词之间的联结的强度，那么证实“狗是动物”比证实“狗是哺乳动物”更快是因为“狗”和“动物”之间的联结比“狗”和“哺乳动物”之间的联结更强些，因为在过去它被更经常地激活。

其他模型不能预言的语义记忆的第二个发现是类别样例的典型性影响类别成员资格判断的时间（如证实“狗是动物”比证实“山狸是动物”更快）。根据TLC层次网络模型，处于同一层次的概念距其上属的距离相等，激活的时间也相等。因此TLC将不能预言这一发现。但这一事实却可以容易地为ACT解释。因为它只需假定在“狗”和“动物”之间的联结被更经常地穿行，因而更强些就可以了。

其他模型难以解释的第三个发现是在假的句子的证实里的类别大小的效应（如判断“玫瑰花是鱼”为假比判断“玫瑰花是动物”为假更快），以及对于非词判断的类别大小的效应（如判断“Zork是花”为假比判断“Zork是植物”为假更快，Zork不是词）。ACT可以用它的命题扇面来解释这些发现。那就是，从概念发出的联结数来看，“动物”的联结数（命题扇面）大于“鱼”，“植物”的联结数大于“花”。根据激活扩散的假定，在特定的时间上，激活的联结越多，沿任一联结扩散的激活就越少，如果被试在发现不存在交叉之前要等一段时间的话，决定“玫瑰花不是动物”比决定“玫瑰花不是鱼”要等更长的时间，决定“Zork不是植物”比决定

“Zork 不是花”要等更长的时间。

因此，ACT 理论同实验的发现和长时记忆的特征吻合得很好。它对于我们理解长时记忆的性质是十分有帮助的。例如，如果我们把记忆思考为由一个命题网络和一个产生式系统构成，那么，记忆者的主要任务就是在他的先前的知识和正在贮存的新命题之间建立一个丰富的、巩固的网络（例如通过精细的复述）。而且他所建立的联结越多，越巩固，提取时他就越有可能提取到所寻求的信息。而且，许多理论家认为，ACT 对于我们概括人们怎样知觉和理解语言、怎样推理、怎样解决问题也是十分有用的。当然，这并不是说 ACT 是唯一正确的长时记忆的理论，它只是提供了一个概括长时记忆性质的有希望的方式，一个既同实验发现又同我们对记忆的日常观察一致的方式。

（张积家）

选自：心理学动态，1991（1）

埃里克森

（Erik H． Erikson）

- 生平简介
- 名篇选读

  同一性与同一性扩散
- 思想评介

  埃里克森的自我同一性述评

生平简介

E·H·埃里克森（1902～1994），现代精神分析理论家之一，出生于德国，祖籍丹麦。埃里克森只受过大学预科教育。1933年他参加了维也纳精神分析学会，并随弗洛伊德的女儿安娜从事儿童精神分析工作，同年去波士顿开业；1936～1939年在耶鲁大学医学研究院精神病学系任职；1939～1944年参加加利福尼亚大学伯克利分校儿童福利研究所的“纵向儿童指导研究”，涉及人的生命周期各阶段中冲突的解决及儿童游戏的性别差异等。40年代他曾到印第安人的苏族和尤洛克部落从事儿童的跨文化现场调查；1951～1960年任匹兹堡大学医学院精神病学教授；1960年起任哈佛大学人类发展学教授，直到1970年退休。

埃里克森自认为是弗洛伊德学说的热烈拥护者，他同意弗洛伊德对人格结构作本我、自我和超我的划分，但他对自我的理解不同于弗洛伊德。他赋予自我许多积极的特征，诸如信任、希望；独立性、意志；自主性、决心；勤奋、胜任；同一性、忠诚；亲密、爱；创造、关心；统整、智慧，等等。他认为，凡是具有这些特征的自我都是健康的自我，他能对人生发展的每一阶段所产生的问题加以创造性地解决。在上述的自我特性中，埃里克森特别重视自我的同一性。他指出：“对同一性的研究已成为我们时代的策略，犹如弗洛伊德时代对性欲的研究。”在他看来，具有建设性机能的健康的自我必须保持一种同一性感，即自我同一性感或心理社会同一性感。

埃里克森认为人的发展是依照渐成论原则进行的。他认为人的一生是一个生命周期，可以划分为八个阶段；这些阶段是以不变的序列展开的，而且在不同的文化中是普遍存在的，因为它们是由遗传所决定的。但他又指出，每个阶段能否顺利地度过则是由社会环境决定的，在不同文化的社会中，各阶段出现的时间可能不一致；在发展过程中，每个人都以个人的自我为主导，按自我成熟的时间表，将内心生活和社会任务结合起来，形成一个既分阶段又有连续性的心理社会发展过程，以区别于弗洛伊德的心理性欲发展过程。

埃里克森认为，人格发展的每个阶段都由一对冲突或两极对立所组成，并形成一种危机。所谓危机不是指一种灾难性的威胁，而是指发展中的一个重要转折点。危机的积极解决，就会增强自我的力量，人格就得到健全发展，有利于个人对环境的适应；危机的消极解决，就会削弱自我的力量，会使人格不健全，妨碍个人对环境的适应。而且，前一阶段危机的积极解决，会扩大后一阶段危机积极解决的可能性；前一阶段危机的消极解决，则会缩小后一阶段危机积极解决的可能性。埃里克森还指出，不仅所有的发展阶段是依次地相互联系着的，而且最后一个阶段和第一个阶段也是相互联系着的。例如老人对死亡的态度会直接影响幼儿的人格发展。他说："如果儿童的长者完美得不惧怕死亡，儿童也不会惧怕生活。"人的发展阶段是以一种循环的形式相互联系着的，一环扣一环，形成一个圆圈。

埃里克森所划分的人格发展的八个阶段，每个阶段都包含着一个在与环境相互作用中产生的特殊矛盾：①学习信任的阶段（出生~18个月左右），信任与不信任的矛盾；②成为自主者的阶段（18个月~4岁），自主与羞耻、怀疑的矛盾；③发展主动性阶段（4~5岁），主动性与内疚的矛盾；④变得勤奋的阶段（6~11岁），勤奋与自卑的矛盾；⑤建立个人同一性的阶段（12~18岁），同一性与角色混乱的矛盾；⑥承担社会义务阶段（18~30岁左右），亲密与孤独的矛盾；⑦显示创造力感的阶段（中年期和壮年期），创造力感与自我专注的矛盾；⑧达到完善的阶段（从成熟到晚年），完善与绝望、厌弃的矛盾。那些在发展中产生的矛盾都包含着积极的与消极的方面，妥善解决这些矛盾、促使其沿着积极的方向健康发展，是各个阶段人格发展的任务。

70年代，埃里克森的研究深入到美国社会现阶段的一些棘手问题，如黑人的地位、妇女作用的变更、青少年的异常行为等。他的自我心理学理论已超出了美国国界。

埃里克森一生著述丰富，主要有《儿童期与社会》（1950，1963）、《同一性与生命周期》（1959）、《理解与责任》（1964）、《同一性：青少年与危机》(1968)、《新的同一性维度》(1973)、《生命历史与历史时刻》(1975)、《游戏与理由》(1977)、《生命周期的完成》(1982)等。

(陈　俊)

名篇选读

同一性与同一性扩散

(一)

随着儿童习得大量技能，随着儿童同传授新技能、并与儿童共同使用新技能的那些人确立了良好关系，儿童期一去不复返了。青年期开始了。然而，由于身体像儿童早期那样迅速生长，加上由于生理上生殖器官的成熟这一完全新的变化，早先所凭借的所有一致性（sameness）和连续性（continuities）在进入青春发育期之后又一次被打破了。成长、发展中的年轻人，面临自己内部的这种生理上的突变，现在首先关心的是试图强化自己的社会角色。他们常常好奇地、有时甚至近乎病态地关注着自己在别人眼中的形象，并将它与自己意识到的自我形象相比较；他们还关注这样的问题：怎样才能使自己早先习得的角色、练就的技能，符合于时代的理想楷模。在寻求一种新的连续性与一致性意识的时候，有些青少年不得不重新克服早先产生的许多危机，而且，他们不愿把永久的偶像作为形成最终同一性的监护人。

在这一阶段上，以自我同一性（ego identity）形式发生的整合(integration)，将超过儿童期认同作用（identifications）的总和。当成功的认同作用引起个体的基本内驱力同其天资及机遇作出成功组合时，这种整合就成了一种从各相继阶段所有这些经验中自然增长出来的内在资源。在精神分析学中，我们把这些成功的组合归因于“自我综合（ego synthesis）”。我一直想证明，在儿童期自然增长起来的自我价值（ego value），最终将发展成为我所说的自我同一性意识（sense of ego identity）。自我同一性意识是一种自然增长的信心，即相信自己保持内在一致性和连续性的能力（心理学意义上的自我）。这种信心是与他对别人保持的一致性和连续性相协调的。再回到儿童早期，一个忽然发现自己会走路了的儿童，在周围人的哄劝下，或者在周围人根本就没注意的情况下，会出于单纯的乐趣，或出于掌握和完善这种新的身体机能的需要，而不断地重复走路的动作。但他也可能出于对“一个能走路的人”的新地位和新形象的直接意识，而重复这类动作；尽管不同民族、不同的人可能根据绝然不同的期望来表达这种现象：“一个可以走得很远的人”，“一个能够站立的人”，“一个会直立的人”，“一个必须看住的人，因为他会跑开”，或者“一个肯定会摔跤的人”。不管怎样，成为“一个会走路的人”，是儿童发展中的许多阶段中的一个阶段，这个阶段突然给予儿童一种控制自己生理机能的经验，一种具有文化意义的经验，一种在活动中感到愉悦的经验，一种具有社会声誉的经验；因此，它是确立自尊的一块基石。这种自尊，由于在每个重要危机结束时得到了进一步的证实，所以使人逐渐确信：自己正在学会有效地走向明确的未来，正在自己所理解的社会现实中形成一种明确的个性。在每一阶段，正在成长中的儿童的生动的现实感，必然都来自这样一种意识：他自己掌握经验的方式，是他周围的人掌握经验和认识这种掌握过程的方式的成功变式。

在这方面，不能用空洞的赞扬和恩赐式的鼓励来愚弄儿童。他们可能不得不接受对自尊的虚假支持，但是，我称之为正在自然增长的自我同一性的东西，仅仅从对实际成就，即具有文化意义的成就的真心实意和始终如一的认识中，获取真正的力量。儿童确有许多的机会，或多或少把自己试验性地同一于真实的或虚构的男女人物的习惯、品质、职业和观念。某些危机推动他作出极端的选择。然而，他所生活的这个历史时代，仅仅为其同一作用各个断片的可能组合，提供数量有限的具有社会意义的模式。他的成功取决于他同时符合其成熟阶段的需要和顺应习惯的方式。但是，如果儿童感到环境完全剥夺了允许他在自我同一性方面下一阶段发展和整合的一切表现形式，那么，他就会以困兽犹斗般的惊人力量来进行抵抗。确实，在人类为其社会生存而进行的斗争中，如果没有自我同一性意识，就不会有是活着的感觉。理解了这一点，就很容易理解青少年的烦恼，尤其是拼命寻求归属的满足感，而又不能成为“棒的（nice)”男孩子和女孩子而带来的烦恼。这种烦恼发生在美国青少年集团和帮伙中，也存在于其他国家振奋人心的群众运动中。

于是，自我同一性便从所有各种同一作用的逐步整合中发展起来，但是，无论在哪里，整体都具有不同于各个部分总和的性质。在有利的环境下，儿童具有一种早期生活中独立的同一性的内核；他们常常必须保护它以抵制任何强求他们与自己的父母过分同一的压力。从病人那里很难了解到什么，因为根据定义，神经病患者的自我，已成为与其受到困扰的家长保持过分的和错误的同一作用的牺牲品，这种情况既使儿童与他正在萌生的同一性相分离，又使他与他的社会环境相分离。但是，我们可以在美国少数民族儿童身上对此进行有益的探讨，在良好指导下，这些儿童已顺利度过了自主性阶段（stage of autonomy)，正进入美国儿童最关键的阶段：主动与勤奋阶段。

美国化程度较低的少数民族（黑人、印第安人、墨西哥人，以及某些欧洲民族)，在儿童早期常享受较多的感官乐趣。当儿童的双亲和教师对他们丧失信心，并且为了实现模糊而又无所不在的盎格鲁撒克逊理想而采取断然的矫正措施，造成连续性的骤然中断时，儿童的危机就产生了；或者说，在儿童自己学会抵赖，不承认满足自己感官需要和溺爱自己的母亲是自己形成比较美国化的个性的诱惑和障碍时，确实也会引起上述危机。

从整体看，可以说美国学校成功地迎接了在自信心和进取精神方面，训练学前儿童和小学生所提出的挑战。这些阶段的儿童似乎完全摆脱了忧虑和偏见，因为他们全神贯注于成长和学习，全神贯注于由家庭外的交往所带来的新的欢乐。为了防止个人的自卑感，这种全神贯注必然会对“由勤奋努力而得到的交往”怀有一种希望，对所有完全致力于同样技能和进行学习探索的人的平等怀有一种希望。另一方面，许多个人的成功，只会使这些具有各种背景和某种异常天赋的、现在又受到过分奖掖的儿童面临美国青少年所面临的冲击：个性的标准化和“差异”的不容忍性。在儿童早期阶段，躯体和双亲的形象被赋予特定的涵义；在以后的阶段里，各种社会角色成为可能的和越来越大的强制性；日渐显现的自我同一性就在这两个阶段之间架起桥梁。如果没有最初口唇阶段（first oral stage）的信任感，持久的自我同一性从一开始就不可能存在；如果没有一种成功的希望，持久的自我同一性也不可能完成，这种希望在婴儿早期阶段以成人的权威形象出现，在以后的每个阶段它都产生一种自然增长的自我力量意识（sense of ego strength）。

（二）

这个阶段的危险是自我扩散（self-diffusion）；正如阿瑟·米勒的《推销员之死（Death of a Salesman）》中的比夫所说的，“我就是得不到，妈妈，我得不到这种生活”。这种困境是建立在由先前对自己种族和性同一性的强烈怀疑的基础上，在这种情况下，青少年违法和突发性精神病不会是罕见的。一个又一个年轻人，由于受到某种假想角色——一种由无情的美国青少年的标准化所强加于他的角色——的困扰，以这种或那种形式出走，离开学校或放弃工作，整夜地呆在外面，或者陷于各种稀奇古怪而又难以理解的心境之中而不能自拔。一旦成为“少年犯罪者”，他的最大需要和唯一的解救办法就是：年长的朋友、劝告者和司法人员应拒绝通过不顾青春期具体发展条件的人为诊断和社会评价，进一步把他归属为少年犯。如果诊断和处理得当，与其他年龄阶段相比，青春期的精神病和犯罪事件，似乎就不会具有像其他年龄阶段所具有的同样严重的意义。但是，许多年轻人由于发现当局希望他们成为“游荡儿”、“同性恋者”或“寻衅闹事者”，因而干脆这样去干，任性地来“满足”社会。

一般说来，使青年人感到困扰的，主要是他们没有能力解决职业同一性问题。为了使自己聚合在一起，他们就得暂时过分地同一于小集团的核心人物，以至于显然完全丧失了同一性。另一方面，在排斥“异己”，即排斥具有不同肤色、文化背景、情趣和才干，以及在某些被随意选定为团体成员标记的服饰和姿势等完全微不足道的方面，与他们有所不同的人时，他们又表现出异乎寻常的宗派性、偏狭和不容忍性。重要的是要理解（这并不意味着宽恕或参与）：这样一种不容忍性是对同一性扩散意识的必要防御，当躯体比例发生急剧改变，当生殖器成熟以各种形式的内驱力充斥躯体和想象，当青年人与异性打交道或有时不得不接受与异性的亲密关系，当生活展现在一个人面前的是对各种冲突的可能性和选择时，这种防御机制是不可避免的。青少年通过组成小集团和使自我形象与理想固定化的方式来互相帮助，以暂时度过这样的危机。

理解这一点非常重要，因为它清楚地表明，在世界范围内的工业化、解放和更广泛的相互交往的时代里，愚昧的极权主义教义在那些丧失或正在丧失群体同一性（封建的、农民的、民族的等等）的国家和阶级里的青年心目中，仍具有号召力。生活在宗法的和农业的国家里（这些国家面临着最激烈的政治结构和经济的变革）的激进的青少年，他们的勃勃生气说明了这样一个事实：这些国家的年轻人在这愚昧的种族、阶级和国家的极权主义教义中，找到了使人信服和令人满意的同一性。即使我们也许会打赢反对其领导人的战争，但我们仍然面临这样的任务：向这些不屈的青年们展示令人信服的证据（让他们参与其中）——民主的同一性既是强大的又是宽容的，既是审慎的又是坚决的，从而与他们一起去赢得和平。

但更为重要的是，理解这一点也是为了用理解和引导的方式，而不是用老一套的说教和禁令，去医治美国青少年的偏狭症。要成为一个宽容的人是很困难的——假如你在意识深处不能完全肯定自己是一个男人（或女人），不能肯定自己将会成长起来并具有吸引力，不能肯定自己是否能够控制自己的内驱力，不能肯定自己是否真正了解自己是怎样的人①，不能肯定自己是否明白自己打算成为怎样的人，不能肯定自己是否知道自己在别人眼里的形象，以及不能肯定自己是否懂得如何在彻底排除不好的朋友、姑娘或职业影响的情况下，作出正确的抉择。宗教有助于使这样的同一性与对某种明确规定的生活方式的“确认（confirmation）”整合起来。在许多国家，民族主义是同一性意识的支柱。在原始部落，成丁礼常常以恐怖而又令人难忘的仪式，使新的同一性标准化。

在像美国这样的国度里，民主提出了一些特殊的问题，那就是它坚持提倡自我形成的同一性（self-made identities），这种同一性有利于抓住各种机会，有利于适应不断变替着的繁荣与萧条、和平与战争、移民与定居等各种生活的需要。而且，我们的民主必然会给青少年以理想，这种理想可以为各种背景的青年所共享，这种理想强调以独立性形式表现出来的自主性和以进取精神为形式表现出来的主动性。话说过来，在经济政治组织结构日益复杂、日益集权化的制度中，这些期望是不容易实现的。为了适应战争，这类制度就必然自动会忽视千百万人的“自我形成”的同一性，并把他们派到战争最需要的地方去。这对于许多美国青年来说是难以接受的，因为他们的整个教养，以及健康个性的发展，都要求有某种程度的选择，要求有个人作出选择的某种希望，以及要求有自由地作出自我决定（self-determination）的某种信念。

我们这里谈的不仅是很高的要求和极高的理想，而且也是心理的必需条件。从心理上讲，一种逐渐自然发展着的自我同一性是防止良心独裁（autocracy of conscience）和内驱力混乱（anarchy of drives）的唯一卫士。良心独裁就是令人痛苦地过于凭良心去做，这是一种成人过去与父母间不平等的心灵内部的残余物。同一性意识的任何一种丧失，都可以使个人面临自己童年期的种种冲突——比如，就像我们从第二次世界大战时，人们所患的神经官能症（这些人不能忍受其职业的正常秩序完全被打乱，或不能忍受战争的各

① 在西部牛仔酒吧的墙上常有这样一句话：“我不是一个我应该是的人，我不是一个我将要成为的人，但我也不是一个我曾经是的人。”

种特殊压力）中可以看到的那样。看来，我们的敌手理解这一点。他们的心理战就在于使这种环境延续下去，因为在这种环境下，他们得以在自己的势力范围内向人类灌输愚昧的、对他们来说无疑是有效的阶级战争和民族主义的同一性意识；他们懂得，长时间的冷战和半冷战环境，能导致自由进取和自我决定的经济和心理的崩溃。因此，很显然，我们必须尽一切努力向我们的青年男女作出明确的、可以信赖的允诺：他们将有机会，再次献身于他们自己的童年和整个国家的历史为之准备的生活。在保卫国家的重任中，这一点是决不可忘记的。

我曾尝试性地提到信任问题与成人信仰问题之间的联系，提到自主性问题与成人工作和生活中的独立性问题的联系。我曾指出主动性意识与经济体系内提倡的进取精神之间，勤奋意识与文化技术之间的联系。在寻求指引同一性的社会价值中，人们将遇到寡头政治的问题，在最广泛的意义上讲，寡头政治意指深信要由最优秀的人来统治，而这种统治，正如社会所表明的那样，造就了最优秀的人。为了不至于变成玩世不恭的或冷漠的迷惘一代，青年人在寻求同一性时必须使自己确信，成功者需要的不仅是确信自己比别人优秀，而且有责任成为最优秀的人，那就是，在自己身上体现民族的理想。在美国，正如在其他任何国家一样，我们有各种成功的榜样，那些人是在竞争中占据有利地位的愤世嫉俗的代表，是非人格的机器的“主宰”。……在一度充满自我形成的人的价值的文化中，一种假想的个性观念——似乎你就是你看来可能成为的那种人，或者似乎你就是你能够得到的那种人——将带来一种特殊的危险。这里必须考虑娱乐业所具有的特殊影响。我们只能靠一种教育制度来抵制这种危险，这种教育制度传递的是一种决不是仅仅为了追求“功能（functioning）”和“成功（making the grade）”的价值与目标。

选自：瞿葆奎主编．教育学文集·德育．北京：人民教育出版社，1989

思想评介

埃里克森的自我同一性述评

自弗洛伊德于1937年去世后，他的众多追随者，不断修订他的精神分析理论中的一些概念，扩充他的学说，在新的时代背景下，自我心理学在精神分析运动中形成一股主要力量，代表了一种新的思潮。墨菲借用柯尔斯的话说："如果要问谁代表今日世界精神分析自我心理学的锋芒，那似乎就没有多少理由不认为是埃里克·埃里克森。"①

埃里克森原为德国犹太籍精神病医生，1939年加入美国国籍，长期从事儿童精神分析工作，并从多方面从事精神分析理论的探讨。在他的思想体系中，同一性（identity）是一个中心概念。他在30年代就提出了有关同一性的见解。在其代表作《儿童期与社会》(1950）中，已对自我同一性，同一性危机，合法延缓期等重要概念加以阐述。他在50年代发表了一系列有关同一性的文章，在《同一性与生命周期》(1959）一书中，发挥了个人与社会平行发展的一种二因次的见解。《少年路德》（1958）和《甘地的真理》(1969)，是他从传记分析的角度，来考察历史与个人心理之间在人生不同阶段的同一性的两本名著。《同一性：青少年与危机》(1968）一书阐述了他的有关同一性的看法，最后在《新的同一性维度》(1973）一书中，他把自我同一性与人种学、历史、政治科学和神学等进一步联系了起来。本文只限于在其发展学说的基础上对他提出的自我同一性概念作一初步考察。

---

① 墨菲，柯瓦奇．近代心理学历史导引．北京：商务印书馆，1980．422

自我同一性的含义及其在青年期的体现

1. 自我同一性的含义

同一性是精神分析学中常用的一个名词，含义很不确切。而且ego（自我）和self（译为自身以示区别）这两个概念，在许多精神分析家的著作中，也常混淆不清。埃里克森曾指出："从主要的心理功能的观点来看，如果谈的是综合力量，可说是自我同一性（ego identity），如果谈的是个人的自身意象，则可说是自身同一性（self identity）。"① 在他看来，自身是自我的对象。同一性的形成可以兼有自我和自身两方面的性质。

埃里克森的自我同一性概念，源出于精神分析中的自我理想（ego ideal）一词，但二者又有区别。埃里克森认为自我理想的意象，代表着个人在儿童期通过自居作用（identification，亦译表同作用，指对父母及有影响的人物的内心模仿）奋力以求，但不易达到的理想目标；而自我同一性，则是指个人在现实社会中能真正达到的但又在不断加以修正的一种现实之感。

要理解埃里克森的自我同一性概念，当然首先要了解他的自我概念的含义。在埃里克森那里，自我被假设为一种心理过程，包含着人的意识动作，并能对之加以控制。自我是人的过去经验和现在经验的整合体。它能引导心理性欲向着合理的方向发展。它可以把人在进化中的两股巨大力量，即人的内心生活和社会计划结合起来。埃里克森并没有在自我功能的基础上为自我同一性规定明确的定义，他只是提供了一个集中的概念，表明了人格发展中的主体（subject），这个主体在自己的心理发展过程中与其环境之间的复杂关系。埃里克森曾说：自我同一性作为个人的意识方面，乃是一种自我同一感，"它在一个人的超我的和自我的理想的提示下，亦即在他应当成为什么样的人和不能期望成为什么样的人之间，重新确定他是一个什么样的人。自我同一性可以在经验的性质上，在别人把自己看成是什么样的人的个人概念中，从内省上对相同性和连续性加以研究。它也反映在个人的历史中，作为一种客观的证据，表

---

① 埃里克森. 同一性：青少年与危机：英文版. 出版地不详，1968，211

明自我的防御方法与他的总情境的要求和潜力二者之间的一种能力释放的综合。这种同一感不是儿童期各种自居作用的总和，而是把它们整合为个人的一种完形（Gestalt）。①

一般说来，自我同一性这个概念，可有以下几种含义：①它包含着自我的意识方面。它体现着个人在时间上的两种观察，一是对自己在时间上的内在相同性（sameness）和连续性的直接觉知；一是对别人对自己的这种相同性和连续性的认可的觉知。②是属于潜意识方面的，即对个人性格连续性的一种潜意识的追求。③是埃里克森常强调的，兼具有意识和潜意识两方面，乃是指出现于青年后期的自我的一种综合功能。他认为“这是一个人在青年期之末，必须从他的一切前成人经验中获得的一种综合成就，以期为成人的任务有所准备”②。这时自我同一性也就成了青年在面临抉择和考验的职业、婚姻、意识形态等各方面的一种无声的标准了。④最后乃是指个人同一性及其在民族、政治、宗教等在意识形态上所表明的集体同一性，在个人心中的一致性的保持。埃里克森说：“我们不能把个人的生长与社会的变化分开；……我们也不能把个人生活中的同一性危机与历史发展中的当代危机分开，因为二者有助于互相制约，而且确实是彼此联系着的。”③

2. 青年期的心理社会任务

埃里克森认为人的发展是一个进化过程，在这一过程中，每个人都普遍体验着生物的、心理的、社会的事件的固定发生顺序。他把人的一生分为八个阶段，每一阶段各有其特定的心理社会任务等待着完成，每一任务依据生的本能和死的本能构成两极，在人格发展的过程中不断斗争着，按阶段循序渐进。第一阶段的发展任务为信任对不信任；第二阶段的任务为自主性对羞怯或疑虑；第三阶段为主动性对罪疚；第四阶段为勤奋对自卑；第五阶段即青年期的任务，为自我同一性对同一性混乱。在顺遂的情况下，儿童在早年就

① 埃里克森．儿童期与社会（摘要）．载：精神分析年鉴．卷一：英文版．出版地不详，433

②③ 参见：精神分析年鉴．卷七：英文版．出版地不详，105～110

可以形成一个自我同一性的核心。个人在自己的活动成就中，从童年开始的站立、行走、跑动、打球以至绘画、阅读和书写，一直到青年期的社交活动能力等，都有助于自我同一性的形成。但个人在经历各阶段的危机中，必须逐步取得与社会相平衡的经验，一直到青年期之末，自我同一性才有可能取得最后的整合。在埃里克森看来，青年期是一个生理器官迸发和心理骚动的时期。青年开始意识到，他们必须用意志来约束自己的本能冲动，不能听其为所欲为，因此产生了一种自我同一感。这种同一感是青年对自己的本质、信仰和生活的重要方面的前后一致性和较为充实的意识，它要为先前各阶段遗而未决的任务去寻求完善的解决。同时也由于面临新的社会冲突和社会的要求，他们渴望着与成人处于平等的地位，而做好心理上的准备，去迎接即将来临的人生一些重大问题的挑战。

埃里克森把获得自我同一性的另一极端称为同一性混乱（identity confusion）。这是因为个人到了青年期，自觉性已大为增强，自我进一步形成了过去经验和对未来预期的一种新的混合物。他们仿佛从睡梦中刚刚醒来，仅仅来得及认识自己，情绪上往往陷入困扰。他们常以为自己看起来不如别人心目中的那么完好，或者以为自己的行为不那么能迎合别人的心意。更为苦恼的是，他们经常会考虑到“我应当成为什么样的人？我将来会成为什么样的人？”这一类难以解决的问题。这类问题折磨着他们，表明他们的自我与伊特（id，亦译本我，指潜意识的本能驱力）和超我（superego，指反映在心中的社会约束力量）失去平衡而陷入冲突之中。这种同一性混乱的程度，要看先前各阶段的任务解决得是否胜利而定，如果不胜利，轻则引起人格上的不良适应，重则可以引起神经病症状或导致神经病。它具体表现出：

七个方面的危机　埃里克森认为，在青年期所表现的同一性混乱中，青年必须克服以下七个方面的危机①，才能顺利地进入成人期。

第一，时间前景对时间混乱。现实的时间观念是保证获得完满

① 参见：梅伊尔·儿童发展的三个学说：英文版. 出版地不详，1963

的自我同一感的先决条件。青年只有对未来树立了明确前景，才能建立起时间上的充分同一性，从而满怀信心地走向未来。反之，有些青年仓促而过早地进入社会，以致无力解决现实问题。有些青年则长久地拖延时间，虚度年华，甚至希望光阴常驻，幻想着时间本身能帮助自己渡过难关，结果导致了时间混乱感。

第二，自我确定对冷漠无情。青年只有等到他的自我觉知与别人对他的印象符合时，才能肯定自己的自主感和信心而获得同一感，反之就会顾虑重重，举止不安。有的青年变得无视生活现实，玩世不恭，或一味追求虚荣；有的则变得对生活冷漠无情，甚至发展到麻木不仁的地步。

第三，角色试验对消极同一性。社会为青年提供种种机会，使他们能在实际行动中考验自己的能力，看能在社会中成为什么样的角色才最为适合。青年在试验中，发现每种角色都要承担一定的义务，也要遭遇一定的困难和冒一定的风险，但也同时意识到这种试验对自己前途的重要性而认真对待。有些青年往往好高骛远，有时宁愿去扮演反面角色或别人厌恶的角色，结果因失败而趋向消极同一性。

第四，成就预望和工作瘫痪。青年可因勤奋和持久的努力，加上深思熟虑达到预期的目标。努力和预期的统一有助于职业同一性的形成。如果因为力所不及或由于天资过高而轻视工作以致达不到预期目的，则会造成工作零乱而陷于工作瘫痪之中。

第五，性别同一性对性别混乱。男女青年这时需要表明各自的男子气概或女性气质，才能在与异性交往中感到自如。这种在社会中形成的性别同一性，有助于产生充实的自我同一感，从而为未来的婚姻问题做好心理上的准备。不适当或不充分的性别同一性，不能解决一身而兼两性特征的问题，可能造成性别混乱，影响婚姻选择和未来的性生活。

第六，领导的两极分化对权威混乱。青年具有的领导和遵从的双重愿望，必须与社会的权威标准相一致。对权威如能做到如实的评价，则有助于总结先前各阶段的发展经验而形成积极同一性，否则就会失去衡量权威的标准，结果在社会行为中无所依据，产生权威混乱。

第七，思想的两极分化对观念的混乱。青年最终必须选择一种人生哲学、宗教信仰和意识形态，以形成一种永恒的价值观。这是青年在参与集体和社会生活中，经过对不同观念的反复比较在思想上逐渐固定下来的。青年如果不能在生活、文化、哲学和宗教领域中，最终形成一种意识形态或稳定的价值观，就会陷入观念混乱。埃里克森认为，青年要解决以上几方面的危机，首先需要时间。为此，他又提出了：

心理社会合法延缓期　埃里克森认为时间对于个人在学习、社交和角色试验中成就的取得是至关重要的。有了时间，自我才能获得心理上的整合，才能避免过早地进入社会，不至于造成同一性的提前终结（identity foreclosure）。他认为，不同文化的社会制度，都考虑到了这一需要，所以各自在不同的程度上为本社会的青年提供时间。文化越发达的社会，为青年准备进入成人期所提供的时间越长。埃里克森把这段必要的准备时间叫做“心理社会的合法延缓期（psychosocial moratorium）”。在此期间，社会为青年制定了各种正式教育，还包括征兵制、医生实习期、学徒期以及各种训练等。社会也给予青年各种社会活动以及个人从事自由活动的机会，如游学、旅行等。这时青年似乎是处于一种时间上的“暂停”（time out）状态。他们可以利用这段时间将内心发生的两极应力兼收并蓄，互相权衡，决定取舍，再加以整合。这具体体现在青年为适应未来生活所做的对积极同一性的努力追求。但是，并不是所有青年都能一帆风顺地度过这段时间的。他们往往在上述一个或几个方面陷入混乱而感到苦闷彷徨，进退失据，行动往往超出了社会容许的限度，表现出种种反社会行为。埃里克森把同一性的极度混乱称之为：

消极同一性　埃里克森认为，消极同一性是与积极同一性相反的一端，然而并不表明青年的自甘堕落，它反映着“一种绝望的企图，希望在有效的积极同一性各元素的相互抵消的情境中能恢复某种控制”。他指出，在现代工业技术发达的复杂社会中，如美国社会，青年表现的消极同一性更为突出，这是一个新的历史问题。他指出美国社会上出现的嬉皮士（hippy）青少年，他们对社会现实抱有不满情绪，蓄长发，成伙结伴，行为颓废，故作惊人之举，显示出与社会愿望相反的行为。埃里克森认为这一类青少年的所作所为，表面上似乎玩世不恭，哗众取宠，实际上却是以此来掩饰他们内心的苦闷、孤独、自卑和混乱之感。他认为青年表现的积极同一感乃是对社会的行为标准和道德规范的一种忠诚的表现。消极同一性的行为虽然使人反感甚至受到群众的谴责和社会的惩罚，但归根到底，仍然是青年企图博得社会的承认的一种绝望的努力。埃里克森指出，当前美国青年的消极同一性已有所发展。他们公开地嘲讽社会或故意地炫示同一性的混乱。他们对社会指出的前途似乎已不抱幻想，宁愿自己去寻求一种新的伦理标准或道德义务。其结果是，男女青年道德堕落，暴力行动和犯罪行为日益增多：吸毒、服大麻叶等现象也增加了。埃里克森认为到了青年期，青年的主要社会关系已是伙伴集团。消极同一性的主要原因之一是青少年把自己同于一集团中的“自己人”（in groups），他们往往排除异己，带有明显的宗派色彩，变得狭隘而残酷。所以他认为青年这时的危险在于：较大的同伙或对团伙有影响的人给青年指派在某方面有同一性混乱的任务，结果可以造成同一性的更大混乱，使他们在社会上蒙上诸如小丑、坏蛋、犯罪者的恶名，造成丑恶的现象。

然而必须指出，埃里克森与弗洛伊德有所不同。他不是把人的命运诿诸难以遏制的强大的罪恶本能，而是对自我的防御功能坚持乐观的态度。他深信自我具有自我治疗和自我教育的巨大潜能。儿童遭受挫折可以在发展中整合自己的四分五裂的意象。青年则总是有意识地或潜意识地奋力以健康成人的文化形象自居。他们可以利用先前各阶段已经获得的诸如信任、自主性、勤奋等部分的情感和成就，发掘自己潜在的创造力，在发现自己和失去自己二者之间进行最后的选择，以其对社会的忠诚而度过这一关键性危机。因此，青年的行为与社会的期望之间的差距，实际上并没有看上去那般巨大，社会可以不必顾虑太过。埃里克森强调人的发展是一个终生过程，青年期在上述一方面或几方面未能克服的危机，在其后成人期的三个阶段中，通过不断的考验和磨炼，由于自我仍在发挥作用，最后仍可望获得较完善的解决。

在美国自70年代以来，青年对社会日益不满，因此也更多地卷入重大的社会和政治运动之中。这些问题从住房、征兵、言论自由、取消种族隔阂等个别问题，扩大到反对种族歧视，要求公民权利，男女平等，经济平等，要求和平，反对核战争，更进而包括有关人身原则、道德原则以及未成熟的意识形态和世界观原则等问题。埃里克森更指出，青年们在运动中，往往流露出一种对古老的和失去的价值观的追忆和探索，这是值得特别注意的。总之，埃里克森和他的支持者，从自我同一性特别是从同一性混乱的角度出发，逐步扩展到对美国当代重大社会问题的探讨，足以表明精神分析运动的美国化和现代化。

对于自我同一性的几点看法

埃里克森发展了弗洛伊德的精神分析理论，把分析的重点从潜意识的本能驱力转到了意识方面，重视自我在人格发展中的功能，特别强调自我同一性在青年期的整合作用，并制定了一个将人生周期分为八个阶段的发展渐成说。西方许多心理学家对此给予很高的评价。墨菲认为埃里克森从多方面的研究，“已导致一种极其丰富的自我同一性概念，它对精神病学、教育学，甚至就整个文明的评价来说，都已成为一个中心问题……显示出一种一扫无遗的跨文化的倾向……并已像弗洛伊德所梦想的那样变为一种对一切有关人性的东西的关注”①。另一位心理学家布斯说：埃里克森“用以解释工业技术发达的美国新的历史问题的一种发展心理学，乃是自我混乱和自我同一感的丧失”②。对于埃里克森的发展渐成说，他自己也承认是在弗洛伊德的心理性欲发展阶段论的基础上加工精制的，根本上没有跳出生物学化观点的巢臼，本文不拟在此评论。下面只就埃里克森关于人格发展中自我与社会环境之间的相互作用，以及他对自我同一性的功能所持的乐观主义精神加以评论。

上面谈到，埃里克森认为人的发展是一个进化过程。在这一过

---

① 墨菲，柯瓦奇．近代心理学历史导引．北京：商务印书馆，1980．422

② 奎恩，卡尔森．美国的精神分析：起源与发展：英文版．出版地不详，1978．

程中体现出自我发展的先天时间表，在解决每一发展阶段的特定任务时，也反映出社会环境的要求和制约性。社会本身也是一个发展过程，随着文化的进步和积累而日趋复杂，在现代则表现为科学技术日新月异的高度发达的工业化社会。他认为个人的生长在心理（特别是情感）上的发展反映了社会的历史发展，二者互相需求，彼此依赖。个人生长中出现的危机反映着社会发展中出现的危机，这似乎是一幅充满辩证因素的富有动力性质的生动图景。但我们应当看出，埃里克森所描绘的个人在每一发展阶段与之打交道的环境，乃是一种"平均可预期的环境"（哈特曼的用语）。拉巴波特指出，埃里克森假设了与一系列可预期的环境相应的自我和伊特的渐成成熟情况，勾画出了一系列的心理社会发展阶段。这就是说，个体发生到了某一阶段，自有进化到一定程度的既成的社会环境来与自我互相吻合，社会再通过一定的机构和组织对个人施加文化的影响，并提出有利于社会本身发展的要求。由此看来，个人的成长和社会的进化原来是两个独立而平行的体系，只是在预定吻合的特定阶段上才互相发生作用的。自我所作的努力只是对既存的社会环境力求做出良好的适应。埃里克森也曾强调过自我有着巨大的潜能，可以改变人与人之间的调节模型。[①] 我们看到，青年期的自我同一性的整合功能，正体现了这种强大的潜能。但不管怎样，它最多只是起着调节人格内部结构并取得与社会环境的平衡的作用，这仍然是一种生物学上的适应。自我同一性对于社会的改造和创新，显然是无能为力的。

其次，埃里克森在其著作中确实也揭露了当代美国社会中存在的一些矛盾，指出了高度发达的美国工业社会中的一些弊端和剥削现象（虽然他很欣赏美国家庭的民主气氛！）并因此而加深了美国青年的同一性混乱。尽管美国青年对社会日益不满，埃里克森却始终保持乐观态度，认为青年所表现的极度同一性混乱，不过是心理社会发展在青年期的一种必然要发生的规范性危机，一般不能视为

① 埃里克森．儿童期与社会（摘要）．载：精神分析年鉴．卷一：英文版．出版地不详，428

病态，青年“总是怀着极其隐晦的焦虑和返回早期的态度，向着成人期的文化形象奋力前进”。埃里克森曾声称，他自己面对现代社会的挑战，但他矢口不谈资本主义社会制度的生产关系是产生同一性混乱的根源。他大谈文化因素对个人发展的影响，却不去触动资本主义社会赖以生存的经济基础。这样一来，他一再强调人性本善，强调自我同一性的综合力量，强调青年最终能安全度过心理危机，而达成人格完善发展的境地，这在客观上也就不能不起着反动的作用了。他对个人发展所持的乐观态度，不仅对青年是一帖安慰剂，起着麻痹作用；而且从根本上维护了资本主义社会制度。

西方心理学家对于埃里克森学说的批判，一般集中于批评他的理论体系不够严密，思辨性多于科学性，对于同一性的批评，也只限于用以衡量同一性的标准不够一致①，很少触及埃里克森理论的反动性质。最近雅可比（1974）、劳森（1976）指出，埃里克森所论述的个人和社会两个独立体系的相互作用，亦即他的自我心理学和历史的相互作用，二者是调和的，无冲突的和整合的，因此他给予我们的只是一种关于人性遵奉者和资产阶级的理论。布斯援引了他们的批判，但以为埃里克森的理论是辩证的而为之辩护。在我们看来，他们二人的先后批判多少击中了埃里克森的理论体系的要害。

（孙名之）

选自：湖南师范学院学报（哲学社会科学版），1984（4）

① 格莱因．儿童心理发展的理论．长沙：湖南教育出版社，1983

科尔伯格

(Lawrence Kohlberg)

- 生平简介
- 名篇选读

  学校的道德环境
- 思想评介

  科尔伯格的道德教育学说

生平简介

L·科尔伯格（1927～1987），美国发展心理学家。科尔伯格出生于美国纽约市的布隆维尔，在进大学之前曾为商船机械士；1948年获芝加哥大学学士学位后，继续在芝加哥大学研究心理学；在攻读博士学位期间，最初在传统的临床心理学和儿童发展领域内钻研，后对皮亚杰的发生认识论产生兴趣，并转而研究儿童和青少年的道德问题，以《10～16岁学童道德思维与判断方式之发展》的论文，于1958年获芝加哥大学博士学位；1959年去耶鲁大学任助教，1962～1968年任教于芝加哥大学；从1968年起转任哈佛大学教授、哈佛大学道德发展与教育研究中心主任。

在当代心理学界，对道德发展这个概念各持不同的见解。影响较大的有两个学派，一个是弗洛伊德的精神分析学派，另一个是皮亚杰的认知心理学派。科尔伯格继承并发展了皮亚杰的道德发展理论，着重研究儿童道德认知的发展，提出了“道德发展阶段”理论，在国际心理学界、教育界引起了很大的反响。科尔伯格提出了根据不同年龄儿童道德判断基础的思维结构，来划分儿童道德观念发展阶段的理论。该理论认为，道德发展是整个认知发展的一部分。道德成熟的标志则是能否作出正确的道德判断和形成自己的道德原则。科尔伯格设计了道德两难问题，结合跨文化研究，让不同社会文化背景、不同年龄（10～28岁）的被试对道德两难问题作出判断，从被试处理道德问题的思维方式上发现其道德判断水平发展特点，提出著名的儿童道德发展阶段模式。他把儿童的道德判断概括为三种水平，每种水平再分为两个阶段，共六个阶段。第一，前习俗水平。阶段1是服从与惩罚，道德判断建立在对外力的屈从或逃避惩罚的基础上。阶段2是工具性的相对主义，判断行为的好坏，以能否适合自己的利益，能否导致自己的满足为根据。有时也会出现关心别人利益的迹象，但往往表现为类似互利的交易关系。第二，习俗水平。阶段3是“好孩子”，此时期个人喜欢附和固定的善行标准，认为美德和善行来自助人或取悦他人。阶段4是法律和秩序，认为法律是公正的，维护现存的社会秩序和尽自己的本分就是好的。第三，后习俗水平。阶段5是社会契约和个人权利，认为个人的权益和社会集体的福利同样重要，但社会个别成员的权益仍需社会契约来维护。阶段6是普遍原则，把对人类尊严的公正与尊敬的原则作为道德判断的根据，所谓是非善恶全赖良心之判断。此外，科尔伯格还发展了一系列干预措施和教育程序，用以提高人的道德判断和道德成熟水平，改进人际关系。科尔伯格的道德认知发展阶段理论，在采用杜威关于道德推理的三种发展水平的分类概念和皮亚杰关于儿童道德判断发展阶段模式的基础上，经过大量的专门的研究，使之成为更精致、更全面和逻辑上更为一致的道德发展阶段的理论。它揭示了道德观念从认知的低级形式的发展过程，使道德现象这种纯哲学—伦理学的问题得到了比较客观的科学证明。该理论在一些国家的道德教育实践中产生了重要的影响。

科尔伯格的主要著作有：《儿童面向道德秩序的发展：道德思维发展的第一个序列》(1963)、《道德性格和道德意识形态的发展》(1964)、《认知阶段和学前教育》(1966)、《儿童的性别角色概念和态度的认知发展分析》（1966)、《早期教育：认知发展的探讨》(1968)、《阶段和序列·社会化的认知发展探讨》（1969)、《道德判断和道德行动的关系》(1969)、《社区对改造的公正探讨：一种理论》(1975）等。

（陈　俊）

名篇选读

学校的道德环境

我先得说，菲利普·杰克逊（P. Jackson）对我这篇文章负有责任，我是说他“应负责”。

首先，他之所以应负责，是因为他发明了专门名词“隐蔽课程（hidden curriculum）”或“自发课程（unstudied currilculum）”，是指课堂里发生的90%的事情。其次，他之所以应负责，是因为他诱使我谈论这种自发课程。而我这样做的唯一资格是我从未研究过它。虽然我对课堂内外的儿童作过大量的观察，可这种观察是关于发展品格和行为方面的，而不是关于课堂生活及其对儿童的影响方面的。第三，他之所以应负责，是因为他写过一本解释隐蔽课程的书，我的这篇文章所依据的就是这本书，他还备了一份文献，刊附在这本小书上，但以一种完全不同的方式解释隐蔽课程。这样便给我留下了难题。

隐蔽课程与道德教育

不管怎样，把我置于这种困难的境地，我要为自己回敬杰克逊博士一下，我以为，我是唯一真正对隐蔽课程这个问题有理解力的专家。我这样说，是因为我认为，唯一综合地考虑隐蔽课程的方法就是把它看作道德教育，除我之外，目前只有很少的其他学会会员涉及这一论题。而要弄清杰克逊，还有德里本（Dreeben）、弗里丹伯格（Fridenberg）和罗森塔尔（Rosenthal）的见解在教育上的意义，必须把它们置于由爱弥尔·涂尔干、约翰·杜威和吉恩·皮亚杰这些作家提出的道德教育概念的关系的结构里。

为了证明我的论点，我将首先从我们大多数人所认为的隐蔽课程中心问题谈起，即它是起教育的作用，错误的教育作用，还是不起作用。我得指出，对这个问题的回答要以一种可行的道德发展概念为基础。隐蔽课程是否具有教育作用，这个问题本身就是由“隐蔽课程”这个特殊的措词造成的。这个措词表明，儿童在学校里正在学习的许多东西，并不是正规的课程。措词还提出了这样的问题，即这种学习是否真正具有教育意义。

在《课堂生活（Life in Classrooms）》（1968）中的一节里，菲利普·杰克逊对学校生活的三个重要特点作了如下概括：群体、表扬和权力。学会在课堂里生活，其意思首先是说，要学会作为一个由同样年龄和同样身份的人所组成的群体的一员去生活和被人看待。

其次，学会在课堂里生活还意味着学会在一个存在着非特指某个人的权威的世界里生活。在这个世界里，一个相对陌生的人在发布着命令和行使着权力。罗伯特·德里本也强调类似的特点，即首先是学会与权威在一起生活。不论是杰克逊，还是德里本都强调这一事实，即隐蔽课程，在亲属的个人关系和非个人的成就（impersonal achievement）与成年人职业的和社会政治生活的权威定向作用之间，提供了一个中介点。

杰克逊和德里本的观点来源于法国的爱弥尔·涂尔干在19世纪末所创立的教育社会学的一个长期存在的和影响颇大的传统。在涂尔干看来：

> 在儿童离开家庭时发现自己所处的状况与他要达到的状况之间，有一段很长的距离。中介是必要的，而学校环境最合乎需要。它比家庭或友群更广泛。它既不产生于血统，也不产生于自由选择，而是产生于相近年龄和条件的主体之间的一种聚合。在这个意义上说，它类似于政治社团。另一方面，它又相当有限，从而使个人关系能够具体化。而正是与学校的那些社会系统多少有点相似的年轻人群体使大于家庭的社会得以形成。即使在没有学校的简单社会里，长者们也要把一定年龄的年轻人集合成群，一齐向他们介绍群体的道德遗产和理智方面的遗产。在家庭里，对群体道德遗产的介绍从来就没有彻底地进行过（1961，p.231）。

涂尔干和德里本的这种社会学传统对我们所说的就是，你们不能排除课堂里的权威，因为你们需要能够在更大的社会里与权威在一起生活的人。埃德加·弗里丹伯格开始也是从涂尔干同样的观点出发，而后才背离这种观点。我不知是否要对弗里丹伯格博士重新作出说明，不过，我不得不说，他是世界上唯一能用许多只言片语来阐述一种要旨和以只言片语的效果来使之显露出来的人。在《美国时代的到来（Coming of Age in America）》一文里，弗里丹伯格说道：

> 在家庭之后，学校是个体必然要接触的第一个社会机构，

是他学会自己与陌生人相处的场所。自由社会依赖于其成员及早地和透彻地认识到，公众的权威不同于家庭的权威，它必须基本上依靠于一般准则的非个人的运用（1963，p.43）。

然而，弗里丹伯格对隐蔽课程所作的观察使人联想到。这种课程不大像自由社会的社会化媒介物，而更多的是像我们称之为监狱的那种社会化的讽刺画。弗里丹伯格说到：

> 在米尔格林中学的班级之间，如果没有教师签过字的表格，任何学生不能走过走廊，这张表格写明他来自何处，要到何处去，并一分不差地写明他正当通过走廊的时间。米尔格林中学里根本没有身体自由，没有学生能用于简单地处理其事情的时间和场所，独处被严格禁止，厕所是锁上的，有与联邦海军必有的盥洗间不同得多的盥洗间（p.29）。

弗里丹伯格考察隐蔽课程的风格又为他以下的观点所渲染：隐蔽课程的社会化功能是使儿童进入大规模社会，亦即是使儿童进入一个大规模的、平庸的、陈腐的和顺从的中产阶级社会所进行的社会化。从他的这种观点来看，隐蔽课程是由“教育上用于破坏教育的最高功能即帮助人们理解其生活和他人生活的意义的方式”组成的。

我已对我们其他谈论隐蔽课程的人的意见作了概括，这种概括表明，人们所看到的隐蔽课程的性质是怎样依据于一种前提性看法的，这种看法既是一种社会理论，也是一种评价方式。事实上，这必然是一种社会探究。在埃德加·弗里丹伯格开设的一门关于社会科学方法的有启发意义的课程里，我就认识了这一点。对一门阅读课程所作的观察和研究，是基于阅读是什么和作为一种合乎需要的技巧的阅读应该是什么样的这些假设之上的，对隐蔽课程所作的观察和研究也是如此。

道德教育的教育影响

正如道德教育哲学家彼得斯（R. S. Peters）指出的，“‘教育’这个概念已把某种有价值的东西应被得到这一准则包含其中。它意指某种有价值的东西正在被人们以一种在道德上可以接受的方式所传递（1967，p. 6）”。讨论隐蔽课程的教育影响，就是讨论它是否以一种在道德上可以接受的方式传递某种有价值的东西，或是能否使某种有价值的东西以一种在道德上可以接受的方式得到传递。弗里丹伯格是持这种看法的，而德里本却是持一种价值中立态度。德里本在早些时候所写的一篇论文（1967）的结语里说到：

> 本文的论点提出了一种关于学校教育如何促进某些心理成果的出现的系统阐述，但没有根据意识形态方面的理由为这些成果提供辩护或辩解。从意识形态辩解的观点来看，学校教育过程是成问题的，因为在一种观点看来是道德上合乎需要的那些成果。在另一种观点看来却是不合需要的。

如果德里本的分析在价值上是中立的，那么要推断从他的分析中得出什么结论是困难的。然而他的分析指出，在成人社会里，权威是必要的，因此必须有一种隐蔽课程来使儿童在学校就认识这种权威。

学校纪律的本质

不管怎样，如果说德里本的分析具有真正的教育意义的话，则其意义是被包含在机能社会学固有的价值观点之中的。这种观点认为，社会生存的无形之手支配着人的机构的形成，并赋予这些机构以一种乍看起来不那么明显的价值或智慧。机能社会学的创始人涂尔干就懂得，机能社会学不是一种价值自由论，而是本质上代表着一种道德观点。涂尔干清楚而明确地论证过社会制度的无形之手的社会学定义，也就是理性的或科学的道德的定义。正因为这样，涂尔干进而宣称，对权威的接受是儿童道德发展的一个关键因素。

涂尔干论证说，群体、表扬和权力，从理智发展的观点来看，是那样的多余，然而它们却是儿童道德发展的必要条件。在涂尔干看来，

> 道德是对规则的尊重，是对社会团体的利他的依恋……虽然家庭教育是为道德生活所做的一种极好的准备，但它的作用是有限的，这首先就表现在对纪律精神的尊重上。纪律精神的必不可少的品质，即尊重规则，是决不会在家庭里得到发展的，因为家庭环境是不受一般的、非个人的和不可改变的规则

的支配的，而且可能还有一种自由的气氛，可是儿童必须学会尊重规则；他必须学会完成其任务，因为这是他的任务，尽管这看来不像是一项容易完成的任务。

这样一种训练必须移交给学校。可经常出现的情况是，人们对学校纪律的看法妨碍给它赋予这样一种重要的道德教育功能。有些人在学校纪律那里看到的，是在课堂里维持表面的平静和秩序的简单手段。在这种情况下，一个人完全有理由把某些绝对必要的要求理解成粗俗的东西，理解成费解的规则的一种专制。而实际上，学校纪律并不是一种在课堂里维持表面的平静的简单手段，它是作为小社会的课堂的道德（1961，p. 148）。

涂尔干的体系

在这篇文章里，我并不想详尽地对涂尔干的道德教育体系进行探究，但我要说，涂尔干的道德教育体系是从哲学上和科学上对现存道德教育所作的最有理解力的、最清楚的和最切实可行的探讨。不过，它的切实可行之得到证明，不是在法国而是在苏联。在苏联，人们是根据马克思的观点而不是根据涂尔干的社会学去详尽阐述这一体系的。像涂尔干一样，俄国人认为利他主义的关心或牺牲，同义务感一样，基本上总是指向集体而不是指向另一个个体或一条抽象的原则的。涂尔干推论说，利他主义始终是为某些比自我更重要的东西而牺牲自我，一个自我决不会比另一个自我重要，除非它代表着集体或社会。因此，道德教育的一个主要部分就是培养从属于集体或为集体而牺牲的观念。涂尔干写道：

为了使我们献身于集体的目的，我们首先必须有一种为集体的情感。我们已经看到，这样的情感不可能产生于家庭。在家庭里，相互之间的团结是建立在血统和亲密的关系上的。而把一个国家的公民联结在一起的契约，则与这些关系无关。逐渐灌输对集体生活的爱好的唯一方法，是在儿童离开家庭进入学校时控制住他。这样，我们就比较容易成功，因为在某些方面，他比成人更容易接受在公共意识方面所发生的这种心灵的连接。要对儿童产生激励性的影响，班级必须真正享有一种集体生活。像“班级”、“班级的精神”和“班级的荣誉”这样一些字眼，必须成为某种具体的东西，而不仅仅是学生头脑里的抽象的表达方式。唤起团结感的一种方法，是谨慎地和深思熟虑地使用集体的惩罚和奖赏。集体的制裁在课堂里扮演着一个非常重要的角色。而向儿童逐渐灌输团结感的最有效的方法，是使他们感觉到，每个人的价值都是所有人的价值的一种机能(1961，p. 239)。

俄国的例子

涂尔干在这个基础上提出的隐蔽课程的新方法之一，就是利用集体的职责、集体的惩罚和奖赏。这种方法是合乎逻辑的，然而在我们看来是相当可怕的。这里有一个例子，它说的是俄国的道德教育手册（由 Urie Bronfenbrenner 引述）告诉人们，在一个三年级的班里必须进行这方面和其他方面的道德教育：

3 – B 班只是一个普通的班；它并非特别守纪律。

那位教师带这个班至今已有三年，并已作为一个权威，而从她的学生那里获得了爱戴、尊重和承认。

上课铃已经响过，但教师还没有到来。她是在有意拖延以便检验这个班级将如何管理自己。

在班里，所有学生都很安静。在喧闹的班级静下来后，你要调动你自己起来说话可不是那么容易的，不过你要消除你心中的烦躁也不那么容易，两个班长在桌旁默默地监视着整个班。他俩的脸上显示出他们正在执行的任务的高度的重要性和严肃性。对他俩来说，没有必要采取任何惩戒手段；班里的年轻人都在愉快地和自豪地维护着严格的纪律；这些年轻人为他们的班级以一种值得教师信任的方式管理着自己而自豪。当教师进入课堂并平静地叫他们坐下时，他们所有人都认识到，她是在有意忍住不表扬他们安静和守秩序，因为在他们班里安静和守秩序是理所当然的。

在上课的过程中，教师格外重视小组之间的竞赛（小组是这个年龄层的共产主义青年组织的最小单位）。年轻人在整堂课中都不断地听到哪个小组功课准备得最好，哪个小组做的功课最多，哪个小组最守纪律和哪个小组交上的作业最好。

最好的小组不仅得到口头上肯定的评价，而且在休息时有权优先离开教室和让教师先检查他们的笔记本。结果，这些小组得到集体教育、共同负责和相互帮助的好处。

“你瞎弄什么？你在耽误整个小组”。柯尔耶在准备功课时对他的邻座低声说。休息时，他教她怎样把背包里的书本和便笺簿放得更好。

“算得更仔细些”，奥尔娅对她的女友说。“看，今天就因为你，我们小组落后了。你来找我，我们一起在家里算吧（U. Bronfenbrenner，1962）。”

我用不着再指出什么，涂尔干和俄国人懂得怎样使隐蔽课程变得明确和怎样使之发挥作用。此外，很清楚，涂尔干只不过是对许多教师含糊地接受的隐蔽课程进行论证和导出其逻辑结论而已，其逻辑结论就是集体生活的纪律对道德品质具有直接的促进作用。可是当沿着这条思考路线推导其逻辑结论时，它所导出的是一种把道德教育看作是对集体的国家纪律的促进的道德教育定义，而在我们大多数人看来，这种纪律既不是理性的道德标准，也不是美国的、符合宪法精神的传统。

对隐蔽课程的评价

我所证明的，是涂尔干对隐蔽课程的探讨所带有的麻烦，不在于从一种道德发展概念出发，而在于从一种错误的道德发展概念出发。为了不致妄自尊大地提出正确的道德发展概念，我先简要指出，那些没有清楚地表达一种明确的道德概念的，对隐蔽课程的探讨并不能提供一种为教师能够真正掌握的框架。我们业已指出，德里本把隐蔽课程看作是由社会制度的无形之手所塑造，而同时却不愿意说明为社会制度服务的那种东西是好还是坏。与此形成对照的是。虽然弗里丹伯格似乎也把隐蔽课程看作是由低中层阶级社会的同样的无形之手所塑造。但把这种无形之手看作是坏的，看作是对穷人的、贵族的和非中产阶级的内心和精神的全面的摧毁。可弗里丹伯格的分析的最难以理解之处，是他愿意把某些东西称为好的或坏的，而在他的判断的后面却没有系统的道德标准。这种情况反映在下面的问题上，“如果你不喜欢支配着教育的那些价值，那么支配教育的应该是什么样的价值倾向呢?”

在弗里丹伯格看来，隐蔽课程的最可恶之处，在于它的非正义，在于它侵犯那些不迎合大多数人的思想的青少年的权利和尊严。根据他的这种看法，任何一个人也许都会预想他将认为，一门好的课程的最令人满意的道德影响应该是培养正直的人和培养正义感。然而他所抛出的却是一个贵族式的美德袋，这种贵族式的美德与他所拒绝的中产阶级的美德一样，是专制的。从不同的思想方法出发，他说，“别去管小孩。要尊重他们的自由!”可他在这样说的同时却不问问，一种对儿童放任不管的教育到底能否教育儿童尊重他人的自由。

学校——价值的传播者

如果说道德结构缺乏明确性在弗里丹伯格的分析中造成了混乱，则德里本和杰克逊的道德中立观点在解释其有说服力观察资料方面所提出的是更大的难题。例如，德里本指出，学校一味要求学生要独立完成任务，然而在更多的情况下，任务中的合作在人们看来是件好事。在学校的测验和指定作业中，合作就是作弊，而在其他场合里，合作则是合理的。杰克逊也持类似的观点。

> 至少有时候大多数学生所奉行的另一种行动路线，是对他们未能按要求办事的情况进行隐瞒，也就是说，进行欺骗。在学校里学会做这种事情。在某种程度上说，就是学会如何掩饰我们的行为（1968，p. 27）。

说学校的隐蔽课程教儿童欺骗，如杰克逊所说，是不很恰当的。比较准确地说，是学校对儿童进行关于欺骗方面的教育，并导致处理欺骗问题的风格的发展。用机能社会学的话来说，学校是为儿童在工业化社会里生活做准备。在这种社会里，他们将不得不作出决断，在什么地方和什么时候要进行欺骗，而在什么时候则不能进行欺骗。最近的研究进一步证实了哈茨霍恩（Hartshorne）和梅(May）早先的研究结果，即学校教育并不导致诚实的增加。在允许欺骗的实验情境里，一所特定学校的年龄较大的儿童与年龄较小的儿童一样，都可能进行欺骗。年龄和学龄的影响似乎是导致更加概括化的欺骗策略。一些年龄较大的儿童始终比年龄较小的儿童倾向于进行欺骗，而另外一些年龄较大的儿童则比年龄较小的儿童忍得住完全不进行欺骗。这使二者进行欺骗的平均数归于一样。

我要说明的论点，是德里本对隐蔽课程的分析使人们看到，这种课程既没有隐蔽的也没有明显的促进道德发展的作用。当提出是否要进行欺骗这样的道德问题时，它所使用的主要标准并不是道德标准，而是独立竞争和成绩方面的标准。因此，尽管教师力图控制欺骗行为，然而他们对儿童的道德价值或品质并没有产生真正的影响。换言之，德里本使我们看到，学校在传播着价值，但它所传播的并非像教育者通常以为的那样是道德的价值。一个诚实的机能社会学家也许会回答说，从社会制度的着眼点来看，培养独立竞争的品质要比培养诚实的品质更重要或更道德。因为我们的社会就是建立起来容忍许多小的欺骗行为的，而不是建立起来容忍许多对根据惯常的成就标准去进行欺骗不感兴趣的人的。而正是在这一点上，我们不得不回到道德的概念上，然后才可能理解德里本的社会学分析的意思。

作为自由的隐蔽课程

还有最后一种对隐蔽课程的探讨，这种探讨拒绝考虑隐蔽课程对于道德教育的作用和价值。它就是萨默希尔中学的尼尔（Neill A. S.）的探讨。他的作法是把隐蔽课程和道德概念从教育中分离出来。德里本和杰克逊都认为隐蔽课程是权威，而尼尔则认为要把隐蔽课程分离出来，并使之成为自由的东西。要是弗里丹伯格也像尼尔一样创办一所学校，我看他的主张也差不多。尼尔说：

> 我们打算创办一所学校，在这所学校里，我们将允许儿童自行其是。要达到这一点，我们不得不放弃一切纪律、一切指导和一切道德训练。我们一向被认为是勇敢的，可这件事并不需要勇气，它只要求完全相信儿童是一种善的而不是恶的东西。儿童生来就是聪明的和重实际的。如果让他自由发展，没有成人的任何提示，他会尽其所能而发展。我倒认为，正是道德教育使儿童变坏而不是变好（1960，p. 4）。

一个哲学家可以舒舒服服地花上一个下午去试图查明尼尔说儿

童好道德坏时所使用的是什么样的道德结构。不过，见识一下甚至在萨默希尔也出现的那些道德问题和看看尼尔怎么处理它们，会更叫人受教益。尼尔在若干年前写道：

> 我们同时接来了两个学生，一个是17岁的少年，一个是16岁的少女。他们陷入了相互间的爱恋，并且总是在一起。后来有一天夜里，我碰到了他们，并拦住了他们。我说："我不知道你们俩在干什么，""从道德上说，我没什么好担心的，因为这完全不是道德问题。但从经济上说，我很担心。如果凯特你有个孩子，我的学校就会被弄得破产。你刚来萨默希尔，对于你来说，它意味着你可以自由地做你喜欢做的事情。当然，你对学校没有特殊的感情。要是你从7岁开始就在这里，我根本就用不着去说这种事。你对学校会有一种强烈的依恋感，这样，你就会考虑你所做的事情对萨默希尔的影响。"(1961，pp. 57～58)

引文清楚地表明，萨默希尔的隐蔽课程是涂尔干和俄国人那样的明确的课程。对学校和集体的无异议的忠诚似乎就是萨默希尔的道德教育的最终目的。然而，道德教育无疑还有其他的目的，而不仅是对学校和其他儿童的忠诚，尽管这些儿童日后可能把忠诚转移到国家和其他人的身上。而要考虑这样一些目的可能是些什么样的目的，我们也许首先要注意到，我至此所讨论过的所有作者都把道德设想为基本上是情感的和非理性的。尼尔、德里本和涂尔干都赞同这一点，只不过他们对生活的这一非理性部分的价值的评价有所不同。理智教育的手段和目的被他们设想为一回事，而道德教育的手段和目的则被设想为另一回事。

道德品质的发展

涂尔干和德里本都假定学会接受规则和权威是一个以反复练习、情感抑或还有制裁为基础的、具体的和非理性的过程。这个假定把儿童看作是由原始的和自私的内驱力所支配，且野性未驯，因此他们认为，关于权威和纪律的稳定的经验是儿童有规则地生活所必需的。而杜威和皮亚杰则认为，只有当儿童学会理解和接受规则后面的道理和原则时，他才能真正学会接受权威。这种看法把道德教育引向一个不同的方向，把道德教育与学校的理智课程比较紧密地结合了起来。这第二个方向得到了许多研究结果的支持。我的研究和其他一些人的研究都表明，道德品质的发展在很大程度上是道德推理的基本原则的一种连续渐进的发展及其在行为上的运用。

道德阶段

在我的研究里，我对50个10~25岁的男孩的道德思维的发展作了纵向追踪，我是通过每隔三年要求他们解释其怎样解决11个一套的道德两难问题及其理由而进行这种追踪的。我们发现，道德思维的变化逐步经过六个阶段，当然儿童的发展有可能停留或固定在任一阶段上。我们业已在墨西哥、土耳其、英格兰和台湾的未开化的村寨和城市中低层阶级的儿童中，发现了同一顺序的、同样的这些阶段，如图27－1a和图27－1b所示。

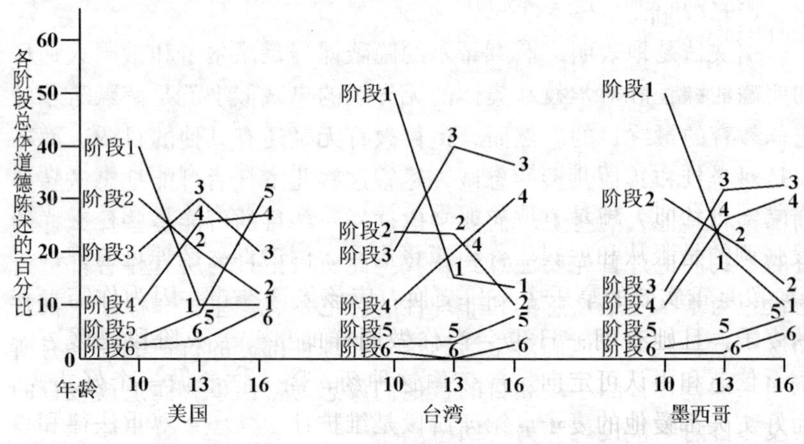

图27－1a

图27－1a反映的是美国、台湾和墨西哥城市中产阶级家庭的男孩道德发展的情况。在10岁年龄段上，各阶段的使用的百分比随各阶段的难度的不同而不同。在13岁年龄段上，三组男孩的大多数都使用第3阶段。在16岁年龄段上，美国男孩使用各阶段的百分比的次序已同10岁时使用各阶段的百分比的次序倒了过来（除第6阶段外）。在台湾和墨西哥，习俗性的（3~4）阶段的使用的百分比在16岁年龄段上占优势，第5阶段也稍被用到。

资料来源：Kohlberg L, Kramer R. Continuities and Discontinuities in Childhood and Adult Moral Development. Human Development, 1969 (12): 93~120

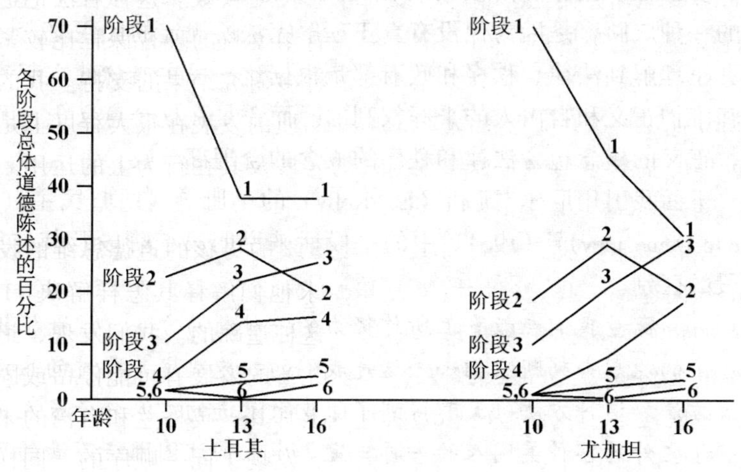

图 27－1b

图 27－1b 表明：土耳其和尤加坦的两个偏僻村庄的男孩的道德思维发展也表现出相似的模式。在 16 岁年龄段上，各阶段的使用的百分比的次序并没有倒过来。不过前习俗性的（1～2）阶段的使用也不再比习俗性的阶段的使用占明显的优势。

资料来源：同图 27－1a。

拿这样一个两难问题来说吧，当一个丈夫除了偷之外别无他法弄到一种药时，他是否应该偷这种药去救他垂死的妻子呢。第 1 阶段强调的是服从和惩罚。你不应该偷药，因为你会被抓进监狱。第 2 阶段是重实效的享乐主义和交换。应该偷这种药，因为你需要你的妻子，且她有朝一日也会为你做同样的事。第 3 阶段是爱、幸福、仁慈和由认可定向。应该偷这种药，因为你要做一个好丈夫，而好丈夫都爱他的妻子。第 4 阶段是维护社会秩序，尊重法律和秩序，忠于集体的目的及涂尔干和俄国人那样的道德。第 5 阶段是社会契约立宪主义，善就是社会福利，社会被设想为具有平等权利的个体的聚合，规则和义务被看作是由自由人的契约性协议所构成。第 6 阶段是对普遍的人类价值和正义有一种原则性的义务感，甚至当社会的特定法律协议和契约不主张这些价值和正义时也如此。

后面的每一阶段都包含前面的阶段的核心价值，但以一种更加普遍、更加分化和一体化的形式去解释这些价值。乔治·华莱士

(G. Wallace) 的第4阶段的看法之所以把正义的概念看作是对秩序的一种威胁，是因为他没有真正理解宪法所规定的民主概念，没有真正理解到法律、秩序和政府都是根据这一民主概念建立起来实行和维护正义和自由人的平等权利的。而正是在这个意义上，我们说，正义的概念包含法律和秩序的概念的合理部分。

下面我引用厄尔·凯利（E. Kelly）的小册子《回归民主（Return to Democracy)》（1964）中的一段话来说明第5阶段及其与第6阶段的区别。

> 衡量我们在教育上所作努力的一种简易方法，就是根据民主的原则去判断它们……这是我们的祖先决定其要过的生活的方法。这种方法每天都得到了除少数激进的右派分子或左派分子之外的各种美国人的一再肯定。先人们试图围绕下面的原则制定宪法而使民主的理想见诸于生活……（a）每个人都有价值，都重要……他有权利得到人的待遇。不管他的出身或被迫在其间生活的环境怎样，他在法律上具有平等的权利。(b) 个人比一切事物都重要。政府和学校——由许多个人创立而为许多个人服务——是我们要生活的方式的体现……（c）每个人都是独特的。他不同于生活着的其他人……（d）每个人都有其独特的目的，这些目的指引着他，使他的能力能够得到最大的发挥。(e) 自由是民主国家的生活的必要条件，但它并不意味着一个人可以自由地为所欲为。不管是什么人，只要他与别人为邻，他就没有这种为所欲为的权利，因为别人也有必须受到尊重的权利……如果我们要强调学习者本身，则不可能有比民主的理想更好的参照点了。它具有得到大家一致赞同的优点。

凯利教授的陈述显然不属于第6阶段，尽管它含有对普遍的人权和正义的承认。从根本上说，他所说明的，是他的理想来自一种现存的和约定的社会组织结构，这种结构虽然允许社会变化和个别差异，但它是从它得到赞同和一直在发挥作用这种事实而不是从固有的普遍性及其原则性道德中获得其合法性的。因而当一个人面临是否应偷药去救人一命的选择时，凯利的结构并不提供明确的道德解决办法。

不管怎样，即使我们承认，对基本人权和人格的普遍尊重既提供了限定任何人行动时都应采用的方式的道德指南，也是我们这个特定社会既定的基本价值，我们也只是在向第6阶段靠拢。就凯利个人对道德两难问题的思考而言，他很可能是以一种第6阶段的结构进行思考，但当他试图拟写一份要在某一专业社团的成员中取得一致意见的公文时，他很可能便转向以比较保险的和实际上业已得到确认的一致意见为根据，而不是以第6阶段的原则为根据，第6阶段的原则在逻辑上是普遍的，尽管这些原则可能不是历史上意见一致这类情况的基础。

我的目的在于说明，不管是以第5阶段还是以第6阶段来规定学校道德教育应达到的水平，都不要紧。但可以肯定地说，不能以比这两个阶段低的阶段的道德概念去规定道德教育的目的，因为宪法禁止含有灌输和侵犯个体及其家庭的信仰自由权利的道德教育。这限定了我们不能把大多数人的信仰作为学校道德教育的目的，在一定程度上说，这是因为研究表明，大多数人的信仰更多的是依据于与美德相一致的第3阶段的信念及第4阶段的法律和秩序的概念，而不是依据于第5阶段的正义意识和宪法规定的民主。

弗里丹伯格在这方面为我们提供了一位中学校长的例子，这位校长所表达的是大多数人的第4阶段的信仰。他叫他的学生不要当激进的说话者，因为这种人反对政府，而学校是政府的一种机构。假如他理解我们宪法所规定的属于第5阶段的制度，他就会认识到，学校作为政府的一种机构，有责任传播个人权利的观念，人们创立政府就是要政府维护个人的权利和为其尽责的。我并不是说，这位校长有一种第6阶段的道德义务对特定的激进的说话者听任不管而公然冒犯愤怒的父母社会。不管怎样，如果他所能传递给那些其中许多可能已经达到第5阶段水平的学生的，尽是些第4阶段的道德信息的话，他便有失为一个道德教育者。让我们设想一下，如果本文的读者都是属于第5和第6阶段的，那么你们传递给儿童的道德信息应是些什么呢？

儿童的道德理解

一系列经过精心重复的实验研究表明，儿童极少能理解超过其所属阶段一个以上阶段的信息，他们能理解低于其所属阶段水平的阶段的信息，但拒绝接受这些信息（Turiel，1969）。研究还表明，人们能理解并在一定程度上能运用低于自己的阶段的阶段。当你们是原则水平的道德教育者时，你们在进行选择时就既能运用较低水平的信息，也能运用较高水平的信息。

对于年幼的儿童，我们在传递道德信息时确实可能会犯水平过高或过低的错误，而犯水平过低的错误比犯水平过高的错误更糟糕，这是因为，在信息水平过低的情况下，儿童会失去对所传递的信息的尊重。这种情况还是很常见的。让我从一本叫做《小常识：品格培养杂志（Wee Wisdom：A Character Building Magazine)》的期刊里引述一个例子吧，它所表达的是“事事要有教养”这样一种大家都熟悉的第3阶段的口吻：

> “谢谢您”可能只是一句短短的礼貌语，也可能是某种热烈的、奇妙的和快乐的情感，使你心情愉快。让我们作为上进者而沿着那金色的阶梯攀登感激之情的梯级吧。让我们把具有魔力的成分加入到我们所说的谢谢您中去吧。如果我们的谢忱表达真正的感激之情，我们大家都会更快乐。
>
> 难道你不愿加入上进者的行列去攀登那通向快乐和成功的阶梯吗？如果我们都各自尽责，世界将是多么的美妙（June 1967，p．83)。

这段引文自然属于地地道道的第3阶段，即认为要有教养，这样大家就会快乐。只有泰尼·蒂姆（T. Tim）才会向青少年兜售这种启示，而且他这样做时还不得不采用几种非同寻常的表现手法。

当然，在小学阶段传播第3和第4阶段的道德信息是相当必要的。但即使是在小学阶段，似乎也应把这些阶段的信息置于较高水平的一体化调节之下。霍尔斯坦（Holstein）对一群12岁的中产阶级家庭的儿童作过研究，这些儿童有一半属于前习俗水平（第1和第2阶段)，有一半属于习俗水平（第3和第4阶段)。

研究的结果表明，原则水平的母亲比习俗水平的母亲更可能有习俗水平的孩子。原则水平的母亲能理解和运用习俗水平的道德信息，无庸置疑也传播这种水平的信息。当道德教育者的任务是把儿童带到习俗水平时，其根据较高水平所作的综合便使她们成为较好的道德教育者。

发展性道德教育

我的研究已经使我的同事和我接着去从理智方面发展道德教育的实验课程。课程以讨论真实的和假设的道德冲突为中心。我们在一个阶段的学生和紧接着的下一阶段的学生之间引起争论，这是因为儿童只能同化高于其阶段一个阶段的道德思维。实验的初步结果是令人鼓舞的，与控制组相比，实验组的大多数学生向上推进了一个阶段，并且在一年之后还保持着所取得的进步（Blatt and Kohlberg，1969）。这种讨论程序构成了一种明确的道德教育理性课程。不过这种理性课程并不以抽象的形式存在，而是作为对学校生活的隐蔽课程的一种反省而存在。

作为道德发展的一种媒介物，隐蔽课程的基本性质是什么呢?我们的看法也承认，是学校必有的、具有必然性的群体、表扬和权力。但我们认为，无论多少的群体、表扬、权力抑或纪律都是没有多大用处的。一代心理学的研究曾对家庭权威与纪律的数量和类型对道德品质的影响作过测量，结果表明几乎没有什么实际影响。而要是这些东西尚未能限定家庭的道德教育影响，它们就更未必能限定特定学校的比较弱的和比较短暂的道德影响。

教师的作用

我们相信，在隐蔽课程中，要紧的是教师和校长的道德品质和思想意识，因为这两样东西会转化成一种动态的社会环境，而这种社会环境则影响儿童的环境。最近有一本介绍纽约第119公立中学校长夏皮罗（Shapiro）和迪耳菲尔德中学博伊登（Boyden）的事迹的书，在该书的导言里，梅耶森（Mayson）写道，“他俩各自都力图使其日常生活与明确规定的个人道德相一致。而两所学校就是根据这种理想创设的工作场所（Hentoff，1966，p. 8）”。夏皮罗，这个纽约哈莱姆区的中学校长受训为临床心理学家。他的思想主张移情作用、宽容，并尊重他的那些被剥夺了生活必需条件的儿童：满足他们的需要，力图使他们免于死亡，而不直接关注于道德教育。这种思想是一种主张温情和谦卑的思想，而夏皮罗就是一个温情而谦卑的人，一个反对群体、表扬和权力的人，那么，他的思想，他的温情和谦卑在学校里又遇到了什么呢？我来引一段话：

> 一位妇女宣布说，这个集会是为夏皮罗博士举行的。他听了有些畏缩。11位少女站着齐声唱道："嗬，他最勇敢。嗬，他最伟大，我们将奋斗而不移志。"
>
> "要谈论洗脑了"，夏皮罗咕哝了一下，颓然倒在后排的一个座位上（p. 38）。

很清楚，这个谦卑的、愿意奉献的、信奉宽容精神的人受到了群体、表扬和权力的强有力的控制。

尼尔的个性与夏皮罗的个性完全不同，他也创造了一种给人深刻印象的道德环境。作为一个知名人士，尼尔显然是教条的、自信的和给人深刻印象的。可谁都不会要一所无领导的学校的一位比较坚定而又精力充沛的领导者的。就性格而言，他使人想到了迪耳菲尔德中学校长弗兰克·博伊登，据描述，博伊登既仁慈，又冷酷，可忠心耿耿，既自私，又无私，且顽强，不可诋毁和没有过失。与尼尔不同的是，博伊登信奉纪律，并且认为他的学校的目的就是培养道德品质。与尼尔相同的是，博伊登也传播一种信念，认为学校的价值本身就是一种目的。

在把博伊登、夏皮罗和尼尔作为隐蔽课程的名家而加以举例时，我已试图说明，隐蔽课程转化为道德环境，不是一种或另一种教育技巧或思想及方法的问题，而是教育者的道德能力问题，是他要传播这样一种信念即他的学校或班级具有一种人的目的的问题。为了使学生理解他所传递的信息，他也许诉诸于宽容，或许诉诸于纪律，而不管怎样，有影响力的道德教育者要给人一种可信的人的信息。

道德教育的目的

我们已经看到，这种人的信息不可能是一种教育思想，或者说它将归结于把学校看作是最终的价值，从而相应地把忠于学校或忠于一种观念形态的教育学说本身视为最终的道德。学校的隐蔽课程必须体现某种更重要的目的而不仅仅是体现学校本身的目标和社会秩序。我们把道德成熟规定为具有原则性的正义感，这本身就指明了上述目的应该是什么。而要教正义，就得有正义的学校。群体、表扬和权力，就其本身而言，既不是正义的，也不是非正义的。当它们被典型地运用于学校时，它们体现着社会秩序的和个人竞争成绩的价值。问题不在于排除表扬、权力、秩序和竞争成绩，而在于给正义规定一种比较基本的前后关系，赋予这些因素以意义。在我们的社会里，权威来自正义，因此在我们的社会里应通过及借助于学会理解和感受正义而学会与权威在一起生活。

使隐蔽课程变成一种正义的环境，以及在关于正义和道德的理性的和口头的讨论中使之变得明确起来，这种需要正变得越来越迫切，我们的调查研究已经表明，当普遍的公民权利和人的生命的不可侵犯性最近与权威、法律和秩序、对国家的忠诚及大学的管理这些因素处于明显的冲突之中时，我们的第5阶段的或者说道德上最成熟的大学生在维护普遍的公民权利和人的生命的不可侵犯性方面是最积极的。研究还表明，这些成熟的青年人是和一群不成熟的、难以管束而又自私自利的相对主义者相处的，这些相对主义者把正义看作是各人“各行其是”。看来很清楚，学生管理面临的这种问题将向年纪越来越小的群体扩散，而年纪愈小的群体，其对所涉及的正义问题的看法就愈是含混和不成熟。

在大学所面临的问题中，就管理者而言，具有代表性的问题是他们拘守于我称之为第4阶段的那种重视法律和秩序的思想，或拘守于我称之为第5阶段的那种对社会契约所持的条文主义。除此之外，他们还能做什么呢？或者说在他们学习学校管理课程时老师还教了些什么东西给他们呢？这是难以回答的，因为世界上伟大的道德教育家都没有管理过学校。道德教育是具有革命的能动性的东西。苏格拉底从事真正的道德教育。结果被人以腐蚀雅典青年的罪名而处死。我提及苏格拉底，是想说明，杀害其道德教育家，杀害其像小马丁·路德·金这样鼓舞人心地谈论和践行正义的人的国家，不只是美国。

只要关于正义的对话继续越过界限，这些灾难和许多其他的灾难就会继续发生。学校管理者目前的命运在于他要看到，如果他把对话拒于课堂之外，他就会眼看着这种对话越过界限却不能同学生谈一谈。隐蔽课程的作用不是通过把课堂规则和秩序称为道德品质而阻止对话，也不是以儿童需要的只是自由为理由而把对话逐出课堂之外，而是用对话的方式把关于正义的对话引到课堂里来。我所希望的，是我们的教育研究计划能在今后五年内找到在课堂里进行关于正义的对话的有价值的方法。我希望，或者更迫切地说，我盼望美国的学校将采用这种对话的方式。

（柯森译　陈德民校）

选自：瞿葆奎主编．教育学文集·德育．北京：人民教育出版社，1989

思想评介

科尔伯格的道德教育学说

科尔伯格（Lawrence Kohlberg）是美国当前著名的心理学家和道德教育学家，哈佛大学的教育学和社会心理学教授。他根据瑞士心理学家皮亚杰的认知发展心理学进行了一系列关于儿童道德判断发展的实验，创立了一个道德教育的学说。这个学说在最近一二十年来在美国的教育界和心理学界引起了激烈的争论。这是我国当前强调学校里要加强道德教育时值得研究的一种学说，我在这里作一个简单的介绍。

（一）

在美国20年代和30年代的学校里流行的一种道德教育当时称

为品德教育，认为道德就是一些社会公认的美德，而美德乃是一些受社会道德约束的人格特性。这种观点认为，既然学校是社会的一个代理机关，它就有责任养成学生的品德。问题是学校里应该培养哪些品德呢？有的教育家说，应该培养的道德特性是：诚实、服务(即愿意为了某一崇高的目标而作出某种牺牲）和自制（坚持进行某些指定的工作任务)。有人说：应该包括：诚实、忠心、负责、道义上的勇敢和友谊。童子军应该是诚实的、忠心的、恭敬的、清洁的和勇敢的。这一类的美德，科尔伯格称为“美德袋（a bag of virtues)”。

科尔伯格认为，这种“美德袋”的品德教育有两个缺点：第一，这些美德的含义模糊不清。人们对于这些美德的意义表面上似乎是一致的，但是实际上他们对于同一所谓美德却有不同的看法。某人认为他是坚持真理，另一个人却说他是固执己见；对于一个学生的抗议运动，同情者认为学生的行为是明智的、勇敢的、仗义的，反对者则认为是不负责任的，扰乱社会秩序的，不守法的。科尔伯格列举了全国舆论研究中心于 1966 年进行的一次调查，要求人们判断一些有关诚实的情境是好还是坏。一般地讲来，不诚实是不好的，但在某些特定的情境中，也有一部分人认为说谎、偷窃、欺骗是对的，不是不诚实的。调查的结果，大多数的人认为，为了不使别人感到痛苦而对他说谎是好的；少数人认为，在无可奈何的条件之下，为了救活妻子的病去偷别人的药是对的；还有极少数的人认为偷旅馆的烟灰缸也是对的。总之，当我们要明确某一个道德行为的好坏时，对于道德价值难以获得一致的意见。科尔伯格询问：51%的人同意算不算道德价值取得了一致性？75%怎样？100%怎样？他说：“如果我们认为只有 100%的同意才能代表道德的一致性，那么在我们的社会里就不存在有道德上的一致性。”① 因此，根据好坏行为的一致同意去确定道德教育的内容是不可能的事。虽然大多数都同意整洁是有价值的，但这仍不能回答像这样的

① 科尔伯格，杜里尔. 道德发展与道德教育. 见：莱塞尔编. 心理学与教育实践. 出版地不详，1971. 422

问题：如果家长允许孩子披着长头发而一个校长为了进行道德教育把这个学生开除，这是否合法？

科尔伯格认为，他对于像诚实或其他美德之类的名词找不到共同一致的含义，这不仅因为人们之间对它们的看法不一致，而且因为这些美德的名词并不反映儿童从事道德行为时的心理结构。科尔伯格列举哈茨霍恩（Hartshorne）和梅益（May）对儿童道德品格的实验研究（在有关诚实的问题上）得到的如下结论：

（1）不能把世界的人们分为诚实的和不诚实的。几乎所有的人在某些时间都欺骗过别人。

（2）如果一个人在某种情况之下进行过欺骗，这并不说明他在另一种情况之下是否欺骗。换言之，一个孩子在某一种情况下之所以进行欺骗的原因并不是因为他具有一种不诚实的品德特性。

（3）一个人在口头上说诚实是一种道德价值和他的行为并没有关系。一些欺骗别人的人们在口头上完全和那些不欺骗别人的人们一样也是不赞成说谎的。

（4）一个人决定是否欺骗别人大半是根据条件是否便利。一个不进行欺骗的人比一个进行欺骗的人看来不是因为他比较诚实些，而是因为他比较小心些。

（5）即使诚实的行为也不是考虑到会受惩罚，而大多数是决定于当时集体的榜样和气氛。

总之，这两位心理学家对于诚实、服务和自制进行实验的结果证明：这种利用“美德袋”的方法进行品德教育、组织童子军等等都没有使学生的道德品质真正有所改进。

科尔伯格根本就反对传统的这种装“美德袋”式的的品德教育。如上所述，他的第一个理由就是根本没有具体的、绝对的、社会公认一致的美德，如诚实、忠心、负责任、友爱等等。第二个理由是，即使承认有这一类的美德，也无法把它们教给学生，或者至少说，我们不知道谁能教和怎样教这类的美德。用装“美德袋”的方式进行道德教育在当前的学校里颇有吸引力，因为这种方式假定任何人都能当道德教师，它假定任何受人尊敬，具有美德的成人都知道美德是什么而且因为他是受人尊敬的成人，他就有资格教学生养成美德。我们做父母的人就是这样想的，我们教孩子们应该这样，不应该那样等等。但是科尔伯格认为，这种想法是不正确的。他引用苏格拉底的一个质问：“一个好人是否知道怎样把他们具有的优点传递给别人?”他并且说，苏格拉底列举了许多有道德的希腊领导人物，他们的孩子都是不道德的。根据科尔伯格的实验，他也发现，一个在道德上成熟的父亲不一定比一个道德发展落后的父亲会有一个道德上成熟的儿子。所以他认为苏格拉底的话是对的：“优良的父亲没有良好的儿子或者说没有资格当教美德的教师。”他认为，当前也没有一个教师敢于说：“在帮助别人获得优良而高贵的品德方面，我比任何别人都强!”

有些教师感觉到没有具体的、绝对的、一致公认的道德价值，所谓“道德”，所谓“价值”，每一个教师都有她自己的解释，都有她自己的标准和准则。但是她就要想法用各种调和的办法去解决学生的道德问题。她一方面没有把握用一个什么普遍的道德原则去教给学生，但另一方面她又要处理学生之间发生的问题，而不能完全处于中立的道德立场。所以大多数的教师就根据她自己的感情和信仰去解决一些学生之间的小纠纷。例如有一位初中的教师说：我并不希望所有的学生都同意我的看法，每一位学生都能按照他自己的信念去使他自己满意。这类相对论的教师往往都避免对学生的一些有关道德上的冲突下判断，但是即使这样也时常产生严重的问题。有一位聪敏而工作效力好的年轻教师，她在一个低工资地区小学做四年级的教师。有一次她在教室后排和一个设计小组的学生一起工作，班上其他的学生都在安静地阅读他们的工作手册。在前排一个男孩子和邻座的另一个男孩讲了一句什么话，后一个男孩就对第一个男孩脸上暗暗地吐了一口唾沫。第一个男孩也同样暗暗地打了第二个男孩一拳。两人都没有离开座位，显得很安静。这时老师看见了这次骚扰。她很冷静地说：“不要这样，读你们的手册吧!”那个打人的男孩说：“老师，我打了他一下，因为他对我吐唾沫。”教师回答说：“那是不礼貌的、粗野的，现在各自做自己的工作吧！你们不是应该读工作手册吗?”于是这两个学生笑嘻嘻地各自读书。那个吐唾沫的男孩向他的对手说：“就算你对了，那是粗野的。”后来科尔伯格与这位教师讨论了她对于道德教育的看法，才明白了她为什么这样处理这件事情。她的硕士论文就是研究中层阶级的价值观及其对落后学生的应用。她说，她的论文使她明白了她那一次是在向学生传递中层阶级的道德观，而这种观点对于低层阶级的文化来说既不是适合的，也不是他们所能接受的。但是她总认为，礼貌是很重要的，她决定要教会学生礼貌。她从教育社会学中学习到一切价值都是相对的，却仍用中层阶级的礼貌价值去解决学生的冲突。结果虽然她想要避免灌输道德价值，但最后仍然对学生灌输了礼貌的价值。科尔伯格说："我们并不想给予这位教师忠告，要她怎样处理这个情境，但是显然如果要有意义地进行道德教育，我们还应该对于道德相对性的问题进行系统地解决。"因此科尔伯格认为这种方式的道德教育也是不恰当的。

当前美国还有一派道德教育的学派，称为"价值澄清"学派(Value Clarification)，主张在学校里进行道德教育只应该澄清价值的概念，教学生如何作出决断的方法而不要灌输什么价值是好的，什么价值是坏的。据说这种学派是以美国宪法为依据的，因为宪法保障每个公民都有信仰自由，按照某些宪法专家的意见，在公立学校里应该禁止进行道德教育，因为在道德教育中，就像在宗教教育中一样，教师就会灌输某些道德信念或道德价值。价值澄清学派认为：在考虑价值问题时，并没有一个单一的、正确的答案，因而对学生来说，重要的就是让学生对于他自己的价值信仰有一个清晰的观点。这个学派的基本前提就是"每一个人都有他自己的价值观"。但是这个学派还认为：儿童可以而且应该学会：(1) 比较清晰地意识到他自己的价值以及这些价值是如何和他们的道德决定关联在一起的；(2) 要使他们的价值前后一致，按照等级排列起来，以便于他们作出决断；(3) 明了他们自己的价值等级和别人的价值等级有什么差别；(4) 怎样把这种差别调和起来。这就是说，虽然价值是人为的和相对的，但是在下决断的时候还可以有具有普遍性的、合乎理性的方法来尽可能地利用价值。

这个学派要求教师教学生讨论一些有关道德的进退两难的问题，以揭示这些价值是由于各人的看法不同而不同的。例如，一个儿童可以为了避免受罚而作一个道德的决定；另一个儿童可以为了别人的福利而作出一个道德的决定；另一个儿童为了遵守一定的规则作出一个道德决定；另一个儿童可以为了他能获得最大的利益而作出一个道德决定。总之，教师要鼓励儿童互相讨论他们的价值，促使他们认识到每一个人都有不同的价值观。教师唯一的职责就是教儿童说："我们的价值是各不相同的。"

既然认为一切价值都是相对的，那么其逻辑的结论必然是，教师不应该教给学生任何特殊道德价值。但是这个主张也会给教师造成问题。如果一位教师能够成功地教给学生道德相对论，那么他的学生也会像他一样，相信："每个人都有他自己的'美德袋'"而且"每个人应该按照他自己的价值观行事"。假定一个学生有机会偷一笔留在教室里的钱，他偷了这笔钱，已经被人发现，并受到教师的申斥。如果这个学生已经学会了教师所教给他的道德相对论，他就会辩论说，他并没有做错，应该允许他保有这笔钱。他辩论的根据就是：他自己的价值等级不同于老师的价值等级，按照他自己的道德标准他有权偷别人的东西。如果这位教师对于他自己的道德相对论是一贯的，前后一致的，他就不得不承认，并没有一个普遍的有效的标准用来判断这个学生的行为到底是坏还是不坏。

对于这个道德教育学派，虽然科尔伯格也承认价值的澄清乃是道德教育的一个有用的组成部分，但是他认为，把道德教育权限于澄清价值的概念不足以解决道德教育的问题。它不仅没有解决问题，而且把道德教育限于宣传"道德相对性是真的"这一信条。他们自己也在进行道德灌输。但是科尔伯格却主张，道德相对论，无论从科学上讲，或从逻辑上讲，都不是正确的。此外，科尔伯格也不同意对学生灌输这种观点。

（二）

和道德相对论相反，科尔伯格提出了他对道德教育的认识发展论的方式。这种方式有下列的几个前提：

（1）我们作出的道德决定往往是各不相同的，但是我们具有一些类同的基本道德价值。

(2) 当我们进行社会实践时，我们会从我们内部产生我们的价值。

(3) 在世界上各种不同的文化与亚文化中发现有相同的基本道德价值而且发现有达到成熟时相同的步骤或阶段。虽然社会环境能直接产生各种不同的具体信念（例如，不要抽烟、不吃猪肉），但并没有产生不同的基本道德原则（例如要考虑别人的利益、要平等待人等等）。

(4) 基本价值也会各不相同，这主要是因为我们在考虑基本的社会问题和社会概念时在我们的道德发展过程中处于不同的成熟水平。如果我们能看到别人有较高的成熟水平，这将有助于提高我们自己作出比较成熟的道德决定。不过我们对于别人行为的反应是有选择性的，而不是自然地吸收一切长者或权威的价值。

总之，儿童有他们自己的发展顺序而道德教育必须首先知道发展的阶段并以之为基础。科尔伯格以他自己的儿子为例。这个孩子4岁时就参加了素食运动，不吃肉类。他说，杀害动物是一件坏事。他的父母向他解释，杀生有合理的和不合理的，但是他仍然坚持他的素食。不过他知道有某种形式的宰杀是合法的。有一天晚上，他父亲对他讲了一个关于爱斯基摩人生活的故事并讲到了他们有一次杀死海豹的情况。当这个孩子听到这个故事时他生气了，怒气冲冲地说："你知道，有一种肉我会吃，那就是爱斯基摩人的肉。他们杀死海豹是干坏事，所以吃他们的肉就完全是对的。"科尔伯格说，这个例子说明儿童时常产生他们自己的价值而且即使受到文化的熏陶他也仍然坚持它；这类价值具有普遍性的根源。世界上任何儿童都相信杀害是一件坏事，因为关心别人的生命或感到死亡的痛苦，这是一种自然的移情作用。在这个例子中，生命的价值使这个孩子既要吃素，又要杀死爱斯基摩人。后面这个想法也是来自另一个普遍的价值倾向：相信互相交换，即坏的行为应得坏报，好的行为应得好报。因此，科尔伯格认为，道德的发展主要是移情（考虑别人的利益）和公平（关心平等与互换）这种普遍的人类倾向不断改造成为更加合适形式的过程。科尔伯格在英国、美国、台湾、尤卡坦、土耳其等地做过一系列的实验。他发现在所有这些文化中都有一些相同的基本的道德概念，用来作出道德判断。这种基本的道德原理都是按顺序经过六个阶段向前发展的，而且儿童的发展每次只能经过一个阶段，顺序前进，而不能超越一级。这个顺序是从不变动的，因为每一阶段总是来自前一阶段而为下一阶段铺平道路，作好准备。

科尔伯格实验时是向各种不同文化、不同年龄的儿童提出一种在道德上进退两难的问题，要求他们回答，从而区别他们在发展中成熟不同的水平，确定他们发展的阶段，这一类问题有：

(1) 在欧洲，有一妇人生重病，快要死了。医生说只有一种药可以救活她。这种药是住在同一镇市上的一个人发明的。他花了200元制成这种药，但是很小一点分量他就要卖2 000元。这个病妇的丈夫海涅想方设法弄钱来买这种药。凡他熟悉的人那里，他都跑去借钱，但是他只能借到1 000元。于是他对这位卖药的人说，他的妻子快死了，他已想尽办法只能借到一半的药费，要求他便宜些把药卖给他或者允许他以后再设法归还。但这个卖药的人说："不行，我制造这种药就是为了要赚钱的。"后来海涅晚间破门而入，偷走了这种药。科尔伯格问："海涅应该这样做吗？实际上他做得对不对？"

(2) 这种药吃过之后，并不灵验。而又没有其他的办法治好这个病。医生知道她的生命只能维持六个月了。她感到非常痛苦，她的身体十分虚弱，只需服一点吗啡之类的东西就能使她致死。她疼痛到几乎发狂了。在她宁静一点的时候，她要求医生给她一点吗啡之类的药让她自杀。她说，反正几个月之内她一定会死的，现在她痛得受不住了，还不如自杀。问：这个医生应该不应该给她药让她自杀？为什么？

(3) 有一群人乘船，因船翻落水，其中有一个重要的人物。问：最好是救这一个重要的人物还是去救这一群人？

科尔伯格根据儿童对这一类问题的回答，发现儿童的道德发展普遍地经过下列三个水平、六个阶段的不变顺序：

Ⅰ. 阶段0：道德以前的阶段

既不懂得规则，也不会根据规则或权威来判断好坏。凡使他愉快的或兴奋的就是好的；凡使他害怕或痛苦的就是坏的。没有责任的观念。他能怎样做或他想要怎样做，他就怎样做。

Ⅱ. 习俗前的水平

在这个水平上，儿童已经能够区别文化中的规矩和好坏，懂得是非的名称，但是他是根据行为对身体上的或快感上的后果来解释好坏的（受罚，得奖，交换喜爱的东西），或者是根据那些宣布这些规则、好坏的人们的体力来分别好坏的。这个水平又可分为两个阶段：

阶段1：以惩罚与服从为定向。以行为对自己身体上所产生的后果来决定这种行为的好坏，而不管这种后果对人有什么价值意义。避免惩罚和无条件地屈服于力量本身就是价值，而不是尊重为惩罚和权威所支持的那种基本的道德秩序。

阶段2：以比较行为的工具作用为定向。正确的行为就是那些可以用来满足一个人的需要，有时也可以用来满足别人需要的行为。人们之间的关系是根据像市场的地位那样的关系来判断的。儿童知道公平、对换、平等分配等，但是他们总是根据它们的实用或物质上的利害来解释这些价值的。对换就是“你替我抓背，我也替你抓背”，而不是根据忠义、恩怨或公平来交换的。

Ⅲ. 习俗的水平

在这个水平上，按照个人的家庭、集团或国家所期望人们做的事情去行事就被认为它本身就是有价值的，而不管它所产生的眼前的和明显的后果如何。这种态度不仅是服从于个人的期望和社会的秩序，而且是忠心耿耿，主动地去维护、支持和辩护这种秩序并以与这种秩序有关的个人或集团自居。在这个水平上，有两个阶段：

阶段3：以人与人之间的和谐一致或者说，“好孩子”为定向。凡是讨人喜欢或帮助别人而为他们所称赞的行为就是好行为，其中有很多是服从于大多数人定型的形象。经常用意图去判断行为。第一次把“他的用意是好的”作为行为的一个重要因素了。好孩子就会获得别人的赞许。

阶段4：以法律与秩序为定向。倾向于权威、固定的规则和维持社会秩序。尽自己的义务、对权威表示尊敬和维护既定的社会秩序这些都是正确的行为。

Ⅳ. 习俗以后的、自主的或有原则性的水平

在这个水平上，儿童显然努力脱离具体掌握原则的集团或个人的权威，摆脱把自己和这种集团为一体去确定有效的和可用的道德价值和原则。这个水平也有两个阶段：

阶段5：以法定的社会契约为定向。一般地讲，具有一点功利主义的气味。正确的行为往往是根据一般的个人权利和已为整个社会批判考核而予以同意的标准来加以解释的。儿童清晰地意识到个人的价值和意见是相对的，因而强调要求有一个取得一致同意的程序和规则。除了在宪法上民主同意的东西以外，权利是关于个人的价值与意见的事情，所以其结果就要强调法律的观点，但同时还要强调根据对于社会是否有用和合理来考虑改变法律的可能性（而不像第四阶段那样死板地维护法律）。在法律领域之外，自由同意和契约乃是遵守职责的一个具有联结作用的因素。这就是美国政府与宪法的“官方的”道德。

阶段6：以具有普遍性的伦理原则为定向。根据良心作出的道德决定就是正确的。所谓根据良心的决定就是根据自己选择的具有逻辑的全面性、普遍性、融贯的伦理原则作出的道德决定。这些原则是抽象的和伦理的（像中庸之道，绝对的命令等）而不是一些具体的道德规范，如十诫等。实质上，这些原则就是普遍的公平原则、互相对换的原则、人权平等的原则、尊重个人具有人类尊严的原则。

科尔伯格曾经利用过追踪的方法和异种文化交杂的方法进行实验，而所有的实验都证实了儿童的道德发展必须经过上述的这六个阶段。各种儿童的发展有快有慢，但这个顺序是不变的。各个儿童可能在任何发展阶段就停止不前了，或者到一定的年龄就不再发展了，但是如果他继续前进的话，他就必须按照这个顺序，一个阶段一个阶段地发展。例如，关于生命价值的发展，当汤姆被问道：“最好是救一个重要的人物，还是救一群的人”时他说：

> 所有这些人都不重要，因为一个人只有一所房子，也许有一些家具，但是一大群人就有许多许多家具而几个穷人就可能

有不少钱，但他们并不注意它。

当汤姆考虑生命的价值时，他把生命的价值和家具的价值混为一谈了。这是典型的第一个阶段的思想。当他在13岁时被问到那个病妇想自杀的问题时，他说：

> 但是她丈夫却不想她死，她和一个动物不一样。如果你心爱的小动物死了，你没有它也能活下去，它并不是你非有不可的东西。嗯，你能再娶一个新的妻子，但那不真正是和以前的妻子一样了。

这个答复是属于第二阶段的看法，一部分因为这个妇人的价值已不同于一个动物的价值了，一部分因为这个妇人生命的价值对她的丈夫具有实用性的价值，她丈夫不能像他另换一个心爱的动物那样轻易地另换一个妻子。汤姆16岁回答同一问题时，他说：

> 自杀对她来讲是比较好的，但是对她的丈夫却不是这样的——这是一条人命，不是一只动物。一个人对于一个家庭的关系和一个人和一只动物的关系不同。你可能喜爱一只小狗，但是这和你喜爱你所认识的一个人完全不同。

在这种答复中，我们可以看出汤姆已经从第二阶段移到第三阶段的看法了，在这里，儿童认识到这个丈夫对于一个在他家庭里的成员具有一种为人类特有的移情作用。在第三阶段，我们看到这个儿童开始注意到社会规范和习俗对他的期望了。

礼查在13岁时被问到这个关于病妇自杀的问题时，说：

> 如果她要求自杀，这完全在于她自己。她深深陷入十分可怕的痛苦之中，这完全和一个人为了使一个动物不至于痛苦而杀掉它是一样的。

这种对于生命价值的反应处于第二和第三阶段之间。到了16岁时，他说：

> 一个人无权决定谁应该活下去，谁应该死去。上帝给予地面上的每一个人以生命，而你却把直接来自上帝的东西从那个人手上夺去。……当你杀害一个人时，这几乎等于你破坏了上帝的一部分。

这是对于生命价值发展到第四阶段的看法，礼查根据一个人的生命在一个道德范畴或宗教秩序中的地位把生命视为神圣的东西。不过，这仍然是根据他对上帝和上帝的权威的尊敬而认为人类生命的价值是具有普遍性的。这种价值还不是一个自主的人类价值。在这个阶段上，仍是用由固定的规则、法律和权威所维护的一种习俗秩序来解释道德价值的。在20岁时，礼查说：

> 这是她自己的选择。我认为，作为一个人，他就有一定的权利和特权。我是一个人，我有求生的欲望，而且我想任何人也都是这样。你有一个以你为中心的世界，而且每一个人也都是如此。从这个意义讲来，我们都是平等的。

礼查的这种反应显然是属于第五阶段的，在这里，生命的价值乃是根据人类具有普遍平等的人权这个意义来加以解释的，也考虑到行为的用处或幸福的后果。在礼查24岁时，他说：

> 一个人的生命，无论是谁的生命，都优越于任何其他道德价值或法律上的价值。一个人的生命具有它内在的价值，不管某一特殊的人是否珍惜它。一个人的价值居于中心的地位，在这里，公平与爱情的原则对于一切人类的关系而言，是具有规范性的。

这个年青人的道德思想已经达到了第六个阶段。他把人类生命的价值视为绝对的，因为它代表着他把人当作一个人而普遍地、平等地尊重他，他按顺序一步一步地主动发展，最后达到了一个高峰，即把人生看成了一个核心的价值，这既不是神授的，也不是任何社会权威赋予的，而是从他自己内心发展出来的。

总之，人类的道德思想是具有普遍原则的，它们是按照一个不变的顺序向前发展的。此外，不同的文化和不同的个人也有其特殊的不同的道德信念，所以这些信念的内容是相对的。但是我们在道德思想的结构中所见到的差异乃是儿童发展或成熟的水平上的差别。我们对儿童进行道德教育就必须首先懂得这个道德发展的过程以及其发展阶段，然后必须掌握每一个儿童在这个整个道德发展过程中已经达到了什么水平，最后根据儿童发展的具体情况指导儿童下一步的前进方向。

（三）

科尔伯格认为传统的道德教育都是一种灌输而不是教导，都是把一些所谓美德强加在儿童身上，而他的道德教育则是按照道德发展的规律促使儿童发自内心地认识到行为的好坏，主动地要求上进。他说："我们所赞同的发展法就是在进行道德教育时运用一种不从事灌输思想的方法，利用这种方法按照发展的自然方向去刺激儿童自己的思想并使他向着每个儿童潜力以内的目的前进。"总之，这种道德教育不是以社会的权威为依据的，而是以一个发展中的儿童朝向进一步较高阶段的自然趋向前进为依据的。

科尔伯格认为人类具有一些普遍的基本道德原则。他所谓道德原则并不是一些直接指导行为的特殊规则，而是一些作出判断和决定的方式。这就是说，进行道德判断包括有一个理性的过程而不是机械地应用一些规则。道德原则是处理道德冲突的方式，去解决许多人各执一词的争论。当彼此发生冲突的意见时，科尔伯格认为用来解决这类冲突的成熟原则乃是公正的原则，即尊重每一个人都有平等的权利；道德教育就是促使儿童发展他的公正的原则，这是他的道德发展的最成熟的阶段。在第一和第二阶段，儿童是根据具体的后果来判断好坏的，这是低级的判断阶段。在第三阶段，儿童是根据别人的赞许或反对来判断好坏的。在第四阶段，儿童是根据一个人是否服从于抽象的制度、习俗进行道德判断的。到了第五和第六阶段，儿童就理解了公正平等的原则并且根据这个原则行动。这时他们就根据公正平等的原则来辨别是非。

因此，科尔伯格认为，道德教育的目的就是一步一步地促进儿童的道德发展，使他能作出越来越成熟的判断和推理，一直达到清晰地理解公正平等这个普遍原则作为道德发展的顶峰。关于教师如何教导学生从事道德判断和行为，科尔伯格提出了下列的几个原则：

第一，不能通过直接的教导进行道德教育。科尔伯格的实验研究证明，道德判断的原则是不能直接教给学生的。儿童的道德思想是发自他的内心的，而变化是渐进的。儿童的道德发展是按照一定阶段和顺序进行的，如果儿童还没有达到第四阶段，你直接教他作出第五或第六阶段的事情，那将是徒劳无益的。心理学家们曾经做过下列的实验：首先和儿童进行谈话，确定他们已经达到的道德发展阶段。然后讲给他们听一些第六阶段的道德判断，要求他们根据他们的理解用自己的话重新把它们讲出来。实验的结果表明：所有的儿童都能按照他们已经达到的阶段所能理解的意义表达出来；有一些儿童能够按照比他们已达到的阶段再高一阶段的理解来表达这些判断。但是没有一个儿童能用超过他们现有阶段两个或三个阶段所理解的意义来表达这些判断。例如，每个孩子都能背诵出来“以其人之道还治其人之身”这一格言。如果我们问他：“如果你在街上有一个孩子走向前来打你一拳，你将怎样?”大多数10岁的儿童就会回答说：“打回他一拳，别人对你怎样，你就怎样对待他嘛!”这种解释是属于第二阶段的理解，即实际事物的交换。而第三阶段的儿童就不会这样理解，他们会想到：“己所不欲，勿施于人。”

第二，教师可以促进儿童的道德发展，使他向着高一级的阶段发展，但不能使他越级发展。科尔伯格认为，传统的道德教育之所以对学生的道德判断和道德行为不能发生什么影响，即是因为它不顾及儿童发展的阶段而用一套成年人的道德观念强加于学生，而这一类成人的道德观念在儿童看来往往是没有意义的，不是太抽象，他们不能理解，就是过于具体，他们业已做到无需老师再唠叨了。

第三，教师必须仔细地聆听儿童所作出的判断，以求真正理解儿童的道德判断的意义。教师必须有能力辨别成人判断和儿童判断的差别以及各个儿童之间作出判断的差别。总之，如果一位老师要知道他对学生所提出的理由是否真能为学生所理解和接受，他就必须首先懂得儿童的道德思想及其现已达到的发展水平。

第四，如果教师的道德说理是低于儿童的发展水平的，这种说理也不会发生教育作用，不能促进儿童的道德发展，不会影响学生的道德行为。因为当一个儿童已经达到了一定的发展水平而你再用前一阶段的道德理由去责备他做错了一件事时，他会感到你的这个理由是不正确的而继续按照他已经达到的发展阶段办事。例如一个儿童已经达到了第二个发展阶段，以实用的需要和互相交换为定向来判断是非，而你用第一个发展阶段那种以体罚和屈从为标准来批判他的判断和行为，这非但不能影响他的道德发展，而且会使他不服气，认为他是对的，你是错的，因为你的话既会引起惧怕，而又不能满足他的实用需要。例如，有一个达到第二阶段的孩子拒绝属于第一阶段的下面这两句话：

> 艾尔伯说，你应该讲出来，这样可以不至于惹起你父亲对你的麻烦。但是害怕父亲是不对的。罗伯特说，你不应该讲出来，因为如果你讲出来了，乔艾会揍你一顿。这也是不对的，因为当你告诉他，他的哥哥会揍他一顿时，这会使艾里克斯对他哥哥有一种不好的想法。

第五，教师不能以自己的权威从外面向学生灌输道德观念，因为虽然教师的权威能对学生产生一定的影响，但是儿童的道德判断最终还是按照他的发展水平作出的。儿童道德思想发展每次发生变化都是他自己的一次新发现。道德思想的新方式总是发自内心的而不能强力外加的。道德思想的变化乃是儿童自己经验的重新改组，乃是由于儿童遭遇到某种道德上的冲突而引起的。所以教师的主要任务就是帮助学生：(1) 集中注意真正的道德冲突；(2) 考虑他用来解决这种冲突的理由是否恰当；(3) 找出他自己思想方法的前后矛盾和不恰当之处；(4) 发现解决这些前后矛盾和不恰当的思想方法。实验证明：如果要求儿童认识到自己思想方法矛盾，他就会想要发现较好的新的解决道德问题的方法。因此，教师的讨论必须是具有启发性的，必须要处理重大的争论问题，从而促使他自己体验到真正的道德冲突。这就是说，要促进儿童向发展到下一阶段前进，首先就必须让儿童认识到自己的思想方法不对头。要做到这一点，教师就必须使学生把注意力集中于他在进行道德判断时所运用的推理方式，而不是集中于他所选择的道德内容或某些特殊的具体道德行动。科尔伯格运用的方法就是向儿童提出一些在道德上进退两难的问题，它可以作出各种不同的、相反的回答。科尔伯格觉得每当他运用这种方法时，他就引导儿童向着比他现有的道德发展阶段高一级的阶段考虑问题，从而会使他发现更大的道德冲突，这样便可以最成功地促进儿童的道德观念发生变化。

总之，为了使得自己进行的道德教育发生效果，教师必须：(1) 懂得儿童道德思维发展的水平；(2) 让儿童用直接高一级的水平来和他现有的水平进行比较；(3) 要求儿童注意自己的思想方法而不是具体的行为内容；(4) 帮助他体会到冲突的类型，使他意识到按照下一阶段水平办事比较恰当。

第六，以上只是谈到在教室里对学生进行道德教育最好采取讨论各种不同观点以解决道德冲突的方法。这种方法的基本价值在于它为学生提供了主动参加道德决定的机会。但这只是认识发展方式的一种。这种强调合理讨论的方法只是学生在整个学校里比较广泛地、持久地、主动地参加各种社会活动与道德活动的一部分。首先，学生应该明显地关心整个的学校的课程。此外，学生应该采取行动参加整个学校有关道德的决定。还应该鼓励学生讨论当前的社会道德问题，例如公民权利和反对霸权主义等等的问题。总之，在学校里需要养成一种气氛，使学生都能按照公正的基本原则考虑和讨论一切道德方面的争论。

最后，科尔伯格认为，按照他的认知发展的方式进行道德教育，在学生内心发展的道德思想就能形成他在外表上所表达出来的道德行为。道德推理和道德行为是联系在一起的，因为成熟的道德行为要求以成熟的道德思想方式为先在条件。只有当儿童有了适当的理由去支持他的道德行动时他才会采取一种特殊有关的道德行为。如果我们知道了儿童道德发展的现有水平，我们就应该能够测验到他所将要采取的大部分的道德行为。科尔伯格的调查研究表明，虽然在习俗水平上的道德判断可以保证一个人在社会上能服从于外在的权威，但是它不能保证在没有明显的制裁，外界的监督和集体的批评的情况之下，一个人会服从他自己的良心，服从于他内心的道德标准。因此，就欺骗一事而论，科尔伯格认为在判断和行动的发展水平之间是互相联系的，即如果一个人达到了有原则性地作出判断的水平（即达到了发展的第五和第六阶段），他就会在没有社会压力之下一贯地采取服从自己良心的具有原则性的行为。因为，促进一个儿童发展比较成熟的道德思想方式，从长远看来，对于他养成高尚的道德行为是具有密切关联的。

(四)

在结论中，科尔伯格建议，我们最好不要把道德的行为视为仅仅是一种“良好的行为”，而应视为一种符合于成熟的道德判断的行为。用赏罚的方法去改变学生的行为并不能直接养成学生的道德品质，而且从长远看来，也不见得会有积极的效果。根据若干美德对学生进行说教去培养良好的行为，无论从逻辑说理来讲，或根据实验的数据来讲，都是没有理由的。因此，科尔伯格最后提出了五点意见：

(1) 用直接的说教去培养道德行为，其基本缺点在于这些所谓“美德”只是按照教师或法官的标准和偏见去下定义的；

(2) 教师的基本任务是从儿童的观点去理解儿童的一定行为的好坏；

(3) 既然儿童对于好坏的判断是以一个自然发展的顺序为标准的，因而最好从道德的角度把某些行为视为比另一些行为较为成熟些的；

(4) 因此，鼓励儿童按照他的判断的最高水平去采取行动，这无论从心理学的角度，或是从伦理学的角度来讲，都是比较适合的。这个目的不同于那种教导学生按照教师的行为标准行动的道德教育；

(5) 既然在判断与行动之间的分歧反映后认识上有冲突，这一点可以用来促进发展，促使判断与行动互相符合一致，那么这种判断与行动之间的分歧既足以刺激道德进一步的发展，又足以改变明显的行为。这种促使判断与行动相符一致的方式不同于通常用来培养良好行为的那些说教式的、强制式的或纪律式的方法。根本上，这就是说，去刺激儿童应用他自己的道德判断（而不是教师的道德判断）去采取他自己的行动。

(五)

科尔伯格的道德发展学说在欧美各国的心理学界、哲学界和教育学界都引起了许多的讨论和争论。例如，1974 年《教育理论》

杂志春季号克莱格（Robert Craig）的一篇名叫“科尔伯格与道德发展：几点想法”的文章，基本上是赞成他的学说的，但也提出一点批评。第一，科尔伯格在他的道德教育中强调促进学生道德判断的发展，同时他也要求这种道德判断应该导致学生的道德行为，但是根据他举的实例，他说，一个人在儿童时期进行欺骗，当他长成大人时是否也是进行欺骗的，这不能预测，而只有达到第六阶段的人才能预测到他将来的行为。但是这个结论并没有实验的证明，而是他从逻辑中推论出来的。他并没有证明道德判断和道德行为之间必然有因果关系。第二，科尔伯格虽然也说到一个人要在智情意几方面全面发展，但是他着重于儿童的认知发展，而忽视了儿童在情绪与意志方面的发展，而情与志和道德行为的关系至少和知与道德的关系是同样重要的，如果不是更重要一些。第三，科尔伯格强调儿童在他与环境交互作用的过程中自然的发展，而不承认教育的目的是养成儿童良好的习惯。他认为习惯是由于赏罚所形成的一种被动的行为，但是他不知道习惯在促使个人利用智慧解决问题的主动作用。科尔伯格一方面反对道德教育是养成良好的习惯，另一方面，他又必须承认儿童在每一发展阶段作出道德判断时又要以学来的习惯为基础。他无法解决这个自相矛盾。

还有澳大利亚出版的《教育哲学与理论》杂志 1976 年的第一期发表过一篇名叫“道德教育中认知上的普遍性和文化上的相对性”一文。作者迪奥里澳（Joseph A. Diorio）认为，科尔伯格主张在各个不同的文化中都有一个共同的普遍存在的道德发展过程，这一点是没有足够的科学根据的。虽然科尔伯格曾在几种不同的文化中做过一些实验，但是一方面范围太狭，另一方面实验的儿童人数也不够多，这样实验的结果不足成为科学结论。

还有认为科尔伯格的六个发展阶段中只有前四个阶段是经过一些实验的，最后两个阶段是推论出来的，所以它们的科学根据是不足的，而且据说，根据测验，在美国成人中达到第六阶段的人也只占人口的 5%。在科尔伯格的文章中用儿童说明第五、第六阶段的例子很少，他只是常用苏格拉底代表第五阶段，用黑人领袖马丁·路德·金（Martin Luther King）做例子。那么这种阶段说的科学性就值得进一步研究了。

分析派的教育哲学家们则批评科尔伯格是把关于事实的判断（认知判断）和关于价值的判断（价值判断）两者混为一谈了。认知判断是关于“是什么”的问题，而道德判断是关于“应该怎样”的问题，他们认为，我们不能从认知判断中得出价值判断的结论。

对于这些批评也有人替他进行辩护的。例如《教育理论》杂志1976年秋季就发表过两篇文章，一篇是西切耳（Betty A. Sichel）写的“科尔伯格能够答复他的批评者吗?”，为科尔伯格不讨论习惯问题和情感问题进行辩护并作了一些补充；另一篇是格里尔（James M. Giarilli）写的“论科尔伯格和摩尔的自然主义谬误”，是为科尔伯格从事实判断导致价值判断进行辩护。关于这一点，科尔伯格自己也写过一篇文章名叫:“从‘是什么’到‘应该怎样’，在道德发展的研究中怎样会陷入这个谬误和怎样能避免它”，载米切尔（T. Mischel）主编：《认知发展与认识论》一书，纽约，1971年出版。

现在西方各国都在注意对学生进行道德教育，而科尔伯格的道德教育学说是美国当前的一个主要流派。关于儿童道德发展的理论颇有值得我们研究的价值，特此作一简介，引起我国教育家和心理学家们的注意。

（傅统先）

选自：外国教育资料，1981（4）

桑代克

（Edward Lee Thorndike）

- 生平简介
- 名篇选读

  人类的学习（节选）
- 思想评介

  现代西方的学习理论简述

生平简介

E·L·桑代克（1874~1949），美国心理学家，动物心理学的开创者，联结主义的建立者，教育心理学体系的创始人。桑代克1874年8月31日生于美国马萨诸塞州的威廉斯堡，中学毕业后就读于韦斯理扬大学，1895年获该校文学士学位。桑代克在韦斯理扬大学临毕业前一年，拜读了W·詹姆斯的《心理学原理》之后对心理学产生兴趣并开始学习心理学，同年转入哈佛大学，成为詹姆斯的授业弟子，并与后来成名的R·S·伍德沃斯同窗。他在詹姆斯的指导下开始用小鸡做走迷津的实验，成为心理学史上第一个用动物实验来研究学习的人；1896年在该校获第二个文学士学位，1897年获硕士学位，后来转入哥伦比亚大学师从卡特尔，继续利用猫和狗等做实验；1898年在卡特尔的指导下，以论文《动物的智慧：动物联想过程的实验研究》获博士学位；同年，任哥伦比亚大学师范学院心理学讲师，1901年升任心理学副教授，1903年出版第一部教育心理学专著，同年升为教授。他在哥伦比亚大学师范学院继续任教达40年之久，任教期间主要从事人类和动物学习、教育过程、教学原理、英语学习的性质及心理测验诸领域的研究；1942年重返哈佛大学，任詹姆斯讲座教授，以纪念44年前支持他进行小鸡实验的大师，以后他继续从事心理学的研究。1939年退休后，他仍然十分积极地继续工作，1949年8月9日在纽约州去世。

桑代克开创了应用实验法研究动物心理的先河。桑代克的先驱、动物心理学家G·罗曼尼斯和C·L·摩尔根对动物的绝大部分观察是在自然条件下进行的，而桑代克首创以严格控制的实验研究代替自然观察。巴甫洛夫曾经称赞桑代克：“……现在我们必须承认，沿着这条路走出第一步的荣誉是属于桑代克的。他的实验先行于我们的实验两或三年……”桑代克最突出的贡献是根据对动物的实验，提出著名的联结学习理论，他认为动物的学习就是在刺激与反应之间形成联结。他说：“学习就是联结。”联结的形成须经“尝试与错误学习”的过程。由于多次的“尝试与错误学习”形成的联结，其强度受到效果律、准备律与练习律三原则的支配，这便是桑代克提出的三条著名的学习定律：效果律（与反应之间的一种可以改变的联结，可因导致满足的结果而加强，可因导致烦劳的结果而减弱，但得到满足的动作不一定原封不动地再现，没有得到满足的动作，有时却可被保持下来）、准备律（当任何传导单位准备传导时，给予传导就引起满意。当任何传导单位不准备传导时，勉强要它传导就引起烦劳）与练习律。练习律包括应用律和失用律，应用律就是“一个已形成的可以改变的联结，若加以应用，就会使这个联结增强”；失用律就是“一个已形成的可以改变的联结，如不应用，就会使这个联结减弱”。同时，桑代克将“联结”概念推广到人类心理，形成联结主义心理学体系。他从进化论观点出发，认为人是从动物进化而来的，人类心理与动物心理相比只是复杂程度不同，研究动物的学习有助于理解人类的学习。他在研究人类学习后，对其联结理论做了某些修改或补充。例如，对学习定律，提出了“相属原则（意义联系）”以修订练习律，用奖赏补充效果律。进一步，桑代克提出了学习迁移的“相同要素说”。他 1901 年与伍德沃斯共同研究了学习迁移问题，认为只有当两种机能具有相同的因素时，一种机能的变化才能使另一种机能也有变化。例如，儿童掌握了加法可以增进乘法演算，因为加法与乘法的部分元素是相同的。桑代克对人性与个体差异进行了论述。他认为人性是先天形成的刺激或情境与反应间的联结，这些联结是教育的起点。他重视了解个体差异，并提出学习律要在具体实施中考虑个体差异，学校工作应努力消除差异上的问题和进行职业指导。桑代克的教育心理学体系由人之本性、学习心理和个体差异三部分构成，使教育心理学成为独立的科学。桑代克也涉足了教学成果和智力测验及其处理方法的研究。在美国，心理测验与教育心理学的关系是很密切的。桑代克继承卡特尔的心理测量学说，编制标准化的教育成就测验，制定阅读等学科量表；设计军队的智力测验、CASV 测验（完成句子、数学、词汇、按指令操作）和非文字量表。他是当时美国心理测验运动的领导人。

桑代克的论著有 500 多种，主要著作有：《动物的智慧：动物联想过程的实验研究》(1898)、《教育心理学》(1903)、《心理学纲要》(1905)、《动物的智慧》(1911)、《教育行政》(1913)、《教育心理学》(3卷本，1913，概论，1914)、《成人的学习》(1928)、《人类的学习》(1931)、《学习要义》(1932)、《有关奖励的实验研究》(1933)、《比较心理学》(1934)、《心理需要、兴趣和态度》(1935)、《成人的兴趣》(1935)、《人性与社会秩序》(1939)、《联结主义心理文献选》(1949)等。

(何先友)

名篇选读

人类的学习(节选)

一般学习的演化

对一个动物而言，同样的变化可能作为一种学习的特征而发生，或者以其他的方式而发生。曾经咬过某种物体的动物，现在会对该物体漠不关心，因为它已经学会了忽略这个物体，或者因为它已经长大不再需要该物体的味道，或者因为它现在不饿，或者因为它的肌肉尚未准备收缩。学习是一种变化形式，它与仅仅由于特定的外部情境的关系而引起的内部发展的变化是有区别的，因为学习所引起的变化速度要快得多。此外，学习与适应、疲劳、兴奋性、压抑和其他一些生理改变状态(physiological shifts)也有区别，因为学习所引起的变化更具永久性。

在动物发展的早期阶段，我们称之为学习的变化与我们称之为适应或疲劳的变化是难以区别的。确实，如果在感受器(sense-organs)和肌肉等无法加以分离的动物身上，我们对该动物每分钟轻触一次，那么该动物对这种轻触的反应便会越来越少，并在下一个小时或下一天仍然和先前一样，我们就可以说动物已经适应了，或者感到疲劳了，或者学会暂时不去注意它了。至于那些称作学习的变化如何从生活情境的更为一般的可变性（modifiability）中演化而来，我们并不知道。这始终是未来比较生理学和比较心理学（comparative physiology and psychology）的一个引人入胜的研究课题。

我们将从动物由于某些经验而作出改变来开始我们的学习故事，而不是仅仅从内部生长引起变化来开始我们的学习故事，因为动物对同样的外部情境作出反应与它在获得那些经验之前所做的反应是不同的，而且还以不同的方式保持了这种变化，比之以兴奋性方式产生的适应、疲劳或变化，学习所保持的这种变化的时间要更为长久。

在动物史中，这种情况可以追溯到很远的时期。由 R·M·耶基斯（R. M. Yerkes，1912）所做的蚯蚓研究表明，在蚯蚓遵循着趋向暗处的原始倾向时给予电击，蚯蚓便会转而趋向亮处。根据 H·皮埃隆（H. Piéron，1911a 和 1911b）的实验，当一个影子投向蜗牛的触角时，它会缩回其触角。随着实验的进行，经过若干训练之后，蜗牛便停止这样做了。西曼斯基（Symanski，1912）和 F·J·特纳（F. J. Turner，1912）教会蟑螂沿黑暗的边缘向后走，从而避免电击。蟑螂还能学会选择正确的通道，以便走出简单的迷宫。螃蟹和龙虾能够学会选择正确的道路，以便返回水里［耶基斯，1902；耶基斯和休金斯（Huggins），1903］。所有的脊椎动物显然都具有学习能力。

在几乎整个学习范畴内，学习的一般模式和特征是极为相似的。软体动物和节肢动物——鱼类、两栖类、爬行类、鸟类和哺乳类表现出基本上同样的学习过程。这种学习过程可以从两个具体的例子中得到最佳观察，一个例子来自最低级的脊椎动物，一个例子来自最高级的脊椎动物。

把一种叫做芬德勒斯（Fundulus）的小鱼关入水箱明亮处的一端，水箱中隔着一张金属丝网，网上有一个洞，小鱼朝阴暗处游去，结果鱼鼻子撞到网上。然后，小鱼转过身来游回原处，接着又朝阴暗处游去，结果再次碰了鼻子。这一行为连续发生，直到它找到网上的洞，并通过这个洞游到了水箱的阴暗处。待小鱼在阴暗处充分享受过之后，又被轻轻地放回到网的另一边。小鱼像先前一样作出反应，但是，一般说来，撞网的次数减少了，而且能够较快地游到网洞处。如此这般地进行试验，小鱼离开网洞方向的次数越来越少，撞网的次数也越来越少，并能越来越快地找到洞口，最后达到这样一种程度，即一俟被放入网后那个惯常的地方，它便立即朝洞口方向游去，并迅速穿过网洞而游到另一边。

把一只叫做西伯斯（Cebus）的猴子关入一只大笼子里。笼中置一只箱子，箱门关着，由一根金属线系在一枚钉子上，钉子插在箱子顶部的洞眼里。如果把钉子从洞眼里拔出，箱门就可拉开。箱子里放着一根香蕉。猴子由于受到新奇东西的吸引，便从笼顶上下来，在箱子周围忙乱起来。它拉拉金属线，拉拉门，还拉拉箱子前部的栅栏。它把箱子推来推去，并把它上下翻转。它玩弄钉子，终于将它拔了出来。当它碰巧再次去拉箱门时，门当然可以开启了。于是，它将手伸进去，并得到了里面的食物。前后一共花去36分钟时间，方才得以获得箱内之物。接着，箱子里放进另一根香蕉，复把门关上，于是第一次尝试中出现过的行为再度发生，但是，无效的拉翻动作发生得较少了。在第二次尝试中，总共花去2分20秒时间便获得箱内之物。经过反复的多次试验以后，猴子终于完全消除了无效的动作，一俟箱子被放入笼中，它便去把钉子拔出并把门打开。我们可以说，它已经学会获得箱内之物了。

在这些学习行为中，所涉及的过程显然是一种选择过程（process of selection）。猴子面临着一种情形或“情境（situation）”。它用一系列行为作出反应，反应的方式受到它先天的本性或先前的训练的影响。这些行为包括适当的特定行为或系列行为，而且还为此得到奖励。在继后的尝试中，导向这一行为或系列行为的联结（connection）越来越得到增强；这种行为或系列行为越来越密切地与那种情境联系起来。它被动物从其他行为中选择出来显然是由于对动物来说伴随着满足。随着对该情境的反应，无效行为发生的频率便越来越少。最后，在那种情境里，动物终于只表现出一种行为或系列行为。

这里，我们有了世界上广泛传播的学习类型。这种学习无需推理，没有任何推理过程或比较过程；也无需对物体进行任何考虑，没有2+2的算术；也无需任何观念（ideas）——猴子不可能思考箱子或食物或它即将实施的行为。我们知道的东西是，它随着学习而开始在某种环境里干某事，那是学习之前在同样环境中不会干的。人类习惯于把智力视作拥有观念和控制观念的力量，认为学习能力和拥有观念的能力是同义的。但是，拥有观念的学习就其性质而言，实际上是罕见的和孤立的事件之一。动物智力的一般形式（它们的学习的习惯方式）并不是通过观念的获得，而是由于反应的选择。

狗和猫有着在不同的背景中经常体验和反应的某些普通物体的观念（或内部表示），有着在对许多不同的情境作出反应时经常实施的某些普通行为的观念（或内部表示）。于是，它们可能在某种意义上有着"可口的食物"、"喷香的气味"、"转身"、"咬它"，以及诸如此类的想法。但是，它们不会拥有很多这样的想法，也不会经常使用这些想法。按照常规，它们通过尝试和成功（trial and success）进行学习，而不是通过计划、模仿、证据或者通过一项活动来学习。

猴子是我们人类的近亲，尤其是黑猩猩，更经常地表现出对情境进行内部思考的迹象，以及通过关于该情境的观念来指导它们进行学习的迹象。但是，它们在很大程度上通过"尝试，再尝试"的方式进行学习，通过反应带来的满足感来逐步选择一种合适的反应，而不是通过有意性和顿悟（deliberation and insight）来逐步选择一种合适的反应。

在人类中，确实可以找到同样类型的学习。当我们学习打高尔夫球，或打网球，或打台球时，当我们学习通过品茶来讲出茶叶的价钱时，或者确切地用嗓音发出某种音调时，我们主要不是按照向我们进行解释的任何一种观念来从事学习的，或者通过我们实施的任何一种推理来从事学习的。我们通过逐步选择适当的活动或判断来学习，通过它与要求它的环境或情境的联系来学习，那正是动物进行学习的方式。

以这样或那样的方式对直接呈现于感官的情境，用尝试和成功的形式作出反应，这种纯粹联想的学习就其本质而言从小鱼到人类没有什么不同，不过在形成联想的量和质方面发生了巨大的变化。如果我们循着动物进化的道路，我们便会发现情境和行为之间形成的联想在数量上不断增长，形成的速度更快，而且变得更为复杂和更为精细。鱼能学会去某个地方，游某条路线，避开某个敌人，咬住某些物体，并拒绝某些物体，但是，仅此而已，不会更多了。对鱼来说，学会游过网上的小洞从水箱的一端到达另一端是一项艰巨的举动。可是猴子却能学会做数千件事情。对于猴子来说，学会用松开钩子的办法，推开一根杠杆的办法，以及拔出插头的办法来获得藏在一个箱子里的食物，相对而言是件容易的工作。它还能学会看见卡片上的字母T便迅速地从笼子上面爬到下面某个地方，看见卡片上的字母K则呆在原地不动。

这种数量的增长、形成的速度、精细的程度以及对于一个动物来说可能形成的联想的复杂性等等，在人类那里达到顶峰。即便我们不去考虑推理和力量，不去考虑观念和抽象的多样性，人类仍然是动物王国中的智力领袖。这是因为人类在情境或感觉印象（sense-impressions）和行为之间形成联想的力量得到了高度的发展——也因为一切有理智的动物已经达到了单单通过选择来进行学习的程度。

因此，就人类学习的演化而言，有许多是十分清楚和简单的。人类在感觉到的情境和一个行为之间通过联结的频率（frequency of connection）和后效的满意度（satisfyingness of after-effect），以动物方式形成动物类型的直接联结，但是人类能够形成更多的联结，用情境的细微要素形成这些联结，并以更为复杂的系列和人类行为中所包括的精细复杂的操作运动、面部表情以及言语声音形成这些联结。

对于这种不同寻常的普通的动物学习类型的发展，人类又增加了获得大量的观念的能力，用思维回顾已经发生了的事情的能力，为可能发生的事情进行规划的能力，以及分析、构想和推理的能力。关于这些独特的人类能力的演化，威廉·詹姆斯于1890年写道："一个人越是诚挚地谋求心理发生的实际过程，也即作为一个种族，我们拥有的特定心理属性所经历的那些阶段，一个人便越是清楚地察觉到'在极端黑暗中缓缓聚集起来的曙光'。"

在某种意义上说，那仍然是正确的。我们不知道人类何时从类人猿祖先中分离出来，譬如说，人类究竟是黑猩猩的叔叔、表兄还是侄子。我们可能在将来找到断链中的颅骨，但是对它们的行为和学习，我们则永远无法测试。有关动物和人类学习的40余年研究已经使詹姆斯的隐喻不再适用了。尽管心理演化远不够清楚，但是它正在变得清楚起来；我们见到越来越多的光明。同时，我将建议你们考虑一种有关人类智力演化的理论，这种理论比起它当初产生的时候，现在有更多的证据支持它。

这个理论是：大量的观念、顿悟和推理（看来，它们十分明显地把人类学习和动物学习区别开来）是人类这种动物能够形成的在联结的数量和适应性上大量增加的次级结果（secondary results）。由于这个理论，联想学习中的数量差异是我们称为观念、分析、抽象和一般概念、推论和推理等力量的质量差异的产物。

这个理论的优点之一是它与智力和学习所依靠的大脑中联想神经原的演化相符合。迄今为止，人们知道，人类并不具有新的神经原种类，或者神经原活动的新样式，但是，人类确实具有很多神经原，并且比其他动物有着更大的相互联结的可能性。

这个理论的第二个优点是它与人类个体生活史期间的学习发展相一致。在婴儿头12个月或12个月多一点这段时期里，其学习属于一般的动物类型，也即通过频率和后效将特定的活动与直接感知的情境相联结。婴儿只有极少几个观念；他通过尝试而学习，而不是通过顿悟而学习。但是，从第6个月或第8个月开始，联结大量地形成。每一种玩具被儿童以各种姿势握着，朝各种方向移动着。他的眼睛一遍又一遍地观察着玩具，以至于一只拨浪鼓或汤匙或一块积木实际上已在许多方面和场景中被婴儿看到过。几乎一切具有适当大小的物体都被儿童推过去，拉回来，翻转，扔掉，拾起以及诸如此类的动作，结果这些活动实际上有过数千次的联结。我认为婴儿的咿呀学语包含了比任何语言更为不同的发音；而这些发音的组合，又乐观地被家人解释为真正的话语，或者被视作婴儿自己的语言，并与有价值的后效联结起来。他听到其他人的言语，把别人的单词、短语和句子与某些事物和事件联系起来。如果一个男婴和一只小猫在同一天出生，然后把两者放在一起生活达两年之久，让他们在同样的场合听到同样的言语，而且在每次听到以后，为他们提供同样的处理方法，那么到他们第二次生日时，男孩与猫所能理解的单词、短语和句子，前者至少是后者的50倍。

在1~2年之内，年龄为12个月或14个月的婴儿像一只小猫那样玩耍，只是玩耍的方法更多；像一只猴子那样喋喋不休，只是发出更多的音和音的组合；像一只小狗那样学习，只是行为更频繁，开始具有观念，用词语对质量和关系进行思考，自言自语，并且有所计划。他用人类特有的方式进行归纳和演绎。他的推理结果往往由于错误的资料而显得不合理，但是推理过程确实存在着。

我从H·W·布朗（H. W. Brown）多年前所举的颇能说明问题的例子中摘引了下述一些例子：

（2岁）T拔他父亲腕部的汗毛。父亲说："T，别拔了，你会弄痛爸爸的!"T回答道："这不会弄痛爷爷的。"

（2岁5个月）M说："格雷茜不能走路，因为她穿了双小鞋子；如果她穿了我的鞋子，她便能走路。当我拥有几只新鞋时，我将把这些鞋子送给她，这样她便能走路了。"

（2岁9个月）波利通常在午前小睡，但是星期五他似乎不困，因此他的母亲没把他放到床上去。不久，他便开始说："波利困了；妈妈放到小床上!"他开始说这话时很高兴，但见到母亲没注意他，便说"波利哭了，然后妈妈会……"。于是他坐在地板上吼着。

（3岁）时间是下午5~6点钟，母亲正在哄婴儿睡觉。没有一个人和J一起玩。他一直讲着："我希望R会回家来；妈妈，把孩子放到床上去，这样R就会回家来。"我通常6点左右回家，孩子是在大约5点半放到床上去的，他把一件事跟另一件事联系起来了。

(3岁) W想玩油画。2天前我父亲对W说不要再去碰那些画，因为他太小。今天上午W说："当我的爸爸是个很老的人时，当我是个大人而不再需要任何爸爸时，那么我便可以画画了，妈妈，是吗?"

(3岁) G的姑妈给了他一个十分币。G走了出去，但很快又回来，他说："妈妈，我们很快就要发财了。""为什么这样说，G?""因为我把十分币种在地里，就会长出许多十分币来。"

(2岁) B爬到一节大型的玩具货车厢里，爬不出来了。我帮他爬了出来，可是过了1分钟，他又爬回车厢里去。我说："B，现在你打算怎样爬出来?"他回答道："我可以躲在这里，等车厢变小，然后可以靠我自己爬出来。"

(3岁) F必须先把脸和手洗干净，并把头发梳理好，然后大人才允许她到桌子上去吃东西。前一天有位女士来访，她走到女士跟前说："请把我的脸和手洗干净，把我的头发梳好；我很饿。"

(3岁) 如果告诉C别去碰某件东西，不然那件东西会咬他的，那么他就会问它有嘴巴吗。告诉他别去弄坏它，他会说："噢，它不会咬人的，因为我找不到任何嘴巴。"(1892年，在布朗的著作中上述例子比比皆是。)

这个理论的第三个优点是，在一般的动物学习类型中，一个简单量变相应地伴随着神经原联结数量的变化，导致我们所谓的观念、顿悟、推理等东西的出现。就这些所谓的高级能力的发展程度而言，这种简单的量变是与人类个体中间存在差异的事实相一致的。

如果这些高级能力是以大量独特的联想结果而出现的话，那么在个体身上，一方面为知识的数量和另一方面为智力的程度之间应该有密切的相关——在一个人了解的事实数目和他推理的质量之间也应该有密切的相关。而且确实存在这样的相关。拥有大量信息和技能的人，在其他情况相等的条件下，也应当是良好的思考者。洞察力应该和博学多才结伴而行。的确如此。

直到最近，这一对立的学说是已被接受的学说，也就是说，一个人可以了解并做千百件特定的事情。但在推理能力上——在分析思维、选择思维和关系思维方面——仍很弱。关于智力的表面性质，一个标准的传统观点是，它被明显地分成一半是低级的，一半是高级的。低级的一半涉及联结的形成或观念的联想，也即获得信息并使思维的习惯专门化。高级的一半具有抽象、概括、知觉和关系的运用，在推理中选择和控制习惯，以及驾驭新任务或旧任务的能力等特征。关于智力的深层性质，一个标准的传统观点（就其接受的注意而言）是，单纯的联结形成或观念联想有赖于生理机制。借助这种生理机制，一种神经刺激进行传导，并激发神经原 ABC 的活动，而不是其他任何神经原的活动。但是，高级过程有赖于某种颇为不同的东西。对于这种颇为不同的东西究竟是什么，意见很不一致，也确实很少努力去思考或想象它可能是什么东西。然而，我们有充分的信心认为，它不可能是习惯形成的机制。

几年前，我已在一般的基础上怀疑这种传统观点了。这种怀疑为智力测验的经验所证实，例如，A·比纳（A. Binet）关于幼童的许多测验是很能提供信息的，而对纯粹的和简单的词汇范围进行测验是一种优秀的智力测验。因此，大约在 4 年以前，蒂尔顿博士（Dr. Tilton）和我将该问题置于关键的实验之中，情况如下：

我们所准备的测验尽可能使它具有独一无二的信息和联想，例如单纯测试词的知识范围和算术的信息与运算，部分测验题如下：

请看第一行第一个词。找出第一行中的另一个词，其意义应与第一个词相同或十分接近，然后在本页右边的实线上填写该词的编号。第 2，3，4 行等也按同样方法做。A，B，C，D 行说明做题的方式。尽可能把所有各行都做完。每一行只填 1 个数字。

A. 野兽　1. 害怕　2. 词　3. 大的　4. 动物　5. 鸟　3

B. 婴孩　1. 摇篮　2. 母亲　3. 小孩　4. 青年　5. 姑娘　3

C. 升起　1. 举起　2. 拖　3. 太阳　4. 面包　5. 洪水　1

D. 盲的　1. 男人　2. 看不见　3. 游戏　4. 不愉快　5. 眼睛　2

开始做题：

1. 等待　1. 步调　2. 慢的　3. 等候　4. 疲劳的　5. 离开　__

2. 美化　1. 使……美丽　2. 入侵　3. 夸大　4. 保证
5. 祝福的　__
3. 臭虫　1. 昆虫　2. 车辆　3. 纤维　4. 滥用　5. 噪声　__
4. 安排　1. 排列　2. 催促　3. 距离　4. 恐吓　5. 冲锋　__
5. 不同的　1. 不一样　2. 争吵的　3. 较好　4. 完全的
5. 不在这里　__
6. 棉花　1. 布　2. 小床　3. 茅屋　4. 面粉　5. 牛群　__
7. 使变黑　1. 蕨类　2. 插入　3. 推动　4. 使成黑色
5. 懒散　__
8. 着火　1. 显然的　2. 燃烧　3. 轻微地　4. 游荡
5. 礼貌的　__
9. 大道　1. 正义　2. 到达　3. 大街　4. 陪审团
5. 图书馆　__
10. 长椅　1. 工具　2. 拖上岸　3. 意见　4. 座位　5. 池塘　__
11. 坦白　1. 同意　2. 修正　3. 否认　4. 承认　5. 混合　__
12. 向后　1. 向下　2. 在……之后　3. 朝后边　4. 保卫
5. 欠款　__
13. 广告　1. 拘留　2. 开发　3. 宣布　4. 逆向　5. 报纸　__
14. 搏杀　1. 战斗　2. 惊呆　3. 俱乐部　4. 探险队
5. 梳子　__
15. 金发女郎 1. 客气　2. 不老实　3. 胆大的　4. 害羞的
5. 美人　__
16. 放宽　1. 抹去　2. 弄成水平　3. 逝去　4. 绣花
5. 拓宽　__
17. 圆脸的　1. 懒惰　2. 固执　3. 愤怒的　4. 丰满的
5. 肌肉　__
18. 涉及　1. 看清　2. 参与　3. 提供　4. 干扰　5. 有关　__
19. 货物　1. 装货　2. 小船　3. 边缘　4. 通风　5. 车辆　__
20. 抓住　1. 开发　2. 巢　3. 掠过　4. 握住　5. 手杖　__
21. 怕　1. 小羊　2. 恐惧　3. 工具　4. 土丘　5. 歌剧　__
22. 上了年纪 1. 年份　2. 活跃的　3. 老的　4. 仁慈的

5. 准时的 ___

23. 到达 1. 回答 2. 敌手 3. 进入 4. 力量 5. 来到 ___

24. 迟钝的 1. 反应慢 2. 懒洋洋的 3. 聋的 4. 怀疑的
5. 丑的 ___

25. 使习惯于 1. 失望 2. 惯常的 3. 遭遇 4. 成为习惯
5. 生意 ___

26. 要求 1. 凝 2. 工具 3. 取 4. 等待 5. 吩咐 ___

27. 泥塘 1. 干扰 2. 混乱 3. 沼泽 4. 田地 5. 困难 ___

28. 小瀑布 1. 帽子 2. 瀑布 3. 太空 4. 灾难 5. 箱子 ___

29. 驴叫声 1. 驴子的叫 2. 碗 3. 牛叫声 4. 挫折
5. 渡鸦叫声 ___

30. 上岸 1. 掘出 2. 登陆 3. 驱逐出 4. 贬低 5. 剥去 ___

I.E.R. 算术题 Ⅰ

清楚地写上或打印上你的名字________

加法：

a.	b.	c.	d.	e.	f.	g.
3/4	1/5	6	$7\frac{1}{4}$	5小时42分	5尺$8\frac{1}{4}$寸	$2\frac{3}{4}$
1/4	4/5	$3\frac{3}{8}$	$6\frac{1}{2}$	4小时28分	5尺$10\frac{1}{4}$寸	$4\frac{7}{12}$
3/4	2/5	$8\frac{3}{4}$	$8\frac{3}{8}$	4小时56分	6尺$1\frac{1}{4}$寸	$1\frac{1}{2}$
___	___	___	___	___	___	___

乘法：

h.	i.	j.	k.	L.
632	145	4磅9盎司	18	$15\frac{3}{4}$
7	206	3	$3\frac{2}{3}$	8
___	___	___	___	___

除法：

m.	n.	o.	p.
60 ÷ 9 =	$12\sqrt{2.76}$	3/4 ÷ 5 =	$9\frac{5}{8} - 3\frac{3}{4}$ =

回答下列问题：

q. 1 磅等于几盎司？ ___

r. 1 蒲式尔（bushel）等于多少夸脱（quarts）？ ___

s. 1 英里等于多少英尺？ ___

t. 9，10，11，11 和 14 的平均数是多少？ ___

u. 80 的多少百分比等于 24？ ___

v. 16 的 125% 是多少？ ___

w. 1 直角等于多少度？ ___

x. 1 桶面粉有多少磅？ ___

y. 用罗马数字写 18。 ___

z. 用罗马数字写1 000。 ___

aa. 10 的立方是多少？ ___

bb. 25 的平方根是多少？ ___

我们还准备了这样一些测验题，尽可能使题目充满关系思维和选择思维。这类测验题有填充句子，回答那些需要对段落进行推理理解的问题，以及新的数学作业测验题，如下所示：

I.E.R. 算术填充题 D_3

清楚地写上或打印上你的姓名、年龄和年级。

姓名________ 年龄________ 年级________

在下面各行中，每个数字根据它前面出现的数字以某种方式得出。研究一下每一行中数字的出现方式，然后在实线上填写得出的数字。开头两行的答案已经填好。

例句 {
2，4，6，8，10， 12
11，12，14，15，17， 18

				1/12	1/2	11/12	$1\frac{1}{3}$	—
				1/25	1/5	1	5	—
	41	44	45	48	49	52	53	—
		12	16	22	26	32	36	—
		27	30	21	24	15	18	—
				91	$79\frac{3}{4}$	$68\frac{1}{2}$	$57\frac{1}{4}$	—
				$1\frac{3}{16}$	$1\frac{3}{8}$	$1\frac{1}{16}$	$1\frac{3}{4}$	—
7	11	15	16	20	24	25	29	—
		7	16	19	28	31	40	—
40	39	37	34	33	31	28	27	—

以正确顺序在每一行中写下数字和符号，以便构成真实的陈述或等式。A 行已经填好，以便让你看到应该如何做。

A.	3	3		6	=	+		答案：3+3=6
1.	5	6	30		=	×		
2.	8	11	8	8	=	÷		
3.	2	8	8	8	=	+	×	
4.	1/2	10	16	80	=	×	÷	

我们可以把这 4 组测验题作为语言信息、数学信息、语言推理和数学推理。蒂尔顿博士（1926 年）就是用这 4 组测验题对被试进行测验的。

个体在语言信息的得分和语言推理的得分之间的对应性是十分接近的。数学信息的得分和数学推理的得分之间的对应性也一样。两组信息测验之间的对应性十分接近或几乎接近，或者两组推理测验之间的对应性也十分接近或几乎接近。即使动用同一学校同一年级（八年级）的儿童，从而使教育环境大体上相等，上述这种情况也是正确的。联想学习的数量，以及处理抽象性质和关系的能力（尽管它们看来有所不同），实际上与心理动力密切相关，并且假设有赖于共同的原因。

直到有人提出更具可能性的理论，我们才可能提出这样的假设，即人类的学习能力通过量的拓展从一般哺乳动物和原始能力中发展而来。[①] 这种情况激励我们坚信人类智慧和学习进一步演化的可能性。

随着形成联结的能力不断增长，在拥有经验、作出运动、构成原因（也即干某事以便使某事发生）、形成观念和运用观念方面有着广泛的和多样的发展。这里，像在其他地方一样，一种器官（organ）的某种正常使用是满足的源泉。

业已显示的理由认为，联结的数量（quantity of connections）产生了人类思维。我们的下一个任务是去说明它究竟如何运作的。在某种意义上说，我无法做到这一点。我无法把你们带回到那个时代（也许几百万年以前），那时人类首次具有人的心理，而且刚开始形成观念，产生语言，使用棍棒和石块；我也无法描绘人类的丰富联结如何产生观念的图景。因为我们没有证据帮助我们推测这些联结是什么，或者人类首先获得什么观念，或者人类以多快速度形成自己的心理。

但是，从另一种意义上说，一个合理的假设是可以作出的。我们可以合理地构想各种特定的联结如何创造人类的思维。这些概念所遵循的路线是与上两次演讲中遵循的路线相平行的，其中分析、抽象、一般概念和推理已被表明导源于联结，而且确实由联结所构成。

对一只猫来说，皮球是可以追逐、撞击和撕咬的东西；对一个婴儿来说，也是一个可以追、可以拍击、可以拨弄、可以滚动、可以塞到嘴里、可以挤压、可以掉下、可以吮吸、可以抛掷，以及可以对它做其他许多事情的东西。对于狗来说，瓶子是一个可以闻、可以抓的东西；对于孩子来说，是一个可以抓、可以吮吸、可以翻

---

① 这种拓展也许不是在所有方向上都相等。正如我们已经提示过的那样，面部表情和清晰发音等反应可能大大增加，而毛发竖起和耳朵转动等反应可能实际上消失。与视觉感知的要素相联系的优先联结的可能性也许会增加，而与嗅觉感知的要素相联系的优先联结的可能性则没能像前者增加得那么多。

转、可以掉下、可以捡起、可以用手指拉、可以用脚趾摩擦的东西。因此，瞥见瓶子或皮球，便与许多不同的反应联系起来，而且，通过我们的一般规律，倾向于获得一种独立于它们的地位，也即从“看见—抓，看见—掉，看见—翻转”等部分循环的状况发展到明确观念的状况。

婴儿对整个情境的模糊感觉有赖于他的大脑各司其职的精细运作，以及他的一般活动和好奇提供了使它们这样做的不同联结的复杂性。另一方面，由于狗的脑子以粗糙的形式运作，而且很少存在与每个单一过程形成联结，所以狗没有观念或很少有观念。

在学习的演化中，灵长目如同在其身体形态方面表现的那样，将人类和一般的哺乳动物种系连接起来。猴子、类人猿、黑猩猩、猩猩和大猩猩，尽管它们在心理特征上不尽相同，但是在心理上却处于其他哺乳类动物和人类之间。它们比狗、猫、老鼠或马学习更多的东西。它们表现出更为普遍的好奇心，并且由于经验的缘故而喜欢上了经验。根据我们的理论，作为一种结果，或者在任何情况下作为一种伴随情况，它们提供了更多的关于观念的证据。首先，它们经常地从无所作为突然转变为完全的成功。在前次演讲中，我已经提供了有关这类情况的说明。

其次，它们更易受到表象因素（representative factors）的影响。这些因素或多或少地相当于意象（images）或记忆，而不单单是感觉到情境。在所谓的延迟反应（delayed-reaction）实验中表现出来的行为是对这种情况的最佳检验之一。

耶基斯（1928b）将食物放到6只罐头之一中，这6只罐头在大小、颜色或标记方面可以辨别。它们都被置于一只转台上。这只转台在作为实验被试的大猩猩的视线之外转动起来，如果大猩猩在时间间隔以后选择了正确的罐头，那就说明它之所以这样做，是由于在心中保持了那只特殊罐头外形的某种表象。时间的变化从几秒钟到10分钟不等。正确反应的百分比大约5倍于由机遇提供的百分比。

在耶基斯的黑猩猩中，对于放进食物的罐头位置的延迟反应，其延迟时间的变化从几分钟到3小时不等。当颜色作为孤立的因素时，对它的延迟反应难以学会，不过耶基斯深信，与黑猩猩选择之前和选择之后的行为相联结的成功选择数表明，这种延迟反应至少可以在30分钟以后作出。耶基斯得出结论说，“黑猩猩能够作出迄今为止只有在人类中可以看到的和在人类实验中得到证实的那种延迟反应”（并且在大猩猩中也发现了这种情况）（1928, p. 269）。

用灵长目动物进行的其他实验，尤其是汀克尔波夫（Tinklepanhg）用恒河猴和食蟹猴（Macacus rhesus/Macacus Cynomologus）进行的实验，也表明了表象因素在灵长目动物中发挥的作用要大于在哺乳动物中发挥的作用。

灵长目的学习超越哺乳动物的学习而朝着人类学习的方向发展，其确切的程度究竟如何，目前尚不清楚。一方面，我们有了W.苛勒在黑猩猩研究中发现的那种行为，即将两根棍棒连接起来成为一根长棒以便用它获得食物，我们还有耶基斯关于大猩猩的以下例子：

> 那是2月18日上午，昨夜下了雨，笼子是湿的。在刚果（大猩猩的名字）惯常坐着或站着的格栅附近有一些水坑，刚果习惯于在那里操作转台以便获得早餐。当我召唤它做白天的作业时，它很不情愿地从睡房里出现，犹豫了几秒钟，好像决定不了是应该服从我的命令到格栅处来，还是拒绝作业。然后它回转身去，重新进入睡房。过了一会儿，它又出来了，双臂捧着从它床上拿来的一捆干草。走近格栅以后，它把干草放在格栅前面潮湿的地上，然后舒舒服服地独自坐在干草上。这表明它准备好操作转台了。以往也曾有几次看到它把干草从睡房带到笼子里，并玩弄它或坐在它上面，但是从来没有见到过它如此明确地把干草放在格栅或其他地方，以便使自己不受沙子地面的冷气或湿气的侵害。不论这种行为是不是一种伴随行为或顿悟的表现，它肯定具有高度的适应性（1928, p. 53）。

但是，上述这类例子实际上十分罕见，这在一只7岁大猩猩或黑猩猩身上的发生率是一个7岁孩子发生率的万分之一。它们的许多行为表现出与感知的情境直接联结的同样局限性，这是低等哺乳动物具有的特征。例如，耶基斯的大猩猩学会了解开缠在一棵树上的链条，可是当链条在另一棵树上缠住时，它就不能这样做了。大猩猩学会了将箱子叠成一堆，爬到箱堆上取得挂在一棵树上的食物，可是当食物从另一棵树上悬挂下来时，它便无法这样做了。只有在经过特别的训练以后，它才能够这样做。

如果我们把联想或习惯和推理或顿悟视作是彼此独立的能力，那么灵长目的行为看来便不一致了。它们应该更少或更多地表现后者。但是，如果我们把后者视作是前者的量变产物，那么该行为正是我们所期待的东西。

因此，我们可以在总体上看到从猫、鼠、兔的心理（猫、鼠、兔通过肌肉尝试、错误和成功而获得千百种心理联结）演化到人类心理（人类度量情境，把它分解成各个要素，用思维符号制定不同的程序，并通过内心对其价值的判断而选择成功的一种）的那种清晰而又简单的历程。毋需新的大脑组织，毋需新的神经原，除了联想神经原的数量增长之外，不需要任何东西。在某些灵长目种系里产生这种变化，比起在身材和外形上产生一些差异以便使大猩猩与黑猩猩有所区别，或猩猩与狗脸类人猿（dogfaced ape）有所区别，前者不会更加困难。

人类的心理能力是人性的一部分，这是确定无疑的。人类的本能（instincts），也即人类以某种方式感觉和行动的先天倾向，可以在低等动物中普遍看到，尤其在身体形态上与我们最近的亲戚——灵长目动物中看到。人类的感知能力并不显示新的创造。我们已经看到，人类的智慧是从动物的智慧中延伸而来的。这再一次为灵长目例子的类似变化所预示。在以人类为代表的动物心理中，人类并非作为来自其他星球的半神半人式的东西，而是作为来自同一种族的帝王。

选自：桑代克．人类的学习．李月甫译．杭州：浙江教育出版社，1998

思想评介

现代西方的学习理论简述

现代西方的学习理论，众说纷纭，莫衷一是。举其大要，正如希尔加德（E. R. Hilgard）所指出的，大致可分为两大派别，一是刺激—反应的理论（The stimulus response theory），一是认知的理论（The cognitive theory）。

刺激—反应的理论可追溯到桑代克的联结主义心理学。桑代克远在19世纪90年代，即设计了迷箱、迷笼等等工具，对一系列动物进行了实验研究，并在1898年，完成了他的博士论文：《动物的智慧：动物联想过程的实验研究》。对动物学习的实验研究，可以此为其嚆矢。

在这种实验中，如将一只饿猫关在迷笼里，笼外放着它能见及的鱼。猫要吃到鱼，必须越出笼外。于是它开始就乱跑乱跳、乱抓乱咬，做出许多无效的动作，后来偶然拉动了绳，或压上门栓，或推动了其他装置，就把门打开，逃出笼外而取到食物。在以后的再次实验中，无效的动作逐渐减少，最后，猫一入迷笼，即拉动机括，出笼得鱼。桑代克认为，动物就是这样通过多次尝试错误，偶然获得成功而逐步进行学习的，因此就提出了尝试错误的理论。

照桑代克看来，学习就是后天习得的刺激与反应之间的联结的形成与巩固，要使这种联结易于形成与巩固，他就提出了学习的三个定律，即练习律、效果律与准备律。他一方面沿袭了联想主义的观点，认为多次练习是学习的重要原则，另一方面，他也采取了快乐主义的观点，认为反应是否伴随着满足，对联结的形成与巩固具有重大的作用。

桑代克虽然也给联结赋予生理学的意义，认为它与神经原之间触突的接通有关，但他只停留在作业上的假定，没有进一步深入研究下去。20世纪初叶，巴甫洛夫以狗为实验的对象，进行了享有盛名的条件反射的实验。

巴甫洛夫从研究反射入手，而反射是由刺激引起的。他发现有些反射是不学而能的，比如动物吃到食物就流唾液。在这里食物是无条件刺激，流唾液是无条件反射。但是这种无条件反射是否可因学习而发生改变?

为了解决这个问题，他就用唾液反射来进行研究。比如单独发出节拍器的拍击声，并不能引起动物流出唾液，因为就唾液反射来说，响声只是一个中性刺激。他试把响声的中性刺激与食物的无条件刺激联系起来，即在喂狗的时候，同时或稍前一些开动节拍器的响声，唾液反射也同样引起了。这样重复了多次以后，单使节拍器作响，并不给以食物，唾液还是流出来了。于是中性的节拍器的响声也可引起唾液反射了。巴甫洛夫就把这种引起唾液反射的中性刺激称为条件刺激，由这种条件刺激引起的唾液反射称为条件反射。

巴甫洛夫发现在已建立条件反射后，如果只响节拍器而不予食物，动物的唾液反射量开始就会减弱，多次以后就会消失，他把这种现象称为消退。如果不断给予食物，则可使条件反射加强，他把这种作用称为强化。强化这一概念目前已成为学习研究上一个常用的术语。

巴甫洛夫也发现狗对铃声形成条件反射后，可对不同的铃声或蜂鸣器也能流出唾液，他把这种现象称为刺激的泛化。他把一定的铃声，给狗以食物的强化，当不同强度的铃声或蜂鸣作响时，不予食物强化，不久狗就学会只对原来的铃声分泌唾液，而对其他响声则不分泌唾液，他把这种现象称为刺激的分化。

巴甫洛夫所研究的条件反射称为古典性的条件反射。从他对条件反射的研究中，可以看到，学习乃是条件反射的形成与巩固，于是就产生了条件反射的学习理论。根据这种理论，要使条件反射得到形成与巩固，必须具有下列主要的条件或主要的学习原则：（1）条件刺激必须与无条件刺激同时呈现，或前者稍前一些呈现；（2）它们的呈现要经过多次反复；（3）在条件反射形成与巩固的过程中，必须经常得到强化。所谓同时呈现和多次反复，实际上不外是联想主义的接近律和多次律的另一种新的表现形式；所谓强化，实际上也与在学习的过程中是否得到满足有关。

巴甫洛夫的实验直接影响到华生的行为主义体系的建立。华生认为人的行为，包括复杂的思维，都是通过条件反射而建立的刺激与反应之间的联结。他采用外周论（Peripheralism）的观点，截取刺激与反应两端，并以条件反射的研究仅作为一种客观的方法，以此来进行了一个著名的“艾伯特实验”。艾伯特是一个 11 个月的男孩，华生以大声作为无条件刺激，它可直接引起儿童的惧怕反应，条件刺激是有毛的动物。华生使艾伯特通过条件作用而对先前有毛的动物这个中性刺激，也引起惧怕的反应。并且，由于刺激的泛化，艾伯特随后对任何有毛的东西，甚至脸上生有胡子的人，都可引起惧怕的反应。既然惧怕的情感是这样，为什么其他的情感不是这样呢？既然情感是这样，为什么其他的心理行为不是这样呢？于是华生充分自信地指出：他能接受任何一打新生的婴儿，经过他的训练，可把他们培养成为他所期望的任何一种人物。

根据行为主义的观点，斯金纳从另一方面进行了一个卓有影响的实验。他设计了著名的斯金纳箱，对白鼠、鸽子等动物进行了一系列学习的研究。在斯金纳箱的一端只有一根小横棒，在横棒下面的板壁上设有一个食杯。箱外另有一个机械的装置，每次揿压横棒时，可自动把一粒食物落入杯子中。

把白鼠放入斯金纳箱中，它就会做出许多活动。有些活动似乎是盲目的，如搔搔自己的头皮或擦擦自己的身体。有些活动似乎是探索性的，如站起来好像要看一看的样子，或是在箱子的各处嗅嗅摸摸。这些活动显然不同于吃到食物而流唾液的反应活动，因为在这种环境中并没有一个明确的刺激来激发某种固有的神经道路，它们只是动物对环绕它的世界进行“操作”，因此这一类活动被称为操作性活动。

在斯金纳箱中，白鼠开始表现出许多盲目的操作性活动，最后偶然揿压了横棒，一粒食物自动地落入食杯中，于是它就吃到了食物。就斯金纳看来，这时白鼠还没有进行学习，因为用我们人类的术语来说，这个动物还没有“注意”到横棒与食物之间的联系。随后它为了吃到食物，再去揿压横棒，另一粒食物又跌落下来，这时，我们可以说它已“注意”到揿压横棒与出现食物之间的联系，以后它为了吃到食物，尽快地去揿压横棒，一再揿压横棒而一再得到食物，这时，它不仅已进行了学习，并且学习已得到成功了。

这种学习的方式称为操作的条件作用，它虽然有别于巴甫洛夫的古典的条件反射，但同属于刺激—反应的理论，并且操作条件作用的理论，在桑代克的尝试错误的理论与巴甫洛夫条件反射的理论之间，建立了一条桥梁。操作的条件作用不仅为程序教学提供了理论基础，并且也为动物的塑型提供了具体的方法。

根据操作条件作用的实验，也发现了和巴甫洛夫古典条件反射一样的许多规律，如消退、强化、泛化、分化等现象，甚至可使动物训练者对动物塑造出几乎难以令人置信的各种技巧。

对所需要的操作活动进行强化（奖赏），和对不需要的操作活动进行弱化（惩罚），以及在这基础上进行反复的练习，这是操作条件反应形成和巩固的重要条件，因此这种学习理论也带有强烈的联想主义和快乐主义的色彩，而强化则成为操作条件反应形成和巩固的核心问题。对一个饥渴的动物来说，食物和水是一种有力的奖赏，斯金纳称之为初级的强化物。但人类的学习很少能采用这种强化，他们常常以获得称赞、肯定，或知道学习的结果正确与否而进行学习，这样的奖赏则称之为次级的强化物。实际上对动物的训练，也不能单单采用如食物一类初级的奖赏，而常常使用情感和态度的激励。

总之，刺激—反应的理论往往重视环境的作用，而忽视有机体的内在因素，因而不免失之于机械。根据这种理论，学习似乎是由外界影响决定的，它的论点是，我们做的是什么，我们就有怎样的行为，因为我们总是重复我们在过去环境中受到奖赏的动作，总是抑制我们在过去环境中受到惩罚的动作。这种理论对有些实验的解释已遇到了困难。

根据刺激—反应的理论，一定的刺激引起一定的反应，才能产生学习。但有些实验证明动物没有反应也能进行学习。例如苏鲁门和特纳（R. L. Solomon & C. H. Turner）像巴甫洛夫一样，把一只狗绑在套架上，将它的一只脚放在可通电的金属板上，发出低音时不予通电，狗若无其事地安然不动。但发出高音时，则给以通电，狗就引起反射，把脚拉开。这样，狗就很快学会了在低音时静止不动，在高音时立即把脚拉开。现将另一只狗进行同样的实验，只是把这只狗放在金属板上的脚，用药物麻醉，使它在通电时不能把脚拉开，而不能作出反应。在药效消失以后，再做实验，发现这只狗也已学会在低音时站立不动，但当听到高音时，就立即把脚拉开，狗在开始的学习过程中既没有作出一点反应，这就很难用刺激—反应的理论来加以说明了。

根据刺激—反应的理论，刺激与反应之间形成巩固的联结、强化具有极其重要的作用，可是有些实验证明，不须通过强化，也可进行学习。远在50多年前，托尔曼和杭席克（E. C. Tolman & C. H. Honzik）做了一个有名的潜伏学习的实验。他们采用迷宫来对白鼠进行训练，把白鼠分成三组，并进行不同的强化处理。第一组走出迷宫后即可取得食物，第二组走出迷宫后不给予食物，第三组开始10天和第二组一样的处理，但在10天以后，只要它们走出迷宫，即可取得食物。结果表明，第一组白鼠一开始天天有进步，学习得很快。第二组白鼠看不到有什么进步，很少得到学习。第三组白鼠开始10天也很少得到学习，但在第11天得到食物的强化后，他们立即就像老手一样，很快地走出迷宫，甚至比第一组学习得更好。尽管它们在迷宫里已徘徊了10天，得不到任何强化，可是很明显地它们对正确的通路已学得很多。

还有其他许多实验也对强化的重要性提出了异议。如纽林络（A. J. Neuringer）训练鸽子去啄明亮的键盘而取得食物。训练成功后，在它们近旁的食杯中已供备了它们所需要的食物，即它们可不须再啄明亮的键盘而取得食物了，可是它们还老是不断地去啄这个键盘。所有的这些实验，都很难用刺激—反应的理论来加以说明。

根据刺激—反应的理论，由一定的刺激引起一定的反应，并给以强化的处理，可使动物形成任何新的技巧，但实际上又并不尽然。例如勃伦兰特夫妇（K. Breland & M. Breland）是训练动物的专家，他们利用塑型的知识，使没有驯化的浣熊、白鹦、鹿、猪、小鸡和鲸鱼等学会玩把戏。他们满以为可以训练任何动物去玩任何把戏，可是在训练了 38 个种族的6 000个动物以后，不得不承认他们的失败。比如浣熊有用水涤食的先天倾向，你就不能训练它去衔两个硬币，把它们放到水槽里。

达埃马托和法兹泽洛（M. R. D'Amato & J. Fazzaro）对白鼠的实验也已表明，由于白鼠有先天逃避危险的倾向，就很难训练它去揿压斯金纳箱的横棒，用以避免电击，但却很容易训练它跳离电击。相反地，巴姆（M. Baum）和米勒（N. E. Miller）等则发现有些动物在临危时是静止不动的，那就不可训练它们临危时逃跑。所有这些实验，都说明动物在种族中无数世代积累的先天倾向，是不容易用刺激—反应的理论来加以改变的。

除了实验的事据向条件作用的理论提出异议之外，还有一些日常生活中经常出现的事情，也不易用条件作用的理论来加说明。比如，我们并没有一点要去回忆的特殊原因，却可回忆出过去的某些事物，我们也不知过去是怎样学习了这些事物的，因此我们当时既没有作出反应，也没有得到任何强化。用简单的刺激—反应的术语，我们怎样能说明我们还记得在昨天午餐时吃了些什么东西？上星期在报纸上看到的是一条什么新闻？去年在电视上看到了一个什么节目？五年前看过的一个电影是什么名称？在小学一年级时发生了些什么特殊事情？

正因为这些实验上和日常生活中的事据，使越来越多心理学家认为学习很少是条件作用的产物，而大多数是认知的过程，于是就提出了学习的认知的理论。根据这种理论，在学习过程中，顿悟、指向目的的行为和期望，要比刺激和反应之间的联结以及条件作用更为重要。

学习的认知的理论可追溯到苛勒（W. Kohler）对黑猩猩的研究。在第一次世界大战期间，苛勒在非洲喀麦隆的腾纳里夫群岛，对黑猩猩进行了一系列的实验。他不像桑代克那样，把动物关进一个人为设计的迷笼中，使它只能盲目地乱碰乱撞，最后偶然地获得成功，而是设计一种问题的情境，使动物能对整个情境进行概览，理解情境的内在关系，然后通过迂回的道路，即间接的方式来取得食物。比如利用工具来达到目的，如以手杖来拉取栅栏外不能伸手取及的食物，以跳杖来攫取高挂在屋顶而不能跳跃可及的食物。或制造工具来达到目的，如接连两根有空口的竹竿，来拉取栅栏外不能用单用一根竹竿可拉取的食物；堆叠起几只木箱，来攫取不能单用一只木箱作为踏脚凳而可取及的食物。

黑猩猩在遇到比较困难的问题情境时，开始也会盲目尝试，感到困惑，他就停止下来，静坐不动，或搔搔头皮，若有所思，或环顾四周，进行探索。一旦发现了情境的内在联系，就完全改变了以前的局面，突然地利用或制造工具，顺利而迅速地解决了问题，取得了食物。试以最聪明的黑猩猩苏丹所做的一个利用中介工具的实验为例。

苏丹蹲伏在栅栏里面，栅栏外远处置有食物，栅栏里只有一根短手杖，但太短一些，不能用它来取得食物；栅栏外有一根长手杖，可用它来取得食物，但不能直接从栅栏间伸手取得，只能用短手杖把它拉取过来，然后用它来拉取食物。苏丹开始试用短手杖去拉取食物，屡试不得成功，再去拆下笼上突出来的一段铁丝，利用它去拉取，也是毫无用处。于是他就停顿下来，眼瞪瞪地望望自己，望望情境的全野，随后他突然拿起短手杖，走到贴近长手杖那边，用短手杖去拉取长手杖，再用长手杖去取得食物。从他的眼睛转到长手杖开始，他的行动形成了一个连续的整体，与他在停顿前的行动截然不同。显然他已发现了短手杖—长手杖—食物之间的内在关系，也就是说，他对这种内在关系已有所顿悟。于是苛勒就提出了顿悟的学习理论。

顿悟的学习具有下面几个主要的原则：(1) 必须设置一个问题的情境，使学习者能洞察全局。这种问题的情境要有一定的难度，不是过去经验单纯重复所可解决。(2) 学习不依赖于机械的反复练习，而在于察知和理解情境的内在关系，豁然贯通，取得解决。(3) 学习不是碰巧的成功，而是运用内在关系的领会，取得智慧上的成就，这种成就才可以举一反三，触类旁通。

托尔曼的符号学习理论也是一种认知理论。托尔曼以目的的行为主义见称，但他所研究的行为是指有目的的整体行为，从而他不采取外周论的观点，而采取中枢机能论（Centralism）的观点，不满于一般的行为主义者截取刺激与反应两侧，而重视有机体这个中间环节。

照托尔曼看来，要解决学习的问题，对问题的理解和主动地组织思维过程，要比盲目的尝试错误的行为重要得多。关于托尔曼的观点，我们试用一个形象化的类比来加以说明。比如我们阅读地图，地图上一般通用的符号可向读者指明达到目的地的可能的路线，指明可加采用的最近捷的道路。读者只要根据阅读地图的技巧，以及采取直截的道路以达到目的的期望，经过权衡之后，就可凭借符号进行有意识的选择。

托尔曼认为学习者在心目中同样也有一个认知地图。他可根据情境的符号，用以达到他的目的。符号是达到目的的手段，对符号的认知和理解是学习的首要关键。强化（奖赏）可决定行为的方向，但它不是加强这种行为，而只是作为预期所要达到的目的，而选择这种行为。

托尔曼根据位置学习的实验，证明白鼠不是机械地学会了向左转或向右转的一系列反应，而是逐步形成了一个认知地图。因此，当某些便捷的道路被阻塞的时候，它就可根据它的认知地图所代表的空间关系，不得不另去选择一条较为迂长的道路。

上文已谈过的托尔曼的潜伏学习的实验更能说明符号学习的理论。第三组白鼠在开始的10天，似乎没有明确的学习的表现，但在没有强化的条件下，学习还是在进行着，它们已学会了迷宫的空间关系，形成了认知地图。因而当它们在第11天得到食物的强化时，学习就突飞猛进，甚至比第一组白鼠学得更好。这因为它们已熟悉了迷宫中的各种符号，能以此来识别哪些是盲路，哪些是可以达到目的的通途。

根据符号学习的理论，学习者在解决一些新的或困难的问题的时候，必须概观全局，多方设法，撷其精要，力求解决，虽然这似乎较费精力，但收效较多。如果不求甚解，草率从事，趋易避难，浅尝辄止，尽管似乎亦有所获，但收效不大。同时强化不是达到目的的手段，虽然它可作为某种后果的预期而影响反应，但反应不等于学习，学习的关键在于在头脑里建立了一种认知的结构。

当前的认知心理学家承袭了苛勒、托尔曼等人重视认知的作用，并采用了信息论的观点来解释学习。比如鲍威尔（G. H. A. Bower）、图尔文（E. Tulving）和陶纳尔逊（W. Donaldson）等人认为心智是（或具有）一个主动作出比较和决策的“心理执行机构”。我们在学习时，这个执行机构经常在审查我们的感官从环境中带来的信息。它在不断冲击我们的一切信息中，择取其中重要的信息，并把这种信息和我们过去经验中已贮存的东西进行比较，并对它进行权衡和判断，使新的信息和旧的信息之间形成有意义的联系，还经常把新的信息贮备在我们的记忆之中。在这种情况下，我们可以说已对某些事物进行了学习。

有个认知心理学家金戚喜（W. Kintsch）还明确指出，我们的学习不是对特定刺激作出特定的反应，我们所学习的是知识。因此，从认知心理学家看来，学习是一个高度主动的复杂的过程，实际上他们把学习看作一个独特的至为密切联系的复杂的心理过程，不仅知觉、语言、思维等心理现象可对新信息的加工改造发生影响，并且情绪、动机和社会态度等等也在起着作用。我们如何对待我们所处的环境，如何从环境中进行学习，所有这些因素在加工过程中都会参加进去。采取这种观点来解释学习的理论，称为信息加工论。

就信息加工论来说，他们也像格式塔学派那样，认为心理活动是整体的。一切来自视觉和听觉的信息，都是有组织的知觉的完形，如我们所感知的是一个男孩或女孩，而不是臂、腿、躯干等等部分的凑合。我们接受了看到或听到的完形的信息，经过分析和比较，把它们贮存到记忆之中，再把贮存在记忆中的信息提取出来，用以解决问题，作出判断，采取合适的行为。

照认知心理学家看来，即使巴甫洛夫的狗也不是学习简单的刺激—反应的联结，相反地，它是学习某些认知的模式，这种模式的意义即在于节拍器的响声意味着食物的到来。

有些认知心理学家如鲍勒斯（R. C. Bolles）把这种认知模式称为“期待”。他认为巴甫洛夫的狗所以流出唾液，因为在节拍器作响的时候，它已学会了期待食物的到来。斯金纳的白鼠揿压横棒，因为它在揿压横棒的时候，已学会了期待食物的到来。另外一些认知心理学家如宾特拉（D. A. Bindra）则强调动机，而不强调期待，他认为学习的核心问题是在一定的条件下，获得了一定方式的激发行为的动机，尽管这个新学派的观点，在某些细节上多少还有些差别，但他们都认为学习是某些复杂的心理过程的表现，而这些心理过程是不能单用刺激—反应联结的形成来加以说明的。

认知心理学家认为学习，特别是人类的学习的最普遍和最重要的原则，是从观察中学习，或者称为从榜样中学习和从模仿中学习。这三个术语，顾名思义，都是指我们观察到别人的行为而学到新行为的过程。

许多实验都已清楚地表明动物是怎样借助模仿而学习的。比如约翰（E. R. John）等人在《猫的观察学习》一文中指出，把一只猫放在斯金纳箱中训练，当亮光出现时，它去揿压横棒而取得食物。再使另一只猫在旁观察这个过程，然后再把它放入箱中，当亮光出现时，第二只猫一开始就很快地揿压横棒。这说明通过观察，它要比第一只猫的学习快得多。

班杜拉（A. Bandura）也做了一个卓有盛名的关于人的观察学习的实验。在这个实验中，他放映了成人对玩偶攻击性行为的记录影片，即成人用铁锤去击毁玩偶，他使儿童在电影中去观察这种行为。后来当儿童自己也有机会去玩玩偶时，他们也表现出和电影上看到的极其相似的行为，这不仅表明了观察在学习中起着巨大的作用，并且也揭示出不良的电影和电视，将如何污染青少年的严重问题。

但是，认知心理学家并不认为通过观察的学习，仅仅是对所见的事物进行自动地、不假思索地模仿。他们只是认为我们从儿童早期开始，差不多在整整的一生中，都在观察在我们周围进行的事物，并把这些事物所提供的信息贮存起来。我们观察旁人对事物进行的评价，他们对这些事物是怎样处理的，他们对这些行为的结果是怎样作出一般反应的。但我们并不以此为止，而是也在对他们作出判断，也许可能对他们的评价再作评价，也许不可能再作评价。我们可以模仿他们的行为，也可以模仿某些行为而不模仿全部的行为，或者完全加以抵制。因此，班杜拉指出，观察的学习是“主动进行判断的和建设性的，并不是机械地照做”。

认知的理论重视认知的组织作用和指导作用，这对我们如何通过学习来发展智能是有好处的。但是认知是离不开活动的。认知是在对付环境的活动中形成和发展的，而认知的组织作用和指导作用也要通过活动才能表现出来。因此，我们对于行为的训练和技能的培养也是不可偏废的。

总之，关于学习的理论在西方心理学界还存在着很大分歧，并引出剧烈的争论。有一派把学习看作刺激—反应联结的形成和巩固，另有一派则重视学习过程的认知因素。但也有许多心理学家采取折衷观点，认为这两种理论并不是互相排斥的，而是相辅相成的。单独一种理论都不能说明学习的全野，但相互为用就可说明它们各自忽略的或很难说明的问题。

希尔加德认为学习可分成各种高低不同等级，那些不需要意识的自动化的学习居于下端，它们很容易用刺激—反应的联结来说明，那些需要在复杂的关系中进行顿悟和理解的学习居于上端，宜用认知的原则来加以说明，至于那些有意识的但多少还有些自动化的学习，则居于中间地位，大多数的学习都居于这种地位，它们是简单的联结和复杂的理解之间的混合。

由于学习问题的复杂性，它们不仅具有不同的等级，不同的类型，并且还有诸多主观和客观因素的参加，因此要建立一个统一的、全面的、适用于学习全野的学习理论，并不是一件轻而易举的工作，这尚待我们作进一步深入的研究。

我们认为折衷主义的观点，并不能真正解决这个问题，我们要进一步探索这个问题，首先要有正确的指导思想。

我们认为，至少必须明确如下几个主要问题：

(1) 我们所说的学习应指人类的学习。人类的学习与动物的学习虽然有其连续性，但具有不同的特点，不能把它们等量齐观。动物的学习研究虽有可资借鉴的地方，但决不能依样画葫芦地照搬。

(2) 人类的学习是实践活动的一种特殊形式。因此学习是有意识有目的的活动，而不是无意识的自动化的活动。自动化是学习的产物，而不是学习本身。学习活动是和认知密切联系的，我们不能把它们人为地割裂开来，没有通过学习的认知是空洞的，没有认知指导的学习是盲目的。相反地，认知在学习过程中不断深化，不断深化的认知反过来又可指导学习。

(3) 在学习过程中，诸种主观和客观的因素是相互联系、相互制约着的，我们的研究便不能无视这种错综复杂的关系。比如主观的因素除了认知之外，还有需要、动机、态度、个性特征因素也在起着作用。当然我们未尝不可抽象取其中一种因素来研究它对学习的影响，但我们不能单从侧面的研究来概括出全面的学习理论。

(4) 学习是一个不断变化发展的过程。不仅在个体发展的过程中，它不断得到变化，并且对某一作业的学习，也有一个发展的过程。每一种作业必须具有不同程度的新的问题，哪里有问题，哪里就有矛盾，解决了矛盾，就可促使学习发展。如果没有问题，学习就变成机械的重复；如果问题太难，学习就变成了盲目的尝试。我们在研究时不能不考虑到这个问题。同时学习也是一种从量变到质变的发展过程。我们必须掌握它们之间的辩证关系。所谓顿悟、发现、领会等等，不外是量变向质变的转化。停留在多次的反复，而不引向顿悟，或是强调顿悟的重要，而无视练习的作用，都不免失之于片面。

(陈汝懋)

选自：华南师院学报，1982（2）

苛勒

（Wolfgang Köhler）

- 生平简介
- 名篇选读
  人猿的智慧（节选）
- 思想评介

生平简介

W·苛勒（1887～1967），美籍德国心理学家，格式塔心理学的代表人之一。苛勒1887年1月21日出生于波罗的海省爱沙尼亚的雷维尔，5岁时迁居到德国北部；先后就读于杜平根大学、波恩大学和柏林大学，在柏林大学期间得到心理学家斯图姆夫的指导，于1909年以其心理声学方面的论文获得该校的哲学博士学位；1910年，赴法兰克福大学，在著名的M·普朗克指导下，接受了物理学方面的相当深入的训练；1912年和考夫卡一起当韦特海默似动现象实验的被试，三人共同奠定了格式塔心理学的基础。苛勒于1913～1920年任普鲁士科学院人类学研究所主任，接受普鲁士科学院的邀请，到大西洋康那利群岛的西班牙属地特那利夫岛研究黑猩猩的学习，长达7年之久；1917年写成经典著作《人猿的智慧》一书，1924年该书又出了第二版，后来分别于1925年和1928年译成英文和法文；1920年回到德国，因其《人猿的智慧》一书学术水平高，他于1922年在柏林大学继任斯图姆夫的职务兼心理研究所主任，1925～1926年应邀到美国克拉克大学和哈佛大学讲学；1929年用英文出版了《格式塔心理学》，此书对格式塔运动作了最权威和最彻底的论述。1934～1935年，苛勒又接受詹姆斯的邀请到哈佛大学讲学。由于他一直反对纳粹政权，并勇于写信给柏林的报纸，他于1935年永远离开德国，执教于美国的斯沃思摩尔学院，1956年获美国心理学会卓越贡献奖，1958年任新罕布什尔州特劳斯学院教授，1959年当选为美国心理学会主席，1967年逝世。

苛勒认为格式塔心理学的研究对象是直接经验。他所谓的直接经验实际上等同于意识。苛勒认为，物理学研究的是物理现象，心理学研究的是心理现象，但二者都离不开直接经验。但苛勒眼中的直接经验不同于冯特和铁钦纳的元素主义，他反对把直接经验人为地加以分析使其丧失原初的面目，而主张自然的机能的分析法，认为一切现象经验都是有意义的整体，强调组织结构和关系在认知过程中的作用。苛勒在其代表作《人猿的智慧》一书中，将格式塔原理应用于动物行为，通过对黑猩猩的实验，提出了可与桑代克的试误说相匹敌的著名的顿悟说学习理论，这一理论对西方学习理论产生了极为深刻的影响。他认为学习不是盲目地尝试，而是对情境结构有所顿悟而获得成功的。在苛勒看来，顿悟就是领会到自己的动作为什么和怎么进行，领会到自己的动作和情境，特别是和目的物的关系。这个强调学习者的顿悟的学习理论是西方学习的认知理论的起源。

苛勒在特那利夫岛除了研究黑猩猩的学习外，还以小鸡为对象进行关系和换位学习的研究，他提出了迁移的关系理论，认为迁移发生的原因不是由于两次学习情境的共同元素，而是其共同的关系。

苛勒的主要著作有：《人猿的智慧》(1917)、《格式塔心理学》(1929)、《价值在事实世界中的地位》(1938)、《心理学中的动力学》(1940)、《图形后效》(1944，与H·瓦拉奇合著)，以及在他去世后出版的《格式塔心理学的任务》(1969)。

(何先友)

名篇选读

人猿的智慧（节选）

猩猩在不能用一只箱子取得高挂着的目的物时，他也许会把两只或两只以上的箱子重叠起来，而以这种方法来取得它。实际上他是不是会这样做，这似乎是一个简单的立即可以解答的问题。但是做过了一些实验以后，我们立即可以看到，对于猩猩来说，这个问题可以分为两个性质不同的部分：一部分他是很容易解决的，而另一部分则非常困难。我们认为前一部分是整体的问题；而动物的困难之所在，我们起初是看不出什么问题来的。如果在这个叙述中，我们把这种新奇的事实，像观察者对它所得的印象一样地加以强调，那么这个实验报告就应根据这种事实，把它分成两个部分。我开始就要回答这个似乎是非常简单的问题。

在先前已加叙述的一个实验中，苏丹在发现一只箱子还不够用的时候，他几乎要把一只箱子放在另一只的顶上，但是他不是把他已经举起来的第二只箱子放在第一只的上面，他只是做出一些不明确的动作，把第二只箱子摇摆不定地举在第一只的上空；接着就以其他方法来代替这些混乱的动作。重做这个实验（2月8日）：目的物放得很高，两只箱子彼此相距并不很远，离开目的物约有4米左右；一切可用以取得目的物的其他工具，都已拿开。苏丹把两只箱子中大的一只向目的物拖去，恰恰放在它的底下，他爬上箱子，向上张望，准备跳上去，但又不跳了；他走下来，拿了另一只箱子，拖在他的身后，环屋乱跑，作出他常有的高声喧嚷，踢着墙壁，用其他各种可能的方式，来表示他的不安。他抓住第二只箱子确实不是要把它放在第一只的上面，而只是借它来发泄自己的脾气。但是突然地他的行为完全改变了；他停止了喧嚷，把他的第二只箱子从远处一直向第一只箱子拉来，并将它竖立在第一只箱子的上面。他爬到这个多少有些摇摆的建筑物上，好几次准备向上跳，便又不跳了；因为目的物对这个蹩脚的跳手来说，还是太高一些。但是他已完成了工作的主要部分。

……几天以前基卡和格朗特已从苏丹和我这里学会了利用一只箱子的方法；但她们还不知道怎样去利用两只箱子。实验的情境和苏丹一样。每只猩猩都立即去拿取箱子；首先是基卡，然后是格朗特，她们都把箱子和自己并在目的物下面，但是没有想把一只箱子放到另一只顶上的表示。另一方面，她们几乎没有爬到她们自己的箱子上；虽然她们举起了脚，但是在转眼向上望了一下之后，立即又把脚放下来了。基卡和格朗特把箱子竖直地放起来，显然这不是一件偶然的事情，而是向上对目的物望了一眼的结果；用眼估计了距离之后才使她们改变了计划；这是一种用以迎合环境需要的突然而明显的尝试。最后，格朗特正像苏丹以前所做的一样，抓着她的箱子，怒气冲冲地拖着箱子在屋子里东奔西走。她又像苏丹一样，突然地镇静下来，把她的箱子拉到另一只箱子的近旁，向目的物张望了一下，就用力地把它举起来，以笨拙的动作把它放在下面一只箱子上，很快地试着爬上箱子；但是当她做这种动作的时候，上面的箱子已滑向一边，她不去扶它，非常扫兴地让箱子完全倒了下来。格朗特在原则上也已解决了这个问题，因此，当观察者举起箱子，把它稳固地放在下面一只上的时候，格朗特就爬上去取得了目的物。但是她对这种做法还有极大的怀疑。

（2月22日）格朗特、基卡和拉那都在场。格朗特先搬第一只箱子，再搬另一只箱子，把它们放在目的物下面，但是她去处理它们的时候，表现出一种不知所措的姿态；她不把这只箱子放在其他一只的上面。这种情况同苏丹和基卡有时在处理两根竹竿时“迷失了方向”的情况很有些相似。基卡突然跳到格朗特旁边，毫不迟疑地把一只箱子放在另一只的上面，然后爬到了箱子的顶上。是不是先前的尝试和格朗特的事例产生了后效，或者是受到格朗特“不知所措”的启发而作出的独立解决，这是很难说的。

把新的目的物挂在上面；拉那这时把一只箱子平放在目的物下面，立即又把第二只箱子放在它的顶上（也是平放的），但是这种布置还是太低一些，同时这些动物都想建筑自己的建筑物，因此他们互相牵制，而不能使这个建筑物有所改进。就拉那来说，我倾向于认为她只是在模仿她刚看到的事例，无论如何，她所看到的事情对她是有很大帮助的；但是在这里，这个问题是无关紧要的。

进一步的许多实验，尽管不能像其他实验那样，立即得到更大的把握，我们即将在下面加以叙述。在情境需要的条件下，这些动物已习惯于把一只箱子放在另一只箱子上面之后，我们就会产生了一个问题，他们在同样的方向上，是否会有更大的进步？

在这些实验中（目的物放得更高，三只箱子相隔某些距离放着），苏丹开始去做更为困难的建筑，他把两只箱子重叠，垂直地竖立起来，因此它们就像柱子一样，当然，这样就可使他达到很高的地方（4月8日）；他把第三只箱子搬到建筑的场所，但是他把它搁在一边，没有用到它，因为他在那时，即使不用它，而只用他的柱子，也可以取得目的物。

（4月9日）目的物挂得更高一些，苏丹在午前就被禁食，因此，他对工作就非常热切。他把一只很重的箱子平放在目的物的底下，再把第二只箱子竖放在它的上面，然后站在顶上，去攫取目的物。因为他拿不到，他就向下环视，看到了第三只箱子，这只箱子太小一些，他开始以为它是没有用处的。他很小心地爬了下来，拿到了这只箱子，带着它爬上去，终于完成了这个建筑。

特别是格朗特，她能随着时间而不断进步。在较小的几只猩猩中她最强壮，并且最有耐心。她不因许多不幸事故，如建筑物的倒塌或其他任何困难（部分是她在无意中产生的）而改变她的初衷，她立即能像苏丹一样，把三只箱子彼此重叠起来。有一次（1914年7月30日）她发现近旁有一个很大的笼子，它的表面很平，可安全地把其余三个箱子放在它的上面，于是她就叠成了四个箱子的美好的建筑物。在1916年的春天，又有一个制造更高的建筑物的机会，即使在这个长期的间歇之后，格朗特还是像以前一样，依旧是一群猩猩中一个最好的建筑者。由四个物体搭成的高巍巍的建筑，给她造成不少的困难，但是由于她的坚毅的努力，她处理得极为成功。

……

在这个实验中，我们可进一步地发现一种新奇的事件：这个动物回复到旧有的方法，他想用手把饲养员拉到目的物那里，被甩脱以后他又想用同样的方法来拉我，但又被逐退。于是我就告诉饲养员，如果苏丹再想拉他，他就表面装着让步，但是当这动物爬上他的肩头的时候，他就要蹲得很低。这件事实际上立即就发生了：苏丹把饲养员拉到目的物下面以后，就爬到饲养员的肩上，而他就很快地弯下身来。这个动物就下来了，诉苦似的用双手捧着饲养员的臀部，力想使他站起来。这是多么奇怪的把人改用作工具的办法！

尽管苏丹已有一次自己发现了解决的办法，可是他现在还不注意到箱子，因此帮他抛除他失败的原因，这样做该是合适的。于是我为苏丹把两只箱子像他第一次所做的一样，放在目的物底下，把它们重叠起来，使他能够把目的物拉下来。

……

为了激励苏丹而给以帮助之后，再把箱子放在旁边。在屋顶上的原来地方挂上了一个新的目的物。苏丹立即搭起两个箱子，但是搭在最初实验时所挂的目的物的地方，也就是他第一次进行建筑的地方。在成百次利用箱子来建筑的事例中，这是仅有的犯了这种愚蠢错误的一次。苏丹在做这件工作的时候显得非常混乱，也许他已感到精疲力竭，因为这个实验在这炎热的地方已延续了一小时以上。苏丹继续漫无目的地把箱子推来推去，他又一次把箱子彼此相叠在目的物的底下；苏丹得到了目的物后，我们就让他离开了。在其他场合只看见他有一次也发生了同样的混乱和烦躁。

第二天（2月9日），我很清楚地看到这种特殊的困难必寓于问题的本身。苏丹把一只箱子放在目的物底下，但不再去取第二只箱子；最后替他叠起来，他达到了目的。立即再放上一个新的目的物（建筑物又被拆毁），但不能诱使他再去工作；他依旧想把观察者当作一只踏脚凳，于是再一次替他叠起这样的建筑。在第三个目的物的底下苏丹放了一只箱子，把另外的一只也拉到它的旁边，但是在最关键的时刻，他又停止了，他的行为表露出非常迷惑的样子；他继续向目的物张望，同时又摸弄着第二只箱子。然后，他突然地牢牢攫起这只箱子，以决定性的动作把它放在第一只箱子上面。他的长时间犹豫不定和这突然的解决，造成强烈的对比。

两天以后，重做这个实验，在新的地方再挂上一个目的物。苏丹把箱子放在目的物稍偏一点的底下，再去拿第二只箱子，当他把它举了起来向目的物看望时，又把箱子放下来。他做了一些其他的动作（沿着屋顶攀爬，把观察者拉起等等）以后，再开始建筑；他小心地把第一只箱子竖立在目的物底下，再费力地把第二只箱子放到第一只箱子的顶上；第二只箱子歪歪斜斜地搁在下一只箱子的上面，它的开口的一端碰巧绊在下一只箱子的角上。苏丹爬到它的上面，连自己带箱子一起跌倒在地板上。他精疲力竭地倒伏在房屋的一隅，从这里他还注视着两只箱子和目的物。过了好一会，他才又开始工作；他把一只箱子竖立起来，想这样取得他的目的物；随后又跳了下来，拿了第二只箱子，最后凭了坚毅的热忱，才把它竖立在第一只箱子的上面；但是他把这只箱子放得太偏在一边，因此每次攀登上去的时候，它都有些摇摇欲倾。经过了长期的尝试，他在这个时间中的动作显然都是盲目的，一切的成败，完全依赖于无计划的行动，最后，上面的箱子碰巧放到了一个比较稳定的地位，他才取得了目的物。

经过了这番尝试之后，苏丹常常能够立即利用第二只箱子。更重要的是，他对于必须把它放在什么地方不再迟疑了。

这个报告表明，苏丹在第一次独立地解决以后，我曾有四次帮助他把箱子彼此积叠起来。在格朗特、基卡和拉那的实验中，当她们初次解决之后，我也曾同样地帮助了她们三次，这种帮助是使她们继续采用那种方法的良好诱因。如果我已使他们变得非常饥饿，然后再屡次让他们置身于同样的情境，也许他们不需要这种干预，就已经发展了他们的建筑过程了。在我得到了第一次的经验以后，我认为更为重要的（不是去观察猩猩在没有鼓励的条件下，是否能继续进行其三层或四层的建筑），乃是去精密地研究他们建筑的方法；那就是为什么我在他们已解决了这个问题的一些要点之后，还要鼓励他们尽可能地继续做下去。

如果把第二只箱子放在第一只上，只是在较高的平面上（比在地面上）利用箱子的简单的重复，我们可以期望——在其他的经验之后——一旦取得解决的办法，就能简单地反复应用。就苏丹和格朗特来说，如实验所示，在这些实验的日子里用一只箱子来取得目的物，几乎已成为一种惯常的事情；但这两个动物在重现他们的建筑方法时，却都不易取得成功，只要稍看一下这些实验的叙述，就可表明，其所以难于成功，是不能单独归咎于第一次的失败（那仅仅是实际的失败）的。而外在的因素也不能是主要的原因：这些箱子就这些小动物来说，的确是太重了一点，在实验的过程中他们确有不能胜任这种重量的时候。但是我们只要看到在建筑的时候，他们携取和举起他们的重负，具备了什么力量，得到了什么成功，甚至当他们已把第二只箱子举得很高（从人类的观点来看），只要把它降落到下面一只箱子上的时候，为什么他们完全变得不知所措，我们就可知道这些动物放弃他们进一步的建筑，不能单从体力不足来说明了。并且，他们在开始建筑的时候，总会有一些笨拙的表现。但是我们不能在这一方面过分地强调；因为在他们初次尝试之后就抛弃这种方法，可能和他们其他的新奇行为以及突然在两只箱子面前发生的迷惑具有内在的联系；而这种行为同笨拙却是毫无关系的。动物在这时候的行为，并不像有些人笨拙地去完成一件工作时的样子，而却像有些人处于某种情境中看不出应当采取什么特殊的行动为好时的那种神情。

当“把第二只箱子放上去”的解决办法显然已经发现，而这些动物正在照此进行的时候，我们可以观察到他们在第一次尝试中即告失败而产生的这种抑制，或者我们也可称之为迷惑。苏丹有三次犯过这种迷惑，格朗特也有两次犯过这种迷惑，后来在成年的奇喜格的实验中（1916 年的春天），当她第一次把一只箱子放在另一只上的时候，最清楚地出现了这种情况。我再要强调地说明一下，在开始的时候每一件事情都进行得非常顺利，只要这些动物对情境已经熟悉了，并且坚信他们不能单用一只箱子来取得目的物，就会出现一个契机，他们就突然把第二只箱子“引入工作”之中。于是他们把它拉上去（奇喜格）或者把它带到第一只箱子的近边，但是他们又突然迟疑不决地停下来。他们作出一些不明确的动作，把第二只箱子举在第一只箱子的上面晃来晃去（除非他们立即让它落到地上，否则就会像苏丹有一次那样，不知如何去处理它），如果你不知道这些动物的视觉一般说来是很完善的，那么你也许会认为你正在观察的是一个视力极其低劣的动物，好像它不能很清楚地看到第一只箱子所在的地方。特别是奇喜格，她把第二只箱子举在第一只的上面摇晃了好一会儿，在几秒钟之间不使两只箱子接触。我们观察了这种情况，不得不说：“这里面有两个问题；一个问题（“把第二只箱子举起来”）对猩猩来说，如果他们已知道把箱子放上去的用处，实际上不是一件困难的工作；另一个问题（“把一只箱子叠在其他一只箱子上面，使它们叠得很稳固，因此整个结构变得更高一些”），则是极其困难的。”在这里，利用地上的一只箱子，和把第二只箱子叠在第一只上，是有本质差别的：在前一事例中，只是把一个坚实的图形，放到外表一致的、没有固定形状的背景上，也不需给以任何特殊的处理，或者只是把它沿着地面拉过去（一直拉到目的物的底下），一点也不离开地面。而在后一事例中，则是把一个具有特殊形状的有限物体，和另一个类似的物体放到一边使它们互相接触，其放置的方式还必须达成一种特殊的结果；猩猩在这种情境中，似乎已达到了他的能力的限度。

把往事回溯一下，我们立即可以发现前面叙述过的一些实验，只是在平面的地上利用一只箱子，因而可摆脱这种困难；但是这些实验可以引起误解，因此它们对于猩猩的能力，不能提供一个适当的观念。这个小动物或是把箱子拉到目的物的底下，或是把它滚到那里，不论拉也好，滚也好，箱子是否放得偏离前、后、左、右几公分，甚至几公寸，都是没有多大关系的。地面不论在什么地方都是同一的平面，而目的物的位置，虽然稍有差异，但都是很易取得，因此，在猩猩的手中（他没有看出任何问题），箱子只以几个快速的运动，就自然而然地达到了可加利用的平衡的位置。在两只箱子的实验中，情况就大不相同了。猩猩在这里已经遇到了一个必须解决的静力的问题，因为第一和第二两只箱子，不能像单独一只箱子在平面的地上一样，可以依靠它们的本身来解决这个问题。

[这些观察和讨论，可使我们得出如下的结论，猩猩将毫不费力地把一只小的箱子，放在目的物底下的一只很大的箱子上面（大的箱子的表面，不论在视觉上或物理上，都更和地面相像）；事实表明一旦以一个大笼子作为这个结构的基部，第二只小箱子立即可以稳固地放在它的顶上。]

有两种涉及领悟的静力学，正像杠杆作用有两种操纵的方法一样……。一种是物理学家的静力学（如引力重心、力的运动等等），在我们的实验里并不引起问题，犹如在人类“正确地”把此物放在或竖在彼物之上的无数事例中不成问题一样。遗憾得很，心理学甚至还没有开始研究普通人的物理学，从纯粹的生物学的观点来看，它要比这种科学的本身重要得多。不仅静力学和杠杆作用，并且还有许多物理学的问题，都以这两种形式存在，而这种非科学的形式，却经常地决定着我们整个的行为。

不论人类素朴的静力学是如何产生的，甚至最肤浅的观察，也表现出一方面是“引力”，另一方面是视觉中的空间形式，它们在这种素朴的静力学中所处的重要地位，正像在严格的物理的静力学中抽象地讨论到的力和距离一样。至少其中有一种“成分”在猩猩的身上还没有得到很好的发展；因为反复地观察这些猩猩，从我们得到的整个印象中，使我们得出结论：我们实际上没有看到猩猩有静力学的表现。尽管在建筑的过程中，差不多每件工作都会引起“静力学的问题”，可是他不是以领悟来解决，而只是用盲目的尝试来解决。在突然通过一连串的动作而得到真正的解决，和把这个箱子放到那个箱子上的盲目地操弄之间，这两种情况的差别是再明显不过的了。当猩猩碰不到好机会（如以上所叙述的那些实验），把箱子对箱子、面对面地叠合时，盲目的操弄就成为他的建筑过程。“把第二只箱子放在第一只上”（或是把第三只或第四只放上去——这不能认为是数字的问题，而是“再来一个”或“另外的”问题），无疑地仍可归入于“真正解决”的范畴，但是“把一只箱子放到另一只的顶上”的说法，如果用以表示猩猩实际上是在做些什么，我们在应用这种说法时，就要十分小心。这些词语暗示着我们人类的（不一定是科学的）静力学，而动物在这种智能方面是极为欠缺的。

在儿童时期的最初几年，我们也可以观察到同样的事实。年龄较小的儿童想把这一个物体堆到另一个物体上的时候，也握着物体，有时把这一个压到另一个上，把它们堆成各种不同的新奇样式。他们显然也缺乏那种静力学。但是人类的儿童，快到3岁的时候，他们已开始形成了关于平衡的素朴物理学的要素，而猩猩则在这方面似乎没有什么重大的进步，即使他们也有许多练习的机会。因为，虽然他在空间形式和引力方面的不稳定性，已不像开始那样使他沮丧——那时他面对堆叠的箱子，放弃了所有的努力——甚至当他得到成功而加强了自信以后，他所乐于从事的工作，依旧像开始时一样，只是“仅仅的操弄”而已；他还是把上面的箱子连滚带拖、连扭带踢地放到下面的箱子上面，因此，这些动物特别是格朗特的忍耐性，实在令人钦羡。我们不要以为这种建筑，即使只由三个箱子所构成，只须几秒钟即可完成；箱子发生各种变故的机会愈多，箱子的体积愈小，构成箱子的木板愈多，他们必须工作的时间就愈长。我们发现格朗特有一次坚持了10分钟时间，才搭好了她的建筑，然后同建筑物一起倒了下来，又重新做起，这样地继续做下去，一直做到她精疲力尽，不能再做才停止。

在这种混乱的建筑方法中，也有一些非常显著的特点。如果已把上面的箱子放好一个位置，从静力学的观点来看，它是放得非常合适的，但是它还有一些摇摆（这种摇摆是无关紧要的），如果他的手或足感觉到了这种摇摆，她就常常去改变这个好位置，因为从猩猩对情境的控制来说，视觉上所见到物体的位置是没有很显著的重要意义的。如果碰巧地，或者用其他任何方法，把上面的箱子放好在任何一个位置，只要它暂时不摇摆了，即使它只靠一点的接触或摩擦而使箱子暂时稳定下来，猩猩就肯定会攀登上去，实际上它是非常不稳定的，只要加一些重量上去，立即就会倒下来。因此有一次，苏丹在这种情况下，当第二只箱子很不稳定地放在下面一只箱子的一角上的时候，他就爬到第二只箱子上面。一只箱子是否从建筑物的一侧伸出很远，猩猩对于这种事情似乎是漫不在意的。有时第三只箱子，只是因为在第四只箱子和猩猩停留在箱顶上面时，靠它们的重量而能稳定的情况下，才不致倒下来。因此，当猩猩第一次明确地不以视觉的指导来处理这种情境的时候，我们就可看到将会发生些什么事情，也许因为凭视觉的处理已不复适合他的需要了。猩猩用手建筑了各种结构，而且常可攀登到它的上面，但是就我们看来，根据静力学的规律，这些结构似乎是不行的。因为我们所知道的一切结构（视觉上所熟悉的），就猩猩来说，最多也只能碰巧才能完成，或者可以说是在“和摇摆作斗争”中才能完成。

……

根据这种叙述，我们可以看到这些动物可用第三种静力学——部分地代替了他们所缺乏的人类的（在日常生活中的）静力学。这第三种静力学就是凭借他们的身体，凭借一种特别的神经—肌肉机制而自动地取得平衡。猩猩在这方面，就我看来，甚至要比人类优越，他们显然是利用了这种天赋的优点。当他站在建筑物上的时候，旁观者会替这种结构的平衡担心，但是他最初由于建筑物的摇摆而产生的疑虑，却被他的最熟练的动作抵消了。他随时改变身体的平衡，举起他的手臂，弯下他的躯干等等，因此，在他下面的箱子，在一定的程度上分享了他的内耳和小脑的静力学。我们可以说在大部分的这些建筑物中，动物本身的重量所形成的精巧的平衡，是一种很重要的因素，没有这种平衡，建筑物就会倾倒。但是从狭义来说，这只是一种生理上的动作，而不是一种实际上的“解决”。我必须对那些肤浅而不符合实际事实的解释提出告诫，这些解释认为这些动物只是太凌乱和太不小心，因而不能建立比较稳固的建筑物。猩猩的这种工作，从一个新手看来，也许可以得到这种印象，可是长期观察格朗特所表现的毅力———她既有时由于局部摇摆而去推倒完善的建筑结构，又有时建造起堆叠静力学上的不平衡的结构——使我们坚信实际的解释必须更加深入一层，至少直到现在的观察为止，这些动物的主要阻碍，是在于他们“视觉上的领悟”的局限性。

如果这些动物没有把建筑材料结合成一个整体的那种聪明，那么他们常常不能理解或不能处理已经建成的建筑，这就不足为奇了。这是因为相应于人类的这种（素朴的）能力的缺乏，只能艰难地获得；并且在这里也不存在什么匆促和凌乱的问题。我们有时发现格朗特（或其他猩猩）站在一只箱子上，要把另一只箱子举起来，她不管第二只箱子的一边有一个空口，而且第一只箱子的角已嵌入空口。而格朗特倚在两只箱子上的重量，至少部分地阻碍了第二只箱子的举起，但是她不管那些，还是辛辛苦苦地要把它拉起来。她在暴怒中扯它、摇它，最后不得不放弃了她一点也不了解的为她自己本身所阻碍了的工作。在同样的方式中，我们也发现格朗特站在一只箱子上，这只箱子底部的两端，各由其他两只箱子支持着，像墩子那样。在那时候，她会发现底下有一只箱子可适用于她的建筑，她就可平平静静地把这只箱子从一边拉出来，可是连她站在上面的箱子也倾倒下来，而她自己也摔到地上的时候（这是必然会发生的），她就感到非常震惊。甚至到1916年的时候，我还看到这种事件，简直看不出她取得什么进步。

……

（1914年4月11日）基卡站在石堆上无效地想用手去取得目的

物，后来又用棍子，她一点也没有注意箱子，过了一会，甚至连目的物也不去注意了。同一天的几小时以后，以同样的方法来进行第二次实验。在实验中我们也看不到什么情况。就我看来，要基卡立即把这堆石子看成障碍物，这是完全不可能的，因为她在比较简单的阻碍实验中，也从来没有得到这样明晰的概念，不论如何，她至少也该把箱子试弄一下。在同一天相同的情境下，以这个实验来试验最聪明的动物苏丹，就得到十分明晰的结果。他立即把箱子拉到石堆上，但不能把它竖立起来，他从老远拉来了一个大的笼子，把它斜放在石堆上，再把第一只箱子放在笼子的顶上，经过15分钟极其辛劳的工作，站在歪斜于空际的建筑物上，取得了目的物。第二次他把石子堆尖成金字塔形。但这一次苏丹在一系列的幸运的碰巧中，只消几分钟就把箱子稳定在石堆上，因而又取得了目的物。在第三次重复的实验中，他再把石子堆成金字塔形，他不能取得成功，立即放弃了他的努力。在这些实验中，他丝毫也没有想到要把石子移开，拨开一个平坦的基地。

第二天，用许多洋铁罐来代替石子，把它们放在目的物底下容易滚动的地方。苏丹立即拿着箱子，试图把它放在洋铁罐上，在那里箱子一再地向旁边滚开。在瞎忙了一些时间以后，他把洋铁罐从目的物那里（偶然地）推开了一些，因此在洋铁罐之间，留出了一块空地，其大小足以把箱子垂直地放下去。但是，他依旧费劲地在洋铁罐上把箱子竖立起来，一点也不去注意这块空地。在他的行为中，找不出任何想要移开滚动的洋铁罐的表示，虽然他可在几秒钟时间内，没有一点困难地去做这件事情。最后箱子偶然地竖立在地上，一部分竖立在洋铁罐上，尽管它是倾斜的，但却也相当稳固，因此苏丹取得了目的物。

……

1916年3月，偶然地做成功了同样的试验，用来做实验的动物是格朗特。基卡曾经撑着一根短而粗的树干跳向目的物，没有成功，于是就把树干留在目的物下面了。格朗特开始建筑时，最初是建在空着的地面上；但是当她在乱弄箱子的时候，有一只箱子跌到了目的物下面，落在树干上面，于是猩猩改变了计划，选用这个箱子来作为基础了。她费了许多力气要在这个箱子上面构成一个建筑，但是这个基础因为下面垫有一根树干而一直摇晃不定。格朗特像苏丹碰到洋铁罐那样，对障碍物看也没有看一眼。

根据这些结果，我们就可以先验地构思出一个进一步观察的模式。当猩猩能够真正解决的问题只是对达到目的物的“距离的粗略估计”，同时他又不具有我们的素朴的静力学，那么必然会发生“良好的错误”，在这种情况中，动物作出真正的尝试想更好地去克服距离——这是良好的方面——但却无意识地企图达成静力学上不可能的工作——这就是错误的方面。

这些良好的错误，最好只能在两种情况中看到，它具有一种令人惊奇的印象。(2月12日）基卡在最初的一些实验中，无效地想用一只箱子来取得目的物。她立即发现即使是最好的跳跃也无济于事，她就放弃了这种方法。但是她突然用双手攫取箱子，用劲地把它举得和她的头一样高，把它压在靠近挂着目的物的墙壁上，如果箱子能“粘附”在墙上，这个问题就可解决了；因为基卡能很便捷地爬上去，站在它的上面去取得目的物。后来在同样的实验中，格朗特把一只箱子放在目的物底下，抬起脚来就爬，向上张望了一下，又沮丧地把脚放了下来。她突然攫起箱子，眼睛仍然向上望着目的物，就像基卡一样，把箱子压在墙壁上相当高的地方。这种求解决的尝试是真正针对着问题的：从“抬起脚”到“把箱子压在墙壁上”的一系列动作，其中包含着“把脚放了下来”和“攫起箱子”之间的突然中断，而接下去就“攫起箱子，坚决地把它举到一米左右高，把它压在墙壁上”的过程，形成了一个单一的整体。同样的过程，也可以确切地运用到基卡的行为上。如果说动物是想用箱子来击落目的物，那种解释是错误的。如果他们确有这样的意向的话，他们就会用不同的方法来处理它，并且会对它做出各种不同的动作，他们会朝着目的物的方向，径直地把箱子举起来，正像他们开始时所做的一样，不会把箱子压到旁边的墙壁上。我在下面还要提到这种过程。有一次它实际上也含有素朴的静力学，尽管这种静力学只是像猩猩那样的，并且是非常原始的。[我们也许以为格朗特只是在模仿她所看到的基卡的做法，但是只要我们比较熟悉猩猩的模仿能力，就可知道这是不可能的。并且，格朗特的方法是真正的企求解决的方法，如果她只是依样画葫芦地照做，她就会一点也不加改变；要猩猩去模仿任何一件事情，这是极其困难的，除非他们自己已经了解这件事情。]

如果猩猩不能从平放着的箱子上面取得目的物，他在目测距离的一瞥之后，往往把它翻过来直放。在这方面，他还有进一步的发展，不过这种做法却有一个缺点，就是它不符合静力学的法则。猩猩站在一只箱子上，把另一只箱子拉到他的面前，再把它放在第一只箱子的顶上，但是望一望目的物，发现距离还太远一些。于是他就把上面的箱子转而又转地转到不能平衡的“对角的”地位（参看图29－1）。在这时候，这个动物就认真地集中注意试图爬上这升高了的顶尖。这种求解决的企图，可以毫无休止地被重复着，因为这个箱子确可由猩猩随手移动，并且在一定程度上，无需他的极大努力，即可保持它的平衡。格朗特用一种令人惊奇的执拗和谨慎的小心，好多年来重复着这个“良好的错误”。

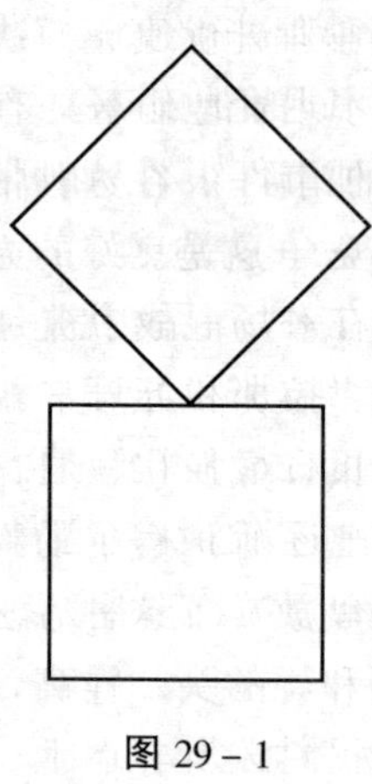

图 29－1

……

补充：共同的建筑

当我们实验中用到的猩猩已熟悉了把一只箱子堆叠到另一只箱子上面之后，常常给这整个集体以机会在运动场高挂着目的物的下面，把箱子堆叠起来。有一个时候，这种工作变成了一种爱好和娱乐。但是我们不要以为这种“共同的建筑”是一种有系统的协作，具有个体之间的严格的分工。这种过程却是这样的：目的物挂在某一地方，聚集的猩猩都环视着可用为工具的材料。一会儿，他们都闯到目的物底下，这一个拿了一根木杆，那一个拿了一只箱子。有时他们沿着地面拖他们的工具，但是基卡喜欢把箱子挟在臂中，或者像工人一样地把她的木板放在肩头。那时有几只猩猩都想同时攀上箱子，每个猩猩都做出好像只有他一个将去"建筑"的样子，或者好像他已替自己划分了"界限"，不希望旁的猩猩来帮助他完成这种建筑。如果一只猩猩开始了建筑的工作，而靠近他的旁边还有其他的猩猩进行建筑，这是常常发生的情况，他会从邻近的建筑材料中毫不迟疑地偷来一只箱子，于是互相竞争的建筑师们就打起架来。这种事件很容易破坏工作的进程，因为建筑物搭得愈高，攀登上去的竞争就愈烈，一般的结果是竞争的对象在竞争中被摧毁了——在一场混战中被打翻了。因此这些猩猩必须再从头做起，于是基卡、拉那和苏丹常常放弃了工作而去争斗，只留下他们四者之中最年长、最强壮、最有耐心的格朗特来完成这种工作。在这种方式下，她逐渐获得了最好的建筑技巧，虽然不能忍耐的基卡和苏丹，在智慧方面要比她优越一些。

这一只猩猩去帮助另一只猩猩是很少见的。当这种情况发生的时候，我们必须小心地去考究这种动作的用意。苏丹要比其他猩猩熟练得多，我为了要证实其他猩猩的能力，在开始的时候，我常常不准他去帮助他们。在一个实验里，我可以观察到他的专注的兴趣。如果观察者的戒备已经放松，不再表示制止他参加建筑，他也不冒险去全力参加这种工作，但是他情不自禁地到处"伸出支援的手"，在旁的猩猩处于危险和必须作出决定性的努力的情况下，他就去支持一只险些要跌下来的箱子，或者去参加一些次要的工作。……有一次，我已禁止他去参加建筑，但是当格朗特已把一只箱子堆叠到另一只箱子上，但仍不能取得食物的时候，他就不能再做一个被动的旁观者了。他从距离 12 米左右的地方，很快地拿来了第三只箱子，把它放在堆起的箱子的近旁，然后他再蹲伏下来旁观着，虽然我没有用言语或手势对他提醒我的禁令。但是我们必须谨防误解：苏丹的动机不是想去帮助他的同伴，至少助人不是他最重要的动机。当我监视他的时候，他蹲伏在其他动物的旁边，用他的眼追随着格朗特的一切动作，并且常常用他的臂和手来表示简略的动作，无疑地是这些过程的本身引起了他的兴趣，而且达到了很大的程度。他仿效着这些动作，并且"感受着"这些动作，当这些动作变得更加困难和危急的时候，他也变得更加热切。在关键时刻他所提供的“帮助”，只是他已经表示出来的参加这种过程的高峰；而他对其他动物的关心，只占极其次要的地位，因为苏丹是一个出名的利己主义者。我们对同样的心理状态，已很熟悉。当别人在拙劣地工作的时候，一个经过长期的实践而懂得某种工作方式的人，就很难袖手旁观：他的手指痒痒地要插手去“干这活儿”。我们人类也不会单从利他主义的动机，去帮助一个笨拙的人（在这时刻，我们对他的情感也不是特别热衷的）。我们也不是为自己另找外在的利益，而是这种工作的本身已吸引着我们，并且支配着我们。有时我认为猩猩的这些性格特点，甚至比在狭义的智慧方面更和我们近似，但是我们必须谨防对它们进行单纯的理智主义者的解释。(这种细微特点上的相似性，其最好的事例，就是把自己受到的惩罚“推给别人”的习惯，往往拣一个素来不得人心的，同自己气味不投的同伴，推到他的身上。苏丹就是常常这样对待基卡的。)

有时猩猩的行为，很像严格的人类意义上的合作，但是还不能得到充分的证实（日期：2月15日）。小猩猩们再三想去取得高挂着的目的物，但是没有得到成功。远处放着一个很重的笼子，在以前的实验中从来没有用过它。格朗特突然注意到这个笼子；她来回地摇动它，想把它向目的物那里滚动过去，但是没能够移动它。拉那立即跑过去，用最恰当的方法握住笼子，她们两个都做着提起和滚动的动作，这时候苏丹也加入了她们的队伍，攫着笼子的一边，大力地“帮助”她们。他们三者之中，没有一个能单独地移动这个笼子，但是在他们共同的努力之下，他们“合拍”得很好，很快地把笼子移近了目标。到离开目的不远的地方，苏丹就跳上笼子，然后再向上一跳，把水果扯了下来。其他猩猩得不到一些报酬，但她们原只是替自己工作，而不为苏丹工作的，苏丹也有很好的理由来作一个突然袭击，因为否则就会“得不到水果”。拉那在初次移动远处的笼子的时候，的确也懂得格朗特的用意，她也像苏丹一样，是为了她自己的利益而插手的。因为他们三者都有同样的目的，因为笼子的移动已决定了他们的工作方式，这个笼子也就在路上很快地滚动了。

下面的例子，是苏丹看到旁的猩猩正在建筑，而自己不能参加竞争时所表现出来的插曲。一般地说，他要比其他猩猩高明一些，有时其他猩猩正在做他已熟悉的实验时，准许他在场，他就非常留心观看——比如在建筑的实验中，但不准他参加。如果在实验的时候，被观察的动物是在栅栏的对面——因为苏丹在栅栏外边观看——而目的物在栅栏外的地上，没有棍子可资利用，苏丹就悄悄地观看另一个猩猩的不适当的努力，看了一会之后就不见了，但是回来的时候，手里拿了一根棍子。他用这根棍子在离开目的物还远但和栅栏很近的地方刮擦泥土，或者从栅栏中塞进去。如果其他猩猩想去拿取它，他就戏谑性地把它缩回来，这样就变成了一种一来一往的游戏，如果我不禁止，这根棍子就会落到新手的手里。

在这些实验中，有一次新手拆散栅栏旁边的箱盖，把它用作棍子。苏丹恰恰坐在栅栏外边，而其他的猩猩却不能解决这个问题。苏丹突然朝着栅栏走去，走到很近的地方。他小心地向观察者望了几眼，把他的手从栅栏中伸进去，从箱盖上撕下了一块松动的木板。这个实验的下一步过程，和方才叙述过的过程一样。

这两个事例，正和建筑的事例一样，苏丹的行为没有表示出一点“利他主义”的痕迹。虽然他没有直接参加这个过程，但是我们觉得他对这个过程已完全了解，他对长期得不到解决的这些事件，具有强烈地想去做它一下的冲动。

从下面的事例更可证明他确已知道从其他猩猩的观点来看所要完成的工作。我企图教会基卡利用连接的棍子。我站在栅栏外边，苏丹蹲伏在我旁边，认真地注视着，同时慢慢地搔他的头皮。因为基卡完全不能理解应该做的是什么，最后我把两根棍子交给苏丹，希望他能把这件事搞明白，他拿起两根棍子，把一根插入另一根之中，并不自己去占取水果，而是以一种悠闲的态度，把水果向栅栏旁边的基卡推去（如果他已经非常饥饿，他的行为也许会完全不同）。

彼此间的干扰多于彼此间的合作。特塞拉和康苏尔没有参加过建筑的工作，他们坐在某些有利的地位，观看其他猩猩的工作。但建筑达到最高峰的时候，他们也作出了显然了解的表示，他们喜欢蹑手蹑足地爬到忙碌的建筑者的后面，特别当他已建筑到高得不大稳定的时候，他们用力地一推，把建筑物和建筑者都推到地下。然后他们疾行逃遁。康苏尔是这种玩意以及各种荒诞的坏事的能手。他装出可笑的愤怒的样子，顿着脚，转动着眼，表演出各种怪态，在天真的建筑者后面，准备着把它推倒的诡计。这些偶发的事故是很难叙述的。我曾经看到观察者观察到这些事件的时候，忍不住笑出了眼泪。

这种行为的情绪基础是很难了解的。在下面叙述的事例中，我们似乎可更加明显地，同时更加经常地观察到它们。其中的一只猩猩刚好完成了他的建筑，另一只猩猩，比如说可怕的格朗特，突然走过去，抱着明显的意图，想鹊占鸠巢地坐享其成。一场剧烈的斗争似乎不可避免地产生了，但是小猩猩并不离开他的场所而立即逃逸，相反地他却坐在最高的一只箱子的边上，使它溜下，这样，整个建筑就失掉了平衡而全部倾倒。这个过程和通常从建筑物上爬下来完全不同，他必定是故意这样做的；接着他就逃之夭夭，引起了斗智斗不过他的侵略者的愤怒。

（陈汝懋 译）

选自：张述祖总审校．西方心理学家文选．北京：人民教育出版社，1983

思想评介

（见“考夫卡”和“韦特海默”条目的评论文章）

布鲁纳

(Jerome Seymour Bruner)

- 生平简介
- 名篇选读
  教育过程(节选)
- 思想评介
  布鲁纳的教学论思想简介

生平简介

J·S·布鲁纳（1915～ ），美国心理学家、教育学家。布鲁纳1915年10月1日出生于纽约一个颇有成就的中产阶级的上层家庭；1937年毕业于杜克大学（Duke University），获文学硕士学位，接着进入杜克大学的研究院从事心理学的研究；1938年又转入哈佛大学心理系，并于1941年在哈佛获得心理学博士学位；1942年担任普林斯顿公众舆论研究所副所长；1943年至第二次世界大战结束一直在艾森豪威尔将军司令部下属的美国战争情报署和同盟远征军最高统帅部心理战部门工作，主要是研究公众的态度和纳粹德国的宣传技术；1945年返回哈佛大学担任教育心理学的教学工作，1948年任副教授，1952年任正教授；1960年，在哈佛大学与米勒（G. Miller）一起创办"哈佛认知研究中心"，1961年至1972年一直担任领导工作。他虽然不是认知心理学的创立者，但对认知心理理论的系统化和科学化作出了贡献。1972年至1980年，布鲁纳离开哈佛大学受聘于英国牛津大学，任实验心理学瓦茨（Walts）教席；1979年，又作为客座教授回到哈佛大学，1981年，进入位于纽约市的新社会研究学院。

布鲁纳一生拥有许多荣誉，1951～1952年，成为普林斯顿高等研究院的客座成员；1963年，美国心理学会授予他杰出科学荣誉奖；1965年，当选为美国心理学会主席；1959年任美国全国科学院发起的伍兹霍尔心理学会议主席；1962～1964年曾在白宫教育研究和发展小组工作。

布鲁纳对教育心理学有突出贡献。他主张："任何学科都可以用智力上的某种适当方式有效地教给处于任何发展时期的任何儿童。"由此在美国引起了一场声势浩大的课程改革运动。布鲁纳认为：学校应努力传授学科的一般性质或学科的结构，而不是传授学科的细节和具体事实，教育要促进儿童认知能力的发展；他提出要注重儿童的早期教育，认为发现法是儿童主要的学习方法，强调在学习上直观的重要性；他认为直观是解决问题的一种手段，儿童在直观中顿悟或直觉理解会比对知识有计划一步步地分析好得多。

布鲁纳以再现表象作为测量认知发展或智力发展的指标，把儿童的认知发展分为三个阶段：动作式再现表象阶段、肖像式再现表象阶段和符号式再现表象阶段。也就是说，儿童智力发展的形式，实际上就是三种不同发展水平的认知结构：动作的、肖像的和符号的认知结构。

布鲁纳在其认知—发展说的基础上提出了一系列教学原则，认为教学的最终目标是“促进对教材结构的一般理解”，使儿童“对教材能有直觉的理解”并达到“学会如何学习”和“促进智力发展”。他认为教学论必须考虑人的天性、知识的本质和获得知识的过程的性质三个方面，并提出了四条教与学的原则：(1) 动机原则，认为内部动机的激励效应比外部动机持久而强有力，教师要善于激发学生的内部动机。(2) 结构原则，强调要教给学生各门学科最基本的和最佳的知识结构。教材结构的组织要注意再现的形式要适应学生的年龄和认知基础，教材的组织要符合经济原则，应教给学生简明扼要而又有利于进一步学习的教材。(3) 序列原则，布鲁纳根据对人的编码系统的研究，提出儿童智慧的发展是从动作性表象模式经肖像性表象模式再到符号性表象模式三个阶段的，教师传授新科目、新课题时，最初宜用“非语言的指导”，然后鼓励学生运用由图表或图画表示的再现表象，最后用符号，通过语言的使用进行教学。(4) 反馈原则，为掌握某个课题，学生必须获得反馈，知道效果如何。布鲁纳强调，“教”只是一种暂时状态，其目的是促使学生自力更生，教师必须指导学生学会如何学习，逐渐具备独立思考、探究发现和自我矫正的能力。

布鲁纳的著作主要有：《教育过程》(1960)、《认识论》(1964)、《教学理论探讨》(1966)、《认知生长之研究》(1966，与人合作)、《教育的适合性》(1971)、《超越所给的信息》(1973)、《儿童的谈话：学会使用语言》(1983)、《心的探索》(1984) 等。

(何先友)

名篇选读

教育过程（节选）

结构的重要性

任何学习行为的首要目的，在于它将来能为我们服务，而不在于它可能带来的乐趣。学习不但应该把我们带往某处，而且还应该让我们日后再继续前进时更为容易。学习为将来服务有两种方式。一种方式是通过它对某些工作（这些工作同原先学做的工作十分相似）的特定适应性。心理学家把这种现象称为训练的特殊迁移；也许应该把这种现象称做习惯或联想的延伸。它的效用好像大体上限于我们通常所讲的技能。已经学会怎样敲钉子，往后我们就更易学好敲平头钉或削木片。毫无疑问，学校里的学习使学生掌握了某种技能，这种技能可以迁移到以后不论在校内或离校后所遇到的活动上去。先前学习使日后工作更为有效的第二种方式，则是通过所谓非特殊迁移，或者，说得更确切些，原理和态度的迁移。这种迁移，从本质上说，一开始不是学习一种技能，而是学习一个一般观念，然后这个一般观念可以用作认识后继问题的基础，这些后继问题是开始所掌握的观念的特例。这种类型的迁移应该是教育过程的核心——用基本的和一般的观念来不断扩大和加深知识。

由第二种类型的迁移即原理的迁移所产生的学习连续性，有赖于掌握前一章所讲的教材的结构。这就是说，一个人为了能够认识某一观念对新情境的适用性或不适用性，从而增广他的学识，他对他所研究的现象的一般性质，必须心中有数。他学到的观念越是基本，几乎归结为定义，则这些观念对新问题的适用性就越宽广。真的，这几乎是同义反复，因为“基本的”这个词，从这个意义上来理解恰恰就是一个观念具有既广泛而又强有力的适用性。学校课程和教学方法应该同所教学科里基本观念的教学密切结合起来。当然，这样说明是够简单的。但是随着这样的说明而来的问题却不少，其中多数只能靠大量的进一步的研究工作去解决。我们现在转而讨论这方面的一些问题。

首要的和最明显的问题是怎样编制课程，使它既能由普通的教师教给普通的学生，同时又能清楚地反映各学术领域的基本原理。这个问题是双重的：第一，怎样改革基础课和修改基础课的教材，给予那些和基础课有关的普遍的和强有力的观念和态度以中心地位。第二，怎样把这些教材分成不同的水平，使之同学校里不同年级不同水平的学生的接受能力配合起来。

关于忠实于教材基本结构的课程的设计问题，过去几年的经验至少已使我们得出一个重要的教训，这个教训就是：必须使各学科的最优秀的人才参加到课程设计的工作中来。决定美国史这门学科应该给小学生教些什么或算术这门学科应该给他们教些什么，这种决断要靠各该学术领域里有远见卓识和非凡能力的人士的帮助才能作出。要断定代数的基本观念是以交换律、分配律和结合律的原理为基础的，他必须是个能够评价并通晓数学原理的数学家。当学龄儿童还不能分清美国历史的事实和趋势时，是不是要求他们理解像弗雷德里克·杰克逊·特纳的关于边疆在美国史上的作用的观念，这又是一个决断，它同样需要对美国历史有深刻理解的学者的帮助。在设计课程时，只有使用我们最优秀的人士，才能把学识和智慧的果实带给刚开始学习的学生。……

即使按照前面指出的方向进行大规模的课程改革，至少还有一件重要事情需要解决。掌握某一学术领域的基本观念，不但包括掌握一般原理，而且还包括培养对待学习和调查研究、对待推测和预感、对待独立解决难题的可能性的态度。正像物理学家对于自然界的基本秩序抱着确定的态度并深信这种秩序能够发现那样，年轻的物理学学生，如果想把他的学习组织得好，以至于所学到的东西在他思想上有用和有意义，也需要具备一些关于这些态度的正确见解。要在教学中培养这些态度，就要求比单纯地提出基本观念有更多的东西。靠什么来完成这样的教学任务呢？这需要做大量的研究工作才能知道。但看来，一个重要因素是对于发现（discovery）的兴奋感，即由于发现观念间的以前未曾认识的关系和相似性的规律而产生的对本身能力的自信感。曾经从事于自然科学和数学课程设计工作的各方面人士，都极力主张在提出一个学科的基本结构时，可以保留一些令人兴奋的部分，引导学生自己去发现它。

特别是伊利诺斯大学的中小学数学委员会和算术设计中心，已经强调发现的重要性，把它作为教学的一种辅助手段。他们积极地在设计方法，以便让学生自己去发现蕴藏在某种特殊的数学运算中的通则。他们还将这种发现法同“断言和证明法”（method of assertion and proof）相对比。所谓“断言和证明法”，就是先由老师讲述，然后由学生加以证明，这样来找出通则。伊利诺斯小组也曾经指出：由于发现法需要向学生提示他们必须学习的数学的全部内容，因而消耗的时间可能太多。如何在两者之间取得恰当的平衡这个问题，不是完全清楚的，正在进行研究来阐明这个问题，尽管需要作更多的研究。归纳法对原理的教学是一种比较好的技巧吗？它对学生的态度有良好的效果吗？

哈佛认知设计中心（Harvard Cognition Project）就社会学科所进行的一些实验，说明发现法不必只限于在数学和物理学这样的高度形式化的学科中使用。一个已经学习了东南各州的社会和经济地理这个传统单元的六年级实验班，开始学习北方中央地区，学生要在一幅绘着自然特征和天然资源但没有地名的地图上找出这个地区主要城市的位置。最后在课堂讨论中，学生很快地提出许多有关城市建设要求的似乎合理的理论：一个水运理论，把芝加哥放在三个湖的汇合处；一个矿藏资源理论，把芝加哥放在默萨比山脉附近；一个食品供应理论，把一个大城市放在依阿华的肥沃土地上，等等。实验班在兴趣的浓厚程度和概念的完善程度方面都远远超过控制班。然而，最显著的则是儿童的态度。对他们来说，城市的位置第一次成了一个问题，并且是能够经过思考发现答案的问题。不仅在研究一个问题时会使人感到愉快和兴奋，而且，最后，至少对于过去想当然地看待城市现象的市区儿童来说，这种发现是有价值的。

我们怎样安排基础知识才符合儿童的兴趣和能力呢？……

第一点是，懂得基本原理可以使得学科更容易理解。我们在物理学和数学中，曾扼要地说明了这个道理。不仅物理学和数学中是这样，而且社会学科和文学中也完全是这样。一个民族为了生存，必须进行贸易。只要抓住了这个基本观念，那么美洲殖民地三角贸易这个似乎特殊的现象就更容易理解：它不单纯是在违犯英国贸易规定的气氛下进行糖浆、甘蔗、甜酒和奴隶的商业。要使阅读《莫贝·迪克》的中学生更深入地理解这部小说，只有引导他领会梅尔维尔的小说是突出地以罪恶和追踪那条“要命的鲸鱼”（killing whale）的人的困境为主题的著作，才能做到。如果再进一步引导学生懂得小说所写的人间困境是相对少数，他对文学的理解就会更好。

第二点要涉及人类的记忆。关于人类记忆，经过一个世纪的充分研究，我们能够说的最基本的东西，也许就是，除非把一件件事情放进构造得很好的模式里面，否则就会忘记。详细的资料是靠简化的表达方式保存在记忆里的。这些简化的表达方式，具有一种特性，可以叫做“再生的”（regenerative）特性。长期记忆所具有的这个再生的特性，能够在自然科学中找到好的例子。科学家不去记忆落体在不同的重力场中不同的阶段时间内所通过的距离，而是记住一个公式，这个公式使他能够在不同的准确度上，再生出比较容易记得的公式所依据的细节。他谙记 $S=1/2gt^2$ 这个公式，而不去熟记关于距离、时间和重力常数的手册。同样的例子，《吉姆爷》中评论员马洛所说的关于主要主人公困境的话，人们未必会去确切地记住它，而是只记住他是个沉着的旁观者，是个试图理解而不能判断是什么曾把吉姆爷引入他所在海峡的人。我们记忆公式，记忆那对事件具有意义的生动情节，记忆那代表一系列事件的平均数，记忆那保持本质的素描或图景——所有这一切都是简约和表达的技巧。学习普遍的或基本的原理的目的，就在于保证记忆的丧失不是全部丧失，而遗留下来的东西将使我们在需要的时候得以把一件件事情重新构思起来。高明的理论不仅是现在用以理解现象的工具，而且也是明天用以回忆那个现象的工具。

第三，正如早些时候所指出的，领会基本的原理和观念，看来是通向适当的“训练迁移”的大道。把事物作为更普遍的事情的特例去理解——理解更基本的原理或结构的意义就在于此——就是不但必须学习特定的事物，还必须学习一个模式，这个模式有助于理解可能遇见的其他类似的事物。如果学生完全能够从人性的角度领悟百年战争结束时欧洲的厌倦，能够领会签订那个可以实行但在意识形态上并不完美的威斯特伐利亚条约的背景是怎样的，他也许更能理解东方和西方之间意识形态的斗争——虽然这种比较决不是确切的。一种仔细地形成的理解同样也应该使他能认识概括的限度。把“原理”与“概念”作为迁移的基础这个观点原不是新的观点。非常需要更多的专门研究，以提供怎样在不同年级中最好地进行不同学科的教学的详尽知识。

经常反复检查中小学教材的基本特性，能够缩小“高级”知识和“初级”知识之间的差距。这是要在教学中强调结构和原理的第四个论点。现在由小学经中学以至大学的进程中所存在的部分困难，不是由于早期所学材料过时，就是由于它落后于该学科领域的发展太远而把人引入迷途。这个缺陷，可以依靠在前面讨论中所提出的在教学中强调结构和原理的办法来弥补。

现在，研究一下在伍兹霍尔讨论相当多的几个特殊问题。这些问题之一涉及“科学通论”（general science）这个麻烦的题目。实际上，在所有各门自然科学中都有某种反复出现的观念。如果在一门学科中把这些观念概括地学好了，就会使得在别的科学中以不同的形式再来学习它们时，容易得多。各方面的教师和科学家提出了这样的疑问：是否应该不使这些基本观念“孤立”起来，而要更明确地用使它们脱离特定的科学范围的方式来教。典型观念是容易加以具体说明的。例如：分类法和它的用途，测量单位和它的发展，自然科学知识的间接性和给观念下操作定义的必要性，等等。就最后一个例子来说，我们不直接看见压力或化学键，只是凭一些测量去间接推断它。量体温是这样，体会别人的忧虑也是这样。能不能在低年级就用各种具体实例把这些以及类似的观念有效地揭示出来，以便为儿童后来在各种专门学科的学习中领会这些观念奠定较好的基础？把这样的“科学通论”当作高年级严密的科学入门来教是不是明智？为了以后比较容易学习，应该怎样教他们，我们又能合理地期望些什么？在这个有前途的课题上，需要进行许多研究工作；不仅要研究这样一种学习途径的用处，并且还要研究可能要教的普通科学观念的类别。

的确，很可能有某些对自然科学或文学的一般态度或学习途径，可以在低年级教，而且对后来的学习有很大的关系。事物是互相联系的而不是孤立的这个看法就是一个适当的例子。人们确实能够在设计一些幼儿园游戏的时候，有意使儿童更加主动地察觉事物怎样互相影响或互相联系——这是对自然界和社会中事件多重决定论这个观念的一种入门学习。任何一个有成效的科学家通常都能谈些思想方法或态度，那是他的职业的一部分。历史学家在他们自己的学科领域，相当广泛地论述了这个题目。文学家甚至发展了一类写作，谈论有助于提高对文学情趣和活力的感受性的形式。在数学中，这个题目有个正式名称，叫做“启发”，用以说明解决难问题的途径。有人很可能会主张，就像那些很不相同的学科的人们在伍兹霍尔主张过的一样：应估量什么样的态度或启发的方法最具普遍性和最有用；应该作一番努力，把初步的态度和启发的方法传授给儿童，这种态度和启发的方法随着他们在学校的成长，可能进一步提高。再者，读者将会意识到，主张这样一种学习途径有个前提，那就是假定一个学者在他的学科的最尖端所干的工作与儿童初次接触这个学科时所干的工作之间，是有连继性的。这不是说，这个任务是简单的，只是说，它值得慎重地考虑和研究。

有的人反对教一般原理和一般态度。持这种观点的人，其主要论点也许是：第一，通过特殊来研究一般，也许好些；第二，使工作态度保持内隐比使它外现要好些。例如，生物学中关于有机体的主要概念之一，是一再提出的问题：“这个东西有什么功用?”这个问题是以凡是有机体中的东西都有某种功用，否则它大概不会继续存在这个假定为前提的。其他的一般概念都同这个问题有联系。生物学学得好的学生，知道把这个问题提得越来越细，并把越来越多的事物同它联系起来。下一步他就要问，某一特殊结构或过程根据有机体整体作用的需要，有什么功用？他为了弄清楚功用的一般观念，进行测量和分类。然后，他可能进一步依据更加广泛的功用观念来组织他的知识，而注意到细胞结构或系谱比较。要学习一般概念的实用意义，可能需要用某一特殊学科的思想方式做背景；所以，给“功用”的意义作一个一般的介绍，可能比在生物学的范围内教它的效果还要差。

谈到“态度”教学，甚至谈到数学的启发教学，现有的议论是，如果学生过分注意他自己的态度或学习途径，他就可能在工作中变得呆板，不然就会要花招。还没有证据能证明这一点；在采取这个方法来教学以前，先须进行研究。在伊利诺斯，人们正在训练儿童，使之有更高的效能来提出一些关于物理现象的问题；可是需要更多得多的知识，这个问题才能弄明白。

人们时常听说“行”与“知”之间的差别。例如，一个大抵懂得了某一数学观念的学生，却不知道在计算中怎样运用它，就是这样的差别。尽管这个差别可能是个假象——因为，除了看到学生干什么之外，怎能知道他懂得什么呢？——但却说明在教和学中所强调的方面是很不同的。这样，在关于解决难题的心理学的某些经典书籍（例如马克斯·韦特海默的《创造性思维》）中，在“机械练习”同“理解”之间就划了一道鸿沟。事实上，练习并不一定必须是机械的，而强调理解却可能引导学生咬文嚼字。中小学数学研究小组成员的经验指出，计算的实践可能是达到理解数学概念的必要步骤。同样，让中学生读不同作家的作品以资对比，可能把文体的知识教给他，但是要他能够彻底通晓文体，只能靠他自己亲手用不同的文体动笔写作。做某件事能帮助人了解那件事。真的，这句话是上实验课的根本前提。在伍兹霍尔，一位心理学家的发言中有句名言：“在我还没有意识到我要做什么之前，我怎能知道我想什么呢？”这句话有一定真理。无论如何，这个差别对我们并没有很大帮助。更加中肯的问题是，在某一特定的领域里，哪种练习方法最可能给予学生精通教材的感觉。在数学各部门中，什么是能应用得最有成效的计算习题？努力模仿亨利·詹姆斯的文体来写作，会使人特别通晓那个作家的文体吗？要理解这些事情，也许须从研究教学成功的教师所用过的方法开始。所汇集的资料肯定能对教学技术问题，或者说对一般地教授复杂知识的技术问题，提出大量值得进行的实验研究项目。

最后，关于考试，需要说几句话。显然，如果考试强调的是学科的琐碎方面，那就不好。这样的考试会鼓励无连贯性的教授和机械式的学习。然而，往往被忽略的是，考试也能成为改进课程和教学的斗争中的同盟军。不论考试是属于包含多题任选的“客观”(objective) 形式，还是属于论文形式，都能够设计得着重于理解该学科的一般原理。的确，即使考试琐细的知识，也能按照要求学生理解具体事实之间的联系的那种方式去做。国家的考试组织，如教育测验服务处内部，目前正在进行共同的努力，去设计那些强调理解基本原理的考试。这样的努力能够有很大用处。还可以给地方学校系统另外的帮助：给他们编写一本合用的手册，手册中叙述了设计各式各样考试的方法。探索性的考试是不容易设计的，如果编写一本关于这个题目的考虑周到的手册，是会受到欢迎的。

下面扼要地重述一下，这一章的主题是，一门学科的课程应该决定于对能达到的、给那门学科以结构的根本原理的最基本的理解。教专门的课题或技能而没有把它们在知识领域更广博的基本结构中的脉络弄清楚，这在几个深远的意义上说来，是不经济的。第一，这样的教学，使学生要从已学得的知识推广到他后来将碰到的问题，就非常困难。第二，不能达到掌握一般原理的学习，从激发智慧来说，不大有效果。使学生对一个学科有兴趣的最好办法，是使这个学科值得学习，也就是使获得的知识能在超越原来学习情境的思维中运用。第三，获得的知识，如果没有完满的结构把它联在一起，那是一种多半会被遗忘的知识。一串不连贯的论据在记忆中仅有短促得可怜的寿命。根据可借以推断出论据的那些原理和观念来组织论据，是降低人类记忆丧失速率的唯一的已知方法。

按照反映知识领域基础结构的方式来设计课程，需要对那个领域有极其根本的理解。没有最干练的学者和科学家的积极参与，这一任务是不能完成的。过去几年的经验表明，这样的学者和科学家同有经验的教师以及研究儿童发展的学者一道工作，就能准备我们所曾经考虑的那种课程。如果要使我们教育实践中的改革足以应付我们现在生活中所经历的科学和社会革命的挑战，需要在课程资料的实际准备、师资训练和支持研究工作等方面作出更多的努力。

学习的准备

我们一开始就提出这个假设：任何学科都能够用在智育上是正确的方式，有效地教给任何发展阶段的任何儿童。这是个大胆的假设，并且是思考课程本质的一个必要的假设。不存在同这个假设相反的证据；反之，却积累着许多支持它的证据。

教授基本概念最重要的一点，是要帮助儿童不断地由具体思维向在概念上更恰当的思维方式的利用前进。可是，试图根据远离儿童思维样式且其含义对儿童来说又是枯燥无味的逻辑进行正式说明，肯定徒劳而无益。数学课的许多教法就是这个样子。儿童学到的，不是对数序的理解，而是搬用呆板的方法或秘诀，但不懂得它们的意义和连贯性。它们并不转译成他的思想方法。有了这种不恰当的开端，容易使儿童相信：对他来讲，重要的事情是“准确”——尽管准确性同数学的关系，比起同计算的关系来要少些。这类事情中最突出的例子，也许要算中学生初次接触欧几里得几何学的情况了。学生不具备关于简单几何图形的经验和据以进行学习的直观手段，因此把几何学看做一套公理和定理。要是早一点在儿童力所能及的水平上，采用直观几何学的方式教给他概念和算法，说不定他就可以好得多，有能力深刻地掌握往后向他揭示的公理和定理的意义。

可是，儿童的智力发展不是像时钟装置那样，一连串事件相继出现；它对环境，特别对学校环境的影响，也发出反应。因此，教授科学概念，即使是小学水平，也不必奴性地跟随儿童认知发展的自然过程。向儿童提供挑战性的但是合适的机会使发展步步向前，也可以引导智力发展。经验已经表明：向成长中的儿童提示难题，激励他向下一阶段发展，这样的努力是值得的。正像初等数学界最有经验的教师之一，戴维·佩奇曾经评论过：“从幼儿园到研究院的教学中，使我感到惊讶的是各种年龄的人在智慧方面的相似性；虽然，跟成人相比，儿童也许更有自发性、创造性和更生气勃勃。就我个人的经验而论，只要根据年幼儿童的理解力给以任务，他们学习任何东西几乎都比成人快。很有趣味的是，如果按照他们的理解力提供教材，结果，他们就自己去学习数学，而他们对教材越熟悉，就越能把他们教好。我们提醒自己，给任何特殊课题一个绝对难度，要十分审慎，这是适合的。当我告诉数学家们，四年级学生很可以学习'集合论'的时候，其中少数人回答说'当然'，多数人却大吃一惊。后面这些人完全错误地认为'集合论'是真正困难的。当然，或许没有什么事是真正困难的。我们只是必须等待到适当的观点和表达它的相应语言的出现而已。在教某种教材或某个概念时，容易问儿童琐细的问题或引导儿童提出琐细的问题，也容易问儿童不可能回答的困难问题。这里的诀窍在于发现既能答得了又能使之前进的难易恰当的适中问题（medium questions）。这是教师和教科书的大事。"有人借助精巧的"适中问题"去引导儿童更快地通过智力发展的各个阶段，更深刻地通晓数学、物理和历史的原理。能够达到这一步的做法，我们必须了解得更多。

……

社会学科和文学的教学，肯定也能采用类似的途径。关于如何引导儿童到这些学科来的问题，研究工作做得不多，尽管有着大量的观察和轶事。向儿童讲述一则故事的开头部分，然后要他按喜剧、悲剧或滑稽剧——在教学中从未用过这样的词语——的形式结束这个故事，人们能用这样的方法来教授文体的结构吗？又如"历史趋势"的观念在什么时候形成？它在儿童身上的前兆又是什么？如何使儿童认识文学的风格？儿童通过描述内容相同风格迥异的作品，像比尔博姆的《圣诞节花冠》那样，也许能够发现风格的观念。再说一遍，认为任何学科不可能按某种方式教给实际上任何年龄的任何儿童，这种看法是毫无道理的。

这里，立即会遇到教学是否经济的问题。有人会反驳说，等到儿童十三四岁时开始学几何学，可能更好些。这样，在经过投影和直观这些开头步骤的教学之后，能够马上跟着进行这门学科的完全正式的教学了。给年幼儿童归纳的训练，使之能在认识知识的形式结构前就发现知识的基本秩序，这样做是否值得？英海尔德教授的备忘录中曾提出建议：可以对一、二年级儿童进行作为数学和自然科学教学基础的基本逻辑运算训练。实验证据表明，如此严格的和相互关联的早期训练，有使往后学习更容易的效果。的确，"学习定势"（Learning set）的实验研究恰好指出，人们不但能学到特定的东西，而且在这样做的同时，还能学会如何学习。训练本身是那么重要，已经受过解决难题广泛训练的猴子，当大脑遭受诱发性功能损害后，和其他事先未受过这种训练的猴子比较起来，其遗忘相当少而恢复比较快。但是，这种早期训练的危险可能在于：训练的结果会造成虽然新颖但却离奇的观念。关于这个题目，尚缺乏有用的证据，还需要找出很多证据才能说明问题。

学习行为

学习一门学科看来包含三个差不多同时发生的过程。第一是新知识的获得（acquisition）。新知识，往往同一个人以前模模糊糊地或清清楚楚地知道的知识相违背，或者是它的一种替代。至少可以说，是先前知识的重新提炼。因此，教学生牛顿的运动律，会违反感官的证据。或者，教学生波动力学，会破坏学生关于机械的碰撞是真实的能量转换的唯一来源这个信念。或者，向学生介绍物理学上所断言的能量不灭的守恒定律，会违背"消耗能量"这种说法和这种说法所含的思想方法。更常见的是不那么极端的情况，比如在给学生讲循环系统的详情时，学生已经模糊地或直觉地知道血液循环。

学习的第二个方面，可以叫做转换（transformation）。这是处理知识使之适合新任务的过程。我们学习"揭露"或分析知识，把它安排好，使所得的知识经过外插法（extrapolation）、内插法（interpolation）或变换法（conversion），整理成另一种形式。转换包含着我们处理知识的各种方式，目的在于学得更多的知识。

学习的第三个方面是评价（evaluation）：核对一下我们处理知识的方法是不是适合于这个任务。概括得恰当吗？外插得适合吗？运算得正确吗？教师在帮助学生进行评价中常常事实不是"学习就是学习就是学习"（"to learn is to learn is to learn"），但在研究文献中，似乎很少承认学习情节的差别。

关于学习情节最适当的长度，我们只能说一些常识性的情况，这些情况也许很有意思，可借以对它作出有成果的研究。例如，似乎相当明显：要是某人受到鼓舞而热情地从一个情节转入下一个情节的话，则情节越长、内容越多，就越能大大地增进力量和理解。凡是用等第来代替理解的奖励的地方，很可能一旦不再用等第来奖励时（毕业时），学习便立即宣告结束。

一个人越是具有学科结构的观念，就越能毫不疲乏地完成内容充实和时间较长的学习情节。这看来也是合理的。真的，在任何学习情节中，有些新知识确实是我们不能够立即领悟的。再者，正像我们早已注意到的，我们对于这种尚未融会贯通的知识能够记住多少，是受到严格限制的。据估计，成人一次能够掌握大约七个独立的知识项目。至于儿童，还没有合用的常模——这是令人遗憾的一个不足之处。

关于儿童学习情节如何形成，有许多细节可以讨论，不过已经谈论的问题，即足以表示他们的特点。由于这个课题是我们理解一门课程该怎样安排的中心问题，所以显然这方面的研究工作是头等重要的。

“螺旋式课程”

如果尊重成长中儿童的思想方法，如果想方设法把材料转译成儿童的逻辑形式，并极力鞭策诱使他前进，那么，就很可能在他的早年介绍这种的观念和作风，以使他在日后的生活中成为有教养的人。我们不妨问一下：在小学里所教的任何学科的准则，如果充分扩展的话，是否值得成人知道？而如果童年时懂得了它，是否成年时会更高明？倘若对这两个问题的答复都是否定的或含糊的，那么这种材料就会造成课程的混乱。

如果本章介绍的假设——任何学科可按照某种正确的形式教给任何儿童——是正确的，那么跟着而来的论点便是：课程建设应当围绕着社会公认为值得它的成员不断关心的那些重大的问题、原理和价值。试考虑两个例证：文学教学和自然科学教学。例如，假如承认使儿童认识人类悲剧的意义而且使之产生同情感是合适的，难道就不可能在很早的恰当的年龄用启发而不用恫吓的方式进行悲剧文学的教学吗？有许多行得通的方法可以开始进行，如：通过复述很出色的神话，通过采用儿童文学名著，通过放映和评论经过检验的影片。恰好什么年龄该用什么材料，有什么效果，是有待于研究——各种各样的研究——的题目。我们可以先问儿童关于悲剧的概念；在这里，不妨采用皮亚杰和他的同事们在研究儿童的自然界因果关系概念、道德概念、数概念等等时所采用的同样的方法。只有在用这些知识把我们武装起来的时候，我们才能够知道儿童怎样将我们给他的任何东西变成他自己的主观术语。我们也不需要等到有了全部研究成果后才开始行动，因为一个技能高的教师也能进行试验，他试着去教在直观上似乎切合于不同年龄儿童的那些材料，在前进中不断加以修改。到一定时候，一个人可能进而学习同一种文学的更复杂的作品，也可能仅仅重复阅读早些时候读过的同样几本书。重要的是后来的教学建立在早期对文学的反应上，它寻求产生一种对悲剧文学更清晰和更成熟的理解。任何伟大的文学形式都能够按照同样的方法被掌握；任何重大的主题——不论喜剧形式还是个性主题，个人忠诚，以及其他——也是这样。

自然科学亦复如此。如果认为对于数目、测量和概率的理解在探索自然科学中具有决定性的作用，那么这些学科的教学就应该尽可能早开始并采用智育上正确的形式，而且应该同儿童的思想方式相符。要让这些课题在以后各年级中扩展、再扩展。这样，如果大多数儿童准备选学十年级的生物学单元，难道他们需要把这门学科一下子就都学完吗？必要的话，用起码的正式实验操作，以一种或许不太精确然而较为直观的精神尽早向他们介绍一些主要的生物学观念，难道不可能吗？

许多课程最初设计时的指导思想，颇像我们在这里提出的那样。但是当课程实际上实施的时候，当它们发展和改变的时候，它们常常会失去它们最好的形式，陷于不大成样子的局面。督促人们亲自再审查现行课程是否符合前面指出过的连续性和发展的论点，这决不错误。我们无法预计修改课程可能采取哪些确切形式，直率些说，目前有用的研究确实太少，不可能提供合适的回答。我们只能建议，应该用最大力量尽快地着手进行适当的研究工作。

选自：布鲁纳．教育过程．邵瑞珍译．北京：文化教育出版社，1982

思想评介

布鲁纳的教学论思想简介

布鲁纳（J. S. Bruner）是美国当代著名心理学家之一。他是哈佛大学教授，哈佛认知研究中心的创始（1960 年）人，美国 60 年代课程改革运动的主要倡导者。布鲁纳于 1941 年获得心理学博士学位后，曾致力于公众舆论、知觉、思维、教育、童年期的表象和婴儿技能等方面的研究。他在美国被认为是教学心理学家与发展心理学家。

（一）理论依据

布鲁纳的教学论概念，同我们通常的了解是有出入的。他认为教学论是阐明有关最有效地获得知识与技能之方法的规则，是心理学所要研究的课题。在他看来，对于教学问题的心理学研究，仅有学习理论与发展理论是不够的。学习理论与发展理论是描述性的，仅仅说明学习与发展的实际情形是怎样的，并不关心如何促进学习与促进发展问题。教学论则不同，它所关注的是怎样最好地学会人们想教的东西，它所关注的是促进学习而不是描述学习。研究教学问题的心理学不仅要有学习理论与发展理论方面的研究，同时还要有教学论方面的研究。可是，正如布鲁纳本人指出，学习理论与发展理论同教学论并不是毫无关连的。事实上，他的教学论思想是他的学习理论与发展理论在教学上的应用。研究布鲁纳的教学论思想，必须了解其心理学理论依据。

布鲁纳的学习理论，在西方心理学中，称为认知理论。这种学习理论同以桑代克为首的联结理论是相对立的。这一学习理论起源于德国的格式塔心理学派所提出的（1912年）学习的完形说，完形说认为，学习并不像桑代克所说的那样，通过什么尝试错误而确立起情境与反应间的联结（S—R）；而是通过顿悟，认知情境的关系而形成一种完形（形状或形式）的过程。认知，一般指了解或理解，也就是所谓主观的组织作用或构造作用。这样，在完形说看来，在学习中主体并不是被动的，而是主动的。学习过程并不是机械地确立联结的过程，而是能动地构造完形的过程。这同桑代克的联结说形成鲜明的对立。后来，这种观点为西方的一些著名的心理学家所接受，发展成为当代的学习的认知理论。

在当代的认知理论家看来，学习在于通过认知而形成认知结构。所谓认知结构，广义的理解，同我们通常所说的主观世界相仿佛，一般指头脑中的经验系统。这在布鲁纳的著作中有时叫做内部模式、图式、编码系统、再现表象与推理框架。布鲁纳曾指出：知识是我们经验中的规律性以意义和结构所组成的一个模式。知识体系的组织，意味着经验的简约与联系的构造。

学习的认知说认为，一定的认知结构形成以后，它与新的感觉输入相互作用时，就影响着个人的感知与概括。由此，认知理论家特别重视学习者已有经验对于学习的重大影响。在他们看来，学习的作用无非就是同化与顺应。所谓同化就是把新的经验纳入已有的认知结构，从而产生理解。所谓顺应就是在新的经验不能纳入已有的认知结构时，就会引起原有的认知结构的改造，从而产生新的概括，构成新的认知结构。为此，布鲁纳在课程问题上，特别重视学科的基本结构。他特别指出：不论我们选教什么学科，务必使学生理解该学科的基本结构。所谓学科的基本结构，就是要通晓某一学术领域的基本观点，不但包括掌握一般原理，而且还包括养成对待学习和调查研究，对待推测和预感，对待独立解决难题的可能性等态度。在他看来，学科的基本结构具有既广泛而强有力的运用性，所以应把这种基本结构的学习放在中心地位。

认知结构怎样才能形成呢？布鲁纳十分强调主动的学习，学生亲自探索事物。他认为学习应是主动地发现而不是被动地接受知识。他们这个主张被称为发现学习，或发现法。所谓发现学习就是自行寻找事物（或个人作出选择的探索活动）。布鲁纳指出：发现不限于寻求人类尚未知晓的事物，确切地说，它包括用自己的头脑亲自获得知识的一切方法。发现乃是一个人按自己的方式而不是按照书本的样子把获知的事物组织起来的一种活动。在他看来，学习一门学科或一个节目都包含着三个差不多同时发生的过程。这就是新知识的获得、知识的转化与评价。这三个过程组成了个人的学习行为，构成了他所说的把获知的事物组织起来的一种活动。

以上所述，乃是布鲁纳的认知学习理论的基本观点。如果把这些基本思想加以概括的话，这就是说，学习乃是通过主动发现而形成认知结构的过程。他的主动概念主要指的是对事物的组织或构造活动。他的发现概念，主要指的是个人的自行寻找或个人作出选择的探索活动。

布鲁纳的教学论思想的另一个理论依据是智慧发展理论。布鲁纳曾经指出：在发展的每个阶段，儿童都有他自己的观察世界和解释世界的独特方式，给任何特定年龄的儿童教某门学科的任务，就是按照这个儿童观察事物的方式去表现那门学科的结构。因此，布鲁纳教学论思想同他的智慧发展理论是结合的。

布鲁纳的智慧发展理论，来源于皮亚杰，他们把智慧的本质看成是生物学上的一种适应过程。智慧的发展就是不断通过同化与顺应的作用，使个体同环境间不断取得动态的平衡而发展起来的。不过，布鲁纳似乎比较重视环境、教育及文化的作用。他指出：心理发展在颇大程度上依靠外部取得的发展，那就是体现在文化中的并通过文化的推动力量得以在可能发生的对话中通用的各种技巧。他还说：儿童的智慧不像时钟装置那样一连串相继出现。它对环境，特别对学校环境的影响，也发生反应。因此，教授科学概念，即使是小学水平，也不必奴性地跟随儿童认识发展的自然过程。向儿童提供挑战性，但是合适的机会，使发展步步向前，也可以引导智慧的发展。他特别强调：心智的发展很像一座竖板很陡的楼梯，很像有多次"冲刺"和"歇息"的长跑。前进中的一阵"冲刺"突发之时，正是某种能量开始出现之日，而且有些能量也必须在其他能量得以产生后才能成熟与培养起来。它们出现的次序是彼此衔接得很紧的。布鲁纳的这些观点显然同前苏联的维果茨基的文化发展论是相符合的。

在儿童智慧发展的阶段问题上，皮亚杰注重"运算"，并把儿童的智慧发展划分为感知运动、具体运算的准备和组织与形式运算这样三个阶段。布鲁纳则注重于"再现表象"，并把儿童智慧的发展区分为：表演式再现表象、肖像式再现表象和象征式再现表象这样三个阶段。所谓"再现表象"，布鲁纳曾指出，再现表象是一套规则，按照这套规则一个人恰当地保持他同周围环境中的特点而复现出来。他的智慧发展的三个阶段，实际就是三种不同发展水平的认知结构，即动作的、图像的和符号的认知结构。

（二）基本要点

布鲁纳从他的学习理论与发展理论出发，引申并规定出一系列教学原则，归结起来有下列四条：

1．教学要牢固树立学习的心理倾向

学习的心理倾向指的是学习者对于学习和解决问题的渴望及由此而作出个人的选择性探索活动。

前已指出，由于布鲁纳在学习理论问题上坚持主动发展的观点，所以在他看来，学习者本人的探索活动对学习具有决定性意义。为此，教学就必须对学习者方面作出选择的探索活动起促进和调节作用，这也就是说，教学应注意研究牢固确立学习者的探索活动的心理因素。

教学如何才能牢固确立学习者的探索活动呢？布鲁纳认为必须注意探索活动的激起、维持与方向性这样三个方面的问题，并研究其条件。

在激起探索活动的条件问题上，布鲁纳同西方认知理论家一致认为：好奇心是对不确定性或模棱两可情况的一种反应；人在进行工作时作出选择的探索活动得以激起的主要条件，端在具有最适度的不确定性。所谓最适度的不确定性指的是学习和难度要适当，即学习任务或内容同学生已有知识经验（认知结构）间要既有适应的一面，又有不适应的一面，类似这样的课题才具有最适度的不确定性。反之，如果学习内容过易，学生凭已有的知识经验就能解决；或是学习的内容过难，超过了学生现有发展水平的可能性，则都是不适度的不确定性，都不能激起学生的好奇心及探索活动。

布鲁纳认为，探索活动一旦被激发了起来，维持下去的条件就在于探索到的选择中所取得的好处应胜过所招致的危险。这就是说，探索活动的维持，取决于学习活动的成效。由此，他并不否认教师的指导作用及教学过程的控制。他指出：在教学人员帮助下的学习一定比个人独自进行学习所遇到的危险、风险或苦恼来得少，也就是说，倘若有教学过程的控制，误差，即作出错误选择的探索活动所造成的后果是不会太严重的；相应地说来，作出正确选择的探索活动所取得的好处则大得多了。简单说来，探索活动的维持取决于富有成效地学习以及良好的指导。这样，他的发现学习的观点与指导学习的观点并不是完全对立的。

至于探索活动的方向，在布鲁纳看来，取决于对完成工作的目标的认识以及达到那个目标的选择试验所必需的知识。为了使探索活动有正确的方向，必须以某种近似的式样使人明了该项工作，而且作出选择的试验必须提供一定的知识，这种知识使人把注意力集中于重要方面。可见，布鲁纳并不否认解决问题的一般方法的指导，对于探索活动的积极影响。

2. 教学要有便于学习者掌握的知识结构

知识的结构问题即把大量知识就其联系而组织起来的方式问题。布鲁纳曾经指出：掌握事物的结构，就是以允许许多别的东西与它有意义地联系起来的方式去理解它。简单地说，学习结构就是学习事物是怎样相互关联的。

布鲁纳对于知识的结构问题是十分重视的。在他看来，如果你理解了知识的结构，那么这种理解会使你可以独立前进；你无须为了知道各事物的属性而与每事每物打交道，只要通过对某些深奥原理的掌握，便有可能推断出所要知道的个别事物。对此，他认为是个巧妙的认知策略，借此可以获悉许多事物的大量情况，纵然你头脑里记住的事物数量并不多。布鲁纳之所以重视知识的结构问题，前面指出，同他的学习的认知观点是分不开的。因为只有良好的知识结构才有助于强有力的认知结构的形成，才能便于学生去掌握大量的知识。教育工作者必须研究理想的知识结构。

布鲁纳认为最理想的结构乃是提出一套命题，从中可以引出更大量的知识。这是他主张把反映各门学科的现代发展水平的基本概念与基本原理作为教材中心的主要依据。因为在他看来，“基本的”这个词从某种意义上来说，恰恰就是一个观念具有既广泛而又强有力的适用性；学到的观念越是基本，几乎归结为定义，则它对新问题的适用性就越宽广。为此，理想的知识结构，必须把反映各个知识领域的进展状态，并以该门学科的现代发展水平所确定的基本观念把该门学科的大量知识加以组织起来，使之系统化或公式化。

此外，布鲁纳还提出，各种理想的知识结构，必须考虑到知识结构的“再现形式”、“经济原则”与“有效力量”。知识结构的这些特点，都对学习者的掌握能力发生影响。

所谓知识结构的“再现形式”指的是知识的表示方式。布鲁纳认为任何知识领域里的任何问题都可以用动作的、图像的和符号的这样三种方式来表示。这三种方式同认知的三种发展水平即他所谓的表演式再现表象、肖像式再现表象与象征式再现表象是相应的。

知识结构的经济原则同必须记忆与理解的信息量有关。布鲁纳认为：一个人了解某种情况或解决某个问题所需的信息项目愈多，他处理那些信息以求得出结论所需采取的连续步骤就愈多，因而愈不经济。他所谓的知识结构的经济原则实际上说的乃是知识的合理简化问题。只有经过合理简化了的知识结构，无论对记忆或理解来说，才是最经济的。

布鲁纳认为，知识结构的有效力量与一组学习命题所具有的创造价值有关。在他看来，凡是能从已有的命题中引出新的结论来的，这种结构才是强有力的。

3．教学要有合理的序列

布鲁纳认为，序列是学习者在某知识领域内所遇到的材料的程序，它影响着学习者在达到熟练掌握时发生的困难。所以教学要有合理的序列。

合理的序列，必须考虑许多因素。首先是各种序列的难易程度要与学习者的能力相当。这就要考虑到学习者过去的学习、发展的阶段、材料的性质和个别差异等因素。

其次，安排序列必须认真考虑任何人在处理信息能力上的局限性。为此，布鲁纳认为，根据经济原则着手安排序列总是可取的。他认为呈现材料的最经济做法则是首先把它们作为一个模式来学习，这将会有助于减少以后遇到的材料所潜藏的复杂性。

此外，还要考虑到序列对于学习者的探索活动的影响。这就要求在安排序列时，照顾到前面所说的关于探索活动的激起、维持与方向性方面的条件。

最后，布鲁纳总括指出：最理想的序列是不能脱离据以评判最后学习结果的准则而孤立地规定的。这种准则的划分至少包括以下各点：①学习的速度；②抵制遗忘的作用；③已习得的知识迁移到新情境的可能性；④按习得知识而即将显示出来的再现表象的形式；⑤考虑到认知的紧张度，要求习得的知识是经济的；⑥考虑到新假设和新组合的产生，要求习得的知识具有有效的力量。

4. 教学要恰当处理学习的反馈问题

学习的反馈即学习结果的认知，按布鲁纳的说法即获得学习结果的知识。布鲁纳认为，学习也是随着有关结果的知识在某一个时刻和某一个场合可供矫正之用而定的。为此，教学中必须恰当处理反馈问题，给这种矫正性知识规定较适当的时间和方式。这些问题，他称为教学中的“强化法”问题。

布鲁纳认为，在解决问题的活动中，关于结果的知识应当在一个人将其试验结果跟他谋求获得的结果进行比较这个时刻提出来，否则不可能对学习起促进作用。过早提出，要么对结果的知识不理解，要么变成即时记忆的额外负担；过晚提出，将会由于结果的知识来得太晚而无法对下一步假设或尝试的选择起指导作用。他进一步指出，如果要使结果的知识成为有用的知识，就必须做到，不仅让学习者知道某一动作是否已顺利完成，而且还要让学习者知道这一动作是否真正有助于达到他正在寻求的一系列的目标。这样，在布鲁纳看来，反馈要适时。

其次布鲁纳认为，解决问题的人使用矫正性信息的能力是随着他内部状态的机能而变化的。当学习者处于被强烈的内驱力和焦虑所迫时，提供的矫正性信息没有多大用处。此外，当人们处于所谓"机能固着"状态时，即按照老办法处理新问题而不从新的背景去考虑新的解决办法时，若采用一般的直接反馈方式提供矫正性信息，就不可能有多大效用。妥善的教学策略应力争在继续提供通用的矫正信息之前，采取特定的手段以终止这种干扰状态。总之，妥善处理反馈问题时，必须考虑到学习者使用矫正性信息的内部状态。

布鲁纳特别指出，矫正性信息的使用成效取决于这种信息的"可译性"，即必须把这种信息译成学习者试行解决问题的方式。如果这种信息的可译性不存在，则此信息就简直无用。所谓矫正性信息的可译性的含义极广。总的要求不仅要能为学习者理解、接受，而且要在行动方式上能有所帮助。这就要求选择适合于学习者的接受能力的反馈方式。

最后，布鲁纳特别强调，在教学中不能养成学生依赖教师指正的习惯，而是教师必须采取使学习者最后能自行把矫正机能接过去的那种模式。

（三）几点看法

布鲁纳从促进知识、技能的获得出发，利用教育心理学与发展心理学方面的有关研究成果，提出了上述四条教学原则。尽管他的教学论概念未必恰当，但是他在阐述这些原则时，却把教育学、教学法、教育心理学与发展心理学这几门学科有机地结合起来，进行综合性探讨。这显然是有益的，也是值得借鉴的。教学论问题是关于教学工作的一般指导原理。脱离学生的学习规律与发展规律，脱离教育心理学与发展心理学的研究成果，就不可能科学地解决这方面的问题。这是历史的经验与教训早就说明了的。为此，布鲁纳的这个研究方向应当肯定。这对于我们展开教学论问题的综合性研究是有现实意义的。

其次，布鲁纳的教学论思想，不仅重视学生的主动性与积极性，同时也强调了教材与教学过程要有合理的组织与安排。他主张学习要靠学生自己的发现，但也没有因此而否定教师的指导作用。所有这些都表明他同传统的"儿童中心论"是有区别的。在学习理论问题的基本观点方面，他虽属于认知派，但他没有一概拒绝或排斥联结派的一些有用的东西。因而他的教学论思想在对待内部条件与外部条件的作用问题上，有较多的辩证因素。他的四条教学原则，从教学的一般原理来看并不完善，阐述上也欠周密与深入，但还是反映了学习的一些规律性，对实际工作是有帮助的。

布鲁纳的教学思想也存在着一些问题。首先在知识经验以及认知等方面，他并没有从反映论方面去揭示其本质。他虽重视认识的能动方面，但未能揭示能动作用的实质。其次，他把教学论的研究范围局限于知识与技能的获得规则方面，这显然是不妥当的。教学论固然应当概括知识与技能的获得方面的原则，但仅限于此是不够的。一般说来，教学论不仅要全面研究德、智、体诸方面的教学、掌握与发展之间的辩证关系，同时要着眼于创造利于学习以及发展的教学体系。这需要各门教育学科的共同研究。

（冯忠良）

选自：中国心理学会发展教育心理专业委员会主编．儿童心理与教育心理，1980

奥苏伯尔

（David P. Ausubel）

■ 生平简介

■ 名篇选读

教育心理学——认知观点（节选）

■ 思想评介

学习心理学的一个新学派

生平简介

D·P·奥苏伯尔（1918～ ），美国心理学家。奥苏伯尔1939年在宾夕法尼亚大学获学士学位，1940年在哥伦比亚大学获心理学硕士学位，1943年获布兰迪斯大学医学博士学位，1950年获哥伦比亚大学哲学博士学位。他1950年先后在美国伊利诺斯大学教育研究部、加拿大多伦多大学教育学院和安大略教育研究院应用心理学系任教；1968年在美国纽约市立大学任教，曾在该校师范教育部任研究和评价的主管，后来又在该校的研究生院和大学中心工作过。他曾在美国心理学会、美国教育协会、美国医学协会、全国科学院农业教育部、白宫吸毒问题研究小组、生物学课程研究委员会等组织参与工作，并在1976年获美国心理学会颁发的桑代克教育心理学奖；1978年退休，任纽约市立大学荣誉教授。

奥苏伯尔致力于学校学习理论的研究，他创造性地吸收了著名心理学家皮亚杰和布鲁纳的认知同化论和结构论的思想，对人类以言语符号为媒介的有意义的知识的学习、保持和迁移的心理机制及其制约因素提出了独特的解释，形成了他与众不同的“有意义言语学习论”。他分析了接受学习与发现学习、机械学习与意义学习之间的关系，认为这是两个不同的维度，不能简单地把接受学习等同于机械学习，把发现学习等同于意义学习；接受学习和发现学习都可能是机械的也可能是意义的。奥苏伯尔强调的就是有意义的接受学习。他认为意义学习有两个先决条件：一个是学生要有意义学习的心向，即表现出一种在新学的内容与自己已有的知识之间建立联系的倾向；一个是学习内容对学生具有潜在意义，即能够与学生已有的知识结构联系起来。这种“联系”是一种非任意性的、非字面上的联系，不是一种牵强附会的或逐字逐句的联系，而是实质性的联系。在意义学习中，他十分强调认知结构的作用，他认为认知结构就是指个体现有知识的数量、清晰度和组织方式，是由学生眼下能回想出的事实、概念、命题、理论等构成的；它们可以为新知识的获得提供起固定作用的概念，从而促进新知识的同化。奥苏伯尔把有意义学习分为三类：①词汇学习，又称表征学习，它是指学习单个符号（主要是词）的意义，或者说学习单个符号所代表的东西。研究者的任务是了解儿童开始时是如何赋予这些符号以意义的，以及构成这些符号的意义的认知内容的性质。②概念学习，即将具有共同特征的同一类事物或现象以一名词来加以概括，获得概念的一般意义，即是掌握概念的共同关键属性。奥苏伯尔认为概念形成和概念同化是概念学习的两条途径，而课堂中的概念学习主要是概念同化。③命题学习，是指由若干概念组成的句子的复合意义的学习。奥苏伯尔认为，根据新学习的观念与学生已有观念之间的关系可构成三种类型的学习：下位学习、上位学习和并列结合学习。奥苏伯尔认为同化是意义学习的心理机制，他的同化论的核心是：学生能否习得新信息，主要取决于他们认知结构中已有的有关概念；意义学习是通过新信息与学生认知结构中已有的有关概念的相互作用才得以发生的；由于这种相互作用的结果，导致了新旧知识的意义的联系。

为更好地促进新旧知识的意义的同化，奥苏伯尔提出了两条学习组织的原则和一个具体的应用策略，这两条原则是逐渐分化的原则和整合协调的原则。逐渐分化原则是指应首先学习最一般的、包摄性最广的观念，然后逐渐加以分化。整合协调原则是指对学生认知结构中现有要素加以组合，使各种观念之间的关系非常清晰、明确。他的具体应用策略是先行组织者策略。他认为，促进新知识学习和防止干扰的最有效的策略是利用适当相关的、包摄性较广的、清晰和稳定的引导性材料，这些引导性材料就是组织者，它们常常呈现在教学内容之前，以帮助确立意义学习的心向，因此称为先行组织者。它使学生注意到自己认知结构中已有的那些可起固定作用的观念，使新知识建立在其之上，为新知识的同化提供了一种脚手架，促进新知识的获得。奥苏伯尔还根据组织者性质的不同，把组织者分为两类：说明性组织者和比较性组织者。

奥苏伯尔的主要论著有：《教育研究的本质》（1953）、《在有意义言语材料学习中先行组织者的作用》（1960）、《有意义言语学习与保持的类属理论》（1962）、《知识结构的某些心理方面》（1964）、

《学校学习的认知结构理论》(1967) 等；主要著作有：《自我发展和个性失调》(1952)、《青少年发展的理论与问题》(1954)、《儿童发展的理论与问题》(1958)、《有意义言语学习心理学》(1963)、《教育心理学——认知观点》(1968，1978)、《学校学习：教育心理学导论》(1969，合作)、《自我心理学与精神障碍》(1977，合作)等。

(何先友)

名篇选读

教育心理学——认知观点（节选）

(一) 有意义的接受学习的性质

我们已经指出，在任何文化中，教材知识的习得主要是由接受学习来实现的。也就是说，通常是以或多或少定论的形式把要学的材料的主要内容提供给学习者的。在这些情形下，只是要求学习者理解这种材料，并将其纳入他的认知结构中，以便它在今后的某一个时刻能够再现，可以用于有关的学习，或者解决问题中。

然而在我们这个时代，在各种教学手段中，很少有像言语讲解教学法那样，公然遭到教育理论家摒弃的。在许多地区，人们普遍认为言语学习的特征，就像鹦鹉学舌那样地背诵，对一些孤立的事实进行机械的记忆，从而蔑视地把它当作声名狼藉的旧教育传统的一种残余而加以抛弃。过去 50 年来，主要是由于对于言语讲解教学技术的广为流传的不满，而采用了活动课程、设计和讨论法，在课堂里竭力扩大非言语的和操作的经验的各种方法，着重“自我发现”，强调为解决问题和借助解决问题而进行的学习、探索法或者过程法（process methods）。诚然，这些活动之所以出现，除了它们固有的价值外，主要是因为各校在实行言语讲解教学时，一般都不能令人满意所致。例如，通常大家都同意（至少是在教育理论的范围以内）：（1）不能把有意义的概括提供或“给予”学习者，而只能把它作为问题解决活动的产物来习得；（2）如果学习者对于概念和命题所涉及的现实没有新近的经验，则通过空洞言语的形式来掌握言语表达的概念和命题的一切尝试，都肯定是毫无意义的。

当然，有些人对讲解式教学和接受学习表示失望，是有适当的理由的。其中一个最明显的理由是，给学生们呈现教材的方法不适当，以致对于有潜在意义的教材，他们只能机械地去学习。为什么把意义看作是解决问题和发现学习法的唯一的产物呢？另一个不大明显但同样重要的理由来源于当前流行的学习理论的两个严重的缺点。第一，心理学家们倾向于把许多本质上不相同的学习过程归属于某一个单一的解释模式之下。因此，就大大地混淆了接受学习和发现学习之间以及机械学习和有意义学习之间的基本区别。例如，人们往往不十分了解，不同的学习类型，如问题解决和理解所提供的言语材料，具有不同的目标。再者，能促进这一种学习过程的条件和教学方法不一定适合于另一种学习过程，或者不一定对另一种学习过程有很大的效果。第二，由于缺乏适当的有意义的言语学习学习理论，许多教育心理学家便倾向于根据通常用来解释实验室的机械学习形式的那些概念（刺激泛化，倒摄干扰等等），来说明长期的教材学习和遗忘。因此，接受学习被广泛地看作是一种机械现象，这大概不会使人感到惊奇。

1. 接受学习是有意义的吗

为教师准备的教育心理学课程以及其他课程，也多半不怎么重视机械的接受学习和有意义的接受学习之间的重要差异。因此，只有能直觉地理解先前的学习对促进新的学习具有重要意义以及概念形成和概念同化在原理或命题的学习中起着重要作用的那些天才教师，才成功地采用了本书所叙述的接受学习的策略。因为天才教师在各个学校里都是极为罕见的（正如真正天才的专业人员在任何领域里都是极为罕见一样），以及因为大学设置的大多数师资训练课程又都可以作为采用讲解式教学法的不良例证，所以，有意义的接受式教学（reception teaching）的这种潜在的可能性很少在实践中转化为现实，乃是合乎情理的。我们深信，把作为有意义的接受学习之基础的心理学原理解释得清清楚楚，让每一个教师都易于理解，而在应用这些原理时要同其他各种教学措施结合起来，这样便能使学校内的学习获得重大的进步。

当代进步教育运动的代表们都不屑于谈论学校在辅助儿童自行学习上的作用。他们断言，学校的作用是微不足道的，它只不过始终如一地引起尖嘴利舌的和毫无意义的冗词赘语的学习而已。我们认为，这不一定是必然的，如果能避免讲解式教学的那些明显的缺点的话。言语讲解传授教材知识的真正最高效的方法，这样获得的知识比学生们自学所获得的知识更加完善和不那么琐屑。我们在下一章将要指出，经验的证据表明，问题解决能否成功，主要地依赖于认知结构中的那些特别有关的概念的适合性，而不是由于概括的“解决问题的策略”训练的结果。因此，为了使学生获得明晰的、稳固的和毫不模糊的意义，并使之作为一个有组织的知识体系而长期地保持下来，就必须具有有效地呈现观念和信息的艺术和科学，而这正是教学法的主要功能之一。这是一种要求严格的和创造性的工作，而不是一种例行的或机械的事务。根据发展水平，适当地选择、组织、陈述和解释教材内容，这决不只是一项机械地列举事实的工作。如果要想把这件事做好，那就该像熟练的教师那样去完成它。绝不能对这种工作掉以轻心。

最后，我们应当承认，限制童年早期的接受学习的意义性的各种发展因素并不适用于童年晚期、青年期和成人期。在发展上没有超过具体运算阶段的那些学习者，不能有目的地把两个或两个以上的“二级”抽象概念之间的关系纳入他们的认知结构中，除非他们借助于当前或新近的某些具体经验的支持（Inhelder & Piaget, 1958）。因此，在大约包括小学时期的具体的运算阶段，许多儿童由于必须依靠具体的实际经验，其受限制竟达到这种程度，以致他们只能对抽象的命题进行半抽象的、直觉的理解。这些学习者如果没有具体经验的支持，他们在问题解决中便不能理解、或者不能有意义地处理用言语或符号所表达的那些抽象的命题。即使这样，他们的理解依然倾向于直觉的和比较特殊的，而不是精确的、明确的和真正抽象的。在这个阶段，由于认知结构中缺乏那些大量信息可以与之联系起来的高级抽象概念，以及缺乏那些能够把各种观念联系起来的相互联系词（transactional terms），接受学习也要受限制。在这些限制当中，有许多是由于在小学里一般都不重视概念学习引起的。有越来越多的证据表明，较好的教学措施能提高儿童和成人从事形式推理或抽象推理的能力。

这些限制大大地缩小了讲解式教学和接受学习的范围。虽然如此，但是即使在小学时期，独立发现对于直觉理解来说并不是绝对不可少的，它也没有必要成为教学法的一个例行的部分。因为每一个小学教师都知道，有意义的言语接受学习——即使没有任何问题解决的经验或发现的经验——如果有可以利用的必需的具体经验作为支柱的话，或许是课堂学习的最常见的形式。

然而在抽象的认知发展的阶段，大多数学生都能够通过直接地掌握各个抽象概念之间的高级关系来获得新的概念和学会新的命题。在有意义地这样做的时候，他们不再需要依靠当前的或新近的具体经验的支持，此后他们都能够完全避免反映这样的依赖性的直觉理解。这种发展在很大程度上反映了有很多高级抽象概念和相互联系词可以利用。因此，讲解式教学就成为更可以实行的了。通过接受学习，学生们能够直接地达到抽象理解的水平，从概括性、清晰性、精细性和明确性来看，抽象理解在本质上优越于直觉水平的理解。因此，在发展的这个阶段，经过适当安排的言语接受学习一定是高度有意义的。因此，要使抽象命题的直觉的理解成为可能或得以提高，就没有必要引入具体经验作为支柱或者采用耗费时间的发现教学法了。

在进步教育的很热心的倡议者当中，有些人正是在这一方面做出了灾难性的错误行为。杜威（J. Deway）曾正确地认为，在童年期对抽象概念和原理的理解，必须以直接的、具体的实际经验为基础，因此他主张在小学里要采用设计和活动教学法。但是他也觉得，一旦坚固地建立起抽象理解的基础以后，就有可能沿着更加抽象的和言语的路线来组织中等教育和高等教育。然而令人遗憾的是，虽然杜威自己从来没有精心地拟定或执行过这种计划，但是他的某些门徒却坚定地站在相反的立场上。他们盲目地把童年期关于有意义的抽象的接受学习的限制条件大大地推广到包括整个一生的学习上。人们往往，但是错误地把这个不适当的推论归咎于杜威本人。这个推论为下面的似乎不能毁灭的神话，即在任何情形下，除非先有直接的具体经验，抽象概念不可能是有意义的神话，提供了明显的理论根据，并有助于这个神话永远保持下去。在最近这些年来，轮流制学校的倡议者们又犯了20世纪30年代和40年代的进步教育运动的错误。

2. 有意义的接受学习是被动的吗

通过有意义的接受学习来习得意义，这决不是一种被动的认知过程。其中涉及许多明显的活动，只不过是以发现为特征的活动。在认知功能的领域内，活动和发现并不是同义语。我们不能只是根据潜在的意义已经具备，就臆断地说，这些意义必然能被习得，而以后的一切意义损失都是由遗忘造成的。

在能够保持意义以前，必须首先习得这些意义，而这些习得过程也必然是主动的。我们也不能臆断地说，同独立搜集材料和解释材料比较起来，接受学习一定有更多的被动性和机械性。一个独立搜集和解释材料而没有动机的学生，其所运用的智力活动并不大于接受讲解式教学而没有动机的学生。在搜集材料和草率地编制图表或图解以及从事类似的活动时，学生们采用的是使人"看上去很忙碌"的策略，但事实上却很少发生有意义的学习。另一方面，有学习动机的学生总是聚精会神地思考新材料，对新材料一再地下功夫，并把它综合到自己的认知结构中，而不管他们是怎样获得这种材料的。

有意义的接受学习是主动的，至于主动到什么程度，这部分地要看一个人对综合意义的需要以及他有没有自我批评能力而定。一个人有可能或者是力图把一个新命题同他现有的全部有关知识综合起来，或者是满足于使这个新命题同某一个单一观念建立起一定的关系。同样，一个人可以努力把这个新命题转换成同他自己的词汇和观念背景相符合的术语，或者满足于按照原样把它纳入自己的认知结构中。最后，一个人可能努力习得精确的和明晰的意义，但也可能完全满足于含糊的、似是而非的观念。

3. 渐进分化和综合贯通

在有意义的学习进程中，有两个重要的相互关联着的过程在进行着。当把一个新信息被归属于一个特定的概念或命题之下时，这个新信息便被习得，而起归属作用的概念或命题也受到修饰（参看表 31－1）。这种归属过程一次或多次出现以后，便会导致起归属作用的概念或命题的渐进分化。按照本书所提出的关于学习的同化说来看，大多数有意义的学习都包含着概念或命题的渐进分化。例如，经过一段时间所习得的关于诸如欧姆定律一类的命题，或者如民主政治或进化等概念的那些新意义，都体现着这些命题或概念的渐进分化。

在上位学习或并列结合学习中通过新的学习可以发现认知结构中原有观念之间的联系。这样一来既习得了新知识，而且认知结构中原有的成分也可能由于具有新的组织形式而获得新的意义。我们把认知结构中的原有成分的这种重新组合叫综合贯通（differentiational reconciliation）。例如，学生可能知道豌豆或番茄是蔬菜，但这些东西也可以被类分为生物学上的果实。一旦习得了新的并列结合的意义，学生所感受到的这种最初的混乱就会得到解决，学生认识到，营养学上的食物分类不同于植物学上的分类。因此，胡萝卜、甜菜和马铃薯是蔬菜，同时也是植物的根；而豌豆、胡瓜和番茄是蔬菜，同时也是植物的果实。在把植物学上的新知识综合贯通以后，从前学过的概念和命题就会得到修正，而认知结构中也增加了新意义。如果教师或教材把招致混乱的可能有的原因类分清楚的话，则综合贯通的学习最易于出现，从而便可能帮助学生去解决在各个概念或命题之间可能出现的矛盾或冲突。

凡是能导致综合贯通的结果的学习也往往能促使现有概念或命题的进一步分化。综合贯通是有意义的学习中发生的认知结构的渐进分化的一种形式。杰出的教师的特征在于他们具有在他们自己的专业内指导学习者的很广博的学识及经验，从而能够帮助学生以明确的方式获得对教材的综合贯通。学生之所以认为一门课程或教科书组织得很好（这样的情形很少见），这是因为所呈现的新概念或新命题的意义很清楚，意义中的可能有的矛盾都已经解决，以及促使学生对于教材获得了新的综合贯通。

（二）知识的习得、保持和组织中的同化过程

为了更加彻底地说明认知结构中的意义的习得、保持和组织，在这里就必须进一步详述同化原理。

当有意义地学习了一个新观念 a，并使它同一个原有的有关观念 A 联结起来以后，那么这两个观念就都发生了变化，而 a 也被同化于已有的观念 A 中。这就是派生的归属学习或相关的归属学习的情形，而且正如第二章中已经指出的那样，起固定作用的观念 A 和新观念 a 都已经发生变化，并形成一个相互作用的产物 A′a′。例如，假设 A 是儿童关于过失的概念，a 或许是父母的一个新的警告，即浪费食物是一种过失，因此便改变了儿童的过失概念。

表 31－1　从属观念的学习和保持的各阶段与其分离强度的关系

1	从属意义 a′的有意义学习或获得	有潜在意义的新观念 a	联结并同化于	认知结构中已有的观念 A	相互作用的产物 A′a′
2	意义 a′的后期学习和早期保持	新的意义 a′可以从 A′a′中分离出来	A′a′↔A′＋a′（可分离强度高）		
3	意义 a′的后期保持	a′从 A′a′中的可分离性逐渐丧失	A′a′↔A′＋a′（可分离强度低）		
4	意义 a′的遗忘	a′不再能从 A′a′中有效地分离出来		a′从 A′a′中的可分离性低于可利用阈限：a′还原到 A′	

然而在更加明确地叙述这种情形的时候，我们认为新观念和原有观念的相互作用的实际的或完整的产物比在第二章当初所说的更

丰富和更加复杂。原先所描述的只是同化过程开始出现的情境。现在，我们必须更深入地来研究 a 的初学和回忆或者说考察 a′同 A′的可分离性及其最终丧失。这些过程如表 31－1 所示。正如上面指出的，有潜在意义的观念 a 和它所依附的原有观念 A 都由于相互作用而发生了变化，所以在表 31－1 的字母 a 和 A 上都加上“′”这一标志，以示其已发生变化。而更加重要的是，相互作用的产物 a′和 A′由于作为一个复合单位或观念复合 A′a′，并联成分而相互联结着。因此，就这个术语的更加完全的意义说，有意义的学习过程的实际的相互作用的产物不仅是新意义 a′，而且还包括起固定作用的观念的变化，因而是一个复合的意义 A′a′。由此可见，归属过程形成一个新的复合观念，这个新复合观念会随着时间流失而进一步发生变化。因此，在有意义的学习之后，同化并没有结束，而是还要继续一个时期，在此时期内可能涉及进一步的新学习，或者下位观念的可提取性（retrievability）最终丧失。

学校内的许多学习都涉及概念意义的发展和精确化。把概念定义为具有共同的标准属性，且在任何特定的文化中的用大家公认的某一种记号或符号标志的客体、事件、情境或特性。我们曾区分了主要是在学前儿童中进行的概念形成的过程和作为学校儿童和成人的概念学习的主要形式的概念同化过程。概念的形成需要关于客体、事件、情境或特性的直接经验，而儿童通过发现学习形式从这些事件、情境或特性中抽出标准属性。当新概念的标准属性被呈现给年龄较长的儿童和成人后，他们便借助概念同化过程习得新的概念，虽然直接经验在任何年龄水平上都有助于习得某些概念，但是人类是利用语言能力来习得大多数概念，利用早先习得的概念来同化新的意义和形成新的概念的。通常在概念形成之后进行的表征学习是把某个记号或符号看作是文化上所规定的表示把某个概念意义的形式的过程。

在学校里，教授的大部分教材都是以命题的形式出现的，而命题则是由联合起来具有某种新的复合意义的一些概念所构成的。然而学习命题不仅要求学习构成命题的有关概念的意义。用“绿色植物能制造食物”这一命题，就可以说明这种情形。尽管如此，但是学习新的命题通常除要求学习命题本身特殊的一般意义外，还要求学习那些作为这个命题的组成部分的新的概念。

同化说的核心思想在于，新的意义是借助于新知识同从前学过的概念或命题的相互作用而习得的。这种相互作用的过程导致新信息的意义和它所依附的概念或命题的意义都同时发生变化。因此，就创造了一个带有新意义的新的观念产物。这种对于新意义的连续同化的过程可以导致概念或命题的渐进分化，以及由此而引起的意义的精细化，还可以提高为进一步的意义学习提供固着点的可能性。在通过新的上位学习或并列结合学习把一些概念或命题联系起来以后，就会产生新的意义，那些矛盾的意义也可以通过综合贯通而得到解决。随着同化过程的继续进行，作为组成成分的概念或命题的意义最终不能再从那些起固定作用的观念中分离出来。这种结果就是擦迹的同化（obliterative assimilation）或有意义的遗忘。

……

（三）可利用阈限：记忆回升

我们已经注意到，要使已同化的那些材料能够在将来的某一天再现，它们的分离强度就必须超过某一最小值，亦即超过可利用阈限（threshold of availability）。因此，有意义地习得的材料所以不能被利用的最重要的原因，就在于分离强度低于达到这个阈限所需要的水平。然而分离强度是否足以超过阈限值，这部分地决定于测量保持时所用的方法。例如，再认和回忆对于某一个项目的可利用性有着完全不同的要求。在再认的场合下，原先学过的材料伴随其他的可供选择的项目一道呈现，被试只是需要把它辨认出来。而在回忆的场合下，被试则必须独自再现出原先材料的内容。因此很明显，成功的再认所需要的分离强度的水平低于回忆所需要的水平。"话到嘴边但仍然说不出来"的那些项目，被试虽不能独自把它们回忆出来，但是借助于提示（如提示正确答案的第一个字）就能够回忆出来，而且在多项选择的测验上，还可以把它们正确地再认出来。被试对于他们不能回忆起来的项目，甚至可以预知能否把它们再认出来（Hart，1965）。换句话说，如果分离强度保持不变，那么回忆所需要的可利用阈限便高于再认所需要的阈限。

被同化材料的可利用性所以发生变化的另一个独立的，虽然是次要的原因，则在于可利用阈限本身的波动。因此，某一个特定的知识项目虽然具有超过通常有效的阈限值的足够的分离强度，但依然是不能被利用的，因为可利用阈限有了一些暂时的提高。阈限值所以提高的最普遍的原因有下列各项："最初的学习休克"（参看下面），选择性记忆的竞争，否定的态度偏向，或者没有记忆的动机(压抑)。排除这些阈限提高或记忆抑制的因素（亦即抑制解除），就会明显地促进记忆。在催眠的状态下，可以看到抑制解除的最极端的例证，这时候，学习者的意识场的限制使不同记忆系统（alternative memory systems）的竞争效应减少到最小限度。

记忆回升（巴拉德—维廉斯现象——Ballard-Williams phenomenon）是指经过两天或两天以上的期间以后，没有任何中间的练习，有意义地学习的材料的保持量显然增加。因为在这些条件下保持量不可能超过原来的学习，所以这种现象可能是由于起初的学习休克的阈限提高效应而引起的自发恢复的反映。换句话说，可以这样假定：(1) 当不熟悉的新观念第一次被纳入认知结构中时，产生了一定数量的阻力和泛化的认知混乱；(2) 当新观念成为比较熟悉的和不那么使人感受威胁时，这种混乱和阻力就逐渐被排除了；(3) 起初的阻力和混乱的存在与之随后被逐渐排除是分别同可利用阈限的相应的起初的提高和以后的降低同时发生的。这种解释由于下述的事实而得到加强：只有当材料部分地学习或者没有给以过度的学习，以及在集中练习的时候——也就是说，在有了当前的混乱和以后的明确化的时机的情况下，才会产生记忆回升现象。

只有在小学儿童身上才能真正看到记忆回升现象，在年龄较长的被试者身上这种现象便逐渐减少（Sharper，1952），或者完全不能表现出来（Williams，1926）。这种事实表明，当认知结构越来越稳固、组织得更好的时候，起初的"学习休克"便随着年龄的增长而减少了。逐字逐句学习的材料和机械学习的材料，因为其保持时间太短，只有在学习以后的几分钟内加以测量，才有记忆回升。以后保持的增加（这些增加不同于记忆的立刻测验和以后测验之间的增加)，按照定义说，不是记忆回升的标志。这些增加或许是以后排除了相互竞争的记忆（或者消极的动机因素）的反映，是在先前的保持测验期间，可利用阈限暂时升高的反映，而不是排除了原先的学习休克的反映。

人们本来怀疑记忆回升的真实性，因为早期的一些研究，在做保持的早期测验和后期测验时所用的都是同一个被试组。因此，可以根据及时回忆测验之后的练习效果来解释记忆回升，也可以根据先后两次保持测验之间的有意或无意的复习来解释记忆回升，但后来的研究在先后两次保持测验时使用了不同的被试组，结果仍然出现记忆回升效应，所以它不可能仅仅是测量方法的人为结果。

（四）遗忘原因

可以从时间上将意义的接受学习和保持分为三个阶段。第一个阶段都以不同方式反映被呈现的学习材料和该材料的再现记忆之间的差异。在第一阶段，即学习阶段，习得一定的意义，把有潜在意义的观念和信息同认知结构中有关的观念系统联系起来，从而获得具有一定的分离强度的因人而异的现象学的意义。在第二阶段，即保持阶段，涉及所习得的意义的保持，或者可分离强度因受擦迹的同化过程的影响而逐渐丧失。

在第三阶段，即再现阶段，也是最后一个阶段，把所保持的材料再现出来。再现不仅依靠同可利用阈限有关的可利用性的剩余的程度（分离强度），而且还依靠认知的和动机的因素，这些因素既能影响可利用阈限，又能影响把所保持的意义重新构成或重新形成言语陈述的实际过程。

有意义的接受学习和保持的这些不同的阶段对于说明记忆错误的各种原因有着重要的意义。在学习阶段，从学习过程一开始就可能出现模糊的、混淆的、不很确定的或错误的意义。认知结构中缺乏适当起固定作用的观念，这些观念不稳定或不清晰以及学习材料和这些观念之间缺乏可辨别性，都是一些起作用的因素。如果学习者既没有习得适当的意义的需要，又缺乏自我批判的态度，那么就特别有可能产生这种结果。

在所提供的内容和记忆的内容之间所以产生差异的另一个原因，乃是由于在第一阶段最初理解所提供的材料时，出现了选择性的强调、忽略，以及曲解。正如我们不久在讨论巴特勒特的遗忘理论时将要指出的那样，这些现象是意义的选择性出现的表现（认知过程），而不是选择性知觉的表现。在学习者的头脑中所出现的那些新意义是同化它们的参照标准、态度偏向，以及被实验操纵的先前的心向一致的，因为每一个人在他认知结构中都具有一系列特异的适当的起固定作用的观念（包括态度偏向）。在每一种场合下产生的意义既同特殊的同化过程有密切的关系，也受个人的特殊偏向的影响，以致对所希求的那些意义产生选择性的曲解、偏爱、摒弃和颠倒。在所有这些例证中，特别的认知结构在决定意义的内容上所起的作用大于学习材料本身的作用，因为研究者们所用的都是散文材料，而这种材料是学习者不熟悉的、含糊的、隐秘的，可以作不同的解释。

与一般的意见不同，学习快的人比学习慢的人记得多。其所以是如此，并不是因为学习快的人遗忘的速度较慢，而是因为他们在一定的时间单位内，学习得多，从而获得了较多的知识。如果最初的掌握水平相同，那么在学习快和学习慢的那些人的保持成绩上便没有差异。

在第二阶段，即保持期间，新习得的意义倾向于还原到认知结构中同化它的原有观念之中，即它们在意义上倾向于变得更一般且同固定他们的观念相类似。同样的一些认知结构、练习和任务的变量不仅影响出现的那些意义的起初的分离强度和可靠性，而且在保持期间还决定着这些意义以后的分离强度以及对擦迹同化的抵抗力。

最后，在再现阶段，提高可利用阈限的那些因素可能抑制在一般条件下可以利用的意义的回忆。或在依照当前的再现情境的需要而进行的重构过程中，可能改变那些可以利用的意义。期望并训练学生通过在论文式的测验中重构他们的知识，而不是通过在多项选择的测验中再认正确的答案来表现他们的保持成绩时，则这一再现阶段就更显得重要了。

选自：奥苏伯尔等．教育心理学——认知观点．佘南星，宋钧译．北京：人民出版社，1994

思想评介

学习心理学的一个新学派

学校学习的实质是什么？学习的过程和机制怎样？什么样的学习理论最有助于教学？有无必要建立或发展学校学习的心理学理论？它与教学理论的关系怎样？美国当代著名认知教育心理学家D·P·奥苏伯尔的专著《有意义言语学习心理学》于1963年出版，后来经过若干次扩充、修订和再版，对上述问题作了较为深入和全面的回答。他专门论述学科知识学习和保持的"认知结构同化说"最突出的特点是理论系统化、结合教学实际密切，其中也包含了许多教学法和课程论的主张，为传统的教学理论提供了较为深入和系统的认知心理学根据。这在西方学习心理学中的确是少见的。美国教育理论家J．D．Novak（1983）为此评论道："从1964年起，奥苏伯尔的认知学习论引导着教学与研究的革新。……他的理论所以用来解释认知学习和发展的各个方面，……当前还缺少一种能比之更综合的认知学习论。"

近年来，奥苏伯尔的理论不断被介绍到我国，人们在理论上从多方面进行着探讨并结合中小学实际开展着应用性的研究。这表明这一派别的学习理论比较符合教学实际，对于我们研究和实施课程、教材和教法具有一定的参考价值。本文主要从学习心理学方面概括地介绍奥苏伯尔认知学习论的基本观点以及这一理论同其他学派学习理论的关系，旨在为人们进行深入的研究提供一些思考线索。

（一）学习理论与教学理论的关系

20世纪50年代前，西方学习理论倾向于将研究动物或实验室研究人类较简单和机械言语学习的成果不加批判地搬到性质不同的课堂学习中去。这一方面说明当时还缺少专门论述学校学习的理论，人们对这种学习的性质缺乏必要的了解；另一方面也反映出这种做法混淆了学习心理学中基础理论同应用水平研究间的界限。N. L. Gage（1961）宣称："教育心理学只有将注意力移向普通心理学的基础理论方面，而不是企图去探究教育领域的实际问题，它才能取得实质性的进展。"K. W. Spence（1959）认为，课堂学习过于复杂，人们是不可能发现一般规律的。他建议将实验室研究学习所得的一般原理直接用来解释课堂学习。A. Melton（1959）站在中间派立场上，主张应力求发现实验室学习和课堂学习之间有哪些共同的基本原理，然后再由教育家根据这些原理来研究课堂学习。

早在1953年，奥苏伯尔就明确指出：关于课堂中学生意义学习的性质和条件的原理，必须通过对实际发生在课堂中或相似条件下的学习开展应用或"工程性质"的研究才能被发现，不能够满足于将"一般的科学原理"简单外推到课堂中去。他坚信：生长、发展和学习的研究如果联系到课堂学习来考虑，对教育家就会有最重要的意义。

美国的教育心理学长期盛行"外推法"，造成了心理学的学习理论脱离学校实际，使许多人对当时的学习心理学失去了信心。Gage（1964）查阅了大量历史文献，他发现无论在教育心理学教科书中、教学法专著或实际的教学方面，学习理论的应用范围和影响极其有限。于是他断言："学习理论是探讨有机体怎样学习，教学理论则要研究怎样影响有机体学习，……为了满足教育的实际需要，必须把学习理论颠倒过来，创立一种教学的理论。"

奥苏伯尔批评道，Gage的悲观论点仅仅是基于历史上的学习理论没有能为教学理论提供科学的根据，但不等于说教学理论就不需要学习理论。因为当前占统治地位的学习心理学脱离学校实际，没有开展必要的应用性研究，这更说明教学需要一种专门研究课堂有意义学习的心理学理论。事实上，了解学生怎样学习与懂得如何帮助他们更好地学习，其间有密切的关系。大多数有效控制学习过程的方法都是在深入了解学习过程的基础上被发现的。学习理论是指导教学理论研究和实践的重要理论基础。他说："正确的教学理论和方法必须同学习过程的性质联系起来，必须同学习过程中的认知、情感和社会因素联系起来。"

教学理论虽然离不开学习理论，但也不能等同于学习理论。奥苏伯尔对其间相对独立的关系作出了区分。他指出，正确的学习理论是建立教学理论的必要条件，但不是充分条件。学习理论决不可取代或等同教学理论。要将学习理论转化为教学理论，需要开展大量的应用性研究，要考虑到实践教学中的多种因素和条件，教学理论决不是学习理论的简单套用。它必须注重应用性，要更多地关心"工程性质的问题"。将学习理论灵活运用于教学，"这是一门科学，更是一门艺术"。

（二）奥苏伯尔认知学习论的基本观点

奥苏伯尔认知学习论的核心思想是："影响学习的最重要因素是学生已经知道了什么"，而教学的最高原则是"根据学生的原有知识状况进行教学"。

奥苏伯尔认为，课堂中学生获取知识的学习应当是有意义的学习。他根据课堂学习中知识的来源和学习过程的性质将学习划分为"接受学习—发现学习"，"机械学习—意义学习"，提出了与流行见解不同的看法：发现学习不一定是有意义的，接受学习在适当的条件下完全可以产生有意义的过程和结果。那么意义学习的性质和条件是什么？奥苏伯尔认为，意义学习首先指学习的过程，然后指意义学习的结果。作为过程，客体的学习材料必须有"潜在意义"，即新知识能够同学生已有的认知结构建立实质性和非任意（非字面）的联系。学生在正式学习新材料时，积极主动地从自己的原有知识结构中提取最有联系的旧知识来"固定"或"归属"新知识，这种新旧知识相互联系和作用的动态过程，就是认知结构中新旧知识的“同化”或“类属”过程，它导致原有知识结构的不断分化和整合，使学生获得了新知识清晰、稳定和分化的意识经验，原有的知识在同化过程中也发生了意义的变化，这就是意义学习的结果，也即有潜在意义的新材料转化为主体的认知结构，学生获得了知识现实的心理意义。所以客体学习材料有潜在意义，学生主体有积极主动联系和同化新知识的意义学习心向，就成了课堂意义学习必须满足的两个重要条件；新旧知识间能够建立“实质性”和非“任意”的联系则是衡量意义学习的最重要的标准。

在奥苏伯尔的理论中，“认知结构”是学科知识的实质内容在学习者头脑中的组织。在意义学习中，认知结构里原有知识的可利用性、概括程度、分化程度、稳定和清晰性以及同新材料的可辨别程度等组织特征，是影响知识的学习和保持的重要认知结构变量。奥苏伯尔假定：知识的心理组织遵循“不断分化”和“综合贯通”的原则，形成了一个按层次高低和纵横联系组织起来的“金字塔”结构，最有抽象和概括性的知识居于层次的顶端，下面是逐级向下分化的从属概念、命题或具体信息。当新材料进入认知结构，通过学习者内部的定向、关系判别和分类组合等认知操作活动，将新知识归属于更为抽象和概括的观念系统中，新旧知识的联系和作用过程，以最有序、有效和稳定的方式被储存在认知结构中。这种内部的认知同化过程，从三方面促进意义学习和保持：①认知结构中的原有知识为新知识提供了“固定点”，获得的新意义有足够的稳定性；②学习之后的保持期间，新知识继续被固定在原有知识上，避免了前后插入相似材料学习的干扰影响；③新知识由于被固定在相互联系的观念系统中，克服了提取知识过程的人为性，从而增加了提取的系统性。所以，在学习之后的一定时间内，新知识可以从原有观念系统中分离出来，具有较高的“分离强度”，这是新旧知识同化的第一阶段。在保持期间，同化过程仍继续进行。由于人类记忆少量抽象和概括的观念比记住大量具体信息容易，如果在这期间不采用积极的巩固措施，如练习、复习等，新材料中的具体项目趋向于“还原”到较高抽象概括的“类属观念”中，新知识的可分离强度逐渐减弱，直至完全丧失，新知识便失去了可利用性。这就是有意义学习中的遗忘，是同化过程的第二阶段，或称“遗忘性同化”阶段。第一阶段的同化是获得新知识的积极过程，而这一阶段的同化则导致知识的“真正损失”，所以，教学在传授有组织的学科知识中不仅要满足意义学习的标准和条件，在学生获得新知识之后，还必须采取各种有效措施同意义学习和保持中的遗忘现象作斗争，尽量减少新知识的“遗忘性同化”。可见，奥苏伯尔在极力为传统的教学方法提供一种现代认知心理学的理论解释，试图将传统的教学理论根置于他的“认知结构同化论”上。他从1957年开始的长达二十多年的研究和著述，分别从实验和理论上对以上假说进行实验验证和不断深化，由此提出的一系列教学和课程组织的思想或建议也基本上是基于这种关于课堂意义学习的“同化理论”，试图处理好教学方法与学习者认知活动规律，教材的逻辑组织与知识的心理组织的相互关系。

布鲁纳、加涅和奥苏伯尔等认知理论家都主张，学习者获得清晰、稳定和有组织的知识是教育的长远目标；也都一致赞同，整体知识结构一旦被获得后，就成为促进学习和长久保持新知识的重要变量。因此，确定和操纵学生的认知结构变量是教师积极控制意义学习过程的有效途径。但对于知识在学习迁移中起什么作用的问题，他们有不同的观点。加涅和布鲁纳将知识视为解决不同类型问题的一系列能力的系统。在加涅的“累积学习”理论中，要促进迁移，培养学习者解决高级问题的能力必须首先培养解决一系列低级问题的能力。而布鲁纳更强调迁移的演绎性质，他关于“发现学习”和“结构课程论”的主张，始终强调“一般原理的早期学习”。在他看来，掌握了一般原理，就能有效迁移到多种问题情境中。在奥苏伯尔的理论中，知识是观念形态的系统和整体的组织结构，而非一系列解决问题的技能构造体。认知结构向新学习情境迁移，主要表现在课堂有意义接受性学习有组织的学科知识过程方面。他也提倡学习和教学的演绎模式，但他认为，掌握了一般原理的概括性知识，可以用来同化或“归属”大量的分化下来的新知识，为新的意义学习和保持提供更稳定和包摄水平的“观念固定点”。在获取新知识的过程中，迁移的主要功能是促进学习者掌握并列联系而非从属联系的学习材料，这种关系性质的学科知识，构成了学科的基本结构。如果能保证学习者尽早获得这样的“基本结构”，而这样的基本结构又能跨越几门学科，那么，在如何培养或塑造学习者良好的认知结构方面，这就是教学和课程研究与实施的方向。

（三）对新行为主义学习论的批评

“同化理论”是直接反对行为主义的学习理论的。因为行为主义者拒绝研究学习过程的内部认识活动，只描述人类在学习中外界投入的刺激和人对这个刺激作出反应的外显行为。这是学习过程中能被观测到的两端。所以行为主义的学习理论也被称为“黑箱理论”。

奥苏伯尔认为，新行为主义的倡导者虽然不难解释经典和工具条件作用以及机械言语材料如无意义音节、配对词表的学习，但对于人类高级的认知现象如思维和解决问题，则会遇到难以克服的困难。D. E. Berlyne（1954，1960）站在新行为主义立场上，将知识视为受一套“可信赖的”、“指向性的”和“内隐的”习惯反应组织。这些反应在同过去经验联结的基础上组成了一定的层次。在思维和解决问题中，产生新知识的行为机制是一系列习惯反应构成的符号序列或“思想链条”。决定思维和解决问题的因素，就是决定符号反应序列的因素。至于保持和遗忘，正如C. E. Osgood宣称的那样：记忆不过是某一刺激引发的某一反应后，在一定时间内存留下来的种种联结。“我们为什么遗忘”的问题，性质上是“在何种条件下，一定的刺激不能引出原来的反应”的问题。在新行为主义的学习理论中，遗忘程度直接决定于替代性反应在保持期间同原来刺激相联结的程度。至于倒摄干扰，如果原来的反应与插入的活动相同时可以提高保持，相似或不同便产生干扰影响，两种学习活动的相似性同干扰效果成正比。引起倒摄干扰的机制包括：①反应竞争：在学习期间引起反应的刺激，在保持阶段又同另一个竞争反应发生联结；②刺激类化：学习期间同某一刺激联结的反应，在保持阶段又同另外的刺激相联结；③无学习：学习期间引起反应的刺激在保持期间重新出现时，学习者不能产生相应的反应；④线索改变：回忆时呈现的刺激线索同学习时呈现的刺激不相同，或者出现了引起竞争反应的新刺激；⑤定势改变：学习期间形成的反应定势在回忆时发生了变化。

奥苏伯尔指出，新行为主义的干扰理论可以解释机械言语材料的学习和遗忘，因为这种材料同学习者的认知结构没有实质和非人为性的联系，记住了这些孤立的言语项目，也就形成了刺激与反应单元的习惯联结强度；遗忘则是反应竞争、刺激或反应类化，削弱了刺激与反应的联结强度。因此，机械言语学习和遗忘可以看成是刺激同反应联结，以及在形成联结的前后插入了相似但不相同的干扰材料的学习。前者产生前摄干扰，后者产生倒摄干扰。在意义学习中，学习材料是以有意义的方式获得的。新知识同学习者原有的认知结构建立了实质和非人为的联系。学习，指获得了新知识同原有认知结构中有关知识的分离强度；保持则是这种分离强度的相对稳定程度。影响学习和保持的主要变量是原有认知结构中有联系的观念的可利用性、清晰稳定性以及同新材料内容的可辨别程度。新旧知识的联系不是一组刺激与反应的习惯联结，相似但不相同的学习材料不仅不会对意义学习和保持产生干扰影响，相反还能在一定程度上促进学习与保持。奥苏伯尔分别于1957年、1958年开展的关于意义言语材料倒摄抑制和前摄抑制的实验表明：意义相似的言语材料对学习和保持没有产生干扰影响，而且还提高了学习和保持效果。他由此认为，意义学习中不存在倒摄干扰，如果有干扰影响，只是由于认知结构中原有知识缺少稳定性和清晰性，新旧知识的可辨别性差，不能被学习者有效地利用来同化新材料，这种影响就是前摄抑制。J. G. Jenkins早在1940年就进行过这方面问题的研究，他的实验表明：当要求被试逐字逐句回忆意义材料的项目时，才会产生倒摄抑制。

（四）"同化论"同其他认知学习理论的关系

1. 格式塔理论

古典格式塔理论与现代认知学习理论的关系最为密切。格式塔理论家对学习的非机械主义解释，注意研究有组织和分化的意识经验，他们关于知觉、思维、解决问题活动的研究，在现代认知学习理论中都有不同程度的反映。

格式塔理论看来，遗忘有两种机制：①同化：记忆痕迹的消退是被其他相似或较稳定的记忆痕迹取代了；②自动解体：结构差、组织松散的学习材料在学习者头脑中产生了混乱和不定的痕迹，从而迅速产生遗忘；当学习组织严谨、结构性强的材料时，"知觉场"中便产生一种"张力"状态，学习结束时，这种动力状态继续保存在记忆痕迹中，然后向"闭合"、"对称"或"完形"方向逐渐消失。

奥苏伯尔认为，格式塔的同化，性质上与行为主义的干扰更相近，行为主义关于反应竞争、刺激类化的理论，完全可用来解释格式塔的同化机制。"同化理论"中的同化过程，是指新旧知识意义在学习者内部的相互联系和作用，它导致意义间的相互"融合"，而不是相似意义的记忆痕迹的相互取代，因为这种性质的意义材料在意义学习的条件下不会产生干扰影响，相反还能够提高意义学习和保持知识的效果。

总起来讲，"同化理论"与格式塔理论在基本观点上有几点不相同：①"同化论"中的遗忘不是"知觉张力"消失后记忆痕迹的自动解体，而是新旧知识联系和作用过程的结果。学习者将不对称图形记为对称性的，是不规则的图形"还原"到了更有概括和包摄性的几何概念系统中。②"同化论"中的同化，不是格式塔理论的"全或无"的同化，而是新知识的可分离强度逐渐减低，这是同化过程的第二阶段，或称"遗忘性同化"。③同化不是痕迹在记忆中的相互取代，它是记忆内容自然向原有观念还原的结果。④新观念被更稳定和清晰，更有概括性的原有观念系统整合，不是新旧知识相似性造成的，缺少可辨别性的新观念进入记忆中逐渐被原有观念同化。材料相似性越高，越能帮助学习者辨别新旧知识的联系，从而能增强新知识的可辨别性。当然，学习者只有真正明确了这其间的关系性质才能取得学习和保持的积极效果。⑤遗忘是新旧知识相互作用的学习过程的继续，是第二阶段同化过程的自然结果。在格式塔的理论中，在学习期间进入记忆中的痕迹随即被另一个相似但相互孤立的记忆痕迹完全取而代之了。

2. Bartlett 的记忆理论

早在30年代，英国心理学家 F. C. Bartlett 就发现，意义言语材料在记忆中不仅产生量的积累，而且也发生着性质的变化。他解释这种记忆功能特征的理论被称为“记忆重构说”。现代认知心理学特别注意研究人类学习和记忆的主动性，所以也有人将 Bartlett 称为现代认知心理学的先驱者。Bartlett 在一次实验中让牛津大学的学生阅读一篇印度民间传奇故事，之后在不同时间间隔内进行回忆测验。通过比较被试各次测验结果，他发现被试将原来故事内容改变了，略去了具体的地名和人名以及某些次要情节，同时又自己加进了一些新异的内容，除故事的基本情节和结构，其他方面都发生了不同性质和程度的改变。他由此认为，记忆保持实际上是学习者根据自己“图式”中的概括化经验对记忆内容进行重新组构的过程。学习者不仅主动地积累知识，也主动改变知识，使之与自己的“图式经验”保持一致。在 Bartlett 的理论中，“图式”指概括化和相互联系的经验系统，它影响学习者对外部世界的认识，也影响着学习者的态度定向和情感反应，在结构和功能性质上，与奥苏伯尔的“认知结构”有相似之处。

Bartlett 的理论同“同化理论”有几方面的区别：①Bartlett 的“图式”主要是态度或情感性质的经验组织，而奥苏伯尔的“认知结构”则是由抽象和包摄水平由高到低分化的概念和命题组成的层次系统；Bartlett 选用的学习材料主要是能引起情感和态度反应的故事、图画等，而不是有组织和逻辑连续性的学科材料；②Bartlett 着重关心意义学习中获得和提取信息的两个阶段，并未注意研究保持过程及其机制，“同化理论”对这些过程和机制都进行了解释；③ Bartlett 认为，学习材料同回忆内容的差别是学习者受图式经验的影响，对材料进行了选择知觉，在回忆时，又根据情境的性质和要求，选择性提取并加进额外的记忆内容，进行“记忆重构”。在奥苏伯尔看来，图式对记忆的影响在新旧知识相互作用一开始时就有了。学习者根据已有的经验探求新材料的意义并对之作出解释，这是认知过程，而不是知觉过程。获得新材料精确分化的意识经验不是知觉的结果，而是新旧知识同化的结果。Bartlett 认为，“图式”在提取阶段对记忆的影响方面，学习者根据情境的适当性和自身态度、兴趣和文化经验选择提取记忆项目，加进一些主观的东西，然后将它们联合、重构，使之成为一个新的整体，同原来的学习材料相比，它反映了回忆内容的简缩化、合理化和习俗化。奥苏伯尔认为，“记忆重构说”最突出的弱点是没有探讨重构过程的内部机制，只泛泛地将重构的结果归结为记忆内容的改变。“同化理论”则明确将记忆改变的机制解释为保持期间，新观念逐渐向原有观念系统还原，导致了新观念分离强度的减低，因而不能回忆学习材料的确切内容，这是记忆自然还原的同化过程。

3. 对信息加工理论的估价

信息加工心理学是近二三十年来在西方心理学中出现的一门颇有影响的新兴学科，它是对行为主义“黑箱理论”的反动，但也不是以冯特为代表的传统意识心理学的复归。它是受“三论”和计算机科学的启发，重新研究人类高级认识活动而形成的理论。信息加工理论将人的认识过程与计算机程序功能进行类比，试图模拟出人类思维或解决问题过程的活动规律。计算机模拟的基本理论假设是：模拟者与被模拟者在信息加工的某些功能特征和机制方面是一致的。如果计算机程序重现了人思维和解决问题的过程，那么就可以揭示人类高级认识活动的规律，这是最典型的功能模拟。在人工智能研究领域，有一种电子仿生学观点，试图从大脑神经系统的结构出发，建立电子元件构成的大脑模型，模拟大脑活动的功能特征。这种观点是将人还原为生物学机器，其基本出发点是机械主义的还原论立场。

奥苏伯尔（1978 年）指出，信息加工理论利用计算机进行功能模拟，其理论的启发价值取决于是否它就能够真正弄清人类复杂的认知功能。计算机确实能产生出与人类认知操作大致相同的过程，如记忆、归类、概括、推理和逻辑决策。但问题的实质是计算机执行的这些操作指令是否就是人类复杂的认识活动？如果将人类复杂的心理活动仅仅等同于计算机表现出来的这样一些程序，那就过于简单化了：①计算机可以迅速加工和储存连续呈现的大量信息单位，而人在特定时间内只能同化非常有限的知识量。为了克服这样的局限，人可以利用多种补偿机制如“组块”编码，获取和利用一般概念和原理，动用认知结构中最有抽象和包摄性的观念整合新信息，计算机则少有这种认识的灵活性。②计算机不会产生遗忘，也不要前后输入相似材料的干扰影响，程序里贮存的信息能够永远保存可利用性，不会发生“遗忘性同化”。制约认知结构变量的许多因素直接影响人学习和保持知识，但与计算机加工和储存信息无关。③计算机加工和储存信息不受心理发展变化的影响，不存在年龄阶段和人格特征的限制。④计算机不具备人类特有的想象才能、创造性灵感和独立思维、独立解决问题的能力。奥苏伯尔进一步指出，人类认知有不同的水平：从简单的等值表象到获得新概念和复杂命题的意义；从运用简单命题于特殊的问题情境，到运用多种复杂命题解决复杂的问题，一直到独立产生新概念和原理的创造性活动。所有这些认知功能的机制是不可能用计算机模拟出来的。信息加工理论主要基于机械主义和还原主义的理论，同人类高级和复杂的心理活动既不相关，也不适应。

近年来，有人将认知心理学划分为广义和狭义两种。前者包括结构主义心理学、心理主义的意识心理学和信息加工心理学；后者特指信息加工心理学。它们的共同特点是强调研究人类意识现象和高级的认识过程。奥苏伯尔认为，心理学主要是研究人类意识和行为的科学，与动物的心理和行为在性质上是不相同的。人的心理首先是高级的或认知性的，科学的人类心理学应当是“心理主义”的心理学，它关心的是人类高级的心理和复杂的意识。试图将人还原成机器，用电子元件取代人的大脑或神经系统，那才是机械和不科学的。

（陈昌岑）

选自：心理学报．1987（1）

加涅

（Robert M. Gagne）

- 生平简介
- 名篇选读

  学习的条件（节选）
- 思想评介

  论R·M·加涅对人类学习的探索研究

生平简介

R·M·加涅（1916~　），美国心理学家。加涅1916年出生于美国马萨诸塞州的北安多弗，中学时代就对心理学有所了解，并立志成为心理学家。他1933年入耶鲁大学学习心理学，受到新行为主义的严格的训练，1937年获学士学位；嗣后，进入布朗大学攻读实验心理学，于1939年和1940年先后获得该校理科硕士和实验心理学博士学位，旋即在康涅狄格大学任教两年。第二次世界大战期间他作为航空心理学家在部队训练飞行人员，主要是对空勤人员的运动和知觉功能进行测试和训练。战后他供职于宾夕法尼亚大学和康涅狄格大学；1949年起，担任美国两个空军实验室的技术主任，历时八年；1958~1962年任普林斯顿大学心理学教授，主要研究知识的获得、学习的层次以及数学学习；1962~1965年任美国科研工作协会研究主任，研究人类行为、教育方法及教育程序的设计与评价；1966年被聘为加利福尼亚大学柏克莱分校教育心理学教授，继续研究学校的学科教学；1969年后一直在佛罗里达州立大学任教授，进行学习的层次、学习结果的种类以及成人电视学习的研究。加涅曾当选为美国心理学会教育心理学分会主席、美国教育研究会主席，1972年获美国教育研究会的卡潘杰出教育研究奖，1974年获美国心理学会颁发的桑代克教育心理学奖，1982年获美国心理学会颁发的“应用心理学杰出科学奖”。

加涅的教育心理学的基本思想主要表现在他对学习的看法，他提出的累积学习的模式、心理发展的层次论以及教学的序列原则，对于教学理论和实践有重要的参考价值，日益受到心理学家和教育工作者的重视。

加涅认为人类的学习具有累积性，上一层次的学习有赖于下面的层次作为前提，他将人类学习由简到繁依次分为八类：（1）信号学习，即经典性条件反射学习，是指有机体学会对某个信号或刺激作出概括性的反应；（2）刺激—反应学习，斯金纳的操作性学习或工具性学习是这类学习的代表；（3）动作链索，指两个以上的刺激

—反应组成一系列行动；(4) 言语联想，就是言语的连锁学习，表现为一连串的文字反应；(5) 辨别学习，指在一组相似的刺激中能辨别各刺激所属的反应；(6) 概念学习，即根据类别对各种事物作出反应的过程；(7) 规则学习，即是指各种定理、定律或原理的学习；(8) 问题解决，即是根据过去习得法则，经过内在思考过程而创造新的或更高层次的规则。加涅认为每一种学习都是以前一种学习及其迁移为前提的，人类的智慧主要是各类能力习得和累积的过程。加涅在其名著《学习的条件》一书中对学习的结果的多样性进行了阐述，区分出五种不同的学习结果类型：(1) 智力技能；(2) 认知策略；(3) 言语信息；(4) 运动技能；(5) 态度。他把学习的条件区分为两种：一种是由以前的学习组成的学习必须的内部条件，一种是由学习者的外部刺激情境组成的学习的外部条件。加涅还以信息加工的观点对学习过程进行了分析，把学习行为分解为注意、选择性知觉、语义编码等一系列内部加工过程，提出了著名的学习的信息加工模式，并为每个内部加工阶段确定相应的具有外部影响功能的教学事项。加涅认为，学习是学生与其环境之间相互作用的结果，每一个学习行动都可以被分解成八个阶段，依次是：①动机阶段；②领会阶段；③获得阶段；④保持阶段；⑤回忆阶段；⑥概括阶段；⑦操作阶段；⑧反馈阶段。加涅认为，教学是一种外部事件，教学设计的目的是要影响学习的内部过程，因此，学习的阶段以及学生内部活动过程，都是与教学阶段相吻合的。此外，加涅在多年的工作经验中提炼出诸如规定教学目标的方法和步骤等一套应用技术，使他的理论具有了较大的可操作性。

加涅的著作甚多，代表性的著作有：《心理学和人类的行为》(1959)、《学习的条件》(1965)、《供教学用的学习纲要》(1974)、《教学设计的原理》(1974，与布里格斯合著)；主要论文有：《知识的获得》(1962)、《学习对人类发展的作用》(1968)、《学习的层次》(1968)、《记忆结构与学习结果》(1978)、《学习结果及其作用》(1984) 等。

(何先友)

名篇选读

学习的条件（节选）

所学习的东西——不同的种类

五种不同的才能

怎样才能够考虑个人一生中所发生的所有的各种不同的学习呢？如果考虑到在我们所学到的东西之间有着明显的巨大差别，那么，我们怎样才能够在这许多学习事例中发现共同的基础呢？

作为第一步，我们必须集中在所学习的东西，而不是集中在学习发生时所得到的条件上。各种不同的所学习的东西同它们的学习条件是不一样的。所以首先必须尽量清晰地区别各种类型的学习结果——即各种不同的学到的才能。如我们在第一章所知道的，这种才能必须是作为人类的动作而观察得到的。因此，我们必须寻找的是具有共同特征的人类动作类型，虽然它们的特殊细节是不同的。从这些动作中，我们就可以推论那些学到的才能。

于是，我们便来考虑一下人类动作有哪些主要范畴可以为学习所建立起来。本章的其余部分将对下列各点展开讨论。

1. 一个人也许通过使用符号来学习与环境互相发生作用。作为一个儿童，她以口语为符号应付她的环境，例如，当她说“开门”时，这表示她要求父母开门，或者表示对于父母这种要求的一种反应。读、写、算是低年级儿童所学习的利用符号的基本种类。当继续进行学科科目的学习时，他就以比较复杂的方式来利用符号，例如，对客体、事件甚至其他符号加以区别、联结、列表、归类、分析、数量化等。在内心把24盎司变成磅数，便是一个简单的例子；在造句时，单数的动词必须与单数的主语一致，则是另一个例子。我们把这种学到的才能称为智力技能。

2. 一个人可以学会讲一些知识。他也许告诉某人一个事实或一组事情，或者用口述，或者写出来、用打字机打出来，甚至画一幅图。显然，为了说出这件事，他必须有某些智力技能。换言之，他必须一般地知道怎样造一个最简单的句子。但是学习者这个行动的目的是讲某种知识，而不是表现他造句的智力技能。两个不同的人说话的技能虽各不相同，但所传递的信息（这些观念）是一样的。他们所说的也许是一个简单的观念，或一组观念，而这些观念是以某种方式先后排列起来的（如说明一组事情）。能够述说观念就是一种学到的才能，我们把它称为可以述说的信息或简单地称为言语信息。

3. 这个人已经学会一种管理她自己的学习、记忆和思维的技能。例如，她已经学会某种注意课文不同部分的方法。当人们要她学习一组显然不相关的对象名称时，她便在这些名称之间寻找关系或在这些名称与其他比较熟悉的名词之间寻找关系。也许这个学习者已经学会了一种特别的技能，这种技能使她能重新记得她曾亲眼见到的一个景致的细节，或者记忆她所听过的一个讲演的要点。她也许学会了某种思考的技巧、分析问题的方法或解决问题的方法。这种控制学习者自己内部过程的技能一般称为认知策略。

4. 人类学习者学习着许多有组织的肌肉动作的运动，如穿针引线或抛球。这些单个融贯的动作形成了诸如打网球或开汽车等综合活动的一部分。这个统一的活动则称为运动技能。

5. 学习者已经获得了一种影响他选择个人行动的心理状态。例如，他也许倾向于选择打高尔夫球作为他所喜爱的一种娱乐。或者在他的学习期间，他选择研究物理学而不选择英国文学。这种“倾向”作为学习者本身的选择而不是特殊的动作，便称为态度。

在这里是五类主要范畴的人类所学习的才能。我们想使这些范畴成为全面的范畴。任何学到的才能，不管人们是怎样描述它的（例如数学、历史、经济学或其他科目），都具有这五类范畴的特征。在以后各章内，我们将见到所有这五种类型才能中支持每一种学习的条件。不过，首先我们还要为每一类型补充一些例子。

智力技能

一个人拿着一把锯子，从木板的一端锯下一块木头，这当然是直接与环境发生相互作用。不过，在采取这个行动之前可能是有计划的，这个计划包括测量$22\frac{3}{16}$吋的长度，发现那个长度与$24\frac{1}{8}$吋的差别，也许用一个有直边的工具画一条与木板的边成直角的线。在这种计划中所包括的许多活动要求这个人与环境用符号间接地互相发生作用。学习者用“$22\frac{3}{16}$”和“$24\frac{1}{8}$”的符号代表线的长度并运算这些符号，而不直接运算这种数字本身。有些运算是“在学习者的头脑里”进行的，而有些运算也许需要在一个小的书写面上进行。但是这种运算与那种需要直接在木板上进行的动作是大不相同的，如果这后一种活动是不可能用符号进行的话。这种使利用符号成为可能的才能，我们称之为智力技能。

个人学习许多种类的智力技能，有简单的技能，也有复杂的技能。例如，学校里学习的数学的内容实际上都是智力技能。不过，智力技能也是与数字和数目运算以外的符号有关的。从广义上说来，学习者用以代表环境的符号乃是语言。在语言符号的使用方面，一个比较简单的智力技能是跟在介词后面的代名词宾语形式的语法规则。比较复杂的技能则包括运用比喻（如：“追求泡影式的声誉”）。既然语言文字是用来记录和交流存在于任何科目之内的关系（概念、规律）的，那么，在这些关系的学习中就能期望包括有智力技能的学习。所以可以看出，这种技能在很大的程度上是人类最重要的一些习得才能的类型，而且也是所谓“受教育”这个含义的实质。

学习的条件

在智力技能中，个人是怎样学会利用符号的呢？显然，这种学习的有些条件一定存在于学习者内部（内部条件），有些条件则存在于学习者的外部，而且是可以在教学中人为地安排的。

学习智力技能的内部条件包括：(1) 作为新技能组成物的过去学到的技能；(2) 用以回忆这些技能并把它们结合成为一种新形式的那些过程。几个明显的事件构成了外部的条件，而且有几个最重要的外部条件已经在所描述的例子里讲过了。请大家注意，这些外部条件有下列一些目的：(1) 刺激附属技能的回忆；(2) 告诉学习者的动作目标；(3) 用陈述、问题或暗示来"指导"新的学习；(4) 提供时机以便使刚刚学会的技能动作和一个新的例子联系起来。这些事件也许是学习外部条件中最明显的特点；他们用来说明一种心向，这种心向我们将在以后的各章内加以充分的描述。

认知策略

人类所学到的第二种，也是很重要的才能叫做认知策略。这些技能是用来为学习者调节他自己内部注意、学习、记忆与思维过程的。对于这些内部组织起来的技能，不同的作者曾给以不同的名称。布鲁纳（1971）称之为"认知的策略"，他的这个名称主要是指发现与解决新问题的过程。这些策略似乎是同罗瑟柯夫（Rothkopf，1971）所描述的"数学活动"有关系的，同斯金纳（1968）所指的"自我管理的行为"也有关。有许多学习理论家称之为"执行者的控制过程"，这些理论家是赞成信息加工概念的[格里诺和比约克（Greeno and Bjork），1973]。

在增加应付其环境的本领智力的技能以外，人类学习者还不断地增加他们用以推动和调节学习、记忆和利用自己技能的技巧策略。认知的策略不是着眼于某种特别外部内容，如文字或数目，它们在很大的程度上并不依赖于内容并能一般地应用于一切种类。如果学习者已经改进了注意的策略（一种认知的策略），那么，这个策略就可以应用于任何科目的学习而不管其内容。编码的策略、记忆探求的策略、检索的策略和思考的策略都可以同样广泛地加以应用。

记忆演说中一套观念顺序的"记忆法"是检索的认知策略的一个例子。这样一种方法的用处有限，我们在此并不赞成去学习它。不过，这种记忆法多少年来为著名的演说家所利用。一种策略是在很熟悉的一个房间的想象部分里“指出”每一个地点来。例如，这个叙说者从高价的油开始，他想象这个观念是在房门的左边。然后按逆时针方向，将左手墙边的小房间门口作为他指出的下一个地点(如食物供应短缺)。如果他的下一点是关心饥饿的事物，他也许指着这个房间的左角。在说完他演说的主要论点之前，他一直继续这个过程。这些想象的地位就成了检索演说者论点的正确秩序的线索。为记住演说，这个演说者使用了这种线索的策略，这样，这个演说者就有目的地选择了一个认知的策略，在这个事例中，他选择了一个检索的策略。

这种记住观念顺序的特别的认知策略似乎只有有限的用处。应用到具有普遍意义的记忆方面去的认知策略在它们的作用方面无疑比较复杂和灵巧。不过，每个人可能都已经学会了一些记忆的策略，也已经学会了一些注意、学习和思维的策略。有些人掌握的策略看来比另外一些人的策略要好些，因为他们学习和思维的“品质”比较好些或快些或比较深刻些。如何改进认知的策略，以便使每一个学习者都能“充分地发挥其潜能”，这是向教育提出的一个挑战性问题。

当然，关于如何安排学习条件以便可以学到有效的认知策略，我们知道得还不够。因为我们还没有识别和描述过这些认知策略本身——它们中的大多数显然要比我们所举的记忆法的例子复杂。学习者认知策略改进的速度似乎也是长时期的，它不是几天、几周或几个月所能全部学到的。

内部条件。既然认知策略是从内部组织起来的技能，它们必定有某些内部工作的“原料”。因此，我们有理由假定，如果所学习的是学习关于事实的一种编码的策略，而且如果这种策略包括把这些事实归入熟悉的范畴中去，那么这个学习者必定有一套过去学到而且可以随时回忆应用的方便的范畴。同样，如果所学习的是能用来解决光的折射问题的思考策略，那么这个学习者就需要掌握可用的过去所学关于光的折射的规律。因此，虽然认知策略本身是离开特别的内容，但是，如果脱离了某些特别内容，它们就不可能学到或应用。换言之，这些心理的作用必有它们所活动的东西——它们不能在真空中活动。

这些需要从过去学习中回忆起来以帮助学习和改进认知策略的才能通常就是智力技能。这种必然性已在前列中得到了说明：在一种事例中，学习者必须回忆起一些概念（如范畴），在另一种事例中，学习者必须回忆起光的折射的规律。此外，信息有时必须是人们回忆的那种才能。例如，起草一篇关于电力分布的原始论文显然要求回忆许多关于这个题目的信息。学习者认知策略之有效性可以为这篇论文的创造性所指出，但是无论如何，这些事实必须是合用的。

外部条件。关于识别影响认知策略学习的特别的外部条件，我们也许知道得最少。这些策略是什么，它们内部是怎样运行的，由于我们对它们缺乏确切的知识，所以我们对于这些外部因素的理解是有限的，这种说法，或许人们并不感到惊奇。安排外部条件以建立和改进认知策略终究是一种从外部间接地控制由内部管理的学习才能的企图。

安排学习认知策略最适宜的外部事件的实际手段通常是鼓励学习者在各种新的情境中"练习"着利用认知的策略。例如，可以给学习者呈现各种学习材料以使他去决定用注意的策略、用编码的策略、还是用检索的策略。也可以将一系列截然不同的、新的解决问题的情境放在学习者面前，并要求他们选择和利用不同的解决策略。这些方法的教育含义是：在教学过程中，要经常有机会向学生提出挑战，使他们发现他们自己的学习和思考的新方法（参见布鲁纳，1961，1971）。

言语信息

第三个重要的学习才能是言语信息。我们期望个人在他们一生的历程中学习语言并保留许多言语信息，以备及时应用。

我们知道，当个人能够"讲出"或叙说言语信息时，他们就已经学会了这种言语信息。当然，他们所说的东西基本上是一个或几个句子（或命题）的形式，这些句子都有主语和谓语。人们认为，信息是言语的，或说得比较明确些，信息是可以用言语表达的，因为我们是在句子的形式中知道它的。学习者的话总是有告诉别人的目的。不过，经常也有这样的情况，即学习者是“讲给”他们自己听的。

有好几个理由可以说明信息是一种重要的才能［参见加涅和布里格斯（Briggs），1947，第 53 ~ 60 页］。首先，个人可能会有知道某些事实的需要——如一个星期有几天，一年有几个月，城市、州、国家的名称和地点——因为它们是每一个成人都期望有的“常识”。第二，言语信息有一种帮助和伴随学习的功能。例如，经济学原理的研究要求，学校实际课程的每一学科同样都是真的。第三，信息作为一门专业知识是重要的，它是任何领域的专家所必须掌握的。一个受过训练的化学家除了要知道怎样利用化学规律之外，他还要知道许多关于这个学科的知识。

学习的条件：言语信息

内部条件。学习者必定是已经从过去的学习中学会了运用语言的规则（智力技能），这些规则使我们明白，句子是由动作者、动作、地位、对象等等所组成的结构。如果这一段话本身有一个复杂的语法上的结构，那么，学习者必定能够解释它为一个带有联结词、从句、形容词和其他成分的命题。显然，学习者肯定至少也要知道某些字的意义，虽然这个要求的程度还不能清楚地确定。例如，“Tilgem neduces gorbil”这句话作为信息是可以学习的，即使这个事物概念“tilgem”和“gorbil”在过去的学习中我们并不知道。

还有另一个影响信息学习的内部条件曾为许多学习理论家，尤其为奥苏伯尔（Ausubel，1968）所强调。这就是按意义组织起来的信息的“认识结构”对于学习者的可用性。这些组织起来的知识结构被看作是过去所学会的。从某种重要的意义方面来说，它们与要学习的新信息是有关联的。例如，在奥苏伯尔看来，关于火山的那一段话是与过去所学的包括较广的认知结构有关的，可能与小山、大山或地球的其他地理特点（包括那些有“火山”名称的特点）也是有关的。当这个新的信息被纳入这个较大的意义结构时，我们就认为，这个新的信息已经学会了。

外部条件。两组条件对于信息的学习特别重要。第一组是刺激，它使“认知结构”容易为学习者所接受——它使人想起新信息所适合的有较大意义的背景。奥苏伯尔和他的同伴们的研究［奥苏伯尔，1960；奥苏伯尔与费茨吉拉德（Fitzgerald），1962］已经显示了达到这个目的的所谓“先行组织者”的效用，即信息的学习和记忆将因此而得到改进。先行组织者是在学习者遇到所学习的信息之前给予学习者的一种交流物。它的目的是提醒学习者记忆已有的有意义的背景以及与新信息的关系。

第二组外部安排的条件是告诉学习者学习的目标。在任何由有意义的命题组成的一段话里，信息的某些特点也许是代表学习所要达到的目标，而其他的一些特点则是偶然的。例如，目标也许是学习给某些新的技术术语下定义，或者学习所述事情的发生的时期，或者学习给某些熟悉的事物找新的名称。当然，这个选定的特别目标将在衡量学习信息时所作的“测量”中反映出来。告诉学习者学习目标可以用各种方法，包括直接讲给他听。一个经常被人们研究的方法是在课文的一段文字里面包含一类问题，我们期望在学习者完成这个学习时，他将答复这类问题［费拉斯（Frase），1970；罗瑟柯夫（Rothkopf），1970，1971］。

作为一种外部条件的重复是怎样的呢？如果把这个信息“重复”几次，它会不会学习得好些，记忆得牢些？从实际的情况来看，重复地听和重复地读一段信息的确改进了它的学习。不过，这个证据对于这个结果的意义要根据一个时机到另一个时机这个信息的内部加工的不同来决定。包含在一整段文字中的某些事实，当人们第一次阅读它时，它就被加了工了，而某些事实则是在它第二次被读时才加工的，等等。但是，同样的事实多读几次并不使它在记忆中“更坚强些”。因此，如果要求学习十个不相联结的事实，重复便增加了被学习事实的数目。按照大多数现代理论家的意见，它之所以是这样，是因为随着重复次数的增加，增加的事实也被人们“收入了”。

运动技能

我们现在转向一种不同的而又熟悉的才能，它通常很容易在人类动作中区别出来，这就是运动的技能（请大家注意，没有特别的理由要在一种特别的次序中考虑这种学习结果，或考虑其他类型的学习结果，每一种类型都是各不相同的）。我们心里有许多关于运动技能的例子。幼儿的运动技能有穿衣吃饭之类的活动。如果不是在上学之前，至少也是在上学开始时，儿童就学习着做特种的设计，如用铅笔和纸来写字母。在整个的上学时期内，个人要在游戏和运动中学习各种肌肉技能，如掷球、踢球、跳栏、爬坡等。在科学、工艺、家政等各种课程中，学生可能要学习包括运动技能在内的许多操作工具的程序。虽然不常在课程计划中给它们以中心的地位，但各种运动技能经常是包括在学校学习之内的。

我们在什么时候才能说一个人已经获得了一种运动技能呢？这不是在她仅仅能做某种规定动作的时候，而是在这些动作已经被组织起来并构成了一个连贯的、整齐的、有明确时间性的完整动作的时候。反映运动技能的连贯性与时间性表明，这些动作具有了高度的内部组织。结果，运动技能在长时期内随着它不断的练习而日益精确和连贯，这是它的一个典型的特点［费茨和波斯纳（Fitts and Posner），1967］。

内部条件。　运动技能通常是由一系列的动作所组成的。因此，打高尔夫球包括了一系列动作：（1）摆正身体和球棒的位置；（2）把球棒放在肩上；（3）使球棒对着这个球；（4）手臂和躯体作充分的旋转。用印刷体写“E”这个字母也要有一系列的动作，在这些动作中，这个字母的四根线中每一根线的地位首先（1）必须摆正，然后（2）划出特定的长度。这个运动技能的程序顺序必须学会。它经常是随着这个运动技能本身学会的。这个所谓“执行的附属路线”（费茨和波斯纳，1967）的程序具有规则的特性，学习者就是通过它才知道“哪一个在哪一个之后”的。当学习者继续通过练习改进他的技能动作时，对于学习者来说，这类程序性的规则必须是可用的。

这些运动动作的分散部分经常是作为部分技能而加以分别学习和练习的。这些也是由过去的学习所建立起来的一些先决条件。例如，游泳有时就分别学习部分的技能，如腿部运动和手臂与头部的动作。一个学习画正方形的儿童也许把过去学到的画直线和画角的部分技能“放在一起”。

外部条件。学习运动技能最重要的一组外部条件是由练习的周期所提供的。在一个提供反馈或知识结果的情境中，不断地重复可以得到运动动作的顺序。有时反馈是所做动作的固有的部分，如玩弄乐器的情况就是如此。在另外的一些事例中，辅导者和教师可以提供补充的反馈。在任何情况中，学习运动技能的刺激情境的重要部分是由肌肉的内部反馈所提供的。显然，逐渐改进运动技能的连贯性与时间性的是持续的练习时间这个动觉系统。

态　度

本章最后要介绍的一种学到的才能是态度。我们给态度下的定义是：影响（节制）个人选择行动的内部状态。人们一般认为，态度有情感成分、认知成分和行为后果［特里安蒂斯（Triandis），1971］。有些研究者认为，态度来源于信念与观点的不一致，其他的研究者则假定，态度起源于情绪状态。在这里，我们强调态度对于行为，即对个人选择动作的影响。影响这些动作的内部状态既具有其理智方面，也具有其情绪方面。不过，它是人类动作的结果，它为我们把态度描述为习得的性向提供了参考点。

人类所采取的动作显然是受到态度的很大影响的。一个人是否喜欢听古典音乐或摇摆舞曲，一个人开车时是否遵守时速限制，一个人是否鼓励他的配偶自由发表意见，一个人是否选举一个声称要关心公共利益的候选人——所有这些都是受态度所影响的。所有这些内部节制状态都是在一生之中，在家里、在街上、在教堂里、在学校里所遇到的情境中学来的。

当然，一个人在任何特殊情境中，选择动作的过程都是被那个情境的特点所决定的。一个具有服从法律强烈态度的个人，在他遇有急事而又没有看见巡逻车的时候，也许会超过公路时速的限制。一个有强烈诚实态度的儿童，当她以为没有人注意的时候，也许会偷一个便士［哈特霍恩（Hartshorn）和梅伊（May），1928］。但是，那种维持一定时期而在一种特别情境中倾向于使这个人的行为一贯受到节制的趋向就是所谓态度。显然，观察与测量这种趋向的强度是不容易的，因为特别情境的变量的影响必须要排除。

可以通过各种方法来学习态度。它们可以产生于一个简单的意外之事。例如，对于一条蛇的态度有时是以一时的惧怕中学到的，儿童会由于一条蛇的突然移动而获得这种经验。这种态度也可以来自个人成功与愉快的经验。例如，某人学习填十字格谜语的积极态度就是因为他能填出某些谜语。态度也能来自模仿别人的行为。例如，一个儿童可能是从对他父母如何对待一个外国人的观察中学会对待外国人的态度的。不管它们有些什么变化，在学习和改变态度方面总还有一些共同的因素。

内部条件。 态度必定有一些表达的行为手段；这意味着，适合于那种行为的一些才能必须是对于学习者可用的。如果受到影响的个人行动包括有智力技能，那么，这些技能显然必须是过去就学会的。例如，要学会喜欢解决数学谜语的态度，学习者就必须有某些过去学习过的数目计算技能。如果某人要养成对于避免有害药物的强烈态度，关于这些药物的某些知识（如它们的外表和名称）就是先决的条件。一个学习者要想学到喜欢弹钢琴的态度，他就必须有一些运动技能，以使他可能选择这种行为。

当用模仿或“人类的模式”去学习态度时，学习者就一定要尊重或崇拜所模仿的那个人。这个条件经常存在于儿童和父母之间，或存在于儿童与教师之间。众所周知，在前青少年期和青少年期，当早期对父母毫不怀疑的崇拜被反抗情绪所代替时，模仿同伴便代替了模仿父母。在成人期，态度经常是由被崇拜的那些人的模式所建立的，而这些人之所以被人崇拜，是由于他们具有一定的特性：引人注目的体格、精湛的运动技巧以及道德上的正直。如果学习者要学习表现在他的或她的行为上的态度，那就必然存在对这种模式的崇拜。

外部条件。既然各种不同的情境可能导致态度的改变，那么，它们的共同特点就不容易识别了。显然，或者必须有（1）学习者在追随一个动作过程中所体会到的情调，或者（2）观察到一个人类行为模式“好”或“坏”的结果。后一个条件导致了这样的假设：这种模式的成功（或者相反，这种模式的失败）要使人感受到共同的体验，即学习者要受到“同感地强化”（班杜拉，1971）。

在这里，我们应该说一些关于产生态度变化的不适当的外部条件。我们常常发现，旨在劝导的言语陈述在改变态度方面是相当无效的［霍弗兰德（Hovland）、拉姆斯坦（Lumsdaine）与谢菲尔德（Sheffield），1949］。无论是诉之于道德原理，还是诉之于情绪状态，或诉之于理智论据，这些话似乎都同样无效。因此，态度变化经常需要的重要的条件似乎是在现实中或在学习者的想象中出现一个人，而这个人要能作为一种模式。在试图进行劝导时，如果提出一个受人尊敬的人的模式，态度就可能发生变化，而不用模式的言语劝说则无效，这是大家所知道的。

如其他的学习状态一样，完成、报偿、成功的反馈也是学习态度的重要条件。滑冰成功的学习者很可能对于这项活动持一种积极的态度。一个模仿对动物仁慈态度的学习者，如果他自己对动物仁慈的行动以某种方式得到报偿，就很可能维持这种态度。

学习结果类型概述

五种主要的学习结果范畴现在已经描述过并举例加以说明了。作为一个概述，我们列表32-1，该表列举了那些学习到的才能并给每一种才能举了一个简单的例子。第一个范畴是智力技能，它包括许多附属的范畴，这些附属的范畴将按其复杂程度排列起来。不过，这五个主要的范畴在下表中的次序是随意排列的。它们只是一些不同的才能。

本书以后的各章将描述显示在表32-1中的那些人类才能范畴的学习条件。第五章和第六章专门讨论智力技能，从鉴别作用到规则。第七章讨论包括在人类解决问题中的高级规则并且继续讨论认知方法应用到解决问题的动作时的范畴。言语信息的学习——叙说或讲名称，事实和观念——将在第八章讨论。然后在第九章我们将考虑所谓运动技能这一类才能的学习。在第十章，态度的范畴将完成学习结果主要类别的名册。

表 32－1 学习才能的五种主要范畴，其中包括附属类型及每种类型的例子

才能（学习结果）	可能动作的例子
智力技能	说明符号的用处，如：
鉴别作用	区别印刷的 m 和 n
具体概念	识别“在……下面”的空间关系；识别一个对象的“旁边”
为概念下定义	用一个定义来对“家庭”归类
规则	说明一个句子内主语与动词的数一致
高级规则	已知光源的距离以及镜片的凹度，求预测映象大小的规则
认知策略	用有效的方法回想一些名称，想出一个解决保存汽油问题的方法
言语信息	叙说美国宪法第一修正案的条款
运动技能	用印刷体写字母 R，作“8”字形的滑冰
态度	选择听古典音乐

教育的含义

人在他的一生中学习了许多不同的东西。要使学习所产生的大量结果有意义，其方法之一就是把它们看作是动作范畴。虽然这些范畴在所学的材料（内容）中都是交替的，但它们却有一定的突出的特点。每一个范畴都意味着已经学会了一种不同的才能。

如果我们这样来看这些问题，那就有五种主要的学习才能的范畴：智力技能、言语信息、认知策略、运动技能和态度。它们不仅可能造成不同的人类动作，而且，它们最有利于学习的条件也是不同的。当这些学习条件作为过去学习的后果而产生于学习者的记忆时，其中有一部分是内部的。此外，有些学习条件是在学习者外部的，而且是作为教学的一些方面而加以审慎安排的。在以下的各段中，我们将概述本章所述的几个主要论点，它们是可以应用于教学计划的。这些论点还要在以后各章中加以阐述。

在学习智力技能时，最重要的内部条件是回忆事先需要的技

能，它们是学习的新技能的组成部分。外部条件经常用言语指导的形式，它将指导这些比较简单的技能“结合起来”。智力技能有几种不同的种类，从鉴别作用到概念，再到规则与高级规则，它们的复杂程度越来越高。

言语信息的学习依赖于回忆内部贮藏的复杂观念，它们组成了“有意义地组织起来的”结构。此外，必须要有基本的语言技能，以便使信息可以用命题的形式贮藏起来。学习条件从外部把要学的信息和过去学会的结构关联起来运行，而这些过去学会的结构是用来作为检索的线索和有组织的格式的。

认知方法是内部组织起来的技能，学习者用它来管理他自己注意、学习、记忆和思考的过程。它们要求的内部条件是回忆同特别的学习任务有关的智力技能与信息。显然需要的外部条件是要有较多的机会练习这些方法，经过练习的过程，这些方法的用处也就精致起来并得到了改进。

运动技能的学习要求回忆（或过去学过）一个附属的执行路线，这个附属路线为动作提供顺序和式样；它也经常要求回忆部分的技能，以便结合成为一个完整的肌肉行动。外部条件主要是由重复和动作，即练习所提供的。

态度是一种内部状态，它改变个人对物、对人、对事的行动选择。它们是用各种不同的方法学会的。最靠得住的一种方法是“模范人物”，这要求事先存在或预先学会尊重一个真实的人或想象的人。当我们使用了这个改变态度的方法时，那么，我们所想要的这个模范行为的表现以及对于成功结果（或者报偿）的观察，就构成了外部条件。跟随在行为选择之后的成功经验常常对于学习者的态度有直接的、积极的影响。

选自：加涅．学习的条件．傅统先，陆有铨译．北京：人民教育出版社，1985

思想评介

论R·M·加涅对人类学习的探索研究

（一）加涅的学习观

加涅主张，人的智慧发展是学习的累积结果。“个体的先前学习导致个体的智慧日益发展。”

加涅批评皮亚杰低估了学习在人的智慧发展中的巨大作用。虽然他不否认成熟的影响，但他特别强调学习在智慧发展中的重要地位。他认为成熟的影响只限于个人很幼小的时候，因而他对皮亚杰所提出的智慧发展的阶段性，所规定的年龄阶段的上下限表示异议；声称“即使这些阶段确实存在，也与年龄（幼儿除外）无关……事实上，中枢神经系统的内部成长对这一发展的决定作用，迄今未查明”。加涅重视学习在个体心理发展中的重要性显然是无可厚非的，不过他从而否认心理发展的阶段性，这是走向了极端。诚如列宁所说：“因为任何真理，如果把它说得过火，加以夸大，……便可以弄到荒谬绝伦的地步。”

加涅认为，学习是个体与环境相互作用的结果。近年来，心理学家从一些实验研究的结果中用推理方法引申出假设结构，并据以阐明学习的一般过程。加涅采撷了根据现代信息处理理论而提出的一个有关学习结构的典型模式（参见图32－1）。

这一模式图的右面部分描述的是信息流，即信息从一个假设结构流入另一假设结构的经过。从学习者的环境中来的刺激作用于感受器，到达感觉记录器，这是对信息的初步处理，也就是对学习者最初感知事物起作用的一个结构。信息在这里逗留的时间不到一秒钟，随即进入短时记忆。在短时记忆中逗留的信息一般也只有几秒

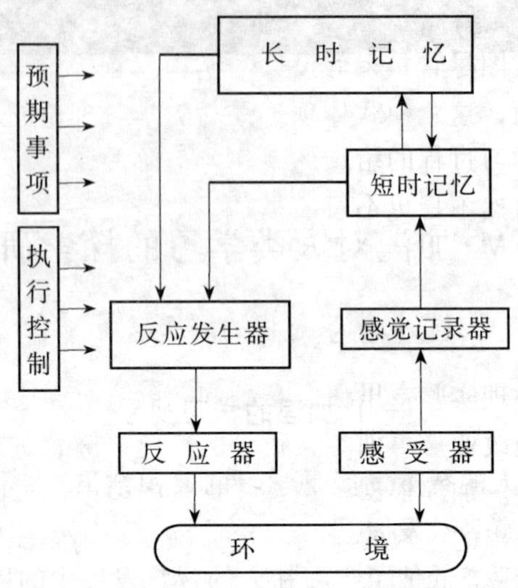

图 32－1　根据现代信息处理理论的学习的典型模式

种。学习者若要记忆这些信息，必须转入长时记忆中去。许多心理学家假定长时记忆是永久的贮存仓库，也假定日后之所以难以回忆，往往是由于找寻信息的困难所造成的。短时记忆与长时记忆的结构相同，但机能互异。同时，经过短时记忆到达长时记忆的信息可能恢复而回到短时记忆中。例如当新的学习需要部分回忆起先前习得的某些事物时，就需从长时记忆中检索出这些事物，重新回到短时记忆去，而此时的短时记忆成为记忆的前哨阵地，故又称“操作记忆”（working memory）。贮存在短时记忆或长时记忆中的信息一旦恢复，便到达反应发生器。反应发生器这一结构具有把信息转成行动的作用，亦即激起反应器的活动，产生影响着学习者的环境的作业活动。信息经过这一番处理，在学习者方面表现为有所习得了。

这一模式图的左面部分，也有一套重要结构，这套结构叫做执行控制和预期事项。从这些结构发出的信号具有激化或改变信息流的功能。前者主要起调节与控制作用，后者主要起定向作用，这些过程的具体的信息流之连接点均未标明，因为研究尚不能详加识别。

上述的模式图尽管是个假设性的结构，有待于继续用实验数据进行验证，然而，这个模式体现了最新的学习理论的主要特点，有助于我们识别学习过程的组织体系和各个阶段，从而予以有效的控制。这个模式自然不是也不可能是唯一的模式，但它不失为一个可取的模式。

（二）学习过程的层级系统

加涅原是心理实验室里研究基础问题的一名学者。在第二次世界大战期间，他改业从事训练飞行员的实验研究，进行模拟飞行员工作的各种设计。加涅根据他训练飞行员的经验，发现不能借助从实验室实验中得出的一般的学习心理原则，顺利完成所肩负的“有效地设计训练情境”的职责。加涅明确指出，“所有的学习不是一个样儿的”。学习是个复杂的现象，它比我们早期所认识的更为复杂了。1965 年，加涅根据学习水平的高低和学习的复杂程度，将学习分为八类：(1) 信号学习；(2) 刺激—反应学习；(3) 形成连锁；(4) 言语联想；(5) 多重辨别；(6) 概念学习；(7) 原理学习；(8) 解决问题。在这八类学习中，前三类比较简单，后继的各类学习实质上是前一类或前几类学习的更为复杂的表现。1971 年，加涅进一步把八类学习简化成六类。他将前四类合并成一类，将第六类划分为两类。于是成为 (1) 连锁的学习；(2) 辨别的学习；(3) 具体概念的学习；(4) 定义概念的学习；(5) 规则的学习；(6) 高级规则的学习（相当于问题的解决）等六类学习。这六类学习按顺序排列的话可将学习过程组成一个层级系统（又称累积式系统或阶梯式系统），见图 32－2。

由此可见，学习过程是从低级的学习向高级的学习的发展。高级的学习即比较复杂而抽象的学习，它们是以较低级的学习为基础；低级的学习是比较简单的，但它们是基本的。如果基本的、低级的学习未掌握，则复杂的、高级的学习势必陷入困境。这是我们在实际生活中屡见不鲜的。

加涅的层级系统受到心理学同行们的重视。不少心理学家认为

					高级规则
				规　　则	规　　则
			定义概念	定义概念	定义概念
		具体概念	具体概念	具体概念	具体概念
	辨　　别	辨　　别	辨　　别	辨　　别	辨　　别
连　　锁	连　　锁	连　　锁	连　　锁	连　　锁	连　　锁

图 32－2　六类学习的层级系统

加涅的这个系统完全可与众所周知的 B·S·布卢姆的分类模式媲美。布卢姆把认识领域分为（1）知识；（2）理解；（3）应用；（4）分析；（5）综合；（6）评价，这六种构成一个逐步发展或提高的模式。两者的区别在于：前者同学习过程有关，后者则属于教育任务的一种分类。在某种意义上，加涅关于学习过程的层级系统“具有更合乎逻辑的结构，是较严格地奠定在一些心理学原则的基础之上的”。

加涅据此进一步设计教学程序，解决诸如数学、自然科学、外语等的课程编制问题。他的研究发现任何一门课程中都有一个个课题，任何一个课题中有一堂堂的课，任何一堂课中又有各个组成部分。在编制课程时，要把每件事毫无遗漏地记下，按照层级排成一个个教学序列或学习结构，如图 32－3 所示。

这便是加涅的程序化原则。所以，加涅的层级说乃是“使学习心理的一般原则向教学程序化过渡的一个有用原则”。学生按照规定的程序一步又一步地前进，从而掌握各科的知识与技能。

加涅强调，要给学生充分的指导，要他们遵循仔细规定的教学程序接受知识和获得技能。他在教法上倡导指导法，不赞成皮亚杰和布鲁纳等人所力主的发现法。他甚至说，“人们得以有效地解决问题，关键在于掌握大量有组织的知识，这些知识由许多有内容的原理组成，不是什么启发之类的东西”。这是片面的。加涅又陷入极端了。

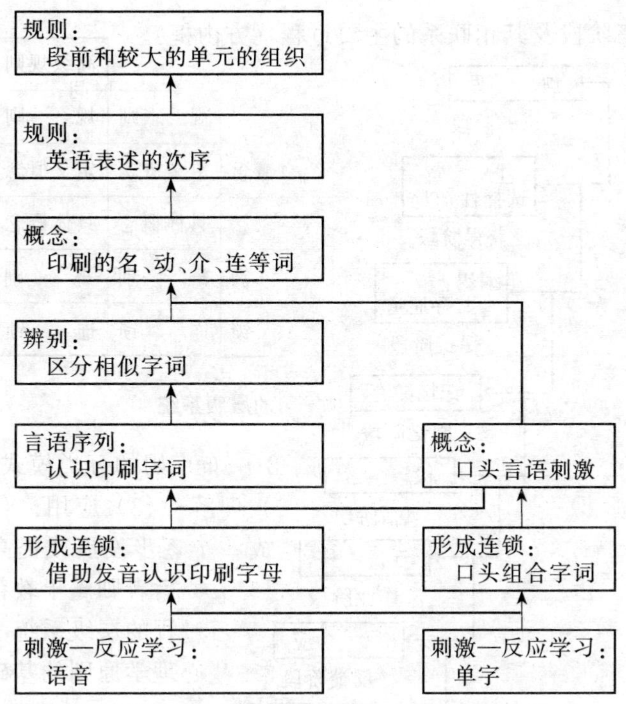

图 32－3　阅读基本技能的学习结构

（三）学习过程的阶段性

学习即是主体与外在环境相互作用的结果，因此在加涅看来，可以把学习的外部条件和内部状态区分开来。发生于学习者头脑里（即中枢神经系统）的活动，通常称做学习的过程。许多内部过程，也许是所有的内部过程都是在学习者以外的事件之影响下发生的，也就是来自环境的刺激这一外在的根源。这些外部事件可用引起、激化、维持或促进学习的内部过程的诸方式加以计划和执行。这时候，这些外部事件便叫做教学（instruction）。因此，学习的内部状况和外部条件又是密切联系的。加涅的这个观点看来是符合反映论的思想的。

加涅根据学习进行的过程，把学习的行为分为八个阶段（或称时相），并指明与每一阶段相联系的主要过程。图 32－4 表明学习行为的诸阶段及其相联系的主要过程（方内框）。

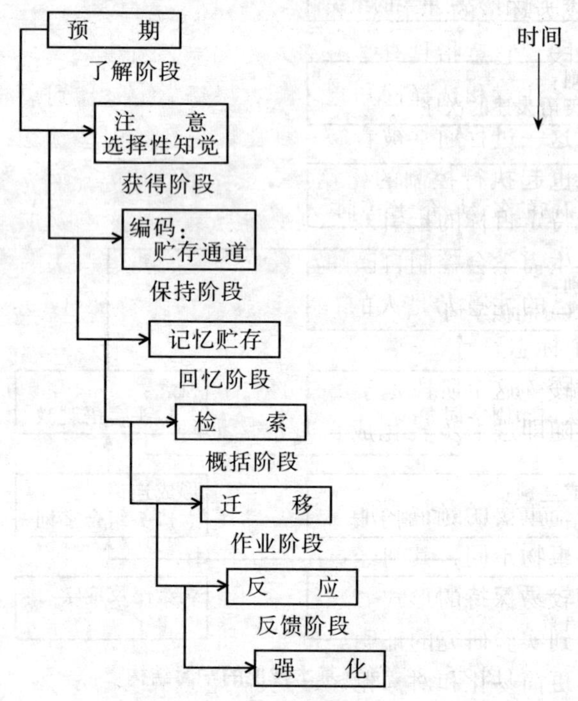

图 32－4 学习行为的阶段及其相联系的过程

这可以说是一条蕴含在图 32－1 即典型模式图中的学习的内部过程所展现出来的一条锁链。每一阶段都给以名称（如引起动机阶段），有便于使构成学习的外部条件和内部状况关连起来。现将各阶段的特点阐述如下。

引起动机阶段　这是学习全过程的始动阶段。这个阶段本身并不能完成学习任务，但它为随后学习指明方向或途径。动机可以借助学习者内部发生的预期这一主要过程而引起。所谓预期即是学习者对达到某目标获致“报偿”的一种想望。加涅认为，学校情境首先要引起的动机是诱因动机（incentive motivation）［又称成功动机（achievement motivation）］。这种学习动机表现为学生在一定的目标的鼓舞下努力学习；他们感到这样做是值得的，因而能坚持不懈。许多心理学家把诱因动机视为人类的一种基本推动力，是人类行为中普遍存在的一股力量。它反映了“人类对客观环境进行操作与控制”，从而成为环境的“主人”的天然趋向。

了解阶段　它意指具有学习动力的学生必须注意与其学习目标有关的刺激。注意和选择性知觉影响着从感觉记录器到短时记忆的信息。注意这一过程通常被看做一种比较短暂的内部状态，即心向或定势，它也起执行控制的作用。学习者的知觉之所以具有选择性，除了受特定目标的指引外，也受注意定势的影响。加涅特别强调初入学学生需学会控制自己的注意，因为能凭借口头的或书面的指示控制自己的注意乃是人的行为具有自动化特征（automatic feature）的一个标志。

获得阶段　这个阶段是学习中的大事。新接受的知识到达了短时记忆后，随即进一步转化成长时记忆那种“持久的状态”（persisting state）。

编码是个重要的过程。加涅指出，在短时记忆中留下的信息与直接知觉的事物不同，其间经过了转换作用，致使直接知觉的事物成为另一种较易保持的形式。这样一个过程称作编码。编码过程的存在业已得到实验研究的证明。例如，研究表明复制的图形往往比原先的图形更简易化和对称化，这是由于进行了编码之故。至于长时贮存的编码是指到达长时记忆中的信息，又发生了另一种转换作用，按一定方式将习得的材料组织得更有利于记忆。例如研究发现，当受试者记忆配对字时，往往采用连接短语或句子的方式作为编码的手段，使配对字组织得便于记忆；后一种（句子）编码手段又比前一种（短语）编码手段更有利于长时贮存。加涅认为，学生进行编码可受外部的影响，如从外部提示编码图式（coding scheme），但学生常常会采用自己设想出来的编码图式，而且他们自己构思的常比别人提供的编码图式更为有效。

保持阶段　它是指习得的材料经过编码过程而按一定的形式（形象的和概念的）到达长时记忆的记忆贮存之中。这一阶段是迄今人们知之甚少的一个学习阶段。记忆贮存方面值得重视的一点则是人的长时记忆的能量极大。很少有迹象表明，“人们的头脑里已经没有‘空位’容纳新的信息。尽管这一能量的极限尚未弄清楚，但从文化教育程度高的人所表现的情况来看，似乎真是无限的”。

回忆阶段　它是指习得的材料恢复，以示学习是多少带有持久性的行为变化。这一阶段中的主要过程称为检索（retrieval），检索被认为是一个寻找知识使之复活的过程。而且，它往往需要线索（cues）的帮助。研究表明，学习长达48个单词的一张字表时，提供线索组的受试远较不提供线索组的受试成绩优异。研究还表明，在检索开始时即行提供线索，其成效尤为显著。加涅特别指出，作为教师创设条件从外部激发学生的检索活动固然重要，但更重要的是必须发展学生的独立性，让他们掌握独立工作的策略。

概括阶段　此阶段系学到的知识与技能应用于各种新的情境之中。这个阶段涉及学习的迁移（正迁移）问题。加涅根据实验研究的结果，强调“要确保迁移的顺利进行，除了需要理解原理外，还得掌握操作规则（working rules）。操作规则可能与新情境的关系更为直接，因而它可以成为使一般原理与新情境相联系的一种检索方法”。在学校里，迁移是学习的目标之一，所以教师应给学生提供情境，使学到的知识技能以新的方式迁移，并提供检索的方法，使之应用于从前未曾遇到的情境中去。

作业阶段　这个阶段似较简单。反应发生器将学习者的反应组织起来，展现为新作业或新操作的完成。所以这阶段是习得的知识技能的具体表现。肯定学生学得如何的一个标准是其作业的水平，不过作为学习的明证，却不能单凭一次作业便下断语。

反馈阶段　学习者因完成了新作业而意识到自己业已达到了预期的目标。这种信息的反馈（informational feedback）被一些心理学家称做强化这一过程的实质。强化过程对人类行为特别是人类学习具有普遍意义。在加涅看来，“值得注意的是强化‘主宰着’人类的学习，因为在学习的动机阶段所建立的预期，此刻在反馈阶段得到了证实”。据此可见，强化过程对人类学习的作用在于提供了“报偿”，并证实了预期事项。学习的整个环节至此告结。

加涅关于学习过程的阶段性是根据人们多少年来从事学习研究所作的有控制的观察结果而提出的“合理构思”。它对教学的实践有一定的指导意义。教学的主要目的，在于促进学生的学习，因而教师在教学工作的计划与执行中，不管教什么内容，用什么方式和手段，都需要了解学生的学习情况。这就是说，教师的教能否促进学生的学，在一定程度上取决于教师对学习过程的认识水平。经验证明，教师若能遵循学习诸阶段的特点来创造最佳的外部条件，对提高教学的质量便大有裨益。

这些学习阶段在日常环境中不一定都能察觉，而且，学习者对这些过程也不易意识清楚，甚至无法意识到。虽然加涅的这个“构思”有一些研究结果的依据，但进一步借助特定的实验控制和专门设计的学习情境加以检验，看来还是十分必要的。

（四）加涅在学习心理学中的地位

加涅在当今西方的学习心理学中被列为代表中间派的一位人物。

在西方学习心理学中，刺激—反应和认知两派理论严阵相对的形势，时至今日，渐趋改变，因而出现两者相结合的新趋势。这个新趋势既与信息论及控制论的快速发展有关，同时又与学习理论应用于学校教育实际的社会要求有关。“信息论及控制论引入心理学的历史并不长，却改变了刺激—反应学习理论的命运。”通讯系统的输入与输出，以及输入项的编码与再编码（传入信号的分类和组织）立即显示出单靠刺激（输入）和反应（输出）不能说明学习事件，何况，编码过程已初步揭示了所谓暗箱（black box）的主要秘密。因此，重视信息论及控制论，并把它们引入学习心理学中的人，就直接遇到对这两派理论进行协调的问题。再者，在阐述人类的学习尤其是学生的学习时，“要么把一切都归诸条件反射，要么把一切都归诸领悟，显然是不明智的，持续那么多年的论争，对学习事件的了解并无好处”。所以，关切学校情境中的学习的人，也就产生如何兼取这两派的相对优点的问题。加涅正是学习心理学理论发展的新趋势中的一名代表人物。他对学习过程层级系统和学习过程阶段性的探索研究反映了这一倾向。例如，在他的六类学习中，低级水平的学习可以用刺激—反应的理论来解释；高级水平的学习则需要用认知理论去阐明。“真理往往处于两个极端之间”这句话确是发人深思的。不过，加涅受过新行为主义心理学传统的训练，早期的学术生涯主要是研究所谓任务—分析（task-analysis）进行飞行员训练的设计工作。因此，当他日后专心致志于探索研究人类的学习成为著名的教育心理学家时，尽管他力图不偏不倚，事实上还是偏向刺激—反应理论即行为主义一方的，他是西方学习心理学理论体系中一位中间偏“左”的人物。在他的理论及方法中如否认智慧发展的阶段，片面强调指导法等等，显然还存在着行为主义思想体系中机械主义的色彩。

现在让我用加涅对人类学习所作的有意义的探索研究值得我们分析研究和批判吸取这句话作为全文的结束语吧。

（邵瑞珍）

选自：心理科学通讯，1981（2）

班杜拉

(Albert Bandura)

- 生平简介
- 名篇选读

  社会学习理论里的因果模式
- 思想评介

  论班杜拉观察学习理论的特征及其历史地位

生平简介

A·班杜拉（1925～　），美国心理学家，社会学习理论的奠基人。班杜拉1925年12月4日生于加拿大的曼达尔镇；1947年进入温哥华不列颠哥伦比亚大学，1949年获该校学士学位，同年进美国依阿华大学，1951年获该校心理学硕士学位，1952年获临床心理学博士学位。他在依阿华大学攻读研究生学位期间，尽管受的是临床心理学方面的教育，但由于受赫尔的学生斯彭斯的影响，对实验模式的有效性印象颇深。班杜拉1953年到维基台的堪萨斯指导中心，担任博士后临床实习医生；同年应聘到斯坦福大学心理系任教，并随西尔斯（R. R. Sears）从事儿童研究；1964年升任正教授。在此期间，他受赫尔学派学习理论家米勒（N. Miller）、多拉德（J. Dollard）和西尔斯的影响，把学习理论应用于社会行为的研究中。后来一直在斯坦福大学任教，1972年获美国心理学会授予的杰出科学贡献奖，1973年获加利福尼亚临床心理学分会杰出科学家奖，1974年当选为美国心理学会主席。

班杜拉早期研究心理治疗问题，之后研究儿童的攻击性和攻击性行为的家庭因素，潜心从事行为矫正技术的探索。在研究过程中有关人格发展中的模仿过程引起了班杜拉的注意，他发现，人格的发展可以通过观察其他人的行为而获得，在他看来，模仿学习过程是一种信息加工理论和强化理论相结合的综合过程，二者是缺一不可的。因此，他便致力于社会学习理论的研究。

班杜拉认为，来源于直接经验的一切学习现象实际上都可以依赖观察学习而发生。他通过实验证明，在观察学习中，人们不用外部奖励或强化，甚至也不用参加实践，只要通过对榜样的观察，就可以学到新的行为，这是一种“无尝试学习”，是通过形成一定的行为表象来指导自己的操作或行动。班杜拉认为，在观察学习过程中，替代性强化是影响学习的一个十分重要的因素。班杜拉提出的观察学习的着重点放在对外界榜样的模仿上，他认为，学习是在模仿的基础上进行的，榜样人物的行为被观察仿效而成为模仿者的榜样。榜样，特别是得到人们尊敬的人物的行为具有替代性的强化作用，替代强化也是一种认知过程，儿童在这种替代性强化作用的影响下，尽管没有任何直接的投入，也可以形成大量的社会行为。

班杜拉对强化进行了深入的研究，他提出了三种强化：①外部强化，即直接对行为结果的强化；②替代性强化，是指人的行为不经过直接的外部强化，只要体验到榜样受到的强化，即可了解哪些行为是肯定的，哪些行为是否定的，从而形成与榜样一致的行为；③自我调节性强化，是指人在行动之前已先定好评价的标准，根据这个标准对获得积极性评价的行为进行自我称赞，对获得消极性评价的行为进行自我评价性惩罚，对没有什么意义的行为，则不会产生自我反应。他特别注意的一个问题是学习者对自己行为能力的评价，即自我效能，学习者通过对自身行为能力的评价形成其自我效能，根据一定的内在标准对自己的行为结果进行自我强化，借此调整自己的动机和行为。

班杜拉注重运用实验法研究儿童的观察学习，即在控制条件下，让儿童观察别人的行为，过后看他在类似的情境中是否表现出被观察的行为。这种研究方法与技术对心理学关于人的行为的研究有重要的方法学意义。

班杜拉的主要论著有：《通过榜样实践进行行为矫正》(1965)、《认同过程的社会学习理论》(1972)、《榜样理论：传统、趋势和争论》(1972)、《行为变化的社会学习理论》(1976)、《自我效能：一种行为变化的综合理论》(1977)、《人类事物中的自我效能机制》(1982)；主要著作有：《青少年的攻击性行为》(1959，与他的博士研究生沃尔斯特合著)、《社会学习与人格发展》(1963)、《行为矫正原理》(1969)、《社会学习理论》(1977)、《思想与行动的社会基础：一种社会的认知理论》(1986)等。

（何先友）

名篇选读

社会学习理论里的因果模式

人们多少年来提出过许多理论来解释人类行为。这些理论所采用的有关人性的基本概念和所假定的因果过程，由于多种理由，都要加以仔细的检查。理论家们关于人是什么的信念就决定他们对于人类机能作用的哪些方面作彻底的探索，而对于哪些方面又不加深究。人性的诸多概念就这样地使得研究工作集中在经过选择的许多过程上，因此具体体现这种特别看法的诸多理论所得到的研究结果又回过来加强这些概念。例如，理论家们把自我指导的能力排除在他们对于人类潜能的看法之外，他们的研究就局限于影响之外在的根源，因而他们确实得到的结果是：行为常受外烁结果的影响。理论家们认为人类具有自我指导能力，他们就使用许多理论，显示人们怎样运用自我影响对于人们自己的动机和行为作出有因果关系的行为。

体现在诸多心理学理论里的有关人性的看法不仅仅是一个哲学上的争端。因为通过研究而获得的心理学知识付诸实践，社会工艺学所依据的一切概念就有了更为广泛的含意。这些概念能够影响哪些人类潜能要加以培养，哪些会得不到充分发展。这样一来，人性的诸多概念就能够影响人们成为什么样的人。本文主要探索具体表现在社会学习理论里的人性和因果之模式。

三联交互决定论

片面的决定论

人类行为常常用片面的决定论来加以解释。在这种理论里，环境的力量或者内在的素质都当作是单向地引起行为来对待的。由于影响之双向性的实验证据积累日多，理论家们越发赞成因果关系之相互作用模式的某种形式。现在人们普遍把行为看作是个人的和情境的影响之成果（Bandura，1978；Bowers，1973；Cairns，1979；Endler & Magnusson，1976）。争论的中心不再是相互作用，而是人们所主张的相互作用之类型。至少有三种方式说明相互作用诸过程的概念,如图33－1,其中有两个公式赞成行为之片面的相互作用论。

片面的相互作用论

在相互作用的单向看法里，人和情境当作是独立的实体，两者以某种方式相结合而产生行为。这种因果关系的模式不能充分代表相互作用的过程，因为个人的和情境的因素并不能起到独立决定因素的作用；这两者却是相互决定的。

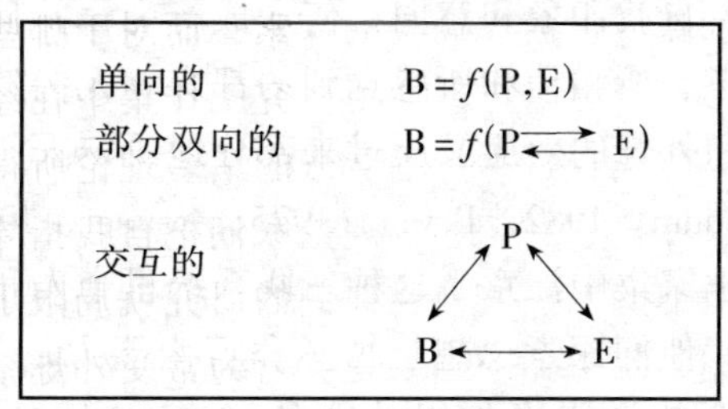

图 33－1 相互作用的三种概念

（B 指行为，P 指能够影响知觉和行动之认知的和其他的内部事务，E 指外部环境。）

相互作用之部分双向的概念承认人和情境相互影响。但是，这个概念把有关行为的诸多影响当作是单向的流向——个人、情境单向的交换作用产生了行为，但是行为本身对于正在进行的相互影响毫无帮助。这种看法的主要缺点是，行为并不是由于一个无行为的人和一个情境相结合而产生的。行为主要是人们借以影响情境的诸多行动，情境又回过来影响人们的思想、情绪反应和行为。行为是起相互作用的决定因素，而不是在人和情境的相互影响中不起作用的一个超脱的副产物。

三联交互性

社会学习理论偏向于根据三联交互性而来的相互作用的概念

(Bandura，1977a，1982b)。在这种交互决定论的模式里，行为、认知的和其他个人的因素以及环境影响都作为相互交错的决定因素而起作用，而这些决定因素双向地相互影响。交互性并不意味着确定的影响之双边具有等同的强度。诸多相互影响之类型安排和强度在交互的因果关系里也不是固定的。相互交错的决定因素之三个根源所起的相对影响会因不同的活动、不同的个人和不同的环境条件而不同。

要同时研究三联交互性的一切方面是异常困难的。因此，心理学的不同分支只研究心理学的不同部门。我们把各种不同的子系统之间的相互作用的环节加以澄清，就易于理解最重要的系统是如何运行的了。认知心理学家探索了思想和行动之间的相互作用，就考察概念、信念、自我印象和意向如何形成行为，并且给予行为以方向。人们所思考、所相信和所感觉到的都影响人们怎样行为。人们行动之自然的和外烁的效应又反过来部分地决定人们的思想类型和情感反应（Bandura，1982；Bower，1975；Neisser，1976)。

社会心理学家集中注意于这种三联系统里个人和环境之间的交互性这个部分。他们探索思想、情感和行为能力是怎样通过造型、直觉，或者社会的说服而加以改变的（Bandura，1977a；Rosenthal & Zimmerman，1978；Zimbardo，Ebbeson & Maslach，1977)。由于人们的身体特征、社会功能和社会地位，人们也能从社会环境引起不同的反应。人们的相互知觉影响人们相互作用的进程。这是研究人员在个人知觉领域里所重视的一个课题（Schneider，Hastorf & Ellsworth，1979；Snyder，1981)。

在三联交错系统的所有各种不同部门里，行为和环境事件之间的相互关系已经受到最大的重视。的确，某些理论在解释行为时只涉及交互性的这个部分（Skinner，1974)。在日常生活的相互影响中，行为改变环境条件，而行为又回过来被它自己创造出来的环境条件所改变（Cairns，1979；Patterson，1976；Thomas & Malone，1979)。要充分理解行为和环境之间的相互作用的关系，就要把诸多认知的决定因素也包括在分析之中，这些认知的决定因素在三联交错系统里也是双向地起作用。这就要探索人们在作出反应并且体验到这些反应的效应时是在思考着什么。

决定论和生活道路上的诸多偶然性决定因素

用影响之三联交互性来分析决定论就可说明人们怎样受到人们偶然接触到的事件之影响以及人们又怎样影响偶然接触到的事件。但是，在日常生活中人们可能遇到的这些事件里有一种偶然性的因素。人们常常通过许多事件的一种偶然性的辐辏而相聚，如果没有这种偶然性的辐辏，人们各自的道路就不会相交在一点。在一次偶然的遭遇里，人们据以行动的各不相干的道路具有他们自己的决定因素的锁链，这些道路的交叉是偶然的，决不是精心安排的。诸多事件之各不相干的锁链非常复杂。这就给许多偶然的交叉点提供了无数的机会。在形成一生事业的进程，终生伴侣，以及人类生活的其他重要方面，这样的偶然遭遇常常起了显著的作用（Bandura, 1982c）。

某些偶然的遭遇对人的影响轻微，其他遭遇留下长远的效应，还有其他的遭到把人逼上生活的新途径。尽管心理学对于人类行为的知识是十分精密的，但还不能预先知道诸多偶然性遭遇的发生。偶然性的诸多影响不可预见，而其影响所及，范围广大，牵涉甚多。这就使得生活的许多进程既不易于预测，也不易预先设计。影响之偶然性并不意味着行为不是许多因素决定的。偶然性的诸多影响可能是不能预见的，但是,这些影响既已发生,就和事前安排好的诸多影响一样,以同样的方式作为明显的因素进入因果锁链之中。

心理学这一门科学对于偶然性的诸多交叉事件并无多话可说，但能指明个人的素质和社会的结构与联系使得某些类型的遭遇比较其他类型更多发生的机会。而且，心理学能提供基础以预测这些类型对于人类生活所起冲击的性质、范围和强度。个人的品质和环境的性质两者相互作用以决定偶然性诸多遭遇之扩散影响的途径已经在其他文章里广泛地分析过了（Bandura，1982c），本文不再赘述。

自由和决定论

在哲学论著里，人们常常把自由和决定论对立起来。如果从社会学习的观点来看，自由和决定论之间并无不能并存之处。自由不是消极地理解为没有影响，或者简单地当作是没有外在的约束。自由要用自我影响的运用来作积极的定义。通过选择行动所需要的思想，人们所能掌握的技巧，以及自我影响的其他工具，才能从正面说明自由的真正定义。自我产生的诸多影响，和影响的外在根源一样，对于行为起决定性的作用。如果环境条件相同，凡是具有作出诸多选择的能力和善于调整自己行为的人，要比办法不多的人，体会到更大的自由。这是因为自我影响对于行动起着决定性的作用，某种程度的自由才能成为可能。

决定论和个人责任也不是不相容的。行为总是牵涉到人们在具体情境里在各种可供选择的事物中加以挑选。人们面对引起以确定方式行为的诸多情境诱因时，人们能够挑选，而且确实挑选原来靠运用自我影响而作出的行为。人们显然不是诸多决定因素的唯一源泉，但是对于他们自己的行动确实具有因果关系。他们自己的行动形成他们的情境的性质。因为人们能够运用某种程度的控制力量以左右环境如何影响人们自己的行动，人们不能完全免除对于自己行为应负的责任。行动之部分的个人因果性至少含有对于行动应负部分责任的效应。

人类特有的能力

在社会学习的见解里，人们既不是受内在力量的驱使，也不是由外在刺激自动地加以形成和控制的。我们在前面已经谈到，在相互作用的影响之系统里，人们对于自己的动机和行为起了一个具有交互影响的作用。在这种看法里，人们的特征是用许多基本能力来加以说明的。下面我们就讨论人的诸多基本能力。

符号化的能力

使用符号的显著能力为人类提供了一个创造和调整诸多环境事件的有力工具，这些事件实质上触及人类生活的每一个方面。人们把稍纵即逝的经验加以处理并且转换成内在的模式，从而作为未来行动的指南。通过符号，人们赋予人们自己亲身经历过的经验以意义、形式和持续性。

人们利用自己的知识和思维技能，能够产生行动之创新的历程。人们通常运用符号来检验可能的解答，在考虑后果的基础上，放弃或者保留这些解答，然后才投入行动。人们决不是仅靠进行选择，遭受失着的损失而解决问题的。一个高级的认知能力加上符号作用之显著的伸缩性使得人们能够创新出超越人们感官经验的诸多观念来。通过符号的媒介，人们能够不受空间和时间的限制和其他的人交流信息。人类特有的其他特征，下面就要讨论，都同样地以符号能力为基础。

预谋能力

人们并不简单地对于直接环境加以反应，或者为过去的残余事物所左右。人们的行为，大多数是有目的性的，是在预谋的控制之下。人们预见到将来诸多行动之可能的诸多后果，为自己订立目标，而且，不然的话，就计划行动的历程，从而导致得到高度重视的未来。通过这样地运用预谋，人们为自己引起动机，并且有预见地引导自己的行动。预谋采用降低直接影响之效应的方式，能够支持有远见的行为，即使当下的条件并不特别引导这种行为的发生。

意向的和目的性的行动能力扎根于符号活动。未来的事件不能成为行为的决定因素，但是未来事件之认知上的复现对于当下的行动能够具有强大的起因性的效应。这样，例如，足堪想望的未来之形象有助于产生那种可能促使这种未来实现的行为。利用符号复现可以预见的成果，未来的后果能够转变成为引起有远见的行为之当前的动机，并且调节这种行为。在通过可以预见的目标和成果对于目的机制作社会学习的分析，未来由于在现在作了认知上的复现，就获得了起因的影响。

因为成果是大部分通过思想的媒介而影响行为的，人们觉察到什么行动得到报偿或者受到惩戒的时候，后果几乎不能单独产生行为里的变化（Bandura，1969；Bréwer，1974）。行为以什么方式受到它的效果的影响，也依靠人们对于控制成果的规则，人们对于成果所赋予的意义，以及人们的行动可能怎样在时间的进程中改变未来成果所具有的信念（Bandura，1977a；Baron，Kaufman & Stauber，1969；Dulany，1968）。

如果信念有异于实际，这是常有的事，反复的经验逐渐注入到现实的期望当中，行为才不太受行为后果的控制。但是，沿着社会现实之方向而改变的并不总是人们的信念。根据错误的期望而行动能够改变别人怎么行动，这样就沿着信念的方向形成社会现实了(Snyder，1981)。

替代的能力

心理学的理论在传统上假定，只有作出反应并且体验到反应的效果，学习才能发生。这样，通过行动而学习就得到主要的、如果不是唯一的优先考虑。实际上，从直接经验得来的一切学习现象实质上都是在观察他人的行为以及这种行为对于他人所生的后果之替代的基础上发生的（Bandura，1977a；Rosenthal，1984；Rosenthal & Zimmerman，1978；Sukemune，Haruki，& Kashiwagi，1977)。利用观察而学习的能力使得人们获得行为的规则和行为的综合类型，不必要经过漫长的尝试错误而逐渐形成这些规则和类型。时间、资源和灵活性之许多强制条件，对于可以直接探索的情境和活动之类型具有严密的限制。人们通过社会造型，能够吸取他人显示出来的和创造出来的信息之广大资源，从而扩展人们的知识和技能。

通过观察的学习以缩简获得过程对于发展和生存都是至关紧要的。因为错误能够产生代价极大、甚至致命的后果，如果人们只能从尝试错误的后果里学习的话，那么生存的前景就确实是渺茫的。由于这个理由，人们并不通过尝试错误的后果让学习的人发现适当的行为来教儿童学游泳，成人开汽车，以及医科学生从事外科手术。可能的错误越严重，越危险，那么依赖在行为之功能组织里的观察学习就越多。

人类没有什么天生的类型。这种显著的可塑性就使我们特别需要许多学习功能。人们在较长时期内必须养成许多基本能力，而且为了满足一生当中不断改变的要求，人们必须继续掌握许多新的能耐。所以，人类经过长期演化而获得高级替代能力，就不是惊奇了。除了生存的问题之外，很难想象一种社会传递的过程，而在这个过程中，一种文化里的语言、生活作风和风俗习惯，是用任何偶然发生的行为之选择性的强化来教给每个新成员，而不受到作为文化类型之典范的模范人物之教益。

大多数的心理学理论远在通讯工艺里无数的进展到来之前已经

作出系统的阐述了。结果是这些理论没有充分注意到符号环境在现代的人类生活中所起的日益增加的强大作用。的确，在生活的许多方面，电视里的替代影响已经取代了直接经验。不管这种影响是思想模式、价值、态度或者行为风格，生活越发以电视这种媒介为模式了。

为通讯卫星提供材料的电视录像系统已经成为传播符号环境事物的主要传递工具。海底电缆系统的进一步的诸多发展就可以进行双向通讯，具有极大的信息载荷量的激光传递和具有极大储存材料可供选择的计算机传送系统，这些新发展就会为千家万户提供各种不同的符号环境事物以达到几乎每一种目的。通讯工艺上的这些很不寻常的变化正在改建我们的生活方式。符号环境事物的花色繁多，随时可以选用，就为自我指导性留有更大的余地以影响个人发展的进程。

在社会学习的看法里，观察的学习由四个组成的过程统治，如图 33－2。注意的过程决定在众多的起模式作用的影响中有选择地观察什么以及什么信息从正在按模式进行的诸多事件中精选出来。注意过程并不是简单地吸收偶然留在有机体上的感官信息，而是干涉到对于环境和对于从正在按模式进行的事件里得来的有意义的知觉都作自我指导的探索。知觉受先前形成的概念的导引。观察者的认知能力和知觉定势使得他寻找某些事物而忽视其他事物。观察者的期望不仅限定他所寻找的事物，而且还部分地影响他从观察的事物中抽取出什么特点，并且影响他怎样解释他的所见所闻。

如果人们不能记住所观察到的按模式进行的活动，那么就不会受到观察的很大影响。支配观察学习的第二个主要的次功能是保持过程。保持包括转换和改建有关事件的信息之积极过程。观察的学习主要依靠想象和语言这两个复现系统。在按模式进行的活动已经编成形象和可供利用的语言符号以后，这些概念就起了导引以后发生的行动的作用。认知的演习也有帮助记忆的作用。如果按模式进行的事件之符号概念，在最初观察到时不加演习，这些概念就易于遗忘（Bandura & Jefrery，1973）。

在造型的第三个次功能中，即行为的产生过程中，符号概念就

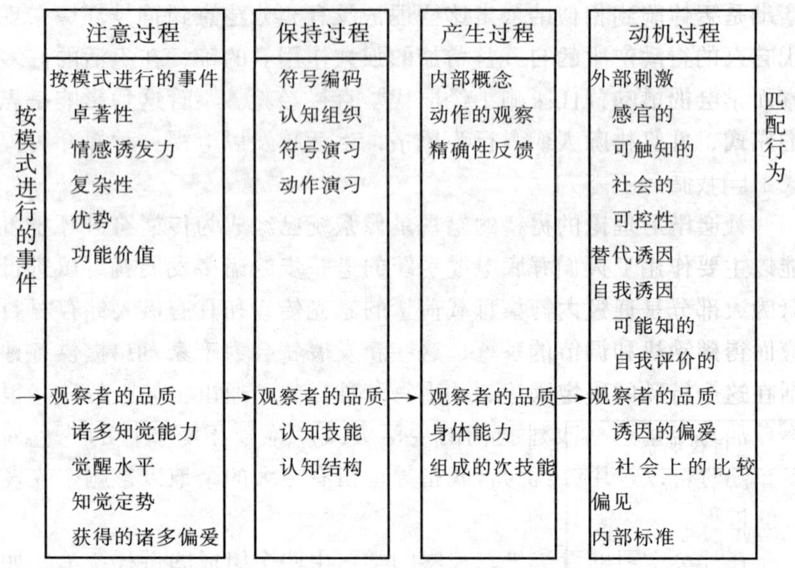

图 33－2 控制观察学习的四种次过程

改变成适当的行动。行为的产生主要牵涉到概念匹配过程，在这个过程中从行动得来的反馈是根据概念模式而加以比较的。这种行为就在比较的信息之基础上加以改变，从而概念和行动之间能取得紧密的对应。如果反馈在一个充足的概念复现形成之前发生，反馈就没有什么帮助（Carroll & Bandura，1982）。缺乏一个内部概念作为比较的标准就限制了操作反馈能够正确使用的程度。

造型的第四个次功能是动机过程。社会学习理论把习得和操作区分开来。因为人们并不操作人们所学习的每件事物，所以这种区别就要加以强调。从观察学会的行为之操作受三种主要诱因的影响——直接的、替代的和自我产生的。如果按照模式进行的行为导致有价值的成果，而不具有无报偿的或者有惩戒作用的效果，人们更易于展示这种行为。观察到的后果和直接经验到的后果都以相同的方式影响按模式进行的行为之操作（Bandura，1977a；Thelen & Rennie，1972）。看到他人按模式进行的行为成功了，就增加以相似方式进行的趋势，而看到按模式进行的行为受到惩戒，就减少相同的趋势。观察到的后果所起的冲击依靠观察者从事于按模式进行的活动是否体验到相似的或者不同的成果所得出的推论而定。人们对于自己的行动产生的自我评价性的反应也调整人们要进行哪些从观察而学会的活动（Hicks，1971）。这些反应表示人们感到自我满足的东西，并且排除人们自己不赞成的东西。

自我调节的能力

社会学习理论的另一个卓著的特点是这个理论赋予自我调节功能以主要作用。人们并不只是为了符合他人的偏爱而行为。人们的行为大部分是通过内部标准和对于自己的行动所作自我评价性的反应而得到动机和调节的。所以，一个行动把自我产生的诸多影响包括在这个行动的决定因素之中。

自我观察		判断过程		自我反应
操作的维度		个人标准		评价性的自我反应
质　量		程　度		肯定的
比　率		明显性		否定的
数　量		接近性		可触及的自我反应
独创性		普通性		报偿的
社交能力	→	参考性的诸多操作	→	惩戒的
道　德		标准常模		无自我反应
偏离性		社会比较		
正规性		个人比较		
接近性		集体比较		
精确性		活动的评价		
		高度评价		
		中性的		
		贬低的		
		操作属性		
		个人轨迹		
		外部轨迹		

图 33－3　通过内部标准和自我诱因所作行为之自我调节里的诸多次过程

图 33－3 描述了通过内部标准和自我诱因而作的行为之自我调节里的三个主要的次过程。第一个次过程是对人们自己的行为在具

体情境中有关的几个方面作有选择性的观察。行为通过一种判断功能产生诸多的自我反应。这个判断功能依靠几个辅助过程，包括已知觉到的行为与内部标准和他人操作之比较，评价人们从事的活动，以及对于影响人们操作之个人的和情境的因素作认知的鉴定。操作的鉴定是引起自我产生的后果之唯一时机。有利的判断引起肯定的自我反应，而不利的鉴定促成否定的自我反应。

自我评价的诱因是作为引起动机的设备而发挥作用。这种诱因不能自动加强行为（Baudura，1977a；Locke，Shaw，Saari & Latham，1981）。当人们要达到明确的标准或目的时，在人们所做的和所要做的之间已经知觉了的否定性的差别产生了自我所不满足的事，从而作为力求改变的动机上的诱因。对于匹配成就之预期的自我满足的事和对于不能充分完成的成就之自我所不满足的事都为行动提供诱因。

自我评价过程通过内部比较而激活，这就要求个人操作水平的个人标准和知识。没有标准的操作知识和没有操作知识的标准都不能为自我评价性的反应提供基础，因而也很少能有引起动机的效果（Bandura & Cervone，1983）。否定性的差别能引起动机或者使人沮丧，这部分取决于人们对于达到自定标准的效力的诸多知觉。凡是具有偏低的效力感的人容易因失败而沮丧，而确信自己能力的人，在操作不满意时不成功决不罢休，就更加努力。研究工作仔细检查了这些认知过程，揭示了目标系统对于引起动机的效果确实是通过自我评价和自我效力的机制而来的（Bandura & Cervone，1983）。如果人们自我不满于次标准的操作，但是又高度自信具有达到自定目标的效力的话，个人的目标就最能高度地引起动机。

社会学习理论把遥远的目标和接近的次目标区别开来。最终目标影响所选择的活动途径，但是在时间上十分遥远，对于当前的行动不能起到有效诱因和指引的作用。把焦点集中在遥远的未来就易于拖延时间，松松垮垮，当下懒散。接近的次目标倒能有效地鼓舞干劲，指引人们此时此地努力工作。可以达到的次目标能够导致令人向往的最终目标，这就为继续不断的自我动机创造了最有利的条件。这样的引起自我动机的接近的次目标培养能力，扩大效力的自我印象，并且培养对于活动的内在兴趣（Bandura & Schunk，1981）。

在采用了行为之社会的和道德的标准以后，因为违反了个人标准而引起的预期的自我谴责性反应一般可以作为自我约束的条件而免于作出可恶的行动，但是自我调节不能培养一个人的不变的控制机制。自我评价的调节器只有在激活以后才起作用，而且许多因素影响内在控制之选择性的激活与解脱。有各种办法把自我评价性的诸多反应和可责难的行为分离开来，或者甚至于这些反应还可以从这些行为之中吸取教训。图 33－4 显示解脱在这个过程里可以发生的点。

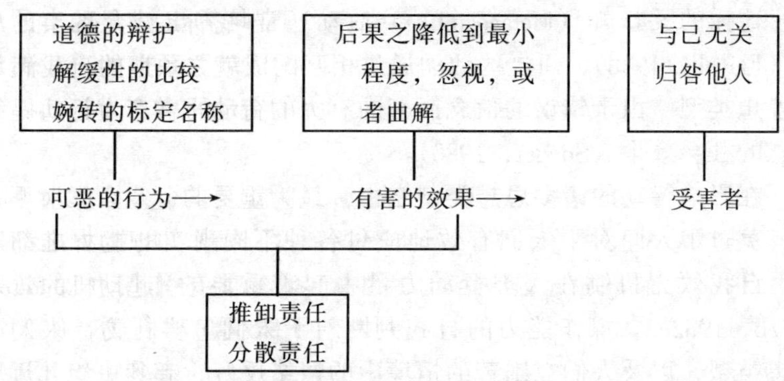

图 33－4　解脱机制：行为在这个过程中可以从自我评价性后果中解脱出来的不同的点

一组解脱的措施在这种可责难的行为的这个平面上起作用。道德的辩护把这种行为解说得可以达到道德的目的，委婉的语言赋予可恶的活动以可教的地位，还可和更堪悲叹的行为作有利的比较。这些办法都可以使得可以指责的行为成为光明正大的行为。另一组解脱的措施是通过责任的推卸或者分散，把行动和行动所产生的效果之间的关系弄得模糊不清。自我禁止的反应是微弱的，如果个人的行动力量容易否认掉的话。减轻自我约束反应的其他办法可以通过对于行动后果的轻视或者曲解。最后一组解脱的办法是认为过错与已无关并且把过错归之于那些受到不公正待遇的人以达到自我证明无罪的目的。因为自我调节的功能能够有选择地加以激活和解脱，内部标准不总是防备有害的行为。

自我反省的能力

如果有人类才具有的特征的话，那就是反省的自我意识的能力。这种能力使得人们分析人们的经验和想想人们自己的思想过程。人们反省人们的各种经验和知识，就能推引出有关人们自己及其周遭世界的一般知识来。人们不仅通过反省而获得理解，还对于自己的思维加以评价和改变。通过自我反省的办法来验证思想时，人们监验自己的观念，根据这些观念行动或者从这些观念预测发生的事情，从结果中判断人们的思想的适合性，并且据以改变这些思想。这样的元认知（Metacognitive）活动通常培养出符合现实的思想（Flavell，1978），而这些活动通过相互的因果关系也能产生错误的思想类型。由于错误的信念而来的有力的行动常常产生证实错误信念的社会效果（Snyder，1980）。

在影响行动的诸多思想类型之中，最为重要的，或者无所不在的，莫过于人们对于人们有效地应付各种不同现实的能力之判断了。自我效力机制在人类行动力量中起着重要的作用（Bandura，1977b，1982a）。操作能力的自我判断对于人们怎样行为，人们的思想类型，以及人们在困苦的情境中的情绪反应，起到一组几近于决定性因素的作用。人们在日常生活中对于探寻行动的途径以及考虑已经着手的工作还要继续多久，总得不断作出决定。因为根据个人效力的错误判断而行动可能产生相反的后果，精确鉴定自己的诸种能力具有极大的功能价值。

人们选择做什么，在活动中投入多少精力，以及在面临失望的结果时要坚持多久，这却部分地根据效力的自我观念而定。在和环境作预期的和实际的相互影响中，人们对于自己能力的判断还会影响人们的思想类型和情绪反应。那些认为自己在对付环境的要求上毫无效力的人思想上纠缠在个人的不足之处，并且把潜在的困难想象得万分可怕，超乎实际（Beck，1976；Lazarus & Launier，1978；Meichenbaum，1977；Sarason，1975）。这样的自我怀疑产生了压力，并且于工作有损，因为把注意力不用在如何最好地进行工作，而用在担心小缺点和不幸的小事情上。在对比之下，那些具有强大的效力感的人却把他们的注意和精力用来满足情境的要求上，而且遇到阻碍，更加奋进。

自我效力的判断，无论是精确的或者是错误的，都建立在四种主要的信息资源上。这四者是：操作的成绩；观察他人操作的替代经验；口头说服和社会影响的类似类型说明人们具有一定的能力；以及人们部分地据以判断人们的能力状况、体力和易损伤性的生理状态。在效力之自我鉴定里，效力信息的这些各不相同的资源必须通过自我咨询的思想加以处理和衡量。根据效力的自我观念而行动，会成功，也会失误，这就要求操作能力之进一步的自我鉴定。个人行动力量的许多方面之运用所依据的自我知识大部分是这样的反省的自我鉴定的成果。

自我反省性必然地变换同一主体的观点，而不是转变各个不同的内在主体或者自我，这些自我是相互调节的。这样，人们在日常的相互影响里根据人们的思想而行动，然后分析人们的思想在料理事件时起了多大的作用。但是，进行这种思考的以及后来评价自己的知识、思维技能和行动策略是否适合的却是这同一个人。观点的转变并不把一个人从主体转变为客体。这一个人是反省自己经验的主体，而执行原先行动历程的也正是这个主体，而不是别人。

人性的性质

从社会学习的观点来看，人性是以硕大的潜在能力为特征，这种潜能可以从直接的和从观察得到的经验中，在生物学的限度之内，形成多种形式。人类的一个主要的异于其他物的标志是人类天生的可塑性。这样说并不意味着人类没有本性，或者人类没有结构(Midgley，1978)。内在于人性的可塑性依赖长期演进而来的神经生理学的机制和结构。处理、保留和使用编码以后信息的这些高级神经活动，提供人类特别有的下列特征的能力：生成性的符号作用，预谋，评价性的自我调节，反省性的自我意识，以及使用符号交流思想和感情。

可塑性也不意味着行为完全是现行经验的成果。行为之某些先天组织了的类型在出生时就有了，其他的类型在成熟期以后才出现。人们并不教婴儿啼哭和吮乳，也不教幼儿走路。人们也不由于纤维缺损和令人厌恶的事件而教人作躯体的适应，也不必要创制躯体的奖赏生婴儿生就了某些注意力上的选择活动（von Cranach，Foppa，Le Penies & Ploog，1979）。发挥基本生理功能的这些神经活动是储存在基因密码里积累多年的祖先经验的成果。

人类行为的大多数类型是由个人经验组织起来的，而不是由先天程序安排好了的。虽然人类的思想和行为大多数是可以通过经验形成的，先天决定的诸多因素在某种程度上进入行为的每一个形式里。诸多基因因素影响行为的诸多潜能。经验的和生理的诸多因素相互作用，常常以错综复杂的方式决定行为。心理和生理发展的水平当然限制着某个时期所能习得的东西。但是，人类具有一种盖世无双的能力以成为思想的多种对象，这就是因为人类具有相当大的可塑性和许多认知能力。

（吴棠译）

选自：华东师范大学学报：教育科学版（沪），1987（1）

思想评介

论班杜拉观察学习理论的特征及其历史地位

（一）班杜拉观察学习理论的特征

1. 强化与认知的结合

班杜拉的观察学习理论产生于传统行为主义日趋衰落、认知革命正在兴起的历史背景中。面对行为主义的困境和新兴的认知心理学，班杜拉清醒地意识到两种倾向各自的不足，力图在他的理论中把行为主义的强化变量与信息加工心理学的认知变量结合起来。他一改传统行为主义只重视行为的操作变量，忽视或否认行为的认知因素的思想倾向，把观察学习的过程分为两个阶段，即获得阶段和操作阶段。在前一阶段中，注意、记忆、思维等认知变量起着关键作用；而在后一阶段中，直接的、替代的和自我生成的诱因等强化变量则居于核心地位。获得和操作统一于观察学习的全过程，构成完整的观察学习，这一点最明显地表现了班杜拉把强化与认知相结合的基本特征。

在对强化的理解方面，班杜拉也显示出把强化与认知相结合的特征。传统行为主义把强化看成是一种机械的过程，在这一过程中，反应的直接结果自动地、无意识地形成各种反应。但班杜拉反对对强化作机械的解释。他认为反应的结果必须通过思维的中介影响才能改变行为。若不了解什么反应受到强化和为什么受到强化，那么反应的结果几乎不能导致行为的变化。

班杜拉也以认知的术语解释强化的作用，他认为强化有多种作用：首先，强化能传递某种信息。人具有思维的能力，这种能力使人不仅作出某种反应，而且会注意行为所产生的结果，并从结果中推导出某些假设。以这些假设为指导，人们选择操作可获得奖赏的行为，逃避可能遭到惩罚的行为。其次，强化可诱发人的动机。人有预见的能力，可把预见到的结果转化为现在行为的动机。再次，强化可调节行为，通过传递信息和诱发动机，强化对人类的行为产生影响。

总之，班杜拉把行为主义的强化变量与认知变量相结合，创造了一个综合性的理论框架。我们可借用齐默尔曼的一段话来说明我们的观点。齐默尔曼指出："班杜拉依照四个过程来解释人的心理活动：注意、保持、运动因素和动机。这一理论基本上是信息加工和行为主义理论模式的综合。班杜拉之所以设计这一理论，是因为他感觉信息加工的模式不能解释知识怎样影响行为，而行为主义的观点不能解释认知活动。他所提出的前两个过程，即注意和保持，是由信息加工理论的文献中汲取的。而后两个过程，即动机和运动因素，则汲取于行为理论。"我们认为，齐默尔曼的这段话是对班杜拉的综合观的最好说明。

2. 行为主义的建构论

建构论（constructivism）是一个内涵较为模糊的概念。就一般的观点来看，建构论主张心理过程是积极的、主动的；人并非机械地接受环境信息，外在环境对人的影响必须通过个人自我生成的心理活动。从建构论的观点看学习，则学习过程不是被动的，它需要学习者对环境刺激作出解释。

无疑，皮亚杰和大多数信息加工的认知心理学家都是建构论者。大多数心理学家也认为只有认知心理学家才能成为建构论者。行为主义心理学家由于强调环境刺激对人的反应的决定作用，因而不可能成为建构论者。这些心理学家的根据是：假如每个人以不同的方式知觉刺激和解释刺激，那么刺激和反应之间就不可能存在有规律的联结。每个人认知活动上的个性差异决定了他的反应方式，而不是环境刺激所决定的。反过来，假如认为在刺激和反应之间存在有规律的联结，则人的反应是由刺激所决定的，那么人以及人的心理活动必然被看作为被动的、消极的，人不是积极地对环境刺激作出解释，而是一架消极的机器，被动地对刺激作出反应。持这种观点的人显然不可能成为建构论者。

然而，尽管班杜拉是一个行为主义者，由于受认知革命的影响，他吸收了建构论的观点，使他的理论带有明显的建构论色彩。这一点在他的观察学习理论中表现得特别明显。

班杜拉把观察学习的过程看成是积极主动的心理过程。在他看来，大部分外部影响要通过认知加工而起作用。在观察学习的过程中，那些仅仅观察示范模式的人收获甚少，而那些在认知上把示范活动转换成有利于记忆的符号编码的人却获得优良的学习和保持。

在谈到观察学习的注意过程与记忆过程时，班杜拉的建构论观点表现得十分明显。他明确指出："注意过程并不是简单地吸收作用于人的感觉信息。相反，它涉及对环境自我指导的探索和从正在发生的示范事件中建构有意义的知觉。"记忆过程更是如此，观察者并非像一台录像机那样不加分辨地记录和储存所接触到的所有示范信息。在班杜拉看来，保持涉及示范信息的积极转换和重组，且"符号转换主要是建构性的，而不是压模式的匹配过程"。

但是，作为行为主义者，班杜拉的建构论是行为主义的建构论，这种建构论不同于皮亚杰和其他认知心理学家的建构论。首先，皮亚杰和其他一些认知心理学家把个人建构性的心理活动看作是由年龄阶段所决定的，个人建构性的心理活动在某个阶段是相对稳定或不变的。班杜拉则把个人建构性的心理活动看作是一种流动的过程，极易因经验的影响而发生改变，并不存在阶段性的特点，而且班杜拉强调榜样的作用，认为榜样对刺激或信息的解释影响着观察者的建构活动。其次，皮亚杰和其他一些认知心理学家强调认知结构的作用，而班杜拉则认为不存在什么认知结构。指导个人建构性的心理活动的是经由学习而获得的规则。再次，受康德的“先验范畴”理论的影响，皮亚杰和其他一些认知心理学家把心理活动的建构性看成是人先天固有的一种特性，班杜拉则把它看成是后天学习的功能。

建构论把人的认知活动看作是积极主动的心理过程，在一定程度上反映了意识具有能动性这一辩证唯物主义的基本原理。但是，根据辩证唯物主义的观点，意识的能动性突出地表现在对于客观世界的改造上。意识的能动性不限于从实践中形成一定的思想、概念和规则，更重要的是以这些观念的东西为指导，通过实践把“观念的存在”变为“现实的存在”。就这一点来说，无论是认知的建构论，还是行为主义的建构论都是不全面的。

3. 交互决定论

在学习的动因方面，班杜拉提出了三维互动的观点，他称其为“交互决定论”。在这一交互作用的模式里，行为、人的内部因素、环境影响三者彼此相互联结，相互决定。

在三维交互作用的模式里，行为与环境是相互依赖、相互决定的。这表现在环境影响决定了哪些潜在的行为倾向成为实际行为，而行为又决定了哪些环境成为实际影响行为的环境。班杜拉的这一观点对环境和行为的影响作具体分析，注意到行为对环境的反作用，符合“环境正是由人来改变的”这一辩证唯物主义的基本原理，因而是值得肯定的。

人的内部因素主要指认知因素，它与行为的关系如同环境同行为的关系一样也是相互依赖、相互决定的。例如，个人对行为结果的期待影响着他的行为，而行为的结果又反过来改变着他的期待；个人对自我能力的估价决定着他追求哪些目标，以什么方式追求这些目标，追求的结果又反过来改变着自己的估价。人的因素同环境的关系也是如此，人可以通过自己的性格、气质上的特征激活不同的社会环境反应，不同的环境反应又反过来影响了个人对自我的评价，从而导致气质与性格的改变。

当然，环境、人、行为这三个相互联结的因素的相对影响力在不同条件下对不同的人是不同的。在某种条件下，环境的影响对行为具有决定作用；在另外一些条件下，行为也可以成为这三个相互作用因素中的主要成分。同样，认知因素也可在这个交互影响链中起决定作用。而在大多数情况下，环境、行为、人三因素密切相关，互为因果。

交互决定论是作为一种普遍性的分析原则而提出来的。班杜拉提出这一原则的目的是给他的理论奠定一个坚实的基础，并在此基础上对个人的、社会的心理现象作多层次的分析。正如他指出的那样："社会学习理论把交互决定论看作是在不同复杂性水平上分析心理社会现象的一种基本原则，其适用的范围可从个人的发展到人际行为和组织的、社会的系统的互动功能。"事实上，班杜拉也正是在人际的和社会的水平上分析观察学习的整个过程的。在观察学习的过程中，作为环境影响的示范行为，观察者注意、记忆等认知因素，以及经由观察获得的行为的操作恰恰构成了三维结构的因果连结模式。

交互决定论在众多的行为因果观中独具特色，因而吸引了许多心理学家的注意。这一因果观的独到之处在于把人的行为与认识因素区别开来，指出了认知因素在决定行为中的作用，在行为主义的领域内重新确立了认知的地位。此外，这种观点视环境、行为、人的认知因素为相互决定的因素，注意到人的行为及其认知因素对环境的影响，避免了行为主义的机械论倾向，是符合辩证唯物论的基本原则的，正如列宁曾经指出的："人的意识不仅反映客观世界，并且创造客观世界。"行为及其认知因素对环境的影响恰恰体现了意识对现实世界的改造。但是，这种观点也存在着明显的缺陷，因为环境对人的影响和人对环境的影响是不能等同的。依据辩证唯物主义的观点，客观环境对人的影响应居于主导地位，人对环境的影响仅仅是意识的反作用，是不能与环境影响等量齐观的。

（二）班杜拉观察学习理论的历史地位

在学习论的传统上，心理学家所重视的学习形式有两类：经典条件反射和操作条件反射。班杜拉对心理学的杰出贡献恰恰在于他发掘了前人所忽视的学习形式——观察学习，给了观察学习以应有的重视。美国心理学家劳尔曾经说过："在所有类型的学习中，观察学习始终为心理学家所忽视，只有班杜拉给它以严肃认真的考虑……"

当然，班杜拉的观察学习理论是在前人研究的基础上，特别是在行为主义学习论有关模仿学习的研究的基础上发展起来的。但班杜拉却突破了旧的理论框架，以信息加工和强化相结合的观点阐述观察学习的过程和机制，且把社会因素引入观察学习的研究，因而他的观察学习理论在心理学发展史上占有重要的历史地位。

首先，班杜拉在其观察学习的研究中，注重社会因素的影响，改变了传统学习理论重个体轻社会的思想倾向，把学习心理学的研究同社会心理学的研究结合在一起，对学习心理学的发展产生了重要影响。

传统行为主义一直把学习过程的研究局限于个体经验的范围内，无论是赫尔的假设—演绎系统，还是斯金纳的操作强化理论，其范围都没有超出个体的水平。尽管米勒和多拉德在其社会学习理论中开始注意到社会因素的影响，但他们并没有把社会因素放到重要地位。相反，他们主要从内驱力的角度论述个体的社会行为，因而在本质上仍囿于个体论的范畴。班杜拉的观察学习理论虽然是由行为主义学习论的传统中发展起来的，但班杜拉"青出于蓝，而胜于蓝"。他批评传统的学习理论，认为传统学习理论的最大缺陷就是忽视学习过程中的社会动因的作用。早在 1963 年出版的《社会学习与人格发展》一书中，他就指出"尽管日常观察和实验室实验的证据表明，提供实际或符号形式的榜样是传播和控制行为的一种极其有效的程序，但作为行为模式影响源的社会动因的重要性却在很大程度上被忽视了”。由于忽视学习过程的社会方面，心理学家把注意力集中于直接经验基础上的学习，而忽视了在社会水平上通过对他人行为及其后果进行观察而进行的学习。

因此，班杜拉要在学习过程的研究中，注重社会因素的作用。在班杜拉创建其理论体系的时期，社会心理学已经有了长足的发展。社会心理学家对反映社会规范要求的榜样在塑造和控制行为方面的作用进行了大量研究。然而正像班杜拉所指出的那样：“在把指导实验社会心理学的概念与原理同现行的学习理论的概念和原理相联系方面，还不曾有过系统的尝试。”当时的情况是，实验的社会心理学家从社会角度研究人的行为，学习心理学家从个体的角度研究人的行为，尽管研究对象存在着共同点，但两个学科之间似乎没有联系。实验的社会心理学和学习论之间存在着巨大间隙。

班杜拉的杰出贡献恰恰在于他通过观察学习的研究，在实验的社会心理学和学习论之间架起了一座桥梁，填补了这一间隙。在班杜拉看来，观察学习的对象——榜样——反映了社会规范的要求。社会规范通过榜样的行为而对观察者产生影响，“对示范作用的特例，即规范影响的解释事实上有助于填补实验的社会心理学家所偏爱的概念框架和支配学习理论家的概念框架之间的间隙”。正是由于班杜拉的这一努力，他的观察学习理论无论在社会心理学领域，还是在学习心理学领域都占有重要地位。

其次，班杜拉吸收认知心理学的研究成果，综合行为主义学习论和认知心理学有关认知过程的研究，以认知的术语阐述观察学习的过程和作用，改变了传统行为主义重刺激—反应，轻中枢过程的思想倾向，在学习论的传统中，实现了理论参照点由行为到认知的转变。

传统上，诸如认知、意象和思维等带有主观色彩的心理学概念一直为行为主义者所摒弃和拒绝。在行为主义发展的早期，行为主义创始人华生曾大声疾呼要抛弃一切与意识有关的心理学概念，把心理学的研究对象改为可观察的行为，自那时起，凡带有主观色彩的概念都成为行为主义的禁区，尽管后来的新行为主义者认识到早期行为主义的简单化倾向，意识到不研究人的内部因素就不能真正理解行为，但新行为主义者只是以操作化的术语解释人的认知，把认知和思维看成是刺激和反应之间被动的中介联结因素，并没有真正重视认知的作用。班杜拉在20世纪60年代“认知革命”的影响下，突破了行为主义的禁忌，大胆地探索认知、思维在调节行为中的作用。班杜拉对认知因素的强调使他既赢得了声誉，也受到激进的行为主义者的批评。美国心理学家蓝丁曾指出：“正是由于他利用了认知过程中的内部原因，因而班杜拉被人们看作为一个‘软的’(soft）行为主义者。”而激进的行为主义则认为：“诸如班杜拉之类的方法已偏离行为主义的基本原则如此之远，以致不能再称其为‘学习理论’，而应属于另外的阵营。”

我们认为，尽管班杜拉强调了认知过程的重要作用，但是班杜拉并没有背弃行为主义的基本立场——客观性原则。在研究认知、思维等主观因素时，他坚持使用客观化的方法。例如在谈到认知过程的研究时，班杜拉曾说过这样一段话：“在公开性方面，认知过程是不可观察的，但人们可通过一些指标间接地了解认知过程。思维的指标独立于行将被解释的行为，言语的调查提供了一种间接的评估方法。在探索内部事件怎样控制行为的规律时，被试经常被请求以语言来描述先前的思维。这类研究依次确立了被间接评估的思维和随后的活动之间的函数关系。”在班杜拉看来，这类研究并不违反科学研究的客观性原则，因为利用间接的方法探索假设的中介物也是自然科学的研究途径之一。例如原子理论就是如此，尽管原子并不能受到直接的观察。

由上面这段话中我们可以看出班杜拉对认知过程的研究是以客观性原则为基础的。假如我们回想起行为主义的创始人华生曾以言语报告法研究思维过程，那么我们更加确信班杜拉对认知过程的研究并没有使他偏离行为主义的基本立场。只不过华生把思维看作外周的过程，而班杜拉则把认知、思维看作中枢的作用。

前苏联心理学家安德列耶娃的一段话也可用以支持我们的观点。安德列耶娃在分析班杜拉的基本立场时指出：“上述观点可以使我们断定，班杜拉的观点实际上是我们现在在社会心理学中所看到的行为主义原则的最大程度的'温和化'、'自由化'。但是，在这位学者提出的传统学习范式的各种变式中，我们只看到对传统范式的修改，而不是对传统范式的背离。”

再次，由于班杜拉强调了学习过程中的社会因素和认知过程在学习中的作用，因而在方法论方面，班杜拉必然注重以人为被试的实验，改变了行为主义以动物为实验对象，把由动物实验中得出的结论推论至人类学习现象的错误倾向。

行为主义在传统上的主要研究课题是学习。由于人类的学习过程涉及许多主观性的因素，因而为了坚持所谓的客观性原则，行为主义者大都以动物为实验对象，研究动物的学习过程，并把获得的结论用于解释人类的学习。特别是新行为主义的主要代表人物斯金纳，以白鼠为实验对象，总结归纳出操作—强化的理论体系，认为人同动物一样，其学习过程遵从于操作强化的基本原则。这样一来，“在公众以及我们自己学科内的许多人眼中，行为理论……已同令人讨厌的形象联系在一起，包括流涎的狗、木偶、把人当作动物一样摆弄和操纵。结果是，那些希望贬低他们不赞成的思想或实践的人仅需要把这些思想或实践称作行为主义的……”

班杜拉在创建其理论的初期，就反对把动物实验的结论推论至人类社会领域。在他最早的著作之一《社会学习与人格发展》一书中，班杜拉就指出，传统行为主义者“过于依靠以动物学习研究为基础且主要为动物学习研究所支持的具有局限性的原理”。为了改善行为主义的形象，维护行为主义的尊严，“就必须扩展和矫正这些原理，引入在研究两个人和群体情境中人的行为的获得和改变时所确立和证实的新原则”。

在我们看来，班杜拉强调以人为被试的实验是有其理论基础的。传统行为主义者把人等同于动物，在他们眼中，人缺乏理性的能力，只是处在被环境塑造的位置上。而班杜拉则认为人具有理性的认知能力，可以利用以往获得的知识和经验形成一定的认知规则，从而合理地调节自己的行为。正是在这种思想观点的指导下，班杜拉才反对把动物界的学习材料滥用至人类的学习，主张研究人类学习的独特一面。

前苏联心理学家安德列耶娃指出："由于班杜拉的工作，新行为主义把从用动物作被试转到用人作被试的实验上。"对此，我们持赞同态度。由于班杜拉的这一努力，使得行为主义阵营内部开始注重人类学习不同于动物学习的特殊方面，也使得一些心理学家把他看作为行为主义阵营中的人本主义者。

（叶浩生）

选自：心理学报，1994（2）

加德纳

(Howard Gardner)

- 生平简介
- 名篇选读

  关于多种智能的观念

  什么是智能
- 思想评介

  多重智力理论及其对学校教育的价值

生平简介

H·加德纳（1943～ ），美国心理学家，学习理论家，教育学教授。加德纳1943年出生于宾夕法尼亚州的斯克莱登。加德纳勤奋好学，并且是一个天才的钢琴家。他曾想以音乐为职业，但后来发展了其他兴趣，包括写作。加德纳是色盲，上高中时，叔叔给他一本心理学教科书，这本书使他了解了什么是色盲，从此他对心理学产生了浓厚兴趣。后来加德纳读了埃里克森的《青年路德》（1958）一书，被路德攻击基督教的心理动机深深吸引，这直接影响他走上心理学之路。高中毕业后，加德纳进入哈佛大学，在埃里克森的指导下学习发展心理学。除了心理学课程，他对其他课程也感兴趣，选修了戏剧、历史和经济学；1965年获得社会关系学士学位，之后去英国学习认知心理学；一年后回到哈佛，1971年获得社会心理学博士学位；1986年成为哈佛大学教育研究院教育学教授，1991年成为心理学教授。他还是波士顿大学医学院神经学教授、哈佛大学研究儿童和成人学习过程的“零计划”小组的负责人。由于加德纳对心理学和教育学所作的巨大贡献，他在国际心理学界和教育界获得了许多荣誉称号和奖项，14所大学，包括普林斯顿大学、麦吉尔大学等，均授予他荣誉学位。他1981年获麦克阿瑟奖基金会的“天才奖”，1990年成为首度获得路易斯维里大学葛罗威麦耶奖15万元奖金的美国人。

加德纳在心理学领域最有影响的是他的多重智力理论，它对传统的智力理论提出了批评。加德纳认为，用传统的标准心理测量工具测得的人的智力是单一的，不能全面准确地反映学生的能力，只有扩展并重新描述人类智力的观点，才能设计出更恰当的评估智力的方法，才能想出更有效的方式去培养它。他把智力定义为“解决问题或创造具有某种文化价值的产品的能力”。他认为人的智力至少包括七种类型：语言智力（即学习和使用语言文字的能力）、数理—逻辑智力（即数学运算和逻辑推理的能力）、视觉—空间智力（即凭知觉识别距离、判定方向的能力）、音乐智力（即对音律感受、欣赏、表达能力)、身体—运动智力(即支配肢体以完成精密作业的能力)、人际交往智力(即与人交往且能和睦相处的能力)以及自我认识智力(即认识自己并选择自己生活方向的能力)。按照他的观点,每个人在上述七个方面都有一定的表现,每个人在这些智能上的表现有差异,而且以不同的方式运用,以完成不同的工作、解决不同的问题,并且在不同的领域发展,那种将一个人视为智力钟形分布曲线上单一点的传统思想是很显然不符合事实的。加德纳的理论极大地拓展了传统智力概念的含义。在多重智力理论的基础上,加德纳提出了他关于教育的一些看法,他认为"学生是以截然不同的方式学习,这是可以辨别的。倘若各学科能以各种不同的方式来呈现,并且以不同的方式来评量,则具备不同能力或特性的各类学生(或整个社会全体),都会有更佳的表现"。加德纳的思想对美国进步教育家产生了极大的影响,《智能的结构》出版后的15年里,多重智力理论被广泛地运用于美国的课堂教学中。在这期间,加德纳和"零计划"小组的同事们一直致力于理解知识的教育以及运用多重智力理论设计更个性化的课程、教学和测量等工作。

加德纳论著甚丰,到目前为止已出版了18本书,发表了几百篇文章。其中最有影响的有1973年版的《艺术与人的发展》,1975年版的《受损的智能》,1983年版的《智能的结构:多重智力理论》,1985年版的《智能的新科学:认知革命的历史》,1991年版的《超越教化的心灵:儿童思维与学校教育》,1999年版的《受教化的心智》和《重组的多重智力理论》等。

(冷　英)

名篇选读

关于多种智能的观念

一位小姑娘接受测试者一个小时的测试，问她许多问题。这些问题能查出她的信息量（谁发现了美洲？胃的作用是什么?)、她的词汇量（“胡言乱语”的意思是什么?“钟楼”的意思是什么?)、她的算术技能（一块糖8分钱，三块糖多少钱?)、她记忆一系列数字的能力（5，1，7，4，2，3，8）以及她所能找出两种因素之间的相似性的能力（肘与膝、山与湖)。另外还可能要她解答一些其他的问题——比如，处理一个迷宫或将一组画安排得能表达一个完整的故事。过些时候，测试者便宣布测试的结果，他得出了一个单一的数字——这位小姑娘的智商，也就是IQ。这个智商数（小姑娘所被实际告知的）很可能会对其前途产生可想而知的影响，影响她的教师对她的看法，确定她是否有资格得到某种特权等。若说这种得数重要，也并非完全不恰当。不论怎么说，这种智力测验的结果虽然并不能预示其后来生活的成功与否，但它确实表明了一个人所掌握学校课程的能力。

前面出现的这种测试方法全世界每天都在无数次地重复着，而且人们都把得出的智商数看得十分重要。当然，不同的年龄段和不同的文化情境使用了不同的问答题。有时这种测试不以面试的方式而是以笔头答卷的方式进行。然而其大的轮廓——产生出一轮智商数的一小时的问题——与全世界都在运用的智力测试方法是一样的。

有许多研究者对这种情况不满。一个人的智力，必定还有比这种对简短问题的简短回答（这种简短的回答预示了一个人的学术成就）更多的东西。然而，在不能对智力作较全面的考虑，在较好的评估个体能力的方式没有出现之前，这种测试方式则必定会在可以预见的将来为全世界所不停地运用。

但如果我们让自己的想象任意驰骋，并考虑一下那种实际上全世界都加以珍视的较广的行为范畴，那我们会得出怎样的结论呢？打个比方说，想一想在凯洛琳岛屿中的12岁的勃鲁瓦男孩吧，他被那些大人们挑选出来当他们的船长，他在领航员的指导下，必须学会把关于行船、星象和地理方面的知识结合起来，以便在几百个岛屿中寻出自己的航向。想一想那位15岁的孩子吧，他能把整个儿《可兰经》都背诵下来，而且还精通阿拉伯语。现在，人们正要把他送到圣城去和圣徒一道工作数年，把他培养成一名教师和宗教领袖。咱们或者再考虑一下巴黎那位14岁孩子的情况吧，他已经学会了给计算机编程序，而且正开始借助于计算机谱曲呢。

我们只作了这么简单的回顾就表明了，这些个体都已在困难的领域中获得了高水平的能力，而且无论怎么加以定义，他们都应当被认为是在展示聪明的行为。然而同样清楚的是，我们当前评估智力的方法并不足以用来评估个体在借助星象而航海、在掌握外语或借助计算机而谱曲方面的潜力或成就。问题的症结与其说是在测试的技术上，还不如说是在我们所惯常的对才智的认识方式以及我们对智力的根深蒂固的看法上。只有扩展并重新描述我们对人类智力的观点，我们才能设计出更恰当的评估这种能力的方法，才能想出更有效的方式去培养它。

世界上有许多从事教育的个体都获得了相同的结论。人们开始考虑新的方法（有些很出色）以寻求去发展人在整个文化中的智力，以寻求用那种像“超前学习”这种普通方式来训练个体，以寻求帮助个体去发掘他们的潜力。人们进行了许多有趣的实验，从训练小提琴的铃木法，到那种引入计算机程序基础的逻各（LOGO）法，以试图从儿童身上引发出有才气的行为。有些实验表明是成功的，而有些却还是在摸索阶段。但我认为，不论是成功还是失败，这些实验都是在人们对智力这个问题的看法上缺乏一种恰当的认识框架的前提下进行的。当然，决不存在一种体现我上面所列举的这种才能范畴的智力观。本书的目的便是要作出这样一种系统的阐述。

我在下面几章里描述了一种关于人类智能的新的理论。该理论向那种传统的关于智力的观点提出了挑战，这种传统观点是我们大多数人所明确认识（从心理学或教育学教材中）或含糊吸收了的(由于我们生活在一种有着强烈的，但也许是定论了的关于智力的观点的文化里)。所以说这一新理论的特征很容易辨别出来，我在如下几页的简述中将考虑一下传统观点的几个事实：这种传统观点是怎么来的；为什么它能如此牢固地建立起来；突出的有待于解决的问题何在？讨论完这些问题之后，我再开始描述本书所提出的这一修正理论的特征。

两千多年以来，至少在古希腊城邦建立以来，我们这个文明中关于人的状况的讨论便由某种固定的观念所支配着。这种固定的观念强调了脑力的存在与重要性——这是一种能力，这种能力有各种不同的称呼：理性、智力或大脑的运用。对于人性的本质问题的无休止的探索致使——似乎不可避免地——人们去集中注意我们这个物种对知识的追求上。所以那些被称作为知识的东西便尤其受到了重视。不论是柏拉图式的贤哲、希伯来的先知、中世纪修道院有学识的文书，还是实验室的科学家、善于运用他脑力的个体都被当成是杰出的人来看待。苏格拉底的“认识自身”，亚里士多德的“认知即是所有人的特征”以及笛卡儿的“我思故我在”，这些都提供了构成全部文明的格言。

即便是在那黑暗的介于古典与文艺复兴时期之间的一千年里，理智因素的优势地位都没有受到过任何非难。早在中世纪时期，基督教领袖圣·奥古斯汀就说过：

> 宇宙最初的创造者与推动者是智慧，所以宇宙的最终起因便一定是智慧的善，那就是真……在所有人类的追求中，对于智慧的追求便是最完美、最崇高、最有用，也是最令人愉快的追求。说它最完美，因为一个人迄今所致力于追求的目标便是智慧，从这一意义上说，他已然享受了某种真正的快乐。

在中世纪顶峰时期，但丁提出了他的观点：“总的来说，人类恰当的职责便是去不断使可能通向智慧的全部能力实际化，这种实际化开始于思索，继而通过其延伸并为其目的而进入到行动。”后来，在文艺复兴的开端，笛卡儿前一百年的时候，弗朗西斯·培根描述了一艘驶入新亚特兰提斯（New Atlantis）的英国船，该船遇到了一座乌托邦岛，岛上的主要机构是从事科研活动的一个大的组织，该组织的统治者向来访的客人们说：

> 我向你们奉献我最大的珠宝。因为出于对上帝和人类的爱，我将把所罗门住所的真实状况（true state）向你们转告……我们这个基金会的目标便是对事物的根源及其隐秘运动的认知，便是对人类王国之疆界的开拓，以为人类带来一切可能之物。

当然，对知识的尊重——以及对那些有知识者的尊重——并不是出没在我们（有点儿不恰当地）称之为“西方世界”的唯一主题。情感、信仰与勇气的美德也是几百年来所反复出现的主题。实际上，它有时（如果说并非总那么合理的话）与人们对知识的追求进行对照。有指导意义的是，即便当信仰或爱被颂扬得高于其他一切之上时，它们各自都典型地与理性力量对抗着。同样，当某种极权主义倾向的领导者们试图按新的观点来改造我们的社会时，他们一般都需要“处理掉”那些不能与之合作的理性主义者或知识分子——这一事实重又在反面向理性的力量作出了赞扬。

理性、智能、逻辑、知识，它们并不是同义语，本书用了许多篇幅来引出十分易于在“精神的”这一醒目标题之下结合在一起的各种技能和能力。但首先，我必须介绍一种不同的差异——这是关于智能的两种态度之间的对比，这两种态度在几百年以来一直是相互竞争、交替出现的。一个人如果接受了古希腊诗人亚契洛克斯那吸引人的划分，那么他便能把那些将一切智能都看成是一个整体（我们把他们称作“刺猬”）的人与那些认为智能碎裂成好多个成分的人（我们称之为“狐狸”）进行对比。刺猬派相信人有单一、神圣的能力，它是人类的特殊性能。刺猬派常常（这是必然的）加进了这样的条件：个别个体生来便具备某种定量的智能，所以我们个体实际上都可照上帝所给予的智能或智商量进行排列。因此这样一种思考问题（和谈论问题）的方式便牢固地树立起来了：我们大多数人都很易于被编入到那种似乎是“聪明”、“出色”、“机灵”或“有才智”的行列中去。

西方那种同样受人尊重的传统推崇了智能的许多不同功能或方面。在古典时期，区别理性、意志与情感的情况普遍存在。中世纪思想家们有其三学科（语法、逻辑与修辞）和四学科（数学、几何、天文与音乐）之分。随着心理学科学的出现，便出现了关于人类精神能力的更大的范畴（弗朗茨·约瑟夫·高尔——我在下面将正式介绍他的情况——指出了人类精神的37种能力或力量；当代人物吉尔福特认为智能有120种指向）。有些狐狸派还倾向于认为人有先天的和按秩序排列的思想型，但在这些人当中，我们又发现有许多人都相信环境与训练能够造成不同的（和改进了）效果。

刺猬派与狐狸派的争论从几个世纪以前一直延续到现在。而在研究大脑的时代又出现了定位派，他们相信神经系统的不同部分传递出不同的智能。这些定位派又一致反对那种认为主要智能作用都是大脑作为总体性能的整体派。到了测试智能的时代，又出现了长期激烈的两派争论，一派（以查尔斯·斯皮尔曼为首）认为智能有其普遍性因素，另一派（以瑟斯顿为首）则设定了一种有基本精神能力的家庭，没有人是先天杰出的。在研究儿童发展的时代里，又有了两派的激烈争论。一派认为智能有其普遍结构（像皮亚杰所研究的那样），另一派相信有一组大的、而又不那么相互联系的精神技能存在（这是环境学习派）。同时我们还可以听到一些其他的研究方法。

所以，几百年以来，人们针对一种共同的信念，在智能之首要性问题上进行了关于能否把智能划分为部分的无休止的争论，我们文化中某些长期存在的争端看来也得不出个结论。我怀疑像自由意志的论题或信仰与理性之间的对抗的论题也是得不出什么令人满意的结论的。但在其他情况里也许会有前进的希望。有时候随着逻辑分类的结论的出现而产生了进步。比如说在暴露出某种谬误时，情况就是这样的。[一旦人们解释清楚，散视现象不会导致拉长面孔的绘画时，那么就不会有人再继续其错误的看法而坚持认为艾尔·格里科绘画中的变了形的面孔是因散视现象所引起的了。散视的画家也便会把自己画布上的面孔看成是拉长了的（而且在日常生活中也把人的面孔看成是拉长了的），实际上，这些面孔在非散视的眼睛看来是完全正常的。］有时从戏剧性的科学发现中也能产生出进展（哥白尼和开普勒的发现极大地改变了我们关于宇宙构成的观点）。有时当大量信息交织在一起形成一种令人信服的论点时（像查尔斯·达尔文那样，在介绍其进化论过程中重新考察了大量关于物种发展与区别的证据），认识的进展也便随之出现了。

也许现在是对人类智能的结构进行某种分类的时候了。现在，我们既没有任何科学突破，又没有发现任何糟糕的逻辑谬误。然而，我们从各种不同的来源得到了大量证据的合流。那些关注人类认识的人们似乎已经意识到了这种合流——它在过去几十年中又以更大的力量汇集起来。然而这种汇集线却很少（如果有的话）集中于某个地方，也很少在某个地方受到直接系统的审查。当然，它们也没有得到较广泛的公众的接受。这样一种对照与核实工作便是本书的双重任务。

我将在下文中论证，我们已有有力的证据能说明人类存在着好几种相对自律的智力方面的能力（以下简称为“人类智能”）。这就是我在书名中所说的“智能的结构”。个别智能“结构”的特征与范围如何，我们尚不能令人满意地证明出来，我们也不能准确地指出智能的数量。但我认为，至少某些智能是存在着的；这些智能是相对独立的；它们可由个体或文化以多种适合的方式加以制作与组合；这种看法似乎是越来越难以批驳了。

以前的人们所试图证明的（有许多人这样做）独立智能的存在并不能使人信服，其主要原因是，他们只依赖一条，或至多是两条证明方式。他们证明有不同的“智能”或“能力”的存在，只凭靠了逻辑分析，只凭靠了教育训练的历史和智力测验的结果，或者仅凭靠了大脑研究中所获得的洞悉。这些孤单的努力很少获得过相同内容的能力清单，因此这就使关于多种智能的主张显得更能站得住脚了。

我的论证程序是完全不同的。我在描述关于多种智能的观点时，重新考虑了大量的、迄今没有相互联系的资料，即关于神童的研究，关于天才个体、脑损伤病人、有特殊技能而心智不健全者、正常儿童、正常成人、不同领域的专家以及各种不同文化中的个体的研究。我们通过把这些不同资料来源中得出的证据进行汇合之后，便形成了（我认为，部分地证实了）一种初步的候选智能数。由于某种智能在特定群体中相对独处的情况下即能出现（或在正常群体的独处情况下不能出现），由于某种智能在特定个体身上或在特定文化中可得到高度发展，由于心理测验专家、实验研究者以及（或者）特殊学科的专家们可以断定那种实际上确定智能定义的核心能力，所以从这些程度上说，我相信确有某一种智能存在着。当然，如果缺少了以上这些索引的任何部分或全部，那便会排除掉一种候选智能。在日常生活中，诚如我即将证明的那样，这些智能通常都和谐地合作着，所以它们的自律性是看不见的。但是当装备了恰当的观察透镜之后，个别智能的特殊特征便以足够的（常常是令人吃惊的）清晰性暴露出来了。

所以，本书的主要任务便是要论证多种智能（我以后用略写语“MI”代替之）的存在。对特定智能所作的这一论辩不论是否有说服力，我至少要在本书论及到好几种迄今并无联系的知识群。此外，本书还有些其他的并非完全次要的目的——有些基本上是科学的，而另一些则显然是实践上的目的。

首先一点，我想要扩展一下认识与发展心理学的视界（我是研究这两个领域的，所以感到对这两个领域最熟悉）。我所主张的这种扩展从一个方面朝向了认识的生物学根源与进化根源，而从另一个方面则朝向了认识能力方面的文化变迁。照我看来，进入到脑科学家的“实验室”去，进入到异国文化的“领域”中去，这应当是对那些乐于研究认识与发展问题的个体进行训练的一个部分。

第二点，我希望能考察一下关于多种智能理论的教育学含义。依我看，一个个体早年的智能轮廓（或倾向）是应当能够辨别出来的。我们在辨别出来之后，便可利用这一认知而增加那位个体的教育机会及选择范围。我们可把具有特殊智能的个体引导到特殊的方案中去，甚至还可为那些表现有不正常的或失调的智能倾向的个体设计出弥补措施或特殊的增进措施。

第三点，我希望这一研究将能激励那些致力于教育的人类学家去发展一种在各个文化背景里培养智能的范例。只有通过这样的努力，我们才有可能确定，教与学的理论是易于穿越国界的呢，还是必须按照各个文化的特殊性而不断加以改造的。

最后一点（这是最重要，同时又是最困难的），但愿我这里所表达的观点能对政策制定者及致力于“其他个体之培养”的实践者确实有用。当然，对于智力的训练与培养尚处于“国际性讨论氛围中”，世界银行关于人的发展的报告、罗马俱乐部关于超前学习的论文以及委内瑞拉关于人类智能的研究工程，这些不过是最近看得见的三个例子。常见的情况是，从事这一工作的实践者们所凭借的是有缺陷的关于智能或认识的理论，所以他们在工作过程中便支持了那些得益甚少或甚至起反作用的方案。为了要帮助这些个体，我研究出一种以多种智能理论为基础的框架，这种框架可运用到任何教育情境中去。倘若我这里所表述的框架得到了人们的接受，那么至少可以削弱那些似乎注定会导致失败的障碍，而增加成功的希望。

我把眼下这一努力看成是对认识科学的出现所作的努力。从很大程度上说，我是在总结其他学者的研究工作，但从某种程度上说（我打算指明在什么地方）我又提出了一种新的看问题的方向。其中有些主张是对立的，但我想，通晓认识科学的专家们最后也一定会发表其意见。本书的“核心”部分即第二部分，描述了好几种我感到确实有理由确定其存在的智能。但为了对科学作出潜在的贡献，我将首先（在第 2 章里）回顾一下其他人描述智能轮廓的方式，然后在提出关于我自己理论的论据之后，再让那一观点（在第 11 章里）接受批判。为了扩展对认识的研究，我在整个第二部分都采用了一种生物学的和跨越文化的视角，而且各用了一章的篇幅来讨论认识的生物学基础（第 3 章）和教育方面的文化差异（第 13 章）。在完成了以上所描述的“操作性”程序之后，我将在本书的结尾部分讨论关于教育与政策方面更直接的问题。

最后还有一点要说明的是本书的书名问题。我已经说过了，关于多种智能的观念是一种老的观念，我不能因试图重新恢复这一观念而声称自己有什么大的创见。即便如此，我还是想通过“观念”这一词汇的运用而强调说明，关于多种智能的看法还不能称作是得到证实的科学事实，它至多不过是一种到最近才获得认真加以讨论的权利的一种观念而已。虽然我表达了本书的奢望与范围，但这一观念不可避免地会存在许多毛病。我所希望得以确定的是，“多种智能的观念”应受世人重视的时刻已经来到了。

什么是智能

现在，我已为智能的导论告一段落。前面对早期智能与认知问题研究所作的考察，说明有不同的智力（或智能）存在着，它们各自都有其自己的发展史。对于近期神经生物学研究的回顾同样也说明了有那种与认知的某些形式相呼应的（至少是大致相呼应的）大脑部位存在。这些类似的研究指明了一种神经组织，这种神经组织的存在就使人更易于接受那种认为有不同信息加工模式存在的看法。至少在心理学和神经生物学领域中，这种时代思潮似乎正朝着区分好几种人类智能的方向努力。

然而科学决不能完全从归纳出发。我们可能进行了每一种可行的心理学测验和实验，或找出了我们所希望得到的神经解剖学线路，但仍区分不了我们所希望了解的智能。我们在这里所面临的问题并不是知识的确定性问题，而是如何获得知识的问题。我们有必要先提出一个假设或理论，然后再去检验它。只有当理论的力量（和局限）弄清楚之后，原先假设的合理性也就清楚了。

科学同样也得不出一个完全正确与最后的答案，有进步与倒退，有妥当与欠妥当，但决不会发现出一块罗塞达石碑，以作为解决一系列相互缠结问题的钥匙。这种说法在大多数物理、化学的高层次上已经得到了证实。它在社会科学与行为科学中就更加正确了——甚至可以说它是再正确不过的了。

因此我们有必要说（干脆说）根本就没有，而且也决不会有任何普遍接受的、毫无争议的人类智能名单存在。决不会出现一个能为所有研究者所赞同的3智能、7智能或300种智能的总名单。如果我们仅坚持一种分析层次（比如神经生理学层次）或仅坚持一种目的（比如在某工科大学里对成功的预期），那么我们便会比较接近于这一目标。然而倘若力求获得关于人类智能范畴的决定性理论，那我们便会永远也完成不了我们的探索。

那我们为什么又要取这一不可靠途径呢？因为我们有必要对人类智能作比现在更好的分类，因为最近的科学研究中出现了许多有待考察与组织的证据，和许多有待考察与组织的交叉文化的观察及教育研究，而首要的原因也许是因为我们似乎最终能够得出一个智能名单来，这种名单将会对广泛的研究与实践者有用，而且它也将使我们能在所谓智力这个富有诱惑力的实体问题上更有效地进行交流。换言之，我们所寻找的这个综合物不可能是所有人所希望得到的一切，但它肯定会为许多对此有兴趣的人提供点什么。

我们在下一步讨论智能本身的问题之前，先考虑一下两个题目。第一，智能的前提是什么，也就是说，在某一组智能技巧值得计入主要智能名单之前，它所必须符合的普遍要求是什么？第二，我们所藉以判断某个通过了“第一等级”的候选能力能否纳入我们这迷人的智能范畴的实际标准是什么呢？另外，把那些使我们进入歧途的因素指出来，这也是很重要的，应指明那种看起来像是智能而实际上又不够格的技能，或那种似乎十分重要，而我们的研究又忽略了的技能，这些都是我们的判断准则的组成部分。

（一）智能的前提

我认为，一个人的智能必定会带来一套解决难题的技巧，它使个体能解决自己所遇到的真正难题或困难，如果必要的话，还使个体能创造出一种有效应的产品；智能又必定会产生那种找出或制造出难题的潜力，因而便为新知识的获得打下基础。以上这些前提就体现出，我所集中研究的是那些在某一文化语境中有其重要性的智力。同时我又认识到，在人类文化之间，在新产品的创作中，或在某些情境里并没有什么重要性的新问题的提出中，人们所重视的理想状态有着较大的差别——有时甚至有极大的差别。

使用这些前提条件，便确保了这样一条，即，人类智能必须是真正有用的、重要的——至少在某些文化情境中应当是如此。仅这一条便能否定在其他方面已达到我将提出的标准的那些能力了。例如，识别面孔的能力似乎是一种相对自律的，而且体现在人类神经系统特定领域中的能力。另外，它还呈现了它自己的发展史。然而就我所知，尽管识别面孔的严重困难会给某些个体带来十分难堪的局面，但这种能力并不为文化所十分珍视。在面孔识别领域中也并没有现成的找出难题的机会。感觉系统的敏锐运用也是人类智能的另一个明显的候补成员。当谈及敏锐的味觉或嗅觉感觉时，这些能力在文化间便没什么特别的价值了（我承认，厨房工作做得比我多的人也许并不同意这一估价!）。

另外还有些人类交往中很重要的能力也并不够格。例如，科学家、宗教领袖或政治家，他们的能力是十分重要的；然而，由于这些文化作用可（咱们假设）被细分成特殊的智能组合，所以这些文化作用本身便不能算作是智能了。从分析的另一端来看，心理学家们长年检测的许多技能（从那种毫无意义的音节的回忆能力到异常联想的创造能力）都不能算是智能，因为这些都是实验者的发明，而不是任何一种文化所重视的技能。

当然，过去曾有人做过许多列举并详述基本智能的工作，从中世纪的3学科、4学科到心理学家L·格劳斯的5种交流模式名单（词汇的、社交手势的、映象的、逻辑数学的、音乐的）和哲学家P·赫斯特关于7种知识形式的名单（数学、物理科学、人际理解、宗教、文学与绘画、道德、哲学）。从推断的角度出发，这些分类都没有什么错，而且，它们对于某种目的来说，确实可能是关键的。然而这些名单的问题就在于，它们是从推断出发的，而推断就是一位反省的个体（或文化）在知识型式间设计出富于意义的区别时所作的努力。而我这里所需要的是能满足生物学与心理学特定规范的智能。到最后，寻找那种以经验为基础的能力便不中用了，于是我们便会重新像赫斯特那样，依赖推断方式了。然而我们却应当致力于去找出我们所最喜爱的能力的比较坚实的基础。

我并不坚持认为这里所列举的智能名单是完整的。如果它是完整的，我反而会吃惊了。而同时，如果一个智能名单有突出而明显的脱漏，或者该名单上的智能不能产生人类文化所重视的那些作用和技能，那么这个名单就有毛病了。所以从总的来说，关于多种智能理论的前提是，它把握了人类文化所重视的适当完整的全部智能种类。我们既应当解释巫师和精神分析学家的技能，同时也应当解释瑜珈论者和圣人的技能。

（二）智能的标准

关于前提的问题已经讨论完了，下面来谈一谈标准或“迹象”的问题。这里，我简略说明一下我们眼前研究中最重要的一些想法，说明一下我在提出一组似乎是普遍的、真正有用的智能名单时所藉以依赖的那些渴求物。我用了“迹象”这个词，这就意味着我们的划分必定是暂时性的，我并不会只因为某种能力表现出一两个这样的迹象便把它圈起来，也不会仅因为某种候选技能不符合个别迹象或所有的迹象而把它括出圈外。确切地说，这种圈定工作便是要在各种准则之间尽可能广泛地进行抽样，从参选的智能中选出最合适的来。依照计算机专家奥列佛·赛尔福里奇所提出的有启发性的范例，我们便可把这些迹象看成是一群精灵，当一种智能与个别精灵的“需求特征”发生共鸣时，那一精灵便会呼唤起来。如有足够的精灵在呼唤，那么该智能便被圈定了；如果有足够的精灵阻止这种认可，那么该智能便（很遗憾）被排除在外了。

到了最后，我们当然有必要形成一个智能选择的规则系统，这样，任何一位受过训练的研究者便都能确定某入选智能是否符合合适的准则了。但现在，我们必须承认，对于入选智能的选择（或否决），其更使人联想到的不是科学估价而是一种艺术判断。若从统计学中借用一个概念，那么一个人便会把这个过程看成是一种“主观”因素分析。我这程序所确实呈现为科学程序的地方就在于它把判断的依据公诸于众了，这样，其他研究者便能考察这些证据，并得出自己的结论。

那么，下面就是任意排列的8种智能迹象：

1．大脑损伤所造成的潜在孤立

从这样一个意义上，即，大脑损伤可使特定能力在孤立中被摧毁或消除这一意义上说，其对于其他人类能力的相对自律性似乎便是可能出现的了。下面我将在很大程度上依靠神经心理学证据，而且尤其要依靠自然中很能说明问题的实验（对大脑特定区域造成损伤）来进行描述。这样的大脑损伤完全有可能会构成那种在涉及人类智能核心中突出能力或突出计算方面最有指导性的证据。

2．心智不健全而有专长者、神童及其他异常个体的存在

还有一种现象在说服力方面仅次于大脑损伤现象，那就是个体所表现出的不平衡的才能与欠缺现象。在神童情况里，我们碰到的是一种在某一项人类才能领域中（有时，不止一项）有突出早慧的个体。在心智不健全而有专长者以及其他受滞碍或异常的个体（包括我向思维的儿童）的情况里，我们所见到的则是在其他领域中能力平庸或极受滞碍的背景下，对某一特殊能力的特有的过剩现象。这些人的存在重又使我们得以观察到相对孤立（甚至特别孤立）情况下的人类智能。若认为神童的，或心智不健全而又有专长者的状况可与遗传因素相联系起来，或（通过各种非侵害性研究方法）与特殊神经区域相联系起来，那么从这一程度上说，便能提高我们对特定智能的断定了。同时，某一智能的选择性缺乏（正像我向思维儿童或有学习障碍的儿童的特征一样）便为某种智能提供了否定判断。

3．可加以识别的核心运算或一套运算

我关于智能问题的看法中最核心的内容便是认为有一种或多种基本信息加工运算或机制的存在，它们能处理特定的输入物。一个人甚至可以把人类智能定义为一种神经机制或运算系统，这种机制或系统由遗传所编定，而由某种内在或外在提供的信息所激发或“引发”出来。例如，作为音乐智能之核心的对音高关系的敏感性，或作为身体智能之核心的对别人运动的模仿能力，这些就是这种神经机制的例子。

有了这样一个定义之后，那么关键的便是要能够区分这些核心运算，确定它们的神经部位，证明这些“核心”确实是分离的。在

计算机上进行模拟是个确定某种核心运算存在的很有希望的方法，而且它能引发出各种理性操作。这里，对核心运算的区分基本上仍然是猜测的，但不能因此而说它不重要。有关的情况是，如果对核心运算的监测发生了阻力，那便是一种线索，说明肯定有某种东西是不恰当的，我们遇到的也许是一种需照其构成智能的方式进行分解的合成物。

4．有个独特的发展史，还有一套可定义的专家“极顶状态”的操作

一种智能便应当有一种可加以区别的发展史，正常个体与天才个体都在个体发育过程中通过了这一发展史。诚然，该智能不会孤立地发展，除非此人是异常的。所以我们就必须集中力量去注意那些智能占主要地位的角色或情境。此外，应证实在智能的发展中——这个发展从每一个生手所经历的普遍性开端，再到那种只有在具备非凡天才的个体和（或）通过特殊训练的个体身上才能见到的高水平能力——区分不同层次的专长是可以做到的。在发展的历史中，完全可能会有独特的关键时期和可区分的里程碑存在，它们要不就与训练有关，要不就与生物体的成熟有关。对智能发展史进行识别，对修正与训练之敏感性进行分析，这对于教育实践者来说，是极其重要的。

5．有一个进化史和进化的似真性

所有的物种都有其智能（或无知的）的表现方面，人类也不例外。我们现有的智能，其根源要追溯到我们这个物种几百万年前的历史中去。如果一个人能指出某个特殊智能的进化前事，并包括那种与其他生物体所共有的（像鸟类鸣叫或灵长目动物的社会组织）能力，那么从这一意义上说，这个特定的智能便显得更真实了。一个人还必须注意那些在其他物种中似乎孤立进行作用，而在人类中却相互结合在一起的特定运算能力（例如，音乐智能的分离的方面很可能分别出现在好几个物种身上，但在人类身上却只是以结合的形式而出现的）。人类前历史中那种迅速成长的阶段、那种也许为给特定人群赋予特定有利条件的变换以及没有带来繁荣的进化途径，这些都是研究多种智能的学者们所研究的资料。但必须强调的

是，这一方面的研究特别容易造成纯沉思现象，而难捕捉确凿的事实。

6. 来自实验心理学研究的证据

许多实验心理学的范例都能说明候选智能的运算情况。比如，一个人若使用认识心理学的方法，便能研究带示例特征的语言或空间加工的细节，还能研究某一智能的相对自发性。尤其有启发意义的是那些对相互干扰（或不能相互干扰）的活动所进行的研究，对不同语境之间进行转换（及不能进行转换）的活动所进行的研究，以及对于那些也许对某种特殊输入物特别起作用的记忆、注意或知觉形式所进行的识别。这样的实验测试可提供有力的证据，证明特殊能力即是（或不是）相同智能的体现。从这样一种程度，即各种特定运算机制（或程度系统）都协同合作这一程度上看，实验心理学还会有助于展示组件或领域性特定能力在复杂活动的实施中所相互作用的方式。

7. 来自心理测验学研究的证据

心理学实验的结果提供了与智能有关的一种信息来源。标准测试（像智商测试）的结果又提供了另一条线索。尽管智力测验的传统并不是我早先讨论的主要内容，但它在这里显然与我的研究有关。若从这样一种意义上说，即，为确定某一种智能而进行的那些测试活动之间是密切关联的，而它们又与确定其他智能的那些测试活动不甚相关，那么，我的描述便提高了它的可靠性；如果说心理测验的结果与我所提出的这一智能丛不相符合，那么我们便有理由对它们进行审查。然而必须注意，智力测验并不一定能达到其测试目的。因此许多问题在解决过程中所实际运用的能力要多于这些问题所希望激发的能力，而许多其他的问题则是可以用各种不同方式加以解决的［比如，某些类推可通过使用语言、逻辑和（或）空间能力而使之完成］。并且，对书面方法的强调常妨碍了对某种能力的恰当测试，尤其妨碍了那些包含着对环境的积极操作的能力测试，或妨碍了那些包含着对与其他个体间的交互作用进行积极操作的能力的测试。所以说对心理测验的研究结果进行释义并不是一件简单易行的事情。

8．对符号系统符号转译的敏感性

许多人类知识的体现与交流都是通过符号来进行的，符号就是文化方面设计出来的含义系统，它们把握了重要的信息形式。语言、绘画、数学，这仅仅是为人类生存与生产的目的而在全世界都十分重要的三种符号系统。我认为，原胚运算能力之所以对人有用(或为人所用)，其特点之一便是其对文化符号系统的编排具有敏感性。从相反的角度来看，符号系统也许正是在那些其中存在着可供文化利用的成熟的运算能力的活动中发展起来的。尽管某一智能可能会在没有其特殊符号系统的情况下，或在没有其他文化上所设计的区域的情况下起作用，但人类智能的某一基本特征则完全可能会成为其朝向符号系统之体现的“自然”引力。

以上这些便是我所藉以断定候选智能的标准。在下面独立的各章中，我将不断地运用这些标准。这里，有必要说明一下某些有可能会导致人们把似应划入的候选智能误划出去的考虑。

（三）对智能概念加以界定

在一组候选智能中还包括着那些受一般提法所支配的能力。比如，那些加工听觉序列的能力，似乎便是智能的有力的候选者。确实，许多实验者和心理测验者都已为这种能力提了名。然而，人们对大脑损伤的效果所作的研究不断证实了，音乐与语言能力是以不同方式进行加工的，可通过不同的损伤而使之受挫。所以，尽管从表面上看这是一种技能，但最好不要把它当作是一种单独的智能来看待。另外还有些常为人们所评论的特定个体身上的能力——比如像杰出的普通感觉或直觉——似乎表现了像“奇异性”这样的迹象。然而似乎尚未在这种情况里把范畴好好地审查清楚。若更仔细地去分析一下，我们便能看出，在各种不同的智力领域里，存在着分离的直觉、普通感觉或灵敏性的形式。对社会事务的直觉并不能预示机械或音乐领域里的直觉。所以，这又是一种表面上看起来是智能的候选者而实际又不够格的情况。

当然，我们所提出的关于智能的名单也许是核心智能的恰当基准线，但某些更普遍的智力可超越或调节这些核心智能。人们所经常提及的候选智能有：来自一个人特殊智能合成的“自我感”，有为特定目的而使用了特定智能的“管理能力”，还有把好几个特定智能领域里的最后结果集中到一起来的综合能力。无疑，这些都是重要的现象，是需要（若不是加以解释的话）加以考虑的。然而这样的讨论最好留到以后去进行，留到第11章里，在我介绍了特定智能之后提出我自己的批判时再进行。另一方面，关于特定智能何以才能相互联系、相互补充或相互平衡，以执行更复杂的、与文化相关的活动的问题，这是个极其重要的问题，我将在本书好几个地方集中讨论这个问题。

我们在提出了智能区别中极关键的标准或迹象之后，同时也说明一下智能并非是什么，这一点很重要。首先，智能与感觉系统并非是一样的。智能决不会完全依赖于单独一种感觉系统。任何感觉系统也未能像智能这样持久。智能靠其自己的特性，通过一种以上的感觉系统而得以实现（至少是部分实现）。

应把智能看成是某种普遍性层次上的实体，它们比具体运算机制（像线条监测）要宽泛，又比大多数普遍能力——像分析、综合或自我感（如果能证明除开特定智能的结合以外，任何这样的能力均能存在的话）——要狭窄。然而个别的智能均照其自己的程序工作，并有其自己的生物学基础，这正是智能的特征所决定的。所以，若试图在所有细节方面把智能进行比较，把个别智能看成是有其自己系统与规则的，那就错了。在这个问题上，我们可以作一个生物学类推。我们说，即便眼睛、心脏和肾脏都同是身体的器官，但若在所有细节方面把它们相互进行比较，那就不对了。同样，我们也能在智能问题上看出有这种限制存在。

智能不可用评价的方式来看待。尽管智能这个词在我们这个文化中有肯定的内涵，但我们没有理由认为智能肯定会用于好的目的。实际上，一个人可能会把逻辑—数学智能、语言智能或个人的智能用于极坏的目的。

我们最好是撇开特殊的行为计划来看待智能。当然，当智能在使用中，在用以执行某种行为计划时，它才最易于让我们去观察。但只有当我们把智能作为一种潜力来看待时，对智能的拥有性才得到最准确的考虑。我们可以说，拥有某一智能的个体并没有那种阻碍他使用这一智能的环境。那么他是否愿意去使用这一智能呢？这就不是本书所要讨论的问题了。

在关于技能与能力的研究中，人们习惯上把知其然［（knowhow）如何实施某事的那种不言而喻的知识］和知其所以然［（know-that）实施时所包含的关于实际程序的证明性知识］这两者区别开来。所以，我们有许多人知道如何骑自行车，但对那一行为是如何执行的这样一种证明性知识却缺乏了解。而另一方面，许多人都有蛋奶酥是如何做成的这样一种证明性知识，但却不能成功地做成蛋奶酥，这就与上例形成了对照。我并不愿颂扬这一粗糙但尚能说明问题的区别，但如果把各种智能都主要看成是知其然（知道行事的程序）的话，那便会对我们有所帮助的。实际上，对智能方面证明性知识的关心似乎便是某些文化所遵循的一种特殊选择，而在许多其他文化中则并不能引起多少，或根本引起不了人们的兴趣。

（四）结　语

以上这些论述和注意事项应能有助于我们去恰当地观察各种关于特定智能的描述，这些描述便是本书下一部分的全部内容。当然，在一本考察全部智能范畴的著作里，不可能分出足够的篇幅来讨论任何一种特定的智能。确实，即便是要认真讨论一下单独一种能力（比如像语言），那都需要至少一本书的篇幅才行。我在这里所希望达到的目的便是为个别特定的智能提供一种感受，传达出某种关于其核心运算的东西，提出关于这种智能是如何在其最高层次上展开与作用的看法，考虑其发展的轨迹，并提供些关于神经组织的观点。我将主要依靠个别领域中的几个主要例证和有见识的“向导”，我只能提出我的印象（和我的希望！），即，大多数主要观点也同样能由其他例证或向导所引发出来。同样，我将依赖几个主要的文化“角色”，各个角色都使用了好几种智能。但在研究中他们又都可以说突出地使用了某种特定的智能。若要了解我所使用的这种较广的资料的基础，若要了解那种与较充分的对个别智能的探索有关的资料来源问题，只须分析一下各章后面的参考书目就行了。但我很遗憾地知道，关于个别候选智能的令人信服的案例问题，这恐怕是以后其他专著所讨论的内容了。

在我开始讨论智能本身的问题之前，还有最后一个关键问题须交待一下。人普遍都爱相信自己所喜欢用的词，也许是因为它帮助我们更好地理解了某一个情境的缘故。而智能（正如在本书开头时所说的）就正是这样的词。我们常常使用这个词，使用到后来，就使我们相信它是一个真正可触知的、可衡量的实体的存在，而不是一种对可能存在（但也很可能不存在）的某种现象进行称呼的一个方便的方式了。

这种把抽象概念具体化的危险在论述性研究中是十分严重的，尤其在试图引入精细的科学概念的研究中就更加严重了。我（以及同情的读者们）很可能会认为（或形成这样说的习惯）我们这里所见到的是起着作用的语言智能、人际智能，或空间智能，如此而已。但实际情况却并非如此。这些智能是讨论相互延续的过程和能力（像生命的全部一样）时所使用的一种虚构——最多是一种有用的虚构。大自然不容有我们这里所提出的这种严重的不连贯性。我们的智能正被人们分开来加以定义，人们为了阐明科学问题、处理紧迫的实践难题而把它们分开，作了严格的描述。把抽象概念具体化的这种错误是允许的，只要我们保持清醒的认识，知道是怎么一回事就行了。所以，当我们把注意力转向特定的智能时，我必须重复地说一句，这些智能并不是作为身体上可加以证明的实体而存在的，它们只是作为潜在有用的科学构成物而存在的，然而，由于它是语言，所以它将我们导向了（而且将继续使我们投入到）这样的泥淖之中，也许在开始讨论特殊智能时先考虑一下这个词的独特的力量，是个合适的做法。

选自：加德纳．智能的结构．兰金仁译．北京：光明日报出版社，1990

思想评介

多重智力理论及其对学校教育的价值

多重智力理论，是美国哈佛大学心理学教授加德纳（H. Gardner）根据他与同事多年来对人类潜能的研究，提出的一种关于智力及其性质和结构的新理论①，它对传统的智力理论提出了严峻的挑战，并在美国教育界引起了轰动。多重智力理论已成为目前教育改革运动中一个“时髦”用语。多重智力理论究竟是什么？它与传统的智力理论有何区别？对学校教育又有什么价值呢？

80年代以来，在美国教育和心理学界较有影响的智力结构理论，主要是塞西（S. Ceci）关于智力的领域独特性理论，斯腾伯格（R. Sternberg）的智力三元理论，以及后来加德纳的多重智力理论。塞西认为，智力具有领域独特性，因此不可一概而论，每一学科领域的学习活动都有其独特的活动内容和方式，对智力活动的要求也不尽相同，因而从事不同领域和研究的人在智力和思维方式上存在着差异。例如，历史学家、数学家和生物学家在研究问题、解决问题的方式，以及思维方式上是不一样的，但智力方式上的差异只说明人们表现智力的形式不同而已。斯腾伯格则强调，人的智力是由三个相关但又相对独立的基本方面组成，即分析、创造、设计、发明、创新和想象的能力，智力的应用方面则包括选择、适应、改造环境以及应用知识解决实际问题的能力。他认为，个人智力上的差异主要表现在智力的不同方面。少数学生在智力的三个方面都出类拔萃，但大部分学生在智力各方面的表现是不均衡的。

---

① Gardner H. Frames of Mind: The Theory of Multiple Intelligence. New York: Basic Books, 1983

加德纳认为，传统的智力理论过分狭隘，以传统智力观为基础的众多智力测验也不能全面准确地反映学生的能力。根据加德纳的研究分析，以往智力和智力测验主要集中在受社会、文化，尤其是学校重视的语言和数理逻辑能力，而忽视了对人类和个体的生存和发展具有同等重要性的其他能力如音乐、空间、交往能力等。而且传统的智力测验也许对学生的学习成绩有较好的预测性，但在预测学生学校以外的潜力和表现方面的作用则微乎其微。他进一步认为，智力并不是某种神奇的，可用狭隘的智力测验测量出的脑内物质，也不是由上天赐予的幸运物，而是每个人都不同程度地拥有的、表现在生活中各个不同方面的能力。与以往狭隘的智力概念不同，他将智力定义为“解决问题或创造具有某种文化价值的产品的能力”。他指出，“人的智力应该包含一系列解决问题的能力，使个体遇到困难时能真正地解决问题，而且在适当的时候，创造一种有效的产品；智力也必须包含那些为获取新知识奠定基础的发现或创造问题的潜力，所解决的问题或创造的新产品价值在各文化之间存在着非常明显的差异”。

根据加德纳的智力理论，每个人都有多种彼此相对独立的智力，这些智力之间的不同组合表现出个体间的智力差异，问题不在于一个人多聪明，而在于怎样聪明，在哪方面聪明。智力是多方面的，其表现形式也应是多种多样的。加德纳认为，人类至少有 7 种智力，即语言智力、数理—逻辑智力、视觉—空间智力、身体—运动智力、音乐—节奏智力、人际交往智力，以及自我认识的智力。这 7 种基本智力彼此相互联系又相对独立，各种智力由不同的核心能力组成，并以不同的形式得以表现和发挥。每个正常的人都或多或少地拥有这 7 种智力，只是每种智力发挥的程度不同或者各种智力之间的组合不同而已。由于智力上的差异，各人的学习兴趣，思考问题的方式，以及解决问题的方法也不尽相同。这 7 种智力成分的主要涵义如下：

语言智力主要与语言的运用有关。语言智力发达的人对词义非常敏感，并能熟练地运用词语，他们往往能通过听、说、读、写有效地进行交流，善于演艺或是擅长教导；喜欢利用语音或语义玩文字游戏、绕口令或者双关语；擅长于语言的理解和运用，阅读时如饥似渴，并能从字里行间推敲弦外之音；写作时，清晰流畅。诗人、作家、记者、演讲家、律师、播音员、政治家，以及节目主持人等通常有较丰富的语言智力。

数理—逻辑智力主要包括数学和科学思维的能力。具有数理—逻辑倾向的人，擅长推理，思考时着重因果分析，会提出假设，寻求理论或数学模式，并持有较理性化的人生观。数学家的典型特征在于强烈地对抽象思维和推理的探索欲望；科学家往往有一种揭示世界奥秘的强烈冲动。一般而言，数学家、工程师、物理学家、天文学家、电脑程序员、会计师以及从事科学研究的人员等，均具有高度发达的数理—逻辑智力。

视觉—空间智力主要是对视觉世界的敏锐的感受和理解能力。这种智力发达的人善于通过图像进行思考，对于视觉空间的感受性很强，能从不同的角度和层面变化来重塑空间。空间感受性强的人通常能明察秋毫，且能将头脑中思索的概念以图像表达出来。具有发达视觉—空间智力的人包括建筑师、摄影师、画家、雕塑家、飞行员、航海员，以及机械工程师等。

身体—运动智力是指一个人灵巧熟练地控制身体动作和操作物体的能力。这种智力发达的人动作灵敏，举手投足灵巧敏捷，动手能力强，比较喜欢体能方面的活动，触觉敏锐，擅长于用动作或姿势表达思想和情感。一般说来，发明家、演员、运动员、杂技演员、手工艺匠、外科医生、机械工程师等有良好的身体—运动智力。

音乐/节奏智力的主要特征是对于节奏和旋律的感受、欣赏和创作能力。那些只要听觉敏锐、唱歌时不走调，并能辨别不同的乐曲的个体，就具有这种智力，只是每个人的程度不同而已。这种智力发达的人包括歌唱家、作曲家、演奏家、音乐指挥家以及那些爱好音乐，并能理解或欣赏乐曲的人。

人际关系智力主要表现为人际交往、人际沟通方面的能力。这种智力发达的人能善解人意，并能与人融洽相处，他们往往有察颜观色的本领，对交往者的情绪、个性、心态和期待反应灵敏；他们能解读他人的心理和意图，能从别人的着眼点思考和理解问题，通常他们还具有较好的组织和领导能力，是社交和谈判的高手，这些人包括宗教和政治领袖、公司行政主管、心理咨询专家以及思想工作者。

最后一种智力是自我认识的智力，这种智力的核心是对自我内在情感的理解能力。自我认识能力强的人较能了解自己的感觉，分辨自己各种不同的心理状态，并能有效地运用这种自我认识能力指导自己的行为，他们具有较强的自省和反思能力，喜好沉思默想，探索自己的内心世界，独立、责任感强，且严于律己；也可能在很多情形下自成一格，宁愿独自行事也不愿与人共处。这些人包括自传体小说家、心理学家、神职人员、私营商人，以及那些对自己内心世界有深刻了解的人。

值得指出的是，加德纳并不是第一个也不是唯一一个提出关于多重智力理论的人。但是，他却是第一个开创性地综合分析许多不同学术领域的研究结果后所创立的一个理论体系的学者。在对多重智力理论的研究过程中，加德纳综合分析了人类学、认知心理学、发展心理学、数理心理学、传记研究、动物生理学以及神经解剖学等领域的研究成果，并在此基础上明确制定了关于智力的一系列基本标准。他认为，每一种智力都必须符合这些标准，而以上 7 种智力就是根据这些标准确定的。

第一，每一种智力都会因大脑某些特定部位受伤而遭到损害。加德纳认为，任何智力必须有一定的生物学基础。各种智力彼此相对独立，藉由脑部受损，可以将各种不同的智力区分开来。脑部的某一部位受到损伤可能会使一个人失去某一种智力，但并不对其他智力造成影响。例如，一个人可能因左脑前额叶受到损伤而失去语言表达能力，但他仍能唱歌、绘画或跳舞。一个人的右脑颞叶受损后，可能会影响其在音乐方面的智力，但听、说、读、写的能力并不受到影响。右脑枕叶受伤的人，其想象力、识别面孔的能力，或视觉上分别细微事物的能力则会受到影响。多重智力理论认为，脑部系统可分为 7 个相对独立的部分。例如，大多数人的语言智力主要依赖于左脑的功能，而音乐、空间和人际关系智力则主要由右脑控制。动力智力由运动神经脑外层灰质、基底神经节与小脑控制，脑前额叶则对自我认识的智力特别重要。

第二，每一种智力都有其特定的符号系统并藉此进行表达。这个理论认为，人类智力的特色在于能用符号，即使用图像、数字或文字来表达思想、情感和生活经验。根据加德纳的研究，不同的智力有不同的符号系统，而且表达的方式也不一样。数理逻辑智力主要使用数字和字母，音乐智力通过旋律与节奏来表达，演员则以复杂的手势和表情作为肢体动作的符号表达情感和观念。此外，还有社会交往的符号，如挥手致意或告别，以及自我的符号，如梦境中的形象，等等。

第三，每一种智力都有其独特的发展过程。多重智力理论认为，每一种智力都是婴幼儿时期开始萌发，而后随着年龄和经历的增长在不同的时期得到发展，最后因年迈而衰退。每种智力各有其独特的衰退形式，有的呈逐渐式衰退，有的呈急剧式衰退。在已经发现的 7 种智力中，音乐智力展露得最早，而且能够持续到老年期。然而，数理逻辑智力却是另一种发展形式。数理逻辑智力在幼年时期萌发较晚，而在青少年时期或成年初期达到高峰，中年后便开始衰退。从科学发展中便可以看出，几乎所有的重大发现、发明、创造都是人们在 40 岁左右完成。

第四，每一种智力都具有特定的文化价值。加德纳认为，智力或智力行为并不是由智力测验成绩的好坏或智商来确定的，而是以人类文明最高成就表现出来，或者说智力测量所测验的能力，没有什么实际意义和文化价值，而真正得以代代相传的是民族神话、民间传说、文学、音乐、艺术、科学发现和技术，这才是人类各种智力的具体体现。加德纳认为，如果研究智力，我们就必须考察每一种文化中在各方面最杰出的代表。因为，各个民族文化都以各自不同的方式表现其智力行为，而传统上以西方文明为中心的语言和逻辑智力作为衡量智力的标准是非常狭隘的。

第五，每一种智力在记忆力、注意力、观察力和解决问题等方面，都具有各自的认知过程。比如，一个人在音乐旋律方面的记忆力可能不如他对面孔或数字的记忆力；一个人可能对音调感受敏锐，但对语言的分辨能力却较差。同时，每种智力都有各自的进化过程，如音乐智力有一部分是鸟鸣演化形成的，而运动智力则是早期人类生活中狩猎活动演进而来的。

根据对智力确定的标准，加德纳进一步指出，以上7种智力只是目前为止所发现的基本智力，但并不排除其他智力存在的可能性。有人在此基础上提出了精神或道德智力的概念。

但是，正如任何新的理论和观点一样，多重智力理论也受到了不同程度的批评和指责。斯腾伯格在其三元论的讨论中便指出，加德纳的多重智力理论主要是对智力进行理论分析，缺乏充分的实证研究依据，并不构成完整而严谨的心理学理论，也不是医治美国教育危机的灵丹妙药。艾斯勒（E. Eisner）在对多重智力理论的评论中也指出，加德纳对智力的定义并不新颖，与斯腾伯格和亨泽60年代对创造力的定义有许多相似之处，而且加德纳对各种智力的论证引用的几乎都是仅代表各领域中少数成就卓越的“纯个案”，对各种智力在大多数人身上具体如何操作和体现并无清晰的论述。莱文（H. Levin）认为，尽管多重智力理论有助于分析和讨论许多重要的教育问题，但它缺乏对如何在教育实际中具体应用的研究，好似纸上谈兵。甚至还有人指出，多重智力理论并无新意，与心理学领域对认知方式差异的研究有许多相似之处。多重智力理论将能力和智力交互使用，严重混淆了智力和能力概念的本质区别，过分扩大了智力的内涵和外延。

自多重智力理论问世以来，很多心理学家对其科学性仍持一定的保留态度。就连加德纳本人也不得不承认，这7种智力的分类，事实上是不存在的，每个人都在不同程度上拥有这7种智力。因而，多重智力理论在一定程度上还只是一个理论框架或构想，尚需进一步通过实证研究加以证明、修改，甚至可能被推翻。出乎意料的是，作为一个崭新的智力理论，在心理学界并没有产生很大的影响，却在教育界引起了强烈的轰动，而且成为当今美国教育改革运动的重要理论基础之一。印第安那州的科艺学校（Key School）就是在多重智力理论的直接影响下，于1987年创办的一所全新的学校，旨在培养和发展学生的7种潜在的基本智力。以多重智力理论为基础，该校聘请了在各个教学科目或智力方面（如美术、音乐、体育等）学有专长的教师，以及一位主管学校和社区关系的专职教师。该校强调给予各个学科和智力同等的重视，以主题活动为主要课程组织形式，将各种智力活动有机地结合起来，运用录像和学习成果展览等方式记录、分析和评价学生的学习过程和效果。另外，由加德纳领导的哈佛大学“零计划”研究小组，也分别与美国教育测验服务中心、塔伏茨大学的费尔德曼（D. Feldman）教授，以及耶鲁大学的斯腾伯格教授等合作，展开了一系列关于如何在教育中应用多重智力理论的实验研究，在美国的教育理论界和学校教育实践中已经产生了积极的影响。

多重智力理论之所以在教育界得到如此迅速广泛的传播和接受，一个重要的原因在于它的基本思想恰好迎合了当时的教育改革气候。80年代初期，人们已认识到传统教育有消极影响，开始全面深刻地检讨所面临的教育危机，并力图寻求提高教育质量的有效途径，而多重智力理论对传统的教育思想提出了挑战，为帮助教育理论和实际工作者进一步充分认识和发挥每个学生的潜在能力，提供了一个新颖的有力的理论依据，于是，很多人便视多重智力理论为拯救教育危机的灵丹妙方。与此同时，教育界不满于传统智力和成绩测验的呼声日益高涨，力求平等与卓越的多元化教育正在逐步兴起，以“儿童为中心”的新进步主义教育运动也方兴未艾，以及美国文化和教育中根深蒂固的个人主义等等因素，都为多重智力理论的广泛传播起了积极作用。

根据上面对多重智力理论的分析和讨论，我们认为多重智力理论至少在以下几个方面具有重要的指导意义，值得我国教育理论和实际工作者，结合我国学校教育与教育改革的现状和问题，深入思考和研究。

①智力观——智力或能力的范围。长期以来，我国的学校教育偏重于培养和发展学生的语言和数理逻辑智力，强调语文和数理化等学科的教学，而忽视了对学生其他能力方面的开发和培养。根据多重智力理论，真正有效的教育必须认识到智力的多样性和广泛性，并使培养和发展学生各方面的能力占有同等重要的地位。音

乐、体育、美术、历史、地理、社会常识等学科，对促进学生智力的多方面发展具有同等重要的价值。狭隘的智力观必然导致狭隘的教育内容，而狭隘的教育内容将培养出片面发展的学生，阻碍甚至扼杀学生多方面的潜在能力。

②教学观——教学环境。多重智力理论认为，每个人都不同程度地拥有彼此相对独立的7种智力，而且每种智力有其独特的认知发展过程和符号系统。因此，教学方法和手段就应该根据教学对象和教学内容而灵活多样，因材施教。我国传统的教学基本上以“教师讲，学生听”为主要形式，辅之以枯燥乏味的“题海战术”，而忽视了不同学科或能力之间在认知活动和方式上的差异。按照多重智力理论，传统教学中的“一支粉笔，一本教科书，一块黑板”，既违背教学规律，也违反因材施教的原则。教师必须让学生积极地参与教学活动，并根据不同的教学对象和内容采取不同的教学方式。而且，即使是同样的教学内容也可以通过不同的方式和手段帮助学生理解和掌握。学生是学习的主人，学校和教师的任务就是以适合学生特点的有效方法，促进每个学生全面充分地发展。

③考试—测验观——智力和教育测验。多重智力理论对传统的标准化智力测验和学生成绩考查提出了严厉的批评。加德纳认为，传统的智力测验过分强调语言和数理逻辑方面的能力，如依序重述或倒序重述一串毫无关联的数字、文字，或者解决一些类比推理的题目，在人为的非自然情境下进行，然后根据标准化答案评分，因此，传统的智力测验有其严重的片面性与局限性，不能真实、准确地反映学生解决实际问题的能力。传统的学科考试过分强调死记硬背的知识，缺乏对学生理解能力、动手能力、应用能力和创造能力的客观考核。根据多重智力理论，智力和教育测验必须通过多重渠道，采取多种形式，在不同的实际生活和学习情境下进行；教师应从多方面观察、记录、分析和了解每个学生的优点和弱点，并以此为依据设计和采用适合学生特点的不同的课程、教材和教法，帮助学生“扬长避短”。测验的目的不应该是对学生分类，排名次，或者贴标签，而应该是帮助教师和家长认识和了解学生的学习特点和需要，并采取适当的措施，帮助每一个学生充分发展其潜能。如有

的学生具有较强的创造能力，思维活跃、想象丰富、不墨守成规，但往往被传统教育视为“叛逆”，贴上“差生”的标签；还有的学生在应用知识的能力方面表现突出，动手能力强，有较强的组织领导能力，擅长人际交往，却可能在学科学习上成绩平平。据此，我们可以说智力测验是手段，不是目的。

④学生观——关于学习者的概念。根据多重智力理论，每个人都有其独特的智力结构和学习方式，所以，对所有学生采取同样的教材和教法是不合理的。真正有效的教学是能够将学生的智力特点与教师的教学方法结合起来。例如，对一个具有高度视觉—空间智力的学生而言，历史教学可以通过艺术、建筑设计或地理等形式将有关的历史事件、人物和地点有效地结合起来；而对一个具有高度人际关系智力或语言智力的学生，历史教学可以通过历史人物传记的阅读和分析，以及对历史人物和事件的戏剧性扮演有效地进行。另一方面，多重智力理论也为教师们提供了一种积极乐观的学生观，即每个学生都有其可取的方面，重要的在于教师应该从各个不同的角度去了解学生的特长，发现其闪光点，并相应地采取适合其特点的有效方法，扬长避短，使其特长得到充分的发挥。

一言以蔽之，每个学生都不同程度地拥有至少 7 种基本智力，问题不是一个学生有多么聪明，而是这个学生怎样表现其聪明，在哪些方面聪明。学校教育的根本任务就在于创造有利的条件，使每一个受教育者都能充分地发展其潜能，使个性得到全面和谐的发展，这乃是智力开发和教育的终极目标。

（冯建华　罗晓路）

选自：心理发展与教育，1997（1）

麦独孤

（William McDougall）

- 生平简介
- 名篇选读

  社会心理学导论（节选）
- 思想评介

  麦独孤的社会心理学思想述评

生平简介

W·麦独孤（1871～1938），西方社会心理学创始人之一，策动心理学的主要代表人，心理学取向的社会心理学家。麦独孤 1871 年 6 月 22 日出生于英国的兰开夏，1890 年毕业于曼彻斯特大学，后进入剑桥大学学习医学，1894 年获医学士学位。在学生时代，麦独孤是个进化论者。他竭力效仿达尔文的行为，随剑桥人类学探险队到托列斯海峡诸岛对原始民族进行人类学和心理学的考察。1889～1899 年间，他又独自到婆罗洲考察了当地的土著部落居民。麦独孤曾到德国的格丁根大学向 G·E·米勒学习心理实验的技术。1904 年到 1906 年间，他先后在伦敦大学和牛津大学学习哲学心理学，同时担任伦敦大学的讲师，并主持一个规模不大的实验室的工作，1912 年因其出色的科学研究工作当选为英国皇家学会会员。第一次世界大战期间麦独孤出任英国陆军战争神经病医生。后来，他出版了一本题名为《变态心理学纲要》（1926）的书。战后，他应邀到美国并任哈佛大学的心理学教授，1927 年因和该校的心理学家研究方向不一致，离任转到杜克大学任教，1938 年于美国北卡罗来纳州的达勒姆去世。

麦独孤认为心理学是“人类心灵的科学”，心理学研究应该走心灵科学的路线，即认为有目的的努力是一个基本范畴，把心灵看作有目标的奋斗（努力）过程。为此，麦独孤的心理学被称为目的心理学或行为的策动理论。这个理论既反对构造主义，也反对行为主义。

麦独孤主张心理学应着重研究本能、情绪、情操和意志。他认为，过去的心理学过分偏重认知方面，忽视情和意。认知活动只有和情意活动一起才能构成个体的主动活动。本能概念是麦独孤的一个重要概念。他理解的本能是“一种遗传或天赋的心理—生理倾向，它决定它的占有者对某种客体的知觉和注意；体验知觉这种客体时引起的一种特殊情绪兴奋以及特殊方式的动作，或者至少体验到对客体动作的冲动”。麦独孤认为本能是全人类活动的原动力，在麦独孤看来，动物的一切行为受本能支配，本能的内驱力似乎决定的是非理性的行为，但人类是从低等动物进化而来的高等动物，在发展史上应具有一定的延续性，因此在人类的行为中，也必然有一些基本的动机，麦独孤用“本能”指代这些基本动机，并认为本能包含有知、情、意三种心理成分，具有心理—生理倾向。

麦独孤本能概念的核心是情绪体验。他认为社会现象是个体与生俱来的大体相似的本能倾向的结果，这种遗传的本能包括三个组成部分：一部分是感知方面，是注意特定刺激的倾向；一部分是运动方面，是做出一定动作或朝向一定目的的倾向；还有一部分是情绪方面，这是本能的核心部分，每种本能都伴随有相应的情绪状态。麦独孤区分了14种原始本能及与其配对的情绪，并进一步区分出三类情绪：第一类是由本能引起的情绪，称为基本情绪；第二类是混合情绪，如果基本情绪中的两种本能同时引起活动，那么和它们相应的两种情绪就结合成新的情绪，即混合情绪；第三类是派生情绪，指的是不和第一类本能相同，由其他强烈的冲动或倾向引起的情绪。麦独孤用原始本能和情绪配对的方式本身就比较勉强，因此在进行情绪分类和本能阐述时遇到困难。1932年，麦独孤终于放弃了本能这一概念，改用行为倾向来代替，进一步提出了与原来的本能大同小异的18种行为倾向。

麦独孤着重研究本能和情绪，缘于他对社会心理学的理解。他认为人类心理是社会的产物，心理学对社会科学有重要意义。他主张“社会心理学必须说明个人心理的天赋倾向与能力如何形成所有复杂的精神生活，以及这种生活又如何影响个人天赋倾向与能力的发展与表现”。而本能则是解决这个问题的灵丹妙药。他认为心理学所研究的人类行为的源泉，就是本能的核心，即配对的原始本能和情绪。而这恰恰是过去只注意研究智能方面的心理学所忽视的。麦独孤为了加强情和意的研究还提出情操学说，认为情操是“一种以关于某客体的观念为中心的、有组织的情绪意向体系”，并按情操的形式、性质和模式，对情操进行了分类。

麦独孤的主要著作有：《生理心理学入门》(1905)、《社会心理学导论》(1908)、《身与心》(1911)、《心理学：行为的研究》

(1912)、《团体心灵》(1920)、《心理学大纲》(1923)、《变态心理学纲要》(1926)、《人的能量》(1932)、《精神分析和社会心理学》(1936) 以及《生命之谜》(1938) 等。

(任 杰 佐 斌)

名篇选读

社会心理学导论(节选)

本能的性质及其在人类心理构成中的地位

人的心理有一定的天生或遗传的倾向(tendencies),它们是个体或群体思想和行为的重要源泉和推动力量,也是个体或民族的性格(character)和意志(will)在智力官能(faculties)的引导下得以形成的基础。这些原始的先天倾向在不同种族个体的内在构成中强度是不同的。不同文化阶层、不同社会背景的人们对它们的偏爱或抑制的程度差别很大。但是,这些先天倾向是任何时代任何民族的人所共有的。如果这一观点成立,即人的本性中都存在这样一种共同的先天基础,它将为探索人类社会和人类本能发展史提供一个非常重要的基础。因为如果认为不同时代不同种族之间人类心理的先天倾向差异极大,那么所有这些探索的根基便如同建立在流沙之上,我们也就无法期望得到非常确定性的观点。

比较心理学研究的事实说明,先天倾向所构成的人类心理的先天基础具有稳定性。我们看到,强弱不同的先天倾向不仅存在于目前地球上现存的所有种族的人身上,而且还可以在大多数高级动物身上发现,或至少发现它们的萌芽。由此看来,这些先天倾向在原始人类的心理中,以及在联结人和动物界演化断层的前人类祖先身上都无疑发挥了重要的作用。

这些构成了人类性格和意志的基础的、至关重要而又相对稳定的倾向，大致可分为两类：

(1) 特殊倾向或本能。

(2) 一般或非特殊倾向。它们是心理和心理过程演化到一定复杂程度时，从心理构成和一般心理过程的本质中产生出来的。

……

现代的学者们经常使用“本能”（instinct）和“本能的”（instinctive）这类词，但用得很不严格，几乎为迎合科学的目的而损害这些术语。一方面，形容词“本能的”常被用于指各种自发的人类行为；另一方面，人们又普遍把动物的行为归因于本能。这样，本能就被含糊地认为是性质上完全不同于任何人类官能（faculty）的神秘官能，是由于动物没有更高级的心智官能而由上帝赋予的。我们可以从现代学者那里，甚至从一些非常富于理性的学者那里引用无数的章节来说明，人们如何最保守地使用了这两个词的含意，并通常带有作者对其思想的含糊和不一致性进行掩饰的痕迹。下面这些例子可以说明这些滥用或误用的散漫状态，甚至极有素养的学者也在使用心理学术语时习惯性地这样做。一位哲学家在一篇关于社会问题的文章中写道，国家的力量“依赖于服从的本能，这种本能是人们向往某些社会目标的必然后果，尽管人们的思路多多少少有些不同”；另一位学者声称祖先崇拜是作为“唯一的传统和本能”在西方人中间流传下来；最近一位医学者谈到，如果一个酒鬼以水果为食，他就会“成为一个本能的绝对禁酒者”；一位政治学者写到：“俄国人正在快速获得一种政治本能”；一位著名的哲学家最近写了一篇道德论文，我们可从其中两节里举出许多相应的例子。其中一节把血债血偿的说法说成“原始人性的顽固本能”；另一节则断言：“惩罚产生于报复的本能。”又有一位著名的哲学家主张“自治（self-government）这一术语暗含着社会高压统治的理论和根据”。我们从最近一期的《观察者》（*Spectator*）中一篇公然自称为心理学的文章里摘出下面一段话，来作为我们最后的说明：“冲突本能像容忍本能一样是天生的……这些本能是根深蒂固的，无论从内部还是外部，都是不可改造的。它从极端懦弱中迸发出来，寻求新的独立的本能，影响着整个心理和个性。”这些生动的例子说明了当前术语使用的状况，从中可以看出，某位学者解释不了某种个体或群体行为时，或根本无意去解释时，“本能”和“本能的”这些词常常就成为了他掩饰无知的一种托辞。然而，如果不能清晰而牢固地把握本能的本质及其在人类心理中的作用范围和功能，也就无法了解个性或个体和群体行为的发展特点。

上个世纪中叶以前，有关人类心理的论文中还很难找到详细论述本能的内容。但是，由于达尔文（C. Darwin）和赫尔伯特·斯宾塞（Herbert Spencer）的努力，已经在一定程度上揭开了动物本能的神秘面纱，使本能与人类智力和行为的关系成为近年来讨论最广泛的问题之一。

在专业心理学家中，术语“本能”和“本能的”在使用上已有了比较一致的意见。它们一般用来指心理中某些先天的特殊倾向。这些倾向为所有种系成员所共有，从种系适应环境的过程中演化而来，是心理构成的先天要素，既不能被消除，也不能从个体的日常生活中习得。一部分学者，最突出的是冯特（W. Wundt）教授，既用这些术语指那些非常稳定的习得性行为习惯（即人们常说的二级自动化行为），又用它们指先天的特殊倾向。前面一种用法似乎更可取，也是本书所采用的用法。

然而，即使严格使用这些术语的心理学家，对于本能在人类心理中的地位也有很大的异议。人们都承认，前人类祖先的命运是由本能操纵的；但是，一些人认为，随着人的智力和理性能力的发展，人的本能不断退化，如今仅成了现代文明人身上一个麻烦的前人类特征的遗迹，就像一截蠕虫大小的阑尾，如果可能，最好用外科医生的手术刀将它切去。而另一些人认为，本能在人类心理构成中占据了更加突出的地位，因为他们确信，尽管智力随着高级动物和人的进化而增长，但并不能取代本能，因此也就不会导致本能的退化，只能控制和修改它们的作用方式；施耐德（G. H. Schneider）和威廉·詹姆斯（William James）认为，人的本能至少与动物一样多，是决定人的行为和心理过程的主导要素。这种观点正在迅速获得支持。我希望本书能在帮助人们认识人类本能的作用范围和功能方面尽微薄之力；因为我确信，将来人们会看到，这是我们这个时代心理学最重要的进展。

只有智力水平较低的动物才表现出单纯的本能行为。在较高等的脊椎动物中，单纯的本能行为模式几乎都被智力、智力引导下的习得性习惯和模仿所改变了。尽管婴儿的智力在出生数月后几乎没有发展，在他们身上还是很难看到单纯的本能行为；虽然人的本能是与生俱来的，但在生命头几个月并无发展，只有在从婴儿到青春期的各个时期里才不断成熟，逐渐能够发挥其功能。

也许昆虫生活所提供的是最突出的单纯本能行为的例子。许多昆虫总是将卵产在固定的地点，幼虫在那里孵出时，可以找到所需要的食物，或者有些幼虫在那里可以作为寄生虫，以某种方式附着在宿主身上生存下来。在这些例子中，母体的行为显然是由相应的客观事物和地点造成的感觉印象决定的，比如，果肉腐烂的味道使腐蝇（carrion fly）在上面产卵；某些昆虫看到某种特殊的花或闻到花的味道，就会在花的胚株里产卵，胚株就成了其幼虫的食物。还有一些昆虫要经历更精细的行为过程，像胡蜂，当它在一个泥巢中产卵时，会在里面放上一些被刺得麻木了的虫子，然后封上口，这样，虫子就会成为其后代的可口食品，但幼胡蜂的父母辈是不会看到这些的，也不会想到它们的后代需要这些。

低等脊椎动物中，完全不受智力影响的本能行为也很普遍。幼鸡听到母鸡的某种叫声，就会跑到母鸡身下偎依着它。在笼子里单独喂养的松鼠幼仔，第一次给它坚果时，它会张嘴吃掉一些，然后用其种系特有的动作把剩下的埋起来；小猫看到一条狗或一只老鼠，会作出猫科同类共有的姿态和行为。甚至像家狗这样比较聪明的动物，也会表现出单纯的本能特性；例如，当一条小猎狗发现了兔子的踪迹，它的捕获本能立刻由嗅觉激发起来，在追踪过程中，任何其他感觉印象都不会对它产生影响，一旦发现了猎物，就显露出其特有的本领，突然狂吠起来。它的野生祖先是群体捕获猎物的，那时，看到猎物时发出特有的叫声是为了唤来同伴的帮助。但是，当一只家养的小猎狗单独猎捕时，它兴奋的狂叫只会给猎物制造逃跑的机会。看来，古老的群体本能的力量太巨大了，以至于有限的智力是无法克服的。

这几个例子已清楚地表明了单纯本能行为的性质。一般情况下，总是某些感觉印象或感觉印象的联合激发起非常明确的行为，即种系的所有个体在所有类似的情境里表现出来的某些动作或动作系列。一般来讲，被激发的行为不是对动物个体的生存有利，就是对其所属的群体有利，或是为了保证种系的永久生存。

学者们在讨论动物的本能时，通常把它们说成指向某类物体的先天倾向。赫尔伯特·斯宾塞把本能行为称作连锁反射行为，这种说法流行很广，但它只考虑了本能导致的行为和动作。本能不仅仅是某类先天行为倾向或意向（dispositions）。我们有各种理由相信，即使是最单纯的本能行为，也是特定心理过程的产物。这种心理过程是不能用纯机械的术语来说明的，它是心理—物理过程，既有心理的变化，又有物理的变化，只有像对待一切心理过程一样，利用心理过程的三个方面——知、情、意，才能进行充分的说明。这就是说，每一种本能行为都包括了对事物或对象的认识、情感以及为接近或远离对象所付出的意志努力。

当然，我们无法对本能行为的心理—物理过程的三个心理侧面进行直接观察；但我们能够设想，这种过程总是伴随着神经系统的过程，其直接的后果是导致本能运动。这一过程开始于客体的物象刺激某些感觉器官，顺着感觉神经上行，经大脑变成有序的神经冲动流，然后沿传出神经下行，到达相应的肌肉群和其他运动器官。我们确信能够设想出心理过程认知方面的特点，因为神经兴奋经过大脑的某些部位，这些部位的兴奋性导致了感觉的产生或意识的感觉内容的变化。我们确信能够设想出心理过程情绪方面的特点，因为生物体表现出来的情感特征和情绪兴奋性是非常明显的；而且，我们特别确信能够设想出心理过程意动方面的特点，因为所有的本能行为都具有心理过程的独特标记，即朝向心理过程的先天目的所做的持续努力。这就是说，这一过程与单纯的机械过程不同，再多的机械障碍也无法阻碍它的前进，只会使它更加坚强，只有达到了适当的目标，或是某些更强大的与之冲突的倾向被激发，或是生物体本身由于持续的努力而耗竭时，这种努力才会停止。

现在看来，本能行为的心理过程是由感觉印象激发的，这一感觉印象常常只是同一时刻接收的众多感觉印象中的一个；它在决定动物的行为上起着主导性作用，这说明它的作用是特定的，神经系统是特化的，是特别适合接收这种印象并对其作出反应的。我们必须假定，这种印象不仅激发动物感觉领域里的单个变化，而且还能激发对动物有重要意义的感觉和感觉联合；因此，我们认为本能过程的认知方面具有独特的初级知觉性质。在与我们非常相近的动物的许多本能行为中，我们可以清楚地看到恐惧、愤怒和柔情这类特殊的情绪特征；并且同一种情绪特征通常可以伴随任何一种本能行为，就像猫表现出防御性的姿态，狗抗击陌生狗的入侵，母鸡温柔地把它的小鸡聚集在翅膀下面。我们可以确信，每一种本能行为不论多么微弱，总会伴有这类行为特有的情绪兴奋。以我们自己的经验类推，我们可以确信，指向目标的持续努力作为心理过程的特征，把本能行为与单纯的反射行为彻底地区分开来了，它意味着存在某些我们称之为意动的经验模式，这种经验模式进一步发展的形式被称作渴望和嫌恶，有时在我们身上察觉不到，而在动物身上却是司空见惯的，这种经验是一种冲动，一种渴求和需要的紧张感。更进一步讲，我们可以确信，本能的努力不断受阻总会导致痛苦的体验，不断接近本能的目标总会伴随愉悦感，而达到本能的目标则会产生愉快的满足感。

如果按照一般的说法，反射行为是由感觉刺激引起的运动，是神经反射弧中一系列物理过程造成的，那么就不能把本能行为看成简单或复合反射行为。尽管如此，就像反射行为意味着神经反射弧参加到神经系统中一样，本能行为也意味着要有某些持久的神经基础的参与。这些神经基础具有遗传的结构，是一种先天的或遗传的心理—物理意向，从解剖学上来讲，可能是一种感觉运动神经弧复合系统的形式。

这样，我们可以把本能视为一种遗传的或先天的心理—物理意向，它影响主体感知、注意某类客体的过程，影响在感知时体验到的特定的情绪兴奋程度，以及对感知到的刺激作出的特定动作或者神经冲动。

还需进一步说明的是，有些本能，如饥饿，达不到某种身体状态时是不能被激发的。对此我们须这样设想，身体过程或状态影响身体内部的感官刺激，由此上行至心理—物理意向的神经冲动使之保持兴奋的状态。

在整个生命过程中，低等动物的行为似乎完全由经验无法改变的本能操纵着；一旦激发起一种本能，它们就以确定不变的方式去知觉、感受和行动——即，一出现相应的客体，动物马上产生相应的机体状态。这些动物最复杂的心理过程不过是在同时激发的两个相反的本能倾向间发生冲突。把本能作为一种心理—物理意向来看的话，这种行为是容易理解的。

虽然我们无法肯定是否所有动物的行为完全决定于经验无法改变的本能，但所有的高级动物显然都相当高明地通过各种方式学会了以本能行为去适应特定的环境；而在人类心理发展的漫长过程中，本能过程变得更为复杂了，以至于直到现在人和动物本能过程的重要的相似之处仍然很容易被混淆。本能过程的复杂性主要表现在如下四个方面：

(1) 能够激发本能反应的不仅包括直接刺激先天意向的那类客体知觉，即本能先天固有的刺激物，还包括该类客体以及其他客体的观念。

(2) 本能赖以表现的身体运动可以被无限地改变和复杂化。

(3) 由于驱使人类本能发挥作用的观念的复杂性，几种本能常常被同时激发出来；这时，几种本能过程就会不同程度地混合在一起。

(4) 本能倾向会围绕某些客体或观念以或多或少的系统化程度组织起来。

过多地考虑本能行为的前两种复杂模式，会把我们扯入智力过程的心理学中去，而这恰恰是大部分心理学教科书的主要工作。在此我们仅对其中最重要的几点进行说明。

为理解本能行为的复杂性，我们必须对本能行为的概念进行更细致的分析。前面说过，每一种本能行为都包含心理过程的三个方面——知、情、意。现在，我们把先天的心理—物理意向，即本能，看成由三个相应的部分（输入部分、中枢部分与运动或输出部分）所组成，三个部分的活动分别具有整个本能过程知、情、意的特点。整个心理—物理意向的输入或接收部分是一些组织化的神经单位或叫做神经元群，特别适于接收和加工本能的客体刺激物刺激感官所产生的神经冲动，其构成和活动决定着整个心理—物理过程的感觉内容。从输入部分传来的神经兴奋扩散到整个心理—物理意向的中枢部分，中枢部分的构成以最有利于本能行为发挥作用的方式，决定着神经冲动的分布，特别是那些下行调节内脏器官——心脏、肺以及血管、腺体等的工作状况的神经冲动的分布；中枢部分的神经活动关系到整个心理过程的情绪及其特性。神经兴奋经中枢部分到达输出（运动）部分；输出部分的构成决定着神经冲动在骨骼肌系统中的分布，借此本能行为得以完成。输出（运动）部分的活动关系到心理过程的意动因素，即感受到的行为冲动。

请注意，在个体漫长的生活史中，输入（接收）部分和输出（运动）部分都会发生较大的改变，且既不互相影响，也不受中枢部分的影响，而中枢部分在个体一生中都是这一心理—物理意向的重要而稳定的核心。因此，对于智力和适应性都高度发展的人类来说，每一种本能意向的输入和输出部分都易于发生多种改变，而中枢部分却不受影响。也就是说，激发本能过程的认知过程是极其复杂多样的，实现本能过程目的的实际身体运动也是具有无限复杂性的；而只有本能意向中枢神经部分产生的情绪兴奋，才是唯一在整个本能过程中保持其特殊性质不变的部分。本能被激活时，所有个体在情境里都保持着情绪兴奋的共同特点。正是由于这种原因，学者们才常常把动物本能行为看作一种类型的心理过程，而把人类的情绪过程看作另一种类型的心理过程，而没有看到每一种情绪兴奋始终都是本能过程的反映和最稳定的特征。

现在让我们简要地考虑一下本能意向的输入输出部分发生改变的方式。为清楚起见，我们以恐惧或逃跑这一特殊的本能为例来进行说明，这是动物王国中最强大最普遍的本能之一。在人类和大部分动物身上，这种本能可以被任何一种突然的巨大声响所激发，这一过程并不受与响声有关的危险或伤害经历的影响。因此，我们可以设想，这种先天意向的输入通道，或者仅指其中一个输入通道，是由通过感觉神经与耳朵联系起来的听觉中枢系统组成的。这一通向先天意向的输入通道特殊化的程度是很小的，因为任何较大的声音都可以激发它。而经验使输入通道发生的一个变化就是特殊化，多数动物如果不断听到响声而不伴有伤害，便不再会注意这些响声，逃跑本能也就不会被激发起来；也就是说，它们学会了区分这些响声和其他的声音。这表明知觉意向，即本能的输入通道，进一步被特殊化了。

另一种改变本能的输入或认知部分的基本模式更加重要。以荒岛上的鸟来说，人首次出现在岛上时，它们并不害怕。但不害怕并不表明鸟没有恐惧本能，只是其本能中还没有分化出接收人类形体的视网膜印象罢了。当人类开始射击时，人的形象很快就激发了鸟的恐惧本能，这时人再走近一些，它们就会逃跑。我们怎样解释这些经验引起的本能行为变化呢？我们是不是可以说，鸟有一次或几次以至很多次看到，当一个人走近的时候，它们的同类就掉落到地上，痛苦地哀号起来，由此想到，是这个人伤害了它的同类，可能也会伤害自己，所以应该提前躲避呢？目前还没有心理学家接受这种拟人化的解释。如果我们正在考察的是一群野蛮人甚或一群哲学家或逻辑学家的行为，这种解释的错误之处就在于把行为变化归因于单纯的智力过程。那么，我们是不是可以说，由于突如其来的巨大枪响激发了鸟的恐惧本能，声音知觉经常伴随着人类形体的视知觉，人的形体观念与声音观念联结在一起，这样再见到人时，鸟就会重新产生枪声的印象，再通过其先天组织化的输入通道——听觉中枢系统，激发了本能兴奋性呢？这种解释比前一种更接近事实了。许多心理学家提供了对相关事实的解释，并普遍为人们所接受。接受的内容包括，认为本能能够被经验改变的动物都有灵活性的观念和脱离感觉表象表征客体的能力。这就是说，这是针对除了最低等之外的动物而言的；我们确信，只有人类和较高级的动物具有这种能力。因此，对于这一事实，我们必须采用一种更简捷的解释。我们可以这样设想，既然枪声使人类形体的视觉表象不断地伴有恐惧本能的激发，视觉表象就直接获得了激发特殊本能反应的能力，而不是通过声音观念的再现间接获得的。譬如，我们可以这样设想，有过几次经验后，人的形象就直接激发本能过程的情和意两个方面了；或者，我们可以用生理学的术语来描述，有过几次经验后，用于加工人类形体的视网膜印象的视觉结构就直接与本能意向的中枢和输出部分联结起来了。这样，本能意向就有了新的输入通道，并通过此通道而被激发，不再受原来的输入通道影响了。

我们有充分的理由相信，第三种解释比前两种解释更加接近事实。首先，许多本能在具备全部客体经验以前，就可以被产生不同感觉的不同客体所激发，这一事实证实了这一解释所暗含的本能倾向的输入部分具有相对独立性的设想。在这方面，恐惧本能表现得最为明显，在许多动物身上，恐惧本能都可被视觉、味觉和听觉以及各种巨大声响（也许还有痛苦的感觉印象）等特殊的感觉印象激发起来，所有这些感觉印象又激发起本能特有的情绪表现和身体运动。因此，我们可以推论，一种本能可以有多个先天组织化了的输入通道，通过每一个输入通道都可以激发本能的中枢和输出部分，而不会有其他的输入通道参与到这个兴奋过程中来。

然而，第三种解释的最有力的证据是要通过省察我们自身的情绪状态才能获得。我们初次面对一只动物或一个物体时，可能并不会太在乎，可是一旦受到了它的伤害，再面对它时就会感到恐惧或愤怒，并可能马上会体验到情绪兴奋以及某种逃跑或攻击的冲动，但并不会再现先前所受伤害的性质和情形。尽管先前所受伤害的观念可能因为知觉到或想到了造成伤害的一个人或一只动物或一个物体而再现，但这种再现已不是本能反应的情绪和意动部分的再次兴奋过程的必不可少的一步了，因为人和物体的视觉印象会直接激发先天意向的中枢和输出部分的兴奋。通过这种方式，经验使我们的情绪和意动意向与许多我们本来并不关注的客体联结起来；我们不仅没必要回忆起联结得以建立的经验，而且许多情况下任凭我们怎样搜肠刮肚也难以做到这一点。

在所有较高级的动物中，本能意向根据时间接近的联结原理获得新的知觉通道的情况大量存在着，这是它们从经验中获益的主要方式，使它们比仅仅使用其单纯的先天行为更能适应环境中复杂多变的客体。这种情况在人类身上就更普遍了，由于进一步的复杂化使能够激发情绪和意动意向的感觉表象被再次表征或以观念的形式再现；由于表征与感觉表象有着基本相似的神经基础，因而都能激发情绪和意动兴奋；又由于从简单联结的再现到最精细的判断推理，任何一种智力过程都可以将表征引入到心理之中来，因而发达的人类心理中任何一种本能意向都能够以无限多样的形式被激发。

非先天客体刺激物还有另外一种激发本能中枢和输出部分的基本方式。这种方式类似于所谓的相似导致再现的观念再现；与本能的特定刺激物有点类似而实属不同种类的一个物体和一种感觉印象，是凭借其与特定客体的相似特征来激发本能的。我们以一个简单的例子来说明，一匹马被扔在路边的一件破衣服吓得惊跳起来，这无疑是由于本能的激活引起了惊跳，它的功能是从匍匐着的野兽面前快速逃脱。衣服完全像匍匐着的野兽，因而激活了本能。这个例子简单地说明了这种方式的作用原理。在人类心理中，它的作用方式更加精细和广泛。只要两个客体间形状和关系有细微的相似，就足以使其中之一能够激活作为另一客体出现时发生的本能反应的情绪和冲动；而且，这种情况的发生既不需要个体明确意识到这两个客体的相似之处，也不需要在意识里一定有第二个客体的观念，尽管很多情况下是会意识到这些的。这一原理在人类心理中的作用范围之所以十分广泛，不仅因为相似性的作用方式更加精细，而且因为在时间接近原理的作用下能够直接激活本能的客体的数量越来越多，每一客体都具备相似性原理发挥作用的条件。也就是说，每一客体凭借时间接近原理都获得了激活本能中枢和输出部分的能力，这使许多或多或少与之类似的客体也具备了同样的效果。这两条原理的联合作用方式可用一个简单的例子说明：一个小孩由于某人怪异的面孔或穿着受到惊吓，从此以后，不仅是看到或想到此人会感到害怕，而且，任何一个具有相似面孔或穿着的人也会产生同样的效果，而先前的恐惧情境和产生恐惧的人的观念并不在意识里再现。

就本能过程为实现其目的而导致身体运动部分的改变比就本能

过程认知部分的改变而言，人比动物优越得多。因为，动物几乎不能获得和使用任何除了其本能意向和脊髓协调反射中先天的连锁运动之外的运动。甚至像家狗这样比较聪明的动物也是如此。尽管通过长期训练，或许能够教会许多较高级的动物掌握一些连锁运动——比如狗用后腿走路，猫能坐直。但是，当我们看到马戏团里的马站木桶，狗用后腿跳跃时，毕竟仍会感到无比惊讶。这说明一般情况下先天的动作连接是如何严格地限制了动物。

与之相反，在人类身上，只有几种简单的本能是出生后随即形成，且其运动表现完全是由先天意向决定的；比如吸吮、哭喊、爬行、眨眼以及风吹来时收缩等本能。在个体发展过程中，人类的大部分本能是在较晚的时期才成熟的，此时个体已获得了相当的智力调节和运动模仿能力。因此，这些本能的运动倾向很少以完全先天的形式表现出来，而是首先被不同程度地改变、调控和抑制。对躯体和四肢的运动来说更是如此，而那些达尔文称之为实用的联合性运动的辅助运动，比如那些由于面部肌肉收缩发生的运动，就很少受到控制，不过某些民族和国家的人民由于风俗习惯要求控制面部运动的除外。或许用一个例子能够说明其中的主要原理：我们可能已经或多或少学会了压抑好斗本能（the instinct of pugnacity）被激发时为寻求发泄而产生的身体运动；或者通过学习拳击，使身体运动更有利于遏止这种本能；或者学会了以经常进行竞技运动来替代搏斗。这样，当好斗本能激活的时候，我们的手不是从事竞技运动就是藏在裤兜里，后者就不会再与别人搏斗了。但是，我们很少能够制止心脏的激烈跳动，脸部的阵阵发红，呼吸的突然加重以及血液供应的总体分布变化和神经的紧张。这些都是本能激活时内部器官的表现，它们是由中枢神经部分的结构决定的。因此，对成人来说，尽管本能可能不是被先天意向提供的客体和条件激发的，本能表现出来的身体运动也可能不是先天决定的，或者本能可以不在强烈意动控制导致的身体运动中表现出来，但是不变的中枢神经部分仍将产生与原来的先天意向一致的内部器官变化，并伴随着意识的情绪状态，这些内部器官的变化通常又伴随先天决定的、但比较轻微的面部表情。因此就其主要特征而言，有些时候任何种族的人的愤怒情绪的特有表现和征状都是一样的。

人所有的基本本能的输入和运动部分都易于发生类似的变化，而中枢部分却保持不变，并决定着意识的情绪特点和本能激活时特有的内部器官的变化。

还需补充的是，尽管本能活动由于经常受到控制而发生改变，但心理过程的意动方面始终保持着运动冲动的独特性质；当感受到的冲动逐渐意识到其目的时，就具备了渴求或嫌恶所具有的鲜明特点。

那么，本能冲动是人类进行思想和行动的唯一动力吗？过去的许多心理学家坚持认为，快乐和痛苦是人类活动的唯一动机，是渴求和嫌恶的唯一源泉，是这样吗？

就前一个问题而言，其答案是，发达的人类心理中还有另一类行为动力，即习得性的思考和行为习惯。一种习得活动的模式是通过重复而变为习惯化的，重复的次数越多，作为冲动或动机的力量来源，习惯就会变得越有力量。但是，在这方面几乎没有习惯能同基本本能相比；从某种意义上说，习惯来自本能，是从本能中派生的；因为没有本能，任何思考和行动既无从实现，也不能重复，更谈不上形成思考和行为的习惯了。习惯只有依靠本能才能形成。

就第二个问题而言，其答案是，快乐和痛苦本身并不是行动的动力，最多也只是间接的动力；它们只能改变本能过程，快乐保持和延长一种行为方式，痛苦将其缩短；在它们的推动和引导下，本能导致的身体运动的变化性和适应性就发生了改变，这在上文中我们已简要讨论过。

于是，我们可以说，本能是所有人类活动最首要的直接或间接的动力。有些想法，无论看起来多么冷漠、毫无感情，却都是凭借某些本能的意动性或冲动性的动力（或来自本能的某些习惯）而先天地指向它们的目标，才使每一种身体活动得以激发和保持。本能冲动决定所有活动的目的，并提供保持心理活动的策动性的力量；高度发达的心理中，所有复杂的智力结构仅仅是达到这些目的的手段，仅仅是本能获取其满足的工具，快乐和痛苦只是被用来指导如何选择这些手段。

如果离开了具有强烈冲动的本能意向，有机体将不能够进行任何活动；就会像一台被拆去了发条的时钟，或灭了火的蒸汽机一样停滞不动。本能冲动是维持和塑造所有个体和社会生活的心理动力，我们从中看到了生命、心理和意志最核心的秘密。

选自：麦独孤．社会心理学导论．俞国良等译．杭州：浙江教育出版社，1997

思想评介

麦独孤的社会心理学思想述评

麦独孤作为初期的社会心理学家对社会心理学的发展有两个主要的影响，第一是为社会科学建立心理科学的基础，第二是为社会心理学提出集体心灵的假定。

1．社会科学的心理基础：本能和动机

早在1908年，麦独孤在发表《社会心理学导论》时，就曾说过："心理学对社会科学有一个基本重要的部门是研究人类行动的源泉，即维持身心活动和调节行为的冲动和动机的部门；可是这在心理学的所有部门之中，却是最落后的，因为它是最隐晦、含糊和混乱的。至于有关意识状态的适当分类、元素的分析、这些元素的性质、它们混合的法则等问题的解答对社会科学是几乎没有多大意义的。"[①] 因此，麦独孤便以他的一生精力研究他所认为心理学的这个落后部门的问题，也就是先天的本能倾向或动机的问题。

他对德国传统的实验心理学研究是不满意的，认为它无助于解

① 麦独孤．社会心理学导论：英文版．出版地不详，3

决社会科学的心理学基础的问题。为了解决这个问题，只能借助于先天的行为动力或本能的探索。他这个主张是有他的历史渊源的，原来英国前辈心理学家沃德（1843～1925）受了与冯特相反的布伦塔诺的影响，“也可说是一位意动心理学家”①。麦独孤继承而又发展了沃德的传统，从而构成了他的“目的心理学”。他说，“目的的行动是心理学的最基本的范畴”②。这个目的心理学后来为什么又改称策动心理学呢？这是由于受了沛西能的提示。沛西能发表了一本《教育原理》，认为目的行为有一种内在驱力。“对于这个驱力或冲动的因素，不管发生在人们和高等动物的意识生活中，还是发生在身体的无意识活动中和低等动物的（假想的）无意识行为中，我们建议给它一个独特的名称——策动（希腊字 horme）。”③ 因此，麦独孤便称他的心理学为策动心理学，而以本能为社会行为及一般行为的基础。

2. 本能

麦独孤说：“本能是人的一切活动的主要动力，每一种浮想联翩，不管它似乎平淡无味，但由于某种本能的意力或冲动力的支持，也可以达成结果，而且每种身体活动也都借这种力量，从创始时起持续不止。我们如果没有这些本能倾向，以及其强有力的冲动，其有关的机体就不复能进行任何种活动，而患瘫痪了，好像大发条已被除去了的坏表，或一部火已熄灭了的蒸汽机。这些冲动是保持和形成个体和社会生命的精神势力，在它们那里，就存在着生命、心灵和意志的奥秘。”④

麦独孤的这个本能概念本源于达尔文主义。墨菲曾经说过，麦独孤“发现自己作为达尔文主义者，深深不满意于一切联想主义的假设”。据说，他有一次在饭馆用餐时听到邻座有一个人出于对年青人的关怀，讲到心理学时，赞赏着说，“我观念的联想，还有一

---

① 波林. 实验心理学史. 高觉敷译. 北京：商务印书馆，1982. 525

② 麦独孤. 心理学大纲. 英文版. 出版地不详，51

③ 沛西能. 教育原理. 出版地不详，24

④ 麦独孤. 心理学大纲：英文版. 出版地不详，218

切这类的东西，很重要！”墨菲以为麦独孤心里想回答他说，“很不重要”①，他的真实思想认为重要的乃是行为的主要动机或本能。

G·W·奥尔波特也阐述了麦独孤与达尔文主义的关系。他说：“从笛卡儿以后，官能心理学家肯定和区分了人的官能，但是他们的奋斗没有导致有关这些能力性质的系统讨论，从而发挥其在社会上的效用。达尔文的自然选择说改变了这个局面，使我们有理由相信一切行为——动物的或人类的、个体的或社会的都依靠大批本能的进化，促成物种的生存。博物学家受了达尔文的启发，立即开始为动物本能编制目录，不久以后，心理学教科书较欠考虑地罗列人类动机的基本单位的名单。但这样就需要由麦独孤来体会达尔文主义的涵义，建立以本能假设为基础的一种有完满连贯性的社会心理学。”奥尔波特接着征引了麦独孤的本能定义如下：“一个本能是一种遗传的或先天的心物倾向，决定那有此倾向者感知和注意某一种类的客体，在感知时，体验着某种特殊情绪的激动和对它作出某种特殊样式的动作或至少体验着这种动作的冲动。”奥尔波特说：“我们如果对这个定义逐字予以充分的理解，就可以概括他的社会心理的整个体系了。”② 麦独孤的本能心理学和詹姆斯的本能理论也不无联系。欧洲 18 世纪的哲学家认为动物的活动决定于本能，人类的活动决定于理性。但詹姆斯不以为然，在他看来，人的本能数目较多于动物。只因人有记忆而又长于反思和考虑，每当一种冲动来临时，就会根据过去的经验，预知其结果，而加以裁制。即就稍能记忆的动物而言，它们的本能动作在重复一次以后，也不是完全盲目的，何况于人呢。③ 所以人的本能虽多而不显。

但是麦独孤也不完全同意詹姆斯的观点。他说：“那些把本能仅仅看作神经系统中运动机构的人宣称，个体习得的机构或习惯实质上与先天构成的所谓本能的机构完全一致。因此，有些人把习惯说成本能，把本能说成先天的或种族的习惯，本能和习惯的差异只

---

① 墨菲．近代心理学历史导引．北京：商务印书馆，1980．608

② 林赛，阿伦林．社会心理学手册：1 卷．出版地不详，56～57

③ 詹姆斯．心理学原理：2 卷．出版地不详，383

是一种历史的或发生学的差异。一旦认识了本能促成行动，他们就主张或设想习惯也有相同的动力，促使我们努力进行活动。我们知道詹姆斯也采取这个观点，认为本能基本上是来得短促的，是仅用以形成习惯的，成年时习惯就取代本能了。这个习惯也有动力的观点，到了吴伟士教授手里就得到了最清楚而一贯的说明。他用一个合宜的术语'驱策力'标志本能的动力，以为每一本能驱策行动，有驱策力，所以一个活动的习惯也能驱策行动，有相同的驱策力。这个观点，我是不能接受的。"①

他接着征引了人们所有习惯的活动，如打字、弹钢琴等。他说："这种习惯，不管它如何熟练，能形成一种驱动力吗？转化为一种动机或不易控制的行为的冲动吗？能产生一种持久的嗜欲吗？或其本身就是目的的源泉吗？对这些发问显然要应之曰：'否。'"②

3．情操

但是麦独孤本能说的困难在于对人的道德行为的解释。他的本能心理学以为每一本能都各有相应的情绪，例如怒与攻击，怕与逃避，柔情与父母性本能等。为了由个体心理学转入社会心理学，麦独孤便采取了香德（A. F. Shand）的情操说，以为情操不同于情绪，情操是"以某一客体为中心而组成的情绪倾向的系统，而自我情操则尤其受到了他的重视。因为它是走向社会心理学的'敲门砖'，是解释道德行为和意志决定的重要关键"。

试以下列若干种道德行为为例。他说："如当饥渴得要死时却将面包和水让给别人，说'他的需要比我迫切'；受人迫害时，却宽恕了他；胆战心惊时，却坦然处之；又如在受性的引诱时，却不为所动。"我们对这些人际关系的道德行为将如何解释呢？

我们是否像柏拉图或某些近代道德家那样，满足于假定，那里有神圣的理性坐镇脑内，像驭手用马鞭驾驭野马一样，控制热烈的情绪吗？决不是这样的。③

---

① 麦独孤．心理学大纲：英文版．出版地不详，180

② 麦独孤．心理学大纲：英文版．出版地不详，181

③ 麦独孤．心理学大纲：英文版．出版地不详，439

在麦独孤看来，脑内似有一个因素正是他所要探索的对象。但这个区决不是理性。那么“我们可否像18世纪的功利主义者那样，主张对死后惩罚的害怕或酬报的欲望，就是这个道德的因素吗？可是这个学说早已破产了。尽管它还可适用于某些特例”①。

对这些问题，他认为近似正确的答案正如他在《社会心理学导论》中所曾说过的，这个区的未知数常是自我情操内所唤醒的冲动，似乎在道德行为的斗争中总有这个情操予以支援，以至取得斗争的胜利。即便意志的决定也有赖于它的力量。譬如在理欲相持的道德矛盾的情境之中依欲而动抗力较小，依理而动抗力较大。人在考虑时如何能沿着抗力最大的路线作出合乎道德标准的决定呢？有些心理学家对此归因于人的品格中的意志力的强大，有些人则归因于良心。麦独孤对二者都予以否定，他认为只有人的自我情操才是意志或良心背后的决定因素。

4. 麦独孤的社会心理学的个体化

他和冯特都从生理学出发转入社会心理学。他讥评内省的分析无助于社会心理，而假道于生物学，强调本能和自我情操的重要，实际上是提倡生物学化的个体主义心理学。所以卡普甫（F. B. Karpf）指出，麦独孤的《社会心理学导论》曾广受欢迎，也曾大受指责。“他的著作代表有关人类行为的生物学的研究和个体主义的观点得到心理学家的支持较之社会学家更为热烈，尽管麦独孤的文字结构的简洁和专门家姿态的表现在社会学领域内也享有盛名。但在这两种领域内都滋长着这样一种感想，麦独孤自己对此也表示同意，就是：尽管他如何维护他的心理学观点，但内容却肯定很少是涉及‘社会’的。”② 因此，我们对麦独孤的社会心理学，不能寄希望于他的《社会心理学导论》。他曾说过，好比出门旅行，《社会心理学导论》只是在做准备，《团体心灵》才是起程。

5. 团体心灵说

还是从比喻说起。麦独孤在《团体心灵》的序言中说：“我觉

---

① 麦独孤. 心理学大纲：英文版. 出版地不详，440

② 卡普甫. 美国社会心理学：英文版. 出版地不详，189

得自己像许多前代人和当代人一样，带了一只空无所有的大箱子或至少是一只装备简陋的旅游袋，预备出发作探索社会的航行。但我也不愿不带行李动身，却要选取少数的应急用具；小心翼翼地装箱成行。”同时他告诉我们：“前一著作（指那本《导论》——引者）只是一前导，目的在为社会心理学清道奠基，让后来的著作（《团体心灵》）深入本题。”因此，论述麦独孤的社会心理学应以《团体心灵》为主。

依据卡普甫的研究，麦独孤一旦出发作社会心理学的探索游历时，自认他小心筹划的装备全不够格，也不适用，像许多他的前辈一样审时度势，改弦易辙。他面对当前社会团体研究的需要，不得不放弃个体主义的范畴，从头开始。因此，他的《团体心灵》不再是他的导论篇章中所论述的那些本能倾向，也不是这些各自独立的单元倾向的结合。他甚至告诉我们说，“团体不等于个体的总和”，它“依照团体生活的定律而有它自己的生活”，否定了个体生活的规律。①

卡普甫接着指出：“实际上，麦独孤在他的《团体心灵》内维护了有关社会生活的集体主义的观点。同时，他也要把从前的本能立场作一些修改。但无论如何，他已向我们透露一种需要去研究‘统一体’、‘机体完整性’和‘潜力’，而且一再声明这些实体不是单从研究孤立的个体所能推论出来的。”②

卡普甫还认为麦独孤受了达尔文著作的深刻刺激，对发生学问题发生兴趣，他要使心理学家注意物种进化和个体发展的问题。不久以后，他明白，物种和个体的进化历程主要是社会的，因此，麦独孤说：“他们演变了，每前进一步都由于个体和他的社会因素的交互作用；一方面个体心灵的生长随它所处的社会的精神势力的变化而变化，另一方面，这些势力又是构成社会的各种个体心灵交互影响的产物。因此，只当我们考虑个体生活和社会生活经常发生交互的关系时，才能理解双方的生活。每一个人只是一个不全面的个

① 卡普甫．美国社会心理学：英文版．出版地不详，190～191

② 卡普甫．美国社会心理学：英文版．出版地不详，191

体；他是这样的一个广大无边的活力的精神系统的单元，这个系统具体表现为人类社会的形式，其所努力以赴的终点是没有人能够预知的，每一单元的职能在于原封不动地传递这些势力，虽有所变化或损益，但都微不足道，离开那个系统就没有意义，也无法解释。在历史的任何时期，这些势力的系统的活动都为进化的历史长流的条件所决定，而这些条件又为无数世代的精神活动的产物，但也仅为生活在某一时期的社会成员所造成的极其微弱的变化。因此，可以说，社会包括死者和活人，活人决定社会生命的作用与死者比较起来是无关轻重的。”①

6. 评价

总之，麦独孤已从英国生物学的个体主义的社会心理学观点后退，对德国和法国的集体观表示妥协了。他要比较他自己的团体心灵和黎朋的群众心灵的异同。他与黎朋相同，都研究了参加集体生活的情况，但各自得到了不同的总结。在黎朋看来，参加集体，降低了个体的文化水平；在麦独孤看来，参加集体，提高了个体的文化水平，二者似有高度的矛盾。麦独孤指出："参加集体降低了个体，他的心理历程同化于群众，而群众的野蛮、反复、无理性冲动则是许多作家的热题，但只是由于参加团体的生活，人才成为完人，高出于野蛮人的水平之上。”② 这个显而易见的矛盾将如何解释呢？麦独孤的《团体心灵》释之以团体组织的差异，他说，我们“考察了，也充分认识了群众在心理和道德上的缺陷以及那些横被拉入其中，感染它的鲁莽精神被引向邪路的人们所受的恶劣影响。接着说明团体的组织如何可以在很大的程度上抵制这些恶劣的趋势，而且较优良的组织又如何给团体生活以高贵的影响，并单凭这种影响，便可使人稍高于动物之上，甚至还可望并望于天使。”例如有高度组织的军队与黎朋自由散漫的群众构成鲜明的对比。似乎

① 麦独孤. 团体心灵. 转引自：卡普甫. 美国社会心理学：英文版. 出版地不详，191～192

② 麦独孤. 团体心灵. 转引自：卡普甫. 美国社会心理学：英文版. 出版地不详，193

有组织的势力系统“能够思维、决策、感受、行动”，与个体的心灵一样，还可能比任何个体或个体的结合更强大和更富有理解力。他说：“我们可以把心灵定义为一种有组织的、精确的、意向的力量，而按照这个定义，每一有高度组织的人类社会都应该有一个集体心灵。”① 因为“任何人类团体的优秀组织都有这样的一个特点，一方面，大家的集体行动要达到一个公共的目的，另一方面让最有能力而占有最高地位的那些人考虑决定如何达到那个目的的手段”。于是“有良好组织的团体的集合行动，不像一个简单群众仅凭冲动本能和较低于群众中的一般个体的智力办事，而以远远高出于团体中的一般成员的程度之上的智力和道德进行真正的意志的行动”②。麦独孤以为“构成任何这种社会历史的集合行动是受了这样的一种组织的制约，而这种组织则只能用心灵的术语予以描述，但它又不包含于任何个体的心灵之内，社会是由于作为成分单元的各个体心灵的交互关系所构成的”③。

很明显，麦独孤把他的《团体心灵》与黎朋的群众心理划分了界限，但是他因此就不免与德国唯心论的集体主义沆瀣一气了。他自称要在社会学说中兼收并蓄集体主义和个体主义，为团体心理学提出了一种平衡的系统的理论，但遗憾的是他逃避了这一偏向而陷入另一偏向了。我们完全承认团体在社会心理学中的重要性，但“完全没有必要”为了解释团体行为，而提出集体心灵的假定以致靠拢了德国唯心论的集体主义。至于他的综合观点还是对社会心理学理论有一定的贡献的。

选自：高觉敷主编．西方社会心理学发展史．北京：人民教育出版社，1991

---

① 麦独孤．团体心灵．转引自：卡普甫．美国社会心理学：英文版．出版地不详，13

② 麦独孤．团体心灵．转引自：卡普甫．美国社会心理学：英文版．出版地不详，73～74

③ 麦独孤．团体心灵．转引自：卡普甫．美国社会心理学：英文版．出版地不详，95

奥尔波特

（Floyd Henry Allport）

■ 生平简介

■ 名篇选读

群体谬误论与社会促进实验

■ 思想评介

奥尔波特社会心理学思想简评

生平简介

F·H·奥尔波特（1890～1978），美国心理学家。奥尔波特是最早涉足社会心理学的心理学家之一。他 1890 年出生于美国威斯康辛州的密尔沃基，在 4 个孩子中排行第三，弟弟 G·W·奥尔波特也是一位著名的心理学家。奥尔波特 1916～1919 年在哈佛大学求学期间，就通过一系列研究，提出了社会心理学中颇具影响的社会促进（social facilitation）概念；1919 年毕业于哈佛大学，获哲学博士学位。他的主要教学生涯是在美国锡拉丘兹大学度过的，并在教学之余先后担任过美国《变态和社会心理学杂志》及《社会心理学杂志》的编辑。他 1957 年退休，1978 年去世，享年 88 岁。

奥尔波特被认为是实验社会心理学之父。他的第一部著作《社会心理学》（1924）以实验和研究为基础讨论了群体实验、人格评价、心理学在诸多领域的应用等课题。他的研究还涉及对实验室环境以外的宗教、政治、工业和社区等领域内社会行为的考查。奥尔波特对社会心理学的最大贡献被认为是他对社会促进现象的研究，以及有关相符行为的 J 曲线假设。他在实验室环境里，进行了大量的“群体的存在对个体活动的影响”的研究。奥尔波特是这样论述其实验结果的：“合作群体中存在的社会刺激，使个人工作在速度和数量方面均有所增加。这一增进现象在涉及外部物理运动的工作中要比在纯智力的工作中表现得更为突出。在成人中，群体的影响不会引起注意持久性或工作质量方面的改进，有些人在他人在场时甚至会做出低劣的产品。群体中进行的推理讨论在逻辑性方面会有所下降，但表达这种推论所说的话在数量上会有所增加。……社会性增值受个体差异影响，与年龄、能力和人格特征有关。对于能力最低的工作者，这种增值最高；对于能力最强的工作者，这种增值则最低。”

奥尔波特在实验中对合作群体和面对面群体进行了划分，但他只涉及了前一种群体。在合作群体中，成员并排相邻地工作，由于注意他人、感受他人的反应及其他暗示而受到社会促进；但在面对面群体中，成员间的谈话、交换意见、支配行为和顺从行为以及其他互动过程使结果变得极为复杂。正是面对面互动的控制问题太复杂，使奥尔波特未能对后一类群体进行有效的实验研究。但也正是这一点，充分体现了奥尔波特的社会心理学研究的心理主义（个体主义）色彩。因为关注群体对个人的影响，是社会心理学中心理学取向的特点，而关注群体内部及群体之间的互动则是社会学取向的兴趣所在。

奥尔波特在社会心理学研究方面有两个鲜明的观点：一是主张用实验的方法进行社会心理学研究，这一点得到他自己的社会促进实验研究的证实；二是强调社会心理学应该研究个体心理。他认为“心理学的所有分支都是有关个体的科学”，而早期社会心理学理论，都是建立在群体心理的基础上的，因而是“群体谬误”（The Group Fallacy）。他还认为，根本不存在什么能够脱离组成群体的个体的心理而存在的群体心理。比如，所谓“军队人格”实际上不过是有关个体军人习性罢了。奥尔波特深信，如果组成群体的所有个体都面临灭顶之灾，群体意识同样也将烟消云散。

奥尔波特所倡导的实验主义与个体主义立场，在现代社会心理学随后几十年的发展中具有举足轻重的影响。奥尔波特的实验方法，以及在某种程度上由他对社会心理学研究对象的界定所激起的个体与小群体（主要涉及小群体对个体的影响）研究的热潮，在以后的几十年中构成了社会心理学发展的主导趋势。从 1924 年以后，几乎没有一位心理学出身的社会心理学家不强调实验室工作的重要性，以至“社会心理学已经几乎无例外地都成了‘实验’社会心理学，甚至当代欧洲社会心理学家也认为他们自己是实验家”。实验法的引入增强了社会心理学研究的科学性，使之摆脱了空谈与臆见，并使借鉴某些自然科学的研究方法，以获得有关社会实际问题的可靠知识成为可能。个体主义倾向使人们在实际研究中能够直接获得数量资料，从而使社会心理学的定量化实验及进一步的科学化成为可能。

奥尔波特为社会心理学在现代的发展作出了不可磨灭的贡献，他最有影响的心理学著作是《社会心理学》（1924）与《知觉的理论和结构的概念》(1955)。

（任　杰　佐　斌）

名篇选读

群体谬误论与社会促进实验

群体谬误及其分析

社会心理学是研究个体的科学·群体谬误

由于考虑到人们的社会行为具有密切的关联和相互的性质，一些人便在构成群体的个体的心理之外，假设存在一种“集群心理”或“群体意识”。这是一种最为巧妙、最使人误入歧途的谬误。在文献中，这种谬误以各种面目出现，但不管在什么地方，它都使读者陷入难以理解的混乱之中。这里我们要考察一下这种理论的几个形式。本书的立场略述如下：群体心理学本质上完全是一种个体心理学。社会心理学不应当被当作与个体心理学截然不同的学科，它是个体心理学的一部分，它所研究的是与个体的由其同伴组成的环境相关联的个体行为。个体以生物需要为目的，其社会行为就是为达成这些目的而发展出的手段。解释个体的社会行为的所有机理都可以在个体的生物体中找到。

除了属于个体的意识之外，没有什么别的意识。各种分支的心理学都是关于个体的科学。如果将心理学的原理推广到更大的分析单位，那就会破坏这些原理的意义。

群体谬误的心理学形式

(1)“群体心理说”。群体谬误的最为臭名昭著的形式就是“群众意识”(crowd consciousness）的观点。人们早就注意到：在情绪激昂的暴众中，人似乎失去了自控，而被剧烈的情感与不可阻挡的念头所挟制。因此有人便提出在这种场合中个人的意识消失了而一种共同的或“群众的”意识出现了。对这种观点的反驳是非常明显的。心理学家都承认意识依赖于神经结构的活动。只有个体才拥有神经系统，群众是没有自己的神经系统的。其次，群众成员所共有的短暂的情绪或冲动在内省上是不能离开个体自己特殊的感觉和情感而独立存在的。

主张群众心理的还有另外一个论据：一群暴众能做出激烈的暴乱的行为正表明了“暴众意识”的存在，因为对于一个神智正常、离群索居的人来说，这种行为是不可思议的。这种辩解中有一点十分荒谬，它要求我们通过考虑孤立的个体，即根本不存在群众的情况来解释群众行为的性质，仅仅把孤立的个体的反应累加起来，除了计数之外，是没有任何意义的。但是若给定群众的情境——即若干个个体处于相互刺激的距离之内——那么我们会看到全体的行为正好是其中各成员的行为的总和。当我们说群众是激动的、冲动的、非理性的时，我们的意思是说处于群众中的个体是激动的、冲动的和非理性的。诚然，如果个体之间相互孤立，他们或许不会出现这种情况，但是，这只意味着只有在接触密切的群体中，个体才会受到其他人的情绪性行为的刺激而产生非同寻常的激奋。正是因为忽视了个体之间的相互刺激的反应，才导致了那种认为群众心理突然降临到个体身上来左右他们的行为的错误观念。由于群众被当作一个整体来看待，而不是被视为个体成员，所以壮观的暴众行为就与不确切的术语结合在一起，使人们的注意力偏离了解释群众现象的真正源泉，即偏离了个体。

(2)“集群心理”或“阶级心理”说。在另外一种意义上，群体有时也被说成具有自己的意识和行为，这种意义就是在诸如军队、政党、行会之类的组织中的成员之间的思想与行为的一致性。在这些集团中，心理的统一性被提高到独立的实体的地位。而所有成员都参与这一实体，例如，我们经常听到像“会议的精神”、“意见的一致”、“军队人格”、“集体精神（esprit de corps）”之类的说法。这些术语如果不是作为一种比喻，而是作为一种实在的意义来使用，那么它们就带有群体谬误的性质。如果因为个体生活中有某一特别的部分与他人的相应的特殊部分具有相似性，就把它抽出来建构成一个独立的心理实体的话，那么自然会让人产生下列疑问：散会之后，与会人员又关心起其他的事情时，会议的精神变成了什么？士兵休假时，军队人格又变成了什么？对后一问题的回答是：所谓的“军队人格”只不过是属于个体的一系列军事习惯。当离开军营时，士兵将它们作为神经模式保留起来，当履行军事事务时，他又将这些习惯应用于行动中，他并不是一来到同类士兵之中就立即获得了“军队的精神”，正如一个人刚加入到造诣高深的小提琴家的集会中时不能即刻获得拉琴的技能一样。在这两种情形中我们所研究的是个别地获得的习惯。

集群意识与集群行为只不过是个体的状态和反应的聚集体而已，这些个体由于面对相似的规章、训练和刺激，因而具有相似的性质，许多社会的应用都是根据这种同质性而得出的。在政治生活中，所有人都设法“把握公众的脉搏”，不管小的分歧，而选取“舆论”曲线的顶点。在这种意义上，集群心理本身并不是一个实体，而只是一个实际的工作性概念。它是行为反应的某些普遍形式的方便标示，这些形式因为代表了成千上万的独立个体的结合点而引起了政治领导人的兴趣并由此而将它们作为获得广泛的控制的手段。因此，“集合的意见”只以一种类概念或思想的符号的形式存在。

同理，将军发号施令，军队中的所有人都服从他，由于士兵受过训练反应一致，将军可以控制这一群人，就像控制一个个体一样，但是其结果则有千百倍的效力，因此将全体称作一个单元，称之为集团军、军团或师是很方便的。然而我们不应当忘记，“单一性”并不在于军队是一个整体，而仅仅在于其成员一致行动，像单个人一样受控的能力。它并不存在于聚合体本身，而存在于将军对集合体的态度中，将军的命令是对军队而发，但是服从命令的却是**个别的个人**。

语言使我们可以方便地谈论这类组织的集合的成就。我们说“军队占领了城市”时会正确地被理解为似乎我们说的是“军队中的个体占领了城市”。同样，我们会说“群体”向殉难者扔石头，或“群众”猛烈地进攻巴士底狱。但是，语言也有不方便的地方。只要我们说的是外现的行为，就不会产生混淆的可能性——在各种情况，我们显然都指的是个体在做动作。然而，当我们读到那些老社会作家所用的字，如群众“觉得”、“愿意”，或群众是“情绪性的”、“偏狭的”、“不道德的”等等时，我们就到了危险的边缘，难免不将群众看作有一个自己的心理，能独立于其个别成员的心理而存在。由于这些状态很难捉摸，加之其表现形式猛烈异常，这就进一步加剧了语言所造成的错觉。

因此，在包含有心理因素的场合，最好还是使用虽不那么顺口但更为确切的说法，诸如“群众中的个体是情绪性的、偏狭的、不道德的”等等。这样做并不仅仅是卖弄学问，因为它重点突出了我们解释群众现象时所必须寻求的真正来源，假如我们真的认为展示出意识的各种变象的是群众心理而非个体心理，那么所有解释都退化为单纯的描述。比如说，如果认为群众之所以是非理性的、易受暗示的，唯一的原因就在于这些都是群众心理的本性，那么，我们就在采用群众一般的所作所为来解释群众的行为——这是一种地地道道的循环解释！而且，按照这种观点，某一群众就没有理由表现与别的群众不同的精神特点，所有的群众都要为诸如情绪性、非理性、头脑简单之类的同样的规律所制约，为了反驳这些错误和谬说，我们必须再一次强调在更深的层次上，即群体中的个体层次上来深入了解群体现象的重要性。只有把社会心理学看作一种研究个体的科学，我们才可能避免群众心理或集群心理理论的那种肤浅的认识。

(3)“群体心理”说。群体谬误还有第三种形式有待讨论。这种观点认为社会心理并不存在于群众意识中，也不存在于精神集合物中，而是存在于常设组织中，这种观点认为人们通过相互尊敬和合作的态度，通过遵从同一种文化、传统或民族生活的符号而紧密地联合在一起。制度使人类联合的各种形式固定化，并使之成为个体生活的中心，例如，一所大学实质上并非由其建筑物、仪器设备甚或具体的教职员工组成，而是由一种思想体系和成员之间无形地表现出来的人际关系（正如一些人认为的那样，这种关系是以一种精神的形式表现的）所组成。因此，这类群体的心理就是一种组织的“精神结构”，与个体成员的心理明显不同。个体来去自由，但这种组织性的精神生活却无限地延续下去。天主教会、犹太民族和英国民族都各自具有悠久的团结一致的历史，这正表明了被认为是精神存在的社会实体的这种形式可以独立于组成它的个体而存在。

如果对这一假说细加考察，那么就可看出它是集群理论与群体理论的微妙的变种。大学的组织确实存在于其各教员和学生相互对待的态度和他们对于留传下来的成文规则和制度传统的态度之中，这样就得到了由相似的反应倾向所组成的集群。每一个成员都知道其他成员采用与他相同的方式遵从着公有的规则，而这种意识似乎使群体更加牢固地联系在一起。这只不过是一些共同的观念和感情，通过个体间彼此的意识感情而更为一致而已。这也是一种一致性，与集群理论所说的统一化反应如出一辙，只不过复杂程度不同罢了。

群体的精神结构存在于何处？为了回答这一问题，我们还得回到个体。国民性、共济会纲领、天主教教义以及诸如此类的东西并不是在某个体成员身上得以表现的所谓群体心理，而是在每个个体心理中不断重复的一系列观念、思想和习惯，它们仅仅存在于个体心理之中。① 它们不是以某种神秘的方式从群体生活中吸收来的，也不是遗传得到的。它们是由每一个个体从其他个体的特殊的语言和行为中学来的。这种社会联系的连续性一旦终止，群体的组织性生活就会消失。假如群体中的所有个体都同时消亡，那么所谓的“群体心理”就会永远烟消云散。要维持群体结构的连续性，没有必要保持**同样的**人员，但必须有**人**才行。

关于社会心理的结论　因此不论在哪一点上，我们都不得不回

① 许多相信存在着独立于个体的神经系统的群体心理的人都属于哲学的客观唯心主义派，在他们看来，在更广泛的、非人格的意义上，心灵也是真实的实体，因此，存在着超越于个体心理之上的客观的群体心理，或由个体心理组成的群体心理都不是什么难以想象的事情。

到个体，将它作为所有那些可称为“心理”的东西的核心。在群众的激昂兴奋中、在集群的一致性中、在有组织的群体中，都是一样，其中可发现的心理因素都蕴含于特殊的个体成员的行为与意识中。所有带有群体谬误的理论的注意力都不幸地偏离了因果关系的真正核心——个体的行为机制，这些理论在研究的次序上，将群体置于这种个体体制之前，用对社会效果的描述来代替真正的解释，另一方面，如果我们充分注意个体，那么从心理上来说，也就会注意群体。我们之所以反复申明，坚持认为社会心理学是个体心理学的一种形态，其理由到现在应是非常明显了。

群体谬误的生物学形式　社会实体的假说在心理学上有种种形式，在生物学上也有一些荒谬的类似形式。有人曾指出过人类有机体与社会的有组织的群体之间的许多类似之处。柏拉图将理想国中的三个部分：统治者、战士和工人分别比作人体的三个相应部分：头、胸和腹。斯宾塞发现“国家”很像人类的身体，其分配机关如同血管，其控制和交通机构如同神经等等。还有一种理论认为在（1）有机体自身的个别细胞中；（2）由这些细胞集合而成的有机体中；（3）由各种有意识的有机体聚集而成的社会中，都存在着独立的心理。[①]这后一种理论将社会有机体的概念和社会心理的概念结合了起来。这些生物学的说法如果只是作为一种比喻（如柏拉图和斯宾塞的那样），那还很难说它们是谬误。作为一种比喻，它们非常形象生动，但是由于夸张，虽然我们不难同意在社会群体内部存在着组织，但是严格地说，将这些群体称作有机体是不妥当的。首先，在群体的各个单元之间并不像在有机体的细胞和器官之间那样有一种组织（tissue）的连续性。其次，个体身体的组织（organization）基于整合，或整个个体的幸福，而在社会体中，组织和功能的控制原则是各个部分的利益，也就是各个独立个体的利益。[②]

因此，个体才是真正的有机体，因为他是社会的心理单元。群体只不过是供给他社会环境，让他在其中作出反应。有组织的社会

---

① 埃斯皮纳斯．动物社会：法文版．出版地不详，1877

② 闵斯特伯格．心理学：原理和应用．出版地不详，265～269

则主要是一套规则，用来指导他的反应，以免他妨碍他人的生活。

社会心理学与社会学　严格地说，行为、意识和有机生活是属于个体的，但是只要我们不把群体当作一个有机体或精神实体，我们确实偶尔也将群体说成是一个整体。事实上，对群体的研究是属于社会学这一特定学科的范围。社会心理学家研究群体中的个体，而社会学家则探讨作为整体的群体，社会学家研究群体的形成、团结、连续和变迁。心理学的知识，如个体的先天反应、习惯性的和情感性的趋向等等可作为一种解释性的原则，基于这些原则，社会学家来建立他们对群体生活的解释。其他学科对这种解释也有所贡献，一些社会学家将这些普遍的人类反应称作“社会力”。例如，一个国家在战争时期人们对于公敌的憎恨就可说是一种社会力。在这种情况下，社会心理学家的任务就是解释个体的憎恨的起因和条件，以及他的行为在唤起他人同样的憎恨情绪时所起的作用；社会学家的兴趣则在于研究这种反应对于将群体联合起来，在同对立群体的斗争中产生强烈的一致性行为的广泛的效果。

因此，一般意义上的心理学和特殊意义上的社会心理学就是社会学的基础学科。事实上，社会心理学的成长壮大有赖于社会学家的工作。然而，如果像某些人所提出的那样，将社会心理学视作社会学的一个分支，而不是心理学的一个分支，那就错了。例如，埃尔伍德教授更愿意将社会心理学称为“心理社会学”，在笔者看来，这似乎是不公正地缩小了心理学家的领地。合理的做法是：将社会行为与社会意识仅仅看作是个体心理的与其环境的某些部分有关的一种形式，而不用考虑由这些反应所产生的群体的构成和性质。不管社会学家的兴趣多么好，给予社会心理学的帮助多么大，社会学与社会心理学仍然要保留其研究的界限。

社会心理学中的行为与意识　一个体对于另一个体的影响总与行为有关。一个人作出刺激，另一个人作出反应：在这个过程中就已有了社会心理的本质。一个人刺激另一个人所采用的手段总是某种外现的符号或行为，而决不可能是意识。刺激与反应行为两者有时都可能伴随有行为双方各自的社会意识；但是，就我们所知，一个人的意识并不能直接影响另一个人的意识和行为。[①] 现在在有些方面有一种流行的企图，想把社会的概念和社会心理学的领域限制在存在着他人的和社会关系的意识的社会互动的形式之内。从我们这里的立足点来看，这种限制不仅毫无必要，而且非常狭隘。我们已经指出，意识不能直接产生影响，因此也就不能用来解释人们的互动，如同在心理学的其他非社会的分支学科上一样，在社会心理学中，意识的作用也是描述性的而非解释性的。即使在最社会化最有自觉意识的群体中，除了个体之间行为上的相互刺激之外，再没有什么别的力量将群体组成到一起，也没有别的工具来达到思想的一致和有组织的生活。而且，不存在"精神的"相互刺激（如果这一术语所指的是某种不同于生理刺激的东西的话），因为除了生活刺激之外，不存在任何别的刺激。因此，将我们从中可以发现把确定的社会行为（即个体之间的相互作用）的各种形式的动物生活纳入我们所考虑的研究领域中似乎较为合适。至于这些低等动物生活中的社会行为是否有社会意识伴随，这一问题虽然在纯理论上颇为有趣，但在我们这里关于社会心理学的定义中毫无必要考虑，可以略而不谈。

然而本书后面的章节决不会对社会意识这个要素忽略不及。我们将指出在整个情境中社会意识是很重要的，也有助于估价行为的原则。本书专门有一章讨论社会意识。我们将力图在个体社会生活的两个方面之间寻求一种适当的比例。

社会心理学的工作定义 本书研究计划只有当为了集中注意力于某一类相关联的问题的目的时，给一门学科下定义才是有价值的。根据这一实际的而非教条主义的目的，我们可提出如下定义：**社会心理学是研究个体行为的科学，这种行为特指个体刺激别的个体时的行为或对于别的个体的行为的反应；社会心理学也描述个体的意识，这种意识特指对于社会事物与社会反应的意识。简言之，社会心理学是研究个体的社会行为和社会意识的学科。**

① 心灵感应（telepathy）的假说在我们现在讨论的问题上是不能充分成立的。

群体中个体对于社会刺激的反应——社会促进与竞争

在各种比赛行为中，我们可以看出有两个社会因素。第一个因素是社会促进（social facilitation），这是指个体只要耳闻目睹他人在做同样的行动，其反应就会增加的情形。第二个因素是竞争（rivalry），指的是由求胜的意识所伴随的行动的情绪性强化。虽然两者的效果难以区分，但是在整个反应中，它们实际上是性质截然不同的两个因素，社会促进可以独立于竞争而存在，在诸如赛跑、测力实验等事例中就可看到这种情况，因为这时通过一定的安排已消除了竞争的因素。虽然这两种因素本来是相互补充的，但是为了清楚起见，在下面的讨论中我们还是把它们分开。

（在本章中，为了表明工作所受的社会影响的各种情况，我们采用下列术语。“社会性增量”指的是在群体中完成的平均工作量超过单独工作时所完成的平均工作量的部分。“社会性减量”则表示在群体中完成的平均工作量不及单独时的平均工作量的部分。相应地，在群体中的工作质量与单独作业时的工作质量相比较而出现的提高或降低分别命名为“社会性增质”或“社会性减质”。）

在1916年到1919年间，笔者在哈佛大学心理学实验室进行了一系列实验，这些实验与上述实验相似，不过在方法上有下列几点不同。笔者所用的被试不是儿童，而是成年的大学生，他们的平均年龄为25岁，男女两性都包括在内。共作时被试四五个人一组，围坐在一张圆桌旁。独作时被试都同时工作，但每个人各在一间屋内，每个屋内都有一个发声器以报告时间。在连续进行的测试中，T和A[①] 两种实验条件交替出现，以使两种情况下练习、适应和疲劳的影响可以相等，另外还设法消除竞争的因素。至少是使其减少到通常的最低程度，以便测量社会促进的纯粹效果。为了达到这一目的，采用了几种权宜之计：首先，每个测试都给定相同的时间，被试的速度取决于他所完成的工作量。这样就不会出现某一被试先于其他被试完成工作的情况，实际中还禁止被试互相比较测试成

---

① T（together）表示在群体中共同工作，A（alone）表示单独工作。

绩，禁止他们讨论结果。最后，实验时强调所作的测试根本不是比赛，对被试者的工作记录并不加以比较，但是，所有的被试都被告知，在各个测试中应当尽力求快，同时还要正确。当他们在群体中工作时，还告诉他们每一个人所做的都是同样的工作。

在这些实验中所测验的精神活动种类很多，本节中只叙述关于注意力与脑力活动两方面的测验和结果。在这两方面我们采用了下列三类测验：

(1) 删去元音字母测验（Vowel Cancellation Test）。在被试者面前放一些报纸的专栏，请他们尽可能快地划掉所有的元音字母。

(2) 注意力的可逆性变换测验（Reversible Perspective Test of Attention）。

(3) 乘法测验（Multiplication Test）。在纸上横列若干乘法问题，每一行有十道题，每个问题都是两位数乘以两位数的运算。一看到开始做的信号，被试就开始从每行的左端做起，在1分钟之内，能做多少就做多少。工作的速度以完成或部分完成的题数来计量。注意力的持久性则以运算的正确程度来衡量。被试者15人，每个人大约单独完成30次测验，在群体中也完成30次测验。

由上述实验的结果的恒定性，我们可以看出：在需要周密的注意力的脑力活动中，(1) 大多数人的工作速度在受到共同工作者的刺激时便会加快；(2) 相反，也有少数人因受社会影响而降低工作速度，后者形成另外一类人。

至于工作的质量，我们可能会猜想由于产生社会增质与社会减质的个体人数大约相等，所以群体刺激对于个体工作的质量并不产生什么影响。但是这种印象并不正确，因为虽然有些被试的工作质量不受群体的影响，但其他人却有很明显的增减。内省的报告表明存在几种互相冲突的影响。一方面，由于别人在做同样的活动，个体觉得有一种强烈的愿望，想求更快、更正确（这是一种促进）；另一方面，由于声音的嘈杂、情绪的干扰，注意力难以集中。对于一些人，促进的影响要大于纷扰的影响，因此产生一种社会性增质，对于另外一些人则纷扰的影响更大，因而产生一种社会性减质。总的来看，后者的减质要大于前者的增质。有一个被试，习惯上很不合群，单独做乘法运算时出了 34 个错误，在群体中则出了 100 个错误。从这些情况来看，似乎还是单独工作时工作的质量较好。①

群体的刺激对于工作的数量有积极的影响，对于工作的质量则没有积极影响，这一点并不难以理解。工作的“数量”代表的是行动的速度，而“质量”严格地说根本不是由行动所决定的，而是由防止出现任何错误的注意力过程的稳定性所决定的。我们对于各种情形中的社会促进的研究都表明它是某种行动形式的发放与增长。促进行动的社会刺激比那些暗示注意力的恒久性的社会刺激更为有效。

乘法运算测验中的错误的分布情况可用来解释群体的纷扰影响。在共作时，在连续的测验问题中所犯的错误趋向于集中在某些地方，而单独作时的错误分布得较为分散。用来表示错误集中趋势的指数可称为聚集性错误分数（cumulative error score）。在群体中工作时，这个分数较大的有 10 人，单独工作时较大的只有 3 人。②有人一起工作时纷扰较强，注意力出错的情况相应地较多。在这里，情绪的因素也很重要。许多错误也许已为被试所看出，虽然因为时间缺乏和实验指导的缘故，他们不能加以更正。同时，被试也可能觉得其他人也许正在正确地运算，而他自己的工作会因此而不如同伴的好。这样一来，心神的安宁便不易即刻恢复，在接着要解决的问题上更容易出错。这种解释如果正确的话，就揭示了个人心中有一种潜在的倾向，要采用群体所设立的标准来评估自己工作的好坏。这种比较对个体自身是不利的，它扰乱了个人的心绪。

社会促进的个体差异　不同的个体对于群体影响的感受性不同。儿童比成人更易感受促进的社会影响。即使在成人中间也有显著的个体差异。在上述实验中，有些人行为的产出上有一种社会性减量，或是在思想上及判断的一致性上对群体刺激没有表现出通常

① 实验中所有被试做乘法运算时所犯错误的总和支持了这一观点。在群体中工作时共有 683 个错误，单独工作时只有 571 个错误。

② 这相当于在 T，A 两种情形中。

的反应。习惯、通常的工作环境、精神上的紧张不安、注意力分散、退缩性、消极的易受暗示性、好胜心、社会心的缺乏以及其他特质都可以帮助我们解释这些反常的反应。

还有一种个体差异值得特别注意。群体的社会促进对于那些工作迟缓、成绩较差的人影响最大，而对于那些工作速度较快、效率较高的人影响最小。梅约曾经发现过与此一致的关系，笔者所做的关于脑力活动和联想的实验中也有这种现象：个人单独工作时的速度与在群体中工作时的成绩的相关虽然很低，却总是负的，在一些情形中可以达到-0.5或-0.6。对这种现象，可部分解释如下：共作者的行动的平均速度要低于行动最快者的速度，于是群体的刺激对于行动最快的人就不是促进，而倾向于抑制。这种效果与用一匹慢马来作为快马的标兵的情形是一样的。另一方面，行动最慢的人则会感到有助于加快行动的刺激，从而得到促进。竞争在这里也有一定的作用，这一点后面会谈到。

共作群众（co-working group）中的社会意识　由这些社会实验中的被试所作的内省报告实际上表明，他们总有一种意识，认为其他人“正在努力地、很快地工作”。个体感觉到有一种特殊的助长刺激，如铅笔写字的摩擦声、脚步的移动、凝神呼吸的声息、对于邻近的工作者的速度、停顿、工作进展程度的旁视等等。促进意识和暗示意识的其他形式有相似之处，它们都可以在没有充分的目的或理由的情况下对行动起促进作用。个体很少明确地意识到“别人写得很快，所以我也得赶快写”。这种意识状态与竞争感根本不相干。据报告说还有一种对于抑制因素的意识，这些因素包括由于想象用自己的成绩跟别人作比较而产生的注意力分散和情感抑制。认识到自己成绩低劣及其他缺陷往往会带来一个高度的自我和社会意识，社会意识也因群体所从事的工作种类不同而有所差异。对于需要外现的明显的行动的工作，社会意识较强烈；对于智力性较强的工作，社会意识较弱一些，这种工作既要求注意力更加集中，又较少受到共作者的行为的刺激。

竞争　竞争与社会促进一起导致了社会增量的产生，这些社会增量在实验中和实际生活中都可看到。在许多领域，竞争所起的直接促进作用可与社会促进一起，增加工作者的能量和成就，工业、教育和体育运动就是这样的领域。战胜他人的雄心，与奖金、报酬和计件工资的经济刺激相结合，便成为工厂管理者手中一种有效的工具。

不过对于这些方法还有一些限制。竞争与社会助长一样，虽然能增加工作的数量，但并不能改进工作的质量，事实上它还可能降低工作质量。在成人的工作中，即使按惯例告诉我们："工作要尽可能求快，同时也要细心"，也还是会出现这种情况。竞争对于行动的速度，比对于注意的精确性与持久性有更为积极的影响。

有关群体影响的实验研究总结　实际社会生活中的群众的人际关系要比上述实验中设定的情况复杂得多。因此，虽然实验结果是有用的、重要的，但要从中抽出普遍的法则还得十分慎重。我们可将实验结果总结如下：

共作群体中出现的社会促进可以增加个体工作的速度和数量。这种增加在外现的、体力活动中比在纯粹的脑力活动中要更加显著。对于成人来说，群体对于个体注意力的持久性或工作的质量没有什么改进，一些个体在有人共作时事实上反而做得更糟。在群体中个体所作的推理的逻辑性会降低，但表述这一推理所用的文字数会增加。至少在一类工作中，社会性增量的趋势在工作的开始部分是最强的。

社会性增量存在个体差异，随年龄、能力和人格特质的不同而不同。能力最差的人，社会性增量最大，能力最强的人，社会性增量最小。

有两个过程，可用来解释群体对于个体工作的促进作用。第一个过程是社会促进。当其他人做与我们相同的工作时，他们的活动可作为一种有助益的刺激，增加或加快我们的反应。这一过程伴随着一种促进的意识。第二个过程是竞争。它的产生与群体工作所设定的竞争性程度成正比，虽然对所有共同活动来说，似乎本来就存在一定程度的竞争。竞争的效果是情绪的强化、为维护各种优势需要和兴趣的斗争，这些需要和兴趣就是竞争所增进的反应。在共作性工作中，竞争增加了工作的速度和数量，而对工作的质量没有什么改进。与社会促进一样，对竞争的感受性也随着年龄、性别、人格特质的不同而不同。有一些人当竞争性非常强时，由于过度的刺激，在工作中容易产生实际的损失。要想得到竞争的最优效果，两个人的能力必须基本上相当。当竞争使群体中产生一种社会性增量时，个体工作的绩效就有拉平到一个共同的水准的趋势。这是因为，工作速度较快的人由于没有难以对付的竞争者便会有所懈怠，而工作较慢的人怀着赶超优先于自己的人的希望而加强了努力。自我激励和群体之间的竞争有其特殊的意识态度，有助于个体行为的实际的增加。

有他人在场时的工作，即使同他人没有直接的接触与交流，也会建立一些基本的态度。不论什么时候，只要我们觉得自己的反应和旁人的行为有点不同，或者低于他们的平均水平，我们便会感到慌乱和迷惑。在联想过程中，我们倾向于抑制自我中心的趋向和个人的情绪。在思考过程中，我们采取一种交谈的态度，虽然思路更加开阔，但精确程度降低了。最后，在比较判断的过程中，我们避免极端的结论，经常无意识地倾向于与我们认为是旁人的意见的东西保持一致。

（彭泗清译　周晓虹校）

选自：周晓虹主编．现代社会心理学名著菁华．南京：南京大学出版社，1992

思想评介

奥尔波特社会心理学思想简评

在社会心理学史上，20 世纪 20 年代是一个重要的年代，从这个时候起，社会心理学完成了在其整个历史上最具革命意义的转折，其研究从描述转向实证、从定性转向定量、从理论转向应用，从此大踏步走向科学。而这一切，社会心理学史家认为，都是从F·H·奥尔波特的努力开始的。

奥尔波特是最早涉足社会心理学的心理学家之一。他于1924年出版的《社会心理学》一书，是继麦独孤的《社会心理学导论》、罗斯的《社会心理学》之后，又一里程碑式的著作。后两者的贡献在于它们标志了社会心理学学科的独立；而前者，则是社会心理学科学性质的一次质的飞跃。虽然现代心理学的历史是以冯特建立第一个心理学实验室为开元，而且冯特在晚年也致力于民族心理和群体心理的研究，但他并没有把实验法引入到他的研究领域。相反，把社会变量引入实验室的作法，是自奥尔波特之后，才真正引起人们的重视，并在社会心理学研究领域迅速流行开来。奥尔波特也因此被誉为“实验社会心理学之父”。

奥尔波特在实验室里进行的第一个社会心理学研究，是对“社会促进现象”的研究。他对这一现象的兴趣，缘于另一位学者——特里普利特（N. Tripllet）的研究。早在1879年，特里普利特就通过实验研究发现，在竞赛条件下，被试的成绩要优于单独作业时的成绩。这是最早的社会心理学开拓性实验，但在当时并未产生举足轻重的影响。这给了奥尔波特一个机会。从1919年起，他开始了一系列的实验室实验，以考察“他人存在对个体活动效率的影响”。由于在许多实验中同时并存了“促进”和“抑制”两种情况，奥尔波特于1924年把他人存在促进个体活动效率的情况正式命名为“社会促进”现象；把他人存在引起的个体活动效率降低称为“社会抑制”现象。“社会促进”现象由此引起了20世纪二三十年代和60年代以后两个研究的高潮。研究者不仅乐于探讨社会生活领域可能存在的社会促进现象本身，而且致力于社会促进现象的理论解释。直到今天，对社会活动中的社会促进和社会抑制现象进行研究仍然是令研究者们感兴趣的焦点之一。

奥尔波特的贡献不限于此。他把社会变量引入实验室，使社会心理学能够像自然科学一样得到定量化的资料，从而更接近社会现实，获得有关社会实际问题的可靠知识。但对实验室实验奥尔波特并不满意。1934 年，他开始走出实验室，开始在实际的社会生活环境中进行实验研究。他带领他的研究生研究了人们对各种社会规范，包括交通规则、规章制度、风俗习惯等的相符，并在研究结果的基础上提出了著名的“J 曲线假设”，即在对规则从完全相符到完全不相符的系列上，个案的分布曲线呈倒置的大写字母“J”。也就是说，行为与规则完全相符的人占大多数。奥尔波特关于相符行为的研究，既是社会心理学研究方法上的又一次伟大的尝试，又打开了另一个全新的研究领域。S·E·阿希（Asch）的从众研究、S·米尔格汉姆（S. Millgram）双盲从行为的研究，都是相符研究的延续。

奥尔波特的社会心理学研究具有明显的个体主义色彩。他在《社会心理学》一书中明确指出，社会心理学是一门研究个体行为的科学，这种行为只限于那些能够刺激其他个体或其本身是对他人行为的一种反应的行为；同时它也是一门描述个体意识的科学，这种意识也只限于对社会对象和社会反应的意识。也就是说，社会心理学是关于个体的社会行为和社会意识的研究。他批评了群众意识，认为把群众视为超个体的凝聚物是一种错误的唯心主义。

奥尔波特受到的批评来自于他对实验法和个体主义的过分强调。由于是否采用实验的方法进行研究，在很长一段时间内成为评价一位研究者或一项研究结果的重要依据，造成了“重实验轻理论”的研究思想，使现代社会心理学在理论发展上显得比较薄弱。由个体主义所导致的“方法中心论”，也因过于强调方法和技术的重要而忽视了研究的客观性，使得实验难以真正反映客观的社会事实。因为在一定程度上，许多在实验室中进行的极其精巧的研究，都不可避免地以牺牲现实性为代价。而且，奥尔波特的个体主义和实验主义不仅混淆了群体与个体的辩证关系，并从根本上导致了整个社会心理学缺乏对宏观社会过程的理论解释，以及把个体置于广泛的社会生活中考察的社会性。显然，许多社会现象既无法还原到个体水平，也无法在实验室中重现。因此，对个体主义与实验主义的过分强调，使得社会心理学的研究范围和内容，及其健康发展都受到一定程度的损害。

虽然奥尔波特的理论存在着这样的缺陷，我们仍然不能否认其对现代社会心理学的发展所做的巨大贡献。

（任杰选编）

资料来源：①周晓虹．现代社会心理学史．北京：中国人民大学出版社，1994

②心理学百科全书．杭州：浙江教育出版社，1995

37

米德

(George Herbert Mead)

- 生平简介
- 名篇选读

  心灵、自我与社会(节选)
- 思想评介

  论作为社会心理学家和社会哲学家的米德

生平简介

G·H·米德（1863～1931），美国哲学家和心理学家。米德1863年2月27日出生于美国马萨诸塞州的南海德利，他的父亲海勒姆·米德是一个基督教牧师。米德7岁的时候，他的父亲应聘去奥伯林学院任职，在新建的神学院开设布道术（即说教的艺术）课程。米德在奥柏林长大成人，并在那儿上大学。

1883年，米德从奥伯林学院毕业，并在一所中学任教。但半年后，米德因开除了学校的一伙无赖学生而遭到学校董事会的解雇。失去了中学教师工作后，米德去了美国的西北部，在那里生活了3年。这3年中，他时而做家庭教师，时而为铁路建设做一些调查工作。之后，米德随他大学时的亲密朋友亨利·卡斯尔去哈佛大学，并在那里继续从事哲学研究。在哈佛大学，米德主要与罗伊斯和詹姆斯一起工作，这两位教师对米德的生活和思想观点产生了深远的影响。在詹姆斯的影响下，米德开始信奉实用主义哲学。在哈佛工作一年后，米德去德国莱比锡大学师从威廉·冯特，进行高级哲学研究。冯特关于“姿势”的概念对米德后来的工作产生了深刻的影响。在那里米德遇到了G·斯坦利·霍尔，这位著名的美国生理心理学家使米德对这一学科产生了兴趣。1889年米德进入柏林大学进一步学习心理学和哲学，1891年在密执安大学哲学和心理学系担任讲师，1894年应杜威邀请，到新建的芝加哥大学任教，一直到1931年4月26日逝世。

米德对社会心理学的主要贡献，是他关于人类行为、互动和组织的概念性观点。这种概念化代表了一般的哲学传统，其中包括了功利主义、行为主义、达尔文主义和实用主义，以及米德从当时所接触过的思想家或哲学家、心理学家那里借来的一些特定概念的混合体；詹姆斯的“自我”概念、查尔斯·库利的“镜中我”的概念和杜威的“精神”在社会环境中产生并在互动中发展的理论，对米德的思想影响至深。米德关于人类行为的观点被他自己和后人称为“社会行为主义”，以区别于以华生为代表的“行为主义”。他不赞同行为主义全盘否定精神和意识的作法，认为行为主义忽视了人与动物的本质区别，忽视了人的社会性。在他看来，人对外部世界的适应是通过符号化的沟通过程进行的，而这与生物有机体对环境刺激简单的条件反射式的反应正好相反。

代表米德重要思想的《精神、自我与社会》（也有译为《心灵、自我与社会》）一书，通过对精神和自我的论述来分析社会、组织及其建构。米德认为，社会代表着个体之间的有组织的、模式化的互动，这种互动既依赖于个体扮演角色和想象演习各种行动方案的精神能力，也依赖于从概化他人的观点来评价自身的自我能力。因此，一方面社会塑造了精神和自我，另一方面，社会和组织本身又是凭借精神和自我而得以维持和延续的，是从个体之间相互调节的互动过程中产生的。自我并不是意识的处理系统，其本身就是意识的对象。人一生下来并不存在自我，因为他不可能直接开始自己的实践活动。随着从外部世界获取实践经验，人学会了将自我作为一个对象来考虑。这就是自我意识的发展。他强调产生社会交往的社会环境对自我的发展的重要作用。自我的概念在米德那里是两种"我"（"I"和"me"）的结合体。"me"是指通过角色扮演而形成的社会中的自我；"I"是指并非作为意识的对象的独立个体。米德这种关于人类行为、互动和组织的观点，是现代社会科学中大部分互动思想的概念基础，诸如角色理论、民俗方法学、象征互动论、符号互动论、认知社会学、行动理论、现象学和民俗学等形形色色思想学派的概念基础。

米德的互动概念对社会心理学中符号互动论，其自我理论对当代人本主义心理学关于自我概念的理解，都产生了重要影响，他是20世纪最重要的自我理论家之一。但米德生前从未出版过著作。他的经典性著作《心灵、自我与社会》是由他的学生根据他的讲稿汇编而成，并于1934年他去世后出版的。米德的哲学和心理学思想还见于《当代哲学》（1932）、《19世纪思想运动》（1936）、《动作哲学》（1938）等由他的学生所编的著作中。

（佐 斌 任 杰）

名篇选读

心灵、自我与社会（节选）

关于自我

自我与主体

自我所由产生的过程是一个社会的过程，它意味着个体在群体内的相互作用，意味着群体的优先存在。① 它还意味着群体的不同成员都参与其内的某种合作性活动。此外它还意味着，这一过程中可能发展一种比自我所由产生的组织更为精致的组织，这些自我可能是产生他们并使他们存在的更精致社会组织的器官，至少是其基本成分。因此存在一个自我从中产生并在其中进一步演化、发展、组织的社会过程。

心理学在论述自我时往往把它作为一种多少孤立的独立元素，某种可以认为是独立地存在的实体。如果我们把自我等同于某种情感意识，由此出发，说宇宙中有一个单独的自我是可能的。如果我们说这一情感是客观的，那么我们可以想象该自我是独立存在的。我们可以想象一个独立存在的单独的肉体，我们可以设想它具有这些情感或意识状况，这样的话我们便可以在脑子里竖起一个独立存在的自我。

这样，我们所特具的“意识”便有了另一种用法，即表示我们

① 个体有机体与他们作为其成员的社会整体的关系，类似于多细胞有机体的个体细胞与整个有机体的关系。

所说的思维或反思的智能。对意识的这种用法始终同其中的一个“主我”有关，至少蕴含着这样的关系。意识的这种用法与他人没有必然的联系；它是一个完全不同的概念。一种用法必定同一定的机制有关，同一个有机体动作的一定方式有关。如果一个有机体具有感觉器官，那么在它的环境中就有各种对象，在那些对象中将有它自己身体的各组成部分。① 不错，如果有机体没有视网膜和中枢神经系统，就不会有任何视觉对象。这些对象的存在必须有一定的生理条件，不过这些对象本身并不一定同某个自我有关。当我们接触一个自我时，我们接触到某种行动，某类社会过程，该过程包括不同个体的相互作用，同时暗示着从事某种合作性活动的个体。在这一过程中，一个自我也许就产生了。

我们想把自我作为个体行动中的某种结构过程，区别于我们所说的对被经验对象的意识。这两者没有必然联系。那颗疼痛的牙齿是一个非常重要的因素。我们必须注意它。为了能控制那种经验，我们在一定的意义上把它与自我同一。偶尔我们具有一种由周围气氛造成的经验。整个世界看上去一片萧条景象，天色阴沉，气候恶劣，我们所感兴趣的价值观正在沉沦。我们并不必然把这样一种情境同自我联在一起；而只是感觉到周围的一种气氛。我们逐渐记起我们经受过这种沮丧，在以往岁月中找到那样一种经验。然后我们得到某种安慰，服用阿司匹林，或休息一下，结果这个世界就变了样。还有另外一些经验，我们可以始终把它与自我等同。我认为可以十分清楚地区分我们称之为主观经验的那类经验（因为只有我们能触及它）同我们称之为反思的经验。

诚然，独立进行的反思是唯有我们才能做到的。某人对欧几里

① 我们对环境的构成性选择是我们所说的“意识”这个词的第一种意义。有机体并不把感觉的性质（例如颜色）投射到它对之作出反应的环境中去；但是它把这样的性质赋予环境，类似于一头牛使草具有食物的性质，或者说得更广泛些，类似于生物有机体与使食物对象发生的某些环境物之间的关系。如果不存在具有特定感觉器官的有机体，便不存在本来意义或通常意义上的环境。一个有机体在选择的意义上构成其环境；而意识常常涉及环境的特征，因为它为我们人类有机体所决定、所选择，并取决于被选择或构成的前者与后者之间的关系。

得的一个命题得出自己的证明，这个思考发生在他自己的行动中。开始，它暂时是只存在于他思想中的一个证明。后来他发表了这个证明，它便成为公有财产。而在这之前它只是暂时属于他个人所有。还有其他这样的内容，诸如记忆形象和想象力的作用，都是只属于个体本人的。这些类型的对象有一种共同的特性，我们一般把它等同于意识和我们所称的思考过程，因为这两者至少在特定阶段都是只有个体能及的。但是我说过，这两组现象处于完全不同的层次。这种相同的可及性特征并不一定赋予它们同样的形而上学地位。这里我不想讨论形而上学问题，但我要坚持说，自我具有一种产生于社会行动的结构性，它完全不同于有关这些特定对象的这种所谓的主观经验，即只有有机体本身能触及的经验；它们所具有的共同特性即私人的可及性并不把它们融合在一起。

当个体有机体的行动吸收了姿态的会话时，我们至此所说的自我便产生了。当这种姿态的会话进入个体的行动，使得其他有机体的态度能影响该有机体，而且该有机体能用它相应的姿态作出回答并在他自己的过程中唤起他人的态度时，一个自我便产生了。就连低等动物能够进行的单纯的姿态会话，也要用这一姿态会话具有智能作用这个事实来解释。即使在那里，它也是社会过程的一部分。如果它被纳入个体的行动，它不仅保持那一作用而且获得更大的能力。如果我能采取我正要与之进行一场讨论的一个朋友的态度，在采取那一态度时我能把它用于我自身并像他那样作出答复，那么，和在我自己的行动中不采用那种会话的姿态相比，我可以把话说得清楚得多。对他也是一样。事先仔细思考谈话情境，对双方都有好处。每个个体都必须采取共同体的态度，泛化的态度。他必须准备参照他自己的条件来动作，恰如共同体中的任何个体会采取的动作一样。

当共同体对个体的反作用以我们所称的一种制度的形式发生时，共同体发展中的一个最大进展便产生了。这个意思是说，整个共同体在一定的环境下以一种相同的方式对个体发生作用。它一视同仁地反对偷窃财产的人，不管他是汤姆、狄克还是亨利。在这些条件下，整个共同体有一种同一的反应。我们把这称为制度的形成。

现在我还想简单提一下另外一个问题。我们可用来与整个共同体的非难相抗衡的唯一方法，是建立一个更高级的共同体，它在某种意义上得票多于我们所处的共同体。某人可能得出与周围整个世界相反的观点；他可能独自站出来反对这个世界。但是这样做时，他必须用理性的声音对自己说话。他必须理解过去与未来的各种见解。只有这样他才能获得一种超出该共同体的见解。通常我们认为共同体的一般见解和过去、未来的更大共同体的见解一致。我们认为一种有组织的惯例体现了我们所称的道德。一个人不能做的各种事情是每一个人都会谴责的事。如果我们采取与我们自己的反应相对的共同体的态度，那便是一个真陈述；但我们不能忘记另一种能力，即对共同体作出答复并强调共同体的姿态是变动的。我们可以改变事物的秩序，我们可以要求把共同体的标准变成更好的标准。我们不是简单地受共同体的约束。我们参与了一场会话，在这场会话中共同体倾听了我们的发言，它的反应因此受到了我们的发言的影响。在危急形势下尤其如此。某人站起身为他的所作所为辩护；他有自己的"开庭日"；他可以陈述他的观点。他或许能改变共同体对他的态度。这个会话过程是这样一个过程，个体在其中不仅有权利而且有责任对他作为其中之一员的共同体发表讲话，并导致那些通过个体的相互作用而发生的变化。当然，通过这种方式，正是通过使某人认真思考某事这样的相互作用，社会得到进步。我们不断地在某些方面改变我们的社会制度，我们能够运用我们的智能来这样做，因为我们能思考。

这便是自我从中产生的反思过程，我一直力图把这样一种意识同作为一组特性的意识区别开，后者是由某些对象对于有机体的可及性决定的。诚然，思维，当它仅仅是思维时，也是只有该有机体所能及的。但是唯有该有机体可及这一个共同特性，并不使思想或自我成为某种可等同于一组可及对象的东西。我们不能把自我等同于通常所称的意识，即等同于对象特性的隐秘主观的他性。

当然，在意识和自我意识之间有一种流行的区别：意识符合某些经验诸如疼痛或愉悦的经验，自我意识指的是作为一个对象的自我的识别和出现。不过，人们很普遍地认为，这些不同的意识内容也带有一种自我意识（一种疼痛总是某人的疼痛，如果不是与某个个体相关，就不会是疼痛）。这里包含一种十分确定的真理成分，但它远不是事情的全部。疼痛必定属于某个个体：它必定是你的疼痛，如果它要属于你的话。疼痛可以属于任何人，但如果它真的属于每一个人，相对说来它就不那么重要了。我想可以认为，在麻醉剂作用下所发生的是经验的游离，以致那种苦痛可以说不再是你的苦痛。我们有实例说明。在没有麻醉剂作用的情况下，由于我们把注意力转移到其他某件事情上去，一件讨厌的事情便失去了对我们的影响力。比如说，如果我们能摆脱这件事，使它脱离我们的注意力，我们就可以发现它已失去其大量难以忍受的特性。疼痛的不可忍受性是对疼痛的反应。如果你能实际地抑制自己对苦痛的反应，你便摆脱了苦痛本身的某些内容。结果是它不再是你的疼痛。你干脆客观地看待它。当某人情绪冲动时，我们不断从这个角度劝解他。这样做时，我们所摆脱的不是引起反感的事物本身，而是对反感事物的反应。这种评判的客观性是一个中立者的客观性，他可以完全站在一种情境之外评价它。如果我们对反对我们的某个人的冒犯能持那种评判态度，我们便达到这样一种境界，不是忿恨他们，而是理解他们，在这种情境下，理解便是宽恕。由于这种态度，我们把自己的许多经验移出自我。对另一个人的鲜明而自然的态度是对他的冒犯表示忿恨，但我们现在在一定意义上超越了那个自我，成为一个具有其他态度的自我。这样，当我们在忍受苦痛或情绪激动的时候可以采用一种方法，那便是在一定程度上把我们的自我同经验分离开，使得它不再是有关个体的经验。

如果我们能够把该经验完全分离开，以致我们不再记得它，我们不必让它继续日日夜夜、时时刻刻地占据自我的注意力，那么，它对我们而言便不再存在。如果我们没有把经验与自我等同起来的记忆，那么就它们与自我的关系而言，它们无疑会消失；不过它们可以继续作为感觉经验或可觉察经验存在，只是不被一个自我所注意。这种情境出现在多重人格病理学实例中。在那里，一个个体失去了对其生活的某一阶段的记忆。与那一阶段相联系的所有事情都被遗忘了，他成了另一个人。这段历史有其实在性，不论是否存在于经验之内，但是这里它与那个自我不认同——它并不构成那个自我。我们采取这样一种态度对待他人，例如，当某人在某个方面冒犯我们的时候，只需要说明一下情况，承认一下，或表示一下歉意，然后就不放在心上了。一个表示宽恕但又耿耿于怀的人不是好伙伴；与宽恕同行的是忘却，是摆脱对它的记忆。

可以提出许多实例来说明特定内容与自我的松散关系，证明我们有理由认为它们在自我之外也有一定价值。至少，人们必须承认，我们可能达到这样一步，某种我们视之为一个内容的东西对于自我越来越不必要，它离开了现在的自我，对于这个自我不再具有它对于以前的自我所曾具有的价值。有些极端的例子似乎支持这样的观点，即这样的内容的一定部分可以完全同自我分隔开。虽然它在某种意义上存在着、准备着在特定条件下出现，就目前而论，它与自我还没有关系，还没有进入我们的自我意识的门槛。

另一方面，自我意识肯定是围绕社会个体组织的，而且，正如我们看到的，那并不只是因为某人处于一个社会群体并且受他人影响又影响他人，而是因为我一直强调的一点，即他自己的作为一个自我的经验是从他对他人的动作中获得的。就他能够采取另一个人的态度并像他人那样对他自身发生作用而言，他成了一个自我。如果姿态的会话能够成为指导和控制经验的行动的一部分，一个自我便可能产生。在一个社会动作中影响他人、然后采取他人被该刺激唤起的态度、然后又对这一反应作出反应，这样一个社会过程构成了一个自我。

我们的身体是环境的组成部分；并且存在这样的可能：个体经验到、意识到他的身体，意识到身体的各种感觉，却意识不到即不了解他自身，换句话说，不对他自身采取他人的态度。按照社会意识理论，我们所说的意识是个体人类经验环境的特殊性质和方面，这种经验来自于人类社会，由对其自身采取他人态度的个体自我组成的社会。生理学的意识概念或意识理论单独看是不充分的；它需要从社会心理学的观点获得补充。构成自我意识的，是对自身采取或感受他人所持的态度，而不只是器官对个体所意识和经验的东西的感觉。直到个体的自我意识在社会经验过程中出现为止，个体对其身体（它的感受和知觉）仅仅是作为环境的一个直接组成部分来经验，而不是作为他自己的身体，不是在自我意识范围里来经验。这个自我和自我意识必须先出现，然后这些经验可以被具体地看作和该自我一致，或者被该自我所占用；打个比方说，要进入这一经验传统，自我必须先在包括该传统的社会过程中发展起来。

通过自我意识，个体有机体在某种意义上进入了它自己的环境领域；它自己的身体成为它对之作出响应或反应的一组环境刺激的一部分。没有更高层次上的这一社会过程为背景（在这些层次上该过程包括与之相互作用的个体有机体之间的有意识交流，有意识的姿态会话），个体有机体就不会使自己整个地成为其环境的对立面；不会整个地成为它自身的一个对象（因而不具有自我意识）；不会整个地成为它对之作出反应的刺激。相反，它只是对它自身的某些部分或某些孤立的方面作出反应，而且根本不把它们看作它自己的一些部分或方面，而只是看作它的总环境的组成部分或方面。只有在较高层次的社会过程中，只有在较为发展的社会环境或社会情境里，整个个体有机体才成为它自身的一个对象，并因而成为有自我意识的；在较低的、非意识水平的社会过程中，在那些逻辑上先于社会经验与行为过程并作为其必要前提的单纯的心理—生理环境或情境中，个体有机体不会成为它自身的一个对象。在这些或许可称为有自我意识的经验或行为中，我们虽然也对其他个体作出动作和反应，但尤其是对我们自身作出动作和反应；成为有自我意识的，实质上就是借助于某个体与其他个体的社会关系而成为个体自我的对象。

当考虑自我的本性时，重点应放在思维的中心地位上。提供了自我的核心和基本结构的，是自我意识而不是情感性经验及其运动神经。因此自我本质上是认知的现象而不是情感的现象。思维或理智过程，个体把外部的表意的姿态会话（这种会话是他与属于同一社会的其他个体相互作用的主要方式）内在化、戏剧化的过程，乃是自我发生及发展中的最早的经验阶段。诚然，库利和詹姆斯，试图在内省的情感性经验即涉及“自我感觉”的经验中寻找自我的基础；但是这种认为自我的本性应在这样的经验中发现的理论并没说明自我的起源，也没说明他们视之为这种经验的特征的自我感觉的起源。在这些经验中，个体无需对他自身采取他人的态度，因为这些经验本身并不要求他这样做，而他不这样做的话就不能发展一个自我；在这些经验中他不会这样做，除非他的自我已经以其他方式即我们所描述的方式形成了。自我的本质，如我们已经说过的，是认知的：它是内在化的姿态会话，而后者构成思维，或者说，思想或思考通过它得以进行。因此，自我的起源与基础，像思维的起源与基础一样，是社会的。

“主我”与“客我”

我们详细讨论了自我的社会基础，并提示过，自我的产生并不仅仅在于对社会态度的简单组织。现在可以明确地提出有关那个意识到社会性“客我”的“主我”的本性问题。我不打算提出一个人如何可能既是“主我”又是“客我”这个形而上学问题，而是从行动本身的观点出发探讨这一区分的意义。“主我”作为与“客我”相对的一方在何处进入行动？如果某人确定他在社会中的地位并认为他自己有某种作用和特权，这些全都是根据“主我”规定的，但是“主我”不是一个“客我”，并且不可能成为一个“客我”。我们可能有一个较好的自我和一个较差的自我，但那也不是指与“客我”相对的“主我”，因为他们都是自我。我们赞成一个自我而不赞成另一个，但是当我们提出一个或另一个自我时，它们身为“客我”而成为赞成的对象。“主我”并未成为注意中心；我们对自己说话，但没有看自己。“主我”对因采取他人态度而出现的自我作出反应。由于采取那些态度，我们引入了“客我”，并作为“主我”对它作出反应。

论述这个问题的最简单方式是用记忆来说明。我对自己说话，我记得自己说过的话或许还有它所带有的情感内容。此刻的“主我”出现在下一刻的“客我”中。那里我也不可能足够快地转过身去抓住自我。我记得自己说过的话，就此而言，我成为一个“客我”。但是，可以把这种作用关系给予“主我”。正是由于这个“主我”，我们说我们决不可能充分理解我们做的什么，我们为自己的行动感到惊诧。当我们动作时，我们意识到我们自己。在记忆中，“主我”不断地出现在经验中。我们能够直接回忆起片刻前的经验，然后我们便依靠记忆意象回想起其余经验。因此在记忆中，“主我”便作为一秒钟、一分钟或一天之前的自我的代言人而存在。由于是给定的，它是一个“客我”，但它这个“客我”是早些时候的“主我”。如果有人问，那么，在什么地方“主我”直接进入你自己的经验呢？回答是，它是作为一个历史人物进入的。它是一秒钟之前的你，即是“客我”的“主我”。它是必须扮演这个角色的另一个“客我”。在这个过程中，你不可能获得“主我”的直接反应。① 在一定意义上我们把自己等同于这个“主我”。“主我”如何进入经验，构成了有关我们大部分有意识经验的问题中的一个问题；它不是在经验中直接给予的。

“主我”是有机体对他人态度的反应；“客我”是有机体自己采取的有组织的一组他人态度。他人的态度构成了有组织的“客我”，然后有机体作为一个“主我”对之作出反应。现在我想更详细地考察这些概念。

在姿态的会话中既无“主我”亦无“客我”；整个动作尚未实现，不过在姿态这个范围内作了准备。现在，只要个体在自身唤起他人的态度，便出现一组有组织的反应。由于该个体有能力采取他人的态度（在它们可以被组织起来的范围内），他便获得了自我意识。采取所有那些有组织态度使他获得了他的“客我”；那便是他所意识到的自我。他可以因为球队里其他成员的要求而把球传给某个队员。那便是在他的意识中当下存在的自我。他持有他们的态度，知道他们需要什么以及他的任何动作将会有什么后果，他对该情境负有责任。那些有组织的态度构成了他作为“主我”正对之作

---

① 有机体的敏感性把它自身的某些部分引入环境。但是，它没有把生活过程本身引入环境，有机体的激发人想象力的完整表象并不能显示有机体的生活。它可令人置信地表现生活所处的条件，但不是整个的生活过程。肉体的有机体在环境中始终还是一个物（手稿）。

出反应的那个“客我”。但那会是什么反应，他不知道，也没有任何其他人知道。他或许会打一个漂亮的球，或许会打一个失误球。在他的当下经验中出现的对该情境的反应是不确定的，正是那反应构成了“主我”。

“主我”是他在自己的行动中针对那一社会情境作出的动作，只有在他实现了该动作后，它才进入他的经验。于是他意识到它。他必须做这样一件事并且他做了。他履行了他的责任，他也许会自豪地看待自己的掷球动作。“客我”出现了，去履行那个责任，它以这种方式在他的经验中出现。他在自身持有所有他人的态度，要求一种特定反应；这便是该情境下的“客我”，而他的反应便是“主我”。

我想提请大家特别注意，事实上“主我”的这一反应不是很确定的。某人所采取的影响他自己行动的他人的态度构成“客我”，那是已经存在的某物，而对它的反应尚未给出。当某人坐下来仔细考虑某事时，他有一些现成的资料。假设他必须弄清的是一个社会情境。他从群体中某个或另一个个体的观点看他自己。这些全都联系在一起的个体给他一个确定的自我。那么，他准备做什么？他不知道，其他人也不知道。他能让该情境进入他的经验，因为他能采取与该情境有关的各种各样个体的态度。由于采取他们的态度，他知道他们如何看待这个情境。事实上，他说：“我已做了某些事情，它们似乎使我遵循一定的行动路线。”如果他果真如此动作，也许将会使他处于另一群体的错误立场。“主我”作为对这一情境的一种反应，与包括在他所取的态度中的“客我”形成对照，它是不确定的。而当这一反应发生时，它便作为一个记忆意象出现在经验领域里。

我们的似是而非的存在本身是很短暂的。但是，我们确实经验到各种短暂的事件；一部分事件推移的过程直接存在于我们经验里，包括某些过去的事件和某些将来的事件。我们看见一只球在传递过程中落下，在球的传递过程中有时球被盯住，有时未被盯住。我们记得片刻之前球的所在，除了我们经验中已有的东西之外，我们还能预计它将会在何处。我们自身也是如此；我们正在做某事，而回顾一下我们正在做的事，便获得记忆意象。因此“主我”实际上是作为“客我”的一部分在经验中出现的。但在此经验的基础上，我们把正在做某事的那个个体同对他提出该问题的“客我”区别开。只有当反应发生时它才进入他的经验。如果他说他知道他准备做什么，即使这时他也可能是错误的。他着手去做某事，但碰巧发生了某种干扰。结果产生的动作与他可能预期的任何事总是略有不同。哪怕他只是在走路，情况也是如此。他所跨出的预计的步子使他处于某种情境，同他预计的略有不同，在一定意义上是新的步子。可以说，向未来前进，是自我、“主我”跨出的步子。它是“客我”所不具有的某种东西。

以科学家解决问题的情境为例。在那里，他有一定的资料，要求一定的反应。这一组资料中有的要求他应用如此这般一个定律，而其他资料则要求另一个定律。资料连同其包含的意义存在着。他知道如此这般的倾向意味着什么，当他面对这些资料时，它们代表着他的一定反应；但是现在它们相互冲突。如果他作出一种反应，便不能作出另一种反应。他不知道他将要做什么，其他人也都不知道。自我的动作要对这些相互冲突的资料作出回答，它们以问题的形式出现，对他这个科学家提出相互冲突的要求。他必须以不同方式看待它。“主我”会采取何种动作，我们事先无法说出。

于是，处于“主我”与“客我”这一关系中的“主我”，可以说，是对个体经验之中的一个社会情境作出的响应，是个体对其他人的态度（当他对其他人采取某种态度时其他人对他采取的那种态度）所作的回答。这样，他目前对他们采取的态度存在于他自己的经验中，不过他对它们的反应将包括一种新的成分。“主我”产生自由的感觉、主动的感觉。在该情境中我们采取了一种有自我意识的动作方式。我们意识到我们自身，意识到是怎样一种情境，但是我们究竟将如何动作，一定要到动作发生之时才进入我们的经验。

“主我”并不以与“客我”同样的意义出现在经验中，这个事实的根据便在于此。“客我”体现我们态度中对共同体的一种明确组织，并要求一种反应，不过作出的反应是刚刚发生的事。对它没有任何确定性可言。该动作有一种心理上的必然性，但没有物理上的必然性。当动作实际发生时，我们才发现做了什么。我想，上述说明指出了"主我"与"客我"在该情境中的相对地位，指出了这两者在行为中分离的基础。这两者在行为过程中是分离的，但它们是一个整体的组成部分，在此意义上是有共同归属的。它们是分离的，但又是统一的。"主我"与"客我"的分离并非杜撰。它们不是同一的，因为如我说过的，"主我"是决不可能完全预测的。就履行行动本身产生的义务而言，"客我"确实要求某种"主我"，但"主我"始终有别于情境本身的要求。因此，在"主我"和"客我"之间始终是有区别的。"主我"既召唤"客我"，又对"客我"作出响应。它们共同构成一个出现在社会经验中的人。自我实质上是凭借这两个可以区分的方面进行的一个社会过程。如果它不具备这两个方面，就不可能有自觉的责任心，经验中就不会有新的东西。

选自：米德．心灵、自我与社会．赵月瑟译．上海：上海译文出版社，1992

思想评介

论作为社会心理学家和社会哲学家的米德

《心灵、自我与社会》是米德讲授社会心理学30年的记录，体现了其社会心理学体系的基本轮廓，可以代表其最重要的社会科学研究成果，尤其是其最著名的贡献即"符号互动论"。关于该书内容，编者莫里斯已在长篇导言中作了颇为详尽的评述；他为全书各篇章所加的大小标题，也为读者把握这些内容提供了比较清晰的参考线索，因此，笔者不准备在此赘述其丰富内容，但有必要概略地提一下米德最基本的理论观点和研究方法。

1. 社会行为主义是米德社会心理学体系的基本立场

莫里斯用米德偶然用过的一个词即“社会行为主义”来标示米德的整个心理学体系，这个做法后来遭到一些人的非议，认为很失策，一方面使米德的学说仅仅被看作行为主义的一个变种而为各种行为主义所排斥，另一方面又使反对行为主义的人失去对米德学说的兴趣。但是，综观米德的社会心理学体系，应当说，社会行为主义这个提法大体上还是准确的，是符合米德本人的思想的。米德始终如一地坚持的行为主义基本观点是：不应当根据人的意识来解释人的行为，而应当根据人的行为来解释人的意识。米德与华生的行为主义有相同之处，即认为心理学应当研究行为的来龙去脉，而不是研究独立存在的心灵。米德与华生又有区别，华生完全摒弃个体的内在经验，在研究行为时绝不考虑心灵之类的概念；而米德则不否定意识是人的经验的内在方面，不否定心理现象或精神现象是心理学现象，而是认为心理活动可以从人的行为背景中加以考察。米德与一般行为主义最大的区别在于，他反对还原论的倾向，反对把现象还原为最简单的行为单位，反对把经验等同于反应。米德认为，人，不仅仅是动物中的一种，人不同于其他动物之处，在于有意识地组织经验。他力图说明社会行为与个体对物理环境的反应之间的区别，主张从较广泛的社会交往的观点出发来论述经验。个人机体的行为乃是某种社会行动的一个组成部分，社会行动要作为整个过程来理解，而不能理解成个别特殊刺激和反应的累加。米德力图从这一基本立场出发，对行为的情境因素从其具体的总体上作更为仔细的研究。

2. 从进化的观点出发，论述人的心灵、自我如何从社会背景中产生和发展，是米德社会心理学体系的基本内容

生物进化论是19世纪的重大发现，它给同时代人带来强大影响，使进化发展成为一切理论思考的基本框架。米德正是以进化论为依托，以“突现”概念为中心，打开用行为主义论述人的内部经验的大门的。

在米德之前的社会心理学领域内，没有人完全地解释过心灵及自我如何从行为中产生，人们把心灵与自我的存在作为社会过程发

生的先决条件，而且未能对心灵及自我的机制作出分析。米德的贡献在于，论证作为心理意识活动的人的心灵与自我完全是社会的产物；而语言，为它们的出现提供了机制。

生物个体转变为具有心灵的有机体，形成具有自我意识的人格，是通过语言这个媒介而发生或突现的，而语言，是进化的产物。生物个体参与社会性动作，把各自动作的初期阶段用作姿态，即用作完成该动作的指导。这种姿态在动作身上已经出现。但符号或姿态必须成为表意的符号或姿态，才能产生语言，生物个体才能有意识地交流自己。有声的姿态能在自我和他人身上唤起同一反应，为意义交流提供必不可少的共同内容。因而有声的姿态乃是语言以及各种衍生的符号体系的实际源泉，也是“心灵”的源泉。心灵是在社会过程中，在社会性相互作用这个经验母体中通过语言而产生出来的。只有人类能够从姿态会话的水平进到表意的语言符号的水平，从而获得心灵或意识。

凭借语言这个媒介，具有心灵的有机体能够成为其自身的对象，而这种能力恰恰是“自我”的独特品性。这种能力是在“角色扮演”中发现的。自我的发展经过游戏阶段和竞赛阶段这两个阶段。在游戏阶段，儿童挨个扮演以各种方式进入他生活的人或动物，通过有声姿态的自我刺激作用而采取他人的态度；而在竞赛中，他扮演参与共同活动的任何一个他人的角色，他已经泛化了角色扮演的态度，或者说，采取了“泛化的他人”的态度。所有他人的态度组织起来并被一个人的自我所接受，便构成了作为自我的一个方面的“客我”，与之相对应的方面则是“主我”，主我和客我的统一便是完整的自我。

总之，支撑着米德对心灵、自我的独特分析的基本思想是意识的突现进化。米德特别强调意识的两个概念。其一，意识并不是从外部加给动物的一种孤立的实体，而是有机体和环境在发展进化途中相互作用的结果。意识是一种机能，它代表着具有感受性的有机体以及与之相联系的环境。其二，意识指的是人类有机体活动的一种性质，这种活动不能简单地混同于生理或行为单位。他把人的具有理性归之于某种行为，即个体采取他人的态度，个体置身于他所属的整个群体态度中的行为。

3. 有机体与环境、个体与社会的相互作用是米德社会心理学体系的基本轴线

米德的论述以合作群体为逻辑起点，从一个客观的社会过程开始，借助于语言把社会交流过程输入个体内部，然后个体把社会行动化为自己的行动。他强调个体的心灵、自我以及相关的思维活动取决于他所参与的社会行为，但他并非把个体完全统摄于社会之中，在他那里，个体与社会始终是相互作用的。

米德的“社会”概念与“泛化的他人”紧紧联系在一起。社会不是一种客观实体，而是相互作用的框架，它以自我和心灵的本性为前提。由于自我只能从社会过程中产生，社会是自我能从中产生的泛化的背景；而随着具有心灵与自我的生物个体的出现，初始意义上的社会也发生了变化，接受了人类社会所特有的组织形式。社会制度乃是一套特殊的相互联系的角色，一个制度便是一套群体或社会的行为的组织形式。

米德关于自我的基本结构即主我与客我的分析，最典型地体现了个体与社会、主体与客体之间的相互作用。当然，这种相互作用已经内在化了，内在化于一个人的自我之中了。所谓“客我”，指自我的关于他人对自我的形象的心理表象，或在原始水平上，指自我对他人对自我的期望的内在化。客我作为他人在自我内部的积淀，作为自我的一种参照标准，是一种对自发冲动结构的评价因素，也是自我的正在出现的自我形象的因素之一。客我代表自我的被动性、社会性一面。而“主我”则代表自我的主动性、生物性的一面，主我是动作的原则，冲动的原则，创造性的原则。主我和客我共同构成一个出现在社会经验中的人。如果说客我是循规蹈矩、因循守旧的一面，它是始终存在的；主我的可能性则属于实际上正在发生正在进行的事情，它是人的经验中最迷人的部分，人们不断寻求的便是这一自我的实现。主我以其行动改变社会的结构，一般人只能带来细微的变化，而具有伟大心灵和杰出才能的人则可能带来巨大的变化。

4. 客观相对主义是米德全部学说的哲学基础

米德关于心灵、自我与社会的概念分析形成一个完整的逻辑体系，在这个体系的展开过程中，动作的符号性和互动性起了关键的作用，因此人们把他的社会心理学简称为“符号互动论”。但符号互动不仅是社会心理学，也是一般哲学，也可以用到认识论、伦理学等领域。

在米德看来，从笛卡儿以来的哲学史，便是试图避免传统的意识和对象的二元论，避开由笛卡儿式错误问题造成的两难困境。关键在于改变认识论问题的超验的思路，使它成为发生的，把它与人体、人的实践活动、人的主体间性联系起来，从意识、对象尚未分离的地方开始其认识论。米德认为，有机体的环境之所以存在，是由有机体而造成的，是相对于有机体而存在的。他并不否认物理的东西先于科学、先于人的认识而存在，但认为在经验上，物理的东西是从社会对象派生出来的，处于从社会派生出来的经验层次上。认识，无论是人类历史中人的认识的发展，还是单个生命中个体心理的发展，都是有机体和环境相互作用的结果。某些东西是可以食用的，但这只是相对于某一消化系统而言的。经验到的世界是一个自然事件的王国，它是通过有机体的感受性而出现的，这些事件跟观察到的东西一样并不为有机体所有，但是对象的性质跟一个进行条件作用的有机体相关。这就是米德全部学说的哲学基础：客观相对主义。

在伦理学上，米德同样持有这种客观相对主义：价值是一个对象能够满足一种利益的特征。米德说，对于功利主义伦理学来讲，只有一个单一的不变的行动动机即趋乐避苦，善便是最大限度地满足这一愿望的行为。康德的伦理学则是一种周密彻底的信念伦理学，决定道德品性的不是行为的结果，而是行为由之产生的意图，良知和意志自主是合理建设社会的前提。这两种伦理学的缺陷其实是互补的，根源都在对行为的错误看法，人为地把行为的动机和目的分离开来。米德的价值概念是其行为理论基本框架的产物。评价是主体与客体、有机体与环境之间“互动”的结果。价值关系实际上是客观地存在于主体和客体之间的关系。伦理的普遍性只能以社会性为基础，只有通过人的角色扮演能力的普遍性来实现。一个社会的道德价值，要看它在多大程度上使其成员通过理性的程序达到一致，使不同制度通过交流而接受改变。一个社会如果具有这些特征，便是民主的社会。

米德的社会心理学体系具有丰富的内容，蕴含着许多深刻见解，因而在当年讲课过程中便产生了很大影响；在其著作整理出版之后更引起广泛的注意。他关于人类自身如何出现的社会相互作用过程中的论述，是对社会心理学乃至一般哲学理论的最重要贡献，使他成为在有社会学背景的社会心理学家的传统中被引证最多的核心人物，被奉为著名的“符号互动学派”的创始人，与弗洛伊德、勒温、斯金纳并称为当代社会心理学大师。

当然，对任何一种理论，人们都可以提出不同的评价，米德的思想也受到过许多批评。从社会心理学的角度来看，对米德最强烈的抨击恐怕是说他不算社会科学家，特别是在科学实证主义占统治地位的情况下。米德以哲学家为业，在表述基本概念时，往往采取繁琐的哲学论证形式。而且他的论述注重过程和整体，忽视结构的分析。尽管他不厌其烦，反复解释，总还没能把所谈的经验性事物讲清楚。他的符号互动论还存在许多有待解决的问题。例如，社会心理现象的性质究竟是什么？经验性研究应集中寻找的关键性结构是什么？什么是捕捉社会过程的本质的最有效工具？决定论的模式是否适用于人类行动？等等。而人们最主要的批评是说，符号互动论的思想无法加以验证。实际上，米德提出了一个一般的哲学方法，而不是一个科学的理论，他所强调的相互作用，为建立科学理论留下了丰富的材料，但其中心假设不适于实验检验。

从哲学的角度看，由于米德没有明确提出一种体系性的学说，由于他的学说中常常糅合了多种哲学传统，人们往往只从他对社会心理学作出贡献的角度肯定他的哲学活动，只注意他的哲学的折衷特点，只到近期才在多种新的意义上重新发掘他的哲学思想。实际上，在米德生活的时代，哲学、心理学、社会学和自然科学的分工尚处于初始阶段，作为社会科学家和哲学家的米德是一身而二任。他的社会心理学体系呈现较多的哲学色彩，而他的哲学观点则通过对心理学概念的论述体现出来，这正是他的理论特色，也是他所处时期学科发展状况的自然反映。

……

在米德的学术生涯中，他不断汲取了哲学、社会学、心理学、自然科学中的许多研究成果。从科学上说，达尔文的进化论和爱因斯坦的相对论无疑有着决定性的影响；从心理学上说，塔尔德、鲍德温、吉丁斯、库利、冯特的研究成果对他克服个体主义心理学都有帮助，尤其是库利的“镜面自我”和冯特的“姿态”概念（这个方面从《心灵、自我与社会》一书的第一部分可以清楚看出）；而从哲学上说，德国哲学传统尤其是黑格尔理念主义和美国文化氛围尤其是实用主义起了极为重要的作用。

黑格尔被认为是思辨的进化论的先驱，他的哲学是一种过程的哲学、发生的哲学、整体形成的哲学，米德认为黑格尔把他从新教徒缺乏创见的狭隘的个人主义假设中解放了出来。米德自己说过，他经历了一个黑格尔主义阶段。他从黑格尔理念主义中获得了思想上的解放，为哲学寻找更科学的基础，偏重从生物学和社会的角度看问题。黑格尔努力摆脱主体与客体、物与心、神与人的二元论，对米德有很大影响。黑格尔的“客观精神”表明，承认人类个体的心理生活取决于文化结构，取决于人类行为的客观化。米德赞成布拉德雷关于个体的非个体主义概念，起源于黑格尔。米德希望非还原论的心理学会为他的自我形成观念提供理论支撑，实现这一计划的途径是黑格尔主义方法。虽然米德在思想成熟过程中放弃了许多黑格尔哲学的具体内容，但他的符号互动论明显留有黑格尔的思想风格。自我和他人构成一种辩证关系，从中诞生出新的自我意识。从这个过程中生出越来越多的广阔的可能性。

在哲学上，米德是个实用主义者。他是芝加哥学派的带头人之一。这个学派哲学的精髓便是对过程的关注。他们强调人类行为和目的在经验、知识和意义中的重要性。他们把思想看成不断发展中的行动的组成部分。全部生活都涉及行动，行动是自然而然出现并依照目标组织起来的，这些目标在不断的调整再调整的过程中自生自变。米德的社会心理学始终贯穿着这种精神。

米德被认为是与皮尔士、詹姆斯、杜威齐名的实用主义者。他们的观点则是有同亦有异。米德与皮尔士的观点客观上有一致之处，但没有受皮尔士的直接影响。皮尔士曾提出，人的自我概念不是直觉的，而是通过人对错误的经验发展起来的。米德则以其姿态理论，对自我如何从社会互动中产生作了详细说明。皮尔士的指号理论对米德的表意符号的影响也是间接的。米德对詹姆斯的主观主义理论保持距离，对其心理学概念也保持距离。他有时也用詹姆斯的概念，诸如"主我"、"客我"、"自我"，但表达的意思不同。在詹姆斯那里，"客我"是作为意识对象的个体，而"主我"则是具有意识的个体。詹姆斯只是划出了心理学研究的范围，米德是要发现心理现象的客观性和普遍性。米德和杜威是多年的密友，他们之间的影响是相互的。米德关于有机体与环境、个体与社会的连续性的思想，与杜威的经验自然主义同出一辙。米德承认杜威是实用主义领导人，杜威则承认米德在社会心理学方面的特殊影响，并声称自己极大地受惠于米德的哲学。

如果说，过去人们一般更熟悉詹姆斯和杜威的学说的话，那么，在今天美国实用主义复兴的背景下，倒是米德和皮尔士的理论更受青睐一些。人们对米德哲学的重新关注和多方向研究涉及不同的学科，诸如社会学、社会心理学、认知社会学、社会语言学、形而上学、符号理论、主体间性理论等等；研究者来自不同学派，包括从神学、现象学、解释学、人类文化学等角度进行的考察研究。从当今的理论热点出发，人们从不同侧面探讨米德的观点及其思想史关联，其中好几条思路的研究都集中在符号论和主客体之间的辩证法上。这些问题其实也是历史唯物主义理论研究所密切关注的问题。

同历史唯物主义已经得出的理论成果相比，不难指出米德学说的某些局限性。由于他的实用主义的基本立场，虽然他指出人的社会行为与动物的本能行为有重大差别，并把说明这种差别作为自己的研究课题，但实际上没能真正说明这种差别；他所说的社会群体，是完全抽象的东西，抽去了其构成特征和性质差别；他把任何两个或两个以上的有机体的关系或共同活动都称之为社会，并举格斗、竞赛、家庭关系为例来说明社会行为，却不提社会活动中最为重要的物质生产活动；他试图说明人类交往的机制，但只是对人类特征逐渐显示的过程作了逻辑的重建，而没有提出一种完整的包括生物学条件在内的人类学理论。不过，对于深化和推进历史唯物主义的研究来说，更有积极意义的倒是，历史地具体地看待这一学说，汲取其合理因素，发掘其中值得进一步探讨的思路，从新的途径和新的视野努力解决人们曾经提出但尚未完满解决的问题，如个体与社会之间的关系，主体与客体(包括主体与主体)之间的关系，语言与劳动的关系，经济基础与社会运动之间的关系等等问题，使社会科学理论得到进一步丰富和发展。

(赵月瑟)

选自：米德．心灵、自我与社会．赵月瑟译．上海：上海译文出版社，1992

阿德勒

(Alfred Adler)

- 生平简介
- 名篇选读

  挑战自卑(节选)
- 思想评介

  阿德勒个体心理学思想简评

生平简介

A·阿德勒（1870～1937），奥地利精神病学家，个体心理学的创始人，人本主义心理学的先驱。阿德勒1870年2月17日出生于奥地利维也纳近郊；1895年，毕业于维也纳大学医学院，获医学博士学位，成为一名普通医生，实现了他童年的抱负。他最初专修眼科，后来改修普通科，最后转到精神病科。医学院毕业两年后，他与罗莎·蒂莫费娅芙娜·爱泼斯坦结为伉俪。婚后爱泼斯坦同丈夫一起工作。他们有四个孩子，三女一男，其中老二亚历山德拉和老三库尔特后来成为阿德勒学派心理学家。

同荣格一样，阿德勒对精神分析的兴趣也缘丁弗洛伊德《梦的解析》一书，他们都是因为撰文捍卫弗洛伊德的观点而受到弗洛伊德的注意与大力培养和提拔，但最终又都同弗洛伊德决裂。阿德勒是1902年加入维也纳精神分析学会，并当选为该学会主席的。之后不久，阿德勒就开始反对弗洛伊德的心理玄学。阿德勒自称是根据心理学术语，或者主文化心理学术语探索神经病概念的。在这一探索过程中，他于1907年出版了《器官自卑及其心理补偿的研究》一书，扩大了从性到整个有机体的生物学基础；1908年发表论文《攻击的内驱力》，主张用一种追求的内驱力，来取代弗洛伊德心理学中的性内驱力；1910年发表论文《自卑感》和《男性的抗议》，进一步提出用男性的抗议来取代包括价值在内的整个内驱力概念，后来又用追求优越取代男性的抗议。1911年，阿德勒终于辞去精神分析研究学会的主席职位，并退出该协会，放弃弗洛伊德的精神分析理论，另组非精神分析学会，不久又更名为个体心理学学会。追求优越是阿德勒个体心理学的一个主要观点，他从人格统一性的原则出发，认为统一的人格以及他的整个生命和精神活动都具有一定的目标性和方向性，也就是说都指向一定的目标，这个目标就是优越，优越包括了个人更为完整和完全的发展，以及个人成就、满足和自我实现。他认为，弗洛伊德所强调的性内驱力并不是一种占优势的内驱力，占优势的内驱力是人对优越的追求，而且认为追求优越源自个人的自卑。他把自卑与身体缺陷联系起来，由于身体缺陷往往受到别人的侮辱或成为别人嘲笑的对象，因而自卑自然会大大加强。后来他把自卑扩展到精神和社会的障碍。他认为自卑对个体起着有利作用，对社会也起着有利作用，因为自卑个体追求向上，因而个体获得发展，而个体的发展也推动社会的前进。

1926年，阿德勒接受美国哥伦比亚大学的邀请担任客座教授，此后几年间多次访问美国，为大量听众讲课。1932年，他成为长岛医学院心理学教授，1934年定居纽约。1926年到1937年间，阿德勒一直忙碌于在欧洲和美国、加拿大讲学，传播他的思想。这也是他的个体心理学思想得以继承的原因。1937年5月28日，阿德勒因心脏病逝世于苏格兰的阿伯登，享年68年。

阿德勒抛弃了弗洛伊德的本能和潜意识，把目光转向社会文化环境和外在因素，注重儿童的社会责任感。他通过社会兴趣的研究，强调每个人都是社会的一员，对于社会的兴衰和人类的进化都有自己应尽的责任，并且认为每一个人都有一种追求向上的意志和愿望。这些观点同弗洛伊德对社会悲观失望，乃至丧失信心的看法是根本不同的。但是阿德勒的追求超越、压倒别人等思想，又受到叔本华和尼采哲学的影响，完全是其社会地位和立场的产物。而且他所说的社会环境仍然是指家庭环境，根本没有涉及社会的本质。他强调儿童早期生活风格的影响，但儿童的早期生活风格与弗洛伊德的儿童早期经验并无多大区别。

阿德勒的思想对美国的心理学界有非常大的影响。他对社会文化环境的重视，对精神分析的社会文化学派产生了影响，尤其是霍妮吸收了他的不少论点。他一生论著颇丰，其中一些书在其去世后多次再版。其主要论著有:《器官自卑及其心理补偿的研究》(1907)、《神经病的形成》(1912)、《了解人的本质》(1927)、《个体心理学的实践与理论》(1927)、《生命的科学》(1927)、《问题儿童》(1930)、《儿童教育》(1930)、《生活对你意味着什么》(1926)、《神经症的问题》(1932)、《社会兴趣:人类的一个机会》(1939)、《生命的象征:个体化过程中的一个个案研究》(1961)等。

（佐　斌　任　杰　邢　强）

名篇选读

挑战自卑（节选）

自卑感与优越感

“自卑情结”是个体心理学的重大发现，它似乎早已名扬于世了。许多学派的心理学家都采用了这个名词，且将它付诸实用。然而，我却不敢肯定他们是否都正确了解或准确无误地应用这些名词。

我们知道，每一位神经病患者都有自卑情结。假如只是告诉病人：“你正蒙受着自卑情绪之害”，是无济于事的，这根本无法增强他的生活勇气，犹如你告诉一个患头痛病的人：“我能说出你有什么毛病，你患着头痛之疾病！”我们问及神经病患者是否觉得自卑时，他们往往会摇摇头说：“不！”有的甚至会说：“正好相反，我比你们谁都清醒。”所以，我们必须注意患者的行为。在他的行为里，我们可以看出他是采用什么方式来进行自我保护的。假使我们看到一个傲慢自大的人，我们能猜测他的感觉是：“别人老是瞧不起我，我必须表现一下，我是何等人物！”假如我们看到一个在说话时手势表情过多的人，我们也能猜出他的感觉：“如果我不加以强调的话，我说的话就显得太没有分量了！”在举止间处处要凌驾他人的人，借以抵消自卑感。这就像是怕自己个子太矮的人，总要踮起脚尖走路，以使自己显得高一点一样。两个小孩子在比身高的时候，怕自己个子太矮的人，会挺直身子并紧张地保持这种姿态，以使自己看起来比实际高度要高一点。

然而，这并不是说：有强烈自卑感的人一定是个显得柔弱、安静、拘束或与世无争的人。自卑感表现的方式有千万种，我仅能够用三个孩子初次被带到动物园的故事来说明这一点。当他们站在狮子笼前面时，一个孩子躲在他母亲的背后全身发抖地说道："我要回家。"第二个孩子站在原地脸色苍白地用颤抖的声音说道："我一点都不怕。"第三个目不转睛地盯着狮子，并问他的妈妈："我能不能向它吐口水？"事实上，这三个孩子都已经感到自己所处的劣势，但是每个人却都依自己的生活模式表现出他的感觉。

我们每个人都有不同程度的自卑感，因为我们都发现所处的地位是我们希望加以改进的。如果我们一直保持着勇气，便能通过直接、实际的方法改进身边所处的环境，使我们脱离这种感觉。没有人能长期地忍受自卑感，人类正是通过思维，而采取某种行动，来解除自己的紧张状态。假如一个人已经气馁了，假如他不再认为：脚踏实地的努力能够改进他所处的环境，他仍然无法忍受他的自卑感，他仍然会努力设法要摆脱它们，只是他所采用的方法却不能使他有所收获。他的目标仍然是"凌驾于困难之上"，可是他却不再设法克服障碍，反倒用一种优越感来自我陶醉，或麻木自己。同时，他的自卑感会愈积愈多，如果造成自卑感的情境一成不变，问题也依旧存在，他所采取的每一个步骤都会逐渐将他导入自欺之中，而他的各种问题也会以日渐增大的压力逼迫着他。如果我们只看他的动作，而不设法予以了解，我们会以为他是漫无目标的。他给我们的印象是，并没有要改进其环境的征兆。我们所看到的是：尽管他也像其他人一样地全力以赴要使自己活得洒脱，可是他却放弃了改变客观环境的希望，他所有的举动都令人无法理解。他如果觉得自己软弱，他宁愿跑到能使他觉得强壮的环境里去寻求庇护，而不是想办法把自己锻炼得更强壮，更有适应能力，他认为自己若是付出努力只能获得部分的成功；如果他对这类盘旋不去的问题觉得应付乏力，他可能会变成独裁的暴君，以重新肯定自己的重要性；他可能用这种方式来麻醉自己。但是真正的自卑感仍然原封未动。他们会变成精神生活中长久潜伏的暗流。在这种情况下，我们便可称之为"自卑情结"。

现在，我们应该给自卑情结下一个定义。所谓自卑情结，是指一个人面对问题而无所适从的表现。由这个定义，我们可以看出，愤怒、眼泪或道歉都可能是自卑情结的表现。由于自卑感总是造成紧张，所以争取优越感的补偿动作必然会同时出现。然而，争取优越感的动作总是朝向生活中无用的一面，真正的问题却被遮掩起来或避而不谈。假如一个人限制了自己的活动范围，苦心孤诣地要避免失败，而不是追求成功，他在困难面前便会表现出犹疑、彷徨甚至是退却。

这种态度可以在对公共场所怀有恐惧症的事例中很清楚地暴露出来。这种病症表现出一种信念："我不能走得太远。我必须留在熟悉的环境里，生活中充满了危险，我必须回避它们。"当这种信念被付诸行动时，便会把自己关在房间里，或待在床上不肯下来。在面临困难时，退缩的最彻底的表现就是自杀。此时，他在所有的生活问题面前，都已经放弃寻求解决之道，他对改善自己身边的环境已经完全无能为力。当我们知道：自杀必定是一种责备或报复时，我们便能了解到在自杀中对优越感的争取。在每个自杀案中，我们总会发现：死者一定会把他死亡的责任归之于某一个人。甚至会说："我是人类中最温柔、最仁慈的人，而你却这么残忍地对待我！"

每一个神经病患者多多少少都会限制自己的活动范围以及跟整个情境的接触。他想要和生活中必须面临的现实问题保持距离，并将自己局限于他觉得能够主宰的环境之中。以此方式，他为自己筑起了一座窄小的城堡，关上门窗并远隔清风、阳光和新鲜空气，虚度一生。至于他是用怒吼斥喝或是用低声下气来统治他的领域，则是视他的经验而定。如他会在他试过的各种方法里，选出最好而且能够最有成效地达成其目标的一种；有时候，他如果对某一种方法觉得不满意，他也会试用另一种；然而，不管他用的是什么方法，他的目标却是一样的——获取优越感，而不是努力改进其情境。

我们把眼泪和抱怨这个极力破坏合作的武器称之为"水性力量"。经常运用眼泪和抱怨的方式来唤起人们的注意的人，与过度害羞、忸怩作态及有犯罪感的人不相上下，他们都在其举止上表现出自卑情结；他们已默认了自己的软弱和无能；他们隐藏起来而不为人所见的，则是超越一切、好高骛远的目标和不惜任何代价以凌驾别人的决心。相反的，一个喜好夸口的孩子，即会表现出其优越情结，可是如果我们观察他的行为而不管他的话语，那么我们很快便能发现他其中的自卑情结。所谓“奥狄浦斯情结”，事实上只不过是神经病患者“窄小城堡”的一个特殊例子而已。

一个人如果不敢随心所欲地应付其爱情问题，他便无法成功。假如他把自己的活动范围限制在自己的家庭中，那么他的性欲问题也必须在这范围内设法解决。由于他的不安全感，他从未把自己的兴趣扩展至他最熟悉的少数几个人之外。他怕跟别人相处时，他就不能再依照他习惯的方式来控制局势。奥狄浦斯情结的牺牲品多是被母亲宠坏的孩子，他们所受过的教养使他们相信：他们的愿望是天生的，根本不须凭自己的努力从家庭的范围之外，赢取温暖和爱情。在成年期的生活里，他们仍然牵系在母亲的围裙带上。他们在爱情里寻找的，不是平等的伴侣，而是仆人，而能使他们最安心依赖的仆人则是他们的母亲。任何孩子都可能造成奥狄浦斯情结。他们所需要的，是让他的母亲宠惯他，不准自己把兴趣扩展至别人身上，并要自己的父亲对自己冷漠而不关心。

各种神经病病症都能表现出受限制行为的影像。在口吃者的语言中，我们便能看到他犹疑的态度。他残余的社会感觉迫使他和同伴发生交往，但是他对自己的鄙视，他对这种尝试的害怕，却和他的社会感觉互相冲突，结果他在言词中便显得犹豫不决。一些总是甘居人后，三十多岁仍找不到职业，或一直拖延婚姻问题的人都有自卑情结。手淫、早泄、阳痿和性欲倒错，也都是自卑情结的表现。

但是，自卑感本身并不是变态的，它是人类地位增进的原因。例如，科学的兴起就是因为人类感到自己的无知，和他们对预测未来的需要。它是人类在改进自己的整个情境，在对宇宙作更进一步的探知，在试图更妥善地控制自然时，努力奋斗的成果。依我看来，我们人类的全部文化都是以自卑感为基础的。假如我们想象一位兴味索然的观光客来访问我们人类的星球，他必定会有如下的观感：“这些人类呀，看他们各种的社会和机构，看他们为求取安全所作的各种努力（防雨的屋顶，保暖的衣服，交通便利的街道）。

很明显地，他们都觉得自己是地球上所有居民中最弱小的一群!”在某些方面，人类确实是所有动物中最弱小的。我们没有狮子和猩猩那么强壮，也不比许多种动物更适合于单独地应付生活中的困难。虽然有些动物也会成群结队地以群居生活来补偿软弱，但是人类却比我们在世界上所能发现的任何其他动物需要更多及更深刻的合作。人类的婴孩是非常软弱的，他们需要许多年的照顾和保护。由于每一个人都曾经是人类中最弱小和最幼稚的婴儿，由于人类缺少了合作，便只有完全听凭其环境的宰割。所以我们不难了解：假如一个儿童未曾学会合作之道，他必然会走向悲观之途，并萌生牢固的自卑情结。我们也能了解：即使是对最善于合作的个人，生活也会不断向他提出等待解决的问题。没有哪一个人会发现自己所处的地位已经接近能够完全控制其环境的最终目标。生命太短，我们的躯体也太软弱，可是生活的问题却不断地要求更丰硕及更完美的答案。我们不停地提出我们的答案，然而，我们却绝不会满足于自己的成就而止步不前。无论如何，奋斗总是要继续下去的，但是，只有合作的人才能真正地增进我们的共同的情境。

我们永远无法到达我们生命的最高目标，这个事实我想是没有人会怀疑的。假如一个人或人类整体已经抵达到一个完全没有任何困难的境界，那么在这种环境中的生活一定是非常沉闷的。每一件事情都能够被预料到，每桩事物都能够预先被算计出。明日不会带来意料之外的机会，对未来，我们也没有什么可以寄望。我们生活中的乐趣，主要是由我们的缺乏肯定性而来的。如果我们对所有的事都能肯定，如果我们知道了每件事情，那么讨论和发现便已经不复存在；科学也已经走到尽头；环绕着我们的宇宙也只是值得述说一次的故事；曾经让我们想象我们未曾获致的目标，而给予我们许多愉悦的艺术和宗教，也不再有任何的意义。幸好，生活并不是这么容易就消耗殆尽的。人类的奋斗一直持续未断，我们也能够不停地发现新问题，并制造出合作和奉献的新机会。神经病患者在开始奋斗时，即已受到阻碍，他对问题的解决方式始终留在很低的水准，他的困难则是相对地增大。正常的人对自己的问题会怀有逐渐改进的解决之道，他能接受新问题，也能解出新答案，因此，他有对别人贡献的能力。他不甘落于人后而增加同伴的负担，他不需要，也不要求特别的照顾。他能够依照自己的社会感觉独立而勇敢地解决自己的问题。

每人都有优越感目标，它是属于个人独有的东西。它决定于他赋予生活的意义，而此种意义又不单只是口头说说而已。它建立在他的生活模式之中，并像他自己独创的奇异曲调一样布满于其间。然而，在他的生活模式里，他并没有把他的目标表现得使我们能够简捷而清楚地看出来。他表现的方式非常含糊，所以我们也只能凭他的举止动作来猜测。了解一种生活模式就像了解一位诗人的作品一样。诗虽然是由字组成的，但是它的意义却远较它所用的字为多。我们必须在诗的字里行间推敲它大部分的意义。个人的生活模式也是一种最丰富和最复杂的作用，因此心理学家必须学习如何在其表现中推敲，换句话说，他必须学会欣赏生活意义的艺术。除此之外，别无他法。

生活的意义是在生命开始时的四五年间获得的；获得的方法不是经由精确的数学计算，而是在黑暗中摸索，像瞎子摸象般地只凭感觉捕捉到一点暗示后，即做出自己的解释。优越感的目标也同样是在摸索和测绘中固定下来的；它是生活的奋斗，是动态的趋向，而不是绘于航海图上的一个静止点。没有哪一个人对他的优越感目标清楚得能够将之完整无缺地描述出来。他也许知道他的职业目标，但这只不过是他努力追求的一小部分而已。即使目标已经被具体化，抵达目标的途径也是千变万化的。例如，有一个人立志要做医师，然而，立志要成为医师并不意味着仅是希望成为科学或病理学的专家，他还要在他的活动中，表现出他自己比别人更特殊程度的兴趣。从中我们便清楚发现这是他用来补偿自卑感的一种方法。例如，我们常发现：医师在儿童时期大多很早便认识了死亡的真面目，而死亡又是给予他们最深刻印象的人类不安全的一面。也许是兄弟或父母过早死掉了。他们以后学习的发展方向，便在于他们自己或为别人找出更安全、更能抵抗死亡的方法。另一种人也许以立志做教师当作他的具体目标，但是我们也很清楚：教师之间的差异也是非常大的。假如一个老教师的社会感觉很低，他以当教师作为优越感目标的目的，可能就是想统治知识较他低下的人，他可能只有和比他弱小或比他缺乏经验的人相处时，才会觉得安全。只有高度社会责任感的教师会平等对待他的学生，他真正是想对人类的福利有一番贡献。在此，我们还要特别提起的是：教师之间不仅其能力和兴趣的差异非常大，而且他们的目标对他们的外在表现也有很重要的影响。当目标被具体化之后，他们都会找出方法来表现他赋予生活的意义和他争取优越感的最终理想。

一个人可能改变使其目标具体化的方法，正如他可能改变他具体目标的表现之一——他的职业一样。所以，我们必须找出他潜在的一致性，其人格的整体。这个整体无论是用什么方式表现，它总是固定不变的。如果我们拿一个不规则三角形，依各种不同位置来安放它，那么每个位置都会给予我们不同三角形的印象。但是，假如我们再努力观察，就会发现：这些三角形在概念上始终是一样的，个人的整个目标也是如此。它的内涵不会在一种表现中表露无遗，但是我们都能从它的各种表现中认出它的庐山真面目。我们绝不可能对一个人说："如果你做了这些或那些事情，你对优越感的追求便会满足了。"对优越感的追求是极具弹性的，事实上，一个思维正常的人，当他的努力在某一特殊方向受到阻挠时，他便能另外找寻新的门路。只有神经病患者才会认为他的目标的具体表现是："我必须如此，否则我就走投无路了。"

我们不打算轻率地描述任何对优越感的特殊追求，但是我们在所有的目标中，却发现了一种共同因素——想要成为神的努力。有时，我们会看到小孩子毫无顾忌地以此方式表现出他们自己，他们说："我希望变成上帝。"许多哲学家也有类似的理想，连教育家们也希望把孩子们教育得如神一般。在古代宗教训练中，也可以看到同样的目标：教徒必须把自己修炼得近乎神圣。变成神圣的理想曾以较温和的方式表现在"超人"的观念之中。据说：尼采在发疯之后，在写给史村保的一封信中，曾经署名为"被钉于十字架上的人"。发狂的人经常不加掩饰地表现了他们的优越感目标。他们会断言："我是拿破仑"，或"我是中国的皇帝"。他们希望能成为整个世界最引人注意的中心，成为四面八方顶礼膜拜的对象，成为掌握有超自然力量的主宰，并且能预言未来，能以无线电和整个世界联络并聆听别人所有的对话。

变成神圣的目标也许会以较合乎理性的方式，表现在变成无所不知而拥有宇宙间所有智慧的欲望中，或在使其生命成为不朽的希望里。无论我们希望保存的是我们俗世的生命，还是我们想象我们能够经过许多次轮回，而一次又一次地回到人间来，或是我们预见我们能够在另一个世界中永存不朽，这些想法都是以变成神圣的欲望为基础的。在宗教的训诲里，只有神才是不朽的东西，才能历经世世代代而永生。我不打算在这里讨论这些观念的是是非非；它们是对生活的解释，它们是“意义”；而我们也各以不同的程度采用了这种意义——成为神，或成为圣。甚至是无神论者，也希望能征服神，能比神更高一筹。我们不难看出：这是一种特别强烈的优越感目标。

优越感的目标一旦被具体化后，在生活的模式中，个人的习惯和病症，对达到其具体目标而言，都是完全正确的。无可非议，每一个问题儿童，每一个神经病患者，每一个酗酒者、罪犯或性变态者，都采取了适当的行动，以达到他们认为是优越地位的目的。他们不可能抨击自己的病症，因为他们有这样的目标，就应该有这样的病症。

在一所学校里，有个男孩子是班上最懒惰的学生。有一次，老师问他：“你的功课为什么老是这么糟?”他回答道：“如果我是班上最懒的学生，你就会一直关心我。你从不会注意好学生的，他们在班上又不捣乱，功课又做得好，你怎会注意他们?”只要他的目标是在吸引别人注意或使老师烦心，他便不会改变现状，要他放弃他的懒惰也是丝毫不生效用的。他这样做是完全正确的，如果他改变他的行为，他便是个笨蛋。

另外有个在家里非常听话，可是却显得相当愚笨的男孩子，他在学校中总是落于人后，在家中也显得平庸无奇。他有一个大他两岁的哥哥，但是他哥哥的生活样式却和他迥然不同。他哥哥又聪明又活跃，可是生来鲁莽成性，不断惹出麻烦。有一天，弟弟对他的哥哥说道：“我宁可笨一点，也不愿意像你那么粗鲁!”假如我们认清他的目标是在避免麻烦，那么他的“愚蠢”实在是非常明智之举。由于他的愚蠢，别人对他的要求也比较少，如果他犯了过错，他也不会因此受到责备，从他的目标看来，他不是愚笨，而是装傻。

直至今日，一般的治疗都是对症下药。不管是在医疗上或是在教育上，个体心理学对这种态度都是完全相反的。当一个孩子的数学赶不上别人，或学校作业总是做不好时，如果我们想改进他，那是完全没有用的。也许他是想使老师困扰，或甚至是使自己被开除以逃避学校。假使我们在一点上纠正他，他会另找新途径来达成他的目标。这和成人的神经病恰恰是相同的。例如，假设他患有偏头痛之疾病后，这种头痛对他非常有用，当他需要时，头痛便会适逢其时地发作，并可以免去许多社交问题。同时，它们还能帮他对他的下属或妻子和家属滥发脾气。我们怎么能够期望他会放弃这么有效用的方式呢？从他的观点看来，他的这一举措仍不失明智之举。无疑地，我们可以用能够震惊他的解释来“吓走”他的这种病症，正如用电击或假装的手术偶尔也能够“吓走”战场神经病的病症一样。也许医药治疗也能使他在这一点获得解脱，并使他难以再延用他所选择的特殊病症，但是，只要他的目标保留不变，即使是放弃了一种病症，他也会再选用另一种。“治疗”自己的头痛，他会再害上失眠症或其他新病症。只要他的目标依旧不变，他就必须继续找出新毛病。有一种神经病患者能够以惊人的速度甩掉他的病症，他似乎变成了神经病症的收藏家，不断地扩展他们的收藏目录。阅读心理治疗的书籍，只是向他们提供许多他们还没有机会一试的神经病困扰而已。因此，我们必须探求的是他们选用某种病症的目的，和此种目的与一般优越感目标之间的关联。

假若我在教室里要来一座梯子，爬上它，并坐在黑板顶端。看到我这样做的每个人很可能都会想道：“阿德勒博士发疯了。”他们不知道梯子有什么用，我为什么要爬上它，或我为什么要坐在那么不雅观的位置上。但是，如果他们知道：“他想要坐在黑板顶端，因为除非他身体的位置高过其他人，否则他便会感到自卑。他只有在能够俯视他的学生时，才感到安全。”他们便不会以为我是疯得那么厉害了。我是用了一种非常明智的方法来达成我的具体目标。梯子看来是一种很合理的工具，我爬梯子的动作也是按计划而行的。我疯狂的所在，只有一点，那就是我对优越地位的解释。假如有人说服我，让我相信：我的具体目标实在选得太糟，那么我便会改变我的行为。但是，假如我的目标保留不变，而我的梯子又被拿走了，那我会用椅子再接再厉地爬上去。假使椅子也被拿走，我会用跳，或运用我的肌肉和四肢来攀爬。每个神经病患者都是这个样子的：他们选用的方法都正确无误——它们都无可厚非。他们需要改进的是他们的具体目标。目标一改变，心灵的习惯和态度也会随之改变。他不必再用他旧有的习惯和态度，适合于他的新目标的态度，会取代它们的地位。

让我举一位因为受到焦虑而无法与人交友的困扰，而来向我求助的30岁妇女为例：她因为在职业问题上总是无法获得进展，结果仍然要仰赖家庭供给生活所需。偶尔她也会从事些诸如打字员或秘书之类的小工作，但是由于命运不佳，她遇到的雇主总是想向她求爱，让她感到烦恼使她不得不一次又一次离职。然而，有一次她找到一位职位，这次她的老板似乎对她毫无兴趣，结果她觉得受到轻视，又愤而辞职了。她已经接受心理治疗达数年之久（大约是8年左右），但是治疗的效果却一直未能使她做到与人相处，或让她找到能够赖以谋生的职业。

当我在诊疗她时，我追踪她的生活样式至童年时期的第一年。没有学会如何了解儿童的人，是不可能了解成人的。她是家里的“妖”女，非常美丽，而且被宠得令人难以置信。当时，她双亲的境况非常好，因此她只要说出要求，就一定能如愿以偿。当我听到这些时，我赞叹地说：“你像公主一样地被服侍得无比周到！”“是呀，”她回答道，“那时候每个人都称我为公主呢！”我要求她说出最早的回忆时，她说：“当我4岁时，我记得我有次走出屋子，看到许多孩子在玩游戏。他们动不动就跳起来，大声叫道：‘巫婆来了！’我非常害怕，回家后，我问家里的老奶奶，是不是真的有巫婆存在。她说：‘真有，有许多巫婆、小偷和强盗，他们都会跟着你到处跑’。”从此以后，她便很怕一个人被留在房子里，并且把这种害怕表现在她的整个生活内容中。她总觉得自己的力量还不足以离开家，家里的人必须支持她，并在各方面照顾她。她的另一个早期回忆是："我有一个男钢琴老师。有一天，他想要吻我，我钢琴也不弹了，还跑去告诉我的母亲，我再也不想弹钢琴了。"在此，我们看到她已经学会要和男人保持距离，而她在性方面的发展，也都遵循着避免发生爱情纠葛的目的而行。她觉得恋爱是一种软弱的象征。在这里，我必须提起：有许多人在卷入爱的漩涡时，都觉得自己很软弱。在某些方面看来，他们是不错的。只有优越感目标为"我决不能软弱，我决不能让大家知道我的底细"的人，才会躲开爱情的相互依赖关系，造成始终无法接受爱情的结果。你常常能注意到：当他们觉得有陷入爱情的危险时，他们便会把这种情况弄糟。他们会讥笑、嘲讽，并揶揄可能使他们陷入危险的人。

这个女孩子在考虑爱情和婚姻时，也会感到软弱，结果在她从事某种职业时，如果有男人向她求爱，她便会感到惊慌失措，除了逃避开外，再也无计可施。当她仍然未学如何应付这些问题时，她的父母相继去世，她的王朝也垮了。她打算找些亲戚来照顾她，但是事情可没有这么如意。过不了多久，她的亲戚便对她非常厌倦，再也不给予她所需要的关怀。她很生气地责备他们，并且告诉他们："让我一个人孤零零地生活，是件多么危险的事。"又过很长时间后，她才勉强地接受孤苦零丁的生活模式。我相信：假如当时她的家族都完全不为她烦心，她一定会发疯。她达成自己优越感目标的唯一方法，是强迫她的家族资助她，让她免于应付所有的生活问题。她在她的心灵中，存有这种幻想："我不属于这个星球。我属于另一个星球，在那儿，我是公主。这个可怜的地球不了解我，也不知道我的重要性。"再往前进一步的话，她就要发疯了，幸亏她自己还有点理智，她的亲戚朋友也还肯照顾她，所以她还没有踏上这最后一步。

另外还有一个例子，可以很清楚地看出自卑情结和优越情结。有一个16岁的女孩子被送到我这儿来，她从7岁起，便开始偷窃，12岁起，便和男孩子在外面过夜。当她出生时，她父母间的争执正达于最高潮，因此她的母亲对她的降临并不表示欢迎。她从未喜欢过她的女儿，在她们之间，一直存在着一种紧张状态。这个女孩2岁时，她的双亲经过长期激烈的争吵后，终于离婚了。她被她的母亲带到祖母家里抚养，她的祖母对这个孩子非常宠爱。当这个女孩子来看我时，我用友善的态度和她谈话，她告诉我："我不喜欢拿人家的东西，也不喜欢和男孩子到处游荡，我这样做，只是要让我妈妈知道：她管不了我！""你这样做，是为了要报复吗?"我问她。"我想是的。"她答道。她想要证明她比她的母亲强，但是她之所以有这个目标，是因为她觉得自己比母亲软弱。她感到她母亲不喜欢她，而受到自卑情结之苦。她认为能够显示她优越地位的唯一途径就是到处惹事生非。儿童犯偷窃或其他不良行为，经常都是出自于报复心理。

一个15岁的女孩子失踪了8天。当她被找到后，被带到少年法庭。她在那里编了一个故事，说她被一个男人绑架，关在一间房子里达8天之久。但是没有人相信她的话。医师亲切地和她交谈，要求她说出真情。她对医师不接受她的故事，觉得非常恼怒，还打了他一记耳光。当我看到她时，我问她将来有什么打算，以便让她觉得我只是对她自己的命运有兴趣，而且也能够帮助她。当我要求她说出她做过的一个梦，她笑了，并且说了这样的梦："我在一家地下酒吧里。当我出来时，我遇见了我的母亲。不久，我父亲也来了。我要求母亲把我藏起来，免得让他看到我。"她很害怕她的父亲惩罚她，只好被迫说谎。在另一方面，我们还能看出：这个女孩子还能和她的母亲合作。后来，她告诉我：有人把她引诱到地下酒吧，她在里面过了8天。因为她怕父亲知道，所以不敢说出实情，但是，她同时又希望父亲知道这经历，以使他屈服于自己，做一个真正的征服者。

我们要怎样做才能帮助这些用错误方法来追求优越感的人呢?追求优越感是每个人的共性。懂得这个道理，我们便能对他们的所作所为表示理解，并设法帮助他们。他们所犯的唯一错误是他们的努力都指向了生活中毫无用处的一面。在从事每一件人类的创作之后，都隐藏有对优越感的追求，它是所有对我们文化贡献的源泉。人类的整个活动都沿着由下到上，由负到正，由失败到成功这条伟大的行动线向前推进。然而，真正能够应付并主宰生活的人，只有那些在奋斗过程中，能表现出利人倾向的人，他们超越前进的方式，使别人也能受益。如果我们以这种正确的方式来对待人，我们便会发现：要他们悔悟并不困难。人类所有对价值和成功的判断，最后总是以合作为基础的，这是人类种族最伟大的共同点。我们对行为、理想、目标、行动和性格特征的各种要求，都是它们应该有助于人类的合作。我们绝不可能发现一个完全缺乏社会感觉的人，神经病患者和罪犯也都知道这个公开的秘密。这一点，可以从他们拼命想替他们的生活模式找出合适的理由，和把责任往别处推等行动中看出来。可是，他们已经丧失了往生活中有用的一面前进的勇气。自卑情结告诉他们："在合作中获得成功没有你的份。"他们已经避开了真正的生活问题，而和虚无的阴影作战，以向他们自己重新肯定自己的力量。

在人类的分工中，有许多可供安置不同具体目标的空间存在。我们说过，每种目标都可能含有少许的错误在里头，而我们也总能找出某些东西来吹毛求疵。对一个儿童而言，优越的地位可能在于数学知识，对另一个，可能在于艺术，再则，有可能是健壮的体格。消化不良的孩子可能以为他所面临的问题，主要是营养问题。他的兴趣可能转向食物，因为他觉得这样做便能改变他的情况。结果他可能变成专门的厨师，或营养学家。在各种特殊的目标里，我们都能看到：和真正的补偿作用在一起的，还有对某些可能性的排拒，和对某种自我限制的训练。例如，一个文学家事实上必须时时离开社会，才能思考，才能著作。但是假使其优越感目标中包含有高度的社会感觉，那么它所犯的错误便不会太大，我们的合作需要在许多不同点中寻找共同点。

选自：阿德勒．挑战自卑．李心明译．北京：华龄出版社，1996

思想评介

阿德勒个体心理学思想简评

1. 阿德勒的个体心理学是当代许多心理学思想的来源

舒尔茨指出："阿德勒的思想比一般人所承认的要大些，因为其他的理论家都曾受到他的著作的影响。"例如，他反对弗洛伊德的泛性论，认为人格的形成与人的主观因素和社会因素有关。这种思想深刻地影响了霍妮、沙利文、弗罗姆等社会文化学派的成员；阿德勒注重个体的主观选择和创造性，注重人对理想目标的追求，并对人生持乐观态度，这一点对当代人本主义心理学家奥尔波特、罗杰斯、马斯洛和罗洛·梅都有重大影响；阿德勒虽然承认潜意识的作用，但更看重意识自我对个性的影响，从而推进了自我心理学的研究。目前阿德勒已被公认为上述三种新思想的先驱者。

2. 确立了心理学的社会科学方向

人类心理的复杂性不仅表现在它的主观性和个体性，更表现在它的客观性和社会性。阿德勒的个体心理学既注重探索人的主观世界，例如，他用"创造性自我"的假设作为一种动力原则来解释生活风格，看到了个体心理的主观性、动力性和选择性，同时又注重人与自然、与他人和与社会的关系，使他的理论具有明显的社会倾向。他反对以自我为中心，主张以社会为中心。为了全面发展个体的人格，就必须培养一种健康的社会观。为了顺利地在社会中生存，个体也必须与他人合作。正如马克思所指出的，"人并不是单个人所固有的抽象物，在其现实性上，它是一切社会关系的总和"①。阿德勒是西方心理学中的社会主义者，他曾认真研究过马

① 马克思，恩格斯．马克思恩格斯选集：1卷．北京：人民出版社，1972．18

克思的观点。但他抛弃了马克思的经济理论，却赞同马克思关于社会主义的一些观点。在这一方面，他坚信个体决不能脱离他人和社会而单独存在，而应培养健康的社会兴趣，追求与他人相处的艺术。阿德勒的这种人生哲学在心理学中是具有开创性的。正如墨菲所说："阿德勒的心理学在心理学历史中是第一个沿着我们今天应该称之为社会科学的方向发展的心理学体系。"①

3. 恢复了"意识"在心理学中的主要地位

弗洛伊德开创的精神分析第一次把潜意识提上了心理学研究的议事日程，这对真实地反映人类心理的现实是有巨大贡献的。但弗洛伊德矫枉过正，他把潜意识视为人的心理的根本动力，意识却成了潜意识的附庸和陪衬。阿德勒虽然承认潜意识在心理活动中的作用，但他更相信人是一个有意识的存在物。在个体身上体现着意识与潜意识的统一，其中意识行为是人的主导行为。有自卑感的人能产生补偿作用，正是他有意识地追求优越目标所致。这样，阿德勒便贬低了弗洛伊德关于潜意识性欲在人格发展中的主导作用，恢复了意识在心理学研究中的重要地位，相应地使他的理论带上了注重未来、强调个人选择的目的论倾向。

4. 提出了整体研究的方法论原则

在西方心理学发展史上，历来存在着分析研究与整体研究之争。自从冯特创立实验心理学到20世纪五六十年代以前，正统的学院心理学基本上采取了实证分析和还原论的方法倾向。应该承认，对人的心理现象的细节分析确实促进了人们对心理"黑箱"中许多现象的了解。但是，"分析和综合作为人类认识的基本途径是不能截然分开的，在对整体的细节已有所了解的基础上，对整体也要有所认识的要求就自然而然地提出来了"②。阿德勒把人视为有机的整体，认为人的意识和潜意识、主观性与客观性、个体性与社会性都是不可分割的。即使对单一个体的研究，也应该突出完整的人。把人放在家庭、周围环境和社会的意义场之中，通过对人的自

---

① 墨菲等. 近代心理学历史导引. 北京：商务印书馆，1980. 410

② 车文博主编. 弗洛伊德主义论评. 长春：吉林教育出版社，1992. 762

卑感、优越感、价值观、生活风格、社会兴趣、动机和创造性自我的分析，通过对人的主观理解而全面地研究人。阿德勒的这种观点虽然不无偏颇，但和弗洛伊德的精神分析相比，在方法论上是有进步意义的。

5. 个体心理学的局限性

阿德勒的个体心理学虽然在一定程度上肯定了社会因素的作用，但他把造成社会问题和心理疾病的原因仅仅归咎于错误的生活风格和社会兴趣，没有看到社会的异化对人性的扭曲，没有从社会发展的角度探讨人性的发展，因此他的学说并未找到致病的真正社会原因。在研究方法上，他虽然注重整体研究和特殊规律研究，但他把主观理解和客观分析相对立，忽视了部分的作用和遗传的影响，片面夸大了自卑感的补偿作用，从而使他的理论带上了个人的偏见。另外，阿德勒的“社会兴趣”、“自卑与补偿”等概念和他对神经症的解释等在理论基础上仍然是以潜意识为主导的。尽管他批评了弗洛伊德理论的生物学化倾向，但他自己仍未摆脱生物学化的桎梏。

（杨韶刚）

选自：叶浩生主编．西方心理学的历史与体系．北京：人民教育出版社，1998

荣格

（Carl Gustav Jung）

- 生平简介
- 名篇选读

  分析心理学的理论与实践（节选）
- 思想评介

  论荣格的集体无意识

生平简介

C·G·荣格（1875～1961），瑞士心理学家和精神病学家，分析心理学的创始人。荣格 1875 年出生于瑞士康斯坦斯湖畔一个乡村的一位自由主义新教牧师家庭；早年在巴塞尔大学攻读医学，1900 年取得医学博士学位之后，到苏黎世大学师从著名精神病医师布莱勒（Bluler），研究精神分裂病；1905 年返回巴赛尔大学任讲师，同时被聘为苏黎世大学精神病学的兼课教师以及布格赫尔茨利大学的精神病诊所的主治医师。在这段时间里，荣格与精神病人进行了频繁的接触，开始对精神分裂症、精神病，特别是谵妄症的心理起因感到兴趣，并发表了两篇具有影响力的论文：《早发性痴呆的心理状态》（1907）和《精神病的涵义》（1908）。1909 年荣格被邀到美国马萨诸塞州的克拉克大学举办讲座，介绍他的研究成果并接受该大学授予他的名誉博士头衔。1913 年荣格辞了教学职务，致力于私人开业以及研究工作长达 20 年。1933 年荣格重返教坛；1933～1942 年间，被聘为苏黎世联邦综合技术学院教授；后来又接受巴赛尔大学专为他设立的心理医学教授职位。1948 年荣格在苏黎世以自己的名字创办了分析心理学研究所，亲自担任领导工作，直至 1961 年去世。

荣格在自己早期的教学实践中，通过讲授皮埃尔·雅内的品德心理学，以及在自己的医疗实践中采用催眠之后，对心理分析产生了兴趣，在研读了《梦的解析》一书后，对弗洛伊德仰慕不已，于 1906 年开始同弗洛伊德通信联系。1907 年 2 月弗洛伊德主动邀请荣格到维也纳见面。这次见面后，荣格正式加盟弗洛伊德的精神分析论，并成为弗洛伊德意中的事业继承人。1911 年他们共同创立了国际精神分析学会，荣格被选为第一任主席。但是随着时间的推移，两人之间产生了意见分歧，并且日益加剧，于 1914 年正式决裂，荣格辞去了国际精神分析学会主席的职务，创立了自己的“分析心理学”派。

荣格的分析心理学虽然并没有背离精神分析的根本原则，但在一些主要概念上进行了修改和补充，形成了自己的理论体系。他同弗洛伊德的主要分歧表现在对里比多的实质有不同的理解。弗洛伊德把里比多理解为性爱，荣格则认为里比多是一种普遍的生命力，它既表现于生长和生殖过程，也表现于其他活动。在3~5岁的前性爱阶段，里比多的生命力是营养和生长的机能，并没有性爱的色彩；随着儿童的日益成熟和性机能的逐步发展，营养机能才联结上性的情感；里比多的生命力只是在青春期以后才具有异性爱的形式。

荣格把心灵划分为意识、个人无意识和集体无意识三层。意识（conscious）包含知觉、记忆等，是个人与其环境现实保持联系的通道。个人无意识（personal unconscious）由一切冲动和愿望、模糊的知觉以及无数的其他经验组成，这是些被压抑或者被遗忘的知觉和经验。集体无意识（collective unconscious）则包含着连远祖在内的、过去世世代代积累起来的那些经验的影响。荣格把集体无意识中的先天倾向称为原始意象或原型，他认为出现机会最多的四种原型是：人格面具（Persona）、阿尼玛（Anima）、阿尼姆斯（Animus）和阴影（Shadow）。人格面具隐藏着真我，简单地说就是一个人按照他认为别人希望他那样去做的方式行事；阿尼玛表示男人的女性特征；阿尼姆斯则表示女人的男性特征；阴影是人格中一种低级、类动物的部分，是一个人的来自生命较低级形式的种族遗产，荣格认为正是阴影迫使人们去做那些通常不容许做的事。

荣格提出的"性格类型"说，是他对心理学的另一大贡献。他按里比多的方向确定了外倾型和内倾型两种对特殊情境的态度或方式。在他看来，外倾的人是使自我的里比多指向外部的事件、人们和情境，这一类型的人强烈地感受着他周围力量的影响，在各种情景中都善于应付，看待一切事物依据客观的估价。内倾的人的里比多是向内的，这种人好沉思、喜内省，抵制外部的影响，看待一切事物都以自己的观点为准则，性格孤僻。荣格认为性格的差异往往由各种机能反映出来，从而构成不同的性格类型。这些机能包括感觉、思维、感情和直觉。感觉是对物理客体的有意识的知觉；思维是一种产生意义和领悟的概念过程；感情是权衡和评价的主观过程；直觉则是在无意识状态中的知觉过程。这四种机能与性格的倾向性结合构成八种性格类型。荣格的性格类型说对教育和医疗工作颇具参考价值。

荣格的一生，大部分时间是在积极地从事研究与著述。他发表了一大批著作，不仅对心理学和精神病学有极大的影响，而且对宗教、历史、艺术和文学也有明显的影响。哈佛大学、牛津大学等都曾授予他荣誉博士学位。荣格的主要著作有：《里比多的表征与转化》(1912)、《无意识心理学》(1912)、《心理类型》(1921)、《对分析心理学的贡献》(1928)、《灵魂研究中的现代人》(1933)、《集体无意识的原型》(1936)、《人格的整体性》(1940)、《心理治疗实践》(1954)、《记忆、梦、反射》(1961)、《人及其表征》(1964)等等。

（佐 斌 任 杰）

名篇选读

分析心理学的理论与实践（节选）

无意识的心理构造

我们不可能直接把握无意识过程，因为这些过程是探测不到的。无意识过程不是直接被领悟到的；它们只是在其产物中显现出来，根据这些产品的特殊性质，我们设想在它们背后一定还隐匿着某种东西，前者正是从后者中产生出来的。我们把这个黑暗隐蔽的领域称为无意识心理。意识的外在内容首先是通过感官从周围环境得到的。其次，意识的内容也来自别的源泉，如来自记忆和判断过程。而这些属于内在领域。意识内容的第三个源泉就是心灵的黑暗部分即无意识。我们是通过特定的内在功能接近无意识这个领域的，这些功能并不处于意志的控制之下。它们是媒介物，无意识内容经由它们而达于意识的表面。

无意识过程是直接观察不到的，但是我们可把那些跨入意识门槛的无意识的产品分为两类。一类包括那些显然来源于个人的、可被认识的材料；这些是个人获得的东西，或者是那些构成整体人格的本能过程的产物。此外，还包括被遗忘、被压抑的内容以及创造性内容。这些内容并无特异之处。在另外的人那里，这类东西可能是有意识的。一些人能够意识到另一些人所意识不到的东西。我把这类内容称为下意识（subconscious）或个人无意识（the personal unconscious），因为就我们所能判断的，这类内容完全由个人因素即由那些构造整体人格的因素所组成。

此外，还有另一类内容，它的起源无从知道，或者无论如何不能把它的来源归结为个人获得物。这些内容有一个突出的特点，那就是它们的神话特征。这些内容似乎并不只属于任何单个心灵或单个人物的模式，而毋宁属于一般人类的模式。在我第一次接触到这些内容时，我对它们是否属于遗传很感疑惑，而我想，或许用种族遗传可以解释它们。为了解决这个问题，我去美国研究纯种黑人的梦，使我感到满意的是，这些梦的意象与所谓血缘或种族遗传无关，也不是个体通过自身经验获得的。这些意象属于一般人类，它们具有一种集体的性质。

我借用圣·奥古斯丁的话把这种集体模型称为“原型”（archetype）。原型意味着模式（印迹），这是一类在形式和内容上都包含神话主题的远古特征。神话主题以纯粹形式出现在童话故事、神话、传奇以及民间传说之中。一些著名的神话主题是：英雄形象、救世主、龙（常与英雄相关并为英雄征服的对象）、鲸或吞噬英雄的怪兽。英雄和龙的主题的某些变调是进入地下、深入洞穴即“下洞仪式”。你一定记得《奥德赛》中的尤利西斯到地狱去请教预言者提瑞西阿斯的情节。这个下洞主题在古代比比皆是，并且实际上是全世界共有的现象。它所表现的，是有意识的心灵沉潜到无意识深层这一内向心理机制。非个人的心理内容、神话特征，或者换言之原型，正是来自这些深层无意识，因此，我把它们叫做非个人的无意识或集体无意识。

我很清楚，对集体无意识这个特殊的问题我只能作最粗略的描述。但是，我将要用例子来说明集体无意识的象征以及我是如何把它从个人无意识中区分出来的。当我去美国研究黑人的无意识时，我心里怀抱着这样一个问题：这些集体模式是种族遗传呢，还是如哈伯特与孟斯这两个法国人（他们的研究独立于我）所称呼的，只是一种“想象的先验范畴”呢？一个黑人向我讲述过这样的梦：梦中出现了一个像十字形那样被钉在车轮上的男子的形象。这里我就不讲述整个梦了，因为它无关宏旨：这个梦当然包含有个人的性质，但也有对非个人观念的暗示，让我只把这方面的一个主题挑选出来。这个黑人生于南方，完全没有受过教育并且不很聪明。考虑到黑人的众所周知的宗教倾向，他很可能梦见被钉在十字架上的男人。十字架有可能是一种个人获得的东西。然而最不可能的是这个无知的黑人竟梦见人被钉在车轮上。这是一个极不寻常的图像。当然，我无法向你们证明，这个黑人以前从未有机会见过一张描绘车轮的画或听人讲过这类东西并因而梦见它；但如果他没有这种观念的任何模式，那就只能是一种原型意象（archetypal image），因为被钉在车轮上受难是一种神话主题。这车轮就是古代的太阳轮（sun-wheel），受难则是为了赎罪而奉献给太阳神的牺牲，正如从前人们为了换取土地的肥沃而把人畜当祭献一样。太阳轮是一种极其古老的观念，也许是最古老的宗教观念。正如罗得西亚雕塑所证明的那样，这种观念可以追溯到中石器时代与旧石器时代。真正的车轮只是在青铜时代才出现的；在旧石器时代它还未被发明出来。罗得西亚的太阳轮似与极端自然主义的动物绘画（如带有尖嘴鸟的著名犀牛画）同时代。因此，罗得西亚太阳轮是最原始的视觉形象，很可能就是一种原型太阳意象（archetypal sun-image）。但这种意象并非自然的东西，因为它总是分为四部分或者八部分（如图 39－1 所示）。这种图形——被划分的圆——是一种你可以在整个人类历史与现代人的梦中找到的象征。我们或许可以假定，真正的车轮正是根据这个视象发明出来的。我们的很多发明创造都始于神话预知与原始意象。例如炼丹术就是近代化学之母。我们的有意识的科学心智发端于无意识心灵。

黑人梦中那个钉在车轮上的男人，是希腊伊克西翁神话主题的再现。伊克西翁由于得罪了人和诸神而被宙斯绑在一个转动着的车轮上。我以这个梦中的神话主题为例，只是为了向你们说明集体无意识这个概念。当然，单个的例子还不是最终证明。但人们却不能断言这个黑人曾学习过希腊神话，他不可能见过希腊神话人物的任何表现。再说，伊克西翁的形象也十分罕见。

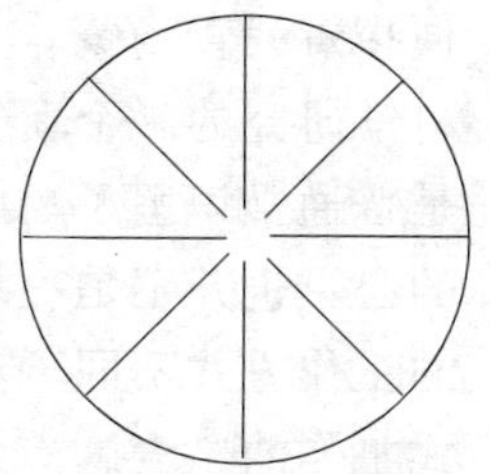

图 39－1 太阳轮

我能给出详尽而充分的结论性证据，向你们证明无意识中这些神话原型的存在。但为了出示我的材料，恐怕需要两周的时间。我得先向你们解释梦的含义和分类，然后给出历史上所有的类似情况并充分解释其重要性，因为这些意象和观念所具有的象征意义，是公立学校和大学所不讲的，甚至连专家学者也鲜有知道。我多年研究这个问题并自己搜集材料，即便受过高等教育的听众，我也不指望他们熟知这类深奥难懂的东西。在论及梦的具体分析方法时，我将不得不深入到某些神话材料之中去，你们会看到，这一发现无意识产物的工作究竟是如何进行的。不过目前我只满足于这样的说法：在无意识这一层次中存在着神话模型，正是这些模型产生出那些不能归结为个人的心理内容，这些内容甚至可能与做梦者的个人心理相抵触。比如，你如果观察到一个受过良好教育的人做了一个他不该做的梦（因为该梦包含着最不可思议的内容），你一定会惊讶不已。儿童的梦就常常包含着这种令人震惊的东西，因为这些象征意味深长，你会问：一个孩子怎么可能做这种梦呢？

其实这很好解释。我们的心灵有其历史，正如我们的身体有其历史。比如，你可能对人有阑尾感到奇怪。人知道自己为什么会长阑尾？这是他生而有之的东西。许许多多的人不知道他们有胸腺，然而他们确实有。他们不知道他们的骨骼的某些部分是由鱼类进化而成的，然而事实正是这样。我们的无意识心灵，像我们的身体一样，是一间堆放过去的遗迹和记忆的仓库。研究无意识集体心灵的构造，可能会作出你在比较解剖学中也会作出的相同发现，我们无需认为这里有什么神秘的地方。但是因为我谈论集体无意识，人们便指责我宣扬蒙昧主义。其实，集体无意识一点也不神秘。它只是科学研究的一个新领域，而承认集体无意识过程的存在，也只不过是普通常识罢了。因为，一个孩子虽然不是生下来就有意识，但他的心灵也并不是一块“白板”。小孩生来都有大脑，英国孩子大脑的工作方式不同于澳大利亚的黑孩子，而是以一种现代英国人的方式工作的。大脑生来就有确定的结构，其工作方式虽是现代的，但却有着自己的历史。大脑是在数百万年的过程中建构起来的，它代表了这个历史的成果。很自然，正如身体一样，它也携带着这个历史的痕迹，如果你能摸索到心灵的基本构造，你自然就会窥见远古心灵的痕迹。

集体无意识的概念其实很简单。如果不是这样，人们就会把它当作奇迹来谈论，而我可不是传播奇迹的人。我只是按经验行事。如果我把这些经验告诉你们，你们也会得出关于这些远古主题的相同的结论。我碰巧深入到神话之中，也许比你们多读了一些书。我本来并不是一个神话学研究者。有一天（那时我还在诊所）一个精神分裂症患者来看我，他产生了一种特别的视象。他要我对这视象加以分析，由于自己的迟钝，我不能够理解它。我想：“这人疯了，而我是正常的，我不应受他的影响。”但我的确感到困扰。我问自己：这视象意味着什么？我不满足于仅仅把它当作一种错乱，后来我读到一本书，作者是德国学者狄特利希，此君曾发表过某些古埃及论魔法的文章。我以极大的兴趣研读这本书，在书的第7页上，我一字不变地读到了我那病人的视象。这使我感到震惊。我问道：“这病人到底是怎样获得这个视象的？”他的视象不只是一个图像，而是由一组图像组成的，并且一丝不差地重复着。这里我不打算细谈这个视象，因为那会使我们离题太远。这是一个饶有兴味的例子，作为一个事实，我已将它公之于众。

这种令人惊异的类似促使我继续研究。你们也许还未接触过博学的狄特利希的著作，但假如你们读过他的书并观察过类似病例，你们也肯定会发现集体无意识这个观念。

我们探寻无意识心灵所能达到的最深层次是这样一个层次，在这个层次中，人不再有个体的区分，个人的心灵在这里扩展开来并融入人类的心灵——不是融入有意识心灵而是融入无意识心灵，在这里，我们所有的人都是一样的。正如眼睛、耳朵、心脏等器官除了细微的个人差异外都具有其解剖学上的一致性一样，心灵也同样有其基本的共性。在这个集体的层次上，我们不再是些独特的个人，而就是一个人。你如果研究原始人的心理，你就能够明白这一点。原始人心智的一个突出特点，就是个体与个体之间缺少差别，这种主客一体的现象被列维—布诺尔称为“神秘分享”（participation mystique）。原始智力表现了心灵的基本结构，即那种集体无意识的心理层次、那种所有人都相同的潜在水平面。因为心灵的基本构造人皆相同，所以如果我们的经验发生于那个层次，我们是不能够加以区分的。我们不知道那里发生的事情是针对你的还是针对我的。在这个潜在的集体的平面上，存在着不能加以分离切割的整体性。一旦你把分享理解为我们与一切人、物在根本上的同一，那你就会在理论上得出很多特殊的结论。你不应该比这些结论走得更远，因为这会带来危险。但某些结论是你应该探索的，因为它们能够对发生在人身上的很多特殊现象作出解释。

我想小结一下。我带了一张图表（如图 39 – 2 所示）。这图表看起来很复杂，但其实很简单。假设我们的精神像一个被照亮的球体。透光的表面就是你主要适应的功能。如果你是一个长于思维的人，那么你的表层就是一个思维者的表层。你将用你的思维与事物打交道，你表现给人家看的也将是你的思维。如果你属于其他类型，你的表层就将是另外的功能。

在这个图表中，感觉是外缘功能。人靠它从外部世界获取信息。第二圈是思维，人获得他的感官告诉他的东西；他将会给事物以名称。其后他将对事物产生情感；他对事物的观察会伴有一种情调。末了他会对事物的来龙去脉以及可能的作为取得某种意识。这，就是直觉，人靠它得以预见将来。这四种功能构成了外部系统。

接下来的领域表示与上述功能相关的有意识的自我情结（ego-

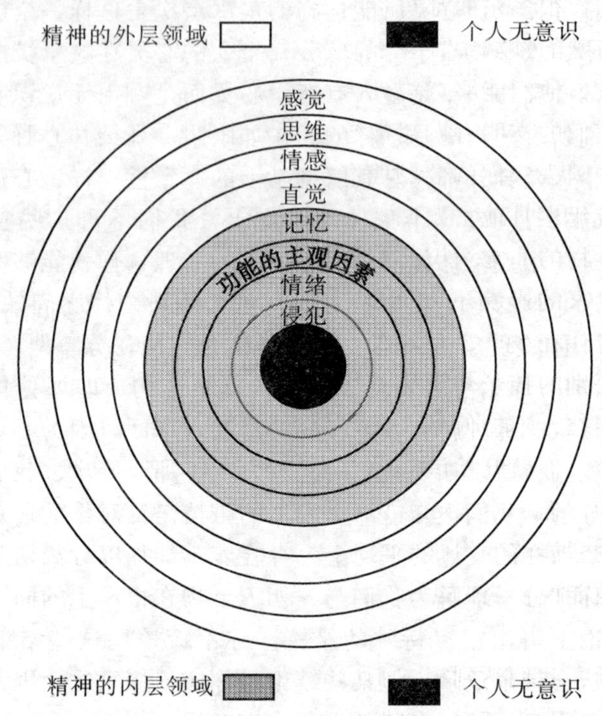

图 39－2 精神结构示意图

complex)。在这个内部系统里，你首先看到的是记忆，它仍是一个可为意志支配的功能；它受自我情结的控制。然后是诸功能所具有的主观因素。它们不受意志的严格指导但仍能为意志所压抑、排斥与强化。这些因素不再具有像记忆那样的可控性，尽管记忆有点狡黠。再后是情绪和侵犯，只有强力才能控制它们。你可以压抑它们，这是你唯一能做的事。你为了不致失去自制力而攥紧拳头，因为情绪和侵犯是比你的自我情结更为强大的东西。

一个粗略的图表是不可能如实地把这个心理系统表示出来的。它毋宁只是一把价值尺度，显示的是：随着你接近整个结构的黑暗的最底层——无意识时，表现于意志中的自我情结的能量或强度是如何逐渐减弱的。我们首先有个人的潜意识心灵。个人无意识是精神的这样一部分，这部分包含着那正好也能成为意识的所有内容。

你们知道，很多东西都被称为无意识，但这只是一个相对的说法。在这个特殊的领域中，并不存在对每个人都必然是无意识的东西。有一些人，他们能够意识到人所能够意识到的差不多所有的东西。当然，我们的文明有着超常数量的无意识，但假如你到其他种族如印度或中国去，你就会发现，这些民族对于事物的意识需得西方心理学家成年累月地去发掘。还有，处于自然状态中的单纯民族常有一种对事物的非常意识，那是都市里的人所意识不到或者只有在精神分析专家的影响下方能梦见的。我在中学读书时就曾注意到这点。我曾住在乡下，与农夫、牲畜为伍，我对很多东西有着充分的意识，而别的孩子却没有。我有接触很多东西的机会，而且我对事物一视同仁，不持偏见。在你分析神经病患者或正常人的梦、症状或幻象时，你就开始渗入无意识心灵并能移去人为地设置在无意识心灵上的门槛。个人无意识的确是一种非常相对的东西，其范围能够被限制，能够变得很窄很窄以至趋近于零。一个人能够将其意识发展到他能说："人的一切我都不陌生"的程度，这是完全可以想象的。

最后，我们达到根本不可能被意识到的核心层次——原型心灵的领域。这个领域所包含的内容是以意象（images）的形式出现的，只有将这些意象与历史上的类似情况作比较，才有可能懂得它们。如果你不把某些材料认作历史性的，如果你不占有这些类似的东西，你就不能把这些内容归并到意识中去，这些内容就仍是些被投射出的东西。**集体无意识**的内容不从属于任何专断性意图，不受意志的控制。它们在你身上似乎并不存在，但实际上却起着作用——你在你的邻居而不是自己身上看到它们。当集体无意识受激发而变得活跃时，我们对发生在他人身上的某些东西便有所意识。例如，我们发现邪恶的阿比西尼亚人在进攻意大利。你一定知道安那托尔·法朗士（Anatole France）所写的这个著名故事。两个农夫总是相互殴斗，有人想知道他们殴斗的原因，便问其中的一个："你为什么要仇恨你的邻居并和他争斗？"这人回答说："他是住在河对岸的！"这正像德、法两国的情形。你知道，我们瑞士人在大战期间曾有很好的机会阅读各种报道，研究那使莱茵两岸像两尊巨炮互相对射的特殊机制，问题很清楚，人们在其邻居身上窥到了从自己身上窥不到的东西。

通常，当集体无意识在更大的社会团体内积聚起来时，结果便是大众的疯狂，这是一种可能导向革命、战争或类似事物的精神瘟疫。这样一些运动极富感染力——差不多是压倒一切的，因为当集体无意识被激活时，你就不是原来的那个你了。你不仅处在这样的运动之中——你就是运动本身。如果你住在德国或在那里作过短时逗留，你要想使自己不受影响也办不到。运动攫住了你。你是人，不管你在世界的什么地方，只有靠限制你的意识，靠尽可能地把自己变为空虚和无灵魂的东西，你才能够保护自己。但这样你就丢掉了你的灵魂，因为仅仅是一丁点意识，漂浮在生命的洋面上而不能渗入其间。但如果你保持自己的存在，你就会注意到那种攫住你的集体的氛围。你不可能在非洲或任何这样的国家生活而不受这些国家的浸染。如果你与黄种人生活在一起，你就会变得和黄种人差不多。你不可能不是这样，因为你与黑人、中国人或与你同在一起生活的任何人在某些方面都是相同的，都是人。在集体无意识方面，你与其他种族的人是一样的，你们有相同的原型，正如你和他都有眼睛、心脏、肝脏等等一样。这与他的黑色皮肤无关。有一定重要性的是，他心灵所具有的历史层次可能不如你的丰富。心灵的不同层次是与种族形成的历史相对应的。

如果你像我所做的那样去研究一下种族问题，你就能发现一些非常有趣的东西。比如，如果你分析北美人，你就会作出这些发现。由于生活在未开发的土地上，美国人身上有红印第安人的影子。红种人（即便他从未见过一个白人）和黑人（尽管可被驱逐而只有白人才能乘坐电车）已渗入美洲人的精神和气质，你将认识到美洲人属于一个半有色民族。这些东西完全是无意识的，只有非常开朗、理智的人才能理解它们。如果你要告诉法国人和德国人他们何以要如此强烈地相互反对，那也是很困难的。……

选自：荣格．分析心理学的理论与实践．北京：生活·读书·新知三联书店，1991

思想评介

论荣格的集体无意识

理解并批判西方整个精神分析运动，不但要研究弗洛伊德，更要研究荣格。正是荣格的分析心理学体系，使无意识的探求走入更深的层次，这个层次的基点、核心，便是荣格的集体无意识。

（一）荣格集体无意识论

1. 集体无意识界定

“集体无意识由所有本能及其相关的所有原型构成。”“本能是一种典型的行为模式”，“原型是一种典型的理解模式”。就像每个人具有本能一样，每个人也都具有原型。“原型就是本能自身的无意识意象，换言之，它们是本能行为的模型。”

情境的理解（原型作用）和行为的动力（本能作用）在人那里是平行的，是同一发生的两个方面。由于原始人心理倾向受本能的直接支配最大，在原始人心灵中，二者基本一致。这就是原型和本能在荣格内涵中时而混同的原因。后来荣格主要在心理学意义上讨论集体无意识，以本能为基质的原型从而和集体无意识时时等同，这就暴露其理论的生物主义倾向性。

集体无意识是潜在意象的发生地，换言之，原型是潜在意象的贮存所。原型本身是一种空的形式，永远无意识的，但作为一种原始意象，它常以各种方式人格化、意象化在内投（个体的）和外投（群体间）之中，体现为各种象征（包括人格象征和文化象征）。这样，原型又等同于原始意象。二者的等同，为其理论走向神秘主义铺平了道路。

原型、本能、原始意象之概念，作为统一集体无意识不同方面的界定，揭示了它作为人类心灵规律存在的必然性，然而恰是三概念上述的这种等同，又使荣格混淆了集体无意识作为心灵规律的普遍性和作为其具体形式（原始心态）的特殊性。

2. 集体无意识特征

(1) 结构的先在性和动力的联结性的统一

从原型生理机制上讲，荣格认为“它们来自大脑……来自遗传的大脑结构本身”。从其心理机制讲，“可以看作是一种记忆的沉淀……是一种确定永远不断发生的心理经验的典型的基本形式”。原型在此先在地统一了种系的本能遗传和个体的心理遗传。而这种具有双重先在机制的原型，结构本身就是一种动力建构，它“是一种心理能量的遗传组织，一种固有的系统，不仅表达着能量进程而且也促进它的运行”。

男女两性意象这对相关原型可以解释这一特征。荣格称男性中的阴性原型为阿尼玛，女性中的阳性原型为阿尼姆斯。从生理遗传的间接支配讲，它们受性染色体和性腺决定；从心理遗传讲，是男女交往的种族经验的遗存。这些原型不仅使得每一性别显示出异性的特征，而且它们作为一种自律性的集体意象促使每一性别反应并理解异性。一见钟情、单相思、失恋以及同性恋等，都是这些原型的具体显现。

(2) 无意识的超验性和意识的情境性的统一

原型的先在结构性，决定了无意识的超验性。但是，单纯的超验永远是无意识的。荣格认为，原型发生作用，必须有一定的、可意识的典型情境。原型显现的意象“一方面是无意识自发活动的结果，另一方面是短暂的意识情境的结果……是当下意识情境的表达又是无意识的表达……”

麦尔发现能量守恒思想的过程，荣格认为就是能量原型正向显现的过程。“这种观念已经永世印在人的头脑之中。这就是它在每个无意识中随时可取的缘由。但仅仅一定的条件才可导致它的显现。”无意识的超验性和意识的情境性的和谐、完满统一，才能使原型得以创造性地发生效应。这种情境、条件在麦尔那里显然比较完满，所以能量守恒这种思想就从原始意象的宝库中再次显现了。

(3) 个体情绪凝聚性和群体心理传播性的统一

得以显现的原型“是一种作为全体的心理情境的凝炼表达……仅仅是那些短暂聚集的无意识的内容”。这些短暂聚集的无意识内容具有很强的情绪色彩。实际它们更多地体现为原型的情结显现。集体无意识正是以个体无意识的情结意象为中介环节，通过群体心理间的象征传播，而左右着人类文化历史的创造和偏离。

……

原型特征可以归为上述几方面，但原型数量却许多许多。“在生活中，有多少典型情境，就有多少原型。”“一个原型，就它的内容而言，仅仅当它成为意识的时候，并因此充满着意识经验的材料时，它才是确定的。”荣格后半生一直在发现、证明众多集体无意识原型的存在。

3. 集体无意识证明

(1) 梦的系列分析

荣格主张分析梦，但不是弗洛伊德的个案式分析法，而是系列分析。因为这样，可以纠正每一个别梦例中的错误判断。在这种梦的系列分析过程中，通过询问个体，可以查明梦中哪些显现的主题可为他所知，排除这些，真正的原型就会显现。

(2) 主动想象方法

在积极想象过程中，被试要求去注意一种印象很深很难理解的梦的意象，或集中于一种自发的视觉意象。此时，批评的能力必须被悬搁。当这些条件具备了，意象通常将展开一系列的变化，把光束散射在无意识内容之上。

荣格认为通过积极想象而产生的幻象通常比夜梦要好得多，因为它们同时被清醒意识接受着。

(3) 幻想：与神话学相关的比较研究

这是一种以出神状态表现出来的幻想。这是一种原型材料之源。但是“除非能引出使人信服的神话学上的相关内容，否则它们毫无价值”。正确的相关寻求在于，要全面了解个体所产生的象征的意义本身，然后再寻找一个明显的有一致性的相关神话象征。他在许多论著中谈到，他通过一位有精神病的黑人的梦和幻想，推演出了古希腊神话主题的整个系列。

通过上述三方面的论述，我们大致可以为荣格的集体无意识原型勾画出一幅轮廓。

集体无意识是自元始以来普遍共存于人类心灵底层的，人们永远不可直接意识到的，然而又可意识到其决定效应的非理性心灵存在。集体无意识，作为原型是实质，作为本能是动力源，它们又通过原始意象得以显现。这些集体无意识机能作为现实，只能存在于其特征之中。它是既超时代、超民族的，又存在于个体之中的象征心象，它以左右日常生活意识行为的情结为中介，对个体发展和种系文化产生很大影响。它在梦、幻象、神话中可以得到证明，这种具有积极、消极两面性，统一着个体和种系发展的集体无意识原型乃是全部精神中的最基本要素。

（三）集体无意识理论及其背景

1. 集体无意识和它的哲学背景

进一步地理解到荣格面对着的时代，是尼采、叔本华面临的时代继续。他们考察的维度也就具有一致性和承继性。

荣格的独特之处在于，他带着整整一代非理性主义者的思考和体验，首先回到了古希腊的哲学之乡，在此，哲学从根本上还是作为对宗教神话的反思而出现的，柏拉图的哲学理想国也是在追求人性和神性、理性和感性乃至和非理性的一体化的。“在柏拉图那里，原型作为形而上的理念、样本、范型，被赋予了极高的形而上的价值……中世纪哲学……一直到马勒伯朗士和培根，在这方面一直立足于柏拉图哲学的基础”，然而“从笛卡儿和马勒伯朗士以来，原型……它变成了‘思想’，成了认识的内在条件……”，因为“笛卡儿的名言‘我思故我在’使得西方人把自己与思维等同起来而不是与有机体等同起来。……这就引起了意识意志与无意识本能之间的明显冲突”。而荣格的目的就是要站在无意识根基上，让意识无意识在整体的精神中达到辩证统一。所以，从整个古典西方哲学汲取他所需的正反营养之后，他必然带着他的思想和叔本华、尼采认亲。他认为他的原型和叔本华的理念是一致的。而这样，原型就不仅只有认识上的意义，而且决定着作为全部精神的（包括感性、无意识在内）人的一切心理活动。因为叔本华的“理念是由于我们直觉地体验的时空形式而分为多样性的统一体”。

2. 集体无意识和它的科学背景

生物科学世纪间的飞跃发展，改变了人们对于自身的思考方式。荣格综合了他对两种进化观念的心理学意义上的认识，指出：由一代或数代获得的经验能够通过沉淀成为原型，遗传给承继的后代。变异或一系列变异会导致和增强一种原型存在的可能性和现实性，这种原型的出现和发挥作用可以增加人的心理平衡乃至生命生存的可能性。总之，原型的发展是可以得到机体进化的同样解释的。其发生发展直接依靠的是大脑的进化。

法语人类学研究者布留尔认为，原始思维是世代相传的神秘的集体表象思维，这种集体表象包括着情感和运动要素，由此决定着原始思维的主客体的神秘的互渗性、非矛盾性。荣格认为：原型在“原始心理学中，和列维·布留尔的‘集体表象’一致”。荣格正是借助布留尔的原始思维思想，给出了他自己的关于集体无意识原型的心理机制的解释。

3. 集体无意识和它的宗教背景

荣格认为，宗教意识化了集体无意识原型，从而起着平衡人的心理、治疗人的精神失调、填补人的空虚感的作用。“教义在很大程度上以公式化集体无意识内容而替代其位置。”由于西方千年宗教象征文化的兴盛，集体无意识成了不是问题的问题。而当代由于宗教的腐败，人们的空虚感剧增，集体无意识才成为问题的。

他发现，在世界各地的不同宗教中，都有这种投入空间的共同象征，如曼达拉（mandala），还有“卐”等。这些原型的空间文化投射，证明原型存在的普遍性和共同性。如世界各地宗教共有的曼达拉象征，它体现了人类心理的一种趋向平衡、统一、协调、整体的追求。这也是荣格发现、提出并论证诸原型的宗旨。虽然这一点对他来说可能是无意识的——集体无意识的显现吧。

（四）集体无意识理论评价

我以为这种理论在根本点上，有如下错误：

1. 研究方法上的心理主义（psychologism）

荣格谈到："我不想参与唯物唯心孰正孰误的论争……我只喜欢对这种极端的对立的调和……因为我们直接生活在仅仅是意象的世界之中。"他直言不讳地承认他是心理主义的，但他未看到，心理主义实质上正是经验主义变种，它把心理学高举在哲学、人类一切科学之上，使心理扩大化，其唯心主义色彩是很明显的。

这样，荣格虽然看到了历史发展在个人心理上造成的结果，但由于从心理主义研究角度加以把握，以一种所谓普遍存在的心理机能——集体无意识原型为根基来统一精神和现实、个体和社会，其结果，他的整个学说是对生命整体精神感受的强化和社会历史实践内容的淡化，把一切冲突归为心灵而非现实，归为个体精神而非社会历史。精神与现实、个体与社会失去了现实统一的客观基础，因此心灵世界的矛盾就是不可解脱和永恒的。人生矛盾内容的抽象是其理论走向唯心主义的开始。

2. 科学基础上的生物主义（biologism）

正如前述，他认为原型发展根本原因在于大脑结构的进化和遗传。而"大脑的一定的结构，它的奇特的性质，并不能仅仅归因于周围环境的影响，而且也同样应该归因于生物体的奇特的和自发的性质，归因于生命本身固有的法则"。这样，作为科学基础上的生物主义倾向，使他又将社会历史自然化、生物学化了。更为严重的是，这种片面地求助于生理遗传和生物体的特殊构造的结果，便把心理的起源，连同人类的起源一道，追溯到生命起源之尽头，以至最终泯灭了人类心理和动物本能（乃至植物反应）的界限。他说："没有什么能阻止我们认为，一定原型甚至存在于动物之中。"

3. 描述过程的神秘主义

神秘主义色彩在荣格文集、传记、谈话录中时有显现。例如他描述自己在苏丹考察时说，在原始森林、群落中他多次遇过原型发生作用的神秘情状。他说你一进入那种情境，就为一种情绪或一种咒语抓住，而你并不知道情境是什么，你会为它所支配，干一些自己都奇怪的事情。他时常以教师口吻说，原型是什么，原型就是原型，别的什么也不要说了。

他描述原型这种神秘性并肯定这种神秘性，力图从不可言传的神秘途径得出结论。这恰恰属于神秘主义范畴。而神秘主义正是宗教唯心主义世界观的一种表现形式。

虽然根本点上有上述不足，但并不妨碍这一理论自身所具有的哲学方法论的启发意义。

1. 理论哲学方法论的开拓

荣格是从整体观上考察人类心灵历程的，是对人类的整体精神的把握。正是带着这种人类精神的意识无意识矛盾演进的观念，来回顾西方理论哲学的发展，便会看到一种全新的情形。除了传统哲学上从古希腊经奥古斯丁、培根到黑格尔、叔本华这条明线外，还可看到一种过去不曾重视的精神发展的暗线：从古希腊罗马后期的诺智教，到中世纪的炼金术，再到现代社会中“卐”字下的疯狂教义。这样，理论哲学的发展，才成了一种精神整体的反思发展。

2. 科学哲学方法论的启发

科学哲学愈发展，离最初所拟的纲领相去愈远，形而上学不召自来，到了费耶阿本德时代，本体的肯定性已经得以承认。但如何确立，确立为何者，对科学哲学的前途将大不一样，对具体自然科学的指导将大相径庭。而荣格认为可以设立一门据一种自主心灵假设为基础的研究学科。因为在他看来，心灵和物质的假设同居一个层次的幻想之事，且精神源于物质的方法还一无所知，而精神动向的真实性又不可否认（起码作为集体无意识的自律性，在病患幻想和文化象征中的显现是显而易见的），何不确立心灵本体呢？抛开其唯心主义根本点不谈，这种依据集体无意识思想而得出的心灵本体的设立，对科学哲学的进一步发展（无论是肯定性的还是否定性的），还是有启发意义的。

3. 文化哲学方法论意义

这种意义是从这一理论对各个文化科学的具体贡献中概括出来的。集体无意识把人们对文化领域的人文“扫描”引入更深层次，而且是一个普遍的、动力的自律性层次，这就为揭示文化哲学的本体的内涵的丰富性创造了前提。如集体无意识理论强调分析二战期间患者共同的梦和“卍”的联系意义（心理历史学）；要求以集体无意识重新看待能够解脱群体内心冲突的上帝形象（宗教心理学）；指出正是集体无意识原型的存在，使社会从古至今一再重演着诸多自然物的神话、传说（神话学），等等不一而足。

这一理论的每一文化领域新的维度开拓，都是正在向文化哲学本体的真正迈进。

（于鉴夫）

选自：心理学探新，1987（4）

霍妮

（Karen D．Horney）

- 生平简介
- 名篇选读
  我们时代的神经症人格（节选）
- 思想评介
  霍妮的社会文化精神分析思想简评

生平简介

K·D·霍妮（1885～1952），犹太人，美国新精神分析社会文化学派心理学家，1885年9月15日出生于德国汉堡附近一个名叫卡伦·丹妮森的小村庄。

1913年，霍妮获得柏林大学医学博士学位；1914～1918年在柏林精神分析研究所接受精神分析训练；32岁时，成为一名精神分析医生。1918～1932年间，她在柏林精神分析研究所任教，此外还创办了一家私人诊所。在这段时间里，她由于对弗洛伊德关于女性性欲的看法不满而离开弗洛伊德的正统学说，并在杂志上发表了大量的论文，大多是关于女性问题和不同意弗洛伊德观点的文章。1932年，她受F·亚历山大的邀请赴美，担任芝加哥精神分析研究所副所长。两年后，她迁居纽约，在那里创办了一所私人医院，并在纽约精神分析研究所培训精神分析医生。随着她与弗洛伊德正统理论分歧的增大，她与弗洛伊德派决裂，退出了纽约精神分析研究所，创建了美国精神分析研究所，并亲任所长，直到1952年9月14日逝世。

霍妮早年曾师从于弗洛伊德最有名的弟子亚伯拉罕·卡尔(Abraham Karl)，并受惠不浅。她曾说，如果没有弗洛伊德，她将无法迈开首步。尽管霍妮接收了弗洛伊德的基本概念，如压抑、抵抗、自由联想等，但她更强调社会和环境在塑造人格中的作用，反对弗洛伊德的生物本能。她的理论包含了弗洛伊德的潜意识冲突，也容纳了阿德勒的社会文化思想。

霍妮发现神经症不只可以由偶发的个人经验引起，还可以由其所生存的特定文化情境所激发。文化情境不只在个体的经验上涂上各种色彩，影响个人的经验，而且决定经验的特定形式。她认为每一种文化都是根据自己的内涵来理解神经病的：在不同的文化中发现的相同行为或生活方式，并不能推断个体的动机也是相同的；在一个文化环境中正常的行为，到另一个文化环境中或许就不正常了，反之亦然。因此霍妮认为，个体的心理和行为是文化的产物，其态度、感情都受他所生活的那个文化环境的影响。

霍妮发现只要深入注意产生神经症或心理困扰的动力因素，就会发现在所有神经症患者中，都存在着一种基本因素，即焦虑不安以及为了抗拒焦虑不安所建立的防卫机制。焦虑是一种以为自己渺小、无足轻重、无依无助、无能无力，并生存于一个充满荒谬、欺骗、嫉妒与暴力的世界之感觉，是神经症产生的主要原因。每一文化的生活情境都会产生一些恐惧不安，它们可以由外在危险（如大自然、敌人）引起，由社会关系的形式（不公平、压制、强迫的依赖、挫折等）引起，由文化传统所产生。每一个生活文化中的个人或多或少都会有这种焦虑不安，没有人能逃避它们。霍妮认为，在现代文明社会中，人们之间普遍存在着疏隔、敌视、怨恨、恐惧及信心丧失等感觉，这些感觉本身并不产生神经症，但是它们综合起来，就促使人产生孤立无助的不安全感，最终导致神经症。她还指出，每个神经病人内心都存在着许多他们自身难以克服、调和的矛盾，这实质上是他们所处文化环境的某些特定矛盾的潜在表现。

在《我们内心的冲突》一书中，霍妮把神经症的种种表现归纳为三种人格类型：（1）依从型。这是一种趋向人的活动，是对爱情、赞许、人生伴侣以及把自己的生活限制在狭小圈子里的一种神经症需要。(2) 敌对型。这是一种反对人的活动，是对权力、剥削他人、威信和个人成就等的神经症需要。(3) 分离型。这是一种避开人的活动，是对自足、独立、完美和完善的神经症需要。这种类型划分被许多人看作是霍妮对人格理论的最有意义的贡献。霍妮的另一个贡献是提出了真实自我与理想自我的观点。前者包括那些在任何特定的时期都能真正体现个体自己的东西；后者反映了个体最希望成为的那种人。霍妮认为神经症的主要表现是患者把真实自我与理想自我相分离。他们把理想化自我当作真实的自我看待，因而无法理解和认识他的真实自我，从而造成心理障碍。这种心理障碍是由社会经历、文化因素和环境条件等因素起决定作用的。

霍妮出版了不少专著，其中 1939 年的《精神分析的新道路》，奠定了她在新精神分析学派中的领头人地位。在这本书中，她批评了弗洛伊德的里比多理论，认为他强调本能是完全不适当的。此外，霍妮还著有《焦虑的现代人》（1937）、《自我分析》（1942）、《我们内心的冲突》（1945）、《自我的挣扎——神经病与人性发展》（1950）、《妇女心理学》（1967）。

（佐　斌　任　杰）

名篇选读

我们时代的神经症人格（节选）

神经症的基本结构

焦虑可以从实际的冲突情境中，得到完整的解释和说明。但如果我们在性格神经症中，发现了一种产生焦虑的情境，我们就必须考虑事先存在的焦虑，以便说明为什么恰恰在那个特定的时刻，敌意会产生出来并受到压抑。于是我们就会发现，这种事先存在的焦虑，反过来又是在此之前即已存在的敌意的结果，如此循环往复，无休无止。而为了理解整个发展过程最初是如何开始的，我们就不得不追溯到童年时代①。

我很少讨论童年时代的经验问题，这里不过是少数几次例外之一。与精神分析文献通常的情形相比，我在这本书中很少讨论童年时代的经历，其原因并不是我认为童年时代的经验不像其他精神分析作家想象的那么重要，而是因为在这本书中，我所要讨论的乃是神经症人格的实际结构，而不是导致神经症的个人经验。

在考察了许多神经症病人的童年史之后，我发现，他们的一个

① 我在这里并不打算涉及这一问题：即心理治疗究竟有必要向童年时代追溯多远。

共同之处，就是都处在这样一种环境中，这种环境以不同的比例，显示出下面这样一些特征：

基本品质的邪恶完全是由于缺乏真正的温暖和爱。儿童可以在相当大的程度上忍受一般所谓的创伤，例如突然的断奶、偶尔的打骂、性的体验等，只要他在内心深处感到自己被人爱，被人需要。不用说，儿童完全能够敏锐地感觉出这种爱是否真诚，他绝不会被任何虚伪的表示所欺骗。儿童不能得到足够的温暖和爱，其主要原因乃是由于父母患有神经症而不能够给子女以温暖和爱。根据我的经验，更常见的情形是：这种爱的缺乏往往被掩盖了，父母们往往宣称他们一心想的都是孩子们的利益。教育学理论告诉我们：一位“理想”母亲的过分溺爱和自我牺牲的态度，乃是造成这样一种环境气氛的主要因素；这种环境气氛比任何东西都更能够在儿童心中埋下未来巨大不安全感的种子。

何况，我们发现，父母们的许多行动或态度，只能在子女心中唤起敌意。例如：对某些子女的偏爱，不公平的责骂；时而过分溺爱，时而拒人于千里之外；喜怒无常的情绪变化，没有兑现的许诺等等。在对待子女各种最迫切愿望的态度上，从暂时不予考虑到不断加以干涉。例如：干涉子女与他人的友谊；嘲笑他们的独立思考；破坏他们自己的兴趣爱好，不管这些兴趣爱好是艺术上的、体育上的，还是机械上的。总之，父母的这些态度，即便不是有意，在效果上也仍然会摧毁孩子们的意志。

精神分析的文献在讨论产生儿童敌对心理的种种因素时，其主要着重点往往放在对儿童愿望挫折（特别是性领域中愿望挫折）和对儿童嫉妒心理的强调上。很可能，儿童的敌对心理部分来源于我们文化对一般的快乐，特别是对儿童性欲的严厉态度，不管后者实际上涉及性的好奇、手淫，还是涉及与其他孩子的性游戏。但是可以肯定，挫折并不是反叛性敌对心理的唯一来源。仔细的观察会不容我们怀疑地表明：儿童也像成人一样，可以在极大的程度上接受挫折和剥夺，只要他们认为这种剥夺是正当的、公平的、必要的和有目的的。例如，只要父母并不加以过分不适当的强调，不用一种狡黠的或残酷的手段来强制孩子，孩子是不会反对对他们进行爱清洁讲卫生教育的。同样，孩子们也并不反对对他们进行偶尔的惩罚，只要他总的说来能够确信自己是被爱着的，只要他觉得这种惩罚是公正的，并不是有意伤害他或侮辱他。挫折究竟会不会激发敌意，这个问题是很难判断的，因为在给孩子造成许多挫折的同一环境中，通常还存在其他许多足以诱发敌意的因素。事实上，重要的并不是挫折本身。

我之所以提出这一点，是因为过分强调挫折的危险，已经使许多父母抱着这样一种观念并且比弗洛伊德本人走得更远，他们根本不敢对子女有任何干涉，深恐子女会因此而受到伤害。

显然，无论在儿童还是在成人身上，嫉妒都可以是一种根深蒂固的仇恨的来源。我们并不怀疑：兄弟姐妹之间的嫉妒，以及父母中某一方的嫉妒，会在神经质的儿童身上产生很大的作用；这种态度可能会给往后的生活带来持久的影响。但我们仍然要提出例如这样的问题：是什么样的环境条件产生了这种嫉妒心理？我们在兄弟竞争中，在奥狄浦斯情结中观察到的这些嫉妒反应，是否注定要发生在每一个儿童身上，抑或它们只是由某些特定的环境条件所激发？

弗洛伊德有关奥狄浦斯情结的观察，建立在神经症病人身上。从这些病人身上他发现：与父亲或母亲有关的强烈嫉妒反应是极具破坏性的，因而足以引起恐惧，并且很可能对性格形成和个人关系产生持久的干扰和影响。由于不断地从我们时代的神经症病人身上观察到这一现象，他便假定这一现象具有普遍性。他不仅把奥狄浦斯情结设想为神经症的症结所在，而且还企图在这一基础上进一步理解其他文化中的情结现象。但这种概括性结论是值得怀疑的。在我们的文化中，某些嫉妒心理的确很容易出现在兄弟姐妹之间以及父母子女之间的关系中，就像它们也可以很容易地发生在任何密切地生活在一起的团体中一样。然而并没有证据表明：破坏性的和持续性的嫉妒心理——当说到奥狄浦斯情结或兄弟之间竞争时，我们所想到的正是这些——在我们的文化中真的如弗洛伊德设想的那样普遍，更不用说在其他文化中了。这些嫉妒心理总的说来固然是属于人类反应，但却只能经由儿童在其中成长的文化氛围，才人为地产生出来。

究竟哪一种因素应该对嫉妒的产生负主要责任，这一点我们在后面就会明白，那时候我们将讨论病态嫉妒的一般内涵。这里，只要提一下缺乏温暖和鼓励竞争会导致这一结果，就已经足够了。除此之外，还应该指出的是：制造出这种环境气氛的患有神经症的父母，通常都极不满意自己的生活；而由于缺乏令人满意的情感关系和性关系，他们通常都很容易把子女作为爱的对象。他们把自己对爱的需要释放到子女身上。这种爱的表达并不一定带有性色彩，但不管怎样，它具有高度的情感内涵。我很怀疑，在子女与父母关系之间潜在的性欲，会强大得足以引起一种潜在的心理紊乱。不管怎样，我所知道的任何病例，都是患神经症的父母通过恐吓和温柔，迫使子女沉浸到一种热烈的依恋之中，从而带上了弗洛伊德所说的占有欲和嫉妒心等全部情感内涵。①

我们通常相信：对家庭或家庭中某一成员的敌对态度，对儿童的发育成长是不幸的。当然，如果子女不得不反抗患神经症的父母的种种行动，这的确是不幸的；但如果这种反对本身有充分的理由，那么对儿童性格形成的危险，主要就并不是来自感受或表示了一种抗议，而更多地是来自对这种抗议的压抑。从对批评、抗议甚至谴责的压抑中可以产生出许多危险，其中一种危险就是：儿童很可能把所有的谴责都加在自己身上并因而感到自己不配被爱。我们将在后面讨论这种情形的种种内涵。总而言之，我们在这里所涉及的危险是：受到压抑的敌意可能产生焦虑，并由此而开始我们已经讨论过的那种发展过程。

为什么在这种环境气氛中成长的孩子会压抑自己的敌对心理呢？原因有很多。这些原因以不同的程度，通过不同的组合方式发

① 我的这些说法总的说来不符合弗洛伊德有关奥狄浦斯情结的思想，我假定奥狄浦斯情结并不是一种生物学的特定现象，而是受文化因素制约的。由于许多作者已经讨论过这一问题——例如马利洛夫斯基、波姆、弗罗姆、赖希等——所以我本人只限于指出在我们文化中可能产生奥狄浦斯情结的种种因素。例如，由于两性之间的冲突关系而导致婚姻的不和谐；父母无限制地滥用其权威；严厉地禁止子女有任何性表现；总希望子女永远幼稚天真，在感情上依赖父母，否则就孤立和疏远他的心理倾向。

挥其作用。它们是：无能为力的感觉、恐惧、爱和犯罪感等等。

儿童的无能为力感往往仅仅被认为是一种生物学事实。尽管儿童事实上在很长一段时期内都必须依赖其周围环境，以满足自己的种种需要——因为与成年人相比，他体质不够强壮，经验也不丰富——但这个问题的生物学方面仍然被强调得过头了。在2~3岁以后，儿童的依赖性会发生一种决定性的变化：从占压倒优势的生物性依赖，转变为包括心理、智力、精神生活在内的依赖。这一过程将持续到儿童成熟至青春期，能够独立生活时为止。尽管在这一过程中，儿童继续依赖其父母的程度，在不同的人身上还存在很大的差异，但这一切都取决于父母在教育其子女的过程中所希望达到的目的；取决于父母是倾向使子女强壮、勇敢、自立，能够应付各种处境，还是倾向于保护孩子，使他顺从、听话，使他对实际生活完全无知（或者简而言之，使他直到20岁乃至更晚，都始终停留在幼稚天真的状态）。在这种不良环境条件下成长的儿童，他们那种孤立无援、无能为力的感觉通常都由于恐吓，由于溺爱，由于始终使之处于感情上的依赖状态而被人为地强化了。孩子越是被搞得无能为力，也就越是不敢感觉到和不敢表现出任何反抗，因而这种反抗心理也就会迁延得越久。在这种情形下，儿童心中潜在的感情，或者不妨说儿童心中信奉的格言就是：因为我需要你，所以我必须压抑我对你的敌意。

恐惧可以由威胁、禁令、惩罚，由孩子亲眼看见的大发雷霆等狂暴场面直接产生；也可以由间接的恐吓产生，例如让孩子对生活中的种种危险——病菌、大街上的车辆、陌生人、野孩子、爬树的危险等留下深刻的印象。孩子越是被弄得忧心忡忡，也就越是不敢表现出甚至不敢感觉到任何敌意。这时候孩子心中信奉的格言是：因为我怕你，所以我必须压抑我对你的敌意。

爱可以成为压抑敌意的另一个原因。当父母缺乏对子女的真诚的爱时，他们往往会在口头上加倍强调他们是如何爱自己的孩子，如何愿意为孩子呕尽心血。一个处在这种环境中的孩子，特别是那些在另一方面又不断受到恐吓的孩子，可能紧紧抓住这种爱的代用品不放，不敢有任何反抗心理，唯恐会因此而失去做乖孩子所得到的奖赏。在这种情形下，孩子心中所信奉的格言是：我必须压抑自己的敌意，否则我就会失去爱。

到此为止，我们已经讨论了造成孩子压抑自己对父母敌意的种种处境，这是因为他担心，任何敌意的表示都可能破坏他与父母的关系。他受这种恐惧心的驱使，深恐这些力大无比的巨人会抛弃他，会收回他们的仁慈甚至转而反对他。除此之外，在我们的文化中，孩子们还往往被教育得因为自己的任何敌对感，因为自己的任何反抗表现而感到内疚和罪孽。也就是说，他们已经被教育成这样：如果他表示或者感觉到对父母的反感，如果他破坏了父母建立的法规，他就会在自己眼中变得一钱不值，变得下流可耻。产生犯罪感的这两种原因是紧密地相互关联的。孩子越是被教育得因为越过禁区而感到罪孽深重，他也就越不敢对父母有任何怨恨或责难。

在我们的文化中，性领域就是这样一个禁区，在这个领域中往往最频繁地激发出犯罪感。不管这方面的种种禁令是通过可以感觉到的沉默表现出来，还是通过公开的威胁和惩罚表现出来，孩子们都会不断地感觉到：不仅性的好奇心和性的活动是受到禁止的，而且，如果他沉浸在这种好奇心和性活动中，他就是一个肮脏下贱的孩子。如果孩子心中有任何涉及父亲或母亲的性幻想和性愿望，那么，尽管他们由于一般的性禁忌态度而未能公开表现出来，也仍然可能使孩子感到罪孽深重。在这种情形下，孩子心中信奉的格言就是：我必须压抑敌意，因为如果我感到自己有敌对心理，我就是个坏孩子。

以各种不同的组合形式，上面提到的所有这些因素都可以使孩子压抑他的敌意并最终导致焦虑。

但是，难道任何一种幼年焦虑，最终都必然会导致一种神经症吗？我们目前的认识尚未进步到足以恰当地回答这一问题。我个人的看法是：对于神经症的形成，幼年焦虑是一种必要因素，但并不是其充分的原因。有利的环境，例如及早地改变不利的周围环境或者通过各种形式抵消不利因素的影响，似乎都可能防止形成某种特定的神经症。但正像事实上往往发生的那样，如果生活环境并不能减少焦虑，那么，这种焦虑不仅会持续下去，而且正如我们后面将要看到的那样，它还注定要不断地增加，从而推动所有那些足以构成神经症的内在过程。

在所有那些可能影响幼年焦虑进一步发展的因素中，有一种是我要特别加以考虑的。敌意与焦虑的反应，究竟是被局限在迫使儿童产生敌意与焦虑的周围环境中呢，还是会发展为一种针对所有他人的敌意与焦虑？这两者之间是大有区别的。

例如，一个孩子如果十分幸运地有一位慈爱的祖母，有一位善于理解孩子的教师，有一些好朋友，那么他和他们在一起时的经验，就可以避免使他感到一切人都是对他没安好心的坏人。但如果他在家庭中的处境越困难，那么他就越容易不仅形成针对父母和其他兄弟姊妹的仇恨心理，而且形成对一切人的不信任感和怀恨态度。一个孩子越是与他人隔绝，不能丰富和拓展自己的经验，他也就越是容易往这方面发展。最后，一个孩子越是掩盖他对自己家庭的嫉恨，例如通过顺从父母的态度来掩盖，他也就越是会把他的焦虑投射给外部世界，并因此而认为整个世界都是充满危险与恐怖的。

对于外界的这种一般性焦虑，还可能逐渐地发展和增长。一个在上述环境气氛中长大的孩子，在与其他孩子的接触过程中，不敢像他们一样好斗和富于进取心。他会失去被人需要这种最幸福的自信心，甚至会把一个无害的玩笑也当作残酷的排斥打击。他比其他孩子更容易受到伤害和屈辱，更不能够保护自己。

由我上面提到的这些因素所导致的状况，或者由类似的种种因素所形成的状况，是一种在内心中不断增长的、到处蔓延渗透的孤独感，以及置身于一个敌对世界中的无能为力的绝望感。对个人环境因素所作出的这种尖锐的个人反应，会凝固、具体化为一种性格态度。这种性格态度本身并不构成神经症，但它却是一块合适的肥沃土壤，从这块土壤中任何时候都可能生长出一种特定的神经症来。由于这种态度在神经症中发挥着根本性的作用，所以我给了它一个特别的名称：基本焦虑（basic anxiety）。它与基本敌意（basic hostility）是不可分割地交织在一起的。

在精神分析的过程中，通过对焦虑的所有不同个人形式的研究，我们渐渐发现了这样一个事实，这就是：基本焦虑隐藏在所有与他人关系的下面，构成了这些关系的基础。个人的种种焦虑可能由实际的原因所激发，而基本焦虑即使在实际处境中没有任何特殊刺激的情况下，也仍然存在。如果拿神经症的整个情形与一个国家政治上的动乱状态相比较，基本焦虑与基本敌意就类似于对政治体制的潜在不满与抗议。在这两种情况下，可能完全看不出任何表面现象，也可能出现形式纷繁的表面现象。在一个国家中，这些现象可能表现为骚乱、罢工、集会、游行示威；同样，在心理领域中，焦虑的形式也可以表现为各种各样的症状。不管特殊的激发媒介是什么，焦虑的所有这些外在表现，都是从一个共同的背景中发源出来的。

在单纯的情境神经症（situation neuroses）中，基本焦虑是不存在的。情境神经症是个体对实际冲突性情境所作出的神经症反应，而这些个体的个人关系并未受到扰乱。下面这个例子，也许有助于说明在心理治疗实践中经常发生的这些病例。

一位 45 岁的妇女诉说自己夜里常有心悸和焦虑，并伴随有大量盗汗。在她身上没有发现任何器质性病变，而且所有的证据都表明她是一个健康人。她给人的印象是一个心肠极好、性情直爽的女人。20 年前，主要由于环境而不是由于她本人的缘故，她嫁给了一个比她大 25 岁的男人。她和他一直生活得很快乐，性事上也很满意，并且有三个发育得很好的孩子。她一直十分勤劳并长于料理家务。最近五六年来，她的丈夫渐渐变得有些古怪，并且性能力上有些不济，但她忍受了这一切而没有任何神经症反应。烦恼始于 7 个月以前，那时候一个和她年龄相当的、可以托付终生的可爱男子开始对她表示殷勤。其结果是：她开始对她年老的丈夫产生反感，但由于她整个心理与社会背景的缘故，由于她自己那种基本上十分美满的婚姻关系的缘故，她把这种怨恨的感情完全压抑了。经过很少几次交谈和帮助，她已经完全能够正确地面对这种冲突性情绪，并从此消除了焦虑。

为了更好地理解基本焦虑的重要性，最好的办法就是拿性格神经症病例中的个人反应，同上面所说的那种单纯的情境神经症进行比较。情境神经症出现在健康人身上，这些人由于可以理解的原因而不能自觉对付一种冲突性情境。也就是说，他们不能正视这种冲突的存在和这种冲突的性质，因此也就不能作出一种明确的决定。这两种不同类型神经症的一个明显区别是：情境神经症往往容易取得极大的治疗效果。在性格神经症的病例中，治疗往往不得不在极大的困难下进行并因而会经历漫长的时间，有时候甚至会漫长得病人等不到治愈；然而情境神经症却比较容易治愈。为理解情境神经症所进行的讨论，往往不仅是对症状的治疗，同时也是对病因的治疗；而在性格神经症的病例中，对病因的治疗则是借改变环境而消除困扰。

因此，在情境神经症中我们得到的是这样一种印象，即在冲突情境与神经症反应之间，存在着恰当的关系；而在性格神经症中，这种关系却似乎并不存在。由于既存的基本焦虑，在性格神经症中，最轻微的诱发因素也可能引起最强烈的反应，这一点我们在后面将要详细地讨论。

尽管焦虑的外显形式，以及为对抗焦虑而采取的防御性措施，其变化范围是无限宽广的，在不同个体身上也是迥然不同的，但基本焦虑不论在什么地方都或多或少是同样的，仅仅在程度上有所变化。我们或许可以粗略地把它描述为一种自觉渺小、无足轻重、无能为力、被抛弃、受威胁的感觉，一种仿佛置身在一个一心要对自己进行谩骂、欺骗、攻击、侮辱、背叛、嫉妒的世界中的感觉。我的一个病人，在她自动画出的一幅画中，就表现了这样一种感觉。在这幅画中，她自己是一个又瘦又小、无依无靠、赤身裸体的婴儿。她坐在画面的中央，周围是各式各样张牙舞爪的妖魔鬼怪、人和动物，正威胁着要攻击她。

在各种精神变态中，我们往往发现：病人对这种焦虑的存在，有一种高度的自觉。在患妄想狂的病人身上，这种焦虑被限制在一个或几个特定的人身上；而在患精神分裂症的病人身上，则往往对周围世界中潜在的敌意，有着过分敏感的意识，甚至敏感得往往把向他们表示的善意，也视为包藏着潜在的敌意。

然而在神经症中，病人对这种基本焦虑或基本敌意的存在，却极少有自觉的意识；至少，病人并没有意识到它对于整个人生的分量和意义。我的一位病人曾在梦中看见自己是一只小老鼠，由于害怕被人踩着而不得不成天躲在洞中——这正是对她实际生活的真实写照。然而她却丝毫也没有想到事实上她害怕一切人，甚至告诉我说她不知道什么叫焦虑。对任何人都不信任的基本敌意，可以借一种肤浅的信念来掩饰，即相信人通常都是十分可爱的，也可以和一种与他人表面敷衍、友好相处的态度同时存在。一种蔑视一切人的基本敌意，也可以借随时称赞别人而加以伪装。

尽管基本焦虑涉及的对象是人，但它却可以完全失去其人格特征，转变为一种受到雷雨、政治事件、病菌、灾祸和变质食品威胁的感觉，或者转变为一种自觉命中注定、在劫难逃的感觉。对一个训练有素的观察者说来，发现这些态度的潜在基础并不难；但对于神经症病人来说，却往往需要我们进行大量深入细致的精神分析工作，才能使他自己认识到：他的焦虑实际针对的并不是细菌，而是人；他对他人的恼怒也并不是，或者并不仅仅是对某些实际情况所作出的正确而恰当的反应，而是因为他已渐渐变得在骨子里仇恨和不信任他人。

在继续描述神经症病人基本焦虑的种种内涵之前，我们必须讨论一个很可能早已在许多读者心中产生了的疑问：这种针对他人的基本焦虑和基本敌意，被你说成是神经症的基本构成因素，然而，它难道不是一种正常态度？难道它不是秘密地——或许程度轻轻地——存在于我们每一个人心中吗？要讨论这一问题，就必须区分两种观点。

如果“正常”一词意味着一种普遍的人类态度，我们可以说，在基本焦虑与德国哲学、德国宗教中所说的“生之苦恼”（Angst der Kreatur）之间，的确存在着一种正常的必然联系。这句话所要表达的是：在一种比我们更强大的力量面前，例如在死亡、疾病、衰老、自然灾害、政治事件、偶然事故面前，我们大家事实上是无能为力的。我们第一次认识到这一点是在童年时代的无能为力中，然而这一认识却一直伴随我们的整个一生。与基本焦虑一样，这种“生之苦恼”在面对更大的力量时，也感觉到自己的无能为力，但并不认为这些力量中包含着敌意。

但如果“正常”一词意味着对我们文化来说是正常的，则我们可以进一步说：在我们的文化中，只要一个人的生活缺乏足够的保障，则经验一般总是使人在成熟的时候，变得更对他人有所保留，更善于提防他人，更懂得事实上人们的所作所为往往并不是正道直行的，而是受懦弱和随机应变支配的。如果他是一个诚实的人，他会把他自己也包括在内；如果他不诚实，他会在他人身上更清楚地发现这些问题。简而言之，他会形成一种与基本焦虑十分相似的态度。然而，仍然存在着这样一些区别：健康的成熟的人不会对这些人类缺陷感到无能为力，在他身上也不存在基本的神经症态度中那种不分青红皂白的倾向。他仍然能够对某些人给予真诚的友谊和信任。也许，这种区别应该由这样的事实来解释：健康人遭遇其过量的不幸经验，是在他能够整合这些不幸经验的年岁；而神经症病人却是在他不能掌握和驾驭这些不幸经验的年岁，由于他对此完全无能为力，因而便产生了焦虑的反应。

基本焦虑在人对自己和他人的态度中，有其特定的内涵。它意味着情感的隔离和孤独，如果同时伴随着自我的内在软弱感，则这种情感上的孤独会更令人难以忍受。它意味着自信心的基础十分脆弱。它播下了潜在的内心冲突的种子，因为这时候，一方面他希望依赖他人，另一方面，由于对他人深深不信任和敌意，他又不可能依赖他人。它意味着由于内在的软弱感，他有一种把所有责任都放在他人肩上的愿望，有一种被保护受照顾的愿望，但由于基本敌意的缘故，他太不信任他人，以致无法实现这一愿望。因此，不可避免的结局就是：他不得不把绝大部分精力，都花费在寻求安全保障上。

焦虑越是难以忍受，保护手段就越是需要十分彻底。在我们的文化中，有四种主要的方式，借助这些方式，人企图保护自己以对抗基本焦虑。这四种方式是：爱、顺从、权力和退缩。

首先，获得任何形式的爱，都可以作为一种强有力的手段来对抗焦虑。其基本想法是：如果你爱我，你就不会伤害我。

其次，顺从还可以根据其是否涉及特定的个人或制度，再粗略地作进一步划分。例如，在对标准化了的传统观念的顺从中，在对某些宗教仪式或对某些特权人物的顺从中，就存在着这样一种特定的顺从焦点。这时候，服从这些法规，遵守这些要求乃是一切行为的决定性动机。这种态度可能采取不得不“听命”的形式，尽管“听命”的内容要随所遵守的要求和法规的不同而不同。

如果这种遵命的态度并不附着于任何制度或个人，它就会采取更为一般化的形式，表现为顺从一切人的潜在愿望，避免一切可能招致的敌视。在这种情况下，一个人可能压抑他自己的一切需要，压抑他对别人的批评，宁愿遭别人辱骂而不还击，并且随时准备不分好坏地帮助一切人。偶尔，人也会意识到他这些行为下面隐藏着的焦虑，但大多数时候他们都完全意识不到这一事实，而且还坚定地相信：他们这样做是出于一种大公无私或自我牺牲的理想，这种理想是如此远大，以致他们完全放弃了自己个人的愿望。不管顺从采取特定的还是一般的形式，其基本想法乃是：如果我放弃自己，我就不会受到伤害。

这种顺从态度同样也可以服务于借爱获得安全的目的。如果爱对一个人是如此重要，以致他的全部生活安全感都建立在爱上，那么，他是愿意为此付出任何代价的；而这一点原则上即意味着顺从他人的愿望。但由于人往往无法相信任何爱，因此他的顺从态度就不是旨在赢得爱，而是旨在赢得保护。有这样一些人，他们只有通过彻底的顺从，才能获得安全感。在他们心中，焦虑是如此巨大，对爱的不信任是如此彻底，以致爱的可能性完全被拒之于门外。

第三种企图获得保护以对抗基本焦虑的方式是通过权力，即凭借获得实际的权力、成就、占有、崇拜和智力上的优越来赢得安全感。在这种获得保护的企图中，其基本想法是：如果我拥有权力，就没有人能够伤害我。

第四种保护手段是退缩。上面所说的三种保护措施都有一个共同点，即愿意与世界角逐，愿意以这种或那种方式来与之周旋。但这种自我保护也同样可以表现为从生活世界中退缩出来。这并不是说遁入沙漠或深居简出，彻底退缩；而是指脱离他人，不让他们对自己的外部需要或内部需要发生影响。从外部需要中获得独立可以通过诸如占有财富的方式。这种占有动机完全不同于为获得权力或影响而占有的动机，而对这种占有的使用方式也完全不同。只要这种占有和囤积是为了从他人获得独立，则在这种占有物的享受上，通常都有很多焦虑。对这些占有物的使用态度是极其吝啬的，因为它们的唯一目的，是用来预防万一出现的天灾人祸。从他人获得外在独立的另一种方式，是把一个人的需要缩减到最小限度。

从内部需要中获得独立的方式，可以表现为诸如企图使自己与他人脱离感情上的联系，以便从此以后没有任何事情可以伤害他或使他感到失望。它意味着窒息一个人的感情需要。其表现方式之一就是对任何事情都满不在乎，即使对自己也是如此。这种态度往往见之于知识界。对自己满不在乎并不意味着认为自己无足轻重。事实上，这两种态度可能是相互矛盾的。

退缩的策略与顺从或遵命的策略有着共同之处，两者都是对自己愿望的放弃。但在顺从遵命的类型中，放弃自己的愿望是为了有助于“听命”或顺从他人的愿望，以便能获得安全感；而在退缩的类型中，“听命”的想法根本就不存在，放弃自己愿望的目的，乃是为了获得对他人的独立。其基本想法是：如果我向后退缩，就没有任何事情能够伤害我。

为了正确评价神经症病人用来保护自己以对抗基本焦虑的这些手段的作用，我们有必要考虑它们的内在强度。它们并不是受希望满足其快乐欲望的本能所推动，而是被一种希望获得安全的需要所推动。然而这并不意味着它们因此就无论如何也不如本能驱力那样强大，那样不可抗拒。经验表明：追求某种野心的影响，可能与性本能的影响同样强大，甚至比性本能的影响更强大。

只要生活允许这样做而不招致任何内心冲突，则单独地、片面地采取这四种策略中的任何一种，都可能成功地给人带来他所需要的安全保障。但这种片面的追求，往往要付出沉重的代价，即导致整个人格的萎缩。例如，在一个要求妇女服从家庭或丈夫，遵守传统规范的文化结构中，一个采取顺从方式的女人，完全可能得到安宁和许多次要的满足。再例如，一个一心只想攫取权力和财富的君王，其结果也完全可能是获得最大的安全感和事业上的成功。然而事实上，对一个目标的直线追求，却往往并不能成功地实现其目的，因为它所提出的要求是如此过分，如此欠缺考虑，所以它们往往与周围环境发生冲突。更常见的是：人们往往并非仅仅通过一种方式，而是同时通过几种互不相容的方式，来从一种巨大的潜在焦虑中获得安全感。因此，神经症病人就可能同时被自己内心种种强迫性需要所推动，一方面希望统治一切人，另一方面又希望被一切人爱；一方面顺从他人，另一方面又把自己的意志强加在他们身上；一方面疏远他人，另一方面又渴望得到他们的爱。正是这些完全不能解决的冲突，构成了神经症最常见的动力核心。

最经常发生冲突的两种企图，乃是对爱的追求和对权力的追求，因此，在以下的篇章中我将详细地对它们加以讨论。

我对神经症结构所作的这一描述，与弗洛伊德关于神经症本质上是本能驱力和社会要求（或社会要求在“超我”中的体现）相互冲突的结果这一理论，原则上并不矛盾。然而，尽管我一方面同意个人愿望和社会压抑之间的冲突，对每一种神经症都是一种必要条件；但另一方面，我却并不认为它是一种充足条件。个人愿望与社会要求之间的冲突并不必然导致神经症，而同样也可能导致事实上的人生限制，导致对种种欲望的单纯压制或压抑；用更普通的话来说，即导致事实上的痛苦。只有当这种冲突产生了焦虑，当企图减轻焦虑的努力反过来又导致种种尽管同样不可抗拒，然而却彼此互不相容的防御倾向时，神经症才会产生。

选自：霍妮．我们时代的神经症人格．冯川译．贵阳：贵州人民出版社，1988

思想评介

霍妮的社会文化精神分析思想简评

霍妮是精神分析社会文化学派的开创者，她以当仁不让的科学态度、勇于创新的精神和顽强鲜明的个性，开辟了精神分析的新道路，并最先建立起社会文化精神分析的基本框架。她善于吸收人类学、社会学等学科的新成果，根据变化了的社会文化条件创建了一种新的神经症病理学，一方面继承弗洛伊德的一些基本原理，另一方面将着重点从本能与文化的矛盾转移到文化本身的矛盾，强调自我分析，使精神分析治疗更广泛更有效地满足现代人适应社会生活的需要。霍妮坚信人生来具有自我实现的建设性力量，这种乐观主义的信念好比一股清闲的空气，驱散了弗洛伊德造成的，而荣格的神秘主义和阿德勒的自卑情结理论又无能为力的悲观主义氛围。在这个意义上，霍妮为后来兴起的人本主义心理学开辟了道路。

具体地说，霍妮的贡献主要表现在三个方面：其一，她看到了社会文化条件在神经病的形成中，其重要性远在弗洛伊德所强调的先天的生物和遗传因素之上。她认为弗洛伊德把文化与精神病之间的关系仅看作是一种量的关系，失之偏颇。精神障碍实质上是一种社会—心理表现，二者之间应该是一种质的关系，应该更多地研究产生神经症的社会文化因素。霍妮指出，在现代工业社会中，人与人之间普遍存在着疏离、惧怕、敌视和怨恨的感觉，这往往使人产生一种孤立无援的失落感，从而形成一种基本焦虑，埋下了产生神经症的隐患。她还进一步分析了现代社会中人们产生基本焦虑的根本原因，是经济领域中的个人竞争。竞争性不仅支配着职业团体中的关系，而且渗透到人们的社会关系之中，渗透到爱情、友谊和家庭之中，从而在人们生活的每一种关系之中，都撒下了破坏性的敌视、猜疑和嫉妒的种子，为神经症提供了温床。

其二，霍妮借用当时的文化人类学家的诸多发现，提出了神经症的相对观。她和本尼迪克特、米德等人一样意识到，不仅行为的异常取决于文化的正常与否，而且行为是否正常的标准也是因文化或亚文化而异的。这一观点对于深刻理解社会文化的作用具有重要的启发意义。

其三，作为社会文化学派的开创者，霍妮认为心理活动是文化的反映，个人潜在的内心冲突，实际上是他所处的文化中某些特定矛盾的反映，社会上神经症发病率的增加，表明了人们生活其中的现实社会条件出现了问题。在霍妮看来，任何一种心理事件，都必然取决于文化和社会环境的因素。弗洛伊德所认为的起源于本能的一切发展中的冲突，霍妮相信能够并力图把它们归因于社会的力量。

霍妮的观点也受到了不少批评和指责。批评者认为她的观点虽然新颖但过于肤浅，她的理论在内部一致性上存在着明显的不足。首先，既然提出神经症是一种文化的产物，那么文化作用于人的具体机制是什么？文化力量是如何与神经症患者相互作用的？霍妮并未对此作出明确的说明，她分析的重点是早期亲子关系的失调所导致的对儿童安全感的威胁，这难免把丰富复杂、广阔多变的社会生活简单化了。其次，霍妮一方面指出了现存社会文化的矛盾，另一方面又只关心个人如何去适应这种文化，没有提出社会改革的要求，无力对构成病态的社会文化的社会制度作出批判性的分析，而只是用对抽象文化的不满代替了这种分析。相对于弗洛伊德对社会文化的批判态度，霍妮在这一点上是一种倒退。最后，由于对人的社会性缺乏深刻的理解，霍妮对弗洛伊德生物学化的观点的摆脱是不彻底的。这从她的“子宫嫉羡说”概念中可见一斑。她一直极力反对弗洛伊德的“阳物嫉羡说”，但“子宫嫉羡说”同样带有明显的生物决定论倾向。因此，尽管霍妮为寻求社会文化因素对人类心理的影响进行了艰苦的尝试，但始终未能彻底摆脱弗洛伊德的精神阴影。

（任杰选编）

资料来源：①周晓虹．现代社会心理学史．北京：中国人民大学出版社，1994

②高觉敷主编．西方社会心理学发展史．北京：人民教育出版社，1991

③叶浩生主编．西方心理学的历史与体系．北京：人民教育出版社，1998

罗杰斯

（Carl Ransom Rogers）

- 生平简介
- 名篇选读

  充分发挥作用的人
- 思想评介

  罗杰斯“当事人中心疗法”的理论及其应用研究

生平简介

C·R·罗杰斯（1902~1987），美国心理学家，人本主义心理学的代表人之一，非指导式咨询的创始人，1902年1月8日出生于美国伊利诺斯的奥克派克。

1919年，罗杰斯进威斯康辛大学学习农业。在大学期间，罗杰斯很积极地参与宗教活动。1922年，他被选为10个学院的学生代表，参加在中国北京举行的世界学生基督教同盟代表大会。这对罗杰斯产生了深远的影响，尤其在直接接触到具有不同宗教、不同文化的人民之后，他写信给父母，不赞同他们保守的宗教观点。一返回威斯康辛大学，他放弃了原专业转而主修历史。1924年，罗杰斯获得威斯康辛大学文学士学位；同年，考上了纽约联合神学院攻读硕士。虽然那时罗杰斯很热心地帮助困苦的人，但他对拯救人的最好途径要从宗教教义中寻找的看法疑窦日增。两年后，罗杰斯转到哥伦比亚大学攻读临床心理学和教育心理学，1928年获文科硕士学位，1931年获哲学博士学位。1939~1940年间，他出任罗切斯特儿童指导中心主任，1940年，他成为俄亥俄州立大学心理学教授。至此，他的理论体系开始引人注意。1942年，他的《咨询心理治疗：实践中的新概念》一书问世。1945~1957年，他供职于芝加哥大学，实际担任咨询中心的工作。其间他提出了“受辅者中心治疗法”，并于1946年当选为美国心理学会主席。1957年罗杰斯离开芝加哥，回到母校威斯康辛大学任心理学教授。1964年退休后，他继续从事心理学研究工作，于1974年将其心理治疗的名称改为“当事人中心治疗法”。

罗杰斯的学术地位很高，特别是在心理治疗和咨询方面，一般认为他的声誉仅次于弗洛伊德，是心理治疗有史以来的第二人，他一生中倡导的心理治疗方法，诸如非指导性咨询、患者中心疗法、个人中心疗法等，已被心理治疗学家广为实施。

罗杰斯对人的看法是影响其心理治疗思想的主要因素。他反对精神分析学派从对心理障碍患者的观察去推论人性，也反对行为主义者从对动物的观察去推论人性，他主张应该从健全发展的人身上去观察人的基本属性，认为人类有机体是积极主动的、自我实现的和自我指导的。自我实现指的是一个人发展、扩充和成熟的驱力，也可以说是一个人最大限度地实现自身各种潜能的趋向。一个人的人格就是根据自己对外在世界的认知而力求自我实现的行为表现。当一个人的行为产生积极的机体经验，同时又受到人的积极评价或尊重时，他的人格便能正常地发展。反之，当一个人体验到自己的想法或行为不能满足"受尊重的外加条件"即得不到他人的尊重时，他就会产生焦虑情绪，并可能采取某种防御机制，歪曲或回避真实感情，导致人格上的混乱。因此罗杰斯认为，只要能够创造真诚相处、互相理解、彼此尊重的人际关系，就可以使人格得到完满的发展，并使每个人由僵化变为灵活，由静态变为动态，由依赖变为自主，逐步实现自己的全部潜能。

罗杰斯这种对人和人格的看法深刻影响着他在心理治疗中对患者的态度。他以宗教家的胸怀和人道主义的博爱精神，使传统心理治疗中治疗者与患者的对立紧张关系改变，并把治疗者置于同患者平等的位置上。他强调治疗者所表现的同理心、真诚一致与无条件关注，可使治疗者与患者之间形成一种温暖、信任的关系。这种咨询关系能使患者逐渐认识自我、领悟人生，从而激发潜能，自求上进，达到自我实现的境界。他认为治疗者要重视患者的主观经验或现象经验，治疗者的主要任务,是在消除不利于发展的情绪障碍时，充当促进者的角色,促进患者新经验的成熟和同化。由于消除了发展的障碍,发展的力量就可以得到释放,患者促进健康和发展的自我实现倾向就可以得到实现,自我治疗的方法就可以得到发扬。

罗杰斯的主要著作有:《问题儿童的临床治疗》(1939)、《咨询心理治疗：实践中的新概念》(1942)、《患者中心治疗：它目前的实施、含义和理论》(1951)、《成为一个人：一个治疗者的心理治疗观点》(1961)、《学习的自由：一个关于教育是什么的观点》(1969)、《成为伙伴：婚姻与它的另一面》(1972)、《80年代学习的自由》(1983)等。

（佐 斌 任 杰）

名篇选读

充分发挥作用的人

——一个心理医师对美好生活的看法

我对美好生活的看法主要依据我在心理治疗中与人亲密相处的经验。这些看法有实证或经验的基础，和学院的或哲学的基础完全不同。从观察并参与心理障碍患者寻求美好生活的奋斗中，我已了解到美好生活意味着什么。

我应该一开始就说明，我的这种经验来自我多年发展形成的特殊心理治疗方针。很可能一切心理治疗都基本相似，但这种说法我现在已不像过去那样坚信不疑了。因此，我愿说明，我的治疗经验一直是沿着我认为最有效的路线发展的。那就是已被称为“患者中心”的治疗方法。

让我先试就这一疗法各方面都达到理想地步时的情景作一简短的说明，因为我感到治疗经历中有大量活动使我能对美好生活有最深刻的理解。假如治疗是理想的，既深入又全面的，那就是说医师已能和患者建立很深的个人关系和主观关系——不是像一位科学家和一个研究对象那样的关系，也不像一位医师在准备诊断和医治，而是像一个人和一个人之间的关系。那就是说，医师感到患者是一个具有无条件自我价值的人：即不论他的处境、他的行为，或他的情感如何，都具有价值的人。那就是说，医师是真诚的，不存任何戒备，而是以他亲身体验到的情感和患者结交。那就是说，医师能让自己对患者有深刻的理解；没有任何内部障碍能妨碍他在与患者相处的任何时刻对患者状况的觉察；而且，他还能向患者传达他设身处境的移情理解。那就是说，医师已经安然充分进入这种关系，在认识上并不知道它将引向何处，只满足于提供一种气氛，使患者能有最大的自由变成他自己。

对患者来说，这一理想的治疗意味着对他自身内部似乎越来越奇特的、未知而又危险的情感的探索，这种探索仅仅因为他逐渐认识到他已被无条件地接纳才证明是可能的。于是，他开始理解他的某些经验，这些经验在过去曾作为对自我的结构太有威胁和损害而被排拒于意识之外。他在这种关系中发现自己充分地、全面地体验着这些情感，因而，此时此刻他就是他的恐惧，或他的愤怒，或他的温柔，或他的力量。当他经历着这些大不相同的情感时，体验着这些情感的不同强度时，他发现他已体验到他自己，他就是所有这些情感。他发现，他的行为正在以符合于他刚刚体验到的自我的建设性的方式改变着。他接近了这样的认识，即他不再有必要惧怕经验可能带来什么，而能够自由地欢迎经验的来临，作为他改变并发展自我的一个部分。

这就是患者中心疗法达到最完满实施时的近似的略图。在这里我是仅仅把它作为一种背景的略图提出的，我对美好生活的看法就是在这样的背景中形成的。

反面的观察

当我以理解的心情体验患者的经验时，我逐渐达到关于美好生活的一个反面的推论。我认为美好生活似乎不是任何一种固结的状态。据我看，它不是一种美德状态，或满意、无忧虑、幸福等状态。它不是一种个人在其中受到调整，或得以完成或实现自身期望的状况。用心理学的术语说，它不是一种驱力减弱、紧张缓解，或体内平衡的状态。

我相信所有这些术语都是用来表示这样的意思：假如达到了这些状态的一种或几种，生活的目标也就达到了。当然，对于很多人，幸福或顺应良好是和美好生活同义的生存状态。社会科学家经常谈到紧张的缓解或体内平衡或均势的达成，好像这些状态构成了生活过程的目标。

因此，我是带着相当大的惊讶和关切的心情认识到，我的经验并不支持这些定义。当我想到那些在治疗关系期间已经证明有最大程度的变化，而在治疗关系以后的年月看来已经取得并正在取得趋向美好生活的真正进展的人们时，我认为他们的情况似乎根本不能以任何这一类有关生存的固定状态的术语来恰当说明。我相信，他们会认为自己受到了侮辱，假如他们被说成是“受到调整”，会认为那是不真实的，假如他们被说成是“快乐的”，“心满意足的”，或“实现了自己的目的”。就我对他们的了解看，我认为，说他们的所有驱力紧张都已经缓解，或说他们是处于一种体内平衡的状态，那是极不确切的。因此，我不得不问自己，我能否有什么办法概括说明他们的情况，能否对美好生活作出似乎符合我所观察到的事实的定义。我发现这并不那么容易，下文的叙述只能是一种尝试的说明而已。

正面的观察

假如我要用几句话捕捉在我看是这些人的真实情况的话，我相信那将是这样的：

美好生活是一个过程，而不是一种存在的状态。它是一个方向，而不是一个终点。

构成美好生活的方向是整个机体选定的，选择时有向任何方向移动的心理上的自由。

这一由机体选择的方向似乎有某些可以分辨的一般属性，那是很多不平凡的人都具有的。

我可以把上述这些说法归并为一个定义，作为进一步考虑和讨论的基础。据我的经验，美好生活是向一定方向运动的过程，这一方向是人的机体在具有内在自由向任何方向运动的情况下选择的，而这一选定的方向的一般属性似乎具有一定的普遍性。

这一过程的特征

现在试就这一过程的特性作一说明，就像它屡次在治疗时出现于人的生活中那样。

对经验愈益开放

首先，这一过程似乎包含一种对经验愈益开放的态度。就我看，这一说法已变得越来越有意义了。它是防御态度的对立一极。我在过去曾说明，防御是有机体对于某些经验的一种反应，这些经验被认为或预期为有威胁的，同个人对自身或对自身与外界关系的现有印象不协调的。这些有威胁的经验由于在意识中被扭曲或被拒绝达到意识而暂时弄得无害了。我简直不能看出，十分仔细也不能，有哪些我自己的经验、情感和反应同我对自己所怀有的印象有显著的差异。治疗过程的一大部分是患者不断发现，他在经验着他以前不能觉察到，不能“承认”是他自己一部分的那些情感和态度。

假如一个人能对他的经验完全开放，当然，每一刺激——不论发自机体内或环境中——都会经由神经系统自由传送而不受任何防御机制的歪曲。这里不需要“阈下知觉”机制警告机体有任何经验在威胁着自我。相反地，不论这种刺激是环境中形态、颜色或声音的构型对感觉神经的冲击，或来自过去的记忆痕迹，或内脏性恐惧感或愉快感或厌恶感，这个人都将“体验”它，使它完全达于意识。

因此，我称之为“美好生活”的这种过程的一个方面似乎是从防御一极移向对经验开放的另一极的一种运动。这个人变得更能倾听自己，倾听自身内部正在进行的经验。他对他的恐惧感、沮丧感、痛苦感更为开放，他对他的勇气、柔情和崇敬的情感也更为开放。当这些情感存在于他的内心时，他在主观上体验他的情感是自由的，并且在意识这些情感上也是自由的。他更能充分体验他的机体的经验，而不是把这些经验关在意识之外。

愈益重视存在的生活

在我看来是美好生活的那种过程的第二个特征是，它包含一种愈益增强的倾向，要在每一时刻都充分体验生活。这是一个容易引起误解的想法，或许在我自己的思维中也有些模糊。让我试对我的意思作些说明。

我相信，一个人如果对他的新的经验充分开放，完全不加防御，那么，每一时刻对于这个人显然都会是新鲜的。存在于这一时刻的内容与外部刺激的复杂构型以前从未曾恰恰是以这一方式存在过。结果是，这样一个人会认识到，“下一时刻我将成为什么样子，将做些什么，都取决于那一时刻，不能事先由我或由他人预见到”。我们常常发现，患者正是这样在表达着自己的情感。

对于这种存在主义生活中呈现的流动性，有一种表达的方式是说，自我和人格是从经验中涌现的，而不是解释或扭曲经验使之适合预想的自我结构。它意味着，一个人成为正在进行的机体经验过程的参与者和观察者，而不是对它进行控制。

这样的生活在那种时刻意味着没有僵化，没有密封的组织，没有强加于经验的结构。代替高度适应性的是在经验中结构的发现，是自我和人格的一种流动的、变化的组织。

正是这一以存在为依据的生活倾向在那些与美好生活过程有关的人中显得十分突出。人们几乎可以说这是它最基本的属性。这就是在体验经验的过程中对经验结构的发现。我们大多数人，正相反，对我们的经验施加一种预先形成的结构的评价，绝不放弃这种评价，而是削足适履强使经验符合我们的预想，讨厌那种流动性，因为这会使经验在适合我们小心翼翼构建的鸽子窝中不那么驯服。对现在正在进行的事情敞开精神并在正在进行的过程中发现它似乎具有的任何结构——这在我看来就是美好生活、成熟生活的特性之一，正像我在患者趋近这种生活时所看到的。

对自身机体不断增进的信赖

在美好生活过程中生活的人还有另一个特征，那似乎是对于他自身机体不断增进的信赖，相信他的机体是达到每一存在情境中的最满意的行为的一种手段。让我再试对我的意思作些说明。

在任何情境中选择行动的道路时，许多人依赖指导的原理，依赖某一团体或机构制定的行动法规，依赖他人的判断（从妻子、朋友到意中人），或依赖他们在某一类似的过去情境中的行为方式。可是当我观察那些患者（他们的生活经验对我很有启发）时，我发现越来越清楚的是，这样的人能信赖他们整个机体对新情境的反应，因为他们越来越明确地认识到，如果他们对自己的经验开放，做自己“觉得正确”的事这一准则就会成为一种值得信赖的行为向导。

当我试图理解其中的道理时，我发现自己是沿着这样的思路前进的。对自身经验充分开放的人会接近有关情境中全部有用的资料作为他的行为的依据；社会的要求，他自己复杂的、可能互相冲突的需要，他对类似情境的记忆，他对当前情境的独特性的认识，等等，等等。这些资料的确会是相当复杂的。但他能让他的整个机体、他的意识参加进来，考虑每一刺激、需要和要求，及其相对强度和重要性，并通过这一复杂的权衡找出最接近满足他在这一情境中全部需要的行动道路。有一个类比可能有助于我们的理解，可以把这个人比做一台巨型的电子计算机。由于他对自己的经验是开放的，所有来自他的感官印象、来自他的记忆、来自以前的学习、来自他的内脏和内部状态等等的资料都喂入机器。机器承受了全部作为资料喂入的这些众多的牵引和力量，迅速计算着应该采取的行动道路，那将成为在这一存在情境中满足需要的最经济的矢量。这就是我们假设的人的行为。

我们大多数人所以会觉得这一过程不可信赖是因为我们把不属于这一现在情境的信息包括进来，而把确实有关的信息排除在外。正是由于记忆的材料和以前学习的东西喂入计算过程好像它们就是这一现实而不是记忆和习得的东西，错误的行为答案才会出现。或者，某些有威胁的经验不能达于意识因而被拒绝进入计算过程或以扭曲的形式喂入，这也会造成错误。但是，对我们上述的假设的人说，他会发现他的机体完全可以信赖，因为所有有用的资料都将被利用，而这些资料都将以正确的而不是扭曲的形式呈现出来。因此，他的行为将最有可能满足他的全部需要——自身提高的需要与他人亲近的需要，等等。

在这一权衡、计算中，他的机体决不是没有失误的。它经常会对有用的资料作出可能是最好的回答，但有时会有资料的欠缺。由于有对经验的开放，当然，任何错误，任何不能令人满意的行为都会很快得到纠正。就好像计算总是处于被纠正的过程中，因为计算会不断在行为中复核。

也许你并不喜欢我的电子计算机类比。让我再回到我所熟悉的患者那里。当患者变得对于他们所有的经验更为开放时，他们发现越来越有可能信赖他们自己的反应。假如他们“喜欢”表示愤怒，他们就这样做并发现这样做的结果很令人满意，因为他们对于爱慕之情和与人亲密相处等愿望也同样采取积极态度。他们为自己能有直觉的本事找到解决复杂的、烦人的人事关系的恰当行为而深感惊异。后来，他们才慢慢认识到，他们内在的反应在引出满意的行为方面是多么可惊地值得信赖。

更充分发挥作用的过程

我愿把这描绘美好生活的三条线并在一起合成一幅更紧凑的画面。那似乎是这样的：心理上的自由人的运动方向是成为一个更充分发挥作用的人。他更能充分地生活在他的情感和反应之中，也能更充分地以他的情感和反应体验生活，不论是单独任何一种还是全部所有各种情感和反应都是如此。他能越来越多地利用他的全部机体禀赋，尽可能准确地领悟内部的和外部的存在情境。他利用他的神经系统能够提供的一切信息，有意识地利用这一切，但同时认识到他的整个机体可能而且常常比他的意识更聪明。他更有能力让他的整个机体自由地发挥作用，在极其复杂的条件下从众多可能性中选择此时此刻最有广泛意义和真正合意的行为。他所以能更信赖他的机体发挥这样的作用，不是因为他的机体不会犯错误，而是因为他能对他每一次行动的后果充分开放，并纠正那些证明是不那么合意的行动。

他更有能力体验他的全部情感，对他的任何一种情感都不那么害怕；他是他自身证据的鉴别者，并对一切来源所提供的证据都更为开放。他坚持要成为他自己，并因而发现他具有健全而又现实的社会性；他在这样的时刻能更全面地体验生活，但懂得这永远是最健全的生活。他正在变成一个更充分发挥作用的机体，而由于他对自己的意识随着他的经验自由地川流不息，他正在变成一个更充分发挥作用的人。

某些涵义

任何有关什么是美好生活的看法都带有许多涵义，我这里提出的看法也不例外。我希望这些涵义能够启发思考。其中有两三点我愿加以评论。

有关自由与决定论的新观点

首要的一个涵义可能不是一眼就能看清的。它和悠久的“自由意志”问题有关。让我试就我对这一问题的新看法作一些解释。

我曾有一个时期对于心理治疗中自由与决定论之间的似乎矛盾的问题深感困惑。在治疗关系中，某些最逼人的主观经验是患者感到自身内部具有不受约束的选择力。他是自由的——要么变成他自己，要么隐藏在掩饰真相的门面背后；或前进，或倒退；或以对己对人都有害的方式行事，或以提高生活意义的方式行事；完全有真正的自由或生或死，不论就这些词的生理的或心理的意义说都是如此。可是，当我们带着客观的研究方法进入这一心理治疗领域时，我们像任何别的科学家一样，都会受一种彻底决定论的约束。依据这一观点，患者的每一个念头、情感和行动都是由先行的事态决定的。这里不可能有所谓自由的东西。我这里所说的困境和在其他领域中存在的并无不同——只不过说得更尖锐些，显得更难解决而已。

然而，当我们依据我对充分发挥作用的人的说明考虑问题，这一困境便能用新的观点来看了。我们可以说，在最理想的治疗中，有关的人能正确地体验最完善而又绝对的自由。他愿意或选择走一条路线，这条道路在和所有内部与外部的刺激的关系中是最经济的矢量，因为正是这样的行为才是最合意的。但这也是同一条行动路线，从另一有利的角度看，可以说是由这一存在情境中的全部因素所决定的。让我们把这一情况和防御式的人的画面作一对比。他愿意或选择走某一行动路线，但发现他不能按照他所选定的方式行动。他受存在情境中的因素所决定，但这些因素包括他的防御，他对某些有关资料的拒绝或歪曲。因此，他的行为肯定不会是充分合意的。他的行为是被决定的，不能自由作出有效的选择。充分发挥作用的人则不同，他不仅体验而且利用着最绝对的自由，虽然他同时也自发地、自由地并自愿地选择和决心做出也是绝对被决定的行动。

我并不是那么天真，认为这就能完全解决主观与客观、自由与必然之间的争论。但这对我是有意义的，即：人越是生活在美好生活中，他越能体验到选择的自由，他的选择也越能在他的行为中有效地贯彻。

创造性是美好生活的一个因素

我相信，容易理解的是，进入我称之为"美好生活"定向过程的人是一个有创造力的人。能对他的世界敏感开放，信赖自己有能力和环境形成新的关系，他将成为那种类型的人，从他们的身上会涌现出创造性的作品和创造性的生活。他不需要"顺应"他所在的社会文化，他几乎肯定不会是一个遵奉者。但在任何时候和在任何社会文化中他都将建设性地生活，和他所在的社会文化和谐相处，正如他的需要的平衡满足所要求的那样。在某些文化情境中，他很可能有些方面非常不愉快，但他将继续向他自己转变，采取一些行动使他的最深邃的需要能得到最大限度的满足。

这样的人，我相信，研究进化理论的人会认为是在变化的环境条件下最有可能适应并生存下来的。他将能够创造性地适应新的条件，正如适应老的条件一样。他将成为人类进化的合格先锋。

人性基本可以信赖

我所提出的看法的另一涵义是，人的基本属性自由发挥作用时是建设性的，可以信赖的。对我来说，这是从 25 年心理治疗经验中得出的一个必然结论。当我们能把个人从防御中解放出来，使他对自己广大范围的需要和对广大范围的环境与社会的要求全都开放时，可以相信他的反应是积极的，前进的，建设性的。我们无须问谁将使他社会化，因为他自己最深切的需要之一就是与人亲近和交往。当他变得更完全成为他自己时，他将变得更现实地社会化。我们无须问谁将控制他的侵犯冲动；因为当他对他的所有各种冲动都更为开放时，他希望得到他人的爱和他给予他人以爱的倾向将如同他想与人争斗或为自己攫取东西的冲动同样强烈。他将在实际上有必要进攻时去进攻，但这里将不会有无休止的进攻的需要。在这些方面和其他各个方面，当他对他的所有各种经验全都趋向开放时，他的全部行为将成为更平衡、更现实的，这种行为是适合一个高度社会性的动物的生存和提高的。

我不大同意那种相当流行的看法，说什么人基本上是非理性的，说他的冲动，如果不加控制，就将导致他人和自己的毁灭。人的行为是异常合于理性的，带有极微妙而又条理分明的复杂性，趋向他的机体力图达到的目标。我们大多数人的悲剧在于我们的防御使我们不能意识到这种合理性，因而我们在意识上向一个方向运动，而在机体上却在向另一方向运动。但就我们那位生活在美好生活过程中的人的情况说，这样的障碍会越来越少，他将越来越成为他的机体合理活动的参与者。唯一仍将存在的对冲动的控制或唯一证明仍有必要的控制，是某一种需要和另一种需要相对的内部本性平衡，和找出符合那种能使全部需要都接近满足的向量的行为。极端满足一种需要（侵犯，或性，等等）以致强烈损害其他需要的满足（结伴，柔情关系，等等），这种在具有防御结构的人的身上非常普通的经验，将大大减少。我们将共同参与进来，分享他的机体的极其复杂的自我调节活动——心理的和生理的恒温控制，这种活动的方式使他能够生活在同他自身和同他人不断增进的和谐之中。

生活更丰富

我愿提及的最后一个涵义是，这一在美好生活中生活的过程和我们大多数人发现自己所处的有限生活情境相比较，包含着范围更广也更深的丰富内容。参与这一过程意味着一个人处在经常担惊受怕又经常深感满意的更敏感的生活经验中，这种经验带有更大范围、更多种类和更丰富的内涵。我觉得，那些在治疗中有显著好转的患者似乎是带着他们的痛苦感更亲切地生活着而又带着欢乐感更活跃地生活着；爱和憎似乎都更分明地感受到了。恐惧是他们能更深刻认识到的一种经验，勇气也同样如此。他们能这样在更广阔的范围中充分地体验生活，是因为他们怀有根本的信心，相信他们自己有处理生活的能力。

我相信，读者将越来越清楚地看出，为什么在我看来，幸福的、满意的、愉快的、享乐的等一类形容词，对于我称之为美好生活的这种过程似乎并不是什么十分恰当的概括性描述，尽管处在这一过程中的人在相应的时刻会一一体验到这些情感。似乎更普遍适合的则是这样的形容词，如丰富的、兴奋的、得益的、挑战的，富有意义的。我确信，这种美好生活的过程不是怯懦者所能领略的生活。它意味着一个人的潜在能力愈益成熟的延伸和发展。它意味着有勇气成为这样的人。它意味着全身心地投入生活的洪流。可是，极其令人兴奋的人世间的事情是，当个人取得内在的自由时，他就会选择这一形成过程作为美好的生活。

（林　方译）

选自：马斯洛．人的潜能和价值．北京：华夏出版社，1987

思想评介

罗杰斯"当事人中心疗法"的理论及其应用研究

（一）前　言

随着社会的变迁和迅速发展，当代中国国民置身于一个空前紧张的社会环境，承受着前所未有的心理压力，由此而导致日益增多的人们的心理问题、心理疾病等亟需得到心理辅导治疗。但是，"咨商辅导始于西方，在理论基础方面往往以西方文化思想为主要依据，若要将咨商辅导运用于东方社会，那么囫囵吞枣是很危险的"。为了使源于西方的心理辅导理论在本国成功移植，以适应本国人民日趋殷切的求询需求服务，就需要我们对西方的心理辅导理论进行潜心研究、系统理解和掌握，并取其精华尝试运用于实践中。

（二）当事人中心疗法产生的背景

1．罗杰斯的哲学观

卡尔·罗杰斯（Carl Ransom Rogers，1902～1987）出生于美国的

伊利诺斯州，是人本主义心理学的重要代表人物。他接受存在主义哲学的观点，认为每个人存在于以自己为中心的一个不断变化的经验世界之中。他竭力强调“个人的自由”、“选择的自由”并主张每个人应对自己的选择负责，将个人的意愿看成是高于一切的东西。

在对人的本质的哲学认识方面，罗杰斯对人性持十分乐观的态度。他否定了心理分析学派对人的那种相当悲观消极的看法，而对人有极大的信心。首先，他认为人性的本质是建设性的，一个人能用建设性的方式处理自己的生活情境，在任何程度上，人都有一股指向建设性地实现它内在可能性的潜流。他说：“我不赞同十分流行的观念，即人基本上是非理性的，假如不加控制，他的冲动将导致他人和自己毁灭。人的行为是理性的，伴随着美妙的和有条理的复杂性，向着他的机体奋力达到的目标前进。”其次，罗杰斯认为人是个动态的过程，无时无刻不在变化之中。他对人作了这样的比喻：“一个人是一个流程，而不是一种固定的静止实体；是一条流动变化之河，而不是一团固定材料；是不断变动着的潜能之星座，而不是一群稳固的特征。”

2. 罗杰斯的社会观心理观

罗杰斯对当代文化持低调消极的态度。他指出：“我们生活在一个日益无人格的环境之中，它由电子科学技术、工业技术、城市拥挤以及巨型大学‘令人绝望的庞大’所构成。”又说：“我相信，今天的个人可能比以往的人更多地意识到他们内心的孤独。当一个人为生活挣扎，吃了上顿，没有下顿，那么就没有时间或者无意发展人与人之间某种意义上的疏远。但是随着财富的敛聚，随着流动性和暂时的人际系统与日俱增地发展，并取代了古老家园的拓荒生活，人越来越多地意识到他们的孤独。”也就是说，罗杰斯强烈而不安地感到，高技术化的文化，导致了人类精神世界的孤独无助。

基于上述对社会和文化的不安和不满，罗杰斯致力于创立他的人本主义心理学理论，企图借此改变人们所面临的困境，改变社会的现状。也正是因为人本主义心理学表达着一种对高技术社会使人泯灭人性和个性的一种反动，所以被认为代表着一种“时代精神”，从而迅速而广泛地流传开来，形成席卷世界各地的心理学“第三势力”。人本主义心理学的主要观点是：(1) 心理学的主要研究对象是“健康的人”，不是精神病人或动物；(2) 生长与发展是人的本能，心理治疗以发挥人的潜能为宗旨；(3) 人的本性中情感体验是至关重要的内容；(4) 人有自由选择的权利，医生和教师都要重视当事人主动性与创造性的发挥。罗杰斯的心理治疗是非指导性的，后称为当事人中心疗法。

（三）当事人中心疗法的原理及过程

1. 当事人中心疗法的原理

罗杰斯的当事人中心疗法理论建立在这一假设之上：有效的咨询在于促使当事人在明确构成的自由许可的关系之下了解自己，朝向新的方向积极迈进。据此，治疗所使用的技术，都是为朝向发展自由接纳的关系，发展积极的自我辅导的行为服务。当事人中心疗法并不认为治疗者如果帮助当事人解决问题将有一定的结果，而是更重视个人的更大的自主性（Independence）与统整性（Integration）。治疗焦点在于个人，而非问题，在于帮助个人成长，而非解决一个特殊的问题；如果个人能统整地，以更自主、更负责且更有系统的方法去处理当前问题，则将会用同样的方法去处理新的将来的问题。为达到上述的目的，治疗者必须努力创造一种使当事人从心理上无条件地接受自己的气氛，向当事人说明他理解当事人对外界的知觉，并能站在当事人的角度来看问题，同时表明对当事人的关怀、温情和接纳。罗杰斯认为，这种疗法要求治疗专家学会既善于倾听当事人陈述，又善于与当事人交谈。如果治疗成功，那么，当事人最终将学会消除那些扭曲了的个人经验，并且接受那些一直被否定的情绪和经验。

2. 当事人中心疗法的辅导与治疗过程

(1) 辅导与治疗的12步骤。

罗杰斯提出辅导与治疗过程的12步骤，并说明12步骤是有机结合在一起的。

第一，当事人前来求助。

第二，治疗者向当事人说明咨询治疗的情况。在治疗者的说明下，当事人必须知道，咨询或治疗只是提供一个场所或一种气氛，帮助当事人自己找答案或自己解决问题；咨询或治疗时间是属于当事人自己的，可以自由支配，并商讨解决问题的方法。

第三，鼓励当事人情感的自由表现。治疗者应以友好、诚恳、接受对方的态度，促进对方对自己的情感体验作自由表达。

第四，治疗者要能够接受、认识、澄清对方的消极情感。要求治疗者能对当事人内心潜藏的真实信息有所反应，注意发现对方影射或暗含的情感。不论对方所讲的内容是如何荒诞无稽及可笑，治疗者应能接受这一切并加以处理，努力创造出一种气氛，使对方认识到这些消极情感也是自身的一部分，有时，治疗者也需对这些情感加以澄清，但不是解释，目的是使当事人自己对此有更清楚的认识。

第五，当事人成长的萌动。当事人充分暴露出其消极的情感之后，模糊的、试探性的、积极的情感不断萌生出来，成长由此开始。

第六，治疗者对当事人的积极情感要加以接受和认识。治疗者对当事人的积极情感的认识和接受，不是为了对当事人加以表扬或赞许，而仅仅在于让当事人对此有所了解，从而使当事人既无须为拥有一些消极的情感而采取防御措施，也不必为具有积极的情感而自傲。在这样的情况下，促使当事人自然达到领悟与自我了解的境地。

第七，当事人开始接受真实的自我。在治疗者所创设的氛围中，当事人有可能重新省察自我，对自己的情况获得一种领悟，进而达到接受真实的自我的境地。当事人这种对自我的理解和接受，为其进一步在新的水平上达到心理的整合奠定了基础。

第八，帮助当事人澄清可能的决定及应采取的行动。这过程依然要注意不能勉强对方或给予某些劝告。

第九，疗效的产生。当事人通过自己主动、积极的发现和领悟，对自己的问题有了新的认识，并且自己付诸行动，这便意味着疗效的产生。

第十，进一步扩大疗效。扩大疗效包括扩展和加深当事人的领悟范围和层次，使当事人更完全、更正确地增进自我了解和接受真实的自我。

第十一，当事人的全面成长。这一环节表现为不再惧怕选择，处于积极行动与成长的过程之中，并有较大的信心进行自我指导，常常主动提出问题与治疗者共同讨论。

第十二，治疗结束，治疗关系终止。

罗杰斯认为，在辅导过程中，若有以下6项条件出现，就足以产生建设性的性格改变。这6项条件是：①两个人有心理上的接触；②当事人是在一种无助、焦虑与混乱的状态中；③治疗者与当事人的关系是在一种真挚和协调的状况中；④治疗者对当事人产生一种无条件的接纳与尊重；⑤治疗者对当事人产生同感（Empathy），不再从自己的观念立场来看对方；⑥当事人体会到治疗员对自己的尊重和同感。

（2）治疗者的态度。

随着研究的深入，罗杰斯对治疗关系给予更多的关注。50年代末，他发表一系列文章，对治疗者的态度、治疗关系的特征进行论述。他指出，治疗的成功主要并非依赖治疗者技巧的高低，而依赖于治疗者是否具有某种态度，认为治疗者的主观态度影响着治疗关系的质量，而治疗关系对来访者人格的改变所产生的影响远远大于治疗者所采用的治疗技术的作用。关于治疗者的态度，他认为应具备如下几个方面：

第一，真诚（Genuineness）。作为一种职业，治疗者容易只是在扮演某一角色，将自己藏在专业人员的面具后面。罗杰斯十分强调，治疗者对自己应不加任何矫饰，不加任何隐瞒和作假，表现一个真真实实的自我，言行一致，表里如一。在罗杰斯看来，治疗者与自己的情感和态度的一致性及其表达的程度，也就决定了当事人通过治疗所取得的进步的程度。

第二，无条件的积极关注（Unconditional Positive Regards）。无条件的积极关注指的是无论在治疗的什么时候，治疗者都要表现出无条件的绝对尊重和接纳，要乐于接受当事人可能会有的混乱、恐惧、愤怒、蔑视、痛苦等情感，以及如明知故犯的错误等问题。这种关注是无条件的，而且也不管当事人的情感正确与否或合适与否。这一态度向当事人传达的信息是：治疗者乐于接受他们此时此地的真实自我。当然，这里所说的接纳和尊重，是指接纳和尊重当事人，而非当事人的行为。有关的研究表明，在治疗中无条件的积极关注的态度出现越多，治疗就越容易成功；这种态度出现越少，当事人的创造性和积极的变化就可能越少。

第三，同感（Empathy）。同感指的是要站在当事人的立场上，去看待他们的问题，去体会他们的痛苦和不幸，亦即要求治疗者要能准确、敏捷地深入病人的内心世界，在最深的层次上体验到病人的情感，时刻都能够反映、理解、适应并说明病人的情感状态。

综上可见，罗杰斯当事人中心疗法的主要特征是以“人”为焦点，而不是以“问题”为中心；在辅导过程中，强调辅导员和当事人都要全心地投入，辅导员在过程中不是一个权威或专家，而是当事人的同工或友伴，以一种真挚、尊重、信任、了解和温暖的态度，陪伴着当事人，让他在毫无焦虑的情况下，自由表达此时此地的感受，探讨自己和体验自己，同时学习承担责任，自己决定目标，且朝着这目标有所行动。

（四）见仁见智——亚洲学者论当事人中心疗法及其应用

植根于西方文化的当事人中心疗法，能否移植至东方文化的土壤中？对此亚洲学者进行了讨论研究。

1. 当事人中心疗法能够而且已经被中国人所接纳与采用

此一论点为香港中文大学林孟平博士所提出。林孟平先是提出问题：“几年之前，笔者自美返港后，发觉辅导不但在一般社会工作范围中日益受到重视，同时，辅导服务也开始在学校中正式推行。而当事人中心疗法是较被普遍采用的一种辅导方式。此一西方人所创立的理论，能在短时间内被中国人接纳与采用，是否具有其独特的因素呢？今日香港社会虽受西风之感染，但中国传统文化中的主体儒家思想仍是有着深远影响的。再看‘当事人中心疗法’的创始人罗杰斯，他不但是人文心理学家的领导人物，同时也被誉为伟大的教育家。故此愿意尝试从中国儒家教育思想与罗氏的学说中寻找两者的共通点，看看可否解释罗氏的学说为何可以在短短的时间内在中国人的社会中获得接纳。”她继而从人文主义的教育、教育的目的、教育的方法、人格教育、学习的环境等方面出发，将儒家教育思想与罗杰斯的学说作了全面的比较，指出两者间的许多共通点，而后提出如下结论：“我们可以看见在教育基本哲学、教育目的、教育方法上，儒家与罗氏学说有相当多的契合处，同时，两者对人格教育及学习环境均十分重视。这许多共通点，除了可以解释当事人中心疗法在香港为何较普遍被接纳及采用外，亦必有助我们达到‘辅导即教育’的整合性。”

2. 启发式心理辅导——一个将孔子的启发教育思想结合到西方非指导性心理辅导中去的本土化心理辅导模式——更适宜东方文化土壤

香港学者岳晓东于 1991 年暑假期间，对部分在京的高校心理辅导员与大学生进行了一项有关在大陆开展学生辅导事业的调查，发现一些在中国社会普及心理辅导所面临的文化冲突，于是撰文提出建立本土化的心理辅导模式——启发式心理辅导模式的构思。岳文认为，在当前西方众多的心理辅导理论中，罗杰斯的“当事人中心疗法”受西方文化的影响最甚；认为其实践中的突出自我意识与自我依赖与中国人强调集体意识与协作精神的传统多有违悖。岳文在调查（对在北京工作的大学生辅导员）基础上说明：直接地搬用以“当事人中心疗法”为代表的非指导性心理辅导与中国人的社会化特点、人际交流方式有诸多冲突。这些冲突主要表现在三个矛盾上：其一，辅导员能否发表个人意见的矛盾。中国的大学生普遍对辅导员有很高的期望，他们多希望辅导员能够积极指出其面临困难的问题所在。他们会将辅导员采用非指导性心理辅导的不指导、不判断、不主动的方法看作辅导员无主见无能力的表现。其二，辅导员是否具有权威性的矛盾。非指导性心理辅导主张辅导者与当事人处于完全平等的地位，前者对于后者不具任何权威作用。而在中国的实践中，当事人视辅导员在为他们解决困境、重建自信方面有很大的影响与权威性。而辅导员本人认为希望通过真诚的尊重与理解来赢得学生的信任，但不否认自己的言行在学生心目中有很大的权威性这一事实。其三，辅导员讲话主动与不主动的矛盾。不少被访的辅导员认为，如若像非指导性辅导的模式，辅导员在讲话中尽量处于被动与跟随的地位，借以强化当事人的自主能力与说话欲望，那么一来这样一种被动的、无方向的谈话方式会令他们与当事人均感不适；二来有可能使当事人感到无所适从，从而无法满足学生之自我领悟与解脱的需要；三来会担心因此降低自己在当事人心目中的地位。岳氏认为上述三种矛盾的根源在于中、西两种文化的社会化过程存在巨大的差别，使得人们对心理辅导的原理与操作方法有不同的理解与期望，因此他提出在中国人社会建立启发式心理辅导模式的构想。该模式吸取和保留了非指导心理模式尊重个人的自觉性、鼓励当事人独立思考的精髓，又摒弃了它对辅导员的作用的过分被动的要求，更适合中国人对辅导员的期望和要求远高于西方人及重“群我”意识的倾向的特点。概言之，岳氏在调查、推论的基础上，提出“当事人中心疗法”在强调群体利益高于个人利益的中国人社会是不能简单照搬而能有所收效的。将罗杰斯非指导性心理辅导方法加以吸取、扬弃、发展，结合到孔子启发教育思想中，建立启发式辅导模式，才适应中国文化土壤和中国人格特征。

（五）当事人中心疗法在中国试用及发展前景

1. 作为一种具体方法和技术，当事人中心疗法在本国现阶段难成气候

笔者走访了厦门某机构合办的关怀心理咨询中心，该中心的受训于美国的心理治疗师说，她们在美国学习了一套罗杰斯治疗理论，这套理论在美国甚为可行和受欢迎，但一到中国厦门，发现根本无法套用，她们为此感叹中西方的社会文化环境和人格特征的差距之大。

在被访问的广州地区的咨询治疗人员也都认为，当事人中心疗法并不适宜用在他们的咨询过程中。如广州某高校咨询人员谈到，对于大学生来说，由于他们自身发展水平的限制，虽然已具备了一定的心理调节能力，但完全靠自助、靠自己的力量走出心理阴影还有一定的距离。因此倘若一味沿用非指导性原则，一来求询者很难

自己寻找到成熟的最佳解决途径，达不到咨询的目的；二来求询者会产生“老师没水平，解决不了问题”的看法，寻求援助的心理需要得不到满足而对心理咨询失去信任。所以该咨询人员认为，在大学生群体中是无法照搬非指导性原则的。

笔者在本学院主持心理咨询的过程中，也曾尝试实践非指导性咨询方法，但都因咨询活动难以顺利进行而迅速加以调整，因为来访的学员始终固执认为，他的前来无疑是应该得到诊断结果继而获得“药方”，再而“药到病除”的，而这一切都必然掌握在权威的“医生”身上。

2. 当事人中心疗法的有关咨询员态度的理论，已经在优化本国咨询员素质方面，发挥了重要的积极作用

随着社会的文明进步，对人的了解、理解、尊重的问题也就越来越被重视。当事人中心疗法论及的辅导员应能够提供足够的、高层次的基本条件——真诚、无条件积极关注、同感等观念已在本国广为传播，并普遍在不同程度上被接受。在有关咨询员的态度的教科书中，都强调咨询员应尊重和理解来访者，平等和真诚对待来访者，要与来访者建立和谐平等的关系，善于倾听，能够设身处地为来访者着想，并从来访者的利益出发考虑解决问题的方法等。我们在所有的咨询员培训中，都被告诫切忌居高临下对待来访者，“板起面孔”教训来访者，“想当然”地去解释来访者的心理。如果出现鄙视、轻视、厌恶、淡漠、“我说你服”、“我令你行”的态度，那么当事人必然反感而关闭心门，信息就无法进一步沟通，治疗也就失效了。可以说，咨询员甚至包括当前中小学的心理教育老师，都普遍接受了来自罗杰斯理论的关于真诚、理解、接纳、关注、倾听等观念。这是罗杰斯理论在提高本国咨询人员队伍素质方面的重大贡献，当然，知易行难，目前本国部分咨询员的态度，与罗杰斯所提出的具体要求还有很大距离。有些咨询员在咨询过程中会不同程度流露出不耐烦、不理解、不热情、不同情等态度，有的会简单作判断，不负责地提建议等。这现状正成为本国人们还未能较好接受心理咨询的原因之一，同时也提示着当事人中心疗法的有关咨询员态度和精神的理论，还有广泛而深远的洋为中用的意义。

3. 随着中国社会的发展，当事人中心疗法将会扩大其在本国的影响。

随着社会的开放与经济的发展，人们的观念也在变化发展。中国国民性格中的依赖性、内向性、优柔寡断性等特点在逐渐发生变化。例如，在题为“你最喜欢参加哪一类活动”的问题中，广州学生喜欢由老师、学校组织的活动占 2.4%，喜欢老师决定内容，由学生自己组织的占 5.3%，喜欢自发组织、老师不参加的占 92.3%。类似的调查都得到相似的结论，说明当代青少年喜欢在平等、自主的基础上建立人际关系，其自主意识、独立精神趋于强化。在当前的中小学心理教育中，普遍重视发展学生的独立性、自主性。自强、自信、自尊、自主等品质已被作为新时期国人所应具备的心理素质。所以，随着社会的开放和进步带来的人们的个性的优化，或者正在使罗杰斯当事人中心疗法在中国的应用不断提高可能性。是否可以说，当事人中心疗法在短时间内被香港社会普遍采用（林孟平，1988）这一现象，正预示着该理论将会在不断繁荣发展的中国大陆的未来被普遍接受？笔者认为，伴随着社会经济的发展、文明程度的提高、国人独立精神的培养，罗杰斯当事人中心疗法将会扩大其在本国的影响。而如果我们现阶段能吸取其理论的精华，用以加速培养和提高国人的独立自主意识，则可获得超越心理治疗领域的更为深远的意义。

（王松花）

选自：心理科学，1988（4）

42

弗罗姆

(Erich Fromm)

- 生平简介
- 名篇选读
  逃避自由(节选)
- 思想评介
  弗罗姆的人本精神分析述评

生平简介

E·弗罗姆（1900～1980）1900年出生于德国法兰克福，其双亲性格怪异，父亲喜怒无常，母亲患间歇性抑郁症。不愉快的童年生活经历是激发弗罗姆以后研习哲学、社会学、心理学以探讨人性的主要原因。他先后在海德堡大学、法兰克福大学和慕尼黑大学学习哲学、心理学和社会学课程，1922年获得海德堡大学哲学博士学位。之后，他分别在慕尼黑精神分析研究所和柏林精神分析研究所接受精神分析的训练。1933年，他移居美国，先在芝加哥精神分析研究所任教，后在纽约私人开业行医。弗罗姆曾在耶鲁、哥伦比亚、密歇根等大学任教，后来到墨西哥国立大学，并在该校创设精神医学系。弗罗姆1965年退休，1974年迁居瑞士，1980年去世，终年80岁。

在西方国家中，弗罗姆以调和马克思主义和弗洛伊德学说而著名。他早年崇拜弗洛伊德，认为弗洛伊德对潜意识过程的发现，是对人的科学的卓越贡献。但他对弗洛伊德片面强调潜意识在人的生活中的作用不满，他自己强调心理因素和社会因素对人格发展的影响。他同意弗洛伊德所提出的潜意识的、非理性的、强迫性的冲动支配着人的观点，但并没有把它们看作是本能的，特别是性本能的。他和霍妮一样，反对弗洛伊德的本能理论，强调文化因素。不过，弗罗姆不是空谈文化，而是把文化与政治、经济、社会和思想等各方面联系在一起。在弗罗姆看来，人的人格化过程是在社会环境的各种复杂关系中实现的。因此，弗罗姆试图从文化和社会发展的观点，也就是从心理因素和社会因素的相互作用的观点，来考察人格的形成和发展。

弗罗姆认为，人是社会的动物，与其他动物有别。关于人的一切问题，都是从生物需要终止时开始的，因为人类有其本身特殊的需要。他提出人有五种特殊的需要，即个体完全相同感的需要；个体隶属于社会感的需要；把低级的动物本能上升为具有创造性的人类的需要；与同伴造成融洽关系的需要；求得稳定的和一致的方向或参照架的需要；但是弗罗姆又指出，社会并没有提供满足这些需要的条件，现实的政治组织不再像过去那样能提供稳定的关系和安全的处境，每个人都孤立于其他人之外。

在弗罗姆看来，古代社会的生产方式和社会关系虽然限制了个人的自由，却使人感到安全。现代社会中人的独立和自由增多了，但心理上的孤独和不安全感也增多了。因此，他认为人们活动的动机，并不在于满足本能的内驱力，而在于逃避他们的永远发展着的自由，渴望回到一种有所依靠的、更为安全的生存中。“逃避自由”是弗罗姆又一重要观点，他于1941年出版《逃避自由》一书专门论述此观点。弗罗姆认为现代社会中“自由太多”，没有什么是确定的和可靠的，因此人们感到孤独和不安全，总想逃避这个社会中的自由。

弗罗姆认为，人们获得安全的制度只有两种，权威主义（authoritarianism）和人本主义（humanism）。通过这两种制度，人们便能再获得安全。但他又认为，权威主义只能导致个人的压抑或对社会的敌视，不是解决人的孤独和不安全感的有效方法；人本主义才是解决人的孤独和不安全之感的有效途径。由此，弗罗姆设想了一个他称之为人本主义公有制的社会主义的社会，在这个理想社会里，每一个人都和另外的人是兄弟关系，因此，便不会感到孤独和不安全了，但他所讲的这种社会，只是一种乌托邦。

弗罗姆接受弗洛伊德的压抑、防御机制、迂回路径、抵抗等概念，并在《为自己的人》和《人的心灵》两本书中，提出了现代社会中人们对付孤独和不安全之感的五种心理机制，又称为性格的动向，它们是：接纳的动向；开拓的动向；贮藏的动向；市侩的动向；创造的动向。在他看来，前四种动向都是病态的，真正健康的应是创造的动向，他又指出，虽然没有一个人只是表现出某一种动向，往往在一个人身上可以兼而有之，但在某一个特定的人身上，必然会有一种动向是占优势的。纵然不是所有的人，但至少也是大多数的人，在某处程度上，都是变态心理的人。而社会是人的集合体，如果人是有病的，社会就不可避免要陷入病态。他指出现在的资本主义社会，就是一个病态的社会，而且认为要改变这种病态社会，首先要改变人的心理。只有这样，才能把社会从一个非理性的社会，改变成一个理性的社会，或者像他在《健全的社会》一书中讲的，改变成一个唯一建设性的社会，即一个社会主义社会。但弗罗姆关于如何改变病态的资本主义社会的主张，过分强调精神分析理论和精神分析学家的作用，没有看到所有制问题才是资本主义病态的根源。

在新精神分析学派中，弗罗姆独树一帜，自成一家，影响很大。弗罗姆的研究兴趣主要集中在人与社会的关系上。弗罗姆一生著述二十多本，其中《逃避自由》(1941)、《为自己的人》(1947)、《健全的社会》(1955) 三本书，是他关于人格学说的主要著作。他的其他主要著作有《精神分析与信仰》(1950)、《遗忘的语言》(1951)、《爱的艺术》(1956)、《马克思关于人的概念》(1961)、《超越幻想的锁链》(1962)、《人之心》(1963)、《现实人的约束》(1964)、《精神分析与宗教》(1967)、《希望革命》(1968)、《精神分析的危机》(1969)、《占有还是存在》(1976)、《弗洛伊德思想的伟大与局限》(1980) 等。

（佐 斌 任 杰）

名篇选读

逃避自由（节选）

人格与社会发展过程

本书中，作者曾经分析了宗教改革时期及当代的社会经济、心理及意识形态之间的交互关系。现在，作者打算在附录中，简略地讨论一下有关理论上的问题。

在研究一个社会团体的心理反应时，我们曾讨论到该团体中每一个人的人格结构；可是，我们对每个人的不同特性，并不很感兴趣；我们所重视的是该团体的每一个分子，都共有的一些人格结构。我们可以称此种人格为"社会人格"。社会人格必然不及个人人格那么特殊，因为它是普遍性的，个人人格是指个人所具有的全部特征。而社会人格则仅包括一部分特征；这些特征是一个团体中多数分子的人格结构之基本核心。此种社会人格乃是一个团体共有的生活基本经验与方式所形成的，如果我们想要了解，在一指定的社会秩序中，如何诱导人类的精力，使其变成为一种有生产性的力量；那么，我们便得研究社会人格了。

社会人格的观念，是要了解社会过程的一个关键，就分析心理学的动态意义而言，人格是一种特定的方式，在这种方式下，由于人类的需要必须动态地适应某一指定社会的特殊形态，人类的精神于是形成。反过来说，人格也决定每个人的思想、感觉和行为。就我们的思想而言，这一点是不易了解的，因为一向认为，思想纯属心智行为，和人格的心理结构是无关的。可是，事实并非如此，除了纯逻辑的因素外，思想都是受思想者的人格结构所左右，因为纯逻辑的因素与思想行为本身有关。同样地，整个理论系统，以及一个单独的观念——诸如：爱、正义、平等、牺牲等——也都是受思想者的人格结构所左右。

在前几章中，我们曾举出许多实例，来说明这一点，在理论方面，我们曾试图指出早期新教教义及现代独裁主义的情绪根源。在观念方面，我们也曾指出，对虐待狂而言，爱情是一种共生的依靠，而不是站在平等地位的互相肯定与结合。牺牲表示个人之完全服从较高的权威，而不是肯定一个人的精神上与道德上的自我。差别表示权利上的差别，而不是表示站在平等地位上，个人人格的实现。正义表示每个人应该得到他应得的，而不是表示个人应该有一种无条件的权利，可以实现其固有的和不可让予的权利；勇气表示准备承受痛苦，而不是表示肯定个人人格，来反对权威。虽然两个不同人格的人，都使用一个字——例如爱情——但是由于两个人的人格构造不同，同样的一个字，就具有两种不同的意义。事实上，如果能对这种观念的意义，作正确的心理分析，可能会避免很多知识上的混淆，因为企图作纯粹的逻辑分类，是绝对做不到的。

观念具有一个情绪母体，这项事实是非常重要的，因为这是想要了解一种文化精神的关键。一个社会中许多不同的社团或阶级，各有一种特殊的个性，以此特性为基础，许多观念才得以发展和成为有力量的。比如说，我们现在认为工作与成功是生活的主要目标，而工作与成功的观念，就是基于人类的孤独和怀疑，才能够成为有力量的和能够令现代人所喜欢的。可是，如果向美国西南部的印第安人，或者向墨西哥的农人，介绍努力工作的观念，将不会引起他们的兴趣，这些人具有一种不同的个性结构，因此，他们很难了解我们为什么要努力工作的原因，即使他们懂得我们的语言，也无法了解我们为什么要拼命地工作。同样地，希特勒及具有和希特勒同样人格结构的德国人民，都认为任何相信战争会取消的人，不是傻子，就是在扯谎。由于他们所具有的那种社会人格，对他们而言，如果生命是无痛苦和灾难，简直和自由平等是一样令人难以想象的。

某些团体通常是有意识地接受若干观念，但是由于他们社会人格的特性，这些观念并未曾真正地影响他们，这些观念固然还是一些意识形态上的信念，可是，在危急存亡之秋，人们并不会按照这些观念来行事。一个显著的实例，就是在纳粹主义胜利时候的德国工人运动。在希特勒当权之前，大多数的德国工人都拥护社会党或共产党，并且信仰这些政党的观念；当时，这些观念广受工人阶级的拥护。然而，这些观念在他们心目中的分量，并不是十分重要的。所以，当危急发生时，多数支持左派政党的人，已准备打退堂鼓了。对德国工人人格结构仔细分析之后，就可以发现一个原因，来解释这个现象（当然，原因不只这一个而已）。大多数的德国工人的人格形态，都具有服从权力的人格的特性。由于他们有这种人格结构，所以，社会主义之强调个人独立，不强调权威，强调团结，不强调个人遁世隐居，都不是德国工人真正想要的。激进分子领袖所犯的一个错误是，根据他们的观念受欢迎的程度，来估量他们政党的实力，而忽视了这些观念在工人心目中所实际占的分量。

相反地，我们对清教教义和加尔文教义所作的分析则显示出，在新教的信徒中，这些观念是有力的力量，因为这些观念对那些信徒的人格结构中，所具有的需要及焦虑，是有吸引力的。换句话说，唯有当观念能解决一个指定社会人格中所表现出的某些特别需要时，这些观念才能成为有力的力量。

人的人格结构，不但可以左右思想和感觉，而且也可以左右人的行为。弗洛伊德的成就，就指示出这一点，固然他言及此事的理论结构是不正确的。在精神病患者的病例中，很明显的可以看出，一个人的人格结构的主要趋势，决定了他的行为。一个人不能自禁地去数窗户，或人行道上的石块，他的这种行为是深植在强迫性人格中的某种冲动。可是一个正常人的行为，则显然是受理性考虑及实际需要来决定的。然而，由于有了心理分析学家所提供的新的观察工具，我可以发现，所谓理性行为，也多由人格结构来决定的，在我们讨论工作对现代人所表现的意义时，我们曾举例说明这一点。我们发现，迫切想要不眠不休地工作的欲望，是出于孤独和焦虑，这种不得不去工作的强制性，和其他文化中的对工作的态度，是不相同的，在其他文化中的人，是出于需要才工作的，他们并没有受到额外力量的驱策，而这种额外力量，就是我们的人格结构中所具有的。由于现在所有正常的人，都几乎具有这种想要工作的冲动性，而且由于如果他们想要活下去，就必须拼命工作，所以我们很容易地忽略了这种非理性的现象。

现在，我们要想知道，人格对个人和对社会，有些什么作用?就对个人的作用而言，我们可以很容易地了解到人格的作用。如果一个人的人格是与社会人格一致的，那么，他的人格中的一些主要驱策力，可带领着他，依照他的文化的特殊社会环境，做应该而必要的事情。比如说，他有一种迫切想要储蓄节省的驱策力，那么，这种驱策力将会对他很有帮助。人格特点除了具有此种经济功能外，还具有一种纯属心理上的功能，而这种功能也是很重要的。这个喜欢节省金钱的人，由于可以做他心里喜欢做的事，因此在心理上，也获得很大的满足。其理由是，当他节省金钱时，他不仅实际地得到好处，而且在心理上，也觉得满足了。一个人不仅由于他的行为符合其人格结构的需要，而会感到心理上的满足。同时，如果他所听到的，看到的，能符合其人格结构的需要，他也同样地会感到心理上的满足。总而言之，对一个正常人而言，人格的主观功能就是：引导他从事他自己认为实际上需要做的事情，并且由于他做了这些事，他在心理上得到了满足。

在社会的过程中，如果我们从社会人格功能的观点，来看社会功能，那么，我们必须说明，借着使自己能适应社会，一个人发展出种种的特性，这些特性使他想要做他必须做的事情。在一个指定的社会中，如果大多数人的人格——亦即是社会人格——也是这样地适合每个人在此社会中必须做的种种客观工作，那么人们的精力就要成为有生产性的力量，而这种有生产性的力量对社会的发生功能，是不可缺少的。兹再以工作为例。我们现在的工业制度所要求的是，把我们的大部分精力用在工作方面，如果人们工作是出于外在的需要，则在他们应该做些什么，和他们喜欢做些什么，这两者之间，就会发生冲突，而这种冲突势必会减少工作的效率，可是，由于人格可以自动地适应社会的需要，人类的精力不但不会引起冲突，反而会变成一种动机，使人们想要依照特别的社会需要来行事。所以，现代人并不是被迫去拼命地工作，而是受一种内在的强制力所驱策，去拼命地工作。换言之，他并不是服从外在的权威，他是在树立一个内在的权威——就是良知责任——这个内在的权威比外在的权威更有效地支配着他，所以说，“社会人格将外在的需要内在化，并且驱策着人的精力，使其用在一个指定经济和社会制度的工作上”。

由以上的分析来看，我们可知道，在人格结构中，某些需要一旦形成后，任何符合这些需要的行为，在心理上是令人满足的，并且从物质成功的观点来看，是切合实际的。只要一个社会能同时地使个人得到这两种满足，则心理的力量就可以“凝结”社会的建构。可是，不久之后，一种落后的现象就发生了。当新的经济环境产生时，传统的人格结构仍然存在，但传统的人格结构对新的经济环境已不再有用。人们有一种倾向，喜欢按照他们的人格结构来行事，但是，他们所做的这些行为，成为经济进步的阻碍。例如：以前德国中产阶级的人格结构，就可以说明这种现象。昔日德国中产阶级的美德是节俭、谨慎、多疑，在今日的企业中，这些旧有的美德与新的美德比较起来，其价值就没有了。新的美德是：创造、冒险、进取。固然，那些旧日的美德仍然还是有一点用处——例如对小店铺而言，可能还是有用的——但是，只有极少数的中产阶级的子孙，能成功地“运用”他们的人格特性，来增进他们的财富，他们在少年受教育，他们便已培养发展了昔日适合他们阶级社会情况的种种人格特性。但是，人格的培养发展，赶不上经济的发展。经济演化之间和心理演化发生了差距，其结果是：日常的经济活动，不再能满足心理的需要。然而，这些心理的需要仍然是存在的，于是，便不得不另辟途径，来获得满足。低下层中产阶级的那种自我中心的自私自利行为，由个人扩展到全国上下，虐待狂的冲动也由个人扩大到社会及政治上。人们已经解脱了限制，他们企图从政治迫害和战争行为中，获得满足心理的力量。因受挫折而蒙上了憎恨，于是心理上的力量非但不能稳定现存的社会秩序，反而变成为火药，被用来摧毁民主社会的传统政治与经济结构。

我们还没有谈到教育过程对社会人格的形成所扮演的角色；但是由于许多心理学家认为，对儿童所施的教育显然是引起人格发展的致因，所以，似乎应对这一点有所评论。首先，我们应自问，我们所谓的教育意义是什么？

从社会发展过程的角度来看，教育的定义是这样的：教育的社会功能是使个人以后在社会中可以发生功能，即使个人的人格变得最接近社会人格，使个人的欲望符合他所扮演的社会角色的需要。任何社会的教育制度——都是受此功能的决定。因此，我们不能用教育过程，来说明社会结构，或社会中每个人的人格；但是，从一个指定社会的社会与经济结构所产生的需要，却可以用来解释教育制度。无论如何，教育方法是极端重要的，因为教育方法是使个人，能适合所被要求之形式的一种办法。我们可以把教育方法，视作为使社会需要，变成为人的属性的一种手段。固然教育方法并不是引起某一种特殊社会人格的致因，但是，教育方法却是形成人格的方法之一。因之，有关教育方法的知识和对教育方法的了解，是分析一个发生作用的社会，所不可缺少的一环。

在整个的教育过程中，家庭也是重要的一部分。弗洛伊德曾经指出，儿童的早期经验，对他的人格结构的形成，有决定性的影响。如果这一点是正确的，那么，我们又怎样才能了解，儿童既然与社会生活没有什么接触，又如何会受社会生活的影响呢？这是因为，父母采用了他的社会的教育方式，而且因为父母自己的人格也就是他们的社会或阶级的社会人格。他们把我们所谓的“心理环境”或“社会精神”，传递给儿童。因此，“我们可以把家庭视作为社会的心理媒介物”。

上面已经说过了，一个指定社会的存在形态塑造社会人格。现在我想提醒读者，注意在第一章里所谈到的，关于动态适应的问题，固然一个社会中的经济与社会结构所产生的种种需要，可以塑造一个人，但是他并不是可以无限制地适应的。一方面，有若干心理上的需要，是必须予以满足的，而且在另一方面，人生来就有若干心理上的特性，必须予以满足，如果这些特性受到挫折，将会产生某些反应。这些特性是什么呢？最重要的可能是想要生长发展和实现许多机会的那种“倾向”。这许多机会都是人在历史过程中所发展出来的——例如创造性与批评性思考的能力、区别情绪与肉欲经验的能力等，这些潜在能力都具有其自己的动态能力。在演化的过程中，一旦它们已发展出来了，它们就有一种倾向，使它们能被表达出来。这个倾向是可以被压抑下去的，但是压抑的结果是产生新的反应，尤其是会产生破坏性和共栖性的冲动，而且，这种想要成长的倾向，会产生许多特殊的倾向，例如渴望自由与厌恶压迫等，因为自由是允许生长的基本条件。渴望自由的欲望可能会受到压制，个人可能会不能觉察到这种欲望，但是，这种欲望仍然是存在的，只不过变成一种潜在力量而已。

我们也可以认定，寻求正义和真理的努力，也是人性中固有的倾向，虽然这种倾向也可能受到压制。我们从个人及社会两方面来分析人类的整个历史，就可以证明人性中有此种倾向。我们发现，对没有权力的人而言，在他争取自由生和长的战役中，正义与真理是最重要的武器。每一个人在童年时，都经历过一段没有权力的时期。在这种无权力的状态中，诸如正义感和真理感的这些特性，就开始发展，并且成为潜在力量。于是，我们发现：虽然，生命的基本条件决定人格的发展，但是人性却具有其自己的动态力量，这种动态力量在社会过程的演化中，是一项活泼而有效的因素。即或我们不能用心理名词，明白地说明这种人性动态力量的正确性质，但是我们认清它的存在。在人类固有的属性中，我们可以找到人类不可让与的自由权利及幸福权利：人类努力想要生存，想要扩展，想要表达许多潜在能力。

写到这里，我想要再度指出，本书所采取的心理研究态度，和弗洛伊德所采取的心理研究态度，两者之间的不同。第一个不同之处是，我们认为人性在本质上是受历史的熏陶的，虽然我们并不否认生理因素的重要性；其次，弗洛伊德的基本原则是把人当作一个实体，一个密封的系统，大自然赋予人若干心理的驱策力。他并且认为人格发展，是对这些驱策力的满足和挫折的反应行为。但是，我们则认为，对人格的基本态度，是对人与世界、他人、自然、自己的关系的了解。我们相信，人主要是一个社会动物，并不是像弗洛伊德所主张的，是以己为中心，是为了满足他本能的需要时，才需要别人。我们并且进一步相信，个人的心理学，根本就是社会心理学。心理学研究的主要问题，就是个人与世界的关系，而不是对本能欲望的满足或失望。人类本能欲望之得到满足或没得到满足，只是人与世界关系的整个问题中的一部分而已，并不是人格的问题。因此，我们认为，个人与世界的关系是中心问题，以此中心而发生的需要和欲望——如爱、恨等——是基本的心理现象。可是弗洛伊德则认为，这些需要与欲望，不过是本能需要之获得满足或未得满足，而产生的次要结果。

第三个不同之点是，弗洛伊德根据他的本能说，并且根据一种信心，认为人性是邪恶的，于是，他就把一切“完美的”动机，解释成为“卑鄙的”事情的结果。例如他对正义感的解释是，一个孩童对他人产生忌妒的结果。但是，我们却认为，诸如真理、正义、自由这些美好的事情是努力。任何分析，如果不把这些努力当作动态的因素，则将是谬误的推论，这些美好的事情没有形而上的性质，而且以人类生活的环境为根本。我们也必须拿这种态度来分析这些美好的事情，才是正确的。心理学是一种经验科学，心理学的工作就是研究这些美好事情所引起的动机，以及与这些美好事情有关的道德问题，同时，心理学的工作就是使我们对这些事情的思考，不再含有非经验的和形而上的因素。

最后应该一提的不同之处是，不足和有余所产生的心理现象。人类最初的状态是不足的状态，有些迫切的需要，是必须先予以满足的。唯有当这些基本的需要获得满足，并且还剩下时间和精力时，文化才能发展。自由（或自动自发的）的行为永远是有余的现象。弗洛伊德的心理学是一种关于不足的心理学。他给快乐所下的定义是，由于令人痛苦的紧张被消除了，而产生的满足，在他的系统中，有余的现象——如爱与温柔——实际上是毫无地位的。他不仅疏忽了这个现象，而且对这个现象了解有限。例如，弗洛伊德对性的观察，只看到了心理强制的这个因素，对性满足的观察，也只看到了令人痛苦的紧张和消除。在他的心理学中根本没有注意到，性冲动也是一种有余的现象，性快乐也是一种自动自发的欢愉——其本质并非消极地解除紧张。对于了解文化中的人性基础，一般人所采用的解说原则有以下三种。

1.“心理的研究方法”，这也是弗洛伊德的思考特点。这种方法认为，文化的现象是产生于心理的因素，而心理的因素则是由本能冲动所产生的，并且，唯有当这些本能冲动受到某种程度的压制时，这些本能冲动才受到社会的影响。根据这种解说，弗洛伊德派学者认为，资本主义是肛门情欲的结果，而早期基督教的发展是对父亲幻象的双重矛盾的结果（参考 E. Fromm 著“The Dogma of Christ”）。

2.“经济学的”研究方法。根据这种看法，主观的经济利益是文化现象的起因。

3.“理想型的”研究方法，其代表者是韦伯所作的分析。他认为新的宗教理想对一种新的经济行为的发展和一种新的文化精神，是有影响的。虽然他也强调，这种行为并非完全是受教义的决定的。

和这些解释正好完全相反的是，我们认为意识形态和文化产生于社会人格；而且，一个指定社会的存在形式又决定社会人格；在另一方面，主要的人格特征又成为有创造性的力量，这种创造性的力量又决定社会的演变过程。拿新教和资本主义的问题来说，我曾试图指出，中古社会的瓦解，威胁了中产阶级，这种威胁又导致一种无权力的孤独和怀疑感；而此种心理上的改变是路德和加尔文教义所以能吸引人的原因；同时，这些教义加强了和稳定了人格的改变；而且，这些人格特性又在资本主义的发展过程中，成为有创造的力量，于是导致经济与政治的改变。

至于法西斯主义，也可以用同样的解释原则来说明之。中下阶层对某些经济改变（例如垄断事业之日益强大和战后的通货膨胀），产生了反应，而某些人格特征也随着增强——这些人格特征包括：虐待狂和被虐待狂；纳粹的意识形态一方面可以引起这些特征的喜欢，一方面也加强了这些特征；于是，新的人格特征变成有效的力量，帮助德国帝国主义的扩张。从以上的两个实例中，我们可以看出，当某一阶级受到新的经济倾向的威胁时，它便在心理上和意识形态上，对此一威胁产生反应；同时，由此种反应而产生的心理改变，又促进了经济力量的发展，即使这些力量与该阶级的利益是相冲突的。我们发现，经济的、心理的和意识形态的力量是像下面这样地发生作用的：人对改变中的外在环境起了反应，改变了他本身；同时，这些心理的因素又帮助决定经济与社会演变的过程。经济力量是有效的，但是我们必须了解，经济力量不是心理动机，而是客观的条件。观念是有效的，但是，我们要知道，观念是根源于一个社会团体的整个人格结构中的。尽管经济的、心理的和观念的力量是互相依赖的，他们仍然拥有某种程度的独立。例如经济的发展要依赖客观的因素（如：自然生产力、技术、地理因素等），但是经济的发展仍然是按照它自己的规律来进行的。心理的力量固然是受外在生活环境的影响，但是，它也拥有其自己的动态力量。

社会人格产生于人性对社会组织的动态适应。改变中的社会环境导致社会人格的改变；换言之，就是导致新的需要和焦虑。这些新的需要又引起新的观念，同时使人们接受这些观念。在另一方面，这些新观念又倾向于稳定和加强新的社会人格，并决定人的行为。换言之，社会环境通过人格媒介，影响意识形态的现象，人格并不是消极适应社会环境的结果，而是一种动态适应的结果。

选自：弗罗姆．逃避自由．北京：北方文艺出版社，1987

思想评介

弗罗姆的人本精神分析述评

（一）弗罗姆与现时代

埃瑞克·弗罗姆（Erich Fromm，1900～1980）是20世纪西方著名的心理学家、社会学家和哲学家，精神分析社会文化学派中对现代人的精神生活影响最大的人物。他总是热切地关注着现代人所遭遇到的各种困境，试图以其创立的人本主义精神分析理论和方法达到改善现代人的处境和精神状态的目的。

弗罗姆出生于德国法兰克福一个犹太商人家庭，22岁获海德堡大学哲学博士学位，随后到法兰克福大学、慕尼黑大学学习和研究社会学和心理学，曾在柏林精神分析研究所接受正规训练；1925年加入国际精神分析协会；1929年在法兰克福精神分析研究所和法兰克福大学社会研究所任教；1930年在弗洛伊德主办的《意象》（*Image*）杂志上发表关于基督教义的演变、宗教的社会—心理功能的精神分析的长篇论文；1934年随法兰克福社会研究所一起离开纳粹德国，迁往纽约并入美国籍。在美国，他从事了广泛的教学、理论研究和精神分析实践活动，先后在哥伦比亚大学、本宁顿大学和耶鲁大学任教，担任过怀特精神医学研究所主任。他1951年到墨西哥国立大学医学院精神分析学系任教授，1955 年任该系系主任，1957 年回美国，先后任密歇根州立大学、纽约大学教授，1980 年八十寿辰前夕在瑞士死于心脏病。

弗罗姆是 20 世纪的同龄人，他在 20 世纪生活了 80 年。他的学术生涯与时代变迁息息相关。美国科学哲学家科思曾经概略地描述过这个时代的特征："我们时代的标志是：伟大的革命，巨大的战争，大规模的经济危机，和人类生活与文化的机械化的执著的趋向。"[①] 其中，战争和生活方式的机械化趋势对人的影响是弗罗姆所特别关注的问题。第一次世界大战爆发时，少年弗罗姆就从自己的亲身经历中萌生了许多疑问，这些疑问促使他走上了探索人性与社会生活的规律性的道路。至于第二次世界大战则更深刻地影响了弗罗姆，他被迫流亡美国，并在 1941 年出版了主要研究纳粹主义的心理学问题的《逃避自由》一书，这本书使他一举成名。战后的西方经济逐步恢复过来，进入了一个持续的繁荣时期。一方面人的物质生活条件大大改善；另一方面人对自然的贪婪索取造成生态破坏威胁到人类生存，并使人感到失去了与自然的和谐关系；同时，整个社会生活日益机械化，人不仅在生产过程中被机器所控制，而且在生活中被庞大的官僚机器、被形形色色的传播媒介背后的"匿名权威"所操纵。人变成了机器的附属物，变成了工具，从而失去了个性，失去了作为人的丰富性和完整性。消费成为社会生活的重要内容，生活的全部内容似乎就是尽可能地赚钱和尽可能地消费，人们只关心利润而无视人的存在。另外，社会公正（贫穷和种族歧视）问题、教育问题、性与爱的问题等等，都是 20 世纪西方世界的严重问题。这些问题都不同程度地影响了弗罗姆并进入他的研究视野。他作为一个长期开业的精神病医学家，研究了许许多多由这些问题引起的不幸的现代人，创建了一套关于现代社会和现代人的心理学理论。

现时代的社会现实是弗罗姆创建其心理学的源泉，但一种新的

---

① 科恩．辩证唯物论与卡尔纳普的逻辑经验论．陈荷清等译．北京：社会科学文献出版社，1988．7

理论的创建离不开对人类科学文化遗产的选择性继承。对弗罗姆影响最大的思想家是马克思和弗洛伊德。据弗罗姆自己说，他之所以对马克思和弗洛伊德的学说以及二者之间的关系发生兴趣，与他的一些个人经历有关。他是一个独生子，父亲性情急躁、喜怒无常，母亲情绪低落、郁郁寡欢。在这个家庭中他感到孤独，并对奇特神秘的人类行为的原因发生了兴趣。他很喜欢的一位富于想象力的年轻女画家，一直不结婚，总是伴随着她那位在弗罗姆看来索然寡味、其貌不扬的丧偶的父亲，她父亲一去世她就自杀了，并留下遗嘱说要同她父亲合葬在一起。这件事深深触动了 12 岁的弗罗姆，直到 10 年后他才在弗洛伊德的学说中找到了答案，并被这种学说吸引住了。[①] 真正决定他的成长道路的事件是第一次世界大战。他不明白“为什么正派和通情达理的人们突然全都变成了疯子”[②]，他希望理解那些在战争中充分表现出来的大众的非理性行为。但当时有许多社会主义者在国会投票反对战争预算，批评德国政府的官方立场。这一切使弗罗姆接近马克思主义并感到可以在马克思和弗洛伊德的学说中找到他所思考的问题的答案。

弗罗姆主要从马克思和弗洛伊德那里吸收了以下四个方面的共同的东西。（1）理性主义。马克思坚信真理是变革社会的有力武器，他一生主要是在从事关于社会和历史的科学研究，并以此作为实现其政治理想的基础。弗洛伊德则坚信真理是变革个人的有力武器，精神分析的实质和目的就是帮助病人理性地认识自己，认识被各种幻想掩盖着的非理性的现实[③]。弗罗姆继承了这种理性主义精神，以理性的态度分析人和社会，并把理性作为健康人的基本能力和标志，作为未来社会运行机制的原则。（2）人本主义。弗罗姆认为马克思从青年到老年都一直以人本主义作为批判资本主义的武器之一，并以人本主义作为共产主义的基本特征。弗洛伊德揭露了维多利亚时代性道德的虚伪性，论证了所有人都具有相同的潜意识冲

① 弗罗姆．在幻想锁链的彼岸．张燕译．长沙：湖南人民出版社，1986．2

② Evans R I. Dialogue with Erich Fromm. New York：Harper & Row，1966．57

③ 弗罗姆．弗洛伊德的使命．尚新建译．北京：三联书店，1986．2

动，论证了人的自然本性的合理性。弗罗姆继承了人本主义传统并以此为武器批判法西斯主义和当代资本主义社会。(3) 批判精神。弗罗姆认为马克思和弗洛伊德的理论都是批判的理论，并且对精神分析在后来失去了它最初的激进和批判的特性而感到痛心疾首，力求在自己的著作中恢复和发扬这种精神。(4) 救世情怀。马克思虽然不相信也不愿做救世主，但在他身上体现着一种改造旧世界把人民（首先是工人阶级）从被压迫被剥削的苦难中解放出来的强烈的责任感和献身精神，这同他反复强调的工人阶级只能自己解放自己的观点并不矛盾。弗罗姆在《马克思关于人的概念》一书中一再论述了马克思的救世情怀。弗罗姆在分析弗洛伊德的人格时着重指出了弗洛伊德一直怀着一种要成为一个伟大的政治领袖的志向，他创立精神分析最终要达到变革社会和文化的目的。弗罗姆也一直对政治和宗教怀有极大的热情，他不仅批判现实社会，而且创立了一套社会改革的理论。弗罗姆从马克思和弗洛伊德那里继承的以上四个方面是一个整体。理性主义和人本主义是相伴而生的，二者都是批判和改造现存社会文化的武器和原则，救世则是目的和归宿。从更深一层的背景上讲，这四个方面都来源于犹太—基督教传统和启蒙运动的精神①。

此外，弗罗姆还受到巴考芬（J. J. Bachofen）对母系氏族社会的研究以及东方排宗的影响。作为新精神分析学派和法兰克福学派的代表人物之一，弗罗姆与赖希（W. Reich）、霍妮（K. Horney）、沙利文（H. S. Sullivan）等人，与法兰克福学派的其他代表人物都有思想上的联系。他将各种不同的思想综合起来，通过自己的研究形成了一种人本主义精神分析的社会心理学。

弗罗姆著述甚丰，主要著作有：《基督教义的演变》（1931）、《逃避自由》（1941）、《为自己的人》（1947）、《健全的社会》（1955）、《爱的艺术》（1956）、《超越幻想的锁链》（1962）、《人之心》（1963）、《精神分析与宗教》（1967）、《对人的破坏性的剖析》

① 郭永玉．论弗罗姆心理学说的时代背景和思想渊源．教育研究与实验，1993（1）．载：心理学（中国人民大学复印报刊资料），1993（6）

(1973)、《占有还是存在》(1976) 等。

(二) 论人的处境

弗罗姆关于人的处境 (situation) 的学说是其整个思想体系的逻辑起点，是其心理学的人类学—哲学基础，他是从这里出发逐步展开他的理论的。

1. 人在生物学意义上的软弱性

进化程度越高的动物，其生存具有的由本能自动调节的装备越不完善。这种反差在人这里达到了顶点。在所有动物中，刚出生时，人是最无能的；而且人类婴儿对父母的依赖期最长。因而人的本能适应性不足以使人生存下去，人必须寻求新的途径，这就是文明。

2. 人的存在的矛盾性

人在生物学意义上的软弱性使人超越动物的本能状态，超越自然。这种超越又使人陷入了一系列困境。由于这些困境根植于人的存在本身，弗罗姆称其为人的存在的矛盾性。这些困境包括:(1)个体化与孤独感的矛盾。人超越自然超越本能的过程也就是发展自我意识、理性和想象力的过程，它使人的独立性和力量感日益增强，这就是“个体化” (individulization)。与此同时，人与自然、与他人、与真实自我的关系日益疏远，因而越来越感到孤立无助。(2) 生与死的矛盾。人能意识到死是生命的必然结局，对生的眷恋和对死的恐惧折磨着人。(3) 人的潜能的实现与生命之短暂的矛盾。每个人都具有潜能，但短暂的生命不可能完全实现他的全部潜能，即使在最有利的环境中，也是如此。人的处境的悲剧性在于人总是在他还未充分诞生以前就死亡了。

3. 历史的矛盾性

存在的矛盾植根于人的存在本身，是不能解决的。历史的矛盾是人为的，即使在产生时不能解决，也可以在历史的稍后阶段解决。如当代人类掌握的高技术手段与没能将它们全部用于人类和平和人民福利之间的矛盾，就是可以解决的。因此，人的存在的矛盾是人的更深层的处境①。

（三）论人的需要

除了生理需要，人的基本需要都起源于人的处境。人面临矛盾，不可能无动于衷，人的基本需要就是人对存在的矛盾性的处境的反应。因先天和后天的条件的复杂作用，不同的人满足需要的方式不同，这些方式有的是健康的，有的是不健康的。

1. 关联的需要——爱与自恋

人为了克服孤独，就要与他人建立联系。爱是随着年龄的增长逐步发展起来的与世界、与他人联系起来的健康情感。没有发展这种情感的人总是按自己的主观臆断而不是根据现实本身去对待外部世界，他人只是自己的工具或手段，而不是值得尊重的与自己平等的人。

2. 超越的需要——创造与毁灭

人都是身不由己地被抛入这个世界，又身不由己地被抛出这个世界，与一般生物一样。只是人能意识到这一点，不甘心安于生物的被动状态。这就是人作为一种生物又要超越生物被动状态的需要。这种需要驱使人去创造；当创造的愿望得不到实现时，可能转而采取毁灭的方式。

3. 寻根的需要——母爱与乱伦

人的成长，意味着脱离自然和母亲的襁褓。但失去根基是可怕的，必须找到新的“根”，才会感到安全。个人通过依恋母亲及母亲的象征物（家庭、氏族、民族、国家、教会等）来建立自己的生存根基。有的人过于依恋母亲及其象征物，使个性和理性的发展受到束缚，就陷入了乱伦的精神病态。

4. 同一感的需要——独立性与顺从性

人在脱离自然和母亲的“原始束缚”的过程中，形成了自我意识。人需要回答“我是谁”这个问题。自我意识健全的人能够意识到自己的独特性，并保持自我的独立性。但有的人只向民族、宗

---

① 弗罗姆．为自己的人．孙依依译．北京：三联书店，1988．54～64

教、阶级、同伴等认同，追求一致性或顺从性而失去了自我的独立性。

5. 定向和献身的需要——理性与非理性

人需要为自己确定一个目标并为之献身，从而赋予生存一种意义。有的人确定的目标符合实际，真有意义，这是理性的。有的人相信某种神的启示或自己种族的优越性，从而得到某种目标，这是非理性的。

以上几种需要都是在人的存在的处境下形成的，与自然、他人、自我建立联系的需要，而人的性格和潜意识则是人在一定处境下满足这些基本需要的方式①。

（四）论社会性格

1. 性格的概念

人与世界的关系有两种：就人与物的关系而言，人要获取物体，即同化（assimilation）；就人与人的关系而言，人要使自己与他人发生联系，即社会化（socialization）。性格就是把人之能量引向同化和社会化过程的相对稳定的形式。这里说的“能量”不是里比多，而是基于人的处境产生的需要。

2. 性格类型

性格是由一系列性格特性组成的，一些性格特性具有共同的倾向性，弗罗姆称之为性格倾向。一个人的性格结构中可能有几种性格倾向，弗罗姆根据占主导地位的性格倾向来划分性格类型。下面先分别考察人在同化和社会化过程中的不同倾向。

（1）同化过程中的倾向。弗罗姆根据同化过程中的倾向是否具有原创性（productiveness）将人的性格分为非原创性倾向和原创性倾向。非原创性倾向有四种：①接受倾向的人特别乐于被动地接受所需要的东西（物质的和精神的）。②剥削倾向的人则通过强力或狡诈来从外界得到他需要的东西。③囤积倾向的人通过囤积和节约来获得安全感，通过保持自己阵地的秩序和清洁来防止外部世界的

① 弗罗姆．健全的社会．欧阳谦译．北京：中国文联出版公司，1988．26～64

威胁。④市场倾向的人善于随市场的变化而变化，为了在劳动力市场上卖到好的价钱，尽力把自己“包装”得讨人喜欢。什么都是，就是不是自己。“我就是你需要的。”原创性倾向是健康人的性格，是一种基本的人生态度，它关心人所特有的潜能的实现。原创性的方式是对人的存在的矛盾的最好的解决。原创性的性格特征体现在思维、工作和情感过程中。原创性的思维即理性，人通过认识事物，透过表象发现本质，从而使自己与世界联系起来。原创性的工作不是为生存或强权所迫，不是为了克服无聊和空虚，而是出于生命的本性，通过工作，实现人的潜能。原创性的爱是在保持自我完整性和独立性的同时与他人结为一体。这种爱的基本要素是关心、责任、尊重和理解。弗罗姆还提出了健康的人所应体验到的一些情感，包括淡泊、温柔、同情、兴趣、责任心、整合感。

（2）社会化过程中的倾向及其与同化过程中的倾向的联系。人在社会化过程中也会形成不同的性格倾向，包括受虐倾向、施虐倾向、破坏倾向和迎合倾向四种不健康的性格倾向，它们与同化过程中的四种非原创性取向是一一对应的，如接受倾向和受虐倾向所指的是同一类人，以此类推。健康的性格就是能够自发性地（spontaneously）爱和工作。受虐倾向者通过屈从于他人或某种强大的外在势力（上帝、权威、组织、国家等）并成为这个势力的一部分来逃避孤立无助的处境，同时也可以从中得到（接受）所需要的东西。施虐倾向者则通过使他人屈服和痛苦来显示自我的强大，同时也从被统治的他人那里获取（剥削）所需的东西。破坏倾向者由于害怕自己营造的世界（囤积）被侵犯而主动地非理性地去消灭、摧毁对象。以上三种倾向都常常以爱、责任、良心、爱国主义等合理化的形式出现。迎合倾向就是放弃个性，根据市场效应，有意无意地同化于他人。

把各种倾向分开讨论是为了研究的方便，现实的人的性格往往是各种倾向的混合，只是有一种倾向占主导地位。非原创性倾向的混合最常见的是接受倾向与剥削倾向（受虐与施虐）的混合，集这两种倾向于一身的人在权力大的人面前就情不自禁地谄媚，在权力小的人面前就不由自主地逞强，这种欺软怕硬的性格叫做施虐—受虐性格或权威主义性格。当然，在一个人的性格结构中可能既有原创性倾向又有非原创性取向，其中有某种倾向占优势。①

(3) 退化综合症与成长综合症。弗罗姆后来在《人之心》中从病理学角度对人的性格进行了进一步研究，提出了退化综合症和成长综合症两种性格类型。前者是死之爱或恋尸癖、自恋、共生—乱伦的固着三种倾向的结合体。后者是生之爱或恋生癖、人之爱、独立性三种倾向的结合体，分别与前者的三种倾向相对立。具有恋尸癖倾向的人被所有无生命的事物所吸引，迷恋腐朽的东西，热衷于暴力和破坏，喜爱机械僵化的事物，沉溺于过去而害怕未来。具有恋生癖倾向的人为生命和生命的成长过程所吸引，喜欢创造，喜欢新生事物。自恋的实质是不能客观地看待自己、他人和世界，表现为过高地评价自己，过低地评价他人和世界。极端自恋者为社会所不容，但个体自恋者可以通过转变为社会自恋而得到“合理”的满足，这种转变只需将“我”换成“我的国家（或民族、宗教和政治团体）”，并对其他社会群体加以贬斥。与自恋相对立的是真正的人之爱（爱他人和爱自己），即建立在理性和平等基础上的爱。共生—乱伦的固着是指一个人强烈地依恋母亲或母亲的象征物（家庭、民族、国家、宗教或政治组织），完全丧失了独立性。恋尸癖、自恋和乱伦三种倾向的极端形式混合在一起，就是“退化综合症”，其群体的大规模的发作就是战争。大多数人的性格处在两种综合症之间，往往是某一种占优势。②

(4) 重占有的生存方式与重存在的生存方式。弗罗姆在其最后一部著作《占有还是存在》中，将人的生存方式区分为重占有（to have）的生存方式和重存在（to be）的生存方式。前者关注的是占有对象（包括物、人、精神），后者则关注生命的存在本身，以人的潜能（爱和理性）的实现为生存的目的。占有与存在这一对概念是从世界观上特别是以价值观为核心对人的性格类型所作的进一步

---

① 郭永玉．论弗罗姆的性格学．载：教育研究与实验，1990（4）

② 参见：弗罗姆．人之心．都本伟等译．沈阳：辽宁大学出版社，1988．21～101

规定①。

综上所述，弗罗姆在不同时期从不同角度对性格类型进行了划分。以下是弗罗姆的性格类型论的简略图解②。

表42－1　弗罗姆的性格类型学

提出年代	角度	不健康的性格	健康的性格
1941	社会化	受虐倾向 施虐倾向 破坏倾向 迎合倾向	自发性
1947	同化	接收倾向 剥削倾向 囤积倾向 市场倾向 }非原创性	原创性
1964	病理学	恋尸癖 自　恋 乱　伦 }退化综合症	成长综合症{ 恋生癖 爱 独立性
1976	价值观	占有	存在

3. 社会性格

以上所述的性格理论是弗罗姆的社会性格理论的概念基础，因而是社会性格理论的有机组成部分。所谓社会性格（social character），是一个社会中绝大多数成员所具有的基本性格结构。在弗罗姆的著作中，社会性格有如下一些基本特征：（1）它是群体心理，在不同场合指不同群体（如纳粹德国），有时指一定的民族或阶级。（2）社会性格是一个群体在共同的处境下，在共同的生活方式和基本的实践活动的基础上形成的。（3）它是激发一个群体的行为的共

① 参见：弗罗姆．占有还是生存．关山译．北京：三联书店，1988．17～137

② 郭永玉．孤立无援的现代人——弗罗姆的人本精神分析．武汉：湖北教育出版社，1999．211

同内驱力。社会性格是经济、政治、文化诸因素交互作用的结果，而经济因素在这种相互作用过程中具有一定优势。家庭则起着一种将社会所需要的性格结构的基本特点转移到孩子们身上的作用。

弗罗姆认为马克思和恩格斯没有说明经济基础是如何决定意识形态这种上层建筑的。他提出"社会性格"概念是为了弥补马克思主义的这一"不足之处"，把社会性格看成是联系经济基础和上层建筑的重要中介之一。一定社会的经济基础是造成那个社会的人的处境的决定性因素，社会性格是在这种处境中形成的；具有一定社会性格的人就会形成一些共同的观念，一些杰出的人物就作为代言人将这些观念理论化，就是意识形态。就是说，意识形态根植于社会性格中，而社会性格又是由经济基础决定的。反过来，已经形成的意识形态又容易被具有一定社会性格的人所接受并强化这种社会性格，从而通过社会性格作用于经济基础。所以社会性格既是经济基础决定上层建筑的中介，又是上层建筑反作用于经济基础的中介。这种中介作用不能被理解为是被动的，它作为一种能动的力量对社会进程起着重要的作用。①

4. 关于社会性格的一项跨文化研究

弗罗姆和麦科比（M. Maccoby）从1957年开始，在墨西哥城以南50英里的一个小村落进行了一项跨文化研究。他们采用一种特殊的问卷（解释性问卷），并把结果和根据罗夏墨迹测验、主题统觉测验所得的结果相互印证。他们对村里95%的成年人（200个男子，206个妇女）作全面的调查分析，并试图把心理学同社会经济因素联系起来，所以这项研究被称为"心理经济学的研究"(psychoeconomic study)。研究报告于1970年出版。研究发现该村农民有三种主要性格类型：非原创性—接受型性格（最普遍）、原创性—囤积型性格、剥削型性格。各种性格类型都是对于社会经济地位的一种适应，各有其特殊的社会经济根源。例如，以种甘蔗为业的村民多半具有接受倾向。这是因为，种甘蔗的利润虽比种稻子和园艺作物低，但用的工夫少，特别是糖厂向这些村民提供免费医

① 郭永玉. 弗罗姆社会心理学的逻辑体系. 社会心理研究，1996（2）

疗、人寿保险和儿童奖学金等，使这些村民逐步形成了被动接受倾向的生活态度。①

（五）论社会潜意识

潜意识是弗洛伊德最重要的发现，弗罗姆对弗洛伊德的潜意识理论进行了两方面的改造，提出了社会潜意识（social unconscious）概念。第一，在弗洛伊德那里，潜意识是非理性的场所，犹如一座房子的地窖，里面堆积着各种在上层建筑中所不允许存放的东西。在荣格那里，潜意识则是智慧的本源。弗洛伊德的地窖里主要存放着罪恶，荣格的地窖里主要存放着智慧。弗罗姆不同意这种实体性的概念而主张一种功能性的概念。意识或潜意识是指一种主观状态，意识是指觉察到（aware）的经验、感情、欲望等，潜意识则是没有觉察到（unaware）的经验、感情、欲望等。第二，潜意识在弗洛伊德那里主要是指个人潜意识，弗罗姆认为仅仅停留在对个人潜意识的研究，不能达到解除压抑的目的。因为任何对个人的压抑都不是孤立的、个别的，而是社会的。只有超越了个人的领域，进而研究社会潜意识，才能全面认识被压抑的事实。

所谓社会潜意识，是指一个社会的大多数成员共同存在的被压抑的领域。当一个具有特殊矛盾的社会有效地发挥作用的时候，这些共同的被压抑的因素正是该社会所不允许它的成员们意识到的内容。有史以来的大多数社会的特征都是少数人统治并剥削多数人。如果大多数人能意识到社会的不合理并充满怨恨情绪，那就会威胁到现存的秩序，因此必须将它们压抑下去。对每个人而言，压抑的主要原因是害怕受到孤立和排斥。

压抑的机制是什么？任何一个社会都有一套决定人的认识方式的体系，这种体系的作用就好比一种过滤器。除非经验能进入这个过滤器，否则就不能成为意识。这种社会过滤器是由三种要素组成的。第一是语言。同样的经验和现象，在有的语言中有丰富的词汇

① 参见：Fromm E，Maccoby M. Social Character in a Mexican Village. Englewood Cliffs (N. J)：Prentice-Hall，1970

来表达，在另一种语言中却难以用语言来表达，这种难以用语言表达的经验和现象就难以成为明确的意识。第二是逻辑。逻辑在一定的文化中指导着人们的思维，那些不合逻辑的经验就被排斥在意识之外。但不同的文化有不同的逻辑，如亚里士多德的逻辑就不同于老子的逻辑，而每一文化中的逻辑在该文化中都被看成是毋庸置疑的。第三也是最重要的就是社会禁忌。每一个社会都排斥某些思想和感情，使之不被思考、感受和表达。有些事不但不能做，甚至不能想。

社会潜意识是除了社会性格之外的另一个联系经济基础和意识形态的中介环节。社会利用过滤器的压抑作用，将那些与一定经济基础不相符合的经验排除在意识之外，将那些与一定经济基础相符合的经验上升为意识形态。意识形态反过来强化压抑过程从而作用于经济基础。

社会性格和社会潜意识都是人们在一定的处境下为满足与世界建立联系的需要而形成的，二者都是人为逃避孤立和排斥的结果。

（六）论现代西方人的困境和精神危机

弗罗姆的社会性格和社会潜意识理论是其社会心理学的概念基础，而现代西方人的困境、精神危机和出路则是其社会心理学的核心问题。弗罗姆终生关切和研究的问题就是在资本主义生产方式及其社会政治组织的具体状况下的社会性格和社会潜意识。

1. 逃避自由

弗罗姆认为古代社会的生产方式和社会关系限制了个人自由，但使人感到安全。例如在中世纪，生产工具和劳动技能主要从前辈那里继承下来，革新和发展过程缓慢，竞争也不激烈，人很少远离家乡。社会地位和身份（主子还是奴才），人一生下来就确定了。现代社会，劳动手段不断更新，社会变迁越来越频繁，竞争越来越激烈，经济危机和战争难以预料，人的不安全感与日俱增。在资本主义社会，人的独立和自由增多了，但人的孤独和不安全感也增强了。[①] 因而资本主义的自由是不安全的自由，即“消极自由”。所以人们要逃避自由。“积极自由”是安全的自由，这要到未来健全的社会才能获得。[②]

2. 异化

弗罗姆在马克思的劳动异化理论的基础上，进一步研究了现代社会的异化。资本主义的生产方式和分配方式决定了人不得不成为他人或自己的经济利益的工具，或者成为非人的庞大经济机器的工具。人不是自身的目的。现代化大生产的劳动越来越单调机械，每个人的工作相对于整个生产过程而言简直微不足道。面对产品，人没有一种创造者的感觉，因为他只是完成一个规定好的简单动作。劳动仅仅是获得金钱的手段，根本不是人的生命活动。

现代社会的重要特点是多生产和高消费。但消费往往不是出于真正的需要，消费本身成了目的。现代人被那种买到更多、更好和更新的物品的可能性所迷惑。只要手头有钱，他就会垂涎三尺地在这个充满商品的“天堂”里逛来逛去。消费本质上是人为刺激起来的幻想的满足，是一种与真实自我相异化的虚幻活动。

总之，异化是指人与世界及自身的疏远和对立。在人与自然的关系上，现代人盲目地开发、滥用和浪费自然资源，就像一个逆子粗暴地对待母亲。在人与人的关系上，每个人都被当作商品，人与人之间表面上热情友好，背后却是疏远、冷漠和不信任。在两性关系中，更换对象就像更换消费品一样，爱的能力却普遍地衰退了。在人与自己的关系中，人把自己变成了商品，劳动力市场支配着人的生活道路，也支配着人的爱好、能力、品德等心理特征。人感受不到自己是一个独特的、统一的主体。

3. 现代人的性格和潜意识

自由和安全的两难境地、异化，都是人的处境特别是存在的矛盾性在现代社会的具体表现，现代人为了适应这种处境，形成了特

---

① 弗罗姆. 逃避自由. 陈学明译. 北京：工人出版社，1987. 140~180

② 郭永玉. “逃避自由说”的文本解读. 华中师大学报（哲社版），1997（5）. 载：心理学（中国人民大学复印报刊资料），1998（2）

殊的性格和潜意识。施虐、受虐、破坏和迎合，这些性格倾向都是为了与人和世界建立联系，为了逃避自由以克服孤立无援和不安全感。前三者常见于法西斯主义国家（如纳粹德国），后者常见于民主的资本主义国家（如20世纪的美国）。19世纪的资本主义社会占主导地位的性格是剥削倾向和囤积倾向的结合，这种性格促使欧洲资产阶级无情地剥削亚洲、非洲以及本地区的劳动大众。同时，人的许多思想和欲望受到禁止和压抑，特别是性压抑。弗洛伊德的理论是对那个时代的社会潜意识的揭示。20世纪占主导地位的社会性格则是接受倾向和市场倾向的混合。社会通过传播媒介和市场机制控制着大众的整个生活，人们只是被动地接受和消费。世界好像是一个大乳房，我们是一群只知吮吸的乳儿，总是期待着、渴求着……而真实自我则受到压抑，这样就可以与社会的要求保持一致并在市场上取得成功。现代人深深地被所有机械的东西所吸引，执着地发展各种大规模的杀伤武器（如核武器），这种恋尸癖倾向混合着一种自恋倾向，即现代人为自己能生活于这个高度发达的技术世界而自豪并迷恋于这个技术世界。在这个世界里，只要按一下按钮人的需要就能立即得到满足，正如婴儿一张口就能吃到奶一样。现代人依恋高技术的享受正如婴儿依恋母亲（乱伦）。因而现代人患有严重的“退化综合症”，人们忙于对物的占有而忽略了作为生命的人的存在。

4. 对纳粹主义和希特勒的心理学研究

尽管社会经济和政治根源是纳粹主义崛起的根本原因，但纳粹意识形态获得大众的狂热拥护并占据统治地位，必须从心理学上来解释。由于德国战败，1918年凡尔赛条约对德国的处置使德国大众感到不公平，这种怨恨逐步转变成民族主义情绪。加上垄断力量的强大和战后的通货膨胀，各阶级都产生了不同程度的不安全感，从而形成了虐待、受虐和破坏性等社会性格，希特勒身上集中了这些性格倾向，他创建了纳粹意识形态和纳粹党，从而强化了大众的这些性格倾向，使这些性格倾向成为支持德国帝国主义扩张的社会心理力量。纳粹德国的社会性格也是一种严重的“退化综合症”。德国人把侵略、杀人看成英雄行为，把残酷地迫害犹太人视为正义的事业，杀人越多越值得骄傲（恋尸癖），这一切都是在爱国主义和种族优越的旗帜下发生的（自恋和乱伦）。

希特勒是一个集权威主义性格、破坏性和退化综合症于一身的一个典型。他渴望权力，蔑视群众，迫害政敌和犹太人。他还有一种受虐的渴望，宣称要服从上帝、命运、必然、历史。他带领德国人去侵略别国，并从战争的破坏中得到满足。对他而言，死亡是最伟大的，死亡的气味似乎是芳香的。他迷信种族的优越性，过高地估计自己的力量，不能容忍任何不同意见。他要把德意志民族从犹太人的玷污中"解放"出来以保护其血缘不受毒害。他长期呆在地下室里（在精神分析学中，地下室象征母亲的子宫），最后在地下室里结束了他疯狂的一生。

5. 心理健康的概念

一般认为能适应社会的人是健康的人，按照这种逻辑，以上描述的资本主义社会的现代人都是健康的。但在异化世界的范畴中被看作是健康的人，从人本主义的观点看来，就可能是病入膏肓的人；而那些被异化社会视为病态的人反而是最健康的。弗罗姆的最后谈话就是以《病人是最健康的人》为题发表的。真正健康的人是具有原创性性格的人，是热爱生命、热爱他人和自己并保持自我独立性的人，是以生命的存在来决定其生活方式的人。

（七）社会改革论

人虽然能适应不同的环境，但不健全的社会造成了人的心理疾病，这本身就是人的天性对病态社会的一种反抗。因而一方面社会环境塑造了人，另一方面人的天性中又有一种力量反过来改造社会环境。弗罗姆继承了人本主义传统——他认为这种传统正是人性中不断促进社会进步的力量——提出了一套改革社会从而促进人的心理健康的理论。

弗罗姆理想中的健全社会是"人道主义的民主的社会主义"。这个社会是在资本主义已经取得的成就的基础上并为克服资本主义的弊端而建立的，它涉及社会的经济、政治和文化心理各个领域的变革。在经济上，实行生产资料的公有制和国家干预的计划经济，并保证每个劳动者都成为生产过程和管理的积极负责的参与者。在政治上，不能把民主仅仅理解为几年一次的普选投票，而应把民主原则贯彻到社会生活的各个领域。要实现这样的经济和政治制度，不必进行暴力革命，可以通过立法和改革试验等途径来进行这种变革。在文化上，要建立一种以人本主义心理学为基础（即关注人的健康、关注原创性取向的实现）的人本主义伦理学，把自古以来的人本主义理想变成社会生活的具体准则，并使这些准则成为人的信仰，即在人本主义伦理学的基础上建立一种人本主义宗教。① 为此，要对现存的教育制度进行改革。现存的教育是培养异化社会的合格劳动力，是为了使受教育者更好地适应这个病态的社会。而健全社会的教育应该使学生具有批判思维的能力，应该培养出具有健全性格的人。

至此，弗罗姆创立了一整套思想体系，这套体系以人本主义精神分析的心理学为基础，推演出一种社会改革学说，以实现弗罗姆对人和社会的理想。

（八）简 评

评论家认为弗罗姆对心理学有四大贡献：第一，利用历史作为心理学调查研究的一个领域。弗罗姆广泛引用历史文献，从希伯来历史，从中世纪、宗教改革、产业革命到纳粹主义兴起，并以此作为他考察人的处境和心态的历史演变的依据。第二，性格理论是弗罗姆对心理学的重要贡献。第三，心理学争端的伦理学解释。弗罗姆始终没有忘记价值判断，他的工作具有明确的目的性，即实现人本主义的理想。第四，心理学研究的社会取向。弗罗姆的心理学是一种社会心理学，他对社会比对个人怀有更浓的兴趣。②

弗罗姆把心理现象放到广阔的经济、政治和文化的社会环境中

---

① 参见：弗罗姆. 精神分析与宗教. 郑维川译. 昆明：云南人民出版社，1988. 41 ~ 52

② 参见：Wolman B B. Contemporary Theories and Systems in Psychology. New York: Plenum Press, 1981. 384

加以研究，特别关注在一定经济结构中具体的劳动方式、分配方式和生活方式对人的影响；他以现代社会中的作为群体的大多数人而不仅是以作为个体的少数心理疾病患者为研究对象；他把医治心理疾病与改革现存的社会现实结合起来，恢复和发扬了精神分析对资本主义文化的批判精神；他将社会性格和社会潜意识作为联结经济基础和意识形态的能动的中介；他以现代人的困境和精神危机作为其关注的核心问题等等，这些都是弗罗姆心理学的重要特点和贡献。

但弗罗姆的心理学存在着一些内在矛盾。例如，当弗罗姆谈人的存在的矛盾性，并认为这些矛盾无法解决时，他思考的问题带有存在主义色彩，他是一个悲观主义者；但当他认为人的存在的矛盾性可以通过改造社会，通过发展人的原创性而得到解决时，他的思想带有犹太—基督教的救世主义色彩，他又是一个乐观主义者。这就是他的存在主义与救世主义、悲观主义与乐观主义的矛盾。

对弗罗姆批评最多的是针对他的改良主义乌托邦的社会改革思想。例如他关心如何解决计划经济和个人主动合作的矛盾，但他提出的解决方案却是空泛的，因为这需要一种全新的经济学，弗罗姆没有深入研究经济学，又抱着从整体上改革社会的理想，陷入空想是必然的。①

（郭永玉）

选自：叶浩生主编．心理学理论精粹．福州：福建教育出版社，2000．100～107

① 郭永玉．论弗罗姆的社会心理学．载：社会心理研究，1993（4）

韦纳

(Bernard Weiner)

- 生平简介
- 名篇选读

  动机和情绪的归因理论(节选)
- 思想评介

  论韦纳的动机归因理论在教育实际中的应用

生平简介

B·韦纳（1935～　），当代美国著名教育心理学家。韦纳于1952年至1957年，进入芝加哥大学学习，他的学士学位和硕士学位都是这个期间获得的；1959年到密歇根大学继续深造，并于1963年获哲学博士学位，随后的两年他在明尼苏达大学任助教；1965年，升任洛杉矶加利福尼亚大学心理学教授；1969年至1970年到纽约大学城研究中心做访问教授；接着又到德国波鸿鲁尔大学做访问教授一年。此外，他还先后到德国芒内奇马克斯—普朗研究所、密歇根大学、华盛顿大学做访问教授。

韦纳的主要研究领域是社会心理学和教育心理学，研究的兴趣是动机、情绪和归因理论。他的动机归因理论将海德（F. Heider）等人的归因理论和阿特金森（J. W. Atkinson）等人的成就动机理论有机地结合起来，成功地对人类行为的动因作出了认知解释，超越了过去动机问题研究中占主导地位的本能论、驱力论等的局限性。韦纳在动机归因理论方面的研究引起了教育心理学界的广泛重视，并成为当前教育心理学研究的一个热点。他的研究反映了当代动机问题研究的新成果。韦纳于1990年获得美国心理学会社会心理学方面的“T·堪培尔·董纳尔德（T. Campbell Donald）卓越研究贡献奖”，1991年获得德国比勒费尔德（Biefeld）大学荣誉博士学位。

韦纳的动机归因理论思想集中体现在《动机和情绪的归因理论》（1986）一书中。这本书是韦纳长期从事动机、归因、情绪问题研究所取得的成果的概括和总结。它全面系统地阐述了韦纳的认知动机理论观点，提出了一个完整的动机和情绪归因模式，从而把动机、情绪、归因等问题有机地结合起来。此书内容可概括为四部分：第一部分（第一章）论述了动机理论的原则，并在对过去理论进行剖析的基础上，提出了韦纳自己的动机和情绪的归因模式。第二部分（第二到六章）是韦纳动机和情绪归因理论的主要内容，分别探讨了人所知觉的原因的基本概念，归因的内容、结构以及归因与目标期望、情感的关系等问题，并通过实验支持和证实了他对成就问题的理论假设。第三部分（第七章和第八章），韦纳通过对助人行为和许多其他现象的研究，证实了其动机归因理论可以推广到日常生活的许多领域，成就动机归因理论具有普遍意义。第四部分（第九章）是韦纳对动机和情绪归因的研究过程中所采用的一系列实验的介绍。

韦纳对后来的研究者影响最大的是他对归因结构的剖析。早在1971年韦纳就指出，在有关的成就情境中，主要有能力（内部的、稳定的）、努力（内部的、不稳定的）、任务难度和运气（外部的、不稳定的）这四种归因在起作用。这一归因说对动机形成的认知过程进行了较为详细的剖析，但因带有机械性的痕迹而受到了一些批评。针对这一点，韦纳在1986年对他的归因理论进行修正时，在控制点、稳定性之外，又提出了第三个维度：可控性，它指的是人的意识控制性特征。并且他明确指出维度是不变的，但任何具体原因在维度上的定位是变化的。韦纳三维归因结构理论反应了该领域研究的最高成就。

韦纳的动机情绪归因理论十分强调个体的认知活动（归因过程）对后继行为的影响，它指出觉察到的原因、期望或情感是后继行为的中介。比如对稳定性维度的归因会影响到期望的改变，对控制部位的归因会影响到情感，而这些将最终影响到行为。因此韦纳的动机理论从总体上来说属于认知动机理论。

韦纳历任美国多种主要心理学刊物的顾问或编辑，如《认知发展》、《认知和情绪》、《教育心理学杂志》等。韦纳的著述丰富且影响巨大。从20世纪60年代至今（1994年）总计已出版过11部论著，发表过130多篇重要学术论文，其中主要论著有：《归因：行为原因的知觉》（1972）、《人类动机》（1980）、《动机和情绪的归因理论》（1986）、《人类动机：隐喻、理论和研究》（1992）等；具有重要影响的论文有：《成就动机的归因分析》（1970）、《归因理论、成就动机和教育过程》（1972）、《成就动机和情绪的归因理论》（1985）、《动机理论中情绪的作用》（1987）、《教育中动机研究的历史》（1990）、《课堂中归因的含义》（1993）等。

（佐斌　任杰　迟毓凯）

名篇选读

动机和情绪的归因理论（节选）

这本书围绕归因的概念阐述了动机和情绪的理论。一个人怎样着手这项工作？应该遵循什么原则来指导理论的建设？要回答这个问题，首先我们可以看看先前动机的理论并调查他们已经完成了什么，以及他们没能做些什么，已经积累了什么样的理论建设的资料，还有，曾经进入过什么死胡同。在20世纪30年代和40年代期间，动机的领域是在心理学中。然而现在，这个领域不是很健全。难以“站在巨人的肩膀上并看得稍微远一点”。因而有些人主张，我们应该埋葬或推翻过去。但是多少有点流行的（虽然过时的）见解，提倡要“修正主义”或“激进的修正主义”提供既不是将来可能采用的方案也不是怎样去解决我们所谓的危机和建立心理学的一门科学的第一手例证。这就是承认先前的经验的、方法学的和理论的贡献，而不是完全抛弃过去，这样似乎比对过去一味服从好。动机的研究已经达到这种地步，进行历史的研究既是需要的又是有益的。

建立在过去知识上的下列原则，用来指导动机理论的建设。这些信念有时重叠；没有因为它是不独立于其他原则而试图省略一个原则。

1. 动机的理论必须建立在与体内平衡不同的概念上

大约在1920年可能直至1955年，从动机的科学研究的起源看，心理分析的（弗洛伊德的）和驱力的（赫尔的）理论，占据这一领域。这两种理论以个体力图降低内部紧张的学说为根据；他们的基本动机原则是任何来自平衡的偏差产生一种激发的力量以便回到内部平衡的先前状态。从原型的观察可能引申出来的这个原则是关于新生婴儿的行为的。当满足所有生物学的需要时——当达到内部平衡，又没有来自生物体内欠缺的紧张状态存在时——婴儿休息，有一个睡眠或静止的状态。饥饿或渴的发作，标志生物的需要。如果不满足，可能引起组织的损坏，导致活动如反射性的吮吸，这可能降低需要的状态。如果工具性的活动导致达到目标，那么，就有一种需要的补偿并回到安静的状态。然而这种平静只是暂时的；由于需要具有周期循环的本质，行为被重新激起。因而不平衡不能避免，而行为周而复始，从休息到活动并再回到不活动。

一系列的临床和经验的证据支持这个直观地吸引人的体内平衡的原则。无可怀疑，出现一种生物的欠缺典型地激发行为去减退那个欠缺。总之，我们一般在饥饿时吃食（如果食物是可得到的），当渴时喝，并试图逃避疼痛。而且，某些心理发生的（与发自体内的相对的）需要状态也能概念化为遵循体内平衡的原则。例如，冲突的认识创设一种“心理不平衡”的状态（例如，我吸烟而吸烟引起癌症；我喜欢珍，而珍不喜欢吸烟）。然后个体可能使这个系统恢复平衡，例如，通过少考虑抽烟引起癌症的证据，或者贬低他关于珍的意见。

已知体内平衡原则似乎真实健全，为什么它不该为人类动机的理论提供基础？采用这种处理规则的主要困难是人类行为的更多的部分不能够纳入体内平衡的概念中。人类往往力图引起不平衡的状态：我们乘（公园里供游玩用的）滑行铁道，读骇人的神秘的故事，寻找娱乐方面新的和刺激的方式，以及为了更大的挑战放弃舒适的工作和甚至相当不错的婚姻。而且，重要的心理活动发生的动机，诸如要求取得成就、赢得朋友、获得权力和帮助别人，明显地超出体内平衡所解释的范围。当争取达到成功、交际的目标，或精神上的发展时，甚至可能忽略对这类动机（如饥饿和渴）的关心。由于绝食斗争而死去，就是明显的事例之一。

一个附带的，虽然多少有点离开中心的论点是：不是所有的身体的需要都激发行为。论断内部不平衡与行为之间自动联系的理论家们处理下述这类事实有困难。例如，丧失（剥夺）氧气不可能给予个体动力，除非伴有这种需要的意识，或者伴随一种附属的恐慌的反应。

总之，体内平衡的机制常常控制发自内部的或身体的需要和指向目标的工具性行为。某些由心理冲突引起的需要，可能由相同的原则所引导。因而，在动机的历史中，体内平衡的分析，过去是一种重要的理论上的进步。可是体内平衡的概念不能解释人类行为的多样性，而生物的基本需要，除非由适当的认识和（或）感情状态所伴随，不能激起行动。况且，我个人的信念是，由体内平衡原则（吃食、喝和痛的回避）最好地加以解释的行为可能是人类活动的最少兴趣的方面。

2. 动机的理论必须拥有比欢乐主义更多的内容

实际上所有先前的原理以及动机的现存的理论是有机体争取去增加愉快而减少痛苦。这种没有争论地接受欢乐主义或者叫做愉快—痛苦原则，既带有心理分析也带有驱力理论的特征，以及由阿特金森（成就理论）、勒温（场理论）和罗特（社会学习理论）等人所提出、颇有影响的关于动机的认知理论的特征。关于这个行为的基本原则，弗洛伊德（1920）讲过："基于愉快—痛苦原则假设的影响是那样明显以致不能够忽视它们"（第1页）。除这些影响之外，许许多多的实验证明奖赏（愉快）增加重复一个反应的可能性，而惩罚（痛苦）降低了先前消极结果的反应的可能性。体内平衡的理论来自生物学，而欢乐主义的理论源自哲学，二者是紧密联系着的，因为欢乐的理论家们假定回复到平衡的状态产生愉快。

没有疑问，愉快—痛苦原则影响人类（和低于人类动物的）行为；先前的理论家们没有忽视用这个原则作为他们研究的基础。但是奖赏（愉快）不是必然地增加反应的可能性，惩罚（痛苦）也不是一定减少被惩罚行为重新出现的可能性。例如，对于一种内在有兴趣的活动的行为表现来说，预期奖赏（如，告诉儿童他们将由于玩一种他们喜欢的游戏而得到糖果）能够在某些情境下降低对那种活动的兴趣。当不给奖励的时候，儿童参加游戏较少，因为他们变成相信"游戏"是因为外部的奖赏（德西，1975；莱伯尔，格林，尼斯贝特，1973）。此外，可以把成功看作是奖赏，而如果任务是容易的，达到目标降低动机并产生厌烦（阿特金森，1964）。最后，缺乏预期奖赏，产生达到这种目的的动机的增加（艾姆索尔，1958）并可能激起创造的力量。

除了行为由于奖赏而降低和由于惩罚而增加之外，弗洛伊德指出有些生活上的活动，包括创伤的梦，不出现的游戏（藏猫猫），职务调动等等方面（通过治疗者与一个人的父母再扮演严重的冲突），明显地不增加愉快。愉快—痛苦原则也不能对种种思想上的病灶作出解释。例如，认为别人过去和现在的情绪继续存在（偏执），一个人不拥有而另一人拥有财产（羡慕）或者竞争者的成功（妒忌）。有人可能争辩，这样调节注意有工具性的价值，促进目标的达到。那就是不愉快的思想或行为适合愉快的原则。然而，十分经常地、情况明显地不是这样，对于被一个邻居的更好的家庭或他们的更能替人着想的孩子所困扰的人，有什么工具性的价值?

如果人类不能够总是像欢乐的最广义的解释者那样行动，那么就需要其他的动机原则。正如动机心理学家们从低于人类的动物的研究进展到人类行为的研究，思维和行动的非欢乐的方面逐渐明显。这些其他的"动力"中最重要的一个是理解环境和自己的愿望，或者可以叫做认知的控制技能。以前介绍了这个原则，当问为什么个体这么经常寻找一个结果的"为什么"（原因）时，已经考虑认知的控制技能激发从语言获得到行为选择的一系列行为，这些行为能显示有关人的能力的信息。

动机的目标是经常相互联系和复杂地相互盘绕的。例如，认知的控制技能和知识帮助达到目标，它们增加愉快，这样就可能坚决主张控制技能是服从于欢乐的动机。然而，正如已经指出的，某些知识对于达到最后的阶段没有明显的价值。一个不同的理由相信控制技能结合于愉快原则之内的是，信息寻求是由欢乐的愿望所影响的以增加自尊和保护自己免于焦虑。例如，癌症病人倾向于用别人来比较他们自己，即用更严重的疾病受害者来比较。这就促进了这种结论，人生可能更坏，对病人和健康人这是一种使人放心的想法（泰勒，1983）。再一次，控制技能和知识似乎是在欢乐目标的作用之中。另一方面，同样的情况，寻求事实真相，虽然信息可能引起巨大的不愉快。我肯定读者能记得被人问过的一个问题，由这短语领先，“现在，告诉我真实情况……”虽然这提问者很清楚地知道这个回答可能“伤害”感情。因此，认知控制技能不能仅仅被包括在“愉快—痛苦”原则之中。

3. 动机的理论必须包括认知过程的全部范围

在行为主义出现之前，思想和其他精神的活动在人类行为的理论中起着一种关键性的作用。行为主义用人类正如具有投入—产出联系的机器或机器人的理论埋葬了这种信念。在心理学中行为主义不再起一种主要的作用，部分地因为机械地探讨人类动机是站不住脚的。总之，我们不是机器人、机器或液压泵。大量的心理过程，包括信息检索和恢复，短期和长期记忆，分类、判断和作出决定，在决定行为方面起着主要的作用。正如行为常常是有作用的，辅助达到目标，认知对于达到愿望的最终阶段也起着适应的作用。认知的机能主义在动机的理论中必须起中枢部分的作用，像行为的机能主义一样。

以前的动机的认知理论，诸如那些由阿特金森（1964）、勒温（1935）、罗特（1954）和托尔曼（1925）所系统阐述的，集中在达到目标的期望作为行动的主要决定因素。他们不幸忽略了影响行为的其他心理结构和过程的许多因素。这种限制大大地局限了这些理论解释人类行为的能力。

4. 动机的理论必须涉及意识经验

动机曾经无区别地与外部行为的研究联系。在这个领域的整个历史过程中，一些有名的书有指向行为的标题，如《行为的原则》（赫尔，1943），《行为的动机》（布朗，1961）和《行为的动力》（阿特金森，伯奇，1970）。但是我们体验、感觉和思考，以至行动，所有这些过程在动机的研究中有一个地位。动机的理论对于研究有机体的经验状态和行为的意义是应负责任的。所以，这理论必须抓住现象学并接受由勒温（1935）明确地表达得清楚有力的看法，即有机体行动于一个可知觉的，而不是一个客观的世界。

与这种看法联系的是我关于许多（但非全部）重要的思想和感情是有意识的并为活动者所知道的信念。正如由戈登·奥尔波特所表述的，一个人应该直接地问一个个体的问题来得到关于他或她的信息。我们可能没有意识到心理的过程，或者心理学的“怎样”（我们怎样学习，我们怎样知觉，我们怎样记忆），但是我们常常意识到心理的内容，或者心理学的“什么”（我需要什么，我感觉什么，为了什么理由我们参加一项活动；见：尼斯贝特，威尔森，1977）。如果一个人集中在极度易动情绪的复杂情况中，在高度冲突的行为上，如弗洛伊德所做的，那么压抑和其他动力过程可能在意识和行动的“真实”决定因素之间产生一种不一致。此外，如果注意是主要地指向复杂的判断，如决策理论家们的工作中所举例说明的，或者在深奥的、多种刺激的情境中推断的，那么人类信息加工过程的局限性可能导致关于自我观察的不准确。然而，对于人类典型的和普遍的方面，即，考虑生活是怎样度过和反映什么，直接选取动机和情绪的决定因素是十分可能的。对于我们的大多数人在大部分的时间里，对于动机的研究者，通向无意识的堂皇大道比达到意识的没有经过铺修的泥土路价值较少。

5. 动机理论必须包括自我

这个原则是紧密联系到以前的论点，即动机理论必须涉及意识和主观世界，因为自我的经验是从感觉认识到的、现象的、现实性的一部分。有许多迹象指出在人类的动机中自我起着一种基本的作用：许多行动用来支持或提高自尊；一个人的自我观念常常决定一个人的思想和行为；个体倾向于在他们的行动中维持自我一致；而自我知觉在时间方面对个性和行为的稳定性提供一条线索。自我的观念在动机的研究中曾被忽视。它的确不适合于行为主义的概念，那些概念用较低等的有机体作为他们的经验事实的主要来源。此外，动机的认知理论集中于主观期望的更易处理的概念，或者宁愿把自己所起的微妙而不明确的作用的考虑搁置起来。无论如何，自我位于人类经验的最中心并且在人类社会的范围内自我必须是任何理论组成的一部分。

6. 动机理论必须包括情绪的全部领域

人们可能预料动机的研究和情绪的研究会密切地联系起来。为支持这种期望，一种心理学杂志用《动机和情绪》的刊名发行，而心理学的课程常常具有相同的名称。令人奇怪的是动机的理论仅曾经与愉快—痛苦的情绪原则结合，虽然这种粗糙的叙述是明显地不适合于描述感情的。甚至愉快与侵犯和性的满足联系起来，形成了由弗洛伊德所提出的包括一切愉快的观念的基础，的确很可能是独特的。可是我怀疑那种与杀父联系的情绪是类似于与母亲睡觉的愉快！此外，这些情感与来源于职业上的成就或社会上的成功的情绪肯定是有区别的，如自豪或胜任的感情。在相似的情况下性质不同的“痛苦”肯定与令人不满的敌意和没达到目的的性的欲望联系在一起，而这些无疑地不同于伴随事业失败或社会方面遭到拒绝的感情。

由阿特金森（1964）系统阐述的成就动机的理论考虑把愉快和痛苦之外的情绪列为特征。阿特金森提出不论一个人接近或回避一个有关成就的目标，有赖于预期的自豪和惭愧的情感后果。然而这种观点没有承认在成就的范围内有其他明显的情绪，诸如快乐和不快，愤怒和感激以及羞辱和怜悯。这样，阿特金森的理论也不能在动机中给情绪以正确的地位。

个体体验的情绪有很大差别，它们是与思想和行为互相缠绕着的、在这本书中提出的理论目标之一，是精确地叙述心理学的三分法，认知、情感和行为间的关系。这样做将证明不会把动机理解为不要情绪的详细分析。

7. 动机理论必须不过于一般化也不太刻板

从心理分析和驱力理论的命运中，一个人能够得出一种理论必须具有广度和精确度的某种最适宜水平的结论。或许动机的心理分析理论的最大优点是它那方便的幅度，它解释像战争、才智和神经症那样根本不同的现象的能力。但是在心理学中理论的限度与它作出精确预测的能力负相关。这样在动机的领域中心理分析理论的长处也就大大地促使了它变弱的地位。

与心理分析的探讨形成尖锐的对比，驱力理论像克拉克·赫尔和肯尼思·斯彭斯所系统阐述的，曾在一定的范围内限制广度，而使理论得到进一步的精确。它的比较精确的理论预测最经常是用实验室的老鼠来测试的，即把老鼠安排在一种简单的行为中，如为了食物跑下一条直的小巷来测验的。不幸的是，当试图对复杂的人类活动加以概括时，这些数据没有多大的价值。

总之，如果理论太过广泛（像心理分析的理论），那么在动机历史的这一论点上，它将有很小的精确性；如果太精确（像驱力理论），那么在这种论点上迟早这种理论将几乎没有广度和普遍性。所以，必须在精确性和普遍性的两极端的风险中采取一种谨慎的途径。

8. 动机的理论必须建立在可靠的（可反复试验、证明的）经验关系上

合适的动机理论为创设一种实验方法或者为创设某种情境提供机会，在这情境中从这理论引申出来的种种推论，能够用必然性加以论证。这在自然科学中是正确的，而且也应该应用到心理学中。斯金纳派心理学的可接受的和通俗性的理由之一是当一个有机体由于一种特定行为而受到奖励时反应次数的增加。观看鸽子玩乒乓球对于转变为激进的行为主义似乎是一个充分的前因！

动机的理论在这方面是有缺陷的。例如，关于完成对（和）未完成的作业有不一样的回忆效果，或者所谓蔡戈尼（Zeigarnik）记忆效应，勒温（1935）声称“所有较后的实验研究是建立在这上面的”（第240页）。然而，由勒温、蔡戈尼观察到的有差别的回忆不是一种可靠的结果。在相似的状况下，阿特金森（1964）主张个体在成就需要上可区分为高与低相对的需求，当已知的任务在所理解的难度上不同时，显示出相反的担风险的选择。出自阿特金森的理论的这种主要预测不是可靠地发现的，同时也使人推测：这部分是造成他的理论影响缩小的主要原因。而且，期望转变的差异在称为内向和外向的人们中间，在他们控制的知觉中，不可能得到可靠的证明，虽然这是罗特（1966）的社会学习理论的基本预测。

我们不能把一种理论建立在弱的“参照实验”上，即提供评价这种理论的标准的一种实验之上。动机的种种理论必须具有正如混合两份氢和一份氧的结果那样肯定效果的参照实验，或者当一只饥饿的老鼠在做一种特殊行为时，给予它食物那样。

9. 动机的理论必须奠基在普遍的法则而不是个别差异的基础上

在动机的心理学家中，阿特金森（1964）一直特别直观的和有说服力的争辩，在动机过程的研究中个别差异起着主要的作用。正如已经指出的，在阿特金森的争取成就的理论中，预料那些属于成就需要高的人们比成就需要低的人们表现出不同的担风险的行为。因而对于这种观点的研究，个体间的悬殊是主要的。阿特金森的理论因此不能摆脱性格心理学家们面临的所有复杂的问题的障碍。例如，人们不是在所有的情境中都相同地被激发去达到成就的目的；换句话说，在行为中是有区别的。个体在打网球方面可能受到高度激励去获取胜利，但并不在课堂里，或者甚至不在其他的运动如棒球上。阿特金森理论上的阐述不能识别这种可能性——个体仅仅是在成就需要上被区分为高或低的。出现在许多不同的情境范围中的这种理论的研究，常常证明不能令人满意，这是不奇怪的。

在相似的状况下，罗特的社会学习的流行的理论是与称为控制的部位的个别差异相联系的。然而，个体不是在所有的情境中相同地被激发来进行或停止控制，他们只是在某些情境下可能觉察到强化的控制，而在其他情境中就没觉察到。例如：当把成功的知觉归因于内部的（个人的）因素时与内部引起的失败的知觉是不相关的。特殊性没有恰当地综合到这个理论中，而应用控制知觉作为预测者的变量，这种假设经常是不能证实的。课堂的示范者在实验过程中会再感到为难。

实际上，人们可能想要索取一套可靠的理论产生的结果，即在动机的研究中到目前为止尚待提出的包括个别差异测量的研究结果。这里我特别考虑使用驱力测量的研究（焦虑量表），成就需要的研究（主题统觉测验，TAT）和控制部位的研究（内部的—外部的量表）。其他的肯定将不同意；科学委员们将必须作出最后的决定。然而我喜欢问这些派别的理论家们，哪一个个别的实验是你愿意保证作为你们对于人类的实验设计分组中获得差异的实验?

总之，已知个性测量的困难和行为的情境性特征，对于首先寻找一般法则而不是探索“个人×情境”的相互关系将更加有成效。然而，接下去如果需要，可通过个别差异的内容来提炼已经作出的概括或是去揭露可能已经被忽略的更复杂的联系。

……

10. 动机理论必须包括相继的（历史发展过程的）因果关系

动机的卓越的理论，心理分析的研究除外，是非历史的。这些理论试图鉴定行动的直接的决定因素，诸如驱力和习惯，或者期望和价值，以及详细说明在给定的时刻它们迟早影响行为的方式。先前的历史条件，或者为什么一个个体知觉现在的情境正如他或她做的，对于预测行为不是必要的。基本的是详细说明行为的当前的决定因素是什么。

非历史的研究有一个缺点就是必然忽略各理论成分的相互影响。在期望值的理论中，例如，如果由于高期望使价值偏向上升（一个人喜欢那些自己能够得到的），或者如果高价值偏向于使期望上升（一个人期望得到那些自己喜欢的），那就显示一种暂时的顺序。在这些场合下，理论的种种成分的重要性不能同时地决定；不能分别地确定价值先于期望，或者期望先于价值。这一点在图43－1中，与非历史的期望值的探讨在一起说明。

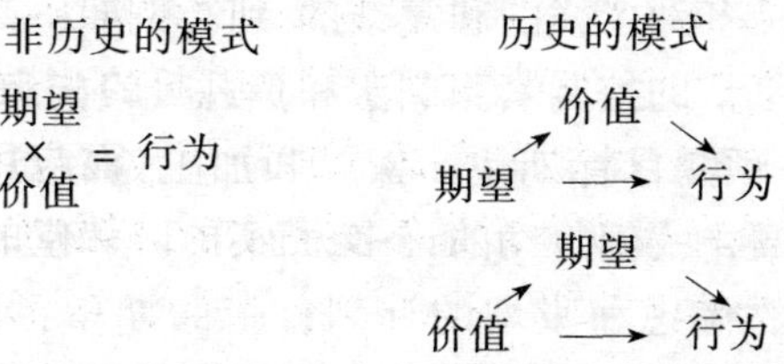

图 43－1 对动机的非历史的和历史的研究

动机过程的非历史的分析由于参数统计的发展，特别是由于方差分析而得到提高。这种技术使得调查者能够决定在一个时期哪些因素影响着因变量，并允许详细说明自变量间的数学关系。在统计分析上的一种较新的探讨是因果关系的模拟，包括通路分析（Path analysis）。这种方法帮助揭露有影响的因素的因果关系链，接受历史的顺序，提醒人们应该在行为的决定因素间探寻因果关系。

在本书中研究的主要顺序之一涉及思维、感情和行动间的关系。我已坚决主张动机理论应该包括思想和感情两者的全部范围。但是这些方面怎样影响行为？出现许多可能性。它可能是：(1) 思想既产生感情也引起行为；（2）思想先于感情，而感情导致行为；（3）思想引起感情，而思想和感情一起产生行为。这些可能的置换表示在图43－2中。在本书中接受的历史的看法允许探讨这些不同的可能性。

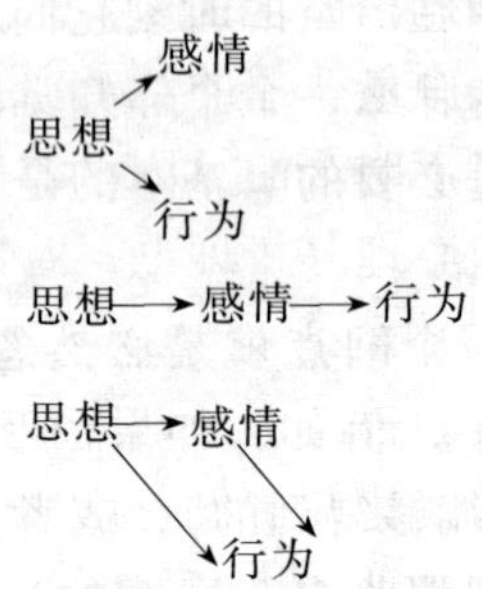

图43－2　思想、感情和行为中某些可能的关系

11. 动机理论必须应用相同的概念既解释合理的又解释不合理的行为

人类行为是多种多样的和复杂的。许多行为是十分合理的：自觉选择种种对策帮助控制紧张刺激和焦虑（设想目前突然转向一时风行的东西），预测目标期望，探寻和加工处理信息，并达到自我了解。另一方面，我们行动的许多方面是十分不合理的：放弃能够控制紧张刺激、焦虑和吸烟的计划；歪曲期望；不适当地使用信息；以及有许多个人的妄想。心理分析理论曾最好地解释了在我们的生活中某些明显的不合理的现象，而认知理论和决策理论在处理动作的感受性上是比较内行的，虽然这些理论正日益指出理性的种种界限。

康德坚决主张理智指导道德行为，而感情决定生活的所有其他方面。然而，心理学的研究，已经有文献证明感情如愤怒、怜悯或同情部分地指导道德行为，而多种多样的智力判断影响其他激发的行为。因而由康德提出的这一部分没有得到证明。更恰切地说，行为有自我（思维的）和伊德（情绪的）两种成分。在理性驱使和情绪驱使的行动之间，没有证明二分法是正确的。人类行为的理论必须能够使用相同的原则解释道德的和非道德的行为。这种信念重申一种适当的理论必须包括多种多样的认识和情绪，以及阐明在理智、感情和行动之间的基本动机成分的关系。

12. 动机理论必须能够说明争取成就和社会交往的目标

一种理论有一个中心和一个能得到最好解释的适当观察的范围，而对它的观察能够概括出理论来。人类动机理论的适当的中心应该是那些在每日生活中最普遍的活动。把人类动机的普遍理论奠基在很罕见的行为上是不明智的。因而，建立在家庭成员间的性的和侵犯的关系基础上的心理分析理论，及测试饥和渴的老鼠行为的赫尔的理论，他们所发展的理论结构不适合于说明人类的模式行为。心理学的理论和实验曾经过分地集中在很小的范围中——在行为或思想上，对生活的变化几乎没有说明。

在我们的文化中，两种动机的来源最占优势：争取成就和社会联系或义务。弗洛伊德用工作和爱这种最一般的词汇认识了这些现象。大多数未成年人在一定的阶段，或者在学校，做学校的作业，参加某些其他的与成就有关的活动如运动或一种爱好，或者是与他们的同性或异性的朋友在一起。成年人典型地在他们选择的职业中工作着，或者与他们的朋友或家庭参加社会活动。当然，有许多其他的动机的追求对象：侵犯、利他主义、好奇、欲望和权力，只指出几个。但是最普遍关心的事是获得成功和社会的接受。自尊已证明是由成就方面的胜任和不胜任的经验，以及由人际关系间的活动场所对个人的接受和拒绝所决定的（奥布赖恩，爱泼斯坦，1974）。这些课题因而应该成为人类动机理论的中心。

如果遵循上述的意见，那么这个系统阐述的理论无疑地将不乐意说明由心理分析理论指出的无意识的欲望或者由丧失或剥夺食物和水所产生的行为。这可能使人看作是同先前叙述的理论目标，即普遍的理论的发展相矛盾。这里需要把普遍这个词加以限定，以便跟上心理学和当前的状态：任何已知的理论不能说明假定的与母亲睡觉和杀父亲的欲望，当饥饿时渴望食物和当渴时渴望水，以及争取达到成就和增进社会关系网。按照这种限度，一种合理的对策是解释那些最普通、最常见、最显露的行为。我相信这些行为是社会的和情绪的联系及生命的完成所追求的。

选自：韦纳．动机和情绪的归因理论．林仲敏译．福州：福建教育出版社，1989

思想评介

论韦纳的动机归因理论在教育实际中的应用

韦纳的动机归因理论是在对成就动机研究的基础上形成的一种认知动机理论，并且它一开始就把学生学习成败归因问题作为研究的对象，这对于解释教育实际中存在的一些问题具有重要的意义。就韦纳本人来说，他除了对动机归因理论的建设作出了重大贡献之外，还十分注重将其理论运用于教育实际。从韦纳的论述来看，他有关教育实际问题的研究内容广泛，主要涉及学习动机、学习成败归因，成就追求，教师与学生以及学生之间的相互作用归因分析等。这里我们从以下三个方面来概述其有关研究成果：(1) 学生的自我归因与成就追求；(2) 教师的归因对学生的影响；(3) 学生之间的相互作用。

（一）学生的自我归因与成就追求研究

从韦纳理论部分的论述中，我们知道归因具有动机作用，它往往通过期望改变和情感反应的中介作用影响随后的行为。因此，学生不同的归因会产生不同的后继行为，如学生把学习成绩差归于稳定的缺乏能力成分，他就会降低对以后考试成绩的期望。学生的自我归因问题的研究是一个重要的教育心理学课题。韦纳针对这一课题展开了一系列的研究，对学生的自我归因特点、个体差异，以及成就追求发表了自己的见解。

1．学生的自我归因与奖惩

韦纳和库克（Cook，1970）等通过实验研究表明，结果的自我奖赏是努力成分归因的函数。学生往往在把自己的成功归于努力，而不把自己的失败归于缺乏努力的情况下，进行最大的自我奖赏。相反，学生往往在把自己的失败归于缺乏努力，而不把自己的成功归于尽了最大努力的情况下，进行最小的自我奖赏。

2．因果知觉的个体差异

韦纳认为，由于因果知觉影响成就活动中的情感体验，在对成功和失败解释时，个人的因果偏差对于成就追求是有重要意义的。所以有理由推断成就追求部分地由归因所决定，并且个体在成就需要方面的差异与原因知觉的不同有关。韦纳通过实验指出，一方面高成就动机的个体把努力看作是取得成果的重要因素（高努力产生成功，低努力引起失败），另一方面低成就需要的个体认为努力因素很少影响到结果，他们相信个人的失败是由于缺乏能力引起的。

3．归因和成就追求

有关归因和成就需要之间的关系的经验发现，可以与自我奖惩联系起来，这有助于理解成就追求的动力。高成就需要和低成就需要个体的主要行为的不同在于，和低成就个体相比高成就追求个体更喜欢参与发动成就活动，他们在失败面前表现出较强的毅力，并且选择更多的中等困难的任务。

韦纳等人通过研究还证明高成就需要的个体把成功归于高能力和努力，这种归因引起情感体验，和低成就需要个体相比，高成就需要者在成功时感受到更多的自豪。这种高奖赏就很可能提高随后的成就追求，即成就需要者把成功归于自己，就会在成就活动中提高自尊，进而增加随后成就行为的可能性。

4．成就动机的提高

个体成功或失败的历史及其归因对个体的自尊、目标期望和归因方式会产生持续的影响。一个在学习中有持续成功（好成绩）经历的学生，会预期以后连续的成功，并且他们的自尊、自信心得到提高。相反，一个在学习中有持续失败纪录的学生，自尊心降低，将预期再次失败，习得性自暴自弃的学生，就是一个特例。

习得性自暴自弃（Learned helplessness）是个人认为自己无法控制事件结果的一种状态，也就是说，这样的个体经历了个人反应无法改变失败结果的体验之后，便不再去尝试以后的相似行动。这个概念最先由塞利格曼（Seligman）1975年提出并作了系统研究。实际上，在此之前包括韦纳在内的心理学家们对这一现象已进行过大量的研究。研究发现习得性自暴自弃现象的出现是由于个人把失败归因于缺乏能力等稳定的自身因素造成的，他们认为自己不能控制行为的结果。

韦纳认为，习得性自暴自弃的个体认为他们的反应是影响不了结果的，他们把失败归于一种内在的稳定因素，这就使其产生对成功的低期望和强烈的负面情感（如丧失自尊、自信）和抑郁。如韦纳指出，“习得性自暴自弃是低成就综合症的适当标志，因为低成就的个体认为个人努力是影响不了结果的”。因此，对于习得性自暴自弃的学生，应注意提高他们的成就动机，改变他们一贯的把失败归于能力的模式，引导他们树立高成就追求，并把一时的失败归于努力不够，使他们在以后的行动中更加努力。

（二）教师的归因对学生的影响研究

韦纳等人通过研究发现可控制性维度与他人的反应关系极为密切，教师对学生的评价、奖惩主要是依据所知觉到的结果是否为学生的责任，学生是否控制得了这种结果。如韦纳和皮特（Peter 1973）指出，在学生成就上，勤奋努力（可控制因素）通常比能力高更容易获得教师的奖励。在失败时，缺乏努力比缺乏能力则更常受到惩罚。

……

韦纳认为，在我们对自己和他人的知觉中，最重要的是对能力的知觉，能力在成败结果中起着十分重要的作用，因为能力一般被视为个体内在的稳定的不可控制的因素，它代表了个体的禀赋特性。在课堂教学中，教师通过自己对学生的评价，提供给学生有关他学业表现和能力的直接和间接信息，因此，教师对学生行为的归因分析、评价对学生后继行为会产生重要影响。

（三）学生之间的相互作用归因研究

韦纳进行过大量的课堂情境中有关学生之间相互作用的归因研究，其中较新近的要数他的重要论文“视别人为自己的反应（On Perceiving the Other as Responsible）”（1990）和“学生间相互作用的归因分析（An Attributional Analysis of Student's Interactions）”(1993)，在这些研究中，韦纳将归因理论应用于课堂情境中的社会相互作用研究之中。他认为知觉到的控制性影响到责任的推断，而对行为者所负责任的推断直接涉及对该行动者的反应。在这里，我们谈一下韦纳有关“对他人的反应”和“操纵他人对自己的反应”两个论题。前者我们论述课堂中消极的（社会拒绝和忽视）和积极的（帮助行为）反应；后者我们谈一下印象塑造，分析两种学生用于操纵同学和老师对自己的反应的策略：找借口和引起社会赞许。

1. 对他人的反应

(1) 儿童对不受欢迎的同伴的知觉

在解释那些拒绝或忽视不受欢迎同伴的人的行为和态度时，人们可以通过问什么个人特性引起这些反应来探索这个话题。有关小学生社会成员心理研究测定和模拟研究认为，攻击、反社会行为、身体缺乏魅力、害羞以及各种各样的生理缺陷这些因素是造成同伴不受欢迎的原因。不受欢迎的儿童由于他们的特质喜欢孤立于他们的同辈团体，并且引起知觉者的强烈的消极反应。例如，表现出攻击性的儿童以及那些过于肥胖的学生受到拒绝，而害羞的儿童或那些先天无能的儿童则受到忽视。

对于不受欢迎的同伴的不同消极反应可作出多种解释，富于攻击性的儿童比害羞的儿童对别人更具有破坏性和干扰作用，这样，知觉到的有关这些同学的令人厌恶的和消极的特质肯定会影响到同伴的喜欢。韦纳认为，对同伴行为起因的知觉，特别是对同伴的个人责任的判断影响到儿童如何认识其同伴。当异常的同伴对他们的特质负有责任时，就会引起愤怒和厌恶的情感体验，进而产生社会拒绝。如果异常儿童对其行为不负有责任（如生理缺陷）则引起同情和亲社会（帮助）行为。

(2) 不受欢迎儿童对他们同伴的知觉

和反应者一样，拒绝和忽视的对象（不受欢迎的儿童）以相同的方式来解释他人的行为。如果不受欢迎的同伴对同学行为的解释具有消极的偏见（像同伴对不受欢迎儿童的解释一样），那么，他们就会同样对同学表现出消极的反应。杜奇（Dodge，1980，1983）发现许多富于攻击性并受到同伴拒绝的男孩，对模棱两可的消极事件的解释存在着归因偏差，认为这些偏差是由同伴有意造成的，所以他们以不友好的态度作出反应。韦纳等人研究发现，受到拒绝的儿童在他们认为那些同伴喜欢他们时，有可能形成有关同伴好的印象。这样，通过操纵被拒绝儿童的预期，有可能来改变他们对同伴的反应。

(3) 课堂中的助人行为

在课堂学习情境中，学生之间存在着广泛的合作、帮助现象。教育心理学家也对如何培养学生间自愿的助人行为进行了探索。为了确定归因—情绪—行为联结与有关助人行为的关系，韦纳（1980）对大学生们自愿把他们的课堂笔记借给缺课的同学进行了研究。研究假定同学缺课的原因是可控制的（如去看海）或者是不可控制的（如有眼病），这就是说，可控制的起因产生求助者对自己缺课负有责任的推断，而不可控制的起因产生求助者对自己缺课不负有责任的推断。研究结果表明，和对自己的行为负有责任的同学相比，不负有责任的同学（有眼病者）受到更多的同情，同学们更愿意把自己的课堂笔记本借给他看，这些发现证实，同情和愤怒中介于可控制性（责任性）和自愿或不自愿提供帮助之间。

2. 操纵他人对自己的反应

(1) 找借口

在学生做了不让他们去做的事情，或做了他不应该做的事情时，他们的行为往往引起老师的愤怒。同样，在学生不遵守纪律、违犯与同学的友谊规范时，他们很可能引起同伴的愤怒反应。这样的冲突情境至少对违纪者有临时的消极的社会后果，最坏时还可能引起友谊破裂，关系中断。

由于大多数学生都想和同学、老师相处融洽，所以他们都试图避开冲突情境。显然，最好的策略是消除冲突，阻止消极事态的发展。那么违纪学生如何来减少他人的愤怒从而避免惩罚呢？研究证明，学生们更喜欢对一个对其行为负有责任的同伴的违纪行为产生愤怒情绪和惩罚行为。如在一个学生违犯与同学的相处行为准则时，如果他不表示出他是出于"无奈（不可控制的原因）"时，这位同学就会对他产生愤怒的情感反应，并难以原谅他。

由此可见，给消极事件以责任性解释影响到他人的消极反应（愤怒、谴责等），学生通过改变对可能引起冲突的事件的解释来操纵同学等人的反应。这样，在面临消极事件时，学生通过使用行为起因是他们不可控制的借口来减少个人的责任性，从而使冲突缓解。如学生在迟到时，常常会找出一些自己难以控制的原因，如下雨、车子阻塞等，来减少个人的责任，进而得到老师、同学的谅解。

(2) 寻求社会赞许

社会赞许是许多学生的一个重要目标，这就是说，学生们大都试图按照一个需要的团体或个人的期望和规范行事，学生时常想讨好老师和同学等，寻求社会赞许（使自己受到别人的喜爱、赞扬）的策略依人们希望讨好的对象、参与的团体的不同而不同。例如，教师重视和奖赏的行为可能与青少年同伴团体中乐以接受的社会行为不同。因此学生不得不试图通过对不同情境中的不同的人表现出"不同的面目"来取得各方面的好印象。

研究结果表明，学生视他们的观众的不同价值和期望而相应地修改他们对正负事件的解释，这样，和找借口所运用的简单的原则（减轻责任来逃避愤怒、惩罚）相比，寻求社会赞许的策略是相当复杂的。这方面的研究还有待深入。

（四）对韦纳动机归因理论的总结与评价

韦纳的归因理论从总体上来说将动机和归因两大心理学领域有机地融合到一起，为教育心理学、动机心理学和社会心理学作出了突出的贡献。韦纳的有关论述成为当今教育心理学研究的热门话题和前沿。在美国教育心理学家沃伯格和哈特尔（Walberg，Heartel，1992）有关最常引用的教育心理学文章调查中，唯独韦纳为教育心理学核心期刊和非核心期刊各贡献一篇，动机归因理论研究还被列为当前教育心理学研究的前沿之一。这足以说明韦纳的动机归因理论研究对当今教育心理学研究的影响之广泛和巨大。

韦纳的动机归因理论全面系统地阐述了一种基于归因的认知动机理论，并且对理论的各个组成部分都经过逻辑分析和实验验证，从而增强了理论的说服力。韦纳的动机归因理论在至今所有的动机理论中应属于最深入、最严密、最系统的一个。韦纳对教育心理学的贡献是巨大的，概括起来讲主要有以下几点：

首先，韦纳建立了一种全面系统的认知动机理论，它有助于我们对人类复杂的行为，特别是对学习的成功与失败问题作出了合理的解释。韦纳的动机归因理论与以前的本能论、驱力论不同，他关注的是人们更高层次的社会需求，把寻求理解作为人类行为的动因，看到了人这个具有理性的“动物”的本质，抓住了人类成就行为的基本特征。韦纳的动机理论的建立有理有据，全面系统，令人信服。

其次，韦纳还为我们提供了大量的有关归因问题研究的新成果。韦纳的归因研究虽然是为其动机理论建设服务的，但归因研究的作用不仅仅如此，它还为我们提供了研究人类复杂行为的理论基础和方法。我们可以运用韦纳已有的归因研究成果对教育情境等领域中所存在的问题进行更加广泛的研究。

再者，韦纳的动机归因理论在教育实际中还具有更加广泛的应用前景。韦纳对教育实际中所存在的问题的研究，像归因与成就追求、习得性自暴自弃问题，以及师与生、学生与学生之间的相互作用归因研究，为教育心理学作出了独特的贡献，同时，动机归因理论在教育实际中的应用研究还刚刚起步，有许多教育实际问题还有待解决，如对学生的行为模式训练、对影响课堂教学因素的分析，以及教师对学生的期望等问题，都需要通过归因研究来解决。

最后，韦纳的动机归因理论还丰富了教育心理学的理论内容和体系。过去的教育心理学更多地关注学生的学习和教师的教学问题研究，而对影响学习与教学的动机因素研究不够深入，除了行为主义简单的强化理论之外，认知观的教育心理学家们，像加涅、布鲁纳以及奥苏伯尔等对动机问题都没有很详尽的阐述。韦纳的动机归因理论对这些当今的教育心理学主流形成良好的补充。

当然，韦纳的动机归因理论也有其自身的不足和缺陷之处。就这种动机理论在动机心理学中的地位来说，它只能属于认知动机理论中的一种。像韦纳本人所看到的，人类的行为是复杂的，把寻求理解作为人们行为的一种动因是可以的，但若想用它来解释人类行为的全部，就犯了扩大化的错误。韦纳的动机归因理论主要来自于对成就动机问题的研究，因此它有其应用范围的局限性。其次，人们对行为原因的解释不总是按照韦纳的三维结构纯理性地进行的，人们的归因行为还存在着很大的个体差异，有的人根据过去的有关经验可以直接推断出事情或行为的起因，有的人在归因时则根据感觉而不是一步步理性地推断。再者，韦纳的归因理论在教育上的应用尚需进一步的探索，已得到的个别结论还需要更广泛领域里的跨文化研究的证实。

总之，韦纳为我们提供了一种解释人类复杂行为的动机归因理论，并且这个理论已成为当今教育心理学研究的前沿和热门话题之一。由此，我们可以说韦纳在21世纪即将到来之际，为教育心理学献上了一份厚礼，韦纳的动机归因理论反映了当今教育心理学研究的主流。

（张　卿）

选自：张卿．学与教的历史轨迹——20世纪的教育心理学．济南：山东教育出版社，1995